JN437413

한나 아렌트 철학 전기: 세계사랑의 여정

Hannah Arendt: For Love of the World

엘리자베스 영-브륄 지음
Elisabeth Young-Bruehl

홍원표 옮김

옮긴이 **홍원표**(洪元杓; Hong, Won Pyo)

한국외국어대학교 정치외교학과를 졸업하고 동 대학원에서 「고전적 합리주의의 현대적 해석: 레오 스트라우스, 에릭 보에글린, 한나 아렌트를 중심으로」라는 주제로 정치학 박사학위(1992년)를 받았다. 이후 현재까지 한나 아렌트 정치철학 연구에 전념하고 있다. 한국외국어대학교 LD학부 교수로 재직 중에 교무처장과 미네르바교양대학 학장을 역임했고, 한국정치학회 총무이사와 부회장을 역임했으며, 한나아렌트학회 회장(2009~2012, 2015~2016)을 역임했다. 현재는 한국외국어대학교 명예교수로 있다.

저서로는 『현대 정치철학의 지형: 언저리에서의 사유』, 『아렌트: 정치의 존재이유는 자유다』, 『한나 아렌트 정치철학: 행위, 전통, 인물』, 『비극의 서사: 근현대 한국 지성의 삶과 사상』이 있고, 공저로는 『정치의 대전환』, 『한나 아렌트와 세계사랑』, 『국가건설 사상』, 『언어와 정치』 등이 있다. 역서로는 『혁명론』, 『정신의 삶: 사유와 의지』, 『어두운 시대의 사람들』, 『한나 아렌트, 정치와 법』, 『유대인 문제와 정치적 사유』 등이 있다.

한나 아렌트 철학 전기: 세계사랑의 여정

Hannah Arendt: For Love of the World

2022년 7월 8일 초판 1쇄 인쇄
2022년 7월 11일 초판 1쇄 발행

지은이 ■ 엘리자베스 영-브륄
옮긴이 ■ 홍원표
펴낸이 ■ 정용국
펴낸곳 ■ (주)신서원
주소 : 서울시 서대문구 냉천동 260 동부센트레빌 아파트 상가동 202호
전화 : (02)739-0222 · 3 팩스 : (02)739-0224
신서원 블로그 : http://blog.naver.com/sinseowon
등록 : 제300-2011-123호(2011.7.4)
ISBN 978-89-7940-653-5 93340
값 55,000원

신서원은 부모의 서가에서 자녀의 책꽂이로
'대물림'할 수 있기를 바라며 책을 만들고 있습니다.
잘못된 책이 있으면 연락주세요.

HANNAH ARENDT: For Love of the World by Elisabeth Young-Bruehl

홍원표의 한나 아렌트 시리즈

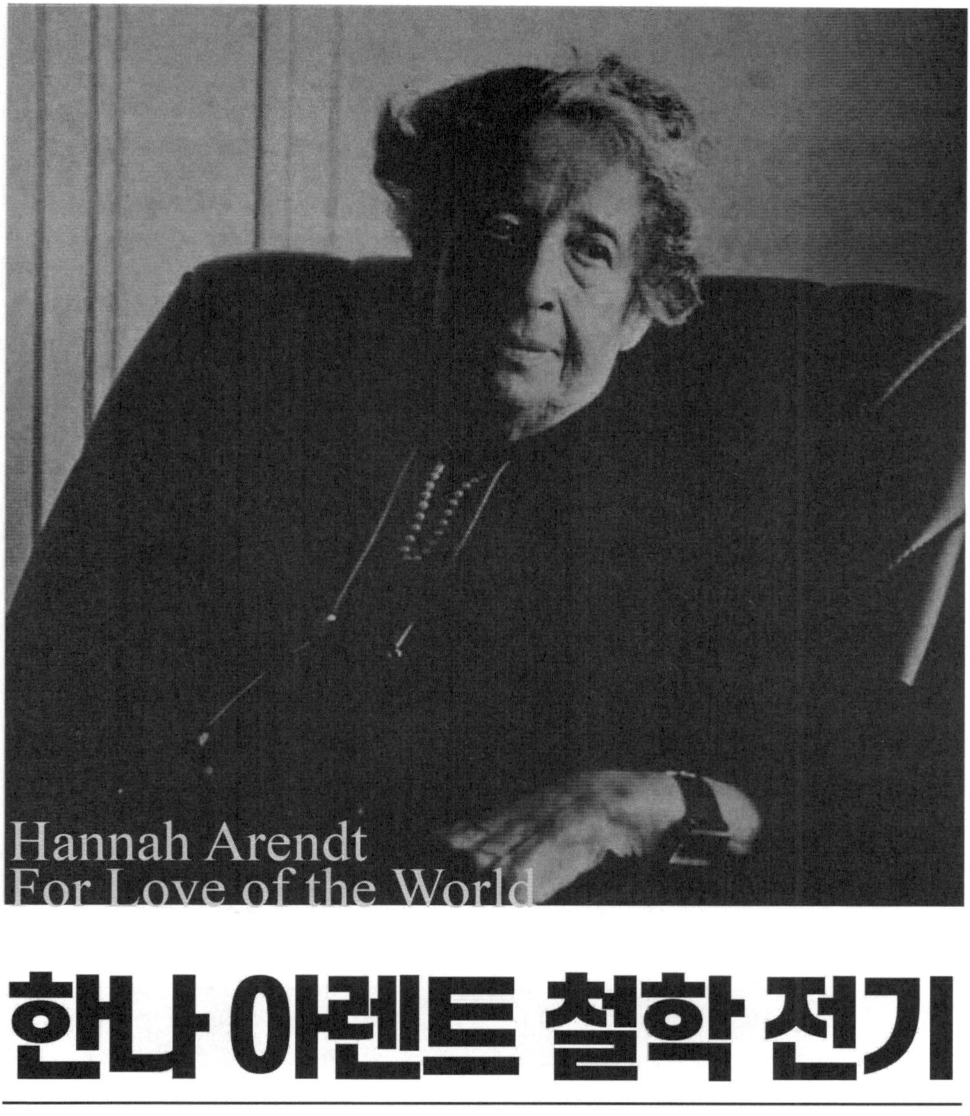
Hannah Arendt
For Love of the World

한나 아렌트 철학 전기

세계사랑의 여정

엘리자베스 영-브륄 지음
Elisabeth Young-Bruehl

홍 원 표 옮김

신서원

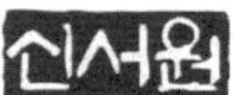

[일러두기]

- 본문의 표기 방식에 따라 인용문장 또는 인용문구는 큰따옴표(" ")로, 강조하는 문구는 작은따옴표(' ')로 표시하였다. 단, 아울러, 문장이나 문구 다음의 ( ) 안의 내용은 작은 호수로, 원문에서 강조 형식인 [ ] 안의 내용은 같은 글자 크기로 표기한다.
- 굵게 표시한 것은 원문과 옮긴이의 강조 표기이며, 옮긴이의 강조는 옮긴이 각주에 안내하였다.
- 옮긴이 각주는 기존 각주의 보충일 경우 각주 내에 '옮긴이'로 표기하였고, 단독적인 옮긴이 각주일 경우 개별 기호로 표시하였다.
- 본문에서 외국인 인명은 우리말로 표기하고, 찾아보기에는 영어 인명을 병기하였다.
- Nazism, Bolshevism은 각기 나치즘, 볼셰비즘으로 표기하지만, 문맥에 따라 나치주의, 볼셰비키주의로 표기하는 경우도 있다.

옮긴이의 말

전기는 시 · 소설 · 희곡 등과 함께 문학의 한 장르이며, 역사 속에서 사람들의 실존과 경험을 반영하기에 특정한 정치사상가를 연구할 수 있는 기본 자료입니다. 『라헬 파른하겐: 한 유대인 여성의 삶』이 하나의 예일 것입니다. 전기가 보조적인 역할을 담당한다고 이해되기 쉽지만, '자서전적 전기' 형식인 이 책은 아렌트의 자화상 편지 「그림자」 및 『어두운 시대의 사람들』과 더불어 아렌트의 정신세계를 이해하는데 있어서 중요합니다. 아렌트의 저작 · 서간집 · 이력 등의 방대한 자료를 반영하고 있는 영-브륄의 철학 전기는 지성사의 범례가 될 뿐만 아니라 아렌트의 삶과 사상을 조망할 수 있는 「아렌트 입문」의 성격을 지니고 있습니다.

옮긴이는 비극의 서사라는 제목으로 한국 근현대사에서 역사적인 인물의 삶과 사상을 조명하면서 지성사를 집필하는 게 상당히 어려운 과제임을 경험한 적이 있습니다. 『비극의 서사: 근현대 한국 지성의 삶과 사상』(2018년)을 집필하면서 영-브륄의 전기를 참조하였으며, 역사적인 인물의 "삶 자체가 정치이고 철학인" 범례를 확인할 수 있었습니다. 이야기하기 형식에 기반을 두고 있는 전기는 순수한 이론적 연구 못지않게 중요할 것입니다.

영-브륄은 서거한 지 7년이 지난 1982년에 한나 아렌트 전기를 출간했습니다. 제2판은 아렌트가 서거한 지 한 세대가 지난 2004년에 출간했습니다. 한나 아렌트의 삶과 사상은 연구자의 영역을 넘어 일반 독자들에게도 관심의 대상이 되었습니다. 이러한 분위기를 고려할 때 영-브륄의 철학 전기는 아렌트 연구자들에게 훌륭한 자료가 될 수 있을 것입니다. 영-브륄의 전기를 2007년 우리 독자에게 소개한 바 있습니다만, 15년이 지난 현재는 새로운 독자들이 우리말 초판을 만날 수 없을 것입니다.

이 사이에 많은 아렌트 전기가 출간되었습니다. 아렌트 연구자들이 영-브륄의 전기를 모델로 하여 다양한 내용의 아렌트 전기를 출간하였고, 국내 연구자들은 이들 가운데 일부를 우리말로 소개하였습니다. 옮긴이는 정용국 신서원 대표님께 영-브륄의 아렌트 전기를 재출간할 수 있는가를 의뢰하였습니다. 제한된 독자층을 고려할 때 이미 출간된 저서를 재출간하겠다는 결정은 쉽지 않은 일입니다. 그럼에도 정용국 대표님은 한나 아렌트의 주요 연구 저서를 국내 독자들에게 소개하는 '한나 아렌트 시리즈'에 이 전기를 포함시키면 좋겠다는 의사를 밝혔습니다. 이 기회를 통해 대표님께 감사를 표시하고자 합니다.

그러나 이런 결정을 내린 이후 국내 출판권을 확보하는 일련의 작업은 쉽지 않았습니다. 전기의 국내 출판권을 담당할 대행사를 찾지 못하여 재판 출간을 거의 포기하다시피 했는데 『한나 아렌트, 정치와 법*Hannah Arendt and the Law*』을 출간하기로 계약하고 번역 작업을 진행하던 중에 아렌트 전기 역시 같은 대행사인 KCC가 국내 출판권을 보유하고 있다는 사실을 확인하였고 계약을 체결하여 이를 「홍원표의 한나 아렌트 시리즈」 제2권으로 출간하기로 확정하였습니다.

재출간은 옮긴이에게는 큰 기쁨이지만 부담을 동반합니다. 번역자의 사명을 충실히 수행하는 게 쉬운 일이 아니기 때문입니다. 550쪽 분량의 원문과 기존 원고를 일일이 대조하며 재판 서문을 번역하고, 초판에 드러난 오역 부분, 매끄럽지 못한 번역, 용어 표기의 비일관성 등을 찾아내는 과정을 거쳤습니다. 옮긴이는 직간접적으로 만나는 독자들이 다양한 관점과 안목을 가지고 있다는 점을 항상 경험합니다. 이 점을 고려하면 독자들이 최소한 공감할 수 있는 우리말 번역은 그만큼 어려울 것입니다. 15년 전에 출간한 역서를 검토하면서 번역 내용과 책의 구성을 좀 더 세밀하게 고려하려고 노력하였습니다. 몇 가지 새롭게 반영한 점은 다음과 같습니다.

첫째, 우리말 번역본의 제목을 어떻게 표현할 것인가? 전기의 원제는 *Hannah Arendt: For Love of the World*입니다. 직역하면, 「한나 아렌트: 세계사랑을 위하여」라고 표기하는 게 좋을 것입니다. 그러나 영-브륄은 「철학 전기」라는 문구의 어색함을 고려하여 이를 책 제목으로 드러내지 않았습니다. 이런 제목으로 출간한 국내 저작물은 지극히 드뭅니다. 그러나 옮긴이는 우리말 제목을 「한나 아렌트 철학 전기: 세계사랑의 여정」으로 바꾸었습니다. 저자 서문과 옮긴이 해제에도 드러나지만, 영-브륄은 네 가지 전기 유형을 고려하면서 자신의 전기를 차별화하려고 했기 때문입니다. 강조하자면, 영-브륄의 전기는 지성사의 모범적인 사례로 평가받고 있습니다.

둘째, 저서로서 지성사는 시대적 배경(환경), 개인의 정신세계와 삶의 궤적, 그리고 동시대인들과의 인간관계를 잘 드러낼 필요가 있습니다. 이 책은 아렌트가 동시대인들과 나눈 대화, 특히 주고받은 서신을 많이 활용하고 있습니다. 따라서 독자 여러분이 내용을 읽으면서 아렌트가 많은 사람(동류집단, 비판자, 지인 등)과 나눈 진지한 대화를 쉽게 확인할 수 있을 것입니다. 이런 부분을 드러내고자 편지의 인용문을 우리말로 옮길 때는 대화 형식으로 표기하였습니다. 서간문이 자서전의 범주에 포함된다는 점을 고려할 때, 이 전기에서 많이 인용되는 서간문의 비중을 부각하는 게 중요하다고 생각했습니다. 따라서 이를 드러내고자 원본에서는 본문의 부기 사항을 미주로 처리했지만, 이 책에서는 각주 형식으로 바꾸었습니다.

이외에도 재판 원고를 검토하면서 많은 세부적인 사항을 반영시키려고 노력하였습니다. 정서주 편집장은 편집본을 세밀하게 검토할 수 있도록 관련 사항을 정리하고 제시함으로써 번역의 완결성을 높이는 데 많은 도움을 주었습니다. 이 기회를 통해 감사함을 표시합니다. 윤문 과정에서 미비점 등을 여러 차례 검토하였지만, 아쉬움은 항상 남습니다. 따라서 번역과 관련한 사항은 전적으로 옮긴이의 책임입니다. 독자 여러분의 세심한 지적을 고려하면서 드러나게 될 결점은 추후 보완하도록 노력할 것입니다.

이 책은 재출간을 준비한 지 2년이 되어 비로소 빛을 보게 되었습니다. 이때에 많은 분과 나눈 우정과 새롭게 깨달은 지혜는 옮긴이에게는 귀중한 자산입니다. 관심과 배려로 이 책 출간에 활력을 불어넣어 주신 한국아렌트학회 회원 몇 분과 동료 학자 여러분에게도 감사의 말씀을 전합니다. 특히 영-브륄의 철학 전기 재판을 출간하도록 격려해준 신충식 선생님께 감사함을 표시합니다. 마지막으로 퇴임 이후에도 언제나 안정적으로 연구하는 환경을 마련해준 아내의 배려와 가족들의 후원에 고마움을 표시하려고 합니다.

2022년 4월

인헌동 서재에서

홍원표

목차

한나 아렌트와 영-브륄의 대화:
또 다른 대화를 위한 이야기

찬사에서 고려해야 할 유일한 것은
관련된 사람들의 위대성과 품위이다.

키케로, 『연설가에 관하여』 I 141

Ⅰ. 프롤로그: 「아렌트 입문」으로서 다양한 전기

우리는 '역사적인 인물'의 삶과 사상을 조명한 수많은 전기 또는 평전을 읽고 있다. 그들의 삶이 현재를 살아가는 사람들에게 정치적 사회적 귀감이 되기 때문이다. 누가 그런 인물인가? 이들을 조명하는 주체는 '역사'가 아니라 후세의 '사람'인 우리들일 것이다. 특정한 시대 중요한 사건이나 인물의 개별적인 삶에 대한 평가는 일반적으로 다양한 형태의 이야기하기를 통해서 이루어질 수 있다. 문학의 한 장르로서 전기는 특정한 개인의 활동을 충실하게 드러내는 글쓰기 형식이지만, 우리는 특정한 사상가의 정신세계를 이해하는 데 있어서 전기 쓰기를 부차적인 것으로 이해하기 쉽다. 그런데 아렌트를 전기 작가라고 규정하는 게 생소해 보이겠지만, 우리는 아렌트의 유대인성을 이해하려고 할 때 그의 전기인 『라헬 파른하겐: 한 유대인 여성의 삶』에 주목해야 할 것이다.

아렌트 연구자들은 현대 지성사에서 그를 역사적인 인물로 평가하고 있다. 아렌트가 1975년 12월 4일 심근경색으로 사망한 이후에 엘리자베스 영-브륄(1946~2011년)은 그의 친한 친구들로부터 아렌트 전기를 집필하도록 요청을 받았다. 이 전기는 영-브륄의 노력으로 칠여 년만인 1982년에 출간되었다. 그러나 1990년대 초반 아렌트 정치철학이 전 세계 연구자들로부터 주목을 받게 되자 영-브륄의 전기도 더 많이 주목받게 되었다. 일부 연구자는 이 시기 아렌트에 대한 관심의 분출을 '아렌트 르네상스'로 특징화하였다. 이는 시대의 변화에 부응하여 정치를 새롭게 이해하려는 연구자들의 의지와 노력을 반영하였다. 이후 아렌트 정치철학을 조명하는 수많은 연구저서와 논문이 봇물처럼 쏟아져 나왔다.

여기서는 우선 영-브륄의 전기 출간 이후 다양한 전기 출간 상황을 살펴보기로 한다. 영-브륄의 아렌트 전기 초판은 1982년에 출간되었고, 필자는 2007년에 이르러 한국어판을 출간하였다. 아렌트 전기는 그의 삶과 사상을 이해하는 데 기본 자료가 되기에, 필자는 그동안 국내외에서 출간된 전기에 주목하였다. 필자는 이를 통해 영-브륄의 아렌트 전기가 지니는 의미와 위상을 고려할 수 있게 되었다. 출간된 저서들을 연대기적으로 소개하는 게 자칫 읽기의 지루함을 초래할 수 있지만, 개략적인 소개는 '역사적인 인물'로서 아렌트의 삶과 사상, 그리고 영-브륄의 업적을 다시 조명하는 계기를 제공할 것이다.

영-브륄은 2004년 재판 서문에서 1995년 출간된 엘즈비에타 에팅거의 『한나 아렌트와 마르틴 하이데거』[1]를 비판적으로 논평하였다. 에팅거는 두 사람(즉 아렌트와 하이데거)의 '관계'를 조명한다는 조건으로 당시까지 공개

---

1 Elżbieta Etinger, *Hannah Arendt/Martin Heidegger*(New Haven: Yale University Press, 1995); 황은덕 옮김, 『한나 아렌트와 마틴 하이데거』(부산: 산지니, 2013).

되지 않은 두 사람의 편지들을 아렌트 유저 관리자로부터 열람할 수 있는 기회를 얻었다. 그러나 에팅거는 두 사람의 연애 관계를 조명하면서 아렌트를 단지 하이데거의 제자 또는 연인으로 축소시켰다. 이 때문에 아렌트와 하이데거의 유저 관리자들은 전기 작가의 '균형감 있는' 조명을 기대하면서 미공개 편지들을 서간집 형태로 출간하기로 결정하였다. 역설적이게도, 아렌트 연구자들은 두 사람의 삶과 철학을 드러내는 이음점junction point을 심도 있게 조명하는 계기를 갖게 되었다. 에팅거는 영-브륄이 이미 지적하였듯이 두 사람의 염문을 편향적으로 소개하여 학자로서 아렌트의 학문적 위상을 제대로 조명하지 못하였다. 왜 그랬을까?

알로이스 프린츠는 1998년에 출간된『한나 아렌트: 세계사랑으로 어둠을 밝힌 정치철학자의 삶』[2]에서 독특한 형식으로 아렌트의 삶과 사상을 재구성하였다. 이 책은 영-브륄의『한나 아렌트 철학 전기』의 축소판과 같은 인상을 준다. 물론 프린츠는 각 장마다 아렌트의 삶과 사상을 특징짓는 문구를 제사로 제시함으로써 지적 전기의 형식을 잘 보여주고 있다. 영-브륄의 전기는 방대한 분량으로 구성되어 있지만, 프린츠는 일반 독자들이 아렌트를 편하게 이해할 수 있는 기회를 제공한다. 이러한 저술 방식은 삶과 사상의 밀접한 관계를 밀도 있게 드러내지 못하는 약점을 지니고 있다.

줄리아 크리스테바는 1999년 출간된『한나 아렌트』[3]에서 아렌트의 역사적 철학적 통찰력을 포함한 전기를 출간하였다. 여기에서 그는 아우구스티누스와 라헬 파른하겐을 통해 삶과 이야기를 강조한 아렌트의 신념을 강조하고, 유대교와 반유대주의, 그리고 악의 평범성을 조명한 아렌트를 부각시키며 아렌트의 지적 여정을 밝히려고 하였다. 크리스테바가 강조하듯이, 삶이 저작의 중심에 있기에 직업적인 사상가가 아닌 아렌트의 경우 삶과

---

2 Alois Prinz, *Hannah Arendt oder Die Liebe zur Welt*(Basel: Belz & Gelberg, 1995); 김경연 옮김,『한나 아렌트: 세계사랑으로 어둠을 밝힌 정치철학자의 삶』(서울: 이화북스, 2019).

3 Julia Kristeva, *Hannah Arendt*, trans., Rose Guberman(New York: Columbia University Press, 2001[1999]).

사유는 일치한다.[4] 크리스테바는 삶이 곧 서사敍事라는 점을 부각시켰다.

안토니아 그루넨베르크는 이중 전기dual biography인 『한나 아렌트와 마르틴 하이데거: 사랑의 역사』[5]를 2006년 출간하였다. 페그만은 2017년 영어판에 수록한 서론에서 그루넨베르크가 "에팅거의 '초췌한' 전기와 영-브륄 전기 사이에서 다른 입장을 제시한다"고 평가하였다. 그루넨베르크는 이 전기에서 개인적 감정으로서 사랑과 철학적 차원의 에로스를 일관되게 연계시키고 있다. "관음증이 있는 사람은 두 가지 주제, 즉 사랑과 사상이 두 사람(아렌트와 하이데거)의 관계에서 지속적으로 교차하는 것을 이해할 수 없다. 이야기와 그 인물에 관한 모든 만담과 더불어 나타나는 주제는 미묘한 차이의 사랑이다. 즉 에로스와 아가페, 충실함과 배반, 열정과 평범성, 화해, 망각과 기억이다. 세계사랑은 또한 나타나며 분명히 감성적인 주제는 아니다."[6] 그루넨베르크는 세속적인 사랑을 극대화하여 두 사람의 철학 사상을 고무시키지 않고 독자들의 감성만을 자극한 에팅거를 신랄하게 비판하고, 영-브륄이 자료 접근의 어려움으로 조명하지 못한, 즉 '철학적으로 승화된' 사랑을 심도 있게 이야기하고 있다.

아렌트의 삶과 사상을 조명한 영화들은 몇 편 소개되어 전공자가 아닌 일반 독자들도 아렌트를 이해할 수 있는 기회를 제공하였다.[7] 켄 크림슈타인은 이야기하기의 새로운 장르인 그래픽 소설graphic novel 『한나 아렌트, 세 번의 탈출』[8]을 통해 아렌트의 삶과 사상을 조명하고 있다. 2018년에 출

---

4 Ibid., p. 4.

5 Antonia Grunenberg, *Hannah Arendt und Martin Heidegger: Geschichte einer Liebe*(München: Piper Verlag, 2006); *Hannah Arendt and Martin Heidegger: History of a Love*, trans., Peg Birmingham, Kristina Lebedeva, and Elizabeth von Witzkek Birmingham(Bloomington and Indianapolis: Indiana Press, 2017).

6 Ibid., p. 2.

7 대표적인 영화로 전기 영화(Biography Movie)인 「Hannah Arendt」(2012) 또는 다큐멘터리 「활동적 삶: 한나 아렌트의 정신」(2015) 등이 있다.

8 Ken Krimstein, *The Three Escapes of Hannah Arendt: A Tyranny of Truth*(London; Bloomsbury, 2018); 최지원 옮김, 『한나 아렌트, 세 번의 탈출』(서울: 더숲, 2019).

간된 이 책은 말과 이미지로 아렌트의 삶과 사상을 잘 엮은 대담한 그래픽 전기이다. 크림슈타인은 아렌트의 삶을 세 차례의 전환점, 즉 1933년 제국회의 방화사건, 1940년 귀르스 수용소 탈출과 미국으로의 이주, 하이데거와의 지적 정서적 결별(즉 하이데거로부터의 탈출)로 극화시켰다.

앤 하버레인은 2020년 출간한 『사랑과 폭정에 관하여』[9]에서 "한 지식인으로서 아렌트의 삶과 발전 — 그의 사유가 결국 구체적인 경험과 밀접하게 연계되어 있다 — 을 묘사하고 인류의 역사에서 극적인 순간을 드러내려는" 의도로 아렌트와 관련한 다양한 저작의 핵심 내용을 소개하며 "아렌트의 이야기와 그의 삶에서 주요 주제가 된 개념, 즉 사랑과 악을 밝히려고 한다." 즉 하버레인은 아렌트의 삶과 철학을 완벽하게 조명하기보다 "오히려 아렌트의 삶에서 발생한 사건에 중점을 두고, 자신이 중요하다고 생각하는 이념을 들어서 꺼내고 아렌트의 이야기와 사유를 넓은 맥락에 설정하는 데 중점을 두고 있다."

사만타 로즈 힐은 2021년 출간한 『한나 아렌트』[10]에서 역사적인 인물의 삶을 탐구하고 삶과 저작의 관계를 조명한 비판적 전기, 즉 평전(評傳; critical biography) 시리즈의 하나로 이 책을 출간하였다. 이 과정에서 영-브륄의 전기는 중요한 자료가 되었다. 힐은 이 전기에서 아렌트의 주요 저작 전체와 삶의 관계를 제시하고 있다. 힐은 "사유와 경험은 관련되며 20세기의 사회적 정치적 상황이 아렌트의 삶과 저작을 형성한다는 것은 의심할 여지가 없다"는 전제에 기반을 두고 있다. "이해 노력은 인식하려는 충동과 달리 사유 활동에 대한 끊임없는 확신을 요구하며 … 저술은 이해 과정의 중요한 부분이다." 힐은 이 전기를 통해 아렌트의 삶과 저작이 독자들에게 사유 방법을 제공한다는 점을 부각시키려고 한다.

---

9 Ann Heberlein, *On Love and Tyranny: The Life and Politics of Hannah Arendt*, trans., Alice Menzies(Toronto: House of Anansi Press Inc., 2021[2020]).

10 Samantha Rose Hill, *Hannah Arendt*(London: Reaction Books Ltd., 2021).

앞에서 현재까지 출간된 아렌트 전기의 주요 특징을 개략적으로 밝혔다. 그렇다면 1982년에 출간된 영-브륄의 아렌트 전기는 과연 현재의 독자들에게 어떤 의미를 지닐까? 간단히 답변하자면, 이 전기는 대표적인 「아렌트 입문」이다. 저서에 담긴 정치적 철학적 함의는 연구자들의 주요 관심 대상이고 새로운 해석을 필요로 하지만, 아렌트의 지적 삶을 조명한 전기(지적 전기), 영-브륄의 표현대로 '철학 전기'는 다른 전기들의 범례가 되기 때문이다. 물론 한 개인의 삶이 지닌 다양한 의미를 새롭게 조명하는 이야기하기는 새로운 것을 드러내는데 기여할 수 있기에, 범례로서 전기라는 표현은 '절대적' 진실을 전제하지는 않는다. 필자는 이 전기가 아렌트 연구의 중요한 길잡이 역할을 한다는 점에서 이 전기를 범례로 특징화하려고 한다.

영-브륄은 아렌트 사후 한 세대가 지난 2004년에 새로운 독자층을 위해 재판을 출간하면서 서문에서 다음과 같이 밝혔다.[11] "아렌트 전기 출간 이후 많은 유작과 서간집이 출간되었음에도 전기 초판을 집필하면서 극히 일부 자료를 제외하고 대부분의 유작과 서간집을 검토하였기 때문에 새로운 사실을 첨가시킬 사항은 없다." 영-브륄은 이런 전제 아래 원문 내용을 수정하지 않은 채 아렌트와 하이데거 서간집 일부를 읽지 못해 드러내지 못한 부분과 아렌트 정치사상의 현대적 함의를 드러내는 내용을 재판 서문에 첨가했다.

필자는 아렌트 정치철학을 연구하면서 '한 개인의 삶이 정치이고 철학이다'라는 소박한 명제를 항상 잊지 않으려고 노력했다. 아렌트가 어두운 시대 세계에 맞서면서 역사적 사건을 정치적으로 사유하고 그 해답을 모색하였기에, 정치적 삶과 정신의 삶은 긴밀하게 연계되어 있다. 『한나 아렌트 철학 전기: 세계사랑의 여정』은 아렌트 전기의 대표작이기도 하지만 지성사로서 모범적인 저작이기도 하다.

---

11 이 재판 서문의 상당 부분은 영-브륄의 다른 저서 서문에도 수록되었다. Elisabeth Young-Bruehl, *What Arendt Matters*(New Haven and London: Yale University Press, 2006); 서유경 옮김, 『아렌트 읽기』(서울: 산책자, 2011).

II. 전기의 집필 계기와 기본 틀

한나 아렌트는 자서전을 남기지 않았다. 1925년 하이데거에게 보낸 편지인 「그림자」, 『라헬 파른하겐: 한 유대인 여성의 삶』, 그리고 『어두운 시대의 사람들』은 아렌트 자신의 삶을 반영하고 있다는 점에서 자서전과 '유사한' 것으로 평가될 수 있지만, 그는 동료집단에 속한 친구들의 계속적인 요청에도 불구하고 자서전을 남기지 않았다. 그의 신념에 따르면 한 인간의 삶에 대한 평가는 본인이 아니라 자신을 관찰한 다른 사람들에 의해 이루어진다. 참여적(실천적) 삶과 관찰자의 삶 사이에 나타나는 차이는 아렌트의 저서에서도 그대로 나타나고 있다.[12]

영-브륄은 어떤 계기로 아렌트 전기를 집필하게 되었는가? 이를 이해하기 위해서는 아렌트와 영-브륄의 관계를 살펴볼 필요가 있다. 영-브륄은 1964년 사라로렌스대학에 입학하여 시 창작을 연구하던 중 1967년 자퇴하였다가 뉴스쿨로 편입하여 1968년 학부를 마쳤다. 이때 한나 아렌트는 뉴스쿨 대학원 교수가 되었다. 영-브륄은 한나 아렌트의 지도 아래 1974년 「자유와 카를 야스퍼스의 철학」[13]이란 주제로 박사학위 논문을 마쳤다. 영-브륄은 1974년 웨슬리언대학교 인문학대학의 철학 담당 교수로 임용되어 1991년까지 재직하면서 여러 편의 저서를 출간하였다. 아렌트는 한때 이 대학에서 『혁명론』을 집필하는 기회를 갖기도 하였다.

아렌트의 전기 집필과 관련한 에피소드를 간략하게 소개한다. 안네 멘델스존은 아렌트가 카를 야스퍼스의 지도 아래 「아우구스티누스의 사랑 개념」으로 박사학위를 받은 직후 낭만주의 연구에 관심을 갖고 있을 때 유대인

12 판단 문제는 『칸트 정치철학 강의』에서 구체적으로 논의되고 있다. 사건이 종결된 이후 비로소 진행되는 판단은 행위자의 몫이 아니라 관찰자 또는 역사가의 몫이기 때문에, "제가 저에 관한 이야기를 기록으로 남긴다면 제 말을 들으려고 누가 모일 것인가?"라고 자서전 집필을 사양하였다.

13 이 논문은 저서로 출간되었다. Elisabeth Young-Bruehl, *Freedom and Karl Jaspers's Philosophy*(New Haven and London: Yale University Press, 1981).

여성 라헬 파른하겐 전기를 집필하도록 요청하면서 중고서점에서 구입한 관련 자료를 모두 아렌트에게 넘겨주었다. 아렌트는 라헬 전기를 집필하면서 자신의 유대인성을 깨닫게 되었고 1933년 망명 직전까지 집필한 미완의 원고를 휴대한 채 프랑스로 망명하였다.

안네 멘델스존은 아렌트 사후 영-브륄에게 전기를 집필하도록 제안했다. 영-브륄은 완곡히 사양하다가 안네 멘델스존의 요청을 수락하였다. 즉 영-브륄은 아렌트 전기를 집필하는 게 자신의 능력을 벗어난다고 생각했지만 주위 사람들과 대화를 나누는 과정에서 집필을 결정하였다.[14] "내가 사람들에게 많이 말하면 할수록 다음과 같은 사실은 더욱 명백해질 것이다. 즉 누군가 친구들이 말해야만 하는 이야기, 내가 만년에 만났기에 알려지지 않은 이야기를 쓰지 않는다면, 그 이야기들은 묻힐 것이다."[15] 우리는 이 언급에서 아렌트와 영-브륄의 우정과 충실성을 확인할 수 있다.

영-브륄은 스승에 대한 존경과 우정, 예외적인 여성의 지적 탁월성 등이 이야기하기의 충분한 주제가 된다고 생각했을 것이다. 그러나 책의 부제에도 나타나듯이 '세계'[16]에 대한 아렌트의 관심(즉 세계사랑), 독자들에 대한 영-브륄의 관심이 전기를 쓰게 된 더 근본적인 이유라고 할 수 있다. 영-브륄은 아렌트의 삶과 사상만을 단순히 심리학적으로 소개하는 데 그치지 않고 아렌트가 참여하게 된 세계와 시대를 조망함으로써 개인적(심리적) 사회적 정치적 역사적 차원을 전기에 복합적으로 담으려고 노력했다. 따라서 주제로서 아렌트에 대한 이야기는 주인공인 아렌트와 작가인 영-브륄의 개별적인 주장, 그리고 두 사람 사이의 대화를 포함한다. 영-브륄은 이를 통

---

14 Rosemary H. Balsam, "Elisabeth Young-Bruehl 1946~2011," *Studies in Gender and Sexuality*, vol. 13(2012), p. 161.

15 Edwin McDowell, "Written in a Blaze," *The New Times Archives*, June 6, 1982, section 7, p. 54.

16 아렌트는 '세계'를 지구 또는 자연적 세계와 구분한다. 세계는 작업에 의해서 형성되는 객관적 사물세계와 언어행위에 의해 이루어지는 주관적 인간관계망을 포괄한다. 따라서 세계는 인간에 의해서 형성된 인위적인 공간을 지칭한다.

해 바로 현재의 인간관계망에 아렌트와 자신의 삶을 끌어들여 새로운 이야기하기의 계기를 마련하려고 하였다.

영-브륄은 무엇을 전기의 모델로 삼았을까? 아렌트는 네틀의 전기 『룩셈부르크』에 대한 서평에서 다음과 같이 밝히고 있다. "영국식의 가장 권위 있는 전기는 … 장황한 문장, 완벽한 관련 증거, 충분한 주석, 풍부한 인용문을 담고 있어서 대체로 두 권의 대작으로 발간된다."[17] "세상에 알려진 위대한 정치가나 다른 인물들의 삶을 묘사하는 데만 어울리는 것 같은 장르의 주제로 예상 밖의 후보자인 로자 룩셈부르크의 생애를 선택한 것은 네틀이 지닌 천재적 솜씨이다."[18] 영-브륄의 전기는 네틀의 전기를 모델로 삼고 있으며, 이후 출간된 아렌트의 전기와 달리 방대한 분량을 차지한다.[19]

영-브륄의 아렌트 전기는 연대기적 원리에 따라 4부로 구성하였다. 이런 범주에 따라 총 10장으로 아렌트의 삶과 사상을 연계시켰다. 〈부록〉에는 아렌트와 콘 집안의 가계, 영-브륄이 정리한 박사학위 논문 요약, 그리고 아렌트의 독일시 원문이 포함되어 있다. 각 장의 제목은 아렌트의 삶을 압축적으로 묘사하고 있지만 아렌트의 삶을 네 국면으로 나눈 각 부의 제목은 시기만을 표기하고 있을 뿐이다. 이러한 방식은 아렌트의 삶을 전기적 본질주의에 근거해 이야기하지 않으려는 인상을 주고 있다. 필자는 영-브륄의 이러한 의도를 고려하며 우리 독자들의 이해를 돕고자 각 부에 아렌트의 삶을 특징짓는 제목을 달았다.

제1부 「독일에서의 삶과 학문활동」에서는 칸트의 고향이며 아렌트가 어린 시절을 보냈던 쾨니히스베르크(현재 칼리닌그라드)에 대한 묘사로부터 시

---

17 Hannah Arendt, *Men in Dark Times*(San Diego, New York and London: Harcourt Brace & Company, 1968), pp. 33; 홍원표 옮김, 『어두운 시대의 사람들』(파주: 한길사, 2019), 107쪽(이후 『어두운 시대의 사람들』로 표기함).

18 앞의 책.

19 이 전기는 2권으로 구성되어 있고 부록과 찾아보기를 포함하여 약 1,000쪽 분량으로 구성되어 있다. J. P. Nettl, *Rosa Luxemburg*(London, New York and Toronto: Oxford University Press, 1966).

작되어 바이마르 독일의 지적 정치적 소요 시기 아렌트의 성장 과정, 유대인으로서 자각에 관한 내용을 담고 있다. 제2부 「무국적자의 삶과 학계 등단」에서는 독일을 망명한 1933년 이후 18년간 무국적자로 살았던 아렌트의 삶을 조명하고 있다. 제3부 「정치이론가의 성찰하는 삶」에서는 『전체주의의 기원』을 출간한 이후 아렌트의 독창적인 정치적 사유의 궤적을 중점적으로 묘사하고 있다. 제4부 「정치와 철학의 심연을 극복한 만년의 삶」에서는 어두운 시대의 미국과 혁명의 정치적 의미를 독특하게 해석하면서 정치이론가로서 완숙한 경지에 도달한 아렌트의 삶을 잘 부각시켰으며, 마침내 거부와 도전의 삶으로부터 물러나 정신 활동에서 위안의 삶을 누리는 정치철학자의 여생을 묘사하고 있다. 영-브륄은 연대기적으로 기술하면서도 세계사랑의 여정에 초점을 맞추되 아렌트의 다양한 삶을 우리들에게 보여주고자 하였다.

영-브륄은 이 전기를 '철학 전기'로 규정하고 있다. 영-브륄은 아렌트에 대한 다른 사람들의 관심을 부각시키고자 이러한 저술 형식을 취하고 있다. 따라서 이 글에서는 아렌트의 정치철학 자체에 대한 심층적 이해보다는 아렌트의 삶과 사상의 관계를 조명하는 데 역점을 두고자 한다. 아렌트는 삶의 한 형식으로서 이야기하기의 중요성을 실천한 정치철학자이다. 그의 지적인 삶은 이야기하기와 연관되며, 그는 이야기하기를 통해 사적인 것을 공적인 것으로 전환하였다. 따라서 제3절에서는 아렌트의 이야기하기를 이해할 수 있는 내용들을 제시한다. 이어서 제4절에서는 아렌트의 삶을 이야기하기 형식으로 전개한 영-브륄의 전기 집필에 관한 이론을 고찰하기로 한다. 제5절에서는 영-브륄의 눈에 비친 아렌트의 다양한 삶 가운데 독특한 측면을 부각시킨다. 이외에도 아렌트의 삶과 사상은 앞으로도 다양하게 조명될 것이다.

Ⅲ. 아렌트의 이야기하기: 인간관계망의 구성

'이야기하기story-telling'는 특정한 사람의 삶과 사상을 이해하는 데 있어서 중요한 요소이다. 'story-telling'은 '말하기'와 '글쓰기'라는 두 가지 활동을 포괄하는 용어이다. 말하기는 소리의 현전과 관련된 활동이지만, 글쓰기는 말없이 진행되는 활동이다. 이러한 측면에서 스토리텔링story-telling을 '말하기-글쓰기'로 표현할 수도 있겠지만, 여기에서는 이야기하기로 표기한다. 이야기하기가 아렌트의 저작에서 차지하는 의미는 독특하지만, 필자는 다른 연구를 통해서 이를 조명하고 있기에서 여기서는 구체적 논의는 제외한다.[20] 즉 이야기하기에 대한 이론적 분석을 시도하지 않고 주요 저작에서 이야기하기의 역할을 어떻게 드러내고 있는가를 고찰하기로 한다.[21]

소설이나 수필, 그리고 일상 대화뿐만 아니라 자식들에게 들려주는 부모들의 말에 이르기까지 모든 것들이 이야기에 속한다. 이야기하기는 인간의 삶을 구성하는 기본 활동이다. 아렌트는 이야기하기를 개념으로 규정하지도 않았으며, 자신의 저작들을 통해 일관되게 사용하지도 않았다. 그러나 "아렌트는 이야기하기를 사랑했으며 귀중한 이야기를 반복하여 언급하였다."[22] 아렌트는 인간을 이해하는 데 있어서 이야기하기 방식을 선택하였으며, 그의 저작들은 대부분 이야기하기 형식으로 구성되어 있다.

첫째, 『라헬 파른하겐』은 이야기하기 형식으로 구성되었다. 아렌트는 파른하겐의 삶, 즉 '주변적' 현상에 대한 이야기하기를 통해 자신의 정체성,

---

20 다음 자료를 참조할 것. 홍원표 지음, 『아렌트: 정치의 존재이유는 자유다』(파주: 한길사, 2011); 홍원표 지음, 『한나 아렌트 정치철학: 행위, 전통, 인물』(일산: 인간사랑, 2013).

21 아렌트 연구자들이 이야기하기를 어떻게 이해하고 있는가를 소개한다. 볼라트에 따르면, 이야기는 개관적 이론에서 얻을 수 없는 귀속감을 제공한다. 루반은 전체주의 시대를 포함하여 '어두운 시대'를 이해할 수 있는 반실증주의적 방법을 제공한다. 벤하비브 이야기가 사상가들에게 과거와 현재의 틈새를 채울 수 있도록 도와주는 보상적 담론이라고 주장한다. 바르나우가 주장하듯이, 이야기하기는 일종의 판단이다. 이들은 견해에서 약간의 차이를 드러내지만 이야기하기의 중요성을 인정한다.

22 Elisabeth Young-Bruehl, *Mind and the Body Politic*(New York and London: Routledge, 1989), p. 1.

즉 유대인성을 자각하였다. 파른하겐 전기에서는 베냐민의 저술방식이 잘 드러나고 있다. "주요 저작의 진가는 단편들을 그 맥락에서 분리시키는 것이며, 단편들이 서로를 설명하고 사실상 자유롭게 떠도는 상태에서 그들의 존재 이유를 증명할 수 있는 방식으로 이들을 새롭게 배열하는 것이다."[23] 아렌트는 진주조개를 잡는 사람과 같은 태도로 "과거를 다루는 새로운 방법을 찾아내고자 하였다."[24] 이렇듯 아렌트는 라헬의 삶에서 무엇인가를 찾고자 하였을 것이다. 시온주의자 블루멘펠트와의 만남은 아렌트에게 이러한 계기를 제공하였다. 아렌트는 라헬 자신이 이야기했을 법한 그러한 삶의 이야기를 언급하려고 노력했다. 강조하자면, 파른하겐의 삶에 대한 관심은 아렌트에게 유대인성을 깨닫는 계기를 제공하였다.

둘째, 아렌트는 이야기하기를 통해 자신의 정치적 사유를 잘 드러내고 있다.[25] 우리는 아렌트 초기의 저작 모음집인 『유대인 문제와 정치적 사유』에서 이야기하기의 예들을 충분히 확인할 수 있을 것이다.[26] 예컨대, 1940년대 집필한 논문 「파리아로서 유대인: 숨겨진 전통」은 이야기하기의 특성을 잘 드러낸다. "잘 구성된 이야기는 아주 고상한 이론과 더불어 세계에 관한 견해를 드러낼 수 있는 능력을 공유하고 있다. 달리 표현하면, 이야기하기는 이론적 분석보다 훨씬 더 강력한 비판적 힘이 될 수 있다."[27]

아렌트는 『전체주의의 기원』을 집필하는 과정에서 전체주의 현상을 기존의 전통적 관점으로는 이해하기 어렵다는 것을 깨달았다. 아렌트의 고민은 이 책을 집필하던 시기에 『논평』(1946년)에 기고한 「지옥의 이미지」라는

23 아렌트, 『어두운 시대의 사람들』, 340쪽.

24 앞의 책, 327쪽.

25 Annabel Herzog, "The Poetic Nature of Political Disclosure: Hannah Arendt's Story-telling," *CLIO*, vol. 30, no. 2(Winter 2001), p. 169.

26 서지 사항은 다음과 같다. Hannah Arendt, *The Jewish Writings*(New York: Schoken Books, 2007); 홍원표 옮김, 『유대인 문제와 정치적 사유』(파주: 한길사, 2022).

27 Lisa J. Disch, "More Truth than Fact: Storytelling as Critical Understanding in the Writing of Hannah Arendt, *Political Theory*, vol. 21, no. 4(November 1993), p. 665.

제목의 글에 잘 나타나 있다. "인간의 역사는 이보다 더 하기 어려운 이야기를 알고 있지 못하다."[28] 아렌트는 '정치사상의 통상적 범주'로부터 벗어나 전례 없는 사건인 전체주의 정치를 이해할 수 있는 이야기하기 방식을 택함으로써 이해의 난관을 극복하였다. 아렌트의 이야기하기는 서양의 전통에 대한 저항, 즉 거부를 의미한다. 아렌트는 정치현상을 이해하는 수단으로 '아르키메데스 점'을 설정하는 전통의 틀로 전체주의 현상을 이해할 수 없다고 생각하였다.[29] 아렌트는 철학과 정치 사이에 놓인 심연을 극복하기 위한 방법으로 이야기하기를 제안하였다. 그는 철학이 정치와 분리되어야 한다는 신념을 포기하고 우리의 이론을 경험 속에 설정하였다. 아무리 추상화된 이론이라도, 그 이면에는 우리가 언급해야만 하는 사건이나 이야기, 그리고 그 완전한 의미가 존재하기 때문이다. 따라서 아렌트는 전례 없는 사건에 대한 이해를 위해 비판적 사고를 요청하였다. 이것이 바로 이야기하기이다.

아렌트에 따르면, 사회과학자들의 '설명'과 반대로, "이해는 상상력과 밀접하게 연계되어 있다."[30] 이야기하기는 과학적 설명이 불가능한 역사적 사건의 의미를 밝히는 데 기여하며,[31] 언저리 현상을 중심으로 끌어들이는 장점을 지닌다. 법칙에 입각한 역사 해석은 개별적이고 우연적인 것 같은 사건들의 의미를 밝히는 데 주목하지 않는다. 반면에 다원주의적 역사 해석은 역사적 객관성을 확보하는 것보다 개별적인 역사적 사건의 보편적 '의

---

28 Hannah Arendt, *Essays in Understanding 1930-1954*(New York, San Diego, and London: Harcourt Brace & Company, 1994), p. 191; 홍원표 · 임경석 · 김도연 · 김희정, 『이해의 에세이』(서울: 텍스트, 2012), 336쪽. (이하 『이해의 에세이』로 표기함).

29 비유적으로 표현하자면, 정치현상이 발생한 곳을 직접 방문하여 관찰하는 방식(go visiting; 방문하다)과 정치현상이 발생한 곳으로부터 벗어나 특정한 지점에서 관찰하는 방식(Archimedian seeing)의 차이를 들 수 있다. 아렌트는 전자의 방법을 강조하고 있다.

30 아렌트, 『이해의 에세이』, 624쪽.

31 이야기하기 방식으로 한국 민주화를 분석한 연구로 홍원표, 「한국 민주화의 좌절과 도전에 관한 이야기하기: 정치적인 것과 사회적인 것의 제자리 찾기」, 『한국정치학회보』, 제35집 2호(2002), 25-45쪽을 참조할 것. 저술의 특징으로서 자각한 파리아의 관점, 현상학적 방법과 더불어 이야기 글쓰기를 들고 있는 연구로는 김선욱. 『한나 아렌트 정치판단이론: 우리 시대의 소통과 정치윤리』(서울: 푸른숲, 2002)를 들 수 있다.

미'를 밝히는 데 역점을 둔다.

셋째, 『인간의 조건』에서 이야기하기를 인간조건과 연계시켜 그 의미를 언급한다. 아렌트는 실제적인 이야기가 인간관계망의 구성과 밀접하게 연계되어 있다는 점을 강조한다.[32] 그의 주장대로, 이야기하기는 정치를 연결시키는 가장 적절한 방식이다. 이야기를 표현하는 인간의 삶, 그리고 인류의 이야기책이 되는 역사는 모두 행위의 결과이기 때문이다. 인간은 이야기하기를 통해 행위의 결과를 오래 간직하려고 한다. 따라서 이야기하기는 모두 유한성 또는 사멸성이란 인간조건을 극복하는 문제와 연계되어 있다.[33] 인간은 유한한 존재 또는 죽어야 할 존재로서 항상 자신의 근본적 한계를 극복하려는 열망을 가지고 있다. 이러한 열망은 불멸성을 확보하려는 행위로 표출된다. 영원성과 달리 "불멸성은 시간 속에서 지속, 이 지구상에서 죽지 않는 삶을 의미한다."[34] 아렌트는 고대 그리스인들을 통해 이 문제의 열쇠를 발견하였다.

이들에 따르면 유한한 존재인 인간이 태어난 세계는 영원하며, 자연의 순환 역시 영구적으로 지속된다. 이 속에서 인간만이 유한하다는 것이다. 따라서 이들은 자신들이 태어난 세계에 의존해 살기 위해서는 불멸성을 확보해야 한다고 생각하였다. 이들은 위대한 행위를 통해서 불멸성을 확보하려고 노력하였다. 물론 이러한 노력은 위대한 행적을 기억하려는 집단적 노력을 통해서만 의미를 갖게 된다.[35] 호메로스나 헤시오도스는 인간의 삶

---

32 Hannah Arendt, *Human Condition*(Chicago & London: The University of Chicago Press, 1958), pp. 181-187. 망(web)은 아렌트의 은유이다. 망은 비가시적이며 만지기 어렵기 때문에 '그물망'으로 번역하는 것은 부적절하다. 아울러, 아렌트는 허구적인 이야기와 실제적인 이야기를 구분하기 위해서 'enacted stories'라는 용어를 사용하였다.

33 아렌트는 이야기하기를 인간의 실존적 위상과 연관시키고 있다. 아렌트는 이를 통해 이야기하기의 존재론적 차원을 제시하고 있다.

34 Hannah Arendt, *Human Condition*, p. 18.

35 이와 관련한 루반의 체계적인 이해를 위해서는 다음 문헌을 참조할 것: "Explaining Dark Times: Hannah Arendt's Theory of Theory", eds., Lewis P. Hinchman and Sandra K. Hinchman. *Hannah Arendt: Critical Essays* (New York: State University of New York, 1994), pp. 79-109.

에 불멸성을 부여하는 수단으로 시를 활용하였다. 이들은 시를 통해 영웅들의 행적이나 신들의 계보를 회상하였다. 시는 사건에 내재된 진리를 투명하게 드러내는 형상으로 '사건들'의 복잡성을 응축함으로써 사물을 이해하는 데 기여하였다. 신화의 시대, 루반의 표현대로 '시의 시대' 고대 그리스인들은 시를 통해 인간의 위대한 행적을 후세에 전달하려고 노력했다. 정치의 시대는 첫 번째 시대와 부분적으로 중첩된다.

불멸화의 수단으로서 시는 정치로 대체된다. 투키디데스의 펠로폰네소스 전쟁사에 주목할 필요가 있다. 이야기의 시대는 페리클레스의 연설에서 나타나듯이 정치의 시대이다. 역사의 이야기는 정치공동체가 기억을 생생하게 유지하지 못할 경우에 중요하게 된다. 헤로도투스는 시간이 경과함에 따라 과거의 기억이 소멸되는 것을 막고자 역사를 기술하였다. 아렌트는 여기에서 고대인들의 역사 기술과 현대인들의 역사 기술의 차이를 지적하고 있다. 고대인들은 위대한 사건이나 작업을 포괄적인 전체나 한 과정의 일부로 인식하지 않고 단일한 사례, 즉 사건에 역점을 두었다. 아렌트는 불멸화 노력과 이야기하기의 연계성을 강조함으로써 이야기하기의 존재론적 위상을 우리에게 제시하고 있다.

넷째, 아렌트는 '어두운 시대'를 이해하는 방식으로 이야기하기를 적용시켰다. 그는 브레히트의 시 「후손들에게An Die Nachgeborenen」에서 '어두운 시대'라는 문구를 차용하였다.[36] "역사에는 어두운 시대라는 수많은 시기가 존재한다."[37] 어두운 시대는 공공영역과 사적 영역의 구분이 의미를 완전히 상실했거나 적어도 극적으로 쇠퇴하는 시기이다. 아렌트에 따르면, 공과 사의 구분이 붕괴된 시대에 어두운 시대의 공허함이 나타나고, 사람들이

---

36 참으로 나는 어두운 시대에 살고 있구나!
악의 없는 언어는 어리석게 여겨진다. 주름살 하나 없는 이마는
그가 무감각하다는 것을 나타낸다. 웃는 사람은
단지 그가 끔직한 소식을
아직 듣지 못했다는 것을 말해 줄 뿐이다.

37 아렌트, 『어두운 시대의 사람들』, 78쪽.

어떻게 행동하는가를 알지 못하며, 공공성이나 사생활로부터 무엇을 기대하는가에 대해서도 알지 못하는 인식론적 혼동 또는 위기가 나타나게 된다. 아렌트는 이러한 시대에 살았던 사람들의 삶에서 귀중한 것을 발굴하고자 노력했다. 진주조개를 채취하는 사람과 같이 역사 속에 묻혔던 귀중한 보배를 발굴하는 작업은 이야기하기를 통해서 이루어진다. 그러기에 이야기하기는 새로운 시작의 한 형태이다.

"『어두운 시대의 사람들』의 명백한 목적은 세계 속에서 자신들의 공간적 위상을 변경시켰던 사람들(레싱 · 룩셈부르크 · 론칼리 · 야스퍼스 · 브로흐 · 디네센 · 베냐민 · 브레히트 · 구리안 · 자렐)의 전기들을 연결시키는 것이었다."[38] 아렌트는 이들의 전기를 집필하면서 자신의 입장을 간접적으로 언급한다. 여기에서 이야기하기는 중요한 의미를 갖는다. "아렌트의 경우 정치적인 것은 '공개된' 세계의 다양한 영역들을 통해 모든 가시적인 이동을 연결하는 망이다."[39] 그는 어두운 시대 정치적 이동을 설명할 수 있는 저술 형식이 이야기하기라고 언급했다.

다섯째, 정신의 삶은 이야기하기와 연관된다. 『정신의 삶』은 비가시적 정신 활동을 이야기하기 형식으로 이해하는 기회를 우리에게 제공한다. "30분 전 길을 걷다가 경험한 것을 말하는 사람은 일상적 삶에서 '이야기하기'를 실천하고 있다. 사유는 이러한 이야기에 형태를 부여한다."[40] 이야기하기는 기억이란 측면에서 사유와 연계된다. 경험에 대한 사유는 그것을 기억하고 설명할 것을 우리에게 요청한다. 따라서 이야기하기는 사건에 대한 사유의 완결이다.

---

38 Annabel Herzog, "The Poetic Nature of Political Disclosure: Hannah Arendt's Storytelling", *CLIO*, vol. 30, no. 2(Winter 2001), p. 181.

39 Annabel Herzog, "The Poetic Nature of Political Disclosure: Hannah Arendt's Storytelling", p. 185.

40 Arendt, "On Hannah Arendt," *Hannah Arendt: The Recovery of the Public World*. ed., Melvyn A. Hill(New York: St. Martin's Press, 1979), 303.

아렌트는 정치적 판단이론에서 중요한 개념인 '확장된 사유enlarged thinking'와 이야기하기의 관계를 언급한다. 그에 따르면, 이야기꾼은 사유를 확장하는 예외적인 능력을 가지고 있다. 그는 물론 자신이 말하는 것을 경험으로부터 확보하며, 그것을 자신의 말에 귀 기울이는 사람의 경험으로 전환한다. 이야기하기는 사람이 다양한 시각으로 찾아가는 수단이며, 하나의 상황에 대한 다양한 시각의 설명을 제시하는 데 기여하는 말 형식이고, 다른 사람들에게 그러한 시각으로 '찾아가서 보라go visit'고 권유한다. 다른 사람의 관점에서 생각하기인 판단은 과정에서 많은 사람들의 가능한 관점을 끌어들일 때 공평성을 더 많이 확보할 수 있다.[41] 이렇듯 이야기하기는 공평성과 밀접하게 연계되어 있다.

지금까지 아렌트의 저작에 일관되게 등장하는 이야기하기에 관한 내용 가운데 일부를 소개하였다. 이미 형성된 인간관계망을 풍요롭게 하며 새로운 것을 개입시키는 활동은 바로 이야기하기이다. 아렌트의 이야기하기는 과거의 사건이다. 따라서 그의 이야기를 전달하는 노력은 다른 사람들의 몫일 것이다. 아렌트 연구자들은 아렌트 정치철학에 대한 비판과 옹호, 새로운 해석을 통해 그 몫을 담당하고 있다. 이러한 노력은 아렌트 정치철학의 부활을 가능케 하였다. 그러나 아렌트의 마지막 제자들 가운데 한 사람이었던 영-브륄은 이들과 달리 전기 집필을 통해 그 몫을 담당하였다.

Ⅳ. 영-브륄의 전기 쓰기: '삶의 본질'을 넘어서

전기 역시 이야기하기의 한 형식이며, 인간의 유한성을 보완하는 데 기여하고 있다. 전기는 또한 삶과 삶의 만남이다. 강조하자면, 영-브륄은 아렌트가 뉴스쿨에 재직 당시 제자였고, 주위 사람들의 권고로 아렌트 전기

---

41 Lisa J. Disch, "More Truth than Fact: Storytelling as Critical Understanding in the Writing of Hannah Arendt, p. 686.

를 집필하게 되었다. 영-브륄은 두 편의 전기(한나 아렌트와 안나 프로이트)를 집필하는 과정에서 다양한 전기 형식을 고려하였다. 『안나 프로이트: 전기*Anna Freud: A Biography*』는 1988년 출판되었다. 여기서는 영-브륄이 아렌트 전기를 집필한 지 7년 후 출간한 『정신과 정치체』에 수록한 논문 「전기 집필」의 내용을 중심으로 영-브륄의 입장을 고려하면서 영-브륄에 대한 바일랜드의 입장을 반영시킬 것이다.

정치사상 연구자들은 원전을 해석하는 데 있어서 다양한 방식을 취한다. 저자 입장에서 원전의 의미를 해석하려는 방법, 해석자의 입장에서 원전의 의미를 이해하려는 입장, 그리고 정치사회적 · 언어적 · 역사적 맥락에서 원전의 의미를 이해하려는 입장이 있다. 저자와 해석자의 관계는 전기 작가와 주인공의 관계에도 동일하게 적용될 수 있을 것이다. 전기 작가는 주인공의 삶을 이해하는 데 있어서 그 본질을 천착하려는 의도 또는 유혹을 무시하기 어렵다. "전기적 본질주의자가 되려는 유혹은 연구 과정에서 여전히 남아있게 된다."[42]

영-브륄은 삶의 본질을 포착하려는 네 가지 형태의 유혹(또는 의도), 그리고 이에 조응하는 전기의 부제副題 유형을 제시하고 있다. 첫째 유혹은 일종의 체계정신esprit de système에서 발생한다.[43] 주인공의 삶을 총체적으로 담으려는 작가는 전기의 부제를 「삶과 사상」의 형태로 표현한다. 작가는 책을 구성하면서 주인공의 사상과 삶을 완벽하게, 총체적으로 묘사하려고 노력한다. 두 번째 유혹 역시 종합에 대한 유혹에서 발생한다.[44] 작가는 주인공의 정체성을 파악하려고 노력한다. 그는 "주인공의 인격을 매혹적으로 묘사하기 위해 품성의 강력한 특성이나 습관적 기질의 징후로부터 아름답게 조화되거나 호기심을 자극할 정도로 충돌되는 측면을 선택한다."[45] 이러

42 Young-Bruehl, *Mind and the Body Politic*, p. 126.

43 Ibid.

44 Ibid.

한 시도는 네 가지 형태 가운데 심리학적인 측면을 가장 많이 담고 있어서 전통적인 역사가들이나 문학적 전기 작가들로부터 많은 비판을 받는다.[46] 첫 번째 유형의 전기에는 차분한 분위기를 풍기지만, 두 번째 유형의 전기에서는 극적인 분위기가 강렬하게 풍긴다.

다른 두 유혹은 부분을 통해 전체를 드러낸다.[47] 세 번째 유형의 전기는 단순히 '삶(생애)'이란 부제를 달고 있다. 이러한 전기는 종합적이지 않고 오히려 '전체로서 일부를 드러내는synecdochial' 방식에 다라 기술된다. 작가는 주체의 전 생애를 압축하고 있는 것 같은 하나의 사건 또는 일련의 사건을 선택하여 기술하는 데 역점을 둔다. 네 번째 유형('생애와 시대')의 전기에서 주체는 전체를 대변하는 일부, 상징(어떤 과거의 잔재, 현재의 징표, 미래의 전령)으로서 묘사된다.[48] 주체는 쿤의 패러다임과 같이 그 시대의 정의이며, 혁명적 새로운 시대가 도래할 경계이다.[49]

영-브륄은 아렌트의 전기를 집필할 때 이러한 네 가지 유혹의 배후에 남아 있는 충동을 유지하면서 한 생애의 본질이 전기 작가에 유용하다는 이념을 거부하였다. 즉, 그는 전기를 집필하는 과정에서 "플루타르크식의 도덕주의적 양식으로 기획된 이상적 삶을 교육학적으로 제시하고자 시도하지 않았다."[50] 영-브륄은 볼링브로크의 말을 인용하면서 아렌트 전기에 관한 입장을 명백히 제시하였다. 즉 "역사는 사례를 통한 철학적 가르침이듯이, 전기는 이야기를 통한 철학적 가르침이다."[51] 여기에서 우리는 영-브륄이 아렌트 전기의 부제를 '생애와 사상', '한 인간의 생애', '생애의 이야기',

---

45 Ibid.

46 Steven Weiland, "Biography, Rhetoric, and Intellectual Careers: Writing the Life of Hannah Arendt", *Biography*, vol. 22, no. 3(Summer 1999), p. 373.

47 Young-Bruehl, *Mind and the Body Politic*, p. 126.

48 Ibid.

49 Ibid., p. 131.

50 영-브륄, 「초판 서문」, 122쪽.

51 Young-Bruehl, *Mind and the Body Politic*, p. 133.

'생애와 시대'라고 붙이지 않고 '세계사랑의 여정'으로 붙이게 된 이유를 찾을 수 있다.

영-브륄은 스승의 전기를 쓰는 입장을 다음과 같이 명백히 밝히고 있다. "아렌트에게 '세계사랑'이란 문구는 세계 경멸contemptus mundi에 대한 전통적 철학 시각에 반대하는 태도이다. 전통적 태도는 활동적 삶에 대한 관조적 삶의 우위, 현상세계에 대한 이상세계의 우위를 전제하는 이분법적 세계론에 잘 드러나고 있다."[52] 아렌트는 이분법적 세계론을 거부하면서 현상세계에 대한 관심을 강조하였다. 이러한 입장을 수용한 영-브륄은 "그의 전기를 썼을 때 이 문구는 나에게는 아렌트의 삶과 나의 독자들에 대한 태도이다"[53]라는 주장을 통해 제자로서 아렌트에 아첨하기보다 존경하는 마음을 표시하고 있다.

영-브륄은 독자들에게 다른 사람의 삶에 관한 이야기를 구상하기 전에 두 가지 질문(즉 철학적, 정치적)을 고려해야 한다고 주장한다. '삶의 본질'을 강조하는 전기 작가들은 주인공의 본질적 삶을 발견하거나 부각시키고자 노력한다. 이러한 인식은 하나의 사물에 부합하는 진리가 하나라는 조응이론과 연계된다. 이러한 맥락에서 "전기는 '삶의 본질'에 적합하거나 조응하는 사실적 진리를 찾는 언명과 유사하다고 상정된다."[54] 영-브륄은 '삶의 본질'을 고수하지 않으면서도 상대주의나 허무주의에 빠지지 않은 채 주인공의 생애를 조명하는 데 역점을 두고 있다. 그의 주장대로, 전기는 사실적 진리뿐만 아니라 진술적 진리도 수용하면서 삶의 의미를 부각시켜야 한다.

영-브륄은 아렌트의 전기를 집필하는 과정에서 몇 가지 입장을 고려하였다. 첫째 아렌트의 생애 중 발생한 사건이나 그가 살았던 사회적 정치적 맥

---

52 이러한 입장에 대한 필자의 연구는 다음 자료를 참조할 것. 홍원표, 『한나 아렌트 정치철학: 행위, 전통, 인물』(일산: 인간사랑, 2013), 「제5장 정치철학의 전통과 그 역사적 운명」.

53 Young-Bruehl, *Mind and the Body Politic*, p. 134.

54 Ibid.

락에 포함된 사건들과 관련된 사실적 진실을 존중한다. 영-브륄은 사건이나 연표 등의 목록을 작성함으로써 사실에 충실하게 기술하고자 하였다. 무엇보다도, 아렌트가 만났던 수많은 사람들에 대한 사실적 기술은 사실적 진리를 유지하려는 영-브륄의 열정을 반영하고 있다. 영-브륄은 이 전기에서 아렌트의 실제적 삶, 현대 지성사, 현대 유럽정치와 미국정치의 사실적 측면들을 치밀하게 묘사하고 있기 때문이다.

둘째, 다른 사람의 의식과 연계되는 아렌트의 의식을 언급함으로써 아렌트가 생각하거나 다른 사람과 공유하였던 진실을 부각시킨다. 영-브륄은 이를 위해 서신 · 출판물 · 보관문서 · 증언 등을 인용하였으며, 이러한 자료를 통해 아렌트의 정신세계와 현실세계의 상호관계 및 그 시간적 맥락을 고려하였다. 아렌트가 인간을 이해하는 데 있어서 시간적 맥락을 고려하였듯이,[55] 영-브륄 역시 아렌트를 이해하는 데 있어서 시간적 맥락을 고려하였다. 영-브륄은 "아렌트의 철학정신과 정치적 사유에 대한 이해와 관련하여 시간의 양태에 대한 성찰, 즉 한 인간의 생애의 심리학적 · 역사적 · 철학적 차원에서 과거 · 현재 · 미래의 상호작용에 대한 성찰로"[56] 전기 집필에 대한 자신의 위상을 정립하려고 노력하였다.

마지막으로, 실존적 상황을 언급한다. 영-브륄은 아렌트의 삶을 이해하는 데 있어서 공간적 맥락을 투영시키고 있다. 그는 인간을 이해하는 데 있어서 공간적 맥락을 고려한 카를 야스퍼스의 철학적 입장을 아렌트 전기의 집필에 적용시켰다. 영-브륄은 야스퍼스의 한계상황을 수용하여 아렌트의 삶이 특징적 형태를 띠고 있다는 점을 부각시켰다. 이 과정에서 영-브륄은 아렌트의 삶이 한 형태의 삶이 아니라 다양한 형태의 삶으로 구성되어 있

---

55 아렌트는 인간을 이해하는 데 있어서 과거 · 현재 · 미래의 상호작용을 일관되게 적용시키고 있다. 대표적인 예를 들면 다음과 같다. 『아우구스티누스의 사랑 개념』에서는 사랑을 시제에 따라 달리 표현하고 있다. 『정신의 삶』에서도 사유는 현재, 의지는 미래, 그리고 판단은 과거와 연계시키고 있다. 인간을 이해하는 데 있어서 시간적 차원을 강조하게 된 것은 하이데거의 영향이라고 볼 수 있다.

56 Young-Bruehl, *Mind and the Body Politic*, p. 135.

다는 점을 부각시킨다. 따라서 그는 아렌트가 다른 사람들과 어떻게 우정을 유지했는가를 조명하는데 역점을 두고 있다. 이때 그는 아렌트가 '누구인가'를 밝히기보다 '어떤 관계'를 유지한 사람인가를 밝히는 데 역점을 두었다. 우리는 여기에서 당시의 학문적 지형을 엿볼 수 있다.

영-브륄은 이 점을 고려하며 전기를 집필하는 게 한편 단순하지만 다른 한편 매우 어렵다는 것을 인정한다. 즉 그는 각 수준 사이의 관계를 고정하지 않은 채 전기를 어떻게 구성할 것인가에 대해 고민하였다. 달리 표현하면, 그는 전기 집필과 관련한 정치적 문제를 고려할 필요가 있다는 점을 강조하였다.

전기는 시대에 따라 기억의 사적 영역과 공공영역에서 각기 다른 역할을 한다. 전기 작가의 일차적인 정치적 책임은 기억의 지배적인 조건들을 고려하는 것이고 당대인들이 기억하는데 필요한 것을 기술하는 것이다. 우리는 과거 어느 때보다도 기억하는 수단(도서관 · 문서보관소 · 필름 · 문서 · 매체 속의 작품 · 기억은행 등)을 많이 가지고 있기 때문에 망각으로부터 자유로울 수 있다고 생각하기 쉽다. 그러나 기억장치가 곧 기억은 아니다. 따라서 전기 작가는 보존 행위 없이는 기억되지 않을 수 있는 한 인간의 삶을 이야기로 보존하는 일에 참여해야 한다. 영-브륄은 이러한 정신 활동이 바로 이야기하기라고 밝히고 있다. 아렌트가 과거의 현재화를 위해 발터 베냐민의 진주조개 채취를 언급하였듯이, 영-브륄 역시 베냐민을 인용하고 있다.

영-브륄은 과거 또는 과거의 사건이 지니고 있는 메시지에 대한 이해를 독자들에 맡겨야 한다고 강조한다. '삶의 본질'을 포착하려는 유혹으로부터 벗어나면서 삶의 의미와 관련된 문제에 대한 개방적 입장을 유지하는 것은 독자들에 대한 전기 작가의 신뢰와 연계된다. 따라서 영-브륄은 자신과 독자들과의 유대, 아렌트의 표현대로 '세계'를 유지하고자 하였다. 전기 집필을 통한 기억 행위는 세계를 유지하는 것, 세계사랑을 실천하는 것과 연관된다.

영-브륄은 이러한 원칙을 유지하면서 전기를 집필했는가? 이 질문에 대한 일부의 해답은 스티븐 와일랜드의 논문에 제시된다. 그는 아렌트의 삶을 부각시키는 방식으로 네 가지 범주(즉 거부 · 보류 · 도전 · 위안)를 제안한다. 와일랜드는 모범적인 인간의 삶을 재구성하는 전기적 형태를 이용하면서도 형식적인 도식화를 따르려는 유혹을 피하려는 영-브륄의 입장을 설명하고 있다. 와일랜드는 네 범주에 입각해 아렌트의 삶이 한 형태가 아니라 여러 형태로 특징화된다고 설명하고 있다.

첫째, 어린 시절 아렌트의 독립적인 태도, 1930년대 초반 부정의 태도, 이후 지적 독립성은 상호 연계되어 있다. 이러한 것들은 '거부'의 태도로 특징화된다. 와일랜드에 따르면, "아렌트가 완숙한 정치철학자로서 행하기를 거부한 것은 단지 아렌트가 지적 독립성을 위해 평생 동안 수행하였던 선택을 반영하고 있다."[57] 거부의 태도는 거리두기와 친화적인 태도이다.

둘째, 와일랜드는 "도전이 오늘날 지적 삶에서 공통적이다"[58]라는 주장에 기초해 아렌트의 지적 삶을 '도전'으로 특징화한다. 도전은 거부와 공통점을 지니고 있지만 관여하기와 친화성을 더 강하게 띠고 있다. 도전의 태도는 기존의 문제에 이의를 제기하면서 세계에 대한 관심을 적극적으로 드러내는 태도라고 할 수 있다. 따라서 거부와 도전은 동일한 결과를 초래할 수 있지만 방식에 있어서 반대의 성격을 띠고 있다.

영-브륄은 아렌트의 이러한 지적 궤적을 특별히 부각시키고 있다. 『전체주의의 기원』과 관련된 논쟁, 악의 평범성을 제기한 『예루살렘의 아이히만』, 그리고 「리틀 록에 대한 성찰」, 정치적 출생을 강조한 『인간의 조건』[59] 등

57 Steven Weiland, "Biography, Rhetoric, and Intellectual Careers: Writing the Life of Hannah Arendt", p. 376.

58 Ibid., p. 382.

59 하이데거에 대한 아렌트의 도전을 이해하려면 다음 문헌을 참조할 것. Richard J. Bernstein, "Provocation and Appropriation: Hannah Arendt's Response to Martin Heidegger", *Constellations*, vol. 4, no. 2(1997), pp. 153-171.

은 아렌트의 지적 삶이 전통에 대한 도전을 그대로 반영하고 있다는 점을 보여주고 있다.

셋째, 와일랜드는 아렌트의 지적 정체성을 '거부'의 태도와 연관시키면서 또한 '부유浮遊'로 특징화하고 있다. 그의 지적 삶은 특정 국가 · 문화 · 시대에 귀속되지 않고 이들 사이에 걸쳐 있다. 『과거와 미래 사이』는 바로 이를 단적으로 보여주고 있다. 우리는 이러한 태도를 모호성으로 표현할 수 있다. 모호성은 부유의 한 형태이다. 아렌트의 고뇌에 찬 삶에서 심리적으로 불안정한 시기가 있었다. 영-브륄은 어린 시절과 젊은 시절 외적 요인으로 겪게 되는 심리적 불안정 상태가 정치적 사유에 기여한 긍정적 측면을 제시하고 있다.

넷째, 아렌트의 지적 삶을 '위안'으로 특징화할 수 있다. 아렌트는 거부 · 도전 · 부유의 상태에서 나타나는 심리적 불안감 또는 격리감을 우정으로 극복할 수 있었다. 전기 제10장 「철학의 위안」에서도 나타나듯이, 거부 · 부유 · 도전으로 점철된 아렌트의 삶은 철학에 복귀함으로써 위안의 삶으로 전환한다. 그러나 철학으로 복귀하기 이전의 분주한 삶 속에서도 아렌트에게 위안을 주었던 요소는 다양한 형태로 유지된 우정이었다. 우정이야말로 심리적 긴장감과 갈등 속에서 아렌트를 지탱케 했던 원동력이었다.

V. 아렌트의 다양하고 독특한 삶: 거리두기와 관여하기 사이의 긴장

지금까지 아렌트의 전기를 기반으로 아렌트를 이해한 와일랜드의 입장을 소개하였다. 여기서는 앞에서 구체화하지 않은 아렌트의 모습을 고찰할 수 있을 것이다. 영-브륄의 전기에서 아렌트는 "강렬하고, 화려하며, 숙성하며, 매혹적이고, 마음씨 따뜻하며, 시적이고, 수줍음을 타고, 사랑을 받으며, 곡해되며, 박식하고, 열정적이며, 용기 있는 지식인으로 묘사되고 있다."[60]

어린 시절의 아렌트는 독립성이 강한 여성이었다. 성년 시절의 아렌트는 지나칠 정도로 공과 사를 구분하는 여성이었다. 영-브륄은 아렌트의 이러한 삶을 드러내려고 시인 오든의 시구인 "사적인 얼굴에 드러나는 공적인 모습"을 인용하기도 한다. 그는 유대인성을 자각했음에도 불구하고 종교적 차원의 시온주의에 대해서는 비판적 입장을 유지했다. 이 전기에서는 뚜렷하게 부각되고 있지는 않지만, 아렌트는 근대성을 비판한 사상가로 묘사되고 있다.

아렌트는 항상 자신의 정체성을 부정의 방식으로 표현하였다. 그는 자신이 철학자·보수주의자·자유주의자·페미니스트·시온주의자가 아니라고 표현함으로써 '국외자'[61]로서 독립적인 위상을 유지하고자 하였다. 1972년 「아렌트 학술회의」에서 모겐소는 아렌트에게 "당신은 어떠한 사람인가요? 당신은 보수주자인가? 당신은 자유주의자인가? 현재의 가능성 내에서 당신의 위치는 어디에 있는가?"라고 질문을 하였다. 아렌트는 이런 질문에 "나는 모른다"라고 답변하였다. 영-브륄은 이러한 답변을 소개함으로써 아렌트의 학문적 국외자 태도를 명백히 제시하고 있다.[62] 이런 삶을 특징짓는 용어는 '거부'일 것이다. 그는 의식적인 파리아였다.

앞에서도 언급했듯이, 아렌트는 "강렬하고, 화려하며, 조속했고, 매혹적이며, 온화하고, 시적이고, 수줍어하면서도 박식하고, 열정적이며 용기 있는 지식인이다."[63] 아렌트의 지지자들과 반대자들은 각기 아렌트의 삶을 다양하게 특징화하고 있다. 근대성을 비판하지만 근대성을 옹호하는 사상가,

---

60 Leon Bostein, "*Hannah Arendt: For Love of the World*"(Book Review), *The Journal of Modern History*, vol. 57, no. 2(June 1985), p. 335-336.

61 이 용어에 해당하는 우리말로 천민·최하층·떠돌이·부랑자로 표기되지만, 이런 용어들은 아렌트의 의도를 제대로 반영하지 못하다. 오히려 국외자, 한계인, 버림받은 사람이란 표현이 아렌트의 의도에 더 근접하다고 볼 수 있다. 여기에서는 주로 **국외자·한계인·버림받은 사람** 의미로 사용한다.

62 영-브륄, 이 책의 제10장.

63 Leon Bostein, "Hannah Arendt: For Love of the World by Elisabeth Young-Bruehl"(Book Review), p. 356.

일종의 예언자, 서투른 시인, 시온주의 비판자, 페미니즘 반대자 등 열거하기 어려울 정도로 아렌트에 대한 평가는 다양하고 상반된다. 여기에서 이런 평가를 모두 언급하는 게 어렵고 불필요할 것이다. 따라서 여기에서는 네 가지 측면에서 아렌트의 다양하면서도 독특한 삶을 부각시키기로 한다.

1. 자의식적인 파리아: 독립성의 외적 표출로서 거부

영-브륄은 전기에서 아렌트의 삶이 국외자의 삶이라는 것을 부각시켰다. 그는 어린 시절 아렌트의 삶을 조명하면서 이러한 측면을 부각시키고, 이를 성인 시절 아렌트의 삶과 연계시켰다. 영-브륄은 어린 시절 아렌트의 독립적인 태도, 성인들과 다른 방식으로 애도를 표현하는 태도, 그리고 고등학교에서 자신의 독립성을 유지하려는 태도 등을 부각시키고 있다. 철학적 전통을 거부한 하이데거와의 만남은 또한 학문적 전통에 대한 아렌트의 거부와 연계된다.

이러한 거부의 태도는 파리아에 대한 의식에서 구체적으로 드러난다. 정치 행위자는 동료집단으로부터 인정받는 것을 귀중하게 생각하지만, 파리아는 동료 집단으로부터 인정받는 것을 기대하지 않는다. 파리아는 독특한 활동방식을 가지고 있다. 의식적인 파리아로서 "아렌트는 주류 공동체에 대항하여 파리아 집단의 일원으로서 행동한다."[64] 그는 동등한 사람들로 구성된 집단을 위해 행동하지 않으면서도 동료들로부터 배제되는 것을 두려워하지 않았다. 그러나 아렌트는 단지 한 개인으로서만 활동하지도 않았다.

파리아의 정치적 삶을 이해하기 위해 정치 행위자와 파리아의 특징을 비교할 필요가 있다. 아렌트가 이해한 정치 행위자는 삶의 사적인 측면에 대한 관심을 배제하지만, 파리아는 공적인 측면과 사적인 측면을 고려한다.

---

64 Jennifer Ring, "The Pariah as Hero: Hannah Arendt's political Actor," *Political Theory*, vol. 19, no. 3(Aug. 1991), p. 441.

정치 행위자는 자신의 특이성을 드러내야 하기 때문에 공공영역으로부터 배제되는 것을 회피한다. 반면에, 파리아는 자신의 역사적 정체성을 유지하는 과정에서 주류 집단으로부터 배제의 대상이 된다. 아렌트가 인류에 반하는 범죄를 자행한 아이히만을 평범한 사람이라고 주장하였을 때, 유대인 사회가 아렌트를 반유대주의자로 규정하고 그에게 집단적으로 가한 언어폭력은 이러한 상황을 잘 보여주었다. 아렌트는 이 과정에서 자신의 개인적 삶이 정치에 의해 침해당하고 있다는 점을 이해시킬 수 있는 방법을 부단히 찾고자 노력했다. 파리아는 자신이 속한 공동체를 대변하면서도 여전히 홀로 존재한다.

아렌트는 라헬 파른하겐의 전기를 집필하는 과정에서 '자의식적인 파리아'를 발견하였다. 아렌트는 박사학위 논문을 마친 직후인 1929년 18세기 말 베를린 살롱의 여주인인 유대계 여성의 전기를 집필하기 시작하였다. 아렌트는 이 전기에서 파른하겐의 내면적 삶을 무시하였다. 아렌트가 이러한 성찰을 반대한 것은 가족에 대한 기억, 고통스러운 어린 시절과 거리를 두려는 명분을 제공하였다. 이때 아렌트는 시온주의자들을 만났으며 독일에서 유대인이 된다는 것이 무엇을 의미하는가를 자각하기 시작했다. 시온주의자들은 유대인으로서 자신들의 품위를 유지하려고 노력했다. 아렌트는 독일 내 반시온주의가 강화되는 상황에서 시온주의 운동을 지원하였지만 시온주의자가 되지는 못했다. "그는 버림받은 사람들 사이에서 버림받은 사람이었다."[65] 아렌트는 1933년 독일을 망명하기 직전 파른하겐 전기 마지막 2장을 남기고 초안을 완성하였다. 망명 시절에도 그는 '자의식적인 파리아'로 전환하는 파른하겐에 관심을 가졌다. 이와 같이, '파리아의 신세pariahdom'는 젊은 시절 아렌트 개인적 이상이었다. 영-브륄은 이것을 다른 명칭, 즉 '뜻밖의 결과irony'로 표현하면서 아렌트의 시를 소개하고 있다.[66]

---

65 Elisabeth, Young-Bruehl, 1989, *Mind and the Body Politic*, p. 10.

66 영-브륄, 이 책, 189쪽.

영-브륄은 망명 시절 아렌트의 삶에 대한 묘사를 통해 파리아로서 아렌트의 삶을 부각시키고 있다. 파리 망명 시절 아렌트는 귄터 스턴과 이혼하고 거부의 완벽한 유형을 대변하는 사람과 결혼하였다. 블뤼허는 아렌트의 새로운 세계였다. 아렌트는 블루멘펠트로부터 "정치적으로 의식을 지닌 파리아와 사회적으로 야망을 지닌 벼락출세자라는 구분"[67]을 수용하였지만, 본래 프랑스계 유대인 작가인 베르나르 라자르로부터 이 개념을 수용하였다.

아렌트는 정치이론가로서 자의식적인 파리아의 삶을 잘 보여주고 있다. 『예루살렘의 아이히만』 출간과 논쟁에 관한 영-브륄의 이야기에 나타나듯이, 아렌트는 영원한 파리아로 남아 있다. 그는 아이히만 논쟁에서 '파리아 민족pariahvolk' 내에서 또한 한계적인 상황으로 내몰린 파리아가 되었다. 아렌트는 악의 평범성이란 독특한 개념을 통해 아이히만의 행적을 이해하고자 하였다. 유대인들은 아렌트를 반유대적인 유대인으로 비판하였지만, 아렌트는 자신의 입장을 지속적으로 유지함으로써 자기 민족 대다수와 '적대' 관계에 놓였다. 영-브륄은 아렌트가 이러한 상황에 놓이게 된 몇 가지 문제점을 지적하고 있지만, 아렌트의 파리아다운 입장을 비판하지는 않았다. 미국으로 이주한 아렌트는 실천적 정치적 이유 때문에 시온주의자가 되었지 종교적 문화적 이유 때문에 시온주의자가 되지는 않았다. 그는 종교적 문화적 시온주의를 거부하였다.

아렌트는 『전체주의의 기원』을 집필하면서 철학자의 역할을 거부하였다. 물론 그는 1950년대 말 철학에 관심을 가졌으며 명문 대학들로부터 초청을 받았지만 교수가 되는 것을 결코 원하지는 않았다. 미국 대학들에 대한 아렌트의 입장은 양면적이었다. 아렌트는 자신을 대학교수로 초청하면서 '예외적인 여성'으로 취급하려는 프린스턴대학교가 속물적이며, 버클리

67 영-브륄, 이 책, 311쪽.

대학교는 너무나 방대하다고 생각했다. 그는 또한 분석철학에 너무 경도되어 있는 대학의 분위기를 거부하였다.

2. 서투른 시인poetess manquè: 심리적 부유浮遊의 정치적 승화

"아렌트는 시에는 재능이 없었다."[68] 그러나 그는 시를 통해서 자신을 이해하였다. 아렌트는 고독한 문제를 제기하는 과정에서 시에 관심을 가졌으며, 17세 때부터 시를 쓰기 시작하였다. "아렌트는 시를 쓰기 시작하였을 때 자의식적인 파리아 영역을 자신의 개인적 왕국으로 생각하였다."[69] 영-브륄은 아렌트의 시를 통해 소녀 시절과 대학생 시절 아렌트의 심리적 특성을 파악하고 있다. 영-브륄은 아렌트의 삶과 정신세계를 이해하기 위해 아렌트의 시를 인용하였다. 하이데거에 편지로 보낸 자화상 「그림자」에 아렌트의 고독과 상실이 뚜렷하게 드러나지만, 1920년대에 쓴 시에는 이러한 심경이 공통적으로 잘 드러나고 있다.

소녀 시절 아렌트의 시에서는 생소함, 상실감, 정처 없는 배회 등과 같이 자기 소외 또는 세계 소외의 감정을 표현하고 있다. "그는 젊음이 완전히 꽃피기 이전에 예외적이고 매혹적인 것을 순간 경험했다. 그래서 그는 이후 자신을 놀라게 했던 당연한 방식으로 자신의 삶을 '현재 이곳'과 '그때 그곳'으로 나누는 습관을 알았다."[70] 그리고 아렌트는 낭만주의 시인들의 방식으로 자신의 이야기를 알리고자 하였다. 미국 시민권을 획득한 이후 쓴 시는 젊은 시절의 시들과 다른 분위기를 보인다. 아렌트는 1952년 블뤼허에게 보낸 편지 말미에 쓴 시에서 상호 평등과 독립성을 통해 안정적 결혼생활을 유지함으로써 형성되는 심리적 안정감을 다음과 같이 표현하고 있

---

68 영-브륄, 이 책, 138쪽.

69 영-브륄, 이 책, 189쪽.

70 영-브륄, 이 책, 207쪽.

다. 즉 "지구가 시를 읊조리고, 벌판을 따라/나물들 사이에 일직선으로/쟁기질한 땅 주위로 우리의 길을 세상에 내자."[71]

아렌트는 많은 시인들(예컨대, 오든 · 브로흐 · 브레히트 · 길벗 · 그레브 등)과 교류하였고 자신의 저작들에 이들의 시를 즐겨 인용하였다. 그러나 그는 자신의 시를 인용하지는 않았다. 그는 시인들의 시언어나 시구를 통해 역사적 사건의 정치적 의미를 부각시키는 시적 상상력을 잘 보여주고 있다. "삶이란 '세계적' 운동의 조화라는 아렌트의 생각은 지리적 위치에 국한되지 않는다. 그것은 일련의 조응하는 영역들 사이의 왕래(브레히트의 경우 시와 정치, 구리안의 경우 종교, 베냐민의 경우 정신적 흐름)를 포함하고 있다."[72]

아렌트는 평생 두 언어(영어와 독일어)로 사유하고 집필하였다. 그는 가우스 대담에서 언급했듯이 정치이론을 집필하기 위해 사용하는 영어, 그리고 마음속에 남아 있는 운문(시가)으로서 모국어인 독일어 사이를 오갔다. 그의 주장대로, 은유는 사유에 양분을 제공하며, 철학과 시가는 은유를 통해 현상세계와 정신세계를 연결시킬 수 있다. "세계는 상이한 영역들을 연결하는 다리로 구성되어 있으며, 그 다리는 은유를 통해 노출될 수 있다."[73]

아렌트가 정치현상의 의미를 드러내는 데 사용하는 용어들은 시언어의 특성을 지니고 있다. 영-브륄은 아렌트의 시 「허드슨 강 가의 공원」에 대한 해석에서 영국 출판업자가 『전체주의의 기원』에 붙이고자 한 제목으로 사용된 문구인 "우리 시대의 부담"을 예견케 한다고 지적하였다. 시구의 일부는 다음과 같다. "나무 가지가 외로이 걸려 있다/운전수들은 무턱대고 길을 달리고 있고/…/영원은 항상 여기에 있다/사랑하는 연인이 지나간다/ 우리 시대의 부담을 안은 채"[74] 영-브륄은 시대의 부담을 몇 년간의 집단학살로

---

71 영-브륄, 이 책, 888쪽. Hannah Arendt and Heinrich Blücher, *Within Four Walls*, trans., Lotte Kohler(New York, Sandiego and London: Harcourt, Inc., 1996), p. 165.

72 Annabel Herzog, "The Poetic Nature of Political Disclosure: Hannah Arendt's Storytelling", p. 182.

73 Ibid., p. 180.

표현하고 있다.

'어두운 시대'라는 용어는 브레히트의 「후손들에게」에서 차용한 것이며, 정치언어로 전환된다. 아렌트는 「어두운 시대의 인간성: 레싱에 관한 사유」에서 어두운 시대의 특성을 설명하기 위해 레싱의 은유, 즉 가장 잘 알려진 진리들의 **'기둥'**을 이용한다. "우리는 그러한 기둥들의 실질적인 파편 더미 속에 서 있다는 것을 알기 위해 주위를 둘러보아야 한다."[75] 아렌트에 따르면, 정치질서는 진리의 기둥에 의존하고 있었지만 이제 붕괴되어 다시 복구하는 게 무용하다.

아렌트는 『인간의 조건』에서 사적 영역과 공공영역의 특징을 구별하기 위해 노출과 은폐라는 하이데거의 용어를 차용하면서도 '어둠'과 '빛'이라는 시언어를 차용함으로써 공공영역의 정치적 의미를 독자들에게 뚜렷하게 제공하고 있다. 이러한 측면에서 그는 정치 행위에서 시로 영역 이동을 하고 있으며 이러한 이동을 통해 정치적인 것의 의미를 제공하고 있다. 이와 같이, 시적으로 사유하는 것은 은유적으로, 또는 연상적으로 사유하는 것이며, 이 결과 다양한 경험세계들 사이의 조응을 발견하고, 이러한 경험의 상이한 경험들 사이의 조응을 발견하는 것이다. 아렌트는 베냐민에 관한 고찰에서도 이와 관련된 내용을 언급하였다.

아렌트는 철학과 시가 공통점을 지니고 있다고 지적하였다. 철학과 시는 은유를 통해 비가시적인 것을 우리들에게 전달하기 때문이다. 그러나 아렌트는 이러한 지적에 머물지 않고, 시를 통해 우리들에게 정치 행위의 의미를 명료하게 이해시키고 있다. 아렌트는 시 영역과 정치영역의 상호 관계를 통해 정치적인 것의 중요성을 우리들에게 알려주고 있다. 따라서 영-브륄은 아렌트의 정치적인 것에 대한 입장을 직접 제시하고 있지 않지만 간접적으로 이것의 중요성을 제시하고 있다.

---

74 영-브륄, 이 책, 406쪽.

75 아렌트, 『어두운 시대의 사람들』, 76쪽.

아렌트는 어둡고 외로운 젊은 시절 부유의 감정을 시로 표현하였다. 그는 시를 통해서 이러한 감정을 표현하였고, 이런 경험은 정치현상을 이해하는 데 중요한 원동력이 되었다. 그는 시적 상상력을 통해 정치의 단면을 노출시키는 데 탁월한 능력을 보였다. 그의 경우 새로운 정치현상을 이해하는 자료의 상당수는 정치철학 자체의 원전이 아닌 문학영역이었다.

3. 탁월한 정치이론가: '현재'를 이해하려는 도전 정신

영-브륄의 전기에서 아렌트의 정치이론에 관한 설명은 제2부에서 제4부까지 걸쳐 있다. 영-브륄의 '철학 전기'는 정치에서 철학적 사유가 어떤 계기에서 형성되며 어떻게 발전하였는가를 다루고 있다. 영-브륄은 이를 통해 자신과 세계를 연결시키는 사랑, 즉 세계사랑에 대한 아렌트의 집요한 개념적 사유를 부각시키고 있다.

영-브륄은 이 부분을 집필하는 과정에서 몇 가지 사항을 고려하고 있다. 우선 영-브륄은 아렌트가 특정한 저서나 논문 또는 평론을 집필하던 정치적 맥락 또는 시대적 환경을 사실적으로 기술하고 있다. 아울러, 이와 관련한 아렌트의 고민 또는 심리적 상황을 언급하고, 나아가 이러한 저작의 정치사회적 충격과 반론에 대해 언급하고 있다. 물론 영-브륄의 심리적 분석은 상당 부분 아렌트 편집 모음집에 기반을 두고 있다.[76] 이러한 내용들은 아렌트가 자신의 저서에서 직접 언급하지 않은 배경적 지식을 이해하는 데 많은 도움이 될 것이다. 영-브륄은 이러한 몇 가지 사항을 고려함으로써 작가의 주관적 입장에 경도되지 않고 아렌트의 세계사랑을 독자들에게 충실

---

76 주요 편집 모음집은 다음과 같다. *Hannah Arendt and Karl Jaspers Correspondence: 1926-1969*. ed., Lotte Kohler and Hans Saner(New York: Harcourt Brace Jovanovich, 1992); *Within Four Walls: The Correspondence of Hannah Arendt and Heinrich Blücher, 1936-1968*. ed., Lotte Kohler(New York: Harcourt, 1996); *Between Friends: The Correspondence of Hannah Arendt and Mary McCarthy*, 1949-1975, ed., Carol Brightman(New York: Harcourt, 1995); Hannah Arendt and Martin Heidegger, *Letters 1925-1975*, ed., Ursula Ludz(New York: Harcourt, 2004).

하게 전달하고 있다. 여기에는 정치에 관한 아렌트의 통찰을 독특하게 드러내는 주요 저서의 내용을 압축적으로 소개한다.

『전체주의의 기원』과 관련한 영-브륄의 입장을 고찰한다. 전후 아렌트는 유대인들과 이들의 고통으로부터 배우고자 했던 모든 사람들에게 현대 유럽역사에 관한 책을 제시하려는 엄청나게 노력한 사람으로 묘사된다.[77] "이 책은 아렌트가 1940년대 자신의 모든 연구에서 보였던 것과 마찬가지로 저항행위였다."[78] 아렌트는 자신의 순수성, 열린 마음을 유지하려는 의지 등으로 이 책에 경악과 분노의 분위기를 투영시켰다. 영-브륄은 이 책을 집필하는 아렌트의 정신을 "충실성은 진리의 징표"로 평가하였다. 이 책은 냉전적 전사들에게 촉매제를 제공하였으며, 조지프 매카시의 과도한 반공주의와 그의 전략을 두려워했던 사람들에게 저항을 요청하였다.[79]

영-브륄은 전기 제3부에서 정치이론가로서 성찰하는 아렌트의 삶을 집중적으로 조명하고 있다. 정치이론에 관한 주요 저작들 가운데 『인간의 조건』, 『과거와 미래 사이』, 그리고 『혁명론』은 이 시기에 출간되었다. 영-브륄은 이 세권의 저작들이 집필된 배경을 밝혀주고 있다. 이런 배경에 관한 영-브륄의 이야기는 정치이론가로서 아렌트를 심도 있게 이해할 수 있는 길잡이 역할을 한다.

아렌트는 『전체주의의 기원』이 출간되자 정치이론가로서 각광을 받게 되었다. 그는 이때 비로소 미국 시민권을 얻게 되었다. 한국전쟁이 지속되던 시기에 미국에서는 반공주의 논쟁이 지속되고 있었다. 아렌트는 『전체

---

77 "『전체주의의 기원』의 집필은 아렌트가 무국적자였던 1945년부터 4년간의 집중적인 노력으로 결실을 맺었다."

78 Young-Bruehl, *Mind and the Body Politic*, p. 13.

79 영-브륄은 제2판 서문에서 이 책과 관련하여 아렌트의 예언자적인 지적 통찰력을 강조하고 있다. "탈냉전 후 세계질서에 대한 새로운 위협이 증대되고 있다. … 아렌트는 자연의 법칙을 적용시킨 나치즘과 역사의 이데올로기를 적용시킨 스탈린주의를 기술하고 있다. 현대의 세계에서 이러한 이데올로기는 순수한 형태로 존재하지 않지만 오늘날 가장 영향을 미치는 '도덕' 이데올로기와 같은 성격을 띠고 있다. 민주주의가 도덕적 선이라는 일종의 근본주의적 민주주의자들, 그리고 호전적인 이슬람주의자들 사이에 도덕적 순수성을 강조하는 이데올로기가 존재한다."

주의의 기원』의 출간 이후 그 후속 연구로 「마르크스주의의 전체주의적 요소」에 관심을 갖게 되었다. 영-브륄도 지적했듯이, 마르크스에 관한 연구는 새로운 정치학의 기초를 확립하는 계기가 되었다.

영-브륄은 '노동하는 동물homo laborans'로서 인간이라는 마르크스의 개념을 천착하는 과정에서 '작업하는 동물homo faber'과 노동하는 동물을 구별하게 되었다. 그는 18세기 정치혁명과 19세기 산업혁명 이후 근대 세계가 인간 활동 전반에 커다란 변화를 초래하였다는 점을 파악하고 인간의 활동에 관한 전반적 평가에 관심을 갖게 되었다. 이 연구는 노동 · 작업 · 행위에 관한 개념적 분석을 완성시킨 『인간의 조건』으로 발전되었다.

영-브륄의 지적대로, 『전체주의의 기원』이 전체주의로 '결정화結晶化'되는 요소들에 대한 역사적 설명이지만, 『인간의 조건』은 활동적 삶을 구성해 왔던 요소들에 대한 역사적 설명이다. 아렌트는 이 책에서 인간 행위의 조건을 정치학의 중심 과제로 삼았다. 따라서 『인간의 조건』을 이해하는 핵심적인 개념어는 인간 조건, 활동 유형, 그리고 활동 영역이다. 영-브륄은 아렌트가 이러한 문제를 얼마나 진지하게 고려했는가를 다음과 같이 압축적으로 표현하고 있다. "아렌트는 책 제목을 '인간의 조건'으로, 유럽판 책 제목을 '활동적 삶'으로 제안하였으며 … 세계 경멸이라는 철학적 전통을 거부하고 자신의 책 제목을 '세계사랑'으로 붙이고 싶어 했다."[80]

영-브륄에 따르면, 위대한 전통에 관한 에세이는 『과거와 미래 사이』에 포함되었으며, 마르크스주의의 역사적 분석은 『혁명론』에서 발전되었다. 아렌트는 헝가리 혁명을 전후하여 근대 혁명에 관심을 갖게 되었다. 영-브륄은 『혁명론』에 대한 해제에서 마르크스주의 연구와의 연계성이나 헝가리 혁명에 대한 사항을 언급하고 있다. 이러한 두 가지 사항은 『혁명론』 연구와 직접적으로 관련된 사항이다. 그러나 영-브륄은 제1부에서 로자 룩셈

---

80 영-브륄, 이 책, 620쪽.

부르크에 대한 어머니의 관심을 언급함으로써 어린 시절의 경험을 혁명에 대한 관심과 간접적으로 연결시키고 있다. 즉 영-브륄은 「미국과 유럽: 혁명에 관한 사유」에서 룩셈부르크에 관한 이야기를 끌어들임으로써 혁명에 대한 어린 시절의 경험을 간접적으로 부각시키고 있다.

영-브륄은 미국 혁명에 대한 아렌트의 관심이 미국적 맥락에서 어떤 의미를 갖는가에 대해 언급하고 있다. "아렌트는 미국인들이 자신들의 공화국 건국에 관한 이야기를 얼마나 적게 기억하고 있는가, 미국 정부가 전후 세계에서 혁명을 얼마나 이해하고 있지 못한가에 대한 관심의 맥락에서 사회혁명과 정치혁명을 대비시키고 있다."[81] 아렌트는 미국 혁명이 성공한 혁명임에도 혁명정신이 현재의 정치적 삶에 반영되지 못한다고 밝혔다. 오히려, "혁명에 대한 두려움이 전후 미국 외교정책의 숨겨진 의도가 되고 있다." 따라서 아렌트는 미국 혁명에 관한 이야기를 다시 환기시키고 있다.

이제 『예루살렘의 아이히만』과 관련한 영-브륄의 이야기를 검토하기로 한다. 아이히만 재판의 무대는 이스라엘이지만, 아이히만 논쟁의 주요 무대는 미국이다. 그리고 이 책의 주제는 전체주의의 잔재에 대한 고찰이지만, 아렌트의 해석은 현재를 살아가는 유대인들의 문제와 직결된다. 따라서 이 책은 당시 엄청난 충격을 야기하였다. 영-브륄은 이 문제가 차지하는 비중을 고려하여 총 10장 가운데 한 장을 할애하여 자세하게 분석하고 있다.

영-브륄은 아렌트가 아이히만 재판 참관기를 쓰게 된 동기를 언급하고 있다. 아렌트는 아이히만 재판에 관한 소식을 듣자 『뉴요커』의 편집장인 윌리엄 숀에게 취재기자로 자신을 추천하였다. "이 재판을 참관하는 것은 제가 과거에 진 빛을 갚는 의무라고 생각합니다."[82] 아렌트는 도덕적 책임에서 재판에 참관하였지만, 이야기를 통해 정치윤리뿐만 아니라 인간의 삶에 대한 심층적 이해를 우리에게 제공하고 있다.

---

81 Young-Bruehl, *Mind and the Body Politic*, p. 21.

82 영-브륄, 이 책, 627쪽.

『예루살렘의 아이히만』은 유대 사회에 심각한 충격을 주었다. 아렌트는 이 논쟁의 와중에서 파리아 민족 가운데 또 다른 파리아가 되었다. 다수의 유대인들이 아렌트를 반유대주의자로 매도하였기 때문이다. 그러나 영-브륄은 이러한 평가와 달리 이 책과 관련하여 아렌트에 대한 존경을 표시하고 있다.

아렌트는 『전체주의의 기원』에서는 전체주의 정치를 근본적 악과 연계시켰으며, 전체주의의 잔재인 아이히만 재판에서는 악의 평범성을 제기하였다. 이와 관련한 영-브륄의 지적은 다음과 같다. 아렌트는 『전체주의의 기원』에서 결정화된 전체주의를 붕괴시키고자 하였지만, 『예루살렘의 아이히만』에서는 나치 독일에서 존중받는 사회의 붕괴가 희생자와 가해자 모두에게 어떠한 영향을 미쳤는가를 연관시키면서 이와 관련된 정치적 악에 대한 공평성을 확립하려고 시도하였다. 아렌트 저서의 역설적인 색조는 영-브륄에게도 충격적이었다. 그는 투키디데스와의 비교를 통해 그 충격의 의미를 부각시키고 있다.

영-브륄의 평가대로 두 저서는 모든 시대의 사람들이 지녀야 할 저서이다. 투키디데스는 펠로폰네소스 전쟁과 관련한 모든 자료들을 수집하고 이를 정리함으로써 후세들에게 이 전쟁의 참혹성을 알려주고 있다. 투키디데스는 권력 · 명예 · 부가 참혹한 전쟁의 원인이 될 수 있다는 점을 지적하였다. 그런데 아렌트는 『예루살렘의 아이히만』에서 인류에 반하는 범죄에 대해 언급하고 있으며, 사유하지 않음과 판단하지 않음이 정치적 악을 잉태하는 근원으로 규정하고 있다. 따라서 "『예루살렘의 아이히만』의 진정한 중심인물은 아이히만이나 그의 희생자들이 아니라 개인적인 무사유성과 판단 결여라는 위력이다."[83] 아렌트는 평범한 악의 근원이 일상의 삶 속에서 존재할 수 있다는 점을 우리에게 알려주고 있다.

---

83 Young-Bruehl, *Mind and the Body Politic*, p. 20.

4. 우정의 천재: 인간성에 대한 신뢰와 위안

영-브륄은 아렌트의 생애를 조명하는 과정에서 정치적 삶의 주요 요소인 유대에 대해 언급하고 있다. 그는 아렌트의 실존적 삶 가운데 아렌트와 다른 사람들과의 관계를 부각시키는 데 역점을 두고 있다. 영-브륄은 아렌트의 실존적 삶에는 다양한 유형의 우정이 잘 드러나고 있다고 밝혔다. 아렌트는 "충실은 진실의 징표이다"라는 야스퍼스의 격률을 언급하고 있는데, 영-브륄은 여기에서 우정의 중요성을 언급하고 있다.[84]

첫째, 아렌트와 스승과의 우정을 언급한다. 어린 시절 아렌트는 수줍음 때문에 많은 사람들 앞에 나서는 것을 꺼려하였다. 이러한 수줍음 때문에 그는 친근감을 가진 사람에 집착하였을 것이다. 대학시절 아렌트는 스승과의 '연애 사건'[85]으로 종종 친구들과 원만한 관계를 유지하지 못하였다. 스승인 하이데거와의 사랑은 오래 지속될 수 없었으며, 하이데거의 정치관여로 증오로 바뀌었다. 에팅거는 『아렌트와 하이데거』에서 연애 사건을 중심으로 하이데거의 위상을 폄훼하고 있지만, 아렌트는 하이데거와의 관계를 복원하고 그의 학문적 입장을 인정하였다. 아울러, 그는 실패로 끝났지만 하이데거와 야스퍼스의 우정을 복원시키려고 노력했다.

스승인 야스퍼스는 평생 아버지와 같은 위치에 있었으며, 지적인 친구로서 아렌트의 삶에서 중요한 동행자가 되었다. 아렌트는 경외와 우정과 사랑의 표시로 『혁명론』을 야스퍼스 부부에게 헌정하였다. 영-브륄은 전후 아렌트와 야스퍼스의 우정에 관한 일화를 충분히 소개하였다.[86] 그리고

---

84 영-브륄이 제5장 제목을 「충실은 진실의 징표다」로 택한 사실은 아렌트의 우정을 부각시키려는 의도를 잘 보여주고 있다.

85 영-브륄은 1982년 전기에서 두 사람의 관계를 공식적으로 밝혔다. 당시 영-브륄은 아렌트 문서보관소 서류들을 열람한 첫 번째 사람이다. 따라서 전기에 소개한 연애사건은 두 사람의 관계와 관련한 첫 번째 실질적 충격이었다. 그러나 영-브륄의 전기에서 두 사람의 연애사건은 중요한 역할을 하지 못했다. 그는 2004년 제2판 서문에서 이와 관련한 자신의 실수를 인정하고 있다. 에팅거의 『아렌트와 하이데거』에서는 두 사람의 지적 입장을 충분히 언급하고 있지 못하다.

86 이와 관련한 이야기는 이 책의 제6장을 참조할 것.

1958년 독일 서적상이 야스퍼스에게 평화상을 시상할 당시 아렌트의 연설 「찬사」는 스승에 대한 제자의 우정을 공개적으로 보여주었다.

둘째, 위대한 정신과 아렌트의 우정을 언급한다. 영-브륄은 아렌트가 위대한 정신과 끊임 없이 대화를 나누었다는 점을 부각시키기 위해 아렌트의 서재 벽에 걸려 있는 위대한 정신들의 초상화를 소개하였다. 아렌트는 소크라테스 · 플라톤 · 아리스토텔레스 · 아우구스티누스 · 칸트 등 위대한 정신들과 끊임없이 우정의 대화를 나누면서 새로운 정신세계를 구성해 나갔다. 아울러, 아렌트는 역사적 인물 가운데 룩셈부르크와 파른하겐과 같은 인물에 대해 특별히 친화성을 느꼈다. "아렌트의 친구들은 버림받은 사람들은 아니라 국외자였다. 이들은 특정 사회에 동화되지 못한 사람들이었다."[87]

아렌트는 이들과 우정의 대화를 나누면서 생활의 위안을 찾을 수 있었다. 그는 만년에 사유공간으로 이동함으로써 현실과의 끊임없는 투쟁 상태를 벗어나 마음의 위안을 찾기 시작했다. 눈앞에 존재하지 않는 '친구들'과의 우정은 그의 정치철학의 정점인 『정신의 삶』으로 구체화되었다. 아우구스티누스는 『정신의 삶: 의지』에서도 등장할 정도로 평생의 친구가 되었다.

아렌트는 1969년 야스퍼스의 사망, 1970년 블뤼허의 사망으로 혼자 남게 되었다. 1970년대 아렌트는 정신이 세계를 무시하거나 폄하하지 않으면서도 세계로부터 어떻게 이탈하는가를 이해하고자 지적으로 투쟁하였을 때 대결보다 위안을 모색하면서 철학으로 복귀하였다. 『정신의 삶』은 사유의 위안이 관심사가 되었다는 것을 암시하고 있다. 아렌트는 늙어감을 통탄하는 시몬느 보바르의 『성년*The Coming of Age*』과 달리 늙어감을 마음의 평정과 연계시키고 있는 키케로의 『노년에 대하여*De Senectute*』에서 위안을 찾았다. 그는 이 후속편으로 『정신의 삶』을 고려하였다. "미래의 상실에 대한 위안은 과거에 형태를 부여하는 정신 능력이다. 이제, 사람들은 전기적

---

87 영-브륄, 이 책, 119쪽.

주체와 같이 자신을 생각하기 시작한다."[88] 사유는 과거를 되돌아봄으로써 과거의 의미를 찾고 삶의 이야기를 구성하는 데 그것을 포함시키기 때문이다.

셋째, 남편과의 우정을 언급한다. 남편에 대한 아렌트의 존경과 사랑을 정치학적 용어인 우정으로 표현하기는 부적합하지만, 영-브륄은 두 사람의 세계를 이중군주국으로 묘사하고 있다. 영-브륄은 아렌트 부부 사이에 나눈 지적인 대화·배려·관심을 잘 묘사하고 있다. 블뤼허 부부는 자식을 갖지 못함을 애석하게 생각하였지만 끊임없는 지적인 대화를 통해 공동으로 정신의 소산을 남겼다. 아렌트는 『전체주의의 기원』을 남편에게 헌정하였다. 이들은 평등의 소중함을 실천하였으며, 다른 쪽에 관심을 가졌던 남편의 실수에도 불구하고 평생 동반자로서 부부애를 유지하였다. 아렌트는 남편이 타계한 이후 일부 동료들로부터 청혼을 받았으나 이들을 모두 사양함으로써 남편과의 우정을 평생 유지하였다.

넷째, 유대인 동족이나 망명자들과의 우정을 언급한다. 아렌트는 망명자 지식인들과 지속적인 교류를 나누었다. 그는 자신의 저작에서 발터 베냐민의 사상을 독자들에게 소개하였으며, 한스 모겐소나 한스 요나스와 같은 유대계 망명자들과 지속적으로 우정을 나누었다. 아렌트는 『예루살렘의 아이히만』 출판 이후 동족들과 적대적인 관계에 놓이기도 하였으나 블루멘펠트와 관계를 재개함으로써 정치적 문제가 우정을 가로막을 수는 없다는 점을 보여주기도 하였다. 아렌트는 독일에서 사귀었던 동료들과 오랜 우정을 나누었으며, 소녀 시절 사귀었던 안네 멘델스존 바일에게 자신의 『라헬 파른하겐』을 헌정하였다. 아렌트는 이 전기를 쓰는데 안네의 도움을 받았는데, 영-브륄은 안네가 자신에게 아렌트 전기를 쓰라고 요청한 사실을 상기시켰다.

---

88 Steven Weiland, "Biography, Rhetoric, and Intellectual Careers: Writing the Life of Hannah Arendt", p. 388.

다섯째, 미국인 동료들과의 우정을 언급한다. 아렌트는 미국인 문필가들과 지속적인 우정을 유지하였다. 아렌트는 오든 · 자렐 · 카진 · 맥도날드 등과 문학적 계기를 통해 우정을 나누었는데, 특히 메리 매카시와의 우정은 지속적으로 심화되었다. 영-브륄의 표현대로, 미국인 친구들은 '정신의 삶'에서 아렌트에게 자유에 대한 희망을 제공하였다. 헤르조그에 따르면, "아렌트는 정치적 삶을 특징짓는 것은 하나의 장에서 다른 장소로 끊임없이 이동(공동 행위에서 예술 활동으로, 예술 활동에서 사유로, 사유에서 시로, 시에서 행위로)이라는 것을 상정하고 있다."[89] 그는 미국인 출신 문인들과 지적 교류를 유지하였다. 이러한 지적 교류는 그의 저작 여러 군데에 흔적을 남기고 있다.

마지막으로, 아렌트는 인간에 대한 사랑, 즉 세계사랑을 이론적으로 실천하고자 하였다. 그는 역사적 실재가 된 인류와 우정의 대화를 나누고자 했다. 그는 자신의 저작에서 중심인물이 되었던 지성들과 학문적 우정을 나누었다. 『인간의 조건』의 또 다른 제목은 우리가 살고 있는 세계에 대한 관심과 책임, 즉 세계사랑이다. 따라서 아렌트는 특정 국가 · 문화 · 시대를 뛰어넘어 다른 사람들에 대한 관심, 즉 세계사랑에 기여하는데 헌신하였다. 전기의 부제 '세계사랑의 여정'이란 제목은 인간에 대한 아렌트의 순수한 열정을 한마디로 드러내는 문구이다. 아렌트는 자신의 원칙에 따라 사적인 차원에서 긴밀한 인간관계를 유지하고자 노력하였으며, 공적인 차원에서는 이를 세계사랑으로 표현하였다. 아렌트에 대한 영-브륄의 존경은 서론의 다음과 같은 묘사에 잘 나타나고 있다.

> "한스 요나스가 아렌트의 장례식에서 밝혔듯이, 아렌트는 '우정의 천재'였다. 아렌트 자신의 말에 따르면, 그를 감동시켰던 것은 우정의 에로스Eros der Freundschaft였다. 그리고 그는 자신의 우정을 삶의 중심

---

89 Annabel Herzog, "The Poetic Nature of Political Disclosure: Hannah Arendt's Storytelling", p. 171-172.

으로 간주했다. 아렌트는 자신의 친구들에게 책을 헌정하였으며, 말로 그들의 자화상을 그렸으며, 이들의 기념논문집에 기고했고, 그들에게 생일 축하 시와 편지를 보냈으며, 이들을 인용했고, 이들의 이야기를 인용하였다. 아렌트는 우정을 언어로 표현하는 데 유창했다."[90]

영-브륄은 아렌트와의 우정을 통해서 세계사랑의 중요성을 깨달았으며, 전기 집필의 중요한 원칙으로서 독자들에 대한 사랑을 고려하고 있다. 그는 독자들에 대한 사랑을 통해 아렌트와 독자들이 만나는 계기를 충실히 제공하려고 노력하였다. 영-브륄의 이러한 정신은 다음 문구에 뚜렷하게 드러나고 있다. "한 개인의 저작들에서 나타나는 빛은 세계를 직접 밝혔다. 그리고 그 사람이 사망한 이후에도 그 빛은 여전히 빛나고 있다. 그 빛이 작은지 큰지, 잠정적인지 지속적인지의 문제는 세계와 그 존재 방식에 달려 있으며, 후손들이 평가할 일이다."[91]

VI. 마무리하기: 개별적 삶의 보편적 의미

영-브륄은 아렌트로부터 논문 지도를 받았지만 아렌트 정치철학에 관한 종합적인 저서를 남기지 않고 있다. 『아렌트가 왜 중요한가?』가 있다. 무엇보다도 그는 아렌트의 세계사랑을 우리들에게 알리고자 방대한 분량의 전기를 남겼다. 그러나 전기 작가들이 학문세계의 중심부에 있지 않듯이, 영-브륄은 아렌트 연구자들에게 '부차적인' 위상을 갖는다. 그는 전기 작가가 학계에서 차지하는 이러한 위상을 인정하고 있음에도 아렌트 전기를 집필하는 데 기여하였다. 그의 역할은 외형적으로 '한계적'이지만, 실질적으로는 한계적이지 않다. 그는 아렌트가 지적 삶을 어떻게 영위했으며, 학자

90 영-브륄, 이 책, 서론.

91 영-브륄, 이 책, 110쪽.

로서 이룬 결실을 이해할 수 있도록 독자들에게 도움을 주고 있기 때문이다. 무엇보다도, 영-브륄은 이 전기를 통해 이야기꾼으로서 아렌트의 위상을 드러내고 있다.

영-브륄은 전기에서 다양한 역할을 수행한 아렌트를 충실히 묘사하고 있다. 바일랜드는 영-브륄의 눈에 비친 아렌트의 삶을 거부 · 도전 · 부유 · 위안이란 범주로 특징화하였다. 그런데 거부와 부유로 특징화되는 삶은 거리두기로 상징화할 수 있으며, 도전과 위안으로 특징화되는 삶은 관여하기로 상징화될 수 있다. 따라서 우리는 아렌트의 삶에서 거리두기와 관여하기의 긴장과 공존을 발견할 수 있다. 우리는 개별적인 한 인간의 구체적 삶에서 특징적으로 드러나는 양태를 세계 속에서 함께 사는 동료들로부터 발견할 수 있다. 아렌트의 삶이 전기의 주인공이 될 수 있는 요소는 충분히 있다.

전기는 상이한 두 삶의 만남이다. 그러나 영-브륄은 두 사람의 만남을 넘어서 아렌트와 다른 사람들의 만남을 지원하는 역할을 하였다. 1982년 아렌트의 전기가 처음으로 출간된 지 한 세대가 지났기 때문에, 새로운 독자들이 등장하였다. 그러나 영-브륄은 제2판 서문만 첨가하고, 본문 내용을 수정하지 않았다. 1982년 이후 출간된 아렌트의 저작들, 편지모음집 가운데 일부가 전기 집필에 반영되지 못한 결점을 지니고 있지만, 영-브륄은 이를 수정하지 않은 채 제2판을 출간하기로 결정하였다. 그의 주장대로, "후손들이 역시 그의 삶을 판단할 것이다. 전기 작가는 그러한 이야기가 언급되어야 하는 것을 단지 판단할 필요가 있다." 이렇듯 영-브륄은 아렌트와 독자들을 연결시키는 역할을 하면서 그의 삶에 대한 판단을 독자들에게 맡겼다. 이 전기는 거의 50년이란 시간적 간격을 두고 있는 오늘날의 독자들과 아렌트가 다시 만날 수 있는 기회를 제공한다.

아렌트의 세계사랑은 비인간화를 야기하는 정형화된 틀을 거부하거나 이에 도전하는 형식, 또는 심리적 부유 상태를 정치적으로 승화시키는 노력, 그리고 우정을 통해 인간성을 실현하는 형식으로 표출된다. 우리의 삶은 정도의 차이는 있지만 거리두기와 관여하기의 연속적 긴장상태이다. 영-브륄은 아렌트의 개별적인 삶에서 이런 삶의 본보기를 부각시키려고 자신의 전기를 철학 전기로 표현하였다.

한나 아렌트 철학 전기:

세계사랑의 여정

1900년 경 동프로이센 쾨니히스베르크

마르타 콘 아렌트(1899년)

바울 아렌트(1900년 경)

▌할아버지 막스 아렌트와 함께 있는 한나 아렌트

▌어머니와 함께 있는 8세 때의 한나 아렌트

▌에바와 클라라 베어발트,
한나 아렌트
(15세 또는 16세, 1922년 경)

마르틴 베어발트, 한나 아렌트(17세), 마르타 아렌트 베어발트, 클라라 베어발트, 클라라 아렌트, 에바 베어발트, 엘제 아론 브라우데(에바 베어발트 제공)

한나 아렌트의 남자 친구 에른스트 그루마흐(1920)

1924년 한나 아렌트(18세)

▌마르틴 하이데거 1925/26
(한스 요나스 제공)

▌1928년 하이델베르크대학교에서 익명의 여성, 후고 프리드리히, 한나 아렌트, 베노 폰 비제
(에른스트 퓌르스트 제공)

▌귄터 스턴(안더스)와 한나 아렌트(1929년 경)

▎쿠르트 블루멘펠트

▎한나 아렌트(1933년)

▎하인리히 블뤼허

▎베를린에서의 하인리히 블뤼허와 로베르트 길벗

▎파리의 한나 아렌트 (1935년 경)

발터 베냐민

프랑스에서의 마르타 아렌트 베어발트 (1941년)

뉴욕에서의 한나와 하인리히 블뤼허(1950년 경)

▌뉴욕 팔렌빌에서 로테 콜러와 블뤼허 부부

▌바젤에서 게르트루트와 카를 야스퍼스(1960년대 중반)

▍안네 멘델스존 바일(1967년)

▍글렌 그레이

▍위스턴 오든(1967년 아렌트의 집에서)

▌한나 아렌트와 메리 매카시(1971년, 시칠리아에서)

▌1970년 서거 직전의 하인리히 블뤼허

▌1975년 서거 직전의 한나 아렌트(로다 나탄스 제공)

제2판 서문*

2003년 가을 나는 뉴잉글랜드대학의 교수와 학생으로 구성된 청중에게 내가 사랑하는 한나 아렌트의 이야기들 가운데 하나를 언급했다. 아렌트가 뉴욕의 뉴스쿨에서 강의를 시작한 직후인 1969년 베트남 전쟁을 반대하는 (나를 포함해) 학생 단체가 아렌트에게 다음과 같은 조언을 요청하였다. 우리는 반전 시위를 계획하기 위해 지역 노동조합과 연대해야 합니까? 아렌트는 우리의 찬반 의견을 모두 골똘하게 들은 다음 강렬한 독일어 억양으로 간결하게 말했다. "그래, 그것은 너희가 그들의 등사기를 사용할 수 있다는 것을 의미한단다." 내가 이야기를 끝내자, 학생들은 간절하지만 혼란스러워 보였고 연로한 교수들(나의 동년배)은 위대한 정치이론가의 실용성을 나타내는 이런 사례를 비웃었다. 아렌트는 학생들을 늘 "새내기"라고 불렀다. 새내기 가운데 한 여학생이 이후 나에게 다가와 감격적인 이야기에 고마워했다. 그는 "제가 아렌트 저서를 읽는 게 어쩐지 놀랍습니다"라고 말한 다음에 진지하게 "등사기가 무엇이지요?"라고 물었다.

이 한나 아렌트 전기의 초판은 1975년 아렌트가 서거한 지 7년째인 1982

---

* 옮긴이_ 영-브륄은 2006년에 출간된 다음 저서에 이 재판 서론의 일부를 다시 수록하였다. Elisabeth Young-Bruehl, *Why Arendt Matters*(New Haven & London: Yale University Pres, 2006); 서유경 옮김, 『아렌트 읽기』(서울: 산책자, 2011).

년 출간되었다. 이후 신세대 독자가 서서히 생겨났다. 이 신세대는 이제 휴대폰과 이메일로 반전 시위를 조직하며 아렌트가 살았던 세계와 완전히 다른 세계에서 정치적으로 사유하고 행동하는 법을 배우고 있다. 그들은 이 세계에서 발전하여 성장했다. 내가 지금 이 전기를 집필하고 있다면, 나는 이런 새로운 환경에서 집필하면서 그러한 '새내기들'을 독자에 포함시키려고 할 것이다. 정치에 대한 아렌트의 접근에 아주 중요한 20세기 중반의 사건들은 이 새내기들에게 옛날이야기다. 소련 붕괴 이후 세계는 이 독자들이 이해하고 파악할 수 있는 유일한 세계이다.

나는『한나 아렌트 철학 전기: 세계사랑의 여정』을 수정하여 현재 젊은 독자들에게 맞추어 개작할 생각을 가끔 하였지만[1] 집필했을 때의 원래 상태로 유지하는 게 더 좋다고 항상 결정했다. 이 책은 아렌트가 경험한 세계, 만년에 아렌트와 세상 사람을 보고 판단할 수 있는 세계에서 그의 삶을 나타내기 때문이다. 나는 초판 서문에서 다음과 같이 썼다. "후손은 역시 삶을 판단할 수 있다. 전기 작가는 언급해야 할 이야기만을 그저 판단할 필요가 있다." 아렌트의 사후 그의 삶을 판단하는 과정은 이제 시작했다. 나는 여기에서(즉 재판 서문에서 — 옮긴이) 그러한 여러 판단 가운데 일부를 고려하고 싶다. 나는 또한 세계에 대한 아렌트의 관심, 즉 '세계사랑'을 공유할 수 있지만 너무 어려서 아렌트를 직접 만날 수 없었던 독자들 — 내가 아렌

---

1 내가 알고 있는 한 이 책은 내가 깊이 후회하는 놀랄만한 결과를 지닌 하나를 제외하고 어떠한 중대한 사실적 오류가 없기에, 전기를 지체 없이 수정할 다른 이유를 느끼지 않았다. 나는 456쪽에서(이 번역본 729쪽 — 옮긴이) 아렌트가 1967년과 1973년에 유대인방위연맹(Jewish Defense League)에 기고했다고 기록했다. 내가 그가 기고했고 거절한 단체의 긴 목록을 편집에서 제거했을 때, 이 오류(현재는 수정됨)는 나타났다. 나는 교정 과정에서 이 오류를 놓쳤다. 아렌트는 사실 연합유대인청원에 기고했다. 그는 자신의 견해나 자유주의적인 유대인 단체의 견해로 파시스트 단체인 유대인방위연맹을 거부했다. 그는 이 단체에 결코 기고하려고 하지 않았다. 탁월한 팔레스타인 문학비평가 · 행동주의자 · 정치 논평가인 에드워드 사이드는 학술잡지『비판적 탐구(*Critical Inquiry*)』(1985년 가을, 47호)에서 아렌트가 팔레스타인 사람들의 곤경에 공감하지 않았다는 점을 주장하기 위해 나의 오류를 이용했다. 나는 내 오류가 어떻게 발생했으며 그에 대해 책임지고 있다는 점을 설명하고자 사이드에게 편지를 보냈지만, 그의 논문「차이의 이데올로기」는 이후 재출간됐고 오보는 확산됐다.

트의 지도 아래 그의 스승인 카를 야스퍼스에 관한 '학위 논문'*을 최종적으로 마쳤던 뉴스쿨에서 철학박사 학위 논문을 시작할 행운의 기회를 가졌던 나이의 독자들** — 의 길잡이 역할을 하려고 한다.

나는 아렌트의 다른 제자들뿐만 아니라 미국과 유럽의 많은 독자들과 마찬가지로 폭포처럼 밀려오는 베트남전 사건들, 이에 대한 전 세계의 반응, 이것으로 시작되거나 활기를 띤 정치 운동에 대한 사려 깊은 논평을 듣고자 아렌트에게 의존했다. 나는 살아 있는 평론가가 아니라 단지 역사적인 인물로서 아렌트를 알게 될 독자들을 위해 이 전기를 아렌트 입문으로 생각하려고 한다. 이 서문은 서거한 지 30년이 지난 현재에 아렌트가 어떻게 그런 역사적인 인물이 되었는가를 알려주는 지침일 것이다.[2]

우선 아렌트의 사후 출판물에 대해 검토한다. 나는 이 전기를 집필할 당시에 아렌트의 지적 유산을 통해 이 출판물들을 대부분 이용할 수 있었다. 아렌트가 출간하지 않았던 『정신의 삶』은 1978년 출간되었다. 이후 아주 많은 아렌트 저작 모음집이 출간되었다. 이 저작들은 세 범주로 나뉜다. 즉 서간집, 아직 출간하지 않았거나 수집하지 않은 에세이(독일어와 영어 저작 모두) 모음집, 2003년 독일어로 발간된 아렌트의 『사유일기』(지적 일기)이다. 이 『사유일기』는 1,500쪽 분량이고 책 가격이 120유로였음에도 불구하고 매진됐다. 나는 아렌트 전기를 집필할 때 대부분의 에세이를 이용할 수 있었지만 『사유일기』는 이용할 수 없었다.

나의 친구인 제롬 콘의 사려 깊고 박식한 편집 아래 모두 5권의 에세이 모음집이 최종적으로 출간될 예정이었다. 그는 아렌트의 마지막 연구 조교였

* 옮긴이_ 아렌트의 박사학위 논문 제목은 다음과 같다. "Freedom and Karl Jaspers' Philosophizing" (Dissertation, New School for Social Research, 1974). 이 논문은 책으로 출판되었다. *Freedom and Karl Jaspers's Philosophy*(New Haven and London: Yale University Press, 1981).

** 옮긴이_ 영-브륄은 1946년생이므로 1974년 박사학위를 받을 때 28세였다.

2 나는 이 서문을 위해 나의 다음 논문에 의지한다. "The Exemplary Independence of Hannah Arendt," published in *Subject to Biography*(Cambridge: Harvard University Press, 1998); a review in *the New York Review of Books*(2004).

고 지금은 아렌트의 유저遺著 관리자다. 『이해의 에세이*Essays in Understanding*』와 『책임과 판단*Responsibility and Judgment*』은 쇼켄출판사에서 각기 1994년과 2003년에 출간되었다. 아렌트는 한때 쇼켄출판사의 편집자로 근무했고 이 출판사를 통해서 카프카를 미국 독자들에게 소개하였다. 콘은 거친 강의 원고를 아름답게 다듬어 정리한 상당 분량의 도덕철학 원고를 『책임과 판단』에 수록하였다. 어쩌면 『정치철학의 문제*The Problem of Political Philosophy*』로 제목이 달릴 세 번째 모음집에는 마르크스에 관한 책 분량의 원고와 다른 중요한 강의안이 수록될 것이다. 아렌트의 '유대인 문제 저작 모음집'* 은 『사유일기』에서 발췌한 짧은 분량의 에세이들을 수록한 모음집과 더불어 출간될 예정이다.**

앞으로 몇 년 내에 서간집 또한 출간될 것이다. 우리는 아렌트 서간집 전체(현재 뉴스쿨에서 의회도서관 아렌트서고의 디지털화된 원본은 검색할 수 있음)를 곧 열람할 수 있을 것이다. 이미 출간된 서간집 가운데 야스퍼스와 아렌트의 서간집은 독일어판으로 이미 1982년에, 영어판으로 1992년 출간되었다. 야스퍼스는 아렌트에게 스승이며 아버지 같은 존재이고 친구였다. 이 서간집은 이 장르에서 이미 20세기 고전의 반열에 포함되었다. 영미 세계의 미래 역사가들은 모두 제2차 세계대전 이후 미국에 나타난 공화국의 위기, 나치의 패망 이후 독일의 정치적 회복과 '과거의 극복'을 향한 투쟁을 세밀하고 깊이 있게 — 그리고 매우 선견지명 있게 — 성찰하고 있는 내용을 담은 이 서간집에 관심을 가질 것이다.[3]

---

* 옮긴이_ 이 책은 영-브륄의 한나 아렌트 철학 전기 제2판 출간 이후인 2007년에 출간됐다. 서지사항은 다음과 같다. Hannah Arendt, *The Jewish Writings*, eds., Jerome Kohn and Ron F. Feldman (New York: Schocken Books, 2007); 홍원표 옮김, 『유대인 문제와 정치적 사유』(파주: 한길사, 2022).

** 옮긴이_ 이 모음집은 2022년 현재 출간되지 않았다.

3 *Hannah Arendt Karl Jaspers Correspondence: 1926~1969*, eds., Lotte Kohler and Hans Janer(New York: Harcourt Brace Jovanovich, 1992). 야스퍼스의 탁월한 저서 『위대한 철학자들(*The Great Philosophers*)』 몇 권이 해로코트출판사에서 영역판으로 현재 출간되었지만, 불행하게도 야스퍼스의 저작이 미국에서는 거의 알려지지 않았다. 또한 훌륭한 개론서도 있다. *Karl Jaspers: Basic*

『사방의 벽 안에서*Within Four Walls*』(2000년)는 아렌트와 남편인 블뤼허가 30년 이상 부부애를 유지하며 주고받은 편지들을 모아 엮은 서간집이다. 블뤼허는 노동계급 집안에서 태어난 베를린 출신으로 독학하였지만 지적으로 카리스마를 지녔다. 이 서간집은 부부애, 이민, 문화적 적응, 성공을 위한 고군분투, 질병, 상실, 그리고 신세계에 대한 경탄 등과 관련하여 평생 나누었던 다정한 대화의 모델이다.[4] 블뤼허는 저술가가 아니라 선생이었다. 따라서 우리는 서간집을 통해 블뤼허의 철학적 기획을 어느 정도 직감적으로 이해할 수 있을 뿐이다. 이러한 단서는 특히 (저술가가 아니라 선생인) 소크라테스에 대한 지속적인 존경, 야스퍼스의 범세계주의적 철학에 대한 블뤼허의 강력한 애착, 문화사의 기원을 '추축 시대'(기원전 800~500년)에서 발견한 세계 각국 철학자들과의 대화를 언급한 블뤼허의 편지에서 찾을 수 있다. 그러나 서간집은 그들이 가정과 대화를 유지해주는 안전한 '사방의 벽'이 어떻게 서로의 충실성, 그리고 자신들의 강점과 약점, 공유한 희망에 대한 진정한 솔직함에 의존할 수 있었던 장소를 제공했는가를 아주 생생하게 보여준다.

한나 아렌트와 메리 매카시(1912~1989년 — 옮긴이)의 우정은 정치평론과 문화평론을 재치 있고 가끔 신랄하며 유쾌하게 한담閑談으로 주고받은 편지에 기록되어 있다. 『친구 사이의 대화*Between Friends*』(1995년)는 아렌트의 서간집 가운데 가장 미국적인 분위기를 드러낸 모음집으로서 20세기 미국의 문학적 삶을 연구하는 학생들이 읽을 중요한 책이고, 아렌트가 아직 잘 알려지지 않았지만 중요한 소설가 헤르만 브로흐 및 시온주의 지도자 블루멘펠트와 주고받은 편지 모음집도 어쩌면 조만간 영어로 번역되거나 독일 학계

Philosophical Writings, eds., Edith Ehrlich, Leonard Ehrlich, and George Pepper(Atlantic: Highlands, N. J.: Humanities Press, 1996).

4 *Within Four Walls: The Correspondence between Hannah Arendt and Heinrich Blücher, 1936~1968*, ed., Lotte Kohler(New York: Harcourt, 2000).
옮긴이_ 독어판 서지사항은 다음과 같다. *Briefe 1936~1968*(München: Piper, 1996).

밖의 독자들에게 소개될 것이다.[5]

나는 이 전기를 집필하기 위해서 아렌트와 야스퍼스의 편지, 아렌트와 블뤼허의 편지 대부분(이후 공개된 전쟁 이전 일부 편지 제외), 그리고 아렌트와 매카시의 편지 가운데 아렌트가 쓴 편지를 이용했다. 나는 아렌트 저작 유산과 마르바흐 소재 독일문서보관소에서 이용할 수 있는 편지를 모두 읽었지만, 브로흐와 블루멘펠트 편지는 취합하지 못했다. 이 편지들은 출간되었기 때문에, 미래의 아렌트 전기 작가들은 이 편지들을 통해 우정에 대한 더 완벽한 초상화를 제시할 수 있을 것이다. 그러나 내 생각에 이 편지들은 아렌트에 관한 이야기에 어떤 중요한 사실적인 상황도 첨가하지는 않을 것이다.

나는 아렌트-매카시 서간집에 실린 모든 편지를 읽었기에 두 사람의 우정이 어떻게 증대되었고 그 본질이 무엇인가에 대한 더 좋은 생각을 가지고 있다. 아렌트는 항상 가장 친한 여자친구beste Freundin가 있었다. 아렌트는 10대였던 젊은 시절 쾨니히스베르크에서 안네 멘델스존 바일을 만났다. 멘델스존은 가장 친한 친구였다. 아렌트가 미국으로 이주한 이후 신학자 폴 틸리히의 여주인인 힐데 프란켈은 아렌트의 막역한 친구였다. 물론 아렌트는 유럽을 다시 방문하자마자 안네 바일과 우정을 재개했다. 프란켈은 1950년 암으로 사망했다. 이때 아렌트는 메리 매카시에 관심을 가졌다. 매카시는 아렌트가 친근감을 가졌던 첫 번째 미국인 여성이었다. 매카시는 아렌트보다 6세 아래였지만 아렌트가 어려울 때 필요한 친구의 자질(그리고 예외적일 정도로 그의 남편에서도 나타나는 자질)을 갖고 있었다. 즉 그 자질은 세계 — 인접한 사회 세계와 더 광범위한 정치세계 — 를 관찰하고 판단하려는 열정, 풍부한 감정, 감상벽 없는 '마음', 위선적인 말과 방종적인 영

---

5 *Between Friends: The Correspondence between Hannah Arendt and Mary McCarthy*, 1949~1975, ed., Carol Brightman(New York: Harcourt, 1995); Hannah Arendt and Hermann Broch, *Briefwechsel 1946 bis 1951*, ed., Paul Michale Lutzler(Frankfurt am Main: Jüdischer Verlag/Suhrkamp, 1996); Hannah Arendt and Kurt Blumenfeld, "… in keinem Besitz verwurzelt": *Die Korrespondenz*, ed., Ingegorg Nordmann and Iris Pilling(Hamburg: Rotbuch, 1995). 폴 틸리히와 우에 존슨과 아렌트의 간단한 서간집은 또한 독일에서 출간되었다.

민함이 없고, 즉 다른 사람의 의견에 영합하지 않는 예리한 지성, 깊은 충실성, 그리고 우정이 전통적 가정, 공동체, 즉 종교적 고향을 갖지 않은 사람들에게 어떻게 안식처를 제공하는가에 대한 이해 등이다.

아렌트는 남자들과 복잡한 교제를 할 경우에 매카시에게 의존할 수 있었다. 그는 젊은 시절 남자들과 교제했지만(이에 대해 매카시에게 언급할 수 있었다) 블뤼허와 결혼한 이후 저술에 전념하는 35년 동안 이런 교제를 하지 않았다. 매카시는 아렌트가 비밀도 털어놓을 수 있는 막역한 친구, 즉 거의 유대인 어머니 같고, 확실히 언니와 같은 친구가 될 수 있었다. 아렌트는 자신의 책상을 떠나지 않은 채 매카시의 애정 문제에 관여할 수 있었다. 아렌트는 소설 집필 · 명성 · 문학 살롱 · 정치 행동주의의 삶을 거부하고 이를 매카시에게 맡길 수 있었으며, 대신에 쾌활한 행위, 문학계, 문학적 통찰력의 요청을 수용할 수 있었다. 아렌트는 매카시와 편지를 주고받으면서 자신의 분위기 — 우울하거나 낙담했을 때 — 를 마음 놓고 드러냈으며 자신이 지적 작업에서 동아리의 지평보다 훨씬 높은 지평에 있는 사람이나 유명 인사가 아니라 얼마나 많이 한 여성이고 친구일 필요가 있는가를 보일 수 있었다. 그리고 매카시는 여행가와 작가로서 아렌트를 정치적으로 미국인답지만 문화적으로나 감수성 측면에서 유럽의 범세계주의자로 인식할 만큼 충분히 유럽인다웠다. 야스퍼스 역시 서거하고 1970년 블뤼허가 사망한 다음 몇 년 후에 매카시는 자기 친구의 애도를 이해했고 친구에게 보호막을 제공했다.

한나 아렌트가 자신의 이전 연인이고 스승이며 철학자인 마르틴 하이데거와 주고받은 편지 모음집 — 1999년 독일어판으로 출간되고 2004년에 비로소 영어판으로 출간되었다 — 은 출간된 다른 서간집과 완전히 다르다.[6] 하이데거는 아렌트가 사망한지 몇 개월만인 1976년 사망했다. 이때 나는

---

6 Hannah Arendt and Martin Heidegger, *Letters 1925~1975*, ed., Ursula Ludz(New York: Harcourt, 2004). 『편지(*Letters*)』 번역본은 이용 가능하지만 약간 당혹스러운 부분과 오류가 있다.

아렌트와 하이데거의 관계, 특히 젊은 시절 아렌트와 하이데거의 염문에 대해 글을 썼다. 마르바흐 문서보관소는 하이데거 사망 직후 이 편지들에 대해 비공개 조치를 취했다. 그래서 나는 이 염문에 대해 알고 있는 일부 친구들과 대담에 의존해야 했거나 이들의 관계가 전후 어떻게 발전했는가에 대한 감각을 갖게 됐다. 결과적으로, 나의 전기는 전후, 즉 1950년 다시 재회한 때와 그 이후 1960년대 말부터 『정신의 삶』을 집필하던 만년에 이르기까지 하이데거가 아렌트의 지적 발전에 담당했던 역할을 과소평가했다. 나의 전기는 물론 아렌트와 하이데거의 서거 이후 두 사람의 관계를 둘러싼 지속적인 논쟁을 고려하지 않는다. 출간된 서간집은 논쟁을 해결하는 데 거의 도움이 되지 않는다. 한나 아렌트는 이제 역사적인 인물로서 하이데거와 분리될 수 없다.

출간된 하이데거 서간집은 다른 서간집들과 달리 불완전하다. 이 서간집에 하이데거 편지 대부분은 포함되었지만 아렌트의 편지는 상대적으로 적은 편이다. 하이데거가 자신의 대작인 『존재와 시간*Sein und Zeit*』을 집필하던 마르부르크 시기(1925~1927년) 연애 초기의 아렌트 편지는 누락되어 있다. 그래서 우리는 아렌트의 말로 관계라는 초기의 경험에 대해 읽을 수 없다. 두 사람은 1950년 다시 만났다. 이때 하이데거는 나치당 가입과 프라이부르크대학교 총장으로서 비난받을 만한 친나치 행위로 여전히 해직교수 상태에 있었다. 하이데거는 아렌트에게 많은 분량의 편지를 보냈지만 아렌트가 하이데거에 보낸 편지는 일부만 남아 있다. 서간집을 철저하고 세심하게 편집하여 출판한 우르줄라 루츠는 서간집에 '일종의 주석서'*를 제공한다. 주석(여기서는 미주[尾註] — 옮긴이)의 상당 부분은 아렌트의 저작, 그리고 하이데거와 관련한 야스퍼스와 블뤼허의 서신을 언급하였다. 하이데거는 아렌트와 관련하여 공개적인 말을 결코 쓰지 않았다.

---

* 옮긴이_ 이 서간집 본문은 218쪽이지만, 미주로 정리한 부분은 72쪽에 해당된다.

연애 사건(하이데거와 아렌트의 연인 관계 — 옮긴이)이 공개된 이후 이 서간집이 출간되었다는 것은 이 서간집이 지니는 두 번째 특징이다. 매사추세츠공과대학교MIT의 엘즈비에타 에팅거는 아렌트-하이데거 편지를 읽고 아렌트 입장에서 짧은 이중적 전기dual biography에만 인용하겠다는 허락을 받았지만 의도적으로 물의를 일으켰다.[7] 그의 저서 『한나 아렌트와 마르틴 하이데거 *Hannah Arendt/Martin Heidegger*』가 출간되었을 때, 아렌트와 하이데거가 1920년대 연인이었다는 사실은 이미 누구나 알고 있고 있었다. 내가 이 전기에서 그 사실을 밝혔기 때문이다. 내가 밝혔듯이, 나의 견해는 아렌트 친구들과의 대담과 아렌트의 편지에 나타난 연애 사건, 특히 그의 남편에 대한 몇몇 언급에 기반을 두었다. 아렌트의 남편은 1936년 만나 함께 살았던 몇 달 사이에 이 사실에 대해 분명히 알았다. 이때 아렌트는 비밀로 하거나 판단에 대한 두려움을 갖지 않은 채 "내가 나 자신을 대우하듯이 당신을 대우할"(1936년 8월 8일) 수 있으리라는 희망을 표현했다. 아렌트는 또한 야스퍼스 — 하이데거는 나치 시대 이전 야스퍼스의 친구였다 — 에게 이 사실을 밝혔고 야스퍼스는 자신의 응답에서 특징적으로 쾌히 받아들이며 개인적 판단을 회피했다.

에팅거가 비록 아렌트-하이데거 편지에 의존하였지만, 연애 사건에 대한 에팅거의 견해는 상상의 산물이다.* 에팅거는 아렌트를 순진하고 감정을 감당하지 못하는 유대인 여학생으로 상상하고, 하이데거를 열정적인 무모함, 배신, 맹종적인 충성으로 가득한 드라마를 연기하는 교수님, 즉 매력적이지만 무정하고 결혼한 가톨릭 신자인 교수님으로 상상했다. 낭만을 넘어서 결코 성장할 수 없는 에팅거의 아렌트는 멸시당하는 여성임에도 불구하

---

7 Elżbieta Ettinger, *Hannah Arendt/Martin Heidegger*(New Haven: Yale University Press, 1995).

* 옮긴이_ 이 부분에서 에팅거의 이력을 일별하는 것은 이해에 도움이 될 것이다. 에팅거(1924~2005)는 폴란드계 유대인으로서 어머니의 도움으로 1942년 게토에서 피신할 수 있었고 이후 폴란드 레지스탕스에서 활동하였다. 그는 1966년 바르샤바대학에서 영미문학 박사학위를 받았고 1967~1974년 하버드대학교 레드클리프연구소 연구원으로 활동했고 1975년 MIT 교수가 되었다.

고 ‘절대적인 충성’으로 자신의 위대한 사랑을 자학적으로 지지한다. 에팅거의 아렌트는 젊은 시절 불륜의 연애 관계를 남편에게 15년 동안 비밀로 하고(42쪽),* 하이데거의 결점을 아내 탓으로 돌리며, 하이데거의 지지자(“아렌트는 하이데거의 나치 전력을 눈가림하기 위해 할 수 있는 모든 일을 하였다”, 78쪽)와 ‘선의의 대사’로서 빈약한 판단력을 행사한다. 하이데거는 아렌트가 친선대사이기를 바랐다(“아렌트는 그 임무를 수용했다”, 74쪽). 에팅거의 설명은 “~인 것 같다”, “상상할 수 있다”, 그리고 “그녀는 느꼈음에 틀림없다”는 식의 수많은 표현으로 손상된다. 이러한 표현은 자신의 이야기 덫에 갇히고 자신의 주인공을 자신과 함께 덫에 끌어들이는 전기 작가의 징후이다. 훌륭한 전기적 인물 연구의 징표인 주인공과 나눈 대화는 없다.[8]

이러한 상상(한때 아렌트의 친구였던 문학비평가 알프레드 카진이 책 표지의 추천사에 “가장 귀중하다”고 언급한 표현)은 당연히 아렌트 반대자의 진영에 고소한 기분을 불러일으켰다. 『예루살렘의 아이히만』이 20세기 가장 광범위하고 복잡한 논쟁들 가운데 하나를 야기한 지 몇 년 후에 특별히 아렌트 곁에는 아무도 없었다. 아렌트가 훌륭한 판단의 모델이라고 생각한 사람들은 고통스러웠으나 효과적으로 대응할 수 없었다. 이들은 에팅거의 상상을 반격할 수 있는 편지를 열람할 수 없었기 때문이다. 에팅거는 맥락을 벗어나는 인용구와 왜곡된 부연敷衍을 뒤범벅으로 만들었다. 이런 뒤범벅은 형편없는 소문만큼 반박하기 어려웠다. 현명하게도 양측의 저작 유산 집행자들은 자신들이 직접 미공개 편지들을 서간집으로 출판해야 한다는 점을 깨달았다.

한편 아렌트와 하이데거의 서간집, 다른 한편 아렌트와 다른 사람들의 서간집 사이에 드러난 차이, 즉 세 번째 요소는 다음과 같다. 하이데거는 야스퍼스 · 블뤼허 · 매카시 · 브로흐 · 블루멘펠트와 같이 세계에 대한 아렌

---

* 옮긴이_ 이 단락에서 표기한 쪽수는 에팅거 저서의 쪽수이다.

8 이것은 아렌트의 동기에 대한 에팅거의 최종 평가이다. “아렌트는 충실과 동정, 즉 정의감이 아니라 자신의 자존심과 존엄을 구원할 필요성에서 하이데거의 무죄를 선언하였다”(79쪽). 즉 아렌트는 자존심을 가지기 위해 하이데거를 자신이 존경할 수 있는 사람으로 만들어야 했다.

트의 끊임없는 관심을 공유할 수 없었다. 아렌트는 이후 진전시킨 세계 문제, 그리고 부분적으로 젊은 시절 세계성에 대한 관심 부족을 치유하고자 연애 문제에 대한 대응에 지속적으로 관심을 가졌다. (아렌트가 야스퍼스와 함께 연구를 시작한 이후 이런 관심은 시작됐다. 아렌트는 야스퍼스에게 "당신의 철학이 저에게 정치에 관심을 충분히 갖게 했지요"[1949년 3월 11일]라고 경탄했다.) 하이데거는 아렌트의 다른 서신 교환자들과 달리 책임감을 갖고 판단력을 행사하는 — 행사하기를 즐기는 — 사람이 아니었다. 독일인들은 하이데거가 20세기 위대한 철학자이고 야스퍼스가 위대한 정치철학자라고 이해했다. 그러나 하이데거는 모범적인 사람Mensch은 아니었다.

아렌트가 야스퍼스와 블뤼허에게 보낸 편지에 명백히 나타나듯이, 하이데거의 거짓된 행위와 이중성, 즉 분열된 자기self는 아렌트에게 깊은 충격과 고통을 주었다. 아렌트는 『어두운 시대의 사람들』에서 주인공들을 조명했을 때 하이데거에 대한 성격 연구를 확장해 조명하지 않았다. 그러나 하이데거의 성격은 아렌트의 사적인 저작이나 공적인 저작에서 반복되는 주제였다. 아렌트는 결코 하이데거의 수수께끼를 푸는 작업을 중단하지 않았다. 아렌트는 서거할 시기에 『정신의 삶』에서 하이데거와 관련된 내용을 다시 쓰고 있었다. 아렌트는 『정신의 삶』에서 탄생 80주년 기념 논문에 제시했던(『편지 1925~75』에 포함됨)[9] 하이데거 저작에 대한 해석에 의존하였다.

많은 논평자들은 아렌트와 하이데거의 관계라는 주제를 갖고 과장하여 논쟁거리를 만들고 두 사람의 사후 명성을 구체화하면서 기본적으로 두 입

---

9 『편지』의 번역은 『뉴욕 서평』(1971년 10월)에 게재한 알베르트 호프슈타터의 탁월한 번역에 비해 떨어진다.
옮긴이_ Hannah Arendt, "Martin Heidegger at Eighty"는 다음 자료에 재수록되어 있다. Michael Murray, ed., *Heidegger and Modern Philosophy: Critical Essays*(New Haven and London: Yale University Press, 1978); Hannah Arendt, *Thinking without a Banister*, ed., Jerome Kohn(New York: Schocken Books, 2018); *Menschen in finistern Zeiten*, ed., Ursula Ludz(München und Zürich: Piper, 1989); 홍원표 옮김, 『어두운 시대의 사람들』(파주: 한길사, 2019). 아렌트는 여기에서 하이데거의 '사유'와 '의지'에 관한 내용을 간략하게 밝히고 있다.

장 가운데 한 입장을 취한다. 한 쪽의 경우 하이데거는 무엇보다도 나치당에 가입했고 당원으로서 자신의 결정이나 행위를 결코 공개적으로 철회하지 않은 사람이다. 이 시각에서 볼 때, 아렌트는 하이데거의 옹호자였다. 아렌트는 전후 하이데거와 관계를 재개하였고 그의 저서를 영어로 번역하였기 때문이다. 다른 쪽의 경우 하이데거는 무엇보다도 위대한 철학자이지만, 그의 판단과 행위의 실수는 폭군 디오니소스를 가르치려고 시라쿠사를 방문한 플라톤의 여행과 비슷한 것으로 이해되어야 했다. 이런 시각에서 볼 때, 하이데거 철학에 대한 아렌트의 존중과 아렌트 자신의 저서가 하이데거의 철학에 도움을 받았다는 점은 이해할 수 있다. 핵심은 철학자들이 정치 행위자에게 제공할 만한 가치 있는 것을 지녔는지 또는 그들의 활동이 다른 세계 — 활동하는 세계가 아닌 관조 세계 — 의 활동을 구성하는지 (또는 구성해야 하는지) 여부이다.

하이데거에 대한 아렌트 자신의 판단은 전후 여러 해에 걸쳐 점진적으로 진전했다. 아렌트는 1950년 이전 『전체주의의 기원』을 집필하고 있을 때 하이데거가 '폭민'에 매료됐지만 자신과 같은 창조적인 개개인에게 관심을 갖지 않은 폭민 정당에서 최종적으로 설 자리를 갖지 못한 전형적인 유럽의 속물이라고 거세게 평가하였다. 아렌트는 하이데거와 관계를 재개한 이후 하이데거를 분열된 인물 — 부분적으로 진실되고 부분적으로 허위적이거나 비겁하고 (최악의 경우) 아첨꾼과 (기껏해야) 지적인 열등자라는 충분한 인식에 좌우되는 사람 — 로 심리학적으로 설명하려고 했다. 아렌트와 야스퍼스는 하이데거가 자신의 내적 분열을 극복할 수 있었는가에 대해 토론했다. 아렌트는 인내하기로 결심했지만, 야스퍼스는 하이데거와의 관계를 단절하기로 결정했다(야스퍼스와 하이데거의 서신이 보여주듯이 최근 독일어로 출간된 자서전적 에세이에서 연대기적으로 기록한 결정).[10]

10 야스퍼스-하이데거 관계는 다음 저서에 수록된 11편의 논문에서 평가된다. *Heidegger and Jaspers*, ed., Alan Olson(Philadelphia: Temple University Press, 1994).

마지막으로 1960년대 아렌트는 상호 대화뿐만 아니라 하이데거의 저서에 대한 완벽한 연구를 통해서 그를 다르게 이해하게 되었다. 따라서 아렌트는 하이데거가 자신의 나치당 가입에 관한 정치적 변론이 아니라 "의지하지 않을 의지"에 대한 철학적 진술로 1930년대 말 『니체*Nietzsche*』 제2권을 집필했다고 강조했다. 아렌트는 하이데거가 당시 나치 지도부에 영향을 미치겠다는 우매한 희망을 포기했으며, 의지하기와 의지하는 민족이 행위를 위해 모이는 세계를 모두 포기하면서 자신의 "사유의 거소"로 물러섰다고 결론을 내렸다. 하이데거는 "그러한 전회轉回에 따라" 아렌트가 『정신의 삶』에서 요약한 방식으로 의지에 대해 기술했다.* "하이데거의 이해에서 통치하고 지배하려는 의지는 일종의 원죄이다. 하이데거는 자신이 나치 운동에 참여한 짧은 전력을 받아들이려고 했을 때 이런 원죄에 죄책감을 가졌다"(제2권, 173쪽).

아렌트가 하이데거를 어떻게 판단했는가에 관한 내력은 잘 알려지지 않는다. 특히 정치이론가와 역사가들, 유난히 영미 철학자들 ― 아렌트 만년의 철학적 저술에 마땅히 보였을 관심을 (아직) 갖지 않았던 철학자들 ― 은 모두 여전히 『정신의 삶』을 가장 적게 읽었고 이해했기 때문이다. 그러나 아렌트와 하이데거의 관계를 둘러싸고 제기된 논쟁은 아렌트가 역사적인 인물이 되는 길에 상당히 기여했다. 즉 아렌트가 존경받을 때에도, 그의 판단에 대한 의심은 그림자처럼 그를 따라다닌다.

이런 의심은 다른 논쟁, 즉 아이히만 논쟁에 있어서는 더욱 그렇다. 아렌트 말년 10년 사이에 전개된 이 논쟁은 이념 세계에서 그의 반응을 계속 구체화한다. 내가 이 전기에서 상세히 언급한 아이히만 논쟁의 참여자들이 1960년대 취한 입장은 아직도 유효하다. 이 때문에 나는 그들의 입장을 여기에서 재검토하지 않을 것이다. 참여자들은 바뀌었지만, 이런 입장은 엄

---

* 옮긴이_ 아렌트는 『정신의 삶』 제2권 「의지」 결론에서 『니체』 제2권의 내용을 소개한다. 여기에서 아렌트는 "의지하지 않을 의지"를 언급하고 '사유'로 전회한 하이데거를 강조한다.

격하게 틀에 박힌 듯 똑같다. 옛날 형태나 새로운 형태의 반유대주의에 대한 두려움은 어떻게 반유대주의에 투쟁하는가에 대한 고정된 이념과 더불어 아이히만 논쟁에서 강박적인 반복을 부채질한다. 이러한 경직성은 불행한 결과를 초래했다. 즉 사람들은 『예루살렘의 아이히만』이 지닌 가장 적절한 차원, 재판이 국제법에 제기한 도전과 관련한 아렌트의 결론적 성찰에 거의 귀를 기울이지 않았다. 물론 국제사법재판소는 오늘날 '인류에 반하는 범죄'를 자행한 사람들을 범죄 국가의 행위자로서 심리하고자 설치되었다. 아렌트가 지적했듯이, "[예루살렘] 법원은 적어도 뉘른베르크 재판 이전에 법전에서 찾아낼 수 없었던 범죄, 그리고 어떤 법정에서도 알려지지 않았던 범죄를 자행한 범죄인에 직면했다."[11]

한나 아렌트의 판단(또는 판결)을 둘러싼 이러한 논쟁은 모두 그가 판단에 대해 어떻게 생각했는가에 의문을 제기한다. 판단 활동은 『정신의 삶』에서 미완의 부분인 제3권의 주제로 되어 있었다. 그러나 우리는 그의 판단 방식과 판단에 대한 생각을 이해하기 위해 역사를 거슬러 올라가 미국에서 그의 저술 생활 과정에 대한 판단이 어떻게 이러한 논쟁으로 이어지게 되었는가를 고찰해야 한다. 아렌트는 항상 강렬한 반응과 심도 있는 비판을 야기했다. 나는 이런 반응과 비판이 논쟁으로 종종 희석된 그의 실제 언급 못지않게 그가 어떻게 생각하고 판단했는가 때문에 나타난다고 생각한다.

아렌트는 『전체주의의 기원』에서 처음으로 자신의 가장 기본적인 생각을 불안과 심각한 경고로 분명히 표현하였다. 그는 시민이 상이한 정부형태에서 인정되고 법이 보장하는 공적 공간, 즉 '세계'에서 말하고 행위한다는 의미에서 정치가 어떤 역사적 조건에서만 나타난다고 주장하였다. 즉 그는 정치가 소멸될 수 있다고 주장하였다. 더욱이 정치를 완전히 소멸되게 하는 전례 없고 소름끼치게 모순된 결과를 가져올 정부형태가 나타나는

---

11 하버드대학교 카아(Carr)인권정책연구소 소장인 사만타 파우어는 『전체주의의 기원』 2004년판 서문에서 아렌트 저작과 인권운동의 연관성, 집단학살과 관련된 국제 법정의 발전을 지적한다.

것은 가능하다. (그는 12년 동안 제3제국의 '무국적자'와 생존자로서 경험을 통해 이것을 알았다.) 정부형태 가운데 새로운 정치체제인 전체주의는 폭정과 같이 정치를 위축시키지 않고 정치를 근본적으로 소멸시킨다. 전체주의는 처음에는 선정된 집단이지만 결국 모든 집단의 인간성 자체를 방법론적으로 제거함으로써, 즉 사람을 인간human beings으로서 불필요하게(달리 표현하면 잉여적이게) 만듦으로써 정치를 근본적으로 소멸시킨다. 이러한 것이 전체주의의 "근본적 악"이다.[12]

아렌트 사상에 울리는 이런 심오한 심금心琴은 자기 세대 논평자들의 거센 항의를 유발하였지만 불완전하고 결국 해로운 형태의 항의를 유발하였다. 나치 독일과 스탈린 치하 소련이 진화와 이데올로기적 기원의 상당한 차이에도 불구하고 동일한 정부형태, 즉 전체주의의 사례였다는 주장은 정치적 좌파의 불만뿐만 아니라 정치적 우파의 오용도 촉발시켰다. 아렌트의 분석은 냉전 논쟁에 휘말렸기 때문이다.

정치적 우파는 아렌트의 분석을 수용하고 그런 다음 왜곡시켰다. 반공주의는 반전체주의로 효율적으로 선동될 수 있었기 때문이다. 즉 소련뿐만 아니라 이데올로기로서 마르크스주의를 반대하는 것은 나치 독일과 그 인종주의 이데올로기를 반대하는 도덕적 권리의 형태를 띠었다. 아렌트는 1951년 책을 출간한 직후 미국 내 반공주의의 중심인물들이 공산주의자('전후 전향한 공산주의자')였다는 사실을 곧 깨달았다.* 이들의 경직된 지적 양태는 새로운 충성에서도 변하지 않았다. 중심인물들은 전형적으로 이데올로

12 아렌트는 『예루살렘의 아이히만』 출간 이후 전체주의 가해자들의 정신병리학보다 오히려 무사유를 지적하기 위해 오늘날 유명한 문구 "악의 평범성"을 사용하였지만, 결과적으로 나타나는 악에 대한 그의 언급 — 인간을 인간으로서 잉여적이게 하는 것 — 은 동일했다.

* 옮긴이_ 아렌트는 제2차 세계대전 이전에 전향한 공산주의자를 '과거의 공산주의자(former communist)'로 규정하고 전후 전향한 공산주의자를 'ex-communist'로 표기하였다. 아렌트에 따르면, 후자는 공격의 대상을 바꾸었지만 여전히 정치를 목적-수단의 관점에서 이해하며 전체주의적 사고방식을 적용시킨다. 이와 관련한 자세한 내용을 이해하기 위해 다음 자료를 참조할 것. Hannah Arendt, Arendt, *Essays in Understanding*, ed., Jerome Kohn(New York: Harcourt, 1994); 홍원표 · 임경석 · 김도연 · 김희정 옮김(서울: 텍스트, 2012).

그들, 즉 탈구(즉 전위) 없이 명분을 변경할 수 있는 사람들이었다. 이들의 규칙은 단지 수단을 정당화하는 목적이었다. 전체주의에 대한 민주주의의 승리라는 목적은 민주주의를 증진시키는 어떠한 수단 — 목표가 된 도시의 민간인들에 대해 대량학살 무기를 사용하는 것과 같은 전체주의 수단도 포함 — 도 정당화한다. 그리고 독립적인 사유를 어렵게 하는 이러한 지적 태도가 1950년대 미국 전체의 정치적 삶에 최대의 피해였다는 점은 과장이 아니다. 즉 이런 태도는 민주주의를 지원하기 위한 도덕주의적 '애국적' 운동을 더 이상 미국 헌법 전통의 일탈로 인정받을 수 없는 규범으로 만드는 데 일조했다.

좌파에 속하는 공산주의자들과 사회주의자들은 아렌트의 주장에 반대했다. 아렌트는 파시스트 정권이 마르크스주의 혁명의 반대 정권이라는 이들의 이념과 스탈린 치하 소련이 마르크스주의의 배반이었다는 이들의 주장을 무시했다. 좌파는 이러한 시각 때문에 전체주의의 요소들과 이런 요소들이 결정화結晶化했고 다시 결정화할 수 있는 반정치적 과정에 대한 아렌트의 관심을 실제로 인식할 수 없었다. 아렌트는 이런 시각에서 소련 혁명가들이 사회적 정의에 대한 견해를 지닌 이상주의자들이었다는 점을 알아볼 수 없는 것처럼 보였다.

아렌트 자신은 『전체주의의 기원』을 집필할 당시에 마르크스를 상당히 존중했으며 레닌과 스탈린을 명백히 구분했다. 그러나 아렌트는 좌파 쪽의 비판자들과 달리 1950년대 초반 『인간의 조건』과 『혁명론』을 집필하면서 마르크스주의에 대해 착실하게 더 깊이 조사하게 되었다. 아렌트의 비판적 여정은 바로 결과로 나타난다. 즉 『인간의 조건』에서는 마르크스가 작업이나 행위 이론가가 아닌 노동 이론가라는 묘사에 나타나고, 그리고 『혁명론』에서는 정치 행위보다 '사회 문제', 미국 혁명의 원리보다 프랑스 혁명의 원리를 높이 평가한 마르크스주의자들에 대한 단호한 공격에 나타난다. 그러나 아렌트의 사유 과정은 어쩌면 카를 야스퍼스와 주고받은 편지의 문장들에 가장 두드러지게 나타난다. 야스퍼스는 이 서신에서 아렌트에게 마르크스를 재고하라고 요구했다.

이들의 서신 교환은 1951년 시작됐다. 이때 아렌트는 프로이트와 마르크스에 관한 야스퍼스의 논문을 칭찬했고, 야스퍼스는 다음과 같이 답장을 보냈다. "당신은 마르크스와 칸트를 연계시키는 정의에 대한 마르크스의 열정을 우호적으로 언급하네요. … 마르크스의 열정은 내가 보기에 열정의 삶을 인간의 이미지가 없는 부정적인 것, 즉 에제키엘식의 사이비 예언자인 증오의 화신에서 도출하고 있기에 근본에 있어서 순수하지 못하고 시작부터 부당한 것 같아요."[13] 아렌트는 마르크스를 학자나 철학자가 아닌 '저항자와 혁명가'로 옹호함으로써 이 답장에 대답하였다. 마르크스는 아렌트가 (오히려 하이데거의 표현으로) "상품 경제를 통해 인간과 자연의 탈자연화"로 생각한 것을 실제로 이해했다. 야스퍼스는 자신의 입장을 유지했고 마르크스의 입장에 대해 언급했다. "마르크스의 과민증, 즉 공포심은 실제로 그의 개인적 성격에 전형적으로 드러난다오. 마르크스와 레닌 사이의 연속성은 단절되지 않았다오. … 마르크스는 아마도 루터와 같이 자신의 이념이나 이런 이념을 지닌 인물에게 있어서 중요하지 않은 운명의 인물일

---

13 *Hannah Arendt-Karl Jaspers Correspondence, 1926~1969*, ed., L. Kohler and Hans Saner(New York: Harcourt Brace Jovanovich, 1992), p. 163(7 January 1951); her reply, p. 167(4 March 1953); Jaspers, continuation, p. 205(29 December 1952); Arendt's acquiescence, p. 216(13 May 1953). 하인리히 블뤼허가 야스퍼스에게 보낸 편지(1952년 7월 21일) 186쪽을 참조할 것. "그는 정의에 대한 자신의 의지, 즉 처음부터 권력에 대한 의지와 보복에 대한 욕구인 의지를 충족시키기 위해 통찰력과 지성을 이용한다. 마르크스는 자신의 증오와 사랑을 인지 수단으로 사용하지 않고 이것들을 지연시키고 외면하며 자기비판을 통해 진리의 격률을 성취하기 위해 이것들을 뒤로 미룬다. 대신에 그는 자신의 증오의 희생자가 되고 정의의 이름으로 가공할 상상력을 뒤따른다. … 나의 경우에 마르크스는 아직도 지식인들에 비해 떳떳한 인간, '존경할 만한 시민'이다. 아렌트는 그에 대한 높은 관심, 인간적 관용 — 내가 심리학자의 역할을 부지불식간에 하게 될 경우에만 내가 할 수 있다고 느끼는 관용 —을 부정하지 않는다."(이 『서간집』의 인용문은 본문에서 삽입구로서 인용될 것이다.)
정신병리학 교육을 받은 야스퍼스는 언제나 프로이트 비판자였으며(그의 『정신병리학 총론』을 참조), 그의 평가는 프로이트에 관심을 갖지 않은 아렌트와 블뤼허에게 큰 영향을 미쳤다. 내가 『편견의 해부(*Anatomy of Prejudices*)』(1996년)에서 반유대주의 주제에 대해 언급하려고 노력했지만, 아렌트의 일생 동안 그의 저서와 정치심리학 사이의 접점은 없었고, 그 불운한 분리는 계속 유지되었다.

것이오."* 이후 아렌트는 독서 계획을 바꾸며 다음과 같은 점에 동의하였다. "제가 마르크스 저서를 읽으면 읽을수록, 저는 당신이 옳다는 것을 더 많이 알게 됩니다." 아렌트는 『혁명론』을 집필했을 때 마르크스의 이념, 즉 "사회 문제에 대한 집착, 그리고 국가와 정부 문제에 진지하게 관심을 갖지 않으려는 마르크스의 입장"을 공동으로 비판하게 되었을 뿐만 아니라 이념의 담지자로서 성격의 중요성에 다른 의미를 갖게 되었다.

아렌트는 『전체주의의 기원』을 출간한 이후 몇 년간 (『정치철학의 문제』로 출간할) 마르크스에 관한 많은 분량의 원고를 집필하며 마르크스주의의 열렬한 비판자가 되었고, 우파 — 미국 내 전후 전향한 공산주의자들과 매카시주의자들 — 에 대한 그의 집착도 퇴조했다. 세계 정치무대에서 도전을 필요로 하는 세력은 유대인과 같은 집단에 초점을 둔 나치식의 이데올로기보다 사회 혁명을 촉진시키는 마르크스주의식의 견해를 통해서 오히려 더 모양을 갖추었다. 아렌트의 관심 이동은 그 자신의 감정의 변화, 즉 공포시대 이후 희망의 도래를 반영했다. 반대로 그는 입장을 바꿈에 따라 이것을 더 잘 인식하고 이해하였다. 아렌트는 자신이 세계에서 안락함을 느낄 수 있는 능력을 차단한 깊은 두려움과 심지어 더욱 깊은 분노에서 저서를 집필하였다는 점을 알았다. 그는 세계가 자유와 전체주의 사이에 매달려 있다고 걱정스럽게 판단했기에 성공하지 못했다. 그의 저작은 유럽 유대인 — 자기 민족 — 에 가한 학살과 두 세대의 유럽 지식인들, 즉 좌파와 우파 이데올로기를 가진 사람들 가운데 아주 많은 사람들(하이데거를 포함해)의 배신에 대한 예방적 보복 행위였다.

야스퍼스는 1948년 집단수용소에 관한 아렌트의 글과 관련하여 편지를 보내면서 당대의 비이데올로기적이고 독립적인 독자들이 아렌트의 저서를 되풀이하여 읽으면서 경험한 것을 다음과 같이 표현했다. "그래. 당신이 삶

* 옮긴이_ Hannah Arendt and Karl Jaspers, *Correspondence, 1926~1969*, p. 205

에서 느끼는 두려움, 즉 당신 자신이 아닌 인류에 대한 두려움은 당신에게 대단히 명료한 인식을 제공한다오. 그리고 당신은 [집단수용소와 관련한] 이러한 사실들을 받아들이려 하지 않고, 이것들을 옆으로 제쳐두고, 이것들을 이해하지 않으며, 이것들이 현실 세계에 존재한다고 믿지 않는 사람들의 위험을 알고 있다오. 당신은 논리적 결론을 끝까지 철저하게 검토하네요. 당신이 드러내는 것은 진정 사람을 소름끼치게 한다오. 그래, 당신은 사람들에게 주의하게 해야 하며, 우리는 이러한 인식을 통해서만 그러한 일이 다시 발생하는 것을 막을 수 있다오"(105쪽).

전후 아렌트의 사유는 계속 완숙해졌다. 그는 세계 상황이 변함에 따라 자기 성격이 자신의 좌우에 있는 사람들의 견해에 부분적으로 반영된 욕구를 어떻게 아우르는가에 대해 더 명백한 입장을 갖게 되었다. 그는 근본성과 결합하여 심오한 보수주의를 확립했다. 이 근본성은 세계가 참신성의 사랑, 새로운 시작과 더불어 구성한 자연적 문화적 사물 전체와 세계에 대한 충동적인 보호 성향 — 다른 사람들에게는 모순적인 것 같은 욕구 — 이다. 자신들을 완전히 전통주의자나 개혁주의자로 보이게 하는 의무를 갖고 있는 사람들은 독립적인 사유를 하는 사람들에게 극단주의자로 보인다. 아렌트는 한때 다음과 같이 언급했다. "변화를 지지하는 인간의 충동과 안정의 필요성은 항상 상호 균형을 유지하고 제어하며, 진보주의자와 보수주의자의 두 분파를 구분할 때 우리가 현재 사용하고 있는 용어는 이런 균형이 질서에서 벗어난 상황을 보여준다."[14] 기질 연구의 관점과 정치적 관점에서 탈냉전 시기 전형적인 아렌트와 그 저작의 이해에서 나타나는 왜곡은 이런 불균형한 상황을 반영했다.

『전체주의의 기원』이 출간된 이후 독자들은 전체주의에 대한 아렌트의 서술이 냉전 논쟁에 사로잡히는 방식 때문에 히틀러의 독일과 스탈린의 소

14 Arendt, "Civil Disobedience," *Crises of the Republic* (New York: Penguin, 1975), p. 64.

련 이외에 다른 유형의 전체주의가 있는가를 질문하고자 이 책을 이용하기 어려웠다. 아렌트는 1966년 서문에서 모택동의 중국을 논의하고 이 정권을 판단하기 어렵다고 밝혔으며 "끊임없는 변화 상태에서" 많은 전체주의 요소를 가지고 있지만 일당 독재, 폭정, 전체주의 정권을 구분하는 역사 전체 또는 전 세계적 정치 조직과 야망을 설명하는 이데올로기를 지니고 있지 않다고 명백히 표명했다. 그는 다음과 같이 결론을 내린다. "전체적 지배는 공존이 가능하지 않은 유일한 정부형태이다. 따라서 우리는 '전체주의적'이라는 용어를 삼가며 세심하게 사용할 온갖 이유를 갖는다"(p. xxvii).

더 이상 냉전에 집착하지 않는 현대 독자들은 정치 현상을 설명하고자 나치와 소련 전체주의 요소를 탐구한 아렌트의 관례를 채택하고 있다. 특히 세계 질서에 대한 새로운 탈냉전 위협이 증대되어 왔기에, 우리는 아렌트가 발견한 전체주의의 요소들을 여러 나라와 지역에서 변형된 새로운 형태로 관찰할 수 있다. 그리고 많은 현대 독자들은 이런 상황을 도전 — 2004년 출간될 예정이며 여러 판의 서문을 모두 포함한 『전체주의의 기원』 신판이 인정하려고 하는 도전 — 으로 간주한다. 그는 첫째 필요조건이 역사를 모두 설명하고 정권과 그 정치를 정당화하는 이데올로기라고 주장했다. 즉 이데올로기는 제거되어야 할 (통상적으로 음모로서 확인된) 내부 적과 우월한 민족을 지정한다. 아렌트는 나치즘의 자연 이데올로기와 스탈린주의의 역사 이데올로기를 기술했다. 현재의 세계 상황에서 이러한 고전적 유형은 순수한 형태로 존재하지 않지만, 양자는 현재 가장 영향력 있는 도덕 이데올로기의 일부분이다. 한편 주권민주주의 이데올로기라고 불릴 수 있는, 현재 미국의 정치적 수사에서 발견될 수 있는 이데올로기가 있다. 즉 일종의 근본주의적 민주주의에서 민주주의는 필요하다면 세계에 선포되고 폭력적 수단을 통해 세계에 부과될 도덕적 선이다. 이 이데올로기 비판자들은 내부의 적으로 비애국적이라고 알려진다. 다른 한편 호전적 이슬람주의자들 사이에 도덕적 순수성 이데올로기가 현재 존재한다. 이 이데올로기는 전통적 이슬람뿐만 아니라 이슬람의 복고주의적 보존의 이데올로기이다. 우리는 현재 (일부 논평자들이 주장하듯이) "문명의 충돌"이 아니라 도덕 이데올로기의 충돌을 목격한다. 이 두 이데올로기는 극도의 도덕적인 엄숙주의puritanism다.

아렌트가 발견한 전체주의의 둘째 주요 요소는 총체적 테러이다. 그는 이것이 나치 집단수용소와 소련의 노동수용소에서 제도화되었다는 것을 알았다. 최종적으로 일부 주민의 생명을 박탈하려는 총체적 테러는 이러한 정치체제에서 엄청난 주민의 근절과 수송을 최종적으로 필요해 보이게 만드는 광적인 정치 '운동'으로 전통적인 계급구조와 정치적 충성심을 해체시킴으로써 나타났다. 아렌트는 또한 1945년 원자력과 이후 다른 핵무기의 등장이 세계를 새로운 형태의 총체적 테러의 위협 속으로 몰아넣었다고 지적했다. 우리는 현재 국가와 집단, 심지어 개개인이 이용할 수 있는 크고 작은 '대량학살 무기'에서 이러한 위협을 여러 형태로 경험한다. 총체적 테러의 온갖 징후는 민간인과 전투원 사이의 경계 제거, 즉 무제한적 폭력을 포함한다. 전투장으로서 도시는 정치 공간으로서 도시의 안티테제이다. 우리는 세계를 중심으로 나타나는 폭발적 상황에서 이를 목격하고 있다.

셋째, 아렌트는 결혼을 규제하는(즉 우월하다고 인정되는 민족과 열등하다고 인정되는 민족 사이의 결혼을 금지하는) 법을 통해서 그리고 사람들에게 가족 구성원을 감시하고 밀고하라고 강요하는 경찰의 관행을 통해서 인간의 자연적 연대(주로 가족의 연대)의 파괴를 전체주의의 한 요소로 발견했다. 공적 공간(즉 정치)과 함께 친밀성과 가정생활을 위한 사적 공간은 파괴됐다. 현재 어디에나 존재하고 있는, 세계의 위대한 종교적 전통에 뿌리를 두고 있는 도덕 이데올로기(즉 근본주의)가 가정의 보존에 초점을 두고 있지만 친밀성과 가정생활이 번창할 수 있게 하는 정치과정과 보장책을 파괴하는 전체주의적 방식으로 작동하고 있다는 것은 놀랍고 위험스러운 역설이다. 미국에서 민주적인 정치적 삶에 항상 중요했던 교회와 국가의 분리는 어느 다른 역사적 시기보다 더욱 활발하게 침식되고 있다.

관료제에 의한 통치는 아렌트가 발견한 전체주의의 넷째 요소이다. 그는 전체주의의 역사를 19세기 제국주의 정치체제에서 추적하고 “무명인에 의한 통치”로 변형된 독일 및 소련에서 개인적 판단과 책임에 대한 전체주의의 공격을 검토하였다. 우리는 선진 세계에서 정치적 관료제와 기업 관료제의 융합, 그리고 세계화 과정, 제국주의의 새로운 얼굴에서 이런 전체주의의 새로운 형태를 현재 목격할 수 있다. 아렌트는 또한 주요 요소로서 전체주의 정권 내에서 국군보다 비밀경찰을 통한 지배, 그리고 법 제도, 특히 사생활과 정치적 공간을 보호하려는 제도(언론과 출판의 자유, 집회의 권리 등)의 타락을 정확히 기술했다.

전체주의 정권은 또한 절대 주권을 주장하고, (이데올로기에서 제기된 용어로) 민족과 동일시되는 주민들이 거주하는 지역을 “대륙 제국주의”로 정당화한다. 우리가 발견했듯이, 이러한 세 가지 정부 요소는 국가의 정부 관료제를 필요로 하지 않는다. 이 요소들은 국제 테러단체 알카에다를 위한 오사마 빈 라덴의 목표에 기여하는 국제적 연계망 — 예컨대, 테러리스트들의 연계망 — 에서 수렴될 수 있다. 이 목적은 “단일한 지도자가 통치하는 전 세계 백만 무슬림의 제국을 건설하고 … 모든 무슬림을 통합시키며 칼리프의 통치를 추종하는 정부를 수립하는 것이다.” 즉 내부 적敵은 비이슬람적인 무슬림 정권이며 외부 적은 모든 비무슬림이다.[15] ‘세계 이슬람 전선’은 필수적인 이데올로기를 지니고 있고 초기부터 국제적이거나 범국가적이었지만 나치나 소련 방식으로 변혁적이고 제국주의화하는 국민국가의 산물은 아니다. 세계 이슬람 전선의 폭력은 국군을 통제하는 비밀경찰을 통해서 증대되지 않고 테러리스트 연계망과 호전적 순교에 대한 종교적 요청을 통해서 증대된다. 이러한 차이점에 대한 이해는 (전쟁에 중점을 두고 있는) ‘테러와의

---

15 다음 자료를 참조할 것. Jane Corbin, *Al-Queda: In Search of the Terror Network That Threatens the World*(New York: Thunder's Mouth Press/Nation Books, 2003), p. 23.

전쟁'이 올바른 실천적 대응인지에 대해 사유하는 열쇠이어야 한다. 우리는 이런 전쟁이 어떻게 전체주의적 수단을 사용하는 반전체주의적 정부를 포함할 수 있는가를 고려할 필요가 있다.

아렌트가 『전체주의의 기원』 출간 이후, 즉 자신의 대작에 함축된 성찰 문제를 제기하기 위해 한 발짝 물러섰을 때 출간한 이론적 저작들은 전체주의에 관한 그의 분석에서 드러난 더 심층적인 추세를 지적하였다. 아렌트는 『인간의 조건』, 『과거와 미래 사이』, 『혁명론』, 『폭력론』, 『책임과 판단』(『정신의 삶』 가운데 미완의 제3부 「판단」과 관련하여 확보한 것)에 포함된 에세이에서 전체주의 자체가 아니라 전체주의 형태로 결정화될 수 있었고 그랬던 요소들과 관련한 전제조건을 구성한 더 심원한 영향력과 이념에 관심을 돌렸다.

아렌트는 1950년대 초반, 즉 한국전쟁 기간과 매카시 시대 미국 경험을 통해 유럽 전체주의의 역사적 특수성, 그리고 전체주의 요소가 필연적으로 전체주의로 이어지지 않는다는 (후기 저작에 중요한) 사실을 강조했다. 아렌트는 제2의 조국에서 전체주의의 요소 가운데 일부가 1950년대 나타난 것을 목격했지만, 두 가지 주요 요소는 사라지고 있어 전체주의가 확고히 자리 잡는 것에 이르지 못하였다. 매카시주의에는 '운동'은 없었다. 즉 각 집단과 계급의 추종자들이 합세하여 지지를 증대시키는 일도 없었고, 자기 정체성을 대대적으로 포기하고 열광적인 순응과 반국가적 열병으로 연합하는 추세도 없었다. 그리고 카리스마적 지도자가 주장하는 집단 지향적 이데올로기(반공주의)가 있었지만, 이 이데올로기는 히틀러가 전파시킨, 국제적 유대인 음모라는 망령을 지닌 반유대주의와 유사한 통합적인 상상력을 제공하지 못했다. 많은 유대인이 조지프 매카시 선거구에 살았다. 이 선거구는 반유대주의적이지 않았고, 그의 지지자들은 미국의 전체 계급에 속하는 사람들도 아니다. 아렌트는 편지에 다음과 같이 요약한 내용을 야스퍼스에게 보냈다. "제가 목격하는 것은 … 사회의 저변, 대중사회 자체에서 발생하는 전체주의적 요소이지만 '운동'이나 명확한 이데올로기는 없습니다"(249쪽).

아렌트는 자신의 유럽인다운 두려움에서 매카시주의에 과잉 반응을 보였고 미국 정치의 탄력을 과소평가했다. 미국 정치는 표면적인 변덕, 의견의 흐름에 대한 순응, 변화 가능성, 지식인 이외의 좌파와 우파의 이데올로기에 의한 안정감의 결여로 유럽인들을 불안하게 만들었다. 아렌트는 1955년 매카시주의 현상 전반이 여론의 섬광 속에서 사라지는 것 같다고 야스퍼스에게 다음과 같이 언급했다. "이 나라의 분위기는 다시 예전과 같은 것이어서 거의 변하지 않았습니다. … 이 나라의 정치적 전통은 다시 살아남았습니다. 그리고 우리 — 하느님께 감사드리고 기뻐합니다 — 는 잘못 생각했습니다"(264쪽).

아렌트는 미국의 전통에 대한 존경을 강화시킨 채 미국의 역사와 정치이론에 대해 열정적으로 집필하기 시작했다. 그는 더 깊은 차원에서 『전체주의의 기원』이 출간된 지 몇 년 이후 시작된 치유 과정 — 연륜으로 형성되는 온화함, 세계에서 젊은이다운 윤택과 환희, 고뇌 · 두려움 · 분노의 경감 — 을 경험하였다. 야스퍼스는 자신과 부인에게 '넓은 세계'를 가져다 줄 아렌트의 방문을 기대하면서 이 새로운 신호를 분명히 들었다.[16] 아렌트는 응답했다. "그렇지요. 저는 이번에 당신을 넓은 세계로 안내하고 싶습니다. 저는 아주 늦게 그저 최근 몇 년 사이에 세계를 진정 사랑하기 시작했습니다. 저는 그것을 이제야 할 수 있을 것입니다. 저는 보답으로 정치이론에 관한 저서, 즉 『인간의 조건』을 '세계사랑'이라고 부르고 싶습니다"(265쪽).

아렌트의 품격, 즉 세계사랑에 내재하는 이러한 가닥은 '평의회 체계'에 대한 그의 열정에 기저를 이루고 있다. 그는 평의회 체계를 전체주의의 해독제로 생각하였다. 그는 평의회 체계가 행위를 인정하고 발언을 추론하는

16 야스퍼스가 블뤼허에게 보낸 편지(1952년 7월 21일). "한나 아렌트는 내가 보기에 최근 몇 년 사이에 진전을 겪었다오. 그의 엄청난 분노는 거의 사라졌다오. 아렌트는 자신에게 매우 생소한 것에 대해 더욱 올바르고 관대해지고 있다오. 그는 독일에 대해 더 많이 초연함을 보인다오. 나는 아직 진전이 없으며, 그래서 우리 사이에 때론 바람직한 긴장이 있지요."

진정한 정치적 삶의 최고 형태라고 판단했다. 그는 미국의 읍민 회의, 구區, 자발적 결사, 1871년 파리 꼼뮌과 민중결사, 1905년과 1917년 등장한 러시아의 원외 노동자평의회, 즉 소비에트, 1918~1919년 독일 혁명기의 평의회 체계, 그리고 1956년 헝가리에서 등장한 평의회를 연구했다. 이것들은 『혁명론』에 있는 용어로 표현하자면 "모든 혁명 정당 밖에 존재하며 이 정당이나 지도자들이 전혀 기대하지 않은 인민의 자발적인 조직이다."

아렌트는 미국인의 정치적 삶에서 가장 심각한 위험이 일종의 무사유라고 생각하기 시작했다. 이러한 무사유는 특히 평의회 구성체를 보호한 미국의 혁명 기원 및 헌법 전통과 관련한 역사적 기억의 결핍을 의미한다. 그는 『혁명론』에서 미국인의 정치적 삶이 헌법 제정을 목표로 하지 않은 혁명, 특히 프랑스 혁명과 러시아 혁명에 대한 두려움으로 뒤덮였다고 지적했다. "미국인의 권력과 권위가 시민들 사이에서 오래 전부터 증오와 멸시의 대상이 되었던 쓸모없고 타락한 정권을 지지하고자 이용되고 악용된 결과, 혁명에 대한 두려움은 현상을 안정화하려는 처절한 시도에서 전후 미국 외교정책의 숨겨진 동기였다."

두 정당의 국내 정책결정자들은 역사적인 정치적 전통의 의미를 갖고 있지 않기에 정치과정이 아닌 사회경제적 목표에 초점을 맞추고 자유보다 자유기업을 높이 평가하였다. 아렌트의 생각에 진보적인 민주당은 지역의 주도권을 분쇄하는 집중화를 조장했고, 공화당은 결과에 관계없이 자본주의를 지원했다. 아렌트의 생각에 미국인들은 자연적 풍요와 계급 구조의 상대적 결여가 없다면 자유기업과 자본주의가 단지 불행과 대중 빈곤으로 이어진다는 것을 이해하지 못했다. 미국인들은 자본주의가 최적 상황에서도 불행과 대량 빈곤 지역 — 이것은 미국 자체와 세계의 많은 지역에서 진행되고 있다 — 을 초래할 수 있다는 것을 의심하지 않는다. 즉 "경제 성장은 언젠가 선보다 오히려 저주가 될 수 있으며, 어떤 상황에서 자유로 이어지거나 자유의 존재를 위한 증거를 형성하지 않을 수 있다."

세계화 비판자들과 환경주의자들이 자본주의에 대한 이런 비판을 오늘날 확실히 명백히 듣고 있지만, 1960년대 아렌트 독자들 가운데 소수는 아렌트의 저서에 드러난 이런 비판을 지적했다. 1960년대 독자들은 대신 '사회 문제'와 정치를 구별한 아렌트에 집중했다. 일부는 이를 지지하고 일부는 이를 거부했다. 지지자들은 아렌트가 밝힌 평의회 체계의 역사에 주목하고, 평의회 체계에 대한 그의 희망을 지적하며 이를 풀뿌리민주주의나 참여민주주의에 대한 자신들의 열정에 적용시켰다. 아렌트의 이념을 거부한 사람들은 마르크스주의 시각에서 사회 문제에 대한 집착이 프랑스 혁명부터 혁명의 운명이었다는 아렌트의 신념과 관련하여 의문을 제기했다. 즉 아렌트의 좌익 비판자들은 아렌트가 제시한 사회적인 것과 정치적인 것의 구별이 자신들의 관점에서 볼 때 아렌트를 반혁명적이게 했는지 여부에 의문을 제기하였다. 그리고 그들은 사회 문제에 대한 집착이 어떻게 아렌트의 판단에서 사회의 이상적인 '동정적 열정'의 특징으로 나타났는가를 의심하였다. 아렌트는 이런 '인민에게 권력'이란 미사여구가 결국 광신자들의 권력을 결국 촉진시켰다고 믿었다.

결과적으로 1960년대 세대의 마르크스주의 비판자들은 자신들의 앞 세대가 제기한 아렌트에 대한 비판을 반복했지만 강조점을 달리 했다. 그들은 소련이 전체주의적이라고 볼 수 있는 방식이나 마르크스주의 혁명이 소련에 각인된 전체주의의 요소를 지녔는가의 여부에 대하여 격론을 벌이지 않았다. 그들은 자신들이 도덕 문제로 제기한 사회 문제, 즉 폭력도 사회적 정의를 잉태할 경우 어떻게 도덕적으로 정당화되었는가에 대한 문제를 논쟁의 핵심으로 삼았다. 이런 비판자들이 보기에 아렌트가 제시한 사회 문제와 정치 행위의 구별은 부르주아지에 승리할 기회를 사회적 불의의 희생자들에게 제공하기보다 오히려 다음 끼니를 얻고자 정치를 시중드는 종신형을 희생자들에게 선고하는 것 같았다. 이런 비판은 풀뿌리 단체들이 사회 문제에 역점을 두고 다루기를 절실하게 요구한 아렌트의 지지자들 사이에서도 비중이 크게 됐다.

아렌트 사상에 대한 이러한 왜곡은 도덕과 정치의 관계라는 당연한 귀결 문제에 늘 따라다녔다. 아렌트는 『예루살렘의 아이히만』을 둘러싸고 분출한 논쟁을 성찰하고 베트남 전쟁 기간 동안 시민불복종이란 미국 전통을 성찰하면서 이 쟁점을 제기했다. 그는 도덕과 정치의 관계를 고려하면서 이것들을 사회 및 국가와 결부시켜 악인惡人과 선인善人의 사례를 인용한다. 그는 이런 고찰에서 도덕이 양심과 연관되며 양심이 개인 문제라고 주장하였다. 유럽 전통에서 양심을 지닌 모범적인 사람은 소크라테스이다. 소크라테스는 자신이 특별한 행위를 했다면 **자기 자신과 함께** 공존할 수 있을 것인가에 관심을 가졌다. 양심을 지닌 사람들이 함께 행위를 할 때에만 도덕은 정치적 요소를 갖게 된다. 아렌트는 양심이 어떤 지점에서 변형된다고 주장하였다. 즉 "시장에서 양심의 운명은 철학자가 주장한 진리의 운명과 크게 다르지 않다. 양심은 하나의 의견이 되며 다른 의견들과 구별되지 않는다. 그리고 의견의 위력은 양심에 좌우되지 않고 양심과 관련되는 사람들의 숫자에 좌우된다. 즉 'X'는 악이라는 만장일치의 합의는 … 'X'가 악이라는 신념에 신빙성을 더한다."[17]

아렌트는 1960년대 말 시민불복종이 자발적 결사(즉 평의회)라는 미국 전통과 연결된 것이라고 주장하면서 시민불복종을 칭찬했고 수정헌법이 언젠가 결사의 권리를 포용할 수 있기를 희망했다. 그러나 아렌트는 당시 정치 행위에 반대하는 자발적 결사 — 로비, 압력단체, 특정 이익집단 — 가 있다는 것을 잘 의식했다. 그래서 자발적 단체의 가치를 판단하는 아렌트의 기준은 도덕적이지 않고 정치적이었다.

결사의 원초적 계약 모델 — 합의는 준수되어야 한다pacta sunt servanda

17 Arendt, "Civil Disobedience," p. 56.

> 는 도덕 명령을 담은 상호 약속 — 이 상실된다면 조직은 위험에 놓이게 된다. 오늘날 상황에서 이런 집단과 다른 나라의 상대 집단이 이데올로기적 또는 정치적 신념이나 다른 신념을 실제 목적으로 대체한다면, 계약은 이루어질 수 있다. 하나의 결사는 "상이한 정신의 노력을 하나의 통로로"(몽테스키외) 더 이상 통합할 수 없거나 통합하려고 하지 않을 때 행위를 위한 능력을 상실한다. 학생운동과 중요한 시민불복종 단체를 위협하는 요소는 … 운동을 이데올로기(모택동주의, 카스트로주의, 스탈린주의, 마르크스-레닌주의 등)로 점차로 오염시킨다. 이런 오염은 사실 결사를 분열시키고 해체시킨다.[18]

아렌트는 결사를 도덕적 명분의 수단으로 생각하는 사람들에게 옳고 그른 명분은 없고 오로지 옳고 그른 결사 방식만이 있다고 말하는 듯했다. 아렌트의 의미를 왜곡시킨 그들의 입장에서 볼 때 그는 도덕관념이 없는 듯했다.

아렌트의 입장과 의미는 이런 식으로 왜곡되었다. 아렌트는 이런 이유로 도덕주의적 이데올로기나 열정, 즉 표준을 적용시켜 미리 결정하는 도덕적 판관의 역할을 거부하였다. 따라서 입장을 이미 결정한 사람은 누구든 경험을 자유롭게 되새길 수 없을 뿐만 아니라 직접적이거나 구체적으로 경험할 수 없다. 독립적인 사유는 유동적이고 가장 근본적인 의미에서 자유롭다. 독립성을 결여한 사람들의 경우 모든 것은 미리 포장되지만, 그들은 자기사유의 추상적 특성을 파악하지 못한다. 그들은 실제 경험에 대한 기대에서 느끼는 부담에 깊은 인상을 받기 때문이다. 그들은 조립된 언어를 이런 경험에 부과한다. 아렌트를 비판했고 아렌트가 비판한 1960년대 도덕가들 사이에서 가장 공통된 조립된 원고原稿에서는 폭력은 권력으로 정당화되고 권력과 잘못 동일시되었다. 그런데 권력은 사람들이 정치 행위에 참여

---

18 Ibid, p. 79.

하고 자신들의 공동 노력을 제도화할 때 성장한다. 아렌트의 생각에 그들의 원고는 젊은 사람들이 자신들의 도덕적 열정으로 형성한 세계 역사적 계기의 새로운 도덕적 현실에 접근할 기회를 차단했다. 아렌트는 시카고에서 자신과 이야기를 나눈 독일 47그룹의 한 회원과 관련하여 야스퍼스에게 호기심을 표시했다. "아직도 젊은데 이미 어느 것도 전적으로 배울 수 없군요. 모든 것에서 오직 자기 편견에 대한 지지만을 보네요. 구체적이고 사실적인 것을 더 이상 흡수할 수 없군요"(1966년 5월 21일).*

아렌트는 생애 마지막 5년 사이에 쓴 정치적 분석에서 우측에서 좌측까지 정치 스펙트럼에 위치한 사람들이 현실과 거리감 있음을 거듭 강조했고, 훌륭한 정치적 판단을 내리는 능력이 얼마나 희귀해졌는가를 거듭 강조했다. 예컨대 그는 국방부 문서에 대한 성찰인 「정치에서의 거짓말」에서 새로운 측면을 친숙한 주제로부터 뽑아내는 표준 절차를 따랐다. 이 경우 베트남전을 수행하는 미국 정부 관료들이 정확한 상황 판단에 필요한 정보를 모두 정보기관으로부터 받았고 계속 받았지만 이것을 무시했다는 점은 새로운 측면이었다. 아렌트는 다음과 같은 점을 언급했다. 즉 "사실과 결정, 정보 공동체와 행정 · 병역 업무 사이의 비관계non-relation는 『국방부 문서*Pentagon Papers*』가 드러낸, 아마도 가장 중요하고 확실히 가장 잘 보호되는 비밀이다." 그는 약식으로 다음과 같이 결론을 내렸다. 즉 "사람들은 때론 '정책결정자'보다 오히려 컴퓨터가 동남아시아에서 완전히 하고 싶은 대로 결정한다고 생각했다. 문제 해결사들은 판단하지 않고 계산했다." 이데올로기적 확신이 정보 수집을 인도하고 판단을 내리기 위한 사실적 기반마저도 침식시켰을 때 문제는 물론 심지어 더욱 악화되었다. 오늘날 '테러와의 전쟁'이 미국 정부에 예방전 교의를 촉구할 때 이 문제는 현재 증대되고 있다.

* 옮긴이_ Hannah Arendt and Karl Jaspers, *Correspondence 1926~1968*, p. 639.

아렌트는 『정신의 삶』을 3부 「사유」·「의지」·「판단」으로 구성하고 있을 때 미국과 소련 사이의 적대, 그 거대한 냉전의 그림자 아래에서 갑자기 나타나고 있는 민족해방전쟁과 혁명으로 규정된 당시 정치세계의 상태에 대한 논평을 역시 집필하고 있었다. 아렌트는 일반적으로 1960년대 말과 1970년대 초반 혼돈 상황에서 목격했던 "공화국의 위기"에 정치적으로 관심을 집중시켰다. 이때 그의 제2의 조국은 공화주의 전통을 재생시키려는 젊은이들의 노력에도 불구하고 공화국의 기반을 무시하고 심지어 파괴하고 있는 것같이 보였다. 아렌트가 서거한 지 10년이 지난 후 이러한 정치적 저작과 미국에 대한 깊은 관심은 그의 저작 전체에서 가장 영향력 있는 부분이었다.

아렌트의 후기 정치적 저작에 대한 관심은 중요했고 여전히 중요하다. 따라서 이런 관심은 그가 『정신의 삶』을 구성한 성찰에 입각해 이러한 저작의 기초를 세웠던 방식을 볼품없게 보이게 했다. 『정신의 삶』의 철학적 주제는 판단하지 않거나 판단할 수 없고 또는 판단하는 것을 거부하는 사람들의 현실과 거리를 두는 것이다. 아렌트는 이 마지막 원고를 집필할 때 정치이론보다 도덕철학 영역에서 작업하였다. 그러나 아렌트는 판단에 대한 자신의 이념을 형성한 도덕철학에 대한 특별한 이해를 가졌다. 2003년 모음집인 『책임과 판단*Responsibility and Judgment*』은 이제 그러한 이해를 위한 기반을 제공하고 있다. 그러나 연구자들은 아렌트 서거 이후 여러 해 동안 여전히 이런 이해를 거의 인식하지 못한다.

그리스 에티케ethike, 유대교와 기독교 율법에 뿌리를 두고 있는 서양의 도덕철학은 객관적인 것과 주관적인 것 사이의 분리를 포함하였다. 이는 도덕적 관습, 규범, 법에 관한 연구와 성격에 관한 연구('character'라는 용어는 역시 그리스적이고, 바늘이 점토판에 만드는 흔적과 연관된다) 사이의 분리를 포함하였다. 도덕철학은 전통적으로 무엇이 선한가?, 그리고 무엇이 선을 알고 수행할 수 있는 사람의 성격인가?를 질문한다. 일부 도덕철학자는 자연스럽게 사람들을 인도하는 규범을 정립하려고 자연을 주시했으며, 일부는 도덕률의 기반을 제공하는 신적인 것, 즉 초월적 영역을 주시했다. 다른 일부는 법이나 규범이 믿음 능력 또는 합리적 정신 또는 따뜻한 마음을 가진 어떤 사람에게나 직접 명료하다고 말했다. 다른 사람은 도덕 교육의 필요성과 성격 형성 훈련을 강조했다. 이러한 주제와 관련하여 많은 철학적 주장을 제시한 수세기의 후예인 칸트는 영웅적으로 자연이나 신적인 것에 호소하지 않고 모든 인간을 인도하는 원리, 보편적 이성 자체의 원리에 호소하였다. 사람들은 자신들의 행위를 나타내는 격률이 모든 인류를 위한 법칙이 될 수 있도록 (칸트의 '정언명령'이 인도하듯이) 단지 행동할 필요가 있다.

그러나 아렌트의 경우 칸트의 노력은 충분히 급진적이지 않았다. 즉 그의 노력은 도덕철학의 실제 핵심을 반영하지 않았다. 아렌트는 실제 핵심을 소크라테스에서 가장 명백히 볼 수 있다고 생각했다. 소크라테스의 사유 방법은 아렌트의 주장대로 모든 규범과 법, 칸트의 정언명령 — 도덕철학 전체의 전통 — 이 단지 붕괴된 시대의 생존자들을 인도할 수 있었다. "우리들 — 우리들 가운데 연로한 사람들 — 은 1930년대와 1940년대, (현재 일반적으로 상정되듯이) 히틀러 치하 독일뿐만 아니라 스탈린 치하 러시아에서도 공적 삶과 사적 삶에서 기존의 모든 도덕 기준이 전반적으로 붕괴된 것을 목격했다."[19]

아렌트의 경우 도덕적으로 철학하기의 진정한 급진성은 그가 이러한 붕괴의 증거를 지속적으로 응시하면서 대부분이 당시 목격하고 이후 수행한 것 — 도덕적 복구, 도덕적 '법과 질서', 종교 또는 새로운 근본주의로의 복귀에 대한 요청 — 을 제기하지 않았다는 점이었다. 그는 무엇이 선인가?를 질문하지 않았다. 대신에 아렌트는 진정 사유하는 사람이 위기에서 규칙이나 법을 주시하지 않을 것이며 (소크라테스가 언급한 이후 진정 사유하는 개개인으로

19 Arendt, *Responsibility and Judgment*, ed., Jerome Kohn(New York: Schocken, 2003), p. 51, 이후 인용문은 본문에서 삽입구로서 인용된다.

서) 나는 나 자신에게 충실해야 한다고 말할 것이라고 주장했다.[20] 나는 내가 수용할 수 없는 어떠한 것, 내가 기억할 수 없는 어떠한 것도 행하지 않아야 한다. "도덕성은 단독의 개인과 연관된다. 옳고 그름의 기준, 내가 무엇을 해야 하는가?라는 질문에 대한 대답은 결국 내가 내 주위 사람들과 공유하는 습관과 관습이나 신적 또는 인간적 기원의 명령에 의존하는 게 아니라 내가 나 자신과 관련하여 결정한 것에 좌우된다. 달리 말하면, 나는 내가 어떤 것들을 수행하면서 더 이상 나 자신과 함께 살 수 없는 것들을 수행할 수 없다"(97쪽).[21] 도덕성은 그 자체로 그리고 혼자 힘으로 참됐고 참된 것에 대한 충실함이다.

인간은 자기 자신에게 말할 수 있으며 내면적 대화를 유지할 수 있다. 그들은 세계적 사건이나 자신들이 수행한 것에 자극을 받아 내면적 대화에서 자신들의 경험에 의문을 제시하고 이것을 일종의 이야기로 자신에게 말하며 다른 사람들과 이후 소통을 대비하거나 기억할 것을 이런 식으로 대비한다. 이런 능력을 갖고 있지 않은 사람들은 잘못을 저지르고, 나아가 "잘못을 저지르는 것은 이러한 능력을 오염시키는 것이다"(94쪽).

도덕적 품성에 대한 이해를 위한 이러한 급진적인 진술의 함의는 놀랍다. 잘못을 저지르고 이로 인해 사유하는 능력 — 내면적 대화를 수행하고 과거를 기억하는 능력 — 을 오염시키는 사람은 자신의 도덕적 성격을 파괴할 수 있다. "인간의 경우 과거 문제에 대한 사유는 우연히 일어날 수 있는 것 — 시대정신 또는 역사 또는 단순한 유혹 — 에 의해 휩쓸리지 않도록 심연, 즉 깊은 뿌리의 차원에서 이동하며 이에 따라 자신을 안정화한다는 것을 의미한다"(95쪽). 아렌트의 생각에 하이데거와 같이 안정화되지 못한 사람은 1930년대부터 1950년대까지 도덕적 품성을 갖지 않았다. 또한 아

---

20 아렌트가 또한 칸트를 포함한 철학자들이 객관적인 기준, 규칙 그리고 법의 필요성을 생각한다는 점을 명백히 했지만, 그는 "수세기를 통해 자기의 기준이 궁극적인 기준이라는 도덕철학의 거의 일치되는 가정"에 대해 언급한다.

21 『책임과 판단』, 「도덕철학의 몇 가지 문제」.

렌트가 설명하듯이 '품성'보다 '도덕적 인격'이란 용어를 사용하자면, 다음과 같이 말할 수 있다. 즉 "사유 과정에서 … 나는 분명히 나 자신을 인격으로 선정하며, 내가 여전히 반복하여 새로이 그러한 구성을 할 수 있을 정도로 같은 상태로 있을 것이다. 이것이 우리가 공통적으로 [도덕적] 인격이라고 부르는 것이고, 재능과 지성과 아무런 관계가 없다면, 그것은 단지 거의 자율적인 사유함의 결과이다"(95쪽).

아돌프 아이히만은 도덕률을 기계론적으로 암송할 수 있었지만 — 도덕률이 사유 없이 얼마나 무용한가를 보여주고 있다 — 재판에서 자신이 독자적으로 의지하는 능력이나 사유하는 능력을 갖고 있지 않다는 점을 드러냈다. 그리고 그는 지도자의 의지에 자신의 의지를 날인하고 매도했다. 아이히만이 법정에서 자신이 지도자의 의지에 복종하였다는 점을 사실적으로 뉘우침 없이 증언했을 때, 그는 자신이 인격, 즉 도덕적 품성이 아니라고 (아렌트의 용어로) 말하고 있었다. 그는 책임을 포기했다. 이런 포기 선언은 자신과 전혀 관계가 없었다. 그는 아무런 죄가 없다고 생각했다. 아이히만에 대한 아렌트의 판단은 이 점을 인정했다. "사면을 내리는 데 있어서 용서받는 것은 죄가 아니라 사람이다. 뿌리 없는 악에서 우리가 용서할 수 있는 사람은 없다"(96쪽).

아렌트의 도덕철학은 선에 대한 탐구나 선이 무엇인가를 규정하는 규칙과 법에 대한 탐구를 포함하지 않았다. 아렌트의 도덕철학은 의지의 난관 — (하이데거의 방식으로) 의지하지 않을 의지나 (아우구스티누스가 자신이 하느님의 치유하는 은총을 기다리는 동안 지적한 것들과 같이) 의지의 분열 — 에 초점을 맞춘 도덕철학이 아니었다. 아렌트는 자신의 철학적 기여로 이동하기 위해 의지 활동을 탐구해야만 하였다. 이러한 철학적 기여는 사유 활동과 의지 활동이 의지 활동을 어떻게 인도할 수 있는가 — 특별히 사유의 인도를 받은 판단이 세계에서 어떻게 인도할 수 있는가 — 를 질문하는 것이었다. 칸트가 『판단력비판』 가운데 미학적 판단에 대한 분석에서 이해했듯이, 아렌트의 경우 판단 활동은 법을 준수하는 활동이나 심지어 법을 추구하는 활동이 아니었다. 아렌트가 주장했듯이, 도덕성 영역이 또한 법을 가지고 있지 않다는 전제를 수용할 경우 칸트의 미학적 판단의 분석은 도덕성 영역으로 바뀔 수 있다. 이 영역은 자신에게 충실함, 즉 자신의 대화적 사유에 충실한 기준만을 가질 수 있다. 따라서 미학적 판단과 같이 도덕적 판단은 법칙이 아니라 범례에 의해서 인도된다. 칸트는 "범례가 판단의 보행기다"라고 기쁘게 말했다.

한나 아렌트는 생애를 통해 자신의 친구들(그리고 서신 교환자들)로서 모범적인 판관, 즉 소크라테스의 후예들이 있을 정도로 운이 좋았다. 아렌트는 야스퍼스가 나치즘의 폭우에도 생존한 노아 같은 사람이며, 아울러 자기 자신과 친구들 — 아렌트 자신과 같은 유대인 친구들을 포함해 — 로부터 결코 고립될 수 없었다는 사실을 편지로 밝혔다. 이렇듯 아렌트는 자신의 친구들을 칭찬할 공적인 기회를 즐겼다. "당신의 삶과 철학은 인간이 어떻게 서로 대화할 수 있는가의 모델을 우리에게 제공합니다."[22] 야스퍼스의 철학은 품성을 판단하는 중심 개념과 기준이 소통인 철학이었다. 그는 성장하고, 자신의 품성이 영향을 받도록 용인할 정도로 충분히 개방적이고 겸손한 사람이었다. 아렌트는 야스퍼스와 관계를 재개한 전후 몇 년 사이에, 소크라테스적으로 약간 엄격하고 때론 교화하고 싶어 한다고 생각했지만 폭우 이후에도 항상 세계를 대면할 수 있다고 생각했다. 아렌트는 블뤼허에게 경탄하였다. "야스퍼스의 단행본을 읽으세요. 당신은 이분이 바로 9개월 만에 새로운 현실에 대해 이해하는 법을 얼마나 놀라울 정도로 배웠는가를 알 수 있다오"(1946년 7월 10일).

아렌트는 일생 동안 철학서를 집필하지 않기로 결정했다. 아렌트가 보기에 철학 신봉자들은 대화적이고 소통적인 사유를 희생시키는 대가로 규칙

22 Arendt, *Essays in Understanding*(New York: Harcourt, 1994), p. 215.

을 추구하는 사변적이고 형이상학적 사유에 사로잡혀 있기 때문이다. 그는 대화적이고 소통적인 사유를 실천하기를 바랐고 위기의 시대에 이러한 사유가 전반적으로 실행되기를 희망했다. 철학자들은 아주 빈번하게 도덕률을 정치영역에서 처방하려고 몰려들고 정치영역에서 그 섬뜩한 예측불가능성을 — 하이데거가 잠시 비난받을 만한 시기 동안 했듯이 — 구제하기를 원했다. 아렌트는 항상 정치 제도와 태도를 증진시키려고 했다. 정치 제도와 태도는 사람들이 도덕적 범례로부터 배우고 도덕적이게 되는 것을 허용하고 활성화시키며, 아울러 사유에 필요하고 친구들과 나누는 대화의 친근성에 필요하며 자신들에게 '전형적인'(진짜; *the*) 도덕 문제 — 나는 사유할 경우 나 자신과 함께 살 수 있는가? — 를 제시하는 데 필요한 보호 장치를 제공한다. 사람들은 결국 이런 도덕 문제로 정치영역을 보호하려는 마음을 갖는다.

아렌트는 전체주의와 인간의 조건을 연구했던 수십 년 전이나 만년의 논평들에서도 미국 내의 위기, 미국과 소련 사이 대단히 중요하고 흔히 변화하는 적대 관계가 소련의 붕괴와 동유럽 자유화의 서막이었다는 점을 예견하지 못했다. 아무도 예견하지 못했다. 아렌트의 저작은 살아 있는 동안 그리고 서거한 지 10년 동안 환영받았던 것과 아주 다르게 1989년 이후 세계에서 환영을 받았다. 나의 전기는 아렌트 사후 10년 이전에 최초로 출간되었다.

특히 제2차 세계대전 이후 태어난 세대는 1989년 이후 아렌트의 저작을 전체주의의 결정화로 뚜렷이 형성된 세계에 대한 분석이 아니라 전체주의 이후 세계를 위한 지침을 제공할 수 있는 분석으로 연구하였다. 이때 민주적 전통은 소비에트 제국의 영역과 오랜 냉전으로 형성된 다른 지역에서 부활되거나 확립되는 새로운 기회를 가졌다. 이러한 변화는 단일의 감동적인 계기에서 볼 수 있다. 독립자치노동조합 '연대Solidarity'의 지도자 아담 미흐니크는 감옥에서 석방된 직후 수상受賞을 했다. 그는 이를 계기로 한 가지

계획에 전념하기를 원했다. 그는 폴란드 국민이 바르샤바 조약 붕괴 이후 세계에서 삶에 대한 방향을 결정하는 데 기여하고자 한나 아렌트의 저작을 폴란드어로 번역하는 계획을 가졌다.

아렌트의 저작은 유럽 및 미국뿐이 아니라 전 세계적으로 새로이 환영을 받고 있다. 1990년대를 통해 염려하지만 또한 기대에 찬 '이제 무엇?'은 미국 학계 및 정책 집단에서, 유럽 전역에서 — 과거 유고슬로비아 국가의 학자 및 활동가들이 함께 모인 벨그라드 학술회의를 포함해 — 그리고 일본·브라질·아르헨티나에서 그의 저작을 조명하는 수많은 회의에서 아렌트 저작을 검토하도록 촉진시켰다. 중동의 아랍 국가들에서 도피한 정치적 망명자들은 아렌트의 저작을 읽고 있다. 중국이 천안문 사태(1989년) 이후 유사 전체주의로부터 완만하게 벗어났을 때 아렌트의 저작은 중국어로 번역되었다. 기록 영화는 그의 삶을 조명한다. 하이데거와 아렌트의 관계는 브로드웨이 밖의 연극의 주제였다. 학술 연구가 풍부하게 성장할 만큼 — 단행본과 에세이 모음집이 매년 출간된다 — 책 분량의 서지사항과 광범위한 인터넷망www 사이트는 이것을 보여주고자 등장했다. 이런 출판물들 가운데 일부는 일반 연구이고, 다른 일부는 특별한 주제를 다루고 있다(예컨대, 『한나 아렌트에 대한 페미니즘적 해석*Feminist Interpretations of Hannah Arendt*』 또는 『한나 아렌트와 교육*Hannah Arendt and Education*』이다). 현재 두 개의 한나아렌트연구소가 있다. 하나는 독일에 있는 한나아렌트전체주의연구소이고, 다른 하나는 뉴욕에서 설립되었다. 『한나 아렌트 소식지*Hannah Arendt Newsletter*』는 학술회의와 학술 연구를 보도한다. 『캠브리지대학교 한나 아렌트 안내서*The Cambridge to Hannah Arendt*』, 그리고 루트리지출판사가 준비하고 있는 『20세기 주요 정치철학자*The Major Twentieth-Century Political Philosophers*』 시리즈와 같은 아렌트 연구서는 그의 평판을 보여주는 징표이다. 20세기 어느 다른 정치학자도 이렇게 크게 주목을 받지 못했다.

아렌트가 마지막으로 교수로 재직한 뉴스쿨은 2001년 『전체주의의 기원』

출간 50주년을 기념하고자 학술회의를 계획하였다.[23] 나중에 안 일이지만, 학술회의는 9 · 11테러로 세계무역센터가 공격을 받은 지 한 달 후에 개최되었다. 망연자실한 상황에서 참가자들 — 즉 전국에서 온 미국인들, 대부분 유럽연합 국가에서 온 유럽인들, 중남미 사람들 — 은 자신들이 모두 심각하게 변화되었다는 것을 깨달은 세계에서 아렌트의 대작에 대해 토론하였다. 그 이후 아렌트의 정치 이론화에서 가장 긴급히 필요한 가닥들은 폭력에 초점을 맞추고 폭력과 권력 발생을 구분하는 가닥이다. 이것은 명백하게 되었다. 현재 세계는 세계 어디에서나 발생하는 폭력이 가끔 정치과정 자체로 고려되고 있는 세계이다. 정치 행위자들이 폭력 없이 행할 수 없을 때, 폭력은 그들이 의존하는 수단은 아니다. 권력과 폭력의 전반적인 혼란은 또한 미국에서 국가 주권이 헌법 정신에 반대하여 이데올로기적 확신으로 격상되는 방식을 부각시킨다.

아렌트 저작의 편집자인 제롬 콘은 최근에 제대로 다음과 같이 밝혔다.

> 정치에서 미국의 가장 중대한 혁신은 아렌트의 경우 … 공화국 정치체 내에서 주권의 일관된 폐지, 즉 인간사 영역에서 주권과 폭정이 동일한 것이라는 통찰이었다. 공화국 주권의 결여는 미국이 유럽의 의미에서 국민국가가 아니었다는 것을 의미한다. 공화국의 권력은 인민, 인민의 증대되는 다양성, 이것이 통합시킨 의견으로부터 실질적으로 발생한다. 공화국은 시민으로서 이런 평등한 인민들 사이에서 주들의 연방일 뿐만 아니라 또한 연합 — 합의foedus와 신뢰fides — 이었다. 토마스 홉스가 개개인의 취약성이 리바이어던의 주권에 의해 정복당하는 것을 보았고, 아렌트는 주권이 '약속으로 결속되는' 다원성에 의해 정복당하는 것을 보았다. 약속은 엄청나게 개개인의 잠재적 권력을 고양시켰다. **주권**이란 용어는 헌법 어디에도 나타나지 않는다. 헌법은 제6조의 주권 개념과 충돌된다. 세계의 안정성과 관련되는 한, 제6조

---

23 이 논문은 다음 자료에 수록됨. *Social Research* 69/2(Summer 1972).

는 미국의 권위 아래 "체결된 모든 조약, 또는 체결될 조약이 국가의 최고법이 될 것이다"라는 점을 명백히 천명한다.[24]

국가 주권 이데올로기를 극찬하고 심지어 세우는 — 그리고 호혜주의와 동맹을 거부하는 — 정부 책임자들이 이라크전과 '테러와의 전쟁'을 추진할 때, 베트남전 시기에 보여주었듯이 이들의 현실감 부족과 판단력 부족은 다시 매일 드러난다.

한나 아렌트가 『전체주의의 기원』에서 『정신의 삶』에 이르기까지 논쟁적으로 제공한 정치에 대한 이해가 정치사상가와 행위자들의 현재 세대를 어떻게 그리고 어느 정도 고무시키는가는 두고 볼 일이다. 단일 초강대국으로서 미국의 지위와 국제 테러리즘의 부상이 새로운 도전 —아렌트가 세심하게 적용시킨 용어로 '전례 없는' 도전 — 에 직면하여, 1975년 때보다 훨씬 더 상호 연계된 오늘날의 정치세계는 어둡고 무서운 시대에 들어갔다. 아렌트는 『어두운 시대의 사람들』 서문에서 그런 어둠을 기술했다. "공공영역은 좋든 나쁘든 행위와 말로 자신들이 누구이며 무엇을 할 수 있는가를 보여줄 수 있는 현상공간을 제공함으로써 인간사에 빛을 밝힐 수 있는 기능을 담당한다. 그런데 공공영역이 '신뢰성 상실'과 '보이지 않는 통치', 그리고 존재하는 것을 노출시키지 않고 은폐하는 언어, 오래된 진실을 보호한다는 명분으로 모든 진실을 무의미하고 사소한 것으로 폄하하는 도덕적인 권고나 다른 형태의 권고 때문에 그 빛을 잃을 때 어두움은 찾아온다." 그런 어두운 시대에 그는 다음과 같이 말했다(그리고 나는 이 전기 초판 서문에서 그의 주장을 인용하였다). "우리는 자신들의 삶과 저작으로 거의 모든 상황에서도 빛을 밝히는 사람들로부터 밝은 빛을 기대할 권리를 갖는다."

한나 아렌트는 일생 동안 빛이었고, 그의 빛은 아직도 그가 남긴 저작과

24 Jerome Kohn and Elisabeth Young-Bruehl, "Hannah Arendt on Action and Violence," in available on-line through the Weismann Center for Leadership, Mount Holyoke College (mtholyoke.edu).

사후 그의 이야기와 사려 깊음을 '새로운 시작'이기를 기대하는 새내기들에게 가져다 준 사람들로부터 발하고 있다.

•

초판 서문

제2차 세계대전 이전이나 기간 중에 미국에 온 다수의 유럽 난민들은 종종 국적을 바꿨으며 결코 고향을 방문할 수 없었다. 그들은 박해와 강제 추방, 개인적 상실과 정치적 재앙 등 자신들의 경험을 미국인들에게 이야기하였다. 이때 이야기를 들은 미국인들은 신기하고 거의 이해할 수 없을 정도로 혼란스러운 세상을 깨달았다. 이야기꾼은 각기 브레히트가 말한 대로 "불행의 전령ein Botes des Unglücks"*이었다.

활용할 수단을 발견할 수 있었던 예술가들과 지식인들은 곧 훌륭하게 기여하기 시작했다. 이들이 미국과 세계 문화에 기여한 역할은 잘 알려져 있다. 즉 그들은 수학과 물리학, 음악과 미술, 사회학과 정신분석에 행운을 가져다주었다. 물론 난민들이 새로운 가정을 꾸미고 파괴된 삶을 개선하기 시작했지만, 이들의 개별적인 호소를 실마리로 엮은 방대한 이야기는 당대와 미래 세대에 아직 전해지지 않았다.

전쟁 이전 두각을 나타내기 시작했던 망명 사회과학자들은 전쟁이 종결된 지 15년이 지난 이후부터 나치 독일의 역사와 이에 관한 연구를 대부분

* 옮긴이_ 브레히트의 시 「망명자의 전경(Landscape of Exile)」에 나오는 마지막 문구이다. 이 시는 1938~1941년 사이에 쓰인 시에 포함되어 있다. 「망명자 W. B.의 자살에 대하여」, 「태풍」과 더불어 미국으로 망명하기 직전에 쓰인 시이다. 다음 자료를 참조할 것. Bertolt Brecht, *Poems*, eds., John Willett and Ralph Manheim(London: Eyre Methuen Ltd., 1976), pp. 363-364.

집필하였다. 그러나 철학 교육을 받은 한 여성은 『전체주의의 기원』을 출간하였다. 한나 아렌트는 뉴욕의 소규모 망명자 단체 외부에는 거의 알려지지 않았을 뿐만 아니라 이전에 책 한 권 분량의 역사 또는 정치이론 저작을 출간한 적이 없었다. 아렌트의 역작에 대한 비평가의 찬사는 엄청났다. 즉 "그 책은 대작이며, 그는 마르크스와 견줄 만하다." 아렌트는 이후 24년 동안 『인간의 조건』에서 『정신의 삶』에 이르기까지 수많은 논문과 저서를 출간함으로써 같은 세대의 이론가들 사이에서 국제적 명성을 얻고 탁월한 위치를 차지하였다.

아렌트는 언제나 학계 · 정당 · 이념 노선과 일정한 거리를 유지했던 논쟁적인 사상가, 즉 혼자 있기를 좋아하는 외톨이loner면서도 광범위한 독자층을 가지고 있었다. 전문 독자들이나 일반 독자들은 아렌트로부터 진귀한 통찰력을 기대하게 되었다. 그들은 아렌트가 인물들의 삶을 묘사한 1968년 모음집(즉 『어두운 시대의 사람들』—옮긴이)의 서문에서 다음과 같이 밝힌 내용에 공감하였다. "우리는 가장 불운했던 시대에도 희망의 빛을 기대할 권리를 어느 정도 갖고 있다. [이것은] 이론이나 개념보다 오히려 불확실하고 꺼질 것 같아서 종종 희미해진 빛으로부터 나올 수도 있다. 몇몇 사람은 자신들의 삶과 작품을 통해 거의 모든 상황에서 빛을 밝힐 것이며 자신들의 수명보다 오랫동안 지구에 빛을 밝힐 것이다."[1]

한 개인의 작품에서 발산하는 빛은 직접 세상의 일부가 되고 그 사람이 사망한 이후에도 여전히 남아 있다. 그 빛은 약하거나 강할 수 있고 일시적이거나 지속할 수도 있다. 그 여부는 세계와 그 존재 방식에 달려 있다. 후손들이 평가할 것이다. 한 개인의 삶 — 즉 말 · 몸짓 · 우정 — 에서 흘러나오는 빛은 오로지 기억 속에 존속한다. 그 빛은 세상의 일부가 되려면 새로운 형태를 갖추어 기록되고 전수되어야 한다. 하나의 이야기는 수많은 기

---

1 Hannah Arendt, "Preface," *Men in Dark Times*(New York: Harcourt, Brace & World, 1968), p. ix(이후 "*Men in Dark Times*"로 인용함).

억과 이야기로부터 만들어짐에 틀림없기 때문이다.

나는 한나 아렌트의 이야기를 기록 자료와 그를 알았고 현재 살아 있는 사람들로부터 수집한 대로 그에 관한 이야기를 시작할 것이다. 아렌트가 유럽에 살던 당시의 세대와 어두운 우리 시대의 역사는 그의 개인적 이야기를 구성하는 배경 이상으로 의미를 갖는다. 아렌트가 그 역사를 이해하려고 시도한 것 못지않게 그의 삶도 그 역사를 반영하고 있다. 전기는 당연히 한 사람의 인간다운 삶bios을 조명하는 데 집중한다. 그러나 전기는 다음과 같은 점을 전제한다. 즉 한 사람의 삶은 비록 광범위한 역사의 일부이지만 미래 세대에 전달되어야 한다. 후손들은 이런 삶을 역시 판단할 수 있다. 전기 작가는 다만 이런 삶을 이야기해야 한다고 결정하기만 하면 된다.

아렌트는 나치 독일로부터 망명한지 18년이 지난 후인 45세가 되어서야 비로소 공개적으로 인정받게 되었다. 아렌트는 놀람과 불쾌감이 뒤섞인 심정으로 친구이자 스승인 카를 야스퍼스에게 물었다. "저는 일주일 전 '신문 표지의 인물'이 되었기에 신문 판매대에서 제 모습을 보게 됐습니다. 제가 이 사실을 선생님께 편지로 써도 될까요?"[2] 아렌트는 그날부터 『토요문학평론*Saturday Review of Literature*』 1951년 호(3월 24일 — 옮긴이) 표지에 실린 사진에 수줍게 웃고 있는 저자, 즉 『전체주의의 기원』의 저자를 보았다. 이후 아렌트는 등 뒤에 카메라를 설치한다는 조건으로 첫 번째 미국 텔레비전 대담에 참여하기로 동의하던 날까지 얼굴을 공개적으로 노출한 채 사는 것을 회피하고자 했다. 친구였던 오든은 그 이유를 표현한 시를 아렌트에게 제공하였다. "공적인 장소에서 사적 얼굴은/사적인 장소에서 공적인 얼굴보다/ 더 현명하고 더 멋있다네."*

아렌트는 자신의 '사유 공간'을 위해 개인적으로 말을 자제하고 보호 심

2 아렌트가 야스퍼스에게 보낸 편지(1951년 5월 14일), 마르바흐 문서보관소.

* 옮긴이_ 오든의 『연설가들(*Orators*)』(1932년)의 서문의 시들 가운데 하나이다. 오든의 초기 시는 자신과 친구들의 삶과 관련한 경험과 환상을 공개적으로 드러내고 있다.

리를 철저히 유지했다. 이런 태도는 정치 행위와 공공영역을 칭송한 철학자에게 이상하게 보일 수도 있었다. 아렌트에게는 모순이 없는 것 같았다. 그는 다음과 같이 말했다. "국외자나 구경꾼은 이론과 이해 문제에서 사건에 전적으로 몰두해야 하는 행위자와 참여자들보다 자신들 앞이나 주변에서 발생하는 것들의 실제적인 의미에 대해 더 예리하고 더 깊은 식견을 갖습니다. 이런 일은 드문 게 아니지요. … 이른바 정치적 동물이 아닐 경우에도 정치에 대해 이해하고 성찰하는 게 실제로 가능합니다."[3] 이 주장은 참일 수 있기에, '이른바 정치적 동물'로서 지낸 시간은 현재의 행위자들을 주시할 때 이용하는 기억의 저장소를 국외자들에게 제공할 수 있다. 아렌트는 자신이 기질과 성향으로 인해 정치 행위 또는 공적인 삶에 부적합하다는 것을 알고 있었지만 언제나 관찰자는 아니었다. 그는 저작을 통해 광범위한 독자를 확보하기 이전에는 유대인 정치에 적극적으로 참여했다. 그는 독일 시온주의 단체에서 활동했다. 그는 청년알리야Young Aliyah* 파리지부의 사무국장이었다. 청년알리야는 팔레스타인 정착을 준비하는 청년 난민들을 지원하는 시온주의 단체였다. 아렌트는 또한 뉴욕의 독일계 유대인 신문 ≪재건*Aufbau*≫에 정치논평을 게재하였으며, 1948년 유다 마그네스가 주도한 팔레스타인의 이중민족 국가 건설 운동에 참여했다. 아렌트는 "정치란 무엇인가?"라는 이론적 질문을 스스로 제기하고, 유대인 정치가 어떠했으며 또 어떠해야 하는가를 고민하면서 보낸 몇 년의 경험을 자신의 대답에 반영하였다.

그러나 아렌트가 참된 정치적 동물인 하인리히 블뤼허를 만나 결혼하지 않았다면, 정치 행위에 대한 그의 관심은 사실 심화되지 않았을지도 모른

---

3 1975년 소닝상을 받는 자리에서 발표한 미출간 연설문(의회도서관).

* 옮긴이_ Aliyah(히브리어 עליה, '승천' 또는 '올라감')는 유대인의 이스라엘 이민을 의미하기 위해 통상적으로 사용하는 용어이다. '알리야'는 유대인들의 중요한 문화적 개념이며 시온주의의 기본 개념이다. 시온주의에서 '알리야'란 용어는 이데올로기적 정서적 실천적 이유로 인한 자발적 이민과 피압박 유대인의 대량 이동을 함의하고 있다.

다. 아렌트는 베를린 출신으로 과거 스파르타구스 동맹의 단원이며 공산주의자였고 독학했던 지적 동조자인 블뤼허에게 『전체주의의 기원』을 헌정하였다. 아렌트는 독일 시온주의자인 쿠르트 블루멘펠트로부터 시온주의를 배웠다. '유대인 문제'는 블루멘펠트 평생의 정치적 관심사였다. 블루멘펠트는 아렌트가 미국에서 처음으로 저서를 출간할 때 충분히 숙고하도록 지원했던 블뤼허의 역할을 인정하였다. 블루멘펠트는 『전체주의의 기원』 한 권을 받았다. 이때 그는 책이 완성되어 가는 과정에 세 사람이 뉴욕에서 나누었던 대화를 기억한다는 게 자신에게 얼마나 큰 기쁨을 주었는가에 대해 말하고자 아렌트에게 편지를 보냈다. 블루멘펠트(1884~1963)는 자신도 블뤼허(1899~1970)에게 신세를 졌다는 점을 다음과 같이 인정하였다. "나는 기억 속을 헤매고 있을 때 '『전체주의의 기원』을 헌정받은 사람의 출간되지 않은 정치철학'으로부터 많은 것을 여전히 받아들입니다."[4]

아렌트가 항상 주장했듯이 사유라는 내면의 대화는 공개적으로 나타나려는 충동을 가지고 있지 않으나 선택된 다른 사람들과 소통하려는 충동을 가지고 있다. 아렌트의 경우 사유의 고독한 상태를 극복하려는 충동은 우선 자신의 남편에게 손을 뻗쳤다. 대화를 나눌 그러한 동료가 가까이 있을 만큼 충분히 운 좋은 사람들은 사유인 내면의 대화를 밖으로 돌릴 수 있으며, 동료들이 눈앞에 있지 않을 때 대화가 진행될 수 있다는 최초의 발견, 즉 대화가 '나'와 '나 자신' 사이에 진행될 수 있다는 사실을 뒤엎을 수 있다. 아렌트는 과묵했고 자신의 사생활을 세심하게 보호하였기 때문에 주목받을 만한 결혼생활을 공개적으로 노출하지 않았다. 강한 의지와 정신을 지닌 두 사람은 35년 동안 특별한 대화의 세계를 통치하였다. 내분內紛과 정책 토론이 있었지만 조화는 유지되었다. 주기적으로 공개된 짧은 순간은 있었다. 예컨대 아렌트는 『과거와 미래 사이』를 "25년 동안 함께 한 블뤼허

4 블루멘펠트가 아렌트에게 보낸 편지(1951년 3월 18일), 마르바흐 문서보관소.

에게"* 헌정하였다. 두 사람의 친구인 랜달 자렐이 설명했듯이, 이들은 일종의 '이중군주국'이었다.

한스 요나스가 아렌트의 장례식에서 밝혔듯이, 아렌트는 "우정의 천재"였다. 아렌트 자신의 말에 따르면, 우정의 에로스Eros der Freundschaft는 그를 감동시켰다. 그리고 아렌트는 자신의 우정을 삶의 중심으로 생각했다. 아렌트는 친구들에게 자신의 책을 헌정하였고, 말로 이들의 자화상을 그렸으며, 이들의 축하기념 논문집에 기고했고, 생일을 축하하는 시와 편지를 이들에게 보냈으며, 이들의 말이나 글을 인용했고, 이들의 이야기를 거듭 언급했다. 아렌트는 우정을 언어로 능숙하게 표현하였다. 그러나 이러한 능숙함에 도달하는 데 오랜 시간이 걸렸다. 이 몇 년 사이에 모국어와 우정은 대체로 전쟁, 망명, 새로운 언어, 친숙하지 않은 습관에 마주치는 지속적인 불안정 속에서 변하지 않을 뿐이었다. 아렌트는 젊었을 때에는 민감하지 않았다. 온화한 어머니는 "한나야, 지금 누가 있고 없니? 엄마에게 말해"라고 주문함으로써 아렌트를 종종 애태웠다. 아렌트는 평생 개성이 강했고, 쉽게 당황했으며, 판단에 있어서 엄밀했고, 성급했다. 아렌트는 카를 야스퍼스가 언급했듯이 "성질이 억세게" 될 수 있었다. 아렌트는 세계역사를 고민하는 사람들의 절박한 집요함을 지녔는데도 자신만을 생각한 사람들을 무시했다. 그러나 아렌트가 깊은 연대감을 가졌던 사람들에 대한 충성심은 그의 본성에서 우러나왔다. 그들에 대한 관대함은 충성심의 특징(종종 은밀한 특징)이었다. 아렌트의 생각에 인식knowing이 사유thinking가 실행하고 있는 것을 알 수 없는 것처럼,** 왼손은 오른손이 하는 것을 알 필요가 없기 때문이다. 아렌트는 언어를 의견 교환의 일차적인 수단으로 삼았다. 아렌트는 음식을 제공하고, 파티를 열었으며, 장학금을 제공하고, 생일 축하 꽃

---

* 옮긴이_ 아렌트는 파리 망명 시절인 1937년 블뤼허를 처음 만났고, 이 책 초판은 1961년 출간됐다. 공식 문구는 이렇다. "For Heinrich after twenty-five years."

** 옮긴이_ 인식은 진리와, 사유는 의미와 연관되기에, 인식과 사유는 다른 능력이다. 이에 대해서는 아렌트, 『정신의 삶: 사유와 의지』를 참조할 것.

다발을 보냈으며, 저녁을 마련하고, 기부금을 제공하였으며, 자신이 두려워하고 멸시했던 것, 즉 연민을 제외하고 자신의 도움을 받는 사람들에게 온갖 감동을 주었다.

여러 부류의 친구들이 이중군주국의 주위에 몰렸다. 친구들의 대화와 지원이 아렌트의 작업에 중요했듯이 이들의 이야기도 아렌트의 이야기에 중요했다. 친구들 가운데 일부는 서로 만났지만 일부는 그렇지 못했다. 일부는 시인이라는 존경받는 직함을 갖고 있었다. 야스퍼스와 같이 일부의 사람들은 '친애하는 귀하Lieber Verehrtester'라는 직함을 가지고 있었다. 그는 차츰 '친한 벗Lieber Freund'이 되었다. 여러 해가 지나면서 그 직함은 바뀌었다. 이들은 파리에서 누구보다도 지적인 친구를 존경했으며 자살했을 때 그를 깊이 애도했다. 이 친구는 다름 아닌 문학비평가 발터 베냐민이었다. 전쟁기간 뉴욕에 살고 있던 블루멘펠트는 최고의 사상가는 아니었지만 아렌트는 그의 훌륭한 판단에 대해 "당신은 항상 그것을 올바르게 하는군요"라고 최상의 찬사를 하였다. 블루멘펠트는 그들에게 논쟁의 주요한 동반자였다. 아렌트는 종종 신학자인 틸리히와 대화를 나누면서 한때 대화중에 책상으로 자리를 옮겨 탁월한 논문 「조직화된 범죄」를 작성하였지만, 그들이 모두 존중했던 지적 공감에는 한계가 있었다. "우리는 서로 다른 사람의 책을 읽을 필요가 없다고 합의하였다."[5] 소설가 헤르만 브로흐가 1946년 그들의 활동 영역에 참여했으며, 아렌트는 팔레스타인으로 떠났던 블루멘펠트에게 "이 일은 당신이 떠난 이후 발생했던 가장 좋은 사건입니다"[6]라는 내용을 담은 편지를 보냈다.

아렌트는 학창시절 야스퍼스를 처음 만났으며, 1949년 처음 유럽을 돌아오는 길에 그를 만나기 이전에는 서신을 통해 관계를 재개하고 심화시켰다. 그는 바젤에 있는 야스퍼스 부부의 집을 방문했고, 친구에게 "집에 온

---

5 아렌트가 모리스에게 보낸 편지(1958년 4월 18일), 시카고대학교 출판부, 의회도서관.

6 아렌트가 블루멘펠트에게 보낸 편지(1946년 7월 17일), 마르바흐 문서보관소.

것 같다"고 말했다. 철학자인 하이데거는 아렌트의 대학 시절 스승이자 친구였다. 그러나 아렌트는 결코 하이데거를 이중군주국의 동아리에 끌어들이지 않았다. 아렌트는 18세였던 1924년 하이데거를 만난 이후 쓴 시에서 그를 축제에 초대된 이방인으로 표현했는데, 하이데거는 이들의 동아리에서는 이방인으로 남아 있었다.[7]

하이데거 · 베냐민 · 브로흐는 '시적인 사상가들'이다. 아렌트는 언어를 사랑하는 이들을 존경했다. (아렌트가 베냐민에 대해 이야기했듯이) 이들은 각기 자기 방식대로 "이상한 나라의 해안으로 휩쓸려가듯이 19세기에서 벗어나 20세기로 표류하였다."[8] 블루멘펠트와 야스퍼스는 연장자였고 한층 아버지 같은 사람들이었다. 이들의 인간성과 세계에 대한 관심은 아렌트를 지탱케 했다.

전쟁이 끝난 이후 블뤼허 부부의 '동류집단' 언저리에 미국인 친구들이 늘어났다. 블뤼허 부부는 철학적 친화성보다는 문학적 정치적 친화성으로 랜달 자렐 · 알프레드 카진 · 드와이트 맥도널드 · 필립 라브 · 로버트 보웰 · 해롤드 로젠버그 · 메리 매카시에 관심을 가졌다. 이들과 쌓은 우정은 몇 년에 걸쳐 주기적으로 차오르고 수그러들었지만, 매카시와 쌓은 우정은 꾸준히 더욱 깊어졌다. 아렌트는 1969년 『폭력론*On Violence*』을 매카시에게 헌정했다.

지성계의 미국인 친구들은 블뤼허 부부에게 비범한 사람들이었다. 아렌트는 1946년 야스퍼스에게 보낸 편지에서 다음과 같이 밝혔다. "이들은 토론과 논쟁에서 광신적이지 않고 놀라울 정도로 개방적입니다. 이곳의 지식인들은 각기 자신들이 지식인으로서 반대파라는 것을 원리의 문제로 확신하고 있으며 … 이들은 성공의 신을 숭배하지 않습니다."[9] 아렌트는 히틀러

---

7 아렌트의 미출간 시(1924년), 마르바흐 문서보관소. "Kommst Du aus so fernem Land/ Kennst nicht unseren Wein?"

8 Arendt, "Walter Benjamin: 1892~1940," *Men in Dark Times*, p. 172.

의 집권 시기에 엘리트적이고 기회주의적인 지식인들의 공포감을 밝혔다. 이 당시 "완전히 개인적인 문제는 당신의 적들이 무엇을 행하고 있는가의 문제가 아니라 친구들이 무엇을 하고 있는가의 문제였습니다."[10] 새로 사귄 미국인 친구들은 '정신의 삶'에서 자유에 대한 희망을 아렌트에게 제공하였다. 유럽인에게 친구를 '매우 미국인답다'고 칭찬하는 것은 아렌트의 큰 기쁨 가운데 하나였다.

미국인 친구들은 자유분방했다. 그래도 그들은 아렌트의 삶과 저작 활동을 풍요롭게 한 유럽 문화에 깊은 개인적 뿌리를 갖고 있지 못했다. 미국 시민권은 아렌트에게 중요했다. 즉 아렌트는 시민권을 얻음으로써 무국적 상태에서 벗어났으며, 자신이 무엇보다도 존경했던 정부형태인 공화국에서 역할을 할 수 있는 기회를 갖게 되었다. 그러나 아렌트는 개인적으로 "동화를 위해 대가를 치를 필요 없이 시민이 되는 자유를"[11] 가질 수 없었던 나라를 가장 혐오했다. 그는 유럽의 배경, 특히 독일어에 집착했으며 자신의 모국어를 결코 영어로 실제 바꾸지 않았다. 그가 독일어식의 영어 문장들 가운데 하나에서 설명했듯이, "우리가 일상 대화에서 사용하는 용어들은 특별히 영향력을 얻게 되었으며, 특정 언어가 … 누려왔던 위대한 시의 보고에서 자동적이며 특이하게 발생한 여러 가지 연상들을 통해 우리의 어법을 안내하며 분별없는 상투적인 표현으로부터 우리를 구해주었습니다."[12]

아렌트의 사유하는 '동류집단'(모든 유럽인과 남자들)과 미국인 친구들 이외에도, 블뤼허 부부는 하나의 '집단'이 있었다. 독일 공산당의 한 분파인 브랜들러Brandler단체에서 활동하던 당시부터 사귀었던 블뤼허의 친구들, 대

---

9 아렌트가 야스퍼스에게 보낸 편지(1946년 1월 29일), 마르바흐 문서보관소.

10 From Arendt's 1964 interview with Günter Gaus, "Was bleibt? Es bleibt die Muttersprache," collected in Gaus, *Zur Person*(Munich: Feder, 1964)(이후 '가우스 대담'으로 표기함).

11 1975년 아렌트의 소닝상 수상 당시에 행한 미출간 연설문, 의회도서관.

12 앞의 연설문.

학시절부터 사귀었던 아렌트의 친구들, 파리 시절의 지인들, 그리고 두 사람이 일찍이 미국에서 만났던 소수의 독일어 사용자들이 이 단체를 구성했다. 이들은 독일어로 말할 수 있는 망명자들이었으며, 하이네에서 따온 인용구를 괴테에서 따온 인용구로 대응할 수 있었고 독일 동화를 잘 알고 있는 친구들이었다. 그 동아리는 생일을 함께 축하했고 블뤼허 부부의 실베스터(새해 전야) 파티에서 신년을 맞이했으며 자식과 일자리 문제에 대해 서로 걱정했다. 동아리의 몇 명은 캣츠킬에서 여름을 함께 보냈고, 몇 명은 유월절Passover 만찬을 함께 했다. 훌륭한 교육을 받았으나 생각하지 않는 동료들(한스 씨 — 한스 요나스와 한스 모겐소 — 를 제외하고), 즉 동아리 회원들은 좋은 친구였고 대단히 충실했다.

동아리의 한결같음constancy은 중요했다. 아렌트의 말대로, "오랜 친구들은 결국 새로 사귄 친구들보다 훌륭합니다. 이것은 우리에게 일종의 잘 알려진 속담이 되었습니다."[13] 이 속담이 깊은 뿌리에서 나왔다는 사실은 아렌트가 오든에 대한 고별사를 공식적으로 시작할 때에 언급한 다음과 같은 세심한 구별에 명백히 나타난다. "나와 그는 모두 생애 만년에 만났습니다. 젊은 시절 형성된, 편안하고 아는 것이 많을 만큼 우정의 친분을 더 이상 쌓을 수 없는 나이였습니다. 서로 공감할 만큼 여생이 충분히 남아 있지도 않으며, 즉 오래 살 것으로 기대되지 않기 때문입니다. 따라서 우리는 매우 훌륭한 친구가 되었지만 친분 있는 친구는 되지 못했습니다."[14]

가장 오래 사귀었고 친분이 아주 돈독한 두 친구, 즉 동아리의 선구자들은 뉴욕에 살지 않았다. 베를린에 살 당시 청년시절부터 사귀었던 블뤼허의 친구인 길벗은 작사자이며 시인으로서 전쟁 당시에 짧은 기간 미국에 거주하다가 스위스로 이주하였다. 쾨니히스베르크에서 사귄 아렌트의 소녀시절 친구인 안네 멘델스존 바일은 프랑스 시민이 되었다. 아렌트는 최

13 아렌트가 블루멘펠트에게 보낸 편지(1959년 2월 1일), 마르바흐 문서보관소.

14 Hannah Arendt, "Remembering Wystan H. Auden," *New Yorker*, 20 January 1975, p. 39.

초의 저작인 『라헬 파른하겐: 한 유대인 여성의 삶』을 "1921년 이후 사귄 안네"에게 헌정하였다. 블뤼허는 저술을 하지 않아서 자신의 친구에게 헌정할 책을 갖지 못했지만, 아렌트는 블뤼허의 서거 이후 길벗의 시 모음집에 게재한 「후기」*를 "친애하는 로베르트Cher Robert"에게 헌정했다.

여러 부류의 친구들뿐만 아니라 아렌트가 특별히 친근감을 가졌던 역사적인 인물, 룩셈부르크와 파른하겐 역시 공통적으로 한 가지 특징을 가지고 있었다. 이들은 각기 이러저러한 방식으로 국외자였다. 아렌트의 개인적 어휘 목록에서 진정한 사람들은 "파리아pariahs"였다. 아렌트의 친구들은 파리아는 아니었지만 때로는 선택으로, 때로는 운명으로 인해 국외자가 되었다. 그들은 넓은 의미로 동화되지 못했다. 아렌트가 한때 퉁명스럽게 언급했듯이, "사회적 불복종은 지적 성취의 필수요건이었다."[15] 그리고 그가 첨가시켰겠지만 사회적 불복종은 인간적 권위의 필수요건이었다. 그는 사회적 복종이 확산되는 상황에서 종종 다음과 같이 자신을 특징적으로 드러내는 문장들을 언급하면서 불편한 장소를 급히 벗어났다. "이 장소는 내 어머니의 딸을 위한 장소가 아니야." "나는 공적인 관계를 몹시 싫어해." "이곳은 단지 [포효]가 존재할 뿐이야." 아렌트는 독립성을 유지했고, 친구들이 같은 입장을 표명하리라 기대했다. 많은 사람이 그를 실망시키지 않았으며, 소수는 그보다도 더 강인했다. 과거 정신과 의사였던 야스퍼스에게는 매우 단순한 것같이 보였지만 그는 아렌트가 생각한 특이한 견해를 지니고 있었다. "당신은 파리아만이 실제로 인간적이라고 말하지만 나는 파리아가 정신질환자라고 생각한다오."[16]

---

* 옮긴이_ 이 후기는 다음 자료를 참조할 것. 한나 아렌트 저, 홍원표 옮김, 『어두운 시대의 사람들』(파주: 한길사, 2019).

15 From Arendt's unpublished and untitled address at the Rand School, 1948, Library of Congress. 옮긴이_ 이 강의안은 다음 자료에 수록되어 있다. Hannah Arendt, *Essays in Understanding 1930~1954*(New York, San Diego, London: Harcourt Brace & Company, 1994); 홍원표, 임경석, 김도연, 김희정 옮김, 『이해의 에세이』(서울: 텍스트, 2012).

16 야스퍼스가 아렌트에게 보낸 편지(1960년 3월 5일), 마르바흐 문서보관소.

아렌트는 언제나 자신의 친구들에게서 사유와 삶의 독립성을 헤아렸다. 이 독립성은 만년에 가까워짐에 따라 아렌트에게는 더욱 중요해졌다. 야스퍼스는 1966년 아렌트에게 다음과 같이 말했다. "지금 우리들의 대화는 연로해진 사람들의 대화라오. 당신은 좀 늙었고 나는 매우 늙었다오." "대화는 항상 아름다웠으나 다소간 심도 있는 수준에서 진행되었다오. 이전과 같이 그렇게 요란하지는 않았으나 … [대화]에는 세계의 경이로움에 대한 환희와 악에 직면할 때 느끼는 두려움이 함께 나타났다오. 사유에는 최상의 것에 도달하려는 시도와 평온이 있구려."[17] 물론 아렌트는 이 편지와 자신의 60회 생일에 대해 성찰했을 때 야스퍼스에게 다음과 같이 말했다. "… 지금은 노년의 시작입니다. 저는 실제로 매우 만족합니다. 저는 어린이였을 때 ― 마침내 성장하는 것을 느꼈습니다. 이제 그것은 마침내 해방된다는 것을 의미하지요. ― 와 같습니다. …"[18] 만년의 아렌트는 야스퍼스와 같이 정신의 삶에서 위대한 철학자들과 친구들을 필요로 했다. 칸트의 고향에서 보낸 젊은 시절 이후 가까이 있었던 이 동료들은 친구가 되었다. 그리고 이러한 우정에 관한 이야기들은 '사유하는 나'의 숨겨진 활동에 가장 가까운 이야기다. 아렌트가 지닌 우정의 귀재鬼才가 그에게 변치 않는 우정을 가져다준 이야기는 특별한 재능을 지닌 사람들의 삶을 우아하게 한다.

아렌트는 대담에서 자신에 대해 개인적으로 약간 언급한 것을 제외하고 자서전 저술을 신중하게 의도적으로 회피했다. 그는 또한 정치영역의 세계에서 활동하는 행위자(정치인, 장군 또는 혁명가)가 아니었던 누군가를 위한 전기가 일종의 역사로서 어울리는가에 대해 매우 확고한 생각을 가지고 있었다. 아렌트가 주장했듯이 "전기는 오히려 인생 이야기에 주로 관심을 가지

---

17 야스퍼스가 아렌트에게 보낸 편지(1966년 10월 11일), 마르바흐 문서보관소.
옮긴이_ 여기서는 독어 원본의 문구, "der Versuch, im Denken bis an das Äußerste zugelangen, und die Gelassenheit"를 우리말로 옮긴다.

18 야스퍼스가 아렌트에게 보낸 편지(1966년 11월 3일), 마르바흐 문서보관소.

고 있는 사람들에게는 어울리지 않으며, 또한 보통 천재성 때문에 세계와 일정한 거리를 유지해야 하고, 세계에서 수행하는 역할보다 자신들이 세계에 제공한 인공물인 작품에 주로 의미를 부여할 수 있는 사람들, 예술가들과 작가들의 삶에 어울리지 않는다."[19] 그러나 이러한 구별은 작가나 작품이나 세계에 대해 많은 것을 알려주듯이 공적인 것과 사적인 것, 작업과 행위에 대한 아렌트 자신의 엄격한 구별에 대해서도 많은 것을 알려준다. 탁월한 개인과 세계 사이의 일정한 거리두기는 흔히 역사의 배후와 시대의 분위기를 드러낼 수 있다. 아렌트가 인용하기 좋아했던 중국의 옛날 속담대로 "흥미로운 시대에 산다는 것은 저주이고",* 너무나 관심을 끄는 우리 시대에 예술가와 작가에 관한 전기는 흔히 세계와 거리를 유지하려는(상당한 정도 벗어남) 주체의 노력을 중심 주제로 삼는다.

아렌트가 이자크 디네센 전기에 대한 서평을 집필할 당시 일찍이 기술했듯이, "한때 지극히 사적인 문제여서 누구의 관심도 끌지 못했던 것을 공개적으로 기록하고 발표하며 논의하려는 열망은 우리의 호기심이 인정하려는 것보다는 덜 합리적이다."[20] 아렌트는 자신이 잘 알고 있던 사람들에 대해 전기식으로 기술할 때 이런 교훈을 준수했다. 그는 상세하게 기술하지 않았다. 그는 추영(追影; shadow-tracing) 기법을 다소간 매혹적으로 뒤집음으로써 자신의 화랑에 초상화를 만들었다. 이것은 『어두운 시대의 사람들』이다. 예컨대 그는 자신의 친구들이 우리 시대의 어둠을 밝히는 빛을 추적했으며, "당신을 우리 요정처럼 가볍게 만들어 드릴게요"**라고 자신에게 명

---

19 Arendt, "Rosa Luxemburg: 1871~1919," *Men in Dark Times*, p. 33.

* 옮긴이_ 이 속담은 다음과 같은 '가짜 중국 속담'과 연관된다. "난세에 사람으로 살기보다 태평 시대에 개로 사는 게 낫다"(寧爲太平犬, 不做亂世人). 이는 풍자적인 다음 문구와 연관된다. "흥미로운 시대에 살아가기를(May You Live in Interesting Times)." 다음 자료를 참조할 것. Jerome Kohn, "Introduction," in Hannah Arendt, *Essays in Understanding 1930~1954*, p. ix; 『이해의 에세이』, 11쪽.

20 Arendt, "Isak Dinesen: 1885~1963," *Men in Dark Times*, p. 98.

** 옮긴이_ 셰익스피어의 『한 여름 밤의 꿈(*A Midsummer Night's Dream*)』 제3막 1장에서 타이타니아(요정의 여왕)가 하는 말이다.

령이라도 하듯이 "인간의 천한 모습mortal grossness"을 벗겨내서 초상화를 만들었다. 그러나 그는 수다스러운 '현실주의'를 회피했다고 하더라도 플루타르크의 도덕주의적 양식에 따라 계획적인 이상화나 '생애'를 교육학적으로 제시하고자 시도하지 않았다. 그는 모범적인 정치적 이야기를 썼다.

장소 · 사람 · 시기에 관한 소설적인 기술구記述句를 많이 담고 있는 전기는 아렌트 같은 사람에게는 적절하지 않았을 것이다. 그는 자신의 일반화에 필요한 역사적 기초 자료, 자신의 생각을 촉진시킨 특별한 경험, 자신의 삶을 풍요롭게 한 우정과 사랑, 그리고 (가능하다면) 자신의 사유 태도와 방식을 보여야 했다. '사유하는 장소'는 '사유하는 나'와 같이 접근할 수 없다. 그러나 우리는 사유 형식의 중요한 부분을 출판된 저작뿐만 아니라 대화의 맥락이나 편지로부터 많이 포착할 수 있다.

다채롭고 격렬한 역류逆流는 아렌트의 내면에서 교차했다. 예컨대 그는 1947년 블루멘펠트에게 보낸 편지에서 다음과 같이 말할 수 있었다. "사람들은 자신들의 자연적 생명력을 거스를 수 없기 때문에, 저는 실제로 매우 행복합니다. 하느님께서 창조하신 세계는 저에게도 훌륭한 세계인 것 같습니다." 아렌트는 전체주의와 함께 이 세계에 나타난 '잔혹한 행위'와 살인을 '제작 원리로 실행하는' 전체주의적 방식에 관한 책을 집필하는 일로 고심하고 있을 때에도 이런 감정을 느꼈다. 그러나 아렌트는 자신이 행복하다고 생각하는 순간 자신의 다른 면을 보여주었다. 즉 "저는 곰곰이 생각하는, 즉 이해하는 과정에서 이러한 사태를 극복하고 싶었던 일종의 비애 감정을 가지고 있습니다."[21] 아렌트는 자신의 표현대로 세계사랑amor mundi의 태도를 고수하려고 애썼다. '철학 전기'는 불편하게도 사유의 비가시성과 철학의 무시간성 때문에 용어상 모순에 가깝다. 그러나 아렌트의 세계사랑에 관한 이야기는 철학 전기를 필요로 한다.

---

21 아렌트가 블루멘펠트에게 보낸 편지(1947년 7월 19일), 마르바흐 문서보관소.

아렌트가 이야기(디네센의 문구로 "운명의 일화")를 했을 때, 사람들은 이를 통해 아렌트를 알게 되었다. 아렌트의 이야기는 그를 사람들로 인도하지 않았다. 아렌트는 침묵, 자기 은폐, 자기 인식의 범위와 같은 모든 문제들 외에는 동료를 사랑했고 필요로 했기 때문에 자서전을 쓰지 않았다. 그는 만년에 자신의 회고록을 저술하라고 제안했던 편집자에게 다음과 같이 질문했다. "제가 저의 이야기를 기록으로 남긴다면, 누가 이야기를 하는 제 말을 들으려고 모일 것인가요?" 아렌트는 어린 시절 이후 그랬듯이 이른바 자신의 세헤라자데와 함께 고독을 참고 견뎠다.

그러나 아렌트는 친구인 오든과 달리 편지 수령자들에게 자신의 편지를 파기하라고 요청하거나 자신의 서류에서 개인적 삶의 흔적을 제거하려는 어떠한 노력도 하지 않았다. 그는 훌쩍 방문하고 싶어 하는 미래 세대의 사람들을 위해 공공영역, 즉 도서관 서고에 자신의 이야기를 위한 자료를 보관하였다. 자신의 책들에 아주 세심하게 반영된 정신의 삶을 후손들에게 남겼던 사람들에게 의당 존경을 표시하는 것과 마찬가지로, 후세의 명성에 양보하여 자신의 삶에 대해 쓰려고 하는 사람들에게 간접적으로 부담을 지웠다. 그 부담은 개인적 운명의 일화가 작품과 세계, 즉 공적인 사물에 대해 할 말이 있는 것을 이해하라는 주문이고, 이것들이 어두운 우리 시대에 어떠한 빛을 제공하는가를 알라는 주문이다. 우리는 이러한 부담을 추적하기 위해 삶의 과정을 종결의 관점에서 평가해야 한다. 과정이 종말을 설명하거나 역으로 종말이 과정을 설명할 수 있기 때문이 아니라 "판단의 특권을 다른 사람들에게 맡기는" 그 순간의 관점에서 변화와 연속성이 나타날 수 있기 때문이다.

아렌트가 남긴 서류 가운데 초기의 기록에는 다음과 같이 시작된다. "요한나 아렌트는 1906년 10월 14일 일요일 저녁 9시 15분에 태어났다. 분만은 22시간이 걸렸지만 정상적이었다. 분만 당시 아기의 체중은 3,695그램(8파운드 4온스)이었다."[22] 마르타 콘 아렌트는 이러한 문장으로 시작하여 딸에 관한 이야기를 기록하기 시작했으며, '우리 아기'라는 제목의 이 괄목할 만한 육아일기는 아렌트의 어린 시절을 알 수 있는 주요 기록 자료이다.

육아일기 『우리 아기』는 서류철에 끼어있었다. 이 서류철에는 몇 년간의 이주와 재정착을 알려주는 기념물, 즉 마르타 아렌트의 독일제국 여권, 한나 아렌트의 출생증명서, 프랑스 주민증, 미국 여권과 비자, 블뤼허의 이혼증명서, 아렌트의 이혼증명서, 마르타 아렌트가 자신과 부모 세대에 속한 아렌트 가와 콘 가의 가족들 이름 · 출생일자 · 사망 일자를 기록한 작은 책자가 있다. 이러한 서류들은 이 전기에 연대기적 틀을 제공하고 가족의 이야기를 구성하는 지침을 제공하였다. 이 자료는 〈부록 1〉에 포함되어 있다.

한나 아렌트는 1922년에서 1926년 사이에 모두 21편의 시를 썼으며 이 필사본을 망명 시절 가지고 다니다가 최종적으로 비망록 서류철에 보관하였다. 그는 필사본을 타자로 정리하였고 이 시들을 1940년대와 1950년대 초반 뉴욕에서 쓴 시에 첨가하였다. 이 시가 담긴 필사본 다음에는 그의 유일한 자서전적 글인 「그림자」* 사본이 보관되어 있었다. 그는 1년의 대학교 생활을 마친 후인 19살 때 이 글을 썼다. 이 전기에서는 그 자신의 펜으로 기록한 가장 개인적이고 사적인 글들을 영어로 번역하여 널리 인용하였다. 독일어 원본의 시들은 〈부록 2〉에 수록되어 있기 때문에 이 책의 본문에서는 시들에 대해 주석을 개별적으로 달지 않았다.

유럽에서 생활하던 시절 남긴 다른 유물들은 자체의 서류철에 포함되어 있었다. 어떤 사람은 아렌트가 하이델베르크대학교에서 철학 및 문학박사 학위 통과를 알리는 커다란 벽보 사본 여러 장을 보관하였다. 다른 서류철에는 스프링어출판사가 1929년 출간한 「아우구스티누스의 사랑의 개념」

---

22 마르타 콘 아렌트의 일기, 『우리 아기(*Unser Kind*)』, 의회도서관.

* 옮긴이_ 「그림자」는 다음 자료에 수록되어 있다. *Hannah Arendt and Martin Heidegger, Letters 1925~1975*, ed., Ursula Ludz(Orlando, Austin, New York, San Diego, Toronto, London: Harcourt, Inc., 2004).

이란 제목의 아렌트 박사학위 논문 출판본이 보관되어 있다. 그는 1933년 독일을 망명할 때 이 출판본을 지참하였으며 프랑스에 체재하는 동안에도 이를 간직하였다가 활자가 무디어지고 얼룩진 출판본을 미국까지 가지고 갔다. 이 논문은 독일에서 그의 탁월하지만 짧은 학문 경력을 보여주는 한 징표였다.

이 서류철들은 서류함 수장고에 보관됐다가 지금은 의회도서관에 소장되어 있으며, 복잡한 삶의 단면을 돋보이게 하는 체계에 따라 깔끔하게 분류되어 있다. 분류 항목은 원고, 초록, 서평, 라디오 및 텔레비전, 출판사, 시카고대학교, 뉴스쿨, 재정, '반환 요청 서류',* 몇 개의 (개인) 편지 보관함이다. 한나 아렌트가 이것들을 문서 보관소에 맡기기 전에 이 수장고에는 다른 서류철이 있었다. 그는 두 가지 유형의 기증품을 제공했다. 즉 원고 및 강의노트 모음집, 그리고 '아이히만 논쟁'과 관련한 자료집은 의회도서관에, 자신의 재산 가운데 기증품으로 완결된 서신 모음집은 독일 마르바흐 소재 독일문서보관소에 제공했다. 이 서신 모음집은 아렌트가 쿠르트 블루멘펠트, 카를 야스퍼스, 마르틴 하이데거, 그리고 다른 사람들과 주고받은 서신 모음집이다. 바드대학은 하인리히 블뤼허의 논문이나 강의 원고를 기증받았다. 그는 이 대학에서 약 20년 동안 강의하였다. 이런 서류 소장품은 아렌트의 미국 생활에 관한 이야기, 정치이론가로서 아렌트의 삶, 미국인과의 우정, 동료 망명자들과의 관계를 이해할 수 있는 기초자료이다. 나는 학자들의 열람이 차단된 하이데거 서신을 제외하고 서류 소장품을 모두 참조하였다.

한나 아렌트는 간결하고 꾸미지 않은 장소인 침실에 서류 보관장을 두었다. 리버사이드 드라이브에 위치한 블뤼허 부부의 마지막 아파트에서 작업공간과 대화공간은 가장 중요한 장소였다. 두 사람은 이런 공간에 속하지

---

* 옮긴이_ 아렌트는 1949년 유대인문화재건위원회(JCR) 특사로 유럽을 방문하여 2차 세계대전 당시 약탈된 유대인 문화유산 반환과 관련한 5개의 현장 보고서를 작성하였다.

않았던 것에 전혀 신경을 쓰지 않았다. 식당과 서재는 하나의 방으로 되었다. 식사 시간에 플라톤 · 아리스토텔레스 · 칸트 · 괴테 · 릴케와 같은 오랜 친구들은 모두 사방의 벽에서 이들을 주시했다. 대부분의 책은 현재 블뤼허 부부의 유골이 묻힌 무덤 아래 언덕에 위치한 바드대학 도서관 특별 열람실에 보관되어 있다.

아렌트의 서재와 식당은 역시 하나로 된 방이었다. 리버사이드 공원과 허드슨 강이 내다보이는 큰 창문 옆에는 책상과 타자기를 올려놓은 작은 탁자가 있었다. 『라헬 파른하겐: 한 유대인 여성의 삶』, 『전체주의의 기원』, 『인간의 조건』, 『과거와 미래 사이』, 『혁명론』, 『예루살렘의 아이히만』, 『어두운 시대의 사람들』, 『폭력론』, 『공화국의 위기』와 같은 저작이 꽂혀 있는 서재는 큰 창문 바로 옆에 위치해 있었다. 대부분은 미국판 · 영국판 · 독일판 · 프랑스판이다. 일부는 네덜란드판 · 스웨덴판 · 스페인판 · 포르투갈판 · 일본판이었다. 이러한 책들, 그리고 노란색 복사본과 신문 기사들로 가득 찬 마분지 상자는 이 책의 〈부록 3〉에 포함된 참고문헌을 위한 기초 자료가 되었다.

이 넓은 거실 중앙에는 소파와 의자, 모서리에 바퀴가 달린 바 테이블, 담배 · 성냥 · 재떨이 · 견과용 접시 · 사탕접시 · 쿠키 항아리가 놓여 있는 커피용 탁자가 있었다. 이곳은 대화의 장소였다. 그러나 방문자들이 왔을 때, 그들의 시선은 창문을 통해 방을 지나 아렌트의 책상에 쏠리게 되었다. 아렌트가 거실 중앙에서 방문자들과 함께 이야기하며 앉아 있을 때에도 그는 이 책상에서 작업을 진행하고 있는 것 같았다. 그리고 작업을 지켜보고 있는 영원한 관객들은 탁자 위에 놓여 있었다. 즉 마르타 콘 아렌트, 하인리히 블뤼허, 마르틴 하이데거의 사진들이 놓여 있었다. 한나 아렌트가 방문한 친구들과 함께 있으면서 자신의 거실에서 심근경색으로 사망했을 때 이 관객들은 주시하고 있었으며, 저작들은 그들 앞에 놓여 있었다.

아렌트의 친구이며 저작 유산 집행자인 메리 매카시는 1978년 출판한

『정신의 삶』 — 현재 제1권 「사유」와 제2권 「의지」로 구성됨 — 을 편집하였다. 「판단」을 집필하기 위한 예비원고와 잡다한 원고들은 현재 의회도서관에 소장되어 있다. 독일문서보관소에는 "사유를 기록한 필기장" 모음집이 있다.* 여기에는 그리스어 · 라틴어 · 영어 · 프랑스어 · 독일어로 기록한 아렌트의 사유 단편들과 인용문들로 채워져 있다. 아렌트는 미국에서 출간할 책을 집필하는 동안 이 필기장들을 간직했다.

아렌트는 69세의 나이로 1975년 서거했을 때 자식 없는 과부였다. 많은 미국인 친구들과 다수의 유대인들이 장례식 문상객 무리에 함께 있었지만 사유하는 동류집단은 없었다. 마르틴 하이데거만이 아직 살아 있었으며, 가족은 거의 없었다. 아렌트의 사촌인 에른스트 퓌르스트와 그의 부인은 이스라엘에서 왔으며, 그들의 딸들 가운데 한 사람은 독일에서 왔고, 아렌트의 의붓자매인 에바 베어발트는 영국에서 왔다. 한나 아렌트는 9명의 고모와 삼촌, 12명의 사촌이 있었다. 한때 대가족이었던 아렌트 집안과 콘 집안의 가족은 결혼한 5명의 사촌과 고모가 있었다. 이들은 유럽 대륙에 살고 있으며, 영국 · 독일 · 이스라엘 · 인도에 살았다.

한나 아렌트를 조문할 정도로 오래 살았던 사람들은 대담이나 편지로 이 전기에 자신들의 회고담을 제공했다. 극소수의 사람만이 1913년 아렌트의 아버지가 사망하기 이전 몇 년 동안 직접 체험한 이야기를 나에게 말을 할 수 있었다. 아렌트는 1920년대 초반과 이후 유년기와 청년기에 대한 일차적인 설명 자료를 대부분 제공하였다. 아렌트의 성년기에 관한 이야기들은 풍부하며, 종종 이야기하는 사람만큼 다양한 견해가 존재하고 있다. 나는 이 책을 위해 크게 상충되지 않는 이야기에 대한 다양한 설명으로부터 단일의 이야기를 구성하였으며 지엽적인 것들을 삭제하였다. 이런 경우에 나는 역사가들(그리고 탐정들)에게 친숙한 범주들을 내용 구성에 적용시켰다.

---

* 옮긴이_ 28권의 필기장은 2002년 유고로 출간되었다. Hannah Arendt, *Denktagebuch* 1950~1973, eds., Ursula Ludz and Ingeborg Nordmann(Müchen und Zürich: Piper, 2002).

이 범주는 내적 일관성과 설득력, 기록 자료 · 다른 이야기들 · 문서들 사이의 일치, 관점과 지식의 차원에서 이야기꾼의 신뢰성이었다. 이야기들 가운데 모순되는 견해들이 존재하는 그러한 몇 가지 사례의 경우에 나는 모든 견해를 지적하였다. 포괄성의 원리는 나의 대담 질문에 대한 상충되거나 보완적인 답변들에 똑같이 적용되었다. (인용부호의 저작에 나타나 있으나 주석이 없는 자료는 대담을 통해 얻은 것이다.)

이러한 이야기들을 구성하고 선택했을 때 나의 의도는 한정적이거나 분명히 비판적인 것은 아니었다. 나는 철학 전기, 즉 나의 기획에 필요한 것만을 귀중한 아렌트 문서Arendt Papers와 정보 제공자들이 나에게 밝힌 것으로부터 선택하였다. 그리고 나는 예언적인 비평의 양상을 이러한 요소들에 첨가하려고 시도하지 않았다. 한스 요나스는 친구를 위한 추도행사에서 아주 정확하게 언급하였다. "당대 사람들 어느 누구도 대담하게 그를 '위대한 사상가'로 생각하지 않았으며 그의 사상이 어떻게 시간의 맹공격을 저지할 것인가에 대해 예측하지 못했다."[23] 나는 아렌트의 저작을 비판한 연구결과를 지적했지만 그의 저서들에 대해 논의할 때 책의 구성과 관련한 맥락을 부각시키는 데 일차적으로 중점을 두었다. 나는 아렌트가 어떻게 자신의 관심사인 주제에 도달하게 되었고 어떻게 책을 계속 구성하고 재구성했으며 어떻게 한 권의 책에서 다른 책까지 자신의 방식을 사유했는가를 제시하려고 노력했다. 그는 미국에서 살고 있는 동안 주요 저작들을 저술하였으며, 그의 영향력은 이곳에서 가장 두드러지게 나타났다. 따라서 유럽에 있는 분에게 논평을 받고자 각 장의 원고를 적어도 한 번은 유럽에 보내 다시 되돌려 받기는 했지만 그의 저작과 비판자들에 대한 나의 견해는 핵심에 있어서 미국적이다.

구술로 전달된 이야기, 편지, 문서, 회고록, 그리고 한나 아렌트의 저작은

23 Hans Jonas, "Acting, Knowing, Thinking," *Social Research*, Spring 1977, p. 26.

상이한 언어로 이 전기에 포함되었다. 나는 이를 영어로 번역해야만 했다. 집필 과정에서 많은 것들을 불가피하게 제외했다. 내가 뉴스쿨에서 박사 과정을 밟고 있을 때 아렌트가 나에게 들려준 말에는 그에게는 철학적 시적 고향인 독일의 언어, 처음 추방 당시의 언어인 프랑스어, 두 번째 시민권을 가진 국가의 언어, 즉 독일 억양이 담긴 영어, 그의 정치적 선구자들의 언어인 라틴어와 그리스어를 이러한 방식으로 미국 영어로 전환하는 데 따르는 위로가 담겨 있다. 나는 아리스토텔레스의 아리송한 말을 번역하였다. 한나 아렌트는 실망스럽게 자신의 표준 라틴어 번역 사본을 검토하고 그것을 내 번역과 대조하였다. 다음으로 그는 독일어 번역본을 대조하면서 라틴어판에 대해서는 회의적인 입장을 보였다. 마지막으로, 그는 팔짱을 낀 채 나의 번역본에 대해 의견을 제시하고 자신의 사유 방식을 언급하였다. "그래, 여보게, 그것은 정확히 맞지는 않다네, 그런데 아리스토텔레스는 아마도 그것을 틀렸다기보다 매우 흥미롭다고 생각했을 것이네."

•

감사의 글

한나 아렌트는 친구들이 있었으므로 운이 좋았습니다. 나 역시 이 전기를 쓸 당시 그와 우정을 나눌 수 있어서 다행이었습니다. 메리 매카시는 아렌트의 저작 유산 집행자로서 나의 면담 요청에 친절하게 응대했으며, 한나 아렌트로부터 받은 편지를 열람할 수 있도록 하였고, 출간된 저작뿐만 아니라 아렌트 지적 유산의 미출간 자료를 인용할 수 있도록 승낙해주었습니다. 로테 콜러는 아렌트의 문서와 소유물을 분류하고 구성하는 엄청난 임무를 헌신적으로 수행하였습니다. 그는 정보 제공자, 내 원고의 독자, 도덕적 후원자로서 분명히 관대하였습니다.

생존해 있는 아렌트의 가족들, 텔아비브의 퓌르스트 부부, 영국 케임브리지의 브라우데 부부, 런던의 에바 베어발트는 이야기와 사진들을 제공하였고 따듯하게 환대해 주었습니다. 캘커타에 살고 있는 사촌 니우타 고쉬는 편지로 나의 질문사항에 답변을 해주었습니다. 아렌트의 첫 번째 남편인 귄터 안더스는 빈에서 나의 방문에 응대하였으며, 우편을 통해 가끔 나를 도와주었습니다.

현재는 대부분 뉴욕시에 살고 있는 아렌트와 블뤼허 부부의 동료들은 나를 인도하고, 나의 입장을 교정해주며, 독일어 번역을 통해(짧게 말하면 교육시켜) 나를 도와주었습니다. 나는 이분들을 대부분 개인적으로 만났으며, 한나 아렌트 서거 추모 모임에 참석하고자 이분들과 합류하였습니다. 나는 이 책을 출간하는 데 도움을 주었을 뿐만 아니라 아렌트에 대한 충실성을 성찰할 기회를 제공해준 이분들에게 신세를 졌습니다. 이분들은 바론 부부, 사로테 베라트, 알코플리, 로즈 헤이텔슨, 후버 부부(피터 후버는 1980년 사망), 요나스 부부, 클렌보르트 부부와 자녀인 다니엘과 아이레느, 크리스텔러 부부, 마이어 부부, 한스 모겐소(1980년 사망)와 그의 딸인 스산나, 픽크 부부(로버트는 1978년 사망), 리처드 플랜트, 인그리드 쉐이브, 조안 스탬보, 헬렌 울프입니다. 안네 멘델스존 바일은 50년 동안 사귀었던 자기 친구의 전기를 집필하라고 처음으로 나에게 촉구하였습니다. 그는 이후에도 나를 격려하였습니다. 나는 블뤼허의 가장 절친한 친구인 로베르트 길벗과 대화를 나누기 전에 그분이 사망한 것을 애석하게 생각합니다. 취리히에 살고 있는 그의 전 부인인 일케 길벗, 그리고 딸인 마리안 휘네간은 매우 친절했고 협조적이었습니다. 아렌트의 많은 지인들, 친구들의 친구들은 나의 면담 요청에 응하였습니다. 그들은 조지 어그리, 리처드 번스타인, 레온 보트슈타인, 이르마 브랜다이스, 로저 에레라(파리 거주), 칼 프랑켄슈타인(예루살렘 거주), 나움 골드만(파리 거주), 니나 쿠르핑켈(파리 거주), 쾨테 히르쉬(파리 거주), 로벤펠트 부부, 에바 미쉘리스 스턴(예루살렘 거주), 헨리 페흐터(1980년 사망), 일제 쉴레히터, 엘리자베스 슈탐블러, 한나 스트라우스, 에른스트 볼라트(쾰른 거주)입니다. 아렌트의 미국인 친구들은 대부분 사망했습니다. 그들은 로잘리 콜리, 글렌 그레이, 랜달 자렐, 로버트 로웰, 필립 라브, 해롤드 로젠버그입니다. 그러나 아렌트보다 오래 살았던 많은 사람들은 나에게 상당히 도움을 주었습니다. 나는 특히 맥도날드와 숀에게 사의를 표시하고자 합니다.

나는 독일의 마르바흐 문서보관소에 소장되어 있는 아렌트-야스퍼스 편지 모음집과 아렌트-블루멘펠트 편지 모음집을 읽었습니다. 독일문서보관소의 루트비히 그레브(1924~1991년 — 옮긴이)와 동료들은 나에게 이상적인 조건을 마련해 주었는데, 그레브 씨의 경우 훌륭한 우정을 베풀었습니다. 바젤의 한스 자너는 야스퍼스 자료를 인용할 수 있도록 배려해 주었습니다. 나는 그 자신이 준비한 야스퍼스 저작들의 훌륭한 간행본과 야스퍼스 자료를 제공해준데 대해 감사함을 표시합니다.

나는 워싱턴 의회도서관에 소장된 아렌트 문서틑 참조하였습니다. 문서에 대한 나의 주석은 대부분 1976년과 1977년 사이에 작성된 것들입니다. 이때 로테 콜러, 제롬 콘, 로렌스 메이는 도서관에 비치하기 위해 이 문서를 정리하였습니다. 그러므로 나는 의회도서관 서류함 번호가 아니라 저자가 기록한 수령인 · 제목 · 날짜에 의거해 주석에서 아렌트 문서를 인용하였습니다. 나는 의회도서관 원고보관실 직원의 노고에 감사드립니다. 그리고 내가 근무했던 다른 도서관들, 즉 웨슬리언대학교 올린도서관, 바드대학도서관, 뉴욕공공도서관, 영국박물관, 유대인문서센터(파리), 이스라엘대학연합(파리), 유대인자료실, 레오 백 연구소(뉴욕), 중앙시온주의문서보관소(예루살렘), 야드 바셈(예루살렘)의 직원들에게 사의를 표시하고 싶습니다. 파이브와 하인츠 켐너는 아렌트가 초기에 언론에 기고한 글들을 설정하기 위한 색인작업을 여러 도서관에서 수행하였습니다.

한나 아렌트의 제자들 가운데 지원에 참여했던 일부 사람들은 마이클 덴네니, 멜빈 힐과 그의 부인, 제롬 콘, 그리고 로렌스 메이가 있습니다. 나의 친구인 제롬 콘은 이 수고를 세심하면서도 유익하게 검토했습니다. 아렌트의 저작을 항목에 따라 정리하는 데 그의 비평은 많은 도움이 되었습니다.

웨슬리언대학교의 레터스 칼리지에 있는 나의 동료들과 제자들, 대학의 사무직원들, 나의 타자수 메리 제인 아리코는 인내심이 있고 충실했습니다. 이 책은 어떤 자선기관의 재정 지원 없이는 완성될 수 없었지만 웨슬리언대학교는 원고를 준비하는 데 지원을 아끼지 않았습니다.

예일대학교의 모린 맥그로간은 이 원고를 편집하는 과정에서 철학적 예리함과 문학적 섬세함을 특별히 결합시킬 수 있는 능력을 발휘하였습니다.

저작의 후기 단계에서 편집과정에 세심하게 관심을 가졌던 앤 맥키논은 원고를 최종 형태로 만드는데 중요한 역할을 하였습니다.

나는 이 책을 완성하는 데 헌신하였던 분들(홉프, 로베트, 두 명의 루이제, 에르니, 웃어른 엘리자베스, 그리고 사랑하는 나의 가족들)이 나에게 보여주었던 호의의 징표로서 이들이 책에 기쁨을 느끼길 희망합니다.

체스터, 코네티컷

1981년 7월

제1부

독일에서의 삶과 학문 활동

(1906~1933년)

•

아렌트는 미국에서 살고 있는 동안 자신의 어린 시절에 대해서는 거의 말하지 않았다. 그의 친척들은 모두 동프로이센 쾨니히스베르크에 있는 가족의 본가를 떠났으며, 그 도시는 폭탄으로 파괴되고 소련(현재 러시아)의 칼리닌그라드로 재건되었다. 아렌트는 이보다 훨씬 오래 전에 자신의 삶을 '그때'와 '지금'으로 구분하였다. 시대 구분의 전반에 속하는 어린 시절의 그때는 훨씬 은밀하고 사적인 문제가 되었다. 아렌트는 마르부르크대학교의 신학도가 되었던 18세 당시 스승인 하이데거의 '더 이상 아님'과 '아직 아님'이란 시 언어로 자기 생애의 시간을 구분하였다. 아렌트는 대학에서 연구하면서 박사학위 논문을 마무리했을 때 실천 문제에 관심을 갖지 않았던 이성의 시기인 **그때**와 실천에 참여하는 이성의 시기인 **현재**를 구분하였다. 1933년은 이러한 구분에 정치적 내용을 부여했다. 아렌트는 독일계 유대인이었고 그런 다음 무국적자이며 유대인 난민이 되었다.

제2차 세계대전이란 경계를 중심으로 어린 시절의 그때에 관한 질문이 이후에 제기되었을 때, 아렌트는 그때를 모국어의 문제로 언급했다. 아렌트는 언어의 연속성을 인정하였다. 그는 1964년 대담자에게 다음과 같이 대답했다. "결국 잘못된 것은 독일어가 아니지요."[1] 말하자면 아렌트의 삶에서 목표가 정치적 사실이었을 때까지 그 독일은 아렌트의 고향이었다. 그러나 아렌트가 소녀로서 암기했던 독일 시에 대한 기억은 매독으로 인한 아버지의 사망과 관련하여 그의 어린 시절이 어떻게 구분되었는가를 간접적으로만 기억하는 하나의 방식이었다. 정신의 충격이 한번만 있지는 않았다. 바울 아렌트는 한나 아렌트가 2살이었을 때 병이 발병하였고 7살이었

1 가우스 대담.

을 때 사망하였다. 이 5년은 아렌트에게는 어려운 시간이었다. 그러나 아버지의 사망은 아렌트의 행복하고 귀중한 어린 시절을 서서히 마치게 했다.

한나 아렌트는 아주 극소수의 사람에게만 아버지의 죽음에 대해 언급했다. 그리고 첫 번째 남편을 포함해 극소수의 사람들만이 아렌트가 시를 썼다는 사실을 알았다. 그는 매우 사적인 삶을 시로 썼다. 아렌트는 이른바 자기 성찰을 거부했고 심리학적 분석의 대상인 거친 말을 많이 하였다. 그는 시를 통해서 자신을 이해하였다. 그는 청소년기에 쓴 시에서 자신이 어린 시절의 상실감, 낯설고 두렵다는 감정을 극복했는지 아닌지 궁금했다.

> 내가 손을 눈여겨 바라보니,
> 이상하게도 나 가까이 비슷한,
> 그러나 아직도 다른 것.
> 그것은 나 이상인가요?
> 그것은 더 높은 의미를 가지고 있나요?[2]

그러나 아렌트는 시에는 재능이 없었다. 그리고 시는 아렌트가 아버지의 죽음으로 상실한 신뢰감을 그에게 보상해주지는 못했다. 마르틴 하이데거는 독일 낭만시의 전통에서 강조하는 화려한 교육의 시작과 사랑을 모두 아렌트에게 제공하였지만 아렌트의 신뢰감을 회복시키지 못했다. 아렌트의 철학 능력은 야스퍼스의 도움으로 하이델베르크대학 시절에 쓴 박사학위 논문에 분명히 나타난다. 그러나 아우구스티누스가 언급한 '이웃사랑'인 공동체의식에 대한 아렌트의 선견지명, 즉 갈망은 그의 논문에 분명히 드러난다. 그러한 사랑은 아렌트가 파리에 머물고 있는 망명한 '동족' 사이에

2 아렌트의 시집은 마르바흐 소재 독일문서보관소에 있다. 저자가 모두 번역하였다. 아놀드 박사의 지원에 기꺼이 감사드린다. 시를 계속 인용하는 과정에서 시를 개별적으로 지적하지는 않을 것이다. 아렌트의 독일어 시는 〈부록 2〉를 참조할 것.

있을 때, 그리고 두 번째 남편인 블뤼허와 함께 있을 때 나타났다. 물론 그러한 사랑의 근거는 일찍이 청소년기 독일에 있을 때 형성되었지만, 아렌트는 쿠르트 블루멘펠트의 동료들과 함께 활동하고 야스퍼스와 함께 있을 때 철학에서 정치로 관심을 천천히 돌리게 되었다. 아렌트는 자신의 지적 정서적 발전에 관한 진귀한 공식적 설명들 가운데 하나에서 자신이 찾고 있었던 것을 드러냈다. 1964년 그는 야스퍼스에 대해 대담자에게 다음과 같이 밝혔다. "당신은 야스퍼스가 말하는 곳마다 일이 제대로 된다는 것을 알 것입니다. 그는 개방적이고 신뢰할만한 분입니다. 나는 야스퍼스만큼 열심히 말하는 분을 보지 못했습니다. 나는 아버지 없이 자랐습니다. 그래서 나는 스스로 그분의 이성에 인도되는 것을 인정했습니다. 하느님도 아시듯이 나는 그분에게 나를 책임지게 하고 싶지는 않지만, 어느 누군가 나를 합당하게 행동하도록 인도하는 데 성공했다면, 그분은 야스퍼스였답니다."[3]

아렌트가 방문차 유럽을 들렀다. 이때 아렌트와 야스퍼스의 토론은 전후 가장 바람직했으며, 가장 심오했고, 가장 신뢰적이었다. 당시 두 사람은 철학에 대한 새로운 이해를 공유하였다. 야스퍼스는 1946년 편지에서 "철학은 잠시도 그 기원을 상실하지 않은 채 구체적이고 실천적이게 되어야만 합니다"[4]라고 밝혔다. 그러나 두 사람 사이에 이러한 이해는 1933년 시작되었다. 이때 히틀러는 독일에서 집권했고, 아렌트와 야스퍼스는 이웃사랑이 역시 구체적이고 실천적이어야 한다는 것을 깨달았다.

3 가우스 대담.

4 야스퍼스가 아렌트에게 보낸 편지(1946년 9월 18일), 마르바흐 문서보관소.

제1장

우리 아기
(1906~1924년)

프레겔 강변의 쾨니히스베르크와 같은 큰 읍,
정부청사와 대학이 소재한 지역의 중심지이며,
해외무역을 하고 상이한 언어와 관습을 지닌
멀리 위치한 국가들과 접촉할 수 있도록 적절하게
위치한 도시. 그러한 도시는 여행하지 않고도
사람들과 세계에 관한 지식을 얻기에 적당한 곳이다.

칸트, 『실용적 관점에서 본 인간학』

쾨니히스베르크 주민들

한나 아렌트의 조부모 양가는 아렌트 가와 콘Cohn 가이다. 두 집안은 모두 동프로이센 수도인 쾨니히스베르크에서 가족을 양육하였다. 13세기에 창설된 쾨니히스베르크는 십자군원정 당시 군사적 종교적 조직인 독일 기사단이 처음으로 건설한 도시이다. 이 도시는 한동안 기사단 단장Grand Master의 거주지였고 16세기에는 프로이센 대공들의 주거지가 되었다. 호수를 내려

다보는 성은 도시의 중심부에 우뚝 서 있다. 활기 넘치지만 평화로운 지방 수도는 제1차 세계대전 내내 파멸 직전에 있었다. 그러나 이 도시는 러시아 군대가 격퇴되었을 때 손상당하지 않았고 제2차 세계대전 때까지 유지됐다. 이때 처음엔 유대인 주민들이, 다음으로 독일 주민들이 쾨니히스베르크에서 소거됐다.

20세기 초 약 5천명의 유대인들이 쾨니히스베르크에 살았다. 이들은 대부분 러시아계 유대인이었다. 오데사에서 쾨니히스베르크까지 연결되는 철도망은 남부 러시아에서 발트 해로 이어지는 가장 짧은 노선이었다. 반유대법과 대박해를 피해서 망명하는 러시아계 유대인 수십만 명은 이 철도를 도피 수단으로 이용하였다. 망명자들 가운데 대다수는 영국이나 미국으로 이주하였다. 그러나 많은 망명자들은 유대인 주민들이 꽤 많이 살고 있는 쾨니히스베르크와 다른 동부 독일 도시들에 정착하였다.

한나 아렌트의 외할아버지인 야콥 콘은 1838년 현재의 리투아니아에서 태어났으며, 니콜라이 황제가 아들인 알렉산더 2세에게 왕위를 이양하기 바로 직전인 1852년 쾨니히스베르크로 이주하였다. 니콜라이는 1851년 동유럽 유대인들의 저항에도 불구하고 유대인들을 두 집단으로 분류하는 칙령을 공포하였다. 한 집단은 부유하거나 기술을 가진 '유용한 사람들', 다른 집단은 '쓸모없는 사람들'이다. 쓸모없는 사람들은 강제로 징집되었으며, 크리미아 전쟁 중에 이 나라를 버리고 망명하였다. 야콥 콘의 아버지는 무역업자였으며 쾨니히스베르크로 망명하여 작은 규모의 차茶 수입업을 하였다. 이 도시는 영국이 주도하는 세계시장에 러시아산 차를 공급하는 대륙의 가장 중요한 차 무역 중심지였다. 야콥은 가족기업을 인수하였다. 이 가족기업은 쾨니히스베르크에서 최대 규모인 야콥회사로 발전하였다.

야콥 콘은 첫 번째 부인 소생의 자녀 세 명을 두었으며, 다음에 러시아 이민자인 두 번째 부인 패니 스피로 소생의 자녀 네 명을 두었다. 야콥 콘이 1906년 사망했을 때 그의 부인, 7명의 친척, 그리고 이들의 자녀들은 가족기업을 물려받았으며 많은 돈을 벌었다. 제1차 세계대전 후 몇 년간 물가 폭등이 지속되었을 때까지 콘의 손자들이며 아렌트에게는 사촌인 12명은 안락하게 살았다. 한나 아렌트는 항상 어린 시절 콘의 창고에 갔던 기쁨을 기억했으며, 어머니 선조들로부터 러시아 풍을 느꼈으며 회사의 수출 목록에 있었던 맛있는 과자인 마르지판marzipan으로 잔치를 벌였던 경험을 기억하였다.

콘의 집안뿐만 아니라 상당수의 다른 러시아계 가족들이 이주하였던 쾨니히스베르크는 18세기 베를린 다음으로 독일계 유대인의 계몽에 있어서 중심지였다. 많은 유대인들은 쾨니히스베르크의 알베르티나대학교에 다녔으며, 의학부에 가장 많이 등록하거나 이 대학의 가장 저명한 교수인 임마누엘 칸트를 종종 따랐다. 그러나 쾨니히스베르크에 거주하는 학식 있는 유대인들 사이에서는 멘델스존의 추종자들이 가장 중요한 지식인 단체였다. 멘델스존이 재정을 후원하는 추종자들의 한 단체는 쾨니히스베르크에서 비유대인 문학을 히브리어 번역판으로 출간하는 데 기여하는 학술지인 『수집가*Ha-Me'-assef; The Gatherer*』를 창간하였다. 이 단체는 동유럽 유대인 공동체에서 발생하여 이민과 더불어 서진한 '하스카라(Haskalah; 계몽)'라는 운동단체의 분파였다. 멘델스존과 같은 서유럽의 개종자들은 동유럽의 운동을 장려하였으나 히브리어를 강조하지는 않았다. 멘델스존은 독일에서 독일 문화를 유대인들에게 소개하는 데 더 많이 관심을 가졌다. 비전통주의적 독일계 유대인의 눈으로 볼 때, 멘델스존은 정치적 해방은 아니지만 사회적 문화적 해방의 주요한 본보기가 되었다. 그는 한나 아렌트의 할아버지인 막스 아렌트에게 아주 적합한 본보기였다. 막스 아렌트의 어머니 가족들은 멘델스존 시대에 러시아에서 쾨니히스베르크로 이주했다.

프로이센 왕은 프로이센의 유대인들에게 시민권을 부여해야 하는가를 고려하고자 고문들을 만나려고 했다. 멘델스존은 그 이전인 1786년 사망했다. 교육을 받고 독일화되었으며 도시에 거주하는 유대인들의 특권적인 사회적 지위는 손상되지 않았지만 시민권을 갈망했던 유대인들은 왕의 부정적인 결정에 낙담하였다. 멘델스존 세대 이후 저명한 출판업자인 데이비드 프리드랜더를 포함하여 수많은 쾨니히스베르크 유대인들은 기독교로 개종하였다. 한나 아렌트는 『전체주의의 기원』에서 프리드랜더와 같은 사람들이 멘델스존의 확신과 성실성을 지닌 사람에게는 결코 가능하지 않았을 유대교에 대한 멸시를 촉진시켰다고 언급했다. 아렌트의 생각에 따르면, 멘델스존은 "자신의 인격에 대한 [한 인간]의 예외적인 존경이 자기 민족에 대한 예외적인 멸시와 일치한다는 것을 알았다. 멘델스존은 이후 세대의 유대인들과 달리 이러한 멸시의 태도를 갖지 않았기 때문에, 자신을 예외라고 생각하지 않았다."[1] 멘델스존과 같은 도시에 살고 있던 프리드랜더는 아렌트 자신이 되고 싶지 않았던 부류의 전형적인 유대인, '예외적인 유대인'이었다.

나폴레옹의 베를린 입성으로 프리드랜더 세대에 가장 유명한 사회제도였던 살롱이 문을 닫기 시작했다. 살롱은 라헬 파른하겐과 같은 유대인 여성의 가정에서 열렸다. 이 여성은 한나 아렌트의 전기 『라헬 파른하겐: 한 유대인 여성의 삶』에서 주인공이었다. 당시 프랑스계 유대인과 나폴레옹의 라인연방에 속해 있는 서독일 주들의 유대인들은 많은 시민권을 부여받았는데, 프로이센의 유대인들도 나폴레옹의 베를린 입성으로 이러한 권리를 부여받았다. 그러나 이러한 권리가 확장되었을 때, 부유하며 교육 받은 유대인들은 그렇지 못한 동료들과 비교하여 더 이상 자신들을 부각시킬 수 없었다. 그들은 자신들이 '예외'라는 것을 증명하려고 노력하지 않을 수 없었다.

프로이센의 유대인들은 1815년 빈회의가 자신들에게 완전한 정치적 권

---

1 Hannah Arendt, *The Origins of Totalitarianism*(New York: Harcourt Brace Jovanovich, 1973), p. 58, n. 12. (달리 지적하지 않으면 모든 출처는 1973년 새로운 출간된 판이며, 이후 "*Origins*"로 표기함).

리를 최종적으로 제공하기를 희망했다. 그러나 그들은 자신들이 나폴레옹의 승리 이전에 유지했던 것과 동일한 지위로 다시 복귀하게 되었다는 것을 알게 되었다. 부유하고 교육 받은 유대인 상류계급의 다수는 프리드랜더 세대의 본보기를 추종하면서 기독교로 개종하였으며, 당시 유행하는 기독교-독일 국가나 튜턴-독일 국가라는 보수주의적 개념을 인정하였다. 비정통주의적 유대인들과 정통주의적 유대인 사이의 갈등은 이러한 개종의 여파 때문에 멘델스존의 문화적 개혁 시기 이후 나타났던 것보다도 훨씬 심화되었다. 다수의 유대인은 기독교로 개종하지 않았다. 이들은 아브라함 가이거와 같은 사람들의 새로 부상하는 개혁 유대교나 제카리아스 프랑켈의 역사적 유대교 — 미국에서는 보수적 유대교로 알려짐 — 에 충성하였다.

유대인 정통파와 비정통파 사이의 심각한 분열은 유대인의 정치적 해방 시대와 동유럽 이민의 시대까지 지속되었다. 이러한 분열은 한나 아렌트의 어린 시절에도 여전히 고착되어 있었다. 친가와 외가의 조부모들은 개종한 유대인들이었으며 쾨니히스베르크에 살고 있는 개종 랍비를 존경하였다. 그 랍비는 자유주의적 독일계 유대인의 가장 영향력 있는 지도자들 가운데 한 사람인 포겔슈타인이었다. 그는 로마 유대인들의 모범적인 역사를 포함해 유대인의 역사에 관한 수많은 책을 출판했으며 문화적 정치적 본보기를 제공하였다. 그는 독일계 유대인으로 사회민주당의 지지자였다. 그의 자식들은 유대인 청년운동인 카마라덴(Camaraden; 동지)의 지도자였다. 그의 여동생인 율리 포겔슈타인 브라운은 의붓아들인 오토 브라운의 저작들을 출간하였다. 젊은 작가 오토 브라운은 여성 문제를 지원하는 유명한 사회주의 출판업자인 릴리 브라운의 아들로 제1차 세계대전 당시 사망했다. 랍비인 포겔슈타인과 여동생은 제2차 세계대전 이전에 뉴욕으로 이주하였으며, 이민자들에게 재정을 후원하는 자선단체를 설립하였다. 아렌트는 이들을 뉴욕에서 재회하였다. 아렌트는 그때까지 몇 년 동안 시온주의를 위해 활동했다. 그러나 포겔슈타인 남매는 시온주의가 결코 자선 활동을 조성하지 않기를 바랐다.

한나 아렌트의 학창시절 쾨니히스베르크, 특히 대학 공동체에는 시온주의자들이 꽤 있었다. 1904년 유대인학생회Verein jüdischer Studenten가 설립되었다. 유대인 학생들은 이 협회에 많이 가입했다. 쾨니히스베르크 유대인 공동체의 지도자들 가운데 한 사람이었으며 유대교신자독일시민중앙회Centralverein deutscher Staatsbürger jüdischen Glaubens의 회원이기도 했던 막스 아렌트를 포함한 기성세대는 시온주의자들을 호의적으로 보지 않았다. 쿠르트 블루멘펠트는 학생 시온주의자들 가운데 한 사람이었으며 '유대인 문제'에 대해 막스 아렌트와 치열하게 논쟁하였다. 그는 이후 독일시온주의기구의 회장이 되었으며 한나 아렌트의 친구이자 스승으로서 막스 아렌트를 만났다. 막스 아렌트는 그의 독일성을 의심하는 어떠한 주장도 듣지 않으려고 했다. 두 사람은 차이가 있음에도 친구가 되었다. 블루멘펠트는 아렌트 집안의 손님으로 종종 방문했다. 그는 명랑하고 열정적이었다. 회고록에서 밝혔듯이, 블루멘펠트는 마루에 앉아서 막스 아렌트의 어린 손녀인 한나와 함께 놀이를 즐기곤 했다.[2]

한나 아렌트의 아버지 바울은 막스 아렌트의 첫 번째 부인 요한나 사이에서 낳은 외아들이었다. 베를린으로 이주하여 사회사업가가 되었으며 프랑스 사람과 결혼한 여동생 헨리에테나 바울은 두 번째 부인인 클라라(어머니의 동생)와 좋은 관계를 유지하지 못했다. 클라라 아렌트는 비위에 거슬리는 여성이었으며, 고집이 세고 가족 사랑을 드러내지 않기로 유명했다. 그의 손녀인 한나(바울의 어머니 요한나의 이름을 이어받음)가 이후 유대인 부호들과 자선가들에 대해 신랄하게 불평했을 때, 클라라 아렌트에 대한 가족의 조바심은 재현되었다. 다른 한편, 마르타 아렌트는 강한 러시아 억양으로 독일 말을 하며 러시아 농민 복장을 즐겨 입는 파니 슈피로 콘이란 겸손하고

2 Kurt Blumenfeld, *Erlebte Judenfrage*(Stuttgart: Deutsche Verlags-Anstalt, 1962), p. 45(이후 "*Erlebte Judenfrage*"로 표기함).

조용한 여성의 딸이었다. 콘 집안의 여성들은 관대하고 정감적이었다. 어머니와 딸이 과부였을 때 두 사람은 서로를 편안하게 해주었으며, 칼스바드에서 함께 광천욕을 즐기기도 했다. 이들의 동정심과 친근성은 한나 아렌트의 외가인 콘 가의 가족들에서 일반적으로 나타나는 양태의 일부였다. 콘 가에는 남성들보다 여성들이 더 많았으며, 많은 여성들은 남편이나 자식의 사망으로 고통을 받았다.

바울과 마르타 아렌트는 부모들보다 더 많은 교육을 받았고, 더 많이 여행하였으며, 정치에서 훨씬 더 좌파적인 입장을 갖고 있었다. 당시 독일 내에서 사회당은 여전히 불법적이었지만 이들은 10대에 사회주의자가 되었다. 이들은 이러한 신념 때문에 독일민주당에 속해 있던 당시 대부분의 사람들과 구별되었다. 바울은 알베르티나대학교에서 공학 학사를 받은 아마추어 학자였다. 바울의 서재는 그리스와 라틴 고전으로 가득 차 있었으며, 그의 딸은 이후 열정적으로 이 책들을 읽었다. 마르타는 자신이 속해 있던 계급과 세대의 대부분 여성들과 마찬가지로 가정에서 교육을 받고 해외로 나갔다. 그는 파리에서 프랑스어와 음악을 공부하면서 3년을 보냈다. 한나 아렌트의 부모들은 종교적이지 않았다. 그러나 그들은 조부모와 함께 딸을 유대인 교회에 보냈으며, 랍비인 포겔슈타인뿐만 아니라 그의 가족들과도 좋은 관계를 유지하였다. 그들은 포겔슈타인을 동료 사회민주주의자로서 만날 수 있었기 때문이다.

한나와 포겔슈타인의 초기 관계는 한층 더 개인적이었다. 아렌트는 포겔슈타인에게 홀딱 반했다. 마르타 아렌트는 "한나가 성장하면 자신은 랍비와 결혼한다네"라고 친구들에게 자주 말하곤 하였다. 마르타는 한나가 포겔슈타인과 결혼한다면 자신은 돼지고기를 입에도 대지 않겠다고 대답하자 한나는 자신의 방식을 유지하는 법에 결코 당황하지 않으면서 "응, 그러면 나는 돼지고기와 함께 포겔슈타인과 결혼하지"라고 대꾸하였다. 한나가 초등학교 학생이었을 때, 포겔슈타인 선생은 종교적인 교훈을 알려주고자 일주일에 여러 번 나타났다. 한나가 일곱 살 때 시작된 이러한 교육은 이후 그가 파리에서 비공식적으로 히브리어를 공부하기는 했지만 그가 받았던 유일한 공식적 종교교육이었다. 기독교 주일학교는 모든 유치원 학생들에게 필수적이었으며, 아렌트 집안에서 고용한 기독교 가정부는 놀랍게도 예수에게 예배를 드려야 한다고 포겔슈타인에게 완강하게 주장하였다. 아렌트는 기독교 가정에서 이루어진 이러한 훈련과 예배에 상당히 영향을 받았다.

그러나 포겔슈타인 선생은 재치 있는 어린이 때문에 당황할 사람은 아니었다. 한나가 자신은 더 이상 하느님을 믿지 않는다고 선언한 경우에도 그는 "그런데 누가 너에게 믿으라고 요구하니?"라고 반문했다. 한나 아렌트는 얼마간의 시간이 지난 이후에 개인적인 종교적 회의와 투쟁이 유대인 정체성의 의식 중심에 있지 않다는 포겔슈타인의 인식을 이해했으며, 20세기 초 몇 년 사이 독일계 유대인의 의식 변화를 숙고했다. 쿠르트 블루멘펠트는 친구이며 출판업자인 쇼켄이 1914년에 다음과 같은 발언을 인용함으로써 자신의 회고록에서 변화를 표명했다. "해방의 시대에 사람들은 질문한다. '당신은 무엇을 믿는가?' 그러나 오늘날에는 사람들이 '당신은 누구인가?'라고만 질문한다."[3] 그리고 이 새로운 질문에 대한 진정한 답변은 이러하다. 즉 네가 믿든 안 믿든 관계없이, 당신은 유대인으로 태어났다. 블루멘펠트는 이를 생각했고 아렌트는 이에 동의했다.

한나 아렌트의 어린 시절 쾨니히스베르크에 살았던 동화된 유대인들은 반유대주의를 뚜렷하게 목격하지는 못했다. 사업을 하거나 전문직에 종사하는 유대인 가정은 널찍한 티어가르텐 근처의 후펜 지역, 즉 중간계급의 안락 지역에 거주했다. 러시아 이민자들에게도 동유럽 유대인Ostjuden으로 알려진 노동계급 출신의 유대인들은 가장 오래된 정통파 유대교 회당, 오

3 Blumenfeld, *Erlebte Judenfrage*, p. 93.

히려 비잔틴식의 돔이 있는 인상적인 붉은 벽돌 건물 인근의 프레겔 강 남단에 살고 있었다. 중간계급 유대인들과 하층계급 유대인들이 접촉할 기회는 거의 없었으며, 하층계급 유대인 어린이들 가운데 극소수만이 김나지움(일반계 고등학교 — 옮긴이)에 진학했다. 이곳에는 각 학년마다 셋 내지 네 명의 유대인 학생이 있었다. 유대인이 지방정부나 주정부의 관직을 유지한다는 것은 흔치 않았다. 그러나 유대인들은 한층 일반적인 의사나 법률가 이외에 큰 공동체의 학교 선생이나 예술가로 진출하였다. 유대인들은 명예직을 유지하고 유대 민족 연구를 담당하도록 허락을 받았지만 대학교 교수직에 임명되지 못했다. 바울과 마르타 아렌트의 유대인 친지들은 부모의 친구들과 달리 상인이 아니라 전문가(의사 · 법률가 · 교육자 · 음악가)였다. 마르타 아렌트는 유치원과 초등학교를 설립했던 일군의 여성들과 친교를 유지했는데, 한나 아렌트가 다녔던 학교를 운영하는 슈타인 부인과 지트즈니크 부인이 이들에 포함된다. 이러한 여성들은 대학교육을 받지 못했다. 알베르티나대학교는 1906년까지 여학생들을 받아들이지 않았기 때문이다. 그러나 이들은 교사교육을 받았다. 마르타의 세대는 라헬 파른하겐 시대 이후 상당수의 여성 문학가 · 예술가 · 음악가를 배출한 첫 번째 세대이다. 쾨니히스베르크에는 여성들이 두각을 나타냈던 문학단체 · 실내악단 · 정치단체가 있었다. 딸들도 아들들에게만 허용되는 직업을 가질 수 있도록 딸들을 양육하고 교육시켜야 한다고 주장하는 사람들이 마르타 아렌트의 친구들 가운데 있었다.

아렌트 집안과 같이 세속적인 중간계급 유대인들은 동화되었다. 그러나 이러한 집안의 자식들은 학교나 놀이 장소에서 빈번하게 듣는 혼란스러운 지적에도 불구하고 유대인 기질을 유지하였다. 즉 동화가 유대인 기질을 유지하는 데 있어서 제약은 아니었다. 한나 아렌트는 어느 날 초등학교 수업을 마치고 집으로 돌아온 후 어머니에게 "자기 할아버지가 주 예수를 살해했다는 동료 학생들의 말이 진실이냐"고 물었다. 아렌트는 성인으로서 그러한 사건들을 성찰하고, 1964년 텔레비전 대담에서도 이들에 대해 언급한 적이 있다. 이때 아렌트는 동료 학생들의 상처를 최소화하면서도 그들로부터 배웠던 것을 강조하는 맥락 속에 그러한 사건들을 다음과 같이 환기시켰다.

> 나는 본래 쾨니히스베르크 가정[아렌트 집안] 출신입니다. 그러나 집에서는 '유대인'이란 용어를 결코 듣지 못했습니다. 우리가 거리에서 놀 때 나는 어린이들의 반유대주의적 언급에서(물론 그것을 언급할 가치는 실제로 거의 없지만) 그러한 용어를 처음으로 대면하였습니다. 당시 나는 말하자면 깨어 있었습니다. … 나는 어린이(다소간 나이든 어린이)로서 유대인 같이 보인다는 것, 즉 다른 사람들과 다르다는 것을 알았습니다. 그러나 나를 열등하다고 느끼게 하는 방식으로는 받아들이지 않았습니다. 나는 단지 그것을 자각했지요. 그게 다입니다. 그리고 나의 어머니와 가정 역시 통상적인 방식과는 약간은 달랐지요. 다른 유대인 어린이들과 비교하더라도 상황은 나에게는 약간은 달랐습니다. 그러나 그러한 차이들이 무엇으로 구성되어 있는가를 어린이가 결정하기란 매우 어렵습니다. … 나의 어머니는 별로 이론적이지는 않았습니다. … '유대인 문제'는 그분에게는 연관성이 없었습니다. 어머니는 유대인 여성이었지요! 어머니가 나를 기독교 신자가 되게 하거나 세례를 받게 하지는 않았습니다. 어머니는 아마 내가 유대인이라는 것을 거부했다면 나에게 실질적으로 채찍을 가했을 것입니다. 문제는 결코 논의의 주제는 아니었지요. 당신이 알다시피 모든 유대인 어린이들이 반유대주의에 직면했다는 것은 논란의 여지가 없지요. 그리고 많은 어린이들은 반유대주의로 인해 영혼에 손상을 입었습니다. 차이점은 어머니께서 내가 겸손하지 않다고 항상 주장했던 사실에 있었지요. 사람은 자신을 방어해야 합니다! 나의 선생님들이 반유대주의적인 발언을 했을 때 나는 곧바로 일어나서 교실을 떠나 집으로 왔고, 나머지는 학교의 절차에 맡기도록 교육을 받았답니다. 물론 그분들은 항상 나에게

는 하지 않고 다른 동료들, 특히 동유럽 유대인 여학생들에게 그랬지요. 나의 어머니는 많은 편지들 가운데 하나를 보내려고 했는데, 이 일로 반유대주의 문제에 대한 나의 개입은 완전히 끝났습니다. 나는 단 하루 학교에 가지 않았으며, 그러한 일은 물론 잘 되었습니다. 그러나 다른 어린이들이 나에게 반유대주의적 발언을 했다면 나는 집에 가서 사실을 말할 수는 없었을 것입니다. 그것은 중요하지 않았습니다. 우리는 다른 어린이의 발언으로부터 자신을 방어해야만 하였습니다. 그리고 이러한 것들은 나에게는 실질적으로 문젯거리가 되지 않았습니다. 말하자면 나의 자존감을 절대적으로 보호할 수 있는 행위의 규칙, 집안의 규칙이 있었습니다.[4]

아렌트는 약 55년 이전의 과거를 회고하면서 쾨니히스베르크의 어린 시절에 직면했던 반유대주의를 자신에게는 문젯거리가 되지 않는 문제로 간주했다. 그는 보호를 받았다는 사실을 느꼈고, 심지어 이후 스승인 카를 야스퍼스에게 언급했듯이 어머니의 보호 아래 편견 없이 성장했다고 느꼈다. 아렌트는 자신의 삶을 통해 스스로 유지하려고 했으며 다른 유대인들에게도 권유했던 태도, 즉 "사람은 자신을 방어해야 한다"는 태도를 항상 기억하였다.

쾌활한 어린 시절에 드리워진 그림자

마르타 아렌트가 딸에게 가르쳤던 교훈은 좀 더 커다란 계획의 일부였다. 아렌트 부인은 그의 표현대로 정상적인 발육을 통해 딸을 인도하고 싶어 했다.[5] 이러한 이상은 유대인다운 게 아니라 독일인다운 것이었으며, 교

---

4 가우스 대담.

5 마르타 아렌트의 『우리 아기』라는 육아일기는 의회도서관 아렌트서고에 있다. 번역은 모두 저자의 것이다. 나는 동료인 허버트 아놀드 박사의 지원에 감사를 드린다. 이후 일기에서 인용한 것을 개별적으로 지적하지 않을 것이다.

육 받은 모든 독일인들에게 의무적인 독서 문제를 통해서 이루어졌다. 독일인들은 육체 · 정신 · 기백의 의식적 형성과 육성인 교양을 위해 자신들의 스승인 괴테의 전집을 읽으라고 권장하였다. 독일 가정은 어린이를 궁극적으로 '교육받은(교양 있는) 엘리트Bildungselite'로 키우려고 괴테가 언급한 "교육학 영역"의 소규모 예비교재를 비치하였다. 자기수양, 열정과 금욕의 건설적인 전환, 다른 사람에 대한 책임은 괴테의 표어였다. 모든 어린이들은 스승의 질문을 알았다.

> 그런데 너의 의무는 무엇인가? 그날의 요청입니다.

마르타 아렌트는 아렌트의 육아사항을 세심하게 기록하였다. 아렌트 집안의 『우리 아기*Unser Kind*』라는 육아일기에는 출생할 때부터 신체 발달, 일상적인 일, 음식, 여러 가지 질병과 처방, 지적 성취, 인격 형성의 징후 등에 대한 기록으로 가득 채워져 있었다. 어린 딸은 부모에게 아주 기쁘게도 정상교육이라는 이상적 계획에 따라 성장하였다. 딸은 건강하고 주의 깊고 쾌활하였으며, '실제로 쾌활한 어린이'이었다.

한나 아렌트가 1906년 10월에 태어났을 때, 마르타와 바울 아렌트는 하노버 교외인 린덴에서 살고 있었다. 가장인 바울 아렌트는 전기회사에 일자리를 가지고 있었고, 안락한 목조 가옥을 구입할 수 있었으며 아다Ada라는 기독교 여성을 유모로 둘 수 있었다. 아렌트 집안은 한나가 두 살 때까지 여름휴가를 보냈다. 육아일기 『우리 아기』에는 하르츠 산 휴양지 라우터베르크에서 머물렀다고 적혀 있다. 아렌트 집안은 친가와 외가의 조부모들을 방문하기 위해 쾨니히스베르크로 여행했으며, 결혼 첫해를 보냈던 베를린의 친구들과 인연을 유지하였다. 친지들은 하노버를 방문하였다. 바울 아렌트 병세의 첫 번째 징후들이 나타날 때까지 가정생활은 생기 있고 충만하고 우아했다. 마르타 아렌트는 피아노를 연주하였고, '귀여운 어린 아기'를 포함해 모든 사람들은 함께 노래를 부르고 즐겁게 이야기를 나누었다. 차가운 북독일 겨울날들을 제외하고 아렌트 집안은 당시 독일인들이 건강에 기본적이라고 생각하는 신선한 공기를 마시는 산책을 하고자 하노버의 인근 공원이나 중앙정원을 방문했다.

마르타 아렌트는 딸의 신체발육을 촉진시키는 수단과 방법을 세심하고 주의 깊게 알았다. 그는 출산 첫날부터 자신의 성공사례뿐만 아니라 때때로의 좌절을 세심하게 기록하였다. "24시간이 지난 후 아기에게 모유를 먹였다. … 아기는 젖을 어떻게 먹는지 몰랐다. 그래서 약간의 회향차를 먹여야 했다. 넷째 날 아기는 이내 젖을 먹을 수 있었다. … 처음 두 주 사이에 아기의 체중은 줄었다. 첫 번째 주 마지막 날 아기의 체중은 7파운드 4온스였다. 도표에 나타나듯이 아기의 체중은 늘어났다. …" 마르타의 육아일기에는 수유 일정, 가벼운 질병과 약물 요법의 어려움, 신체적 특징 등의 주제가 비슷하고 상세하게 기록되었다. 아렌트의 식구들은 경탄하며 아기를 주목하였다. "성격은 차분하지만 예민하다. 우리는 아기가 넷째 주 초반에 청각을 감지했으며, 일곱째 주에는 빛에 일반적으로 반응하는 것과는 별도로 시각을 감지했다고 생각하였다. 우리는 여섯째 주에 처음으로 웃는 모습을 보았으며, 일반적인 내면적 자각을 관찰하였다. 일곱째 주부터 처음으로 소리를 내기 시작하였다. …"

마르타 아렌트의 일기는 첫 아기를 가졌을 때 나타나는 보호적이고 때로는 불안해하며 무엇인가를 찾아내려는 어머니의 일기였다. 현재의 기준으로는 과도한 것 같은 그의 보호심리는 당대에는 매우 진보적인 육아방식에 부합되었다. 그는 몸체와 다리는 덮되 팔을 내놓게 하는 두꺼운 포대기로 어린 아기를 감쌌다. 이 포대기는 19세기 말까지 어린이를 가진 독일 어머니들이 팔과 다리를 움직이지 못하도록 강하게 감싼 띠를 사용하는 포대기보다 상당히 발전된 것이었다. 아렌트 부인은 아기가 앉는 것이 안전하다고 생각할 때까지 아기를 앉지 못하게 하였다. "나는 아기를 앉지 못하게 하였으나 여태까지 성공하지는 못한다. 아기는 이러는 동안 매우 불편해 한다." 그러나 앉지 못하게 하는 것은 어린이들을 침대에 가두어두는 이전의 습관에 비해 나은 편이었다.

마르타 아렌트의 관찰은 아주 세심하고 기술적이며 어린이 발달상황에 관한 과학적 관찰의 성장을 반영하고 있다. 이러한 관찰은 1880년대 독일에서 시작되었다. 1881년 『어린이의 영혼*Soul of the Child*』을 출간한 빌헬름 프레이에르는 자신의 자식들을 통해 관찰 기술을 발전시켰으며 다른 집안의 어린이들을 관찰하는 라이프치히 연구실을 창립하였다. 아동심리학에 기여하는 여러 학술잡지들이 19세기 초에 출간되었으며, 과학적 연구논문에 대한 대중적 설명들이 곧 신문이나 여성잡지에 게재되었다. 가장 영향력 있는 관찰 연구들 가운데 하나는 심리학자인 스턴 부부가 자신의 아이들을 대상으로 하여 집필한 것으로 1914년에 출간되었다. 스턴의 자식들 가운데 장남인 귄터는 마르타 아렌트의 딸인 한나 아렌트를 만나서 1929년에 결혼하였다. 이 결혼은 동일한 가정假定을 전문적으로 적용시킨 결과와 비전문가적으로 적용시킨 결과의 융합이었다.

마르타 아렌트의 진보적인 중류가정 친구들은 새로운 어린이 양육법에 대해 많이 논의하였다. 유치원이나 초등학교를 설립하고, 남자 어린이들을 위해 마련한 오랜 교육과정을 소녀들에게 권장하며, 여성 선거권을 위해 투쟁하고 있던 여성들은 마르타 아렌트와 같은 세대의 여성들로서 아동의 정상적 신체 발달을 부모들에게 설명했던 사회적 종교적 신념에 대한 가정 내 조용한 저항을 역시 수행하고 있었다. 20세기 초 어머니들을 위한 지침서나 교본은 예컨대 이유離乳와 배변 훈련의 중요성을 강조하였다. 마르타 아렌트는 이들에 관한 세심한 관찰을 기록하였다.

『우리 아기』의 초기 항목들 가운데 신체 발달에 관한 것이 주로 많았다. 그러나 마르타 아렌트는 또한 딸의 정신적 또는 지적 발전에 관한 내용을 포함시켰다. 그는 아기에게서 지적 조숙성의 징후를 발견했을 때 기뻐했으며, 아기가 '어떤 실질적인 재능'을 가질 수 있는가를 세심하게 성찰하였다. 그의 최대 관심사는 정상적인 사회성, 즉 친화성이었다. 그는 딸을 지적으로 압박하지 않았으나 다른 사람들과 관계를 유지할 때는 딸을 격려하고 성질을 낼 때는 자제시키려고 노력했다. 마르타 아렌트는 다행스럽게도 딸이 잘못된 행동으로부터 '대부분 쉽게 벗어나고 있다는 것'을 발견했다. 아렌트 부인을 알고 있는 사람들은 모두 그의 훌륭한 재능인 사회성에 대한 관심을 인정하였다. 이러한 관심은 딸의 정신적 발전을 언급하고 있는 초반의 기록에도 이미 명백하게 나타난다. 6개월 때의 기록에 따르면, "작은 애가 홀로 있는 것을 좋아하지 않는다." 한 살 때의 기록에 따르면, "아주 친근감이 있고, 약간의 예외가 있기는 하지만 다른 사람들과 잘 지내며 떠들썩한 가운데 있는 것을 좋아한다." 두 살 때의 기록에 따르면, "아기는 적극적이며 대부분 쾌활하지만 혼자서 몰두하는 것을 좋아하지 않는다. 곧잘 반응하는 기질을 가지고 있으나 친절한 행위에 쉽게 이끌린다. 딸은 사랑을 받아야 하는 어린이다."

한나 아렌트는 한 살 때에 음악에 상당한 관심을 가졌다. "피아노 앞에 앉기를 좋아했고 소리를 듣고 약간 높은 소리로 노래를 따라 부르기 좋아하는 것을 보니, 아기는 분명히 소리를 듣고 있다." 아기는 분명히 음악에 즐거움을 느꼈다. 그리고 한나 아렌트와 어머니는 음악을 들으면서 상당 부분 함께 있었다. 그러나 음악에 대한 아렌트 부인의 열정은 딸의 재능보다 훨씬 높았다. 그는 한나가 "여전히 강하고 큰 목소리를 가지고 있으나 불행하게도 음정이 맞지 않게 노래를 부르고 있다"는 것을 1년 후에 파악하고 실망했다. 상황은 개선되지 않았다. 한나는 네 살이었고 "사람들이 이미 학교에 다니는 학생으로 생각할 정도로 크고 견실한 어린이가 되었다." 이때 그의 어머니는 좌절을 인정했다. "대단한 열정으로 노래를 많이 부르지만 음이 완전히 고르지는 못했다. 그는 많은 노래 구절들을 알고 있으며, 누군가 그것을 휘파람으로 불 때 그 구절을 확인한다. 아기는 리듬감을 가지고 있으나 음색을 적절하게 조절할 수 없다." 마르타는 딸을 음악적으로 강요하지 않으려고 배려하였지만 그의 실망은 확연했다.

아렌트 부인은 딸의 음악적 재질이 부족하다는 것을 파악했다. 이때 그는 딸의 지적 조숙함을 기쁜 마음으로 관찰하기 시작했다. 아렌트 부인은 여섯 살의 한나에 대해 다음과 같이 기록했다. "딸은 쉽게 배우며 분명히 재능을 가지고 있는데, 특히 수학에 뛰어난 재능을 보였다. 딸은 음악에서 이론에 관한 것을 아주 쉽게 이해하지만 들어서 교정할 수 있는 능력은 갖고 있지 않다." 한나의 어머니는 아렌트가 단어와 숫자를 좋아하는 것을 보고 처음으로 감명을 받았다. 한나가 이후 기술했듯이 "별로 이론적이지 않으셨던" 어머니는 아주 사색적인 아기를 키웠다.

한나 아렌트는 한 살 좀 넘겼을 때 말하기 시작했다. 아렌트 부인은 딸의 어휘력 증대, '사적 언어'를 스스로 만드는 것에 대한 기쁨, r이란 글자를 제대로 발음하려는 오랜 노력, 그리고 무엇보다도 "모든 소리를 모방하려는" 진지함을 육아일기에 세심하게 기록하였다. 1년 6개월 때, "말하기는 여전히 잠정적이며 의미 없기는 하지만 많이 반복했다. 한나는 대부분 매우 유창하게 발음하는 자신의 언어로 말을 했다. 그는 모든 것을 이해하고 있다."

한나 아렌트는 세 살이 되었을 때 "발육에서 상당한 진전"을 보였다. "아렌트와 가까이 있지 않은 사람들은 딸의 말을 언제나 이해하지 못하는 것은 아니지만 그 애는 … 그럭저럭 무엇이든지" 말할 수 있었다. "아렌트는 어느 누구도 자신을 관찰하지 않는다고 느꼈을 때에는, 그리고 인형과 말하고 있을 때에는 자신의 사적 언어를 희한하게 사용한다. 그러나 딸은 이때에도 각종 말을 혼합하여 사용하고 있다. 딸은 자신에게 말하는 것과 같은 방식으로, 즉 통상 매우 위협적인 표현으로 인형에게도 말한다. 너는 기다려! 이제 주목해, 그렇지 않으면 벌 받아! 또는 You dry? You wet? Get spanking! 딸은 결코 k, l, r 발음을 하지 않는다. 딸은 대단히 경쾌하게, 항상 분주하게, 낯선 사람에게도 매우 친근감 있게 말한다."

바울 아렌트는 질병으로 직업을 포기해야만 하였다. 이때 아렌트 집안은 쾨니히스베르크로 이사하였다. 바울의 병세가 악화되었기에 아렌트의 어머니는 1910년 가을 이후 쾨니히스베르크의 조용하고 그림자가 드리워진 티어가르텐 거리에 위치한 집으로 어린이들을 초청할 수 없었다. 다행스럽게도 아렌트는 유치원을 다니기 시작했다. 아렌트는 이를 통해 다른 어린이들과 접촉하게 되었다. 어머니가 지적했듯이 유치원은 "집에서 놀기 위한 여러 가지 재미난 것들을 제공하였다." 아기는 유치원에서 행하는 일상적인 것들을 집으로 옮겨놓았다. 그러나 매우 특이한 방식으로 그렇게 하였다. "그는 항상 선생이다."

아렌트 부인의 관찰에 따르면, 딸은 분명히 학교를 다니기 시작한 이후 지속적으로 성인 역할을 열렬하게 모방하는 사람이 되었다. 마르타 아렌트는 유치원을 다니기 시작한 처음 일 년 동안 4살짜리 딸의 발달 상황을 광범위하게 기록하였으며, 이후 한나 아렌트의 지적 발달을 매우 정확하게 예측하는 능력 대차대조표를 작성하였다. "딸에게는 어떠한 형태의 예술적 능력이 있는 것 같지 않으며, 어떠한 손재주도 없는 것 같다. 그러나 지적인 조숙함은 있는 것 같으며, 어느 정도 실질적인 재능을 가지고 있는 것 같다. 예컨대 장소 감각, 기억력, 예리한 관찰력은 있다. 무엇보다도 딸은 책과 글자에 대해 지독하게 관심을 가졌다. 딸은 어떠한 지도도 받지 않은 채 거리에서든 어디서든 단지 질문을 통해 글자와 숫자를 … 이미 읽게 되었다." 이 항목은 다음과 같은 언급으로 끝을 맺는다. "딸은 질문에서도 그렇고 행동에서도 그렇고 완전히 어린아이 같다." 그러나 유치원 두 번째 해에는 병든 아버지에 대해서는 "꼬마 엄마 같이" 행동하고 있었으며, 유치원 여선생님들의 행동을 따라하고 있었다. 한나 아렌트는 유치원에서는 자기 인형들에 관심을 전혀 갖지 않았으며, 그림책과 이야기책에 관심을 집중했다. "딸의 발육은 가정 내에 흐르는 슬픈 상황으로 잇달아 자연스럽지 못했다. 이 상황은 어린이들의 어떠한 방문도 방해한다. … 아렌트는 상당히 생기 있고 슬픈 이야기에 매우 감동을 받지만 쾌활한 것을 모두 좋아한다.”

바울 아렌트는 젊은 시절에 매독에 감염되었다. 그는 독일의 미생물학자인 바울 에르리히의 매독치료용 비소제 개발 이전에 말라리아열을 유발하는 치료를 받았다. 그는 병이 나은 것으로 여겨졌다. 마르타 콘은 1902년 결혼할 당시 바울 아렌트의 질병과 치료에 대해 알고 있었다. 부부가 아기를 생산하려는 모험을 했을 때 질병의 징후는 재발하였다. 그러나 한나가 출생한지 1년 반이 지난 후 바울 아렌트는 쾨니히스베르크대학교병원에서 다시 치료를 받아야 했다. 그의 상태는 지속적으로 악화되었다. 병은 1911년 봄 매독 3기의 초반 상태에 이르렀다. 이 상태에서 병변病變이 발생하여 운동 실조로 움직이지 못하게 되고 매독성 진행마비, 즉 일종의 광기상태가 나타난다. 바울 아렌트는 1911년 여름 내내 쾨니히스베르크의 공공시설에 수용되었다.

바울 아렌트는 가족들에게는 엄숙하고 다소간 까다로운 사람인 것 같았다. 반질반질한 검은 콧수염이 나고 코안경을 쓰고 있는 얼굴에는 학자답고 근엄하며 고고한 모습이 보였다. 부인의 견해에 따르면, 그는 강직한 감정의 소유자이며 육아일기에서 표현했듯이 “생존의 달인”이었다. 그는 열정적이고 넘쳐흐르는 따듯함을 지닌 여성인 마르타 아렌트보다 덜 감성적이지만 더 많은 자제력을 지니고 있었다. 남편의 병이 재발한 이후 딸의 신체 건강이 의심스러웠을 때 마르타는 당연히 각별하게 염려하며 신경을 썼다. 다른 한편 “깨어있거나 돌봐달라고 요구하니 하루 종일 귀찮은 녀석이야”라고 밝힌 『우리 아기』의 문장이 설명해주듯이 바울 아렌트는 어린 딸에 대해서는 다소간 성급했다. 그러나 그(바울)는 역시 흔들리는 손으로 알아보기 어렵게 쓴 수기에서 다음과 같이 온화한 관찰의 모습을 보여주었다. “미소는 우리에게 사랑스럽게 보인다. 즐거운 노래는 즐거운 반응을 얻었고, 감성적인 노래는 그의 눈물을 흐르게 하였다. …” 다음과 같은 내용은 그의 스타일에 전형적인 것이다. "아기는 매우 신기하고, 몸통을 올리는 경향을 보이며, 잠시 동안 머리를 쳐든다. 소음이나 높은 목소리 등에 바로 두려운 반응을 보였다." 그의 기록방식은 상당히 짧고 공식적이며, 마르타보다 덜 감성적이지만 친근감을 보이지 않는 것은 아니었다.

한나 아렌트는 이후 친구들에게 자기 아버지에 대해 언급할 때마다 아버지를 학자답고 온화하며 친절한 분이라고 묘사하였다. 쾨니히스베르크의 티어가르텐 공원을 아버지와 함께 걷는 것도 힘들었다. 그의 신체 균형은 병으로 깨졌고, 온기 없는 몸은 종종 축 늘어졌기 때문이다. 마르타 아렌트가 육아일기에서 밝혔듯이, 5살의 딸은 아버지에게 성급하게 굴지 않았으며, 아버지를 도와주고 카드놀이를 하며 아버지를 기쁘게 해주었다. 그러나 마르타 아렌트는 분명히 비통에 잠겨 있던 몇 년 동안 딸의 반응에 대해 기록하지 않았다. 그 이야기에 관한 기록은 『우리 아기』에는 없고 청소년기 한나 아렌트의 시에 담겨 있다. 아버지의 임종 당시 '쾌활한 어린아이'에게 드리워진 그림자는 마르타 아렌트가 알고 있었던 것보다 더 강했다.

한나 아렌트가 사랑한 할아버지인 막스 아렌트는 왕성한 이야기꾼이었으며, 일요일 아침이면 집 근처의 공원에서 의례적으로 아렌트와 함께 이야기하며 산책하였다. 아렌트는 수많은 주말을 보내며 유대교 교회에서 안식일 예배 때 조부모를 만나기 위해 할아버지 집에 왔다. 할아버지는 어린이 시를 낭송하고 동화를 이야기하였다. 마르타 아렌트는 이러한 일련의 일들에 대해 다음과 같이 기억하고 있다. "할아버지는 일요일마다 그라키스Glacis를 잠시 산보하고자 아렌트와 메이어첸(개)을 데리고 다녔다. 아렌트는 그라키스를 그라시스Glasis라고 불렀다. 이곳은 시아버지가 돌아가신 이후 오랫동안 아름다운 곳으로 그(아렌트)의 기억 속에 남아 있다." 성인시절 한나 아렌트는 아버지에 대해 언급했을 때, 산책하며 이야기하는 아버지를 종종 동료로 묘사하였다. 그의 할아버지는 아버지가 병석에 누워 있는 동안 아버지와 같았다. 이야기하기는 기억의 매체였다. 아렌트는 이를 통해 자신의 수수께끼 같은 아버지를 자신이 바라는 아버지로 바꾸었다.

책과 이야기가 아렌트에게 더욱 더 중요해졌을 때, 이야기하고 역할을 수행하며 연기하는 데 필요한 정서적 요소는 증대되었다. 그는 6세 생일날에 꼭두각시 연극을 관람하였으며, 그의 손님들과 사촌들을 놀이로 즐겁게 하도록 초청받았다. 그들은 회고하였다. 아렌트는 까다로운 드라마를 열심히 시작하였는데, 자신의 연기에 상당히 신경을 쓰고 연기하기에 사로잡혀 있었기 때문에 계속할 수 없게 되자 중단하고는 눈물을 흘렸다. 아렌트는 이야기가 아니라 연기하기 때문에 당황하였다.

친구인 메리 매카시가 언급했듯이,[6] 아렌트는 공개적으로 강의하고 논쟁을 하던 성인시절 여배우, '비중 있는 무대의 프리마돈나'와 같은 마력과 풍모를 가졌다. 그는 말해야만 하는 자신의 이야기에 몰두함으로써 자신의 엄청난 무대 공포를 차근차근 통제하는 — 결코 정복하지는 못했지만 — 법을 배웠다. 그는 일생을 통해 이야기꾼들의 이야기를 존경했지만 완벽하게 만들어진 이야기에 대한 그들의 열렬한 봉사를 더 존경하였다. 덴마크 단편작가인 이자크 디네센이 사망한지 1년이 지난 후, 아렌트는 디네센이 뉴욕을 방문했던 때를 한 친구에게 설명하였다. 이곳에서 그의 작품이 읽힌 것으로 생각되지만 그렇지 못했다. "디네센이 뉴욕을 방문했다. 이때 그의 나이는 상당한 편이었으며, 그의 신체는 놀랍게도 유약한 편이었지만 옷차림은 예뻤다. 그는 르네상스식 의자로 안내되어 포도주를 대접받았으며, 이후 종이 한 장 없이 『아프리카를 회상하며*Out of Africa*』에서 나오는 이야기를 한 마디씩 언급하기 시작하였다. 청중들은 모두 젊은 사람들이었는데 압도되었다. … 그는 장소와 시간을 알고 있는 신으로부터 온 유령과 같았다. 그리고 그는 책의 내용을 훨씬 더 확신 있게 말하였다. 그는 역시 위대한 여성이다."[7] 이야기를 언급한 이 위대한 여성은 한나 아렌트에게 『인

---

6 Mary McCarthy, "Saying Good-bye to Hannah," *New York Review of Books*, 22 January 1976,

7 아렌트가 반트슈나이더에게 보낸 편지(1964년 7월 16일), 의회도서관.

간의 조건』 가운데 행위에 관한 장의 제사題詞를 제공하였다. "모든 슬픔을 이야기로 만들거나 이에 대한 이야기를 말로 할 수 있을 경우 여러분은 모든 고통을 참을 수 있다." 제사는 아렌트가 어린 시절 자신에게 드리워진 그림자와 자아의식을 버렸을 때 이야기(그리고 이후 책의 집필)의 의미를 얻게 되었다.

슬프고 어려웠던 몇 해

마르타 아렌트는 1911년 여름 쾨니히스베르크 정신병원에 바울 아렌트를 입원시켜야만 했다. 그는 몇 개월간 딸의 정신적 신체적 발육에 관한 이야기를 『우리 아기』에 즐겁게 기록하였다. "모든 것이 제대로 기능하고 있으며, 아기는 항상 쾌활하고 기민했다." 그러나 마르타 아렌트는 이후 3년 반이 흘러서야 육아일기를 다시 기록하였다. 그가 오랫동안 성찰했던 기록은 1914년 1월로 갑자기 시작된다.

> 슬프고 어려웠던 몇 해가 지나갔다. 아이는 아버지가 병으로 고통을 받는 무서운 변화를 전반적으로 목격했고 경험하였다. 딸은 아버지에 대해 친절했고 인내심을 가졌으며 1911년 여름 내내 그와 함께 카드놀이를 하였다. 딸은 내가 그(아버지)에게 거친 말을 하지 못하게 했지만 때로는 아버지가 이곳에 더 이상 존재하지 않기를 원했다. 딸은 아침 저녁으로 아버지를 위해 기도했으나 그렇게 하라고 배우지는 않았다.

한나 아렌트는 아버지가 자신을 알아볼 수 없을 정도로 병세가 악화될 때까지 아버지를 정기적으로 방문하였다. 아렌트 부인은 가정생활을 가능한 정상적으로 유지하려고 노력했다. 어머니는 딸에게 피아노 연주법을 가르쳤으며, 딸에게 친지들을 방문하도록 권장하였다. 이 친척들 가운데 바울 아렌트의 의붓 자매인 프리다는 한나를 좋아했는데, 여름마다 한나를 해변으로 데리고 갔으며, 아렌트의 유치원 교육이 진전되는 것을 기뻐했다. 한나 아렌트는 다섯 살 때 유치원에서 어려움 없이 읽고 쓸 수 있게 되어 선생을 감동시켰다. 어린이의 가정생활은 충만했다. 그는 유치원에서 만족했던 것보다 1913년 8월부터 공부하기 시작한 초등학교의 생활에 더 만족하였다. "딸은 선생님들, 특히 얀더 선생님을 대단히 사랑하며 지트니크 초등학교에 다니고 있다. 딸은 얀더 선생님에게 약간은 홀렸다. 딸은 잘 배우고 또래들보다 1년은 앞서 있다. 딸은 의무사항인 주일학교에 참여하며, 여기에서도 아주 열심히 배우고 있다."

그러나 마르타는 지속적인 정상 발육에 대해 기록하면서도 딸에 대해 약간은 어리둥절해 했다. 마르타는 일기기록에서 딸의 혼란과 마찬가지로 자신의 혼란에 대해서도 많이 언급하고 있다. 그는 할아버지 막스 아렌트가 사망하던 1913년 3월, 그리고 바울 아렌트가 사망하던 10월에 한나 아렌트의 행동에 대한 설명에서 당혹감을 표현하였다.

> 사랑하는 할아버지의 와병과 사망. 당시 한나는 이하선염으로 누워 있었다. 할아버지의 죽음은 아주 이상하게도 아렌트에게 많은 영향을 미치지는 않는다. 딸은 아름다운 꽃들, 많은 사람들과 장례식에 매우 흥미를 가지고 있다. 딸은 창문을 통해 관을 주시하며 아주 많은 사람들이 할아버지를 따르고 있다는 것을 자랑스러워한다. 딸은 이후 몇 주 동안 그렇게 사랑하던 놀이동무인 할아버지에 대해 거의 언급하지 않는다. 그래서 나는 딸이 할아버지에 대해 조금이라도 생각하는지 여부를 알고 당혹스러웠다. 아렌트는 우리가 슬픈 일을 너무 많이 생각해서는 안 된다고 어느 날 나에게 말할 때까지 그것들로 슬퍼한다는 흔적은 없었다. 그것은 아렌트가 전형적으로 드러내는 삶에 대한 대단한 열정, 즉 항상 행복하고 항상 만족하며 가능한 한 불쾌한 모든 것을 자신으로부터 없애는 것이었다. 이제 아렌트는 할아버지를 다시 생각

> 하며 그에 대해 사랑스럽고 온화하게 언급하고 있다. 그러나 아렌트는 할아버지를 그리워하는가? 나는 그렇게 생각하지 않는다.

마르타는 1914년 이 기록 뒷부분에 바울 아렌트의 사망에 대한 딸의 반응을 적었다.

> 1913년 10월에 바울이 사망하다. 딸은 그것이 나에게 슬픈 일이라고 생각한다. 딸은 아버지의 사망에 여전히 영향을 받지 않았다. 딸은 나를 위로하기 위해서 "엄마 그러한 일은 많은 여성들에게 나타나는 것이라는 점을 기억하세요"라고 말한다. 딸은 장례식에 참석하여 눈물을 흘린다. (딸이 나에게 말하기를) 자신은 "아름다운 노랫소리 때문에" 눈물을 흘린다는 것이다. 딸은 아마도 그렇게도 많은 사람들이 자신에게 보여주었던 관심에서 만족과 같은 무엇인가를 끌어내고 있을 것이다. 달리 어떻게 설명할 수 있는지. 딸은 착한 마음을 가진 밝고 쾌활한 어린애다.

마르타 아렌트는 막스 아렌트의 사망 이후 10주간 파리 여행을 하였을 때 딸이 자신을 그리워하지 않을까 걱정했다. 그렇듯이 그는 7살 된 딸이 두 명의 엄청난 죽음에 대해 다시 불안해하지 않을까 걱정했다. "한나는 할머니들과 함께 집에 머물며 나를 거의 그리워하지 않는다." 마르타는 상당히 안도하며 심경을 기록했다. 마르타가 1914년 봄 칼스바드에서 원기를 회복하고 빈과 런던을 관광하고자 두 번째 장기 여행을 했을 때, 한나 아렌트는 의붓 할머니 클라라 아렌트와 함께 집에 머물고 있었다. 이때 한나는 엄마를 그리워했다. "내가 돌아오자 딸은 즐거워한다." 마르타 아렌트는 조숙한 딸로부터 죽음과 부재에 대한 성인 방식의 이해를 기대했던 것 같다. 그러나 그는 또한 위로와 동정을 표시하려는 아렌트의 노력을 무신경으로 생각하는 것 같다. 마르타는 엄청난 고통을 당하던 시기에 이해하기 어려운 아이의 쾌활하고 즐거워하는 기질을 발견하였다. 그런 다음 일 년도 못 되어 쾌활함이 사라졌을 때, 마르타는 그것을 다시 원했다.

제1차 세계대전이 발발했을 때 마르타와 한나 아렌트는 발트 해의 노이쿠어렌(현재는 칼리닌그라드 주의 피오네르스키 — 옮긴이) 해변 가에 위치한 콘 가의 별장에 머물렀다. 이들은 '공포에 질려' 쾨니히스베르크로 돌아왔다. 1914년 8월 마지막 며칠은 "러시아군이 쾨니히스베르크로 접근한다는 것을 알게 되어 걱정거리로 가득 찬 두려운 날들"이었다. 그들은 8월 23일 전진하는 러시아군이 쾨니히스베르크를 포위할 것이라는 두려움으로 마르타의 동생인 마르가레테 '퓌르스트'*와 세 명의 자식들이 살고 있는 베를린으로 피신하였다. 동부의 러시아 제1군단과 전투를 벌이고 있던 독일 군대는 탄넨베르크 인근 남동부의 러시아 제2군단과 대치하기 위해 이동하고 있었다. 이때 그들은 열차편으로 쾨니히스베르크를 떠났다. 이곳에서 러시아군의 전진을 차단하는 격렬한 전투가 9월에 전개되었다. 쾨니히스베르크를 떠나는 열차들은 군인과 도주하는 동프로이센 사람들로 가득 찼다. 러시아인들은 동부 지역을 유린하고 황폐화시켰다. 이 지역의 농부들과 귀족들은 남은 재산을 가지고 이동할 욕심으로 열차의 공간을 얻으려고 몸부림쳤다. 불타는 마을과 약탈당한 농장에 관한 이야기, 그리고 '코사크인들이 온다!'는 겁에 질린 절규가 공기를 가득 채웠다. 아렌트 가족은 수많은 쾨니히스베르크 주민들과 함께 언제 집으로 돌아올지도 모른 채 집을 떠났다.

한나 아렌트는 이해 가을 샤르로텐부르크라는 베를린 교외의 여자학교 Lyzeum에 다녔는데, 쾨니히스베르크의 학년보다는 약간 상급 학년이었는데도 잘 적응했다. "이곳의 친척들과 낯선 사람들은 그에게 약간의 사랑을 베풀고 그를 버릇없게 키운다. 그럼에도 그는 가정이 있는 쾨니히스베르크로 강렬하게 돌아가고 싶어 했다."

---

* 옮긴이_ 역자는 다른 번역본에서 영어명 'Fuerst'를 '푸에르스트'로 표기했지만 여기서는 독일명 'Fürst'에 따라 '퓌르스트'로 표기한다.

마르타와 한나 아렌트는 이주한 지 10주 지나서 쾨니히스베르크로 복귀할 수 있었다. 당시 그 지방은 조용하였다. 즉 동부 전선과 서부 전선에서 전쟁이 진행되고 있었음에도 불구하고 생활은 정상으로 돌아왔다. 그러나 그들의 개인적인 어려움은 중단되지 않았다. 마르타는 분명히 놀라서 걱정하며 자신의 일기에 비밀을 털어놓았다.

이해 11월 … 딸의 턱이 정상적이지 않았으며 치아가 삐뚤어졌기 때문에 우리는 딸에게 치열교정을 시켰다. 가난한 어린이에게는 진실로 고통의 시간이었다. 1915년 딸은 베를린에서 방학을 보내기 위해 출발하기 이틀 전에 고열과 심한 감기로 앓아누웠다. 딸은 백일해와 함께 두 번째로 풍진에 걸렸다(그러나 백일해는 구토 없이 완화된 상태였다). 그리고 양쪽 귀에 중이염이 발생하였다. 피셔더 박사는 그를 다시 치료하고 보루민스키 박사는 마취 상태의 양쪽 중이를 뚫었다. 고통과 걱정거리로 가득 찬 두려운 시간이 지났다. 10주 동안 앓았고, 그 이후 급속하게 회복되었다. 그는 학교에서 안절부절하지 못하게 되어 온갖 두려움에 시달렸으나 1915년 여름방학 동안에 수영하러 가며 쾌활하게 지낸다. 학교에서는 언제나 시험이 있고, 그의 "무릎관절이 불안정하다." 딸은 자신의 능력에 따르는 글쓰기 숙제를 하지 못했으며, 그로 인해 구술적 연행演行도 이전 해보다 올해에는 학업 면에서 훨씬 빈약했다. 나는 그 원인이 오랜 병치레와 거의 고문적인 치열교정이라고 생각하였다. 딸은 병치레를 하는 동안 버릇이 없어졌기 때문에 이전보다 다루기 어려워졌고 반항적이며 촌스러워졌다. 나는 종종 딸을 감당할 수 없다고 생각했으며, 그것은 나에게 큰 고통을 주었다. 내가 너무 관대하거나 반대로 극단적 입장을 취하든 어느 것도 결코 옳지 않다. 나는 이제 딸을 덜 묵인하거나 더 무시하기로 결정했다. 나는 그러한 방식을 지속적으로 취하고 싶다. 학교에서 딸의 과민함은 증대되었다. 나는 심히 걱정하고 있다. 딸은 예외적인 심리적 감수성을 지니고 있으며, 자신이 교제해야 하는 사람들로부터 고통을 받고 있다. 나는 딸

> 에게서 내 젊은 시절이 반복되는 것을 보게 되었으며, 그로 인해 슬프다. 사람들과 관련하여 딸은 내가 겪었던 것과 같은 눈물의 길을 따를 것이다. 그러나 나는 어느 누구도 자신의 운명을 대신할 수 없다고 생각한다. 딸애는 자기 아버지와 같을 수 있지! 아렌트 가의 사람들은 아주 강렬한 감정을 지니고 있으며, 우리 같은 부류의 사람들보다 훨씬 더 쉽게 삶을 다스릴 수 있다.

쾌활한 감정을 지닌 아렌트의 강인성이 큰 슬픔을 극복했을 때, 즉 '밝은 아이'가 오히려 정평 있고 동화된 탁월한 가정의 후예인 아버지에 가깝게 행동하였을 때 마르타는 딸에게 당황하였다. 또한 어머니는 아렌트에게서 부와 명성을 얻기 위해 투쟁해 왔던 러시아 출신 이주자들의 정서적인 후예에서 나타나는 이미지에 직면하였을 때 좌절하였다. 괴테의 교양이란 이상은 완전히 도달하기 힘든 것 같았다.

한나 아렌트의 병치레는 1916년 내내 지속되었다. "한나는 실제로 열병을 가지고 있는 어린애다." 열병, 심각한 두통, 잦은 코피, 인후염이 계속 이어졌다. 그리고 의사를 자주 방문하느라고 왕래한 거리는 선천성 매독의 가능성을 확인하기 위해 새로이 개발된 바서만 검진을 받고자 1년에 두 차례 여행하는 거리를 훨씬 넘었다. 마르타 아렌트는 딸이 체조 교육에 참가하고 "약간 구부러진 척추"의 교정에 필요한 마사지 치료를 받아야 한다고 결정함으로써 일련의 놀라운 의료 문제를 불필요하게 야기했다. 마르타는 1916년 가을, "딸의 원기를 다소간 회복시키고자" 이러한 치료를 중단하였다.

한나 아렌트는 두려움과 질병으로 몇 년을 보내면서도 학교에서 뒤처지지 않았다. 이는 그가 지적 능력을 갖추고 있다는 증거이다. 마르타는 한나가 1916년과 1917년 사이에 잦은 결석에도 불구하고 학교에서 우수한 학생들 가운데 한 사람이었다는 것을 아주 기쁘게 기록하였다. "아렌트는 1917

년 부활절 방학 기간에 디프테리아에 걸려 앓아 누웠고, 과열과 시야 흐림 증세를 빠르게 떨어뜨리는 혈청주사를 맞았다. 그는 10주 동안 격리되어 학교에 가지 못했다. 우리 둘은 서로 의지하면서 재미있고 행복한 10주를 보냈다. 한나는 학교의 시간표에 따라 책으로 라틴어 학습을 잘 하였기에 학교로 복귀하였을 때 최고의 시험을 쳤다." 그러나 11살짜리 어린이의 지적 발전이 만족스럽다는 마르타의 안도감은 그의 육감을 잠재우지는 못했다. 1917년 그는 "까다롭고 이해하기 힘들기 시작했다"고 기록했다. 이 기록은 1916년 2월 『우리 아기』에 기입된 상당히 당연한 관찰과 아주 상이한 색조를 지니고 있다. "딸은 이제 눈에 띄게 성장하였으며, 식욕이 좋음에도 불구하고 매우 여위었고 빈약해보였다." 그러나 마르타는 청소년기 초에 있는 자신의 딸을 "이해하기 힘들다"(마르타가 사용한 용어인 undurchsichtig는 문자 그대로 '모호하며', 비유적으로 표현하면 '이해할 수 없다'는 것을 의미한다)고 기술하였다. 우리는 이때 마르타의 생각을 억측할 수밖에 없다. 일기는 이 기록 직후에 중단되었기 때문이다.

마르타 아렌트 일기의 마지막 기록은 제1차 세계대전 중에 이루어진다. 전쟁 초기 베를린으로 이주하기에 앞서 발생한 일련의 사망, 그리고 쾨니히스베르크로 복귀한 직후 발생한 일련의 질병을 겪은 이후 3년이 지났다. 그러나 이 기간 동안의 일기 기록에서는 질병이나 죽음에 대한 두려움, 그리고 집으로부터 멀어진다는 두려움이 지속적인 동기라는 것을 보여주었다. 일기의 기록 내용은 성인으로서 아렌트 자신이 기록한 이야기에 그대로 나타난다. 아렌트는 아버지가 병으로 누운 첫 번째 여름에 4살이었는데, 이때 조부모와 함께 몇 주를 보내게 되었다. 그의 어머니가 발트 해 연안 크랜츠 인근에 있는 아렌트 가의 여름 별장에 머물게 하려고 할 때, 단호한 태도로 "어린이를 어머니로부터 분리시켜서는 안 된다 말이야"라고 언급했다. 그는 반복적으로 거부당하기는 했지만 어머니와 함께 집에 머물고 싶어 했다.

"아렌트 부인은 어떠한 형태의 여행보다도 인근 해안가에서 가족들이 함께 모여 보내는 휴가를 좋아했다." 그런데 그는 이러한 여행을 제외하고 여행이나 휴가 직전 또는 기간 중에 꼭 자신의 딸이 앓는다고 여러 번 지적했었다. 한나 아렌트는 집을 떠났다가 다시 돌아오지 못하고 밖에서 죽은 사람들을 많이 알고 있다. 그의 아버지는 병원에서 죽음을 맞이했으며, 어머니의 오빠인 라파엘은 아렌트가 그와 함께 해안가에서 휴가철을 보낸 직후 동부 전선에서 이질로 사망하였다. 아렌트는 "자신이 불과 얼마 전에 보았던 외삼촌의 죽음을 강렬하게 기억하였다." 마르타 아렌트는 집을 떠나는 것에 대한 딸의 두려움과 발병을 연상시키지는 않았으나 질병이 그의 표현대로 "외적 요인" 탓이 아니라는 것을 알았다. "그는 1915년 성령강림절에 학교에서 장거리 도보를 마치고 열병에 걸린 채 집으로 왔다. 그가 아주 열심히 강도나 공주 역을 하였든 아니면 유대인 교회Juditten까지 먼 길임에도 불구하고 학교를 다니느라고 얻은 질병으로 너무 약해졌든 열병은 외부 요인에 의해 설명될 수 없다. … 며칠 지난 후 열병은 완전히 사라졌으나 나는 질병의 다른 요인에 대한 공포 때문에 결코 그렇게 제정신을 잃지 않았다."

쾨니히스베르크에서 베를린으로 도피하여 이곳에 머무르고 있었던 한나 아렌트는 그를 사랑하는 친척들 사이에 있으면서도 심한 향수병으로 고생하였다. 다음으로 런던 여행이 계획되어 있었으나 그는 4개월 후에 '고열과 심한 독감'으로 앓아 누웠다. 10주 동안 지속되었던 일련의 병치레가 있었다. 그러나 여행 이전에 발생하는 병의 양태는 쾨니히스베르크를 도주한다는 무시무시한 경험보다 앞서 오는 것 같았다. 한나가 여섯 살 때, 즉 "… 우리들이 바바리아 알프스로 휴가를 떠나려고 할 때, 그는 시야 흐림 증세와 더불어 인후염에 걸렸다. 위생학연구소는 이 증세를 디프테리아로 진단했다. … 우리의 여행은 취소되었다. … 어떤 혈청주사도 없었으며 의사는 처음에 그것을 디프테리아로 의심했다." 한나 아렌트는 1917년 이 두 번째 격리조치로 등교를 중단하고 집에 머무를 수 있었으며 어머니와 함께 있으면서 평화롭게 라틴어를 배웠다. 격리조치 이후 행복하고 성공적인 학교 복귀가 있었다.

한나의 할아버지와 아버지가 사망한 시기에, 아렌트 부인은 한나의 쾌활한 기질에 몹시 당황하고 깊은 인상을 받았으며, 가족들의 사망 이후 몇 년간의 혼란과 베를린으로의 도피를 "명랑한 어린이"의 더 어두운 면의 탓으로 돌리지는 않았다. 그러나 아렌트 부인은 학교생활에 대한 딸의 두려움을 잦은 결석과 치열교정의 결과로 설명하고 싶었던 시기에 딸의 어리둥절함에 더하여 이해하려는 자신의 욕구를 드러내는 몇 가지 이야기를 기록하고 있다. "엄마, 엄마는 외할머니의 아버지를 알았어요?" — "그래." — 엄마는 외할아버지의 아버지를 알았어요? "아니." — "외할아버지는 그분을 알았나요?" — "엄마는 그렇게 생각한다." — "네가 그것을 말하고 있구나. 아기가 우리에게 태어난다면 그 아기는 아버지를 알지 못할 수도 있지." 이러한 대화는 바울 아렌트가 사망한지 3개월이 지난 후인 1914년 1월에 이루어졌다. 그리고 이후 곧 다음과 같이 기록되어 있다. "독일 가정의 유산流産에 대해 언급할 때, 어머니는 '하느님은 왜 그와 같이 잘못된 아기를 보내실까?'라고 말한다."

마르타 아렌트는 딸이 아버지의 죽음을 애도하지 않았다는 사실에 어리둥절했다. 마르타는 성인 방식의 애도를 기대했지만 실제로 저항을 암시하는 행태로 표현하는 어린이의 애도 방식을 목격했다. 부모의 죽음에 대한 어린이의 저항이 살아 있는 부모와의 관계에서 표명된다는 것은 확실히 특이하지 않다. 친근성과 의존성의 증대, 그리고 살아 있는 부모에 대한 소극적 감정의 증대는 모두 부모를 잃은 어린이들 사이에서 공통적으로 나타난다. 어머니에 대한 한나의 친근성은 '우리에게' 태어난 아기가 아버지를 알지 못하리라는 한나의 언급에, 그리고 한나가 엄마하고만 있을 필요가 있다는 점에 나타난다. 이런 친근성은 또한 아렌트 부인이 설명한 바와 같이 우리가 다시 서로 의존하던 시기에 느꼈던 커다란 기쁨에 나타난다. 마르타 아렌트는 바울 아렌트가 사망한지 1년 이후 불복종적이고 본데없이 굴어서 딸을 다루기 어렵다는 것을 실감했다. 아버지의 질병은 어린이에게 엄청난 인내와 자족성을 요구하였으며, 아렌트는 '어린 어머니와 같이' 행동함으로써 이에 대응하였다. 아버지가 죽기를 가끔 바랐던 소망과 분노는 통제됐다. 아렌트는 심지어 어머니의 어떠한 거친 말도 비난했다. 분노의 감정은 바울 아렌트의 사망 이후에 비로소 완화되었으나 이후에는 어머니에게로 향했다.

친밀감과 적대감(또는 거부감)은 드러나지 않은 채 교차하였다. 마르타는 비애감을 강하게 느꼈으며, 막스와 바울 아렌트의 사망 이후 오랫동안 집을 떠나 있었다. 이 때문에 아렌트의 경우 친밀감과 적대감의 상호작용은 악화될 수 있었다. '어린 어머니(한나)'는 어머니를 위로하려고 신경을 썼지만 어머니는 한나로부터 위로의 말을 기대하지 않았었다. 그러한 말들은 다소간 감정적이지 않은 것으로 판단되었다. 딸은 장례식에서나 이듬해 봄에 비통해 하는 어머니를 위로해 줄 수 있는 적절한 사람은 아니었다. 이듬해 봄, 어머니는 아렌트를 남겨 놓은 채 집을 떠나 휴양지에서 요양을 하고 있었다. 마르타는 아렌트가 자신을 그리워한다는 것을 알고 여행에서 집으로 돌아왔다. 딸의 반응은 결국 정상적이고 기대되었던 것이었다.

아렌트는 몇 년이 지난 후에야 다시 한 번 '아버지에 훨씬 가까운' 아렌트가의 강렬한 기질을 보이게 되었다. 아렌트는 나이가 들어감에 따라 어머니의 친구가 되었으며, 그렇게 받아들여졌다. 그러나 아렌트는 청소년기를 지나 청년기로 접어들면서 조숙한 성인다움과 어린애다움을 동시에 보였다. 아렌트는 어머니의 친구였으나 또한 친구들을 대단히 놀라게 할 정도로 이야기를 듣는 어린이같이 때때로 어머니의 무릎 위에 누워 있기도 하였다. 그리고 아렌트는 어머니가 육성시켜준 일종의 여성성(온화함과 감상적임)뿐만 아니라 지적 재능과 독립성에 대한 강렬한 욕구가 촉구하는 일종의 자신감을 함께 지니고 있었다. 한나 아렌트는 대학 공부를 시작한 이후 특별히 정상적인 발전과 정상적인 여성성에 대한 어머니의 생각이 제한적이라는 것을 알았다. 한나 아렌트는 하인리히 블뤼허와 결혼할 때까지는 어머니와 멀어지지 않았지만, 자기 남편과 어머니가 전적으로 다른 세계와 상이한 기질을 가짐으로써 나타나는 고통을 겪게 된 후에 비로소 거리를 두었다. 한나 아렌트는 젊은 시절에 매우 충실한 딸이었고, 어머니에게 충실했으며, 또한 바울 아렌트에 대한 어머니의 지극한 사랑에도 충실했다. 한나 아렌트는 어머니가 재혼한 이후에도 한평생 바울 아렌트를 기억하는 의례적인 행사를 지속하는 어머니를 동행하였다. 예를 들면, 마르타와 바울 아렌트의 결혼 25주년인 1927년, 두 사람은 쾨니히스베르크 민사법원 옆에 있는 식당에서 훌륭한 오찬을 하고자 외출함으로써 결혼기념일을 함께 축하하였다. 이때 21살이었던 한나 아렌트는 하이델베르크대학교 박사후보생이었다. 그런데 아렌트 부부는 이 민사법원에 결혼신고를 하였다. 이것은 공식적인 행사였다. 그러나 한나 아렌트의 분노에 찬 상실감은 사적으로 지속되었다. 한나 아렌트는 자서전적 묘사인 「그림자」에서 자신의 분노를 표현하면서 무기력하고 배반당한 젊은 시절, 아버지 없는 젊은 시절에 대해 언급하였다.[8]

아렌트는 청소년기 초반에 학교에서 친구들을 사귀고 고립에서 벗어나기 시작했다. 이때부터 아렌트의 고뇌와 이해하기 어려운 모습은 점차 완화되었다. 어머니가 언급했듯이 아렌트는 "친구들과 교제를 많이 하였으며, 독서와 연극, 익살스러운 영국 인형극과 유치한 희극을 매우 좋아하였다." 그러나 그의 '과도한 심리학적 감수성'은 좀처럼 사라지지 않았다. 뿌리 깊은 상실감과 좌절감은 물론 세월이 약이었지만, 치유된 후에도 오랫

8 아렌트의 「그림자」는 의회도서관 아렌트서고에 있다. 또한 제2장 각주 12를 참조할 것.
옮긴이_ 이 글은 다음 서간집에 수록되어 있다. Hannah Arendt and Martin Heidegger, *Letters 1925~1975*, ed., Ursula Ludz(Orlando, Austin, New York, etc.: Harcourt, Inc., 1998), pp. 12-16.

동안 기억 속에 남아 있었다. 아버지가 집에서 죽어가며 보냈던 2년, 아버지가 질병으로 겪게 되는 '무시무시할 정도로 완전히 변화된 모습'을 목격했던 2년에 대한 한나 아렌트의 가장 생생한 기억들 가운데 하나는 어머니가 바울 아렌트의 고통을 덜어주고자 피아노를 연주할 때 그 소리를 들으면서 침대에 누워 있던 기억이었다. 성년 시절의 아렌트는 종종 가까운 친구들에게 이것에 대해 말하곤 했다. 만년에 가까워진 언젠가 질병에 대한 니체의 견해를 논의하는 도중에, 제자들 가운데 한 학생이 아렌트에게 다음과 같이 질문하였다. 니체는 매독 증세로 죽어가고 있을 때인 마지막 10년 동안 어떻게 자신에게 전념하게 되었습니까? 아렌트의 답변은 이러했다. 니체는 여동생의 피아노 연주 소리를 들으며 고통을 진정시켰단다.

질풍노도의 시기

마르타와 한나 아렌트는 제1차 세계대전 몇 해 동안 티어가르텐 거리에 위치한 집에서 생활하였다. 남편을 여윈 아렌트 할머니들은 늘 그렇듯이 휴가 기간 동안 발트 해 연안의 여름 별장을 지켰다. 쾨니히스베르크는 군대 주둔 도시였지만 1914년 러시아군이 퇴각한 이후 전투는 거의 없었다. 야콥 콘은 자식들에게 재산을 남겼다. 자식들은 이 덕택에 전시 겨울의 추위와 배고픔으로부터 벗어날 수 있었다. 물론 이들도 대부분의 독일인들과 마찬가지로 식량난으로 어려움을 겪기는 했다. 그러나 전쟁 막바지 몇 년 동안 마르타 아렌트의 수입은 줄어들었고 콘 집안의 사업도 몰락하기 시작했다. 마르타는 딸의 장래를 걱정하였다.

마르타는 수입을 보충하고 아렌트에게 친구를 구해주기 위해 방 하나를 대여하기로 결정하였다. 케테 피셔라는 유대인 학생이 세 들어 살았다. 케테는 12살인 한나 아렌트보다 다섯 살 위였으며, 총명하고 도전적이었다.

소녀들은 종종 열렬하게 충돌하면서도 친근한 조화상태를 유지하였다. 아렌트는 자신보다 나이가 많고 지적인 소녀인 케테가 자기 집에 함께 있다는 사실과 학업에 대한 요구 — 그리스어 공부를 포함해 — 에 자극을 받았다. 아렌트는 이러한 상황 때문에 이해하기 어려운 태도와 자기 집착에서 벗어났다. 마르타 아렌트는 가족의 어려운 일에서 벗어나 독일 내 어려운 정치적 상황에 관심을 갖게 되었다. 그의 가정은 전쟁 막바지 몇 년간, 그리고 1918~1919년 혁명 기간 동안 사회민주주의자들의 만남 장소가 되었다.

쾨니히스베르크에서 가장 저명한 정치인사들 가운데 한 사람인 '카를 슈미트Karl Schmidt'에게는 걸출한 두 자식이 있었다. 예술가인 '케테 콜위츠'* 와 콘라드 슈미트는 사회민주주의자들의 공식적이고 아주 보수적인 베를린 신문 ≪전진*Vorwärts*≫을 편집 발행하였다. 콘라드 슈미트는 정치적 좌파의 인사들에게 '강단사회주의자'로 알려진 단체와 연계되었다. 사회민주주의 지도자들 가운데 에두아르트 베른슈타인만이 이 단체와 경쟁관계에 있었다. 그는 로자 룩셈부르크가 이끄는 혁명적 스파르타쿠스 동맹의 주요한 이론적 적대자였다. 베른슈타인은 『사회주의 월간지*Sozialistische Monatshefte*』라는 베를린 잡지를 통해 종종 개혁적인 견해를 밝혔다. 그런데 마르타와 바울 아렌트는 결혼한 이후 4년 동안 이 잡지를 후원했다. 이때 이들은 베를린에 살고 있었다. 이들은 하노버로 이사했다가 다시 쾨니히스베르크로 돌아온 이후에도 이 잡지를 계속하여 구독하였다. 한때 그들의 동료들 가운데 한 사람인 조셉 브로흐가 이 잡지의 편집을 맡았다. 브로흐는 쾨니히스베르크의 저명한 탈무드 학자의 아들이다. 그리고 마르타 아렌트는 쾨니히스베르크 토론단체의 핵심에 속했다.[9]

---

* 옮긴이_ 여기에서 케테는 결혼 전 케테 슈미트라는 이름을 가졌으며 이후 사회민주당원인 카를 콜위츠와 결혼하여 케테 콜위츠가 되었다. 마르타 컨스는 케테 콜위츠의 전기를 출간하였다. Martha Kearns, *Käthe Kollwitz: Woman and Artist*(New York: The Feminist Press, 1976).

9 마르타 아렌트가 소속된 단체는 또한 (독일 공산당 내에서 스파르타쿠스 동맹에 이후 참여했던

마르타 아렌트의 동아리는 룩셈부르크의 단체인 스파르타쿠스 동맹과 대립하였지만, 마르타는 1919년 첫째 주에 스파르타쿠스 동맹의 반란이 총파업으로 이어졌을 때 이 단체를 지지하였다. 쾨니히스베르크 동아리는 봉기가 있었다는 베를린 발 소식을 중심으로 첫 번째 열띤 토론을 했는데, 한나 아렌트는 어머니에 이끌려 이 토론에 참여하게 되었다. 어머니는 로자 룩셈부르크를 열렬하게 존경하였다. 스파르타쿠스 동맹의 단원들이 거리로 뛰쳐나오자 마르타 아렌트는 딸에게 "너는 관심을 가져야 한다. 이것은 역사적인 계기란다!"라고 외쳤다.

이 역사적 계기는 비극적으로 짧았다. 자유군단Freikorps은 1월 15일 로자 룩셈부르크와 카를 리프크네히트를 체포하여 사살했다. 스파르타쿠스 동맹과 몇 개의 반체제 단체들로 혼성된 공산당은 제1차 '스파르타쿠스 주간'의 계기를 다시 확보하려고 노력했지만 실패하였다. 에베르트 대통령이 이끄는 정부는 점증하는 정치적 양극화뿐만 아니라 불안정한 경제적 상황, 즉 급등하는 물가 폭등의 시작에 직면해야만 하였다.

혁명이 실패한 지 1년 후에 마르타 아렌트는 재혼하기로 결정하였다. 케테 피셔는 다른 곳으로 이사하였고, 마르타는 두 구역 떨어진 부졸트 거리의 마르틴 베어발트 집으로 가재도구를 옮겼다. 마르타 아렌트는 이곳에서 재정적인 안정을 마련하고 14살짜리 딸에게 우정을 경험할 기회를 마련해 주고 싶었다. 마르틴 베어발트의 아내인 헬레네 로벤탈은 인슐린이 발견되기 5년 전인 1916년 당뇨병으로 사망하여 양육을 마친 두 딸을 남긴 채 47살에 남편을 떠났다. 두 모녀가 왔을 때 클라라 베어발트는 20살이었고 에바는 19살이었다.

단체들 가운데 한 단체) 독립사회주의자들과 접촉하였다. 독립사회주의자들은 1917년 베를린에서 추방된 후 쾨니히스베르크로 본부를 이전하였다. 쾨니히스베르크 노동자들은 전쟁, 그리고 전쟁이 1917년 자신들에게 가져다 준 엄청난 부담에 항의했었고, 독일군으로부터 공격을 받았다. 다음 자료를 참조할 것. David Morgan, *The Socialist Left and the German Revolution* (Ithaca: Cornell University Press, 1975), pp. 332-333.

러시아 출신 금융업자의 아들인 베어발트는 쾨니히스베르크에서 태어나 성장하였다. 그는 온화하고 상당히 차분한 사업가였으며, 처남이 운영하는 철물회사의 꽤 부유한 동업자였다. 베어발트는 가정을 유지하고 딸들을 양육하고자 가정부를 고용할 정도로 꽤 부유했다. 그는 운이 좋게 가정부를 잘 선택했다. 전쟁 이전 귀족주의적인 시골 가정에 고용됐던 그 가정부는 베어발트 집안에 우유 · 버터 · 계란을 제공할 수 있었기 때문이다. 베어발트 집안은 이런 희소한 식품 이외에 일상적인 식품 — 양배추 · 당근 · 순무, 더 많은 순무 — 을 추가적으로 확보할 수 있었다. 이런 식품은 풍족한 중간계급 독일 시민들에게는 놀랄 만한 것이었다. 전쟁 중에 빈곤에 적응할 수 없었던 베어발트 딸들의 고모는 미쳐서 공공시설에 수용되었다. 이미 깊은 슬픔에 빠져 있던 그들은 이 때문에 또 다른 슬픔에 빠졌다. 마르타 아렌트는 풍족하지만 정서적으로 삭막한 베어발트 집안의 삶에 많은 온기를 불어넣었으며, 기쁨을 나눌 수 있도록 수많은 숙모 · 삼촌 · 사촌을 끌어들였다.

마르타는 수년 동안 베어발트 부부를 알고 지냈다. 마르타가 남편을 여위었을 때, 이들은 한때 한 지붕 두 가족으로 살았기 때문이다. 마르타 아렌트는 베어발트의 딸들을 만났을 때 그들에게 동정적이었다. 베어발트의 딸들은 애정을 필요로 했으며, 극도로 여위어 있었다. 식량난 때문은 아니었다. 이상한 영양이론을 가진 의사가 딸들에게 버터, 계란, 신선한 빵을 먹지 못하게 하였기 때문이다. 한나 아렌트는 1915년 여름 처음으로 베어발트의 딸들을 만났다. 이때에 세 사람은 모두 쾨니히스베르크에 파견된 독일 군대를 위문하는 학교 계획에 참여하고 있었지만 친해지지는 않았다. 한나 아렌트는 다섯 살 아래였으며, 기질에 있어서 베어발트의 딸들과 완전히 달랐다.

베어발트 집안과 아렌트 집안의 식구들이 1920년 2월 합류하였을 때, 소녀들 사이에 기질상의 차이는 차이일 뿐이었다. 마르틴 베어발트에게 있어서 의붓딸인 아렌트는 완전한 신비였다. 조용하고 조신하며 가정적인 자기 딸들과 비교할 때, 아렌트는 고집 세고 놀라울 정도로 지적이며 아주 독립적이었다. 마르틴 베어발트는 아렌트에게 지적인 지침을 제공하거나 아버지다운 권위를 제공할 수 없었다. 물론 남편을 여읜 여성의 가정에서 아버지다운 권위는 존재하지 않았다. 베어발트는 한나 아렌트를 어떻게 다룰지 알지 못하여 당황하였을 때 초연한 입장을 유지하며 아렌트를 어머니의 보호에 맡기기로 하였다. 그러나 베어발트는 아렌트가 훨씬 더 난폭하게 엉뚱한 행동을 하는 동안에는 관여하지 않을 수 없었다. 예를 들면, 베어발트 가정에서 혼란을 겪었던 첫해 어느 날 아렌트 때문에 부모들은 노심초사하면서 하루를 보냈다.

한나 아렌트는 5살 위였던 에른스트 그루마흐라는 쾨니히스베르크 출신 젊은이와 친하게 되었다. 그루마흐는 자신의 여자 친구인 안네 멘델스존에 대해 아렌트에게 열정적으로 말하였다. 안네 멘델스존은 모제스 멘델스존의 유명한 손자인 페릭스의 후손이었다. 한나 아렌트는 쾨니히스베르크 서쪽에 위치한 도시 스톨프에 살고 있는 안네를 만나야 한다고 결심하였다. 그러나 베어발트 부부는 여행을 허락하지 않았다. 멘델스존 가문은 평판이 기구했다. 안네의 아버지는 위세 당당하게 잘 생긴 의사이며 여성 환자들 가운데 한 사람으로부터 유혹자로 고발당했다. 그러나 멘델스존은 이 고발을 부인하고 반유대주의의 탓으로 돌렸다. 그는 재판 결과 성추행 확신범 혐의로 2년형을 받았다. 개업면허는 결코 취소되지 않았다. 소송이 충분히 입증되었다면 개업면허는 취소될 수 있었다. 그러나 멘델스존은 석방된 이후 스톨프를 떠나 다른 곳에서 다시 병원을 개업했다. 그는 감옥형과 추문 때문에 스톨프에서 병원을 개업할 수 없었기 때문이다. 두 가정이 만났을 때 멘델스존 집안에 대한 베어발트 집안의 의혹은 사라졌지만, 아렌트가 스톨프에 가겠다는 소망을 밝혔을 당시 멘델스존은 아직 교도소에 있었다. 그러한 의혹이 아렌트의 소망에 방해가 되었다.

그러나 한나 아렌트는 자신의 소망을 포기할 사람은 아니었다. 베어발트 집안의 모든 사람들이 잠든 어느 날 밤, 아렌트는 침실 창문을 통해 집을 빠져나와 전차를 타고 스톨프까지 가서 안네의 방 창문에 자갈을 던져 그를 깨울 수 있는 시간에 도착하였다. 베어발트 부부는 아렌트가 없어진 것을 발견하고 돌아올 때까지 하루를 기다려야만 했다. 이때 그들은 제정신이 아니었다. 모험은 좋은 반응을 얻지 못했다. 그러나 이 사건으로 시작된 두 사람의 우정은 아렌트가 사망할 때까지 55년 동안 친밀하게 지속되었다.

이러한 일화는 예외적으로 마음을 불안하게 했다. 그러나 아렌트 집안이 합류한 이후 베어발트 집안에서의 일상적 삶도 평온하지 않았다. 예를 들면, 손님들이 방문하기로 되어 있는 어느 날 연회용으로 준비한 샌드위치 접시가 부엌 탁자 위에 놓여 있었는데, 아렌트는 손님용 샌드위치를 혼자 먹어버렸다. 에바는 아렌트의 이런 행동 때문에 몹시 화를 냈다. 불쾌한 언사가 오고갔고, 화가 난 딸들 가운데 한 사람이 가까이 있는 시계의 추를 움켜쥐었다. 그러자 시계의 몸체가 벽에서 벗어나 바닥에 떨어졌다. 이 때문에 두 딸은 대판 싸웠다. 마르타가 달려왔고, 세 사람은 모두 겁에 질려 눈물을 흘렸다. 새 여동생은 또한 사교 행사에 대해서도 신경질적이었다. 아렌트는 다른 사람들이 가족의 생일 행사나 축제에 참여하는 것을 거부하였고, 원칙의 문제로서 자신이 가정의 유대를 사교성의 충분한 구실로 간주하지 않는다고 주장했다. 그러나 이러한 원칙의 문제를 제기한 이면에는 질투심이란 요소가 있었을지도 모른다. 새 식구는 이전과 똑같은 마르타의 관심을 많이 필요로 했다.

베어발트의 딸들 가운데 나이가 가장 많은 클라라는 상당한 배려를 필요로 했다. 그는 쾨니히스베르크 여학생 김나지움에서 시작하여 여러 대학교에서 언어뿐만 아니라 수학과 화학을 연구할 정도로 지극히 지적인 소녀였다. 그가 잘 되기를 원했던 사람들은 그에게 화학박사 학위를 획득하기보다 약학에 관심을 갖도록 권고하였으며, 아울러 이러한 선택이 훨씬 더 숙녀다운 과정일 뿐만 아니라 더 실천적인 길이라고 주장하였다. 상당한 음악적 재능을 가지고 있던 클라라는 베를린 출신의 저명한 피아니스트 아르투르 쉬나벨의 제자와 함께 음악 공부를 계속하였으며, 저녁 음악독주회에서 종종 연주하였다. 그러나 클라라는 외모로는 관심을 끌지 못했으며, 지극히 불행했다. 클라라는 서른 살의 나이에 음독자살을 하였다. 마르타 아렌트는 그 동안 이러한 불행을 이해하려고 노력했으며, 일련의 실패한 연애와 성공하지 못한 신체 교정을 거치는 동안 클라라를 동정하였다. 고등학교 시절 아렌트와 클라라는 거리를 두고 있었다. 그러나 이후 아렌트가 대학교를 다니고 있을 때, 두 사람은 절친한 친구가 되었다. 클라라가 자살하기 몇 해 전부터 마르타와 한나 아렌트는 클라라가 자살하지 않도록 그를 함께 설득했다.

에바는 저녁 음악회에서 첼로를 연주하는 아버지 그리고 언니와 함께 바이올린을 잘 연주하였지만 클라라보다 덜 지적이고 음악적으로도 재능이 부족했다. 에바는 김나지움에 다니지 않았지만 치과 기공사로서 훈련을 받았으며, 마침내 여러 지방 도시에 자신의 치과병원을 운영하였다. 그는 1933년 이후 쾨니히스베르크에 치과병원을 차렸으며, 젊은 시절 마르타와 유지했던 친밀한 관계를 재개하였다. 마르타는 에바에게 매우 친절했으며, 넓은 이해를 제공하였다. 마르타 아렌트는 사생아 출산에 대해 걱정하지 말고 그 아기를 베어발트 집안에서 양육할 것이라고 에바에게 말하였을 때 에바는 놀랐다. 에바는 아기가 없었다. 에바의 친구인 카를 아론은 한나의 둘째 사촌이며, 1938년 반유대적 대박해 당시에 살해되었다. 그리고 에바는 결혼하지 않았다. 그는 영국으로 이주하여 지금은 런던에서 살고 있다.

마르타는 베어발트 딸들과 함께 베어발트를 도울 수 있었고, 베어발트 또한 전쟁 막바지의 두렵고 재정적으로 불안한 몇 년간 마르타와 한나에게 안정된 가정을 제공할 수 있었다. 베어발트의 철물사업은 전후에도 잘 운영되었으며, 독일에서 최악의 물가 폭등 기간인 1922년과 1923년에도 파산하지 않았다. 물가 폭등 기간에 대한 아렌트의 기억은 빈곤이 아니라, 가난한 사람들을 지원하던 기억과 어머니의 아낌없는 관후함에 대한 기억이었다. 아렌트는 종종 문 두드리는 소리에 온 가족이 깨었던 어느 한밤중을 회상하였다. 지독한 물가 폭등으로 구걸하지 않을 수 없었던 한 남자는 베어발트 부부에게 커피를 요청하였고, 며칠 만에 처음으로 음식을 제대로 제공받았다. 베어발트의 회사가 파산한 1920년대 말, 베어발트 부부가 줄 것을 거의 갖고 있지 못하던 당시에도 그들의 집안은 피난처였다.

베어발트는 아렌트 집안이나 콘 집안과 같이 여름 별장을 유지할 수 없었으나 여행할 때 가족들을 시골로 데리고 갔다. 회사의 짐수레 말들은 주중에는 철제 제품을 실은 마차를 끌었고 주말에는 사륜마차를 끌었다. 말을 끄는 사람들은 마부가 되었다. 한나는 이러한 가족 연회에 참여하는 것을 반대하지 않았으며, 종종 친구들을 동반하였다. 베어발트 집안의 사람들은 과묵한 편이었다. 부졸트 거리에 위치한 베어발트 집안은 몇 년 동안 음악을 통해서만 집안의 활기를 유지하였으며 방문객들로 가득했다. 집안에는 대화의 꽃이 피었다. 정치에 결코 직접 관여하지 않았으며 오히려 보수주의적 견해를 유지하면서 일종의 빌헬름식 가부장과 같이 행동하였던 베어발트는 비스마르크식의 수염을 기르고 예복을 입었다. 그는 자신이 마르타의 사회민주주의 친구들과 의붓딸의 총명한 젊은 친구들, 진보주의적 세대의 교육을 받은 후예들로 에워싸여 있다는 것을 알게 되었다.

한나 아렌트는 유대인 전문가 집안의 재능 있는 후손들에게는 매력의 중심인물이었다. 아렌트보다 일반적으로 서너 살 많은 연배인 이러한 젊은이들 중 상당수가 서독일에 있는 대학교에 다녔으며, 자신들의 선생에 관한 이야기를 들려주었다. 예를 들면, 에른스트 그루마흐는 마르틴 하이데거가 1922년 마르부르크대학교 교수가 되었을 때 진행한 첫 번째 강의에 참여하였다. 그루마흐는 베를린에 거주하는 동안 하이데거의 탁월함에 관한 소문을 이미 들었던 한나 아렌트에게 하이데거의 인상에 대해 말하였다. 바울

야코비가 하이델베르크대학교에 다니는 동안, 쾨니히스베르크 동아리의 다른 사람인 빅터 그라예프는 그루마흐와 함께 마르부르크대학교에 진학하였다. 베어발트 집안을 종종 방문하였으며 이후 재정적인 어려움을 겪고 있던 베어발트를 지원하였던 친구인 그레고르 제갈은 훌륭한 친구였다. 아렌트는 제갈이 팔레스타인으로 이주한 이후에도 그와 접촉하였다. 안네 바일은 하이델베르크대학교에 다니다가 함부르크대학교로 옮겨갔다. 바일은 이 대학에서 에른스트 카시러의 지도 아래 철학박사 학위를 마쳤다.

젊은이들은 아렌트의 지적인 힘에 감명을 받았다. 안네 멘델스존이 회상하였듯이 아렌트는 "무엇이든 읽었다." 이 '모든 것'에는 철학과 시, 특별히 괴테의 시, 많은 독일과 프랑스 낭만주의 소설, 그리고 토마스 만의 소설을 포함하여 학교 당국이 젊은이들에게 부적절하다고 생각했던 현대소설들이 포함되어 있었다. 마르타 아렌트가 딸에게서 발견하였던 탁월한 기억력은 한나 아렌트의 성공적인 학교생활과 개인적인 지적 즐거움을 촉진하는 버팀목이 되었다. 그 당시 어머니는 놀랐다. "아렌트는 모든 것을 암기했다." 어머니는 또한 한나가 "다른 학생들보다 더 훌륭해지려는 야망을" 가지고 있다고 기꺼이 언급했다. 그런데 사실 "아렌트는 당시까지도 그러한 야망을 갖고 있지 않았다." 그는 그러한 야망을 성취하는 것에 대해 고민하지 않았지만 학교의 일과(상당한 격식과 엄격함을 철저하게 준수하는 주 육일제 수업)는 아렌트에게는 결코 어울리지 않았다.

한나 아렌트는 한층 안정적인 가정환경에서 지내며 친구 동아리를 갖고 있었음에도 불구하고 루이제슐레(쾨니히스베르크 여자고등학교 — 옮긴이) 재학 시절에 기질(즉 성정) 때문에 계속 어려움을 겪었다. 그는 통상 청소년기 동년배보다 훨씬 더 격정에 영향을 받았다. 괴테는 이러한 격정이 아렌트와 같은 또래의 청소년기 생활과 교육단계에 전형적으로 나타난다고 생각했다. "내적 격정에 포위된 청년은 자신을 주시하고 자신의 길을 찾아야 한다." 아렌트는 자신의 길을 찾고자 방황했다. 이때 그는 자기 급우들에게 인상적이었다. 그들이 휴식시간이나 점심을 마치고 서로 만나서 재담을 하는 동안 아렌트는 손을 등 뒤로 돌려 포개고 땋은 머리를 흔들면서 고독한 사유에 빠진 채 학교 운동장을 돌아다녔다.

아렌트는 집에서 독립성과 의지를 드러내는 행동을 지속적으로 하였다. 그는 일찍이 억지로 피아노와 씨름하였지만 음악적 능력이 부족하다는 것을 모든 사람들에게 보여주었다. 그럼에도 그는 어머니에게 바이올린을 공부하겠다고 공표하였다. 아렌트의 주장은 바이올린에 대한 사랑에서 나온 것이 아니라, 바이올린 선생인 후리쉬 부인에 대한 사랑에서 나온 것이었다. 이 부인은 지역 현악4중주단의 단원이며 마르타 베어발트의 친구였다. 마르타는 압력에 굴복하였고, 바이올린 교습은 지속되었다. 그러나 후리쉬 부인의 사랑도 한나 아렌트의 엷은 귀를 극복할 수 있게 해주지 못했다. 음악은 베어발트 딸들의 영역이었다. 에바는 후리쉬 부인의 지도를 받으면서 아주 신경질적이기는 했다.

마르타 베어발트는 딸의 소망을 거의 저지하지 않았지만 이러한 소망이 난관을 야기할 때 항상 딸을 후원해야만 하였다. 어머니는 중재자 역할을 하면서 손상된 관계를 회복했으며, 인내를 조언하면서 싸움을 원만하게 해결하였다. 그리고 마르타는 학교 교육에 대한 아렌트의 완고한 생각을 지지하였다. 아렌트가 아침 8시에 어느 누구도 그리스어반에 참가하여 호메로스의 작품을 읽기를 기대하지 말아야 한다고 알리자, 어머니는 학교 당국과의 협상을 지원하였다. 한나 아렌트는 스스로 공부하였으며, 특별히 계획한 아주 엄격한 시험을 매우 성공적으로 통과했다. 그는 이러한 준비 때문에 자신이 오랫동안 유지하고 평생 준수했던 습관을 만족시킬 수 있었다. 그는 아침에 매우 늦게 일어났으며, 사교 활동을 시작하기 전에 고독하게 마시는 커피 한 잔을 요구하였다. 그는 이러한 습관 때문에 큰 규모의 학급보다는 작은 연구모임에 대한 애착을 유지할 수 있었다. 15세의 한나 아렌트는 베어발트 집에 있는 자기 방에서 그리스 원전, 당시 여러 대학교에 통상적으로 결성된 그리스 연구 동아리Graecae의 김나지움 판을 읽고 번역하기 위해서 학교 친구들과 사촌 동생인 에른스트 퓌르스트와 함께 만났다.

마르타 아렌트는 딸이 학교 공부를 융통성 있게 하도록 지도하였지만 고등학교에서 아렌트의 생활을 방해했던 우연한 사건이 발생한 기간 중에는 이러한 역할을 하지 못했다. 무분별함으로 악명이 높았던 젊은 학교 선생은 말 한마디로 15세 소녀를 성나게 했다. 그 내용은 아렌트 자신이 말하려는 핵심은 아니었다. 아렌트는 자신이 선생의 수업을 거부하는 데 자기 반 학생들을 어떻게 꼬드겼는가를 강조하려고 했다. 아렌트는 이 사건 때문에 결국 학교에서 퇴학당하였다. 마르타 베어발트의 중재는 이 경우에 아무런 도움이 되지 못했다. 그는 학교 교장에 반대하여 딸 편을 들었다. 딸을 지지하는 것은 프로이센 규율에 대한 통상적인 부모의 반응은 아니었다. 그러나 아무런 타협도 이루어지지 않았다.

어머니는 아렌트가 퇴학당한 이후 '베를린대학교'*에서 여러 학기 공부하도록 아렌트를 베를린으로 보낼 준비를 하였다. 오랜 가족 친구이며 동료 사회민주주의자인 레빈 가족은 그를 돌보았다. 그러나 아렌트는 학생 기숙사에 머물면서 자신이 선택한 강좌를 청강하였다. 그는 로마노 과르디니와 함께 그리스어와 라틴어 수업 이외에 신학 강좌(기독교 신학)에 참가하였다. 과르디니는 당시 독일에서 번창하기 시작하였던 기독교 실존주의 '학파'에서 가장 활기 넘치고 영향력 있는 사람들 가운데 한 사람이었다.

이전에 저항적이었던 퇴학생이 외부 특대생으로 고등학교 졸업 자격시험에 응시하겠다고 지원하자 루이제슐레 고등학교 당국은 거부하다가 마침내 동의하였다. 마르타 베어발트는 딸의 독립적인 길을 계속 주선하였

* 옮긴이_ 1810년 베를린대학교로 창립했고 1826년 프리드리히 빌헬름대학교(1826~1949)로 교명을 변경하였고, 1949년 창립자와 그 형제였던 자연과학자 알렉산더 폰 훔볼트를 기념하여 베를린 훔볼트대학교로 명칭을 바꾸어 오늘에 이르고 있다.

다. 마르타의 친구이며 남학생 전용 고등학교의 교장이었던 아돌프 포스텔만이 한나 아렌트의 시험 감독관으로 선정되었다. 학교에는 포스텔만을 헌신적으로 신봉하는 학생들이 있었다. 이들 가운데 한나 아렌트의 친구들이 많았고, 아렌트의 유일한 사촌인 엘제 아론 브라우데와 이후 결혼한 젊은 사람인 만프레드 브라우데가 있었다. 포스텔만은 행정업무 이외에 학생들에게 자연사를 강의하였고, 천만다행으로 그들에게 하이킹 · 조류 관찰 · 암석학 · 천문학을 소개하였다. 그는 아렌트가 쾨니히스베르크에서 만난 유일한 선생이었다. 포스텔만은 아렌트의 능력을 감당할 수 있으며 아인슈타인의 물리학과 같이 아렌트가 충분히 파악할 수 없는 분야들로 아렌트를 인도할 만큼 대단한 통찰력을 지녔다.

바울 아렌트의 배다른 자매이며 엘제 아론 브라우데의 어머니였던 프리다 아렌트는 공식적으로 한나 아렌트의 선생은 아니었지만 영향력은 아마도 상당했던 것으로 보인다. 프리다 아렌트는 알베르티나대학교가 여성들의 입학을 허락하기 몇 년 전에 초등학교 교사가 되도록 교육을 받았다. 그의 저작은 독일 · 프랑스 · 영어 문학에서 광범위하게 읽혔다. 그는 조카딸에게 책을 제공하였다. 그의 남편인 에른스트 아론은 법률가였다. 남자 쪽의 선조들은 쾨니히스베르크 성에 거처를 두고 있는 프로이센 공작의 궁정 보석상이었으며, 격려와 재정적 지원을 하였다. 에른스트 삼촌은 1928년 부인의 사망 이후 한나 아렌트에게 대학 학자금을 지원하였다. 아렌트는 평생 그에게 감사하였다. 아렌트는 한때 친구에게 말했듯이 자신이 실제로 사랑했던 숙모들 가운데 유일한 사람인 프리다 숙모에게 감사하였다.

한나 아렌트는 포스텔만의 도움과 아론 부부의 지원으로 베를린에서 두 학기를 보내고 6개월 동안 강도 높게 공부하면서 정규 대학 등록에 필요한 자격증인 고등학교 졸업 자격시험을 준비함으로써 자기 급우들보다 1년 일찍 1924년 이 시험에 통과하였다. 아렌트는 이 시험 때문에 고민하였지만 자기 확신을 드러내면서 시험에 대비하였다. 아렌트는 한때 자신의 친구인 안네 멘델스존에게 이 시험이 일생에서 가장 놀라운 경험들 가운데 하나였다는 것을 인정하였다. 개인적 또는 지적인 시험을 포함한 공적인 출현과 상황은 그를 계속 놀라게 하였으나 그는 이 시험을 위해 가식적으로 허세를 부렸다. 이 경우에 시련이 끝난 후에도 허세는 지속되었다. 아렌트는 인문계 고등학교 졸업생들에게 수여되는 프로이센 공 알베르트 1세의 사진이 박힌 작은 금메달을 받았다. 그는 옷에 금메달을 핀으로 꽂은 채 루이제슐레의 옛 급우들과 선생님들을 방문하였고, 자신의 퇴학으로 급우들보다 빨리 시험에 통과할 수 있었다는 의도를 아주 명백히 전달하였다.

한나 아렌트는 고등학교에서 마지막 1년간, 그리고 개인적으로 대학 입학자격 시험을 준비하는 동안 다른 방식으로도 자기 학급 동료들보다 훨씬 앞섰다. 안네 멘델스존은 가족과 함께 알렌슈타인으로 이사했지만 그의 남자 친구인 에른스트 그루마흐는 한나 아렌트의 남자 친구가 되었다. 한나는 질병을 새롭게 이용할 기회를 발견하였다. 아렌트는 여러 차례 학교를 결석하였으며 연구를 위해 특별히 준비하였기 때문에 학교 당국은 아렌트에 대해 회의적이었다. 그리고 아렌트는 다섯 살 연상인 젊은이와 격렬한 연애 관계를 유지하였기에 주위 사람들의 눈살을 찌푸리게 했다. 그러나 아렌트가 관련되어 있더라도 마르타는 개입하지 않기로 결정했다. 마르타는 조숙한 딸이 연상인 친구들을 사귀고 원하는 대로 오갈 수 있는 자유를 누림으로써 혜택을 누렸다는 것을 깨달았다. 한때 '수척하고 불쌍했던' 아렌트는 눈에 두드러지게 건강했으며, 어머니의 희망대로 사교적이고 친교를 유지하며 여유를 가졌다. 마르타가 기대했던 바와 같이 그루마흐는 마르부르크대학교에 다니고 있어 멀리 떨어져 있고 아렌트는 베를린대학교에서 공부하고 있었기에, 그루마흐와의 우정은 다른 사람들과의 우정에 밀렸다.

아렌트는 부졸트 거리에 있는 베어발트 부부의 가정에서 이제 자신의 방, 소파와 의자가 있는 침실을 가지고 있었다. 아렌트는 이곳에서 자기 손님들과 그리스어 연구반 동료들을 맞이할 수 있었다. 그는 종종 교류를 하였지만 소파에 누워 혼자 독서하면서 많은 시간을 보냈다. 아렌트는 과르디니의 강의실에서 덴마크 철학자이며 신학자인 키르케고르를 소개받았으며, 그의 책에 아주 심취할 만큼 공식적으로 등록한 학생으로서 대학에 진학하였을 때 주요 연구분야로서 신학을 선택하기로 결정하였다. 그 이후에도 아렌트는 어떠한 형식의 독단적인 신학을 비판하였다. 그는 비기독교인이기 때문이 아니라 독단주의가 키르케고르답지 않았기 때문이었다. 아렌트는 16세에 칸트의 『순수이성비판』과 『이성의 한계 안에서의 종교*Religion Within the Limits of Reason Alone*』를 읽었으며, 이후 곧 하이데거와 야스퍼스가 주도하고 있던 새로운 비판적 경향을 받아들였다. 야스퍼스의 『세계관 심리학*Psychology of World Views*』은 1919년 출간되었다. 아렌트는 3년 후 이 책을 탐독하였다.

아렌트가 독립적으로 연구하던 시기는 과도기였다. 그는 어린 시절 '슬프고 어려운 몇 년 간'의 그림자에서 벗어나기 시작했다. 그러나 그는 여전히 불확실하고, 수줍음을 타고, 자신의 한결 더 좋은 사교성과 지적 위력, 즉 지성을 믿지 않았다. 아렌트는 가장 친한 여자 친구인 안네 멘델스존을 놀라게 했다. 아렌트는 다만 몇 개월 지나자 멘델스존에게 전화로 열정적이며 친근한 대화를 나누며 많은 시간을 보냈었다. 그리고 아렌트는 수줍게 "나는 한나 아렌트야. 너는 나를 기억하지?"라고 말했다. 그들은 함께 있을 때 항상 너라는 표현을 사용하였지만 친구에게 편지를 쓸 때는 공식적인 존칭으로 당신이란 표현을 즐겨 썼다. 마르타 아렌트가 『우리 아기』의 마지막 일기에서 딸을 "어렵고 이해하기 어려운" 아라고 표현했다. 그 딸은 고독하게 문제를 제기하면서 시에 관심을 가졌으며, 이후 자신의 철학하기에 아주 두드러지게 나타났던 시의 위안과 축하가 지닌 의미를 발전시키기 시작하였다.

아렌트가 17세 때 쓰기 시작한 시에서 과거의 매력은 낭만적인 형상화와 키르케고르식의 고민을 담고 있는 반복적으로 나타나는 주제이다. 시들에는 뿌리 깊지만 특이하지 않은 애수가 나타난다. 아렌트는 「피곤함Müdigkeit」이란 제목의 시에서 이를 표현한다.

어두워지는 저녁 —
나지막하게 불평하듯
내가 내는 새소리는
아직도 들리네.

회색빛 벽은
떨어져 내리고,
내 손들은
다시 나타나네.

사랑했던 것을
나는 가질 수 없다오.
내 주위에 있는 것을
나는 버릴 수 없다오.

모든 것은 시들어가고
어둠이 찾아오는 동안
아무것도 나를 극복하지 못하니 —
Nichts mich bezwingt
이것이 삶의 방식이라오.

시들은 흔히 추상적이기에, 모호성은 시들의 가장 두드러진 측면이다. 예를 들면 이 시에서도 'Nichts mich bezwingt'라는 문구는 "아무것도 나를 극복하지 못한다"라는 의미와 "무가 나를 압도했다"라는 의미를 가지고 있다. 이것들은 분위기를 드러내는 시mood poem이다. 이 분위기는 태연하거나 절망적이거나 동시에 모두 드러낼 수도 있는데 "어두워지는 저녁"이라는 시구에 응축되어 있다. 어둠 속에 약간의 위안은 있었다. 다음은 「위안Trost」이란 제목의 시이다.

시간이 올 것이다
오랫동안 잊었던
오래된 상처가
서서히 약화될 징후를 보일 때.

날이 올 것이다
삶의 균형, 즉
비애가
기대되지 않을 때.

시간이 흐르고,
날은 저물어가네,
하나의 성과가 남는다오.
단지 살아있다는 것.

키르케고르의 신과 같이 '숨은 신Hidden God'은 시들 가운데 하나에서 환기된다.

아무 말도 어둠을 깨지 않고 —
어떤 신도 자신의 손을 들지 않고 —
그리고 내가 주시하는 곳마다
대지는 일어선다.
어떤 형태도 흐트러지지 않고

어떤 그림자도 드리워지지 않네.
그리고 나는 여전히 그것을 듣네,
너무 늦게, 너무 늦게.

그러나 한나 아렌트의 매우 상이한 독서영역을 반영하고 있는 시, 낭만주의의 향기로 가득 찬 사랑시도 고통과 상실에 관한 지적에서 끝나고 있다. 그는 「민속노래 풍으로」라는 시를 썼다.

우리가 다시 만날 때
백합이 만개할 것이고,
나는 베개 속에 너를 담을 것이며
너는 아무것도 원하지 않을 것이오.

우리는 다시 행복할 것이다.
톡 쏘는 포도주,
그리고 향기 나는 린덴이
나란히 우리 옆에 있을 것이네.

나뭇잎들이 떨어질 때,
우리는 헤어져 있을 것이오.
방황이 무엇을 의미하는지?
우리는 그것을 견뎌야지.

「민속노래 풍으로」라는 시는 그루마흐 앞으로 보낸 편지에 적혀있을지도 모른다. 그루마흐는 대학에서 학기를 마친 후 여름마다 쾨니히스베르크로 돌아왔다. 그러나 슬픔 다음으로 이어지는 순간적인 행복의 리듬, 행복 속에 드러나는 슬픔은 많은 시들에 나타나고 있다.

아렌트의 작품 가운데 가장 개인적이고 비관례적인 것들 가운데 하나는 그가 이후 발견한 동족인 라헬 파른하겐의 정신에서 발생하는 감정을 포함하고 있다. 아렌트는 자서전의 성격을 많이 띠고 있는 전기를 집필할 때 같은 처지의 동아리를 발견하였다. 아렌트는 라헬의 전기에서 치유할 수 없으며 고통스러운 운명을 피하지도 않았으며, 세속적인 성공, 즉 미래의 밝은 꿈에 의해 유린당하지도 않는 여성으로서 자신의 주제를 설정하였다. 라헬은 현재 속에서 자신의 과거와 미래, 즉 가장 암담한 과거와 가장 밝은 미래와 함께 사는 법을 배웠다. 그는 모호한 표현이 영원한 길을 지시하며, 어떠한 극단도 너무 진지하게 고려되어서는 안 된다는 것을 이해함으로써 이러한 법을 배웠다. 파른하겐의 운명은 그의 유대인성이다. 그는 아렌트의 표현대로 "의식적인 파리아"로서 유대인성을 유지한 채 사는 법을 배웠다. 유대인으로 태어났다는 사실은 아렌트의 이후 삶에서 관심사가 되었다. 아렌트는 이를 다른 명칭, 즉 '뜻밖의 결과irony'로 표현하기는 했지만 시를 쓰기 시작하였을 때 자의식적인 파리아 영역을 자신의 개인적 왕국으로 생각하였다.

애처로운 광채 속에서 떠도는 발
나 자신,
역시 춤춘다.
부담으로부터 자유롭게
어둠 속으로, 텅 빈 곳으로
과거의 시간이 응축된 공간.
광대한 넓이를 넘어
외로움을 잊어버리고,
춤추고 있으며, 춤춘다.

그리고 나, 나는
역시 춤춘다.

얄궂게도 주제넘게
나는 잊지 않고 있다.
나는 빈 공간을 알고 있으며,
나는 부담을 알고 있다.
그러나 나는 춤추고 춤춘다.
얄궂은 영광 속에서.

아렌트는 영적 의미의 부담이나 무게Schwere를 버렸다고 생각했지만 얄궂은 경솔함이나 성급함이 얄궂은 영광에 굴복했다는 것을 망각하지 않았다. 시에서는 이를 언급하지 않고 있다. 그루마흐와 아렌트의 성급한 관계에 대한 비유는 그러한 비밀 속에 간직되어 있기에 아렌트의 절친한 친구인 안네 멘델스존, 사촌인 에른스트 퓌르스트와 그의 아내는 그것이 연애 문제가 아니었다는 것을 확신하였다. 반면에, 그의 사촌인 엘제 아론 브라우데, 즉 그루마흐의 친구는 그루마흐의 설명에 따르면 그 문제를 연애 문제로 확신하고 있었다. 1923년과 1924년 겨울에 쓴 시들 가운데 마지막인 시 「이별」은 첫 번째 연애를 환기시키는 것 같지만, 실상은 어떤 사람에 대해 언급하는 게 아니라 "정처 없이 떠돌던 날들"에 대해 언급하고 있다.

정처 없이 떠돌던 날들, 이제 내 손을 그대에게 내미오.
당신은 나를 피할 수 없다오, 피신처는 없다오
빈 공간으로 또는 무시간성으로.

아직도 맹렬한 바람은 더 이상한 징후라오.
내 주위의 그 길을 감싼 채. 나는 원하지 않는다오
억눌린 시대의 빈 공간으로 떠돌기를.

오, 당신은 내가 보내는 웃음을 알고 있다오,

내가 얼마나 조용하게 은폐하고 있는가를 당신은 안다오.
초원에 놓여 있으며 당신에게 속하는 것을.

그러나 이제 결코 침묵하지 않은 생명은
내가 결코 키를 잡지 않았던 배로 나를 초청하네.
아, 죽음은 삶 속에 있다는 것을 나는 알고 있다오, 안다오.
그러니 정처 없이 떠도는 날들, 내 손을 그대에게 내미오.
당신은 나를 잃지 않을 것이오. 그리고 나는 징표를 남기오,
당신을 위해, 이 꽃잎과 불꽃을.

아렌트는 "억눌린 시대"인 과거와 "결코 키를 잡지 않았던 배"인 불확실한 미래 사이에서 자신이 떠돌고 있다는 감정을 느꼈다. 시들은 사람이나 사건이 아니라 시간에 관계한다. 즉 과거는 지나간 시간, 정처 없이 떠돈 날들이고, 미래는 징후로 표시된다. 시간은 시 속에서 "너무 늦게, 너무 늦게"로 말하며 시 속에서 물리적 실재를 지닌다. "즉 초원에 놓여 있으며 당신의 날들에 속한다." 아렌트가 일치한다고 느낀 시간, 환영했던 시간은 비세계적이며, 세계 주위를 정처 없이 떠돌았다. 그리고 그는 지하철 열차가 역을 무심하게 통과하고 있을 때 베를린 지하철같이 동료 정신을 형성하기 어려운 장소로 이러한 시간을 이해하였다.

어둠 속에서 와서
빛 속으로 사라지고 있고,
재빨리 당돌하게,
아슬아슬하며 미친 듯이
인간의 힘에 의해.
주의 깊게 전후좌우로 움직이면서
미리 정해진 길을
무심하게 떠돌면서

신속히
빠르고, 아슬아슬하게, 미친 듯이
인간의 힘에 의해
그것은 주시하지 않으며,
어둠 속으로 무심하게 떠돌며.
그것은 더 높은 것들을 알고 있으며,
날고 있고, 요동치며 지나간다.
노란 동물.*

물론 진리가 시들과 같이 좋지 않거나 양식에서 특이하지 않더라도, 이러한 시들에 드러나는 일반적인 진리를 위한 가혹한 투쟁이 있다. 과거와 미래는 일반화와 확실성을 확보하려는 싸움에 휘말린다. 이것이 삶의 방식임에 틀림없다Ist wohl des Lebens Lauf. 아렌트는 키르케고르와 같이 삶의 초기에 시간 속에서 실존(삶의 방식에서 실존)을 드라마로서 느꼈다. 아렌트는 탈출구로서 역설, 모호한 표현에 역시 관심을 가졌다. 아렌트는 초기에 시들을 썼을 때 자신의 감정, 떠돌고 있음에 어울리는 시간적 공간적 이미지를 가졌다. 그는 곧 철학적 개념들을 발견했다. 그의 '얄궂은 영광'은 다른 형태를 띠었다. 그리고 키르케고르가 자신에 대해 한때 언급했듯이, 아렌트 역시 자신에 대해 언급할 수 있었다. "나는 사유에 충실하여 항상 춤출 수 있도록 스스로를 단련하였다."[10]

---

* 옮긴이_ 베를린 지하철 차량의 외부 색은 노란색이다.

10 Kierkegaard, quoted in Karl Jaspers, *Reason and Existenz*, trans., William Earle(New York: Noonday Press, 1955), p. 43.

제2장

그림자
(1924~1929년)

> 우리가 슬픔을 회피하고 싶다면
> 즐거움은 우리들에게 넘쳐흘렀겠는가?
> 우리가 적어도 기대하는 곳에서
> 고통은 그 치유력을 제공한다.
>
> 하이데거, 『시인으로서의 사상가』

열정적인 사유

한나 아렌트의 대학시절인 1924~1929년은 불안했던 바이마르 공화국에 있어서 가장 안정된 시기였다. 1924년 최악의 물가 폭등 시기는 정부의 경제안정화계획으로 여름에 잠시 중단되었으며, 독일인들이 원한을 품은 착취자들에게 포위되었다는 감정은 재정적 어려움을 겪고 있는 프랑스 집권 정부의 교체로 약화되었다. 그러나 이러한 감정이 경감되자 도즈안Dawes Plan의 조항들이 알려졌다. 이 안은 독일의 경제회복을 유지하기 위해 연합국 차관을 마련하고, 계속적인 경화 평가절하로부터 독일을 보호하려는 배상금 청산 계획을 마련하였다. 이 안은 또한 독일 은행 및 철도에 대한 연합국의 관리 및 배상금 청산에 기여하는 독일 산업을 위한 특별 계획을 포함했다. 우파 정당들은 특별히 도즈안을 '제2의 베르사유조약'으로 규정하였다. 결과적으로 공화국에 아주 치명적인 정치적 양극화 과정이 경기회복 중에도 지속되었다.

통화의 안정과 도즈안의 수용은 국내적으로 비교적 평온한 시기에 매우 중요했다. 1926년에 체결된 로카르노조약은 국제문제에 있어서 중요했다. 이 조약에는 독일 서부 국경의 영토분쟁을 해결하고자 체결한 독일 · 프랑스 · 벨기에 사이의 중재협정(라인란트의 현상유지에 관한 상호보장조약 — 옮긴이), 독일과 폴란드, 독일과 체코슬로바키아 사이의 유사한 협정(즉 중재재판조약 — 옮긴이)이 포함되어 있다. 동유럽협정은 독일이 국경문제를 해결하고자 전쟁에 호소할 가능성을 법적으로도 배제하지 않았다고 하더라도, 서유럽에서는 로카르노조약을 체임벌린이 낙관적으로 표현한 "평화의 시대"를 알리는 전령으로 평가하였다. 이 조약은 독일에서 도즈안보다 더 많은 지지를 받지는 못했다.

독일의 수상과 장관들은 상대적인 안정기에 복잡한 사회적 경제적 상황에 직면하였다. 1927년경 생산량과 대외무역은 전쟁 이전 어느 때보다도 높은 수준에 도달했었다. 그러나 국가는 적자상태에 있었다. 수출은 수입보다 떨어졌고, 배상금 청산과 자본투자는 주로 외국차관에 의존하였으며, 1924년부터 1929년까지 임금이 거의 20% 상승하는 동안 실업률은 높았다. 대기업들은 합병되고 다수의 중소기업들은 도산하였다. 1925년경 약 2%의 독일 기업이 독일 노동력의 반 이상을 고용하였다. 한나 아렌트의 의붓아버지인 마르틴 베어발트의 행운은 카르텔 형성의 결과로서 좋은 예를 제공한다. 베어발트의 처남이 쾨니히스베르크에서 운영하는 회사는 대기업에 매각되었고, 베어발트는 실직 상태에 있었다. 60세에 가까운 그는 방문 판매원으로서 대기업에 입사하였으나 기차표를 구입하는데 많은 돈을 사용하였고, 그의 딸들은 일을 해야만 하였다. 에바는 치과기공사로, 클라라는 약사 ― 노동하는 여성의 숫자를 증대시키는데 기여함 ― 로서 자신들이 할 수 있는 모든 것을 아버지의 가계에 보탰다. 한나 아렌트는 많은 다른 여학생들과 마찬가지로 아주 적은 돈으로 대학에 다녔다. 에른스트 아론 삼촌이 부분적으로 아렌트의 학비를 마련해 주었다.

대학교와 기술전문대학의 숫자는 거의 같은 수준인 30개였지만, 1920년대 중반 대학생 숫자는 전쟁 이전보다 두 배였다. 전쟁이 끝난 이후 물가 폭등 시기인 1923년까지 인구가 급격히 증가했다. 이때 대학생 숫자는 125,000명이었다. 안정기에는 학생수가 89,000명으로 줄었고, 물가 폭등으로 1/3의 일자리가 줄었다.[1]

이 몇 년 사이에 대학생의 구성 양태는 상당히 변하였다. 대다수의 학생은 상층계급보다 재정적으로 취약한 중간계급 가정의 출신이었으며(노동계급 출신의 학생 숫자는 3~4%도 되지 않았음), 특히 20대 초반의 학생들은 대부분 공부하면서 노동하거나 자족할 만큼 충분히 벌기 위해서 여름 동안 일해야만 하였다. 1920년대 후반에 이르러 학생들의 경제적 사정은 좀 더 좋은 편이었으며, 대학 안팎의 생활환경은 다소간 개선되었지만 한나 아렌트와 같은 처지에 있는 많은 학생들은 장학금에 의존해야만 하였다.

대학들은 특별 설립 기관인 독일학술비상대책재단Notgemeinschaft der deutsche Wissenschaft이 지원하는 긴급 자금에 의존하여 1922~1923년 물가 폭등에 간신히 지탱했다. 이 재단은 학위 취득 이후 한나 아렌트의 연구에 연구비를 지원하였다. 물가 폭등 긴급조치는 대학들내에서 공화국에 대한 지지를 강화시키는 데 별로 도움이 안 되었다. 대학의 지지는 그리 크지 않았다. 바이마르 공화국 문화부 장관들의 대학개혁안은 더욱 분열을 야기했다. 대부분의 대학은 사회주의자 교수의 임명, 비전통적 학문분야의 설립 시도, 교

1 Fritz K. Ringer, *The German Inflation of 1923*(Oxford: Oxford University Press, 1962), pp. 104ff.

수 집단의 계서구조를 민주화하려는 정책과 노동계급의 대학교육 기회를 증대시키는 정책과 같은 모든 조치를 대학의 자율성 유지에 위협 요소로 간주했다. 정교수들Ordinarien은 전통적인 규칙을 고수하였다.

대학에서 주류를 형성한 보수주의는 한나 아렌트가 마르부르크대학교에서 공부를 시작하던 바로 그해에 절정에 달하였다. 하이델베르크대학교의 젊은 조교수인 굼벨은 불법적 독일군 재건의 제1단계, 즉 '흑색 국가방위군 Black Reichwehr'*에 관한 보고서를 출판하였다. 민족주의적인 교수들은 이에 분노했다. 굼벨이 제1차 세계대전에서 초래한 인명 희생이 명예롭지 못하다는 것을 강의에서 공개적으로 제안하였을 때, 이들은 평화주의자인 굼벨을 제명하려고 했다. 아렌트의 장래 스승인 카를 야스퍼스와 같은 사람들이 이들의 행동을 저지하려고 노력했지만, 교수들은 굼벨의 교권을 철회하는데 찬성하였다. "쟁점은 학문의 자유였다." 야스퍼스는 이후에 다음과 같이 밝혔다. "한 교수의 견해가 심문을 받게 되는 순간 학문의 자유는 말살된다."[2]

정치영역에서 실천적 이성에 대한 야스퍼스의 신념과 같은 본보기나 당시 일반적인 정치적 쟁점들은 한나 아렌트에게 관심을 끌지 못했다. 아렌트 — 이후 당황스럽게 — 는 지극히 순진해 빠졌고 아주 비세계적이었다. 아렌트는 1924년 가을 마르부르크대학교에서 자신의 개인적 지적 발전을 결정적으로 형성했지만 자신이 열렬하게 흥미로운 탈정치적인 혁명의 한가운데 있다는 것을 알았다. 철학의 구체제들 가운데 하나를 종결지은 이 혁명의 젊은 지도자는 아직 주요 저작을 출간하지는 않았지만 학생들 사이에서 광범위하게 알려졌다. 아렌트는 다음과 같이 표현하고 있다. 35세의 마르틴 하이데거는 "사유영역을 장악했다. 사유영역은 완전히 현실 세계의

---

* 옮긴이_ 바이마르 공화국 당시 독일 국가방위군의 지원을 받은 불법 준군사조직으로 1923년 10월 실패한 퀴스트린(Küstrin) 쿠데타로 그 실체가 드러났다.

2 Karl Jaspers, "Philosophical Memoirs," P. A. Schlipp, ed., *The Philosophy of Karl Jaspers*(Lasalle, Ill.: Open Court, 1957), p. 50(이하 "Philosophical Memoirs"로 표기함).

일부이지만 은폐되어 있기 때문에 어느 누구도 이 세계가 전적으로 존재하는지에 대해 결코 확신할 수 없다." 아렌트는 1969년에 자신의 경이감과 신비감을 자제하며 기억했지만 1924년에는 이러한 감정을 자제하지 않았다.[3]

1920년대 철학의 흐름을 안정시키는 방법, 즉 잡다하게 모아 놓은 과장된 주의(主義; ism)들을 거대하고 확실한 전체인 포괄적인 주의로 대체하는 방법을 모색하고 있던 개개인과 집단이 독일 학계의 철학을 지배하였다. 야스퍼스가 애석하게도 발견했듯이, 철학적 이단자들은 공식적으로 비판을 받지 않았지만 대학의 직위를 쉽게 구하지 못했다. 야스퍼스는 어마어마한 반대를 무릅쓰고 철학 교수직을 최종적으로 확보했던 1913년을 회고하면서 '직업적인 철학자들의 동아리'에서 다음과 같이 기술하고 있다. "나는 이방인으로 간주되었다." 야스퍼스가 『철학』의 획기적인 집필을 준비하기 위해 심리학으로 출판하는 것을 중단하였던 1920년대, 그의 활동은 "종결된 것으로 간주되었다. 내가 많은 학생들을 지도했다는 사실은 예상 밖인 것 같았다. 그것은 내가 '젊은이를 유혹하는 사람'이란 직함을 얻게 된 특성에서 비롯되었음에 틀림없다."[4] 야스퍼스는 외부에서, 즉 정신의학의 관점에서 철학에 접근하였다. 하이데거는 몇 단계 발전하였으나 두 사람은 극복해야 할 전통의 강적에 직면해 있었다.

철학적 주의의 두 가지 주요 흐름이 유행하고 있었다. 한편 유물론 · 경험주의 · 심리학주의 · 실증주의라는 소위 다양한 과학주의가 있고, 다른 한편 다양한 신칸트주의 또는 형식주의, 특히 바덴학파와 마르부르크학파의 신칸트주의가 있었다. 이러한 다양한 분파와 학파 내외부에는 절대적 가치에 대한 열망, 체계적이고 확실한 지식으로의 복귀, 즉 형이상학의 부활에 대한 열망이 형성되고 있었다.[5] 당시 주요 진영의 편파성을 극복하려는 철학

3 Hannah Arendt, "Martin Heidegger at Eighty," *New York Review of Books*, 21 October 1971, p. 51(이후 "Martin Heidegger at Eighty"로 표기함).

4 Jaspers, "Philosophical Memoirs," p. 33

체계, 헤겔에 대한 향수가 있었다. 그러나 이러한 야심적이고 독창적이지 못한 종합화 경향은 1920년대 점점 더 부각되었지만, 형이상학에서 상실된 통일성에 대한 대학의 향수가 허구적이고 거북하다는 것을 발견한 사람들로 구성된 전위단체가 역시 존재했다. 한나 아렌트는 대학 재학시절에 번창했던 분파들을 20년 이상 반추하면서 문제를 다음과 같이 간명하게 정리하였다. 즉 "당시 철학은 부차적인 성격을 보이고 있거나 철학 일반에 대한 철학자들의 반란, 철학의 정체성에 대한 반란이나 의혹이었다."[6] 아렌트는 독창적이지 않은 형이상학자들과 모호하고 애매한 비합리주의의 관점에서 철학을 비난한 사람들을 모두 거부하였다. 그리고 그는 철학의 전통적 정체성에 의문을 가진 반항자의 길을 걸었다.

한나 아렌트는 이미 베를린에서 이러한 저항의 길을 걷고 있었다. 이곳에서 로마노 과르디니는 그의 선생이었고 키르케고르는 그의 영웅이었다. 아렌트는 주요 연구과정을 위해 신학을 선택하였다. 그는 대부분의 독일 대학생들과 마찬가지로 많은 다른 대학교에서 연구를 진행하고자 대비하였으며, 학위 논문을 집필하기 위해 올바른 결합을 찾을 때까지 교과과정과 선생을 표본적으로 선택하였다. 그는 마르부르크대학교 시절 한 대학에서 자신이 원하는 것을 발견하였다고 생각했다. 그는 '가장 현대적이고 관심을 끌었던' 철학적 경향인 후설의 현상학, 그리고 완벽한 스승이며 후설의 제자인 하이데거를 찾았다. 하이데거는 현상학의 경계가 무너질 위험이 있을 만큼 새로운 방향에서 후설의 현상학을 발전시키고 있었다. 하이데거는 야심적이고 모험적이었다. 아렌트는 스승과 같이 유명해져서 오랜 시간이 지난 이후 마르부르크대학교에서 철학과의 만남을 자신의 "첫 번째 사

---

5 바이마르 공화국의 독일 대학에서 주요 지적 흐름에 대한 묘사를 참조하기 위해서는 다음 자료를 참조할 것. Fritz K. Ringer, *The Decline of the German Mandarins*(Cambridge: Harvard University Press, 1969).

6 Hannah Arendt, "What is Existenz Philosophy?," *Partisan Review* 13(Winter 1946); 34(이후 "What is Existenz Philosophy?"로 표기함).

랑"[7]의 시간으로 언급하였다. 철학은 그의 첫 번째 사랑이었다. 물론 그것은 하이데거의 인격으로 현현된 철학이었다.

마르틴 하이데거는 바덴의 메스키르히 마을에 있는 '성 마르틴 성당'(옮긴이) 수석 교회관리인 프리드리히 하이데거와 부인인 요한나 사이에서 1889년에 태어났다. 그는 제자인 한나 아렌트와 마찬가지로 조숙했다. 철학, 특히 아리스토텔레스 철학에 대한 하이데거의 관심은 콘스탄스와 프라이부르크의 김나지움에 재학하던 학생시절에 불붙기 시작했다. 그는 18세 때에 브렌타노의 논문 「아리스토텔레스에 기초한 '존재'의 다양한 의미에 대하여」를 읽었다. 그는 프라이부르크대학교에서 수학과 논리학을 배운 이후 에드문트 후설의 『논리 연구*Logical Investigations, 1900~1901*』에 관심을 가졌으며, 후설이 브렌타노로부터 영향을 받았다는 사실을 알게 되었고, 존재론에 대한 전통적 관심사였던 존재의 의미를 계속 탐구하였다. 하이데거는 프라이푸르크대학교에서 신학도로서 4학기를 보낸 이후 아렌트와 마찬가지로 전적으로 철학 연구에 헌신하기로 결정하였다.

하이데거는 신칸트주의자인 하인리히 리케르트의 프라이부르크 세미나에 자극을 받아 후설에 관심을 갖게 되었다. 리케르트는 후설의 현상학을 비판하였으며, 현상학이 의식의 내용에 대한 분석을 세계나 역사적 사건과 연결시킬 수 없다고 주장하였다. 하이데거는 리케르트와 같은 목적 때문은 아니지만 이후 비판을 채택하였다. 확고한 과학적 원리 위에 문화과학을 확립하고 문화에 관한 '보편적 역사'를 기술하려는 리케르트의 노력은 상당히 영향을 미쳤다. 그러나 리케르트의 추종자들도 엄격한 '보편적 가치체계', 즉 일종의 헤겔적 전체를 발견하려는 그의 시도를 비판하였다.

하이데거는 시험관들 가운데 한 사람인 리케르트의 지도로 프라이부르크대학교에서 「심리학주의에서 판단에 관한 연구」라는 주제의 학위 논문

---

7 아렌트가 피에르 리쉐에게 보낸 편지(1974년 8월 21일), 의회도서관.

을 쓰고 시험에 합격하는 동안 후설의 『논리 연구』를 이해하려고 노력했다. 하이데거가 「둔스 스코투스의 범주론과 의미론 연구(1916)」란 제목의 논문Habilitation으로 프라이부르크대학교에서 교수 자격시험에 통과되던 해에, 후설은 리케르트의 후임자로 임명되었다. 하이데거는 후설의 조교가 되어 스승으로부터 현상학적 방법을 직접 배우면서 세미나를 개최했다. 그는 현상학적 방법을 실행하며 이것에 의문을 갖기 시작했다. 후설이 추상적인 대학 분위기를 통해서, 즉 거대한 체계들을 관조하고 있는 수많은 강의실을 통해서 전달한 요청은 조용한 혁명에 대한 요청이었다. "사물 자체로 돌아가자!" 이것이 의미한 바는 다음과 같다. 즉 의식 속에서 사물에 대한 이해를 엄격히 과학적 방법으로 연구했지만, 우리는 기원, 역사적 운명, 심지어 세계 속의 사물들의 실재와 관련하여 마음을 불안하게 만드는 모든 사변적 질문들을 '판단중지할' 수 있다. 후설은 이러한 연구를 통해 칸트가 아주 명료하게 묘사한 해결하기 어려운 형이상학적 난관들에 사로잡히지 않은 채 일관되고 포괄적인 안목을 획득하기를 기대하였다.

하이데거는 1922년 마르부르크대학교의 조교수로 임용될 때까지 프라이부르크대학교에 재직하였다. 1922년 마르부르크대학교의 교수진은 예비적인 방식으로 하이데거가 오랫동안 성찰하였던 아리스토텔레스에 관한 해석의 개요를 밝힌 그의 원고를 검토하였다. 그는 1917년 결혼한 부인 엘프리데, 그리고 두 아들 오르크와 헤르만과 함께 마르부르크로 이사하였다.

1892년 이후 마르부르크대학교의 정교수였던 바울 나토르프는 하이데거의 직위를 보장하는 데 도움이 됐고, 하이데거가 부임한 이후 일주일 토론하면서 그를 받아들였다. 하이데거는 나토르프가 그리스 사람, 특히 플라톤으로 효과적이며 도전적으로 전회轉回한 본보기로 생각했다. 칸트주의자인 나토르프는 플라톤을 "칸트 이전의 칸트주의자"라고 불렀다. 하이데거 자신은 그리스 철학으로 전회하여 칸트 류의 그리스인들을 배출하지 않았으며, 나토르프가 고려했던 실천적 문제들에 직접 관심을 갖지 않았다. 그러나 하이데거는 이러한 전회를 통해 그리스의 존재론을 명료하게 인식하고 이를 현재에 적응시킬 수 있도록 그리스인들 이후 존재론의 역사를 비판적으로 재해석해야 한다는 점을 일깨워주었다. 하이데거는 철학자들 사이에서 명성을 얻게 해준 1927년 저서인 『존재와 시간』 제1부에서 현상, 즉 "사물 자체"의 윤곽을 서술함으로써 이 연구계획을 발표하였다. 그는 존재론의 역사에서 철학적 덤불을 제거할 경우 사물 자체가 드러날 것이라고 생각했다. 하이데거의 경우 칸트의 『순수이성비판』은 "존재의 망각"의 오랜 과정에서 끝에 위치해 있다. 이것은 하이데거에서 자신의 기억 양태, 존재의 근거에 대한 선험적 탐구를 위한 가능성을 제공하였다. 하이데거는 1920년대 자신의 철학적 연구계획을 공식화하는 동안 『존재와 시간』 제2부의 핵심이라고 할 수 있는 칸트에 관한 일련의 강의를 준비하였다. 하이데거는 이러한 내용을 1925~1926년 자신의 강의에서 제시했으며, 최종적으로 1929년 『칸트와 형이상학의 문제』로 출간했다. 하이데거는 칸트에게서, 또는 나토르프가 지녔던 칸트 이전의 칸트주의자에게서 학문의 논리적 기초를 발견하고 싶지 않았다. 대신에 그는 학문의 존재론적 근원을 밝히고 싶었다. 그는 이를 수행하기 위해서 과학적 이론에 관여할 수 있는 존재자의 분석을 시작하고 존재에 관한 의문을 제기하였다.

나토르프는 한나 아렌트가 마르부르크대학교에 입학하던 1924년 사망하였다. 당시 하이데거는 신학자인 루돌프 불트만과 철학자인 니콜라이 하르트만을 포함해 다른 친구들이 있었다. 불트만과 하이데거는 때때로 친구의 강의에 참여하였으며, 아렌트를 포함하여 많은 학생들이 공동으로 이들의 강의에 참여하였다. 하르트만은 그리스 연구모임Graeca에 참여하였다. 하이데거와 여러 명의 다른 마르부르크대학교 교수들이 그리스 문헌을 읽었다. 교수 중심으로 구성된 연구모임은 아렌트가 쾨니히스베르크에서 가졌던 그리스 연구모임과 같은 유형이었다.

하이데거는 1923~1924년 겨울학기 동안 『존재와 시간』을 구성하는 원고의 제1부에 관한 연구에서 상당한 진전을 이룩하였다. 저서는 아렌트가 참여한 강의와 세미나에서 형태를 갖추기 시작하였다. 하이데거는 그해에 아리스토텔레스의 알레테이아(aletheia, '진리', 하이데거는 보통 '노출'로 번역함) 개념의 해석에 관한 잠정적인 개요를 발표하였으며, 이어서 플라톤의『소피스트』를 한 줄씩 읽으면서 학생들을 인도하였다.『소피스트』의 인용문은『존재와 시간』첫 번째 쪽에 나타난다. "여러분, 분명히 여러분이 '존재'라는 단어를 언급할 때 생각하고 있는 것을 오랫동안 알고 있었지만, 그것에 대해 한때 확신을 가졌던 우리는 이제 당혹스럽게 된다."*

하이데거는 존재의 의미에 당혹스러운 사람들과 함께 거의 15년간을 살았으며, 자신의 강의와 저술에서 명료성을 실현하고자 분투하였다. 그의 제자들은 이러한 분투에 매료되었으며 아주 당혹해 했다. 그들은 어느 누군가가 하이데거의 강의 내용 가운데 한마디라도 이해했는가를 파악하고자 강의를 끝낸 후에 종종 만났다. 그러나 그들은 하이데거의 노력에 복종하지 않을 수 없었다. 아렌트는 45년이 지난 후인 1969년 하이데거 탄생 80주년에 즈음하여 하이데거의 강의를 회고하면서 하이데거의 탐구에 참여하게 된 제자들 가운데 가장 훌륭한 제자의 태도를 기술하였다.

> 그들이 다소간 늦게 마르부르크대학교의 젊은 교수에게 이끌리게 되었을 때 그들을 프라이부르크대학교, 그리고 그곳에서 가르쳤던 사강사에게 마음을 빼앗기게 했던 소문은 후설이 선언했던 "사물들"을 실제로 확보하고 있는 어떤 사람, 이러한 사물들이 학문적인 문제가 아니라 사유하는 사람의 관심사, 즉 어제와 오늘의 관심사가 아니라면 옛날부터 제기되었던 관심사였다는 것을 알고 있는 어떤 사람, 그리고 전통이 붕괴되었다는 것을 알고 있었기 때문에 과거를 새로이 발견하고 있던 어떤 사람이 있다는 의미를 지니고 있다. …

* 옮긴이_『소피스트』244a. 이 인용문은『존재와 시간』서론에 있다.

하이데거에 대한 소문은 이것을 아주 간명하게 설명한다. 사유는 다시 생명력을 갖게 되었다. 이미 고사되었다고 믿어지는 과거의 문화적 보물들은 언급되기 시작했다. 이 과정에서 이 보물들은 아마도 드러내고자 했던 익숙하고 진부한 사소한 문제와는 전연 다른 것들을 결과적으로 제안하고 있을 것이다. 한 선생이 있다. 우리는 아마도 사유하는 법을 배울 수 있다. …

사람들은 사유하는 법을 배우기 위해 하이데거에 관한 소문을 따랐다. 경험한 것은 순수한 활동으로서 사유 — 그리고 이것은 지식에 대한 욕구에 의해서 촉진되거나 인지에 대한 충동에 의해서 촉구된다는 것을 의미하지 않는다 — 가 다른 모든 능력이나 재능을 지배하고 억압한다기보다 이것들을 규제하고 이것들을 통해서 확산되는 열정이 될 수 있다는 것이었다. 우리는 이성 대 정념, 정신 대 삶이란 오래된 대립 구도에 아주 익숙하기 때문에 열정적인 사유의 이념 — 여기에서 사유와 살아 있음은 하나가 된다 — 은 우리를 다소간 놀라게 한다.[8]

아렌트는 '열정적인 사유'에 대응할 준비가 되어 있었다. 그는 조부모가 삶의 기준으로 삼았던 유대인 전통의 존재 앞에서 냉정했고, 어머니의 정치적 확신에 강요되지 않았으며, 김나지움에 만족하지 않았다. 아렌트보다 몇 살 위인 친구들은 연구를 이미 시작했다. 이들 가운데 몇 사람, 즉 에른스트 그루마흐와 빅토르 그라예프는 하이데거와 함께 연구하였다. 대학입학자격 시험을 준비하며 쾨니히스베르크에서 보낸 마지막 해는 아주 힘들었지만 지적으로나 정서적으로 만족스럽지 못했다. 아렌트는 자신의 불만을 하나의 시에 포함시켰다.

시간이 흐르고
날은 저물어가네,

8 Arendt, "Martin Heidegger at Eighty," p. 51.

하나의 성과가 남는다오.
단지 살아 있다는 것.

아렌트가 하이데거를 만났을 때 모든 것은 달라졌다. 하이데거는 낭만이 없는 인사였다. 그는 천재에 가까운 재능을 지녔고 시적이었으며, 직업적인 사상가들이나 아첨하는 학생들과 거리를 두었으며, 상당히 미남이고, 농민 복장으로 간소하게 옷을 입으며, 스키 강습을 즐기며 열렬하게 스키를 탔다. 아렌트는 자신의 회고적 설명에 따르면 살아 있음과 사유의 이러한 결합에 훨씬 더 '깜짝 놀랐다.'

어느 누구도 마르부르크대학교 세미나에 관한 아렌트의 공개적인 진술, 팔순 기념 회고를 통해 마르틴 하이데거가 아렌트의 스승만이 아니라 연인이었다는 것을 의심하지 않았을 것이다. 하이데거의 자제는 심지어 더 진지했다. 하이데거는 『존재와 시간』, 『칸트와 형이상학의 문제』를 집필하고자 준비하던 1923년에서 1928년까지의 기간이 자신에게는 "가장 자극적이고 가장 침착하며 가장 파란만장한 시기"[9]였다고 공개적으로 밝혔다. 그 기간이 끝난 지 20년이 지나서 하이데거는 아렌트에게 다음과 같이 고백하였다. 즉 아렌트가 그 몇 년 동안 하이데거 자신의 작업에 영감을 주었으며 열정적으로 사유하는 데 자극이 되었다는 것이다. 그러나 그들은 이 고백을 비밀로 간직했고 1925년 자신들의 불륜을 비밀로 간직했듯이 신중하게 간직하기로 약속했다. 그래서 그들이 교환한 연애편지는 보관될 수밖에 없었고, 다른 사람들은 이를 열람할 수 없었다.[10] 그러나 아렌트는 자신이 하

---

9 다음 자료에서 인용하였다. Walter Biemel, *Martin Heidegger, An Illustrated Study*, trans., J. L. Metha(New York: Harcourt Brace Jovanovich, 1975), p. 15. 하이데거의 자서전적 글, 「현상학으로 이르는 길」은 다음 자료에 포함시키기 위해 번역되었다. Joan Stambaugh, ed., *On Time and Being*(New york: Harper & Row, 1972).

10 아렌트-하이데거 서신은 마르바흐 소재 독일문서보관소에 소장되어 있다. 아렌트는 사후 자신의 편지들을 문서보관소에 보내도록 약속하였다. 아렌트에게 도움을 받았다는 하이데거의 고백은 1950년 2월 8일 아렌트가 블뤼허에게 보낸 편지로 언급되었다. "이것은 이제 그에게는 자기 삶의 열정이었다." 의회도서관, 아렌트와 하이데거의 1949년 재회에 대한 기술을 참조하기 위해

이데거를 위해 기록했던 마르부르크대학교 시절에 관한 설명을 미출간 논문 사이에 남겨놓았다.

아렌트는 1925년 여름 쾨니히스베르크에 있는 집에서 자화상, 즉 「그림자」라는 제목의 편지를 써서 하이데거에게 보냈다. 이 자화상은 아렌트가 이듬해 동안 지었던 시들과 같이 마지막 고백이었다. 아렌트는 자신의 첫사랑을 정의하고 말로 통제하며, 이야기를 통해 첫사랑을 과거의 일로 돌리려고 하였다. "당신은 고통을 이야기로 표현하거나 그것들에 대한 이야기를 말로 표현한다면 모든 고통을 견딜 수 있다."* 액막이는 성공작이 아니었다. 아렌트는 누군가의 이야기를 언급해야만 하였으며, 하이데거의 주문으로부터 벗어나기 이전에 『라헬 파른하겐: 한 유대인 여성의 삶』을 집필해야만 했다.

예외적이고 매혹적인 사람

아렌트는 자화상, 즉 「그림자」에서 자신을 보호적인 3인칭 단수(즉 여성대명사 she — 옮긴이)로 표현하였다. 자화상은 추상적인 표현법과 하이데거의 용어들로 채워져 있으며, 동시에 놀라울 정도로 초연하고 고뇌로 가득 차 있다. 아렌트는 낭만주의 소설을 즐겨 읽었다. [그가 이후 슐레겔의 『루친데*Lucinde*』에 대해 밝혔듯이] 상세한 인물 묘사는 "일상용어로 표현되어 있기 때문에 실제 사건이 아닌 분위기(즉 심리상태)만을 담고 있다."[11] 이런 분위기는 같은 시기에(1925년경 — 옮긴이) 쓰인 시 「자기 명상」에 배어 있다.

서는 다음 6장을 참조할 것.

* 옮긴이_ 아렌트는 이 문구를 『인간의 조건』 제5장 「행위」에서 제시하고 있으며, 『어두운 시대의 사람들』 제6장 「이자크 디네센」에서 '이야기하기' 철학을 언급하면서 다시 인용하고 있다. 『어두운 시대의 사람들』(파주: 한길사, 2019), 208쪽을 참조할 것.

11 Hannah Arendt, rev. ed., *Rahel Varnhagen: The Life of a Jewish Woman*(New York: Harcourt Brace Jovanovich, 1974), p. 21(이후 "*Varnhagen*"으로 표기함).

내가 손을 눈여겨 바라보니,
이상한 것은 나와 관계가 있네.
그리고 역시 다른 것.
그런데 나는 어디에도 있지 않다오,
난 지금 여기 있는 게 아니고,
난 아무것도 하지 않네.

그러니 나는 세상을 경멸할 것 같네.
원하는 대로 시간이 가게 하오.
그러나 더 이상 흔적은 남기지 마오.

내가 손을 눈여겨 바라보니,
이상하게도 나 가까이 비슷한
그러나 아직도 다른 것.
그것은 나 이상인가요?
그것은 더 높은 의미를 가지고 있나요?

이 시와 자화상(「그림자」 — 옮긴이)은 모두 똑같은 질문으로 끝을 맺는다. 아렌트는 난처하고 경멸적인 거리감에 빠져들었다. 그는 이것을 극복할 것인가? 아렌트는 결국 「그림자」에서 침울하고 감상적으로 실현 가능한 수단을 숙고했다.

> 그(즉 아렌트 — 옮긴이)의 젊음은 아마도 이런 마법에서 벗어날 것이며, 그의 영혼은 아마도 다른 하늘 아래에서 거리낌 없이 말하고 해방되는 것이 무엇을 의미하는지 깨달을 것이며, 그래서 이러한 아픔과 혼란을 극복하고 유기적 성장의 인내, 순박함과 자유를 체득할 것입니다. 그러나 오랫동안 열렬하게 기대했던 종말이 그를 불시에 습격하여 그의 불필요하고 공허한 활동을 제멋대로 중단시킬 때까지 그는 아마

도 무의미한 시도와 비합법적이고 무한한 호기심으로 계속 인생을 보낼 것입니다.[12]

이 절망적인 심리상태를 촉발시켰던 실질적인 사건들은 여기에서 언급되지 않는다. 그러나 아렌트는 자신의 상황에 대해 두 가지 설명을 제시했다. 그는 이를 낯섦(소원 또는 소외; Fremdheit)이라고 불렀다. 첫째, 시에서 역시 언급되는 사건, 즉 시간을 구분하는 사건은 훨씬 직접적이다. "아렌트는 젊음이 완전히 꽃을 피우기 이전에 예외적이고 매혹적인 것(또는 사람)의 곁을 스치듯이 경험했다. 그래서 그는 이후 자신을 놀라게 했던 실제적인 방식으로 자신의 삶을 현재 이곳Here-and-Now의 삶과 그때 그곳Then-and-There의 삶으로 나누는 데 익숙했다." 아렌트는 하이데거와의 관계로 갑자기 깜짝 놀랄 정도로 자신의 젊음, 순결을 잃었다. 두 번째, 그는 자신의 독특함Absonderlichkeit을 상당히 오랜 시간에 걸쳐 습관화되었던 특성의 탓으로 돌렸다. "그는 아주 당연하고 평범한 일들에서도 놀랄 만한 것을 찾았다. 삶에서 단순하고 일상적인 일들이 그에게 아주 깊이 영향을 미쳤을 때에도, 그는 사유와 감정에서 자신에게 일어나고 있던 일들이 평범할 수 있으며, 모든 사람이 당연한 일로 여기고 말할 가치도 없으며, 한낱 주목할 만하지 않은 것이 아니라는 점을 결코 의심하지 않았다."

아렌트는 성장할 때 이 두 번째 습관을 자각하지 못했다고 말하였다. 그는 역시 "소심했고 자기 자신에게 몰입했기" 때문이다. 젊었을 때 자기도취는 그의 이해를 차단하였다. "그는 경험과 주의 깊은 태도를 통해 상당히 많은 것을 이해하였다. 그러나 그에게 일어났던 것들은 모두 영혼의 저변으로 가라앉아 마치 폐쇄된 것 같이 그곳에 머물러 있었다. 그는 긴장감과 은밀함을 유지하고 있었기 때문에 무지근하게 느껴지는 고통이나 꿈결 같

12 「그림자」는 의회도서관 아렌트 문서에 소장되어 있다. 이것에서 발췌한 인용문을 개별적으로 지적하지 않을 것이다. 저자는 이것을 번역했으며 안네마리 아늘드의 지원에 사의를 표시한다. 옮긴이_ 「그림자」의 출간 사항은 제1장의 각주 8)을 참조할 것.

고 매우 깊은 고립 상태인 경우 이외에는 사건을 다룰 수 없었을 것이다." 아렌트는 자신이 경험하거나 관찰한 것을 망각하지 않았다. 그러나 이러한 것들은 "시야에 사라졌다. 즉 일부는 완전히 드러나지 않았고, 일부는 규율이나 질서 없이 아주 모호하게 드러났다."

한나 아렌트가 암시했듯이 습관적으로 당황하는 태도는 아마도 "단지 무기력하고 배신당한 젊은 시절에서 비롯되었다." 이러한 태도는 "아렌트가 자기에 대한 자신의 접근이나 견해를 차단하고 은폐하는 그러한 방식으로 자신을 억누르는 과정에서 분명히 나타났다." 한나 아렌트는 이렇게 잠정적이고 복잡한 방식으로 자신이 상처를 입었었다는 것을 인정하였다. 그는 그렇게 말하지 않았지만, 아버지의 사망에 대해 생각하고 자신의 상실감으로 이어지는 몇 년 간의 불행에 대해 생각하고 있었던 것 같다. 그리고 어머니가 '슬프고 어려웠던' 시절에 그러했듯이, 아렌트는 돌이켜보면 자신의 상처를 어떻게 숨겼는가에 놀랐던 것 같다. 아렌트는 자신이 늙어가면서 압박감과 당혹감 때문에 결과적으로 "훨씬 더 급진적이고 배타적이며 맹목적인" 태도를 갖게 되었다고 주장했다.

어머니가 그러했듯이, 한나 아렌트는 자신의 어린 유년기를 행복한 시절로, 자신을 "해맑은 소녀"로 평가하였다. 아렌트는 "어린 시절의 삶에서 소심하고 소박한 출발"에 대해 언급하였다. 이때 그는 "자신의 유연한 부드러움, 사회적 태도, 즉 자기 내면의 감정을 표현하는데 불편함을 아직 느끼지 못했다." 당시 "현실 영역은 지속적인 삶 속의 환희로 가득 채워졌던 불안하면서도 기뻤던(달콤하든 씁쓸하든) 그러한 꿈들 속에서 개방되어 있었다." 그러나 아렌트는 자신이 열정적인 꿈들을 포기하고 "자신에 대해 격렬하고 파괴적으로 폭정을 펼쳤을" 때 이 시기가 끝나버렸다고 언급했다. 그가 항상 지녔던 감수성과 취약성은 점점 더 "기이해졌다." 이러한 상태에서 "현실에 대한 두려움은 무방비 상태의 피조물을 압도했다. 무감각하고 근거 없는 공허한 공포심에 빠진 피조물의 맹목적인 시선 앞에서 모든 것은 광기 · 슬픔 · 재앙 · 절멸을 의미하는 무無와 같이 되어버린다." 그는 하이데거의 방식으로 이러한 두려움을 실존 일반(현존재)에 대한 불안Angst vor dem Dasein으로 표현하였다. 아렌트가 자기 영혼의 밑바닥으로 슬그머니 들어간 수많은 것들을 알았을 때, 이 두려움은 그가 '격렬하고 파괴적인 폭군' 앞에서 알았던 것이었다. 그러나 그는 이제 자신이 '그것의 죄수'였다고 생각했다. 그는 자신을 보호할 수도 없었고 오로지 약간의 야만성을 거의 무미건조하게 서서 기다릴 수밖에 없었다. 그의 두려움은 이러할 정도로 '동물적으로' 변해갔고 활동을 불가능하게 만들었다. 그의 느낌에 따르면, '좌절에 대한 유혹'은 너무 강렬하기 때문에 예술 · 문학 · 문화에 대한 어떠한 관여, 어떠한 취미 개발도 그의 두려움을 억제하거나 개선할 수 없었다. 그 두려움은 인간 자체의 영역에서 좌절에 대한 유혹이었다.

일어났던 일은 이랬다. 즉 아렌트는 삶에 대해 순진한 사랑, "마음이 편안한, 생생하고 이상한 영역"에 대한 감정을 거리낌 없이 다시 느끼고자 했다. 그는 갈망과 욕구를 거리낌 없이 느끼고자 하였다. "그러나 두려움은 그의 주변으로 몰려왔고 그를 괴롭혔다." "그가 한때 극단적인 상황을 인내하고 견딜 수 있도록 해준 급진성 또는 낯섦은 이제 바뀌었다. 따라서 그가 순수하고 무미건조한 순종적인 다정함, 그리고 길 위를 스쳐지나가는 그림자의 드러나지 않은 섬뜩함에 부응하지 못했다면, 그에게 모든 것은 엉망이 되고 흩날렸을 것이다."*

아렌트는 이 암담한 단계에서 자신의 미래 가능성을 평가하고, 자신이 '이러한 마력'에서 스스로 자유로워질 수 있는가에 대해 의문을 제기하는 데 몰두했다. 그는 초기 청소년 시절 이후 동경심과 두려움을 가졌으며, 두려움은 이전에 최고도에 달했다. 그러나 그가 두려움에 새롭게 구속당하는 직접적인 원인은 '예외적이고 매혹적인 사람'과 빚은 작은 충돌이었다. 아

* 옮긴이_ 「그림자」의 끝부분에 있는 문구이다. 여기에서 그는 여성대명사 'she'로 표기된다.

렌트는 자신의 연애사건, 즉 성적 자각이 다른 사람들로부터 오해를 살 수 있다는 점을 오히려 시무룩하게 의식했다. 그런데 다른 사람들은 그가 "심지어 둔감하고 방탕할 정도로 더욱 추해지고 더 비속해질 것"이라고 생각했다. 따라서 아렌트는 "그러한 판단과 주장에 대해 무관심해질" 권리를 단호하게 밝혔다. 아렌트는 예외적이고 매혹적인 사람인 하이데거가 그것을 이해하리라고 생각했다. 아렌트는 이 사람을 위해 「그림자」라는 제목의 편지를 썼고 이를 그에게 헌정했다.

아렌트가 하이데거를 만나서 "단 한 사람에 대한 고집스러운 헌신"을 드러냈을 때 꼭 18세가 되었다. 아렌트는 「그림자」에서 이러한 표현을 사용하였다. 하이데거는 가톨릭 교육을 받았으며, 결혼하여 두 아들을 가진 아버지로서 아렌트보다 17세 연상이었다. 하이데거는 이 탁월한 젊은 유대인 여성으로부터 열렬한 사랑을 받았지만, 자신의 삶과 습관 때문에 아렌트의 사랑을 완전하게 수용할 수 없었다. 하이데거는 편지와 시들을 통해 자신의 헌신을 표현하였으며 사랑을 꽃피우게 하였다. 그러나 하이데거는 사랑이 자신의 인생길을 바꾸게 내버려두지는 않았다. 아렌트는 1925년 여름에 두 사람이 아무리 깊은 관계를 맺고 있더라도 하이데거가 이방인일 수밖에 없다는 것을 인식했다. 아렌트는 한 시에서 그를 축제에 초청하였으나 다음과 같이 질문하였다.

당신은 왜 나에게 손을 내미는지요?
부끄럽게, 비밀이라도 되나요?
당신은 우리의 포도주를 알지 못할 만큼
먼 나라에서 온 사람인가요?

아렌트는 구슬프지만 「그림자」의 격조보다 훨씬 더 평온한 격조로 일종의 사랑스러운 「여름 노래」라는 시를 지었다. 이 시는 그가 가능하지 않다고 생각한 가능성을 보여주고 있다. 그의 예감에도 불구하고 “표현과 해방, 이러한 질병과 일탈의 극복, 인내심 획득, 유기적 삶의 순박함과 자유”를 스스로 표현할 가능성이 나타났다. 아렌트는 사회 통념에 벗어나는 불가능한 사랑, 결코 “성직자의 손을 움찔하게” 하지 않는 사랑의 난관에 여전히 사로잡혀 있었지만 이러한 사랑이 자신에게 가져다 준 환희를 생생하게 유지하기로 결심하였다.

충만하게 무르익어 가는 여름 내내
나는 가련다. 나의 손을 쭉 뻗치고,
나의 힘든 사지를 뻗쳐, 아래로
어둡고 육중한 대지를 향하여

머리 숙이고 속삭이는 들판,
수풀 속으로 깊이 드리워진 길.
모두가 꼭 침묵을 지키고;
우리가 고통스럽더라도 사랑할 수 있다는 것.

우리가 주고 얻는 것은
성직자의 손을 움츠리게 하지 않는다오.
그것은 맑고 고귀한 적막 속에 있으니
환희는 우리 앞에서 사라지지 않는다오.

그 해 여름의 바다는 넘쳐흐르고,
지루함이 우리를 파멸시키겠다고 위협한다오.
그리고 우리는 우리의 삶을 사랑하고
살아간다면, 우리는 삶을 떠난다오.

한나 아렌트는 마르부르크대학교에서 그해를 보낸 후 하이데거의 스승인 에드문트 후설과 함께 연구하면서 한 학기를 보내고자 프라이부르크대학교로 갔다. 그는 멀리 떨어져 많은 시간을 가지면서 훨씬 더 확고한 힘으로 "단 한 사람에 대한 고집스런 헌신"을 반성할 수 있었으며, 자신이 한때 슬퍼했으며 여전히 슬픔에 잠겨있다고 하더라도 파멸되거나 "유기적 성장"을 거부당하지 않으리라는 것을 확신했다. 이때에 아렌트는 자신의 시들 가운데 가장 훌륭한 시 한 편을 지었다.

저녁이 나를 에워싸고 있다네
우단같이 부드럽게, 비애같이 육중하게.

나는 사랑이 어떤 감정인지를 더 이상 모르오,
나는 들판의 이글거림을 더 이상 모르오,
그리고 모든 것은 정처 없이 떠돌고 싶으니
다만 나에게 평화를 주고자 한다오.

그분을, 그리고 사랑을 생각한다오
마치 그게 먼 나라에 있기라도 한 듯이
그리고 '와서 베푸는 게' 생소하다오
그리워하는 것을 나는 거의 모르오.

저녁이 나를 에워싸고 있다네
우단같이 부드럽게, 비애같이 육중하게.
어디에도 저항의 소리가 일어나지 않는다오
새로운 환희와 슬픔을 향하여.

그리고 멀리서 나를 부른다오,
어저께 내내 아주 명료하고 장중한 소리로,
그들은 더 이상 현혹시키지 않는다오.

나는 거대하고 야릇한 바다를 안다오
그리고 아무도 이름을 말하지 않는 꽃.
이제 무엇이 나를 파멸시킬 수 있는가?

저녁이 나를 에워싸고 있다네
우단같이 부드럽게, 비애같이 육중하게.

이 시에서 한나 아렌트는 독일 낭만주의 시인들이 발견하였던 영역, 즉 이름 모를 '푸른 꽃'이나 잘 알지 못하는 대양(내세성과 초월의 광경)과 같은 것들에 도달하였다. 그리고 아렌트는 낭만주의 시인들의 방식으로 몇 편의 시를 통해 그들을 보호하는 여신인 밤의 신을 언급하고 있다.

위안이 되는 것, 나의 마음에 사뿐하게 기대라
조용한 것, 고통으로부터 위안을 나에게 다오.
너무나 밝은 모든 것들에 당신의 그림자를 드리워라.
나를 소진케 하고, 밝은 빛을 가려주오.

나에게 당신의 침묵을, 당신의 침정沈靜을 맡겨라,
악한 것을 어둠에 숨기게 해주오.
밝음이 새로운 시선으로 고통을 겪을 때
꾸준히 갈 수 있는 힘을 나에게 다오.

그는 정형화되지 않았지만 훨씬 감동적인 시에서 친구들에게 말을 걸었다. 그는 자신의 정서적인 열정을 사로잡았던 "단 한 사람에 대한 헌신"을 그들에 대한 무관심으로 오해하지 않기를 바랐으며, 언급하지 않더라도 자신의 이야기에 숨겨진 이야기를 그들이 알아주기를 원했다.

눈물 흘리는 게 가벼운 고통 때문은 아니오,
집 없는 사람의 시선이
여전히 당신에게 수줍게 구하고자 할 때.
가장 순수한 이야기가 어떻게
여전히 모든 것을 은폐하고 있다는 것을 느끼시오.

가장 은근한 경험의 감사함과
충실함을 느끼자.
그리고 당신은 알지, 항상 새로움 속에서
사랑이 주어진다는 것을.

안네 멘델스존 바일과 같은 친구들은 한나 아렌트가 하이데거에 대해 느꼈던 사랑에 대하여 알고 있었다. 친구들은 아렌트에 대해 공감하면서도 부인과 가족에 대한 의무를 존중하려는 하이데거의 결정을 이해하려고 노력하였다. 그러나 가장 진지하게 이해할 수 있었던 '친구'는 안네 멘델스존이 한나에게 소개해주었던 여성, 라헬 파른하겐이었다. 아렌트가 몇 년 후에 『라헬 파른하겐: 한 유대인 여성의 삶』이란 자신의 전기 원고를 마무리하고 있을 때 언급한 바와 같이, 파른하겐은 "100년 동안 죽은 듯이 있었지만 나의 가장 절친한 친구"[13]였다.

안네 멘델스존은 라헬 파른하겐 서간집 여러 권을 자기 방식대로 완독하고 있는 동안 파른하겐에 대해 열정적으로 언급하였다. 이 서간집들은 우연히 안네의 수중에 들어왔다. 알렌슈타인의 한 서적상은 물가 폭등 기간에 도산하였으며 한 권당 몇 페니에 책 전집을 팔았다. 안네는 파른하겐의 서적을 모두 구입했다. 아렌트는 그 당시 안네가 발견한 서적에 별로 관심을 갖고 있지 않았다. 그러나 아렌트는 대학 공부를 거의 마무리하고 독일

13 아렌트가 블뤼허에게 보낸 편지(1936년 7월 7일), 의회도서관. 『라헬 파른하겐』 출판을 준비하는데 도와준 로테 콜러 박사를 포함하여 친구들에게 이러한 진술을 반복하였다.

낭만주의에 관한 단행본을 집필하려고 준비하는 동안 파른하겐 자신을 (서적을 통해 — 옮긴이) 만나게 되었고 그에게서 "사람에 대한 흥미와 참으로 열정적인 천성이 결합되어 있는, 독창적이고 때 묻지 않았으며 비관습적인 지성"[14]을 발견하였다. 안네는 파른하겐 전집을 아렌트에게 넘겼다.

아렌트는 라헬 파른하겐의 편지와 일기에서 자신이 가지고 있었던 감수성과 취약성이 노출되는 것을 알게 되었다. 라헬이 이교도 출신의 폰 핀켄슈타인 백작에 대해 느꼈던 사랑, 완만하면서도 고통스럽게 거부당했던 사랑에 대해 공감하였다. 백작은 자기 가정의 안전과 이른바 처지를 위해 라헬의 살롱을 떠났다. 라헬은 이러한 상실에 직면했을 때 아렌트 자신이 느꼈던 것과 같은 처지에 있는 특별한 사람이 되었다. 라헬은 불륜의 연애를 끝낸 이후 백지상태에 빠져 있지는 않았다. 운명의 개요는 다음과 같다. "그는 사실상 자신이 삶, 즉 삶 일반을 경험했다는 것을 확신했다. … 경험은 그의 비존재non-being를 대신했다. 그는 이제 이러한 것이 삶의 존재 방식이라는 것을 알았다."[15] 아렌트는 라헬 파른하겐에서 다른 사람을 만났다. 그에게 있어서 진리는 특별히 경험의 잿더미에서 나타났고 가장 평범한 것들도 주목할 만했다.

한나 아렌트는 「그림자」에서 경험이 자신에게 가르쳐 준 것을 특유하게 일반화하여 확고하게 표현했다. 즉 "좋은 것들은 모두 나쁜 결말로 이어지고 나쁜 것들은 모두 좋은 결말로 이어진다. 어떤 것이 더 견디기 어려운 것인지를 말하기란 어렵다. 가장 참기 어려운 것은 이것이기 때문이다. 어느 누군가 억제력을 파멸시키고 그러한 사람의 편안한 느낌을 방해하는 무제한적인 두려움 속에서 참기 어려운 것에 대해 생각한다면 그것은 그 사람을 움찔 놀라게 한다. 그것은 사람이 고통들 가운데 가장 심각한 것에도 감사해야 하며, 실제로 이러한 고통이 정확히 모든 것의 핵심이며 보상이

14 Arendt, *Origins*, p. 59

15 Arendt, *Varnhagen*, p. 53.

라는 것을 완전히 자각하고 냉담하게 모든 순간 고통을 겪으면서 이해한다는 것을 의미한다." 아렌트는 이것이 삶의 존재 방식이었고, 그리스 비극작가들의 말대로 지혜를 가져다주는 고통으로 가득 찬 삶의 방식이었다고 결론짓고 있다. 아렌트의 결론은 라헬 파른하겐이 도달한 결론과 매우 흡사하였다. "나는 무엇을 하고 있는가? 아무것도 없다. 나는 삶이 비 오듯이 쏟아지게 내버려 두고 있다."[16]

한나 아렌트는 실현할 수 없는 사랑을 경험함으로써 나름대로 고통이 모든 것의 핵심이며 보상이라는 일반적 결론에 도달했다. 그는 세계에 대한 자신의 '세심한 애정'이 파괴되었으며, 안락한 감정을 박탈당했다고 느꼈다. 그는 친구들을 상대로 밝힌 시에서 언급했듯이 "집 없는 사람"이었다. 아렌트는 바로 이것을 라헬의 일기와 편지에서 발견하였다. 세계 속에서 안락함을 찾으려는 라헬의 초기 노력은 폰 핀켄슈타인에 대한 그의 사랑이 좌절되었을 때 붕괴되었다. 그러나 라헬은 자신의 실패로부터 무엇인가를 얻었다. 즉 그는 세상일에 대처하는 자신의 활달한 방식(아렌트는 이것을 성찰이라고 표현하였다)을 새로운 이해에 자리를 양보했다.

라헬의 초기 성찰 방식에 대한 아렌트의 기술은 「그림자」에서 자신의 활달한 자아도취에 관한 기술과 매우 흡사하다. "그는 자기에 대한 자신의 접근과 견해를 은폐하고 차단하였다." 『라헬 파른하겐』에서 아렌트의 서술은 한층 정교하면서 말로는 덜 공상적이다. 이러한 내용을 아래에 소개한다.

> 사유는 자신에게 다시 되돌아가고 영혼 속에서 그 고독한 대상을 찾을 경우 — 즉 그것이 성찰이 될 경우 — (합리적으로 존재하는 한) 세계로부터의 격리라는 바로 그 활동을 통해 외관상으로 무제한적인 힘을 특

---

16 앞의 책, 21쪽.
옮긴이_ 이 문장은 1956년판 「서론」, 16쪽에 다음 문장에 병기되어 있다. "그는 '우산 없이 맞이하는 폭풍처럼' 삶이 자신에게 들이닥치도록 삶에 자신을 드러내는 데 전력을 쏟았다." 김희정 옮김, 『라헬 파른하겐』(서울: 텍스트, 2013), 13쪽을 참조할 것.

이하게 생산한다. 사유는 또한 세계에 관심을 갖지 않음으로써 '흥미로운' 대상, 즉 내면의 자기 앞에 방어 거점을 설치한다. 사유는 성찰로 이루어진 격리 속에서 무한해진다. 사유는 더 이상 어떤 외적인 것에 간섭받지 않기 때문이며, 어떤 행위 요구도 더 이상 없기 때문이다. 물론 행위의 결과는 필연적으로 가장 자유로운 정신에게 한계를 부과한다. … 현실은 새로운 어떤 것도 제공하지 않는다. 예기豫期는 이미 모든 것을 예상했다. 단 하나의 불행도 나쁜 외부 세계의 불가피한 부수물로서 사전에 이미 일반화된다면, 우리는 자기 자신으로 비상함으로써 운명의 충격도 회피할 수 있다. 그래서 이러한 특정한 시간에 충격을 받은 것에 충격을 느낄 이유는 없다.[17]

라헬은 폰 핀켄슈타인을 잃었을 때 자신의 충격 방지 능력을 상실하였다. 그러한 상실은 라헬이 내면의 자기 앞에 설치했던 방어 거점을 깨뜨렸다. 그러나 그는 자신의 성찰 방식을 천천히 포기했다. 아렌트는 마치 이런 "불필요하고 공허한 삶의 방식"의 재빠른 종결을 환기시킨 「그림자」의 절망적인 결론에 대해 논평하기라도 하는 양 자신에 대해 기술하였다. 즉 그는 "광기나 죽음에 굴복하지 않았지만 망각하기를 원하지 않았기 때문에 원하는 것을 내보일 수 없었던 회복에 불가피하게 굴복했다." 라헬은 "절망의 훌륭한 결실(풍작)"을 잊지 않고 거두어들였으며, 자신의 불행을 인정하면서 냉담하지만 세계에 더 개방적으로 '진실을 말할' 준비가 되어 있었다. "그는 자신의 개인적 경험을 왜곡하지 않은 채 일반화할 수 있다는 점을 깨달았다."[18]

한나 아렌트는 유년기 이후 일반화하는 사람이 되었다. 그러나 이런 일반화는 일종의 비세계적이고 냉정하며 충격 예방 형태의 일반화였다. 그는 경험이 "자기 영혼의 저변으로 흘러들어가게" 내버려두었다. 물론 그러한

---

17 Arendt, *Varnhagen*, p. 10

18 앞의 책, 21쪽.

경험은 영혼 속에서 그에게 상처를 줄 수 없었다. 아렌트는 7살이 되던 해에 어머니에게 "우리는 슬픈 것들에 대해 너무 많이 생각해서는 안돼요"라고 말하였다. 아렌트는 '둔하게 느껴지는 고통鈍痛'이나 '꿈결 같고 황홀한 고립'을 알고 있었다. 그는 라헬과 마찬가지로 고통과 고립 속에서 다룰 수 없었던 경험에 맞섬으로써 이를 왜곡시키지 않은 채 일반화하는 법을 배우기 시작했다. 그러나 성찰적 주관성을 극복하는 법, 진실을 말하는 법을 배운다는 것은 단순한 문제가 아니었다. "시의 일반화 능력"*을 파른하겐에게 가르쳐준 안내자는 괴테였다. 라헬은 폰 핀켄슈타인을 잃은 이후에 자신의 이야기 속에 숨겨진 이야기를 언급할 수 없었기 때문에 시인의 지침을 필요로 하였다. 사람들은 라헬의 개성에 매료되고 그의 독창적인 지성에 매료되었으나 "라헬은 외면적으로 그들이 자기 마력의 제물이 되는 것을 원하지 않았다. 라헬은 오히려 일들이 어떻게 자신과 조화를 이루었는가에 대해 누군가 질문하기를 희망했다."[19] 어느 누구도 파른하겐에게 질문하지 않았고, 그는 말하지 않았다. "모든 것은 반복되었을 것이다. 어느 누구도 이해하지 못했기 때문이다." 라헬은 괴테의 인격과 개성의 인도로 자기 이야기를 언급하는 법을 배우기 이전에는 실현 불가능한 사랑을 반복했으며, 어쩌면 다시 사랑에 빠졌다.

시는 "언어를 특정한 내용의 전달 수단으로 사용할 뿐만 아니라 언어를 다시 그 최초의 실체로 전환시키기 때문에 언급한 개별적인 문제를 일반적인 문제로 전환시킨다."** 한나 아렌트는 『라헬 파른하겐』에서 라헬이 이를 어떻게 배웠는가를 지적하였다. 언어의 기능은 보존이다. "말하자면 언어가 구체화한 것은 수명이 짧은 인간보다 훨씬 더 오래 존속된다."[20] 그러

---

* 옮긴이_ "시가 용어의 사용에 있어서 최종적이며 절대적인 정확성에서 나타날 경우, 이 능력은 성취될 수 있다." 앞의 책, 115쪽.

19 앞의 책, 80쪽.

** 옮긴이_ 앞의 책, 114쪽.

20 앞의 책, 114쪽.

나 이 문장은 완전히 하이데거의 표현이다. 이 문장은 시인과 시에 대한 하이데거의 감식력 있는 견해를 요약하고 있다. 아렌트는 이러한 견해를 결코 포기하지 않았다. 그는 자신이 말할 수 있는 언어를 마련하기 위해 괴테를 직접 만날 필요는 없었다. 아렌트는 하이데거의 언어를 지속적으로 사용하였으며, 궁극적으로 자신의 언어를 발견하기 이전에 「아우구스티누스의 사랑의 개념」이란 제목의 학위논문을 그러한 언어로 집필하기 시작했다. 그리고 아렌트 역시 파른하겐과 같이 자신의 경험을 반복하고 자신의 언어로 『라헬 파른하겐: 한 유대인 여성의 삶』을 집필할 수 있기 전에는 역시 사랑에 빠져야만 했다.

이웃사랑

한나 아렌트는 마르부르크대학교 재학시절 하이데거와 은밀한 사랑에 빠져 다른 사람들로부터 고립되고 소외됐다. 그러나 아렌트는 새로운 사람들을 사귀고, 쾨니히스베르크 출신들과 우정을 유지하였다. 다른 유대인 학생인 한스 요나스가 하이데거의 세미나에 참여하였다. 그들은 하이데거의 강의 내용을 해독하느라고 함께 보내며 우정을 나누었다. 아렌트는 평생 동안 이 우정을 유지하였다.

요나스는 뒤셀도르프의 인근 도시인 뮌헨글라트바흐에서 졸업 자격시험을 마친 후 후설로부터 철학을 배우기 위해 프라이부르크대학교로 옮겼다. 요나스는 후설의 강좌를 수강하는 동안 조교인 사강사 마르틴 하이데거와 함께 초심자 세미나에 참여하게 되었다. 1921년 19세였던 요나스는 후설의 철학 강좌보다 하이데거의 철학 강좌가 더 활기 넘친다고 결론을 내렸다. 요나스는 또한 이 세미나를 충분히 이해하지 못했지만 무언가 신비한 것, 심원함, 새로운 사유양식에 대한 개방성이 있다고 느꼈다. 하이데거는 요나스의 호기심을 자극하였으며, 하이데거의 선구적인 학생들도 그랬다. 이러한 학생들 가운데 한 사람이었던 카를 뢰비트는 세미나에서 의미를 파악하는 어려움을 완화시킬 정도로 느리면서도 더듬거리는 목소리로 — 그는 전쟁 기간 중에 폐에 상처를 입었다 — 촘촘하게 쓰인 어려운 논문을 발표하였다.

그러나 요나스는 김나지움 시절 히브리어를 공부하였으며 시온주의자였다. 그는 궁극적으로 선생으로서 팔레스타인에 가기를 희망했기 때문에 철학 연구와 유대인 연구를 결합시키고 싶었다. 프라이부르크대학교는 이러한 야망을 충족시키기에 적당한 곳이 아니었다. 그래서 그는 베를린으로 갔다. 그는 이곳에서 대학 강의뿐만 아니라 1872년에 설립된 유대인연구아카데미에도 참석하였다. 요나스는 에두아르트 쉬프랑어와 에른스트 마이어의 지도 아래 철학 연구를 지속하였으며 폰 빌라모비츠와 베르너 예거의 지도 아래 고전 학습을 지속하였다.

요나스는 쉬프랑어의 한 세미나에 참석한 후 가던 길을 멈출 정도로 학생들 가운데 한 젊은이인 귄터 스턴의 말에 이끌렸다. 스턴의 '천재성 있는 분위기'는 여러 해 동안 요나스에게 감명을 주었다. 그들은 프라이부르크대학교에서 후설 강좌에 참여하였다. 이때 요나스는 수줍음을 결코 극복하지 못하여 자신을 소개할 수 없었다. 그러나 스턴이 자신의 의사를 표현하자 우정은 비로소 형성되기 시작했다. 두 사람은 절친해졌다. 몇 년이 지난 후 스턴은 자신의 여동생 에바에게 구혼을 하는 요나스가 가족의 일원이 되기를 기대하였다. 그러나 6년 후 귄터 스턴이 요나스의 친구인 한나 아렌트와 결혼하게 되자 우정은 결국 결혼과 관련하여 다른 방향으로 확대되었다.

요나스는 베를린에서 한 학기를 체류한 이후 프라이부르크대학교로 돌아왔으며, 1924년 봄 하이데거를 따라서 마르부르크대학교로 이동하였다. 이 해 가을에 그는 하이데거 세미나에서 한나 아렌트를 만났다. 두 사람은 유대인성을 공유하고 있었으며, 하이데거 주위에 몰린 수많은 젊은 아첨꾼들을 존경하지 않았다. 아렌트는 대부분의 학생들과 거리를 유지하였다. 아렌트는 마르부르크에 살고 있는 쾨니히스베르크 출신 학생들, 그리고 요나스와 친분을 유지하였고, 오직 하이데거와 친밀한 관계를 유지하였다. 아렌트는 후설의 지도로 학위논문을 마친 후 하이데거의 강좌를 들을 기회를 얻고자 1925년 봄 세미나에 참여한 귄터 스턴을 만났다. 그러나 아렌트는 당시 지인의 범위를 넓히는 데 신경을 쓰지 않았다.

아렌트는 초연한 태도와 하이데거와의 관계로 인해 하이데거의 숭배자들, 특히 여성 동료들로부터 호감을 받지 못했다. 한 젊은 여성은 아렌트를 이중으로 질투하였다. 그 여성은 아렌트의 동료들을 선호하였던 하이데거와 그루마흐에게 적의를 가졌기 때문이다. 하이데거의 부인은 무분별한 여학생과 하이데거의 관계에 분개하였으며, 남성이든 여성이든 유대인 학생들을 싫어했다. 아렌트는 그 부인으로부터 어떠한 따듯한 대접도 받지 못하였다. 하이데거가 아렌트를 다른 학생들과 구별하자 엘프리데 하이데거는 상당히 의심하기 시작했다.

아렌트는 정통 하이데거주의자들과 떨어져 있었으며, 이야깃거리를 야기하거나 엘프리데 하이데거의 적의를 야기하지 않으려고 노력했다. 아렌트는 대학 근처 다락방에 혼자 살았으며, 이곳으로 하이데거, 요나스, 그리고 쾨니히스베르크 친구들을 초청하였다. 아렌트는 하이데거의 후원 아래 연구하면서 지적으로 발전하였다. 아렌트를 알고 있던 사람들은 모두 그의 비범한 능력을 점점 더 명백하게 알게 되었다. 요나스가 지적했듯이, 지적으로 총명한 사람은 마르부르크대학교에서 적은 편은 아니었다. 그러나 학생들은 아렌트에게서 "그에 대한 매력을 갖게 할 열정, 내면적 성향, 질을 추구하는 본능, 본질을 추구하는 태도"[21]를 발견하였다. 아렌트는 그루마흐가 고전문헌학 박사학위를 얻기 위해 논문을 준비하고 있는 동안 그를 도

---

21 Hans Jonas, "Hannah Arendt: 1906~1975," *Social Research*, Winter 1976, pp. 3-5.

와주었다. 그루마호는 이때 아렌트에게 특별히 감명을 받았으며 감사함을 표시하였다. 그러나 아렌트의 친구들은 그의 수줍음, 심지어 어린애다움에 계속 충격을 받았다. 어느 날 저녁 아렌트를 방문하였던 친구들은 탁월한 철학적 논의를 마련하였으며, 아렌트가 제공하는 음식을 먹고자 쥐구멍에서 나온 쥐, 즉 자그마한 방에 같이 살고 있는 동료에게 말하는 아렌트의 매력적인 광경을 보았다. 아렌트는 이 쥐가 자신과 같이 외롭다고 요나스에게 말한 바 있다.

강의실 밖에 있을 때, 마르부르크대학교 학생들은 아렌트의 사생활을 침해할 경우를 제외하고 아렌트의 관심을 끌지 못했다. 반유대주의는 극단적이지 않았다. 마르부르크대학교에서 반동적인 운동은 강세를 띠었으며, 동료 남성들과 국가사회주의 청년단체 회원들은 종종 반유대주의적 언사를 표시하였다. 우파 청년들은 하이데거의 부인을 통해 하이데거 추종자들의 궤도에 올랐다. 귄터 스턴은 1925년 봄 토트나우베르크에 있는 작은 별장 마련을 축하하는 집들이 행사에서 엘프리데 하이데거를 만났다. 엘프리데는 화톳불 주위에서 식사하며 노래 부르고 저녁을 보낸 후 좋은 감정에 젖어 있었다. 이때 엘프리데는 자신에게 감명을 주었던 스턴에게 마르부르크 국가사회주의 청년단체에 가입할 것인가에 대해 질문하였다. 스턴이 자신을 유대인이라고 말하자 엘프리데는 갑작스레 입장을 바꾸었다. 아렌트는 그러한 기회를 피하려 노력하였다.

아렌트는 자신의 입장을 유지하였으며, 자신을 보호하려는 유대인 친구들의 배려를 이해하였다. 유대인 친구들이 학생 식당에서 식사를 하던 어느 날 저녁에 요나스는 아렌트가 자신의 도움을 얼마나 고맙게 여겼는가를 회상하였다. 비공식 동호인 단체의 학생이 아렌트에 이끌려 그들의 탁자에 가까이 왔다. 그 학생은 자신이 아렌트의 동료들과 합석할 수 있는가에 대해 질문하였다. 요나스는 자기 친구의 놀란 시선을 보면서 거절하였다. 그러나 아렌트 역시 이교도와 자신의 관계를 스스로 설정할 수 있었다. 그는 강의 신청에 앞서 대담을 요구하는 루돌프 불트만의 신약 강좌를 선택하고자 하였다. 이때 아렌트는 확실한 조건으로 "반유대주의적 언사가 없어야 한다"고 불트만에게 공지했다. 아렌트와 요나스는 이 이야기를 회상할 때마다 그 조건을 인용하였다. 평온하고 점잖은 사람인 불트만은 세미나에서 어떠한 반유대주의적 언사가 있다면 "우리 두 사람이 상황을 함께 조정할 것이네"라고 아렌트에게 확신시켰다.

아렌트는 후설 밑에서 연구학기를 보내고자 마르부르크대학교를 떠났으며, 하이데거와 거리를 유지한 이후 다시 돌아오지 않았다. 아렌트는 하이데거 밑에서 학위논문을 쓸 수 없었다. 그러한 관계의 개인적 어려움을 제외하고, 연결고리를 발견했다면 두 사람은 타협했을 것이다. 그래서 하이데거는 그를 하이델베르크대학교로 안내했다. 그의 친구인 카를 야스퍼스가 이곳에서 철학 교수직을 맡고 있었다.

하이데거가 『존재와 시간』이란 대작을 집필하기 시작했을 때 아렌트는 하이데거 밑에서 대학 공부를 시작하였다. 야스퍼스가 철학적 대작인 3부작 『철학』의 초안을 마련하기 위해 원고와 강의안을 함께 작성하고 있을 때 아렌트는 하이델베르크대학교에 왔다. 그가 종종 환기했던 행운의 여신은 그에게 두 번이나 친절했다. 그는 양차 세계대전 사이에 철학적으로 완숙한 경지에 도달했던 당대 가장 위대한 두 철학자와 함께 연구했을 뿐만 아니라, 그들의 가장 훌륭한 저작에 형태를 부여하는 강의 및 토론에 두 사람과 함께 할 수 있었다.

아렌트는 '삶의 존재 방식'에 관한 교훈을 얻은 후 하이델베르크대학교에서 이성이 '지배하고 능력과 재능이 확산될' 수 있는 방식의 다른 특별한 예, 즉 철학의 존재 가능성에 의해 다시 도전받게 되었다. 그는 야스퍼스를 통해서 괴테에 뒤지지 않는 인간적 능력을 지닌 한 인간을 만났다.

야스퍼스는 "철학 자체의 정점으로 부상하기 위해서"[22] 자신이 심리학과 신경정신병학 분야에서 이룬 매우 성공적인 경력을 포기하기로 결정했다.

이때 그의 나이는 거의 40세였다. 그의 「철학적 회고록」에는 괄목할만한 저작인 『세계관 심리학』(1919년)에 대한 불만스러운 이야기, "모든 사람들을 놀라게 할 만한" 결정에 관한 이야기, "소수의 위대한 독창적인 철학적 저서들"을 읽으면서 보낸 시간에 관한 이야기, 『철학』(1931년)의 집필을 준비하던 이야기가 언급되고 있다. 그러나 문제를 제기하며 자신에 도전하는 태도에 관한 야스퍼스의 이야기는 삶의 이야기였다. 야스퍼스는 젊은 시절 하이델베르크 정신병리학 병원에서 인턴이며 연구조교였다. 야스퍼스는 정신병리학 분야의 수많은 연구, 방대한 저작인 『정신병리학 총론*General Psychopathology*』, 즉 20세기 초반 심리학자들 사이에 논의된 이론 · 방법 · 주제에 관한 체계적 조사와 비판으로 명성을 얻었다. 그러나 그는 만족하지 않고 폭넓은 분야의 주제들을 고려하기 시작했다. 1913년과 1922년 사이에 진행한 그의 강의에는 경험심리학을 비롯하여 니체, 스트린덴베르크, 반 고흐와 같은 역사적인 인물들에 대한 사례연구, 그리고 사회심리학 · 종교심리학 · 도덕심리학에 이르기까지 광범위했다. 『세계관 심리학』은 이러한 강의 내용들 가운데 한 강의의 내용을 기반으로 하고 있다. 야스퍼스는 이 강의를 계기로 철학에 관심을 갖게 되었다. 야스퍼스는 이 강의가 "나의 미래 사고를 위한 기초"가 되었다고 회상하였다. 야스퍼스는 연구를 확대하고 심화시키는 경력을 통해 철학 자체로 도약할 수 있는 예비 작업을 하였다. 그의 삶은 아렌트가 언급했던 "유기적 성장"의 모델이었다.

야스퍼스가 설명했듯이, 한나 아렌트가 학생이었을 당시 야스퍼스가 제공한 강의는 "사물을 천착하는 방법"이었다. 그의 경우에 강의는 완성된 교리의 표현이 아니라 소통 양식이었다. "소통" 자체는 야스퍼스가 개발한 주요한 개념들 가운데 하나이다. 아렌트가 참가한 세미나에서 야스퍼스는 철학의 본질에 관한 질문, 그리고 철학이 이동하는 차원에 관한 질문을 제기

22 개별적으로 주석을 달지 않은 이 지적과 다음의 자서전적 야스퍼스의 「철학적 회고록」에서 발췌한 것이다.

하였다. 세미나는 셸링과 같은 특별한 사상가들을 연구했지만 사유 양태와 사유 과정의 유형에 초점을 맞추었다. 야스퍼스는 철학이 이동하는 차원의 유형론을 천천히 구성하되 특정한 철학적 교의의 내용에 기반을 두지 않고 교의의 근거가 되는 사유 과정에 초점을 맞추어 유형론을 구성하였다.

야스퍼스의 초기 저작에서 후설의 '기술심리학' 방법, 빌헬름 딜타이의 '이해심리학' 방법은 핵심적이었다. 그러나 야스퍼스가 철학으로 이동하였을 때 사회학자 막스 베버와 대화를 하며 배운 방법은 그의 사유 기술technique에서 주류가 되었다. 베버는 특정한 인간 행태와 문화 현상, 즉 사회적 단위에 부합하는 특징들을 설명하고자 의도한 '이념형' 또는 모델을 구성하였다. 야스퍼스는 세계관의 기본 유형, 그리고 각 유형의 인간 행태에서 발생하는 결과를 구별하기 위해 『세계관 심리학』에서 이러한 기법을 광범위하게 이용하였다. 그러나 그는 세계관의 단순한 유형론에 만족하지 않았다. 이러한 유형론은 사람들에게 특정한 세계관을 선택하게 하는 무엇인가를 설명할 수 없으며, 무엇이 그들을 생각하고 행동하며 선택하게 하는가를 설명할 수 없었기 때문이다. 야스퍼스는 어떤 사람이 "어떠한 관조적 견해 속에서가 아니라 자신의 현실 속에서" 대답해야 하는 질문을 탐구하기 시작하였다. 베버의 틀은 야스퍼스에게 기본 틀을 제공하였다. 그는 철학하기의 차원, 철학적 사유 과정의 유형을 구분하기 위해 이를 이용하였다. 그러나 세계관의 내용이나 교의체계에 대한 그의 관심은 줄어들었다. 그의 새로운 정향은 여러 가지 상이한 방식으로 요약되었으나 다음 문장이 대표적이다. "철학하기는 어느 특정한 순간에 개인의 삶에 스며들 듯이 현실적이다." 아렌트의 경우 이러한 구체적인 접근은 계시였다. 그리고 철학하기의 삶을 영위하는 야스퍼스는 아렌트에게 하나의 본보기였다. 아렌트의 회상에 따르면, "나는 말하자면 실천praxis에서 그의 이성을 인지했습니다."[23]

---

23 가우스 대담.

개개인이 어떻게 사유하고 행동하는가에 대한 야스퍼스의 관심은 『철학』에서 '차원들'의 삼분법적 도식을 통해 최종적으로 구성되었다. 제1권은 철학적 사유가 세계 및 세계 속의 대상과 어떻게 연계되는가를 밝히고 있으며, 제2권은 철학적 사유가 인간조건, 즉 인간의 '실존적 조건'과 어떻게 연계되는가를 다루고 있다. 그리고 마지막 제3권은 철학적 사유가 세계와 인간을 어떻게 초월하는가를 다루고 있다. "철학적 세계정위", "실존조명", "형이상학"은 철학적 사유의 유형이다. 그러나 이 유형들은 정적이거나 고정되어 있지 않다. 이것들은 키르케고르가 표현하는 "삶의 존재 방식에 있어서 단계"와 상당히 흡사했다.

막스 베버가 사망한 이후 야스퍼스는 자신의 '실존철학', 즉 인간이 자신들의 인간적 가능성을 어떻게 성취하는가 — 또는 성취하지 못하는가 — 에 대한 논의를 공식화하였다. 그러나 친구이며 스승인 베버의 존재는 『철학』의 모든 부분에 지적인 영향뿐만 아니라 인간적 표본으로도 드러나게 된다. 야스퍼스는 다음과 같이 회상하였다. "막스 베버가 1920년 사망하였을 때 나는 세계가 마치 바뀐 것처럼 느꼈다. 세계를 정당화하였고 내 생각으로는 세계를 고무시켰던 위대한 사람은 더 이상 우리와 함께 하지 않았다. 베버는 결코 여러분에게 책임을 권유하거나 면제해 주지도 않지만 자신의 엄격하고 명쾌한 인간적 사유에 대한 확신을 고무시켰던 권위를 유지하였다. 이 권위는 합리적 토론을 위한 안내자이지만 말로 표현할 수 없을 정도로 전적으로 신뢰할 가치가 있는 안내자이며, 심오함 덕택에 순간의 상황에 대한 통찰력, 그리고 행위 · 인식 · 사건에 대한 판단을 형성하는 데 기여하였다. 이제 이 권위는 마치 사라진 것 같다." 아렌트는 야스퍼스가 1969년 사망하였을 때 이러한 인생의 길을 생각했다. 그는 야스퍼스가 없는 상황에서 자기 자신의 『철학』인 『정신의 삶』을 집필해야만 했다. 그러나 아렌트는 야스퍼스의 제자가 된 날부터 그가 사망하기 직전 『정신의 삶』에 관한 구상을 논의하던 날까지 야스퍼스의 '합리적 논의에 필요한 신뢰할 만한 지침'을 지니고 있었다.

막스 베버는 카를 야스퍼스의 둘도 없는 친구이며 안내자였다. 그러나 베버가 사망하던 해에 야스퍼스는 하이데거에게서 한 인간을 만났다. 야스퍼스는 베버가 그랬듯이 하이데거에게 지적으로 도전하고자 했다. 두 사람은 1920년 후설의 생일 축하모임에서 소개를 받았다. 야스퍼스는 하이데거가 모임에서 어떻게 눈에 띄었는가를 곧바로 지적하였다. 이 모임에는 "쁘띠-부르주아적인 것 같은 것이 있었고, 분위기로는 약간 야비한 것 같은 무엇이 있었다."[24] 하이데거가 하이델베르크대학교를 방문하고 이어서 『세계관 심리학』에 대한 서평을 집필하였을 때 두 사람의 우정은 시작되었다. 하이데거는 이 서평에서 야스퍼스의 작품을 철학의 새로운 출발점으로 인정하면서도 충분하지 않다고 비판하였다. 야스퍼스의 저작에 대한 하이데거의 대화는 "철학 자체의 정점으로 부상하겠다"는 야스퍼스의 결정을 고무시켰다. 두 사람은 1920년대 초반 서신을 교환하고 대화하고자 만났으며, 1926년 이후에는 아렌트의 교육에 대해 공동으로 책임을 맡았다. 그러나 그들의 우정에 문제가 생기기 시작한 이후, 즉 『존재와 시간』의 출간 이후인 1927년 아렌트는 비로소 그들을 함께 알게 되었다. 야스퍼스는 그 책이 분위기와 양식에 있어서 생소하다고 생각하였다. "우리의 연구를 통해 숨겨진 격차가 드러나기 시작했다." 1933년에 이르자 이러한 격차는 극복할 수 없는 형태를 띠게 되었다. 국가사회주의 선전에 대한 하이데거의 민감한 반응과 나치의 반유대주의가 뚜렷해지자 두 철학자는 결별하였다.

초기에 하이데거와 우정을 유지하고, 아렌트와 같은 학생들이 강의에 참여하는 것은 야스퍼스에게 중요했다. 야스퍼스는 위대한 철학자들의 저서

---

24 하이데거에 관한 이 지적과 다음 지적은 야스퍼스가 자신의 「철학적 회고록」을 위해 준비한 장에 있지만 회고록에는 포함시키지 않았다. 이 장은 「회고록」 재판에 포함되어 있다. "Philosophical Memoir": *Philosophische Autobiographie*(Munich: Piper Verlag, 1977), pp. 92-111(English translation in *Graduate Faculty Philosophy Journal*, Spring 1978, pp. 107-128)

를 읽고 있었고, 아직 출간하지는 않았지만 자신의 『철학』을 통해 사유하였다. 그는 하이델베르크대학교의 선두적인 신칸트주의자, 즉 하이데거의 스승이었던 하인리히 리케르트와 갈등을 빚었다. 리케르트는 야스퍼스가 1919년 저작을 출간한 이후 견해와 재능을 소진했기 때문에 출간하지 않는다고 자기 동료들에게 확신시키려고 하였다. 리케르트는 야스퍼스의 대학 교수직은 무능력을 은폐하는 수단이라고 주장했다. 마침내 1931년 『철학』이 출간되자 리케르트는 침묵을 지켰다. 야스퍼스는 이 책의 출간을 준비하는 몇 년 동안 자신이 하이데거와 제자들로부터 받은 지적 후원에 사의를 표시했으며, 특별히 아내인 게르트루트, 그리고 아내의 오빠이자 가장 친밀한 지적 동료였던 에른스트 마이어에게 사의를 표시했다.

마이어 집안은 플렌츠라우에서 정통 유대교를 믿는 독실한 사업가 출신이다. 그런데 한나 아렌트가 주장하듯이 이 집안은 대대로 정신질환으로 상당한 어려움을 겪었다.[25] 한 여동생은 '곤혹스러운 만성적 정신질환'으로 병원에 수용되었고, 다른 여동생은 몇 년 후에 디프테리아로 사망했다. 가장 절친한 친구가 20세의 나이에 요절하고 이어서 첫 번째 남자 친구인 시인 발터 칼레가 자살하자 게르트루트 마이어 야스퍼스도 심각한 정신장애를 보였다. 카를 야스퍼스의 회상에 따르면, 이러한 것은 게르트루트가 "삶의 절대적인 연속과 조화시킬 수 없는 운명의 충격"이었다. 그럼에도 카를 야스퍼스가 질병과 기관지염 때문에 정신병 치료로 고통을 받고 있던 무명의 조교였을 때 게르트루트는 그와 결혼할 용기를 가졌다. 야스퍼스의 진단 결과는 암담했다. 그는 단지 몇 년밖에 살지 못한다는 진단을 받았기 때문이다. 게르트루트가 이 이야기를 들었을 때 아렌트는 "그것이 실제로 중요한 것입니다"라고 말했다.

---

25 아렌트가 블루멘펠트에게 보낸 편지(1954년 10월 10일), 마르바흐 문서보관소. 야스퍼스의 부인 가족에 대한 성찰은 다음 자료를 참조할 것. "Philosophical Memoir"; Hans Saner, ed., *Karl Jaspers in Selbstzeugnissen und Bilddokumneten*(Hamburg: Rowohlt, 1970).

게르트루트와 에른스트 마이어는 모두 야스퍼스의 『철학』을 출간하는데 긴밀하게 관여했다. 그들은 대화를 나누었다. 에른스트는 책의 각 초안을 읽으면서 권고안을 제시하였고, 수정내용에 대해 토론하였다. 그러나 야스퍼스는 또한 일요일 저녁 막스 베버의 미망인 마리안네 베버의 집에서 열리는 정신적 지도자들의 다과회Geistertee를 통해 하이델베르크대학교 교수들과 교제를 즐겼다. 마리안네 베버는 남편 사망 이후 막스 베버 자신이 제도화시켰던 이 전통(계몽주의를 연상시키는 살롱 생활의 전통)을 유지했었다. 동생이며 사회학자인 알프레드 베버, 그의 동료인 에밀 레더러, 고고학자 루드비히 쿠르티우스, 정신병 학자 빅토르 폰 바이자커, 인도학 연구자 하인리히 짐머, 독일학 연구자 프리드리히 군돌프, 신학자 마르틴 디벨리우스, 그리고 다른 사람들이 이 모임에 참여했다. 이 사람들은 야스퍼스가 아렌트에게 추천한 강의를 담당했던 사람들이었다. 아렌트가 「아우구스티누스의 사랑 개념」이란 학위논문을 쓰기 시작했을 때 마르틴 디벨리우스의 신학 강의, 그리스어 및 라틴어에 대한 그의 탁월한 지식은 아렌트에게 특별히 중요했다.

가족과 친구들은 야스퍼스를 격려했다. 야스퍼스의 동료들은 아렌트에게 지적 공동체의 감정을 제공하였다. 아렌트는 '단 한 사람에 대해 헌신했던' 시기에 지방색 강한 마르부르크에서는 이러한 감정을 이해하지 못하였다. 아렌트는 역시 혁신과 실험을 인정하는 범세계적이고 자유주의적인 하이델베르크 정신에 이끌려 하이델베르크대학교에 왔던 같은 연배의 젊은 사람들과 친구가 되었다. 당시 하이델베르크 정신은 독일 전역에 잘 알려졌다. 아렌트의 친구인 요나스는 첫 번째 저서인 『아우구스티누스와 바울의 자유문제*Augustine and the Pauline Problem of Freedom*』를 집필하고자 하이델베르크대학교에 왔다. 그리고 그는 철학과 심리학 교육을 받은 친구 삼인방을 만났다. 카를 프란켄슈타인은 이후 히브리대학교 심리학 교수가 되었다. 에리히 노이만은 융학파의 정신분석학자가 되었으며, 여러 권의 저서를 집필하였다. 이들 가운데 가장 유명한 책은 『무의식의 발견*The Discovery of the Unconscious*』이다. 그리고 에르빈 뢰벤손은 표현주의 학파의 수필가이며 작가이다. 세 친구는 모두 아렌트에 이끌렸는데, 친구들보다 거의 20년 정도 연상이었던 뢰벤손만이 교제 요청에 성공하여 아렌트를 만났다.

아렌트와 뢰벤손은 1927년 잠시 연애를 하였다. 두 사람의 우정은 1963년 뢰벤손이 사망할 때까지 지속되었다. 뢰벤손이 베를린에 살고 있고 아렌트가 하이델베르크에 살고 있던 1927~1928년에 두 사람은 편지를 교환하였다. 전후에도 이들은 역시 편지를 교환하였다. 이때 뢰벤손은 팔레스타인에서 살고 있었고 아렌트는 뉴욕에서 살고 있었다. 이러한 편지들은 지적 구상을 위한 격려와 지원을 강조하는 내용들을 담고 있다.[26] 초기 편지들에서 아렌트는 자신의 학위논문 제목을 논의하였고 질문을 하였으며, 읽을 책들과 인용문을 제안하였다. 그들은 모두 매우 중요하다고 생각하는 우정의 요소인 충실성에 대해 언급하였다. 뢰벤손의 독립적이고 다소 기이한 지성과 괄목할만한 문화능력은 아렌트에게 고무적이었다. 뢰벤손의 편지들도 저서들에 특징적으로 나타나는 복잡한 유희적인 시적 문체로 쓰였다. 독일 산문의 대가들에 대한 그의 애착은 이미 하이데거 앞에서 꽃피웠다. 그러나 아렌트는 뢰벤손이 자신에게 끌렸던 것만큼 그에게 깊이 끌리지는 않았다. 두 사람이 만났을 때 뢰벤손은 베를린에 기반을 둔 표현주의자들 사이에 영향을 미치는 한 사람이었는데, 그의 재능과 능력은 이성이 감당할 만한 것은 아니었다. 뢰벤손은 수고 모음집의 분량을 열렬하게 늘려나갔지만 책을 거의 완성시키지 못한 채 정서 불안정으로 인해 지속적으로 손상을 입었다. 두 사람의 관계는 아렌트에게는 고무적이었기 때문에 아렌트는 마르부르크에서 정서적 소용돌이를 경험했던 시기 이후 정서 불안정을 느끼지 않았다.

---

26 아렌트와 뢰벤손의 서신은 마르바흐 소재 독일문서보관소에 소장되어 있다. 히브리대학의 칼 프란켄슈타인 교수가 저자에게 제공한 몇 편의 추가적인 서신은 문서보관소에 소장될 것이다.

아렌트는 1927년 베노 폰 비제를 만났다.* 이때 아렌트가 참여한 환경은 최소한으로 줄여 말하더라도 상이했다. 아렌트보다 꼭 세 살 위였던 베노 폰 비제는 프리드리히 슐레겔에 관한 첫 번째 연구를 바로 완결하고 카를 야스퍼스가 편집한 총서로 스프링어출판사에서 그것을 출판하였다. 그의 성공은 그의 능력보다 앞섰다. 폰 비제는 미래 낭만주의자인 휴고 프리드리히와 같은 탁월한 젊은 친구들과 함께 군돌프의 지도 아래 문학사 교육을 받았다. 당시 군돌프는 독일 내에서 문학 분야의 가장 유명하고 권위 있는 선생이었다.

비평가이며 시인인 프리드리히 군돌프는 시인인 슈테판 게오르게를 중심으로 모인 동아리의 저명한 회원이었다. 이 동아리는 엄청난 영향력을 발휘하였다. 군돌프는 저서와 여러 편의 논문에서 괴테를 찬양하였다. 그는 율리우스 케자르의 열정적인 전기, 셰익스피어에 관한 중요한 연구와 번역본, 그리고 셰익스피어 작품을 독일에 수용하는 저서를 집필하였다. 그는 게오르게 동아리의 다른 회원들과 마찬가지로 영웅과 귀족, 그리고 '완벽한 인간'의 고전적 본보기를 열렬하게 존경하였다. 이들의 지명도는 바이마르 공화국의 문화적 야만주의를 부끄럽게 만들었다. 공화국의 종말을 초래하였던 사건들을 통해 바이마르를 회고하는 사람들은 군돌프를 "공화국의 무덤 파는 사람이라고 종종 비판하였다."[27] 민주적인 사고를 가진 사람들은 그의 엘리트주의를 걱정했지만 그는 생존 시에 지속적으로 인기를 누리는 지적인 인물이었다. 카를 야스퍼스는 1931년 군돌프의 사망 직후 개최된 세미나에서 자기 친구에 대해 사의를 표시하였다. 야스퍼스는 이 세미나에서 활발하고 합리적인 방식으로 군돌프와 가끔 언쟁을 벌였지만 그와 여전히 친하다고 지적했다. "나는 한 사람에게 진실로 '예'라고 이

---

* 옮긴이_ 공식적인 이름은 Benno Georg Leopold von Wiese und Kaiserwaldau(1903~1987)이다. 그는 사회학자 레오폴드 폰 비제의 아들이며 독일 문화 연구자이다.

27 Peter Gay, *Weimar Culture: The Outsider as Insider*(New York: Harper & Row, 1968), p. 48.

미 말했을 때 그에게 '아니'라고 말할 수 없다."[28] 야스퍼스는 슈테판 게오르게가 군돌프를 비난한 이후에 군돌프의 가장 훌륭한 저서, 특히 마지막 저서인 『셰익스피어』가 완성되었다고 생각하였으며, 대부분의 군돌프 추종자들도 그러한 것에 동의했을 것이다. 그리고 군돌프는 야스퍼스가 생각하기에 "아무도 양분을 얻을 수 없는 정신을 소유한 사람들의 무리"를 떠났다. 아렌트가 군돌프의 강의에 참여할 때 군돌프는 만년에 이르렀다. 이때 군돌프는 무기력하고 남색적인 게오르게 동아리의 사람보다 훨씬 세련되고 진지하며 하이델베르크 정신을 소유한 사람이었다.

아렌트는 베노 폰 비제 및 그 동료들의 동아리에 참여하고 군돌프의 강의에 참여했다. 이런 연유로 아렌트는 독일 낭만주의와 유대인 살롱 — 18세기 전환기 독일 낭만주의자들이 모인 살롱 — 에 대한 관심을 더욱 심화시키고 확장시켰다. 아렌트는 박사학위 논문을 완결하였을 때 독일 낭만주의를 광범위하게 연구하여 그 결과를 집필할 생각을 갖고 있었다. 그는 엄청난 독서운동에 참여하게 된 동기를 제공한 이 기획 때문에 궁극적으로 라헬 파른하겐의 베를린 살롱에 특별히 관심을 갖게 되었다. 이러한 관심은 학문적이지는 않았다. 사촌인 에른스트 퓌르스트와 그의 부인이 회상했듯이, 아렌트는 상당히 세련되고 귀족적인 이방인 친구들 사이에서 현대판 유대인 라헬 파른하겐이었다. 라헬 레빈이 두 번째 연인déjà vu인 돈 라파엘 두르퀴조에게 보였듯이, 아렌트는 키 크고 마른데다 금발이며 전문가다운 폰 비제의 눈에는 매혹적으로 특이하며 색다른 — 금박이 달린 현대식 파이프 담배를 피우는 아렌트의 모습 — 사람으로 보였다.

하이델베르크는 마르부르크와 달리 세기의 전환기 이후 살롱 전통을 가지고 있었다. 그 전통은 베버 집안을 중심으로 형성되었다. 라헬 파른하겐 시대의 베를린 살롱과 마찬가지로 베버의 모임에는 두드러진 여성들이 많

---

28 Hans Janer, ed., *Karl Jaspers in Selbstzeugnissen und Bilddokumenten*(Hamburg: Rowohlt, 1970). p. 118.

이 참여하였다. 이들 가운데 유대인들도 있었다. 게르트루트 야스퍼스가 자기 남편과 그의 노력에 열정적으로 헌신하였기에 하이델베르크에서는 작은 불꽃Flämmchen으로 알려졌다.[29] 게오르그 짐멜은 사회학에 적대적이었던 전통적인 대학교수들로부터 인정받지 못하여 몇 년 동안 어려움을 겪었는데, 게르트루트 짐멜은 남편인 게오르그 짐멜을 지원하였을 뿐만 아니라 1918년 남편의 사망 이후에도 그를 계속적으로 지원하였다. 마리안네 베버와 엘제 야페는 모두 하이델베르크의 지적 삶과 정치의식을 향상시키는 데 공헌한 중요 인사들이다. 그런데 엘제 야페는 엘제 폰 리히트호펜의 자식으로 베버의 제자들 가운데 한 사람인 에드가르 야페와 결혼하였다. 남성과 여성, 유대인과 비유대인(군돌프는 유대인이다)은 베버의 사망 이후 마리안네가 살롱을 차렸을 때 이 살롱에 들렀다.

베노 폰 비제는 대학의 사교 동아리에 익숙해 있었다. 그는 대학 상류층 출신이었으며, 저명한 사회철학자인 아버지 레오폴드의 법복귀족nobles de robe 직위를 물려받았다. 그는 한나 아렌트와 조화 관계를 오래 지속하기를 기대했던 카를 야스퍼스를 포함해 대학의 주요 인사들로부터 상당한 존경을 받았다. 그러나 폰 비제와 아렌트는 거의 2년이 지난 후 각기 다른 길을 걸었다. 폰 비제는 「아우구스티누스의 사랑 개념」을 집필한 저자, 즉 여전히 순수하고, 거의 선험적이며 오히려 하이데거의 분위기를 지니고 있는 저자보다는 가정과 현세적 사랑에 훨씬 더 헌신적인 누군가와 결혼하기로 결정했다. 이후 폰 비제는 일제 폰 가벨과 결혼하였다. 아렌트는 베를린으로 이사하였고, 여기에서 귄터 스턴과의 만남을 재개하였다.[30]

한나 아렌트가 하이델베르크에서 생활하는 동안 연애를 하였던 두 남성은 다른 세대에 속하며 다른 사회적 종교적 배경을 가지고 있었지만, 그들

---

29 Martin Greene, *The Von Richthofen Sisters* (New York: Basic Books, 1974), pp. 29ff.

30 베노 폰 비제는 최근에 그의 회고록을 집필하고 있다. 이것은 한나 아렌트와의 관계에 대한 내용을 담을 것이다.

은 문학과 독일 문화에 대한 사랑, 즉 탐미주의를 공유하고 있었다. 그러나 하이데거는 독일 문화의 대변자였다. 아렌트는 그와 매우 긴밀한 관계를 유지하였다. 아렌트는 1929년 하이델베르크대학교에서 박사학위 논문을 마치고 베를린으로 이사했다. 이때까지 하이데거는 아렌트에게 자신을 만나라고 권유하면서 편지를 보냈다. 그럴 때마다 아렌트는 자신의 연구·친구·의무를 잊은 채 만나러 갔다. 1930년대 초 국가사회주의에 대한 하이데거의 열광이 두 사람 사이를 결정적으로 갈라놓았다. 하이데거는 나치의 민족주의가 독일 문화에서 칭찬할 만한 것을 모두 왜곡시킨다는 점을 인식할 수 없었던 것 같다. 그는 근대화를 아주 두려워하였으며 전원적이고 전산업적 가치를 아주 신봉했기 때문에 원시적 독일성에 대한 나치의 주문 속에서 양립 가능한 성향을 발견할 수 있었다. 아렌트가 이후 언급했듯이, 하이데거는 "독일의 마지막 낭만주의자"다.[31] 하이데거가 1935년 언급했듯이, 독일어는 "언어들 가운데 가장 강력하고 가장 정신적인 언어"였고, 그의 비세계적이고 정치적으로 조야한 문화적 보수주의의 중심에 있었다.[32] 아렌트는 하이데거의 충실성을 이해할 수 있었으며, 이후에 충실성의 희극성을 알 수 있었다. 따라서 아렌트는 하이데거가 나치당에 가입한 이후에 관계를 단절해야만 하였지만 하이데거에 여전히 충실했다. 아렌트는 17년 동안 그에게 어떤 소식도 전하지 않았다. 그러나 아렌트는 전쟁이 끝난 이후 하이데거를 재회했을 때 하이데거의 시 때문에 그를 더 많이 용서할 수 있었다. 아렌트는 전후 그들의 재회에 즈음하여 하이데거의 우매함에도 불

---

31 Arendt, "What is Existenz Philosophy?" p. 46

32 Martin Heidegger, *Introduction to Metaphysics*, trans., R. Mannheim(New Haven: Yale University Press, 1959), p. 199. 아렌트는 의회도서관에 소장된 1967년 3월 25일자 편지에서 글렌 그레이와 하이데거의 이 문장을 논의하고 있다. "그가 생각한 국가사회주의는 세계적 기술과 현대인의 만남이라는 것을 비열한 방식으로 설명하기 위해 한 문장을 남겼다. 내가 언급한 바와 같이, 이 이념은 무시무시하지만, 그가 유일한 사람은 아니다. 나는 베냐민으로부터 아주 비슷한 주석을 발견하였다. 이러한 신사들이 가지고 있는 문제는 그들이 『나의 투쟁』과 같은 책들을 너무 지루하여 읽지 않았으며 이후 파시스트로 완전히 전향한 이탈리아 미래학자들의 책, 약간은 무모하면서도 대단히 흥미로운 책들을 읽고자 하였다.

구하고 자신의 충실성을 유지케 하였던 유대인의 성격을 한 친구에게 기술하였다. "나는 프라이부르크에서 학문적 의무를 가지고 있었으며, 내가 묵고 있는 호텔에서 하이데거를 만났습니다. 여느 때와 같이 나는 그를 통해 독일어를 특이하고 아름답게 수용하였습니다. 하이데거의 표현은 실제로 시적입니다. 사람은 자신이 할 수 있는 것을 합니다."[33]

히틀러가 독일에서 집권했을 때 한나 아렌트와 카를 야스퍼스는 나치즘이 제기한 문제에 훨씬 더 직접적으로 맞섰다. 그들은 야스퍼스의 독일 민족주의가 그에게 무엇을 의미했는가에 대해 여러 차례 격렬하게 토론했다. 야스퍼스는 막스 베버를 "마지막 순수한 독일 민족주의자"로 생각했고 그로부터 민족주의를 배웠다. 야스퍼스는 이 민족주의가 "자신의 제국에 필요한 힘에의 의지"를 지니지 않았다고 생각했다. 이 민족주의는 "권력을 통해서 유지되지만 바로 이러한 권력을 그 자체의 조건에 종속시키는 도덕적 지적 실존"[34]의 실현에 헌신했기 때문이다. 그러나 야스퍼스는 베버가 강조하고 있는 "프로이센의 위대성에 관한 감정", "군인 정신"을 공유하지 않았다. 그는 베버의 사망 이후에 정치적 민족주의와 정치에서의 군인 정신이 독일에 심각하게 위험하다는 것을 실감했다. 야스퍼스는 독일 정신을 항상 '언어 · 가정 · 배경 문제', 즉 '위대한 지적 전통'과 연계시켰다. 그는 어릴 때부터 이것들과 가깝다고 생각했다. 아렌트는 야스퍼스의 견해를 인정할 수 있었지만 야스퍼스가 동료 시민들의 정치적 성숙에 대한 순진한 믿음 때문에 국가사회주의의 위협을 알아보지 못한다고 망설이지 않고 그에게 말하였다.

아렌트는 야스퍼스가 베버의 언어로 언급한 "독일의 본질"을 수용하지 않았는데, 야스퍼스는 아렌트의 이러한 거부로 도전을 받았다.[35] 아렌트는 독일 문화에 대한 지식과 사랑이 각별했지만 민족주의적이지 않은 사람 앞

---

33 아렌트가 블루멘펠트에게 보낸 편지(1951년 4월 1일), 마르바흐 문서보관소.

34 막스 베버에 관한 이 지적과 다음 지적은 야스퍼스의 「철학적 회고록」에 있다.

35 야스퍼스가 아렌트에게 보낸 편지(1933년 1월 3일), 마르바흐 문서보관소.

에서 자신의 교육을 비판으로 연결시켰다. 이 사람이 바로 블루멘펠트였다. 그는 아렌트가 하이데거와 야스퍼스 이외에 하이델베르크 시절부터 알고 지내면서 존경하였던 유일한 지인이었다. 두 명의 독일 철학자는 아렌트의 조숙한 철학적 능력을 일깨워주고 발전시켰으며, 자신들이 착수했던 철학의 재생을 아렌트에게 전수했다. 그러나 블루멘펠트는 아렌트의 유대인 정체성에 대한 생각을 일깨워주고 발전시켰으며, 시온주의자들이 착수하였던 유대인 의식의 재생을 아렌트에게 소개했다.

블루멘펠트는 1884년 출생했다. 그는 야스퍼스보다는 1살 적고 하이데거보다는 5살 위였다. 블루멘펠트가 회고록 『체험한 유대인 문제*Erlebte Judenfrage*』에서 언급했듯이, 그의 집안은 독일 문화를 수용한 유대인 가족이었다. 아버지는 동프로이센에서 판사로 재직했으며, 어머니는 아렌트의 어머니와 마찬가지로 재능 있는 음악 애호가였다. 블루멘펠트는 아버지의 직업을 따르기로 마음을 먹었지만 쾨니히스베르크의 알베르티나대학교에서 공부하는 동안 법학보다 시온주의에 더 많이 관심을 갖게 됐다. 그는 시온주의 학생단체를 설립하는데 일조하였으며, 시온주의를 반대하였던 쾨니히스베르크 유대인공동체위원회 지부의 회원들을 설득할 수 있는 탁월한 재능을 실천하기 시작했다. 한나 아렌트의 할아버지인 막스 아렌트는 "나의 독일인성이 공격받을 때 나는 자살할 준비를 한다"라는 당시 민족주의적인 표현으로 블루멘펠트의 주장에 대응하였던 동화된 유대인 구세대에 속하는 사람이었다. 막스 아렌트는 적의를 포기하였지만 시온주의에 결코 공감하지 않았다. 블루멘펠트는 한나 아렌트를 설득시키는데 있어서는 훨씬 더 성공적이었다.

블루멘펠트는 1909년 독일 시온주의기구의 사무국장 겸 주요 대변인이 되기 위해 법학 연구를 포기하였다. 그는 열정과 박력으로 명성을 얻은 연설을 하면서 전국을 두루 여행하였다. 아렌트의 친구인 한스 요나스가 1926년 하이델베르크대학교의 시온주의 학생단체에서 연설을 해달라고 블루멘펠트를 초청하였다. 이때 블루멘펠트는 독일 내에서 가장 영향력 있는 시온주의 지지자였다. 그러나 한나 아렌트는 시온주의에 대한 관심 때문이 아니라 요나스의 소심한 태도 때문에 블루멘펠트가 연설하였던 저녁에 청중 속에 있었다.

요나스는 블루멘펠트에게 초청장을 보내고 행사에 대비한 예비적 조정을 위해 베를린으로 전화를 하였다. 요나스는 전화를 할 때면 언제나 말이 적은 사람이었다. 그는 전화 수신자에 대한 존경과 멀리 떨어져 있다는 점 때문에 점점 더 불안해했다. 그는 완전한 문장으로 이야기하지 못하였다. 따라서 블루멘펠트는 최종적인 조정을 위해 다른 사람이 전화를 하면 좋겠다고 요청하지 않을 수 없었다. 요나스는 친구인 한나 아렌트에게 그 일을 요청하였고, 아렌트는 보좌관 역할을 맡아 강의에 함께 참여하였다.

아렌트는 블루멘펠트의 강의로 인하여 시온주의로 개종하지 않았지만 그에게 관심을 갖게 되었다. 아렌트와 요나스는 강의를 마친 후 블루멘펠트를 저녁에 초청하였다. 아렌트는 함께 식사를 할 때 장난기 있으면서도 딸처럼 행동하였으며, 술을 많이 마셨고, 하이델베르크 거리들을 지나 시내 맞은편의 언덕으로 뻗은 아름다운 '철학자의 길'까지 활보하였다. 이때 블루멘펠트와 한나 아렌트는 팔짱을 끼고 노래를 부르며 시를 암송하고 크게 웃었다. 반면에 요나스는 내내 쫓아다녔다.

아렌트는 박식함과 열정을 경쾌하게 드러내고, 감성적이지 않으면서도 풍자적인 유머를 지닌 블루멘펠트를 존경하였다. 아렌트가 하이델베르크를 떠난 이후 블루멘펠트는 아렌트의 '정치학 스승'이 되었다. 또한 블루멘펠트는 자신과 유사한 정신병을 지닌 시인 하인리히 하이네의 시 구절을 이리저리 검토하면서 아렌트와 함께 농담하는 사람이었다. 아렌트는 떨어져 살았던 망명기간 내내 블루멘펠트의 동아리에서 행복했던 시절을 기억으로 귀중하게 간직하였다. 그들이 베를린에서 헤어진 지 20년이 지난 이후 아렌트는 "1933년 맘페의 작은 포도주 주점에서 그리스 운문을 낭송하

면서 서로에게 어떻게 고별인사를 했는가를 당신께서는 기억하지요?"라고 물었다.[36]

중유럽의 인텔리겐치아는 20세기 초반 십년 동안 블루멘펠트가 생애의 상당한 부분을 보내면서 탐구했던 '유대인 문제'를 논의하였다. 「독일계 유대인 시문집」이라는 제목의 논문이 구독율이 높은 잡지인 『예술 파수꾼 *Kunstwart*』에 1912년 게재되었다. 이 논문 때문에 수많은 열띤 논쟁이 촉진되었다. 이 논문의 저자인 모리츠 골드슈타인은 유대인 문제를 제기한 독일계 유대 지식인의 상황이 지닌 두 가지 차원을 통명스럽게 언급하였다.[37] 유대계 지식인들은 비유대인 사회에서 자신들의 권리와 이를 행사할 능력을 거부당한 민족의 지적 재산을 보존하는 불편한 임무를 담당했다. 더욱이 다른 유대인 집단에 있는 유대인들은 불가능한 것, 즉 자신들의 유대인성을 인정하지 않고 유대인으로 남아 있는 것을 시도하고 있었다. 골드슈타인이 주장했듯이 이러한 시도를 거부하였던 유대인들도 또 다른 난관에 직면하였다. 한 유대인은 자신의 유대인성과 독일인들의 반유대주의를 인정하는 대가로 유대인 언어와 문화를 보상받지 못했다. 즉 그는 독일어를 사용하고 독일 문화 환경에서 살았으며 그럼에도 유대인성이 없어졌으면 좋겠다고 생각한 유대인들로부터 고립에 직면해야만 하였다.

시온주의는 블루멘펠트에게 유대인 문제의 유일한 해답이었다. 그러나 시온주의도 그에게는 문젯거리였다. 그는 시온주의는 계시의 문제이지 체계적인 교의가 아니라고 주장했으며, 자신의 자각을 공개적으로 인정하였다.[38] 블루멘펠트가 젊었을 때 가정의 하녀는 가톨릭 신자였다. 그 하녀는

---

36 아렌트가 블루멘펠트에게 보낸 편지(1953년 3월 29일), 마르바흐 문서보관소.

37 아렌트는 『어두운 시대의 사람들』, 「발터 베냐민: 1892~1940」 183쪽에서 골드쉬타인의 논문을 논의하였다. 블루멘펠트의 생애와 저작에 대한 간단한 논평을 이해하기 위해서는 다음 문헌을 참조할 것. Shaul Esh, "Kurt Blumenfeld on the Modern Jew and Zionism," *Jewish Journal of Sociology*, December 1964, pp. 232-242.

38 다음 이야기들은 블루멘펠트의 『체험한 유대인 문제』에 기반을 두고 있다.

매주 신부에게 '신을 죽인 사람들' 집단에 봉사하는 죄를 고백하였다고 블루멘펠트에게 알려주었다. 이러한 내용을 들었을 때의 충격, 그리고 재학 시절 동유럽 유대인Ostjude에 대한 우쭐대는 행태로 독일 친구의 편을 들었을 때 느꼈던 수치심은 그의 표현대로 "객관적인 유대인 문제"를 해명하는 것과 연계되었다. 유대인들의 종교적 문화적 정치적 확신이 어떠하든 비유대인들은 항상 유대인들을 무엇보다 먼저 유대인으로 인식하려고 했다. 그는 이러한 사실을 직시하는 것, 즉 "가면을 벗은 채 비유대계 독일인들을 태연하게 직면하는 것"이 모든 유대인의 목표라고 주장했다. 한나 아렌트는 유대인들이 자신들을 비하하는 것에 대해 거부할 필요성을 언급하고 글을 썼을 때 어머니의 태도를 염두에 두고, 자신의 말로 블루멘펠트의 급진적인 시온주의의 향기를 드러냈다. 아렌트가 『전체주의의 기원』에서 주장한 바와 같이 "제1차 세계대전 전후 20년 사이에 시온주의가 … 위력을 갖게 된 원인은 정치적 통찰(정치적 확신을 형성하지 않음)에 기인하는 것이 아니라 심리적 반응과 사회학적 사실의 비판적 분석에 기인하였다. 시온주의의 영향은 주로 교육적이었으며, 비교적 소규모 숫자였던 시온주의 운동의 실질적 참여자를 넘어서 크게 확산됐다."[39]

블루멘펠트는 탈脫동화의 성격을 지니는 자신의 시온주의가 문제를 안고 있다는 점을 인정하였다. 이것은 두 가지를 의미했다. 첫째, 그의 시온주의는 유대인의 역사에서 해방되고 동화된 유대인들(대부분 동유럽 유대인들과 다름)에게 시온주의의 징표이며, 따라서 현존하는 종교공동체나 사회공동체에서 반유대주의에 대한 반대의 근거를 갖고 있지 않았다. 둘째, 그의 시온주의는 유대인 문화와의 관계를 상실했지만 자신이 성장한 민족 문화와 관계를 유지하려고 했던 유대인들을 위한 시온주의였다. 블루멘펠트는 시온주의가 진정한 민족운동이기를 원했으며, 팔레스타인으로의 이주가 모든

39 Arendt, *Origins*, p. 79, n, 61

시온주의자의 인생 계획이어야 한다고 주장했다. 그러나 블루멘펠트의 경우 이것은 유대인 공동체가 건설되어야 하지만 시온으로 이주할 공동체가 없다는 것을 함의했다. 그는 공동체 구성원의 비유대적인 문화 배경에 관대한 공동체를 어떻게 건설하는가에 대해 끊임없이 질문하였다. 아렌트가 이후 살기로 선택한 장소인 미국에 대해 말하였을 때, 이 공동체에서 "동화는 시민권이란 보상은 아니다."[40]

블루멘펠트는 유대인들에게 비유대인 사회에서 삶의 압력을 주지시키고 미래 유대인 사회에서 유대인들의 옹졸한 행위를 다시 제기하는 것에 경고하려는 의도로 동화에 대해 비판하였다. 그는 유대인의 삶에서 불평등을 제거하고 싶었다. 그가 이러한 목적에 필요하다고 생각한 단계들 가운데 하나는 '박애주의적인 시온주의'에 대한 격렬한 비판이었다. 그의 생각에 따르면 동유럽 유대인, 박해받는 유대인, 반유대주의의 희생자들에게 자선 활동을 확대하는 것은 민족의식을 형성하는 방법은 아니었다. 자선 활동은 '벼락출세자'로서 성공한 유대인들과 '파리아' 조건을 벗어날 수 없었고 벗어나지 않으려고 했던 유대인들의 차이를 단지 무시하였다.

아렌트는 반유대주의에 대한 유대인의 반응에서 나타나는 심리적 사회학적 차원에 대한 블루멘펠트 분석의 주요 흐름을 어려움 없이 수용하였다. 그는 블루멘펠트가 느꼈던 위험에 특히 충격을 받았다. 즉 동화주의적 태도를 극복하지 못했다면, 독일계 유대인들이 직면했던 편견의 양태와 유형은 유대인 계층 내에서 반복될 수 있었다. 그러나 팔레스타인 이주는 아렌트가 생각한 인생 계획의 일부는 아니었다. 아렌트는 1933년 이전 이주하지 않은 채 유대인 문제에 해답을 제시하지는 않았더라도 이를 어떻게 수용할 수 있는가를 의심했다. 그의 라헬 파른하겐 전기는 질문을 제기하는 하나의 방법이었다. 그러나 그는 이러한 질문을 제기하기 이전에 완전

---

40 한나 아렌트가 소닝상을 받을 당시 연설 내용, 의회도서관.

히 다른 방식으로 질문을 제기하였다. 그는 아우구스티누스의 '이웃사랑' 개념, 즉 사회적 삶vita socialis에 대한 관심을 고려하였다.

아렌트의 학위논문은 아우구스티누스의 저서에 담긴 사랑 개념(오히려 사랑 개념들)과 연관되었다.[41] 학위논문 3부는 각기 열망으로서의 사랑appetitus, 인간과 창조주 하느님의 관계로서 사랑caritas, 이웃사랑에 초점을 맞추었다. 그러나 이웃사랑 개념은 앞의 두 사랑이 지향하는 가장 근본적인 것으로서 묘사된다. 논문의 구조는 변증법적이다. "네 이웃을 너와 같이 사랑하라"는 명령은 다른 두 사랑 개념을 연결시키고 초월하는 십계명이다.

아렌트의 접근법은 자기 방식대로 '체계적'이었다. 그러나 이것은 아렌트가 아우구스티누스와 당대에 알려지지 않은 일관성을 연결시키려고 하거나 외견상 이질적이거나 심지어 모순적인 진술을 조화시키려고 했다는 것을 의미하지는 않는다. 아렌트의 접근법은 야스퍼스가 제시한 체계와 체계화 사이의 차이를 반영하는 것 같다. 누구든지 하나의 체계를 형성하지 않고도 철학적으로 체계적일 수 있다. 누구든지 다음과 같이 주장하지 않은 채 질서를 발견할 수 있다. 즉 모든 진술이나 사유의 연쇄가 미해결 부분을 남기지 않은 채 어울리는 최종적인 전체적 질서는 있다. 야스퍼스는 1950년대 아우구스티누스에 관한 연구를 집필하였을 때 아우구스티누스의 사상에 나타나는 상당한 긴장을 강조하였다. "아우구스티누스에게서 모순을 발견하기란 어렵지 않다. 우리는 이러한 모순을 그의 위대성의 한 측면으로 간주한다. 어떠한 철학도 모순으로부터 자유롭지 않다. 그리고 어떤 사상가도 모순을 목표로 할 수 없다."[42] 야스퍼스는 아우구스티누스 사상에 존재하는 모순이 사상의 결실에 근본적이라고까지 주장했다. "그는 종교적 사유의 방법으로 연구하면서 심지어 이성과의 대립 속에서 모순의 극치를

41 〈부록 3〉 아렌트 박사학위 논문 요약본을 참조할 것.

42 이것과 다음 문장은 야스퍼스로부터 인용되었다. Karl Jaspers, *Plato and Augustine*(New York: Harcourt, Brace & World, 1962), p. 111.

포용하였기 때문에 체계를 수정하지 않은 채 교회의 권위 내에서 교회의 필요성에 아주 현명하게 대응할 수 있었다." 야스퍼스는 체계와 체계화를 구별하였다. 아렌트는 이러한 차이를 논문에 반영하였다. 아렌트의 이러한 입장은 야스퍼스의 후기 연구에 다시 반영된다. 이러한 접근법에 대한 학문적 대립은 학생의 논문과 선생의 책 사이에 30년 이상 거의 변하지 않는다. 아렌트와 야스퍼스는 모두 자신들의 저서에 대한 비판적 서평에 대응했다. 그들은 주교가 아니라 사상가인 아우구스티누스를 소개하였다.

아렌트는 자신이 연구하고 있던 것에 대해 아주 명료한 입장을 보였다. 그는 아우구스티누스가 "신학자가 아니다"라고 주장했기 때문이다. 그리고 아렌트는 루돌프 불트만의 학생이면서 아우구스티누스의 기독교 정신, 그리고 현대 세계와 이것의 관련성을 연구하는 개신교 신학자들 사이의 당시 논쟁을 간접적으로 들었을 때에도 이러한 입장(신학자가 아니라는 주장 — 옮긴이)이 항상 자신의 견해였다는 것을 야스퍼스에게 밝혔다.[43] 아렌트의 논문에 대한 논평이 당시 주요 학술지, 즉 『철학연보*Philosophische Jahrbuch*』, 『칸트연구*Kantstudien*』, 『해시계*Gnomon*』, 『독일문학신문*Deutsche Literatur Zeitung*』에 실렸지만, 그의 논문은 전혀 호의적으로 평가를 받지 못했다. 서평자들은 아렌트가 두 번 죄를 범했다고 똑같이 주장하였다. 즉 한번은 신학자 아우구스티누스를 무시함으로써 죄를 범하였고, 다른 한번은 아우구스티누스를 옹호하였던 당대 신학자들을 무시함으로써 죄를 범하였다. 아렌트의 논문이 신학에 기여한 작품이 아니라 실존철학의 작품이었기 때문에, 야스퍼스와 하이데거의 철학이 더 광범위하게 알려졌다면, 그리스도 교회의 주요 인물에 대한 23세 유대인 여성의 이 논문을 환영했던 하이델베르크대학교와 신학계의 충격은 적어도 달랐을 것이다. 그러나 아렌트는 40년 이상

---

43 아렌트가 야스퍼스에게 보낸 편지(1955년 7월 13일), 마르바흐 문서보관소. 불트만 논의에서 아렌트는 신학의 성격, 그리고 대부분 신학자들이 정치적 사유 능력을 결여하고 있다는 점, "아우구스티누스는 신학자가 아니라"는 점을 언급하였다.

지난 이후 이것을 완결하였을 때 학문적 번민의 지속적인 근원으로서 자신의 출판 활동을 시작하였다.[44]

다양하면서도 종종 모순되는 개념적 맥락들의 얽어 짜기, 즉 체계화라는 아렌트의 방법은 야스퍼스의 방식에 속한다. 아렌트는 또한 야스퍼스가 공식화하였던 철학하기의 세 가지 차원에 중요한 실존적 개념을 가지고 아우구스티누스의 세 가지 유형의 사랑을 검토한다. 아렌트는 아우구스티누스에게서 세계 지향적인 사랑, 실존적 사랑(이웃사랑), 그리고 초월적 사랑(창조주의 사랑)을 발견하였다. 아렌트는 야스퍼스가 세 가지 차원과 연계시켰던 개념들(욕구 · 한계 · 지식, 의사소통 · 자기실현 · 사유, 시작 · 구제 · 믿음)을 사용하였다. 아렌트가 자신의 저작을 통해 야스퍼스의 세계정위를 엮은 방법과 자신의 이념을 표현한 언어는 모두 하이데거에게 더 많은 신세를 지고 있다.

아렌트가 하이데거의 도움을 받았다는 점은 즉시 드러나지 않으며 하이데거의 저작에 소개된 사랑 개념의 표현과 조금도 관계가 없다. 사랑은 『존재와 시간』에서 단 한번 각주에 언급된다. 하이데거는 아렌트가 '충실함 Treue'과 같이 사랑과 항상 연계시킨 개념들도 복수어보다 오히려 단칭어로 논의한다. 하이데거가 밝혔듯이 "결단성은 고유한 자기 자신에 대한 실존의 충실함을 구성한다."[45] 그러나 사랑에 대한 하이데거의 철학적 탐구가 아렌트에게 영향을 미치지 않았다고 하더라도, 아렌트는 하이데거의 관심결핍으로 충분히 영향을 받았을지도 모른다. 야스퍼스는 아렌트가 훨씬 더 개인적인 관점에서 알고 있는 것을 지적했었다. 야스퍼스가 말했듯이, "하

---

44 아렌트의 논문을 호의적으로 인정한 비판적 서평을 조사하기 위해서는 다음 자료를 참조할 것. Robert Meyerson, "Hannah Arendt, Romantic in a Totalitarian Age, 1928~1963"(Ph. D. diss., University of Minnesota, 1972).

옮긴이_ 아렌트는 박사학위 논문의 영어판 출판을 위해 1958~1965년에 수정 작업을 지속하였으며 생전에 이를 출간하지 못하였다. 영어판 단행본은 스코트와 스타크의 편집으로 1996년 출간됐다. 이 책의 관련 내용은 제8장 「답변하지 않은 질문들」을 참조할 것.

45 Martin Heidegger, *Being and Time*, trans., Robinson and Macquarrie(New York: Harper & Row, 1962), p. 443. 물론 하이데거는 근심에 대한 일반적이고 비개인적인 개념을 세계 속의 존재를 표현하는 데 있어서 근본적인 개념으로 사용하고 있다.

이데거의 철학은 사랑이 빠져 있으며, 따라서 사랑할 수 없는 양식으로 존재한다."[46] 아렌트는 몇 년간 비판적 거리를 유지한 채 하이데거의 초기 저작에 나타나는 중대한 약점을 지적하였다. "이 자기Self의 본질적인 특징은 절대적 이기주의, 다른 모든 동료들로부터 이 자기의 근본적인 고립이다."[47] 아렌트는 이 때문에 자신의 생애에서 20년 전인 1927년 괴로움을 겪었다.

아렌트는 하이데거 사상의 가장 심오한 일반적 수준, 즉 그가 존재와 시간성의 관계에 대한 근본적 질문과 시간적 존재로서 인간의 실존에 대한 근본적 질문을 제기하는 수준에 도움을 받았다. 세계에 대한 사랑appetitus은 기대를 담지하고 있으며 미래를 지향하지만, 창조주 하느님과의 관계로서 사랑은 궁극적인 과거와 연계된다. 현재시제의 사랑, 즉 이웃사랑은 시간적 존재의 다른 양태와 그들이 인간에서 전제하는 능력인 희망과 기억을 모두 포함한다. 그리고 이러한 시간성의 세 가지 양태, '더 이상 존재하지 않음'인 과거, '아직 존재하지 않음'인 미래, 그리고 어떤 의미에서는 전혀 있지 않은 현재는 『존재와 시간』(1927)에서도 그랬듯이 아렌트의 학위논문에서 근본적이었다. '존재'가 그리스 존재론에 많은 도움을 받았듯이 『존재와 시간』의 '시간'은 아우구스티누스의 『고백론』으로부터 많은 도움을 받았다. 아렌트는 이러한 계보에 대해 매우 명확한 입장을 유지하며 하이데거식의 충동으로 바로 이러한 개념들에 훨씬 더 관심을 가졌다. 그는 비판적인 입장을 전개하기 시작하였다.[48]

하이데거의 저서는 미래 죽음의 경험에 비중을 두고 있다. 그러나 아렌트는 하이데거의 시간 개념에 의존하면서도 출생, 이후 아렌트의 표현으로

---

46 Karl Jaspers, *Notizen zu Heidegger*, ed., Hans Saner(Munich: Piper Verlag, 1978), p. 34, n. 9.

47 Arendt, "What is Existenz Philosophy?" p. 50.

48 아쉬톤이 마련한 아렌트 학위논문 초벌 번역 사본은 의회도서관 아렌트 서고에 있다. 논문의 영어판 출간을 위한 합의는 결코 완성되지 않았다. 아렌트는 이 논문을 수정하고 싶었으며 1964년에 시작을 하였다. 그러나 그는 이 계획을 결코 완성하지 못하였다. 수고의 여백 주석으로 그가 수행한 교정은 논문의 의도가 차단될 정도로 비판적 자세를 담고 있다. 그는 아마도 일관된 저서를 생산하기 위해 다시 시작해야만 하였을 것이다.

는 "탄생natality"에 관심을 가지고 있다. 아렌트는 우리가 근본적으로 출생의 조건, 우리 이웃, 그리고 출생 덕택에 소속되는 집단에 의해 형성된다는 것을 자각하기 시작하였다. 아렌트는 박사학위 논문을 집필하는 동안 자신이 태어나면서부터 유대인이라는 것을 배웠다. 그는 독서가 아닌 삶을 통해서 이것을 배웠다.

제3장

한 유대인 여성의 삶

(1929~1933년)

> 진정 현실적인 것은 거의 모르는 사이에 발생하며,
> 처음에는 쓸쓸하고 흩어진다. … 이런 이유로 1930년대
> 중요한 것을 수행하려던 젊은이들은 이제 십중팔구
> 자신들의 시대를 조용히 선언하고 있다.
> 그런데 그들은 다른 사람에게는 보이지 않지만
> 조금도 제약받지 않는 정신 훈련을 통해
> 자신들의 실존을 이미 확립하고 있다.
>
> 야스퍼스, 『현대의 정신적 상황』(1931년)

철학을 옹호하는 사람들

한나 아렌트는 1929년 1월 베를린에서 개최된 가면무도회 발 드 파리bal de Paris에 참석하였다. 한 마르크스주의 단체가 소규모 정치잡지를 재정적으로 지원할 목적으로 기금을 조성하는 무도회를 후원하였다. 이 무도회는 민속학박물관에서 열렸다. 손님들은 어울리는 민속복장 차림으로 나타났

는데, 한나 아렌트는 아랍 하렘 여성 복장을 하고 무도회에 참가했다. 그는 젊은 유대 철학자 귄터 스턴과 함께 저녁을 보냈다. 스턴이 1925년 하이데거의 마르부르크대학교 세미나에 박사후 연구자로 참여한 이후, 아렌트는 스턴을 만나지 못했다.

한나 아렌트와 귄터 스턴은 한 달 이후 동거하기 시작하였다. 그들은 처음에 베를린에서 동거하다가 다음에는 포츠담 쪽에 있는 도시 외곽의 작은 읍에서 동거하였다. 그 해 여름 아렌트는 독일 낭만주의 연구에 필요한 재원을 마련하고자 독일학술비상대책재단에 연구비를 신청하였다. 이 재단은 야스퍼스 · 하이데거 · 디벨리우스의 인상적인 추천서가 첨부된 아렌트의 신청서를 받아들였다. 바로 이때 아렌트는 1929년 스프링어출판사에서 출간될 자신의 박사학위 논문 수정작업을 마무리하고 있었다.

아렌트와 스턴은 공동으로 수정작업을 하면서 원본에서 매우 복잡한 언어학적 표현들, 즉 하이데거식의 지나친 표현들을 제거하려고 했다. 야스퍼스는 학위논문 지도교수로서 격려사를 썼으며 이들에게 "교정 작업이란 상당한 노력을 필요로 하며 완벽하게 이루어져야 한다"[1]고 주문하면서 마지막 단계에 세심하게 노력할 것을 권고하였다. 야스퍼스는 제자의 성급한 태도를 알고 있었다. 아렌트는 평생 책 하나를 끈기 있게 마무리하면서 세부사항들에 정성을 들이기 어렵다는 것을 알았다. 그는 항상 다른 무엇인가에 관심을 갖고 있었기 때문이다.

물론 그 책이 경제적 모험의 대상은 아니었다. 그리고 훌륭한 연구자에게 지급되는 지원금은 작은 규모이기는 하지만 아렌트가 생활하기에 적절한 월수입이 되었다. 그러나 이 수입은 두 사람이 어느 정도 안락하게 살 공간을 마련하기에는 충분치 않았다. 아렌트와 스턴은 이후 베를린의 할렌제 지역에 있는 단칸방 연습실에서 살았다. 두 사람은 낮 시간에 연습실을

1 야스퍼스가 아렌트에게 보낸 편지(1929년 8월 4일), 마르바흐 문서보관소.

비워야만 했다. 무용연습을 하는 낮 시간에는 일층의 무용반을 위층으로 옮겨야만 했기 때문이다. 아렌트, 스턴, 그리고 애송이 무용가들은 모두 '속이 빈 형태'의 귀찮은 조각품들 사이로 다녀야만 하였다. 여자 집주인의 아들이며 건축·조형학교(바우하우스)의 회원인 루돌프 벨링은 이 애물단지 조각품들을 연습실에 보관하였다. 공간이 별로 없는 곳에서 생활한다는 게 갑갑하고 불편하며 때로는 난처했다. 야스퍼스 교수가 어느 날 아침 사전 예고도 없이 방문하였다. 아렌트와 스턴은 그를 영접할 공간을 마련하지 못해서 무용반 학생용으로 마련한 침대를 치워야만 했다. 두 사람은 그 사이 야스퍼스를 가까운 다방으로 안내했다.

바이마르 공화국의 경제상황은 상대적으로 안정적이었지만 1928년부터 위험한 상태로 빠지기 시작했다. 실업은 증대되었고, 1929년 10월에는 뉴욕 주식시장이 붕괴되었으며, 경제상황은 심각했다. 독일인들은 베르사유 조약, 그리고 원망의 대상인 전쟁배상금이 독일을 적국에 '예속시키는' 주요인이라고 광범위하게 인식하였다. 독일의 문화 중심지에 운집한 예술가들과 지식인들은 대부분 실직 상태에 있었으며 빈약한 생계를 자유업으로 충당하거나 후원금이나 친구들의 보조금에 기대야만 하였다. 베를린에서 일자리를 얻을 수 있다는 기대를 갖지 않았던 스턴은 대학 교수직을 얻기 위한 첫 번째 단계인 교수자격 논문을 준비하기로 결정하였다. 그는 프랑크푸르트대학교에서 담당할 강의를 준비하고 있었다. 이곳에서 그는 사강사 임용에 필요한 교수자격 논문을 제출하라는 제안을 기대했다.

스턴과 아렌트는 1929년 9월 노바베스의 법원등기소에서 결혼식을 올렸다. 결혼식에는 단지 양가 부모, 케테 레빈, 증인인 두 친구 예라와 헨리 로벤펠트만 참석했다. 이때 스턴은 대학 교수직을 탐색하는 활동을 시작하지 않았다. 그들은 결혼한 부부로서 프랑크푸르트에 훨씬 안락한 생활을 꾸리자고 약속하였다. 베를린의 지식인들은 결혼제도를 고수하는 사회적 관습을 — 수도를 원죄의 장소로 평가하는 많은 사람들을 화나게 할 만큼 — 지지하지는 않았다. 한나 아렌트에게 있어서 일련의 애정문제, 그리고 결혼하지 않은 채 스턴과 9개월 동안 동거한 사실이 전적으로 유별난 것은 아니었다. 그러나 지방의 대학공동체는 훨씬 보수적이었다. 결혼하겠다는 스턴의 결정은 이러한 인습적 차원을 가지고 있었지만 그들을 제약하는 다른 것이 더 많았다. 그들은 모두 중간계급에 속하는 동화된 가정의 유대인이었다. 그들은 비슷한 철학 교육을 받았으며, 하이데거와 야스퍼스가 촉구한 철학 혁명에 대한 헌신, 즉 지적인 입장을 함께 유지했다. 아렌트와 스턴은 장래가 촉망되는 탁월한 학생으로 인정받았다. 이들은 아렌트의 학위논문을 함께 수정하며 몇 주를 보내는 동안 지적인 조화를 느꼈다. 이들은 카를 만하임의 『이데올로기와 유토피아*Ideology and Utopia*』에 관한 서평을 쓰고 릴케의 『두이노의 비가*Duino Elegies*』에 관한 논문을 공동으로 집필하였다. 이때에도 지적인 조화는 지속되었다.

이후 귄터 스턴을 알았던 친구들은 아렌트에게 무엇 때문에 스턴에 마음이 끌리게 되었는지 질문하였다. 아렌트는 지적인 조화 이외에 두 가지 사항을 강조하였다. 그는 스턴이 친절하고 점잖은 사람이라고 답변하며 이러한 특성을 담고 있는 이야기를 들려주었다. 말하자면, 아렌트와 스턴이 베를린에서 만난 직후 아렌트가 어린 시절에 겪었던 인후염, 경미한 후두염의 재발로 앓아 누웠을 때, 스턴은 아렌트를 도와주겠다는 좋은 마음으로 레몬 바구니를 들고 나타났다고 한다. 그리고 아렌트는 자기 어머니가 스턴을 매우 좋아했고, 그의 사교성과 음악적 재능을 기뻐했다고 언급했다. 마르타 아렌트는 자기 딸이 명문가의 전도유망한 젊은이와 결혼하는 것을 상당히 기대되는 '정상적 발전'의 성과로 생각했다. 한나 아렌트와 어머니는 모두 귄터 부모들의 성공에도 상당히 감명을 받았다. 스턴의 집안은 아동심리학의 개척적인 연구로 독일에서 존경을 받았다. 『유아심리학*Psychology of Early Childhood*』은 1914년에 출간되었으며 심리 기법의 역사에서 이정표였다. 이 책은 클라라 스턴이 6년 이상 세 자녀들의 어린 시절을 관찰한 광범위한 일기에 기반을 두고 있으며, 어린이 양육에 있어서 유전적 환경적 요인들의 중요성에 관한 유의미한 이론적 견해를 담고 있기 때문이다. 관찰 기법과 이론적 공헌은 스위스의 젊은이인 장 피아제의 저작에 유지되고 있다. 한나 아렌트는 시부모들에게 친근감을 결코 느끼지 못하고 이들의 저서를 결코 읽지 않았지만, 이들을 모두 존중하였고 클라라 스턴의 관대한 성격을 존경하였다. 실제 여러 해가 지난 이후, 그리고 아마도 교육학적 목적 때문에 약간은 과장되기도 했지만, 아렌트는 이러한 존경이 결혼하겠다는 결정에 있어서 중요한 요소들 가운데 하나라고 주장했다. 아렌트는 그 예로서 남자 친구의 어머니가 얼마나 강렬했는가를 들었는데, 스턴의 어머니는 이 주장을 환기시키면서 젊은이의 장점과 강점으로 남자를 판단하라고 아렌트에게 권고하였다.

한나 아렌트는 귄터 스턴이 프랑크푸르트에서 어려움을 겪게 되었을 때 스턴의 성격에서 강점을 관찰할 수 있는 직접적인 기회를 가졌다. 스턴은 시련에 훌륭하게 대처했지만, 대학 교수직을 얻으려는 그의 희망은 타격을 받았다. 스턴은 자신의 연구를 위해 협조를 요청하며 프랑크푸르트학파 회원인 테오도르 아도르노와 막스 호르크하이머, 프랑크푸르트의 가장 전도 유망한 젊은 교수들, 즉 신학자인 폴 틸리히와 사회학자인 카를 만하임으로 구성된 저명한 심사위원들 앞에서 예비 강의를 하였다. 심사위원들은 좋은 인상을 받았으며, 스턴에게 교수자격 논문을 계속 추진하라고 권고했을 뿐만 아니라 심지어 주제 영역(음악철학)도 제안하였다. 격려는 자극이었지만 그 제안은 매우 부적절했다.

스턴은 이 연구 수행에 어울리는 훌륭한 자질 — 즉 음악이론에 관한 지식, 피아노와 바이올린 연주 기술 — 을 갖추었다. 쇼펜하우어와 니체 이후 철학자들은 이 분야에 거의 주목하지 않았다. 그러나 스턴 후원자들의 제안은 한 가지 중대한 요소, 즉 음악사회학에 대한 아도르노의 마르크스주의적 연구를 빠뜨렸다. 스턴은 1년 이후 연구 초안을 제출하였다. 이때 상당한 수준의 전문가인 아도르노는 아주 자연스럽게 심사자가 되었다. 아도르노가 음악이론의 문제를 전적으로 비마르크스주의 관점에서 접근한 스턴의 연구에 대해 불만스러워 하리라는 것은 놀랍지 않았다. 아렌트는 지적인 근거로 프랑크푸르트학파의 마르크스주의자들에 대해 결코 공감하지 않았다. 이 일화는 개인적 공감을 불가능하게 만든 일련의 사건들 가운데 첫 번째 사건이었다. 사람들에 대한 한나 아렌트의 긍정적 부정적 견해는 항상 일관되지는 않더라도 강력했다. 그리고 아렌트는 아도르노를 만난 이후 스턴에게 "그 사람이 우리 집에 오지는 않아요!"라고 언급했을 때 자신의 입장을 분명히 빗대어 말했다.

프랑크푸르트대학교 교수진은 1929년 아도르노를 무시했다. 그들은 또한 변화하는 정치적 상황을 무시했다. 이러한 상황에서 유대인이 대학 교수직에 임용되는 게 점점 더 어려워졌다. 프랑크푸르트학파의 회원들은 대부분 유대인들로 구성되었다. 그들은 주변상황이 점점 더 불길해져 가고 있다는 것을 충분히 자각했지만, 자신들을 모두 곧 추방시키게 될 사건들에 대해서는 다른 사람들보다는 선견지명을 발휘하지 못했다. 1931년 스턴의 성공하지 못한 음악철학 연구를 지도하면서 토론에 참여하였던 폴 틸리히는 스턴에게 다른 주제, 아마도 셸링의 저작에 관한 연구를 고려하라고 조언하며 다른 논문을 제출하기 이전에 또 다른 해를 기다리라고 조언하였다. 물론 이러한 주장은 결과적으로 그 흐름에 대한 과소평가였다. 그때쯤이면 국가사회주의의 물결도 분명히 퇴조할 것이라고 생각했기 때문이다. 스턴은 생계를 유지하기 위해 다른 방도를 모색하지 않을 수 없었다.

귄터 스턴은 결실도 없는 실망스러운 교섭을 하면서 2년을 보냈다. 한나 아렌트는 독일 낭만주의에 관한 연구 과제를 수행하였고, 처음으로 언론에 기고할 기회를 갖게 되었다. 아렌트는 독일에서 구독자를 가장 많이 확보한 신문들 가운데 하나인 ≪프랑크푸르트 신문≫에 「아우구스티누스와 프로테스탄티즘」이라는 주제로 집필한 짧은 분량의 논문을 게재했다.[2] 그는 아우구스티누스가 당시 프로테스탄티즘에 기여한 역할은 크지 않다는 상당히 활발한 비평을 통해 아우구스티누스 서거 1500주년을 알렸다. "이탈리아 · 프랑스 · 독일의 가톨릭계 신문들은 이 사건을 알렸으며, 아우구스티누스의 탄생을 기념하는 행사가 개최되었다. 물론 신부와 학자들은 이 행사에서 아우구스티누스의 활동 · 역할 · 노력의 의미를 설명하였다. 그러나 그는 신교도들 사이에서 대부분 잊힌 인물이다." 독일 내 주요 학자들 가운데 일부인 하르나크 · 트렐취 · 제부르크가 당시 몇 년 동안 기고한 글들을 읽었던 신교도 신학자들은 이러한 평가에 대해 놀라움을 표시했을 것이다. 그러나 아렌트는 신교도 신학자들이 아니라 신교도 신자들을 대상으로 신문에 논문을 게재했다. 아렌트는 이 논문을 통해 루터가 아우구스티누스로부터 도움을 받았다는 점을 부각시키려고 하였다. "루터는 하느님 앞에 직접 서는 양심을 지닌 신도라는 자신의 개념을 아우구스티누스와 연결시켰다." 아렌트는 개인적 비제도적 양심에 대한 관심의 이러한 유산을 환기시켰다.

아렌트의 경우 이 논문은 자신의 철학 연구와 '낭만주의에 관한 저작'*을 연결하는 가교였다. 그는 "경건주의 주위로 우회함으로써" 아우구스티누스의 『고백론』을 근대 자서전적 소설의 선구라고 언급하였다. "일반적인 세속화 운동과 더불어 하느님 앞의 종교적 성찰은 한때 부합됐던 권위를 상실하고 그야말로 개인적 삶에 관한 성찰이 된다. 이것(자서전적 소설 — 옮긴이)은 독일에서 처음으로 모리츠의 『안톤 라이저*Anton Reiser*』에 대표적인 방식

---

2 개별적으로 병기되지 않은 다음 인용문들은 아렌트의 다음 문헌에서 발췌되었다. "Augustin und Protestantismus," *Frankfurter Zeitung*, no. 902, 12 April 1930.
옮긴이_ 이 논문은 다음 모음집에 수록되어 있다. Hannah Arendt, *Essays in Understanding*, pp. 24-28; 홍원표 외 옮김, 『이해의 에세이』, 82-86쪽.

* 옮긴이_ 아렌트는 이 논문, 즉 「릴케의 두이노의 비가(Rilke's *Duino Elegies*)」를 스턴과 공동으로 집필하였다. 다음 자료에 수록되어 있다. Hannah Arendt, *Reflections on Literature and Culture*, ed., Susannah Young-Ah(Stanford, Cal.: Stanford University Press, 2007), pp. 1-30.

으로 나타났다.* 모리츠는 경건주의 교육을 받았지만 경건주의적 종교성의 영역에서 삶에 대한 '종교적인' 기술을 제거했다. 은총 개념은 자율적인 자기 변혁 개념으로 완전히 대체되었고, 개인의 인생 이야기는 괴테의 작품에 '살아 있는 동안 스스로 변화하는, 명기된 형태'로 우리에게 결과적으로 나타났다." 이것은 발전이었다. 괴테의 숭배자이며 자서전적 고백의 작가인 라헬 파른하겐은 천성답게 아주 열정적으로 이러한 발전에 대응하였다. 한나 아렌트가 파른하겐 전기를 집필하고 있을 때 학위논문의 배경에 남겨둔 (고백적이고 인격적이며 개별적인) 아우구스티누스의 차원을 전기에 반영하였다. 이는 아우구스티누스의 의식을 계승한 근대인, 즉 괴테를 추종하는 낭만주의자들에 관한 묘사에 나타났다. 이것은 유대인에게 무엇을 의미할 수 있는가?는 아렌트의 질문이었지만, '자율적인 자기 변혁'은 아렌트 연구의 주제였다.

아렌트는 하이델베르크와 프랑크푸르트에서 활동하던 시기에 아우구스티누스의 영역으로부터 19세기 초 베를린 낭만주의 작가의 영역으로 철학적 이전을 시도하였다. 스턴은 1930년 하이델베르크대학교에서 교수자격논문을 연구하기 시작하였으며, 한나 아렌트는 연구를 하면서도 (하이델베르크 – 옮긴이) 시내에 살고 있는 많은 지인들과 관계를 재개하였다. 그는 일요일 오후 가끔 야스퍼스의 집을 방문하고 이따금 마리안네 베버의 집을 방문하였다. 스턴 부부는 레오폴드 푸르트벵글러 어머니의 집에서 개최되는 저녁 음악회에 함께 참여하였으며, 한나의 의붓동생인 클라라 베어발트의 피아노 연주를 듣는 기쁨을 한때 누렸다. 푸르트벵글러는 동생의 연주를 관대하게 칭찬하였다.

---

* 옮긴이_ 모리츠(1756~1793년)는 자서전적 소설인 『안톤 라이저』 제1권 서두에서 이 소설을 '심리소설'로 명명한다. 독일어권 문학사상 최초의 심리소설로 평가받고 있다. 이 작품은 당시까지 문학으로부터 주목을 받지 못했던 사회집단에 관심을 돌려 그들의 삶과 작업 환경을 묘사하고 있을 뿐만 아니라 자신의 내면과 치열하게 투쟁하는 삶을 묘사하고 있다. 모리츠 지음, 장희권 옮김, 『안톤 라이저』(서울: 문학과지성사, 2003)를 참조할 것.

스턴이 최초의 음악철학 연구 과제 초안을 집필하고 있을 때, 아렌트와 스턴은 프랑크푸르트로 이사하였으며 프랑크푸르트대학교의 지적인 삶에 참여하였다. 당시 이 대학교는 가장 활력 있고 진보적인 교육 중심지의 하나로서 부상하고 있었다. 그들은 카를 만하임 세미나에 참여하였으며, 아우구스티누스를 무시하지 않았던 신교도 신학자인 폴 틸리히의 강의를 들었다. 아렌트는 세미나와 강의에 적극적으로 참여하였다. 복잡하고 때로는 아주 이해하기 어려운 질문들이나 발언에 드러나는 아렌트의 엄청난 지적 능력은 곧 전설이 되었다. 프랑크푸르트대학교 학성들은 연례 학생축제(히틀러가 집권하기 이전에 개최된 마지막 축제)에서 아렌트를 캐리커처의 대상으로 선정했다. 그는 이럴 정도로 유명 인사로서 명예를 누렸다. 리처드 플랜트라는 젊은 학생은 아도르노, 폴 틸리히, 그리고 한나 아렌트-스턴의 인물과 철학적 용어를 정교하게 풍자한 글을 썼다. 플랜트는 이후 뉴욕에서 아렌트의 친구가 되었으며, 시티칼리지에서 독일 문학을 가르쳤다. 스턴이 회상했듯이, 프랑크푸르트대학교 재학시절은 "매우 활기 있는 시기"였다. 그들은 정치적으로 훨씬 의식적이고 직업적인 친구들을 새로 사귀었으며, 살기에 안락한 장소인 마인 강 주변에 위치한 교회 관리인의 작은 별장을 가지고 있었다.

권터 스턴이 교수자격 논문을 쓰는 작업을 성공적으로 진행시키지 못하는 상황이 분명해졌을 때, 스턴 부부는 베를린으로 다시 이사하였다. 권터는 언론인으로서 일자리를 구하기로 결정하고 프랑크푸르트에서 이미 작성한 라디오 방송 원고, 즉 「철학자로서 브레히트」를 베어톨트 브레히트에게 가지고 가는 것으로 시작했다. 브레히트는 이 원고에 감명을 받고 친구인 헤르베르트 예링에게 전화를 하였다. 예링은 스턴에 도움이 될 수 있는 ≪베를린 베르젠-쿠리에*Berliner Börsen-Courier*≫에 영향력이 큰 비평가였다. 브레히트는 스턴 자신의 자격을 회의적인 철학자로 평가했음에도 불구하고 전화를 걸었다. 즉 스턴은 자신의 독립성을 주장했지만, 브레히트는 스턴이 하이데거주의자라고 확신하며, 자신의 자유의지에 따라 하이데거의 저서를 읽겠다고 약속한 어떤 사람이라도 최대한 헌신적이어야 한다는 상당히 합리적인 가정을 제시하였다. 예링은 지체하지 않고 그를 신문의 문화면 담당 보조기자로 채용하였다. 스턴은 신비소설에서 헤겔에 관한 최신 학술회의에 이르기까지 모든 사항을 기사로 곧 작성하였으며 예링이 걱정했던 문화면 기사를 상당히 많이 작성하였다. 예링은 한 사람이 문화면 기사를 전담하고 있지 않다는 인상을 주기 위해서는 기사를 다른 방식으로 작성하라고 스턴에게 주문하였다. 문자 그대로 기사를 다른 방식으로 처리하라는 요청을 받은 귄터 스턴은 귄터 안더스라는 필명을 사용하였다. 그래서 그는 오랜 언론인과 문인 활동 내내 귄터 안더스로 남아 있다.

당대에 프랑크푸르트에서 가장 강렬한 지적 도전들 가운데 하나는 1929년에 출간된 카를 만하임의 『이데올로기와 유토피아』였다. 이후 몇 년 동안 이 책에 대한 논평과 논쟁이 광범위하게 소개됐다. 이 책이 정통 마르크스주의의 다양한 그림자로부터 어느 정도 벗어났는가에 대한 다양한 평가가 있었고, 이 책이 지식사회학이라는 새로운 사조와 관련하여 어떤 함의를 지니고 있는가에 대한 입장도 고려되었다. 스턴이 베를린으로 돌아온 직후 대표적인 사회주의 계열의 잡지들 가운데 하나인 『게젤사프트*Gesellschaft*』측은 아렌트에게 만하임의 책에 대해 논평할 의향이 있느냐고 물어보았다. 편집장인 루돌프 힐퍼딩은 만하임의 책이 사회주의에 위협을 가한다고 생각했기에 비판적 서평을 원하였다. 그는 베를린에서 활동하고 있는 마르타 아렌트의 사회민주주의 동료들과 친분이 있었다. 한나 아렌트는 서평을 기고하기로 합의하였지만 그 저서에 담긴 다른 위험을 사실상 확인하고 철학의 자율성을 옹호하는 사람으로서 서평을 기고했다.* 두 경우 모두에서 사유는 행위에 봉사하기에 자율적이지 않다.

---

* 옮긴이_ 이 서평은 다음 자료에 수록되어 있다. Hannah Arendt, "Philosophy and Sociology," *Essays in Understanding*, pp. 28-43; 『이해의 에세이』, 87-109쪽.

만하임은 지식인들의 사유가 자신들의 경제적 사회적 실존에 어떻게 고착되어 있는가를 비판적으로 이해하도록 지식인들을 고무시키려고 하였다. 그는 이데올로기 형태의 지적 표현이 역사적으로 획득된 권력을 유지하려는 사회경제 집단의 이익에 봉사할 수 있다고 주장했다. 그는 또한 유토피아 형태의 지적 표현이 변화를 유도하려는, 즉 미래에 권력을 획득하려는 집단의 이익에 봉사할 수 있다고 주장했다. 그러나 만하임은 과거 지향의 이데올로기와 미래 지향의 유토피아가 모두 현실의 실제 상황을 무시할 것 같다고 주장했다. 전자는 변화를 설명하지 못하며, 후자는 미래의 이미지를 현실 모습으로 오인하기 때문이다.

아렌트가 관여했던 철학하기 양태에 한층 더 도전이 되는 구도는 거의 상상하기 어려웠다. 만하임은 아렌트의 논문에 핵심적이었던 과거 정향과 미래 정향을 완전히 다른 목적으로 사용하였다. 아우구스티누스는 인간조건의 한계 — 현상 유지를 바라지도 않으며 세계 변화를 바라지도 않음 — 를 초월하고자 했을 때 인간의 먼ultimate 미래와 먼 과거를 주시해야만 하였다. 아우구스티누스는 행위가 개인적이며 사유나 신념에 봉사한다고 생각했다.

아렌트는 만하임에 대한 비판의 초점을 사유가 행위에 봉사한다는 그의 주장에 맞추었다. 그의 주장은 철학의 자율성을 부정하고 있기 때문이다. 아렌트는 논리적 질문을 제기하였다. 즉 사유가 사회경제적 상황에 뿌리박고 있다면, 사유는 어떻게 그 상황을 무시한다고 말할 수 있는가? 그는 다음과 같이 주장하였다. 사유가 실제 상황을 무시할 수 있다면, 그 뿌리는 다른 곳에 있어야 한다. 그것은 사유가 단순히 행위의 노예가 아니라는 것을 함의한다. 따라서 아렌트는 실제의 상황에 뿌리박고 있지도 않고 세계 속의 행위에도 기여하지 않는 초월적 사유의 한 예로서 이웃사랑이란 아우구스티누스의 개념을 제시하는 설명을 통해 자신의 주장을 뒷받침하려고 하였다. 아렌트는 이웃사랑이 행위를 인도하는 사유라고 주장했다. 신의 도성은 만하임의 이데올로기도 아니고 유토피아도 아니었다.

아렌트의 생각에 만하임의 사회학은 야스퍼스와 하이데거의 철학(그가 가장 중요하다고 생각하는 철학)과 완전히 반대 방향으로 치달았다. 모든 존재자의 근거인 **존재**Being, 인간들이 질문을 제기할 특별한 운명을 가지고 있는 **존재**에 대한 하이데거의 탐구, 사람들이 자신들의 실존의 의미에 의문을 제기하는 한계상황에 대한 야스퍼스의 탐구는 모두 철학하기가 일반적 조건들에 의해 제한되지 않는다는 것을 전제하였다. 아렌트의 생각에 만하임의 연구는 일상적인 조건들의 틀 내에서는 계몽적이지만 예외적인 사유 활동이 일상적인 조건들에 근거를 두고 있다는 주장과 연계될 때는 계몽적이지 못하다. 아렌트는 자신의 비판을 단단히 주입시키면서 만하임 자신의 사유 근원이 무엇인가?라고 지적했다. 만하임의 사유는 실제의 상황에 뿌리를 두고 있는가? 따라서 이데올로기적인지 아니면 유토피아적인지? 사회학 자체는 사유가 세계에서, 즉 베버의 『프로테스탄티즘의 윤리와 자본주의 정신』에서 행위를 어떻게 인도하고 형성할 수 있는가의 증거를 만들어내지 않았는가?

아렌트는 이 난해하면서도 세심하게 논박한 서평, 그리고 귄터 스턴과 함께 집필한 릴케의 『두이노의 비가』에 관한 논문에서 사유가 비세계적unworldly이고 사랑이 초월적 원리라는 자신의 확고한 입장에 도달했다. 만하임의 저서에 대한 비판과 릴케의 시에 대한 철학적 해명은 같은 입장에서 표출되었다. 아렌트 생각에 릴케는 세속화된 근대 세계의 아우구스티누스였다. 아우구스티누스와 릴케의 생각에 사람들은 세계 속에서 안락함을 느끼지 못하면서 자신들의 잠정성과 유한성을 극복하려고 투쟁하는 피조물들이었다. 릴케는 하느님의 구원적인 은총을 전혀 몰랐다. 릴케가 자신의 시에서 묘사했듯이 사랑을 통해 초월을 추구하는 연인들은 결코 자신들의 노력에서 해방될 수 없었다. 사람들은 릴케가 "천사"라고 하는 사람들의 영역을 결코 획득할 수 없었다. 그러나 그들은 투쟁할 때 세계의 불가사의한 아름다움 덕택에 부상할 수 있었으며 이러한 아름다움과 자신들의 특수성으로부터 점점 더 자유로워질 수 있었다.

> 우리의 사랑이 사랑하는 사람으로부터
> 우리를 해방시킬 때가 아닌가, 떨며 견디는 우리:
> 화살이 시위 줄을 지탱하듯이, 그 집중하는 힘에서
> 그 이상의 존재가 되려는 때가 아닌가?[3]

아렌트는 아우구스티누스에 대한 존경을 결코 잃지 않았으며, 당대의 시인이며 독일 낭만주의의 마지막 향기를 지닌 시인 릴케에 대한 존경을 결코 잃지 않았다. 그러나 그는 철학의 자율성에 대해 의문을 품었던 것과 마찬가지로 삶에 필요한 원리로서 초월적 사랑에 의문을 품었다.

자서전과 같은 전기

한나 아렌트는 베를린으로 이사하기 이전인 1930년 경 독일 낭만주의 전체를 연구하기보다 오히려 라헬 파른하겐에 관심을 집중하기로 결정하였다. 아렌트는 베를린에서 쿠르트 블루멘펠트 및 그의 시온주의 동료들과 긴밀한 관계를 다시 유지하였다. 블루멘펠트는 아렌트의 정신적인 대부였고, 그의 친구들은 아렌트의 후원자였다. 친구들의 동아리는 연구에 중요했다. 연구는 느리게 진행되었고 몹시 고되었기 때문이다. 아렌트는 출간된 파른하겐 서신(라헬의 남편이 선정하고 검열함)뿐만 아니라 프로이센 주립도

---

3 Rainer Maria Rilke, *Duino Elegies*, trans., J. B. Leishman and Stephen Spender(New York: Norton & Co., 1963), p. 23.
옮긴이_ 「제1 비가」 제50-53연. 독일어 원문은 다음과 같다. Ist es nicht Zeit, daβ wir liebend uns vom Geliebten befrein und es bebend bestehn: wie der Pfeil die Sehne besteht, um gesammelt im Absprung. 다음 자료를 참조할 것. 라이너 마리아 릴케, 손재준 옮김, 『두이노의 비가』(파주: 열린책들, 2014).

서관에 보관된, 출간되지 않은 자료들을 이용하였다. 라헬의 성급한 글쓰기와 예측할 수 없는 철자법 때문에 그의 편지와 기록을 해독하기 어려웠다. 그러나 아렌트는 전기를 쓰는 데 새로운 빛을 제공하는 여러 편의 흥미로운 편지를 발견함으로써 노고에 대해 보상을 받았다. 아렌트는 『1932년 독일 연감*Deutscher Almanach für Das Jahr* 1932』이란 대중용 편람에 라헬 파른하겐 시절의 베를린 살롱에 관한 짧은 논문과 함께 편지 하나를 출간하였다. 『1932년 독일 연감』에 괴테의 생애와 저작을 소개했다. 아렌트는 괴테의 베를린 숭배자들이 갖고 있던 환경 그리고 파른하겐과 같은 열렬한 추종자들의 태도를 제시하려는 의도로 이 글을 게재했다.

『라헬 파른하겐』은 전기이지만 결코 쉽게 분류할 수 있는 유형의 전기는 아니다. 이 저서는 부제가 보여주는 「한 유대인 여성의 삶」이 아니라 한 사람이 생각한 사유의 삶을 조명한 전기이다. 라헬의 사상은 직설적이고 평이하게 표현됐다. 즉 "나는 불운한 사람Schlemihl이고 유대인 여성이다."* 그리고 한나 아렌트는 이러한 사상을 사유하면서 라헬의 여정을 추적하였다. 이 여정은 유대인성의 의미에 대한 라헬의 이해를 가로막는 초기의 고독한 추론에서 출발하여 유대인성에 대한 그의 최종적인 자의식적인 이해와 수용에 이르게 되었고, 다른 '파리아' 유대인들 앞에 이르렀다.

라헬이 18세기의 여성이 아니라 오히려 20세기의 여인이었다면, 아렌트의 전기는 시온주의로의 개종에 관한 이야기가 되었을 것이다. 사실상 이 전기는 우정의 고향을 찾았던 18세기 여성에 대한 20세기 여성의 설명이다. 아렌트는 1933년 ≪쾰른 신문*Cologne Zeitung*≫에, 그 다음에 『유대인 전망*Jüdische Rundschau*』에 게재한 기사에서 그들(18세기와 20세기 여성 — 옮긴이)이 처한 상황의 차이를 명료하게 했다. 아렌트는 히틀러의 집권과 더불어 유대계 독일인의 역사에서 한 장 — 동화로 명명되는 장 — 이 종결되었다고

---

* 옮긴이_ Arendt, *Rahel Varnhagen*, p. 9; 『라헬 파른하겐』, 27쪽.

밝혔다. 이 시대는 기독교로 개종하고 이교도들과 통혼을 함으로써 유대인성에서 벗어나려고 했던 파른하겐 세대에 시작되어 인종주의가 독일의 국가정책으로 정립되어 모든 탈출구를 차단하였을 때 끝나버렸다.

아렌트의 전기는 복잡하고 가끔 모호한 경로를 취한다. 즉 라헬 서신의 인용문으로 구성된 숲에는 단지 독자들을 인도하는 약간의 연대기적 또는 배경적 준거들만이 존재한다. 아렌트가 발터 베냐민의 글쓰기 방식에 대해 몇 년 이후 기록한 묘사는 자신의 전기적 기법에 어울린다. "주요 저작의 진가는 단편斷片들을 그 맥락에서 분리시키는 것이며, 단편들이 서로를 설명하고 사실상 자유롭게 떠도는 상태에서 이것들 존재 근거를 증명할 수 있는 방식으로 이것들을 새롭게 배열하는 것이다."[4] 『라헬 파른하겐』에 있는 인용문들은 각각의 존재 근거를 증명할 뿐만 아니라 아렌트의 전기적 방식 전체의 존재 근거를 증명하고 있다. 즉 이것은 아렌트 자신이 언급했을지도 모르는 라헬의 삶에 관한 이야기를 언급하는 것이다. 전기는 시간과 공간에 관한 기술로 방해받지 않으며, 인용문의 근원이 되는 사유 과정에 대한 논평들을 통해서만 제약을 받는 독립적인 진술이다. 영국 소설가 시빌르 베드포드는 1958년 이 책을 서평하면서 책의 특성을 정확하게 포착하였다. 그 책은 "철저하게 추상적 성격을 띠고 있으며, 완만하게 전개하고 난삽하며 정적이고 이상하게도 중압감을 준다. 나는 그 책을 읽으면서 시계도 없이 고온실에 앉아 있는 것 같은 기분을 느낀다. 독자들은 주체, 즉 시중드는 완전히 제정신이 아닌 여성을 부득이 느끼고, 그의 강렬한 여성다움과 좌절에 대해 거의 실제로 알게 된다."[5]

『라헬 파른하겐』은 라헬이 임종에 언급한 다음의 기록을 인용함으로써

---

4 Hannah Arendt, "Walter Benjamin: 1892-1940," *Men in Dark Times*, p. 202.

5 Sybille Bedford, "Emancipation and Destiny," *The Reconstructionist*, 12 December 1958, pp. 22-26(파른하겐 시대의 유형들 가운데 하나는 베드포드의 소설 『유산(*A Legacy*)』이다).
옮긴이_ 이 소설은 1956년에 출간된 베드포드의 반자서전적 소설이다. 부모의 결혼과 두 가정의 불편한 관계에 대한 허구화된 입장을 묘사하고 있다.

임종에 관한 이야기로 시작된다. "나는 모든 삶이 나에게 가장 큰 수치로 보였고, 이 수치가 내 삶의 고통이고 불행이었다는 사실 — 유대인 여성으로 태어남 — 을 이제 무슨 일이 있어도 놓치기를 바란다오."[6] 그러나 이 책에서 전개되는 이야기는 "대상과 그 현실로부터 해방을 가져다주며, 지식이나 경험의 도움 없이 어떠한 합리적 존재에 접근할 수 있는 세계나 순수이념의 영역을 창조하는"[7] 계몽주의적 형태의 이상에 관한 묘사로 실제 시작된다. 파른하겐은 무엇이든지 경험하기 이전에 이성을 통해 먼 거리에서 자신의 유대인성을 유지하였다. 이런 이성은 자기에 집중할 때 자기 성찰이라고 명명된다. 세계와 행위, 또는 사랑이 개인적 정체성의 수치심을 노출할 우려가 있기에 거부당했을 때, 자기 성찰은 삶을 충만케 할 수 있다. 자기 성찰은 개인의 행복에 대한 동경을 진리에 대한 열정으로 어떻게 전환하는가를 아직 터득하지 못한 사람을 좌절로부터 구원할 수 있다.

라헬 파른하겐이 자기 성찰을 신봉했고 라헬 동아리와 그 중심인물들이 이를 찬양하였지만, 이에 대한 아렌트의 논평은 매우 가혹하다. "자기 성찰은 두 가지 위업을 충족한다. 자기 성찰은 실존하는 상황을 분위기로 바꿈으로써 이 상황을 소멸시키며, 동시에 주관적인 것은 무엇이나 객관성 · 공개성 · 심각한 관심의 분위기를 제공한다. 자기 성찰에서 친밀한(사적인) 것과 공적인 것 사이의 경계선은 희석되어 버린다. 사적인 것은 공적이게 되고, 공적인 문제들은 사적인 것의 영역에서만 경험되고 표현되어 결과적으로 부질없는 세상 이야기가 된다."[8] 자기 성찰과 고백의 성향을 강하게 지닌 사람인 파른하겐은 다른 교육 배경과 종교적 신념을 가진 다른 계급에 속하는 사람들에게 주목을 받았다. 루소가 프랑스에서 장 자크로 알려졌듯이, 파른하겐은 독일 문학자들에게는 라헬로 알려졌다. 그러나 라헬은 방

6 Arendt, *Varnhagen*, p. 58.

7 앞의 책, 9쪽.

8 앞의 책, 21쪽.

어적 일반 원칙의 외피 속에서 살았기 때문에 "내적으로는 상냥하지 못했다." 그는 자신이 실제로 누구인가를 노출시킬 수 없었다.

앞에서 지적했듯이, 아렌트는 자신의 자서전적 묘사인 「그림자」에 대하여 자기 성찰을 비판하는 글을 쓸 수 있었다. 이러한 비판은 아렌트가 사람들을 이해하는 모범적인 요소였다. 그는 자기 성찰의 누에고치가 라헬과 달리 유대인 활동을 열렬하게 포용한 사람들도 보호할 수 있다는 것을 이후에 알게 되었다. 그리고 파른하겐이 결코 생각하지 않았던 사건들 때문에 유대인 활동이 존중되었을 때마다 아렌트는 이러한 사실을 배우게 되었다. 예컨대 아렌트는 1967년 서한에서 천박하다고 생각되는 방식으로 이스라엘을 지지했던 여성 소설가에 대해 혹독하게 글을 썼다. "그(나탈리 사로트 – 옮긴이)의 당파성은 조야하고 유치했으며, 성찰하지 않는 유대인과 같이 말하고 있다. 아주 특징적이지만 그는 자신에 대해서는 거의 지나칠 정도로 성찰하면서도 유대인 여성으로서 자신에 대해서는 결코 검토하지 않았다."[9] 자기 성찰에 대한 아렌트의 비판은 정치적 비판이었다. 그는 공적인 문제와 사적인 문제를 구분하는 데 관심을 가졌으며, 자기 성찰이 정치적 이해를 어떻게 차단할 수 있는가에 관심을 가졌다. 아렌트의 견해에 따르면 자기 성찰은 그가 젊은 시절 범한 오류였다. 그는 1931년 베를린에서 그 오류를 시급하게 치유해야 한다는 것을 알았다.

라헬 파른하겐은 정치적 상황이 아니라 이교도인 폰 핀켄슈타인 백작과의 결혼이란 이례적으로 운 좋게 얻은 가능성 덕택에 고립상태로부터 벗어나게 되었다. 라헬은 특별한 사람, 이교도 사회 내에서 두드러진 사람이 될 기회를 얻었다. 백작은 "모든 것을 대변하였으나 불행하게도 스스로 쓸모없는 사람이었다."[10] 백작은 세계를 제공했으나 라헬이 운영하는 베를린 살

9 아렌트가 매카시에게 보낸 편지(1967년 10월 7일), 매카시 보존유산.
옮긴이_ 여기에서 '1967년 10월 7일'은 '1969년 10월 17일'의 오기이다.

10 Arendt, *Varnhagen*, p. 58.

롱의 세계에는 전혀 어울리지 않았다. 핀켄슈타인이 가정의 친숙한 둥지로 도피한 이후 라헬은 사유하는 과정에서 새로운 단계에 도달하였다. 그는 여전히 경험에 기초해 일반적으로 말하였다. 낙담한 라헬은 자신의 인격에 매료되기보다 자신의 불행을 이해시킬 수 있기를 기대하면서 자신을 존경하는 사람들에게 엄숙하고 무정하며 냉담한 표정의 얼굴을 보여주었다. 의도는 실현되지 못했다. 그들은 "안식처를 잃은 사람"에게서 멀어졌다. 그리고 파른하겐 역시 최종적으로 파리에 틀어박혀 살면서 단순한 일에 만족했고, 그의 분별력을 깨우쳐주기 시작했던 자그마한 문제에 관심을 가졌다.

라헬은 핀켄슈타인과의 이례적인 사건(위대한 사랑, 귀족과의 결혼)을 통해 자신의 수치스러운 출생의 불명예를 벗어던지려고 노력했다. 그러나 라헬은 베를린으로 돌아왔을 때 다른 위기를 경험하면서 다른 단계에 도달했다. 이때 라헬은 '아름다운 대상'에 대한 사랑, 실재로부터의 고립이라는 매혹적인 행위를 통해 자신의 삶을 내던지려고 노력했다.[11] 라헬은 베를린 주재 스페인공사관의 비서이며 미남인 돈 두르꿔호와 사랑에 빠졌다. 라헬은 외국인에게는 일차적으로 유대인이 아니었다. 라헬의 강렬함에 압도되고 살롱 친구들 때문에 어리둥절한 두르꿔호가 라헬과 절교하였을 때, 라헬은 "외부에서 자신의 삶을 한낱 게임으로 이해하였으며, 자신을 완전히 노출시킨 채 게임에 관여할 수 있었다. … 그의 삶은 이제 자신에게 하나의 이야기가 되었다."[12] 라헬은 자신에 대해 엄청나게 고백하였으며, 이것을 이야기로 만들었다. 이제 그는 다른 방식으로 자신의 신상을 이야기하고 있으며, 다른 사람들과 연대 속에서 자신의 청중들을 자각하였다. 그는 스승인 괴테로부터 문학적 일반화의 위력을 배웠기 때문에 자신의 신상을 이야기하였다. 동시에 라헬은 자신의 신상을 역사적으로 이야기하는 법을 배웠다. 이때 그는 역사와 자신의 역사적 환경에 관심을 갖게 되었다. 라헬은

---

11 앞의 책, 88쪽.

12 앞의 책, 104쪽.

피히테의 『독일 국민에게 고함』을 통해 동화되었다.[13] 이러한 성과들(연대 · 이야기하기 · 역사의식)은 라헬의 일반화가 얼마나 풍부해졌는가를 보여주는 척도였다. 이것들 역시 라헬의 전기 작가가 완전히 다른 방식으로 추구했던 성과들이다. 아렌트는 연대, 문학적 일반화, 역사의식을 추구하였다. 『라헬 파른하겐』은 감정이입에 입각한 이야기하기를 수행한 노력의 결실이었다. 그러나 아렌트는 동화 또는 민족주의를 추구하지 않았다. 아렌트는 피히테와 셸링 그리고 (파른하겐을 포함한) 독일 낭만주의자들을 경유해서 동화에서 벗어나 시온주의 쪽으로 향하였다.

라헬의 사유의 삶에서 미숙한 일반화가 진실함에 기꺼이 양보할 것 같은 바로 그 순간에 아렌트의 이야기는 중단되고 새로이 시작된다. 아렌트의 교양소설은 다른 측면, 즉 어두운 측면을 지니고 있다. 아렌트는 라헬이 실제로 자신의 발전을 인도하는 어떤 생각, 어떤 모델도 갖고 있지 않다고 이해했기 때문이다. 라헬은 어두울 때 방향타 없이 바다에 외로이 있었다. 아렌트는 꿈같은 삶과 이런 삶이 그런 생각을 어떻게 불가능하게 만들었는가를 밝힌 장(제8장 「낮과 밤」 — 옮긴이)으로 자신의 이야기를 중단한다. 이 장에서는 다음과 같이 마무리하고 있다. 즉 "밤중에 피신했던 절망 … 이동 · 동화 · 역사 학습은 밤에 우습게도 무기력한 게임이었다. 그러한 심연이 아가리를 떡 벌릴 때, 모호한 태도만이 어떠한 극단도 진지하게 고려하지 않고 양극단을 함께 지니고 있는 황혼에 체념과 새로운 힘을 일으킴으로써 영구적인 해결책(즉 탈출구)을 가리킨다."[14] 아렌트의 시대 이것은 또한 아렌트의 대답이었다. 즉 동화되지도 않고 시온주의도 옹호하지 않는 모호한 태도이다.

라헬의 꿈을 진술한 제8장 「낮과 밤」은 연대기적 언급을 담고 있지 않다. 각 장은 앞뒤의 번득이는 생각으로 채워져 있다고 하더라도, (제8장과 달

13 앞의 책, 127쪽.

14 앞의 책, 143쪽.

리 — 옮긴이) 각 장은 확정된 시기를 다루고 있으며, 각 장의 제목도 참고가 되는 날짜와 연계되어 있다. 그러나 시대를 병기倂記하지 않은 「낮과 밤」은 15년이란 기간에 걸쳐 라헬에게 나타났던 꿈을 기술하고 있다. 이 장은 라헬이 폰 핀켄슈타인 백작을 만난 시기부터 아우구스트 파른하겐과 결혼한 후 "꿈을 포기했을" 때까지 라헬 삶의 저변을 제시하고 있다. 이 색다른 장은 아렌트 책의 핵심이다. 이 장에서 주제("모호한 태도가 유일한 해결책을 가리킨다")는 이후 모든 다양한 주제를 이끌어 들인다.

한나 아렌트는 정치적 관점에서 라헬 파른하겐 세계의 본분이 아닌 모호한 태도를 포용하였다. 아렌트는 또한 정서적 관점에서 모호한 태도를 선택하였다. 정서적 관점은 무시간성에 있어서 파른하겐의 태도와 아주 유사했다. 아렌트의 이상, 그의 활달한 시는 모호한 예감과 공상적인 좌절로 가득 차 있다. 그러나 파른하겐은 자신의 꿈들이 자기에게 언급한 것, 즉 자신의 유대인성이 지워질 수 없다는 것을 계속하여 고백하였지만 아렌트는 자신의 가장 사적인 세계를 비밀로 간직했다. 아렌트가 「그림자」에서 기술했던 어린 시절의 꿈은 달콤하든 쓰든 지속적인 삶의 환희로 채워져 있으며, 아버지를 잃고 이후 아버지와 거의 같은 연배인 연인을 잃음으로 인하여 붕괴되어 버렸다. 아렌트가 기거했던 그림자는 그를 따라다녔다. 그는 한 친구에게 자신이 하이델베르크대학교 시절 저명한 교수의 죽음에 대하여 한때 생생하게 꿈을 꾸었다고 언급하였다. 아렌트가 매일 깨어나 있는 상태로 전환하려고 마셨던 커피 몇 잔도 그가 꿈으로 인정하도록 도와주지는 못했다. 그날 아침에 아렌트로부터 그 사람의 죽음에 대한 고통에 대해서 들은 사람들은 그 소식에 충격을 받고 그 사람의 집으로 전화하였다. 그들은 교수가 서재에서 조용히 독서를 하고 있다는 사실을 놀란 교수 부인으로부터 확인하였다. 이때 아렌트는 자신이 두려워했던 그러한 순간들 가운데 한 순간, 강렬하게 당혹스러워 하는 순간을 맞이했다. 죽음과 소멸, 보금자리의 상실 등은 아렌트가 계속적으로 꿈을 꾸는 동기가 되었다. 세계에 대한 경험이 점점 더 섬뜩하게 되자, 1933년 이후 이러한 동기들은 점점 더 강렬해졌다. 아렌트는 1951년에 지은 시에서 "우리 세계의 가파른 빈 공간을 무서워하는/수면 상태에서 다채로운 층들"을 언급하였다. 그는 꿈의 세계에서 이러한 것을 인내하며 살았다.

라헬의 꿈같은 삶을 다룬 장은 한결같이 라헬의 고통스러운 유대인성에 초점을 맞춘 것에 주목할 만하다. 라헬이 기록한 꿈은 그밖에 많은 것이 풍부하다. 그의 삶은 전기 작가가 무시했던 요소들(가정, 어린 시절, 아름답지 않은 외모, 젊은이들에 대한 그의 이끌림)로 채워졌다. 자기 성찰에 대한 아렌트의 반대는 정치적으로 이해할 수 있으며 유익했다. 그러나 그는 이러한 반대를 통해 가족에 관한 기억, 고통스런 어린 시절, 그리고 이때 형성된 수줍음·우울함·성급함·과묵함과 같은 유산과 일정한 거리를 유지하려는 정당한 명분을 마련하였다. 모호한 태도가 해결책을 가리킨다는 아렌트의 정치적 결론도 대담했다unself-conscious. 모호한 태도, 이런 태도의 실천적 귀결, 강령을 지닌 집단에의 참여를 거부하는 것은 위험성을 지니고 있기 때문이다. 모호한 태도는 뿌리 없음을 의미하고, 다른 사람에 합류하기를 부정하는 것은 비행위를 의미할 수 있다. 『라헬 파른하겐』 자체에서 아렌트의 태도는 긴장을 야기하였다.

『라헬 파른하겐』은 자체 내에 몇몇 균열을 지니고 있는 책이다. 가장 심각한 균열은 낮 시간의 이야기와 라헬의 꿈을 밝힌 이야기 사이의 균열이다. 또 다른 균열은 세 차례 성공할 가망이 있었던 라헬의 결혼에 관한 이야기와 그의 삶에 완전히 특별하게 나타났으며, 독특한 세계, 즉 비유대인 세계로 진입하는 입구가 아니라 개개인으로서 사랑을 받았던 세 남자에 관한 이야기 사이에서 나타난다. 이들은 정치인 프리드리히 겐츠, 귀족이며 군인이었던 알렉산더 폰 데어 마르비츠, 그리고 유대계 시인인 하이네였다. 겐츠는 라헬에게 정치세계를 보여주었다. 그러나 겐츠는 라헬로부터 벗어나 정치세계로 들어갔다. 유대계 여주인은 겐츠의 경력이 필요로 한 대상은 아니었기 때문이다. 마르비츠는 라헬에게 그 시대의 현실에 대해 알려준다. 그는 귀족이며 역사에 대한 보수주의적 신봉자가 갖는 경멸어린 눈초리로 현실을 평가하였다.* 이 사람들은 비록 라헬 파른하겐이 느꼈던 절망을 파악하지 못했다고 하더라도 무용지물은 아니었다. 파른하겐은 정치에 접근하지 못했고 지위와 명예, 즉 장점을 지니지 않았다. 만년의 친구였던 하이네는 라헬의 불쌍한 처지를 이해하였다. "갤리선 노예들만이 서로를 이해한다."[15]

아렌트는 『라헬 파른하겐』을 집필했을 때 라헬 시대 지식인 집단이 살롱에서 형성된 이념을 전유하고 왜곡하였던 방식에 점점 더 민감해졌다. 그러나 겐츠 · 마르비츠 · 하이네가 역할을 담당했던 이 과거, 정치적인 이야기는 전기의 배경이었다. 유대인 정체성을 유지하려는 라헬의 고뇌, 이런 고뇌의 단계를 특징짓는 결혼 가능성은 중요한 위치를 차지한다. 그러나 책의 다른 두 장에서 균형은 바뀐다. 힘들여 얻으면서도 모호한 유대인성을 유지하려는 라헬의 노력은 전면에 부각된다. 책의 11장과 나머지 두 장 사이에 완전히 다른 유형의 균열이 존재한다.

아렌트는 1933년 베를린에서 망명하기 이전에 앞의 11장을 완성시켰다. 그는 1938년 여름에 마지막 두 장을 완결시켰다. 야스퍼스는 1952년 처음으로 이 책을 모두 읽었다. 그는 마지막 장들이 앞의 장들과 완전히 상이한 색조를 띠고 있다고 지적하며 아렌트에게 그 이유에 대해 질문하였다.

> 하인리히 블뤼허와 발터 베냐민은 제가 그것을 마무리할 때까지 저를 편안하게 내버려두지 않았습니다. 그래서 저는 1938년 여름에 그

---

* 옮긴이_ "그가 혐오하는 사회는 일종의 또 다른 현실, 즉 유산과 전통을 가진 현실을 인정하며 반복적인 세대 계승으로 확장되며 … 이러한 유대 관계들을 통해서만 역사적 현실이 파악될 수 있음을 그(라헬 — 옮긴이)에게 가르쳤다." 『라헬 파른하겐』 제10장 「우정의 파탄」을 참조할 것.

15 앞의 책, 227쪽(괴테로부터 인용함).
옮긴이_ 괴테의 희곡 『토르콰토 타소(*Torquato Tasso*)』 제2막 가운데 타소의 대사이다. "아니, 인간은 서로 알지 못한다. 갤리선 노예들만이 서로를 이해한다."

책의 결론을 매우 성급하게 집필하였습니다. 저는 제가 당시 수용하였고 오늘날까지 많이 수정하지 않았던 동화에 대한 시온주의의 비판이란 관점에서 이 책을 일관되게 집필했습니다. … 저는 젊은 여성으로서 아주 순진했지요. 저는 '유대인 문제'가 매우 골칫거리라는 것을 알았습니다. 블루멘펠트는 그 문제에 대해 저의 눈을 뜨게 해주었답니다.[16]

아렌트는 블루멘펠트 덕분에 이 문제에 눈을 뜨게 되었다. 그러나 블뤼허와 베냐민의 정치적 국제주의는 아렌트에게 유대인의 운명을 더 넓게 보는 수단을 제공하지는 않았다. 아렌트는 마지막 두 장에서 동화주의적 입장의 궁극적인 역설을 명료하게 부각시켰다. "대체로 유대인들에 대해 적대적인 사회 — 그리고 20세기까지 유대인들이 살고 있는 모든 국가에 존재한 상황 — 에서 또한 반유대주의에 동화됨으로써 오로지 동화되는 것은 가능하다."[17] 라헬 파른하겐이 동화되기를 거부했던 것은 바로 이것이었다. 즉 그는 반유대적이기를 거부했다. 라헬이 살았고, 동화되고 싶었던 세계는 점점 더 반유대적 성격을 강하게 띠게 되었기 때문에, 그는 자신의 유대인성을 더욱 솔직하게 받아들였다. 아렌트는 반유대주의가 독일이나 유럽의 역사에서 일탈이 아니라는 것을 자각한 여성으로서 라헬을 부각시킨다. "유대인의 운명은 그렇게 우연적인 것도 아니고 이상한 것도 아니었다. … 반대로 유대인의 운명은 사회의 상태를 정확하게 묘사하고 있으며, 사회구조의 격차라는 추악한 현실의 윤곽을 보여주었다."[18] 이런 자각은 『전체주의의 기원』 가운데 반유대주의를 다룬 장에서 핵심이 되었다. 아렌트는 반유대주의가 모든 시대에 필연성이 아니며 현대의 우연한 사건도 아니라고 주장했다. 유럽의 국민국가와 유럽의 유대인은 함께 부상했다가 쇠퇴하였다.

16 아렌트가 야스퍼스에게 보낸 편지(1952년 9월 7일), 마르바흐 문서보관소.

17 Arendt, *Varnhagen*, p. 224.

18 앞의 책, 183쪽.

정치로 눈을 돌리는 단계

한나 아렌트는 1931~1932년에 점점 더 정치적이고 역사적으로 사유하기 시작하였다. 쿠르트 블루멘펠트와 시온주의 친구들은 아렌트와 함께 많은 시간을 보냈다. 아렌트는 정치대학Hochschule für Politik의 유대인 교수 여러 사람을 만났다. 이 정치대학은 독일에서 가장 독립적이고 창조적인 교육기관들 가운데 하나이며 김나지움 졸업장이 없는 학생들을 받아들이는 기관들 가운데 하나이다. 정치대학에서 사회학을 가르치면서 『게젤샤프트』에 정기적으로 기고하였던 알버트 잘로몬은 친구가 되었으며, 뉴스쿨의 교수진으로 참여한 이후 추천서를 제공하는 유익한 사람이 되었다. 정치대학의 신문기록보관소를 담당했던 '지그문트 노이만'*은 이후에 나치즘에 관한 몇 편의 논문을 남겼다. 아렌트는 이것을 귀중하게 생각했다. 노이만은 미국으로 이민하여 웨슬리언대학교에서 교수직을 얻었으며, 1961년 아렌트에게 초빙 교수 자리를 마련해 주었다.

아렌트는 『게젤샤프트』에 두 번째 서평을 게재해달라고 요청받았으며, 막스 베버가 다른 두 명의 사회학자 베르너 좀바르트와 에드가 야페의 도움으로 창간한 잡지인 『사회과학 및 정치사회학논총*Archiv für Sozialwissenschaft und Sozialpolitik*』에 다른 하나를 게재해달라고 요청받았다. 아렌트가 야스퍼스로부터 추천을 받았던 『논총』 서평은 그의 독일 낭만주의 연구와 밀접하게 연계되어 있다. 아렌트는 한스 바일의 『독일 교육원리의 기원*The Origin of German Educational Principle*』에 대한 서평을 게재하였다. 이 책은 교육의 두 가지 개념, 즉 "이상을 향한 발전"(구상)과 "선천적 잠재력의 발전"에 관한 18세기 말 논의의 내용을 개략적으로 정리하고 있는데, 이 개념은 그리스-로마의 전통 및 경건주의 전통과 연계되어 있다.[19] 바일은 헤르더와 폰 훔

---

* 옮긴이_ 노이만(1904~1962년)은 1940년 미국에 귀화했다. 주요 저서로는 『영구 혁명(*Permanent Revolution*)』(1942년)과 『현대의 정당(*Modern Political Parties*)』(1956년) 등이 있다.

볼트가 이러한 두 개념을 융합시킨 방식에 관심을 집중시켰고, 그런 다음 라헬 파른하겐 시대의 '교양 있는 엘리트'가 결과로서 생긴 원리를 어떻게 채택했는가를 지적하였다.

아렌트는 이 서평뿐만 아니라 「계몽주의와 유대인 문제」라는 제목의 논문에서 『라헬 파른하겐』에 내재되어 있는 이념의 역사를 설계하였다. 헤르더는 아렌트의 영웅으로서 등장한다. 헤르더의 철학적 개념들은 라헬이 훨씬 더 개인적으로 표현한 이념들과 유사하다. 헤르더는 '역사의 진리'보다 '이성의 진리'를 격상시킨 계몽주의의 태도에 대항하여 개개인과 민족에 필요한 역사의 중요성을 강조하였다. 이러한 입장은 레싱의 작품에 나타난다. 모제스 멘델스존은 이 입장을 채택하였다. 다음으로 다비드 프리드랜더와 같은 라헬 세대의 유대인들은 유대교라는 '역사적' 종교를 부정하고자 이 입장을 사용하였다. 헤르더는 유대인의 역사적 실존이 예루살렘 성전의 파괴와 함께 끝났다는 개념, 그리고 유대교가 인류의 보편적 이성과 결합을 기다리는 '이성의 종교'였다는 개념을 포기하라고 유대인들에게 요구했다. 마찬가지로, 헤르더는 유대인을 민족으로서 독일 국가에 인정하라고 독일인들에게 요구했다. 시민적 해방에 대한 헤르더의 요청은 인류에 대한 존경에 기초한 보편주의와 관용이 정치적 보장 없이는 상이한 유산을 가진 개개인이나 민족에게는 적절치 못한 보호 장치라는 계몽주의의 요청과 동일하다. 헤르더는 개개인의 차이와 역사적으로 발전된 민족들의 차이를 존중했다. 이러한 존중은 바일이 헤르더의 교육원리에 관한 논의에서 강조했었던 요소는 아니다. 하지만 아렌트는 그것을 중요하다고 생각하였다. 헤르더는 역사가 하나의 과정, 즉 다양성의 노출이라는 것을 긍정했으며, 교육 역시 과정일 수 있다는 것을 긍정했다. 교육은 조화적인 이미지나 모델

---

19 개별적으로 병기되지 않은 다음 인용문들은 다음 문헌에 실린 아렌트의 서평에서 발췌된 것이다. *Archiv für Sozialwissenschaft und Sozialpolitik* 66(1931). 헤르더와 "교육의 원리"에 관한 아렌트의 이후 성찰을 이해하기 위해서는 다음 문헌을 참조할 것. *Origins*, pp. 57-68.

(종종 고대의 위대한 모델)을 얻으려는 투쟁이어야 한다. 그리고 교육은 개개인의 발전으로 인도되어야 한다. 그리고 교육은 자율적이지만 '개개인의 사슬', 즉 전통 속에서 자기 위치를 자각하는 개개인의 발전으로 이어져야 한다.

아렌트는 헤르더의 저작에서 유대교의 존중과 개체성의 존중을 결합시킨 것에 상당히 관심을 가졌다. 이러한 결합은 아렌트의 비판 및 우려와 일치한다. 아렌트는 동화주의에 대해 비판을 전개했고 대중운동으로서 국가사회주의의 성공을 점점 더 우려했다. 이후 아렌트는 헤르더를 자신이 공개적으로 개탄했던 경향의 선구자들 가운데 한 사람으로 간주할 수 있었다. 헤르더는 역사를 정치로 끌어들였다. 이 경향은 마침내 헤겔에 이르러 정점에 도달하였다. 아렌트는 이러한 점을 자각했으며, 서평에서도 다음과 같이 지적하였다. 즉 개별 민족의 '유기적' 발전이라는 헤르더의 개념은 자율성의 부정으로 오해될 수 있으며, 사람은 '운명의 수레바퀴에 있는 개미'로 평가되지 않는다고 하더라도 자기 사회의 발전이란 수레바퀴 위에 있는 개미로 평가될 수 있다. 역사는 사람들이 진리를 추구한 책이 되었다. 그러자 개별 민족을 그 책의 한 장으로 생각하려는 헤겔과 같은 사람들에게는 길이 열렸다. 그 책의 저자는 포괄적인 운명이었다.

아렌트는 헤르더의 사상에서 교육원리를 결코 포기하지 않았다. 아렌트는 이후 교양 있는 사람을 "과거에 존재했고 현재에도 존재하는 사람 · 사물 · 사상에서 자신의 무리를 선택하는 법을 알고 있는 사람"[20]으로 규정하였다. 아렌트는 '세계와 현실에 접근할 완전히 새로운 가능성,' 판단에 필요한 '거리'를 포함한 능력으로서 헤르더의 이성 개념('관조Denken'* 및 감정Gefühl과 모두 대립되는 이성Verstehen)에서 절대적 진리 또는 이에 대한 주의(역사주의 · 상대주의 · 주관주의 등)의 신봉자들 없이도 인간들이 살아가는 길을 찾았다. 아

20 Hannah Arendt, "The Crisis in Culture," 2d ed., *Between Past and Future*(New York: Harcourt Brace Jovanovich, 1968), p. 226(이하 "*Between Past and Future*"로 표기함).

* 옮긴이_ 여기에서 필자는 'contemplation'을 'die Kontemplation'으로 표기하지 않고 'Denken'으로 표기했다.

렌트는 이러한 견해에 도달했을 때 계몽주의에서 레싱의 위치를 완전히 다르게 주시하였다. 아렌트는 레싱의 관용이 다음과 같은 확신에 뿌리를 두고 있다고 간주했다. 즉 상이한 의견들은 역사의 종말에 백일하에 드러날 공통의 근원에서 발생한다. 아렌트는 이러한 관용을 '역사의 진리'에 대한 거부로 간주했다. 아렌트는 19세기 역사적 사유가 자기 당대에 담당했던 엄청난 정치적 역할을 인식했을 때 레싱의 통찰력이 심오하다고 생각하였다. 아렌트는 1959년 레싱상 수상 연설에서 그 이유를 설명하였다.

> 레싱은 완전히 정치적 인사이기 때문에 담론을 통해 진리를 인간화하는 곳에서만 진리가 존재할 수 있다고 주장하였습니다. … 이 영역[담론] 밖에 있는 모든 진리는 이것이 인간들에게 선이나 악을 가져다주더라도 문자 그대로 비인간적입니다. 물론 그 이유는 진리가 인간들을 서로 자극하기 때문이 아닙니다. 반대로 진리는 모든 인간이 갑자기 단일의 의견으로 통합하게 되고, 마치 무한한 다원성으로 존재하는 사람들이 아니라 단수의 인간, 하나의 종, 이런 본보기가 지구상에 거주하듯이 다수의 의견 중에서 하나의 의견이 존재하게 되는 결과를 초래할 수 있기 때문입니다. 그러한 일이 벌어진다면 완전히 다양한 사람들 사이에서만 형성될 수 있는 세계는 완전히 소멸될 것입니다. 그러한 이유 때문에 진리와 인간성 사이의 관계와 관련하여 언급된, 가장 심오한 것은 모든 저작들로부터 지혜의 마지막 말을 도출하는 것 같은 레싱의 한 문장에서 발견될 수 있습니다. 그 문장은 다음과 같습니다.
>
> 각각의 사람이 자신이 진리라고
> 귀중하게 여기는 것을 말하게 하자,
> 그리고 진리 자체는
> 하느님에게 맡깁시다![21]

아렌트는 제자리로 돌아올 수 있었고, 자신이 역사의 진리를 비방하는 사람으로 생각했던 레싱에게서 인간적 다원성과 역사적 다양성에 대한 이러한 증명, 그리고 이러한 정치적 사유를 발견할 수 있었다. 이러한 점은 아렌트가 자신의 서평과 「계몽주의와 유대인 문제」라는 논문의 입장에서 얼마나 멀리 벗어나게 되었는가를 보여주는 척도였다. 그는 몇 가지 역사적 진리를 배웠을 때 이념의 역사를 옹호하는 사람이 되기를 포기했다. 그는 사상가들이나 역사적 영향력, 사유의 계보학 범주에 대해 주시하는 것을 중단하고, 자신이 붙인 명칭인 진주조개 채취Perlenfischerei와 같은 비공식적인 방법을 발전시켰다.[22] 역사의 표피 아래 다섯 길 물 속에 있는 진주는 아렌트가 찾은 완전히 변화되어 값지고 기묘한 보석이었다.

아렌트는 비록 비세계적인 이념의 역사에 기여할 기고문으로 서평이나 논문을 집필하였지만, 자신을 둘러싸고 있는 지적 분위기의 극적인 변화에 영향을 받았다. 그는 비세계적 이념의 역사를 이내 거부했다. 야스퍼스는 1931년 말에 대학교육을 받은 작가들에 대한 아렌트의 환멸을 다음과 같이 지적하였다. 즉 "나는 반反학문적 분위기가 당신의 내면에 점점 더 강하게 자라고 있다고 생각한다네. 충분히 이해할 만하지."[23] 아렌트는 마르크스와 트로츠키의 저서를 읽었고 당대의 문제에 관심을 집중시켰다. 아렌트는 『게젤샤프트』에 기고했던 두 번째 서평에서 처음으로 당대의 정치 문제를 다루었다. 그의 임무는 앨리스 륄레 게르스텔의 『현대 여성의 문제*Das Frauenproblem der Gegenwart*』에 대한 서평을 집필하는 것이었다.[24]

아렌트는 서평 앞부분에서 당시 여성권리운동의 성과와 여성노동자의

---

21 아렌트는 함부르크 시가 제정한 레싱상을 1959년 수상하면서 연설을 하였다. 이 연설문은 아렌트의 저서 『어두운 시대의 사람들』에 수록되어 있다.

22 아렌트가 블루멘펠트에게 보낸 편지(1960년 7월 21일), 마르바흐 문서보관소.

23 야스퍼스가 아렌트에게 보낸 편지(1931년 11월 16일), 마르바흐 문서보관소.
옮긴이_ 원문에는 1월로 표기되어 있다.

24 원전의 다음 인용문들은 『게젤샤프트』 제10집(1932년) 177-179쪽에 게재된 원문에서 발췌되었다.

조건 사이에 나타나는 불일치를 지적했다. "여성들은 법적 평등에도 불구하고 비슷한 지위에 있는 남성들보다 봉급을 적게 받을 뿐만 아니라, 자신들의 새로운 지위와 더 이상 양립할 수 없는 임무를 맡고 있다. 이러한 임무는 부분적으로 사회적 사실에 기반을 두고 있지만 또한 부분적으로 생물학적 사실에 기반을 두고 있다. 여성은 자신의 직업 이외에 가정을 돌보고 자식을 보살펴야 한다. 따라서 생계를 꾸리는 여성의 자유는 가정에 예속되는 것 아니면 가정의 해체를 의미하는 것 같다." 아들러 학파 심리학자인 게르스텔은 이 난관을 자신의 출발점으로 삼고 여성들이 자신들에게 부과된 사회적 생물학적 한계를 다루기 위해 사용하였던 과잉부상 유형론을 구성하였다. 여성들은 가정주부 · 공주 · 악령demoness이 되어왔다. 그들은 동정 · 어린애다움 · 민첩성 · 걱정거리를 이용했다. 아렌트는 이 유형론을 책의 가장 도전적인 부분으로 생각하였다(가능성이 높은 일이지만, 아렌트는 파른하겐이 왕좌에 오르고자 자기 남편을 이용한 '공주'라고 묘사하였을 때, 이 유형론을 환기시키고 있었다.).

그러나 아렌트는 게르스텔의 저서에 담긴 정치적 차원에 주목했다. 게르스텔의 제안에 따르면, 여성은 가정에서는 남편의 재산 없는 피고용자이며 시장에서도 고용자라기보다 거의 항상 피고용자이므로 자신들의 정체성을 프롤레타리아로 규정해야 한다. 아들러 학파의 정신분석은 개개인이 자신의 열등감을 극복하고 권력을 성취해야 하는 수단을 강조하고 있다. 아들러 정신분석학파는 독일 내 노동운동에 명료하게 기여하였다. 아렌트는 이러한 공헌을 의식했지만 게르스텔의 계획에 반대하였다. 아렌트는 여성을 결정하는 기본 단위들(프롤레타리아 가정이든 부르주아 가정이든)이 직접적인 문제였을 때, 이 계획에서 개개인과 고용자-피고용자 관계를 지나치게 강조한다고 생각하였다. 아렌트는 이 상황에 내재된 두 가지 가능성(가정에서의 예속 또는 가정의 해체)을 지적했지만 하나의 계획이나 다른 가능성을 제시함으로써 게르스텔의 강조점에 대한 자신의 비판을 철저히 규명하지 않았다.

당시 여성운동에 대한 아렌트의 비판은 훨씬 더 명료하고 그의 미래 연구에 더 중요했다. "여성들은 남성의 전선인 정치전선에 나서지 않았다. 게다가 여성운동의 모든 전선은 실제로 단 하나의 전선이며, 여성들의 전선이다. 특징적으로 여성운동은 (자선사업의 영역을 제외하고) 구체적인 목적을 성취하기 위해 결코 단결하지 않았다. 여성정당을 만들려는 공허한 시도는 그 운동의 미심쩍음을 보여주고 있다. 청년만을 위한 운동인 청년운동이 미심쩍음을 보여주듯이, 여성만을 위한 여성운동 역시 같은 미심쩍음을 보여주고 있다. 전자나 후자나 공상적이기는 마찬가지이다. 이데올로기가 실제 상황의 변화에 집단을 어떻게 눈 멀게 하는가에 대한 카를 만하임의 논의와 블루멘펠트의 시온주의에 대한 아렌트 자신의 비판은 이 비판에서 반향을 불러일으킨다. 정치영역에 참여하지 않는 운동, 그리고 이데올로기를 실제 상황의 변화를 반영하는 구체적인 목적으로 전환하지 않는 운동은 여전히 공상적이다. "직업여성은 경제적 사실이고, 여성운동의 이데올로기는 이런 사실과 함께 전개된다." 여성운동은 구체적인 목적을 성취하기 위해 정치전선에서 기꺼이 활동하지 않을 경우 효과적이지 못할 것이다. 여성운동이 과거에 보여준 유효성, 예컨대 투표권의 획득은 그러한 정치 행위에서 나타났다. 아렌트는 유대인 문제와 민족적 국제적 관심을 분리하는 것에 대해 반대했다. 마찬가지로 그는 여성 문제와 훨씬 광범위한 정치적 관심 영역을 분리하는 것에 대해서도 반대하였다. 아렌트는 1945년 팔레스타인 할루츠 운동과 키부츠 운동을 이후 지지하였던 청년운동 지도자들에 대해 다음과 같이 언급하였다. "개척자들은 소규모 동아리 내에서 완전히 만족해했다. 그들은 이 영역에서 스스로 자신들의 이상을 실현할 수 있었다. 그들은 유대인 정치나 팔레스타인 정치에 거의 관심을 갖지 않았고 사실 이에 대해 가끔 싫증을 냈으며, 민족의 일반적 운명을 의식하지 못하였다."[25]

---

25 Hannah Arendt, "Zionism Reconsidered," *Menorah Journal* 33(August 1945), p. 169.

아렌트는 로자 룩셈부르크가 해왔던 것과 같은 방식으로 여성운동에 반대하였다. 륄레 게르스텔을 기쁘게 했을 엥겔스의 『가족의 기원*The Origin of the Family*』에 "그He는 가정에서 부르주아이며, 여성은 프롤레타리아를 대변한다"라는 문구가 있다. 룩셈부르크의 친구인 클라라 제트킨은 이 문구를 즐겨 인용하였다. 제트킨은 열렬한 여성운동가였다. 룩셈부르크는 유대인의 억압과 마찬가지로 여성의 억압이 진정한 사회주의의 도래와 더불어 단지 종결될 것이라는 점을 자기 친구에게 확신시키려고 노력했다. 사회주의나 어떤 강령을 옹호하지 않은 아렌트는 여성 문제가 더 광범위한 정치 투쟁의 일부이어야 한다고 생각하였다. 그는 이 점에 있어서 결코 자신의 정신을 변경하지 않았으며, 여성들이 평등 고용 기회를 위한 입법과 같은 구체적인 정치적 목적을 추구해야 한다고 주장했다. 이러한 입법은 다른 정치집단의 목표와 연계되어 있다. 이후 사회 문제와 정치 문제의 차이에 대한 아렌트의 지적은 여성운동에 대한 그의 비판에 최초로 나타난다. 그는 정치 문제가 행위의 중심이어야 한다고 주장하였다.

낮과 밤*

한나 아렌트는 여성 문제에 대한 자신의 성찰을 공식화하면서 삶 속에서 여성 문제의 한 국면을 경험하고 있었다. 아렌트와 스턴은 1932년 내내 많은 지적 관심사를 공유하였다. 일상의 삶이란 상황이 변화하고 있듯이, 동화에 대한 시온주의의 비판은 일상의 삶과 정치 행위에 대한 아렌트의 태도를 빠르게 변화시키고 있었다. 이것은 그의 결혼에 영향을 미쳤다.

아렌트는 안절부절 어쩔 줄을 몰랐다. 안네 멘델스존 바일은 1932년 어느 날 거리에서 만난 아렌트로부터 처음으로 이민에 대한 이야기를 들었다

* 옮긴이_ 이 제목은 아렌트의 전기 『라헬 파른하겐: 한 유대인 여성의 삶』 제8장의 제목에서 차용한 것이다.

고 회상하였다. 즉 아렌트는 자기 주위에서 고조되는 반유대주의의 파도 때문에 독일에 체류하려는 기대가 더욱 타당하지 않게 됐다고 말하였다. 안네는 경악했고, 자신은 유대인에 대한 적개심의 급격한 증대를 결코 경험하지 못했다고 대답하였다. 아렌트는 어이없는 듯이 친구를 주시하며 "너 미쳤니!"라고 날카롭게 말하며 발을 동동 굴렀다. 그러나 안네 멘델스존은 확실히 혼자가 아니었다. 히틀러는 1929년 재정상 알프레드 후겐베르크로부터 지지를 받았다. 이때 집권을 향한 히틀러의 길은 이미 열렸다는 아렌트의 견해에 공감을 표시하는 사람은 거의 없었다. 1930년 총선운동 기간에 독일 전역의 사람들은 히틀러를 구원자로 환영하였다. 마르타 아렌트의 기록에 따르면, 쾨니히스베르크의 주민들은 침공이 폴란드 위기로 이어질 수 있다는 것을 두려워했는데, 히틀러는 이곳에서 '독일의 후작' 작위를 받았다. 나치는 총선에서 집권당인 사회민주당보다 단지 36석 적은 107석의 하원 의석을 확보하였다.[26]

시온주의자들의 비판에 대한 아렌트의 신의信義는 더욱 깊어졌지만, 암담해지는 정치적 상황을 이해하지 못했던 지식인들에 대한 아렌트의 포용력은 더욱 약화되어 갔다. 레오 스트라우스는 상당히 좋은 평가를 받은 아주 특이한 비판, 즉 『스피노자의 종교비판*Die Religionkritik Spinozas*』의 저자인데 인식 부족 때문에 아렌트의 퉁명스러운 거부에 부닥쳤다. '유대인연구고등연구소'*의 회원인 스트라우스는 프로이센 주립도서관에서 만난 아렌트에게 구혼하려고 노력했다. 아렌트는 그의 보수주의적인 정치적 견해를 비판하고 그의 구혼을 무시하였다. 이때 스트라우스는 심하게 격분하였다. 격분은 몇 십년간 지속되었다. 두 사람이 1960년대 시카고대학교에서 같은

---

26 '마르그라브'는 샤를르마뉴 왕가가 확립했던 기능인 '국경선 지역의 수비'라는 의미를 원래 가지고 있다. 1930년 나치는 쾨니히스베르크 지방정부에서 다수를 획득했다.

* 옮긴이_ 이 연구소(Hochschule für die Wissenschaft des Judentum)는 랍비 신학교로서 1872년에 설립되어 1942년 나치 정부에 의해 폐교됐다. 학교명은 나치 정부의 명령에 따라 공식적으로 '유대인연구전문학교(Lehranstalt für die Wissenschaft des Judentum)'(1933~1942)로 변경되었다.

미국 교수진으로 참여하였을 때, 그 격분은 더 악화되었다. 스트라우스는 국가사회주의에 대한 자신의 평가를 판단하는 오히려 잔인한 아렌트의 방식에 괴로움을 당했다. 아렌트는 스트라우스가 인식했던 견해를 지지하는 정당은 그와 같은 유대인을 위한 장소가 아니라는 사실의 역설적 상황을 지적했었다.

나치의 영향력 증대에 대한 귄터 스턴의 반응은 안네 멘델스존의 반응보다 훨씬 덜 유치했으며 레오 스트라우스의 반응보다 훨씬 덜 학문적이었지만, 시온주의자들의 반응만큼 강력하지는 않았다. 그는 방대한 소설을 준비하기 시작했다. 나치당 소식지와 잡지의 발췌문은 그의 표현대로 "나치당 거짓말 학파"라는 풍자를 위한 원재료를 그에게 제공하였다(많은 세월이 지난 이후 미국 언론의 발췌문은 또 다른 풍자, "사랑스러운 베트남을 방문하자!"를 위한 자료를 그에게 제공하였다). 스턴은 몇 개월 동안 소설을 집필하였다. 이때 그의 지인들은 주로 공산당 내외의 예술가 · 언론인 · 지식인으로 구성되어 있었다. 그러는 동안 아렌트의 지인들은 시온주의자들로 구성되었다. 이들은 블루멘펠트, 『유대인 전망*Jüdische Lundschau*』의 편집자인 로버트 벨취, 지그프리드 모제스, 게오르크 란다우어, (이후 아렌트를 뉴욕의 쇼켄출판사에 고용한) 출판업자 살만 쇼켄이다. 이들은 독일 시온주의연맹의 회원들이었다. 아렌트는 이들을 통해 시온주의에 공감하는 다른 사람들을 만났다. 젊었을 때 가톨릭으로 개종한 러시아계 유대인 발데마르 구리안은 이후 나치당 이론가가 된 저명한 카를 슈미트의 지도 아래 법학을 연구하였다. 나치의 영향력이 베를린에서 높아지자 구리안(1902~1954년 — 옮긴이)은 시온주의자들의 비판에 주의를 기울였고 자신의 탁월한 지적 기운을 유대인 역사 연구에 쏟았다. 그는 미국으로 이민을 가기 이전이나 이후에도 노트르담대학교에서 교수직을 얻기 위해 반유대주의의 역사에 대해 훌륭한 저술을 계속했다. 그는 이 대학교에서 『정치평론*The Review of Politics*』을 창간했다.

시온주의와 공산주의는 위선적이고 자기기만적인 삶의 방식, 부르주아와 동화주의자들의 행태를 거부하였다. 사람들은 이러한 이유 때문에 시온주의와 공산주의를 가끔 수용하였다. 그럼에도 시온주의자들과 공산주의자들은 서로를 별로 존중하지는 않았다. 시온주의자들은 공산주의자들을 종종 '붉은 동화주의자들'이라고 평가하였고, 국제적 성향을 지닌 공산주의자들은 시온주의를 일종의 파시즘으로 평가하였다. 아렌트와 스턴은 각각의 진영을 무조건 신임하지 않았기 때문에 이데올로기적 차이가 이들을 공개적으로 분리시키지는 않았다. 그러나 그들의 동아리는 서로 달랐다. 스턴은 아렌트가 자주 방문했던 시온주의 토론단체에 여러 차례 참여하였고, 한때 되블린의 소설 『베를린 알렉산더광장*Berlin Alexanderplaz*』에 관한 강의를 하였다. 그러나 아렌트가 블루멘펠트의 후원 아래 시온주의와 독일 반유대주의 역사에 관한 강의를 하기 위해 독일의 여러 도시를 여행하기 시작하였을 때, 스턴은 관여하지 않았다. 아렌트는 시온주의 동료들과 대학 친구들 사이에서 완전히 비시온주의적인 명칭인 '아테나 여신'으로 알려질 만큼 충분한 지적 능력으로 상당히 존경을 받았다. 스턴은 같은 평판을 얻지 못했으며 일찍이 품었던 철학자로서 기대를 실현하지 못했다.

스턴은 아렌트가 관심을 갖고 있는 쟁점이나 운동에 몰두하는 마음의 실질적인 깊이를 결코 알고 있지 못했다. 이러한 사실은 개인적 측면에서 두 사람의 평판과 동료집단의 차이와 같이 중요했다. 아렌트는 가끔 시온주의를 비판했고, 심지어 자신의 친구이며 이후 에른스트 퓌르스트의 부인이 된 카테 레빈이 시온주의 청년운동에 참여하는 것도 막으려고 했다. 아렌트는 주로 그 근거로서 『게젤샤프트』에 게재한 논평에서 브라우 바이스 단체가 청년을 위하지만 정치적으로 관여하지 않은 청년단체였다는 것을 밝혔었다. 아렌트와 스턴이 아우구스티누스에 관한 논문을 집필하는 동안 아렌트는 초월적 사랑의 원리를 진정 고수하고 있는가에 대해서 말하기를 거부하였다. 그들이 그 원리에 대한 릴케의 근대적 해석이란 주제로 논문을 공동으로 집필할 때도 이러한 침묵은 지속되었다. 마찬가지로 스턴은 가끔 현대의 무신론이나 허무주의를 논의하였던 토론, 베어톨트 브레히트나 공산주의 동료들과의 토론을 마치고 집으로 돌아왔을 때 그들의 토론에 관해 보고하고 아렌트의 의견을 기대하였다. 물론 그러한 의견은 결코 제시되지 않았다. 아렌트가 시에서 표현한 자기 삶의 측면은 스턴에게는 역시 알려지지 않았다. 그들은 공동으로 시를 사랑했다. 아렌트는 스턴의 노력을 인정하면서 심지어 그의 시들을 기억하고 암기하기도 하였다. 그러나 스턴은 아렌트의 공책들 가운데 하나에 시와 시적인 구절로 가득 차 있다는 것은 결코 알지 못했다.

귄터 스턴은 확실히 "라헬 파른하겐과 결혼하였던 이름도, 역사도, 얼굴도 없는 … 길거리의 거지"와 같은 신세는 아니었다.[27] 그러나 스턴은 아우구스트 파른하겐처럼 자기 아내의 은밀한 사유나 경험과 거리를 유지하였다. 스턴은 낮에는 아렌트의 동료였으나 꿈을 꾸는 밤에는 동료가 아니었다. 아우구스트 파른하겐은 라헬의 "믿을 만한 친구이며 … 현재뿐만 아니라 미래에도 라헬을 당연히 동반할 수 있었던 사람", 즉 연속적이고 존경스러운 수용의 근원이었다. 아렌트는 바로 그러한 방식으로 귄터 스턴을 사랑하고 필요로 하였으며, 아우구스트 파른하겐을 기술할 때 이러한 필요의 한계에 대해 기술했을지 모른다.

> 파른하겐이 라헬을 더 많이 이해하면 할수록 라헬은 아우구스트로부터 더 많이 물러나 있어야만 했다. 한 인간은 특별한 용모와 골상을 지닌 특정한 존재로서만 이해될 수 있다. 윤곽을 무감각하게 하는 것은 모두 억압되어야 하거나 일반적인 이해는 파괴되어야 할 것이다. 그리고 라헬은 그것을 원하지 않았다. 라헬은 아우구스트로부터 뚜렷한 것을 은폐하지는 않았다. 그러나 라헬은 밤마다 겪게 되는 알기 어려운 고통, 낮마다 직면하는 혼란스러운 불확실한 상태, 매일 자신의

27 Arendt, *Varnhagen*, p. 147.

> 우울함을 새로이 극복하기 위해 그가 지불해야 하는 고통스러운 노력에 대해서는 언급하지 않았다. … 라헬은 밤에 반복적으로 뚜렷하면서 끈질기게 나타나는 꿈으로 반복하여 되돌아가기 위해서만 낮에 그렇듯이 아우구스트에게 집착했다.[28]

한나 아렌트는 자신의 우울한 심경과 시를 하이데거에게 보였었다. 그는 아버지 없는 어린이로서 야스퍼스에게 나타났다. 그는 권터 스턴으로부터 '일반적인 이해', 낮에 드러나는 자기의 관대한 환대를 기꺼이 수용하였다. 그러나 낮에 드러나는 아렌트의 일면이 스턴에게 미심쩍게 되었을 때, 그들은 결별하였다.

아렌트와 스턴은 낮 시간에 만나는 동료집단도 달랐고 관심사와 성과도 달랐다. 이러한 차이가 가정사와 관련한 의견 차이(즉 불화)와 결합되었을 때, 두 사람은 정신적으로 교감할 수 있는 여지를 갖지 못했다. 아렌트의 삶에 대한 사랑과 모험성은 그의 의지 및 낭만주의적 성향과 마찬가지로 블루멘펠트의 동료들 사이에서 항상 고조되었다. 블루멘펠트는 아렌트와 스턴의 가정에서 불화의 한 원인을 제공하였다. 블루멘펠트는 아렌트에게 하바나산 검은 담배 한 상자를 선물하였다. 스턴은 그 담배는 남자 것 같고 역겨운 냄새가 난다고 생각하였다. 아렌트는 스턴의 항의에도 불구하고 집이나 공공장소에서 그 담배를 피웠다. 여송련을 피우는 아렌트는 자신의 독립성을 인정하는 블루멘펠트의 입장을 기뻐하는 전적으로 비전통적인 아렌트이지만 스턴에게는 홀딱 빠진 파른하겐 방식으로 수용하기 어려운 아렌트였다. 블루멘펠트는 아렌트의 표현대로 남성적 기질을 가진 부류의 남자였다. 그는 여성을 자신감 있고 열정적으로 사랑하는 사람이었기 때문에 여성들이 어떻게 행동해야 한다는 판에 박힌 개념을 필요로 하지 않았으며 지속적으로 격려하는 과정에서 경배할 만큼 아버지다운 성향을 가지

---

28 앞의 책, 156-157쪽.

고 있었다. 아렌트는 그러한 부류의 사람들 앞에서 독특한 여성feminini genris 임을 누릴 수 있었다.

이러한 긴장 속에서 가정에 슬픔이 발생하였다. 함부르크에 살고 있는 스턴의 부모를 방문하고 있던 1932년 4월에 한나 아렌트는 마르타 아렌트로부터 전보를 받았다. 최악의 우울증 상태에서 정신치료를 받고자 쾨니히스베르크로 돌아온 클라라 베어발트가 음독자살을 하였다. 한나 아렌트는 즉시 쾨니히스베르크로 출발하였다. 클라라 베어발트의 죽음은 마르타 아렌트에게는 엄청난 충격이었다. 베어발트의 남자 친구가 수술 중에 사망하고 다른 친구는 그를 떠나버렸으며, 베어발트가 자신의 정신분열증을 진단했던 정신분석 전문의와 사랑에 빠진 이후 마르타 아렌트는 몇 년간 의붓딸을 도우려고 노력하였다. 딸의 삶에 항상 깊이 관여했던 마르타 아렌트는 귄터 스턴과 함께 살고 있는 한나 아렌트를 종종 방문하였다. 마르타는 시온주의를 옹호하지 않았지만 시온주의에 관심을 가지고 있었으며, 이민이 필요할 수도 있다는 아렌트의 관심사에 공감하였다. 마르타는 딸이 악화되는 정치적 상황과 결혼에 대해 얼마나 염려하는가를 자각하게 되었을 때 결혼하여 자식을 갖지 않겠다는 선언을 슬프게 수용하였다. 그러나 딸의 결혼에 대한 마르타 아렌트의 희망은 미묘한 방식으로 제자리에 머물러 있었다. 그들은 한 친구를 방문하였다. 친구의 어린 여자애와 함께 놀이를 하던 마르타 아렌트는 "한나야, 너는 왜 이런 어린애가 없니?"라고 갑자기 소리를 질렀다. 마르타 아렌트 역시 자신의 방식으로는 한나 아렌트의 우울증의 깊이를 이해하지 못하였다. 이 우울증은 발생 근원에 있어서는 순수하게 개인적이지만 히틀러가 집권하자 놀라울 정도로 정치적 맥락을 띠었다.

시온주의의 반란

1933년 2월 27일 제국의회가 방화로 소실된 지 며칠이 지나서 귄터 스턴은 베를린에서 파리로 망명하였다. 방화사건은 공산주의자들의 소행이란 미명 아래 자행된 일련의 체포 구실을 제공하였다. 새로 재편성된 비밀경찰은 베어톨트 브레히트에게서 주소록을 압수하였다. 스턴은 비밀경찰이 베를린 좌파를 일소하는 지침서로 이 주소록을 이용하는 것에 대해 두려워했다. 그는 이 때문에 도주했다. 한나 아렌트는 몇 개월 동안 이민을 고려하고 있었지만 베를린에 남기로 결정하였다. 몇 년 후에 언급했듯이 그는 자신이 "더 이상 관찰자가 될 수 없다"고 느꼈다.[29] 스턴 부부가 위기에 대응할 때 드러낸 차이는 용기의 차이가 아니다. 두 사람의 한 친구가 설명했듯이 그것은 "개성의 문제였다. 아렌트는 당당하게 무례한 행위로 저항을 준비하였다."

스턴이 떠나간 이후 아렌트는 시온주의자들과 더 많은 관계를 갖게 되었다. 이들의 행위는 1933년 봄 반유대주의적 조치가 내려진 기간 동안 더욱 긴박해졌다. 그리고 아렌트는 히틀러 정권의 적(대부분 공산주의자들)을 도주시키는 거점으로 오피츠거리에 위치한 자신의 아파트를 사용하였다. 정치인사의 망명을 돕는 일은 행동하고 저항하며 정권에 대한 저항뿐만 아니라 정권에 동조하는 사람들 가운데 자신이 알고 있는 모든 사람에 대한 저항으로 자신을 알릴 필요성을 충족시켰다. 물론 오피츠거리에서 자신을 드러내지 않은 채 정상 상태의 삶을 유지하기란 상당히 어려웠다. 스턴 부부가 1932년 여름에 구입한 아파트는 그들이 겨우 마련한 아파트였다.[30] 그들은 조각가들이나 춤꾼들과 마주치지 않은 채 생활하게 되었다. 아렌트는 친척과 친구를 초청하였다. 마르타 아렌트는 여러 차례 장기 체류를 하기 위해

---

29 가우스 대담.

30 아렌트가 야스퍼스에게 보낸 편지(1933년 1월 1일), 마르바흐 문서보관소.

쾨니히스베르크로부터 왔다. 바울 아렌트의 여동생인 프리다의 16세 된 딸 엘제 아론은 수도를 처음 방문하였다. 이곳의 모든 교통시설은 잘 운영되었기 때문에 밤늦게 도착하거나 아침 일찍 도착한 방문자들은 안전하게 이동할 수 있었었다. 엘제 아론은 베를린 박물관을 구경하고 시의 문화유적을 구경하기 이전에 언제 어떻게 전화를 하는가에 대해 교육을 받았다. 마르타 아렌트의 사회민주당 친구들이 방문하였을 때, 그들은 도피자들을 어디로 보내야 하는가에 대한 정보를 가지고 왔다. 위험에 처한 여러 좌파단체들이 독일 국경선 주위에 일련의 탈출 거점을 개발하였기 때문이다.

아렌트가 이 비밀결사 지하철도에 참여하였던 1933년 봄 몇 개월은 항상 긴박했지만 억압자들의 희생을 목도하는 가운데 안도의 순간을 경험하기도 했다. 안네 멘델스존, 여동생 카테린과 어머니는 며칠간 아파트에 한 공산주의 '반역자'를 숨겨주었다. 이웃사람이 말썽 많은 안마당으로 나 있는 침실 창을 통해 한 사람을 확인할 때까지 모든 것은 순조로웠다. 출두한 경찰이 다행스럽게도 공산주의자인 아파트 관리인을 심문하였다. 이 사람은 한 명의 남성 방문자를 맞이한 이 세 명의 불우한 여성들에 대한 남성다운 공감을 경찰관들로부터 끌어냄으로써 관련자들을 모두 구할 정도로 충분히 눈치 빠르고 신속하게 처신했다. "이제 나오시오, 동지들, 신사답게 행동합시다!"

우스운 순간은 극히 잠깐뿐이었다. 아렌트가 회상했듯이 여러 차례의 성공적인 체포는 "이어지는 사건들로 완전히 덮혔지만 엄청났다."[31] 무엇이 발생하고 있다는 것을 제대로 파악할 수 없었지만 양심적이고 사려 깊은 사람들은 합법성이 문제되지 않는다는 것을 인식하고 충격을 받았다. 히틀러가 독일 수상이 된 1월 내내 아렌트는 이민이 곧 필요하다는 자신의 감정에 대해 야스퍼스와 열띠게 논쟁하였다. 야스퍼스는 "유대인 여성인 당신

---

31 가우스 대담.

이 왜 스스로 독일인으로부터 분리되기를 원하는지"[32]에 대해 이해할 수 없었다. 아렌트는 본인 스스로 그리고 편지로 독일이 자신에게 무엇을 의미하는가에 대해 야스퍼스에게 설명하려고 노력했다. "독일은 저에게 모국어이고, 철학과 시입니다. 저는 이 모든 것을 위해 단호할 수 있으며 또 그러해야 합니다."[33] 그러나 그는 야스퍼스가 말하는 독일의 본질을 포함해 다른 모든 것으로부터 소외당하고 있음을 느꼈다. "과거의 찬란한 독일은 당신의 과거이지만 저는 그 과거가 무엇인가를 한 문장으로는 거의 말할 수 없습니다. 일반적으로 시온주의자든 동화주의자든 반유대주의자든 독일에 대한 이들의 모든 해석은 단지 우리 상황의 실질적인 문제점을 망라합니다."[34] 야스퍼스는 자신이 아렌트를 그의 독일성과 조화시킬 수 있기를 기대했고, 토론에서 아렌트의 '동의'를 얻을 수 있기를 기대했다. 야스퍼스는 아렌트를 염려했다. "사람은 부정, 문제 제기, 모호한 태도로만 살 수는 없다오."[35] 야스퍼스는 아렌트가 모든 진영, 심지어 시온주의 진영에 대한 비판으로 인하여 서 있을 공간, 긍정적 확신을 위한 기초를 상실하였다고 생각했다. 야스퍼스의 경우 모호한 태도는 탈출구가 아니었다. 제국의회의 건물이 방화된 이후인 4월에 아렌트는 하이델베르크에 살고 있는 야스퍼스를 마지막으로 방문하였다. 이때 야스퍼스는 아렌트의 동의를 얻으려고 노력하지 않았다. 그들이 대화를 나누는 사이에 유대인들로부터 공직 임명과 대학 교수직을 박탈하는 나치 제정법이 발효되고 있었다.

한나 아렌트는 베를린에서 수행하였던 자신의 구출 활동을 용기뿐만 아니라 기지의 시험으로 평가하였으며 그 상황을 명료하게 인식했고 공산주의자로서 공산주의자들에 대한 그들의 태도와 무관하게 그러한 활동에 참

32 아렌트가 야스퍼스에게 보낸 편지(1933년 1월 3일), 마르바흐 문서보관소.

33 아렌트가 야스퍼스에게 보낸 편지(1933년 1월 1일), 마르바흐 문서보관소.

34 아렌트가 야스퍼스에게 보낸 편지(1933년 1월 6일), 마르바흐 문서보관소.

35 야스퍼스가 아렌트에게 보낸 편지(1933년 1월 10일), 마르바흐 문서보관소.

여하였던 사람들에 대한 애정을 평생 간직하였다. 예컨대 프랑스 사회학자 인 레이몽 아롱은 베를린의 프랑스문화원Maison Francaise에서 활동하고 있는 동안 자기 나라로 향하는 망명자들을 지원하였다. 아렌트는 정치이론 문제에 있어서 아롱과 심각한 의견 차이를 보였지만 자신을 지원했던 그를 대단히 존경하였다.

한나 아렌트는 이러한 도피 노력에 용기 있게 참여함으로써 행위영역에 참여했지만 이에 대해 거의 언급하지 않았다. 아렌트는 이후 자신의 정치이론에서 정치 행위에 관한 가장 독창적이고 탁월한 측면들 가운데 하나를 발전시켰다. 그는 자신과 같이 공산주의자가 아니었던 많은 사람들이 위대한 모험에 관여했었다는 것을 겸허하게 의식했다. 그러나 겸손이나 다른 사람들이 희생시킨 것에 대한 그의 진정한 관심은 그의 침묵을 해명하지는 않는다.

게르숌 숄렘은 1963년 출간된 논쟁적인 저서인『예루살렘의 아이히만』에 관한 공개서한에서 한때 아렌트를 "독일 좌파 출신의 지식인들 가운데 한 사람"으로 묘사하였다. 아렌트는 이에 대해 다음과 같이 응수했다. "나는 '독일 좌파 출신의 지식인들 가운데 한 사람'은 아닙니다. 우리가 젊었을 때 서로를 이해할 수 없었기 때문에 당신께서 이것을 알 수 없었습니다. 나는 어떠한 방식으로도 특별히 한 가지 사실을 자랑하지 않으며, 특별히 미국의 매카시 시대 이후 한 가지 사실을 강조하는 것에 대해 거부합니다. 나는 젊었을 때 역사나 정치에 관심을 갖지 않았기 때문에 뒤늦게 마르크스의 중요성을 이해하게 되었습니다. 내가 '어디 출신'이냐고 질문을 받을 수 있다면, 그것은 독일 철학의 전통에 기반을 두고 있다는 것입니다."[36] 아렌트는 젊은 시절에는 탈정치적이었다. 그러나 그는 사회민주주의를 옹호하

36 아렌트와 숄렘 사이의 서신 교환은 몇 개의 독일 잡지에 게재된 이후『만남』22호(1964년 1월), 51-56쪽에 영어판으로 출간되었다. 이것은 다시 재출간되었다. R. Feldman, ed., *The Jew as Pariah*(New York: Grove Press, 1978).

는 어머니의 딸이었고, 좌파 남편의 아내였다. 아렌트는 (안네 멘델스존 바일의 회상에 따르면) 베를린에서 마르크스 · 레닌 · 트로츠키의 책을 읽기 시작했으며, 1933년 공산주의자들을 지원하였다. 그러나 아렌트는 그 당시나 이후에 자신이 정치적으로 자각하게 되었으며, 좌파로서가 아니라 유대인으로서 저항에 참여했다는 것을 강조하고 싶었다. 이것에 대한 개인적 이유나 정치적 이유는 있었다.

시온주의자들은 아렌트에게 유대인으로서 행동하는 방식을 제공하였다. 아렌트는 1933년 블루멘펠트와 독일시온주의기구에서 활동하고 있는 그의 동료들 가운데 한 사람으로부터 불법 활동을 수행해 달라고 요청을 받았다.[37] 그들은 비정부단체, 비공식적인 동아리, 경영자협회, 교수사회가 드러내는 반유대적 행동에 관한 자료들을 프로이센 주립도서관에서 수집해 달라고 아렌트에게 요청했다. 아렌트는 독일이나 외국 언론에 배포하지 않으려는 일종의 반유대적 의견을 담고 있는 자료를 수집해야만 하였다. 시온주의자들은 자신들이 '공포 선전'이라고 부르는 이 자료를 1933년 여름 프라하에서 개최하기로 예정된 제18차 시온주의의회에서 제기하고자 하였던 주장을 실체화하는데 이용할 예정이었다. 시온주의자들이 귀를 기울이려는 독일계 유대인과 모든 사람에게 전달하고 싶었던 취지는 시온주의의회의 결의안에 요약되어 있었다. "일반적인 유대인 문제에 관한 시온주의 분석의 완벽한 정확성은 결코 시온주의 역사에서 그렇게 비극적이고 설득력 있는 방식으로 드러나지 않았다. 독일에서 발생한 사건들은 시민적 해방만을 통해서 또는 심지어 신중한 동화(유대 민족의 연대와 공동 운명을 거부하려는 온갖 시도의 붕괴)를 통해서 유대인 문제를 해결하려는 그러한 환상의 최종적 붕괴를 공인하였다."[38]

---

37 아렌트는 가우스 대담에서 일화를 기술하였지만, 그의 견해는 대담에서 저자와 연관된 세부 사항과 함께 여기에 첨부되었다.

38 Central Office of the Zionist Organization, *Resolutions of the 18th Zionist Congress*(London, 1934), p. 11, British Museum, London. 『결의안』은 아렌트가 생각하기에 시대착오적이란 관점에서

블루멘펠트는 공식적으로 시온주의자들과 연계되어 있지 않은 아렌트를 선택하였다. 블루멘펠트는 사람들이 아는 시온주의자가 이 작업을 수행하다가 체포될 경우에 조직 전체가 위험에 빠지게 된다는 것을 알았기 때문이다. 여러 해가 지난 이후 아렌트는 한 대담자에게 다음과 같이 말했다. 즉 "실제로 기뻤다. 첫째로 그것은 나에게 매우 민감한 것 같았다. 둘째로 나는 내가 여기에서 무엇인가를 실제로 할 수도 있다는 느낌을 가졌다." 그는 몇 주간 중요한 일을 하였다. 그는 '아름다운 자료집'을 모았다. 그러나 그는 어머니와 점심 식사를 하던 도중에 체포되었으며, 알렉산더광장에 위치한 경찰청으로 구인되었다. 경찰은 심문을 위해 마르타 아렌트를 소환하였으며 아렌트의 아파트를 검색하였다. 경찰은 마르타 아렌트와 딸이 이야기를 조율하지 못하도록 두 사람을 분리시켰으나 마르타 아렌트로부터 어떠한 이야기도 끌어낼 수 없었다. 경찰은 딸이 프로이센 주립도서관에서 무엇을 하고 있었는가에 대해 질문하였다. 그러나 어머니는 "아니오, 나는 딸이 무엇을 하고 있었는지 알지 못합니다. 그러나 딸이 무엇을 하고 있든 그 애는 그것을 행할 만큼 올바르고 나도 똑같은 일을 했을 것이요"라고 확고하게 대답했다. 경찰이 아파트에서 발견한 필기장과 원고는 마르타 아렌트의 간명한 증언보다 더 많은 정보를 제공하지 못했다. 그들은 철학적 원고에 관심을 가졌지만 필기장의 복잡한 부호(그리스 인용 모음집)를 해독하느라고 며칠을 소요하였다.

한나 아렌트는 바로 얼마 전 승진해 정보과로 배치되어 임무를 완전히 파악하지 못한 '매력 있는 친구'에 의해 체포되었다. 형사는 여러 가지로 걱정하였다. 그러나 그는 무엇을 행하기로 되어 있었는가? 그는 항상 다음과 같이 말했다. "내가 면전에서 누군가를 대면하고 있을 때 정상적으로 기록

설명된 상황에 대한 이해를 제시하였다. "영역에서 특이한 20세기에 생각할 수 없는 국가의 모든 권력에 의해 유대인의 권리에 대한 억압은 시온주의의 위대한 창시자인 테오도르 헤르츨에 의해 묘사된 오래된 유대인 문제에 대한 새롭고 무시무시한 표명 — 이것의 해결은 시온주의 운동의 목적과 내용이다 — 을 재현하였다." p. 9.

부 사례를 검토하면 무엇을 실행할 것인가를 알게 된다. 도대체 당신을 어떻게 처리해야 하는가?" 경찰은 오히려 업무를 통상적으로 수행하지 않았다. 아렌트는 본부로 이송되는 도중에 담배가 없을 경우 질문에 답변하는 게 불가능하다고 불평하였다. 아렌트의 주머니 속에는 담배 몇 개비만이 있었다. 형사는 차를 매우 점잖게 세우고 담배 몇 갑을 사면서 아렌트에게 이것들을 감방으로 어떻게 몰래 가지고 들어갈 것인가에 대해 도움이 되는 제안을 하였다. 형사가 심문을 하던 다음 날 아렌트는 커피의 질에 대해 불평하였다. 형사는 아렌트에게 좋은 커피를 제공했다.

아렌트는 이러한 신뢰감에도 불구하고 담당 형사에게 연속하여 거짓말을 하였다. "나는 당연히 조직을 폭로할 수 없었다. 나는 그에게 환상적인 이야기를 하려고 했다. 반면에 그는 '나는 당신을 이곳으로 끌고 왔지만 당신을 나가게 할 것이오. 변호사를 고용하지 마시오. 유대인들은 현재 돈을 가지고 있지 않습니다. 돈을 절약하시오'라고 했다. 그러는 사이에 시온주의기구는 나를 위해 변호사를 고용했고, 당연히 동료들을 통해서 그를 다시 고용하였다. 그러나 나는 변호사를 돌려보냈다. 나를 체포한 이 사람은 개방적이고 정직한 얼굴을 하고 있기 때문에 나는 그를 신뢰하였으며, 단지 걱정만 하는 어떤 변호사와 함께 있는 것보다 그러한 방식으로 더 좋은 기회를 갖겠다는 것을 밝혔다."

아렌트를 담당한 독일 형사는 약속을 지켰고, 아렌트는 8일 후에 풀려났다. 그러나 아렌트는 그러한 친구를 만나 두 번 다시 축복 받을 가능성이 없다는 것을 잘 알고 있었으며, 가능한 한 빨리 독일을 떠날 준비를 하였다. 안네 멘델스존 바일이 회상했듯이, 아렌트 친구들을 기쁘게 하고 망명한 유대계 상인이 남긴 포도주 창고의 내용물로 아렌트의 석방을 축하하는 것은 "우리의 삶에서 가장 도취된 경우"였다. 상당한 유머 감각을 가지고 있는 블루멘펠트는 마르타 아렌트와 팔짱을 낀 채 통상적인 기품으로 "이제 당신은 나와 더불어 한나 아렌트를 생각하고자 했던 분입니다!"라고 그에게 선언하였다.

한나 아렌트와 어머니는 여행증명서도 휴대하지 않은 채 망명하는 유대인들과 좌파 인사들에게는 "녹색전선"으로 알려진 '에르츠 산맥'*의 울창한 숲을 통과해서 독일을 벗어났다. 그들은 나치 독일의 망명자들을 위한 수도가 되었던 프라하로 방향을 돌렸다. 프라하에 거점을 둔 좌파 망명자들은 독일에서 오는 사람들의 출국, 그리고 소식지 · 정보 · 안내원들의 독일 잠입을 용이하게 하는 국경선 거점망을 조직했었다. 아렌트 가족은 독일 내에서 가장 잘 알려졌으며, 한동안 연락망에서 가장 중요한 지역인 칼스바드 역으로 갔다. 그들은 감시를 피하여 밤중에 체코 국경선을 넘었다. 그들의 탈출은 매우 단순했다. 동정심 있는 한 독일인 가족이 독일 쪽으로는 앞문이 있고 체코슬로바키아 쪽으로는 뒷문이 있는 집을 소유하였는데, 그들은 낮에 손님을 맞이하였으며, 어둠이 깔린 틈을 타 그들을 뒷문으로 인도하였다.

아렌트 가족은 프라하에서 잠시 머문 후에 제노바로 향하였다. 이곳에는 마르타 아렌트의 가장 절친한 친구인 베를린 출신 사회주의자들 가운데 한 사람인 마르타 문트가 살고 있었으며 국제연맹에서 일을 하고 있었다. 문트는 아렌트에게 자신이 근무하는 부서인 국제연맹 국제노동국에 임시직을 제공하였다. 한나 아렌트는 기록담당 서기로서 대단히 성공한 사람이었다. 아렌트는 연설자들이 정확성에 관한 의문을 포기하고 감명을 받을 만큼 아주 명료하고 강력한 연설을 담은 의사록을 작성했다. 이 새로이 발견된 재능은 유대인협회 본부에서 잠시 활동하는데 활용되었다. 그런데 새로운 요소들이 첨가되었다. 연설들은 이디시어로 행해졌다. 그러나 아렌트는 제네바 사회민주당 노동조직책이나 유대인협회 지도부의 환경에 머무르기를 원하지 않았다. 그는 함께 모이는 망명 시온주의자들에 합류하기 위해

* 옮긴이_ 독일 작센 주와 체코 보헤미아 사이에 걸친 산맥이며, 체코 명으로는 '크루슈네호리'이다.

파리로 가기를 원하였다.

한나 아렌트는 독일을 떠나기 몇 개월 사이에 무엇을 해야 하는가에 대한 생각을 극적으로 바꾸었다. 그는 1964년 가우스 대담에서 1933년 독일 제국의회의 방화, 그리고 이 사건 이후 발생한 불법체포 기간은 자신에게 전환점이었다고 밝혔다. "아시다시피 그들은 모두 비밀국가경찰의 감방이나 집단수용소에 수감됐습니다. 그것은 저에게는 충격이었기 때문에 이후에도 저는 책임감을 느꼈습니다. 즉 저는 그저 관찰자가 될 수 있다는 것을 더 이상 생각하지 못했습니다." 아렌트는 공산주의자들은 말할 것도 없고 시온주의자들을 위해 활동하는 게 자신에게는 커다란 만족이었다고 밝혔다. "그렇지요, 제 생각에, 저는 적어도 중요한 것을 수행했지요! 적어도 저는 순진하지는 않았습니다. 어느 누구도 그것에 대해 저를 비난할 수는 없습니다." 아렌트는 시온주의 운동을 위한 행동, 순진하지 않았다는 것에 대한 이러한 만족감 때문에 새로이 형성된 자신의 책임감을 어떻게 수용해야 하는가를 고려하게 되었다.

> 아시다시피, 저는 주로 학문 탐구에 전념했었습니다. 이런 관점에서 볼 때 1933년은 부정적으로든 긍정적으로든 지속적으로 저에게 깊은 인상을 남겼습니다. 저는 우선 당신에게 부정적인 인상을 말하고 다음으로 긍정적인 인상을 말하겠습니다. 많은 사람들은 1933년 유대인들이 히틀러 집권으로 충격을 받았다고 요사이 생각합니다. 저와 제 세대의 사람들에 관한 한 이것은 특이한 오해입니다. 히틀러의 집권은 물론 무시무시했습니다. 그러나 나치가 우리의 적이라는 것은 정치적인 것이었지 개인적인 것은 아니었습니다. 하느님은 우리가 그것을 증명하기 위해 히틀러의 집권을 필요로 하지 않는다는 것을 알고 계십니다! 그것은 1933년 이전 적어도 4년 동안 무분별하지 않았던 모든 사람들에게는 명백했습니다. 수많은 독일인들이 나치에 동조했다는 것 역시 우리들에게 아주 명료했습니다. 그러므로 우리는 1933년의 사건에

완전히 경악하지는 않습니다. … [그러나] 사람들이 집 밖으로 발을 내딛는 순간에 일반적인 정치 현실은 개인적인 운명으로 전환되었습니다. 그리고 사람들은 또한 협력이 무엇인가를 알고 있습니다. 그리고 협력은 당신의 친구들이 협력한다는 것을 의미했습니다. 개인적인 문제는 당신의 적들이 행할 수 있는 것이 아니라 우리 친구들이 행하고 있는 것이었습니다. 이러한 협력의 분위기 — 완전히 자발적이며, 공포 정치가 존재하는 동안 방식에 있어서 결코 강제적이지 않았다 — 는 여러분에게 빈 공간에 둘러 쌓여있다는 것, 고립되어 있다는 것을 느끼게 합니다. 저는 지적인 분위기 속에서 살았으나 그렇지 않았던 사람들을 많이 알고 있습니다. 그리고 저는 협력이 말하자면 다른 사람들의 규칙이 아니라 지식인들의 규칙이었다고 결론을 내리게 되었습니다. 저는 그것을 결코 망각하지 않습니다. 저는 매우 과장된 표현이지만 '결코 다시 돌아오지 않는다!'는 각오에 이끌려 독일을 떠났습니다. 저는 결코 '이념의 역사'를 다시 다룰 어떠한 것도 지니지 않을 것입니다. 저는 실제 이러한 종류의 사회를 다시 처리할 어떤 것도 갖기를 원하지 않았습니다.

아렌트는 지식인들과 이들 집단의 직업병déformation professionelle 때문에 이들이 나치에 동조하는 데 취약했다고 결론을 내렸다.

아렌트는 자신이 야스퍼스에게 말했던 독일을 결코 떠나지 않았다. 그 독일은 모국어 · 철학 · 시였으며 개인적인 문제와 얽히게 됐다. 그리고 이것은 모든 문제를 오히려 예리하게 만들었다. 하이델베르크대학교 시절 아렌트의 문학 동료였던 베노 폰 비제는 오피츠거리에 위치한 아파트를 방문하여 그에게 다음과 같이 선언하였다. "지금은 중대한 시기야." 사회민주주의자인 전임 총장(하이데거 총장 직전 — 옮긴이)은 소위 유대인 경고 대자보를 붙이라는 지시를 거부했다는 이유로 해임됐다. 1933년 봄 하이델베르크대학교 총장직을 맡았던 하이데거는 "독일 민족 자각의 위대성과 고귀성"을 찬양하는 총장 취임 연설을 하였다. 하이데거는 또한 야스퍼스를 방문하였다. 이 방문은 철학자들의 도덕적 호의에 대한 야스퍼스의 오히려 순진한 신념을 잔인하게 종결시켰다. 하이데거는 야스퍼스의 유대계 부인에 대해 무례하게 행동하였기 때문이다.[39]

한나 아렌트는 1932년 ≪쾰른 신문≫에 기고한 기사인 「아담 뮐러식의 르네상스」에서 이념의 역사에 대한 마지막 연구를 통해 선구자들을 찾아 독일 문학을 도륙하는 나치 지식인들을 비판하였다.[40] 라헬 파른하겐의 지인인 아담 뮐러는 자신으로부터 추출된 부정직한 나치 유형에는 어울리지 않았다. 아렌트가 기록한 바에 따르면 아담 뮐러는 구원공동체에 대한 비전을 가진 가톨릭 신자였다. 그는 자유주의·산업화·계몽주의를 반대하는 사람도 아니었고, 사회에 대한 유기체적 관념을 옹호하는 사람도 아니었다. 아렌트의 기사에는 베노 폰 비제나 마르틴 하이데거와 같은 사람들에 대한 암묵적인 경고가 있다. 아렌트는 당시 아담 뮐러와 같은 사람들의 충성심이 자신들의 어떤 목적 때문에 영웅숭배적인 나치에 의해 이용당했다는 것을 깨달았기 때문이다. 그러나 이 기사는 비판에 이미 귀를 닫았던 지식인 사회에 공개적인 전언을 보내는 아렌트의 마지막 시도였다.

유대인들이 협력했을 때 아렌트의 개인적 문제는 역시 심각하게 복잡해졌다. 그는 수년 동안 자신의 기억 속에서 괴롭혔던 한 사건을 야스퍼스에게 말하였다. "1933년 협력하려고 했으나 성공하지 못했던 아도르노의 행동이 프랑크푸르트대학교 학생신문 ≪디스쿠스*Discus*≫에 공개되었습니다.

---

39 마르바흐에 소장된 편지, 1966년 3월 9일자 야스퍼스가 아렌트에 보낸 편지에는 1933년 하이데거의 행태에 대한 기술은 없다. 야스퍼스는 "결코 반유대주의자가 아닌" 하이데거가 게르트루트 야스퍼스의 유대인성보다는 게르트루트가 나치에 대한 견해를 솔직하고 공개적으로 언급했던 사실 때문에 마지막 방문 시에 당황하였다고 주장하였다. 야스퍼스는 다음과 같이 결론을 내렸다. "나는 그 상황에서 게르트루트에 대한 그의 전혀 정중하지 못한 행태를 결코 잊지 못한다." (1976년 사후에 출판된 하이데거의 ≪슈피겔≫과의 인터뷰는 1933년 자신의 개인적 태도에 대해 많은 것을 밝히고 있지 않다. 다음 자료를 참조할 것. "An Interview with Martin Heidegger," *Graduate Faculty Philosophy Journal*(Winter 1977), p. 5-27.

40 Hannah Arendt, "An Adam Mueller Renaissance?" *Kolnische Zeitung*, no. 501, 13 September 1932, and no. 510, 17 September 1932.

그는 독일인들에게 상당한 인상을 주었던 기술하기 어려울 정도로 통탄해하는 편지로 답변하였습니다. 법적으로 반은 유대인인 그는 자기 친구들에게 알리지도 않은 채 이러한 조치를 취했다는 것이 문제의 실질적인 불명예였습니다. 그는 자기 아버지의 훨씬 더 뚜렷한 유대인 이름인 비젠구룬트라는 이름 대신에 어머니의 이탈리아 집안 이름인 아도르노로 그럭저럭 빠져나가기를 희망했습니다."[41]

아렌트가 이후에 지식인들에 대한 평가를 수정하였지만, 그 당시 이런 평가는 아렌트의 결정에 생명을 불어넣었다. 이런 평가는 1933년부터 아렌트의 인상에 대한 긍정적 평가를 촉진하였으며, 개인 문제를 명백한 정치 문제로 변형시키는 계기를 제공했다. "저는 항상 그 당시에 한 문장으로, 저에게 명료하게 해주는 한 문장으로 저 자신에게 표현하였습니다. '어느 사람이 유대인으로서 공격받을 때 그는 자신을 유대인으로서 방어해야 한다.' 독일인이나 세계시민이나 「인간의 권리선언」 옹호자로서 자신을 옹호해서는 안 됩니다."[42] 이 문장은 아렌트가 베를린에서 자신의 저항이 유대인으로서의 저항이었다는 것을 항상 강조하는 정치적 이유이다.

> 저는 이것을 깨달은 이후 스스로 유대인 운동에 참여하려고 분명히 의도하였습니다. 처음으로. 그리고 물론 시온주의자들과 함께 활동하고자 의도하였습니다. 그들은 준비하고 있던 유일한 사람들이었습니다. 제 생각에 동화주의자들의 편을 드는 것은 이해되지 않았습니다. 그런데 저는 동화주의자들을 처리할 어떠한 것을 실제로 결코 갖고 있지 못했습니다. 저는 유대인 문제에 관심을 갖고 있었습니다. 『라헬 파른하겐』은 제가 독일을 떠날 즈음에 완성되었습니다. 물론 유대인 문제는 그 책에 역할을 하였습니다. 이 연구는 제가 이해하고 싶었던 것을 의미했습니다. 그러나 제가 그 책에서 논의하고 있는 유대인 문

41 아렌트가 야스퍼스에게 보낸 편지(1966년 7월 4일), 마르바흐 문서보관소.

42 이 인용문과 다음 인용문은 가우스 인터뷰에서 발췌한 것이다.

제는 결코 저 자신의 문제는 아니었습니다. 그리고 제 개인 문제는 정치적이었습니다. 순수하게, 정치적이었답니다! 저는 실천적 작업, 그리고 오로지 유대인 연구를 수행하고 싶었습니다. 그리고 저는 그러한 지침에 따라 프랑스에서 저 자신을 인도하였습니다.

제2부

무국적자의 삶과 학계 등단

(1933~1951년)

한나 아렌트는 18년간 '무국적자'였다. 그는 1933년 나치 독일에서 망명하여 1951년 미국 시민권을 획득할 때까지 정치적 권리를 갖지 못했다. 이때 그는 정치적으로 가장 활동적이었다. 그는 파리에 체류하고 있는 동안 유대인 난민의 팔레스타인 이주를 지원하고 반파시스트주의자들을 법적으로 지원하였다. 이때 아렌트는 대학 시절 참여했던 동아리의 무정치적apolitical 지성을 버렸다. 그는 예술가와 노동자, 유대인과 비유대인, 활동가와 파리아를 포함하는 동류집단을 발견하였다. 독일어가 그들의 언어였지만 그들은 범세계적인 안목을 가지고 있었다. 아렌트는 그들이 예상한 세계 위기 속에서 유대인 정치가 어떻게 발생할 수 있는가를 두 번째 남편인 하인리히 블뤼허의 참여 단체와 함께 논의하였다. 그 위기가 자신들에게 닥치고 제2차 세계대전이 발생하였을 때 동류집단은 흩어졌다. 일부는 프랑스 난민수용소에 잠시 감금되었고, 일부는 비점령지로 도피하였다. 이들은 모두 필사적으로 비자를 얻고 새로운 가정과 안전을 찾기 시작했다.

아렌트와 블뤼허는 운이 좋았다. 그들은 미국 긴급비자를 받아 프랑스 남부를 거쳐 스페인으로, 그리고 이후 리스본으로 여행을 할 수 있었다. 그들은 리스본에서 뉴욕을 향해 항해하였다. 아렌트는 뉴욕에서 유대인 정치에 이론적 기초와 실천적 중심점을 제시하려는 노력으로 토론의 장을 모색하였다. 그는 뉴욕에서 발간되는 독일어 신문인 ≪재건*Aufbau*≫의 지면을 통해 히틀러에 대항해 투쟁하는 유대인 군대의 창설을 주장하였다. 아렌트가 희망했던 유대인 군대나 그런 유형의 유대인 정치는 나타나지 않았다. 그는 **최종 해결책**이 실행됐던 끔찍한 몇 년 동안 팔레스타인의 유대인 조국에 관한 글을 지속적으로 소개하였지만, 어떤 정치단체도 그의 이념을 지지하지 않았다.

아렌트는 전쟁 말에 유대인문화재건위원회를 위해 활동하였으며, 이후 쇼켄출판사 편집자로 활동하면서 『전체주의의 기원』을 집필하기 시작했다. 그는 저서와 수많은 짧은 논문과 서평을 썼으나 정치 활동에는 관여하지 않았다. 그럼에도 이스라엘 국가가 성립된 이후 여름에 신생국에서 유대인과 아랍인 사이의 화해를 추구한 유다 마그네스의 단체에 참여하였다. 아렌트는 이러한 노력이 좌절되자 정치에서 은퇴하였으며 자신이 기질이나 재능의 측면에서 정치에 어울리지 않는다고 확신했다.

한나 아렌트는 확실히 이른바 '정치적 동물'은 아니었다. 그러나 아렌트가 무국적자로 있는 동안 실천적 활동과 유명 인사라는 사실에서 배웠던 경험은 자신의 정치이론을 위한 기초를 제공하였다. 『전체주의의 기원』은 아렌트의 정치적 이야기와 파리에서 활동했던 동류집단의 이야기를 행간에 담고 있다. 그는 남편의 도움으로 이 책을 집필하였다. 쿠르트 블루멘펠트가 지적했듯이 "이 책은 헌정받은 사람인 블뤼허의 기록되지 않은 정치철학을 담고 있다."

한나 아렌트의 삶에서 무국적자 시기보다 어려웠던 때는 없었다. 물론 『전체주의의 기원』에는 자신의 결혼에 관한 이야기, 존재하지 않거나 잃은 친구들에 대한 충실성, 좌절과 희망의 시절 등 자신의 개인적인 이야기를 언급하고 있지 않다. 그러나 이 책은 분명히 이해하려는 열정적 의지로 쓰였다. 이러한 의지는 강렬한 담금질 과정, 즉 니체가 언급했듯이 당신을 몹시 괴롭히거나 더 강하게 만드는 그런 유형의 과정을 전제한다. 아렌트는 젊은 여성으로서 자신의 생애를 '그때'와 '지금'으로 구분하였으며, 완고하고 강력한 정치적 책임으로 첫 번째 주요 저서의 서문(1950년)을 다음과 같이 마무리하였다. "현재의 암울함으로부터 벗어나 여전히 온전한 과거에 대한 향수로 도피하거나 보다 좋은 미래에 대한 예기된 망각으로 도피하려는 모든 노력은 공허하다."

제4장

무국적자들

(1933~1941년)

영혼 문제는 모든 사람의 문제이다.

드레퓌스 사건에 대한 클레망소의 말

아렌트의 동족

한나 아렌트는 어머니가 쾨니히스베르크로 안전하게 돌아가도록 조치를 취한 이후 1933년 가을 파리로 이동하여 귄터 스턴과 재회하였다. 그들은 함께 살면서 쌍방의 친구들을 만났고 공동으로 활동하였지만 결혼생활을 결코 회복하지 못했다. 그들은 숙식을 마련하는 어려운 실무적인 일과 동료애 때문에 계속 서로 결합했다. "그 오래된 사기꾼, **세계역사**"의 손에서 하루하루 무엇을 기대해야 하는지를 거의 알지 못하는 사람들 사이에서 그러한 연대는 그들 모두에게 중요했다. 그들은 1934년 '스타비스키 비리사건'* 직후 자신들을 방문한 한스 요나스와 같은 친구들에게 자신들을 여전

* 옮긴이_ 스타비스키(1888~1934년)는 프랑스 상류 사회에 속하기를 갈망했던 러시아계 유대인 아버지의 꿈을 극단적으로 실현하고자 했다. 그는 거짓말과 속임수로 정계와 재계의 많은 인사들 사

히 결혼한 부부라고 밝혔다. 아렌트는 공식적인 활동을 위해 한나 스턴이란 이름을 계속 사용하였다. 그들은 스턴이 1936년 뉴욕으로 가기 위해 파리를 떠날 때까지 최종적으로 결별하지 않았지만, 그들의 부부관계는 아렌트의 1937년 이혼장에도 밝히고 있듯이 1933년에 이미 중단되었다.

한나 아렌트 자신은 시온주의 운동과 문제에 관여하였지만, 스턴은 그 분량만으로도 가치가 있었던 방대한 소설인 『몰루시아나의 지하 묘지*Molussiche Katakomie*』를 집필하였다. 1933년 초 비밀경찰이 베를린 출판사 사무실을 수색하였을 때, 부분적으로 완성된 원고 사본은 출판사에 보관되어 있었다. 원고는 압수되었지만 베어톨트 브레히트에게 곧 반환되었다. 브레히트는 스턴을 위해 이 원고를 출판사에 제출했었다. 비밀경찰 요원들은 환상섬, 즉 파시스트 유토피아의 지도를 부각시킨 표지로 책을 판단했었다. 그 소설은 풍자소설이었으며 유토피아가 거짓 유토피아였다는 것은 책의 내용을 읽지 않았던 어느 누구에게도 명료하지 않았을 것이다. 스턴은 브레히트로부터 그 소설 원고를 되찾았으며, 이를 안전하게 보관하기 위해 안네 멘델스존에게 맡겼다. 다락방에는 훈제된 베이컨 꾸러미가 걸려있는데, 이 사이에 기름에 찌든 치즈 천으로 싼 원고뭉치를 걸어놓았다. 아렌트는 베를린을 떠날 때 모조 베이컨을 휴대하였으며, 그것을 프라하로, 제노바로, 그리고 최종적으로 파리로 가져갔다. 그는 이곳에서 그 원고를 스턴에게 넘겨주었다. 그는 매일 부족한 아침식사와 함께 원본에서 풍겨 나오는 맛있는 베이컨 냄새를 들이마시면서 작업을 다시 시작하였다. 이것을 제외하면, 파시즘은 귄터 스턴에게 위안을 거의 제공하지 않았다. 여동생 에바가 헤어진 지 몇 년 지나서 파리로 그를 방문하였다. 이때 에바는 스턴이 지원이나 인정을 받지 못한 채 아주 초췌해 보이고 적대적인 환경에서의 생활

이에서 거액의 뇌물을 수수하여 경찰이 지명수배 대상이 되었으나 얼마 후 자살한 채로 발견되었다. 그는 수백만 프랑의 정크본드를 발행해 프랑스 경제를 혼란에 빠뜨렸다. 이 사건으로 파리 콩코드 광장에서 극우파가 폭동을 일으켰다. 이 폭동으로 15명이 죽고 1,500여 명이 다쳤다. 노동자들과 좌익 인민전선은 이 극우파의 폭동과 파시즘에 위협을 느껴 총파업으로 대항했다.

로 아주 낙담한 모습에 충격을 받았다.

아렌트와 스턴은 일을 하지 않을 때 적어도 도덕적으로 지원할 수 있었던 친구나 지인들과 대화를 나누려고 카르티에 라탱의 카페를 들렀다. 스턴은 어느 날 오후 수플로 거리에 위치한 카페에서 아놀드 츠바이크와 브레히트에게 아렌트를 소개하였다. 이 카페는 그들 자신이 아니라 영웅들을 위한 일종의 만신전과 같은 분위기를 풍겼다. 아렌트와 스턴은 문학비평가인 발터 베냐민을 방문하였다. 그들은 베냐민을 베를린에서 만난 적이 있으나 잘 알지 못했다. 스턴의 먼 사촌인 베냐민은 파리에서 대부분의 망명 지식인들보다 더 편안함을 느꼈다. 그는 젊은 시절 동양 골동품 수입상이었던 아버지와 함께 파리를 가끔 여행하였으며, 재능이 있어 프랑스어를 말하고 쓸 수 있었다. "19세기의 수도"는 그의 취향에 어울렸으며 일상적인 거리 산책flâneur을 위한 풍부한 공간들을 그에게 제공하였다. 아렌트가 자기 친구에 대해 수필로 집필하고 있을 때, 베냐민은 프랑스에서 자신에게 어울리는 적절한 '환대'를 받지 못했기 때문에 역시 고통을 받고 있었다.[1] 베냐민은 프랑스 지식인들과 망명 지식인들이 만나는 여러 토론의 장을 감사하게 생각했다. 그 하나는 파시즘연구소였다. 베냐민은 1934년 이 연구소에서 아렌트를 포함한 청중들에게 「생산자로서의 작가」라는 주제로 강의를 하였다.

스턴 부부의 친구들은 대부분 독일 망명자들이었다. 그러나 이들은 몇 명의 프랑스 지인들과도 교류하였다. 이 프랑스 지인들은 모두 1933년 이전의 독일에 대해 지적으로 관심을 가지고 있었다. 레이몽 아롱은 1931년부터 1933년까지 베를린 프랑스문화원에서 강의를 하였으며, 1934년에는 고등사범학교 사회정보센터의 비서관 직책을 맡고 있었다. 아렌트는 그를 때때로 만났다. 그리고 아렌트와 스턴은 아롱의 소개 덕택에 사회과학고등

1 Arendt, "Walter Benjamin: 1892~1940," *Men in Dark Times*, p. 173.

연구원에서 진행한 알렉산더 코제브 세미나에 몇 차례 참석할 수 있었다. 이 세미나는 코제브의 『헤겔 철학 강의 입문*Introduction à la lecture de Hegel*』의 기초가 되었다. 이 책은 코제브의 제자들이 기록한 필기장을 취합하여 출간한 것이다. 아렌트는 이 강의가 헤겔 연구에 관한 어떠한 연구에도 기본적이라고 생각했다. 아렌트는 1년 이후 한 친구에게 다음과 같이 언급했다. "코제브는 철학이 헤겔과 더불어 완성되었다고 믿었으며 이러한 신념에 따라 행동했지. 그는 결코 한 권의 책도 출간하지 않았으며, 헤겔에 관한 책을 실제로 집필하지도 않았네. … 그는 철학 교수가 되지는 않았네. … 간단히 말하자면, 그는 대부분의 사람들이 하지 않는 것을 수행하였다네."[2] 야스퍼스가 설명한 바와 같이 "반학문적 정신의 틀에 점진적으로 당연히 참여했던" 아렌트에게 코제브는 특별히 인상적인 인물이었다.

스턴과 결코 별로 우호적이지 못했던 장 폴 사르트르, 그리고 이후 아렌트와 절친한 친구가 되었던 알렉산더 코이레 역시 코제브 세미나에 참여하였다. 코이레는 『철학연구*Recherches philosophiques*』의 공동 연구자인 장 왈에게 이들을 소개하였다. 스턴은 서평 몇 편과 자신의 1930년 프랑크푸르트대학교 강의안 불어판인 「경험적인 것의 해석*Une interpétation de l'a posteriori*」을 출간할 수 있었다. 장 왈은 프랑스에서 야스퍼스의 저작에 대해 진지하게 관심을 가졌던 사람들 가운데 한 사람이었다. 다른 사람들, 특히 코이레와 사르트르는 여러 해 동안 하이데거의 저서를 알고 있었고, 이것에 광범위하게 의존하였다.

아렌트가 일상적인 대화나 철학적 토론은 아니지만 독서하기에 적절한 프랑스어 능력을 증진시키는데 헌신할 수 있었다면, 이러한 지인들은 다른 때 아렌트에 상당히 관심을 가졌을지도 모른다. 그러나 아렌트는 유대인 문제에는 관심을 가졌지만 대학 동아리, 심지어 코제브의 동아리와 같이

2 아렌트가 윌리엄 오그레디에게 보낸 편지(1969년 5월 1일), 의회도서관.

참신할 정도로 비순응적이고 파리아와 같은 상황에 있는 사람들에게 관심을 갖지 않았다.

신분증명서를 지니고 있지 않았던 아렌트는 샹젤리제 거리에 본부를 두고 있는 단체인 농업 · 수공업훈련원Agriculture et Artisanat에서 처음으로 일자리를 얻었다. 이 단체는 프랑스-팔레스타인위원회 위원장이며 프랑스 상원 의원인 쥐스텡 고다르가 관장하고 있었으며, 팔레스타인 발전에 기여하는 가장 영향력 있는 단체들 가운데 하나로서 젊은 망명자들이 팔레스타인에서 미래를 대비하도록 이들에게 농업 및 수공업 기술을 훈련시켰다. 젊은이들은 숙식을 제공받았으며. 유대인 역사, 시온주의, 히브리어를 가르치는 야간 강의에 참여하였다. 아렌트는 농업·수공업훈련원의 비서직을 얻었다.

아렌트는 행운과 자신만만함 덕택에 이 일자리를 얻었다. 그는 유대계 독일인을 위한 전국구호위원회를 찾아가서 자신이 거의 듣지 못했던 일련의 사무기술에 대한 최소한의 구비조건을 요구하였다. 안네 멘델스존은 파리에서 안네 바일이 되었다. 이곳에서는 결혼 당사자들이 동시에 고용되는 것을 금지하는 나치법과 같은 법은 없었다. 안네 멘델스존은 종이성냥을 팔고 (프랑스 학생 강사가 학생으로부터 받는 것과 같은 작은 사례비를 받고) 독일어를 가르치면서 실망스러운 몇 개월을 보냈다. 안네는 더 좋은 일자리를 찾았다. 아렌트는 블루멘펠트의 추천장을 받아서 안네를 도와주려고 노력했다. 아렌트는 생쟈끄 거리에 위치한 자신의 방 — 그가 잠시 사용했던 여러 개의 작은 호텔 방들 가운데 첫 번째 방 — 에서 블루멘펠트에게 편지를 쓰면서 안네의 절실함을 기술하였다. "대형 미국보험회사의 요구에 부합하는 추천장이 있어야 합니다. … 이곳에서 어떠한 일자리를 찾는 게 그렇게 비정상적으로 어렵지 않다면, 사람들이 전적으로 모든 기회에 기꺼이 응할 필요가 없다면, 저는 당신에게 그렇게 불합리한 것을 요청하지 않았을 것입니다."[3] 안네는 결국 사회과학고등연구원에서 비서직을 얻었으며 보수를 훨씬 더 많이 받는 지도교사 자리를 얻었다. 그는 나이든 프랑스 공작부인이 소르본대학교에서 에른스트 카시러에 관한 논문을 완성하는 데 도움을 주었다. 그 부인은 소르본대학교가 '전적으로 공산주의'의 색채를 띠어가고 있기에 학위를 마치는 일에 상당히 노심초사하고 있다고 자신의 지도교사에게 말하였다.

수많은 독일 망명자들은 이 호텔에서 저 호텔로 일자리를 찾아다니느라고 파리 거리를 배회하였다. 많은 사람들은 현대 망명자들에게 잘 알려진 악성 증후군에 사로잡혀 있었다. 정식서류를 지니지 않은 사람들은 일자리를 얻을 수 없으며, 일자리 없는 사람은 정식서류를 확보할 수도 없었다. 동유럽 사람들의 물결이 독일 망명자들과 합류하였을 때 상황은 더욱 더 심각해졌다. "프랑스인에게 프랑스를", 그리고 "외국인들을 줄여라"와 같은 구호들이 신문을 가득 채웠으며, 거리 시위에서 울려 퍼졌다. 50만 명 이상의 프랑스인이 망명자들과 같이 절망적으로 실직 상태에 있었다.

아렌트는 농업·수공업훈련원에 일자리를 갖고 있었을 때 자신을 부양하고 스턴을 지원할 만큼 충분한 돈을 벌 수 있었다. 그는 또한 방황하는 유대인 몇 명에게 일자리를 제공할 수 있었다. 한 사람은 당시 팔레스타인에서 파리에 도착한 폴란드인 차난 클렌보르트였다. 그는 이후 한나 아렌트 평생 친구가 되었다. 차난은 필명인 하난 아얄티로 단편소설을 쓰는 동안 호텔 방에서 파리 공장에 납품할 구두창을 제작함으로써 1934년 겨울 호구지책을 마련했으며 농업·수공업훈련원의 이디시어와 히브리어 선생으로 채용되었다.

클렌보르트는 아렌트를 만났을 때 그에게 상당한 감명을 받았다. 첫째, 아렌트는 샹젤리제 카페에서 차난에게 커피를 대접했기 때문이다. 그러한 제안은 차난의 기준에 의하면 호화스러운 의사표시였다. 다음으로, 아렌트는 대화에서 매우 개방적이었기 때문이다. 팔레스타인 이주를 지원하는 단

---

3 아렌트가 블루멘펠트에게 보낸 편지(1933년 11월 28일), 마르바흐 문서보관소.

체가 반시온주의자를 고용하는 것은 이례적이었기 때문에 아렌트는 차난이 반시온주의자인지 물었다. 차난은 자신이 사실 반시온주의자(이후 이러한 입장을 포기하였다)임을 밝혔지만 아렌트는 하여튼 그에게 일자리를 제공하였다. 그들은 이 업무에 신경을 쓰면서 가족에 대해 이야기하였다. 아렌트는 차난과 함께 경험한 과거의 증거로서 리투아니아계 유대인인 외할아버지인 야콥 콘의 역할을 맡으면서 이야기하였다. 그리고 그들은 훌륭한 교육을 받은 동화된 다수의 독일계 유대인들과 달리 아렌트가 멸시하지 않았던 이디시어에 대해 이야기하였다. 아렌트는 두 번 고용된 차난 클렌보르트와 함께 오후를 보냈다. 한번은 농업·수공업훈련원이 그를 고용했고, 다른 한번은 아렌트 자신이 히브리어 개인 교습을 위해 그를 고용했기 때문이다. 아렌트는 그에게 "나의 민족을 알고 싶습니다"라고 말하였다.

아렌트의 민족을 이해하는 것은 복잡한 일이었다. 아렌트는 농업·수공업훈련원에서 일하고 있는 동안 매년 유대인 박해로 인하여 민족의 상호관계가 점점 더 복잡해지고 있다는 것을 명백히 파악했기 때문이다. 그는 파리에서 직면했던 상황을 다음과 같이 기술하였다. "프랑스계 유대인들은 라인강 너머에서 이주하는 유대인들을 모두 *폴락크스*(*Polaks*; 폴란드계 유대인)라고 전적으로 확신했다. 독일계 유대인들은 이들을 *오스트유덴*(Ostjuden; 동유럽계 유대인)이라고 불렀다. 그러나 실제로 동유럽에서 이주한 유대인들은 그들의 프랑스계 형제들에 동의할 수 없었으며 우리[독일계 유대인]를 *예케스Jaeckes*라고 불렀다. 이 독일계 유대인을 싫어하는 사람들의 후손들(프랑스에서 태어나 이미 적절한 절차에 따라 동화된 제2세대)은 프랑스 상류계급의 의견을 공유하고 있었다. 따라서 동일한 가정에서도 아버지는 당신을 *예케스*라고 부르고 아들은 당신을 *폴라크*로 부를 수 있었다.[4] 한나 아렌트는 할 수 있

---

4 Arendt, "We Refugees," *Menorah Journal* 31(January 1943): 74(이하 "We Refugees"로 표기함). 옮긴이_ 이 논문은 다음 자료에 재수록되어 있다. Hannah Arendt, *The Jewish Writings*, eds., Jerome Kohn and Ron H. Feldman(New York: Schocken Books, 2007); 홍원표 옮김, 『유대인 문제와 정치적 사유』(파주: 한길사, 2022). (이하 관련 자료는 '『유대인 문제와 정치적 사

는 한 자신이 블루멘펠트로부터 배운 동화에 대한 시온주의적 비판을 이 새로운 상황에 전가했다. 그러나 그가 만났던 민족 가운데 다수는 두 차례 또는 세 차례의 상이한 동화의 전력을 가진 사람들이었기 때문에, 그는 비판을 채택해야만 하였다. 일부는 프랑스인이 되기 이전에 독일의 애국자였으며, 이후에는 아마도 체코나 오스트리아의 애국자였을 것이다. 아렌트는 파리에서 자신의 처지를 아는 순간 망명자협회를 설립한 한 독일인을 기억했다. "이 협회에서 독일계 유대인들은 자신들이 이미 프랑스인이라고 서로에게 주장했다. 그 독일인은 첫 번째 연설에서 다음과 같이 말하였다. '우리는 독일에서는 훌륭한 독일인이었습니다. 따라서 우리는 프랑스에서 훌륭한 프랑스인이어야 합니다.' 청중은 열렬하게 박수를 쳤으며 아무도 비웃지 않았다."[5] 동화에 대한 비판에 이미 친숙한 사람들(대부분 시온주의자들)만이 *오스트유데* 친구들 가운데 한 사람의 표현인 '박사다운 억양'으로 이 동화주의자들에게 그들이 프랑스인이 아니며 '단지 유대인'이라고 지적한 아렌트의 노력 때문에 아렌트에게 애정을 가졌다. 그는 확보할 수 있는 모든 일자리에 *폴라크스*를 채우는 책임을 맡는 프랑스위원회의 정책에 항의하고자 참여하였을 때 더 많은 효과를 얻었다. 위원회는 독일 망명자들로 하여금 전 고용주(즉 독일인 고용주)로부터 추천장을 받게 하는 관행을 최종적으로 포기하였다.

물론 자신들과 다른 국적을 가진 유대인들에게 경멸적인 꼬리표를 붙이지 않는 사람들이 많았다. 아렌트가 농업·수공업훈련원에서 활동을 마치고 다른 유대인 단체인 청년알리야에서 업무를 시작하기 이전, 그는 *폴라크* 혐오증이 없는 한 프랑스계 유대인 여성, 제르멘 드 로스차일드 남작 부인에 의해 고용되었다. 아렌트는 남작 부인이 유대인 자선단체에 제공한 기부금을 관리하고 수령 가능한 단체를 검토하며, 이어서 남작 부인의 기부

유』로 표기함).

5 Arendt, "We Refugees," p. 75.

금을 선정 단체에 지출하는 용도를 점검하는 임무를 맡았다. 로스차일드가 선호하는 자선단체는 아동보호시설이었다. 아렌트는 남작 부인의 방문 계획을 조정하였다. 남작 부인은 어린이들이 기적으로 선정되었다고 느낄 것이라는 상당히 낭만적인 생각으로 자신의 리무진 차에 장난감과 캔디를 가득 채운 채 장신구를 달고 로스차일드 집안 고유의 빨간 색 비단 옷을 입고 나타나는 것을 좋아했다.[6] 안네 멘델스존 바일이 회상했듯이, 남작 부인과 그의 비서는 "어린이들에 관한 한 분별력을 잃었다."

아렌트는 남작 부인을 좋아했고, 부인 역시 아렌트를 좋아했다. 그러나 저명한 가정의 다른 구성원들에 대한 아렌트의 태도는 우호적이지 않았다. 로스차일드 집안은 프랑스의 이스라엘중앙연합국Consitoire de Paris, 즉 파리 태생 유대인(상류계급)의 주요 종교결사를 후원하는 주요 세력이었다. 이스라엘중앙연합국은 토박이 유대인과 이주한 유대인을 위한 다수의 자선단체(수많은 유대인 교회, 40개 이상의 학교, 종교재판소, 유대인 율법에 맞는 물품을 판매하는 상점, 신학교)를 관할하고 있었다. 에드몽 드 로스차일드가 주재했고 이후 1930년대에 그의 아들 로베르가 맡았던 이스라엘중앙연합국은 유대인의 사회 · 문화생활에 중대한 공헌을 하였다. 토박이 유대인 공동체나 망명자들에 관한 문제들이 논의될 때 이스라엘중앙연합국은 종종 프랑스 정부에 자문을 구하였던 단체였다. 그러나 이스라엘중앙연합국의 지도자들은 회원들(그리고 파리에 살고 있는 다른 모든 유대인들)이 정치단체에 참여하거나 이를 노골적으로 지지하는 것을 단념하도록 일관되게 설득하려고 노력하였다.

로베르 드 로스차일드는 1934년 5월 27일 이스라엘중앙연합국의 총회 연설에서 이러한 정책을 아주 명료하게 밝혔다. 그는 이민자들의 유입이 유대인 공동체에 여러 가지 중대한 위험을 야기하였다고 주장하였다.[7] 첫

---

6 로스차일드의 자선계획에 관한 기술을 확인하기 위해서는 다음 자료를 참조할 것. Ernst Papanek, *Out of the Fire*(New York: William Morrow and Co., 1975).

7 다음 자료에 기록되어 있다. David Weinberg, *Les Juifs à Paris de 1933 à 1939* (Paris: Calmann-Lévy, 1974).

번째 위험은 과거에 살았던 나라의 복장과 습관을 간직한 이민자들이 반유대주의와 프랑스인의 외국인 혐오증을 악화시킨다는 것이었다. 두 번째 위험은 이민자들이 프랑스 정치, 특히 좌파 정치에 관여하면서 불행한 정치적 습관을 지속한다는 것이었다. 이스라엘중앙연합국이 그 원리에 따라 프랑스의 정치 투쟁으로부터 벗어나 있어야 했지만, 회원들은 유대인들이 조국에 충성한다는 것을 우파 사람들에게 확신시킴으로써 그들의 반유대주의적 수사를 완화시키기를 기대하면서 1934년 2월 6일 폭동 당시에 하원을 공격했던 우파단체와 접촉을 유지하였다. 이스라엘중앙연합국은 같은 이유 때문에 프랑스계 유대인의 애국연합을 역시 지지하였다.

이민자들이 정치 활동과 시위의 필요성을 확신했을 때, 로스차일드의 연설은 많은 이민자들의 분노를 야기하였다. 이스라엘중앙연합국은 유대인 '명사들'이 눈에 잘 띄지 않게 수행하는 은밀한 외교를 옹호하였다. 이러한 옹호는 이민자들의 모국에서는 이미 전적으로 부적합한 것으로 보이는 전술에 대한 요청과 같이 들렸다. 이스라엘중앙연합국은 아렌트가 지지한 모든 행위 — 독일 상품 불매운동, 독일 내 반유대주의 법과 활동을 비난하는 반유대주의반대국제연맹의 노력, 스위스 나치당 지부장을 암살한 젊은이 데이비드 프랑크푸르터를 지지하는 시위(1936년) — 를 반대했다. 이스라엘중앙연합국은 세계유대인회의가 위원단 파견을 요청했을 때 이 요청마저도 거절하였다.

로스차일드 집안은 그들의 개인적 특성과 호의와 무관하게 아렌트가 말하는 '벼락출세자'의 유형에 속하였다. 아렌트의 관점에서 볼 때 유대인은 벼락출세자가 될 수 있고 파리아가 될 수 있었다. 아렌트는 토론과 이후 저작에서 이것에 대해 명료화하였다. 그의 생각에 파리아만이 진정한 정치의식을 발전시킬 수 있고 자신의 유대인다운 정체성을 긍정할 수 있으며, 유대인들이 정체성을 손상하지 않은 채 살아갈 공간을 정치적으로 제공하고자 한다. 그의 이해는 이론적 관점에서 표현되었으며 18세기 유대인 계몽에 대한 연구에 기반을 두고 있다. 그러나 그의 이해는 파리에서 수많은 개인적 경험을 통해 곁들여졌다. 아렌트는 함께 활동했던 아주 많은 유대인과 관련하여 큰 충격을 받았다. 그들은 정치적으로 생각하지 않고 유럽(세계) 위기 속에서 유대인의 연대 필요성을 인식하지 못했기 때문이다. "파리의 대형 자선단체의 관리자는 독일계 유대 지식인이 불가피한 표현인 '박사'라는 호칭을 기재하여 보낸 카드를 수령할 때마다 목청껏 소리 높여 '박사님, 박사님, 쉬노러[Schnorrer; 거지]씨, 쉬노러씨!' 하고 외치곤 하였다. 나는 이것을 기억하고 있다."[8] 이 자선가는 독일계 유대인에게서 동료 유대인을 찾을 수 없었고, 단지 거지만을 발견하였다. 이 자선가의 안목은 독일계 유대인 박사님의 표현대로 다른 사람에게 상처를 주는 악의적인 즐거움 Schadenfreude을 동료 유대인에게 제공하였다.

아렌트는 정치의식을 지닌 파리아와 사회적 야망을 지닌 벼락출세자들을 구별하였다. 아렌트는 이런 구분을 블루멘펠트로부터 받아들였다. 그러나 이런 구분은 프랑스계 유대인 출판업자이며 드레퓌스주의자인 베르나르 라자르의 착상이었다. 당시 유대계 지도자들에 대한 라자르의 적대감은 그 도덕적 명료성에서 표본적이었다. 라자르는 드레퓌스를 외로이 지지할 만큼 상당한 모험을 하였다. 라자르는 "유대인 집단을 마치 어린이로 취급하려고"[9] 노력하였던 유대인 지도자, 심지어 시온주의 지도자들도 비판하였다. 아렌트가 자신의 사상에서 파리아 저항자들과 정치적으로 유약한 벼락출세자들이란 구분을 발전시켰을 때, 이러한 구분은 그 날카로운 예리함을 상실하지 않았다. 그러나 이러한 구분은 더 광범위한 관심사 — 민족에 대한 위협이 1930년대 어떤 사람들이 상상했던 것보다 훨씬 더 가공할 정도로 실현되고 있던 때 아렌트가 자신의 저작들에서 설정했던 관심사 — 에서 지속적으로 하위주제가 되었다. 아렌트는 전후 '사회영역(벼락출세자의

---

8 Arendt, "We Refugees," p. 73; 『유대인 문제와 정치적 사유』에 수록됨.

9 Arendt, Introduction to *Job's Dungheap* by Bernard Lazare(New York: Schocken Books, 1948).

근거지)'과 '정치영역(파리아의 근거지)'을 구분하고 진정한 혁명적 부활을 위해 후자만을 주시하였다.

벼락출세자 로스차일드 집안의 사정, 그리고 이 집안이 이스라엘중앙연합국에 관여한 사실은 아렌트가 1936년 이론이나 실천 분야의 마르크스주의학파에서 형성된 민족의 한 단체와 나누기 시작한 토론에서 하나의 주제가 되었다. 이 사람들은 한나 아렌트의 정치적 선생으로서 블루멘펠트를 계승하였다. 이 단체에는 발터 베냐민이 포함되어 있으며, 프랑크푸르트사회조사연구소의 베냐민 동료들이 때때로 참여하였다. 이들은 변호사인 콘 벤디트, 심리분석가인 프리츠 프렌켈, 화가인 카를 하이덴라이히, 차난 클렌보르트, 하인리히 블뤼허이다. 이들은 *오스트유데* 출신인 차난 클렌보르트를 제외하고 모두 베를린 출신이다. 동바스레 10가에 있는 베냐민의 아파트에서 통상 진행되었던 토론은 아렌트와 블뤼허의 친구들을 연결시켰다. 이 토론은 이후 35년 동안 아렌트와 블뤼허를 둘러싼 동류집단들 가운데 첫 번째 단체를 불러모았다.

하인리히 블뤼허

아렌트는 1936년 이른 봄에 블뤼허를 만났다. 공산주의자인 블뤼허는 1934년 베를린에서 프라하를 경유하여 망명하였다. 그는 독일을 성급하게 떠났기에 증명서류를 갖고 있지 않았다. 파리에 살고 있는 여성 후원자이며 친구인 로테 젬펠이 설명했듯이, 블뤼허는 "불법 상태에 있었기 때문에 어디에서 살아야 하는지 알지 못했다." 그는 친구들과 함께 여러 호텔과 아파트를 전전하였으며, 외출할 때는 자신의 적대계급이 즐겨 입는 복장으로 변장하였다. 그는 양복을 입고 모자를 썼으며 지팡이를 들고 다니며 '하인리히 라르젠'이라는 가명을 사용하면서 부르주아 여행객으로 가장하였다.

베스트팔렌 출신 부유한 산업가의 딸인 로테 젬펠은 가끔 거주지와 자금을 제공했다. 블뤼허의 동료들은 젬펠이 비스마르크에 관한 탁월한 박사학위 논문을 집필하도록 이끌었던 것과 완전히 다른 정치교육을 제공했다. 젬펠은 블뤼허와 그의 친구인 마르크스주의자들에게 도움을 제공했다. 이 도움은 젬펠이 히틀러와 투쟁하는 길이었다. 젬펠이 공산당에 가입하는 추가적인 조치를 고려했을 때, 블뤼허는 공산당이 망명 중에 새로운 당원을 수용하지 않았다는 점을 젬펠에게 확신시켰다. 젬펠은 이 꾸며낸 말 덕택에 어쩌면 자신이 만났던 운명(즉 망명)보다 더 기구한 운명으로부터 구원됐을 것이다.

블뤼허는 자신이 아렌트를 공개 강의에서 만났다는 사실을 젬펠에게 말하였다. 그 순간 젬펠은 블뤼허의 새로운 관심이 일시적이지 않다는 것을 확신하였다. 그러나 블뤼허와 아렌트는 상당한 시간이 지난 후 다시 만났다. 아렌트는 대화에 있어서는 전혀 자제하지 않았다. 그러나 아렌트는 블뤼허에 대한 반응에 대해서는 말을 삼갔다. 물론 아렌트는 이후 어느 날 저녁 블뤼허로부터 청혼을 받았다고 낭만주의적인 과장 어법으로 동료들에게 말하기를 좋아했다. 귄터 스턴이 미국으로 떠난 직후 차난 클렌보르트는 1936년 6월 어느 날 저녁에 자신이 여성 보호자의 역할을 맡고 있다는 것을 알게 되었다. 그는 저녁 식사를 위해 아렌트 방으로 초청을 받았고, 이곳에서 변장한 부르주아를 만났다. 아렌트는 농담으로 그를 '신사'라고 불렀다. 저녁과 후식, 커피가 마련되었다. 그리고 커피가 더 제공되었다. 클렌보르트가 집으로 가고자 일어날 때마다 그는 더 머무르도록 권유를 받았다. 마침내 새벽 2시에 차난은 여주인이며 친구를 홀로 남겨두고 떠날 준비를 하였는데, '신사'라는 소리와 함께 자신이 두 사람으로부터 배웅을 받고 있다는 것을 알게 되었다. 클렌보르트가 몇몇 파리와 폴란드 이디시어 신문을 위해 내란을 취재할 목적으로 한여름에 스페인을 향해 파리를 떠났을 때, 구혼은 여전히 진행 중이었다. 클렌보르트가 여름이 끝날 무렵 돌아와 또 다시 만찬에 초청을 받았을 때, 아렌트와 블뤼허는 그를 함께 맞이하였다.

한나 아렌트는 가장 절친한 친구인 안네 멘델스존 바일에게도 자신들의 새로운 관계를 조심스럽게 밝혔다. 안네는 어느 날 오후 방문하러 왔고 친구가 저녁을 준비하고 있는 동안 조리법에 관한 자신의 의견을 제공하였다. 그는 자신들이 생각하였던 음식의 분량이 단 한 사람 분을 초과했다고 지적하였고, 소심하게 다음과 같은 말을 들었다. "두 사람 분량을 준비하는 것이 더 쉽네." 바일은 이러한 말로 자신의 결론을 내리게 되었다.

바일이 기꺼이 내린 결론은 아주 정확했으며, 뤼상브르 공원 근처 세르방도니 가의 호텔 직원이 이후 곧 내린 결론처럼 당혹스럽지는 않았다. 아렌트는 자신과 신랑이 묵을 방 하나를 예약하기 위해 호텔로 가서 침대가 두 개 놓인 방 하나를 원한다고 조심스럽게 설명하였다. 아렌트는 직원의 야릇한 모습 때문에 다른 잠자리 계획, 분리된 침대의 위생적인 장점 등에 대해 정교하면서도 당혹스러운 대화를 하게 되었다. 직원은 이 말에 대해 정중하면서도 곧 프랑스인 특유의 무례함이 두드러지게 드러나는 전형적인 태도로 대응하였다. "아, 물론이지요, 부인. 저는 이해합니다. 그러나 여전히 이해하지 못하겠는데요."

아렌트와 블뤼허는 처음부터 매우 소중하게 지속적으로 자신들을 결합시키는 대화에 맞추어 가정의 합의를 유지하였다. 그들의 유대를 이해하였던 사람들은 그러한 합의를 이해하였다. 블뤼허는 여성들에 대한 자신의 친근함을 잘 알았던 베를린 친구인 피터 후버에게 자신이 올바른 친구를 마침내 발견하였다고 말하였다. 안네 바일이 기억한 바와 같이 그들의 관계는 '열정'이었으며, 두 사람에게 지적인 논쟁은 열정의 일부분이었다.

아렌트가 11살 되던 해에 어머니는 스파르타쿠스 동맹을 지지하는 쾨니히스베르크 시위에 그를 데리고 갔다. 아렌트가 유대인 사회주의자 '레온 블룸'*이 이끄는 인민전선 정부를 지지하는 1936년 시위를 주시하고자 파

* 옮긴이_ 레온 블룸(1872~1950년)은 드레퓌스 사건에 영향을 받았으며 1902년 사회당원이 되었고 1914년 장 조레스의 암살 이후 그의 후계자가 되었다. 1936년 인민전선 내각을 조직하고 수상으

리 거리를 활보하고 있을 때, 그의 나이는 30세였다. 그 사이 세월 동안 아렌트는 블루멘펠트와 자신의 관계 그리고 유대인 문제에 대한 블루멘펠트의 관심이란 맥락에서 자신의 정치의식을 진전시켰다. 아렌트는 자신의 선생인 블뤼허와 함께 마르크스·레닌·트로츠키의 저작에 대한 예비적 독서에 '혁명적 실천'의 감정을 첨가하였다. 블뤼허는 대학 졸업생이 아닌 프롤레타리아이고, 이론가가 아닌 행동가이며, 유대인이 아닌 사유를 일종의 종교로 믿은 사람이었다. 그는 한나 아렌트의 **신세계**였다. 그들이 만난 지 10년 후에 야스퍼스가 아렌트의 범세계적이고 공평한 정치적 안목을 칭찬하는 말을 전했는데, 아렌트는 이에 답하여 블뤼허가 자신에게 지적으로 무엇을 의미했는가를 압축적으로 밝혔다. "저는 이것을 남편의 정치적 사유와 역사적 관찰로부터 배웠으며, 그렇지 않았다면 이것에 도달하지는 못했을 것입니다. 저는 유대인 문제를 역사적 정치적 입장에서 주목했기 때문입니다."[10]

한나 아렌트는 1936년부터 1946년까지 10년 동안 유대인 문제에 지속적으로 관심을 가졌다. 그러나 그가 블뤼허로부터 배운 것은 제2차 세계대전 이후 정치철학적 사유에 중심이 되었다. 이러한 사유는 『전체주의의 기원』, 『과거와 미래 사이』, 『혁명론』, 『폭력론』, 『공화국의 위기』를 저술하는 데 자극제가 되었다. 그러나 학습관계는 완전히 일방적이지는 않았다. 블뤼허는 룩셈부르크·트로츠키·부하린 저서를 열심히 읽은 독서가였으며 확신적인 공산주의자였지만 자신의 공산주의 사상을 포기하고 교조적인 마르크스주의에 대한 신랄한 비판자가 되었다.

아렌트는 쾨니히스베르크에서 혁명정치를 처음으로 경험하였다. 이때 20세였던 블뤼허는 베를린 거리에서 스파르타쿠스 동맹의 일원으로서 투쟁

로 취임하여 일련의 경제개혁을 추진하였다. 1940년 프랑스가 독일에 패배하자, 그는 비시 정권에 의해 반역 혐의로 기소되어 부헨발트 강제수용소에 수감되었다. 전후 그는 귀국하여 제4공화국을 탄생시키는 데 기여했다.

10 아렌트가 야스퍼스에게 보낸 편지(1945년 11월 18일), 마르바흐 문서보관소.

하고 있었다. 블뤼허는 자신의 정치적 과거에 대해 아렌트에게 언급하였다. 아렌트는 이 이야기들을 통해 비판적이고 건설적인 안목, 저항과 혁명에 대한 이해, 공화주의 이론을 구체화하였다. 블뤼허의 이야기들은 재구성하기 쉽지 않았다. 특히 그는 자신이 공산주의자였다는 것을 이민서류에 기재하지 않은 채 미국에 입국한 이후 그러한 이야기들을 언급하지 않으려고 했으며, 자신이 말한 것을 과장하거나 윤색하는 습관이 있었다. 블뤼허는 항상 신중함과 과장법을 배합하는 놀라운 능력을 발휘했다. 블뤼허를 젊은 시절부터 알고 지내면서 아렌트-블뤼허 부부의 동아리에 참여했던 사람들은 블뤼허의 이야기하기를 혼돈된 세계에서 의미를 찾는 방식으로 이해하였다. 블뤼허를 애호하는 사람들은 회의적이지 않았으며, 그를 폄하하는 사람들은 그의 과장벽을 비난하였다. 진실로 그가 대화하는 재능에 버금가는 저술 능력을 가졌다면 그는 훌륭한 소설가가 되었을 것이다.

하인리히 프리드리히 에른스트 블뤼허는 1899년 1월 29일 베를린 남서부에서 태어났다.[11] 아버지 아우구스트 찰스 하인리히 블뤼허는 아들과 마찬가지로 이름이 길고 역사적으로 비중 있는 이름을 가지고 있는데, 외아들이 태어나기 몇 개월 전 공장에서 발생한 사고로 사망했다. 클라라 에밀리 빌케 블뤼허는 아들을 혼자 양육하였다. 아들은 초등학교를 다니면서 교사 준비 학교에서 학업을 계속할 수 있을 때까지 배달 소년으로서 역할을 함으로써 세탁부로 생계를 꾸리는 어머니를 도왔다. 블뤼허는 1917년 제1차 세계대전으로 공부를 중단하였으며, 가스 질식으로 군 병원에서 치료받는 기간에 예정된 장교 훈련과정에 참여하지 못하였다.

1918년 정전협정이 조인되었을 때, 19세였던 블뤼허는 베를린으로 돌아

---

11 인터뷰 이외에 몇 개의 문건은 블뤼허의 젊은 시절에 대한 다음의 설명에서 날짜와 사실적인 정보를 제공한다. 의회도서관 아렌트서고에 있는 문건들은 블뤼허 부부의 보상소송 서류와 결혼 및 이혼 서류이다. "삶의 윤곽에 관한 기술"이라는 자서전적 기록과 사망기사의 모음집은 모두 바드대학에 보관되어 있다. 그리고 아렌트가 1971년 1월 12일 비톤스키에 보낸 편지는 의회도서관에 소장되어 있다.

왔다. 그는 노동자평의회와 함께 독일공화국 선언으로 종결된 1918년 11월 9일 폭동 날에 군인평의회들 가운데 한 평의회에 가담하였다. 독일군은 콩피에뉴 숲에서 항복하였으며 군대 병력은 12월 초 독일로 복귀하였다. 그 직후인 12월 16일 노동자 · 군인평의회의 전국 대회가 베를린에서 열렸으며 패배한 독일 군대에서 인민의 군대를 창설하려는 놀랄만한 수많은 결의안을 통과시켰다. 이후 열광적인 며칠 사이에 이러한 요구들은 대부분 무시되었다. 스파르타쿠스 동맹이 현장에 투입한 수천 명의 베를린 사람들로부터 도움을 받은 저항적인 해군부대와 제국군대 사이의 전투는 성탄절 전야에 제국군대의 퇴각으로 종결되었다. 스파르타쿠스 동맹의 단원들과 다른 대규모 군중은 성탄절 날에 사회당 기관지 ≪전진*Vorwärts*≫의 사무실을 장악하고 "모든 권력은 노동자와 군인에게로!"라는 요청을 알리기 위해 언론을 활용하였다. 스파르타쿠스 동맹의 지도자인 카를 리프크네히트와 로자 룩셈부르크는 새로운 사회주의 정부와 혁명적 직장대표위원Shop Steward이라는 노동단체를 반박하였던 다양한 소규모 단체들과 자신들의 단체들을 병합하기로 합의하였다. 1918년 마지막 주에 독일 공산당은 합병으로 새롭게 탄생하였다. 스파르타쿠스 동맹에 참여하였던 블뤼허는 공산당에 가입하였다.

공산당은 혹독하게 추운 한 겨울에 탄생하였다.[12] 연합국은 독일 항구를 봉쇄하기 시작하였으며, 식량난은 더욱 심각해졌다. 그럼에도 공산당은 베를린에서 매일 시위를 소집하였으며, 로자 룩셈부르크의 생각에 어떠한 대중행동보다도 선행하는 좌파의 단결을 끌어내려고 노력하였다. 룩셈부르크의 전략에도 불구하고 1월 5일의 상황은 새로운 전기를 맞이하였다. 스스로를 혁명위원회라고 칭하는 좌파 지도자 단체는 총파업을 선언하였다.

---

12 독일 공산당에 관한 다음의 설명은 네틀의 저서에서 주로 발췌되었다. Peter Nettl, *Rosa Luxemburg* (Oxford: Oxford University Press, 1966) and Ossip K. Flechtheim, *Die KDP in Der Weimaren Republik*(Frankfurt: Europaische Verlagsanstalt, 1971).

베를린의 공장과 사업장은 대부분 폐쇄되었다. 20만 명의 시위자들이 거리를 메웠으며, 철도역과 신문사를 장악하였다. 붉은기가 휘날렸고 스파르타쿠스 동맹의 단원들이 11월 이후 수집했었던 총들이 등장하였다. '스파르타쿠스 주간Spartacus Week'이 시작되었다. 사회주의 정부의 국방부장관 지휘 아래 있던 정부 혼성부대와 자원부대인 자유군단은 중포병과 함께 스파르타쿠스 동맹을 여러 거점에서 잔인하게 축출한 이후에 베를린의 상층부를 장악하였다. 리프크네히트와 룩셈부르크는 1월 15일 체포되어 살해되었다. 아렌트가 룩셈부르크에 대한 논문에서 기록했듯이, 그의 죽음은 "독일에서 두 시대를 가르는 분수령이 되었다. 그의 죽음은 독일 좌파에서 돌아올 수 없는 시점이 되었다." 1월 19일 실시되었던 선거가 끝났을 때 사회민주당은 제국의회 의석의 다수를 차지하였으며, 혁명가들은 퇴각하고 재구축하지 않으면 안 되었다. 그러나 그들은 탁월한 지도자가 없는 상태에서 아렌트의 표현대로 당의 "신속한 도덕적 쇠퇴와 정치적 해체"를 저지할 수 없었다.[13]

하인리히 블뤼허는 스파르타쿠스 동맹, 이후 공산당과 함께 1919년 봄 성공하지 못한 전투와 파업에 참여하였다. 그는 비록 교생실습 과정을 결코 수료하지 못했지만, 1919년 여름 정당 활동의 침체기에 교원세미나의 교생실습에 잠시 참여하였다. 1918년부터 최악의 물가 폭등이 나타났던 1922년과 1923년까지 그는 공산당과 비공산당 계열 신문사의 보도 기자로서 종종 활동하였으며, 가능한 범위에서 자신의 학습에 일정한 시간을 보냈다.

블뤼허는 청년으로서 학교 교육이 아닌 학습에 강한 욕구를 갖게 되었다. 그는 돈이 있을 때마다 책들을 샀고, 노동을 피할 수 있을 때마다 노동을 하지 않고 책을 읽었다. 그의 정치 활동은 아직 청년이었을 때 시작되었

---

13 Hannah Arendt, "Rosa Luxemburg: 1871~1919," *Men in Dark Times*, p. 36.

으며, 매우 색다른 형태를 띠었다. 블뤼허는 비유대인으로서 블라우 바이스의 한 분파인 시온주의청년단체에 가담하였다. 그는 15살에 독일 시를 이해하기 시작하였으며, 셰익스피어의 독일어판 희곡들을 읽었다. 전쟁 기간에 그는 브레히트가 '고전'으로 추천한 마르크스와 엥겔스의 작품을 읽었으며, 이후 자신의 정치이론에서 핵심을 차지하였던 이념을 트로츠키의 책에서 발견하였다. 짧은 혁명의 소요가 사라졌을 때, 블뤼허는 다양한 베를린 연구소들이 방대한 범위의 주제로 개설한 강의에 참여하였다. 그는 베를린대학교에서 한스 델브뤼크의 군사학 강의를 들었다. 델브뤼크는 저명한 『프로이센 연보*Preussische Jahrbücher*』의 편집자이며 바이마르 독일의 노골적인 비판적 지지자들 가운데 한 사람이었다. 블뤼허는 블루멘펠트와 함께 이러한 경험을 공유하였다. 그들은 1941년 뉴욕에서 만났을 때 "독일은 두 전선에서 전쟁에 승리할 수 없다"는 델브뤼크의 유명한 경구가 두 번째로 증명되기를 성급하게 기다리고 있었다.

1920년 독일 정치대학이 설립되었을 때 블뤼허는 그 주목할 만한 기관이 개설한 정치이론 강의에 참여하였다. 이 기관은 고등학교 졸업증명서가 없는 학생들을 정식으로 받아들이는 독일의 고등교육기관들 가운데 유일한 기관이었다. 그는 때때로 베를린 예술아카데미에서 예술사 강의를 들었다. 그는 평온한 생활을 하던 만년에 이 분야에 커다란 열정을 쏟았다.

블뤼허의 공식 교육은 우연적이면서도 부분적으로 이루어졌으며 폭넓은 독서를 통해 보완되었는데, 공산당에서 활동하는 그에게는 도움이 되지 않았다. 그는 연설가로서 탁월한 기술을 가지고 있었지만 리프크네히트와 룩셈부르크의 사망 이후 등장한 지도부의 신뢰를 받지 못했다. 룩셈부르크의 배우자였던 레오 요기헤스는 당의장이 되었으나 1919년 봄에 살해되었다. 변호사이며 룩셈부르크의 제자였던 바울 레비는 공산당 지도부를 맡았으나 1921년 초 강제로 축출되었다. 레비의 후계자들인 하인리히 브랜들러와 발터 쉬토커는 역시 룩셈부르크의 전략을 고수하였으나 당 내에 점차적으로 강력해지고 호전적인 모스크바 지원 좌익 반대파를 통제하거나 러시아인들에 의한 공산당 지배를 저지하는 데 있어서 레비보다 능력을 발휘하지 못했다. 당은 1921년 '3월 행동March Action 투쟁' 기간에 결정적인 좌절을 맛보았으며, 브랜들러가 1923년 '독일 10월German October 투쟁'에서 당의장을 맡고 있는 동안 또 다른 패배를 겪었다.

블뤼허의 가장 절친한 친구인 하인리히 브랜들러는 3월 행동 투쟁 이후 교도소에서 몇 개월을 보냈고, 이후 1년을 모스크바에서 보냈으며, 1923년 당 지도부를 맡았다. 브랜들러는 어쩔 수 없이 1923년 가을에 자신의 러시아 후원자들이 희망하는 '제2의 10월 투쟁'을 준비하였다. 독일은 고조되는 물가 폭등, 프랑스의 루르지방 점령, 산업계와 노동계 사이의 고조되는 적대관계, 일련의 파업, 쿠노 정권의 사임, 스트레제만 정권 아래 다른 정권의 계승 등으로 분열되었다. 모스크바 당국과 베를린에 거점을 둔 독일 좌파 반대당 당원들은 혁명 상황이 이러한 혼돈으로부터 형성되기를 희망했다. 러시아의 조직책들과 고문관들은 1923년 가을 초 독일에 왔으며, 일부 독일 당원들은 군사훈련을 받기 위해 러시아로 갔다. 이 시기 이후 블뤼허를 만나지 못했던 그의 친구들 가운데 일부는 블뤼허가 훈련을 받기 위해 러시아로 갔다고 생각하고 있었다(일부는 그렇게 생각하지 않았다). 그러나 모든 사람들은 1923년 독일 공산당에서 블뤼허의 역할이 군비증강이나 게릴라전 전술에 관한 일련의 소책자들을 집필하고 독일에서 배부하려고 했다는 점에 동의하였다.

'독일 10월 투쟁'은 '제2의 10월 투쟁'으로 이어지지 못했다. 함부르크의 격렬한 폭동은 분쇄되었고, 공산당은 뮌헨에서 반대 행동을 추진하려고 노력했던 국가사회주의, 즉 나치라 불리는 단체와 함께 금지되었다. 브랜들러는 모스크바에서 (우상인 트로츠키와 더불어) 신랄한 비판을 받았다. 루트 휘셔가 이끄는 좌익 반대파가 권력을 장악하자 브랜들러와 그의 동료들은 공산당 지도부에서 결국 배제되었다. 독일 공산당은 과격화되었다. 한나 아렌트가 자신의 신랄한 주장들 가운데 하나에서 지적했듯이, 이러한 변화가 진행되고 있는 상황에서 "하수도는 열렸으며, 룩셈부르크가 표현하는 '다른 생물학적 종'이 이곳으로부터 나타났다."[14]

블뤼허가 언급했듯이, 독일 공산당의 쇠퇴와 몰락은 어떠한 혁명도 평의회 없이는 결코 성공할 수 없다는 명료한 개념(그가 결코 언급하지 않은 이미지)을 아렌트에게 제공하였다. 현존하는 정당평의회(이 경우 독일사회민주당의 평의회)나 외국에 있는 조직, 즉 모스크바당은 자발적으로 조직한 지역 평의회들을 통제하지 못했다. 독일 혁명의 초기 단계에 중요했던 평의회는 혁명이 진행됨에 따라 잊혀졌다. 1923년 가을 룩셈부르크의 혁명적 변동에 관한 이론의 핵심적 교의는 완전히 망각되었다. 이 교의에 따르면, 사람들이 물에서 수영하는 방법을 오직 배울 수 있는 것과 같이 "혁명 행위의 조직은 혁명 자체에서 배울 수 있으며 배워야 한다. 1923년 독일과 러시아의 공산당 지도자들은 혁명을 '미리 구상한 목적에 따라 추진하려고' 했다. 더구나 그들은 그렇게 추진함에 따라 자신들의 추종자들로부터 점점 더 격리되기 시작하였다. 그들의 권력은 뿌리를 갖고 있지 못했고 밑으로부터 형성되지 않았다. 아렌트는 정치이론가로서의 삶을 통해 혁명의 지역적 기반, 혁명 권력의 진정한 원천을 포기한 어떠한 지도부에 대해서도 신랄하게 비판하였다. 그는 파리 체류 시절, 그리고 미국에 입국한 이후 초기 몇 년 동안 유대인 지도부의 지도력에 비판의 초점을 맞추었다. 그는 유대인 지도부가 유대인의 연대 필요성을 자각하지 못하였다고 생각하였다. 이후 그는 전후 유럽, 이스라엘, 그리고 자신이 택한 나라인 미국의 지도자들에게로 비판의 영역을 확장하였다.

하인리히 브랜들러는 블뤼허와 아렌트에게 타락한 혁명 지도자의 모범적인 사례를 제공하였다. 1881년 오스트리아-헝가리에서 태어난 프롤레타

---

14 앞의 책, 55쪽.

리아, 벽돌공의 아들인 브랜들러는 정직하고 소박한 사람이며 경험 있는 지역노조 조직책이었으나 요기헤스와 레비의 축출 이후 맡게 되었던 국민적인 지도자 역할에는 완전히 대비하지 않았다. 브랜들러는 자기 동료들, 노동자들과 연계를 상실하였으며 코민테른의 꼭두각시가 되었다. 그는 모스크바에서 거의 4년의 추방생활을 마치고 귀국하여 자신이 사로잡혀 있었던 볼셰비키화 성향을 반전시키려고 노력했다. 그러나 1928년 설립된 독일공산당(야당)은 아무런 영향력도 없었다.

하인리히 블뤼허는 독일에서, 그리고 이후 파리에서 브랜들러의 독일공산당(야당)에 참여했다. '브랜들러 단체'의 다수는 1933년 이후 파리로 망명했다. 그러나 브랜들러와 블뤼허의 우정은 악화되었다. 브랜들러는 1928년 모스크바로부터 귀국하였을 때 자신의 친한 친구가 더 이상 같은 입장을 유지하고 있지 않다는 것을 발견하고 놀랐다. 블뤼허는 자신의 교육 활동과 자신이 그 사이 5년 동안 만났던 친구들에 대해 브랜들러에게 말하려고 했으며 못 믿겠다는 듯 "너 정신 나갔구나!"라는 말로 반겼다.

브랜들러의 관점에서 볼 때, 블뤼허는 프롤레타리아의 자손이 아니라 지적이고 예술적이지만 비실천적인 많은 사람과 관계를 유지하려고 했다. 당시 유명하고 부유한 곡마단 곡예단장 모양을 한 오페레타 작곡가이며 지휘자인 장 빈터펠트의 아들은 그의 집단에서 중심적 위치를 차지하였다. 자신을 로베르트 길벗이라고 부르는 로베르트 빈터펠트는 블뤼허가 연설한 공산당대회에 참석하여 외경심에 사로잡혔다. 길벗은 모임이 끝난 후 블뤼허를 찾았는데, 블뤼허에게 천성적인 정치인이라고 최대의 찬사를 보냈다. 공격을 받은 블뤼허는 "나는 철학자입니다!"라고 응수했다. 한때 이 문제가 정확히 전달되자, 철학자 · 작곡가 · 영화제작자 · 문화계 인사들이 곧 블뤼허의 친구가 되었다. 이들은 1970년 블뤼허가 사망할 때까지 우정을 유지했다. 블뤼허는 우정뿐만 아니라 이에 수반되는 아낌없는 후원으로 베를린의 '열광'을 완전히 자유롭게 탐구하였다.

블뤼허와 길벗은 소위 자연주의 운동(1920년대 중반 '가공되지 않은 삶'을 그대로 표현하는 데 헌신)의 창시자인 시인 아르노 홀츠의 모임에 참여하였다. 고전적 전통과 결별한 홀츠는 1920년대 중반 표현주의자들 사이에서 유명 인사가 되었으며, 시 분야에서 엄청나며 휘트맨식의 정치 파노라마를 보여주는 제작자가 되었다. 표현주의 화가들의 다양한 계보 속에서 에밀레 놀드와 한스 호프만은 블뤼허와 길벗이 충심으로 존경했던 젊은 사람인 카를 하이덴라이히에게 가장 강력하게 영향을 미친 사람들이다. 하이덴라이히는 호프만과 함께 몇 년간 연구를 마친 이후 나치가 퇴폐 예술로 규정했던 분야의 가장 독립적인 제작자들 가운데 한 사람이 되었다. 하이덴라이히의 회화작품들 가운데 소수는 예술가들에 대한 나치의 박해에도 불구하고 남겨졌다. 그런데 이 작품들 중 일부는 뉴욕 회고전에 전시되었다. 아렌트와 블뤼허는 사전에 회고전을 위한 목록을 작성하였다. 이들은 친구의 진귀한 위력과 공헌을 증언하려고 노력했다. 아렌트와 블뤼허는 하이덴라이히의 특성을 찬양했다. 블뤼허는 베를린 출신 예술가 친구들을 처음 만났을 때 그 특성을 발견하였으며, 아렌트는 아주 알차게 그 특성을 자신의 연구에 적용시켰다. "그는 강력한 내면성과 같은 그러한 특성을 보존할 수 있었다. … 그것은 독일 시에서 가장 훌륭한 것을 고무시켰다. … 그는 요안 그리스의 위대한 진술을 어떻게 이용하는가를 이해하고 알았다. '만약 내가 추상성을 소유하지 않았다면 나는 무엇으로 그 추상성을 통제할 수 있는가?'"[15]

하이덴라이히는 베를린에서 문화계 저명인사들에 대한 어둡고 심사숙고한 묘사로 가장 유명했으나 블뤼허와 길벗에게 영원한 매력의 근원이었던 우니베르줌영화사UFA와 함께 활동하였다. 이 영화사는 1917년 루덴도르프 장군이 선전제작소로 설립한 거대 영화사업체였다. 전후 지도적인 사회주의자들은 이를 계승하고 독립성을 유지했다. 우니베르줌영화사는 1920년

---

15 1971년 목록 서문, 공동 작품은 "한나 아렌트"로 표기되어 있다(Selected Artists Galleries, 655 Madison Avenue, New York.).

대 베를린의 할리우드였다. 그러나 이 회사는 1920년대 미국의 할리우드에서 독일로 수입된 경쟁 작품으로 어려움을 겪었으며, 결국에 매각되어 히틀러의 부유한 후원자인 알프레드 후겐베르크의 다른 선전 목적 때문에 주목받게 되었다. 베를린에서 활동하고 있던 재능 있는 예술가들 다수와 마찬가지로 하이덴라이히는 몇 년 동안 무대장치를 무제한적이고 실험적으로 그리는 작업을 하면서 우니베르줌영화사의 활동에 참여하였다.

블뤼허는 헌신적인 영화 관람자였으며, 다양한 소규모 신문에 영화평론을 기고하였다. 베를린 할리우드와 미국 할리우드의 결실에 대한 그의 사랑, 온갖 종류의 영화 날짜에 대한 그의 기억 목록, 음악영화 악보와 대중가요에 대한 열정은 한나 아렌트에게는 다소간 생소한 취향이었다. 길벗이 블뤼허와 우정을 나누던 초기에 입수한 시와 노래는 아렌트가 수집한 수많은 독일 서정시의 일부였다. 길벗의 시 모음집이 종전 다음 해에 미국에서 출판되었을 때 아렌트는 다음과 같이 기록하였다. "제국이 베를린을 확실히 정복하고 파괴하였지만 이러한 운문들은 베를린이 제국은 아니었다는 것을 생생하게 보여주는 암시이다. 이러한 운문들은 변증법(자체의 특이한 유머를 지니고 있으며 생소하고 간접적이며 복잡한 언어양태로 가득 찬 언어), 그리고 이를 형성한 정신상태(감상벽의 소박한 호의와 엄청난 두려움을 함께 지닌 정신의 극단적인 회의와 예리함)를 불러일으키기 때문이다."[16] 블뤼허는 저속한 작품에 가까운 길벗의 많은 시들을 좋아했지만 아렌트는 더욱 세심했다. "그는 순수한 시인만이 누릴 수 있는 것과 같이 그것으로부터 안전하기 때문에 … 감히 저속한 작품의 경계와 접하며 빈민굴의 언저리를 지나간다. 이러한 엄청난 부주의는 독일 시에 중대한 전례들을 지니고 있다. 길벗은 그러한 부주의,

---

16 Hannah Arendt, "The Streets of Berlin," *Nation*, 23 March 1946, p. 350. 아래 인용된 시와 논평은 다음 자료에 게재된 로베르트 길벗을 위한 아렌트의 「후기」에서 발췌되었다. *Mich hat kein Esel im Galopp verloren* (Munich: Piper, 1972).
옮긴이_ 「후기」는 다음 자료를 참조할 것. 홍원표 옮김, 『어두운 시대의 사람들』(파주: 한길사, 2019).

우연히 하이네의 확신에 찬 내면적 선, 리리엔크론의 행복과 우아함, 아르노 홀츠의 정치적 열정과 용기를 계승하였다."

한나 아렌트는 길벗을 진정한 시인에 필적할 동료들에 조심스럽게 포함시켰다. 그러나 아렌트는 길벗이 대중가요와 오페레타로 명성과 재산을 얻기 이전에 승마뿐만 아니라 예능 · 오락 프로그램의 음악가이며 서커스 곡마단장인 아버지의 회사에서 자신의 '리듬감과 엄청난 음악성과 관련한 엄청난 능력'을 얻게 됐다는 점을 또한 인정하였다. 그것이 어른의 표현("얘야, 너는 나의 눈동자란다")이든 젊은이의 표현인 노동자의 우울증blues이든 성공의 척도는 대중성이었다. 그들의 노래는 베를린 시 전역에서 불리고 울렸다. 아렌트는 자신의 표현대로 "1920년대의 장송곡, 거리에서 부르는 실직자들의 노래", 즉 길벗의 노래를 특별히 좋아했다. 이 노래는 다음과 같이 시작된다.

내 주머니에 10전도 없고
도장을 찍은 카드만
내 옷에 난 구멍을 통해
햇빛은 들어오고.

길벗은 아렌트 생각에 "우리가 어린 시절에 배운 경이감이 남아 있는 한 불멸의" 서정시풍을 지니고 있었다. 진정한 시인은 '당당한 위풍 없이도' 이러한 경이를 가지고 있을 뿐만 아니라 이를 찬양할 수 있다. 길벗은 브레히트식으로 태연하게 경이를 찬양했다.

다른 사람은 자기 집에 있는 동안
그는 이곳에서 부분은 인간이고
부분은 쥐이다,
나는 손에 문고리를 쥔 채
영원히 경이 속에 서 있다.

아렌트가 영어로 표현한 'carelessness(소홀 또는 부주의)'는 'Gleichgültigkeit(무관심 또는 태평함)'이다. 그는 초기의 시들에서 가끔 이 용어를 쓰고 있다. 이 시들에서 무관심은 태도라기보다 오히려 주제다! 그는 길벗이나 블뤼허의 시들에서 이러한 체화된 특성과 마주쳤다. 그리고 아렌트가 말하기 좋아하는 이야기는 무감각이나 수동적 무관심과 아무런 관계가 없고 전적으로 자유와 관련되는 특성을 포함하고 있다. 블뤼허는 상당히 아팠다. 의사는 그의 질병이 곧 죽음으로 이어질 것이라는 진단을 내렸었다. 블뤼허는 의사의 소견을 친구에게 알렸는데, 길벗은 그저 잠시 말을 멈췄다가 블뤼허에게 "자, 당신이 곧 죽게 된다면 우리 우선 이탈리아로 여행하지 않겠나?"라고 말하였다. 말이 끝나자 그들은 차를 얻어 타며 여행을 했다.

블뤼허는 자신의 정치 활동뿐만 아니라 표현주의 예술단체에 잠시 참여했던 사실에 대해 아렌트에게 말하였다. 이러한 이야기들은 그들이 관계를 유지하던 초기부터 논의하는 일을 마친 이후 하나로 합친 것의 일부였다. 블뤼허의 개인적 삶에 관한 이야기는 훨씬 느리게 나타났다. 그는 결코 확실하지 않은 것을 확실한 사실로 진술하는 경향을 가지고 있었지만 가족에 대해서는 항상 침묵을 유지했다. 그의 아버지는 프로이센 장군 게브하르트 레베레히트 폰 블뤼허의 후손이다. 나폴레옹은 마지막 원정, 즉 워털루전쟁 직전 군주가 되었는데, 레베레히트 폰 블뤼허는 나폴레옹과 대적하는 프로이센의 탁월한 장군들 가운데 한 사람이었다. 블뤼허는 야수파의 표현주의 숭배자들 가운데에서 자신의 활동기간을 반영하는 방식으로 "나는 야생마에서 태어났다!"라고 대답함으로써 자기 선조들에 대한 질문을 회피하는 경향이 있었다. 발리츠 교외에 살고 있던 어머니는 블뤼허를 만나기 위해 종종 베를린을 방문했다. 길벗은 블뤼허의 어머니를 이따금 자신의 집에 머물도록 초청하였다. 그러나 이러한 방문은 흔치 않았다. 블뤼허는 통상 자기 어머니와 친구들 사이에 일정한 거리를 유지하려고 하였기 때문이다. 친구들 가운데 일부는 블뤼허의 상황이 어렵다는 것을 인정하면서도 그가 어머니에 대해 냉담하게 행동한다고 생각하였다. 클라라 블뤼허는 아들을 애지중지하면서 아들의 삶에 포함되기를 원하였다. 클라라는 지나치게 요구하고, 예측하기 어렵게 행동하였으며, 아마도 정신적으로 균형감을 갖지 못했던 것 같다. 블뤼허는 한때 자식을 갖는 것에 대해 두려움을 느낀다고 한 친구에게 설명하였다. 그는 자기 자식들이 유전적으로 정신질환을 가질 수 있다고 생각했기 때문이다. 그는 1933년 독일에서 망명한 이후 어머니를 결코 다시 보지 못했으며, 어머니가 1943년 발리츠에서 사망했다는 것을 전후에야 비로소 알게 되었다.[17]

아렌트는 베를린 시절 사귄 친구를 파리에서 만났을 때 블뤼허의 친척들에 관한 사항을 대부분 알게 되었다. 블뤼허는 아렌트와 함께 살고 있는 호텔방으로 몇 사람을 초청하였는데, 그들 가운데 한 사람은 과거 브랜들러 주의자였으며 하이덴라이히의 가장 절친한 친구들 가운데 한 사람인 피터 후버였다. 아렌트는 상당한 시간이 지난 이후에 비로소 블뤼허와 후버가 어떻게 만났는가를 알게 되었다. 로테 젬펠은 블뤼허와 친구로 몇 개월 지낸 후 그가 후버 부인의 여동생인 나타샤 예프로이킨과 결혼했다는 것을 발견했다. 이 정보는 이후 아렌트에게도 전달되었다. 그러나 아렌트나 젬펠은 예프로이킨이 블뤼허의 두 번째 부인이었다는 것을 1937년에 이르러 비로소 알게 되었다.

비유대계 독일 시민인 로테 젬펠은 독일 국경선을 자유로이 넘나들었다.

---

17 블뤼허는 전후 자신의 어머니와 접촉을 시도하였으나 1946년 4월로 기록된 장문의 편지는 어머니가 1943년 사망했다는 소식과 함께 그에게 반송되었다. 그는 1963년 독일로 돌아오자마자 발리츠를 방문하였으며 이 도시에 대해 짤막하게 기술하고 있다. (이 서류들은 모두 현재 의회도서관에 소장되어 있다.) 그 당시 어머니의 사망에 대한 죄의식이 그를 낙담시킬 것을 두려워 한 아렌트는 그에게 분투적인 편지를 보냈다(아렌트가 1946년 7월 블뤼허에게 보낸 편지, 의회도서관 소장). "당신이 달리 하고자 했다면, 당신은 15세의 나이에 좋은 아들이 되고자 결정했어야만 했습니다. … 그리고 그것은 잘못된 것이고 비인간적인 것입니다. 왜냐하면 어린이가 성장할 때까지 이러한 전반적인 부모-자식의 관계는 자동적으로 그렇기 때문입니다. … 나를 믿으세요, 좋은 아들이 되는 것은 평생의 직분입니다. … 나는 '도끼 같은' 신세가 된 것을 알고 있습니다. 그러나 나는 당신이 이와 같은 촉발 요인 때문에 일종의 우울증으로 다시 가라앉게 될 것이 걱정되는군요."

그래서 그는 추방된 친구들, 그리고 독일에 남아 있는 이들의 친지들을 연결시키는 전령이 되었다. 젬펠은 예프로이킨과 이혼하는 데 필요한 서류들을 취합해달라는 블뤼허의 요청을 받았다. 젬펠은 출생증명서와 결혼증명서를 확보하기 위해 블뤼허 어머니의 집을 방문하였으며, 블뤼허의 결혼사진을 주목하였다. 블뤼허의 어머니는 젊은 부인이 리제로테 오스발트였다고 설명하였다. 젬펠이 파리로 돌아왔을 때 하인리히는 그와 아렌트에게 간단한 설명을 하였다. 그는 너무 젊어서 충분히 알 수 없었을 때 오스발트와 결혼하였다가 오래지 않아 이혼하였다. 그는 완전히 다른 상황 아래에서 예프로이킨과 결혼하였다. 리투아니아에서 태어나 1920년 베를린으로 이주한 예프로이킨과 그의 여동생은 결혼으로 독일 시민권을 얻었다. 블뤼허와 그의 부인은 1932년 결혼 이후 단지 간헐적으로, 그리고 1935년 가을 — 프랑스어로 작성된 블뤼허의 이혼장이 설명하고 있듯이 — 함께 살았으며, 그들의 부부관계는 끝났다.

예프로이킨 자매의 남동생인 이스라엘은 파리에 거주하여 프랑스 시민이 되었으며, 성공적인 여행사 사원이었다. 그는 1930년대 초반 50개 이상의 파리 이민자 상호원조 단체와 동향인 향우회의 활동을 조직화하는 단체인 프랑스유대인단체연합의 주목받는 회장이었다. 예프로이킨 자매가 1933년 이후 파리에 왔을 때, 이들의 남동생은 자신의 아리안족 처남을 알게 되었으며 모두에게 도움이 되었다. 남동생은 블뤼허의 파리 생활에 대해 거의 알지 못했지만, 예프로이킨은 블뤼허에게 감명을 받았다. 아렌트는 시온주의 단체인 청년알리야에서 활동하면서 이스라엘 예프로이킨을 만났다. 이스라엘은 아렌트에게 자신이 누나의 지적인 남편을 얼마나 많이 존경하는가를 말했다. 그런데 그는 이 지적인 사람이 당시에 아렌트와 동거하고 있다는 것을 조금도 생각하지 못했다. 따라서 아렌트가 이러한 사정을 들었을 때 이스라엘은 아렌트가 얼마나 당황했는가를 거의 알지 못했다.

블뤼허의 풍요로운 베를린 생활이 지니고 있는 다른 측면은 아들러의 성향을 지닌 프로이트 정신분석가인 프리츠 프렌켈의 도습으로 나타났다. 프렌켈은 발터 베냐민의 집에서 진행되는 토론 동아리에 참여했다. 블뤼허는 베를린에서 잠시 동안 프렌켈의 조수였으며, 이 경험으로부터 하나의 이야기를 발췌하였다. 이는 한나 아렌트의 교육을 위한 이야기이며, 미국에서 자신이 가르친 학생들을 위한 이야기이다. 블뤼허 교육학의 이러한 주제는 일곱째 자식의 출산 직후 앓아누워 움직이고 말하기를 거부한 한 여성과 관련된다. 프렌켈 박사는 정신분석적 '대화치료'로 진척을 보지 못했다. 그러자 그는 마지막 수단으로 조수인 블뤼허에게 석유통과 헝겊꾸러미를 가져오게 했다. 그 여성의 침대에 헝겊을 놓고, 석유를 뿌린 다음 불을 붙였다. 그러자 그 여성은 침대에서 뛰어내려 소리를 지르면서 방을 빠져나갔다. 블뤼허는 신경증이 열등감을 극복하거나 다른 사람을 통제하기 위해 사용될 수 있다는 것을 알았다. 아들러에 따르면, 어떠한 보상도 성공하지 못하고 어떠한 과잉보상도 성취할 수 없을 때 신경증이 그렇게 이용된다.

블뤼허는 프렌켈의 충격기법에 감명을 받았으며, 여러 가지 온건한 변형요법을 스스로 개발하였다. 아렌트 어머니는 과거에 항상 아렌트에게 세심하게 관심을 가졌었다. 그런데 아렌트와 블뤼허가 동거하기 시작한 직후인 어느 날 아침 블뤼허는 아렌트에 대해 세심한 관심보다 무관심으로 대응했다. 이때 예기치 못한 것의 치료력에 대한 블뤼허의 훌륭한 판단력은 아렌트에게 뚜렷하게 적용되었다. 아렌트는 사춘기 이후 우울한 분위기, 나쁜 꿈을 꾼 밤 동안의 잔기를 유지한 채 하루하루를 시작하였다. 그는 단지 천천히 커피 몇 잔을 마시면서 밝고 여유 있는 상태에 도달할 수 있었다. 이날은 블뤼허의 인내심이 한계에 도달하였다. 그는 그러한 분위기에 빠져 있는 아렌트를 남겨놓은 채 다시 침대로 가서 곧 숙면을 취하였다. 블뤼허는 귄터 스턴이나 또는 아우구스트 파른하겐과 달리 자기 부인에게 드리워진 '마음의 어두운 그림자'를 천천히 이해하게 되었다. 그러나 블뤼허는 아렌트를 압박하지 않은 채, 관심 어린 질문을 하지 않은 채 어두운 그림자를 이해하였다. 아렌트는 베를린 사람이 지니고 있는 '감상벽으로서 소박한 친절과 엄청난 두려움'에 반응하였다.

블뤼허는 신경증이 아니라 엄청난 보상으로 자신의 어려운 가정 상황이나 공식 교육의 부족에 대응하였다. 그는 무계획적이지만 광범위하면서도 깊이 있게 독학을 하였다. 안네 바일은 "여러분이 그와 함께 5분만 있었으면 중요한 것을 배웠을 것이다"라고 회상하였다. 블뤼허가 충실하게 대하였던 친구들(길벗, 하이덴라이히, 프렌켈, 그리고 많은 다른 사람들)은 한 가족, 그의 표현대로 한 종족이었다. 아렌트는 남편에 대한 개인적인 묘사를 결코 글로 쓰지 않았다. 그러나 남자로서 뿐만 아니라 배우자로서 블뤼허에 대한 아렌트의 태도는 그가 룩셈부르크의 동반자 레오 요기헤스에 대해 간단히 밝힌 문장 사이에 숨겨졌음에 틀림없다. 아렌트가 레오 요기헤스와 룩셈부르크에 관한 풍부한 이야기로부터 선택한 세부적인 내용들은 각기 블뤼허의 삶과 블뤼허에 대한 자신의 태도에 당연한 결과를 가지고 있다.

> 그는 분명히 아렌트에게 상당히 중요한 남성이었다. 그는 분명히 행동가였으며 열정적인 사람이었고, 행동하는 법과 감내하는 법을 알았다. 익명에 대한 열정, 배후에서 줄을 조종하는 것에 대한 열정, 그리고 그에게 부가적인 성적 매력을 제공했음에 틀림없는 음모와 위험에 대한 그의 애착을 제외하고 요기헤스와 매우 흡사한 레닌을 비교하는 것은 관심을 끈다. 그는 글 쓰는 능력이 부족하다는 점에서 보더라도 실제로 일종의 실패한 레닌이었다. 요기헤스의 경우 글 쓰는 능력은 '전적으로' 부족했다. … 우리는 로자 룩셈부르크의 정치이념들 가운데 얼마나 많은 것들이 요기헤스의 이념에서 유래하였는가를 결코 알지 못할 것이다. 결혼생활 당시 두 사람의 사상을 분리시켜 말하기란 항상 쉽지는 않다. 그러나 레닌이 성공한 곳에서 요기헤스가 실패하였다는 것은 적어도 능력의 차이가 아니라 상당 부분 상황(그는 유대인이며

폴란드인이었다)의 결과였다. 여하튼 간에 룩셈부르크는 요기헤스에 대해 이러한 기준을 적용시켰던 마지막 사람이었을 것이다. 폴란드 혁명 동료 단체의 회원들은 이러한 범주로 서로를 판단하지 않았다. 요기헤스 자신은 젊은 사람이지만 러시아계 유대인인 오이겐 레비네와 견해를 같이 했을 것이다. "우리는 휴가 중에 죽은 사람들이다." 이러한 분위기는 그를 다른 사람들과 구분시켜주는 것이다. 레닌이나 트로츠키, 로자 룩셈부르크는 그러한 입장에 따라 생각하는 경향이 없었기 때문이다.[18]

블뤼허는 독일 신원서류 양식에 자신의 직업을 막후조정자라고 농담으로 기록하고 공산당 내에서 이 용어를 자신의 코드 명칭들 가운데 하나로 사용하였다. 블뤼허는 이러한 음모와 위험을 좋아하였다. 이것은 그에게 별도의 성적인 매력을 제공했음에 틀림없다. 그는 글 쓰는 능력을 '전적으로' 갖추지 못했으며, 당이나 공식 포럼에 참여하지 않은 공적인 연사로서 능력을 발휘하지 못하였기 때문에 베를린을 떠난 후 실패한 혁명가가 되었다. 정치적 인사로서의 실패는 능력의 부족이라기보다는 상황의 산물이었다. 그는 행동할 장을 갖지 못했던 행동가였다. 그는 자신을 "휴가 중에 죽은 사람"으로 생각하지 않았을지도 모른다. 그러나 그는 파리에 체류하고 있을 때나 뉴욕으로 이주한 이후 몇 년 동안 원치 않는 휴가를 떠난 사람, 죽음이 개인적으로 많은 의미를 갖는 시대에 자신들이 살고 있지 않다고 인식하는 사람들로부터 주목받지 못한 사람이었다. 파리아를 사랑하고 항상 세속적인 성공의 범주에서 판단하지 않으려고 노력했던 아렌트는 블뤼허의 '실패' 때문에 그를 거의 반대하지 않았다. 그 역시 보답으로 많은 것을 무시할 수 있었다. 결혼으로 부부의 개별 사상을 분리하여 말하기란 쉽지 않았기 때문이다.

---

18 Arendt, "Rosa Luxemburg," *Men in Dark Times*, pp. 45-46.

블뤼허는 쾌활하면서도 완고했다. 친구들 중 한 사람이 설명한 바와 같이, 그는 논쟁에서 "작은 야포 폭탄같이 폭발했다." 그러나 그는 냉정을 은밀하게 유지하였다. 이러한 냉정은 그가 거의 관심을 갖지 않았던 물질적 소유로부터의 독립, 영혼을 괴롭히는 일종의 의무로부터의 독립, 그리고 고정된 태도로부터의 독립에 뿌리를 두고 있었다. 그는 종종 미국 학생들에게 "비관주의자는 겁쟁이이고 낙관주의자는 바보"라고 종종 언급하였다. 이러한 초연함은 기준의 부족이나 무비판적 자세를 의미하지는 않았다. 반대로, 그는 아주 비판적이었다. 그래서 일부의 사람들은 그와 맞서는 것이 불가능하다는 것을 알았으며, 소수의 대담한 사람들은 반응을 보였다. 아렌트의 미국인 친구인 로잘리 콜리는 다음과 같이 기술하였다. "그는 항상 상당히 비판적이고, 냉혹하고, 일의 부적당함에는 아주 단호했기 때문에 나는 일종의 이상주의에 흠뻑 빠졌다가 나온 기분이 들었다. 재미있다."[19]

블뤼허의 많은 베를린 친구들은 블뤼허가 아렌트와 공유하는 삶에 영향을 주었다. 그들은 함께 모임을 만들었다. '동아리'는 확장되기 시작했다. 이 동아리에는 아렌트의 표현대로 "일종의 스트린드버그 가족의 갈등에서 나타났던 확고하고도 이상한 분위기"[20]를 유럽 세계에 제공하는 민족적 차이, 문화적 장벽, 이데올로기적 충돌, 계급갈등이 끼어들 공간은 없었다. 이 동아리는 범세계주의와 파리아 의식을 풍기는 작은 섬이었다. 파른하겐이 괴테의 말을 인용하여 언급했듯이, "갤리선 노예들만이 서로를 이해한다."

아렌트에게 블뤼허를 빼앗긴 로테 젬펠은 두 사람을 함께 다시 맞이하였다. 아렌트는 젬펠에게 철학을 가르치는 선생이 되었으며, 룩셈부르크 공원을 산책할 때 동료가 되었다. 클렌보르트는 1938년 이디시어 순회극단 공연이 있을 때 아렌트 · 블뤼허 · 젬펠을 위해 해설자로 활동하였다. 젬펠은 클렌보르트와 저녁을 마쳤으며, 결과적으로 독일인 부르주아 개신교도

---

19 콜리가 아렌트에게 보낸 편지(1965년 5월 21일), 의회도서관.

20 Arendt, *Origins*, p. 268.

와 폴란드 유대인촌 출신 유대인 사이의 성사되기 어려운 약혼이 있었다. 이러한 결합은 결혼과 두 아기의 출생으로 이어졌다. 젬펠은 이후 가장 절친한 친구가 되었던 여성에게 아렌트와 블뤼허를 소개하였다. 유명한 베를린 신문사 소유주인 에른스트 히르쉬의 딸은 파리의 비블리옹 대출문고에서 자전거로 책을 배달하는 일을 맡고 있었는데, 젬펠은 독일어 책을 구하러 이곳에 갔었다. 레네와 발터 바르트 부부 역시 동아리에 참여하였다. 이들은 중간계급의 독일계 유대인과 프롤레타리아 개신교도 사이에 결혼한 또 다른 예이다. 레네의 어머니 미나는 외과의사로서 동아리 회원들에게 의료자문을 하였으며 프랑스인 환자들과의 유익한 연계 고리를 제공하였다.

니나 구르핀켈은 사회노동자이며, 시온주의 잡지 『다시 찾은 땅*La Terre Retrouvée*』의 기고자로서 러시아 태생 수필가이자 소설가였다. 아렌트는 구르핀켈을 통해 1920년대 초반 조국을 떠났던 러시아 정치망명가 집단을 알게 되었다. 아렌트는 이후 미국으로 이주하여 스미스대학에서 교편을 잡은 문학비평가 라헬 베스파로프의 작품에 특별히 경탄했다. 베스파로프는 아렌트의 생각에 호메로스의 『일리아스』에 대해 지금까지 쓰인 가장 흥미로운 글들 가운데 하나를 이 대학에서 집필하였다.[21] 『일리아스』에 관한 베스파로프의 작품은 그리스 서사시와 톨스토이의 『전쟁과 평화』에 대한 비교에 기초해 구성되었는데, 니콜라스 베르자예프와 레프 쉐스토프와 같은 철학자들을 중심으로 형성된 러시아 망명자 동아리의 기독교적-실존주의적 분위기를 자아내고 있다. 아렌트는 이러한 러시아인들과 함께 키르케고르에 대한 강렬한 존경심을 공유하였으며, 1937년 초간된 베르자예프의 『러시아 공산주의의 기원*The Origins of Russian Communism*』을 칭찬하였다. 그러나 아렌트는 이들 동아리를 자주 방문하지는 않았다. 그는 한때 철학자 가브리엘 마르셀의 집에서 열린 저녁모임에 초청을 받았다. 베르자예프도 이

---

21 메리 매카시는 베스팔로프의 『일리아스에 관하여(*On the Iliad*)』를 영어로 번역했으며, 볼링엔 재단이 이 책을 1947년 출간했다. 아렌트의 친구 헤르만 브로흐는 서문을 썼다.

모임에 참석하였다. 그러나 아렌트는 친구들에게 이 날 저녁에 대해서 다음과 같이 말하곤 했다. 즉 그의 기억에 나타났던 것은 대화의 내용이 아니라 마르셀 부부가 욕조를 사용하는 인상적인 방식이었다. 그들은 욕조를 감자로 가득 채웠다. 그리고 돈이나 식량이 떨어진 손님들 가운데 어떤 사람도 자조하라고 요청받았다.

독일에서 망명한 친구들은 때때로 아렌트가 농업·수공업훈련원과 청년알리야에서 함께 일했던 사람들을 만났다. 아렌트는 뒤랑스 거리에 위치한 청년알리야 사무소, 농업·수공업훈련원과 같이 청년 망명자들이 팔레스타인에서 생활을 하도록 대비시키는 단체에서 쥘리에트 스턴을 만났다. 부유한 프랑스 설탕 제조업자의 부인인 쥘리에트 스턴은 일찍이 1935년 팔레스타인을 여행하였으며 철저한 시온주의자가 되어 파리로 돌아왔다. 그는 『다시 찾은 땅』에 기고한 1935년 6월 25일 논문에서 "나는 오랫동안 끊어졌다고 생각한 기다란 실을 통해 이 집단에 애착을 갖게 되었다"라고 밝혔다. 세속적이며 동화된 상류계급 환경에서 성장한 이후에 '자기 민족'을 발견한 이러한 경험은 한나 아렌트에게 감명을 주었다. 쥘리에트 스턴은 프랑스인들이 비프랑스계 유대인들에 대해 갖는 공통된 의혹을 받지 않았으며, 아렌트의 친구들인 클렌보르트와 바일 식구들을 소개받아 즐거워했다.

쥘리에트 스턴은 팔레스타인에 머무는 동안 헨리에타 숄드를 알게 되었다. 숄드는 1933년 개최된 제18차 시온주의의회에서 청년알리야의 창립을 맡았던 독일계 유대인 선조를 가진 미국인이었다. 숄드는 당시 73세였으며 그의 공로로 많은 결실을 맺었다. 무엇보다도 그가 운영하는 여성단체인 하다사Hadassah는 팔레스타인의 의료봉사·훈련센터를 지원하였다. 그는 나이에도 불구하고 어린이 구원 계획을 사양할 수 없다고 생각했다. 청년알리야 단체의 활동은 곤란할 정도로 더뎠다. 원래 이 계획을 구상하였던 베를린 랍비의 부인인 레샤 프라이어는 유대인 지도부에 서두르라고 계속 압박해야만 하였다.[22] 숄드는 1935년 미국의 하다샤로부터 청년알리야를 재정적으로 지원하려고 했다. 미국 여성들은 지역과 전국 단위로 기금을 조성하려고 노력함으로써 신속하게 대응하였다. 파리에서는 아렌트의 친구인 쥘리에트 스턴의 지도 아래 친팔레스타인 카디마(Kadimah; 전진) 단체가 파리 사무소를 지원할 기금을 조성하였다. 기금 총액은 파리 사무소의 총무였던 아렌트에게 프랑스에서 법적으로 노동할 수 없었던 블뤼허를 역시 지원하는 봉급을 제공하기에 충분했다.

유럽 전역에서 온 난민들은 자식들을 팔레스타인으로 보낼 수 있기를 희망하면서 청년알리야 사무소를 찾아왔다. 아렌트는 팔레스타인을 방문할 수 있어 자기 민족의 피난을 몸소 확인하기를 희망하였다. 아렌트는 청년알리야 교육생 단체를 동반하는 임무를 맡은 1935년에 이 기회를 얻었다. 늦은 봄에 아렌트는 자신이 담당한 교육생들과 함께 리용역에서 열차로 출발하였다. 그들은 하이파행 선박에 승선할 항구인 마르세유로 여행하였다. 배는 아렌트를 팔레스타인으로 보내 줄 뿐만 아니라 그리스 신전들을 처음으로 볼 수 있는 기회를 제공하였다. 아렌트와 젊은 동료들은 시칠리아에서 이틀간 머무는 동안 시러큐스를 여행하였다. 그는 이곳에서 그리스 문화를 소개하면서 젊은이들에게 유대교 역사를 부가적으로 알려주었다. 시러큐스의 유적은 항상 그의 기억 속에 남아 있었다. 그는 이후 이 유적을 다시 구경하려고 여러 차례 다시 찾았으며, 한번은 블뤼허와 함께 다시 찾았다.

아렌트는 자신이 담당한 교육생들을 새로운 고향, 청년알리야 '노동마을'로 인도하였다. 그는 임무를 마친 이후 몇 개월 전에 이미 팔레스타인에 도착해 예루살렘에 살고 있는 쾨니히스베르크 출신의 사촌인 에른스트 퓌르

---

22 프라이어의 청년알리야에 관한 이야기는 다음 자료에 있다. Recha Freier, *Let the Children Come* (London: Weidenfeld and Nicolson, 1961). 아렌트와 프라이어 사이에 교환한 편지는 다음 8장에서 볼 수 있다.

스트와 케테 부부를 잠시 방문하였다. 아렌트는 시내를 관광하였으며 이후에 당시 트랜스 요르단에 있던 페트라를 육로로 고되게 여행하였다. 그는 이곳에서 처음으로 로마 신전, 즉 좁은 간헐 하천 위의 석회석 절벽으로 갈라져 있는 장밋빛 단면의 아름다운 건축물을 보았다. 한때 그리스·이집트·아랍 무역상들의 교차로였던 도시의 유물은 이 건축물 저편의 페트라 평원에 널려 있었다.

아렌트는 청년알리야의 시온주의 조직책들과 관계를 유지하였다. 그는 블루멘펠트의 동료들 가운데 몇 사람과 교제를 재개하였다. 독일 시온주의 기구의 회원이었으며 헨리에타 숄드의 동료인 게오르크 란다우어와 한스 레비가 그들이었다. 그러나 아렌트는 자신의 임무가 끝났을 때 시온이 아니라 수많은 고대인들이 정착하여 도시를 건설하고 많은 근대인들이 살았던 땅을 열심히 찾고자 하였다. 그는 고대 히브리인들보다 로마인들과 그리스인들에 대해 더 잘 알았으며 여전히 그러했다. 아렌트는 실천적 정치적 이유로 시온주의자였다. 그는 자기 민족이 종교적 또는 문화적인 이유 때문이 아니라 살 수 있는 공간을 필요로 한다는 것을 알았기 때문이다. 아렌트는 팔레스타인이 유대인 정착민들에게 제공하는 사회적 정치적 기회에 대해 열정적이었으나 이후 언급했던 "팔레스타인 중심의 시온주의"를 반대하였다.

아렌트는 파리로 돌아왔을 때 청년알리야를 지지한 파리의 단체들에게 이야기를 했으며 자신이 방문했던 새로운 공동체, 즉 노동마을과 키부츠를 칭찬했다. 그는 새로운 공동체에서 자신이 존경하고 지지하였던 '정치적 실험'을 발견하였다. 그러나 그는 파리에 살고 있는 친구들에게 일종의 개인적인 자제를 표현하였다. 그리고 그는 몇 년 후 팔레스타인 방문을 환기시키는 한 편지에서 동일한 개인적 불편함을 다음과 같이 표현하였다. "나는 아직도 키부츠에 대한 나의 반발을 매우 잘 기억하오. 내 생각에 새로운 귀족주의이지. 나는 그 당시에도 … 사람들이 그곳에서 살 수 없다는 것을 알았네. '이웃에 의한 지배, 그것은 물론 새로운 귀족주의가 최종적으로 도달하고자 하는 것이오."[23] 그는 팔레스타인을 처음 방문하였을 때 느꼈던 양면 감정, 정치적 존경과 개인적 유보를 평생 마음속에 간직하고 있었다. 그러나 동일한 편지에서 표현했던 감정 역시 그러했다. "나는 이스라엘에서 발생할 어떠한 실질적 파국이 거의 그밖에 무엇보다도 나에게 더 깊은 영향을 미치리라는 점을 알았지."

파시즘의 교훈

언론인 하인츠 폴은 블뤼허의 베를린 시절 친구이다. 그가 기록했듯이, 아렌트와 블뤼허가 만나서 그들의 토론모임을 시작한 1936년은 "유럽에는 운명의 한 해였다."[24] 히틀러 군대가 저항 없이 라인란트를 점령하자 로카르노조약은 폐기되었다. 스페인 내란이 발발한 직후 레온 블룸의 인민전선 내각은 영국 · 독일 · 이탈리아 · 소련을 불개입협정에 참여시켰다. 그런데 독일과 이탈리아는 프랑코 군대를 지원함으로써 협정을 위반했으며, 소련은 스페인 공화파를 지원하면서 통제하려고 시도하였다. 연합하지 않았던 프랑스와 영국은 강경노선 포기 정책을 유지했다.* 이런 정책은 제2차 세계대전이 발발할 때까지 3년간 지속되었다.

파시스트 단체들은 인민전선 내각이 형성된 기간 중인 1936년 짧은 파업기간 이후 프랑스에서 조직되었다. 좌파정권이 잠시 승리를 하였지만, 프랑스는 밑으로부터 무너지고 있었다. 히틀러 이전에는 반독일적이었고 전

23 아렌트가 매카시에게 보낸 편지(1967년 10월 7일), 매카시 유산.

24 Heinz Pol, *Suicide of Democracy*(New York: Reynal & Hitchcock, 1940). (현재 예루살렘에 살고 있는 폴과 사진작가인 리카르드 쉬베린, 그리고 몇 명의 다른 베를린 좌파들은 1933년 프라하에서 블뤼허와 합류하였다. 폴은 그의 첫 번째 부인이며 블뤼허 친구인 샤르로테 베라트와 마찬가지로 뉴욕에 정착하였다.)

* 옮긴이_ 영국과 프랑스는 1936년부터 제2차 세계대전 발발 전까지 유화정책을 유지했다.

쟁을 지지했던 우파의 많은 사람들은 확실히 반독일적이지도 않고 전쟁을 지지하지 않았던 파시스트 단체로 이동하였다. 파시스트 단체들은 여러 부류였다. 대부분 규모가 작았던 이 단체들은 공동으로 강력한 세력을 형성하였다. 프랑스와 드 라 로크 대령의 지도 아래 있는 불의 십자단Croix de Feu은 무공 십자훈장(전쟁의 십자가; Croix de Guerre) 수여자들뿐만 아니라 다수의 청년 귀족과 부유한 중간계급 일원을 회원으로 확보하였다. 인민전선이 1936년 파시스트 연맹을 금지시키자, 불의 십자단은 자크 도리오가 이끄는 프랑스 사회당으로 변신했고, 도리오는 초기에 공산당의 일원이었으나 자칭 지도자로 변신했다. 추종자들은 그에게 개인적 충성서약을 하였다. 두 정당은 모두 프랑스가 독일과 전쟁을 피해야 한다는 주장, 영국에 대한 증오, 러시아에 대한 열렬한 반대, 파리에 있는 독일 요원들 및 기업 대표들과 공동으로 활동하려는 의지에 동의했다. 아렌트가 『전체주의의 기원』에서 기술했듯이, 그들은 "외국 지배를 대가로 치르더라도 평화"[25]라는 입장을 유지했다.

공산당은 정치적 스펙트럼의 반대편 끝에 위치했으며, 1933년 이후 역시 변화를 겪었다. 아렌트는 "극좌파가 과거 민족주의 슬로건을 옹호하는 전통적 평화주의 입장을 망각하였다"고 생각했다. 한때 프랑스의 전통적인 다당체계의 싸움터는 파시스트당과 공산당 사이에 놓이게 되었다. 이 정당들은 분절되었고, 분파들도 마침내 1938년 뮌헨 위기에 내부적으로 분열되었다. 아렌트는 "각 정당은 평화파와 전쟁파로 분리되었다"고 지적하였다. 블뤼허와 아렌트가 공유하였던 정당체계에 대한 불신은 바이마르 독일의 낙담스러운 사례에 기초를 두고 있었는데 상당히 용이하게 프랑스로 이전되었다.

아렌트는 수세적으로 자신의 정치적 관심을 프랑스 우파에 집중시켰다.

---

25 프랑스의 정치적 지형에 관한 이것과 다음의 기술은 아렌트의 『전체주의의 기원』 263쪽과 다음 쪽에서 발췌된 것이다. 더 많은 배경적 정보를 위해서는 다음 자료를 참조할 것. Louis Bodin and Jean Touchard, *Front Populaire: 1936*(Paris: Armand Colin, 1972).

프랑스 우파 내에 만연해 있던 반유대주의는 청년알리야와 같은 단체들에 위협으로 작용하였다. 블뤼허는 결국 공산주의에 대한 자신의 믿음을 불가능하게 만든 일련의 정치적 사건을 통해 설 공간을 찾고자 노력하고 있었기 때문에 좌파에 주목하였다. 러시아가 각국의 정당들을 지배하자 독일 공산당은 큰 피해를 입었다. 이러한 상황은 스페인과 프랑스에서도 재현되었다. 러시아 정부는 처음에는 프랑코의 반대파에 대한 지원을 거부하는 불개입협정을 조인하였지만 다음에는 스페인 공화파를 고의로 방해하였다. 러시아 정부는 이후 곧 볼셰비키 극우파와 적군파 장군들에 적대하여 모스크바 재판을 감행하였다. 스페인에 가있던 친구들이 보낸 제대로 된 보고서와 모스크바 재판에 관한 신문 기사는 공산주의에 대한 블뤼허의 신념에 종지부를 찍는 계기를 제공하였다. 블뤼허는 아렌트의 표현대로 "과거의 공산주의자들former Communists" 영역에 어쩔 수 없이 서서히 가담하였다. 아렌트는 1953년 논문에서 이들에 대해 다음과 같이 언급하였다.

> 공산주의는 그들의 삶에서 결정적인 역할을 하였다. 그들의 중요한 책임은 거기에 예정되어 있었다. 공산주의가 지속되는 한, 그들의 탁월성은 정치 활동의 결과였다. 그들이 공산당을 일찍이 떠났다는 것은 그들의 공통된 특징에 속한다. 그들은 치밀하게 알지는 못하였지만 혁명정당이 완전한 전체주의 운동으로 발전하는 단계를 느낄 정도로 충분히 알고 있었다. 그리고 그들은 이것을 판단할 자신들의 범주를 가지고 있었다. 이러한 기준은 우리가 오늘날 알고 있는 것의 관점에서 충분해 보이지 않을 수도 있다. 그들은 당시 충분히 알고 있었다. 당내 민주주의의 폐지, 다양한 각국 공산당의 독립성 폐지, 모스크바의 명령 아래 완전한 복종은 이러한 것들 가운데 중요했다. 여러 가지 측면에서 이러한 전체 역사에 전환점이었던 모스크바 재판은 과정을 종결시켰다.[26]

---

26 Arendt, "Ex-Communists," *Commonweal* 57(20 March 1953): 596.
옮긴이_ 이 논문은 『이해의 에세이』에 수록되어 있다.

아렌트가 이해했듯이, 과거의 공산주의자들은 전후 전향한 공산주의자들과 전적으로 상이한 부류였다. 전후 전향한 공산주의자들과 달리 "과거의 공산주의자들은 상실된 신념의 대체물을 모색하지도 않았고 … 공산주의와 투쟁하는 과정에서 자신들의 노력과 재능을 집중시키지도 않았기 때문이다."

블뤼허는 과거의 공산주의자가 되었을 때 민주사회주의에 관심을 돌리지 않았다. 그는 사회민주당 국방장관의 요원들이 로자 룩셈부르크를 살해한 이후 이러한 관심의 전환이 독일에서 그랬듯이 불가능하다고 생각하였다. 블뤼허와 아렌트는 독일 사회주의자들을 비판했다. 이러한 비판은 프랑스 사회주의자들이나 공산주의자들에게도 적용될 수 있었다. 아렌트는 『전체주의의 기원』에서 이 내용을 다음과 같이 요약하였다. "사회주의자들은 '민족들 가운데 한 민족'이란 독창적인 개념을 전적으로 그대로 고수하였다. 모든 민족은 인류의 군에 속한다. 그러나 그들은 이러한 이념을 주권국가들의 세계에 작동하는 실용적 개념으로 전환하는 장치를 결코 발견하지 못했다. 결과적으로 사회주의자들의 국제주의는 모든 사람이 공유하는 개인적 확신으로 존재하였다. 국민주권에 대한 그들의 건전한 무관심은 외교정책에 대한 완전히 비현실주의적인 무관심으로 바뀌었다."[27] 프랑스 사회주의자들은 프랑스 내의 계급투쟁에 집중하며 자신들의 정치적 사유가 초래한 결과를 무시했다. 그들은 이 때문에 국제정세와 유대인 문제와 같은 국제문제를 처리할 수 없게 됐다. 이러한 상황은 1936~1937년 프랑스 노동운동이 전례 없이 성공하던 시기에 특별히 명료하게 나타났다. 사회개혁은 그 시대의 질서였으며, 그 결과 — 개선된 근무시간, 유급 휴가, 사회복지의 증대 등 — 는 두드러졌다. 그러나 이러한 성공은 프랑스의 급격히 악화되는 국제적 지위에 대한 무관심과 관련되어 있었다. 좌파의 정책은

---

27 Arendt, *Origins*, p. 264.

반히틀러적이고 평화주의적이었지만 예전대로 정치의 포기(pas de politique; 무정책)였다.

블뤼허는 프랑스 공산주의자들이 모습을 바꾸는 것을 주시하였으며, 1939년 나치-소련협정이 조인되었을 때 최종적으로 방향을 전환하였다. 그동안 아렌트는 가장 중요한 파시스트단체들 가운데 하나인 악시옹 프랑세즈(Action Française; 프랑스의 행동)에 주목하였다. 이 가톨릭 단체는 드레퓌스 사건 당시에 반동적 장교들로 구성된 도당을 중심으로 모였으며, 관심을 가졌던 관찰자인 발터 베냐민이 역시 기고하였던 잡지인 『프랑스의 행동』을 창간하였다. 악시옹 프랑세즈의 회원들은 프리메이슨 회원, 개신교도, 외국인(어떠한 외국인보다도 유대인)에 적대적이었다. 이들은 반유대주의가 드레퓌스 사건 이후 프랑스에서 어떻게 전개되었는가를 확인할 수 있는 한 가지 사례를 제공했다. 아렌트는 이 현상을 독일의 반유대주의 역사와 대조하였다. 아렌트는 인용문 · 뉴스 항목 · 통계를 기록한 공책을 간직했으며, 강의 준비를 위해 이를 이용하였다. 그는 국제여성시온주의기구WIZO 독일 망명지부에서 독일의 반유대주의의 역사에 대해 여러 번 연설하였다. 1937년 『다시 찾은 땅』의 간단한 보고서에 따르면, 그는 프랑스의 국제여성시온주의기구의 모임에서 연설할 만큼 자신의 프랑스어 실력에 대해 확신하고 있었다. 그는 독일 지부를 이끌었던 여성과 함께 이 단체의 프랑스 회원들을 독일과 프랑스의 반유대주의에 관한 '생생한 토론'에 참여시켰다.[28] 이러한 강의와 토론은 자신이 미국에서 출간한 「드레퓌스 사건에서 오늘날의 프랑스까지」라는 첫 번째 장문의 논문에 필요한 자료를 제공하였다.

프랑스 전역에 반유대주의 선전을 전파하는 데 전념했던 단체들이 1936~1937년 사이에 등장하였다. 악시옹 프랑세즈는 당시까지 이 임무를 주로 맡았다. 전국선전단체Propagande Nationale, 프랑스반유대주의연합, 문헌조사 ·

---

28 Brief reports in *La Terre Retrouvée*, 1 February 1937. In 1 March 1937, p. 19: "독일 반유대주의의 역사적 기원에 관한 강의를 프랑스어로 마친 스턴 부인."

선전연구소, 유럽반유대주의운동은 모두 파리에 본부를 두고 있었다. 물론 독일 에르푸르트에 소재한 「유대인에 투쟁하는 세계단체」가 이 단체 대부분을 재정적으로 지원했다. 「시온의정서」라 불리는 악명 높은 위작의 프랑스판이 파리 거리에서 팔렸으며, 책가게에는 나치 문헌들로 홍수를 이루었다. ≪그랭그와르*Gringoire*≫나 ≪깡디드*Candide*≫와 같은 파리 발행의 주간지들은 친파시스트적 성향의 기사들을 통해 아주 많은 반유대주의적 실마리를 엮기 시작했기 때문에 에르푸르트연구소의 주요한 프랑스 문헌이었던 『나는 전체이다*Je Suis Partout*』라는 가장 격렬한 반유대주의 잡지와 같았다. 많은 어린이들이 고국에 있었기 때문에, 청년알리야 훈련원과 포이어스Foyers식의 수용시설로 이송된 어린이들은 반유대주의에 휩싸여 있었다. 청년알리야 파리 지부의 책임자인 아렌트는 그러한 분위기가 야기하는 심리적인 상처로부터 어린이들을 보호하는데 상당히 신경을 써야만 했다. 유대계 좌파 주간지인 ≪토요일*Samedi*≫에 따르면, 아렌트는 어린이들의 비행과 좌절을 막을 책임을 가졌던 국제여성시온주의기구의 사회 활동가 모임에서 「유대계 어린이들의 심리」에 대해 강연을 하였다.

> 유대계 어린이들은 자신들이 살고 있는 환경을 어둡게 하는 외부 사건의 압력 때문에 비유대계 어린이들과 필히 다릅니다. 일부 국가에서 유대계 부모들이 직면하고 있는 어려움은 어린이들에게 영향을 미쳤으며, 부모들에게 가해졌던 특징들은 조금씩 어린이들에게 전달되었습니다. 비유대계 동료들에게 전형적으로 나타나는 쾌활함이란 유대계 어린이들에게는 없습니다. 그들은 종종 훨씬 더 깊은 지성을 가지고 있으나 기질로 인하여 역시 더 속아 넘어가기 쉽습니다. 그들은 종종 잘 알려진 유대인 콤플렉스를 가지고 있습니다. 우리는 가능한 한 어린이들에게 쾌활하고 즐거운 분위기를 제공하려고 노력해야 합니다.[29]

---

29 *Samedi*, March 1937. 저자가 번역하였다.

이러한 일은 청년알리야의 중요한 임무들 가운데 하나였다. 즉 해외 이주 어린이들에게 '쾌활하고 즐거운' 분위기를 제공하고 프랑스인의 반유대주의와 그들 부모에 미치는 반유대주의의 영향으로부터 어린이들을 보호하도록 돕는 것이었다. 청년알리야는 어린이 보호시설을 보유하고 있지 않았다. 에른스트 파페나크는 이러한 시설을 설립하였으며, 자신의 회고록 『화재 진화*Out of the Fire*』에서 이에 관해 언급하였다. 그럼에도 불구하고 청년알리야 활동가들은 그 계획으로 어린이들을 안락하게 해야 했으며, 계획을 운영할 때, 그리고 부모들의 작은 호텔방이나 다락방에 머물 때 매일 겪게 되는 어려운 변화에 대응하도록 도우려고 노력하였다. 어린이들이 팔레스타인으로 갈 수 있는 비자는 결코 충분하지 않았다. 전쟁이 막바지에 이르게 되자 팔레스타인 이주를 통제하였던 영국 정부는 더욱 신중한 입장을 취하였다. 청년알리야가 맡고 있는 다수의 어린이들은 자신들이 약속된 땅으로 갈 수 있는지 알기 위해서 수개월 동안 소름끼치는 불안상태에서 기다려야만 했다.

반유대주의의 증대와 이민공동체 내에 증대되는 두려움의 분위기에서 유대계 청년 의학도 프랑크푸르터가 스위스 다보스의 나치당 지도자를 살해하였다. 파리 거주 유대인들의 이에 대한 반응은 선풍을 일으켰다. 1936년 2월 살해사건 이후 유대인 이민자들은 파리에서 여러 차례의 대규모 집회를 조직했고, 유대인 공산주의자들로 구성된 소규모 단체는 프랑크푸르터의 기소에 항의하는 운동을 시작했다. 그러나 이스라엘중앙연합국과 같은 많은 단체는 공개 항의가 보복을 야기한다는 두려움 때문에 파리의 유대인들에게 시위를 하지 않도록 촉구하였다.

아렌트는 1936년 12월 프랑크푸르터 재판에서 그를 법적으로 지원하기 위해서 반유대주의반대국제연맹의 운동에 열정적으로 참여하였다. 이 연맹의 변호사들은 프랑스 변호사 앙리 토레스가 1927년 10월 이디시어 시인 숄렘 슈워즈바드를 변론할 때 공식적으로 밝혔던 원리에 입각에 프랑크푸르터의 변론이 구성될 수 있기를 기대하였다. 이디시어 시인 슈워즈바드는 1919년 겨울 5천명의 우크라이나계 유대인들을 학살한 코사크 군대의 지휘관 시몬 페트리우라를 살해했다. 슈워즈바드는 당시 프랑스 경찰에 자수하였으며 가해자의 범죄를 세계에 공개하라고 재판부에 요청하였다. 유대인 대표부 위원회는 1927년 앙리 토레스의 지도 아래 법률자문단을 제공하였으며, 이 자문단은 1년 이상 슈워즈바드의 변론에 필요한 자료를 수집하였다. 그래서 슈워즈바드와 그의 변호인은 페트리우라 희생자들의 이름으로 완벽하고 정확하게 변호할 수 있었다. 아렌트는 프랑크푸르터 재판을 '취재하는'* 동안 슈워즈바드와 대담을 하였으며 클렌보르트에게 1934년에 출간된 슈워즈바드의 이디시어 자서전 일부를 번역하게 하였다.

그러나 1927년과 1936년은 시기가 달랐다. 프랑크푸르터는 슈워즈바드와 같이 석방되기보다 오히려 18년 징역형을 선고받았다. 이 재판은 나치에 대항하는 국제적 협력의 상징으로서 효과적이지도 못했다. 반유대주의 반대국제연맹은 모로-기아페리를 소송의뢰인이며 변호사로 내세우려고 노력했다. 이때 스위스 재판부는, 발터 라테나우의 암살자들 가운데 한 사람을 옹호하였던 독일 변호사에게 민간인 당사자를 돕는 것을 허락하는데 혐오감을 갖고 있지 않다고 하더라도, 외국인이 변론에 참여할 수 없다고 주장하면서 각하시켰다. 두 명의 스위스인은 재판 이후 재심을 선동하려는 시도로 『프랑크푸르터 사건*L'Affaire Frankfurter*』이라는 책을 출간하였지만, 1937년에 이 책은 "나는 고발한다J'Acusse"로 수용되지 않았다.[30]

1937년과 1938년 내내 파리에서 망명생활을 하고 있던 약 15,000명은 점

---

* 옮긴이_ 아렌트, 『유대인 문제와 정치적 사유』, 「프랑크푸르터 재판」을 참조할 것.

30 바인베르크는 『파리의 유대인 문제: 1933-1939(*Les Juifs à Paris de 1933 à 1939*)』에서 프랑크푸르터 사건을 기술하였다. 아울러 다음 자료에 있는 루드비히의 보고서를 참조할 것. 『다시 찾은 땅』(1936년 12월 15일). 그는 또한 다음 책을 저술하였다. 『다보스 살인(*The Davos Murder*)』(New York: Viking Press, 1936). 피에르 브로흐와 디디에르 메란 저, 『프랑크푸르터 사건(*L'Affaire Frankfurter*)』(Paris: Denoël, 1937)의 서평은 『토요일(*Samedi*)』(1937년 6월 19일)에 게재되었다. 프랑크푸르터 자신은 자서전을 출간하였다.

점 더 암울한 분위기에 빠져 있었다. 파리의 유대인을 단결시키려는 온갖 노력의 좌절과 더불어 인민전선 정부는 몰락했고, 지지단체인 유대인 인민전선은 퇴조했다. 따라서 대부분의 유대인 망명자들은 정치 행위가 불법적일 뿐만 아니라 무용하다는 결론에 도달하였다. 히틀러가 1938년 3월 15일 오스트리아를 병합하자 파리는 새로운 망명자들의 물결로 홍수를 이루었다. 그러나 파리의 유대인 공동체는 합병에 항의하기를 꺼려했다. 보복의 두려움 때문에 그들의 정책은 정치의 포기(무정책)였다. 유대인들은 항의가 종종 프랑스에서 반유대주의를 촉발시킨다는 교훈을 배웠다. 오스트리아 위기는 프랑스가 그렇게 필사적으로 원하지 않았던 전쟁의 전조가 되었기 때문에 이러한 상황은 더욱 심각했다. 대규모 이민자단체인 프랑스 유대인 사회연합은 병합에 반대하는 항의를 위해 세계유대인대회를 통해 국제연맹에 호소하기로 결정하였으나 파리에서 공개적으로 성명을 발표하지 않았다. 인민전선 『금요일*Vendredi*』의 후속 잡지, 즉 반나치 잡지인 『토요일』에 기고한 젊은이들(대부분 이민자 유대인의 어린이들로 구성되어 있었음)만이 프랑스 정부의 비겁함을 비난하였다.

파리의 대다수 유대인은 3월 사건에 침묵을 지키고 있었지만, 신문 지면은 유대인 '전쟁광들'이 프랑스 정부를 전쟁에 참여하도록 압박을 가하고 있다는 비난으로 가득 채워졌다. 이러한 비난은 상당히 줄었지만, 정부가 4월과 5월에 외국인들에게 선포한 법령은 훨씬 악화되었다. 이 법령은 일부 무역 분야에서 유대인의 숫자를 제한했고, 유대인의 개업을 금지시켰으며, 미등록 유대인의 본국 송환과 정당한 노동허가서를 보유하지 않은 유대인의 축출을 모두 요구하였다. 약 20,000명의 유대인들은 하나 또는 그 이상의 규정에 영향을 받았다. 유대인 수백 명이 투옥되었다. 이들은 본국으로 송환될 형편이 못 됐거나 송환도 불가능했기 때문이다. 다수는 축출보다 자살을 선택하였다. 유대인들은 난민 문제를 논의하고자 6월에 개최될 에비앙 국제회의가 재정착 계획을 채택하기를 희망했지만, 23개 참여 국가들은 많은 변명을 제기하면서 약간의 비자만을 제공했다. 대영제국은 팔레스타인으로 송환하는 이민자 쿼터의 변경을 거부했다. 유대인의 행위는 모두 허망한 것 같았으며, 민주주의 국가에 조처를 촉구하는 청원(적어도 히틀러의 박해로 인한 희생자들에 대한 지원)은 크게 주목받지 못했다.

11월에 외국인에 대한 일련의 다른 법령이 선포됐다. 이 법령들은 정식 비자 없이 불법적으로 프랑스에 들어온 난민들에게 특별히 영향을 미쳤다. 주요 독일 도시의 유대인 공동체가 파리 주재 독일대사관 3등서기관의 살해에 대한 보복으로 공격을 받았을 때, 이 새 법령들은 선포되었다. 에른스트 폰 라트는 11월 9일 헤르만 그린츠판이란 독일 태생의 젊은 폴란드계 유대인에 의해 살해되었다. 괴벨스는 그날 밤, 즉 수정의 밤(깨진 유리의 밤; Kristallnacht)에 나치 돌격대SA와 나치 친위대SS를 풀어서 유대교회당을 방화하고 창문을 부수고 약탈하는 등 유대인 가정을 공격하였으며, 유대계 남성 수천 명을 체포하였다. 파리의 유대인들은 충격을 받았으며 공포에 질렸다. 유대인 지도자들은 그린츠판이 파리 이민공동체와 아무런 연계가 없다고 즉각 프랑스인들에게 확인시켰으며, 자기 민족에게는 평온을 유지하고, 수정의 밤에 자행된 대박해나 프랑스 정부의 침묵에 항의하지 말라고 요청하였다. 『토요일』은 항의를 위한 유일한 공식 포럼이었으며, 이 잡지의 비판은 아주 신랄했다. 그리고 반유대주의에 대한 프랑스의 관용, 파리 유대인 지도부의 항의 거부, 프랑스 정부의 유화정책이 유대인들의 관심사는 아니라는 것을 인식하지 못하는 유대인 지도부의 무능력에 대한 비판 또한 신랄했다. 이 잡지는 나치 독일이 모든 "유대인에게 선전포고를 했다"는 것을 인식하라고 프랑스계 유대인들에게 격노하여 요청하였다.

이러한 것은 분명히 아렌트의 입장이었다. 그는 데이비드 프랑크푸르터 사건에서 그랬듯이 그린츠판 사건의 변론을 열렬하게 지원하였다. 슈워즈바드의 변론에 관여했던 두 명의 변호사 토레스와 모로 기아페리는 그린츠판 사건을 담당하였다. 그러나 그린츠판은 문제가 있는 피고인으로 밝혀졌다. 그는 정신병 질환자이며 자기 희생자들의 동료들과 동성연애 관계에 연루되었다는 소문이 돌자, 프랑스 경찰은 심문을 위해 그를 구금하였다. 아렌트는 그 사건에 대한 개입을 철회하고 반유대주의반대국제연맹과 공동 활동을 유지하지 않았다. 그러나 그는 법률 절차와 사무를 배웠다. 그는 이 경험으로 20년 이상이 지난 이후 다른 재판(예루살렘에서 개최되었으며, 그린츠판의 아버지가 증인으로 출석하였던 아이히만 재판)과 관련된 복잡한 법 심리를 고려할 수 있는 기초 자료를 갖게 됐다. 아렌트는 아이히만 재판에 관한 보고서에서 다음의 내용을 성찰하였다. 아이히만이 한 유대인에 의해 암살되어서 재판이 슈워즈바드 재판을 모델로 하여 살인자를 석방시키려는 노력으로 진행되었다면 상황은 어떻게 전개되었을까?

이러한 좌절과 공포의 분위기에서 다수의 랍비들은 유대인의 전통적 가치를 포용하라고 요청하였고, 다수의 세속화된 유대인들은 "게토로 돌아가자"고, 즉 동유럽 유대인 마을의 삶을 아주 독특하게 만들어 준 공동체 가치를 재차 확인하자고 제안하였다. 그러한 제안들은 여러 가지 형태를 갖췄다. 어느 누구도 유대인 마을을 실제로 재건하거나 그들의 옛 조국(지금은 나치로부터 위협받고 있는 나라)으로 돌아가는 것에 대해서는 생각하지 않았다. 그러나 대부분의 유대인들은 계속해서 유대인 공동체에 닥쳐오는 위기에 대응하는 어떤 특별한 유대인다운 방식이 있어야 한다는 점에서는 동의하였다. 그리고 이들은 그러한 유대인다운 방식이 비유대인의 민주적 자유주의 방식(강경노선 포기)과는 달라야 한다고 생각했다. 게토로의 복귀를 옹호하는 사람들은 유대인들과 그들의 적, 그리고 일관되지 못하며 신뢰할 수 없는 동맹세력을 분리시키기를 원하였다. 그들은 유대인의 정체성을 더 강력하게 주장하였다. 그들은 선민으로서 유대인이라는 개념을 종교적 교의가 아니라 심리학적 방어의 수단으로 추천하였다. 역사가인 엘리아스 체리코버와 그의 부인은 동바스레 거리에 위치한 발터 베냐민의 집으로부터 바로 몇 집 떨어져 있는 한 아파트에서 게토로 돌아가자는 제안을 논의하는 토론단체를 초청하였다. 체리코버와 블뤼허의 전 처남인 이스라엘 예프로이킨은 그 이념에 관한 성찰과 수필 모음집인 『십자로에서*On the Crossroad: Oyfin Sheidweg*』를 편집하였다.

아렌트는 1937~1938년 유대인의 희망이 붕괴되고 뒤이어 나타난 게토로 돌아가자는 제안에 대해 매우 비판적이었다. 그는 이들로부터 "돌아가자, 유대인성으로 복귀하자, 자기를 인식하자"라는 구호가 독일 전역에 퍼졌던 1933년 독일의 반향을 들었다. 그는 1933년 독일의 상황과 1938년 유대인 난민의 상황을 비교한 일련의 강의안을 만들었다.[31] 그는 다음과 같은 점을 인정했다. 즉 유대인들은 자신들의 문화적 정신적 삶이 1933년 엄청난 경제적 정치적 이데올로기적 대변혁의 요새였다는 것을 발견하였다. 그럼에도 불구하고 그는 1938년의 붕괴가 단지 '무감각'과 '야만상태로의 재복귀'를 야기했다고 주장했다. "이것은 게토로 돌아가자는 것을 의미한다."[32] '자기 인식'에 대한 요청과 "게토로 돌아가자"는 요청은 전 세계가 나치의 반유대주의에 오염되지 않았을 때는 합리적일 수 있지만, 당시의 상황은 유대인 문제가 제기되지 않았던 스페인 내란도 반유대주의 기치 아래 진행되고 있는 그러한 상황이었다. 아렌트는 유대인의 적들이 매일 점점 더 강력해지고 영향을 미치는 때에 게토로 돌아가자는 주장(유럽의 문화공동체로부터 철수하자는 제안)이 잘못된 반응이었다고 생각했다. 그러한 주장은 한 민족의 역사나 전통이 정치적 통찰 — 유대인의 재구성이 정치적 환경, 파멸을 위협하는 세력에 대한 투쟁 속에서 오직 발생할 수 있는 통찰 — 에 입각해 구성

---

31 "게토로 돌아가자"고 주장하는 이론가들에 대한 아렌트의 미출간 내용은 아렌트서고(의회도서관 소장)에 있다.

32 아렌트의 비망록(독일어로 작성됨)은 아렌트서고(의회도서관 소장)에 있다. 그가 생각하는 "재야만화"는 1959년 레싱상 수상 연설에서 명료하게 나타난다. 그는 이 연설에서 버림받은 사람들의 우정을 먼저 기술하고, 이어서 그들의 위대한 자산을 다음과 같이 기술하고 있다. "세계의 근본적 상실, 우리가 대응하는 모든 기관의 엄청난 위축 때문에 — 우리가 공동세계에서 우리 자신과 다른 사람에 대해 지향하였던 공통감으로 시작하여 우리가 세계를 사랑할 때 갖게 되는 미감, 또는 취향에 의존하고 있는데 — 파리아 신세(pariahdom)가 수세기 동안 지속되는 극단적인 경우에 우리는 실질적인 무세계성에 대해 언급할 수 있다. 무세계성은 야만성의 한 형태이다." *Men in Dark Times*, p. 13.

되지 않고 공백 속에서 구성될 수 있다는 환상에 기반을 두고 있는 반응이었다. 고립된 운동으로서 시온주의는 더 이상 충분하지 않았다. 따라서 저항이 감행되어야 하였다. 아렌트는 유대인의 후퇴를 비판하고 외국 문제에 관심을 갖지 않는 사회주의자들을 비판했다. 두 비판은 실제로 동일한 것이었다. 정치의 포기(무정책)는 패배의 슬로건이며 (개별 국가나 국민이 아닌) 유럽이 폐허로 위협을 받았다는 것을 인식하지 못하였다는 징표였다.

아렌트는 정치 행위나 투쟁에 대해서 언급하였다. 그러나 아렌트, 시온주의자들, 『토요일』의 호전적인 기고자들, 유대인 공산주의자들 어느 누구도 효과적인 반대, 심지어 노골적인 전쟁 요청을 감행하지도 못했고 할 수도 없었다. 극단적으로 자제하는 내용을 담은 1939년 1월의 성명은 『다시 찾은 땅』에 다음과 같이 게재되었다. "국제여성시온주의기구는 … 런던 중앙위원회와 청년알리야 중앙위원회 사이의 협정이 이루어졌다는 것, 그리고 프랑스에 체류하고 있는 14세에서 17세의 젊은 유대인들의 이민 업무를 보장하겠다는 것"을 우리에게 언급하고 있다. 이러한 변경의 이유는 제기되지 않았다. 그러나 악화되고 있는 상황을 고려하고 있는 청년알리야 조직자들은 분명히 런던으로 본부를 이전하기로 결정했다. 그들은 그곳이 팔레스타인에 더 안전한 정착지가 되기를 희망하였기 때문이었다. 그들은 현존하는 어린이 · 청년알리야 위원회와 함께 대영제국을 위해 세력을 규합하였다. 귄터 스턴의 여동생인 에바 미셸리스는 이 위원회에서 부회장을 맡고 있었다. 아렌트는 일자리도 없었고, 반유대주의의 물결에 대응하는 개인적인 수단도 갖추지 못한 채 팔레스타인 이주를 도왔다. 내성적이며 자제하는 사람인 발터 베냐민은 1938년 12월 아도르노에게 다음과 같은 내용의 편지를 보냈다. "이곳에서 억압적인 고통 없이 살기란 언제나 가능하지 않다오."[33]

---

33 『뉴레프트 리뷰』 제81호(1973), 46-80쪽에 게재된 아도르노-베냐민 서신의 일부 영어 번역본에서 인용되었다.

이민 길에 올라

아렌트는 1938년 성탄절 기간에 오스트리아 난민들, 이후 체코슬로바키아 난민들을 지원하는 파리 유대인협회에서 일자리를 얻었다. 아렌트와 블뤼허는 꽁방시옹 거리에 있는 한 아파트를 얻었다. 그들은 아렌트 어머니가 자신들과 합류할 것으로 기대했기 때문이다. 로테 젬펠 클렌보르트는 마르타 아렌트 베어발트가 준비한 파리 여행을 지원하려고 수정의 밤 직후 쾨니히스베르크로 여행을 하였다. 비유대인들이 유대인 가정에 머무는 것은 금지되었기에 로테는 기독교도 소유의 호텔에 머물렀다. 로테는 마르틴 베어발트가 어떤 이유로 매일 저녁에 자신을 호텔까지 바래다주고 '이곳은 유대인 출입 금지'라는 표지가 걸린 문 앞에서 자신과 헤어졌는가에 대해 아렌트와 블뤼허에게 말하였다. 반유대주의 규칙은 준수되었다. 그러나 마치 폭력과 파괴가 적어도 잠시 동안 불길한 예감으로 그들의 마음을 채우기라도 한 듯이, 로테 클렌보르트는 쾨니히스베르크 사람들이 수정의 밤과 같은 무시무시한 사건 이후에 얼마나 질렸는가를 통감했다. 전차 운전수가 자신의 차에 오르는 베어발트 부인을 돕고자 그의 손을 잡았을 때, 클렌보르트와 베어발트는 감동을 받았다.

마르타 베어발트는 남편 없이 쾨니히스베르크를 떠나려는 어려운 결정을 하였다. 그는 결혼으로 에바와 클라라 베어발트 그리고 자신의 딸에게 가정을 제공하는 목적에 충분히 기여했다. 그러나 클라라는 사망하였고, 아렌트는 파리로 망명하였으며, 1938년 에바는 영국으로 이민을 떠났으므로 그러한 목적은 사라졌다. 바울 아렌트의 매제인 에른스트 아론은 나치에 의해 살해되었다. 아론은 쾨니히스베르크에서 남편 가족 쪽으로 마르타와 깊은 유대를 지니고 있는 사람이었다. 마르타가 독일에 살고 있는 유대인의 삶이 수정의 밤에 깨진 유리창보다 더 많이 산산조각 났다는 것을 깨달았을 때, 마르타와 베어발트의 유대는 그들을 지탱하기에 충분하지는 않았다.

에바 베어발트는 아버지가 영국에 있는 자신과 합류할 수 있도록 수속하느라고 노력했으나 비자를 얻을 수 없었다. 자기 부인보다 정치적인 자각이 없었으며 훨씬 더 낙관적이었던 69세의 마르틴 베어발트는 당시 파리로 가기를 꺼려했다. 그는 쾨니히스베르크에 있는 여동생이 자신을 돌보아 줄 수 있다고 생각하였다. 그는 의붓딸과는 깊은 유대감을 갖고 있지 않았다. 그는 프랑스어를 말할 수 없었으며, 파리 생활을 상상할 수 없었다. 베어발트는 미지의 삶을 위해 자기 고향을 떠나기를 꺼려했다. 마르타의 여동생인 마르가레테 퓌르스트는 최선을 기대하면서 베를린에 머무르고 있었는데, 팔레스타인에 있는 아들과 합류하기를 주저하다가 자신의 생명으로 대가를 치렀다. 그는 집단수용소에서 사망했다. 마르틴 베어발트는 훨씬 운이 좋았다. 그는 3년간 여동생과 평온하게 생활을 한 후에 쾨니히스베르크의 유대교회당 거리에 위치한 노인의 집에서 심장병으로 사망했다.

마르타 베어발트는 거의 5년 동안 딸을 보지 못했으며 블뤼허를 만나지 못했다. 아렌트는 수정의 밤에 발생한 대박해를 계기로 독일로 다시 돌아오지 않겠다고 다짐했고 자신의 삶이 위험에 놓였다는 것을 확신하였다. 마르타는 파리에 있는 딸과 합류하는 것 이상을 원하지 않았으며, 자신이 세심하게 마련한 아렌트 가족의 소유물을 검소하게 마련된 아렌트-블뤼허 가정에 넘겨주는 것 이상을 바라지 않았다. 마르타 아렌트는 1939년 4월 파리로 떠났을 때 또한 단추로 위장하였던 많은 금붙이를 휴대했다. 아렌트는 쥘리에트 스턴의 오빠와 같은 부유한 프랑스 지인들에게 금붙이 단추를 팔았고, 이 수익금을 꽁방시옹 거리의 아파트 임대료로 사용했다. 그러나 마르타 아렌트의 또 다른 소유물, 즉 제1차 세계대전 참전으로 사망 후 오빠인 라파엘에게 수여된 철십자 훈장은 결국 골칫거리가 되었다. 프랑스 경찰의 수색에 항상 취약한 아파트에서 이 독일 군국주의의 상징을 없애는 가장 안전한 방법에 관한 약간의 논의 이후, 아렌트는 그것을 낡은 코트로 싸서 거리 구석의 쓰레기통에 보관하였다. 마르타 베어발트는 자신이 도피한 나라가 반유대주의뿐만 아니라 반독일 정서로부터 자유롭지 못하다는 것을 즉각 깨달았다.

아렌트가 모든 사람이 기대하는 전쟁에 대해 점점 더 걱정하였기 때문에 마르타 베어발트는 파리에서 친구들을 찾았지만 딸에 관심을 집중시켰다. 그러나 아렌트는 그런 어머니의 지나친 관심을 부담스럽게 느꼈다. 마르타 베어발트와 하인리히 블뤼허가 자신들의 많은 차이점을 발견하였을 때 가정에서 긴장이 발생하였다. 그들은 사회적 배경이나 정치적 확신에도 그렇고 기질에 있어서도 잘 어울리지 못했다. 마르타 베어발트의 눈에 비친 블뤼허는 거칠고 약간은 게으른 사람과 같이 보였다. 블뤼허는 베어발트가 부르주아적이고 감상적이며, 독립적인 방식으로 행동하도록 아렌트를 내버려 둘 수 없다는 점을 알았다.

마르타 베어발트가 파리에 도착한 지 4개월 후 전쟁이 선포되었다. 그 전쟁은 다만 '우스꽝스런 전쟁drôle de guerre', 즉 '앉은뱅이 전쟁Sitzkrieg'이었지만 실제로 시작되었다.* 전투는 없었지만 독일 난민들은 프랑스가 즉시 주요한 교전에 패배할 것이라고 느꼈다. 프랑스 정부는 독일 국적의 남성들, 그리고 독일 지역에서 망명한 사람들 가운데 의심스러운 정치적 전력을 가진 사람들을 구금하기로 결정하였다. 블뤼허는 다른 수백 명의 난민과 함께 프랑스의 군사 활동을 지원하는 노동력을 확보하고자 조직된 도로수리 공사 노동자prestataire 수용소에 수송을 위해 신고하라고 명령을 받았다. 그는 피터 후버, 에리히 콘-벤디트와 함께 오를레앙 근처의 빌말라르로 이송되었다.

프랑스 정부가 난민들에게 수용소에 신고할 것을 명령하기 시작하자 시

---

* 옮긴이_ 나치 독일이 폴란드를 침공하자 영국과 프랑스는 1939년 9월 독일에 선전포고를 하였다. 이때부터 프랑스의 공방전이 1940년 5월까지 시작됐다. 독일과 전면전을 우려한 영국과 프랑스는 폴란드에 대한 지원과 독일에 대한 공세 시늉만 했다. 전쟁이 제대로 진행되지 않는 국면을 빗대어 부르는 명칭이다. 처칠은 이를 여명의 전쟁(Twilight War)으로, 독일은 전격전에 빗대 앉은뱅이 전쟁으로, 영미권에서는 보어 전쟁(Bore Wars)에 빗대 '따분한 전쟁'으로 불렀다. 프랑스에서는 우스꽝스런 전쟁으로 불렀다. 일명 가짜 전쟁phony war이다.

詩 이외에 위안을 제공할 만한 것은 거의 없었다. 베냐민은 이전 봄에 덴마크에 있는 친구인 베어톨트 브레히트를 방문했다가 출간되지 않은 시를 가지고 돌아왔다. 아렌트는 이 시를 암기하였으며, 블뤼허는 빌말라르까지 사본을 휴대하였다. 블뤼허는 이곳에서 이 시를 마치 마력을 지닌 성스러운 부적같이 취급하였다. 이 시를 읽고 이해하였던 동료 수용자들은 친구가 될 가능성이 있는 사람들로 알려졌다. 브레히트의 「노자가 망명길에 도덕경이란 성담을 쓴 전설」은 "좋은 소식을 전하는 소문과 같았다." 아렌트는 다음과 같이 회상하였다. "그러한 지혜가 상당히 요구되는 곳에서 브레히트의 시는 말(위안과 인내와 감내의 근원)을 통해 전파되었다."[34] 현자인 노자가 망명을 할 때, 이야기는 시작된다. 노자는 관문지기를 만난다. 노자의 젊은 시종은 주인의 숨겨진 지혜를 이 순진한 사람에게 전한다.

> … 흐르는 부드러운 물이 시간이 지나면 힘 있는 돌을 이긴다오.
> 그대는 단단한 것이 굴복한다는 뜻을 아시겠소.

블뤼허는 거의 두 달 동안 빌말라르에 머물렀다. 그는 가재도구라고는 썩은 짚만이 있는 마을의 헛간(20명 내지 30명씩 수용)에서 동료 수용자들과 함께 기거하면서 거의 끝없이 내리는 차가운 비로 어려움을 겪었다. 같은 헛간에서 기거했던 동료이며 브레히트의 시에 이해심 깊게 대응한 사람들 가운데 한 사람은 헨리 페히터라는 베를린 사람으로서 1918~1919년 공산주의 봉기의 참가자였다. 페히터는 자기 동료들에게 꾸준히 영향을 준 사람으로 블뤼허를 기억하였다. 블뤼허는 비합리적인 상황 속에서 칸트의 『순수이성비판』을 평온하게 읽고 '동일한 처지에 있던' 사람들과 대화를 나누면서 시간을 보냈다.

블뤼허는 또한 하인리히 브랜들러의 심복이며 독일공산당 반대파의 공

---

34 Arendt, "Bertolt Brecht: 1898~1956," *Men in Dark Times*, p. 245.

동 설립자 아우구스트 탈하이머를 자청하여 안심시키려고 노력했는데, 이 사람은 빌말라르에서 10마일 떨어진 수용소에 구금되어 있었다.[35] 블뤼허와 페히터는 비유대인gojim인 자신들이 안식일 예배에 동참한다는 있음직하지 않은 이야기를 경비들에게 들려줌으로써 탈하이머가 있는 수용소를 방문할 비자를 신청하였다. 그들은 10마일을 걷는 동안 탈하이머가 깊은 좌절에 빠져 있다는 것을 알았다. 탈하이머가 믿고 있는 모든 반대파, 확실히 독일공산당 반대파는 무기력해 보였으며, 그는 자신이 공감을 느끼지 못하는 수용소 동료들에 포위되어 있다는 것을 알았다. 죄수들 가운데 한 사람이며 독일 국방군의 몸집 큰 전임 장교가 정통파 안식일 예배 행사에서 불경스럽게 산책하면서 행사용 촛대에 대고 여송련의 불을 붙이는 것을 목격했을 때, 블뤼허와 그의 친구들은 정통 유대인이며 정상배들이 얼마나 이상한 수용소 동료인가는 분명히 알게 되었다.

아렌트는 블뤼허에게 편지를 보내고 블뤼허와 그의 친구인 후버와 콘 벤디트를 여러 번 방문할 수 있었다. 아렌트는 블뤼허가 담석으로 고통을 받기 시작했을 때 수용소 책임자들을 설득하여 그를 석방시키려고 노력했다. 그러나 상황은 일종의 배후조종을 필요로 했다. 믿을 수 있는 친구들을 사귀었던 클렌보르트만이 이 역할을 할 수 있었다. 로테는 첫 번째 아기인 다니엘이 11월에 태어난 랑부이레 병원을 떠난 이후 전직 시경국장의 부인을 그의 보증인으로 내세움으로써 블뤼허의 석방을 준비하였다. 그가 협상을 하고 있는 동안, 프랑스의 충원담당 장교가 블뤼허에게 수용소에서 유일하게 공식적으로 나갈 기회를 마련하였다. 프랑스 시민권을 보증하는 서류 없이 프랑스 외인부대에서 5년 근무했다는 사실이 그 이유였다. 블뤼허는

---

35 가능한 일이겠지만, 『전체주의의 기원』에서 '대중사회'이론에 대한 블뤼허의 공헌은 과거 브랜들러주의의 동료 아우구스트 탈하이머의 1930년 논문에 도움을 받았다. August Tahlheimer, "Über den Fascismus und Kapitalismus"[W. Abendroth, ed., *Faschismus und Kapitalimus* (Frankfurt: Europaeische Verlagsanstalt, 1967)]. 탈하이머는 자본주의의 음모로서 이탈리아 파시스트에 대한 표준적인 마르크스주의적 설명의 불충분성을 인정하였으며, 그것이 자동적이고 대중 동원적인 운동이라고 주장하였다.

놀란 프랑스 장교에게 거부한다고 고함을 치면서 프랑스는 자기 동료들을 정식 군대에 편입시키라고 제안하였다. 한 독일놈Boche에게서 나온 그러한 이념은 물론 수용되지 못했다. 프랑스 군대에 참여하여 히틀러와 싸운 유일한 독일인들은 안네 바일의 남편인 에릭과 같이 귀화한 프랑스 시민들이었다.

블뤼허가 파리로 돌아오자마자 블뤼허와 아렌트는 1년 전에 접수시켰던 이혼서류들을 파리 시민법정에 제출하고 결혼허가서를 받았다. 결혼식은 그들이 블뤼허의 41회 생일을 축하하기 2주 전인 1940년 1월에 거행되었다. 우스꽝스런 전쟁이 끝나고 실제의 폭탄이 프랑스 북부에 떨어지기 시작한 혼란스런 시기에 파리의 관료기구는 난민들에게 결혼증명서를 보증하는 데 신경을 쓰지 않았기 때문에 서류 제출 시기는 적절하였다. 그리고 결혼증명서를 보유하지 않은 부부들은 난관에 직면하였다. 가장 탐나는 비자인 미국의 '긴급비자'는 독신인 사람과 결혼한 부부에게만 발급되었다.

1940년 5월 5일 파리 총독이 발표한 성명은 모든 신문에 게재되었다. 17세에서 55세까지의 모든 남성들뿐만 아니라 독일의 자르와 단치히에서 온 미혼 여성이나 아기 없는 기혼 여성들은 이송을 위해 억류수용소나 서비스 제공자prestataire에게 신고하라는 것이었다.[36] 남성들은 뷔파로운동장에 5월 14일 출두해야 하며, 여성들은 팔라듐 소재로 만든 거대한 유리 지붕의 체육시설인 벨로드롬 디베르 경륜장으로 5월 15일 출두해야 하였다.* 무시무시한 명령은 평범하게도 특이했다. '적국의 외국인들'은 이틀간 먹을 충분한 식량, 개인의 식기, '30킬로그램 이상 나가는' 자루나 가방을 지참해야

---

36 억류와 관련한 공식 표명에 관한 문건들은 바르바르 보르메이의 수람에 관한 부록에 있다. Hannah Schramm, *Menschen in Gurs*(Worms: Verlag Georg Heintz, 1977). pp. 159-385.

* 옮긴이_ 이 체육시설은 이후에도 난민 수용소로 활용되었다. 벨로드롬 디베르 대규모 사건La Rafle du Vélodrome d'Hiver은 1942년 7월 16일과 17일 이틀 동안 발생한 사건이다. 이때 13,000명 이상의 유대인은 파리 및 그 주변 지역에서 체포되어 임시로 수용됐고 이후 다시 아우슈비츠 집단수용소로 이감됐다. 이송된 유대인들 가운데 성인 백 명 가량만 생존했다. 프랑스 정부는 이 사건에 대한 국가 책임을 인정하였다. 자크 시라크 대통령이 이 사건의 책임을 인정한 이후 프랑스 대통령들은 이를 공식적으로 추념하였다. 마크롱 대통령도 이 사건에 대한 국가 책임을 분명히 밝혔다.

한다. 이렇게 장비를 갖춘 난민들은 아렌트가 해학적으로 언급한 "현대사가 만든 새로운 유형의 인간", 즉 "적들이 집단수용소에 입소시키거나 친구들이 억류수용소에 입소시킨" 사람이 될 준비가 되어 있었다.[37]

아렌트는 55세가 넘은 어머니를 꽁방시옹 거리에 위치한 아파트에 남긴 채 차난 클렌보르트와 함께 지하철역으로 갔다. 평상시 파리 시민들은 운동경기, 연주회, 인민전선의 문화혁명의 전시를 관람하기 위해 지하철역에서 벨로드롬 디베르 경륜장으로 여행하였다. 아렌트는 프리츠 프렌켈의 여주인, 프란츠 노이만, 그리고 다른 두 여성과 함께 벨로드롬 디베르의 석재 외야석에 한 장소를 배정받았다. 여성 무리는 대규모 저항 행위를 방지할 목적 때문에 각기 4명의 관람석으로 분리되었다.

'적국인敵國人'이 '벨로드롬 디베르(약어로는 벨 디브 — 옮긴이)'에서 보냈던 그 주는 평온무사했지만 초조했던 시간이었다. 기온은 따듯했으며 그들은 좋은 대우를 받았다. 적절한 음식을 제공받았으며 침대로는 밀짚이 채워진 자루를 제공받았다. 기다리는 것 이외에 하는 일은 없었다. 비행기가 체육관의 유리 지붕 위로 날아다닐 때마다, 여성들은 독일의 폭격, 깨진 유리가 폭우처럼 쏟아지는 **수정의 밤**에 벌어진 대박해를 두려워했으며, 자신들에게 가해질지 모르는 조치를 계속 우려했다. 로테 클렌보르트의 친구인 케테 히르쉬의 무리는 아렌트의 무리 가까이 있었다. 히르쉬는 일기를 썼다. "주말 무렵에 집단적인 신경과민은 증대되었다. 외부의 소식이 두절되었지만, 우리는 우리가 독일인들에게 넘겨지리라고는 생각하지 않았다. 모든 사람들은 다음과 같이 말했다. '나는 이 프랑스 경비병들 대신에 친위대원들이 여기에 서있다면 상황이 어떻게 되었을까를 항상 기억해야만 한다.' 마침내 중대한 일이 발생했다. 우리는 이송되었다. 우리는 적들의 완벽한 손아귀에서 벗어났다."[38] 5월 23일 여자들은 버스로 파리를 가로질러 센 강

---

37 Arendt, "We Refugees," p. 70.

38 케테의 기술에 관한 내용은 다음 문헌에서 볼 수 있다. Schramm, *Menschen in Gurs*, pp. 332-334.

의 둑을 따라 루브르를 거쳐 리옹역으로 수송되었다. 이 수송은 몇 년 동안 파리에서 살다가 그곳을 다시 보지 못할 것이라고 기대했던 사람들에게는 고통스러운 여행이었다. 슬프고 두려운 많은 사람들은 눈물을 흘렸다.

그들의 목적지인 귀르스는 스페인 난민과 국제여단 의용군을 수용하기 위해 1939년 4월 이후 이용하였던 수용소였다. 파리와 인근에 살았던 2,364명의 여자들은 프랑스의 다른 지역 무리와 더불어 수용소의 수용자에 추가되었다. 6월 29일 일부 어린이들을 포함해 수용자는 모두 6,356명이었다.[39]

귀르스에서의 생활은 사방으로 펼쳐진 인근의 평원과 같이 변화가 없고 지루했다. 서쪽 피레네산맥의 그림자가 드리울 때에만 지루함은 사라졌다. 귀르스 수용소는 노동수용소가 아니었다. 그러나 여자들은 자포자기를 예방하는 조치로 허드렛일을 하였다. 아침에는 침낭에서 밀집을 제거하는 일을 했다. 매일 저녁 변소의 깡통을 비웠으며, 특제품인 건어물을 수용소에 제공하는 그릇을 깨끗이 씻고 남은 물을 여성들의 세면용으로 사용했다. 수용소가 봄비로 진창의 바다가 되었기 때문이다. 아렌트는 막사의 동료들이 자신들의 외모를 가능한 한 가장 좋은 상태로 유지해야 한다고 주장했으며, 그들이 주변 환경의 더러움에 감염된다면 사기가 저하될 것이라고 주장했다. 히르쉬는 최악의 유혹이 "둘러앉아서 한탄하려는" 유혹이라고 회상했다.

아렌트는 빈둥거리며 한탄하지 않았지만 세계 상황을 생각했을 때 자신의 삶에서 최악의 상태에 도달했다. 그는 1952년 8월 블루멘펠트에게 보낸 답장에서 다음과 같이 말하였다. "대체로 일은 잘 되어가는군요. 세계역사만 그렇게 무시무시하지 않다면 산다는 것은 기쁨일 것입니다. 그러나 사정은 하여튼 그렇습니다. 적어도 그것은 귀르스에서 제 생각이었습니다. 이곳에서 저는 진지하게 의문을 제기하고 다소간 재미있게 제 자신에게 응

---

39 귀르스 수용소에 관한 기술과 사진을 보려면 다음을 참조할 것. Joseph Weill, *Contribution à l'hisoire des camps d'internement dans l'Anti-France*(Paris: Edditions du Centre, 1946).

답했습니다."[40] 문제는 스스로 목숨을 끊을 것인가 여부였다.

아렌트는 자신의 질문을 진지하게 제기하였으며, 아주 진지하지 않게 질문을 제기하는 수용소의 다른 사람들(징그러운 농담으로 환영할 때 질문을 다시 제기하는 사람들)에 동조하지 않았다. 아렌트는 자살에 대한 난민의 태도에 관한 논의에서 다음과 같이 밝혔다.

> 나는 얼마 동안 보냈던 귀르스 수용소에서 자살에 관해 단 한번 들었다. 그것은 집단행동에 관한 제안이며, 외견상으로 프랑스인들을 고민하게 만드는 일종의 항의였다. 우리들 가운데 일부는 우리가 어쨌든 죽어도 그곳에서 배에 실리고 싶지 않다고 넌지시 말했다. 이때 일반적인 분위기는 갑자기 삶의 격렬한 용기로 바뀌었다. 일반적 의견에 따르면, 사람들이 전체 사건을 개인적이고 개별적인 악운으로 여전히 해석할 수 있으며, 이에 따라 자신의 삶을 개인적이나 개별적으로 중단한다면, 그들은 비정상적으로 탈사회적이어서 일반적 사건들에 관심을 갖지 말아야 한다. 그러나 사람들이 외견상 개별적인 문제들에 직면하면서도 자신들의 개별적인 삶으로 돌아오는 순간 그들은 다시 한 번 좌절에 거의 가까운 비정상적인 낙관주의로 마음을 바꾸었다.[41]

여름 동안 수용자들 가운데 거의 2/3는 귀르스를 떠났다. 일부는 독일의 파리 점령 기간 동안인 6월에 석방 서류를 획득할 수 있었으며, 일부는 자신들의 귀화한 남편과 친척이 정당한 신원증명서를 제출함으로써 수용소를 떠났다. 나머지는 여름에 독일로의 이송을 위해 나치의 '쿤트위원회'에 등록했다. 쿤트위원회는 오로지 '아리아인들'을 받아들였지만 이 호칭은 이런 사람들도 국내의 박해로부터 항상 구제하지는 못했다.

아렌트는 1962년 『중류*Midstream*』라는 잡지사에 보낸 한 편지에서 자신

---

40 아렌트가 블루멘펠트에게 보낸 편지(1952년 8월 6일), 마르바흐 문서보관소.

41 Arendt, "We Refugees," p. 72.

의 퇴거를 다음과 같이 기록하였다.

> 우리가 수용소에 도착한 지 몇 주 지난 이후, … 프랑스는 패배하였으며, 모든 통신은 두절되었다. 결과적으로 발생한 혼돈 속에서 우리는 수용소를 떠날 수 있는 석방 허가서를 획득하는 데 성공했다. 당시에 프랑스 지하운동은 존재하지 않았다. (프랑스 레지스탕스 운동은 훨씬 이후에 등장하였다) 즉 많은 젊은이들이 도피하고 항독 애국자 단체를 결성하자 독일인들은 독일 내 강제 노동력을 확보하기 위해 프랑스인들을 징집하였다. 우리 누구도 남아 있는 사람들에게 닥쳐올 것을 '기술할' 수 없었다. 우리가 할 수 있는 일이란 우리의 기대에 발생하게 될 것 — 수용소는 승리한 독일인들에게 인계되었을 것이다 — 을 그들에게 말하는 것이었다. (남아 있었던 7,000명 가운데 여성은 약 200명이었다) 실제로 이러한 일이 벌어졌다. 그러나 수용소는 이후 비시 정권에 넘겨졌다. 그러한 일은 우리가 기대했던 것보다 늦게 몇 년이 지나서 이루어졌다. 이러한 지연은 동료들에게 도움을 주지 못했다. 며칠간의 혼란이 있었지만 모든 것은 정상적으로 돌아갔으며, 탈출은 거의 불가능했다. 우리는 이러한 복귀를 당연히 정상 상황으로 예측했다. 이 복귀는 특이한 기회였지만, 수송수단이 없었기 때문에 사람들이 칫솔만을 지참해야 한다는 것을 의미했다.[42]

떠나지 않은 사람들은 가을에 비시 정권의 협조로 아이히만이 프랑스로 몰래 이송시킨 거의 6,000명의 바덴과 자르팔츠 출신 유대인과 합류하였다. 1942년과 1943년에 독일인들은 수용소의 끔찍한 조건에도 생존했던 동료들을 대부분 절멸수용소로 이송했다.

수용소를 떠났던 대부분의 여성들과 대조해보면 아렌트는 매우 행운이었다. 그는 갈 곳(로테 젬펠 클렌보르트와 그의 친구인 르네 바르트가 임대한 몽타운방 근

42 아렌트가 『중류』 편집자에게 보낸 편지(1962년 여름), 87쪽. 브루노 베텔하임의 논문에 대한 반론.

처의 집)이 있었다. 그는 걸어가다가 차를 얻어 타면서 이곳에 도착할 수 있었다. 그는 여러 날 이동하는 결과로 얻은 무릎 통증 때문에 어려움을 겪은 것 말고는 안전하게 도착하였다. 남기로 결정한 여성들은 대부분 남편들이 자신들을 확실히 찾을 수 있는 한 장소를 떠나는 것에 대해 두려워했다. 귀르스는 적어도 주소지였다. 갈 장소가 없어서 떠나기로 한 사람들은 단지 방황하였다. 아더 쾌슬러는 자신이 이 기간의 회고록을 구성하려고 이용했던 일기 『지구의 인간쓰레기*The Scum of the Earth*』에서 이러한 방랑자들, 대다수 도피자들을 묘사하였다. 그는 1940년 7월 6일에 다음과 같이 기록했다. "그는 이전에 귀르스 집단수용소에 수용되었던 독일 난민 여성 일부를 발견하였다. 이들은 이제는 석방되었으나 갈 곳과 무엇을 해야 할지를 알지 못하였다. 카페에서 한 사람에게 말을 건네자 그 여성은 다음과 같이 말했다. 그는 비점령 프랑스 지역의 모든 집단수용소에 전보를 보내고, 남편을 찾으려고 노력하며, 남편이 점령 지역에 있지 않기를 기도하였다. 그와 같은 처지에 있는 수백 명의 여자들이 카스텔나우 · 나바랭 · 쉬 · 게롱스, 그리고 인근의 다른 마을에 살고 있었다. 주민들은 그들을 귀르스 여성Gursiennes이라고 불렀다. 농민들은 그들에게 방을 세놓았으며 들판에서 두 명씩 조를 짜서 그들에게 일하게 하였다. 그들은 영양실조 상태에 있었으며 쇠진해 있었으나 깔끔했다. 모두가 유행하는 터번을 쓰고 있었으며, 다양한 색깔로 된 손수건을 목에 두르고 있었다."**43**

남부지역 전체는 혼란 상태에 있었다. "두 개의 포고령이 동시에 선포되었다. 하나는 나바랭 · 쉬 · 쉬미우 · 카스텔나우 읍사무소에 걸린 지역 읍장의 포고령이었다. 첫 번째는 과거 귀르스 수용소에 수용되었던 외국인들은 24시간 이내에 피레네 산맥 하부의 지역을 떠나야 하며, 그렇지 않으면 다시 구금될 것이라는 내용이었다. 다른 하나는 정부가 발표한 포고령이었

43 이 인용문과 다음 인용문은 다음 인용문에서 발췌했다. Arthur Koestler, *Scum of the Earth*(New York: Macmillan Co., 1941), p. 275.

다. 어떠한 외국인도 자신들의 주거지에서 여행하거나 이동하는 것을 허용하지 않았다." 몽타우방은 프랑스 전역의 수용소에서 도피한 사람들의 집결지가 되었다. 시장은 사회주의자였으며 과거의 죄수들에게 주거지를 제공함으로써 비시 정권에 대한 자신의 반대 입장을 표명하였기 때문이다. 몽타우방의 다수 주거지들은 대공포와 동원 해제로 이전에 소개되었다. 시장은 난민들에게 이 주거지들을 인계하였다. 한 프랑스인이 사용하지 않은 침대요들을 이러한 집들 가운데 한 곳으로 옮겼다. 이곳에서 난민들은 자신들이 얼마 전 떠났던 수용소 막사의 상황과 다르지 않은 상황에서 잠을 잤다.

아렌트는 로테 클렌보르트와 어린 아들, 콘 벤디트 부부의 아들인 가브리엘과 르네 바르트, 그리고 그의 어린 딸이 가정을 소박하게 꾸민, 2인용 침대가 있는 집에서 몽타우방으로 종종 여행하였다. 아렌트는 블뤼허의 소식을 얻고자 노력하였다. 소식은 들려오지 않았다. 그러나 어느 날 그들은 세계역사의 다행스러운 계략으로 만났다. 그들은 읍의 주요 도로 위에 놓인 비품들(주로 침상들) 사이에서 기쁘게 포옹하였다. 수많은 사람의 무리가 음식·담배·신문을 끝없이 찾는 일에 몰두하였다. 블뤼허는 몽타우방에서 치료해야 하는 악성 내이염으로 고생하였는데, 이것 이외에는 건강이 좋은 편이었다. 독일군이 파리에 진주했을 때 그가 머물고 있던 수용소도 소거되었다. 프랑스 수비대는 피억류자들을 남쪽으로 이송시키기 시작했다. 그러나 독일 비행기들이 대열을 강타하자, 수비대는 피억류자들을 석방시켜 도주하도록 현명하게 결정하였다. 피억류자들은 미점령 지역을 향해 걷거나 차와 자전거로 이동하며 프랑스인의 대량이주 행렬에 참여하였다.

블뤼허 부부는 잠시 몽타우방 외곽에 살았으며, 당시 시내의 한 사진관 위층에 있는 작은 방을 얻었다. 수용소에서 도피하였던 다른 친구들이 그랬듯이 훨씬 더 많았던 클렌보르트 집안의 식구들이 방문하였다. 블뤼허와 함께 구금되었던 피터 후버는 몽타우방에서 블뤼허와 재회하였다. 콘 벤디트는 로테 클렌보르트가 파리에서 남쪽으로 데리고 온 그의 부인과 아들을 만났다. (아렌트는 1945년에 태어난 콘 벤디트의 둘째 아들 다니엘을 미국에서 몇 년 지낼 때까지 알지 못했다.) 프리츠 프렌켈은 몽타우방을 거쳐 멕시코로 이주하였다. 그리고 안네 바일은 자신이 귀화한 시민으로서 귀르스에서 석방시킬 수 있었던 여동생 카테린과 함께 왔다. 이 자매들은 버려진 비둘기 집에서 슈이약 근처의 비교적 안전한 가정을 찾으려고 노력하였다. 에릭 바일은 당시 프랑스인 전쟁포로로 독일에 있었다.

블뤼허 부부는 지속적으로 경계를 하였으며, 비시 정권이 점차적으로 더 강경하게 취하는 반유대주의 조치의 변화양상을 주시하였다. 그러나 그들은 비교적 평화로운 상태에서 책을 읽고 글을 쓸 수 있었으며, 아름답고 건조한 여름 날씨를 만끽할 수 있었다. 블뤼허는 칸트에 대한 연구를 지속하였으며, 아렌트는 프루스트 · 클라우제비츠 · 시므농과 같은 작가들의 인기 없는 작품을 읽었다. 이 세 작가는 어처구니없을 정도로 상이했지만 아렌트가 프랑스에서 미국으로 가지고 갔던 연구계획과 관심사를 성취하는 데 도움이 되었다. 그는 전쟁이 유럽에 무엇을 의미할 수 있는가, 새로운 유럽이 승리와 평화로 등장할 수 있는가를 전향적으로 생각하고 있었다. 아렌트는 반유대주의 역사에 대한 지속적인 관심에 자극을 받아 프루스트의 작품을 읽게 되었다. 프루스트의 환경에 대한 화려한 묘사는 10년 후 『전체주의의 기원』 가운데 반유대주의를 다룬 제1부에 드러났다. 아렌트는 제1차 세계대전 전후의 유럽을 고려하면서 제1차 세계대전 이후 소수민족 조약에 관한 장문의 비망록을 에리히 콘 벤디트에게 보냈다. 이 비망록 역시 『전체주의의 기원』에 포함되어 있으며, 상당히 확장되었다.

1940년 여름이 끝날 무렵, 즉 "프랑스의 함락, 영국의 위협, 아직 유효한 히틀러-스탈린 협정으로 난민들에게 제2차 세계대전 중에 가장 암담했던 시기에 이 협정의 가장 두려운 결과는 유럽에서 가장 강력한 두 경찰국가의 긴밀한 협조였다."[44] 이때 시므농의 탐정소설roman policiers을 읽는 것은 단순한 소일거리는 아니었다. 프랑스 경찰의 구조와 방법에 관한 시므농의 통찰은 결과적으로 매우 도움이 되었다. 아렌트 친구들의 일부는 그가 음모론을 포용하는 경향이 과도하고 관료적 무능력을 이용해 음모를 꾸미려는 사람이라고 생각하였다. 그러나 1940년 10월 프랑스 경찰이 모든 유대인에게 가장 가까이 있는 읍에 등록하라고 명령했는데, 아렌트는 명령에 응해서는 안 된다고 경고하였다. 이 경고를 주시하였던 친구들은 경찰에 대한 아렌트의 불신을 촉발시키는 계기를 제공해준 시므농에 대해 감사를 표시하였다. 등록을 거부한 사람들은 무국적성에 불법성을 추가하였다. 그러나 그들은 복종적인 다수의 난민처럼 등록부에 자신들의 주소지를 기입한 이후 체포되지는 않았다.

레닌은 "전쟁, 유럽 국민국가 체계의 붕괴는 마르크스가 예언한 자본주의 경제의 경제적 붕괴를 대신할 수 있는 가능성 — 아렌트가 로자 룩셈부르크에 관한 논문에서 언급한 바와 같이 — 을 고려했다. 이때 레닌은 클라우제비츠의 『전쟁론*On War*』을 읽었다."**45** 아렌트는 『전쟁론』을 읽었기에 동일한 가능성을 또한 희망적으로 고려하고 있었다. 그는 이론적 관점에서 국민국가를 분석하기 시작하였다. 그의 비판은 『전체주의의 기원』의 주요 입장들 가운데 하나였다. 이 책의 형태는 프랑스에 있던 아렌트에게는 명료하지 않았다. 그러나 아렌트는 제국주의, 당시 그의 표현대로 "인종적 제국주의"와 반유대주의에 관한 포괄적인 연구를 자신의 임무로 수용했다. 인종적 제국주의는 주권국가의 지배적인 민족이 소수민족을 극단적으로 억압하는 형태였다. 아렌트는 히틀러가 패배한다면 전쟁이 비주권 국가들의 연합, 즉 유럽연방 — 그와 블뤼허가 이주하기를 희망했던 연방국가인 미국과 비교하여 — 을 위한 기회를 제공할 수 있는가에 대해 의심하기 시작하였다.

---

44 Arendt, "Walter Benjamin," *Men in Dark Times*, p. 153.

45 Arendt, "Rosa Luxemburg," *Men in Dark Times*, p. 171.

10월 유대인은 도지사prefet에게 신고하라는 명령이 발표되었다. 이때 블뤼허 부부는 미국행 비자를 얻으려고 노력했다. 마르타 아렌트는 파리에서 몽타바웅으로 이동했다. 세 사람은 프랑스 비자를 발급하는 도시인 마르세유를 여러 번 방문하였다. 블뤼허 부부는 결국 미국행 긴급비자를 받았다. 미국에 있는 귄터 스턴은 부분적으로 이들의 비자 발급을 도왔다. 아렌트는 청년알리야에서 근무한 관계로 특별히 주목을 받았으며, 블뤼허는 남편으로 동반 비자를 받았다. 그러나 마르타 아렌트는 비자를 함께 발급받지 못했다. 상황은 끔찍했다. 즉 1,137명이 미국 국무성에 신청서를 제출했지만, 237명만이 1940년 8월에서 12월 사이에 비자를 발급받았다.[46] 난민의 비자신청서를 제출했던 프랑스의 단체, 긴급구조위원회는 필사적이었다. 그리고 비시 정권은 귀중한 비자를 발급받은 사람에게도 출국허가를 거의 인정하지 않았다. 스페인과 포르투갈 정부는 모두 리스본에서 승선하기로 예정되었던 난민들에게 통과 비자를 발급하는 것과 관련하여 예측할 수 없는 입장을 취했다.

아렌트와 블뤼허는 운 좋게 비자를 받았다. 그러나 그들이 지혜를 발휘하지 않았다면 비자는 그들에게 도움이 되지 않았을 것이다. 그들은 서류를 가지러 자전거를 타고 불법으로 마르세유로 갔다. 호텔에 묵고 있는 그들이 메시지를 받을 때가지 모든 일은 잘 되어 갔다. 블뤼허는 호텔 접수대 직원에게 보고해야만 하였다. 그들은 경찰이 멀리 있지 않다는 것을 알았다. 블뤼허는 시치미를 떼고 아래층으로 내려가 열쇠를 남겨 두고 다른 사람이 그를 세울 새도 없게 문을 걸어 나갔다. 아렌트가 잠시 후 따라 나갔다. 그는 블뤼허가 카페에 안전하게 앉아있다는 것을 확인하자 호텔로 되돌아가 영수증을 지불하고 아침을 들었다. 호텔 직원이 남편에 대해 질문하러 왔을 때, 아렌트는 자기 남편이 이미 도청에 가 있다고 우선 큰 소리로

46 더 많은 정보를 위해서는 다음 자료를 참조할 것. Henry Feingold, *The Politics of Rescue: The Roosevelt Adminstration and the Holocaust, 1938~1945*(New Brunswick, N. J.: Rutgers University Press, 1970).

말하고 이어서 "당신은 그의 책임을 맡고 있지 않소"라고 직원을 비난하면서 야단법석을 떨었다. 그 다음에 아렌트는 블뤼허를 데리러 갔다. 그들은 즉시 마르세유를 떠났다.

그들은 간신히 도피한 이후 어쩔 수 없이 마르타 아렌트를 남기고 떠날 준비를 하였다. 다행스럽게도 그들은 몽타우방 인근에 있는 난민들에게 스위스의 배급품인 식량과 미국공동분배위원회 기금을 배분하는 니나 구르핑켈에게 달려갔다. 아렌트가 파리에서 사귄 러시아 친구인 구르핑켈은 마르타 아렌트가 비자 신청을 진행할 때까지 그를 돌보아주기로 약속했다. 비시 정권은 1941년 잠시 출국허가정책을 완화시켰으며, 블뤼허 부부는 즉시 리스본행 기차를 탔다. 그들은 유대인이민단체HIAS가 제공하는 승선권을 가지고 뉴욕행 배에 승선하기까지 3개월을 그곳에서 기다렸다. 마르타 아렌트의 비자가 5월에 도착하였다. 그는 블뤼허 부부가 출발한지 겨우 몇 주 사이에 접안한 배에 승선하기 위해 시간 내에 리스본으로 갔다. 그들의 탈출은 모든 면에서 행운이었다. 1941년 6월 국무성은 다시 한 번 입국정책을 강화시켰다. 미국 독자들이 입수할 수 있는 난민들의 어려운 처지에 관한 몇 가지 보도들 가운데 하나의 기사, 반파시스트 정부의 방관적 입장을 비난하는 「프랑스에서의 악몽」이란 적절한 제목의 기사가 1940년 8월 17일자 『민족』에 게재되었다.*

이미 유럽을 떠난 사람들은 말할 것도 없고 유럽의 상황에 관심을 가지고 있던 사람들조차도 그 심각성을 명백히 느끼지 못했다. 아렌트는 종종 루돌프 힐퍼딩에 대해 언급하였다. 아렌트는 『게젤샤프트』의 편집을 맡았던 힐퍼딩과 브라이트샤이트 박사를 알고 있었다. 과거 독일 사회민주당의 지도자였던 두 사람은 미국행 비자를 소지하고 있었지만 프랑스 출국허가

---

* 옮긴이_ 출처는 다음과 같다. Freda Kirchway, "Nightmare in France," *Nation*(August 27, 1940), 124. 여기서는 8월 27일자로 명기되어 있다. 프리다 커츠웨이(1893~1976)는 1933년부터 1955년까지 이 잡지의 편집으로 활동하면서 양차 대전 사이 불황과 파시즘, 세계대전, 매카시즘의 시대를 통찰한 언론인이며 페미니스트다.

서를 지참하지 않았던 관계로 마르세유의 노르망디 호텔에서 재수감되었다. 1940년 8월 친구들은 허위로 출국허가서를 얻거나 독일인들이 그들을 본국으로 송환하기 이전에 허가서 없이 피레네 산맥을 넘어 도피하라고 설득시키려고 했다. 프랑스-독일 정전협정의 악명 높은 19조에 의거해 프랑스인은 요구 즉시 프랑스 내에 있는 어떠한 독일인이라도 양도해야 할 의무가 있었다. 브라이트샤이트와 힐퍼딩은 비시 정부를 신뢰하기로 결정하였다. 그들은 프랑스가 그들의 인도를 인정하지 않으리라고 믿었다. 그러나 그들은 점령지역과 비점령지역 사이의 경계지역으로 수송되었으며, 그들을 처형한 독일인들에게 인계되었다. 아렌트는 자신이 잘못된 신뢰와 행동 거부로 치를 수 있는 대가를 특별히 설명하고 싶을 때마다 이에 관한 이야기와 귀르스에 머물러 있던 사람들에 관한 이야기를 들려주었다.

이러한 이야기들은 모두 경고의 의미를 담고 있다. 베냐민이 프랑스에서 악몽같이 보냈던 마지막 해에 관한 이야기는 블뤼허 부부에게 개인적으로 감명을 주었다. 베냐민은 프랑스의 시인이자 외교관인 생 장 페르스의 중재로 1940년 봄 구금에서 풀려나 파리에서 루르드로 여행하였으며, 이후 마르세유로 이동하였다. 이곳에서 베냐민은 블뤼허 부부를 만났으며, 사회조사연구소의 뉴욕 동료들이 그를 위해 미국행 긴급비자를 확보하였다는 사실을 알았다. 이후 그는 스페인 통과허가서를 얻고자 노력하였으나 프랑스 출국허가서를 갖고 있지 않았다. 그는 피레네 산맥을 넘어 당시 마르세유에 있는 난민들에게는 잘 알려졌던 포르 부Port Bou로 가는 탈출로를 따라 소규모의 무리와 불법으로 프랑스를 떠나기로 결정하였다. 그러나 그들은 스페인 세관 사무실에 도착했을 때 통과허가서가 유효하지 않다는 것을 알았다. 국경선은 바로 그날 폐쇄되었다. "난민들은 다음날 같은 도로를 따라 프랑스로 되돌아가게 되어 있었다. … 베냐민은 밤사이에 자살하였다. 그의 자살에 감명을 받은 국경 경비병은 그의 동료들이 포르투갈로 가는 것을 허락하였다. 몇 주일 후에 비자에 대한 제한이 다시 철회되었다. 하루전이라면 베냐민이 아무 문제없이 통과했을 것이며, 하루 후라면 마르세유에 있는 사람들은 당분간 스페인을 통과하는 게 불가능함을 알았을 것이다. 그 특별한 날에만 파국은 가능했다."[47]

베냐민을 담당했던 스페인 국경 경비병은 브레히트의 시에 나오는 현자인 노자의 지혜를 얻은 사람과 달리 우호적이지 않았다. 베냐민을 통과시키지 않았던 국경 경비병은 이주하는 과정에 있는 베냐민에게 그의 『도덕경』을 쓰라고 요구하지 않았다. 그러나 베냐민은 전쟁 첫 해에 여러 편의 시를 쓸 수 있는 시간을 가졌으며, 이들 가운데 하나는 브레히트의 시와 이 시의 희망적 메시지에 대한 논평이었다.

> … 흐르는 부드러운 물이 시간이 지나면 힘 있는 돌을 이긴다오.
> 그대는 단단한 것이 굴복한다는 뜻을 아시겠소.

이 시 구절은 브레히트가 망명할 때 쓴 현자의 교훈이다. 그러나 베냐민이 그의 아름다운 논평에서 지적했듯이 현자의 지혜는 단지 언급만 되었고 이후에 글로 기록되었다. 현자는 우정의 정신에서 말하고 쓰라고 요청을 받았기 때문이다.[48]

브레히트의 시는 신고할 것이 있는지를 질문한 '세관원, 즉 관문지기'*가 망명길에 오른 늙은 노자와 젊은 시동侍童을 어떻게 멈추게 했는가를 밝히고 있다. 그들은 아무것도 가지고 있지 않다. 그러나 그 시동은 늙은 주인이 자신의 '스승이었다'고 자진하여 설명한다. 그리고 시인은 그것은 신고할 가치가 있는 귀중한 것이라고 말한다. 관문지기는 노인이 무엇을 가르

---

47 Arendt, "Walter Benjamin," *Men in Dark Times*, p. 53. n. 9.

48 베냐민의 논평은 영어판으로 이용할 수 있다. Walter Benjamin, *Understanding Brecht*(London: New Left Books, 1973). 다음 인용문은 번역본에서 발췌된 것이다.

* 옮긴이_ 노자는 주나라가 쇠망해가는 것을 보고 진나라로 들어가는 길목인 함곡관(函谷關)에 이르자, 관문지기 윤희(尹喜)가 노자에게 책을 써달라고 요청한다. 따라서 세관원(customs official)이란 표현 대신에 관문지기로 표기하는 것이 좋을 것이다.

쳤냐고 물었다. 그러자 그 시동은 돌을 쪼개는 물에 관한 교훈을 언급하였다. 관문지기는 여행자들이 지나갈 때 그 교훈을 곰곰이 생각하다가 곧 그들을 쫓아 달려가서 노인에게 더 많은 것을 자기에게 말해달라고 요청한다. 관문지기는 자신이 단지 관문지기라고 말하고 있지만, "어떻게 이기는가"를 아는데 관심이 있다. 관문지기는 여행자들에게 점심을 대접하고 붓과 종이를 제공한다. 현자는 이 남루한 동료를 존중한다. 베냐민이 설명하듯이 그는 사람이란 의문을 제기할 의무를 가지고 있으며, 문제를 제기할 자격이 있고, 그가 친구라고 결정한다. 그 노인은 "무엇인가에 대해 질문하는 사람은 마땅히 답을 들을 자격이 있다"고 말한다. 그 시동은 말을 덧붙인다. "매우 추운데, 약간의 온기는 좋을 것이오." 현자는 관문지기를 위해 위대한 무엇인가를 하기로 결정하였다. 그러나 그는 그것이 마치 무인 것같이 행동한다. 그는 "위대한 것을 마치 사소한 것 같이" 취급한다. 베냐민은 현자의 방식에서 우정의 진정한 징표를 보았다. 그 징표란 엄정한 시선, 세심하고 안목 있는 관심, 어느 정도의 무관심이나 크고 중요한 일을 떠들어대지 않음, 즉 어느 정도의 거리감이다. "우정은 사람들 사이의 거리를 제거하지는 않는다. 우정은 그것을 진동케 한다. 현자는 관문지기를 위해 크고 중요한 일을 수행한 후 더 이상 그와는 관계가 없게 되었다." 현자는 『도덕경』의 82개 격률을 썼으며, 전령인 시동에게 이것들을 관문지기에게 넘기게 하였다. 브레히트는 그 관문지기가 이것들을 요구했기 때문에 우리는 그 사람에게 감사해야 한다고 말한다.

우정의 본질에 관한 베냐민의 논문은 브레히트의 시에 화답하여 쓰였다. 그의 마지막 유언은 격률의 모음집인 『도덕경』과 같다. 「역사철학에 관한 테제」는 다른 친구의 저작, 즉 게르숌 숄렘의 『유대 신비주의의 주요 추세 *Major Trends of Jewish Mysticism*』*에 화답하여 쓰였다.

---

* 옮긴이_ 이 책에 대한 아렌트의 서평은 다음 자료를 참조할 것. 홍원표 옮김, 『유대인 문제와 정치적 사유』, 643-656쪽.

1939~1940년 겨울 동안 블뤼허 부부와 베냐민은 숄렘이 팔레스타인에서 베냐민에게 보냈던 유대 신비주의에 관한 책에 대해 논의하면서 많은 시간을 보냈다. 그들은 숄렘의 책에서 17세기 안식일 운동에 관한 이야기를 읽었다. 아렌트는 이후에 이 운동을 구세주적인 신비주의 전통의 부산물이라고 규정하며 다음과 같이 밝혔다. 즉 "마지막의 위대한 유대인 정치 활동은 현실과 행위에 대한 배타적인 관심에서 특이한 것 같다. … [신비주의들 가운데] 유대 신비주의만이 위대한 정치운동을 불러일으킬 수 있었으며, 현실적인 대중적 행위로 변할 수 있었다."[49] 아렌트는 유대인 역사와 유럽 역사의 미래 조화를 위한 역사적 전례, '게토로 돌아가자'는 주장에 대한 강력한 반론을 찾았다. 그리고 그는 아우구스티누스의 비세계적 사랑의 개념과 달리 이 세계 내에서 이웃사랑의 잠재력을 확인하는 초월적 원리를 찾을 수 있었다.

베냐민 역시 숄렘의 책으로부터 배웠다. 그는 "지금(Now; Jetztzeit)의 현전으로 채워진 시간"이라는 거의 터무니없는 개념을 고안하였고, 이러한 시간의 이미지가 과거와 미래의 현실주의적이고 행동 지향적인 의미를 부여하기를 기대하였다. 베냐민은 과거 다음에 오는 것에 관심을 갖지 않은 채 과거를 고립시키고 재구성하거나 심지어 재생케 하려는 시도, 즉 역사주의에 대항하여 「역사철학에 관한 테제」를 썼다. 그리고 그는 "동질적인 공허한 시간을 통해 … 인류의 역사 과정이란 개념"을 지니고 있는 역사적 유물론에 대항하여 이 논문을 썼다. 그는 과거에 대한 거짓된 이미지와 미래에 대한 거짓된 희망을 모두 반대했다. 역사주의는 승리한 사람들의 가치에 따라 사람들을 창조하기 위해 과거에 대한 거짓된 이미지를 만들어냈고, 역사적 유물론은 유대교가 금지한 일종의 예언에 관여함으로써 미래에 대한 거짓된 이미지를 만들었다. 베냐민은 예언에 대한 금기禁忌를 인정하였

---

49 Hannah Arendt, "Jewish History Revised," *Jewish Frontier*, March 1948, p. 38; 『유대인 문제와 정치적 사유』에 수록됨.

으나 자신이 숄렘의 설명에서 읽어냈던 유대인의 구세주의 관점에서 이 금기를 해석하였다. 즉 "그러나 이것은 유대인에게 미래가 동질적이고 공허한 시간으로 전환된다는 것을 의미하지는 않는다. 구세주가 들어갈 수 있는 올바른 문은 잠시 동안 존재하였다."[50]

베냐민은 마르세유에서 아렌트와 블뤼허를 본 마지막 순간에 「역사철학에 관한 테제」를 포함하여 원고 뭉치를 그들의 수중에 맡겼다. 베냐민은 이것들이 뉴욕의 사회조사연구소에 넘겨질 수 있기를 희망하였다. 그들은 친구의 전령이 되는 영광을 갖게 되었다.

블뤼허 부부는 리스본에서 배를 기다리는 동안 베냐민의 「역사철학에 관한 테제」를 서로에게 그리고 주위에 모인 사람들에게 큰소리로 읽어주었다. 그러나 아렌트는 2년이 지나서야 베냐민이 마지막으로 제공한 우정의 선물에 글로 화답하였다. 블뤼허 부부는 1940년 여름과 가을에 좌절을 이미 경험하였고 극복하였는데, 1942년 그들을 다시 거의 좌절케 하는 유럽발 신문 기사들을 목격하게 되었다. 그들은 독일인들이 집단수용소를 설치한다는 기사, 유대인들을 살해하기 위해 가스를 사용하고 있다는 기사, 귀르스 수용소에 있던 사람들이 모두 아우슈비츠의 인간도살장으로 이송되었다는 기사를 읽었다. 유럽에 대한 희망, 그들을 지탱케 하였던 '현실적인 대중적 행위'에 대한 희망은 이러한 보고서 앞에서 사라졌다. 이때 아렌트는 죽은 친구를 위한 한 편의 시, 고별과 찬사를 "W. B."라는 간단한 제목으로 썼다.

> 어스름은 언젠가 다시 올 것이오,
> 밤은 별들에서 내려오며,
> 우리는 쭉 뻗은 사지를 내려놓을 것이오

50 Hannah Arendt, "Theses on the Philosophy of History," Hannah Arendt, ed., *Illuminations* (New York: Harcourt, Brace & World, 1968), pp. 255-266.

가까이로, 먼 곳으로.

어둠에서 부드럽게 들린다오
자그마한 고고한 멜로디에. 귀를 기울이네,
우리는 적응하기로.
마침내 대열을 느슨하게 한다.

멀리서 들리는 소리, 가까이서 들리는 슬픔.
그것들은 소리이고, 이것들은 죽은 자의 소리
우리가 전령으로 먼저 보낸 사람들,
우리를 잠으로 인도하기 위해서.

제5장

충실성은 진리의 징표다
(1941~1948년)

> 내가 스스로 존재하지 않는다면, 누가 나를 위해 존재하는가?
> 내가 나 자신만을 위해 존재한다면, 나는 누구인가?
>
> 힐렐

적응과 의무

블뤼허 부부는 1941년 5월 뉴욕시에 도착하였다. 그들은 수중에 있던 25달러와 미국 시온주의기구가 제공한 70달러 월급을 쥔 채 웨스트 85번가 317번지에 위치한, 좁고 비품이 반쯤은 완비된 방 두 개의 전셋집을 얻었다. 그들은 마르타 아렌트의 도착에 대비해 이 전셋집을 준비하였다. 무진호가 6월 21일 선착장에 도착하였을 때, 그들은 파리 근교의 가정에서 살았던 난민 어린이들 사이에 마르타가 있다는 것을 발견하였다. 한나 아렌트는 한때 로스차일드 부인의 비서로서 이들의 가정을 방문했었다. 마르타 아렌트는 어린이들과 마찬가지로 프랑스 남부에서 1년간 은신해 사느라고 여위고 초췌했으며 탈진해 있었다. 그리고 그는 어린이들과 마찬가지로 구제되었을 때 두려워했다.

마르타가 쾨니히스베르크에 살 당시 이웃이었던 줄리 브라운 포겔슈타인은 음식꾸러미와 옷가지를 제공하여 가사를 도왔다. 폴 틸리히는 프랑크푸르트에 있을 때와 마찬가지로 친절하게 이른바 '난민자선단체'로 한나 아렌트를 안내하였다. 한나 아렌트는 이곳에서 미국 가정을 돕는 2개월짜리 일자리를 신청하였다. 생존하며 생계비를 벌려면 어느 정도의 영어교육이 필요했다. 한나 아렌트는 블뤼허 가정에서 교육을 받을 수 있는 가장 가능한 사람이었다.

마르타 아렌트는 뉴욕에서 첫 번째 주를 함께 보내는 동안 유머 감각을 되살릴 만큼 휴식을 충분히 취했으며, 쾨니히스베르크에서 학교를 다니던 당시 딸의 대담한 거부를 엉뚱하게 딸에게 환기시켰다. 즉 성깔 있는 아렌트가 "안 돼! 영어 선생님은 나에게 안 맞아!라고 말했었단다." 그럼에도 그리스어 · 라틴어 · 프랑스어를 배우는 학생은 준비가 잘 된 학습자였다. 한나 아렌트는 매사추세츠에서 2개월짜리 단기 노동일을 하려고 출근하던 7월 중순쯤에는 영어 엽서를 취급할 수 있었다. "나는 잘 도착했답니다. 더 이상 두려워하지 않는다오. 기쁨은 상당합니다. … 사랑과 입맞춤, 그리고 편지, 기쁘지요."[1]

수많은 편지가 뉴욕과 매사추세츠 주의 윈체스터 사이를 오갔다. 편지는 모두 독일어로 쓰였다. 이 편지들에는 미국과 미국 영어의 새로움에 관한 내용을 언급했고, 이에 대한 생각을 담고 있었다. 하인리히 블뤼허는 기질이나 교육 배경으로 인해 자기 부인과 같이 연구할 준비가 되어 있지 않았다. 블뤼허는 유럽에서 발생하는 사건들을 통해 자신이 구세계로 결코 돌아갈 수 없다고 확신했을 때 비로소 신세계를 자신의 영원한 고향으로 받아들였고, 새로운 언어를 필수사항으로 수용하였다. 그는 정치적으로 자신

---

1 아렌트가 블뤼허에게 보낸 편지(1941년 7월 18일), 의회도서관.

의 망명에 감사했지만 사회적으로는 당혹스러워했다. 그는 안도감을 느끼지 못했고, 고립되었으며, 장모에게 쉽게 화를 냈다. 블뤼허가 영어 배우는 것을 꺼려하자 장모는 블뤼허가 의당 맡아야 하는 가장 역할을 하지 않는 게으른 사람이라고 생각하였다. 그러나 한나 아렌트는 자기 남편의 독립적이고 반부르주아적인 정신을 잘 이해하였다. 아렌트는 자신이 탈정치적인 젊은 시절과 어머니에 대한 의존심으로부터 벗어나면서 남편의 그런 정신으로부터 도움을 받았다. 그러나 아렌트 역시 블뤼허에게 영어를 배우도록 가끔 재촉하려고 노력했다. "그런데 미안하지만 여보, 당신은 영어를 조금이라도 배워요?Und, pardon Monsieur, lernst Du noch ein bisschen English?"[2]

아렌트는 블뤼허에게 말했듯이 윈체스터에서 "언어 자체보다 이 나라에 대해 더 많은 것"[3]을 발견하였다. 아렌트는 미국 방식에 대한 많은 분량의 세부적인 보고에서 경험을 공유하였다. 여주인인 기더즈 부인은 채식주의자이고 열렬한 흡연 반대자이며, 새를 관찰하는 사람이었으며 도보 여행자였다. 아렌트는 그 부인이 '청년도보운동Wandervogel'을 권장하는 프로이센 사람들보다 프로이센 기질을 더 많이 보이고 도보 여행을 더 좋아한다고 생각하였으며, 일종의 국가사회주의 고향을 우연히 만날 수 있었다는 것에 놀랐다. 그러나 아렌트가 발견했듯이, 애정이 넘치는 '보호자(기더스 부부 – 옮긴이)'는 친독일적이지 않고 미국인들이 영국을 지지하여 히틀러와 맞서 싸우는 전쟁에 참전할 수 있다는 어떠한 제안에도 전혀 영향을 받지 않는 평화주의자일 뿐이었다.

한 달 후 그들이 아렌트의 요구사항에 따르게 되었을 때에도 가정의 통상적인 일들은 재미없어지기 시작했다. 즉 아렌트는 방에서 담배를 피워도 좋다고 허락을 받았지만, 기더즈 부인의 남편은 정원에서 담배를 피워야만 하였다. 아렌트는 결코 어린이가 없었던 자신을 어린이로 취급하려고 하거

2 아렌트가 블뤼허에게 보낸 편지(1941년 7월, 날짜 미상), 의회도서관.

3 아렌트가 블뤼허에게 보낸 편지(1941년 7월, 날짜 미상), 의회도서관.

나 감독하고 보호하려는 기더즈 부인의 노력에 분개하였다. 흑인들에 대한 그들의 태도뿐만 아니라 제3세대 이민자들로서 '새로운' 미국인에 대한 그들의 겸손을 포함해 작은 도시에서 누리는 기더즈의 사회적 삶과 관련한 것은 모두 불편하였다. 그들의 평화주의가 유럽에서 히틀러의 성공에 관한 신문 보도와 씨름하는 유대인 난민들에게는 비양심적이었지만, 아렌트는 자신이 이후에 아주 유창하게 찬양하였던 미국의 민주정신을 처음으로 경험하였다. 그는 기더즈 부인이 일본인 태생 미국인들의 구금에 항의하기 위해 격분에 찬 편지를 지역구 국회의원에게 보내려고 앉아서 편지 쓰는 모습을 주시하였다. 아렌트는 윈체스터에서 자신이 미국인의 정치적 삶을 존경하면서도 사회적 삶을 싫어할 수 있다는 것을 자각하게 되었다. 그는 남은 일생 동안 간직했던 의견을 결정했다. "이 나라의 근본 모순은 사회적 예속과 결부된 정치적 자유입니다."[4]

아렌트는 할 수 있는 최대한 미국에서 꾸민 가정을 떠맡았다. 그는 "나는 일종의 굳센 장난감 병정과 같이 행동합니다"라고 블뤼허에게 말했다. 우체부는 아렌트의 유일한 휴식인 블뤼허의 편지들을 가지고 왔다. 블뤼허는 매사추세츠에서 몇 주 내내 아렌트 자신을 "아주 외롭고, 분노하며 불안하게 만든" 관심사를 공유할 수 있는 유일한 사람이었다.[5]

아렌트는 뉴욕에 도착한지 며칠 후 베냐민의 원고가 담긴 상자를 웨스트 117번가에 위치한 사무실로 옮겼다. 베냐민의 친구인 아도르노와 동료들은 이곳에서 프랑크푸르트사회조사연구소를 재건하였다. 연구소의 비서이며 이후 아렌트의 친구가 되었던 앨리스 마이어는 아렌트를 맞아들였으며 베냐민의 원고가 유지되고 있다는 사실을 알고 놀라 '테디' 아도르노를 호출하였다. 저작들, 특히 「역사철학에 관한 테제」는 프랑크푸르트학파의 지적 발전에 중대한 역할을 하였다. 그러나 아렌트는 베냐민의 저작을 취급

---

4 아렌트가 야스퍼스에게 보낸 편지(1946년 1월 29일), 마르바흐 문서보관소.

5 아렌트가 야스퍼스에게 보낸 편지(1941년 7월, 날짜 미상), 의회도서관.

하는 아도르노의 초기 방식에 상당히 고통스러웠다.

아렌트는 윈체스터에 있을 때 원고들 가운데 하나가 소실되었다는 사실을 자신에게 알리는 편지를 받았다. 아렌트는 이를 믿지 않았으며 원고가 "단지 삭제됐다"는 사실을 의심하였다.[6] 아렌트 생각에 이 사실은 프랑크푸르트사회조사연구소 회원들이 도덕적으로 수행해야 할 일(베냐민 원고의 출간)을 하지 않으려 한다는 인상을 확증시켜 주었다. 아렌트는 몹시 흥분했으나 무엇을 해야 할 지에 대해서 알지 못했다. 아렌트는 자신이 원고로 구성한 사본을 살만 쇼켄에게 보내기를 원했으며, 쇼켄이 예루살렘의 쇼켄출판사를 통해 '권위 있는 방식으로' 이것들을 출판하기를 희망하였다. 연구소 회원들이 사본을 어떻게 처리하고자 의도했는가의 사실이 명료해질 때가지 출판은 이루어질 수 없었다. "그들은 결코 사본에 대해 말하지 않을 것이다." 국제우편이 팔레스타인에서 접수되고, 아도르노나 쇼켄에게 영향을 미칠 수 있는 게르숌 숄렘이 이를 받을 수 있을 때까지, 아렌트는 마침내 문제를 보류하기로 결정하였다. 아렌트는 격분하여 "우리는 죽은 친구들에 대한 충실성이란 주제의 강의를 연구소 회원들에게 아마도 제공할 수 없을 것입니다"라는 내용의 편지를 썼다.[7]

아렌트는 결코 베냐민의 원고를 아도르노에게 넘기고 싶지 않았으나 친구의 가르침에 제약을 받았다. 아렌트는 베냐민의 미국행 긴급비자를 마련하였던 아도르노에게 고마워했지만, 연구소 회원들의 도덕적 재정적 지원을 신뢰할 수 없다는 베냐민의 두려움을 분명히 기억하였다. 베냐민은 1938년 11월 보들레르에 관한 논문을 아도르노에게 제출한 이후 지원 문제에 대해 걱정했다. 아도르노는 광범위한 수정을 요청하는 내용과 함께 원고를 베냐민에게 반송했고, 베냐민은 어쩔 수 없이 수정 요청에 동의했다. 아도르노는 원고의 일부를 다시 삭제하고 편집한 이후 이를 『사회조사연구

6 아렌트가 블뤼허에게 보낸 편지(1941년 7월 날짜 미상), 의회도서관.

7 아렌트가 블뤼허에게 보낸 편지(1941년 7월 날짜 미상), 의회도서관.

Zeitschrift für Sozialforschung』 1939년 호에 게재했다. 아렌트는 1968년 논문에서 자신의 친구에 대해 다음과 같이 기록했다. "베냐민은 젊은 시절 이후 자신이 알지 못했던 사람들과 관계를 유지하는 데 있어서 상당히 수줍어했지만 의존했던 사람들을 단지 두려워했다." 베냐민은 아도르노를 두려워했고, 아렌트는 이 점에 대해 심히 분노하였다. 아렌트는 뉴욕으로 이주할 때 베냐민의 원고를 휴대하였는데 그가 두려움 속에서 평화와 확신을 얻고자 한 원고를 수정했다는 사실을 알았다. 이러한 희생도 베냐민을 탐탁지 않은 마르크스주의자, 변증법적으로 충분하지 못한 사상가로 고려한 프랑크푸르트학파의 학자들을 무마하기에 충분하지 않았다는 생각은 아렌트를 고통스럽게 했다.[8]

팔레스타인에 보내는 우편 업무가 재개된 지 1년 후 아렌트는 숄렘에게 편지를 보냈다. 아렌트가 "벤지"*를 위해 이전에 수행한 자신의 노력을 기술하지 않았기 때문에, 숄렘은 아도르노에게 행동하도록 촉구한 자신의 노력이 실패하였다는 것을 설명한 이후에 상황을 그저 출발점으로 되돌렸다. 숄렘은 아렌트에게 "아마도 당신은 선한 사람 밑에서 불을 조금 지필 수 있겠지요?"[9]라고 제안하였다. 베냐민의 여러 원고는 등사판 인쇄물로 보급되었지만, 어떠한 논문도 1945년까지는 연구소의 잡지에 게재되지 않았으며, 베냐민의 저작은 1955년까지 수집되지 않은 상태로 있었다. 아렌트는 1968년 죽은 친구에 대한 지속적인 충실성에서 영어판 『조명*Illumination*』을 편집 출간하며 서문을 썼다. 아렌트는 자신이 사망하던 해인 1975년에 두 번째 책인 『성찰*Reflections*』을 정리하고 있었다. 숄렘과 아도르노는 1966년 베냐민의 편지들을 두 권으로 정리하였다. 아렌트는 베냐민이 자살하기 이전

---

8 Arendt, "Walter Benjamin: 1892-1940," *Men in Dark Times*, p. 167, n. 5.

* 옮긴이_ 베냐민(Benjamin)은 종종 'Ben', 'Benny', 'Benj', 'Benji'로 표기된다. 아렌트는 발터 베냐민을 "벤지"라고 불렀다.

9 게르숌 숄렘이 아렌트에게 보낸 편지(1942년 2월 6일), 의회도서관.

여름에 집필한 비망록을 그로부터 받아 조심스럽게 간직하고 있었다. 하지만 이 비망록은 책(즉 『성찰*Reflections*』 — 옮긴이)에 포함되지 않았다. 숄렘은 자신이 경멸한 책, 즉 『예루살렘의 아이히만』의 출간 이후 아렌트와 관계를 단절했기 때문이다.[10]

사람들이 베냐민의 저작들을 이용할 수 있게 되었을 때 이를 둘러싼 많은 논쟁이 벌어졌다. 베냐민은 믿기 힘든 마르크스주의자였지만 프랑크푸르트학파의 후계자들부터 주목을 받았으며, 아렌트와 마찬가지로 '파리아 민족Pariavolk' 가운데 파리아였지만 유대인 문학 때문에 시온주의 친구인 숄렘과 다른 사람들로부터 주목을 받았다. 이데올로기는 브레히트의 시에 등장하는 노자와 관문지기가 국경에서 함께 공유한 순수 인식의 기회를 방해할 수 있다. 베냐민은 이 점을 알았으며, 아렌트는 이 점을 되풀이하여 체득했다.

아렌트는 매사추세츠에서 오랫동안 영어수업을 받은 후 뉴욕으로 돌아왔을 때 친구보다는 자기 자신을 위해 더 성공했다. 그는 컬럼비아대학교 연구실에서 유대인 역사가인 살로 바론을 만났다. 바론은 아렌트의 베를린 친구나 파리 친구들에게 많이 알려진 학자였다. 그들은 비시 정권 시기의 프랑스 상황에 대해 토론하였으며, 아렌트는 프랑스의 반유대주의가 드레퓌스 사건 당시부터 페탱 정권까지 지속되었다는 의견을 제시하였다. 바론은 아렌트가 논문에서 자신의 명제를 발전시키면 좋겠다고 제안하였다. 아렌트는 바론의 격려사를 동봉한 첫 번째 영문 편지(과장되었지만 인상적인 서류)로 테오도르 헤르츨 가스터에게 자신의 연구주제와 증명서를 제출하였다. 가스터는 당시 유대인문제연구소의 사무국장이었다. "나의 일반적인 또는 특이한 자격조건을 확인할 수 있는 학력증명서를 동봉하여 당신에게 보냅

10 아렌트에게 준 베냐민의 비망록은 아렌트서고(의회도서관 소장)에 있으며, 「역사철학에 관한 테제」의 최초 수고이다. 베냐민은 상이한 색깔의 신문 포장지 여러 장에 섬세하고 작은 글씨로 이를 기록하였다.

니다."[11] 아렌트는 가스터에게 자신의 독일 낭만주의 연구, 파른하겐 전기, 파리 시절 반유대주의 연구를 알렸으며, 이어서 폴 틸리히 · 알버트 살로몬 · 쿠르트 블루멘펠트 · 나움 골드만 · 마틴 로젠블뤼트 등의 저서를 참고문헌으로 인용하였다. 그 후 아렌트는 가스터의 도움으로 「드레퓌스와 그 결과Dreyfus und die Folgen」를 집필하기 시작했다. 가스터는 이 논문을 번역하였으며, 바론은 자신이 편집을 맡은 정기 학술잡지 『유대사회연구*Jewish Social Studies*』에 「드레퓌스 사건에서 오늘날의 프랑스까지」*라는 제목으로 이 논문을 게재하였다. 아렌트는 기뻤다. 아렌트는 1년도 채 못 되어 바론의 문구를 사용하자면 "학계의 초대장"을 수중에 쥐게 되었다.

그러나 학계는 아렌트가 체류허가permis de sejour를 원했던 세계는 아니었다. 아렌트가 희망했던 미래와 세계를 지향하는 실천 활동, 즉 정치 활동을 수행하려는 욕망은 종전과 함께 시작하여 청년알리야에서 활동을 종결한 이후 어려웠던 3년 동안에도 사라지지 않았다. 아렌트는 드레퓌스 문제에 관한 논문을 아직 집필하고 있을 때 자신의 여전히 불확실한 영어 능력에 의존할 필요가 없는 일을 찾기 시작하였다. 독일어를 사용하는 망명자 공동체는 복잡한 일련의 가능한 일들을 제시하였으나 아렌트는 몇몇 부분에 대해서는 조심스럽게 회피하였다.[12] 그는 주로 자신의 표현인 "망명 울스타인" 단체, 베를린의 울스타인출판사와 연계됐던 정치평론가들과 거리를 두었다. 아렌트는 자신들을 "다른 독일인"으로 생각하고 독일의 적들에게 자신감 있는 사람으로서 강력한 지위를 찾고 싶어하는 사람들에게는 참을 수 없었다. 아렌트는 그들을 기회주의자, 정치적 벼락출세자라고 평가하였다. 아렌트의 생각으론 에밀 루드비히 · 레오폴드 쉬바르츠차일드 · 페르스터는

---

11 아렌트가 카스터에게 보낸 편지(1941년 10월 5일), 마르바흐 문서보관소.

* 옮긴이_ 이 논문은 『전체주의의 기원』의 제1부 반유대주의, 「제4장 드레퓌스 사건」에 재수록되었다.

12 독일 망명자의 정치집단화에 관한 다음의 조사는 아렌트의 미출간 날짜 미상의 수고에 기반을 두고 있다. "German Émigrés," Library of Congress.

전형적인 '반시타트주의자',* 즉 대표적인 '다른 독일' 전도사인 반시타트 경의 추종자들이었다. 그는 호전적인 독일 국민이 어떻게 나치를 만들어냈으며, 나치의 범죄에 어떻게 집단적으로 책임지고 있는가를 밝힌 『불명예스러운 기록*Black Record*』(1941년)의 저자이다. 베를린 시절 지인이었던 정치학자 레오 스트라우스는 어떠한 유대인도 전후에 독일과 어떠한 관계를 가져서는 안 된다고 단호하게 선언하였다. 이러한 부류의 사람들도 역시 아렌트를 거부하였다. 아렌트는 이러한 태도를 자신의 개인적 권위와 명예에만 관심을 … 갖는 태도라고 하였다. 그리고 비록 "이러한 태도가 소수의 학자들에게는 만족스럽지만 많은 대중을 충족시킬 수는 없었다." 아렌트는 어떠한 형식으로 그것을 발견했든 간에 집단 범죄 이념과 독일 국민 전체를 유럽의 미래에서 제명하려는 어떠한 노력에 대해서도 반대하였다. 새로운 시작Neu Beginnen이란 명칭의 사회주의 단체, 즉 공식적인 망명 사회민주주의를 비판하는 수많은 좌익 분파들 가운데 한 분파와 마찬가지로 미래의 유럽연방을 옹호하였던 난민들은 더욱 사이좋게 지낼 수 있었다. 블뤼허는 '새로운 시작' 단체의 회원들과 어느 정도 접촉하였지만, 아렌트는 이들이 유럽에 대한 합리적인 미래 희망에도 불구하고 유럽 유대인의 운명에 대해서는 무관심했다고 생각했다. 아렌트는 유대인협회의 시온주의 지도부에 대한 불만에도 불구하고 망명인사와 국내인사를 포함하여 미국 내 시온주의 단체와 함께 일하기를 원했다. 아렌트는 파리에서 수행하였던 몹시 힘든 사회 활동을 더 많이 떠맡지 않은 채 미국 내 시온주의 활동에 참여할 기회를 1941년 갖게 되었다. 그는 이때 독일어 신문 ≪재건≫의 정기 기고자로 고용되었다.

≪재건≫은 새로운 이민자들에게 만남 장소를 제공할 목적으로 1924년에 설립한 뉴욕 단체, 즉 독일 클럽의 소식지로 출발했다. 유럽 유대인의

---

* 옮긴이_ 반시타트(1881~1957년)는 제2차 세계대전 기간 중에 영국 고위 외교관이었으며 독일에 대한 강경 입장을 유지하여 유화정책을 반대했다. 전후 그는 시인이자 소설가로 활동했다.

상황이 더 악화되자, 클럽 회원들은 독일 문화에는 관심을 덜 갖게 되었지만 유대인 이민에게 더 많은 관심을 갖게 되었다. 그들은 미국으로 망명한 유대인들을 지원하려는 실천적 노력을 확대하였을 때 소식지의 부수를 확장시킬 필요성을 느꼈다. 1937년 전문적인 편집자가 이 소식지를 인수하였다. 2년 후에 한때 베를린 일간지 ≪템포*Tempo*≫ 편집장을 맡았던 '만프레드 게오르크'*가 ≪재건≫을 이끌었다. 이 일간지는 인상적인 주간지로 바뀌었다. 이 주간지는 독일어를 사용하는 전 세계의 난민들에게 도움을 주었으며 독일계 유대인 망명 지식인들에게 정치적 견해를 밝히는 포럼을 제공하였다.

독일계 유대인 클럽은 전쟁 초기에 그 명칭을 더 인상적인 '신세계 클럽'으로 바꾸었다. 이 클럽은 ≪재건≫을 후원하는 것 이외에도 당시 사건들에 대한 토론과 강연을 지원하였다. 아렌트는 1941년 9월 이 신문을 알게 되었다. 이때 아렌트는 이듬해 내내 그의 관심을 대부분 끌 수 있었던 문제들에 대한 블루멘펠트의 연설을 들으러 갔다. 유대인은 군대를 보유해야 하는가? 이 질문은 복잡한 역사를 가지고 있었다. 아렌트는 이 역사를 연구하고 유대인 정치가 어떠해야 하는가에 대한 자신의 이해와 조화시키려고 노력하였다.

만프레드 게오르크는 아렌트가 신문에 기고한 '공개서한'을 통해 그가 얼마나 도전적인 언론인인가를 깨달았다. 게오르크는 이후 아렌트에게 그 문제에 대한 기사를 기고해달라고 요청하였다. 아렌트는 프랑스 문학가 쥘 로맹에게 서한을 보냈다. 로맹은 자신도 다른 많은 유럽 지식인들과 마찬가지로 한때 협상을 통한 양보로 히틀러와의 전쟁을 회피하는 것을 원했고 ≪재건≫에 제기된 비난에 열렬히 대응하였다. 로맹은 반론을 통해 자신이

---

* 옮긴이_ 만프레드 게오르게(Manfred George, 1893~1965년)는 'Manfred Georg'로 표기되기도 한다. 따라서 여기서는 '게오르크'로 표기한다. 그는 나치가 집권하자 유럽 여러 나라에서 살다가 1939년 미국에 영구 정착했다.

반파시스트임을 주장하였고, ≪재건≫의 독자들에게 자신이 파리의 유대인 난민들에게 베푼 도움을 환기시켰다. 로맹의 반론은 자기 잇속만 차리는 내용으로 다음과 같이 끝을 맺었다. "나는 프랑스계 유대인들이 잊지 않았기를 희망한다."[13]

아렌트는 로맹의 무례한 태도에 대해 거리낌 없이 빈정거리는 말을 늘어놓았다. 확실히 아렌트는 이렇게 꾸짖었다. "쓸모없고 사랑받지 못하는" 유대인은 모두 그러한 친구의 감정에 입힌 손상에 미안하게 생각해야 하는가? 그러나 아렌트는 자신의 주요 요지를 웃음거리로 모호케 하지 않으려고 조심하였다. 공동으로 투쟁하는 사람들이 서로를 동등한 사람으로 인정하지 않을 때, 공동의 적과 투쟁하는 데 필요한 정치적 연대는 손상된다. 보답에 대한 욕구는 보호하는 동맹국을 보호받는 동맹국으로부터 분리시키기 때문에, 그러한 욕구는 모든 동맹국이 반파시스트로서 동등하다는 인식에 장애요인이다. 로맹은 일종의 자선가와 같이 행동하고 있었는데, 아렌트는 파리에서 이러한 사람을 불신하게 되었다. 그리고 로맹은 일종의 오염된 '국제적 저명인사' 지식인과 같이 행동하였는데, 아렌트는 바이마르 독일에서 이러한 사람을 불신하게 되었다.

아렌트는 정치 투쟁에서 평등과 연대의 필요성을 ≪재건≫에 처음 게재한 기사 「유대인 군대 — 유대인 정치의 시작은?」의 주제로 삼았다.* 그러나 아렌트는 이 기사에서 히틀러에 대한 투쟁에 공동으로 책임지고 있는 사람들이 동일한 필요사항을 갖고 있지는 않다고 강조하였다. 지도부의 필요성 때문에 '유명 인사'에 의존하는 습관뿐만 아니라 200년 동안 진행된 동화同化의 역사와 민족의식의 결핍 때문에, 유대인들은 방어뿐만 아니라 정체성을 확립하기 위해서 군대를 필요로 하였다. 아렌트는 정치 투쟁이

---

13 로맹의 편지와 아렌트의 답장은 다음 자료를 참조할 것. Romain's letter, *Aufbau* 7/2(1941), pp. 5-6; Arendt's reply: "Der Dank vom Hause Juda? Offener Brief an Julles Romain," *Aufbau*, 25 October 1941; 『유대인 문제와 정치적 사유』에 수록됨.

* 옮긴이_ 이 기사는 『유대인 문제와 정치적 사유』에 수록되어 있다.

유대 민족에게는 정치적 삶의 시작이기를 바랐다.

만프레드 게오르크는 공개서한뿐만 아니라 기사에 감명을 받았다. 그는 두 편의 글이 남성의 위력과 강인함을 보여주었다고 생각하였다. 아렌트는 곧 정규적인 기고자가 되었다. 2주마다 기고하는 논단은 유대인 군대를 지지하는 논쟁으로 발전하였으며, ≪재건≫의 독자들에게 행동을 촉구하였다. 아렌트는 「이것은 당신을 의미한다」라는 군대 지원 포스터의 제목 아래 자신의 주장을 반복하여 제기하였다. 유대인은 히틀러가 자신들에게 전쟁을 선언했다는 것을 이해하였다. 유대인 군대는 유대인에게 이러한 것을 이해하는 수단, 즉 도발자에 대응하는 기회를 제공할 것이다.

한나 아렌트, 하인리히 블뤼허, 그리고 마르타 아렌트는 자조할 뿐만 아니라 친구들을 지원하기 위해 몸부림쳐야만 하였다. 아렌트는 신문사 원고료와 이듬해 브루클린대학에서 얻은 시간 강사직을 통해 거처를 마련하고 음식을 제공할 만큼 충분한 수입을 얻었다. 방 하나는 블뤼허를 위한 것이고, 다른 층의 방 하나는 마르타 아렌트를 위한 것이었다. 이곳에는 부엌이 포함되어 있지 않았지만 임차인들은 모두 부엌 하나를 공유하였다. 그들은 매우 검소하게 식사를 하였으며, 줄리 브라운 포겔슈타인이 토요일 가져오는 케이크를 기대하였다. 이후 블뤼허는 "우선 음식, 다음에 윤리"라는 브레히트의 경구가 마르크스적 역설을 제거했을 때 "우선 케이크이고, 다음에 그것을 자르기 위한 이론"을 의미한다고 자기 제자들에게 설명하기를 좋아했다.

1941년 67세였던 마르타 아렌트는 주로 요리와 청소를 담당했다. 그는 가끔은 외로웠다. 그는 때때로 레이스(편물) 제조공장에서 시간제 일거리를 얻어 집에서 일할 수 있었으며, 한때 공장노동자들과 함께 봉급인상 파업에 참여한 것에 대단히 만족하였다. 그는 신세계에서 인생에 처음으로 노동자였으며, 마침내 시장에서 자신의 사회주의를 실천할 기회를 얻었다. 그러나 파업 사건은 이례적이었다. 그는 낮 시간을 대부분 집에서 홀로 지냈다. 미국에서 망명 생활을 하는 동안 그의 건강은 일반적으로 좋은 편이었지만, 그는 이미 1935년 얼굴의 한 면이 부분적으로 마비되는 경미한 발작으로 어려움을 겪은 적이 있었다. 그의 몸이 점점 더 수척해지고 유약해짐에 따라 결함은 점점 더 뚜렷하게 나타났다. 그는 기질적으로 활기 있고 사교적이었지만 전쟁기간 중에 점점 우울증과 불안 심리를 보였다.

블뤼허는 미국에서 시작한 첫 해 내내 적응하지 못하였다. 영어를 배우는 일은 대단히 어려웠다. 그는 강사 자리를 찾으려고 노력하였지만 실패하자 흥미를 가졌던 숙어를 기록하는 공책을 지참하였다. 그는 공책의 쪽마다 원어민 사람도 일자리를 얻는데 도움이 되지 않는 문구들, '포복절도하다', '대성공하다', '실패하다', '매력적인 소녀' 등을 기록하였다.[14] 그는 마침내 일자리를 얻었지만 그 일에 몹시 힘들어했었다. 그는 새벽에 집을 떠나 뉴저지 공장에서 하루 종일 화학약품을 퍼 넣는 일을 하다가 먼지를 뒤집어쓴 채 저녁에 집으로 돌아왔다. 그의 수입은 만족스럽지 못했으며, 그는 그러한 일을 싫어했다. 한나 아렌트와 어머니는 아침마다 블뤼허를 깨워야만 했고, 저녁마다 안락의자에 탈진한 채 앉아 있을 때 그의 구두를 힘껏 당겨 벗겨야만 했다.

블뤼허의 두 번째 직업은 큰 위로이고, 그의 마음이 편안한 행위영역에 더욱 근접했다. 그는 미국의 참전을 촉구하는 단체인 국민사기진작위원회의 연구보조원으로 고용되었다. 그가 일자리를 얻는데 도움을 주었던 헨리 페히터는 미국인들의 행위를 촉구하려는 의도로 『추축국의 대전략*The Axis Grand Strategy*』이란 책을 기획하였다. 그가 책을 집필하던 도중에 진주만이 폭격당했다. 그는 전적으로 시의적절하고 신속하게 책을 출판해야만 하였다. 라인하르트출판사가 한때 이 책을 출판하였으나 좋은 호응을 얻지 못했다. 블뤼허가 이 책을 위해 조사를 하고 있는 동안 국민사기진작위원회

---

14 블뤼허 필기장, 바드대학.

는 목적을 변경하였다. 이 위원회는 유럽에서 미국으로 천천히 유포되고 있는 잔혹 행위에 관한 이야기를 알리는 임무를 새로이 맡았다. 많은 미국인들이 제1차 세계대전 기간 중에 발생하였으나 발견되지 않은 공포에 관한 이야기에 회의적이었으며 대량학살에 관한 이야기를 무시하였기 때문에 이 위원회는 다른 형태의 무기력과 투쟁해야만 하였다.

한나 아렌트는 친구인 로테(1909~1998년 — 옮긴이)와 차난 클렌보르트(1910~1992년 — 옮긴이)에게 우리 "아저씨는 종종 오랫동안 일을 하여서 눈을 거의 뜰 수 없구나"라는 내용의 편지를 썼다. 이들은 미국으로 이주하기까지 우루과이에서 망명지를 택했다. 아렌트는 클렌보르트 부부에게 보낸 편지에서 다음과 같이 적고 있다. "그러나 그것은 매우 좋은 직장이었어, 그는 탁월한 사람들과 함께 일하고 있지. 어저께까지 나는 반나절은 그의 비서로서 일하였지. 그러나 이러한 명예도 불행하게 곧 끝나고 말았지. 할 일이 너무나 적었기 때문이지. … 지난 몇 주는 상당히 과도했지. 아저씨는 저녁 10시 전에는 거의 집에 오지 못했지. 나는 반나절은 ≪재건≫ 사무실에 나갔고, 다른 반나절은 교제와 잠재성을 놓치지 않기 위해 열렬히 일하였다네. 사람들은 5센트도 거의 벌 수 없지. 전쟁이 계속 되었기 때문에 모든 사람이 열심히 일하고 있어. 그리고 이민자들은 특별히 열심히 일해. 사람들은 실제로 자긍심도 거의 느낄 수 없지."[15]

전쟁이 치열해지자 아직도 유럽에 남아 있는 친구들과의 서신왕래는 점점 더 어려워졌고, 이민가려는 누구를 돕는 게 거의 불가능했다. "에리히 콘 벤디트(1902~1959년 -옮긴이)로부터 안부를 들은 지 오랜 시간이 지났구나. 이곳에 있는 우리는 거의 낙담스러워. 설명할 기회가 형통했을 때를 제외하고 비자는 거의 발급되지 않기 때문이야. 그들은 이 나라에 가까운 친척이 있는 사람들만을 실제로 인정해. … 나는 여러 해 동안 바일 부부로부터

15 아렌트가 클렌보르트에게 보낸 편지(1942년 8월 18일), 클렌보르트 보존서고.

소식을 듣지 못했구나. 하느님이 그들의 상황을 알고 있겠지. 또한 쥘리에트 [스턴]의 편지를 더 이상 받아보지 못했어."[16] 난민들은 뉴욕시 전역에서 우연히 길을 가다가 만날 때 소식 연락망을 위한 거점들을 즉시 설치하였다. 독일계 유대인 난민 세계는 매우 폐쇄적이고 두려움에 찬 세계였다. 이교도에 대한 의심이 특징적이었다. 아렌트가 설명했듯이, 반유대주의는 모든 미국인의 일치된 의견consensus omnium으로 추정되었다.

유대인 군대 창설의 촉구

뉴욕에 거주하는 많은 난민은 반유대주의에 대한 두려움 때문에 유대인 군대의 창설 계획을 지지하기 꺼려했다. 미국계 유대인은 비애국적으로 여겨진다는 두려움 때문에 마음대로 행동하지 못했다. 팔레스타인 유대인협회와 영국 유대인협회는 유대인 군대 창설을 논의하는 협상을 1939년 전쟁 초기 이후 비밀리에 진행했다. 그러나 영국 유대인협회는 팔레스타인 유대인이 참여하는 군대가 결국 팔레스타인 아랍인이나 팔레스타인 주둔 영국군에게 총부리를 돌릴 것이라고 두려워했으며, 협상을 중단하고 타협책을 모색했다. 유대인 대대와 아랍인 대대, 즉 2개 대대는 균형원리에 기초해 왕실 보병연대Royal Fusiliers인 켄트 보병연대에 설치되었다.* 협상과정이 마침내 1941년 결렬되었을 때, 유대인 군대의 창설 구상을 지원하였던 미국인들은 영국의 결정이나 이에 대한 미국 정부의 묵인을 비판하는 데 주저했다.

1941~1942년 겨울 동안 아렌트는 유대인 군대 창설을 반대하는 미국인들과 영국인들의 현실정치에 항의를 촉구하고자 자신이 기고하는 ≪재건≫

---

16 앞의 편지.

* 옮긴이_ 군의 부대 단위는 나라마다 약간씩 차이가 있다. 대대의 인원은 300~1,000이고, 연대의 인원은 1,000~3,000명이며, 여단의 인원은 2,000~5,000명이다.

의 논단을 이용하였다. 아렌트는 직접적이며 장기적인 이유 때문에 유대인들이 '유럽 민족으로서' 히틀러와의 투쟁에 참여하기를 원하였다. 아렌트는 직접적 이유에 입각해 다른 국가의 군대에 의존하거나 박애 정신으로 투쟁의 희생자를 단순히 지원하기보다 투쟁을 통해 유대인들이 정치적으로 자신을 표현하기를 원하였다. 아렌트는 장기적인 맥락에서 유대인들이 미래의 어떠한 평화회의에도 연합국에 합류하기를 원하였다. "전쟁에 참여하지 않는 사람들은 평화협상에도 참여하지 않는다."[17] 그리고 그는 다음과 같이 생각했다. 즉 유럽 민족을 전통적으로 분열시켰던 적대감이 히틀러와의 전쟁이란 공동 노력으로 사라진다면, 유럽인과의 공동 행위는 유대인들에게 "민족해방을 위한 중대한 기회"를 제공할 것이다. 그는 자신이 파리에서 처음으로 공식화하였던 희망을 언급했다. 즉 미래 유럽연방은 유대인들에게 조국을 보장할 것이다. 그러나 그는 유럽의 연대를 지지했던 바로 그 시기에 '게토로 돌아가자'는 주장의 다른 형태, 즉 공통적으로 제기된 시온주의 입장을 비난했다. 그는 파리에 있을 때 이미 '게토로 돌아가자'는 주장을 공박했다. 그는 팔레스타인에는 결코 거주하지 않으려는 디아스포라 유대인들을 무시한 채 전적으로 팔레스타인에만 관심을 집중시키는 것에 대해 시온주의자들에게 경고하였다. 아렌트는 유대인의 정치적 조건이나 유대 민족의 특이성이란 개념들이 특별히 민족주의적 분위기를 지니고 있거나 한 민족의 '유기적 통일'이라는 독일적인 이념을 환기시킨다면 이러한 개념들이 유대인과 다른 유럽인을 격리시킬 수 있다는 점을 두려워했다.

아렌트는 유대인에게 유럽 민족으로서 투쟁할 것을 촉구하였다. 그러나 그가 '국민Volk'이라는 용어를 사용하였을 때 국민을 정치적 의미로 생각하였지 인종적인 의미로 사용하지는 않았다. 아렌트는 유대인 지도자들보다 오히려 국민 다수에게 이야기를 하였다. 그는 자신들의 정치적 전통을 보

---

17 Hannah Arendt, "Papier und Wirklichkeit," *Aufbau*, 10 April 1942; 『유대인 문제와 정치적 사유』에 수록됨.

살피고, 다른 국민의 워싱턴이나 나폴레옹과 같은 사람들에 의존하지 않은 채 모세와 다비드를 존경하라고 유대인들에게 촉구하였다. 그러나 아렌트는 어떠한 형태의 지도자 숭배도 회피하려고 노력하였다.[18] 아렌트는 종종 민족의식에 대해 언급하였지만, 19세기식의 민족주의자는 아니었다. 그는 민족과 국가를 동일시하지 않았으며 지도자들을 결코 민족의 영광을 구현한 사람으로 간주하지 않았다.

아렌트의 생각에 따르면, 저항과 해방이라는 오래된 유대인 전통을 부활시킬 수 있는 현대의 두 가지 개념의 오류는 국민으로서 행동을 제한하였다. 첫째 오류는 유대인의 생존이 정치 행위가 아닌 자선 활동에 달려 있다는 견해였다. "금권 정치가들과 자선가들은 200년 동안 우리를 이끌었다. 즉 그들은 우리를 통제했으며, 세계에서 우리를 대변하였다."[19] 유대인 군대, 대중적인 군대는 아렌트의 표현대로 자선 또는 거지 습관의 부담으로부터 해방된 정체성을 세계에 대변할 수 있었다. 이것은 새로운 의미의 유대인 정체성이다. 두 번째 오류는 연대가 반유대주의에 대한 두려운 반발로, 즉 소극적으로만 세속화되고 동화된 유대인들 사이에서 발생했다는 견해였다. 그는 반유대주의가 세계에서 소멸된다면 세속화된 유대인들이 자신들의 유대인 정체성을 상실하리라는 확신을 비난했다. 그리고 그는 (1942년 8월에 제기한) 자신의 주장을 지지하면서 히틀러와의 투쟁에서 소련 정부에게 무기를 요청하고 세계 유대인에게 지원을 요청한 러시아계 유대인들의 사례를 인용하였다. 그가 주장하듯이, 러시아인들이 다민족주의 문제를 정치적으로 해결하려고 노력해왔기에, 러시아의 반유대주의는 지난 25년 동안 증가하지 않고 쇠퇴했다. 아렌트는 또한 이러한 주장과 함께 영구적

---

18 Hannah Arendt, "Moses oder Washington," *Aufbau*, 27 March 1942; 『유대인 문제와 정치적 사유』에 수록됨.

19 Hannah Arendt, "Mit dem Rucken an der Wand," *Aufbau*, 2 July 1942; 『유대인 문제와 정치적 사유』에 수록됨.

인 반유대주의 개념을 수용하는 사람들을 계속 비난했다. 그들은 테오도르 헤르츨이나 장 폴 사르트르와 같이 다양하지만 민족은 공동의 적에 맞서 결합한 국민 집단이라고 믿었다.

아렌트는 1941년 늦가을에 시작하여 1942년까지 유대인 군대에 관한 기사를 ≪재건≫에 기고하였다. 이때 그는 이러한 견해가 미국에서 대중적 지지를 받고 있다는 사실에 감명을 받았다. 그는 이미 1930년대 중반 독일 상품 불매운동으로도 히틀러에 대한 유대인의 대중적 저항 가능성에 대한 열정과 희망으로 마음이 뿌듯했던 비슷한 경험을 했다. 그는 시온주의자들이 정치적으로 행동하는, 즉 저항하는 경험에 대비하지 않았다고 확신했다. 그럼에도 그는 유대인 군대의 창설 요청이 불매운동의 실패 이후 초점을 잃었던 저항, 즉 히틀러에 대한 유대인의 자발적인 대중적 저항을 연결시킬 것이라고 희망을 가졌다. "유대 민족의 친구가 아닌 적만이 유대인 문제를 정치 문제로 이해했다는 점은 유대 민족의 역사에서 불행한 사실들 가운데 하나였다."[20] 아렌트의 경우 자신의 운동에 대한 대중적 지지를 촉구하는 단체(비유대인 영국 병사를 그의 명예로운 의장으로 가지고 있던 유대인군대창설위원회)는 정치 행위에 대한 유대인의 무관심이 종결되어야 한다고 이해하였던 친구들의 집단같이 보였다.

만프레드 게오르크와 조셉 마이어는 ≪재건≫에서 아렌트와 함께 친밀하게 활동하였으며 「파수꾼」이란 정기 칼럼을 기고하였다. 이들과 아렌트는 유대인군대창설위원회에 대해서는 많이 알았다. 물론 아렌트와 마이어는 행정 직원들과 함께 모임에 여러 차례 참석한 바 있다. 이 세 사람은 과격파 수정주의당의 팔레스타인 유대인 세 명이 이 위원회를 창설하였다는 것을 의식하지 못하였다.

---

20 Arendt, *Origins*, p. 56. 미국시온주의기구는 다음 신문에 유대인 군대를 위한 요청을 게재하였다(*The New York Times*, 16 February 1942, p. 13; 11 March 1942, p. 7; 13 March 1942, p. 9). 1,521명의 저명인사가 서명한 청원서는 1942년 11월 17일자 23쪽에 게재되었다.

유대인군대창설위원회는 뉴욕에 기반을 두고 있었다. 벤 헤히트가 이 위원회를 관리하였다. 헤히트는 뉴욕에 기반을 둔 좌파 자유주의 신문 ≪피엠*P. M.*≫의 한 논단을 담당하였다. 그는 유럽 유대인에 대한 지속적인 대학살과 관련한 침묵, 즉 뉴욕 거주 유대인들의 자칭 애국적인 그릇된 침묵을 공박하는데 이 논단을 종종 사용하였다. 헤히트는 노골적인 태도로 인하여 수정주의당의 지하단체, 이르군 즈바이 레우미Irgun Zvai Leumi 지도자들에게 호감을 샀다. 이들은 1941년 4월 헤히트에게 무국적 유대인들과 팔레스타인 유대인들로 구성된 유대인군대창설위원회의 의장을 맡아달라고 요청하였다. 힐렐 쿡(별명, 피터 베르그손)은 예루살렘 랍비의 아들이며 팔레스타인의 최고 랍비의 조카로서 팔레스타인 유대인들에게 가해졌던 배반과 저주에 관한 이야기들에 대한 헤히트의 공감을 끌어냈다. 그는 하임 바이츠만과 유대인협회가 비효율적이며 자신의 저항적 스승인 블라디미르 야보틴스키가 팔레스타인 유대인들의 진정한 목소리라는 것을 헤히트에게 확신시켰다. 그러나 헤히트는 유대인 군대 창설 구상을 지지하였지만 자신의 표현대로 수정주의자들의 "흥분된 팔레스타인 민족주의"와 연합하지 않으려고 하였다. 헤히트는 1954년 베스트셀러인 자서전 『세기의 소산*A Child of the Century*』에서 긴 이름을 가진 다양한 위원회를 위해 활동하면서 자신의 목표가 항상 같다고 주장했다. 그 목표는 간단한 명칭인 '유대인'을 좀 더 인상적이게 하는 데 지원하는 것이다. 그리고 이것은 그가 매우 다양한 수많은 지지자들 사이에서 불러일으켰던 감정이었다.

베르그손이 워싱턴을 휩쓸고 있는 동안 헤히트는 뉴욕과 할리우드에서 기금을 모았다. 하원이 유대인 군대를 촉구하는 결의안을 제출하였다. 헐 국무장관은 지원을 천명하였다. 당시 해군성에서 근무하고 있던 아드라이 스티븐슨은 해군장관에게 이 계획을 소개하였다. 국방부 차관보가 이 계획을 검토하기 위해 군사전문가들을 임명하였다. 워싱턴의 지지가 증대되었다. 그러나 미국시온주의기구ZOA의 지도자인 랍비 스티븐 와이즈, 이 기구의 주도로 유대인 군대 창설 계획을 유지하고 싶었던 솔 블럼 의원이 반대 운동을 전개하자 워싱턴의 지지는 줄어들기 시작하였다. 기금을 모으고 지원자들을 등록하는 다양한 다른 시도들은 아주 성공적이었지만 결과적으로 엄청난 역공세를 초래하였다. 다수의 저명한 미국계 유대인들은 다음과 같은 점을 우려했다. 즉 그들이 영국의 정책과 대립되는 운동을 지지하거나 팔레스타인 이민 쿼터의 변경을 촉구하고 독일인의 유럽 유대인 대학살을 비난하려는 노력을 결코 기울이지 않는다고 루즈벨트 대통령과 국무성을 비판한다면, 그들은 자신들이 비애국적이라는 평가를 받을 것이다.

위원회를 반대하는 미국계 시온주의 지도자들의 입장은 복잡했다. 1940년 미국시온주의기구 피츠버그회의에서 팔레스타인 이주에 대한 영국의 제한을 반대하는 강령과 바이츠만의 정책에 대한 비판을 채택했다. 이후 미국 시온주의자들은 다비드 벤구리온을 더욱 지지하게 되었고 더욱 민족주의적 입장을 취하게 되었다. 1941년 여름 내내 그들은 분파적인 선전으로 미국을 전쟁으로 몰아가고 있다고 전반적으로 비판받았다. 일본이 1941년 12월 7일 진주만을 공격한 후 그러한 비난은 무용지물이 되었지만 대신에 다른 문제가 발생하였다. 1939년 세계시온주의기구가 설립한 시온주의문제비상위원회는 유대인의 동원을 요청하기 위해 미국시온주의기구와 공동으로 활동하였다. 이러한 단체들은 영국의 팔레스타인 정책에 점점 더 단호하게 반대하였다. 그러자 그들은 동맹국의 전쟁 노력에 손상을 입히고 있다는 비난에 직면하였다. 시온주의 지도자들은 시끄럽게 소리를 내면서 신중한 태도를 유지해야만 하였다. 그리고 그들은 (미국 시온주의문제비상위원회의 성명이 1942년 3월 언명한 바와 같이) "시온주의 운동의 권위나 정책을 수락할 준비가 되어 있지 않은 개인이나 단체를 배제한다"고 주장하는 데 있어서 신중한 입장을 취하였다.[21] 이러한 성명은 헤히트의 단체와 같이 변절한 단

---

21 다음 자료에서 인용함. *the Jewish Frontier* editorial for March 1942, discussing the American Emergency Committee for Zionist Affairs manifesto.

체들을 침묵하게 하고 시온주의 지도부의 수중에 정책결정 능력을 유지하려는 의도를 담고 있었다.

한나 아렌트와 조셉 마이어는 유대인군대창설위원회가 수정주의당의 전선(前線; 위장 단체)이라는 것을 알아차리고 독특한 단체인 청년유대인단체The Young Jewish Group를 결성하였다.[22] 이 단체는 1942년 3월 11일 신세계 클럽의 44번가 본부에서 첫 모임을 가졌다. ≪재건≫에 게재된 이 모임의 선언은 단체의 자세와 의도를 매우 명백하게 밝혔다. 이 선언은 "유대 민족의 미래에 대해 책임을 느끼는 개개인, 과거 이데올로기의 붕괴를 확신하며 유대인 정치를 위한 새로운 이론적 기초를 발전시키려고 머리카락을 쥐어뜯을 준비가 되어 있는 사람들, 자유를 위한 투쟁을 '유명 인사'나 세계 혁명가들의 인도로 실현하는 게 아니라 자기 민족을 위해 이런 투쟁을 실현하고 싶은 사람들, 자신들이 정당하다고 생각하는 것에 충실하게 대답할 준비가 되어 있는 사람들"에게 호소하였다.

이 단체의 행위 요청은 유대인 군대 창설 요청이었다. 그들의 이론적 토론은 훨씬 복잡했다. 아렌트는 첫 번째 모임에 대비해 "유대인 정치의 새로운 이론적 기초"를 마련하는 조치로 보고서를 준비했다. 아렌트는 「**정치의 기본적인 이론 문제**」에서 이후에 『전체주의의 기원』, 『과거와 미래 사이』, 『인간의 조건』의 기초를 형성하는 문제를 대부분 제기하였다. 이 문제들은 아렌트의 저작들에서 유대인 정치뿐만 아니라 정치 '일반'에도 적용되었다.

아렌트와 마이어는 첫째와 이후 모임을 이끌었지만, 블루멘펠트 역시 한스 졸키와 함께 적극적인 참여자였으며 연설자였다. 졸키는 변호사로서 블뤼허 부부의 전후 보상사건을 이후 담당하였다. 아렌트는 개회사에서 유사類似 정치적 세계관을 제공하는 과거의 이데올로기와 역사 과정에 대한 어느 정도의 지식을 전제하는 미래의 안목에 관심을 기울였다. 즉 "이것들은

---

22 아래에 인용된 청년유대인단체를 위한 선언과 입장논문의 사본은 아렌트서고(의회도서관)에 보관되어 있다.

모두 헤겔의 세계정신과 은밀한 협정을 체결하였다.” 베냐민의 「역사철학에 관한 테제」가 아렌트의 정신에 닻을 내리고 있을 때, 아렌트는 역사유물론 · 역사주의 · 자유주의 · 사회주의를 거부하였고, 심지어 미래에 대한 예언에 관여한 시온주의마저도 거부하였다. 그는 자유와 정의는 정치의 원리라고 주장하였다. 자유와 정의를 위해 투쟁하려는 어떠한 사람도 역사 속에서 그들의 위치에 대한 환상을 갖지 않고, 인류에 대한 우아한 이념을 갖지 않은 채 투쟁해야 한다. 아렌트는 이후 모임에서 다른 방식으로 요지를 다음과 같이 강조했다. 즉 자신들을 '선민'이라고 주장하는 유대인들의 생각은 패배주의나 어떠한 파국에도 생존하리라는 위험한 개념으로 이어졌다.

이 단체가 1942년 봄에 논의를 계속하였을 때, 그 강령은 더욱 명료해졌다. 단체의 회원들은 자신들을 시온주의자라고 생각하였지만 시온주의에 대해서 매우 비판적이었다. 팔레스타인은 그들에게는 '유대인 정치의 결정화結晶化를 보여주는 징표'였지만 유대인들의 유일한 구원은 아니었다. 아렌트와 블루멘펠트는 이 부분에서 언쟁을 벌였다. 그러나 두 사람은 “피억압 민족의 적뿐만 아니라 특권계급도 피억압 민족을 모두 이중적으로 억압한다”는 아렌트의 공식적인 다른 주요 주장에 동의하였다. 블루멘펠트는 시온주의자들의 반열에서 계급투쟁을 피할 능력에 대해 낙관적이었으며, 이러한 능력이 미국합동분배위원회와 같은 단체들에게 실질적으로 필요하다는 점을 아렌트보다 훨씬 더 납득시켰다. 그러나 그들은 자선적인 벼락출세자들을 불신한다는 점에서 항상 같은 생각을 했다.

청년유대인단체는 1942년 6월까지 지속적으로 모임을 가졌다. 그러나 유대인 군대에 대한 이 단체의 토론은 점점 더 복잡한 상황에서 진행되었다. 유대계 팔레스타인 테러리스트들은 영국인과 아랍인들을 모두 공격하였으며, 이들의 지도자들은 1922년 영국백서에서 아랍인들에게 약속한 요르단 강 동쪽 지역을 유대인 관할 지역으로 요구하였다. 유대인군대창설위원회가 테러리스트들의 위장 단체로 드러나자 아렌트는 ≪재건≫에 게재한 기사에서 이 위원회를 비난하였다. 그는 1942년 3월 6일 기사에서 대담하게 수정주의당을 '유대인 파시스트'라고 불렀고 그들의 유대인 군대 육성 계획이 자신들의 목적 때문에 시온주의 조직을 장악하려는 더 큰 노력의 일부일 뿐이라고 주장하였다. 이러한 평가는 너무 극단적이었지만, 미국유대인기구는 1942년 봄 유대인 군대 문제를 둘러싼 더 광범위한 논쟁에서 분명히 기반을 상실하고 있었다. 5월에 빌트모어 호텔에서 개최된 국제회의는 시온주의자들 사이에 합의의 변화 양상을 드러냈다.

랍비인 스티븐 와이즈만은 "모든 나라에 살고 있는 유대인들의 자유를 보장하고 전승강화회의에서 팔레스타인 지역에 자유로운 유대인 공동체를 최종적으로 수립하라는" 열렬한 청원을 제안하고자 회의의 소집을 요구하였다.[23] 하임 바이츠만은 유대인 군대 창설을 승인하지 않으려는 영국에 대한 환멸감을 가졌음에도 불구하고 히틀러와의 투쟁에서 영국과 유대인의 협력을 강조하였지만 영국의 정책에 반대하여 유대국가의 창설을 촉구해서는 안 된다고 주장하였다. 그러나 빌트모어 회의의 다수 대표자들은 다음과 같이 벤구리온의 열정적인 희망에 부응했다. 즉 "유대인의 팔레스타인은 형성될 것이다. 이것은 우리의 고통을 영원히 보상할 것이며, 우리 민족의 정신을 정당화할 것이다. 이것은 이스라엘 이외의 유대인 거주지에 살고 있는 모든 유대인의 자존심이 될 것이며, 지구상에 존재하는 모든 사람들로부터 존경을 받을 것이다." 빌트모어 회의에서 채택된 선언은 이러한 희망을 인정하였으며 영국이 팔레스타인 이주에 관한 통제권을 유대인협회에 이양해야 한다는 벤구리온의 주장을 지지하였다. 이 회의는 미국 시온주의의 역사에서 전환점이었다. 즉 유대국가에 대한 벤구리온의 구상은 미국 시온주의의 위대한 재생을 위한 촉매제였다.

한나 아렌트는 ≪재건≫에 게재할 보고서를 작성하기 위해 조셉 마이어

---

23 이것과 다음 인용문은 빌트모어 회의 보고서에서 발췌되었다. Melvin Urofsky, *American Zionism: From Herzl to the Holocaust*(New York: Doubleday Anchor, 1976), p. 399.

와 함께 빌트모어 회의에 참가하였다. 아렌트의 경우에 이 회의는 시온주의와의 관계에서 전환점이었다. 아렌트와 마이어는 모두 이 회의의 압도된 분위기뿐만 아니라 회의장에 들어갈 때 자신들을 대우하는 방식에 충격을 받았다. 보안요원들이 그들을 떠밀며 증명서를 요구하였다. 그러나 아렌트와 마이어는 논쟁의 결과에 훨씬 더 괴로웠다. 아렌트는 하임 바이츠만의 지지자는 아니었다. 아렌트는 영국과 현상 유지를 지속시키려는 바이츠만의 시도를 거부하였으며, "이른바 유대인 군대"라고 가볍게 언급하는 바이츠만의 방기적 태도에 특별히 감정이 상했다. 그러나 아렌트는 팔레스타인에 유대국가를 건설하자는 벤구리온의 요청도 인정하기를 꺼려했다.

한나 아렌트는 빌트모어 회의에서 제시된 두 가지 입장을 반대하였다. 이후 곧 제시된 다른 두 가지 입장도 아렌트에게 만족스럽지 않았다. 미국 유대교평의회 내의 개혁파 랍비 단체는 유대국가에 대한 요청과 모든 '정치적 시온주의'를 완전히 반박하였다. 아렌트의 생각에 이러한 '저항 율법학자들'은 솔직히 회귀적이었다.[24] 다른 한편, 아렌트는 히브리대학교의 마그네스가 제시한 입장을 지지할 수 없었다. 마그네스는 아랍연방 내에 두 민족으로 구성된 팔레스타인을 지지하였으며, 1943년 초 정당을 설립함으로서 자신의 입장을 공식화하였다.

아렌트는 빌트모어 회의 이후 ≪재건≫에 유대인 군대의 구상을 계속 강요하며 파리아로서 자신의 입장을 공식화하려고 노력하였다. 아렌트는 현존하는 어떠한 단체도 이러한 입장을 제기하지 않으려 한다는 것을 의식하였으나 지도자들의 영향 아래 있지 않은 미국 시온주의자들이 이러한 입장에 부응할 경우에 토론을 위해 이 문제를 제기해야 한다고 느꼈다. 아렌트는 '민주 정치의 전통', 즉 반유대주의가 "정치현상이지 자연현상이 아니라"는 헤르츨답지 않은 교훈을 그들에게 가르쳐줄 수 있는 전통을 갖고 있는

---

24 시온주의에 관한 이 내용과 다음 내용은 아렌트의 다음 문헌에서 발췌한 것이다. Hannah Arendt, "Can the Jewish-Arab Question Be Solved?" *Aufbau*, 17 December 1943. 이 논문은 영어로 쓰였다. 옮긴이_ 이 논문은 『유대인 문제와 정치적 사유』에 수록됨.

나라에서 살고 있는 커다란 이점을 누려 왔던 미국 시온주의자들이 유대인의 혁명적 민족운동에 대한 자신의 안목을 이해할 수 있기를 희망했다. 아렌트는 미국 혁명의 후손들에게 자신의 주장을 요청하였다.

미국의 정치적 전통에 대한 아렌트의 인식과 이러한 전통이 미국 시온주의자들의 행위에 활력을 제공하리라는 아렌트의 희망은 뉴욕에서 첫 해를 보내는 동안 증대되었다. 아렌트와 다른 많은 망명자들은 브루클린대학 · 컬럼비아대학교 · 뉴스쿨에서 그들에게 개방한 계획에 기꺼이 참여하였다. 그들은 약간의 재원과 교육포럼을 마련하였다. 이것은 1933년 이후 대학에서 쫓겨나 있었던 사람들에게 기적 같은 일이었다. 아렌트는 브루클린대학의 1942학년도 여름학기 현대 유럽사 강좌의 일환으로 미국 대학생들에게 행한 첫 번째 강의에서 감사하는 마음을 알렸으며, 공개적으로 일상의 정치적 삶에 대한 자신의 놀라움에 대해서 언급하였다.[25] 어느 날 아렌트는 자기 강좌에 참여한 학생들에게 드레퓌스 사건에 대해 강의를 하였으며, 신문 기사에 기초해 주석을 첨가하였다. "며칠 전 뉴욕 주의 한 소규모 공동체에서 작지만 괄목할 만한 사건이 발생하였습니다. 이 사건은 나에게 드레퓌스 사건을 연상시켰습니다. 고등학교 상급반 학생들은 압도적인 다수로 이들 가운데 유일한 일본인, 즉 일본인 태생 미국인을 선출하였습니다. 이 일본인은 우둔한 사람인데, 아무도 지금까지 그에게 관심을 갖지 않았습니다. 그는 전적으로 학생회장을 맡을 수 없습니다. 그런데 그가 선출된 유일한 이유는 그가 일본인 태생이라는 것입니다. 그의 성품은 자신이 맡을 역할과 아무런 관계가 없었습니다[아렌트의 주장에 따르면, 드레퓌스의 성품은 자신이 맡은 역할과 아무런 관계가 없었다]. 그는 그저 당혹감을 느꼈습니다. 그러나 학생들은 어떠한 사람도 특수 집단에 귀속되어 있다는 이유로 고통을 당해서는 안 된다는 것을 보여주고 싶었습니다. 그들은 정의감에 따라 행동하였습니다." 아렌트는 미국 시온주의자들에게 호소했을

25 브루클린대학의 강의 비망록(영어), 아렌트문서, 의회도서관.

때 정확히 정의의 개념에 호소하였다.

아렌트는 ≪재건≫ 1942년 11월 20일자 기사에서 희망컨대 빌트모어 선언에 반대하는 시온주의자들에게 관심을 끌 수 있는 입장을 공식적으로 표명하였다. 이 기사는 「시온주의의 위기」라는 제목으로 분석된 많은 내용의 세 번째 부분이었다.* 그는 팔레스타인이 1917년 밸푸어선언에서 밝힌 방식으로 영국 식민지, 식민제국의 일부가 아니라는 이념을 시온주의자들에게 수용하도록 촉구하였다. 이후 그는 자치 국가보다는 오히려 전후 영연방의 일부로 팔레스타인 창설을 위해 일할 것을 그들에게 요구하였다. 아렌트는 인도에서 간디의 활동이 교훈적인 사례를 제공한다고 주장했다. 둘째, 그는 전후 유럽연방을 가져오려는 노력을 요청하였다. 그는 팔레스타인이 그러한 방식으로만 유대인 정착을 위한 지역으로서 완전히 보장받으리라고 느꼈기 때문이다. 마지막으로, 그는 이러한 연방 내에서 반유대주의를 사회에 대한 처벌 가능한 범죄로 분류하려는 입법을 청원하였다.

「시온주의의 위기」라는 아렌트의 세 번째 기사는 「이것은 당신을 의미한다」라는 논단의 마지막 기사였다. 시온주의에 대한 벤구리온의 입장을 더욱 열광적으로 지지하는 분위기 속에서 아렌트의 제안은 아무런 효과가 없었다. 그의 논단은 ≪재건≫ 다음 호에서 시대의 징표인 「시온주의 관람석」이란 논단으로 대체되었다.

시대의 부담: 최종 해결책의 시기

≪재건≫의 각 호는 공포에 질린 독자들에게 정보를 알렸다. 시대는 점점 더 암담해졌다. 12월 18일자 신문에는 귀르스 수용소의 추방 날짜에 관한 기사가 게재되었다. 추방된 사람들의 긴 명단이 함께 실렸다. 아렌트를

---

* 옮긴이_ 이 기사는 『유대인 문제와 정치적 사유』에 수록되어 있다.

포함하여 시온주의자들은 유대인 문제가 전쟁의 종결 시에 어떻게 해결될 수 있는가를 통찰하고자 악전고투하였지만, 유대인 문제에 대한 상상할 수 없을 정도로 잔혹한 **최종 해결책**이 유럽에서 시행되고 있다는 소식이 마침내 미국에 전달되고 있었다.

『유대인 변경*Jewish Frontier*』의 편집장인 하임 그린버그는 자신이 세계유대인의회로부터 받은 믿기 힘든 보고서들의 요약본을 1942년 11월 초에 출판하였다. 그는 「기독교계는 행동해야 한다」라는 제목 아래 1월 이런 보고서들과 관련한 사설을 쓰려고 필사적으로 노력하였다. 벤 헤히트는 『리더스 다이제스트』 1943년 2월호를 통해 훨씬 많은 독자들에게 알리고자 이 보고서를 활용하였다. 그러나 '기독교계'는 이런 보고서들을 믿지 않으려 했고 더구나 행동하기를 꺼려했으며, 국내 언론은 매우 유보적인 입장을 취하였다.

벤 헤히트는 브레히트의 상대역이며 작곡가인 쿠르트 바일, 제작자 빌리 로즈, 지휘자 모세 하르트, 그리고 연기자와 음악가 단체와 함께 메디슨 스퀘어 광장에서 열리는 행진을 위해 「우리는 결코 죽지 않을 것이다」라는 야외극을 준비하였다. 1년 동안 헤히트의 독립적인 활동을 반대했었던 랍비 스티븐 와이즈는 미국 시온주의 지도부의 행동청원을 파견하기 위해 매디슨 스퀘어 가든에서 개별적으로 「이제 히틀러를 정지시키자」라는 공공집회를 조직하였다. 두 차례의 공식적인 행사가 있기 전 달에 아렌트는 시온주의의 위기에 대한 해결을 촉구하려고 여러 차례의 강의를 하였다. 한 번은 공식적인 강의였고 다른 한 번은 비공식적인 강의였다. 아렌트는 이러한 강의를 통해 유럽에서 전해진 대량학살에 관한 보도를 둘러싼 침묵에 대한 자신의 분노뿐만 아니라 시온주의 지도부의 홍보에 대한 접근이나 헤히트식의 「우리는 결코 죽지 않을 것이다」라는 감성적 대형행사를 지지하지 않으려는 태도를 보여주었다. 아렌트는 뉴욕 유대인여성자선단체 하다샤의 모임에서 다음과 같이 언급하였다. "전쟁 발발 이전이나 이후에도 침묵의 음모가 유대 민족의 고통과 상실을 휘감고 있음은 되풀이하여 강조되었던 잘 알려진 사실입니다."[26] 그는 자신의 생각에 이 음모에 관여된 사람이 누구인가를 명료하게 설명하지 않았지만, 시온주의 지도부에 대한 그의 비판은 이전에 그랬던 것보다 훨씬 거칠어졌다. 그는 유대인협회가 "다른 모든 국가의 정치인들과 같이 유화정책(거의 성공하지 못함)을" 추종했다고 주장했다. 아렌트는 이후 『예루살렘의 아이히만』에서 활용하였던 것과 같은 수많은 논쟁을 통해서 자신의 입장을 강조하였다.

> 이 유화정책은 1934년 유대인협회와 독일 정부 사이의 이송협정으로 시작되었다. 이것은 독일과 관계를 유지하고 있는 각국 정부에 자신의 영향력을 사용하지 않겠다는 다른 나라 유대인들의 후속적 결정을 수반했을 뿐만 아니라 독일계 유대인을 지원하지만 도움을 필요하게 하는 사건들에 대해서는 언급하지 않겠다는 후속적 결정을 수반하였다. 유화정책의 시대가 전면전에서 그 자연적인 목적을 드러내기 오래 전에 미국과 폴란드에서 상품 불매운동은 퇴조했었다. 연대의 가장 정직한 표현은 결국 환상과 기만으로 드러났다. 다른 나라 정치인들과 마찬가지로 우리 정치인들이 히틀러를 무마하는 데 성공하지 못했다면, 그들은 분노를 정당하게 표출하고 본능적으로 투쟁하려는 유대 민족을 무마하는 보도를 하는 데 놀랄 만한 성공을 거두었다.

아렌트는 시온주의 지도부를 비난했다. 그러나 그는 이색적으로 감상적이며 비이론적인 헤히트와 달리 인신공격을 하지 않았다. 아렌트의 확신에 따르면, "우리가 미래에 우리 정치를 운영할 사람들로 구성된 아주 새로운 팀을 갖는다면, 일들이 옛날과 같은 방식으로 진행되지 않을지 여부는 많이 의심스럽다." 그는 시온주의자들이 구식의 정치적 개념과 신념에 지속적으로 의존하고 있는 점을 반대했다.

---

26 하다샤 서한(영어로 작성한 아렌트의 수기), 아렌트서고, 의회도서관.

아렌트는 슬픔 · 공포 · 분노로 충만한 분위기 때문에 훨씬 더 어려운 상황에서 다시 한 번 시온주의자들의 가정假定과 정책에 대한 비판을 공식적으로 표명하려고 노력했다. 그는 1943년 여름과 초가을에 「유대인-아랍인 문제는 해결될 수 있는가?」라는 제목의 논문을 준비하였다. 그 해 12월 ≪재건≫ 측은 2회로 나누어 이 논문을 연재하면서 세심한 짧은 편집자 주석을 논문 앞에 다음과 같이 첨가하였다. 즉 "아렌트 여사와 세부적인 모든 사항에 동의하지 않지만 유대 민족의 비극적이고 어려운 상황은 그들이 정직하고 건전한 추론에 기반을 두고 있다면 모든 의견을 제시할 여지를 제공해야 한다고 요구한다."[27]

만프레드 게오르크의 짧은 편지는 아렌트의 분석과 제안이 얼마나 강렬하게 못마땅한가를 보여주는 척도였다. 아렌트는 빌트모어 회의가 개최된 다음 해에 매우 열띠게 논의되었던 두 제안을 분명히 거부하였다. 첫째는 빌트모어 선언 자체의 제안, 유대인 공동체라는 자치 국가였다. 팔레스타인 아랍인(주민의 다수)은 이 공동체에서 소수자의 지위로 전락하게 된다. 그가 풍자적으로 묘사하고 있듯이, 이러한 민족주의적 해결은 '국민국가의 역사에서 새로운 현상일' 것이다. 그는 수정주의당 강령에 나타난 훨씬 더 극단적인 민족주의를 단호하게 비난하였다. 이러한 민족주의는 '파시스트 조직'을 요구하기 때문이다. 아렌트가 검토한 두 번째 제안은 빌트모어 회의 직후 유다 마그네스가 상정한 제안을 수정한 것이었다. 이 안은 이중민족 국가를 요구하였다. 유대인들은 이러한 국가에서 아랍국가연합에 통합되고 영미연합이라 모호하게 불리는 하나의 실체, 즉 보호국으로 가입되어 소수자의 위치에 놓이게 될 것이다.

아렌트는 동일한 이유 때문에 두 제안을 거부하였다. 두 제안은 국가 내에서 다수의 지위를 누리는 민족 집단을 국가와 동일시하였다. 아렌트는

27 Hannah Arendt, "Can the Jewish-Arab Question Be Solved?" *Aufbau*, 17 December 1943.
옮긴이_ 이 논문은 『유대인 문제와 정치적 사유』에 수록됨.

팔레스타인 실체를 원했다. 여기에서 다수와 소수의 지위 구분은 없으며, 중유럽 및 동유럽 소수민족을 위한 1918년 조약에서 성공하지도 못한 채 시도되었던 소수민족의 권리라는 개념이 새로운 의미를 갖지 않기 때문이다.

아렌트는 마그네스의 구상을 더 반대하였다. 그는 아랍연방이 "단지 제국을 감추는 것"이 된다고 생각하였다. 그러한 연방은 대영제국 옹호자들에게 영국의 영향력, 명칭으로는 거의 식민주의를 인정하는 수단이 될 수 있었다. 그리고 아랍의 통치가문의 경우 연방은 아랍제국을 의미할 것이다. "두 가지의 경우에 연방이란 용어는 가짜를 암시한다." 그는 미국의 혁명적 정치의 전통에 다시 호소하면서 다음과 같이 기술하였다.

> 순수한 연방은 다르면서도 분명히 독특한 민족적 요소와 다른 정치적 요소에 의해 구성된다. 민족 갈등은 이러한 연방에서만 해결될 수 있다. 해결 불가능한 다수-소수 문제는 존재하지 않을 것이기 때문이다.
>
> 미국은 이러한 연방의 첫 번째 실현이었다. 이러한 연방에서 개별주는 다른 주에 대해 어떠한 우위성을 갖지 못한다. 그리고 모든 주들은 동시에 나라를 통치한다. 다른 면에서 볼 때, 소련은 러시아 제국을 해체하고 구성단위의 규모에 관계없이 동등한 민족으로 구성된 연합을 구성함으로써 민족 문제를 해결하였다. 대영제국과 구별되는 영연방은 또 다른 잠재적 연방으로 간주될 수 있다.[28]

아렌트는 영국이 제국을 영연방으로 전환하는데 성공했다면 팔레스타인이 영연방의 일부가 된다고 주장하였다. 그의 생각에 따르면, 연방commonwealth 이념에 대한 영국 의회의 지지 및 대중적 지지와 더불어 인도에 자치령의 지위를 보장한다는 영국의 제안은 이러한 변형의 전조가 된다고 생각하였다.

아렌트는 독립적인 입장을 견지했기에 어떤 행위 가능성으로부터도 완전히 배제되고 시온주의자들 사이에서도 영향을 미치지 못했다. 블뤼허는

---

28 앞의 기사.

어느 정도 훨씬 만족스러운 위치에 있었다. 그는 국민사기진작위원회와 접촉함으로써 두 군데의 강의 자리를 얻었다. 블뤼허는 메릴랜드 주의 캠프 리치가 운영하는 미군훈련계획의 민간인 자문관으로서 독일 전쟁포로에 대비하여 독일 역사에 관한 세미나를 운영하였다. 이후 블뤼허는 크리스티안 가우스 학장의 감독 아래 운영되는 프린스턴대학교의 다른 육군 프로그램에 초청을 받았다. 그는 이곳에서 프랑스군과 독일군의 조직 및 구조에 관하여 독일어를 사용하는 미육군 장교들에게 강의를 하였다. 블뤼허는 공식적인 대화와 교육에 필요한 능력을 십분 발휘할 수 있게 되었다. 그는 이러한 능력에 맞는 직책 덕택에 다음해 뉴욕에서 더 좋은 일자리를 얻을 수 있는 신임장을 얻게 되었다. 그는 NBC 라디오의 독일어 뉴스해설자로 고용되었다. 방송활동은 별로 흥미를 끌지 못했으나 글 쓰는 일이 포함되었다. 그것은 블뤼허에게는 결코 편안한 일자리는 아니었다. 그러나 그는 이러한 일 때문에 자신과 아내가 삶의 중심에서 설정했던 기획에 헌신하기를 희망하는 구상을 발전시킬 수 있게 되었다. 아렌트가 ≪재건≫ 신문사에서 활동이 거의 끝나 가고 있어서 다른 일자리를 찾고 있는 사이에 아렌트와 블뤼허는 오랫동안 생각했던 책의 첫 번째 윤곽을 마련하였다.

『전체주의의 기원』은 블뤼허 부부의 삶에서 가장 낙담스러운 시기에 기획되었다. 1943년 초반 몇 달 사이에 유럽으로부터 들어오는 소식들은 믿을 수 없었다. 몇 년 후 아렌트는 그 시기를 회상하였으며, 유대인 문제에 대한 히틀러의 **최종 해결책**과 관련한 보도에 자신이 어떻게 반응했는가를 회상하였다.

> 우리는 처음에 그것을 믿지 않았습니다. 물론 남편은 그것이 나치에게 어울리는 일이라고 항상 말하곤 하였지요. 그러나 우리는 이것을 믿지 않았습니다. **최종 해결책**은 군사적으로 불필요하며 요구되지 않았기 때문입니다. 나의 남편은 한때 일종의 군사 사학자였으며, 이러

한 것에 대해 많이 알고 있었지요. 그는 "이러한 가공적인 이야기에 대해 귀를 기울이지 마시오. 그들은 그것을 할 수 없었소"라고 말하였습니다. 그것이 증명된 6개월 이후 우리는 그 말을 결과적으로 믿었습니다. 그 이전에 사람들은 우리가 모두 적을 가지고 있다고 말하곤 하였지요. 그것은 아주 자연스럽습니다. 한 민족은 왜 적을 갖지 않아야 하는가? 그러나 이것은 달랐지요. 이것은 실제로 심연이 마치 열렸던 것과 같습니다. 사람들은 다른 모든 것이 언젠가는 교정될 수 있으리라는 희망을 항상 갖고 있기 때문에, 모든 것이 다시 올바로 될 수 있으리라는 희망을 정치적으로 갖습니다. 이것은 존재할 수 없었습니다. 이것이 발생하도록 결코 허용해서는 안 됩니다. 나는 희생자의 숫자를 생각하는 것이 아니라 방법, 시체의 가공을 생각하고 있습니다. 나는 그것에 대해 더 이상 검토할 필요가 없습니다. 이러한 일이 발생하도록 결코 허용해서는 안 됩니다. 우리들 중 어느 누구도 감수할 수 없는 일이 발생하였습니다. 나는 우리에게 발생한 것과 관련하여 일들이 때때로 어렵다고 말할 수 있을 뿐입니다. 우리는 매우 빈곤했고, 박해를 받았습니다. 사람들은 망명해야 했으며, 때때로 자신의 방식을 완전히 속여야 했습니다. 과거에 벌어졌던 일은 그렇답니다. 그러나 우리는 젊습니다. 그리고 때때로 재미도 있습니다. 나는 그것을 어떤 다른 방식으로 표현할 수 없습니다. 그러나 그것은 아닙니다. 그것은 아니지요. 그것은 완전히 다르지요. 개인적으로 사람들은 다른 모든 것을 처리할 수 있었습니다.[29]

그들의 삶은 계속되었다. 그들은 일하러 갔으며, 투쟁하였다. 그들이 산책을 하고, 약간 재미난 것을 즐기며, 평화로움을 향유하기 위해 리버사이드 공원에 갔을 때에도 유럽에서 발생하고 있는 것, 결코 발생하지 않아야 하는 것에 대한 그들의 생각은 그들을 따라다녔다. 아렌트는 공원에서 시들을 지었다. 제목이 없는 이 시는 1943년에 쓴 것이다.

---

29 가우스 대담.

물이 괴어 있는 과거의 웅덩이에서 솟아오르네
이 수많은 기억들.
희미한 모습들은 나를 사로잡았던 연모하는 동아리를
그들의 목표에, 유혹하면서, 유인하였다오.

죽은 자, 당신은 무엇을 원합니까? 저승에 안식처나 화덕을
안 가지고 있나요?
마침내 심연의 평화를?
신이 당신을 강력하게 사로잡듯이
물과 땅, 불과 공기는 당신에게 귀속되어 있다오. 그리고 부르네

물이 괴어 있는 호수, 늪, 습지, 연못에서 당신에게
함께 집중하라고.
여명 속에서 빛나고 당신은 삶의 영역을 안개로 덮고 있다오,
어둠을 더 이상 얕보지 마라.

우리는 놀이를 하고, 포옹하고 웃으며 간직하네
과거의 꿈들을.
우리 역시 거리, 도시, 고독의 갑작스런 변화에
점점 더 지겨워진다오.

사랑하는 연인을 태운 노 젓는 배들 사이에,
삼림지 연못의 보석들과 같이,
우리 역시 안개구름에 감춰지고 감싸인 채 조용히 고제할 수
있었답니다.

곧 대지, 둑, 관목, 나무들 감싸고,
다가오는 폭풍을 기다리며,
안개, 구름 성, 우매한 짓과 꿈에서 벗어나 기다리노라
솟아오르며 휘몰아치는 폭풍을.

블뤼허 부부는 함께 의존했고 서로 도왔다. 아렌트는 남편과 함께 했던 그 많은 산책 가운데 하나, 즉 일어났던 일들을 생각하고 이에 대해 이야기하는 동안 가졌던 자신들만의 시간을 「허드슨 강가의 공원」에서 묘사하였다. 이 시는 전원시이다. 그러나 이 시의 마지막 시구는 그들이 산책하는 동안 집필하기로 생각하였던 책에 나타나는 문구, 즉 영국 출판업자가 『전체주의의 기원』의 제목으로 붙이려고 했던 문구인 "우리 시대의 부담"을 예견케 한다.

어부들이 강에서 조용히 고기를 잡는다.
나뭇가지가 외로이 걸려 있다.
운전수들은 무턱대고 길을 달리고 있고,
불안하게, 그들의 휴식처를 향하여.
애들은 놀고 있고, 어머니들은 애들을 부른다.
영원은 항상 여기에 있다.
사랑하는 연인이 지나간다
우리 시대의 부담을 지닌 채

아렌트의 민족인 유대인들에게 유럽의 고향은 1944년 영원히 상실되었다. 그 고향은 '더 이상 존재하지 않았다.' 미래('아직 아님')의 유럽에 존재할 수 있는 것은 상상할 수 없었다. 미래의 팔레스타인에 존재할 수 있는 것은 인식의 범위를 벗어났다. 아렌트가 시온주의 공동체에 있지 않은 채 자기 민족을 위해 배려할 수 있는 실천행위는 없었다. 그러나 그는 그것을 결여하였기 때문에 정치적으로 연계되지 않은 단체와 함께 미래 구상을 실천할 기회를 갖게 된 것에 매우 감사하였다. 그는 미국에서 유대인관계협의회의 연구책임자로서 처음으로 정식 봉급을 받는 자리를 얻었다.

이 협의회는 이후 유대사회연구협의회로 알려졌다. 미국 내 가장 저명한 유대인 학자들 가운데 두 사람, 즉 사로 바론과 모리스 라파엘 코헨이 1933

년 4월에 이 협의회를 계획하였다. 1936년 알베르트 아인슈타인이 사회를 맡고 바론 · 코헨 · 헤롤드 라스키 · 헨리 모겐소 경卿이 연설을 한 모임에서 협의회는 공식적으로 설립되었다. 이 협의회는 1939년 『유대사회연구』를 지원할 수 있는 기금운동의 시발점을 마련하였다. 학술 잡지는 협의회의 최초 목표를 실현하는 중요한 일부로서 격렬한 반유대주의적 나치 선전에 대응하는 '현대 세계에서 유대인이 차지하는 위치'에 관한 자료를 제공하였다.

1940년 초에 쇼켄출판사는 이 협의회가 자문 능력을 지닌 히브리대학교와 함께 활동할 것인가에 대해 바론에게 질문하였다. 이 대학교는 전쟁 초기 몇 년 사이 유럽의 유대인 소장품들 가운데 모든 책을 복구하는 수단에 관한 제안을 원했다. 협의회의 구성원들은 유대인문화재건위원회를 설립함으로써 이에 부응하였으며, 한나 아렌트는 1944년 이 협의회의 조사연구를 지도하기 시작하였다. 그는 『유대사회연구』 1946~1948년 호에 출간된 「추축국이 점령한 국가들에 있는 유대인 문화 보고에 관한 잠정 목록」 4회분을 준비하기 위하여 협의회의 제일 책임자인 조슈아 스타, 그리고 직원 한 사람과 공동으로 일하였다. 이 협의회의 임무는 어떻게 유대인의 정신적 보고를 부활시키고 안전한 보관 장소를 새롭게 확보할 수 있는가를 결정하는 것이었다.

아렌트와 그의 동료들은 이러한 목록을 작성하기 위해서 유럽의 여러 도서관 · 학교 · 박물관에 직책을 가졌던 유대인 난민들과 대담을 하였다. 주요 문서들 가운데 하나는 프랑크푸르트 시립도서관에 마련되어 있었던 개인 소장품의 원고목록으로서 도서관 직원을 통해 이들에게 제공되었다. 그 도서관 직원은 유대인의 공무원직을 금지하는 1933년 나치법 때문에 일을 중단하였는데, 당시에 이 자료를 소장하였다. 다른 난민들은 기록물과 소장품을 기증하였다. 이것들은 나치의 몰수 및 재배치 활동에 관한 유용한 모든 정보와 통합되어야 했다.

1940년 알프레드 로젠베르크와 특별 나치부대('특수작전집단 국가지도자 로젠베르크'라고 불림)는 유대인 및 유대인 문제를 연구하는 프랑크푸르트 문서보관소에 제공하려고 유럽 점령지에 있는 유대인 문화시설을 약탈하였다. 로젠베르크의 활동은 저명한 역사가 발터 프랑크의 지도 아래 있는 베를린 소재 유대인문제조사연구소의 오랜 활동을 무색하게 만들었다. 이 연구소는 독일 대학의 연구소들과 연계되어 있었다. 그러나 로젠베르크의 수집품이 취합되자, 그 일부만이 프랑크푸르트에 보관되었다. 대부분의 귀중한 재산은 베를린으로 이송되었다. 국가비밀경찰 특수부서는 아돌프 아이히만의 지도 아래 이것들을 접수했다.

한나 아렌트는 잠정목록을 준비하는 동안 이 복잡한 상황을 연구하였으며, 전체주의 지배의 주요 계획들 가운데 하나, 즉 관련 부서와 기관의 증대를 설명하기 위해 『전체주의의 기원』에서 그 결과들을 이후에 이용하였다. "더 오래된 연구소들은 하나도 폐지되지 않았다. 그래서 1944년 상황은 이러했다. 뮌헨연구소는 각 대학 역사학과의 배후에서 훨씬 더 실질적인 권력을 위협적으로 행사했다. 프랑크푸르트의 로젠베르크연구소는 뮌헨연구소의 배후에서 부상하였다. 권위의 실질적 중심기관인 국가비밀경찰 특별부대는 단지 이러한 세 기관의 이면에서 은밀하게 활동했다."[30] 아렌트는 잠정목록을 준비하는 과정에서 수행하였던 조사연구를 통해 전체주의 정권의 양파처럼 다층적인 구조에 대한 통찰력을 얻을 수 있었다. 이 잠정목록은 생존하였던 유럽 유대인들에게 필요한 문화유산을 회복시키려는 활동에서 유럽 유대인문화재건위원회에 협상의 기반을 제공하였다.

아렌트는 1948년 설립된 유대인문화재건위원회에서 실무 책임자가 되었으며 1952년까지 이 직책을 수행하였다. 그는 히브리 언어 및 문학Hebraica

30 Arendt, *Origins*, p. 402.

과 유대 역사와 문명Judaica에 관한 서적 백오십만 권, 수천 편의 행사 자료 및 예술작품, 그리고 천 개 이상의 두루마리 법령집을 마침내 복구하는 활동을 지휘하기 위해 1949년과 1950년 6개월 동안 유럽을 방문하였다. 1945년 연합국간 협정의 조항에 따라 원산지 국가가 알려진 대상들은 이들 국가에 반환되어야 했으며, 생존하고 있는 개개인에게 귀속되는 대상들은 그들에게 반환되었다. 반환할 수 없는 전체 대상의 3분의 1은 이스라엘과 유럽, 서반구의 다른 국가들에 있는 유대인 기관들에게 분배되었다.

아렌트의 경우, 유대인문화재건위원회에서의 활동은 전쟁 막바지 어려운 시기에 상당한 위안이었다. 그러나 유대인 문화유적을 위한 안전한 장소를 확보하는 것은 고향이 없다는 아렌트의 감정을 경감시키지는 못했다. 아렌트는 상실한 세계, 즉 유럽을 동경하였다. 아렌트는 가장 단순하면서도 가장 슬픈 시들 가운데 하나로 1946년에 쓴 시에서 릴케 시의 유명한 시구, "고향이 있는 사람은 행복하다"*에 관심을 가졌다.

> 슬픔은 마음속에서 빛나는 빛과 같으며,
> 어둠은 우리의 밤을 찾는 열정이다.
> 우리는 작고 애처로운 불꽃만을 지필 필요가 있다
> 그림자들과 같이 고향으로 가는 길을 찾기 위해.
> 길고도 넓은 밤으로 헤치며
> 숲, 도시, 거리, 나무는 빛나고
> 고향이 없는 사람은 행복하다; 그는 아직도 그것을
> 꿈속에서 찾으니 말이다.

---

* 옮긴이_ 이 책의 부록 2를 참조할 것. 영-브륄은 이 시구를 릴케의 것으로 언급하고 있지만 니체의 시 「고독(Vereinsamt)」 마지막 부분은 다음과 같다. "weh dem, der keine Heimat hat!"(고향을 갖지 않은 사람들에게는 저주가 있을 지어다!)

위안을 주는 사람과 사태

아렌트는 유럽 유대인문화재건위원회에서 몇 년 동안 조사활동(1944~1946년)을 하였으며, 유대인 문화를 재건하고자 유럽으로 여행(1949~1950년)을 하였다. 이 기간 중에 유대인 문화를 보존하는데 기울인 노력은 다른 형태를 띠었다. 아렌트는 전임자인 막스 스트라우스가 치료 불가능한 심장병을 겪은 이후 새로이 설립된 쇼켄출판사 뉴욕 본부의 선임 편집자 직책을 수락했다. 쇼켄출판사에 있는 그의 집무실은 만남의 중심지였다. 저자들과 편집자들, 독일어 사용자들, 그리고 마침내 미국 지인들이 이곳을 방문하였다. 아렌트는 전후 새로운 시대의 첫 해에 망명자 세계를 둘러싸고 있는 세계를 알게 되었다.

쇼켄과 아렌트는 블루멘펠트를 통해 베를린에서 만난 적이 있고, 뉴욕에서 자신들의 친분 관계를 재개하였다. 쇼켄은 아렌트를 고용하기 이전에 다양한 계획에 관하여 아렌트와 상의하였다. 아렌트는 발터 베냐민의 미출간 원고와 프랑스 시온주의자인 베르나르 라자르 저작의 출판을 그에게 추천하였다. 아렌트는 이미 라자르로부터 파리아와 벼락출세자라는 용어를 배웠다. 라자르의 저작은 『욥의 쓰레기더미 *Job's Dungheap*』란 제목으로 1949년 간행되었다. 아렌트는 서문을 첨가하고 편집하여 이 책을 출간했다. 쇼켄출판사는 베냐민 저작을 결코 출간하지 않았다. 그러나 아렌트는 게르숌 숄렘이 베냐민에게 헌정하였던 『유대 신비주의의 주요 추세*Major Trends in Jewish Mysticism*』 제2판을 준비하는 기회를 얻었다. 아렌트가 쇼켄출판사에 재직하고 있는 동안 시간을 많이 들였던 어려운 편집계획은 프란츠 카프카의 『일기』 독일어판의 출간이었다. 카프카의 친구인 막스 브로트는 『일기』의 출판을 준비하였지만, 그의 작업은 엉성했으며 원래의 원고와 모든 쪽을 일일이 대조해야만 하였다. 카프카의 작품을 정리하는 일이 몹시 힘들었지만, 아렌트는 이 일에 전념하였다. 그는 수년 동안 카프카에 관심을 가졌으며, 「프란츠 카프카: 재평가」(1944년 가을호)라는 제목의 첫 번째 논문을 『파르티잔 리뷰』에 기고하였다.

젊은 직원들은 아렌트 자신이 제안했던 기획에 대해 많이 논박하였다. 아렌트는 이 때문에 쇼켄출판사에서 근무하는 것에 유보 조건을 제시했지만 젊은 직원들보다 쇼켄을 더 존경하였다. 아렌트는 블루멘펠트에게 다음과 같이 말했다. 즉 "부유한 늙은 세대는 아직도 문화적인 것들에 책임감을 가지고 있는데, 부유한 젊은 세대는 그러한 책임감을 결여하고 있습니다."[31] 쇼켄은 어려움을 겪었다. 아렌트는 전도유망한 의뢰인에게 이렇게 알려주었다. 즉 "당신은 쇼켄이 출판업자이지만 출판하고 싶어 하지 않는다는 것을 깨달아야 합니다."[32] 그러나 아렌트는 자신의 표현대로 "이 유대인 비스마르크"에 대해 즐거운 시선을 갖게 되었고, 그를 다루는 법을 배웠다.[33] 가장 중요한 망명가 집안인 쿠르트 볼프는 판테온출판사의 창립자로서 아렌트에게 출판인과 출판사에 관해 훌륭한 조언을 많이 해주었다. 볼프와 아내인 헬레네는 블뤼허 부부의 동아리 일원이 되었으며 출판에 관한 아렌트의 제안을 항상 잘 받아들였다.

몇 사람과의 흥미로운 친분 관계는 저자들과 거래하는 살만 쇼켄의 특이한 방식의 결과로 진전됐다. T. S. 엘리엇이 업무 관계로 쇼켄과 그 아들을 만나는 자리에서 아렌트는 엘리엇을 만났다. 아렌트는 비서의 직책으로 모임에 참석해달라고 요청을 받았다. 아렌트는 엘리엇이 여행사 판매사원과 같이 대접을 받자 놀래서 무기력하게 침묵을 지킨 채 앉아 있었다. 쇼켄 부자는 저자들 가운데 엘리엇을 얻게 된 기회를 잡았다기보다 오히려 망설였으며 "우리가 재고하겠습니다"라고 말하면서 다른 약속으로 급히 나가야

31 아렌트가 블루멘펠트에게 보낸 편지(1945년 8월 2일), 마르바흐 문서보관소.

32 아렌트가 미카엘 디 카프아에게 보낸 편지(1967년 10월 25일), 의회도서관. 이 편지는 자렐의 하이네 시집 번역과 연관되는데, 쇼켄출판사는 이 번역본을 출간하지 않았다.

33 야스퍼스가 아렌트에게 보낸 편지(1948년 9월 19일), 마르바흐 문서보관소.

한다는 변명을 늘어놓으면서 회의를 갑자기 끝내버렸다. 엘리엇은 상당히 위엄 있게 일어서서 쇼켄 부자를 현관까지 안내하며 당황하여 밖으로 나갈 때 격식을 차려 인사하였다. 그리고 엘리엇은 매우 당황해 하였던 아렌트에게 돌아서서 "이제 당신과 나는 재미있는 농담을 할 수 있군요"라고 말하였다. 그들은 대화를 나누었다. 그리고 아렌트는 이후 엘리엇의 시 · 희곡 · 수필을 모든 읽는데 전념하였다. 아렌트는 항상 새로이 알게 된 문학계 지인을 칭찬하였다.

출판하기 좋아하지 않는 출판업자는 항상 자렐의 독일시 번역판을 취합할 기회를 놓쳤다. 자렐은 1946년 뉴욕에서 살았다. 이때 자렐은 『민족』의 고정 서평 편집자 마가렛 마셜이 부재한 기간 동안 그를 대신했다. 이전 해에 마셜은 『민족』에 아렌트의 「'독일 문제'에 대한 접근법」(『파르티잔 리뷰』 1945년 겨울)에 관한 논평을 게재했다. 마셜은 이 논평에서 "독일 및 유럽의 문제에 관한 토론 가운데 내가 우연히 만나게 되었던 가장 훌륭한 논문"이라고 평가하였다. 아렌트는 『민족』에 기고를 요청받았을 때 라이사 마리탱의 『은총 속의 모험*Adventures in Grace*』에 대한 서평을 기고함으로써 요청에 부응하였다.*

서평은 아렌트의 특징을 드러내는 유형의 서평이었다. 책의 내용은 지루한 일반적 토론에서 간략하게 언급되었다. 아렌트는 자신의 논문 「기독교와 혁명」에서 악시옹 프랑세즈(Action Française; 프랑스의 행동) 단체의 반민주적 '파시스트 애호가들'로부터 페구이와 베르나노스(그리고 영국의 체스터턴)와 같은 민주적 반부르주아적 출판업자들에 이르기까지 프랑스의 신가톨릭파 사상을 개관하였다.[34] 이 개관은 상황을 입증했다. 이 상황에서 신토마스주

---

* 옮긴이_ 자크 마리탱의 부인인 라이사 마리탱(1883~1960년)은 『은총 속의 모험』과 함께 『우리는 모두 친구였다(*We Have Been Friends Together*)』라는 영적 자서전을 각기 1941년과 1944년에 출간했다.

34 Arendt, "Christianity and Revolution," *Nation*, 22 September 1945, p. 288.
옮긴이_ 이 논문은 『이해의 에세이』에 수록되어 있다.

의자인 자크 마리탱은 언론인도 아니고 출판업자도 아닌 사람으로서 예외였다. "철학자들의 경우는 약간 상이하고 약간 당혹스럽다. … 마리탱은 사람이 자신의 입으로 진리라는 말을 할 경우에 말하고 있는 것을 결코 알지 못하는 세계의 복잡성과 혼란으로부터 벗어나도록 그를 인도할 확실성을 원했다." 아렌트는 마리탱을 존경했으며, 폴 틸리히의 후원 아래 그와 개인적인 친분 관계를 잠시 유지했다. 아렌트는 또한 ≪재건≫에 기고한 서평, 즉 마리탱의 『시간의 대가 지불하기*Ransoming of Time*』* 서평과 「드레퓌스 사건에서 오늘날의 프랑스까지」라는 제목의 논문 사본을 그에게 보냈다. 그러나 아렌트는 진리에 대한 마리탱의 욕구가 당혹스럽다는 것을 발견하였다. 아렌트의 이해에 따르면 이것은 철학적이었기 때문이다. "진리에 관심을 가지고 있는 철학은 '박학한 무지docta ignorantia' — 아주 박식하지만 그래서 무지한 — 였고 앞으로도 항상 그러할 것이다." '이 마지막 문장'**은 아는 체 하는 수많은 무식한 사람들로부터 보호하고자 '책이나 신문에서(옮긴이)' 오려내서 지갑에 넣는 랜달을 연상시키는 그런 것이었다.

자렐의 학식은 그의 시와 비평을 읽거나 그의 대화를 들은 사람들에게는 경이였다. 그러나 그것은 자렐에게는 거대한 무지의 바다에서 떠도는 작은 뗏목이었다. 자렐은 자신이 받지 못한 유럽 교육의 살아 있는 화신인 한나 아렌트를 만났다. 이때 자렐의 뗏목은 자신에게는 점점 더 작아보였지만, 아렌트는 해안과 같아 보였다. 아렌트가 자렐의 시를 읽었을 때, 자렐은 아렌트를 전적으로 신뢰하였다. 자렐(1914~1965년 — 옮긴이)은 "어떤 사람이 나의 시들에 대해 언급했던 어떠한 것도 당신이 언급한 것만큼 더 나를 기쁘게 하지 못했습니다"라고 아렌트에게 말하였다.[35]

---

* 옮긴이_ 사도 바울의 에베소서 15장과 16장 말씀에서 나오는 문구이다. "그러므로 너희가 어떻게 행할 것을 자세히 주시하여 지혜 없는 자가 아니라 오직 지혜 있는 자와 같이 하여 세월을 아껴라. 때가 악하기 때문이다." 『세월을 아껴라』는 총 10장으로 구성되어 있으며, 앞 장은 '인간의 평등', '파스칼의 정치 이념', '베르그송의 형이상학', '베르그송의 도덕 및 종교 철학', '누가 이웃인가?'로 구성되어 있다.

** 옮긴이_ 「기독교와 혁명」이란 논문에서 마지막 단락에 있는 문장을 지칭한다.

자렐은 『민족』 잡지사에 근무했고 아렌트는 쇼켄출판사에 근무했다. 이때 그들은 업무를 겸한 점심을 하고자 함께 만났다. 아렌트는 1946년 『민족』에 5편의 짧은 논문을 기고했다. 이 가운데 세 편의 논문은 프랑스 실존주의에 대한 첫 번째 열렬한 진술, 브로흐의 저서 『베르길리우스의 죽음*The Death of Virgil*』 서평과 길벗의 저서 『나의 운율과 당신의 운율*Meine Reime Deine Reime*』 서평이다.* 자렐은 그 논문들을 접수하고 아렌트의 표현대로 영어의 표현 다듬기를 담당하였다. 아렌트는 자렐의 독일 시 번역본을 교정하였고, 자신이 좋아하는 시인들(괴테 · 릴케 · 하이네 · 횔더린)의 작품에 대한 개략적인 산문 번역본을 자렐에게 제공하고 이 시들에 대한 자렐의 해석을 지도하였다. 아렌트는 성공하지는 못했지만 하이네의 시를 번역한 자렐의 역서를 출판하기 위해 "유대인 비스마르크"와 협의하려고 했다.

아렌트는 자렐의 번역서에 상당히 감명을 받았다. 그는 자렐의 독일어 능력을 증진시키도록 격려하였다. 그는 이후 같은 결과를 얻으면서 오든에게도 격려하였다. 자렐은 다음과 같이 불평을 늘어놓았다. "도대체 내 독일어 능력은 조금도 진전되지 않아. 내가 번역하면, 독일어 배우는 시간을 어떻게 확보할 수 있는가? 그렇다고 내가 번역하는 일에 참여하지 않는다면 나는 독일에 대해서는 관심도 갖지 않을 것이다." 아렌트는 훨씬 훌륭한 학생이었다. 자렐은 뉴욕을 떠난 이후 블뤼허 부부를 정기적으로 방문하였으며, 아렌트가 좋아하는 영어권 현대 시인들, 즉 오든 · 에밀리 디킨슨 · 예이츠를 아렌트에게 소개하였다. 자렐은 아렌트에게 그들의 시를 읽어서 들려주었다. 그래서 아렌트의 여전히 매우 불확실한 귀에 영어의 운율과 보격

---

35 이 인용문과 다음 인용문은 자렐이 아렌트에게 보낸 편지(의회도서관 소장)에서 발췌한 것이다. 아렌트가 다음 논문을 집필할 당시 대략 보낸 것이기는 하지만 편지의 날짜는 미상이다. "Randall Jarrell: 1914-1965," *Men in Dark Times*. 이 편지들은 개별적인 병기 없이 인용될 것이다.

* 옮긴이_ 다른 두 편 가운데 하나는 『이해의 에세이』에 수록된 「상식의 상아탑」이고 다른 하나는 수자나 영아-고트리브가 편집한 『문학과 문화에 대한 성찰(*Reflections on Literature and Culture*)』에 수록된 「적극적인 증거」이다.

이 들릴 수 있었다. 그들은 처음 만나던 당시부터 아렌트의 언어 능력이 진전되는 것을 보면서 기뻐했다. 아렌트는 자렐을 처음 만나던 시기에 자신에게는 '랜달'과 '자렐'이란 두 이름이 같이 들리는 것에 당혹했다.

아렌트와 자렐이 귀중하게 여겼던 연대, 즉 공동 취향과 판단의 연대는 두 사람 사이에 발전되었다. 아렌트는 「시인의 모호성」이란 자렐의 에세이를 읽었을 때 자신이 "합의에 도취되고 적들의 세계에 함께 저항한다"*는 것을 자렐에게 전달하고자 편지를 썼다. 그리고 그는 답장을 보냈다. "당신을 볼 때 나는 이러한 방식을 항상 느낀다오. 누군가 '그 사람이 살아 있는 동안 나는 이 세계에서 외롭지 않다'고 누군가에 대해 말하였지요. 나는 당신에 대해 그러한 면을 느낀다고 생각합니다." 자렐은 외롭지 않았으나 종종 자리를 옮기면서 관저에 살고 있는 작가의 임시 근거지에만 앉아 있었다. "나는 당신을 그리워하고 있소. 당신은 아마도 봄에 일리노이에 올 필요가 있을 것이오. 그렇지 않소? 일리노이 주 카이로 공공 도서관에 유대인 언약의 궤를 제공하기 위해서 오게 될 것이오."

그러나 아렌트는 뉴욕을 떠나지 않았다. 실제로 그는 쇼켄출판사 사무실의 책상이나 웨스트 95번가 아파트의 서재 구석에 위치한 작은 책상을 거의 떠나지 않았다. 그는 점심 휴식시간이나 저녁식사를 마친 후, 그리고 밤늦게까지 지속적으로 집필하였으며, 자신이 『전체주의의 기원』을 구성할 의도로 작성한 논문들과 수많은 서평을 집필하고 있었다. 그는 서평이나 논설 활동에서 문화 복원이라는 또 다른 임무를 맡았으며 현대 유럽 문학과 철학을 미국 문단에 소개하였다. 『파르티잔 리뷰』 동아리의 저명한 회원들이 파티에서 '프란시스' 카프카가 누구냐고 아렌트에게 질문할 수 있던 때에 아렌트는 이러한 미지의 세계에 제공하는 명료하고 단순한 지침을 집

---

* 옮긴이_ 브륄은 "intoxicated with agreement against a world of enemies"로 인용하였지만, 『랜달 자렐의 편지 모음집』에서는 Arendt replied "that she was intoxicate with agreement" and that they stood together "against a world of enemies"로 표기되어 있다.

필하느라고 작업을 하였다. 독일과 관련한 모든 것을 전반적으로 혐오하고 있는 미국에서 독일어가 보배라는 것을 보여줄 수 있는 사람인 문화 홍보대사가 절실히 필요했다. 아렌트는 독일이 위대한 작가를 다시 배출할 수 있는 능력을 지니고 있는지에 대해 회의적이었다. 19세기와 20세기 초, 독일계 유대인에게 문학적 혁신에 대한 가장 강렬한 유인은 파괴되었기 때문이었다. 그럼에도 아렌트는 미국이 독일의 유물에 대해 호의적이기를 원했다. 아렌트는 『전체주의의 기원』을 집필하는 데 필요한 예비연구에서 별로 알려지지 않았던 유대인들 — 라헬 파른하겐 · 하인리히 하이네 · 베르나르 라자르 — 이 이룩한 성과에 관한 이야기들을 자신의 독자들에게 제시하였다. 아렌트는 이런 파리아의 후손들을 위한 공간을 만드는데 일조하였다. 즉 아렌트와 야스퍼스가 언급한 독일의 종말Finis Germaniae에 약간의 위안이 되는 것은 있었다.*

아렌트가 시인들을 만나 알찬 결실을 이루었던 해는 1946년이었다. 시가 전쟁 기간에 아렌트에게 위안을 주었듯이, 이후 시인들 역시 전쟁의 고통으로부터 완만하게 회복하는 몇 년 사이에 아렌트에게 위안을 주었다. 아렌트는 쇼켄출판사에서 일을 시작하기 이전에 시인이자 소설가인 헤르만 브로흐를 만났다. 브로흐가 아렌트에게 매료되었듯이 아렌트 역시 그에게 곧 매료되었다. 그들은 정기적으로 만나기 시작했다. 이후 아렌트는 1946년 블루멘펠트에게 보낸 편지에서 다음과 같이 썼다. 이 새로운 우정은 "당신이 부재하는 동안 우연히 얻은 가장 좋은 행운입니다."[36]

브로흐의 안주인 안네 마리 마이어 그래페는 이 운 좋은 만남을 주선했

---

* 옮긴이_ 1933년 이후 독일에서 발생한 사건은 독일의 종말을 의미했다. 독일 정치체제의 완전한 붕괴는 정치적 실체로서 독일의 종말을 의미한다. 독일적인 것은 위대한 정신 영역에 여전히 존재한다. 이렇듯 야스퍼스는 히틀러의 패배와 독일의 정치적 실존의 종말이 진정한 독일인을 존재하게 할 수 있다고 믿었다. 다음 자료를 참조할 것. Anson Rabinbach, "German as Pariah, Jew as Pariah: Hannah Arendt and Karl Jaspers," *Hannah Arendt in Jerusalem*, ed., Steven E. Aschheim(Berkley, Los Angeles, London: University of California Press, 2001).

36 아렌트가 블루멘펠트에게 보낸 편지(1946년 7월 17일), 마르바흐 문서보관소.

다.* 아렌트는 이 여주인을 뉴욕에서 만난 적이 있다. 저명한 독일 예술사가의 미망인인 그래페는 친구들에게는 부쉬Buschi로 알려졌으며 블뤼허와 마찬가지로 베를린 사람이었다. 그래페의 아파트는 전쟁 이전 침울한 가구로 장식된, 빈Vienna의 아파트를 환기시켰다. 아렌트와 브로흐는 그래페의 아파트에서 만났었다. 이 아파트에는 아렌트가 슈테판 츠바이크의 자서전 『어제의 세계*The World of Yesterday*』에서 얼핏 보았을 뿐이지 실제로 본 적이 없는 세계 기념품들이 가득했다. 그러나 아렌트가 이곳에서 만난 사람들은 츠바이크나 '그 당대의 저명인사들'과 같지 않았다. 츠바이크는 문학적 명성이 최고조에 달했던 시기, 즉 "안정의 황금시대"**에 저명인사들을 아주 열렬하게 끌어 모았다. 아렌트가 츠바이크의 책에 대한 1943년 서평에서 기술했듯이, 1933년 사건은 탈정치적인 사람인 츠바이크를 완전히 경악케 하였으며, "사람들이 아주 안락하게 확립했던" 세계를 파괴하였다.[37] 히틀러 시대에 "평생 예술 숭배에 헌신하였던 소수의 선택받은 전문가들을 위한 '보호구역'은 … 남김없이 파괴됐고, … 교양 없는 사람인 보통 사람profanum vulgus을 내쫓은 격자 울타리는 만리장성보다 훨씬 더 효율적으로 … 파괴되었다." 아렌트가 바이마르 독일에서 멸시하였던 문학도당의 이 엘리트 세계는 히틀러 출현 오래 전에 헤르만 브로흐를 넌더리나게 하였다. 그는 이 시기의 빈을 "윤리적 공백의 거대도시"라고 불렀다.

한나 아렌트는 브로흐의 『베르길리우스의 죽음』에 대한 서평으로 자신의 새로운 우정을 표시했다. 자렐은 아렌트의 서평을 독일식의 긴 영어 문

---

* 옮긴이_ 브로흐는 1907년 프란치스카 폰 로터만과 결혼하여 1923년 이혼하였고 안네-마리 마이어-그래페와 1949년 재혼하였다. 안네-마리의 첫 번째 남편은 독일 예술사가인 율리우스 알프레드 마이어-그래페였으나 1935년 사별하였다.

** 옮긴이_ 츠바이크는 자신의 자서전 첫 문장에서 다음과 같이 시작한다. "내가 자라난 제1차 세계대전 이전의 시대를 표현할 수 있는 적절한 공식을 찾는다면 '안정의 황금시대'라는 명칭을 붙여 주는 것이 가장 적절하지 않을까 생각한다." 곽복록 옮김, 『어제의 세계』(서울: 지식공작사, 2014), 3쪽.

37 이 인용문과 다음 인용문은 다음 문헌에서 발췌되었다. Hannah Arendt, "Portrait of a Period," *Menorah Journal* 31(Fall 1943): 308.

장에서 아름답고 긴 영어 문장으로 '윤문하였다.' 이후에 자렐은 브로흐 저작에 관한 더욱 완벽한 서평을 자신의 스승인 존 크로위 랜솜에게 제출하도록 아렌트에게 권유했다. 랜솜은 『케년 리뷰*Kenyon Review*』를 맡고 있었다. 아렌트는 브로흐의 『몽유병자*Sleepwalker*』가 1948년 영역판으로 재출간된 이후 이 서평을 제출하였다. 이전의 서평은 브로흐에 대한 아렌트의 우정과 존경의 징표였다. 브로흐는 아렌트의 표현대로 "과거와 미래 사이"의 영역에서 집필하였다.

> 프루스트는 19세기의 세계와 마지막으로 가장 아름답게 고별을 한 사람이다. 우리는 고별과 비애의 분위기가 우리를 압도할 때마다 반복해서 '더 이상 아님'이란 주요 단어로 쓰인 그의 저작에 관심을 갖게 된다. 다른 한편, 카프카는 제한된 범위에서만 우리 당대의 사람이다. 그는 '아직 존재하지 않는' … 세계에서만 마치 안락함을 누리고 누릴 수 있었던 것 같으며, 먼 미래의 입장에서 이미 글을 썼던 것 같다. 브로흐의 저작은 … 프루스트와 카프카를 연결하는 고리이지만 사라지고 있는 중요한 것, 우리가 회복할 수 없을 정도로 상실했던 과거와 다른 쪽에 아직 존재하지 않는 미래 사이의 사라지는 고리와 같이 중요한 것이 되어 왔다. … 이 책은 … 더 이상 아님과 아직 아님 사이의 빈 공간의 심연을 연결하려고 노력하고 있다. 그리고 1914년 운명적인 해부터 유럽 심장부에 세워진 인간도살장이 이미 닳아빠진 실을 분명히 끊을 때까지 이 심연은 매우 실질적이고, 매년 더욱 깊어지고 더욱 소름끼치게 되었다. 그런데 우리는 이 실로 2천년 이상의 역사적 실체에 엮여 있었다. 우리는 이미 '빈 공간'에서 살고 있으며, 세계와 인간의 전제되지 않은 전통적 이념이 어쩌면 해명할 수 없는 실재 — 이 전통은 우리의 마음에 여전히 귀중할 수 있기 때문에 — 와 대면하고 있기 때문에 우리는 이 하나의 주제에 아주 필사적으로 매달리는 시라는 위대한 작품에 충심으로 감사해야 한다.[38]

아렌트는 브로흐를 존경했으나 자신이 그를 이해하였다고 결코 생각하지 않았다. 브로흐는 소설 『방문자*Der Versucher*』와 관련한 계약서를 크노프 출판사로부터 받은 이후 개정판을 약속하였고 "범할 수 없는 아름다움과 생명력을 지닌 정제된 산문"[39]을 만들려고 했다. 브로흐의 이러한 노력은 아렌트에게 감명을 주었다. 그러나 브로흐가 이 소설이 완전히 쓸모없다고 생각하고 개정 작업을 완결하지 않으려고 하자, 아렌트는 놀랐다. 아렌트는 그의 갈등을 제대로 이해할 수 있었지만 다음과 같은 사실 때문에 괴로워했다. 즉 브로흐는 자기 성격의 기본적 특성, 도움 요청에 사심 없이 대응하는 윤리적 신념 때문에 문학이 도움이 되지 않으며, 자신이 살았던 세계에 대한 불충분하고 지나치게 주관적인 반응이라는 점에서 문학을 포기하게 되었다. 브로흐 사후 아렌트는 브로흐의 에세이 입문을 집필했다. 아렌트는 이 입문에서 단지 브로흐의 문학 포기와 체계적 철학 탐구에 관한 이야기를 기록했다. 브로흐는 철학 탐구를 통해 독립적이고 비이기적인 삶으로 인도할 "세속적인 절대자"를 사람들에게 제공하려고 했다. 아렌트는 그러한 전환에 의문을 제기하거나 비판하지 않고, 단순히 브로흐가 시도한 체계의 기반에 깔려 있는 철학적 난관, 특히 행위와 제작을 동일시하는 자기 부류의 예술가를 지적하였다. 아렌트는 브로흐의 윤리적 신념이 자신과 문학에 미치는 피해가 대단히 크다고 하더라도 그 윤리적 신념을 공개적으로 문제시할 수 없다는 것을 알았다. 아렌트는 사적으로 행운의 여신이 친구들의 필요에 부응하면서 보낸 몇 년 동안에만 헤르만 브로흐에게 친절했다고 항상 말하였다. 브로흐는 쓰러져서 병원에 입원치료를 받았다. 그래서 그는 자문을 하고, 음식을 제공하고 이민자들을 구원하고자 이리저리 다닐 수 없었다.

아렌트 자신은 브로흐의 친절과 감수성에 의존하지 않았으나 그러한 의

38 Hannah Arendt, "No Longer and Not Yet," *Nation*, 14 September 1946, p. 300.

39 Hannah Arendt, "Hermann Broch: 1886-1951," *Men in Dark Times*, p. 114.

존이 무엇을 의미할 수 있는가를 이해하였다. 아렌트는 브로흐에 관한 내용을 담은 편지를 블루멘펠트에게 보낸 이후 그에게 수줍게 다음과 같은 점을 인정했기 때문이다. “저는 그분의 수용성과 호의, 그리고 모든 사물과 사람으로부터의 절대적 독립을 항상 신뢰했습니다.(사람들은 자기 남편과 관련하여 이러한 점을 실제로 알리지 않아야 합니다. 저는 평생에 한번 이러한 말을 합니다.)”[40] 아렌트는 브로흐에서 블뤼허의 그러한 특성을 밝혔으며, 이것으로부터 이루 헤아릴 수 없을 정도로 혜택을 받았다.

아렌트는 브로흐의 독립심뿐만 아니라 여성에 대한 사랑에 감명을 받았다. 브로흐는 집념에 찬 여성들을 좋아하는 남성이며, 매력적이고 점잖고 아름답게 처신하며, 천성적으로 마음에서 우러나오는 예절politesse du coeur을 지닌 사람이다. 아렌트는 브로흐가 관심을 가졌던 여성들의 숫자에는 놀라지 않았으나 불가피하게 발생하는 난처한 혼란 속에서 그가 누리는 기쁨에 당황하였다. 아렌트는 크노프출판사 부편집장인 로버트 피크, 즉 서로 아는 친구와 함께 브로흐의 이러한 기쁨을 종종 토론하였다. 피크는 아렌트와 달리 브로흐의 모험에 익숙해 있었으며, 이러한 돈 조반니를 통해 레포렐로(돈 조반니의 하인 ― 옮긴이)의 역할을 아주 가끔 마지못해서 맡았다. 피크는 브로흐가 아렌트를 자신의 여성 수행원들에 포함시키고자 시도하였을 때, 브로흐의 무분별함보다 아렌트의 반응에 더 당혹스러웠다. 아렌트는 브로흐가 저지할 수 없다는 것을 알았을 뿐만 아니라 브로흐 못지않게 섬세하게 그의 교제 제의를 사양하였다. “헤르만, 저는 예외로 하세요.”

아렌트는 이 매력적인 거절을 표명하기 오래 전에 브로흐에게는 예외적인 인물이었다. 브로흐는 매일 저녁 아렌트와 시간을 보낸 후 머리를 흔들면서 로버트 피크에게 “어느 누구도 그렇게 많이 알도록 허용하지 않아야 해!”라고 속삭였다. 아렌트는 브로흐를 협박했으며, 브로흐는 블뤼허의 열

---

40 아렌트가 블루멘펠트에게 보낸 편지(1947년 7월 19일), 마르바흐 문서보관소.

정적인 정치적 주장을 두려워했다. 브로흐와 같이 조용하고 세련된 빈 사람인 피크는 이 거친 베를린 사람 "블뤼허는 항상 큰 소리를 내고 있다오"라고 말하였다. 그럼에도 블뤼허 부부와 브로흐 사이의 긴밀한 우정은 발전하였다.

아렌트는 1951년 브로흐의 사망 이후 정리되지 않은 적잖은 문학 유산을 분배하는 일을 도왔다. 아렌트는 그래페와 함께 브로흐의 뉴헤이븐 서재에서 여러 날을 보내며 이후 예일대학교에 기증된 문서를 정리하였다. 아렌트는 출판 가능한 저작들을 이후 스위스로 보냈다. 스위스의 라일출판사는 브로흐의 전집을 출간하기로 약속했다. 아렌트는 에세이집 두 권의 서문을 천천히 그러면서도 상당히 어렵게 준비하였다. 아렌트는 자신의 역작을 블루멘펠트에게 보내면서 다음과 같은 점을 그에게 알렸다. 즉 "당신은 내 서문이 어느 정도 거리를 두고 쓰였다는 것을 스스로 깨달았을 것입니다. 그것은 우정의 의무입니다. 제가 묘사하거나 그리려고 시도하였던 브로흐의 사상은 아주 생소합니다. 브로흐는 그것을 알았고, 그럼에도 저의 충실성(시인에게 특별히 중요한 것)을 신뢰하였습니다. 저는 제가 불러일으킬 수 있는 최선의 이해와 양심으로 그것을 수행하였습니다. 그러나 저는 제 진정한 의견을 언급하는 것에 대해 스스로 주의했습니다."[41] 문학의 포기가 철학의 이익이 아니라는 아렌트의 진정한 의견은 아렌트에게 중요한 게 아니라 아렌트의 우정에 중요했다. 아렌트는 브로흐 사망 이후 브로흐가 지녔던 친절 정신을 보여주는 상당한 존경을 그에게 표시할 수 있었다.

아렌트는 1940년대 중반 『파르티잔 리뷰』, 『논평』, 『메노라 저널*Menorah Journal*』, 『유대인 변경』 등 여러 학술지에 자신의 저작을 게재했다. 아렌트의 뉴욕 지인 동아리는 이 학술지들을 운영하였던 사람들과 자렐을 통해 확장되었다. 쇼켄출판사의 동료들(어빙 호웨, 나탄 글레이저, 마틴 그린버그)은 아

41 아렌트가 블루멘펠트에게 보낸 편지(1956년 7월 31일), 마르바흐 문서보관소.

렌트에게 자기 친구들을 소개하였다. 아렌트는 마침내 알프레드 카진과 같이 자신이 만나고 싶었던 사람들을 만났다. 아렌트와 카진은 1944년 "고통과 좌절의 시대에 발현되는 통렬한 자기 비난의 경향"을 보여주는 전형적인 인물로 낙인이 찍혔다. 이때 카진의 이름은 아렌트 자신의 이름과 불명예스럽게 연계되었다.[42] 아렌트는 츠바이크의 자서전에 대한 자신의 서평에 포함된 진술 때문에 이러한 비판을 받았다. 그는 이 서평에서 유대인 엘리트주의와 정치적 단견에 의문을 제기하였다. 아렌트는 자신과 아주 가까운 정치적 확신을 가졌고 자신의 저작을 바른 안목으로 읽은 미국계 유대 지식인을 흔히 발견했다. 1948년 이후 분위기는 변화하기 시작하였다. 아렌트의 우정과 성실은 유대인 민족주의 시대에 순조롭게 꽃피지 못하였다.

전후에 아렌트는 느슨하게 정의된 단체 — 뉴욕에서 주로 활동하는 문학계 유대인 좌파 — 의 회원들과 함께 모임과 토론회에 참여하기 시작했다. 그는 새로운 환경에 고무되고 약간은 압도되었다. 그는 블루멘펠트에게 다음과 같이 말했다. 즉 "저는 아주 많은 사람들을 만났습니다. 그들의 이름과 얼굴이 상당히 혼돈 상태에 있는 제 마음 속에서 맴돌았기 때문에 저는 때때로 좌절했습니다."[43] 아렌트와 새로 사귄 친구들 사이의 정치적 조화는 빠르게 형성됐다. 아렌트는 새로 사귄 친구들이 광신적인 행위를 하지 않으며 성공의 신을 숭배하지 않고 다양한 신념과 배경을 지닌 독자들에게 접근할 수 있는 문학 언어를 준수한다는 이유로 유럽 친구들에게 이들을 엄청나게 칭찬하였다. 그러나 새로 사귄 친구들에 대한 관심에도 불구하고 전쟁 말에 감정이 표출되기 쉬운 몇 년 사이에 오해는 쉽게 발생하였다. 아렌트와 메리 매카시 사이의 우정은 이런 오해 때문에 몇 년 동안 소원했다.

두 여성은 1944년 처음으로 만났다. 아렌트는 새로운 지인들이 집필한 저작을 모두 읽는 습관을 가지고 있었다. 그는 다음해에 매카시의 1942년

---

42 "Magazine Digest," *Contemporary Jewish Record*, April 1947, p. 205.

43 아렌트가 블루멘펠트에게 보낸 편지(1947년 7월 19일), 마르바흐 문서보관소.

저서 『그가 사귄 친구*The Company She Keeps*』*를 칭찬했다. 『파르티잔 리뷰』의 편집자인 필립 라브(1908~1973년 – 옮긴이)가 루즈벨트 대통령의 급서 직후인 1945년 봄 연회를 마련했다. 이때 아렌트는 매카시의 저서를 이전에 칭찬했음에도 불구하고 그가 연회에서 무심결에 실수한 발언에 격렬하게 반발했다. 매카시는 파리를 점령한 독일군에 대한 프랑스인의 태도와 관련하여 친구들과 대화를 하고 있었다. 매카시는 히틀러가 자기 희생자들로부터 사랑을 열망할 정도로 그렇게 우매하기에 그를 불쌍하게 생각한다고 말하였다. 아렌트는 화를 버럭 냈다. "당신은 어떻게 히틀러의 희생자이며 집단수용소에 있었던 나에게 그러한 것을 말할 수 있는가!" 사과하고 설명하려는 매카시의 노력은 공중으로 사라져 버렸다. 매카시는 "나는 살며시 도망쳤다"라고 회상하였다. 그러나 아렌트는 필립 라브에게 "유대인인 당신은 어떻게 당신의 집에서 이러한 종류의 대화를 나눌 수 있는가?"라고 계속 불평하였다.

드와이트 맥도날드는 몇 년 후 『정치』**라는 잡지의 장래 문제를 토론하기 위해 작은 모임을 가졌다. 이때 모임에 참석한 두 여성은 화해를 했다. 아렌트와 매카시가 모임을 마친 후 텅 빈 지하철 승강대에 서 있을 때, 아렌트는 두 사람이 토론에서 얼마나 종종 소수파가 되었는가, 즉 "우리는 아주 비슷하게 생각하는군요"라고 언급함으로써 대화를 주도하였다. 매카시는 마침내 발언의 원래 취지를 스스로 설명할 수 있었고, 아렌트는 자신도 결코 집단수용소에는 있지 않았고 억류수용소에만 있었다는 사실을 인정하였다. 아렌트는 얼마 안 되어 매카시에게 감사의 표시가 필요했던 순간에

---

* 옮긴이_ 이 작품은 매카시의 등단작이며 반자전적 소설로서 정서 발달의 다양한 단계를 통해 고도로 정치화된 젊은 가톨릭 대학 졸업생의 여정을 솔직한 필치로 추적하고 있다. 이야기는 가부장제, 페미니즘, 저항과 배반과 같이 저자 자신의 삶을 특징지은 여러 주제들이 어우러져 있다. '잔인하고 야만적인 취급', '악당의 갤러리', '브룩브라더스 셔츠를 입은 남자', '다정한 주인', '예일대 출신 지성인의 상', '유령 같은 아버지'라는 6개의 장으로 구성되어 있다.

** 옮긴이_ 맥도날드는 이 학술지의 명칭을 소문자 'politics'로 표기했으며 1944년 창간하여 1949년까지 편집을 맡았다.

『오아시스*Oasis*』에 대한 감사의 글("그것은 진정한 보석입니다")을 보냄으로써 새로운 이해를 확인하였다.[44] 이 책은 상당한 비판을 야기하였다. 매카시가 소개한 등장인물들 가운데 자신의 일면을 확인한 『파르티잔 리뷰』 동아리의 한 사람은 명예훼손 소송을 준비하고 있었다. 이후 매카시와 그의 남편 보우덴 브로드워터는 당시 95번가에 있는 블뤼허 부부의 셋방(rooms; 침실·거실·응접실 한 벌이 갖추어진 방 — 옮긴이)에 마련된 저녁식사에 억지로 끼어들도록 초대받았다.

매카시는 이후 블뤼허 부부의 가장 절친한 친구들 가운데 한 사람이 되었다. 아렌트는 젊은 시절 이후 또는 자신의 젊은 시절을 환기시킨 분위기 — 즉 괴테의 정확한 어록이 항상 가까이 있던 독일 문화의 분위기 — 에서 알지 못했던 사람들에 대해 느꼈던 수줍음을 매카시 앞에서는 극복하였다. 아렌트는 소수의 미국인들 앞에서 수줍음을 극복했는데, 매카시는 그 중 한 사람이었다. 매카시는 문화적 차이를 초월하는 자질을 가지고 있었다. 아렌트는 1959년 구겐하임 재단의 보조금을 신청하는 매카시를 지원하기 위해 재단에 보낸 편지에 이러한 사실을 기술하였다. 아렌트는 매카시가 '풍자 능력'을 가지고 있다는 명백한 사실을 지적하면서 그러한 재능이 기반을 두고 있는 특성에 대해 그렇게 명료치 않은 설명을 계속하여 제시하였다. "매카시는 황제가 옷을 입지 않았다는 것을 발견한 어린이의 관점과 놀라움으로 자기 발견을 보고하였다는 점에서 이 분야의 다른 작가들과 구분됩니다. … 그는 항상 모든 사람이 말한 것을 완전히 믿는 것으로부터 시작하여 가장 훌륭하고 가장 경이로운 옷을 준비합니다. 황제는 완전히 벌

---

44 다음 자료를 참조할 것. Doris Grumbach, *The Company She Kept*(New York: Coward-McCann, 1967), p. 130.
옮긴이_ 매카시의 소설은 '사귀는(keeps)'으로 표기되지만, 그룸바크의 소설은 '사귄(kept)'으로 표기되었다. 부제는 "메리 매카시의 뜻 깊은 묘사"이다. 『오아시스』는 1949년에 출간된 단편 풍자 소설이다. 매카시는 자신의 이 두 번째 소설을 '철학적 픽션(conte philosophique)'으로 기술한다. 이 소설은 뉴잉글랜드의 산악 지대에 이상주의적 공동체를 설립하려는 지식인 집단의 이야기를 소개한다.

거벗은 채 들어옵니다. 기대와 현실 사이의 이러한 내적 긴장은 … 그의 소설에 극적인 특성을 제공합니다."[45] 그들의 '내적인 긴장'은 비슷했으며, 사람이나 세계에 대한 그들의 높은 기대, 즉 보답을 받지 못하는 동경의 기질은 종종 비슷하게 왜곡되었다. 어린 시절에 황제를 결코 기다리지 않았거나 더 성숙한 시절에 그들의 기대가 그렇게 높지 않은 상황에서 내적 긴장을 유지하는 능력을 결코 배양하지 않은 사람들은 풍자와 역설에서 순수한 것을 거의 발견하지 못한다. 매카시는 랜달 자렐과 마찬가지로 아렌트에게 천진난만하지만 세상을 잘 아는 어린이로 보였다. 아렌트는 매카시와 같은 기질을 상당 부분 지니고 있는 관계로 매카시에게 (자렐에게 언급했듯이) "적들의 세계에 대항하여 도취된" 감정을 느낄 수 있었다.

다른 모든 사람들보다 아렌트의 마음을 끌었던 사람들에게 한 가지 특성이 있다면 그것은 특별한 형태의 순수성, 폭넓은 경험과 결합된 순수성이었다. 아렌트가 1940년대 말경과 1950년대 초반에 주고받은 편지들뿐만 아니라 1954년 발데마르 구리안의 사망 이후 집필하여 구리안이 편집을 맡았던 잡지인 『정치평론』에 게재한 글에도 묘사되듯이, 자의식적으로 순수한 사람에 대한 아렌트의 관심은 도처에서 나타났다. 아렌트는 추도사에서 자신이 말할 수 있는 아주 순진한 사람으로 구리안에 대해 말하였다. "그는 소위 문명사회의 장벽을 해체할 수 있었을 때 기뻐했다. 그는 이런 장벽에서 인간 영혼 사이의 장벽을 목격했기 때문이다. 순수성과 용기가 이러한 기쁨의 근원에 있었다. 순수성이 세계의 습관에 지극히 훌륭하게 정통한 사람, 그리고 원래의 순수성을 유지하고 더럽히지 않게 하려고 자신이 육성할 수 있는 모든 용기를 필요로 하는 사람에게서 그러한 용기가 발생하였을 때 그 순수성은 더욱 더 매혹적이다."[46] 용기 있게 보존된 순수성은 아렌트의 표현대로 파리아의 자의식적인 기질을 기술하는 비정치적 방식이다.

---

45 아렌트가 구겐하임 재단 알렌 모에게 보낸 편지(1959년 2월 22일), 매카시 유산에 포함된 사본.

46 Hannah Arendt, "Walter Gurian: 1903~1954," *Men in Dark Times*, pp. 258-259.

자렐은 놀랍게도 순수성과 경험을 겸비했다. 그는 아렌트가 언급한 "인간 문제뿐만 아니라 예술 문제에 있어서도 특성과 관련성에 대한 정확한 감각 … 확실한 판단력"을 지녔으며, "끝없이 놀랍게도 세계가 예전과 같다는 것"을 발견한 사람의 순수성을 또한 지녔다.[47] 아렌트는 자렐을 만났을 때 자신이 난민들 사이에서만 알았던 현상을 한 미국인에게서 발견하였다. 자렐은 독일어에 애착을 갖게 되어 자신과 영어의 관계를 복잡하게 만들었지만 자기 언어를 상실하지 않은 채 자기 언어에 대한 순수한 사랑을 가지고 있었다.

> 나는 믿는다.
> 나는 믿는다, 나는 믿는다.
> 무엇보다도 내가 가장 좋아하는 나라는 독일이다.

자렐은 독일어권 국가를 사랑했다. 그는 이 때문에 자신을 독일 사람이 아닌 독일어를 말하는 사람으로 생각하였던 아렌트의 동료가 되었다.

아렌트가 자신과 모국어의 관계를 유지하는 것은 자신의 순수성을 유지하는 중요 요소였다. 그가 사랑하는 순진한 사람들은 그들의 모국어와 항상 친밀하게 연계되었다. 구리안의 경우, "아마도 만년의 릴케는 예외이지만 어떠한 시나 문학도 러시아 작가들에 대한 그의 사랑과 친근함을 따라갈 수 없다." 하이데거와 마찬가지로 베냐민의 경우에도, 모국어는 시적으로 생각하는 게 가능한 유일한 언어였다. 그러나 자렐은 확실히 어떠한 음유 시인도 접근할 수 없는 숙녀를 여전히 사랑하는 것과 같이 다른 나라 언어를 짝사랑함으로써 자신의 순수성을 유지한 순진한 사람들 가운데 첫 번째 사람이었다. 아렌트는 한때 횔더린의 시들 가운데 일부, "정말 이해하기

---

47 이 인용문과 자렐의 시구는 다음 문헌에서 발췌한 것이다. Hannah Arendt, "Randall Jarrell: 1914~1965," *Men in Dark Times*, p. 266.

쉽게" 번역한 시들을 자렐에게 보냈다. 자렐은 이것들에 대하여 아쉬운 듯이 아렌트에게 감사를 표시하였다. "나는 독일이 실제 어떤가를 알 수 있게 되기를."

자렐의 편지에도 분명히 나타나는데, 그는 자신의 관찰을 통해 파악하였듯이 관찰한 것을 극적으로 확인하는 아렌트의 능력에 놀랐다. 순진한 사람들은 모두 이것을 느꼈으며, 그들 방식대로 이것을 표현하였다. 아렌트와 매카시는 1950년대 중반에 이르러 서신을 주고받았다.* 그러나 매카시는 1940년대 중반 공개강의를 한 아렌트에 대한 묘사를 이후 글로 쓰기로 결심하였다. "나는 베르나르가 의당 갖추어야 하는 것 또는 프루스트의 베르마, 즉 참으로 훌륭한 무대 명가수를 기억하였다. … 아렌트에게 연극적이었던 점은 이념 · 정서 · 예감에 사로잡히는 일종의 자연스러운 능력이었다. 따라서 그의 신체는 당시 배우의 신체와 마찬가지로 이러한 능력을 발휘하는 수단이 되었다. (그림, 건축물, 어떤 불명예스러운 행위 앞에서) 가끔 깜짝 놀라서 눈을 크게 뜬 채 '아!'라고 소리칠 정도로 마음을 사로잡는 이 능력은 높은 전하電荷처럼 그를 우리로부터 차별화시켰다."[48]

『전체주의의 기원』

아렌트는 『전체주의의 기원』을 1945년과 1946년 집필하기 시작하였다. 이 책이 감정을 자극하는 힘은 불명예스러운 행위 앞에서 깊고도 고뇌에

---

* 옮긴이_ 아렌트는 1949년 매카시에게 간단한 내용의 편지를 보냈고, 매카시는 『전체주의의 기원』 출간 이후 몇 편의 편지를 아렌트에게 보냈다. 다음 자료를 참조할 것. Hannah Arendt and Mary McCarthy, *Between Friends: The Correspondence of Hannah Arendt and Mary McCarthy*, ed., Carol Brightman(San Diego, New York, London: Harcourt Brace & Company, 1995).

48 Mary McCarthy, "Saying Good-bye to Hannah," *New York Review of Books*, 22 January 1976, p. 8. 10.
옮긴이_ 사라 베르나르(Sarah Bernhardt, 1844~1923)는 프랑스 연극배우로서 1870년대 유럽 무대에서 명성을 쌓았다. 그는 매우 극적인 연기를 펼쳐 '여신 사라'라는 별명으로 불렸다.

찬 '아!'라는 놀람을 유지하는 능력에서 발현되었다. 4년 동안 집중적인 노력으로 결실을 맺은 이 책은 500쪽이 넘는 촘촘하며 어려운 내용을 담고 있다. 아렌트와 블뤼허는 이 책을 전체주의가 독일에서 결정화되는 요소들을 축적했던 유럽의 19세기, 즉 부르주아의 세기에 대한 정면 공격으로 판단하였다. 아렌트는 자신의 유럽 친구들이 부재하고 우편으로 연락이 되지 않았으며 어쩌면 영원히 사라져 있는 사이에 책을 집필하기 시작하였으며, 1949년 처음으로 유럽을 방문하기 바로 직전에 집필을 마쳤다. 그는 이 기간 중에 유럽의 운명이 어느 쪽으로 기울지 모르는 불안한 상태에 있다고 생각했다. 아렌트는 미국 생활을 하던 초기 몇 년간 유대인 정치에 전념하였다. 그는 전쟁 말에는 더 일반적인 문제에 관심을 갖게 되었다. 어떤 원리가 그러한 전쟁으로 붕괴된 세계에서 정치를 인도해야 하는가? 새로운 유럽이 존재할 수 있는가? 진정한 국제 예양이 존재할 수 있는가? 야스퍼스와 그의 부인이 생존해 있다는 소식과 바일 부부가 재결합하여 잘 지내고 있다는 소식이 마침내 유럽에서 들려왔다. 아렌트는 이러한 소식 덕택에 영어로 집필하는 고된 일을 개인적으로 참고 견뎠다. 그러나 아렌트는 다음과 같은 요소들 때문에 자신의 책에 경악과 분노의 분위기를 투영시켰다. 그는 순수성을 간직했고 열린 마음을 유지하려고 노력했으며 전쟁 기간에 발생한 사건들에 대해 더 많이 알게 되면서 책의 주요 흐름을 바꾸려고 했기 때문이다. 그는 과거에 대해 기술하고 미래를 위해 기술하고 있는 동안 "충실성은 진리의 징표다"라는 야스퍼스의 격률을 좌우명으로 선택했다.[49]

아렌트는 1944년 늦가을 아니면 1945년 초겨울에 자신이 집필하려고 한 책의 첫 번째 개요를 호튼 미플린 하코트 출판사의 메리 언더우드에게 제

49 아렌트는 야스퍼스의 다음 내용에서 인용하고 있다. "Karl Jaspers zum fünfundachtzigsten Geburstag," K. Piper and H. Saner, ed., *Erinnerungen an Karl Jaspers*(Munich: Piper Verlag, 1974), p. 314.

출하였다. 아렌트는 책 제목을 「수치의 요소들: 반유대주의 · 제국주의 · 인종주의」로 명명하였다. 그는 또한 책 제목을 훨씬 더 극적인 문구인 「지옥의 세 기둥」으로 명명하였다. 그는 때때로 책 제목을 단순히 「전체주의의 역사」로 명명하였다. 6년이 지나서 최초의 개요를 상당히 변경하고 확장한 이 책을 출판할 준비가 거의 되었을 때에 이르러 비로소 책의 마지막 제목은 결정되었다. 그러나 「전체주의의 기원」이란 이 제목도 만족스러운 것 같지 않았다. 이 책은 다윈의 『종의 기원』과 같이 유전자 연구가 아니었기 때문이다. 아렌트는 전통적인 역사 기술의 체계들과 분명히 다른 책의 체계를 반영한 제목을 원하였지만 결코 발견하지 못하였다. 아렌트가 자신의 접근방법이 아닌 경향을 포착한 제목을 찾으려고 했다면, 그 책이 영국에서 발매되었을 때 아렌트의 항의에도 불구하고 사용되었던 제목인 「우리 시대의 부담」은 혼란을 덜 주었을 것이다.

아렌트는 책의 각 부를 어떻게 연결시킬 것인가라는 메리 언더우드의 질문에 대응하여 1946년 9월 24일자 편지에서 방법론적인 난점을 설명하였다. 역사가들은 자신들이 집필하려는 사건과 시대를 연속적 사건의 부분들, 즉 현재와 연계된 펼침 또는 전개라고 보통 생각한다. 그러나 아렌트는 다음과 같이 밝혔다. "나는 엄격한 의미의 역사적 저술과 거리를 두었습니다. 내 생각에 저자가 자신의 주제를 유지하고 미래 세대의 관심과 기억에 물려주고자 할 경우에만 이러한 연속성은 정당화될 수 있기 때문입니다. 이러한 의미의 역사적 저술은 항상 발생한 것에 대한 최상의 정당화입니다."[50] 아렌트가 관심을 가지고 있었던 세 주제 — 반유대주의 · 제국주의 · 인종주의 — 를 정당화하는 것은 불가능했다. 마찬가지로 그는 단순한 비난도 불가능하다고 생각하였다. "나는 또한 단순한 논쟁적 접근도 회피했

50 아렌트가 미플린출판사의 언더우드에게 보낸 편지(1946년 9월 24일). 달리 지적되지 않았다면, 『전체주의의 기원』에 관한 다음 논의는 이 편지와 의회도서관 아렌트서고에 있는 수많은 날짜 미상의 개요에 기반을 두고 있다.

습니다. 저자가 이의 없이 수용하고 판단을 내릴 수 있는 기준인 전통적 가치라는 확고한 기반에 의존할 수 있을 때에만 논쟁적 접근은 허용됩니다. … 나는 어떠한 전통 자체도 그러한 기반을 우리에게 제공할 수 있다고 더 이상 믿지 않습니다. 나의 경우에 논쟁적인 접근은 단지 냉소적이고 확실히 설득력을 갖지 못했을 것입니다." 아렌트는 『루이 나폴레옹의 브뤼메르 18일*The Eighteenth Brumaire of Louis Bonaparte*』을 저술한 대표적인 논쟁가인 마르크스로서 집필할 수 없었다. 즉 그는 현존하는 문제의 새로운(또는 오래된) 해결책을 제시할 훌륭한 안목을 가진 공격자로서 집필할 수 없었다. 아렌트는 자신을 현존하는 문제의 발견자로서 평가하였다. 세 요소들(반유대주의 · 제국주의 · 인종주의)은 한 문제 또는 복합된 문제에 대한 각각의 표현이며, 이 문제에 대한 나치의 해답은 '결정화되었을' 때 가공할만한 '해결책'을 제공하였다. 아렌트가 선택한 방법론적 대안은 나치즘의 주요 요소들을 발견하고, 그 기원을 추적하여 기본적인 실질적 정치적 문제를 발견하는 것이었다. … 이 책의 목적은 해답을 제공하는 것이 아니라 오히려 그 근거를 마련하려는 것이다."

아렌트는 첫 번째 책에서 준비하였던 근거 위에 해답을 제공하고자 지적인 토대를 이후에 구축하였다. 그는 이 해답의 논거를 평의회 체계에 두었다. 평의회 체계는 "이의 없이 수용되었던" 가치는 아니라고 하더라도 "판단을 내릴 수 있는 기준인 … 전통적 가치"를 떠오르게 한 100년 전통의 체계이다. 아렌트는 1958년 제2판을 출간할 당시 초판을 회고하면서 평의회 체계의 생명력을 지닌 가장 최근의 증거를 지적하였다. 이때 아렌트는 자신이 『전체주의의 기원』에 1956년 헝가리 혁명에 관한 하나의 장을 추가한 이유를 밝혔다.

> 이 장에는 [『전체주의의 기원』 마지막 절]의 가정과 조화되기 어려운 약간의 희망적인 전망 — 확실히 여러 가지 제약조건으로 둘러싸여

있음 — 이 있다. 오늘날까지 현 시대가 안고 있는 문제에 대한 단지 명료한 표현은 전체주의의 공포였다. [헝가리 혁명]은 진실로 결코 실현되지 못했지만 거의 새로이 명명될 수 없는 하나의 정부형태를 다시 한 번 제기하였다. 그러한 정부형태는 모든 혁명에서 100년 이상 동안 단일의 규칙성을 가지고 나타났기 때문이다. 나는 평의회 체계, 즉 10월 혁명 초기 단계에서 폐지되었던 러시아 소비에트에 대해 언급하고 있으며, [독일과 오스트리아의] 불안전한 정당 민주주의가 확립될 수 있기 전에 이들 나라에서 우선 청산되어야만 했던 중유럽의 평의회에 대해 언급하고 있다. … 1848년 이후 평의회 체계가 모든 혁명에서 담당했던 역할에 대해 자각하고 있지만 나는 그것의 재현에 대한 희망을 갖고 있지 않다. … 헝가리 혁명은 나에게 하나의 교훈을 주었다.[51]

아렌트는 헝가리 혁명의 교훈을 아직 경험하지 못했으며, 행위의 성격과 가능성에 대한 1950년대의 성찰에 아직 도달하지 않았던 관계로 초기에는 나치즘의 요소들과 그것의 기초가 되는 정치 문제들을 단순히 제시하였다.

전체주의 형태의 완숙한 제국주의는 우리 시대의 모든 정치적 조건과 문제에 현존하는 여러 가지 요소들의 혼합물이다. 그러한 요소들은 반유대주의, 국민국가의 쇠퇴, 인종주의, 팽창을 위한 팽창, 자본과 폭민의 연합이다. 이러한 요소들의 배후에는 해결되지 않은 실질적인 문제들이 잠복해 있다. 반유대주의 배후에는 유대인 문제가 있고, 국민국가의 쇠퇴 배후에는 새로운 민족단체의 해결되지 않은 문제가 있으며, 인종주의 배후에는 새로운 인류 개념의 해결되지 않은 문제가 있으며, 팽창을 위한 팽창 배후에는 우리가 서양 세계 밖의 역사와 전통을 가진 민족들과 마땅히 공유해야 하는 지속적으로 위축되는 세계를 구성하는 해결되지 않은 문제가 남아 있다. 완숙한 제국주의(즉 전체주

---

51 Hannah Arendt, "Totalitarianism," *Meridian* 2/2(Fall 1958): 1(the *Meridian* was the newsletter of Meridian Books.)

의)의 엄청난 매력은 이 제국주의가 해결되지 않은 문제들의 해답을 제공하며 우리 시대의 임무를 통달할 수 있으리라는 광범위하고 종종 의식적인 확신에 기반을 두었다.

아렌트는 『전체주의의 기원』 초안 어디에서도 메리 언더우드에게 보낸 비망록에서만큼 간명하게 이러한 문제를 제시하거나 이들의 도전을 제기하지 않았다. 이 책에는 서론의 개요가 없다. 많은 독자들은 책의 방대한 역사적 파노라마에 압도되는 것을 느끼고, 거의 알려지지 않거나 외견상 무관한 쟁점들로 수없이 벗어나고 있기에 당혹스러움을 느꼈다. 서론의 개요가 없었던 것은 이러한 이유들 가운데 하나이다. 마찬가지로 이 책은 방법론적 진술뿐만 아니라, 결정화結晶化의 이미지가 함축하고 있는 것에 대한 설명을 제시하지 않았다. 이러한 면에서 의도의 표현은 초판의 결론 부분에 드러났지만 방법론에 관한 가장 명료한 진술, 즉 1954년 「전체주의의 성격」이란 주제로 뉴스쿨에서 진행한 강의의 일부는 결코 이 책에 게재되지 않았다. 이 강의에서 아렌트는 다음과 같이 언급하였다.

> 우리가 기원을 '원인'으로 이해하지 않는다면 전체주의의 요소들은 그 기원을 형성한다. 하나의 사건이 항상 원인이 되고 다른 사건에 의해서 설명될 수 있는 사건들의 과정을 결정하는 요인, 즉 인과율은 역사학이나 정치학 영역에서 아마도 아주 생소하면서도 허위를 입증하는 범주일 것이다. 아마도 요소들은 스스로 결코 다른 것의 원인이 되지 않을 것이다. 이것들이 고정된 명료한 형태로 결정화된다면, 그리고 그렇게 되었을 때, 이것들은 사건의 원인이 된다. 따라서 우리는 역사를 거슬러 올라갈 수 있다. 사건은 그의 과거를 해명해 주지만 과거로부터 결코 연역될 수는 없다.[52]

52 Hannah Arendt, "The Nature of Totalitarianism," 미출간 강의(1954년), 의회도서관.

아렌트는 책 서두 앞의 주요 절들에서 각기 기본적인 질문과 원리에 관해 확신하였지만 책의 전반적인 구성과 마지막 절들의 내용에 대해 여러 번 마음을 바꾸었다. 그는 「지옥의 세 기둥」이란 제목에 아주 극적으로 반영된 3부의 구도로 집필을 시작하였다. 이 구도에서는 「반유대주의에 대하여」, 「제국주의에 대하여」, 「인종주의에 대하여」라는 제목 아래 11장으로 구성하였다. 두 번째 개요에는 「정치의 폭풍 중심지에 이르는 유대인의 길」, 「국민국가의 해체」, 「팽창과 인종」, 「완숙한 인종적 제국주의」라는 제목 아래 13장으로 구성되어 있다. 이 구도에서 「인종적 제국주의: 나치즘」으로 명명된 제13장만이 최종 출판물의 제3부에 해당되는 방대한 주제를 다루고 있다. 아렌트가 마지막으로 집필한 이 책은 3부로 구성되어 있다. 제3부는 실제로 초기의 개요가 중단된 곳에서 시작하고 있다. 아렌트는 자신이 1946년 완전히 상이한 이해에 기초하여 알고 있던 인종적 제국주의를 이후 전체주의로 명명하였다.

아렌트는 『전체주의의 기원』에서 「제1부 반유대주의」와 「제2부 제국주의」를 구성하는 내용의 상당 부분을 1946년 이전에 집필했고, 그 일부를 이미 논문으로 출간했다. 그는 제3부의 내용을 1948~1949년에 썼다. 아렌트는 반유대주의 · 제국주의 · 인종주의에 포함된 요소들을 결정화시킨 논리적 결과가 나치즘이라고 평가하였다. 그는 나치즘을 '전체주의'가 아니라 '인종적 제국주의(프란츠 노이만의 『비헤모스』에서 유래한 문구)'라고 불렀다. 그리고 아렌트는 자신이 전체주의적이라고 생각했던 다른 유일한 정권(스탈린주의 러시아)에는 관심을 갖지 않았었다. 1947년 가을 그는 계획을 다시 변경하였다. 제국주의를 다룬 제2부는 1947년 말에 완성될 수 있었다. 다음에 그는 제3부를 구성하고자 하였다. "실질적으로 본질적인(내가 러시아와 함께 다루어야 하는) 것은 바로 이제 저에게 명료해졌기 때문에, 저는 처음부터(즉 출판된 논문에 기반을 두고 있지 않은) 이것을 집필해야만 했습니다."[53]

전후 나치와 러시아의 집단수용소나 노예노동수용소에 관한 많은 자료들이 생존자의 회고록 · 일기 · 소설 · 시뿐만 아니라 공식문서로 나타나기 시작했다. 아렌트는 유진 코건의 『비밀국가경찰국가*Der SS-Staat*』, 데이비드 루셋의 『우리 멸망의 날*Jours de notre mort*』, 러시아 수용소에 관한 익명의 회고록인 『달의 어두운 부분*Dark Side of the Moon*』을 읽었다. 이후 아렌트는 전체주의 정부형태와 다른 정부형태를 근본적으로 구별하는 요소가 집단수용소라는 결론에 도달하였다. 집단수용소는 이러한 정부형태에 본질적이고 특이했다. 제1차 세계대전 기간 동안, 그리고 제2차 세계대전 이전이나 기간 중에 유럽이나 미국에 존재했던 제국주의자들의 보호 · 구금수용소나 억류수용소는 근본적으로 다른 형태의 제도였다. 아렌트는 두 정권이 집단수용소를 활용한 양태를 비교함으로써 나치 정권과 스탈린 치하 러시아 정권의 유사성을 깨달았다. "나치와 소비에트의 역사는 모두 전체주의 정권이 테러 없이 존속할 수 없으며 어떠한 테러도 집단수용소 없이는 실행될 수 없다는 사실을 증명하는 증거를 제공하였다."[54] 이러한 통찰은 아렌트가 자신의 첫 번째 책에서 발전시킨 전체주의 이론의 핵심이다.

아렌트는 전체주의 정권에서 집단수용소의 중요성을 인식하게 되었을 때 1948년 12월 8일 『유대사회연구』에 제출할 비망록을 마련하였으며, "집단수용소에 관한 연구계획" 지원을 요청하였다. 이 연구계획에는 집단수용소에 관한 문서를 찾아내고 참고문헌을 준비하며, 생존자들과 대담하고, 전쟁 이전 운영된 모든 형태의 포로수용소에 관한 조사를 배경으로 집단수용소의 역사를 정리하며, 모든 수집 자료를 재평가하는 작업들이 포함되었다. 비슷한 제안은 아렌트가 『논평』의 편집장인 엘리엇 코헨(1899~1959년 — 옮긴이)에게 추천한 일반 조사계획의 부분을 형성하였다. 아렌트는 『논평』이 집단수용소뿐만 아니라 세계정치의 추세와 연관된 전후 유대인 문제의

53 아렌트가 야스퍼스에게 보낸 편지(1947년 9월 4일), 마르바흐 문서보관소.

54 1948년 12월 10일자 초안 「비망록: 집단수용소에 관한 조사연구」에서 인용되었다. 이 글에는 추가 목록이 첨부되어 있다(의회도서관 소장). 아렌트가 야스퍼스에게 보낸 1948년 10월 31일자 편지(마르바흐 문서보관소)에는 쇼켄이 구상한 집단수용소에 관한 연구계획을 밝히고 있다.

전반적인 분야를 연구하는 조사연구소를 지원하겠냐고 문의하였다. 아렌트는 "세계의 새로운 정치 사태가 유대인들에 대한 적대감을 중심으로 다시 결정화될 수 있을" 가능성에 대비할 정보를 조사연구소가 제공할 수 있으리라는 희망을 밝히면서 코헨에게 다음과 같이 밝혔다. "우리[유대인]는 역사에 근거를 두고 오랜 정치적 전통을 통해 교육을 받은 인텔리를 갖고 있지 않습니다."[55] 아렌트는 『전체주의의 기원』에서 유대인들이 다시 국제정치에서 유발인자가 될지도 모른다는 두려움을 직접 표현하지 않았다. 그는 사실 애초에 이 책에 「시온주의를 재고하자!」라는 논문을 포함시킬 계획이었다. 그러나 그는 이 논문이 지극히 논쟁적일 수 있다는 것을 인식하고 계획을 달리 생각하였다. 그는 또한 이스라엘을 국가로 탄생시킨 1948년 전쟁으로 유대인의 상황이 극적으로 변화되었다는 것을 인식하였다.

아렌트는 『파르티잔 리뷰』 1948년 7월호에 요약되어 있는 집단수용소에 관한 자신의 조사에 기초하여 『유대사회연구』와 『논평』에 제안하였다. 「집단수용소」라는 제목의 논문은 이후 『전체주의의 기원』의 끝에서 두 번째 절을 구성하였다. 그러나 아렌트는 『전체주의의 기원』 제2판에 이 논문을 삽입하면서 세 쪽 분량의 설득력 있는 내용을 첨가하였다. 여기에서 아렌트의 분석 궤도는 철학적 목표인 근본적 악 개념에 도달하게 된다. 초판의 결론 부분에 원래 포함되어 있던 이 내용은 악의 성격에 관한 아렌트의 철학적 의문을 드러낸다. 아렌트는 마지막 저서인 『정신의 삶』을 집필할 때까지 이 문제와 싸웠다.

> 집단수용소는 인간본성의 변화를 시험하는 실험실이다. … 모든 것이 가능하다는 것을 증명하려는 노력에서 전체주의 정권은 그것을 인식하지 못한 채 인간들이 처벌하거나 용서할 수 없는 범죄가 있다는

---

55 아렌트가 코헨에게 보낸 편지(1948년 날짜 미상), 의회도서관. 이 편지에는 위에서 지적한 "비망록: 집단수용소에 관한 조사연구"의 사본이 첨부되었다.

> 것을 발견하였다. 불가능한 것이 가능해졌을 때 그것은 이기심·탐욕·과욕·원한·권력욕·비겁과 같은 악한 동기로 더 이상 이해하고 설명할 수도 없는 처벌 불가능하고 용서할 수 없는 절대적 악이 된다. 그러므로 어떠한 분노도 복수할 수 없으며, 사랑도 인내할 수 없고, 우정도 용서할 수 없다.[56]

이 절대적 악을 이해할 수 있는 철학적 전통은 없었다. 전체주의로 결정화된 요소들(인구과잉, 팽창과 경제적 과잉, 사회적 불안정성과 정치적 삶의 악화)에 관한 분석을 통해서만 이 절대적 악은 해명될 수 있다. 아렌트는 이 책의 마지막 문장에서 제기된 위협에 직면하여 철학적 탐구를 연기했다. "전체주의적 해결책은 사람다운 방식으로 정치적 사회적 경제적 난관을 완화시키는 노력이 불가능해 보일 때마다 출현할 강력한 유혹의 형태로 전체주의 정권의 몰락에도 존속할지 모른다."[57]

"인간의 존엄성이란 개념의 정치적 철학적 함의, 우리 사회에서 집단수용소가 야기하는 생존 위협"에 대한 연구는 아렌트가 『유대사회연구』에 제안하였던 연구계획의 마지막 과제였다. 그는 제안된 연구 과제를 결코 출간하지 않았다. 『유대사회연구』 또는 『논평』은 대규모 사업을 재정적으로 지원할 위치에 있지 않았다. 그러나 아렌트는 자신의 입장에서 집단수용소에 관한 연구를 진행시켰으며, 『전체주의의 기원』 제3부에 이를 통합시켰고, 이후에 재판할 책을 위해 자신이 일반적 성찰의 개요를 밝히는 「이데올로기와 테러」라는 제목의 결론 부분을 준비하였다. 그는 『유대사회연구』에 제출한 제안서 서론에서 지적했던 전후 정치현상을 이해하고자 자신의 조사연구를 활용하였다. 예컨대, 그는 전쟁 말기 러시아인들의 갑작스런 적대감, 즉 러시아를 동맹국으로 생각했던 유럽인들과 미국인들에 의해 충

---

56 Arendt, *Origins*, pp. 458-459.

57 앞의 책, 459쪽.

격으로 받아들였던 적대감이 스탈린 정권의 전체주의적 성격을 완전히 설명할 경우에만 이해할 수 있다는 것을 제안서에서 제시했었다. "서양 세계가 러시아의 정책에 그렇게 적대적인 입장을 취한 요인은 국가이익 사이의 갈등도 아니고 일반적 이데올로기에 내재된 단순한 적대감은 더더욱 아니다. 그것은 테러에 의해 지배되는 전체주의 국가가 비전체주의 세계에서 어쩌면 안정감을 느낄 수 없다는 사실 때문이다. 이 사실은 이제야 인식되기 시작했을 뿐이다."[58] 이러한 결론은 민주주의 국가와 전체주의 국가를 비교하는 진술, 당시 유행하였던 마르크스주의적 분석에 역행하는 진술과 연결되어 있었다. 아렌트는 나치와 러시아인들이 집단수용소에서 제도화된 테러에 의존하고 있기에 전체주의 국가와 민주주의 국가가 결정적으로 구별된다고 주장했다.

> 민주주의 국가의 제도와 전체주의 국가의 제도 사이에 다른 모든 차이점은 이차적이고 부차적인 쟁점으로 드러날 수 있다. 이것은 사회주의와 자본주의, 국가자본주의와 자유기업, 계급으로 분열된 사회와 무계급 사회 사이의 갈등이 아니다. 이것은 시민적 자유에 기반을 둔 정부와 집단수용소에 기반을 둔 정부 사이의 갈등이다. 히틀러와 스탈린 정치 노선의 여러 차례의 전환은 혼란스러울 뿐만 아니라 지적할 만하다. 어떠한 타협이나 기회주의적 변화도 기대할 수 없는 유일한 지점은 테러의 사용이고 집단수용소 제도이며, 시민적 자유의 영구적 폐지이다. 전체주의 정부의 권력은 이들에 일차적으로 기반을 두고 있기 때문이다.

아렌트는 나치 정권과 스탈린 정권이 본질적으로 동일한 정부형태라는 확신을 표현하고 있는 『전체주의의 기원』 마지막 부분을 1948년과 1949년

58 이 문장과 다음 문장은 아렌트의 다음 자료 서론에서 발췌한 것이다. "비망록: 집단수용소에 대한 조사연구", 앞의 각주 54를 참조할 것.

봄에 집필했다. 1948년 초 마셜플랜으로 알려진 것을 둘러싼 의회 논쟁에 관한 보도가 신문 지면에 가득했다. 자유주의 단체와 친공산주의 단체들은 이 계획을 반소정책이라고 비난했다. 이런 비난의 소용돌이는 마셜플랜을 "세계적 뉴딜주의"라고 비난한 로버트 태프트 상원의원의 주장에 찬성하는 보수주의자들의 반발과 결합되었다. 공산주의 쿠데타가 체코슬로바키아 정권을 전복시킨 2월에 이러한 소용돌이는 엄청난 계기를 집중시켰다. 전쟁의 공포가 잠시 동안 미국을 휩쓸었으며, 훨씬 더 오랜 기간 동안 국내외 공산주의에 대한 공포가 확고하게 자리를 잡았다. 전국적으로 과민증은 약화되었다. '과거의 공산주의자'인 블뤼허는 미국의 열광적인 행동에 분노하였다. 아렌트는 반공주의적 수사인 비난과 분노를 이해하려고 노력했지만 또한 광신적 행위가 견디기 어려운 분위기, 즉 '명백한 고통'을 야기하고 있다는 점도 인정했다.[59] 아렌트는 자신의 책에서 소련의 공격적 외교정책과 소련의 권리 침해를 구분했다. 그는 각 개인과 모든 사람의 권리는 정치체의 일부가 되는 기본 권리라고 생각했기 때문이다. 이러한 구분은 미국 내 자유주의자와 보수주의자의 수사학적 과도한 행위에서 사라졌다. "인류에 반하는 범죄는 전체주의 정권의 일종의 특별 사항이 되었다. 우리가 이러한 형태의 극악한 범죄를 이러한 정권이 무차별적으로 저지르는 일련의 다른 모든 범죄(부정의와 착취, 자유의 박탈과 정치적 억압)와 혼동한다면, 이는 결국에는 이익이 되기보다 엄청난 손해를 야기할 것이다. 그러한 범죄는 모든 전제국가에서 흔히 존재하며, 다른 국가의 주권 문제에 대한 개입을 정당화하는데 충분하다고 거의 인정되지 않을 것이다."[60] 아렌트는 한편 러시아의 공격적인 외교정책이 개입을 묵인하지 않는다고 생각했지만, 다른 한편 다음과 같이 주장했다. 즉 러시아의 집단수용소에서 "수백만 명은 국법의 불확실한 혜택마저도 박탈당했으며, 주권의 권리와 규칙을 존중하지 않으

59 아렌트가 야스퍼스에게 보낸 편지(1949년 3월), 마르바흐 문서보관소.

60 Arendt, 1st ed., *Origins* (1951), p. 440.

려는 행위 주체가 될 수 있었고 그러해야 했다."[61] 아렌트는 그러한 행위가 어떠한 형태를 취해야 하는가에 대해서는 제안하지 않았다. 물론 그는 단일 국가가 아니라 국제 예양이 그러한 행위를 취해야 한다고 분명히 생각했다.

의회가 마셜플랜을 인준한 4월에 전국의 분위기는 약간 완화되었다. 대통령 후보 지명대회가 열릴 시기인 여름이 임박하게 되자, 트루먼 행정부의 공산주의 봉쇄정책은 설득력을 보이는 것 같았다. 물론 트루먼 자신은 정책의 책임자가 되기를 좋아하지 않는 것 같았다. 트루먼의 예상외로 극적이고 성공적인 선거운동이 진행되는 동안 아렌트는 원고의 마지막 부분을 손질하였고, 강의에서 소개할 목적으로 새로이 부상하는 '양대 진영' 세계의 상황에 관한 분석을 진전시켰다. 특징적이지만 아렌트는 미국 내 우파와 좌파의 극단적 의견을 회피하였다. 『유대사회연구』에 제출한 제안서와 책이 시사하듯이, 그는 전체주의를 단호하게 반대하였다. 그러나 그는 전체주의에 대한 미국의 반대가 취하고 있었던 형태와 미국의 반대에 대한 유럽 좌파들의 새로운 비판에 대해 상당히 관심을 갖고 있었다. 그는 이러한 비판이 오해에 기반을 두고 있다고 생각했다.

아렌트는 1948년 사회주의자들의 만남 장소인 랜드스쿨에서 강의를 하였다. 그는 이 강의에서 환멸을 느낀 미국 사회주의자들이 사용한 '반스탈린주의'라는 용어를 고찰하였다.[62] "반볼셰비키주의 또는 반전체주의와 구별되는 반스탈린주의라는 용어에 대한 선호는 중요하다. 반나치주의자는 자신을 반히틀러주의자라고 부르지 않았을 것이다. 이것은 반나치주의자가 나치주의의 적이 아니라 아마도 룀Röhm이나 스트라서의 동료, 즉 나치당 내부투쟁의 참여자임을 의미했을 것이기 때문이다.* 마찬가지로, 반스

---

61 앞의 책.

62 이 인용문과 다음 인용문은 수고로 「랜드스쿨, 1948년」(의회도서관 소장)이라 명기된 미출간 강의안에서 발췌한 것이다.
옮긴이_ 이 강의안은 『이해의 에세이』에 「랜드스쿨 강연」이란 제목으로 수록되어 있다.

* 옮긴이_ 에른스트 룀과 그레고르 스트라서는 초기 나치의 지도자이며 히틀러의 잠재적 경쟁자였

탈린주의라는 용어는 볼셰비키당 내부의 권력투쟁에서 사용되기 시작했다. 1920년대 볼셰비키 당원들은 부하린 · 지노비예프 · 트로츠키 · 스탈린에 대한 당내 찬반 논쟁을 하였다." 첫째, 아렌트는 진정 반전체주의적인 반스탈린주의 신봉자들이 단지 스탈린의 러시아 반대자들을 추종하는 사람들로 인식되고, 자신들의 확신에도 불구하고 "자신들이 그런 유형의 잘못된 적들에 대항하는 그런 유형의 잘못된 친구들로 오인되고 있다"는 점에 대해 우려하였다. 둘째, 아렌트는 모호한 형태의 교의로서 반스탈린주의가 그 추종자들을 진부한 정치적 주장에 가둘 것이라는 점을 두려워했다. "우리 시대의 모든 급진운동이 러시아 혁명과 동일시되고 러시아 혁명을 통해 유린될 경우 급진운동이 붕괴된다는 것은 어떠한 의미에서 아주 불길했다. 러시아 혁명에 대한 환멸에도 불구하고 러시아에 대한 집착이 존재한다는 것은 더욱 불길했다. 오늘날의 진부한 사상 이면의 정치적 경험이나 고통마저도 없는 젊은 세대가 다른 어떤 것의 결여로 이 접근방법(즉 러시아 방식의 집착 — 옮긴이)을 채택하기 시작했을 때, 이 접근방법은 적지 아니 쓸모없게 된다." 아렌트의 지적에 따르면, 볼셰비키주의가 단지 "국내 간첩망의 도움을 받는 해외의 잠재적 위협 세력"이었기에 미국의 반스탈린주의자들은 국내의 볼셰비키주의에 대해 우려하지 않고 거의 전적으로 외교정책에 관심을 가졌다. 이러한 외교정책 정향 때문에 미국의 반스탈린주의자와 유럽의 반스탈린주의자는 근본적으로 구별되었다.

서유럽 사람들은 전쟁 이전이나 전쟁 중에 모스크바로부터 지령을 받는 공산당들의 헌신을 이미 목격했다. 그들은 "소위 제5열의 위험이 단순한 간첩활동의 위험보다 훨씬 더 실제적이라"고 이해하였다. 예컨대, 프랑스의 반스탈린주의는 종종 '뚜렷한 민족주의적 색채'를 띠었으며, 많은 사람을 드골운동으로 끌어들였다. 그들은 "드골 정부가 분명히 전체주의적 요소를

다. 이들은 당 내에서 급진적인 사회 개혁을 주장했으나 히틀러 집권 이후 1934년 "긴 칼의 밤" 사건 당시에 암살당했다.

잠재적으로 드러내고 권위주의적 요소를 확실히 드러내고 있음에도 불구하고 … 외국의 독재보다 국내의 독재를 선호하기 때문이다." 다른 한편, 많은 프랑스 지식인은 미국식 반스탈린주의에 적대적이었으며, 심지어 그러한 적대감으로 공산당을 지지하는 경향을 드러냈다. 즉 그들은 미국의 반스탈린주의가 미국에서 현상유지 정책을 고수하고, 더 불길하게 유럽에서 현상유지 정책을 천진난만하게 고수한다고 생각했다. "특별히 마셜플랜은 지원이 없을 경우 불안정했을 정부들(예컨대, 프랑스의 경우)을 불가피하게 지지하는 결과를 초래하기 때문이었다." 아렌트는 많은 유럽인들의 경우 "자유 대 전체적 지배라는 중대한 정치적 쟁점이 소멸에 대한 두려움으로 빛을 잃게 된다"고 생각했다. 이데올로기적으로 제국주의자(또는 파시스트)와 공산주의자로 각기 해석되는 미국과 소련은 모두 유럽인들을 적과 같이 주시했다. 이러한 분위기 속에서 '유럽주의' 또는 유럽연방에 대한 희망도 국수주의적 성향을 띠었다. 즉 과거의 민족주의는 유럽 민족주의에서 새롭고 광범위한 영역을 찾았다.

아렌트는 강의에서 두 가지 희망을 밝히는 데 집중했다. 즉 미국의 반스탈린주의자들은 전체주의를 스탈린의 창조물 이상의 것으로서 반대하기 위해 러시아 혁명 당시 존재했던 파벌들과 연대를 포기할 것이며, 비판적 유럽인들은 미국의 반스탈린주의에 대한 자신들의 오해를 극복할 것이다. 아렌트는 두 번째 목적에 유럽의 오해에 대한 해석을 제공하였다. 이러한 해석은 아렌트가 8년 동안 살았던 국가와 관련하여 체득한 것뿐만 아니라 자신의 사상에 핵심적인 구별 — 즉 사회와 정치체의 구별 — 을 어떻게 적용시켰는가를 또한 명료하게 보여준다.

"유럽의 방문자는 미국의 정치 현실을 정말 지각할 수 없다. 이 현실은 사회의 표피 밑에 상당히 숨겨져 있기 때문이다. 거울은 빛을 증가시킨다. 그래서 확연한 표면은 엄연한 현실인 것같이 보인다. 이렇듯, 사회의 공공성과 공적 관계는 모든 사회적 요소들을 크게 증대시킨다." 아렌트가 인정했듯이, 유럽의 좌파들은 사회적 순응주의자들이 어째서 시민으로서 깊은 책임감을 지니고 있으면서 정치적으로 독자적인 생각을 가지고 있는 사람들인가를 이해하지 않으려고 했다. 정치적 요인들이 사회적으로 결정된다고 생각하는 데 익숙한 유럽의 마르크스주의자들은 사회세력과 정치세력이 서로 경쟁하고 자주 대립하지 않는 상황에 당혹스러워 했다. 아렌트 자신은 20세기(어떤 의미에서는 19세기) 사회가 유럽의 '역사 숭배자들'에게 거의 영향을 받지 않은 채 "18세기 정치철학의 확고한 기반 위에 존속하고 번창한다"는 사실을 경탄했다. 아렌트는 마르크스 이론으로 교육을 받은 미국인들도 자신들의 나라를 주시할 때 "말하자면 이론적으로 자신들의 눈을 믿을 수 없었다"고 생각했다. "그러나 그들은 자신들이 알고 있는 정부형태를 반대하지 않을 충분한 지혜를 실제로 갖추고 있다. 이 정부는 진정한 정치적 자유를 유지하는 소수의 정부들 가운데 하나이며, 시민권을 가능하게 하는 최소한의 사회적 정의를 보장하는 심지어 더 소수인 정부들 가운데 하나이다."[63]

아렌트가 주장했듯이, 전체주의를 반대하는 미국 지식인들은 유럽인들이 다음과 같은 사실을 이해하는 데 도움을 주지 못했다. 유럽인들은 자신들에게는 잠재적으로 전체주의적인 것 같아 보이는 미국의 사회적 특징들(지배적인 순응주의, 개개인과 직업의 동일시, 성과와 성공에 대한 집착, 공공성에 대한 환상적인 과대평가)에 반대한다. 미국 지식인들은 사회비판이 정치적 현상유지에 대한 지지와 양립한다는 것을 유럽인들에게 알려주지 못하였다. 랜드스쿨 강의에서 아렌트는 자신의 생각에 진정한 지식인이 공유하는 확신 — "사회적 비순응주의는 지적으로 거의 성과의 필요조건이라는 확신" — 을 직설적으로 언급했고, 미국 지식인들에게 반스탈린주의의 수사법을 고집하

---

63 매카시는 다음 두 편의 논문에서 이러한 입장을 정교하게 정리하였다. "America the Beautiful: The Humanist in the Bathtub" and "Mille. Culliver en Amérique," *Humanist in the Bathtub*(New York: Farrar, Strauss & Co., 1951).

기보다 오히려 미국 입헌주의에 대한 충성심뿐만 아니라 신념을 확고하게 유지하라고 촉구하였다.

아렌트는 이 강의를 수행하였을 때 자신이 결코 포기하지 않은 입장을 확신하였다. 미국의 공화주의 원리를 위협하는 국내의 모든 세력(대중사회의 모든 악뿐만 아니라 정치적 비자유를 옹호하는 19세기와 20세기의 세력 전체)과 대립하는 동안에만 18세기의 공화주의 원리는 유지될 수 있었다. 아렌트는 보수주의자인 동시에 혁명가였으며, 여전히 이러한 입장을 유지하였다. 그리고 그는 성급함 때문에 전적으로 보수적이거나 자유주의적인 사람들의 비판에 취약한 측면을 가지고 있으면서도 자신의 견해를 서둘러 출판하도록 유도한 위기의식을 결코 상실하지 않았다.

아렌트는 1948년 랜드스쿨 강의에서 제시한 성찰을 통해 자신의 연구에서 제2의 중대한 전환을 준비하고 있다는 점을 보여준다. 그는 처음에 나치주의의 필수적인 제도로서 집단수용소에 관심을 가졌고, 이어서 이론적 개관에 관심을 가졌다. 집단수용소와 테러는 일반적으로 전체주의에 본질적이다. 이 책의 비평가들이 모두 지적했듯이, 이 두 번째 전환은 『전체주의의 기원』에서 심각한 불균형을 초래한다. 나치주의는 상세하게 논의되었다. 반유대주의와 제국주의에 관한 방대한 배경 자료는 나치주의와 연관되지만 스탈린주의적 러시아는 마지막 절에서만 논의된다. 아렌트는 러시아의 역사나 마르크스-레닌주의 이데올로기를 논의하지 않았기 때문에, 1951년에 출간된 초판을 비평한 많은 사람들은 전개되고 있는 전체주의에 관한 아렌트의 모델이 너무나 일반적이어서 어떤 실질적인 설명력을 가지고 있는지에 대해 의심을 하였다. 그리고 스탈린 사후 러시아에서의 탈전체주의화 현상들 때문에 1958년판의 비평가들은 전체주의 정권의 현기증 날 것 같은 계기가 단지 비전체주의 국가들의 외부적 저항에 의해서만 견제될 수 있다는 아렌트 주장의 정확성에 대해 의문을 제기하였다. 아렌트는 자신의 책에 새로운 서문을 썼던 1968년에 러시아의 전개 상황을 설명하기 위해

'탈전체주의화'라는 용어를 만들었다.

아렌트는 자신의 책이 균형감을 결여하고 있다는 것을 자각했다. 그는 이 문제를 설명하고 누락된 분석을 제공하기 위해 1952~1953년을 보내면서 「전체주의의 마르크스주의적 요소들」이란 별도의 연구를 기획하였다. 아렌트는 이 책의 계획안에서 자신의 중심적인 주장(집단수용소가 전체주의의 본질이다)을 수정하고 싶다는 암시를 제시하지 않았다. 그는 19세기 러시아의 모습을 부각시키되 처음에 레닌이 채택하고 다음에 스탈린이 채택한 마르크스주의를 논의하기 위해서 『전체주의의 기원』에서 발전시킨 방법을 사용하고 싶었다.[64] 그는 나치주의와 볼셰비키주의, **자연**Nature의 원리를 정당화하는 이데올로기와 **역사**History의 원리를 정당화하는 이데올로기 사이의 차이를 강조하고자 했지만 두 정권에 있어서 정부형태나 조직의 차이는 본질적이라고 생각하지 않았다.*

아렌트가 불균형 상태로 『전체주의의 기원』을 출간하게 된 이유는 역시 명료하며, 랜드스쿨 강의안의 행간에 나타난다. 그는 전체주의 일반보다 스탈린에 대한 혼란스러운 반대의 분위기 속에서 자신의 책이 긴급하게 필요하다고 생각하였다. 그는 1948년 『파르티잔 리뷰』에 기고한 논문에서 긴급성을 표현한 진술(『전체주의의 기원』에 포함되었음)을 제시하였다. "전체주의 지배의 본질에 관한 통찰은 집단수용소에 대한 우리의 두려움 때문에 촉진되었다. 이러한 통찰은 좌파에서 우파에 이르기까지 더 이상 쓸모없는 모든 정치적 음영법을 평가절하하는 데 기여할 뿐만 아니라, 우리 시대의 사건을 판단하기 위한 가장 기본적인 정치적 기준(그것이 전체주의 지배로 이어질 것인가 아닌가?)을 소개하는데 기여할 수 있다."[65] 판단을 위한 정치적 기준

---

64 제안된 「전체주의의 마르크스주의적 요소들」에 관한 책의 논의를 이해하기 위해서는 다음 6장을 참조할 것.

* 옮긴이_ 아렌트는 자신의 저작에서 종종 자연이나 역사를 대문자 Nature 또는 History로 표기한다. 이때 Nature 또는 History는 우리가 현실에서 경험하는 구체적 현상을 의미하지 않고 시간과 공간을 초월하는 추상적 개념이다.

을 명백히 진술해야 한다는 아렌트의 관심은 적절한 자료 축적이나 구도의 일관성에 관한 모든 고찰을 무효화하였다. 아렌트는 스승인 야스퍼스가 1946년에 표현한 감정을 공유하였다. "오늘날 발생하는 것은 아마도 언젠가 하나의 세계를 형성하고 확립할 것이다."[66]

---

65 Hannah Arendt, "The Concentration Camps," *Partisan Review*, July 1948, p. 63.

66 Karl Jaspers, *The European Spirit*, trans., Ronald G. Smith(London: SGM Press, 1948), p. 30.

제6장

공적인 삶 속의 사적인 얼굴
(1948~1951년)

… 그러나 태어나야 할 많은 것이 있다.
그리고 사람은 진실해야 한다.
우리는 이전이나 이후나 보지 않을 것이다.
그러나 오히려 평지풍파를 일으키는 거짓말
바다에서 요동치는 배와 같이.*

횔더린

유럽인들

파리가 해방되었다는 소식이 라디오를 통해 흘러나올 때 블뤼허 부부는 코네티컷 주에 있는 살로 바론의 시골집에 머무르고 있었다. 그들은 샴페인으로 1945년 5월 8일을 축하하면서 아렌트가 인정했듯이 미국에서 향수병을 느꼈던 유일한 나라에 새로운 삶이 찾아오기를 기대하였다. 전쟁 막바지 2년 동안 프랑스에서 온 편지는 적은 편이었다. 아렌트는 가족의 재회

* 옮긴이_「기억의 여신; 므네모시네(Mnemosyne)」의 일부이다.

와 파리로의 안전한 복귀에 관한 좋은 소식(아렌트의 표현대로 gute Nachrichten)을 열렬하게 기다리고 있었다. 프랑스 레지스탕스에서 활동하고 있던 안네 바일로부터 좋은 소식이 왔다. 즉 안네 바일이 독일 전범수용소에서 석방되어 동료와 함께 파리로 돌아왔다. 1945년 여름이 끝날 무렵 마침내 독일로부터 좋은 소식이 들려오기 시작했다.

당시 멜빈 라스키(1920~2004년 — 옮긴이)는 『파르티잔 리뷰』의 특파원으로서 미국 점령군과 함께 독일에 주재하였고 드와이트 맥도날드(1906~1982년 — 옮긴이)의 『정치학』 잡지 한 호를 야스퍼스에게 전달하였다. 라스키는 대화를 나누면서 한나 아렌트의 이름을 언급하였다.[1] 야스퍼스는 놀랐다. 그는 아렌트를 1938년 마지막으로 접촉하였다고 라스키에게 말하면서 미군 군사우편을 통해 자신과 아내의 편지를 보낼 수 있는가에 대해 질문하였다. 야스퍼스 부부는 1945년 9월에 편지를 보냈다.

야스퍼스는 특유의 느리고 사색적인 형식으로 다음과 같은 내용의 편지를 보냈다. "우리는 이 기간 동안에 종종 슬픈 마음으로 당신의 운명에 대해 생각해 왔으며, 오랫동안 당신이 여전히 생존해 있으리라는 희망을 거의 갖고 있지 않았다오."[2] 야스퍼스는 아렌트의 학교 친구인 한스 요나스가 영국군 유대인 여단의 군복을 입은 채 하이델베르크에 나타났다고 알렸다. 아렌트는 이 소식을 듣고 대단히 안도하였다. 아렌트는 용기를 돋우는 답장을 보낼 수 있었으며, 라스키 편으로 요나스에게 보내는 축하 편지, 그리고 식품 · 커피 · 의류 등을 보낼 수 있었다. 야스퍼스는 농담조로 라스키를 산타클로스라고 불렀다. 아렌트는 은사에게 다음과 같은 내용의 편지를 보냈다. "저는 두 분이 이 완전히 지옥 같은 광경에도 안전하다는 것을 알았기 때문에, 이 세계에서 산다는 것이 저에게는 더욱 더 마음 편합니다."[3] 아

---

1 라스키가 맥도날드(그리고 아렌트 앞으로) 보낸 편지(1945년 7월 31일), 의회도서관.

2 아렌트가 야스퍼스에게 보낸 편지(1945년 10월 10일), 마르바흐 문서보관소.

3 아렌트가 야스퍼스에게 보낸 편지(1945년 11월 18일), 마르바흐 문서보관소.

렌트의 편지와 선물 꾸러미는 전쟁이 끝난 뒤 나타나는, 정치적으로 도덕적으로 혹독하게 어려운 결핍과 혼란의 시기에 야스퍼스에게는 커다란 도움이었다. 야스퍼스는 다음과 같은 내용의 편지를 보냈다. "이것은 허구 속의 삶이라오. 그리고 나는 매일 나 자신에게 이렇게 말한다오. 인내하자, 그리고 더 많이 인내하자, 결코 좌절하지 말자. 할 수 있는 일을 수행한다면, 더 좋은 시간은 항상 올 것이다."[4]

야스퍼스의 이러한 침착한 자신감은 미래에 대한 희망의 어떤 징표를 필요로 했던 사람들에게 인도자와 같았다. 라스키는 하이델베르크에 도착한 이후 다음과 같이 편지를 썼다. "플뢰크 거리 66번지 야스퍼스 집의 방문자들은 끊임없이 계속 이어져 지치게 할 정도였습니다. 아주 많은 사람들은 조언과 도움을 받고자 야스퍼스 부부(유대인 여성인 부인, 정신적 힘인 교수)를 주시하고 있었습니다."[5] 사람들은 아렌트가 이후 1958년 「찬사Laudatio」라는 제목의 연설에서 밝혔던 내용을 느꼈다. "한 인간이 불굴의 정신을 유지하고 유혹받지 않으며 흔들리지 않았다는 사실은 뭔가 매력적인 것이 있습니다."[6]

야스퍼스는 나치 정권 아래에서 정치적 지적 독립성을 유지하였다. 그는 처음에는 대학 행정직에서 해임되었고, 다음에는 교수직에서 쫓겨났으며, 마침내 1938년 출판을 금지당하였다. 그러나 야스퍼스 부부는 1945년 4월 12일 추방당하게 된다는 것을 알았을 때, 이러한 독립성을 유지하는 데 극도로 어려움을 겪었다. 1945년 4월 1일 미군의 하이델베르크 점령으로 카를 야스퍼스와 게르트루트 야스퍼스는 구제되었다. 야스퍼스는 이러한 사정 때문에 12년의 나치체제를 경험한 62세의 나이에 새로운 삶을 찾아야만

---

4 야스퍼스가 아렌트에게 보낸 편지(1945년 3월 12일), 마르바흐 문서보관소.

5 라스키가 맥도날드(그리고 아렌트 앞으로)에게 보낸 편지(1945년 7월 31일), 의회도서관.

6 Arendt, "Karl Jaspers: A Laudatio," *Men in Dark Times*(New York: Dial Press, 1947), pp. 76-77 (이후 "Laudatio"로 표기함).

했던 다른 독일인들에 대하여 중대한 책임감을 갖게 되었다. 야스퍼스는 자신과 동족들에게 다음과 같이 질문하였다. "무엇이 그들의 삶을 살 가치 있게 하는가? 그들은 여전히 독일인인가, 그리고 그들은 어떤 의미로 독일인인가? 그들은 임무를 가지고 있는가?"[7] 아렌트가 이후 언급했듯이, 야스퍼스는 고립 상태에서 마음이 흔들렸지만 "자신이 사적인 견해가 아니라 상이하고 여전히 숨겨진 공적인 견해(칸트의 표현대로 '누군가 분명히 커다란 고속도로로 확장시킬 오솔길')를 대변하기를 바라는 신뢰감을 여전히 유지하였습니다."[8]

아렌트와 야스퍼스는 서신을 주고받으면서 자신들의 족적이 같은 길을 걸어가고 있다는 것을 발견하고 기뻐했다. 아렌트는 우정의 복원이 자신을 얼마나 편안하게 해주었는가를 말하고자 자신에게 두 번째 아버지 상을 보여준 블루멘펠트에게 편지를 보냈다. "야스퍼스는 특별히 아름다운 편지를 보냈습니다. 저는 두 가지 매우 중요한 관점에서 저의 삶 또는 당신께서도 그럴 것이지만 제 감정의 연속성이 다시 확인되었다는 것에 대해 매우 안도감을 갖게 되었습니다. 첫째 저는 뉴욕에서 잃어버린 실타래를 당신과 함께 잡게 되었습니다. 저는 그것이 저에게 무엇을 의미하는가, 내면적으로 그것이 저를 얼마나 평온하게 했는가에 대해 당신께서 짐작하고 있었는가를 확신하지 못했습니다. 두 번째는 야스퍼스와 함께 그 실타래를 잡게 되었습니다. 예기치 않았던 것이지요. 저는 1933년 이후 그분에게 편지를 보내지 않았지만 항상 은밀하게 그것을 생각했습니다. 신뢰는 텅 빈 환상이 아닙니다. 결국에 한 사람의 개인적인 세계가 역시 지옥은 아니라는 것은 사람이 확신할 수 있는 유일한 일이지요."[9]

아렌트는 블루멘펠트와 그의 시온주의를 연계시켜 자신의 유대인성을

---

7 Karl Jaspers, *The Question of German Guilt*(New York: Dial Press, 1947), p. 16.

8 Arendt, "Laudatio," p. 77.

9 아렌트가 블루멘펠트에게 보낸 편지(1946년 1월 14일), 마르바흐 문서보관소.

이해하였다. 아렌트는 야스퍼스와 그의 철학적 믿음과 연계하여 철학적 의식을 갖게 되었다. 야스퍼스의 편지는 아렌트의 표현대로 "지적 활동의 안식처", 즉 그 자신이 12년 동안 소문으로도 "알지 못했던 중요한 곳"으로 복귀해달라는 초청장이었다.[10] 야스퍼스는 아렌트가 이 시기에 훌륭한 판단력과 열린 마음을 유지할 수 있었다는 점을 신기하게 생각하였다. 야스퍼스는 아렌트에게 다음과 같이 말하였다. "나는 당신의 말에서 개인적인 충실성과 그러한 무한한 선을 실행하는 공평한 인류애의 정신을 느꼈다네. 나는 당신의 편지를 읽었을 때 눈물을 흘렸다오. 나는 이것이 얼마나 귀중한가를 느꼈기 때문이지. 즉 나는 이제 새로운 시작을 함께 추구하는 사람들에게 정말로 실망했었기 때문이지."[11] 아렌트는 아주 많은 유대인들이 비유대인들에 대해 '자동적인 불신'을 드러내고 있다는 것을 발견하였다. 그는 자동적인 불신에 동의하려 하지 않았다. 아렌트의 이런 태도는 야스퍼스에게 감명을 주었다.

아렌트가 야스퍼스를 지지하였듯이 야스퍼스 역시 아렌트를 지지하였다. 이것은 야스퍼스가 철학으로 '비상'을 시작하고 아렌트가 야스퍼스의 본보기를 경이롭게 생각하였을 때, 히틀러 집권 이전 몇 년간의 연속성을 나타내는 상징이었다. 야스퍼스는 아렌트가 하이델베르크로 다시 복귀하여 마치 다시 한 번 박사라도 된 듯이 박사과정 학생으로서 자기(즉 야스퍼스 자신 – 옮긴이) 책상에 함께 앉아 있게 될 날을 얼마나 기대하였는가를 편지로 밝힘으로써 이것(즉 연속성의 상징 – 옮긴이)을 표현하였다. 아렌트는 자기 자신이 그 밝은 공간에 있는 것보다 자신을 더 기쁘게 하는 것은 아무것도 없다고 답변하였다. 아렌트는 '생존 소식을 들은 지(옮긴이)' 4년이 지난 후인 1949년 야스퍼스를 방문하였다. 이때 그는 박사과정 학생이 아닌 딸로서 감정을 갖게 되었다. 그는 스위스 바젤에 있는 야스퍼스의 새 집을 방문

---

10 아렌트가 야스퍼스에게 보낸 편지(1945년 11월 18일), 마르바흐 문서보관소.

11 야스퍼스가 아렌트에게 보낸 편지(1945년 12월 2일), 마르바흐 문서보관소.

하였다. 아렌트는 친구에게 마치 집에 온 것 같다고 말하였다.

아렌트와 야스퍼스는 다시 만난 후 친숙했지만, 두 사람의 관계는 항상 경건했다. 야스퍼스는 1949년 아렌트의 처음 방문 이후 사랑하는 한나Liebe Hannah라는 표현을 사용하였지만, 아렌트는 '가장 존경하는 분Lieber Verehrtester'에게 편지를 썼으며, 야스퍼스는 '사랑하는 친구Liebe Freudin'에게 편지를 썼다. 아렌트가 아주 기쁜 마음으로 너Du라는 명칭을 사용하도록 요청을 받을 때까지 그들은 공식적으로는 서로 '당신Sie'이란 존칭을 사용하였다. 아렌트와 블뤼허가 야스퍼스의 집을 함께 찾아갔던 유일한 방문기간 동안에 이러한 요청이 있었다. 그들은 15년간 편지를 주고받으며 모임을 가졌다. 그들의 편지들은 진행 중인 활동과 저작, 정치논평, 철학적 성찰에 관한 기록을 포함하였으나 친숙하거나 심지어 사적인 발언들에 관한 내용을 약간은 포함하고 있다. 아렌트는 자신의 생활방식에 대한 야스퍼스의 질문에 응답하였으나 어느 정도 자제심을 유지하였다. 게르트루트 야스퍼스가 1946년 블뤼허와 결혼한 지 얼마나 되느냐고 아렌트에게 질문하였을 때, 아렌트는 자신들이 결혼하여 생활하였던 6년에 함께 동거하였던 3년을 첨가하여 9년이라고 답변하였다.[12] 야스퍼스 부부의 습관에 대한 이러한 경외심(그들에 대한 아렌트의 이미지)은 세월이 흐르며 줄어들었지만 결코 사라지지는 않았다. 아렌트와 블뤼허가 모두 자신들의 선생이라고 부르는 사람이 특이한 권위를 가진 자리에 있다는 점은 아렌트에게 중요했다. 그러나 아렌트가 야스퍼스를 기쁘게 할 필요성은 더더욱 중요했다. 아렌트는 블루멘펠트에게 다음과 같이 말하였다. "저는 자연스럽게 저 자신을 다행스러운 사람으로 생각합니다. 그분은 대부분 저에 대해 기뻐했습니다. 그것은 어린 시절의 꿈이 진실이 된 것 같기 때문입니다."[13] 야스퍼스는 결국 아렌트가 항상 바라던 아버지였다.

---

12 아렌트가 게르트루트 야스퍼스에게 보낸 편지(1946년 1월 30일), 마르바흐 문서보관소.

13 아렌트가 블루멘펠트에게 보낸 편지(1952년 8월 6일), 마르바흐 문서보관소.

야스퍼스와 아렌트는 1945년 편지를 교환하기 시작한 직후 공동연구자가 되었다. 야스퍼스는 연대를 통해 아렌트를 사적으로 격려하였다. 그러나 이러한 연대 역시 아렌트의 공적인 활동, 연구, 문화홍보 대사직에 중요했다. 그들은 서로 떨어져 있는 기간 동안에 동일한 임무에 도달하였다. 야스퍼스가 언급했듯이, "철학은 잠시도 그의 기원을 망각하지 않은 채 구체적이고 실천적인 입장을 유지해야 한다."[14] 야스퍼스는 프랑크푸르트 출신인 아렌트의 친구, 돌프 쉬턴베르거와 함께 베르너 크라우스와 알프레드 베버의 도움으로 『변화*Die Wandlung*』라는 잡지를 창간하였다. 야스퍼스는 1945년부터 1949년까지 4년 동안 출간된 잡지에 유명한 필자들을 참여시키고자 열심히 노력하였다. 이 저자들 가운데 브레히트 · 토마스 만 · 마르틴 부버 · 카를 주커마이어 · 엘리엇 · 오든 · 장 폴 사르트르 · 알베르 까뮈 등이 있었다. 야스퍼스는 아렌트의 논문 모음집이 『변화』의 시리즈 가운데 하나의 책으로 출간되도록 준비하였다. 스프링어출판사가 1948년 출간한 『여섯 에세이 모음집*Sechs Essays*』*은 1929년 『아우구스티누스의 사랑의 개념』 이후 출판된 아렌트의 첫 번째 책이었다. 아렌트는 같은 해 야스퍼스의 『죄의 문제*Die Schuldfrage*』를 뉴욕의 다이얼출판사에서 출간하도록 준비하였다. 아렌트는 독일어 원본을 영어로 번역하고 자신을 돕고자 기다리고 있는 자렐과 함께 얇은 책을 스스로 번역하기 시작하였다. 그러나 그는 책 번역을 전문 번역가의 손에 맡기는 게 더 좋다는 점을 깨달았다. 아쉬톤은 야스퍼스의 저작들 가운데 훌륭한 여러 편의 번역본을 맡은 첫 번째 사람으로 고용되었다.

아렌트는 야스퍼스의 책에 대해 개인적인 회의를 가지고 있었지만 그에게 충실했으며 그의 진귀한 불굴의 정신을 공적인 본보기로 자각하였기 때

---

14 야스퍼스가 아렌트에게 보낸 편지(1946년 9월 18일), 마르바흐 문서보관소.

* 옮긴이_ 이 책에는 야스퍼스에 대한 헌사와 더불어 6편의 논문, 즉 「제국주의에 대하여」, 「조직화된 범죄」, 「실존철학이란 무엇인가?」, 「숨겨진 전통」, 「어제 세계의 유대인」, 「프란츠 카프카」가 수록되어 있다.

문에 개인적 회의를 무시했다. 아렌트는 야스퍼스가 전쟁 이전 지녔던 베버적 민족주의와 프로테스탄트적 경건심이 '독일 민족을 구원하려는' 욕구에 여전히 부분적으로 맴돌고 있다고 생각하였다. 블뤼허는 심지어 더 가혹한 견해를 밝혔다. 즉 그는 아렌트에게 보낸 불쾌한 편지에서 자신이 느낀 갈등을 지적했다. 야스퍼스는 여전히 이 갈등을 명료하게 깨닫지 못했다. 블뤼허는 마르크스의 『루이 나폴레옹의 브뤼메르 18일』을 자신의 용어로 차용하여 독일 내에 "소수의 공화주의적-자유주의적 의지와 다수의 코사크적-노예적 기질 사이의 갈등"*을 언급하였다. 독일은 "공화주의자들과 코사크인들, 즉 시민들과 야만인들 사이의 내전"을 위한 진정한 전투장이 될 수도 있었다. 그러나 이러한 전쟁은 발생하지 않았다. 국민들이 하느님 앞에 양심을 시험하도록 지원하려는 야스퍼스의 침착한 노력은 블뤼허에게는 정치적으로 충분하지 않았다. "이제 우리는 하느님 앞에서 죄인이오. 그러나 사람들 사이에 명예와 불명예, 영광과 굴욕의 차이는 있다오. 또한 굴욕에 대해서 말합시다. 그것은 세계적인 문제라오. 그것이 마침내 피로 오직 씻어질 수 있다는 것은 잘 알려졌다오."[15] 진정한 정치적 삶의 개념을 갖고 있지 않은 사람들과 시민 사이의 예리한 대립은 『전체주의의 기원』을 집필하기 시작했을 때 이미 아렌트의 마음속에 존재하였다. 그는 과거 아우구스티누스 연구자로서가 아닌 유대인 공화주의자로서 영광과 굴욕, 영웅적 행위와 비열함에 대해서 집필하였다. 그럼에도 아렌트는 야스퍼스의 『죄의 문제』를 출판하는데 후원하였다.

서로의 연구를 유익하게 하려는 이러한 노력은 야스퍼스와 아렌트가 국제적 교류를 위해 공유하였던 관심사의 중요 요소였다. 『변화』는 독일 중심의 학술지가 아니라 유럽 지향적인 학술지였다. 이 학술지는 유럽을 독

* 옮긴이_ 블뤼허가 아렌트에게 보낸 편지(1946년 11월 15일), *Within Four Walls: The Correspondence between Hannah Arendt and Heinrich Blücher*, p. 85.

15 블뤼허가 아렌트에게 보낸 편지(1946년 7월 날짜 미상), 의회도서관.

일로 끌어들였다. 야스퍼스는 1946년 9월 제네바에서 개최된 제1차 국제학술회의에서 만났던 유럽의 지성에 깊은 감명을 받았다. 그는 이때 메를로-퐁티 · 루시안 골드만 · 장 왈 · 알베르 까뮈 · 스티븐 스펜더를 알게 되었다. 그는 이 학술회의가 자신에게 새로운 유럽에 대해 희망을 갖게 하였다고 아렌트에게 편지를 썼다. 그리고 아렌트는 까뮈가 특별히 "새로운 유형의 인사, 즉 소박하고 어떠한 '유럽 민족주의'도 갖고 있지 않은 유럽인"이라는 의견으로 화답하였다.[16] 아렌트는 두 편의 논문을 집필하였다. 하나는 프랑스 실존주의에 관한 논문이고, 다른 하나는 「실존철학이란 무엇인가?」라는 제목의 논문이었다. 두 논문은 야스퍼스가 이 학술회의에서 행한 연설 「현대 유럽의 정신」과 마찬가지로 철학의 '구체성과 실천성'을 실현하는데 기여하려는 의도를 담고 있다.[17] 두 사람은 모두 유럽 국가들 사이 정치협력의 기회가 여전히 존재하는 동안 집필하였지만 그러한 기회가 곧 사라질 것이라는 점을 명확히 자각하고 있었다.

야스퍼스와 아렌트는 『변화』의 성공을 열망하였지만 모두 자제하였다. 야스퍼스는 그 특유의 겸손한 태도로 편지를 보냈다. "나의 정신적 능력은 아주 제한되어 있으며, 나의 지식은 아주 일천하다오. 나는 혼잣말을 하오. 에라, 사람이 할 수 있는 일은 무엇이든 없는 것보다 낫지. 대중은 틀림없이 나에게 걱정거리가 되지 않는다오. 그럼에도 불구하고 우리에게 본질적인 것은 개개인이나 소집단에서 단지 비롯된다오. 혼돈은 증대됩니다."[18] 야스퍼스는 광범위한 공중을 확보하려는 방식을 찾는데 헌신하였다. 그는 자신의 저서들 가운데 영어로 제목을 붙인 『철학은 모든 사람을 위한 것이다*Philosophy is for Everyman*』의 칭호에 충실하게 사는 데 온갖 노력을 다했다.

16 아렌트가 야스퍼스에게 보낸 편지(1946년 11월 11일), 마르바흐 문서보관소.

17 제2장에서 지적한 바와 같이, 『파르티잔 리뷰』 제13집(1946년 겨울호)에 「프랑스 실존주의」라는 제목으로 실렸던 아렌트의 논문 「실존철학이란 무엇인가?」는 『민족』(1946년 2월 23일)에 게재되었다.

18 야스퍼스가 아렌트에게 보낸 편지(1946년 11월 18일, 22일), 마르바흐 문서보관소.

아렌트의 조건은 달랐다. 그는 『변화』에 기고하는 것을 독일로 복귀하는 한 형식("글쓰기는 일종의 복귀다")으로 평가하였으며, 자신이 글쓰기를 통해 한 유대인으로 환영받는 것이라는 점을 확인하고 싶었다. "우리들(유대인) 가운데 어느 누구도 유대인으로서 환영받지 못한다면 … 되돌아올 수 없답니다."[19]

야스퍼스는 장 왈과 폴 리쾨르 덕택에 프랑스에서는 비교적 잘 알려졌지만 전쟁 이전 그의 연구는 영어권 국가에는 거의 알려지지 않았으며, 그의 저작들 어느 것도 영어로 번역되지 않았다. 아렌트는 1946년 논문에서 야스퍼스의 근본적인 정향과 관심사에 대해 짤막하면서도 밀도 있게 진술하였다. 그런데 이 논문은 『파르티잔 리뷰』에 기고할 목적으로 집필되었으나 「실존철학이란 무엇인가?」라는 제목으로 『여섯 에세이 모음집』*에 포함되었다. 야스퍼스는 이 논문이 게재된 것에 기뻐했다. 물론 이 논문은 아렌트의 더 훌륭한 연구 결실들 가운데 하나는 아니었다. 아렌트는 이것을 결코 한 권의 영어판으로 출간하지 못했다.** 아렌트는 정치적 쟁점과 문제에 대해 대중적으로 글을 쓰는 어려운 작업에서 많이 연습하였지만 독일로부터 망명한 이후 13년 동안 철학 자체, 확실히 이념사 연구를 시도하지 않았다. 그는 철학적 산문을 영어에 익숙해지게 하려고 결코 시도하지 않았다. 그는 비교적 알려지지 않은 철학적 전통을 알리는 대사로서 역할을 하면서 칸트와 헤겔이 후설 · 야스퍼스 · 하이데거에게 차지하는 중요성이란 관점에서 칸트부터 헤겔까지 독일 철학 전통의 발전을 연구하였다.*** 이 연구는 역작tour de force이었지만 일반 독자가 거의 천착하기 어려운 정도로 애

---

19 아렌트가 야스퍼스에게 보낸 편지(1946년 1월 29일), 마르바흐 문서보관소.

* 옮긴이_ 앞의 옮긴이 주를 참조할 것.

** 옮긴이_ 6편의 독일어 논문으로 구성된 이 책은 영어로 번역되어 같은 이름으로 출간되지 않았다. 단지 6편의 논문은 영어로 번역되어 각기 다른 모음집에 수록되어 있다.

*** 옮긴이_ 이 문장은 「실존철학이란 무엇인가?」의 기본 구조를 특징적으로 표현하고 있다. 관련 내용을 이해하기 위해서는 『이해의 에세이』를 참조할 것.

매하고 과도한 진술들로 가득 차 있었다.

아렌트의 에세이 형식은 하이데거에 대한 논의에 이르러 정말로 어색하였다. 이 부분에서 에세이 형식은 과도하고 가혹해진다. 아렌트는 하이데거의 나치당 가입, 그리고 자신이 전적으로 소문에 의존하여 파악했던 하이데거의 이후 활동을 '각주'에 포함시켰다.* "하이데거는 자신의 스승이며 친구인 후설의 강좌직을 계승하였지만 후설이 유대인이라는 이유 때문에 프라이부르크대학교 총장의 직권으로 후설의 교수진 참여를 금지시켰다. 그가 마침내 독일 국민의 재교육을 위해 프랑스 점령당국의 처분에 맡겨진다는 소문이 떠돌았다."[20] 아렌트는 이러한 근거 없이 떠돈 활동을 지적한 후에 자신의 최대 실망을 부각시키는 역설적인 방식으로 다음과 같이 지적하였다. "이러한 현상의 실질적인 희극과 독일 대학들에서 나타나는 실제로 적지 않게 낮은 수준의 정치사상이란 관점에서 볼 때, 사람들은 자연스럽게 전반적인 이야기를 일부러 알려고 하지 않는 경향을 보인다. 다른 한편, 이러한 전반적인 행태의 유형이 독일 낭만주의에 똑같은 측면을 지니고 있다는 지적이 있다. 따라서 사람들은 이러한 일치 양상이 우연적이라고 거의 믿을 수 없다. 하이데거는 사실 (우리의 희망으로) 마지막 낭만주의자이다. 그는 사실 대단한 재능을 지닌 일종의 프리드리히 슐레겔이나 아담 뮐러다. 그런데 이들의 완전한 무책임성은 부분적으로 천재의 환상, 부분적으로 좌절의 탓이었다."** 이 마지막 지적은 물론 라헬 파른하겐의 범세계주의적 살롱을 종식시켰던 19세기 초반 세대에 대한 아렌트의 비판을 반영하고 있다. 이러한 지적은 아렌트 자신이 라헬과 동일시하는 한 개인적

---

* 옮긴이_ 이 내용은 「실존철학이란 무엇인가?」라는 제목의 논문 각주 9에 포함되어 있다. 아렌트는 하이데거와 화해하기 이전에 이 논문을 집필하였다.

20 아렌트는 개인적으로 하이데거에 대해 여전히 더욱 집요했다. 아렌트가 1946년 7월 9일 야스퍼스에게 보낸 편지(마르바흐 소장)는 사르트르가 파리에 있던 아렌트에게 언급한 하이데거에 관한 이야기를 연관시키고 있으며, 다음으로 하이데거의 '잘 알려진 병리학적 기질'을 지적하고 있다.

** 옮긴이_「실존철학이란 무엇인가?」라는 제목의 논문 각주 9에 포함되어 있는 내용이다.

진술이다. 순수성과 신랄함을 동시에 담고 있는 첫 번째 논평은 아렌트와 블뤼허의 입장을 혼합시킨 것 같은 인상을 더 많이 보이고 있다. 자렐은 한때 독일 대학에서 나타나는 정치사상의 낮은 수준과 하이데거 정치 활동의 낮은 수준을 희극적인 것으로 이해하게 해준 블뤼허의 태도를 한 번에 파악했었다. "모든 사람에 대한 그의 자동적인 수용은 모든 사람에 대한 성급한 거부보다 … 인간에 대한 아마도 더 잔인한 판단이었다. [거부한 사람은] 인류에 대한 엄청난 기대, 어떠한 인간도 실망하는 기대를 갖는다. 누구든지 [그의] 기대를 충족시켰다. 그가 이러한 기대를 어떻게 획득했는가에 대한 사유는 비위에 거슬리는 것이었다."[21]

아렌트는 하이데거의 『존재와 시간』에 대한 해석에서 다음과 같은 점을 모두 강조했다. 즉 이 책은 ("추상적 인간Man을 초기 존재론의 신으로 생각하여") 자아중심적이고 거창하다고 해석되며, ("하이데거의 존재론은 추상적인 인간이 존재Being 양태의 복합체로서만 나타나는 엄격한 기능주의를 숨기고 있어서") 기만적으로 해석되고, 엄격하게 체계적이고 — 매우 중요한데 — 아렌트가 칸트와 프랑스 혁명의 초기 이념에서 존경한 자유의 전통과 인간성에 대한 관심과 상반된다고 해석될 수 있었다. 아렌트는 하이데거의 모든 결점에 반대하여 야스퍼스의 성과를 부각시켰다. 아렌트는 소통, 참신하고 비체계적인 소크라테스적 탐구, 명료성과 해명, 특별히 인간의 자유와 새로운 '인류 개념'에 대한 야스퍼스의 관심을 고찰한 이후 자신의 책과 더불어 "실존철학은 그의 자아중심주의 시대를 버렸다"고 언급할 수 있었다. 야스퍼스와 아렌트는 비자아중심주의적 실존철학을 추구했다. 그들의 저작에서 공동체 · 우정 · 대화 · 다원성은 핵심 개념들이다. 이것들은 19세기 낭만주의적 개인주의의 유산, 세계나 다른 사람과 거리를 두고 고독하게 사유하는 철학 전통의 계승에 대한 명백한 반발에서 공식적으로 표현되었다.

---

21 Randall Jarrell, *Pictures from an Institution* (New York: Alfred A. Knopf, 1954), p. 169. 블뤼허 부부의 초상에 대한 논의를 이해하기 위해서는 아래 7장을 참조할 것.

아렌트는 비자아중심주의적 실존철학에 대한 자신의 의지를 『전체주의의 기원』으로 옮겼을 때 하이데거와 같은 지식인들의 초상을 묘사했다. 이러한 묘사는 덜 반어적이고 상당히 비인격적이었다. 아렌트는 이 지식인들을 거대한 역사 과정의 일부분으로 이해하였기 때문이다. 아렌트의 개관적인 저서에서 이런 역사적 단편과 다른 것들은 하나의 핵심적인 심상心象을 통해서 결합되었다. **잉여적**superflous이란 용어는 이 심상을 정확히 담아낸다.[22] 아렌트는 『전체주의의 기원』 가운데 「제1부 반유대주의」와 「제2부 제국주의」를 통해 안으로부터 붕괴되고 신흥 부르주아지 및 19세기 국민국가 정부와 관련하여 달라진 사회계급을 사회계급의 유형에서 추적하였다. 사회적 지배권을 유지하려는 귀족들은 하층계급에게 법적 평등을 부여한 정부에 분노하였다. 쁘띠 부르주아지는 1860~1870년대 국가의 지원을 받으며 막심한 피해를 주는 외국기업의 개입으로 자신들의 빈약한 재산마저 상실한 상황에 분노했다. 국가에 분노한 계급은 또한 국가권력을 은밀하게 통제하고 있다고 생각되는 집단(유대인, '국제적인 유대인 금융 음모')에 분노하였다. 20세기 초에 이러한 분노는 반어적이게도 인종주의와 결합되었다. 당시 유대인들은 재력을 대부분 상실하였기 때문이다. 유럽 식민지 개척자들의 인종주의는 유럽으로 되돌아왔다. 전통적인 사회계급은 부르주아지의 자본주의적 모험(팽창을 위한 팽창, 이윤을 위한 이윤, 권력을 위한 권력)에 연루됨으로써 자신들의 특수한 계급이익을 상실하였기 때문에, 계급은 힘없이 무너졌다. 몰락한 사람들은 불가피하게 모든 계급의 잉여적 잔재인 폭민과 접촉하게 되었다. 마르크스가 룸펜 프롤레타리아라고 명명했던 이 폭민은 부르주아지의 승리로 이미 도중에 몰락했다. 귀족과 부르주아지의 몰락한 지식인 엘리트가 폭민과 만났을 때, 엘리트와 폭민은 자신들이 공유하는

22 아렌트의 『전체주의의 기원』에 관한 더 세부적인 설명을 참조하기 위해서는 다음 저서들을 참조할 것. Margaret Canovan, *The Political Thought of Hannah Arendt*(New York: Harcourt Brace Jovanovich, 1974), Stephen J. Whitfield, *Into the Dark: Hannah Arendt and Totalitarianism* (Philadelphia: Temple University Press, 1980).

것을 발견하였다. 그것은 부르주아의 위선과 허세에 대한 격렬한 분노였다. 『전체주의의 기원』에서 역동성을 강하게 드러내는 부분들 가운데 한 절은 폭민과 엘리트의 연대에 관한 기술을 담고 있다.

> 자유주의와 인간주의의 대변자들은 당시 가장 일반적인 경험에 대한 처절한 실망과 생소함 속에서 통상적으로 다음과 같은 사실을 간과했다. 즉 모든 전통적 가치와 명제가 … 어떤 의미에서 증발한 분위기는 경건한 진부성이 되어 왔던 오랜 진리보다 잠재적으로 불합리한 명제의 수용을 더 용이하게 하였다. 어느 누구도 그러한 부조리를 진지하게 받아들일 것이라고 기대될 수 없었기 때문이다. 존중되었던 기준과 수용되었던 이론에 대한 냉소적인 실망을 담고 있는 비속성은 최악의 것에 대한 솔직한 인정과 용기와 새로운 생활양식으로 쉽게 왜곡되는 모든 허세에 대한 멸시를 담고 있었다. … 전통적으로 부르주아지를 혐오하고, 훌륭한 사회를 자발적으로 버린 [사람들]은 [폭민의 어리석은 행위에서] 경쟁 자체가 아닌 위선과 체통의 결점만을 찾았다.[23]

아렌트는 이러한 주장을 통해 하이데거와 같이 정치적으로 조야한 사람이 산업화 이전의 소박성, 게르만 민족의 강인성, 종족적 순수성이란 불합리한 개념에 이끌렸다는 사실을 인정하였다.

아렌트는 계급 해체와 국가 증오에 대해 기술하였다. 이러한 주장의 이면에서는 입헌 국가들로 구성된 유럽의 질서라는 18세기의 주제가 '어쩌면 존재했을 질서'를 일제히 지지하는 합창곡으로 들릴 수 있다. 실제의 상황은 반대였다. 폭민이 "부르주아 계급의 지하 세계가 되었을 때, 즉 부르주아 계급 자체가 와해되기 시작했을 때, 몰락한 사람들이 폭민에 가담함에 따라 폭민은 증대되었다. 초기 단계에서 폭민은 '국민'과 구분되었다. 그런데 이후 확장 단계에서 폭민은 계급의식을 지니지 않은 '대중'과 통합되었

23 Arendt, *Origins*, p. 334.

다. 인민le peuple은 역시 18세기에 모든 사회계층의 출신으로 구성되었지만, 혁명 시대에 정치 행위에 관심을 가졌던 시민들이었다. 공동 이익과 공동 세계에 기초한 어떠한 조직에도 결코 흡수되지 않았던 대중은 이러한 상황 때문에 인민과 근본적으로 구별되었다. 국가의 악화에 관한 아렌트의 이야기는 모든 계급에서 나타나는 공동 이익과 공동세계의 상실에 관한 그의 이야기와 엮여 있다. 아렌트는 「실존철학이란 무엇인가?」를 집필하였을 때 그러한 이야기의 결과를 "자아중심주의"로 표현하였다. 그는 역사가로서 기술하였을 때 자아중심주의를 "부르주아의 개인주의"라고 불렀다. 그는 이후 정치이론가로서 이를 "세계 소외"로 표현하였다.*

아렌트는 이러한 복잡한 국가 적대감 양식과 계급 해체, 즉 잉여성에 대한 분석을 관통하여 범게르만주의와 범슬라브주의에 존재하는 전체주의 이데올로기의 뿌리에 관한 논의로 이동한다. 잉여 자본과 잉여 주민이 국가의 팽창에 이용되었을 때, '종족민족주의' 이데올로기로 무장한 '대륙 제국주의'는 번창하였다. '대중'이 폭민에서 배출된 지도자들(히틀러와 같이)을 따르거나 동일한 계층에서 배출된 지도자들(힘러와 같이)을 따르면서 완전히 전례 없는 측면에서 잉여적이게 되었을 때, 제국주의는 마침내 전체주의로 전환했다. 우선 개개인은 자신들의 계급 내에서 고립되었다. 각 계급은 이후 내부에서 악화되었을 때 원자화되고 탈인간화되었다. '통합된 속물 무리'는 지배와 절멸을 담당한 전체주의 조직에서 가장 유능하고 수치스러운 기능인을 제공했다. "속물은 자신의 계급에서 고립된 부르주아, 즉 부르주아 계급 자체의 붕괴로 생산된 원자화된 개인이다. … 그는 자기 세계의 폐허 속에서 자신의 사적인 안전만을 걱정하고 자그마한 도전에 모든 것(신념, 명예, 권위)을 기꺼이 희생시켰던 부르주아다."[24]

---

* 옮긴이_ 세계 소외는 우리가 공동체에서 삶을 영위함에도 불구하고 이를 무시하는 태도이며, '지구 소외'와 같은 맥락을 지닌다. 아렌트는 『인간의 조건』에서 이를 체계적으로 제시하고 있다.

24 앞의 책, 338쪽.

인종주의와 같은 이데올로기는 대중에게 아주 상당한 설득력을 가질 수 있었다. 아렌트는 대중이 공통의 사회적 또는 정치적 이익을 결여하고 있어 개인적인 안전에만 관심을 가지고 있다는 점을 반복적으로 강조하였다. 그리고 대중은 이러한 점 때문에 직접적인 계급이익 또는 공리적인 내용을 담고 있지 않은 이데올로기에 영향을 받기 쉬웠다. "대중은 원자화와 사회적 지위의 상실이란 결과로 인해 '현실주의', 공통감, '세상의 온갖 그럴듯함[버크]'*에 대해 혐오감을 가졌다. 그들은 사회적 지위의 상실과 더불어 공통감이 통하는 공동관계의 모든 영역을 상실하였다. … 대중은 무정부적 성장이나 쇠퇴의 완전한 자의성에 직면하거나 매우 엄밀하고 환상적일 정도로 허구적인 이데올로기의 일관성에 복종하는 대안들 앞에서 어쩌면 후자를 택할 것이고, 개인적 희생으로 그것에 기꺼이 대가를 치를 것이다. 이러한 결과는 그들이 우매하거나 사악하기 때문이 아니라 전반적인 재앙 속에서 이러한 회피가 그들에게 최소한의 자기존중을 인정하였기 때문이다."[25] 이데올로기를 선택하는 사람은 자신을 성공한 종족의 일부, 지배 인종의 일원, 즉 필연적인 역사 과정의 선도자로 간주할 수 있다.

한 유형의 잉여(과잉, 쓸모없음)에서 다른 유형의 잉여로 연결되는 이러한 드라마의 최대 역설은 『전체주의의 기원』 가운데 「제3부 전체주의」에 드러났다. 아렌트는 집단수용소에 관한 자료 장서를 읽은 이후인 1948년 이 부분을 집필하였다. 전체주의자들 자신은 잉여적이게 됐다. 그들은 자신들이 **자연**이나 **역사**의 단순한 도구가 되고 있다고 느꼈으며, 집단수용소의 기능인으로서 희생자들과 마찬가지로 생명이 없고 영혼이 없는 것 같았다. 즉 그들은 "심리학적으로 더 이상 이해될 수 없는 사람들이다."[26] 공리적인

---

* 옮긴이_ Edmund Burke, *Thought on the Present Discontents and Speeches*(The Project Gutenberg eBook, ed., Henry Morley, 2007[1886]).

25 Arendt, *Origins*, p. 352.

26 앞의 책, 441쪽. 나치가 심리학적으로는 이해될 수 있다는 것은 아렌트의 『아이히만의 예루살렘』의 가정이다. 8장을 참조할 것.

목적에 기여하지 않고 자신들의 모든 사회적 정치적 목적에 유해하며 그 자체로 잉여적인 제도를 유지한 사람들은 자신들이 학살한 사람들과 똑같은 "광기와 비현실의 망"에 갇혔다. "전체주의는 사람들에 대한 전제적 지배를 지향하지 않고 사람들을 잉여적 존재(즉 잉여인간)로 전락시키는 체계를 지향한다."[27]

한나 아렌트는 하이데거와 같이 폭민에 현혹된 그러한 지식인들이 국가사회주의 혁명에서 자신들의 역할에 대한 책임으로부터 사면되어야 한다고 결코 주장하지 않았다. 그러나 아렌트는 『전체주의의 기원』에서 유럽의 지적 전통을 전체주의의 원인으로 간주하지는 않았다. 그는 독일 대학에서 교육을 받았던 많은 난민과 달리 전체주의를 일탈한 철학적 발전의 논리적 산물이나 인간주의 신념의 쇠퇴 결과로 간주하지 않았다. 그는 책이 출간된 지 10년이 지난 후 이념사의 관점에서 분석하는 전체주의 연구자들에 대항하여 형세를 간명하게 역전시켰다. "나치주의의 뿌리가 결코 아닌 유럽의 인간주의는 나치주의나 어떤 다른 형태의 전체주의도 마련하지 않았기 때문에 우리는 이러한 현상을 이해하고 이에 익숙해지려고 노력하는 과정에서 그의 개념이나 전통적인 은유에 의존할 수 없다. … 그러나 이러한 상황은 모든 형태의 인간주의 위협을 내포하고 있으며, 무의미해질 위험에 직면한다."[28]

이 주장은 아렌트가 전후 야스퍼스와 관계를 재개하고 하이데거를 이해할 방법을 찾으려고 노력하던 몇 년 사이에 도달한 결론이었다. 아렌트는 이 사람들이 자신의 교육을 위해 맡은 철학자의 역할을 거부하였다. 그는 역사가이며 정치이론가로서 집필하였다. 그러나 철학을 재조정하는 길은 천천히 표출되었다. 아렌트는 거의 10년이 지나서야 『인간의 조건』을 집필하였으나 『전체주의의 기원』을 완결시켰을 때 그 방향을 전환하였으며 이

27 앞의 책, 457쪽.

28 아렌트, 『예루살렘의 아이히만』에 대한 강의를 위한 미출간 비망록의 복사본(의회도서관 소장).

러한 전환을 짤막한 시로 표현하였다.

> 생각은 나에게 나타난다.
> 나는 더 이상 생각의 이방인이 아니다.
> 나는 한 장소에 있을 때같이 사유 속에서 성장한다.
> 쟁기질한 들녘에 있을 때같이.[29]

현재를 위한 정치이론

『전체주의의 기원』은 아렌트와 블뤼허가 가장 완벽하게 공조할 수 있었던 저서였다. 블뤼허는 이 책을 집필했던 1945년에서 1949년까지 대부분의 시간을 직업 없이 보냈다. 마르타 아렌트는 이러한 상황 때문에 고통스러웠다. 그는 딸이 가정의 재정에 너무나 많은 책임을 맡고 있다고 생각했다. 그러나 아렌트 자신은 이 상황을 수용하였다. 아렌트는 블뤼허를 거의 무기력하게 만드는 우울한 기분(블루멘펠트에게 설명했듯이 "가스 처형실을 즉시 덮치는 우울한 상태")[30]을 이해하였으며, 자신들의 공동 저서에 기여하는 남편이 남편 자신과 저서를 위해서 필요하다는 점을 알았기 때문이다. 아렌트가 유대인문화재건위원회, 그런 다음 쇼켄출판사에서 활동하고 있을 때, 블뤼허는 뉴욕 공립도서관에서 책을 읽고 (자신과 부인의 친구인) 망명자들과 대화를 나누면서 나날을 보냈다. 블뤼허 부부는 집에서 이 저서(즉 『전체주의의 기원』 — 옮긴이)에 대해 대화를 나누었다. 블뤼허는 이 몇 년 동안 아렌트와 함께 동아리 일원과 우정을 유지할 수 있었다. 아렌트는 블뤼허를 통해서 대리로 그들과 우정을 유지하였다. 하지만 전쟁이 끝나고 우편물이 마침내

29 이 짤막한 시는 날짜가 1952년으로 기록되어 있으며 아렌트가 파리에 있는 동안 쓰였는데(7장 참조), 궁극적으로 『인간의 조건』으로 이어지는 사유의 궤적을 언급하고 있는 듯하다.

30 아렌트가 블루멘펠트에게 보낸 편지(1951년 4월 1일), 마르바흐 문서보관소. 이 편지의 내용은 7장에 소개된다.

유럽에 도착할 수 있었을 때 아렌트는 남편과 함께 유럽 '친구들'과 우정을 유지하였다.

그러나 1948년 봄 아렌트는 서신 교환과 『전체주의의 기원』 「제3부 전체주의」에 관한 연구를 모두 중단했다.* **세계역사**는 불길한 기교를 부렸다. 아렌트는 나치의 **최종 해결책**의 엄청난 공포를 기술하고 결코 발생해서는 안 되는 일이 어떻게 발생했는가를 이야기하는 임무를 수행하면서 고조된 감정 상태로 팔레스타인 유대인들의 운명을 숙고했다. 유대인들은 **최종 해결책**을 기억 속에 생생하게 간직한 채 전쟁을 준비하고 있었다. 영국이 위임통치 지역에서 철수하자 유대인과 아랍인 사이의 전투가 격화되었다.

아렌트는 『전체주의의 기원』을 집필하면서 말로는 독일로 '복귀하고' 독일 철학과 문학을 알리는 대사로서 활동하던 몇 년 동안 팔레스타인의 장래에 대한 유대인의 토론에 거의 참여하지 않았다. 그는 1946년 테오도르 헤르츨의 『유대국가』 출간 50주년을 기념하여 국가에 대한 유대인의 태도를 평가하는 글을 썼다. 『논평』 편집자들은 「유대국가 선언 이후 50년」이란 주제로 헤르츨을 성찰하는 글을 아렌트에게 요청하였다. 이렇듯 그들은 이전에 「시온주의를 재고하자!」라는 논문의 출판을 거부했던 자신들의 조치에 대해 보상을 하였다. 그러나 그들의 의도 표시는 아렌트의 의견이 이전보다 1946년에 더 많은 영향력을 가지고 있다는 것을 의미하지는 않았다. 어떠한 단체나 파당도 아렌트의 선례를 따르지 않았다. 아렌트는 ≪재건≫에 글을 기고하던 시절과 마찬가지로 고립되었다.

아렌트가 유대인 정치를 가장 집요하게 비판한 논문인 「시온주의를 재고하자!」는 1944년 『논평』에 제출됐다. 그는 이 논문에서 수정주의당의 극단주의에서 정치적 무관심파인 키부츠 사회주의에 이르기까지 유대인 정

---

* 옮긴이_ 이스라엘이 건국한 5월 14일 직후인 16일 제1차 중동 전쟁이 벌어졌고, 스웨덴의 중재로 6월 11일 휴전 협상이 시작되었다. 제1차 중동전쟁은 1949년 2월 평화조약이 조인됨에 따라 이스라엘의 승리로 끝났다.

치를 비판하였다. 편집자들은 이 논문에 당혹해 했으며 수개월 동안 게재 결정을 연기하였다. 아렌트가 이에 항의했을 때, 편집자들 가운데 한 사람인 클레멘트 그린버그는 자신이 다음과 같이 생각한 점을 마침내 인정했다. "이 논문은 아주 많은 반유대적 함의 ― 당신이 반유대적 함의를 의도한다기보다 비우호적인 독자가 반유대적 함의를 의도할 수 있다는 점에서 ― 를 담았습니다."[31] 이 평가는 1948년에 최고조에 달한 경향을 보여주는 명백한 징후였다. 시온주의가 수정주의의 기치 아래 진행되고 있다는 어떠한 제안도 다수의 미국계 유대인들 사이에서 반유대적인 것으로 여겨졌다. 아렌트가 자신의 주장을 더 공개적으로 발표하면 할수록 그는 미국계 유대인들로부터 더욱 더 고립되었다. 물론 아렌트는 한때 광신주의를 갖고 있지 않았던 이들을 존중하였다.

아렌트는 1944년 다음과 같이 단호하게 언급했다. 즉 "오늘날 수정주의자들과 일반시온주의자들General Zionists 사이에 존재하는 유일한 차이는 영국에 대한 그들의 태도에 있다. 이 차이는 근본적인 정치적 쟁점이 아니다."[32] 이 주장은 「시온주의를 재고하자!」에서 핵심이었다. 그러나 아렌트는 또한 흔히 하는 사유 절차에 따라서 이 주장을 과거와 미래로 확장했다. 그는 유대인 민족주의가 아랍계 팔레스타인 사람, 디아스포라 유대인, 국제적 이해에 피해를 줄 정도로 돋아나게 한 일련의 사건들을 개략적으로 정리하였다. "사회혁명적 유대인 민족운동은 반세기 전에 아주 고귀한 이상을 갖고 출발했기에 중동의 특수한 현실과 세상의 일반적 사악함을 간과하였다. 그런데 이런 부류의 운동이 대부분 그렇듯이 유대인 민족운동은 민족적 국수주의적 주장, 즉 민족의 적에 반대하는 주장이 아니라 잠재적인 친구와 이웃을 반대하는 주장만을 분명히 제기하다가 종말을 고했다.

---

31 그린버그가 아렌트에게 보낸 편지(1944년 2월 28일), 의회도서관.

32 이 내용과 다음 인용문의 출처는 다음과 같다. "Zionism Reconsidered," *Menorah Journal* 33 (August): 137-153.
옮긴이_ 『유대인 문제와 정치적 사유』에 수록됨.

아렌트가 10년 동안 제기했었던 주장은 이 논문(즉 「시온주의를 재고하자!」 — 옮긴이)에 다음과 같이 집약되어 있다. 즉 유대인 지도부는 유대 민족을 배반한 채 1935년 불매운동을 지지하지 않고 독일 상품의 팔레스타인 수송에 합의함으로써 나치의 요구를 수용했고, 유대인협회는 유대인 군대 문제를 협상하는 데 실패하여 외부 세력, 특히 영국에 점점 더 의존하게 되었고, 유대인 사회주의자들은 정치 현실을 무시한 채 자신들의 훌륭한 사회경제적 실험인 키부츠 운동을 추진했다. 아렌트는 다음과 같이 결론을 내렸다. "지금까지 어떠한 새로운 접근, 새로운 통찰, 시온주의의 재공식화나 유대 민족의 요구도 가시화되지 않았다. 그러므로 우리는 현재에 대한 고찰과 더불어 과거의 관점에서만 미래의 기회를 포착할 수 있다."

아렌트는 팔레스타인과 관련한 글을 쓸 때마다 전후 세계의 정치조직이 제국 아니면 연방 중 하나를 선택하게 될 것이며, 연방이 형성될 경우에만 유대 민족이 오직 생존 기회를 갖게 될 것이라는 예언을 반복적으로 제기하였다. 그는 이웃 국가들의 호의를 소외시키면서 외국 세력인 제국에서 단지 '관심영역'이 될 유대국가의 건설을 회피하라고 자기 민족에게 촉구하였다. 아렌트는 ≪재건≫에 게재한 기사에서 언급했듯이 『메노라 저널』 1945년판에 최종적으로 게재한 「시온주의를 재고하자!」에서 다음과 같이 주장했다. 즉 미국계 유대인들이 정치적 전통 속에서 성장했기 때문에, 그들은 팔레스타인 이주민들 사이에 유럽 민족주의의 부활을 유용할 수 있을지도 모른다. 아렌트는 팔레스타인에 대한 어떠한 희망이 미국에서만 존재한다고 주장했다. 그는 동일한 시각을 유지한 채 「유대인 고향을 구원하자: 아직도 시간은 있다」라는 1948년 5월에 기고한 기사에서 유대인 정치의 장에 다시 참여하였다. 그는 처음으로 독자를 발견하였다. 유다 마그네스는 이 기사를 읽고 아렌트를 칭찬했다. 아렌트는 1943년 마그네스를 비판하였지만, 마그네스의 유연성과 정직성은 1938년 팔레스타인의 어둠 속에서 횃불같이 빛을 발했다.

유다 마그네스는 미국에서 젊은 시절과 성년기 초반을 보냈다. 그는 몇십 년 동안 많은 유대인들이 신기원을 마련하는 사건으로 환영하였던 1917년 밸푸어선언을 비판하였다. 그는 영국이 어떠한 민족에게도 팔레스타인 땅을 약속할 권리를 가지고 있지 않으며, 유대인들에 대한 그들의 약속이 그 땅에 살고 있는 아랍인들로부터 적대감을 초래할 수 있을 뿐이라고 생각했다. 마그네스는 또한 팔레스타인 유대인들이 영국 제국주의에 의존할 경우 결국 방황하게 될 것이라고 경고하였다. 역사가 한스 콘은 일찍이 1919년(『유대인』에 기고한 논문에서) 아랍인들에 대한 팔레스타인 유대인들의 국수주의적 태도를 비판하였다. 『유대인 전망*Jüdische Rundschau*』의 편집자인 로버트 벨취도 비슷한 비판을 제기하였다. 아렌트가 마그네스와 함께 일하였을 때 벨취와 한스 콘은 아렌트의 동료가 되었다. 이러한 견해를 공유하는 한 단체, 즉 브리트 샬롬Brit Shalom이 1925년 예루살렘에서 결성되었다. 백 명 미만의 단체 회원들은 정치적 행동주의자가 아니었다. 다수는 대체로 중유럽과 서유럽 출신의 교수와 작가들이었다. 그들은 유대인들도 아랍인들도 소수집단이 아닌 팔레스타인에서 동등한 권리를 갖는 이중민족국가를 일반적으로 제안하였다. 그 당시 대부분의 시온주의자들은 이 제안이 완전히 비현실적이고, 민족 감정을 담고 있지 않다고 생각하며, 심지어 불길하게도 이를 아랍 국가에 이르는 위장된 경로로 생각하였다. 브리트 샬롬의 이러한 제안은 결코 어떠한 단체로부터도 지지를 받을 수 없었다. 아랍인과 유대인 사이에 발생한 1929년 시가전 이후 이중민족주의 제안은 무시되었다. 마그네스와 몇 사람은 유대인과 아랍인의 화해를 위해 지속적으로 활동하였다. 그러나 또 다른 아랍 반란이 1936년 4월 시작되어 1939년 여름 내내 간헐적으로 지속되었다. 이때 브리트 샬롬의 회원들 대부분은 체념했다.

유다 마그네스는 1942년 8월 팔레스타인에서 이쿠드당(Ikhud; Unity)을 창당하였다. 그는 자기 동아리에서 30년 동안 발간한 월간지 『오늘의 문제

B'ayyoth Hayom』와 미국의 잡지에 수많은 정책 제언을 발표하였다. 마그네스는 『국제 관계*Foreign Affairs*』 1943년 1월호에 게재된 「팔레스타인의 평화를 위하여」*라는 주제의 논문에서 한나 아렌트를 포함하여 관련 미국인들에게 이쿠드당의 입장을 소개하였다. 이 논문은 미국계 시온주의자들로부터 상당한 비판과 분노를 불러일으켰다.

마르틴 부버나 에른스트 사이먼과 같은 저명한 지식인들, 그리고 청년알리야의 존경받는 지도자인 헨리에타 솔드는 마그네스의 제안을 지지하였다. 아렌트는 이 제안이 19세기 낡은 민족주의 신조에 대한 정당한 반발이었다는 것을 인정했다. 그러나 아렌트는 모호하게 고려한 영미동맹과 연계된 아랍연방 개념이 어리석은 짓이고 바이츠만의 친영 정책을 변형시킨 것에 불과하다고 생각했다. 아렌트가 생각했듯이, 마그네스는 초기에 아랍민족과 영국에 배타적이라고 해석될 수 있었던 어떠한 행위 — 유대인 군대의 창설뿐만 아니라 유대인협회의 비공식적인 영국군 징병계획을 포함한 — 에 대해서도 반대했는데, 바이츠만과 이쿠드당의 밀접한 연관성은 그의 초기 반대 입장에 분명히 나타났다.

아렌트가 유대인 지도부에 대한 마그네스의 비판에 그렇게 공감하지 않았다면, 그는 이러한 견해 차이 때문에 마그네스와 함께 일할 수 없었을 것이다. 1943년 이후 마그네스는 유대인협회와 결별하고 싶었고, 팔레스타인이나 다른 곳에 살고 있는 유대인들에게 아렌트의 표현대로 "유대 민족의 고통에 대한 감상적인 선언과 '자치' 또는 '유대인 공동체'라는 공허한 요구를 지양하고 그 이상의 것을 제안하고 싶었다. 그 이유를 들자면, 이러한 요구는 현실에 기반을 두지 않았기에 공허했고, 영국의 적대적 계획이나 세계정치의 일반적인 추세를 고려하지 않은 채 진공 상태에서 언급되기에

---

* 옮긴이_ 마그네스는 단결 · 화합 · 일치 · 결합이란 의미의 'union'을 국제연합의 주도적 정치 원리가 되어야 한다는 전제 아래 '이중민족 팔레스타인 내에 유대인과 아랍인의 화합', '경제적 정치적 연방의 팔레스타인 · 시리아 · 트란스요르단 · 레바논의 화합', '이 연방과 영미 연합의 단결'이란 세 측면을 강조한다.

공허했다.”[33] 아렌트는 마그네스의 이쿠드당이 유대인협회에 대해 반대 입장을 정치적으로 표현하였기 때문에 이 당을 존중하였다. 그리고 아렌트는 다른 종류의 정당이 팔레스타인에서 형성되고 있는 때에 정치적 반대가 특별히 중요하다고 생각했다. 그는 알리야 하다샤, 즉 팔레스타인 이주자들이 주로 구성한 정당에 대해 비판적이었다. 아렌트의 생각에, 이 이주자들은 유대인들 사이의 ‘종족적 차이’, 새로운 정착민들에 대한 사회적 차별, 새로운 정착민들의 어설픈 적응에 반응하여 무리를 이루었다. “아일랜드 정당이 미국의 통합에 위험한 것 못지않게 팔레스타인 자체 내에 유대 민족 사이의 차이에 기초한 정당의 창설은 정착촌Yishuv에 위험했다.” 마그네스의 제안(이쿠드당의 제안은 아니지만)과 알리야 하다샤의 창당은 아렌트가 말한 ‘시온주의의 위기’의 심화와 유대인협회의 유효한 기능 상실을 드러냈다. 유대인협회가 유대인 군대를 협의하는 데 실패한 이후 줄곧 아렌트는 이 협회의 종말을 예상했다.

마그네스는 1946년 미국을 여행하는 동안 이전에 알았던 수많은 사람들을 자신의 지지단체로 끌어들였었다. 모리스 헤스터 · 한스 콘 · 에리히 프롬 · 제임스 마셜 · 엘리엇 코헨 · 데이비드 리스먼이 참여하고 있는 이 단체는 공식적으로 이쿠드당 지부는 아니었지만 이쿠드당의 정책을 지지하였다. 마그네스가 미국에 있을 때, 하가나(Haganah; 팔레스타인의 민병조직)가 합류한 수정주의당의 테러리스트 계파인 이르군(Irgun; 비밀군사단체)은 철도와 송유관 터미널을 공격했고, 예루살렘의 킹 데이비드 호텔의 한 측면을 공격하였으며, 거의 1백 명의 영국인 · 유대인 · 아랍인을 살해하였다. ‘유대인 반란’이 진행 중이었다.

영국은 악화되는 상황을 처리할 수 없게 되자 1947년 여름 팔레스타인특

---

33 이것과 다음 인용문의 출처는 출간되지 않은, 1943년 아렌트의 하다샤 모임 연설이다. 「시온주의 위기」, 7, 10쪽, 의회도서관.
옮긴이_ 이 자료는 『유대인 문제와 정치적 사유』에 수록되었다.

별위원회를 파견한 국제연합에 도움을 요청했다. 마그네스는 특별위원회가 자신의 제안을 수용하지 않았을 때는 고무되지 않았으나 소련의 국제연합 대표인 그로미코가 이중민족 국가를 옹호하는 발언을 하였을 때 고무되었다. 특별위원회의 다수는 팔레스타인 분할을 지지하였지만 소수는 아랍인 다수로 구성되는 이중민족 국가를 지지하였다. 국제연합 총회는 1947년 11월 29일 분할을 지지하는 투표를 하였으며, 패배한 마그네스의 이쿠드당은 영국이 철수를 준비함에 따라 나날이 심화되는 팔레스타인의 혼란에 관심을 갖게 되었다. 마그네스는 전투를 중단시키는 것 이외에 어떠한 조치도 취할 수 없었다. 국제연합에 정전을 촉구하는 그의 노력은 거의 반역적인 것으로 평가되었다. 이스라엘이 국가로 선포되자 마그네스는 미국에 관심을 돌렸으며, 미국 정부에 평화를 조성하라고 영향력을 행사하려는 뉴욕 지지자들의 노력에 의견을 제공하였다.

마그네스는 5월 14일 건국 이후 이스라엘 국가를 수용하였으나 유대인과 아랍인의 협력에 대한 자신의 꿈을 포기하지 않았다. 마그네스는 『논평』 1948년 5월호에 게재한 「유대인 조국을 구원하자: 아직은 시간이 있다」라는 제목의 논문을 읽었을 때 동료 한 사람을 발견했다는 것을 깨달았다. 그가 5월 11일자 논문을 읽었을 때 국가 이외의 대안을 찾을 시간은 없었다. 그러나 5월 14일 이후 마그네스는 결코 선언되지 않은 국가를 소멸로부터 구원할 시간은 아직도 있다는 자신의 희망에 대한 아렌트의 지지를 수용하였다.

아렌트는 『논평』에 게재한 논문에서 1947년 1월 국제연합 결의안 이후 사건들에 관한 혼란스러운 이야기를 개괄했고, 영국의 위임통치가 끝났을 때 미국계 유대인의 견해가 극적으로 바뀌었다는 점을 지적하였다. 미국계 유대인들은 지지 세력을 수정주의로 바꾸기 시작했다. 아렌트는 「시온주의를 재고하자!」에서 수정주의를 이미 지적하였다.

유대계 좌파 지식인들은 비교적 오래되지 않았던 얼마 전까지도 여전히 시온주의를 유약한 사람들의 이데올로기로 폄훼하고 유대인 조국의 건설을 무기력한 시도로 평가하였다. 이들은 훌륭한 지혜를 갖추고 있으면서도 국가 건설이 시작되기 이전까지 그 계획을 거부했었다. 유대인 사업가들도 유대인 정치에 관심을 가졌다. 신문 기사의 표제에서 어떻게 유대인들을 보이지 않게 하는가라는 아주 중요한 문제가 이들의 관심을 항상 결정하였다. 유대인 자선가들은 훨씬 값진 다른 목적에서 정신을 소모시키면서 엄청나게 값비싼 허영으로 팔레스타인을 원망하였다. 이디시어 신문의 독자들은 미국이 약속된 땅이라고 단순하지만 진지하게 확신하였다. 이들은 브롱크스에서 에비뉴 공원으로 이어져 그린위치 마을에 이르고, 브루클린 너머에 이르는 지역에 살고 있었다. 이들은 요즈음 다음과 같은 확고한 신념을 갖고 단결한다. 즉 유대국가는 필요하며, 미국은 유대 민족을 배반하였고 이르군과 슈테른 단체의 공포정치는 상당히 정당화되고, 랍비인 실버, 다비드 벤구리온, 모세 서르톡은 유대 민족 가운데 약간은 상당히 온건하지만 현실적인 정치인들이다.[34]

1년 전에 팔레스타인 유대인들을 아주 심각하게 분열시켰던 의견의 차이도 거의 존재하지 않았다. 팔레스타인 내에서 "수정주의자들의 국수주의, 다수당의 중도민족주의, 키부츠 운동의 대부분, 특히 '하쇼메르 하차이르 Hashomer Hatzair'*의 반국가적 정서"를 반대하는 목소리는 대부분 사라졌다. 아렌트의 생각에 따르면, 미국계와 팔레스타인계 유대인은 같이 죽을 때까지 싸울 준비가 되어 있으며, 승리하기 위해서는 어떠한 장애도 제거할 준

34 이것과 다음 인용문은 아렌트의 다음 자료에 있다. "To Save the Jewish Homeland: There is Still Time," *Commentary*, May 1948, pp. 398-406.

* 옮긴이_ 이 단체는 하쇼메르(The Guard; 시온주의 스카우트 단체)와 제이레이 시온(Ze'irei Zion; The Youth of Zion)의 통합으로 형성되었으며, 마르크스적 시온주의를 지향하는 시온주의 청년 단체이다. 이 단체는 팔레스타인 이민(알리야)을 통해 유대인 청년의 해방을 실현할 수 있다고 믿었다.

비가 되어 있었다. 아렌트는 이러한 상황을 무시무시한 반향을 띠는 하나의 문구인 '뒤통수치기(배신)'로 표현하였다.

많은 사람들은 수세기 동안 지속되었던 '유랑(流浪; Galut) 정서'의 종말을 환호하였다. 아렌트는 최근 조성된 이런 의견의 만장일치를 불길하게 생각하였다. "대중의 만장일치는 합의의 결과가 아니라 광신과 과잉 흥분의 표현이다."* 그러한 만장일치는 (아렌트가 특히 미국에 대한 유대인의 반감과 러시아에 대한 공감으로 어려움을 겪었던 것을 포함한) 온갖 형태의 계산착오로 이어질 수 있다. 아렌트는 자신이 러시아 정책에 대한 오해를 "정치적 경험이 없는 사람들"의 입장에서 "빅브라더(실세 권력자; 강대국)"에 대한 "어린이다운 희망"으로 간주한 것을 풍자와 간결한 표현으로 다음과 같이 특징화했다. "이 실세 권력자는 유대 민족의 친구가 되어 주려고 나타나 유대인들의 문제를 해결하고 아랍인들로부터 그들을 보호하고 그들에게 궁극적으로 온갖 장식을 곁들인 아름다운 유대국가를 제공할 것이다."** 영국은 미국과 마찬가지로 결국 나쁜 실세 권력자였으며, 러시아는 "이제 우매한 희망을 걸 유일한 강대국으로 남게 되었다. 그러나 러시아는 분명히 유대인들도 신뢰하지 못하는 첫 번째 실세 권력자였다. 냉소주의의 분위기가 처음으로 유대인들의 희망에 끼어들었다." 아렌트의 생각에 그러한 냉소주의는 모든 비유대인들이 반유대적이라는 확신을 반영한다. 그는 이러한 태도를 퉁명스럽게 "인종적 국수주의"로 명명했다. 아렌트는 『전체주의의 기원』에서 집필하였던 역사의 반향을 강하게 드러내는 용어에 다시 의존하였다. 그는 다음과 같이 주장했다. "유대인 '지배 인종'은 정복을 약속하지 않고 주창자들에 의한 자살을 선택하겠다고 약속한다. … 유대인 지도자들은 추종자들의 박수로 집단 자살을 위협할 수 있다. '그렇지 않으면 우리는 굴복할 것이다'라는 끔찍하고 무책임한 주장은 근본적이든 온건하든 유대인의 모든 공식적 진술

* 옮긴이_ 「유대인 조국을 구원하자」, 『유대인 문제와 정치적 사유』.

** 옮긴이_ 앞의 글.

에 은밀하게 스며든다."*

아렌트의 시각에서 볼 때 팔레스타인은 독일에서 전체주의로 이어졌던 문제들, 책에서 폭로하려고 밝혔던 문제들에 대한 잠재적 해결책을 포함하였다. 아렌트는 키부츠(집단농장)라는 새로운 실험 사회에서 "새로운 소유 형태, 새로운 농부 유형, 새로운 가정생활 및 아동교육 방식, 그리고 도시와 농촌, 즉 산업 노동과 농촌 노동 사이의 고질적인 갈등에 대한 새로운 접근 방법을" 이해했다. 간단히 말하자면, 아렌트는 대중사회의 문제와 국민국가의 악화에 대한 해답을 이해했다. 그는 인종주의의 기저가 되는 문제, "새로운 인간 개념이란 문제", 제국주의의 기저가 되는 문제, "우리가 서양 세계 밖에 존재하는 역사와 전통을 가진 모든 민족과 공유해야 할 지속적으로 축소하는 세계를 구성하는 문제"의 해답을 유대인-아랍인의 협력 가능성에서 찾았다. 아렌트는 유럽 혁명 전통의 유산인 평의회로부터 시작하는 아랍인과 유대인의 협력을 여전히 생각하였다. "지방자치, 아랍인-유대인 혼성 지방평의회와 농촌평의회는 소규모로 구성되고 수적으로 많을 경우 결국 팔레스타인의 정치적 해방을 선도할 수 있는 유일한 현실주의적인 정치조직이다."**

아렌트는 유대인의 고향에서 자기 정치이론의 기초를 형성하는 모든 요소들, 즉 새로운 사회 형태, 지역 정치평의회, 연방, 국제협력을 목격하고 싶었다. 전체주의 정권의 희생자인 자기 민족이 전체주의의 재출현을 막을 수 있는 제도를 위한 세계적 모델을 제공할 수 있다는 생각은 아렌트에게 기쁜 일이었다. 아렌트는 항상 자신의 최대 기대와 자기 민족이 영웅적이기를 바라는 절실한 요망이 좌절될 때마다 분노와 풍자를 드러내는 표정을 하였다. 그러나 아렌트는 포기할 각오를 하지 않았다. 마그네스의 단체는

---

* 옮긴이_ 앞의 글.

** 옮긴이_ 앞의 글. 이 구상은 아렌트가 유대인 조국을 구원할 수 있는 구상 가운데 마지막으로 제시한 것이다.

그에게 정치적 기반을 제공하였다.

아렌트는 트루먼 대통령의 국제연합 임시 신탁통치안이 국가의 지위를 담보하고, 분할을 방지하며, 유대인과 아랍인 테러리스트들의 득세를 저지하여 유대인과 아랍인 사이의 합의에서 출현할 연방 시대의 가능성을 제시할 수 있는 유일한 희망이라는 자신의 생각을 1948년 논문에서 명료하게 제시하였다. 아렌트는 가혹할 정도로 풍자적인 언어로 다음과 같이 주장하였다. "지금은 '최종 해결책'의 시기는 분명히 아니다. 단일의 가능하고 실천적인 모든 조치는 오늘날 잠정적인 노력이며, 그 주요 목적은 화해이지 그 이상은 아니다."* 아렌트의 다음 조치는 마그네스와 데이비드 리스먼이 국제연합과 팔레스타인의 국제연합 중재자인 베르나도테 백작에게 제출할 안을 마련하도록 돕는 것이었다.

아렌트는 또한 마그네스가 국제연합의 유력한 지인에게 제공할 이쿠드당 역사의 개요를 마련하였다. 마그네스는 국제연합이 신탁통치를 실시할 경우에 이쿠드당을 국제연합의 교섭단체로 제안하고 싶었다. 아렌트는 정치 문제를 담당할 국제연합 사무국의 피지명인과 만남으로써 이러한 노력에 참여하였지만, 이쿠드당을 대표할 정치위원회의 위원장 후보자로 나설 생각은 없었다. 아렌트는 마그네스에게 "저는 훌륭한 위원장이 지녀야 할 많은 자질을 갖추고 있지 못합니다"라고 해명하였다.[35]

아렌트는 대화에 필요한 자질들 가운데 하나로 자제심이 아주 두드러지게 부족했다. 그는 반어적으로 글을 쓰는 아주 많은 사람들과 마찬가지로 매우 열정적으로 관여했을 때 아주 예리한 면을 보였다. 즉 열정적인 관여는 반어적 담론을 유발하며 반어적 담론과 한낱 비꼼을 구분한다. 아렌트가 비외교적이고 반어적인 문체로 글을 썼을 때, 그의 독자들은 분명히 두

---

* 옮긴이_ 아렌트는 자신의 모든 저작에서 나치의 절멸 계획을 Final Sclution 또는 "final solution"으로 표기하지만 여기에서는 'final solutions'로 표기하고 있기에 '근본적인 해결책'으로 번역하였다.

35 아렌트가 마그네스에게 보낸 편지(1948년 8월 3일), 의회도서관.

부류로 나뉜다. 즉 기분이 상하는 사람과 그렇지 않은 사람, 비판 대상과 동일시하는 사람과 그렇지 않은 사람으로 나뉜다. 반어법은 격노한 사람들에게 어느 다른 담론 형식보다 전기적 설명을 제시하라고 촉구한다. 그러한 반어법이 함축하고 있는 것 같은 감성적 거리두기는 가끔 약간의 성격 결함이나 개인적인 마음의 상처 탓인 것 같다.

1948년 8월 『유대인 변경』에 기고한 벤(또는 베냐민) 할퍼른의 논문은 『논평』에 실린 아렌트의 논문이 이끌어 낸 일종의 부정적 반응을 보여준 대표적인 글이었다. 할퍼른은 인신공격에 호소하는 사람들이 이용하는 여러 가지 '열등의식' 가운데 아렌트의 『예루살렘의 아이히만』 비판자들이 이후 발견한 열등의식 하나를 끄집어냈다. 즉 비판자들은 아렌트가 "무서운 아이 열등의식"* 때문에 유대인 '지배 인종' 국수주의에 대한 언급에서 분노한 감정을 드러내는데 만족할 수 있었다고 지적했다. 할페른은 아렌트가 "헤르츨·바이츠만·벤구리온과 같이 평범하지만 생각 밖으로 성공한 인물들"을 무시한 '잠재의식적인' 의도를 지녔다고 덧붙여 말하였다. 할퍼른은 세 가지 범주(모험가·부역자·신봉자)를 만들어 아렌트에게 부역자라는 딱지를 붙임으로써 자신이 선동 행위라고 비난했던 책략으로 아렌트에 응수했다.[36]

벤 할퍼른은 자칭 신봉자로서 '게토 저항자'를 자신의 모델로 선택했으며, 새로운 유대인 저항자들(유대인 군인들)이 모든 곳에서 유대인의 이상형이기를 희망했다. 아렌트는 회신 편지에서 '어정쩡하며 일반적인' 의미로 영국인이나 아랍인에 협조하는, 즉 '협력하는' 것과 나치와 같은 '반유대적인 정부'에 협조하려는 것 사이에 차이가 있다는 점을 지적하려고 노력하였다. 아렌트는 '협력'이 이스라엘의 장래에 본질적이기 때문에 협력을 추천하였다고 주장하였으며 유대인들이 군사적 성공으로 "모로코에서 인도양

---

* 옮긴이_ 원래는 특별한 천진난만함으로 어른들을 당혹스럽게 하는 아이를 의미했다. 프랑스 문학가인 장 콕토는 두려움을 느낄 정도로 굉장한 재능을 가진 사람을 무서운 아이(l'enfant terrible)로 표현했다. 기성관념에 도전하는 뛰어난 재능을 지닌 신예에 붙는 관용어이다.

36 Ben Halpern, "The Partisan in Israel," *Jewish Frontier* 15(August 1948), pp. 6-9.

에 걸쳐 살고 있는 수백만 명의 완전히 위협적 반대에"[37] 대항하여 영구히 군사적으로 경계할 수 있거나 경계해야 한다는 생각에 현혹되지 않도록 독자들에게 요청하였다.

아렌트는 여름이 끝날 무렵에 뉴햄프셔의 기숙사에서 줄리 브라운 포겔슈타인과 함께 휴가를 보내면서 할퍼른에 대한 반론을 마련하였다. 아렌트는 ≪재건≫의 여행 광고 독자들이 미국의 스위스로 알고 있던 뉴잉글랜드 주의 평화로움 덕택에 자신의 개성에 대한 할퍼른의 비전문가적 분석을 무시할 수 있었으며, 온화한 반박으로 할퍼른의 오독誤讀을 무시할 수 있었다. 하여튼 아렌트는 수행해야 할 훨씬 더 건설적인 계획을 가지고 있었다.

아렌트는 마그네스를 계속 도왔다. 『논평』의 편집장인 엘리엇 코헨은 유엔 주재 이스라엘 대표인 오브리 에반의 고무적인 제안에 화답하라고 마그네스에게 촉구하였다. 에반은 이 제안에서 아랍인이 이스라엘을 승인하고 이에 따라 유대인-아랍인 협력이 유럽 베네룩스 국가들의 협력과 유사한 형식을 취할 수 있다면 이런 협력이 실현될 수 있을 것이라고 밝혔다. 아렌트는 에반의 제안에 대응하여 "나는 당신이 사용한 방식을 존중하며 내 주장을 완화시켰습니다"[38]라는 답장 초안을 마련하였다. 마그네스는 아렌트의 긍정적인 주장을 담은 답장을 손질했다. 마그네스가 아렌트의 답장에 덧붙인 비통한 추신追伸을 쓰고 있는 동안 아렌트는 여느 때와 마찬가지로 그를 평온하게 지원하였다. 마그네스는 유대인 테러리스트가 베르나도테 백작을 암살하기 이전에 이 추신을 집필했다는 점을 암시하였다. 이 사건은 마그네스가 국제연합에 이제 가까스로 스며들게 한 협조정신을 대단히 손상시켰다. 마그네스는 쫓겨난 사람들(즉 난민)에 대한 나치의 태도와 쫓겨

37 할페른에 대한 아렌트의 반론은 다음 문헌에 실려 있다. *Jewish Frontier*, October 1948, pp. 55-56. 펠드만은 이를 다음 단행본에 삽입하였다. *The Jew as Pariah*(New York: Grove Press, 1978), pp. 237-239.

38 아렌트가 마그네스에게 보낸 편지(1948년 9월 1일), 마르바흐 문서보관소. 에반의 논문은 『논평』1948년 9월호에 게재되었고, 마그네스의 반론(아렌트가 부분적으로 초안을 작성함)은 1948년 10월호에 게재되었다.

난 팔레스타인 아랍인들에 대한 유대인들의 태도를 구분하고 싶었다. 아렌트는 이와 관련한 명백한 비유의 강도를 완화시키라고 마그네스에게 제안하였다. 아렌트는 이러한 비유가 자신들의 명분에 별로 도움이 되지 않는다는 점을 알게 되었다.

마그네스는 점점 더 낙담스러워 했다. 그러나 마그네스와 뉴욕의 동료들은 계속 준비를 하였다. 그들은 자신들의 단체에 비유대인들을 포함시킬 것인가에 대해 논쟁하였으며, 이쿠드당 잡지의 영어판 구상을 논의하고 "밸푸어선언에서 오늘날에 이르기까지 비국수주의적 시온주의 입장을 제시하는 문건과 연설을"[39] 담은 책의 출간 문제에 대해 고려하였다. 그들은 쫓겨난 아랍인들의 고향을 이스라엘, 어쩌면 네게브에 마련할 것인지 또는 이들이 고향으로 복귀하는 것을 허용할 것인지 여부를 주요 정책결정 문제들 가운데 하나로 삼았다. 아렌트는 1948년 9월 "당시 팔레스타인 내 이쿠드당의 가장 긴급한 문제가 일종의 최소 악으로서 벤구리온을 지지하는 것이 아니라, 충성스러운 반대의 범위 안에서 일관된 반대를 형성하고 제기한다"[40]는 견해를 밝혔다. 아렌트는 미국에서 그러한 충성스러운 반대를 촉구하기 위해서 『새 지도자』 1948년 8월호에 「베르나도테의 임무」*라는 제목의 논문을 기고하였다. "이것은 중대한 논문이라고 할 수 있다." 마그네스는 10월 7일 아렌트에게 다음과 같은 편지를 보냈다. "즉 결정권을 수중에 쥔 어떤 사람이 이 논문의 내용을 연구하고 진지하게 받아들인다면 중대한 결과를 초래할 수 있다오. 당신은 베르나도테의 노력과 제안에 담긴 내면적 의미를 노출시키는 것 같다오. … 당신의 이야기는 주제가 될 수 있다오. 이분은 완전한 희망으로 시작했으나 거의 좌절로 끝난 훌륭하고 좋

---

39 아렌트가 마그네스에게 보낸 편지(1848년 10월 22일), 의회도서관.

40 아렌트가 마그네스에게 보낸 편지(1948년 9월 17일), 의회도서관.

* 옮긴이_ 이 논문은 『유대인 문제와 정치적 사유』에 「이성의 좌절: 베로나도테의 임무」라는 제목으로 다시 수록되어 있다.

은 분이었다오. … 그것은 어찌 됐든 간에 중대한 선택이오. 당신의 논문은 나를 낙담시켰지만, 나는 실제로 탈출구가 있는가?라고 자문하고 있다오."[41] 아렌트가 찾았던 두 가지 선택, 즉 국제연합 신탁통치를 위한 베르나도테의 두 번째 제안 또는 마그네스의 노선을 따르는 유대인-아랍인 연합은 확고했다. 아렌트는 실현가능성을 환기시키며 첫 번째 안을 지지하였다.

마그네스는 탈출구에 관한 자신의 질문에 대답을 제시하지 않은 채 10월 27일 아침에 사망하였다. 마그네스의 지지자들은 마그네스 재단을 통해 한동안 그의 구상을 유지하려고 노력했다. 그러나 그들의 작업은 분명히 그가 없는 상태에서 진행될 수 없었다. 아렌트는 11월 12일 스미스대학에서 강의를 하고 있던 마그네스의 옛 친구인 한스 콘에게 편지를 보냈다. "마그네스의 죽음은 이 순간 실제로 비극입니다. 어느 누구도 그와 같은 도덕적 권위를 갖고 있지 못합니다. 게다가 저는 실제로 유대인 세계에서 살고 있으며, 유대인 제도에서 저명하고 현재 진행되고 있는 것에 반대하여 언급할 용기를 가진 어떤 사람도 찾지 못했습니다."[42] 아렌트 자신이 수행할 수 있는 일이란 유대인 테러리스트인 메나힘 베긴이 헤루트(Herut; Freedom)당의 수정주의자들로부터 지지를 얻고자 미국에 왔을 때 ≪뉴욕 타임스≫에 항의 서한을 보낸 아인슈타인을 포함한 저명한 지식인 단체에 참여하는 것이었다. 아렌트는 이 항의 서한에서 수정주의당을 "나치당이나 파시스트당"에 단호히 비유하였으며, 수정주의당의 이데올로기에 "초민족주의 · 종교적 신비주의 · 인종적 우월성"이 혼합되어 있다고 비판하였다.[43]

아렌트는 마그네스 재단을 지원하였으나 책임자 역할을 수락하지 않았다. 아렌트는 한스 콘의 요청으로 매사추세츠 주의 적대적인 추종자에게

---

41 마그네스가 아렌트에게 보낸 편지(1948년 10월 7일), 의회도서관.

42 아렌트가 콘에게 보낸 편지(1948년 11월 12일), 의회도서관.

43 아인슈타인 등이 ≪뉴욕 타임스≫ 편집자에게 보낸 편지(1948년 12월 4일), 12쪽. (계약자들 가운데 한 사람인 제리그 해리스는 아렌트에게 보낸 날짜 미상의 편지[의회도서관 소장]에서 이에 대해 감사를 표시하였기 때문에, 아렌트는 이 편지의 초안을 작성했을 것이다.)

마그네스의 노력에 대해 언급한 이후 자신이 재단을 이끌 사람이 아니라는 것을 확신시켰다. 아렌트는 자기 추종자들의 강력한 항의에 충격을 받은 채 엘리엇 코헨에게 편지를 보냈다. "나는 어떤 직접적인 정치 활동을 할 만한 자질이 없습니다. 나는 폭민과 대면하는 것을 좋아하지 않으며, 너무나 쉽게 불만을 표시하고, 조작에 충분히 이겨낼 인내심을 갖고 있지 않으며, 어느 정도 필요한 초연함을 유지할 만한 충분한 지성을 갖추고 있지 못합니다." 게다가 아렌트는 단호하게 진술하였다. "그러한 일은 작가로서 저의 활동을 분명히 오염시킬 것입니다."[44]

아렌트는 행위자로서 마그네스의 모범을 따를 수 없었다. 직접적인 정치 활동은 그의 전문분야가 아니었다. 아렌트는 마그네스와 같이 온갖 부류의 직업을 가진 사람들을 이해하고 이들과 친해지고 도덕적으로 가르칠 수 있는 능력을 갖고 있지 않았다. 마그네스의 권위는 도덕적이었으며, 당시 아렌트의 권위는 지적이었다. 두 사람은 서로 차이를 잘 알고 있었다. 아렌트는 마그네스 사망 직전에 로쉬 하샤나(Hashanah; '해의 머리'라는 뜻의 유대인 설날 — 옮긴이)를 축하하는 편지를 보냈다. "저는 지난 해 당신을 알 수 있는 특권을 갖게 된 것에 대해 얼마나 감사한가를 당신에게 말할 기회가 허용되기를 바랍니다. … 우리 세기에 정치는 거의 낙담스러운 일입니다. 저는 그것으로부터 항상 벗어나고 싶은 유혹을 받았습니다. 저는 당신의 모범을 통해 좌절로부터 벗어나게 되었으며, 이것이 앞으로 여러 해 동안 저를 보호해주리라는 것을 당신이 알아주시기를 바랍니다."[45]

---

44 아렌트가 코헨에게 보낸 편지(1948년 11월 24일), 의회도서관. 아렌트는 교회를 통한 호소만이 수정주의자들의 테러운동에 투쟁하는 데 효과적이라고 느꼈다. "여러분은 제가 제 입장에서 수용한 용어의 제도적 의미가 종교적이지 않다는 점을 아시고 있습니다. 그러나 저는 미신과 천박한 만행의 강력한 타격과 평범한 우매성과 사악의 혼재상태에 대항해 동원될 다른 세력이 있을 수 없다는 것을 아주 확신하고 있습니다." 그러나 그는 또한 "우중의 언어로 말하는 법을 알고 있는" 훈련된 '힘센 자들'을 전국에 파견하자고 제안하였다.

45 아렌트가 마그네스에게 보낸 편지(1948년 10월 3일), 마르바흐 문서보관소.

마르타 아렌트의 사망

아렌트는 카를 야스퍼스와 유다 마그네스로부터 감히 정치영역에 참여하여 인기 없는 견해를 주장하는 사람들의 도덕적 권위에 대해 많이 배웠다. 그들의 진지한 자기 신뢰는 아렌트에게는 하나의 본보기였다. 야스퍼스와 마그네스 두 사람은 공동체 정신을 지니고 있지만 독립적인 대가족 집안에서 성장하였으며, 훌륭한 부인들과 동반자 관계를 유지했다. 그들이 적대적인 영역에 서 있을 때, 그들의 배경은 그들에게 도피처를 제공하였다. 마찬가지로 아렌트에게도 남편이 있었으며, '동족'이 있었다. 그러나 감정의 불확실성과 어린 시절 이후 지녔던 감수성은 아렌트의 공적인 삶에는 어울리지 않았다. 아렌트는 이것을 알았다. 슬프게도 그는 또한 어머니가 자신을 아주 많이 격려했지만 그럼에도 자제시켰다는 점을 알았다.

한나 아렌트가 마그네스의 단체와 함께 일하였던 6개월은 그의 삶에서 가장 분주했던 시절이었다. 아렌트는 연설을 하며, 논문을 집필하고, 마그네스의 제안서 초안을 마련하고, 쇼켄출판사의 편집기획을 마무리하며, 『전체주의의 기원』 제3부를 집필할 시간을 마련하려고 노력하였다. 이때 마르타 아렌트와 블뤼허는 서로 관심을 갖게 되었다. 아렌트는 1948년 쇼켄출판사를 떠난 후 가족 없이 휴가기간 내내 뉴햄프셔에서 타자기에 앉아서 대부분의 시간을 보냈다. 그는 가정생활뿐만 아니라 유대인문화재건위원회의 일로 유럽을 방문하는 일을 연기하였다. 『전체주의의 기원』은 이때에 완성되었다. 아렌트가 연기를 선언하였을 때, 야스퍼스는 자신과 블뤼허가 공유했던 태도에 대한 진술로 응답하였다. "나는 전적으로 이해하며, 책은 완성되어야 하오. 세계 상황은 어렵다오. … "[46]

아렌트는 영국에 살고 있던 에바 베어발트를 만나기 위해 영국 여행을 준비하는 어머니를 도우려고 여름휴가 도중에 뉴욕으로 돌아왔다. 그들은

46 야스퍼스가 아렌트에게 보낸 편지(1948년 5월 22일), 마르바흐 문서보관소.

마르타 아렌트의 비품을 95번가의 방에서 퀸 메리호로 옮겼다. 아렌트는 뉴햄프셔로 돌아왔을 때 어머니가 선상에서 심각한 천식에 걸렸다는 소식을 에바 베어발트로부터 들었다. 다음 날 "약물투여 상태에서 별 차도를 보이지 않던 어머니가 천식으로 인한 고통으로 깨어나셨다"는 내용의 전보가 도착했다. 7월 27일 도착한 두 번째 전보의 내용은 다음과 같다. "어머니가 지난밤 수면 상태에서 타계하였습니다. 화장을 준비하고 있습니다. 애정을 담아 에바로부터."[47]

아렌트가 음울한 세계 상황 속에서 수많은 연구 과제를 추진하는 엄청난 노력 속에서 맞게 되었던 어머니의 사망은 많은 관심을 받을 만큼 아주 큰 슬픔이었다. 마르타 아렌트는 74세에 다시 한 번 자신을 포기하고 당시 영국에 살고 있는 에바 베어발트와 함께 여생을 마치기로 결정하였다. 마르타는 7년간 95번가 전셋집에서 딸과 블뤼허와 함께 살았다. 이 기간은 마르타 아렌트에게는 행복한 시기는 아니었다. 한나 아렌트는 새로운 나라에서 생계를 꾸리고 자리를 잡는 데 몰두하였다. 그는 블뤼허와 많은 것을 공유하였으나 어머니와 많은 것을 공유하지는 못하였다. '엄마'는 더구나 블뤼허와 공유할 것이 훨씬 없었다. 블뤼허가 전후 일종의 안정된 일자리를 찾기 싫어했기에, 어머니는 딸의 결혼이 신분 낮은 사람과 어울리지 않는 결혼mésalliance을 했다고 확신하였다. 블뤼허의 노동계급이라는 배경과 마르타 아렌트의 부르주아 감수성 사이에는 아주 커다란 거리가 있었다. 따라서 남편의 태도를 수정하려는 아렌트의 노력이나 어머니의 반대를 완화시키려는 노력도 그러한 차이를 좁힐 수 없었다. 마르타 아렌트는 블뤼허로부터 영향을 받고 있는 자기 딸이 점점 더 독단적이고 거칠어진다고 생각하였다. 마르타 아렌트는 고립 속에서 점점 우울증에 빠졌다. 파리에서 마르타 아렌트를 알고 지냈던 딸의 옛 친구들은 어머니의 분위기를 지적하

---

47 에바 베어발트가 보낸 전보와 다른 편지들은 의회도서관 아렌트 서고에 보관되어 있다.

였으나 한나 아렌트는 그를 위해서는 거의 아무것도 할 수 없었다. 마르타 아렌트가 로테 클렌보르트에게 아이들이 언젠가는 점점 더 거리감을 갖게 되기 때문에 애들이 어렸을 적에 애들을 즐겁게 해야 한다고 슬프게 말하였을 때, 클렌보르트는 그저 공감을 표시할 수 있었다.

한나 아렌트는 어머니의 죽음이나 미국생활 당시에 그들 사이에 나타났던 거리감에 대해 거의 언급하지 않았다. 아렌트는 10월 31일 자신의 연구와 마그네스의 사망 나흘 전 그의 죽음에 대해 야스퍼스에게 편지를 보냈다. 그는 내친 김에 많은 것을 덧붙여 말했다. "저는 2개월이라는 긴 휴가를 보냈습니다. 이 기간 중 제 어머니가 돌아가셨습니다."[48] 야스퍼스는 그의 표면적인 태도에는 대응하지 않은 채 점잖은 철학적 성찰로 아렌트가 보이지 않았던 감정에 대응하였다. "물론 늙은 분들이 죽는 것은 자연의 이치이지. 그러나 어머니가 더 이상 존재하지 않았을 때 그것은 심각한 변화이며, 고통은 처절하지는 않지만 깊다오."[49]

야스퍼스는 자신의 편지에서 질문을 제기함으로써 자신이 아렌트의 개인적인 삶에 대해 얼마나 몰랐는가를 발견하였다. 아렌트는 자진하여 정보를 제공하지는 않았다. 야스퍼스가 어머니에 관한 정보를 요청하였을 때, 아렌트는 1947년 4월 편지에서 야스퍼스에게 어머니에 대해 약간 언급했을 뿐이다. "독립된 정신적 또는 지적 실존을 지니고 있지 않은 노인들이 생활방식을 바꾸기란 어렵습니다. 저는 이에 관여할 필요가 없다면 그것을 행하지는 않을 것입니다."[50] 아렌트가 말했듯이, 아렌트가 프랑스어를 잘 구사할 수 있었으며, 독일인과 프랑스인 친구들이 있었기 때문에, 어머니는 프랑스에서는 편한 시간을 가졌다. "이곳에서 저는 어머니에게 적절한 동료가 없다는 게 걱정됩니다. 우리는 서로 시간이 없어서 그저 저녁 식사

---

48 아렌트가 야스퍼스에게 보낸 편지(1948년 10월 31일), 마르바흐 문서보관소.

49 야스퍼스가 아렌트에게 보낸 편지(1948년 11월 6일), 마르바흐 문서보관소.

50 이것과 다음 인용문은 아렌트가 야스퍼스에게 보낸 편지(1947년 3월 23일, 마르바흐 문서보관소)에 있다.

때에나 실제로 보게 됩니다. 그러나 어머니는 생기가 있으시고 건강하시며 (여러 해 전에 어머니가 불순한 가을 날씨 때문에 대퇴골이 골절되기는 했지만) 여전히 신체적으로 활동하실 수 있습니다. 그리고 어머니는 — 미국인들 가운데 한 사람이 궁금해 합니다 — 여기에서 상당히 환영을 받고 있습니다." 한나 아렌트는 어머니 사망 이전이나 이후 항상 어머니에 대해 아주 친절하게 언급하였다. 그는 야스퍼스에게 보낸 동일한 편지에서 다시 언급하였다. "제가 편견 없이 양육되었으며 훌륭한 지원을 받았다는 사실 때문에 어머니에게 감사함을 표시해야 합니다." 그러나 아렌트가 자기 '엄마'에게 "우리는 슬픈 일들에 대해 너무 생각하지 말아요"라고 말하였을 때, 어머니의 애정은 자신이 어린이로서 실천하였던 보호적 일반화를 야기하는 것 같았다.

한나 아렌트는 어머니에 대한 자신의 깊은 양면적 태도를 블뤼허에게만 완전히 털어놓았다. 두 사람의 친구들은 마르타 아렌트의 온화함과 관대함을 존경하였으며, 마르타가 자신의 유일한 자식에게 제기했던 요구를 알아볼 수 없었다. 그러나 블뤼허는 자기 아내의 감정이 왜 그렇게 엇갈리는가를 너무나도 잘 알고 있었다. 아렌트는 에바 베어발트의 전보를 받은 후 뉴햄프셔에서 블뤼허에게 편지를 보냈다.

> 물론 나는 슬프면서도 마음이 놓여요. 어쩌면 나는 인생에서 이 일처럼 나쁘게 처리하지 않았어요. 나는 그 요구를 거부할 수 없었어요. 그 요구는 사랑하는 마음과 굳은 의지로 나에게 나타났기 때문이지요. 이 굳은 의지는 항상 나에게 커다란 감명을 주었고, 확실히 깊이 영향을 미쳤어요. 그러나 나는 그 요구를 결코 완전히 자연스럽게 수행할 수 없었어요. 나 자신과 내 모든 본능의 근본적인 파멸만이 그 요구의 근본성에 충분했을 것이기 때문이지요. 말하자면 모든 기대에 순응하는 것이 세계에서 가장 편하고 가장 명백한 것, 자연스러운 것이라도 되는 듯이, 나는 어린 시절 내내, 그리고 청소년 시절 절반은 다소간 그러한 방식으로 행동하였답니다. 아마도 유약한 나머지 연민의 감정 때

> 문에 그렇게 한 것 같군요. 그러나 내가 자조하는 법을 지원하는가를 알지 못했기 때문에 그랬을 것입니다.[51]

아렌트가 편지에서 밝혔던 요구란 분명히 마르타 아렌트가 딸에게 가능한 한 계속하여 가까이 머무르려고 했던 것이다. 7년간 이 요구는 같은 전셋집에서 층을 달리해 사는 것을 의미했었다. 아렌트는 불가피한 질서(빈곤·추방·전쟁으로 악화된 삼각관계 상황)가 남편에게 고통을 주었다는 것을 알았으며, 남편에게 변명하였다.

> 그러나 나는 당신에 대해 생각할 때 현기증이 납니다. 멘델스존 부인[안네 바일의 어머니]은 한때 다음과 같이 언급하였답니다. 이제 우리는 한 사람을 진정 사랑합니다만 그를 도울 수 없군요. 나는 실제로 모든 것을 변화시킬 수 없으며, 결코 의식적으로 당신을 기만할 수 없군요. 나는 항상 한 가지 일, 즉 어머니와 결코 함께 살지 않는 것에서는 단호했습니다. 꼭 그랬어요. 가스실은 로베르트 길벗이 말하고자 했던 바와 같이 **세계역사**를 따라 나타났어요. 그것은 현재 모든 것이지요. 그리고 그것으로 분명히 충분하지 않아요.[52]

세계역사는 그들을 다 함께 결합시켰다. 블뤼허는 아렌트의 안정을 위한 요청에 화답하여 이것을 인정하였다. 즉 "히틀러와 스탈린은 우리보다 더 많이 당신의 어머니에게 부담을 주었다오."[53] 블뤼허의 어머니는 젊은 시절의 블뤼허에게 심하게 요구하였다. 블뤼허는 자신이 회피한 의무를 아렌트가 수용했다는 점을 인정했다.

---

51 아렌트가 블뤼허에게 보낸 편지(1948년 7월 27일), 의회도서관.

52 앞의 편지. 이 마지막 문장은 블뤼허의 한 구절 "이것은 단지 모든 것이며 충분치는 않다오"를 암시하고 있다.

53 이 문장과 다음 인용문의 출처는 블뤼허가 아렌트에게 보낸 편지(1948년 7월 29일, 의회도서관)이다.

> 나는 당신이 수행하였던 일, 그리고 당신이 처해 있었던 곤경에 대해 아주 잘 이해할 수 있다오. 나에 대한 어머니의 열성 때문에 어머니 사랑이란 의당 완전히 무분별한 비정상의 형태라는 것을 의심하지 않았다면, 나는 비슷한 성향을 지니셨던 과부가 된 어머니의 경우에 상황은 어떠했을까라고 상상할 뿐이오. 그러나 나는 그러한 의심 때문에 당신의 상황에서 나 자신을 발견하는 일을 상당히 많이 회피하도록 하게 되었소.

블뤼허 부부는 모두 정신분석적 범주에 단호하게 반대하였다. 그러나 이들은 자신들의 생각대로 마르타 아렌트의 '모성애'와 딸의 관심에 대한 깊은 필요, 딸다운 행태와 여성다운 풍모라는 개념을 딸에게 부과하려는 어머니의 태도가 한나 아렌트의 삶을 어렵게 했다는 점을 이해하였다. 블뤼허는 무뚝뚝한 글로 다음과 같이 언급하였다. "그분은 우리 동아리의 어느 다른 소심한 멍청이보다 더 분별없이 당신을 한 사람으로 간주했던 그런 분이었다오." 마르타 아렌트는 강인하고 지적인 여성들에게는 익숙했지만 편집자로서 직업을 통해 가정의 생계를 지원하면서도 『전체주의의 기원』과 같은 책을 집필하고 정치 행위를 위해 마그네스의 단체와 같은 조직에 관여하기 시작했던 딸에 대비하지 못했다. 마르타 아렌트의 기대에 대한 블뤼허의 신랄한 입장은 자기 부인에 대한 그의 기대가 절박했던 것만큼이나 격렬했다. 마르타 아렌트의 사망 이후 블뤼허는 자신의 비통함을 토로했다.

> 당신은 최선을 다 했소. 그분은 결코 만족하지 않았을 것이오. 사람들은 스펀지 같은 수동적인 사랑을 가질 때 항상 너무 건조하다고 느낄 것이기 때문이오. … 실제로 이러한 것이 나를 화나게 했소. 당신에 대한 어머니의 끊임없는 집착, 믿기 힘든 일을 하는 당신에 대한 존중심의 완전한 결여, … 그럼에도 불구하고 당신은 분명히 옳았소. 한때

그분의 마음속에는 진정 숭고하고 온화한 감정이 있었소. 그런데 그러한 감정은 지저분한 감상의 덩어리로 결국 해체되어 버렸소.

블뤼허의 평가에 따르면, 마르타 아렌트는 '중간계급의 사적인 인생관'을 가졌다. 마르타는 정치와 정치이론에 저돌적이면서도 완벽하게 헌신하는 블뤼허 부부의 능력, 독립적인 정신적 실존을 유지하려는 능력을 결여하고 있었다.

마르타 아렌트가 살아 있는 동안 블뤼허는 정신적으로 속박당한 사람과 같았다. 그는 마르타 아렌트의 사망 이후 자유로움을 느꼈다. 그는 가정의 감옥에서 벗어났고 무비판적 미국주의에서 가졌던 이데올로기적 도피처를 포기하였다. 그는 장모의 사망 직후인 1948년 자신의 표현대로 영어 숙어를 상기시키면서 '묘안'을 찾았다.

블뤼허의 '생산적인 기습공격'은 '이틀 낮과 하루 밤' 사이에 나타났다. 새로운 시각들이 그에게 열렸다. 그는 아내에게 다음과 같이 말했다. "나는 솔직히 의심하지 않고 아메리칸 드림에만 관심을 완전히 국한하기로 했소." 블뤼허와 아렌트는 모두 '전후 전향한 공산주의자들'을 경멸했다. 블뤼허는 이들과 마찬가지로 이미 '실패한 신'을 다른 신, 즉 미국으로 대체하기 시작했다. 철학은 블뤼허를 구원하였다. 그는 별로 일관되지 않은 장문의 편지에서 자신이 인식한 다음 내용을 한나 아렌트에게 설명하였다.* 즉 '두 명의 거장', 칸트와 니체가 형이상학에 가한 공격은 철학이 새로운 역할을 담당할 길을 마련하였으며, 야스퍼스는 새로운 역할을 지적하면서 두 거인을 따랐고, 자신의 연구는 "단지 i에 작은 점을 찍듯이 부가적으로 자세히

---

* 옮긴이_ 블뤼허가 1948년 7월 29일 뉴욕에서 아렌트에게 보낸 편지. 영-브륄은 이 부분의 일부를 인용하면서 부분적으로 문구를 첨가했다. 다음 자료를 참조할 것. Hannah Arendt and Heinrich Blücher, *Within Four Walls: The Correspondence between Hannah Arendt and Heinrich Blücher, 1936~1968*, ed., Lotte Koher, trans., Peter Constantine(New York, San Diego, London; Harcourt, Inc., 1996). p. 94.

설명할 뿐이다." 블뤼허는 확실히 야스퍼스를 기쁘게 하는 은유로 자신의 길을 지적하였다.

> 존재[즉 야스퍼스의 포괄자, 초월자das Umgreifende 개념]의 포괄과 함께 사실이란 역겨운 치즈 위에 거대하고 둥글고 수정같이 투명한 돔형 유리 덮개를 올려놓은 야스퍼스에게 남아 있는 것은 모두 투명한 돔형 유리 덮개이다. 우리는 여기에서 초월하면서 항상 어느 정도 하느님을 거의 우연히 마주치고 있다. 우리는 용기 있게 존재함으로써 벌레 같은 인간들의 다정한 소통을 매우 빈번하게 중단시키고, 개인적으로 또는 지속적인 소통에서 돔형 유리 덮개에 머리를 부딪치기로 결정하면 좋을 텐데. 이제 나는 애정 어린 존경의 마음을 갖고 이 돔형 치즈 덮개를 옆으로 치울 것이다.*

따라서 블뤼허는 형이상학의 종말, 즉 어느 '모조한 낙원'에 의존하는 상황의 종말을 스스로 천명함으로써 근대 철학의 대가와 거인을 뒤에 남겼다. "칸트는 하인이었고, 니체는 주인이었으며, 마르크스는 전제군주였고 키르케고르는 노예였다. 그리고 나는 장래의 시민이다."** 블뤼허는 자신의 견해에 통일성을 부여하려는 '새로운 개념적 전체'에 대한 도취적 안목을 편지에 제시하지 않았지만, 아렌트가 『전체주의의 기원』을 완성시킨 후 역시 아렌트를 사로잡았던 임무, 즉 형이상학적 치즈 접시도 갖지 않은 채 어떻게 철학적으로 정치에 접근하는가의 문제를 염두에 두고 있었다. 블뤼허는 사유의 전환을 모색하던 시기에 공식적인 포럼을 갖고 있지 않았다. 그러나 그가 3년 후 강의를 시작하였을 때, 학생들은 사유 전환의 수혜자들이었다.

---

* 옮긴이_ Arendt and Blücher, *Within Four Walls: The Correspondence between Hannah Arendt and Heinrich Blücher, 1936~1968*, p. 95. 우리말 번역에서는 영-브륄과 피터 콘스탄틴의 번역을 함께 참조하였다.

** 옮긴이_ 앞의 책. 95쪽.

블뤼허가 오랜 칩거생활에서 벗어나게 되자 아렌트는 어머니와 남편에 대한 죄의식을 완화시켰다. 아렌트는 전쟁 전에 찍은 어머니 사진(그가 가지고 있는 유일한 사진)을 옛 친구로부터 받았을 때 어려웠던 시절 이전의 좋은 기억을 되살릴 수 있었으며 대단한 기쁨을 누릴 수 있었다. 아직 젊고 예뻤을 때 찍은 마르타 아렌트 사진은 한나 아렌트의 책상 위에 놓여 있었으며 『전체주의의 기원』 출간 이후 모든 저서의 완성을 지켜보았다. 그리고 그 사진은 아렌트가 자기 방식대로 어머니의 전통적인 이상들 가운데 여러 가지를 성취하면서 보냈던 모든 세월 동안 내내 거기에 놓여 있었다. 한나 아렌트는 마그네스 단체가 해체된 1948년 이후 적극적인 정치적 역할을 결코 다시 하지 않았다. 그는 '명령을 하였던' 여성들을 의심하였으며, 여성들이 정치지도자가 되어야 하는가에 대해 회의적이었고, 여성해방운동의 사회적 차원에 대해 꾸준히 반대하였다.[54] 젊은 여성들에 대한 그의 어머니다운 조언은 중대한 문제에 있어서는 개방적이고 비감상적이었듯이 세부적인 문제에 있어서도 그러했다. 그는 다른 사람들에게 항상 제한조건을 달고 독립을 촉구하였다. 여성들의 경우에 아렌트의 격언은 '작은 차이를 간직하자Viva la petite différence!'였다.

한나 아렌트는 1949년 유대인문화재건위원회를 위해 유럽을 여행하였다. 그는 이 여행을 계기로 여러 가지 측면에서 뉴욕에서 함께 생활하던 기간 동안 무척 불안해했던 어머니에 대한 사랑을 포함하여 자신의 삶과 감정에 있어서 연속성을 확인하였다. 아렌트는 런던에서 에바 베어발트를 거의 15년 만에 만났다. 이때 그는 베어발트에게 첫마디로 "예배가 끝났을 때 누가 어머니를 위해 송영(기도; Kaddish)을 낭송하였지?"라고 질문하였다.

아렌트는 호메로스의 『오디세이』에 대한 토론에서 한때 다음과 같이 언

54 1972년 『미국 학자(*American Scholar*)』 편집진들 사이에 벌어진 여성해방에 대한 토론에서 아렌트는 "우리가 승리한다면 우리는 무엇을 잃게 되는가?라는 질문이 실질적인 질문이었다"라는 쪽지를 하이든에게 건넸다. 아렌트는 1972년 5월 5일자 편지(의회도서관 소장)에서 이 사람은 "충분히 고려된 경구"라고 그에게 말했다.

급하였다. 오디세우스는 칼리프소 섬을 벗어나기 위해 자신이 만들었던 배의 부서진 조각에 매달린 채 거친 바다를 표류하다가 좌절한 나머지 손을 놓아 빠져죽으려고 생각하였다. 그는 자신의 신체가 소실된다면 신체가 장례의식을 받지 못할 것이라고 기억하였다. 그는 이때 자신을 억제하였다. 그렇지 않았다면 그와 자신의 행적은 인간의 기억에서 사라졌을 것이다. 아렌트는 종교의 가르침을 실천하는 유대인은 아니었으나 매장과 추도 행사에서 애도자가 읽는 송영을 생각했다. 망자의 아들이나 가까운 친척은 통상 이런 행사에서 송영을 읽는다. 아렌트는 일반적으로 회상하는 의례, 이야기하기와 같이 현세적인 연속성을 확인하는 의례에 존경심을 가졌다.

아렌트는 몇 년 후 어머니가 존경했던 여주인공인 로자 룩셈부르크에 관한 논문을 통해 어머니를 추도하는 글을 간접적으로 썼다. 아렌트는 자신이 어머니로부터 배운 것(어머니의 사회주의로부터 배운 것이 아니라 깊은 충성심으로부터 배운 것)을 한 문장으로 정리하였다. "이 세대는 사랑이 단지 한번 충격을 준다고 여전히 확고하게 믿었다."[55] 아렌트는 '단 한번'이라는 이러한 교훈의 특성을 자신의 삶에서 일부러 잊었다. 진정한 사랑의 열정을 다른 무엇보다도 칭찬해야 한다는 일반적인 교훈은 사건들의 과정이 그것을 확인해 주든 아니든 어머니가 아렌트 자신에게 준 선물이었다. 그들은 **세계역사**가 그들의 삶을 새롭게 형성하기 이전인 1913년 바울 아렌트의 장례식에서 송영을 함께 들었다.

자기 확인

한나 아렌트는 젊은 시절 마르틴 하이데거와 만난 이후에도 충실성Treue의 의미에 대해 성찰하였다. 『라헬 파른하겐』은 성실한 사랑이 아니라 사

55 Arendt, "Rosa Luxemburg," *Men in Dark Times*, p. 45.

랑에 대한 충실성을 밝힌 이야기이다. 아렌트는 긴장하고 정신없이 바쁘며 너무 많이 공적으로 활동했던 1948년 어머니와 블뤼허의 충실성을 확인하였다. 아렌트가 뉴햄프셔에서 2개월 체류하고자 집을 떠나 있는 동안, 블뤼허는 벗으로 종족 동료들에게 관심을 갖게 되었다. 클렌보르트 부부, 베를린 출신의 친구들(로테 베라트·카를 하이덴라이히·피터 후버), 그리고 뉴욕에서 만난 망명화가인 칼 홀티, 음악가 친구인 쿠르트 아펠바움과 부인인 안네는 모두 블뤼허 주위에 모여들었다. 블뤼허는 또한 러시아 태생의 쾌활하고 감각적인 젊은 유대인 여성에 관심을 가졌다. 그리고 아렌트가 이러한 우정이 불륜 관계가 됐다는 것을 알았을 때 자신의 충실성은 시험받았다.

블뤼허는 자기 방식에 따라 자신이 충실하다는 것을 아내에게 항상 명백하게 보였다. 한나 아렌트는 수용하기 쉬운 방식을 찾지 못했으며, 연애 추문이 친구들 가운데 일부(이 문제에 대해 언급한 사람을 포함)에게 알려졌다는 사실에 대해 상당히 불쾌하게 생각하였다. 아주 제한된 공개마저도 그에게 상처를 주었다. 그러나 아렌트는 자기 동족 친구들 대부분과 마찬가지로 사회적 습속과 관련하여 바이마르 시대 베를린 사람이었다. 그는 베를린 출신의 냉담함과 연계된 충실성을 제공하고 기대하였다. 그는 베어톨트 브레히트에 관한 에세이에서 이것을 기술하였다. 즉 "확실히 이 세계에는 영원한 사랑이란 없다. 일상적인 충실성도 없다. 계기의 강도만이 존재한다. 즉 인간 자신보다 훨씬 더 소멸되기 쉬운 열정만이 존재한다."[56] 블뤼허는 베를린의 신조에 대한 자신의 글을 결코 쓰지 않았다. 그러나 아렌트가 길벗의 시에서 발견한 것과 같은 뒤틀린 순박함을 담고 있는 시, 즉 하인리히 하이네의 「교의」에는 베를린의 신조가 깃들어 있다.

드럼을 치며 두려움을 갖지 마라

---

56 Arendt, "Bertolt Brecht," *Men in Dark Times*, p. 231.

그리고 시장 여인에게 입맞춤을!
그게 학문에 있는 모든 것이다.
책들에 담긴 가장 심오한 교훈이다.[57]

아렌트가 블뤼허의 연애 추문을 이해하게 되었을 때, 그는 (자신이 기술했듯이) "타고난 관능적 재능을 지닌" 한 여성과 가까이 사귀었다. 그 여성은 아렌트 자신의 친구인 폴 틸리히의 연인 힐데 프렌켈이다. 프렌켈은 아렌트가 깊은 연대를 유지했던 모든 사람과 마찬가지로 현명하고 순수했으며, 온화함과 우아함을 상당히 유지했다. 프렌켈은 다른 사람들과 같이 '순수성을 간직했지만' 작가나 인텔리는 아니었다. 프렌켈은 마르타 아렌트와 같이 정신의 충실한 관대함을 유지하고 있었으나 감수성을 갖고 있지는 않았다. 프렌켈은 안네 멘델스존 바일이 없을 때에는 아렌트의 가장 좋은 친구가 되었다. 아렌트는 별로 서슴지 않고 자신의 고마움을 다음과 같이 표현하였다. 즉 그 고마움은 "내가 지금까지 알고 있던 어느 누구와 달리 한 여성에게서 느끼는 친근감으로부터 나오는 일종의 안도감뿐만 아니라 우리가 친근하게 됐다는 잊을 수 없는 행운, 당신은 지식인이 아니고(불쾌한 말) 그래서 바로 나 자신이고 나의 진정한 신념에 대한 확인이기 때문에 그만큼 더 큰 행운에 대한 감사입니다."[58] 아렌트는 정치적 삶, 작업, 개인적 충실성의 서로 다른 견인력 때문에 상당히 긴장했을 때 프렌켈 같은 친구가 제공할 수 있었던 것(자기 자신에 대한 확인)을 상당히 필요로 하였다.

한나 아렌트는 프랑크푸르트에서 귄터 스턴과 함께 시간을 보내던 해에

---

57 하이네의 시는 다음 자료에 포함된 아렌트의 '후기'에서 인용했다. Robert Gilbert, *Mich hat kein Esel im Galoop verloren*(Munich: Piper, 1972).
옮긴이_ 아렌트의 후기는 다음 자료를 참조할 것. Hannah Arendt, *Menschen in finistern Zeiten* (München und Zürich: Piper, 1989), S. 291; 홍원표 옮김, 『어두운 시대의 사람들』(파주: 한길사, 2019), 458쪽.

58 아렌트가 프렌켈에게 보낸 편지(1950년 1월 8일), 의회도서관. 아주 평범하게 친근한 이 편지들은 프렌켈이 임종에 직면하여 아렌트의 애정과 관심을 절실히 필요로 하던 때에 쓰였다.

프렌켈을 처음으로 만났다. 아렌트는 뉴욕에서 친구인 프렌켈이 '난민 자조단체'의 비서로 활동하고 있다는 것을 알게 됐다. 두 사람은 친분 관계를 재개했다. 폴 틸리히도 프렌켈을 이곳에서 만나 사랑 행각을 시작했다. 두 사람의 사랑 행각은 1950년 프렌켈이 암으로 사망할 때까지 지속됐다.

전후 프렌켈은 유니언신학교에서 틸리히의 비서로서 그들이 토론하며 많은 시간을 보냈을 때 원고를 타자로 정리했다. 틸리히는 한나 아렌트를 "힐데의 아렌트"(틸리히 자신의 한나, 즉 자기 아내와 대조적으로)라고 불렀다. 힐데의 아렌트H. H.는 저녁 대화를 위해 그들에 합류하였다. 힐데 아렌트와 틸리히는 프렌켈의 능수능란한 외교술 덕택에 곧 합의에 도달했다. 그들은 서로의 저작을 읽는 데 부담을 갖지 않았으며, 그들의 대화는 훨씬 유익했으며 논쟁적이지 않았다. 아렌트와 틸리히는 대화를 나누는 과정에서 서로 일치한다는 것을 종종 발견하였으나 서로의 기록된 저작에 있어서 일치가 불가능하다는 것을 발견하였다. 틸리히의 기독교사회주의는 아렌트에게는 모순투성이 같아 보였으며, 틸리히가 존경하지 않았던 하이데거를 통한 아렌트의 실존철학 교육은 틸리히에게는 아렌트가 극복해도 좋은 것 같이 보였다. 그럼에도 아렌트와 틸리히는 한때 출판에 있어서 제휴하였다. 1942년 ≪재건≫은 '망명 울스타인출판사' 정치평론가 에밀 루드비히의 논설을 게재했다. 루드비히는 이 논설에서 독일어를 사용하는 일군의 미국 교사들이 전후 독일에 들어가 권위주의 문화 속에 존재하는 군국주의의 근원을 제거하도록 독일인들을 교육시켜야 한다고 제안하였다. 틸리히는 그러한 제안에 분노하면서 이것을 '또 다른 인종주의'라고 규정하고 '민족성'이나 문화와 같은 것이 존재한다는 이념을 반박하였다. 틸리히가 ≪재건≫의 지면을 통해 공격받게 되자, 아렌트는 틸리히를 옹호하는 데 뛰어들었다. 아렌트는 루드비히가 제국주의(범게르만주의, 양차 대전 사이 아프리카에서 드러냈던 이탈리아 제국주의)에 대해 친화성을 보였던 오랜 전력을 지적하였으며, 전후 미국의 제국주의(결과적으로 예언적이었던 비난)를 촉진시키려는 욕구를 드러낸 루드비히를 비난하였다. 아렌트는 미국인 다수가 독일의 행동에 대해 독일 국민이 아닌 히틀러의 탓으로 돌리고 있다는 근래 갤럽 여론조사를 인용함으로써 독일에서 발생하였던 것을 명백히 이해할 수 있는 미국인들의 능력에 대해 낙관론을 표현하였다. 아렌트와 틸리히는 이러한 논쟁을 통해 협조 관계를 발전시켰다. 아렌트는 전쟁 말기에 집필한 논문인 「조직화된 범죄」에서 이러한 점을 모두 반영하였고, 왜 집단 범죄 개념이 받아들일 수 없는가를 언급하고, 자신의 비판을 독일의 전후 상황에 맞추었다.[59]

프렌켈은 블뤼허와 마찬가지로 학계의 지식인이나 비정서적인 지식인들과 거리를 유지하는 것을 자랑하였다. 프렌켈은 18세기의 살롱에서 편안함을 가졌을 여성이었다. 파른하겐은 두 가지 커다란 고통(유대인이라는 수치심, 외형적으로 미모를 갖추지 못했다는 사실)의 부담을 안고 있었지만, 프렌켈은 이러한 부담 없이 루이스 페르디난트 공의 부인인 파울린 비젤, 즉 라헬의 훌륭한 친구와 더 흡사했다. 비젤은 아렌트가 언급했듯이 상당한 미모와 놀랍고 당혹스러울 정도의 자연스러움 때문에 사랑을 받았던 여성이었다. 그런데 라헬이 1816년 비젤에게 보낸 그러한 편지는 아렌트가 프렌켈에 보냈음직한 편지일 수도 있다. 라헬은 비젤과 같은 다른 어떤 사람이 있겠는가라고 생각했다. "우리와 같이 자연과 세계를 알고 있는 사람 … 특이한 것에 놀라지 않으며 통상적인 것의 신비스러움에 영원히 정신이 팔려 있는 사람, 더 이상 외로움을 견딜 수 없으면서도 그것 없이는 지낼 수 없는 사람, 재능이 아주 다르더라도 같은 방식으로 사물을 보며 유사한 다른 사람을 만날 정도로 부조리하게 놀라운 행운을 누렸던 사람, 그러한 행운은 그것을 더 흥미롭게 할 뿐이다."[60] 프렌켈에게는 놀랍고 당황하게 하는 자연스

---

59 아렌트의 편지는 ≪재건≫ 제8권 31호(1942)년 6면에 게재되어 있다. Arendt, "Organized Guilt," *Jewish Frontier*, January 1945, pp. 19-23.
옮긴이_ 아렌트의 편지는 『유대인 문제와 정치적 사유』에 「폴 틸리히를 지지하며」라는 제목의 기사로 수록되어 있다.

60 Arendt, *Varnhagen*, p. 206.

러움이 있었다. 이게 아렌트에게는 영원한 매력이었다. 아렌트는 친구가 자신의 내면에서 친근한 영혼을 찾았다는 것을 기뻐했다.

한나 아렌트는 생애를 통해 남편뿐만 아니라 자기 친구들의 복잡한 삶과 사랑에 대해 관습에 얽매이지 않고 그윽이 공감할 수 있었다. 명성이 위협을 받거나 비밀이 노출될 때마다 아렌트는 자주 불쑥 물러섰다. 아렌트는 프렌켈과 폴 틸리히의 관계를 있는 그대로 수용하였지만, 이 관계를 다르게 이해하거나 전혀 이해하지 못할 수 있는 다른 사람들과 이에 대해 논의하는 것을 좋아하지 않았다. 틸리히는 블뤼허 부부가 1940년대 말 여러 해 여름을 보냈던 케이프 코드의 하숙집에 있는 프렌켈을 방문하면서 그들이 임차했던 인근의 작은 별장에 아내인 한나 틸리히를 남기고 떠났다. 이때 아렌트는 동요하지 않았다. 그러나 아렌트는 틸리히가 자기 부인과의 약속이나 이웃 사람과의 다른 약속에 대한 어떠한 대화 때문에 당혹하였다. 아렌트는 사적으로 블뤼허에게는 무심한 태도를 보일 수 있었지만 공적으로는 과묵했다. 아렌트가 지적했듯이, "소돔과 고무라가 한창 진행 중이다."[61]

틸리히는 외설문학에 매료되고, 자학적이며, 자신의 행태를 설명하려고 수많은 정신분석학 경험으로부터 이론을 수집했다. 아렌트는 이 틸리히가 실제 틸리히가 아니라고 생각했다. 아렌트는 공개가 모든 차이를 모호하게 할 수 있다는 것을 염려했다. 아렌트는 프렌켈이 사망한 지 몇 년 지나서 틸리히(1886~1965년 — 옮긴이)의 이름을 밝히지 않은 채 그를 지칭하면서 한 친구에게 편지를 보냈다. "틸리히의 성애적인 환상세계는 그의 상상과 전적으로 상반되었습니다. 그는 사실 신학자일 뿐만 아니라 상당한 정치적 도덕적 용기를 지닌 솔직한 도덕적 인사였지요. … 나의 친구[힐데 프렌켈]

61 아렌트가 1950년 7월 26일 블뤼허에게 보낸 편지(의회도서관 소장)에는 프렌켈의 사망 후 여름에 대해 언급하고 있다. 틸리히의 아내인 한나 틸리히는 그렇게 과묵하지 않다. 그의 회고록으로 *From Time to Time*(New York: Stein and Day, 1973)을 참조할 것. 다른 한편 틸리히의 전기 작가 파우크는 그의 사랑 문제를 아주 우회적으로 밝히고 있다. *Paul Tillich*(New York: Harper & Row, 1976)을 참조할 것.
옮긴이_ 이 문구는 편지 가장 앞부분에 언급한 것이다.

에 대한 그의 행태는 말하자면 도덕적으로 탁월했습니다. 그는 온갖 복잡한 문제를 지닌 채 결혼했습니다. 프렌켈이 알았던 **'창조적인 개개인'**이 그랬듯이 그가 병상에 누워있을 때, 틸리히는 그를 포기하지 않았습니다. 우리는 그때 매우 가까웠어요. 나는 매일 그곳에서 틸리히를 보았습니다. 그는 나에게 깊은 감명을 주었지요. 나는 나에게는 매우 생소한 온갖 가능한 심리적인 성도착에도 불구하고 그는 기독교인이었으며, 기독교적 사랑을 할 수 있다고 믿었기 때문입니다. 나의 친구에 관한 한, 그 자신은 원래 또는 실질적으로 도착적이지 않았지요. 프렌켈은 단지 — 그것은 아주 희귀합니다! — 성애적인 천재성을 가지고 있었으며, 말하자면 모든 것을 이해하였습니다. 틸리히는 흔히 매우 지루했지만, 프렌켈은 세헤라자데의 능력을 유지했지요. 프렌켈은 실제 그 남자를 사랑했기 때문이지요."[62] 프렌켈은 이자크 디네센과 마찬가지로 이야기꾼의 상상력을 가지고 있었다. 디네센은 용감하지만 결점이 있는 한 남자를 열정적으로 사랑했던 다른 여성이었다. 아렌트는 오든이 언급했듯이 "마음의 소원은 코르크 마개 뽑는 기구와 같이 비뚤어진다"[63]는 시인의 이해를 시인들과 같이 재능 있는 사람들에게 항상 기꺼이 확장시키려고 했다.

프렌켈은 인간본성과 세계에 관한 자신의 지식을 경이와 해학으로 가득 찬 이야기로 전환하였다. 프렌켈은 이를 계기로 아렌트의 아주 절친한 친구가 되었다. 프렌켈은 아렌트가 "태어나서 지금까지 유일하게 아주 완벽하게 말을 거는 사람이라"[64]고 말했다. 그들의 관계는 틸리히와 아렌트의 관계와 마찬가지로 지적인 관계는 아니었다. 프렌켈은 자신이 말했듯이 아

---

62 아렌트가 헬라 옌쉬에게 보낸 편지(1965년 6월 2일), 의회도서관.

63 아렌트는 헬라 옌쉬에 보낸 1965년 6월 12일자 편지에서 그 문제를 다른 방식으로 언급하고 있다. "에로스는 강력한 신이며, 여러 가지 형태로 나타난다오. 소포클레스와 내가 동의하고 있듯이, 그는 모든 투쟁에서 승자로 나타납니다. 그는 위대한 올림피안들 가운데 하나는 아닙니다. 아프로디테가 더 위대하지요."

64 프렌켈이 아렌트에게 보낸 편지(대략 1950년 신년), 의회도서관.

렌트를 단지 "한 여성 그대로"[65] 인정하였다. 그들은 아내와 남편에 대해서 근본적으로 동의한 것에 대한 이야기를 나누었다. 프렌켈은 편지 쓰는 사람으로서 블뤼허의 부진한 실적을 밝히는 편지를 주고받으면서 다음과 같은 편지를 썼다. "남성들은 남편들이든 내가 사귀는 [틸리히]와 같은 부류의 사람이든 짐이야. 우리는 결코 성가셔 할 필요는 없지. 그렇다 하더라도 사람들은 성가셔 하지."[66] 아렌트는 "그렇지"라고 답변했다. 이 답변은 "남성들은 좀 무거운 짐이지만 여전히 그들 없이는 잘 지내지는 못하지"[67]라는 의미를 나타냈다. 이들은 모두 이런 입장을 인정했다.

한나 아렌트는 1949년 유럽에서 유대인문화재건위원회를 대표하여 활동하면서 블뤼허뿐만 아니라 프렌켈에게 수많은 편지를 보냈다. "나는 당신과 남편에게만 편지를 보냈으며, 그것에 만족해. 나는 실질적으로 그 이상을 할 수 없었기 때문이지. 나의 친근함에도 불구하고 그것이 내 처지이고, 그렇다면 그렇게 하지. [그러나] 나는 브로흐에 대해서도 생각하지."[68] 힐데 프렌켈은 아렌트가 여행하는 동안 중재자 겸 연락자로서 역할을 하며 블뤼허와 긴밀한 관계를 유지하였다. 아렌트는 시간 제약으로 압박을 받을 때 프렌켈에게 편지를 보냈고, 그 편지를 블뤼허에게 전달해 달라고 요청하였다. 아렌트는 오랜 시간이 지나도 블뤼허의 편지가 오지 않아서 걱정할 때는 남편에게 편지를 보내라고 힐데에게 요청하였다. 힐데는 아렌트가 블뤼허의 충실성을 신뢰하도록 도와주는 안도의 편지를 번갈아 보냈다. 아렌트는 힐데의 생각에 "아렌트가 블뤼허의 마음속에 지옥에 대한 두려움을 주입했음에 틀림없는" 그런 몹시 힘든 불평을 편지에 담아 블뤼허에게 보냈다. 이후 힐데는 다음과 같이 위로의 편지를 보냈다. "남편께서 어저께 자

---

65 프렌켈이 아렌트에게 보낸 편지(1950년 2월 14일), 의회도서관.

66 프렌켈이 아렌트에게 보낸 편지(1950년 1월 23일), 의회도서관.

67 프렌켈이 아렌트에게 보낸 편지(1950년 2월 4일), 의회도서관.

68 아렌트가 프렌켈에게 보낸 편지(1949년 12월 27일), 의회도서관.

신은 완전히 혼란스럽다고 전화로 나에게 말씀하셨어. 남편께서는 당신과 항상 함께 있었기 때문에 더 이상 혼자 살고 싶지 않다는 이유에서 혼란스럽다고 말씀하셨어."[69]

아렌트는 1949년 8월에서 1950년 3월까지 거의 6개월 동안 여행을 했다. 이 여행은 모두 세 가지 측면에 부담을 주었다. 아렌트는 향수병으로 상당히 고생하였다. 블뤼허는 휴식을 취하지 못했으며, 힐데는 정신적으로 혼란스러웠다. 아렌트의 향수병은 더욱 악화되었으며, 힐데는 자신이 죽기 전에 아렌트를 다시 볼 수 없지 않나 걱정하였기 때문이다. 아렌트는 유대인문화재건위원회의 비스바덴 본부에서 맹렬하게 활동하였으며, 공식 여행 기간 중에 약간의 시간을 내어 독일을 넘나들며 여행하면서 체류 기간을 연장할 필요가 없기를 기대하였다. 아렌트가 관찰했던 독일인들이 자신들의 이유 때문에 압박받듯이, 아렌트 역시 자신의 이유 때문에 압박받았다. "독일인들은 스스로 소리 없이 우둔하게 일하고 있었다."[70]

아렌트는 조국을 여기저기 여행하였을 때 부패와 좌절에 경악했고, 엄청난 난민들의 곤경에 충격을 받았으며, 재건된 도시들의 이면에 도사리고 있는 무력감과 친절하고 공손하게 대하려는 모든 사람의 엄청난 노력을 깨달았다. 아렌트는 이때 자신이 느낀 인상을 담은 편지를 힐데와 블뤼허에게 보냈다. 그는 집으로 돌아왔을 때 이러한 편지들을 활용하고자 의도하였다. "사람들은 독일에 대해 한 권의 책을 쓸 수 있겠지만 나는 단지 한 편의 논문을 쓰겠소."[71] 1950년 『논평』에 게재한 「나치 지배의 결과: 독일에서 온 보고서」는 실제로 『전체주의의 기원』의 속편이었다. 아렌트는 12년간의 전체주의 지배가 독일 국민에 미친 영향을 기술하였으며, 기술한 내용 속에서 전체주의가 "폭정 중 최악의 형태 이상의 무엇"이라는 자신의 이

---

69 프렌켈이 아렌트에게 보낸 편지(1949년 12월 7일), 의회도서관.

70 아렌트가 프렌켈에게 보낸 편지(1949년 12월 20일), 의회도서관.

71 아렌트가 프렌켈에게 보낸 편지(1950년 2월 4일), 의회도서관.

론에 대한 확증을 발견하였다. 전체주의는 한 국민의 정치적 사회적 개인적 '삶의 뿌리를 파괴한다.' 아렌트는 '자생적인 자조세력'이 독일을 소생시키리라는 신념을 갖고 있지 않았으며, 자신이 알았던 정치적 혼돈의 유일한 해결책, 즉 민족주의와 구식의 주권 개념에서 해방된 유럽연방이 등장하기만 한다면 독일에 도움을 줄 것이라는 희망도 많이 갖고 있지 않았다. 그는 "소생한 독일이든 그렇지 못한 독일이든 유럽연방에서 중대한 역할을 담당할 가능성은 없다"고 생각하였다.[72] 아렌트는 독일인들이 자기 나라의 파괴라는 현실을 직시하거나 그러한 상황을 야기하였던 사건에 대해 생각하는 능력이 없다는 점에 대해 동정의 마음으로 편지를 썼다. 그러나 그는 현실이 아주 불확실하더라도 얼마나 많은 것들이 새로운 뿌리 없이 재건될 수 있는가를 과소평가하였다. 전후 독일의 경제기적은 앞당겨졌다.

아렌트는 또한 프랑스와 영국 여행에 대한 내용을 편지에 담았다. 그가 발견한 파리는 놀랍게도 무질서했다. 공공업무는 거의 기능하지 못했으며, 파리시는 '극도의 흥분과 적대감'으로 뒤범벅이 되어 있는 것 같았다. 알렉상드로 고이레와 장 왈이 아렌트를 철학학교Collège Philosophique 강의에 열렬하게 초청하고 '사회적 선풍'을 일으킬 수 있는 것을 동시에 너무나 많이 계획하기는 하였지만, 아렌트는 만난 사람들 가운데 가장 훌륭하고 감수성이 있는 사람인 고이레와 같은 친구들 무리에 있을 때만 안도감을 가질 수 있었다.[73] 아렌트는 헤어진 지 12년 만에 안네 바일을 만나 기뻤지만 바일이 가정 상황으로 매우 어려웠다는 것을 알고 혼란스러웠다. 에릭 바일과 카테린 멘델스존은 전시 경험으로 여전히 심각하게 고통을 받고 있었다. "나는 그들과 더불어 스트린드베리 희곡의 분위기를 이해하였다네."[74] 아렌

---

72 Arendt, "The Aftermath of Nazi Rule, Report from Germany," *Commentary* 10(October 1950): 353.

73 아렌트가 프렌켈에게 보낸 편지(1949년 12월 3일), 의회도서관.

74 아렌트가 프렌켈에게 보낸 편지(1950년 1월 18일), 의회도서관. 아렌트는 에릭 바일과 결코 좋은 관계를 유지하지 않았다. 아렌트는 안네의 매우 까다로운 남편에 대한 안네의 인내가 아주

트가 1952년 유럽을 다시 방문해서야 비로소 안네 바일과 아렌트의 깊은 유대는 다시 복원되었다.

모든 것이 '물론 질서정연한' 스위스를 포함하여 아렌트가 방문한 모든 국가들 가운데 영국은 "전쟁에도 도덕적으로 손상되지 않은 채 유지되었던 국가였다. 전통 … 그리고 위대한 역사에 대한 엄청난 감정이 있었으나 국수주의는 전적으로 존재하지 않았다." 그는 의붓자매인 에바 베어발트, 사촌인 엘제 아론 브라우데를 만나 기뻤다. 모든 것이 매우 좋았다.[75]

아렌트는 야스퍼스 부부를 만나기 위해 바젤을 두 번째 방문하였으며, 그들이 1948년 이사하였던 스위스의 새집에서 안전하고 안락하게 생활하는 것을 보고 상당한 안도감을 갖게 되었다. 아렌트는 이러한 방문을 통해 힘든 일로부터 벗어나 휴식을 갖게 되었으며, 수년 만에 처음으로 '내면적인 평화로움'을 느꼈다. 그는 '철학적이고 개인적으로, 특히 개인적으로' 편안함을 느꼈다.[76] 아렌트와 야스퍼스가 블뤼허에 대해 나눈 대화들은 개인적으로 평화로움을 느끼는 중요한 부분이었다. 아렌트는 소위 자신의 '휴대용 가정'이라는 남편에 대해 가능한 한 최대한 언급하고자 하였으며, 야스퍼스는 매우 기뻤다. 야스퍼스와 블뤼허는 편지를 주고받기 시작했다. 아렌트가 야스퍼스를 두 번째 방문하였을 때, 야스퍼스는 블뤼허가 보낸 감탄스러운 편지를 아렌트에게 보여주었다. 유럽 밖에 있는 사람들 가운데 소수만이 야스퍼스의 저작을 모두 읽었는데, 블뤼허는 그러한 사람들 가운데 한 사람이었다. 아렌트는 자신의 '현명하고 명민한 남편'을 자랑하였다.

야스퍼스는 또한 하이데거와 주고받은 편지를 아렌트에게 보여주었다.

혼돈스럽다는 것을 알았다. 그는 안네 바일이 브뤼셀의 유럽공동시장의 직위를 확보하고 많은 시간 에릭 바일과 떨어져 있을 때 마음의 안도를 하였다.

옮긴이_ 스웨덴의 셰익스피어라고 불리는 아우구스트 스트린드베리(1849~1912)의 대표적인 희곡은 『미스 줄리』, 『아버지』, 『채권자들』(이상 중기 작품), 『죽음의 춤』, 『꿈의 연극』, 『다마스커스로』(이상 후기 작품) 등이 있다.

75 아렌트가 프렌켈에게 보낸 편지(1950년 1월 8일), 의회도서관.

76 아렌트가 프렌켈에게 보낸 편지(1949년 12월 20일), 의회도서관.

이 편지가 1933년 깨어졌던 우정을 복원해주리라는 야스퍼스의 관대한 희망 때문에, 아렌트는 이에 자극을 받아서 하이데거와 자신의 연애에 관한 이야기를 야스퍼스에게 들려주었다. 아렌트는 "나는 하이데거와 내가 어떠한 사이었는지를 야스퍼스에게 솔직하게 말씀드렸다"는 내용의 편지를 블뤼허에게 보냈다. 그러자 블뤼허는 "아아, 그러나 그것은 참 흥미롭구려"라는 내용의 답장을 보냈다. 아렌트의 경우 이것은 야스퍼스의 열린 마음과 자신에 대한 신뢰의 확인이었다. "야스퍼스는 자신의 동요하지 않는 반응에서 전적으로 독특했다."[77] 하이데거에 대한 야스퍼스의 공감은 아렌트에게도 감명을 주었다. 아렌트는 야스퍼스가 공식적인 얼굴에 가려진 진정한 하이데거를 얼마나 세심하게 찾으려고 노력했는가를 믿을 수 없었다. 야스퍼스는 아렌트에게 다음과 같이 말했다. "불쌍한 하이데거, 그가 알고 지냈던 가장 친한 친구인 우리는 지금 여기에 앉아서 그를 통해 올바로 보고 있다오."[78]

아렌트와 하이데거의 재회는 편안하지 못했다. 하이데거는 오만하고 못미더운 공적인 태도를 숨기지 않았기 때문이다. 힐데 프렌켈은 바젤을 방문하는 게 그를 기쁘게 하는지 아니면 프라이부르크를 방문하는 게 그를 더 기쁘게 하는지 아렌트에게 익살스럽게 물었다. "나는 당신의 질문이 아주 재미있었네. … 프라이부르크 방문에 대해 기뻐하는 것은 일종의 동물적인 대담성을 필요로 하지. 그런데 나는 그런 것을 갖고 있지는 못해."[79] 아렌트는 "전적으로 필요한 업무로 프라이부르크를 방문했다. … 어쨌든 내가 갔을까? 나는 모르겠어."[80] 아렌트는 항상 자신과 하이데거의 관계를 특징화했던 낭만주의에 사로잡혀서 서명하지 않은 간단한 친필 소환장을

77 아렌트가 블뤼허에게 보낸 편지(1949년 12월 18일), 의회도서관.

78 아렌트가 블뤼허에게 보낸 편지(1949년 12월 26일), 의회도서관.

79 아렌트가 프렌켈에게 보낸 편지(1950년 3월 2일), 의회도서관.

80 아렌트가 프렌켈에게 보낸 편지(1950년 2월 10일), 의회도서관.

하이데거에게 보내려고 호텔의 편지지를 사용하였다. 하이데거는 즉시 호텔로 달려왔다. 그는 호텔에서 아렌트를 위해 일종의 비극을 낭송하기 시작했다. "나는 그 비극에서 처음 2막에 참여했었단다." 하이데거는 자신과 아렌트가 함께 알고 있었던 모든 것이 "이미 25년이 지났고", 그리고 "그가 17년 이상 나를 만나지 못했다"는 사실을 처음에는 알아채지 못하는 듯했다. 하이데거는 나치당에서 활동했던 시기를 포함하는 비극의 후반부에서는 아니지만 처음 2막에 대해 언급하면서 "자신의 다리 사이에서 꼬리를 흔드는 개"와 같이 부끄러워했다.[81] 하이데거가 마침내 현재시제로 돌아와 솔직하게 언급할 때, 아렌트는 "우리는 실제로 서로에게 말했으며, 그런 일은 우리 인생에 있어서 처음이었던 같았다"[82]고 생각했다. 아렌트는 이를 블뤼허에게 말했다.

괴롭지만 솔직한 이 만남은 다음날 '환상적인 장면'으로 이어졌다. "사사건건 거짓말하기로 유명했던" 하이데거는 한나 아렌트가 "자기 삶의 열정"이었으며 저서를 집필하는 데 영감을 주었다고 자기 부인에게 결국 말하였다.[83] 하이데거 부인의 질투심은 즉각적으로 격렬하게 나타났다. "슬프게도 그(하이데거 부인 — 옮긴이)는 정말 우매하네요." 하이데거는 부인의 격렬한 저항에도 불구하고 아렌트를 다시 만나서 편지들과 원고 사본을 보여주었다. 하이데거는 두 번째 프라이부르크 방문(어쩌면 전적으로 필요한 업무로는 아니지만)을 열렬하게 기다렸으며, 이후 죽어가고 있는 친구가 집에서 자기를 기다리고 있었기 때문에 자신이 머뭇거릴 수 없다고 이해하여 그를 깊이 감동시켰다. 하이데거는 프렌켈을 위해 「내 친구의 친구를 위하여」라는 제목으로 프렌켈을 위한 시 한 편과 아렌트에게 짧은 편지를 써 보냈다. 아렌트는 이를 프렌켈에 보냈다. "당신을 가장 좋아하는 여자 친구가 당신을 그렇

81 앞의 편지.

82 아렌트가 블뤼허에게 보낸 편지(1950년 2월 8일), 의회도서관.

83 앞의 편지와 아렌트가 프렌켈에게 보낸 편지(1950년 2월 10일), 의회도서관.

게 기다리고 있을 때, 당신의 가장 절친한 친구에 대한 고별이 절박하더라도 그 사람은 당신을 지체하게 해서는 안 되지."[84] 그 사람은 아렌트가 하이데거를 사랑했을 때의 하이데거였다.

두 차례의 프라이부르크 체류, 즉 첫 번째 체류와 이후 '이 소설의 연속'에 대한 아렌트의 반응은 뒤섞였다. 아렌트는 블뤼허에 대한 자신의 충실성을 의심하지 않았다. 즉 아렌트는 자신이 하이데거에 귀를 기울였을 때 남편을 생각했었다고 블뤼허에게 말하였으며, 남편이 "일의 전반을 올바르게 판단하리라"[85]는 점을 믿었다. 그러나 아렌트는 하이데거의 상황, 특히 그의 결혼 생활에 심리적으로 압박을 받았고, 하이데거가 자신의 태도를 어떻게 견지하며 야스퍼스를 포함하여 다양한 사람들과 관련하여 파멸을 가져올 진술을 공개적으로 그만둘까에 대해 걱정하였다. 아렌트는 야스퍼스의 조언을 듣기로 결정하고, 그에게서 '유일한 구원'을 찾았다. 아렌트는 자신과 하이데거의 관계 재개가 두 사람에게 어떠한 의미를 갖는가를 알지 못했다. 그러나 아렌트는 마침내 결론을 내렸다. 즉 "나는 내심으로 확인에 만족했어, 내가 결코 망각하지 않은 것은 옳았어."[86]

틸리히의 도덕적 상상력이 그의 환상세계와 다르듯이, 한 남자의 공적인 얼굴은 사적인 얼굴과 달랐다. 한나 아렌트는 이러한 확인을 자신이 공적인 얼굴의 한 남자에게 옳게 충실했다는 징표로 간주했다. 아렌트가 프렌켈에 보낸 편지에서 밝혔듯이, 하이데거는 "사람이 사는 버팀목인 열정성과 성실의 수준"[87]을 아렌트에게서 확인하였다. 아렌트는 이자크 디네센에

---

84 아렌트가 프렌켈에게 보낸 편지(1950년 3월 2일), 의회도서관.

85 아렌트가 블뤼허에게 보낸 편지(1950년 2월 8일), 의회도서관.
옮긴이_ 아렌트와 하이데거의 서간집 『사방의 벽 안에서(*Within Four Walls*)』에서 관련 부분에 대한 다음 문장을 참조할 것. "The two of us had a real talk, I think, for the first time in out lives, with the result that I had to think of my darned Snubby, who's such a good judge of things"(p. 128). 이 문장에서 아렌트는 자기 남편을 사자코 또는 들창코(Stups; Snubby)라고 불렀다.

86 아렌트가 프렌켈에게 보낸 편지(1950년 2월 10일), 의회도서관.

87 아렌트가 프렌켈에게 보낸 편지(1950년 3월 2일), 의회도서관.

관한 에세이의 제명題銘, '거대한 열정은 대작만큼이나 진귀하다Les grandes passions sont rares comme les chefs-d'oevre'는 발자크의 경구를 사용하면서 이것의 진정한 의미를 알게 되었다. 그러나 그는 1960년대 말 디네센에 관한 에세이를 집필하였을 때, 엉뚱한 생각을 첨가시킬 수 있었다. 디네센의 연인은 디네센을 티타니아라고 불렀으며, 디네센은 주문에 묶여 있을 때 셰익스피어의 티타니아와 같이 고집쟁이와 사랑에 폭 빠질 것 같았다!* 아렌트는 1949년 하이데거와 재회한 이후 20년 동안 지녔던 통찰을 돋보이게 하는 자신의 경구로 에세이를 마무리하였다. "지혜는 노년의 미덕이며, 젊은 시절 현명하지도 사려 깊지도 못한 사람들에게만 나타나는 것 같다."[88]

아렌트가 여러 해 동안 『전체주의의 기원』을 집필하면서 편지로 또는 기억으로 우정을 유지하면서 보냈던 노력에 대한 보상은 1949년 유럽 여행, 즉 일련의 재회였다. 그는 종전 이후 그러한 여행을 희망했고, 그게 어떨까에 대해 곰곰이 생각했었다. 아렌트의 우정을 꽃피운 유럽은 현재의 유럽이었으며, 과거를 진지하게 고찰함으로써 유럽의 미래를 위해 활동할 때 그를 지탱시켜 준 고향이었다. 그는 야스퍼스의 『논리학*Logic*』의 경구, 즉 "과거나 미래의 포로가 되지 마라. 중요한 것은 전적으로 현재에 충실한 것이다"**를 간직한 채 자신이 개인적으로 경험한 유럽의 심연에서 책을 집필했다.

블뤼허의 경우, 전적으로 현재에 충실한 것은 거의 불가능한 일이었다. 그는 직업과 정치 포럼도 없이, 그리고 브랜들러 동료들의 동아리와 비교할만한 동아리도 없이 세계의 상황을 곰곰이 생각하였다. 그는 1948년 사고의 전환 이전 실망스러운 여러 가지 계획을 추진하는데 매달렸다. 그는

---

* 옮긴이_ 셰익스피어의 희극 『한여름 밤의 꿈』에서 오베른은 요정의 왕으로, 티타니아는 요정의 여왕으로 등장한다. 이에 관한 아렌트의 이야기는 다음 자료를 참조할 것. 『어두운 시대의 사람들』 「제6장 이자크 디네센」.

88 Arendt, "Isak Dinesen," *Men in Dark Times*, p. 109.

** 옮긴이_ 아렌트는 야스퍼스의 경구를 『전체주의의 기원』 초판 서문의 제사로 사용하였다.

"모든 인민의 권리를 위한 연맹" 선언서를 작성하였으나 어떠한 집단도 "생명, 자유, 창조적 작업 추구"[89]를 위한 모든 인민의 권리를 보호하려는 자신의 이념에 관심을 갖지 않았다. 블뤼허는 자신이 선택한 나라(즉 제2의 조국)의 가장 잘 알려진 격언을 수정하였다.* 이러한 수정은 그 자신의 요구에 관한 이야기를 증명한다. 블뤼허가 『전체주의의 기원』을 집필하는 아렌트의 작업에 동참했지만, 창조적 작업은 그가 갖고 있지 못한 행복이었다. 블뤼허의 기회는 일련의 유쾌한 모임을 통해 1949~1950년 겨울에 마침내 찾아왔다. 이 기간에 아렌트는 유럽에서 이를 확인하였다.

과학연구자인 알프레드 코플리Alfred L. Copley와 의학박사이며 화가였던 알코플리Alcopley(코플리는 자신을 알코플리로 부름 — 옮긴이)는 자신의 두 가지 직업 가운데 그림에 강조점을 두기 위해 뉴욕에 왔다. 아렌트는 조셉 마이어의 아내 앨리스를 통해 그를 만나게 되었다. 코플리는 리버사이드 드라이브 지역에 방 하나뿐인 아파트, 오히려 커다란 벽장과 같은 곳에서 손님들을 맞이하였다. 그는 이곳에 자신과 그림들을 꼭 끼워 넣었다. 이 방은 두 손님을 수용하는 데 꽉 찼다. 그러나 허드슨 강을 보고 있는 커다란 창으로부터 충분한 햇살이 들어오기 때문에 그들은 그림들을 볼 수 있었다. 아렌트는 기뻤으며, 이 작품을 보여주기 위해 블뤼허를 동반할 수 있는가에 대해 질문하였다.

알코플리는 더 큰 아파트로 이사하고 워싱턴 광장에 위치한 뉴욕대학교에서 혈액학연구소를 설립하였다. 그 이후인 1945년 가을에 블뤼허는 알코플리를 방문하였다. 블뤼허는 그림들을 상당히 감탄하며 바라보았다. 그는 알코플리에게 완전히 지위를 내주라고 알프레드 코플리 박사에게 촉구하

89 타이프로 친 "모든 인민의 권리를 위한 동맹" 선언서 원고는 바드대학 도서관의 블뤼허 문고에 있다. 이 원고의 날짜는 미상이지만, 헤르만 브로흐가 아렌트에게 보낸 1947년 6월 9일 편지에서 인용된 것 같다. H. Broch, *Briefe*, ed., Robert Pick(Zurich: Rhein-Verlag, 1957), p. 352.

* 옮긴이_ 이에 관한 내용을 이해하기 위해 『혁명론』의 「제3장 행복의 추구」에 언급되는 문구를 참조할 것. "제퍼슨 자신이 「독립선언서」에서 '생명, 자유, 재산' … 이라는 과거의 공식적 표현 중 한 항목인 '재산' 대신에 '행복 추구'라는 한 항목을 포함시킨 바 있다.

였다. 코플리 박사는 블뤼허의 조언을 수용하지 않았다. 그러나 알코플리가 8번가 클럽을 설립하면서 11명의 다른 예술가들을 참여시켰을 때 그 화가는 더욱 유명해졌다.

1948년 자신들을 추상적 표현주의자라고 불렀던 예술가 단체(바지오테스·하레·마더웰·로스코·뉴만)는 서부 8번가 35번지에 "예술가의 주제들Subjects of the Artist"이란 학교를 설립하였다.* 이 학교는 1년 이후 재정난을 겪었다. 그러나 다른 단체가 8번가에 위치한 다락방을 인수하고 이를 스튜디오 35로 명명할 때까지 일련의 대중적인 금요일 야간강의는 지속됐다. 강의는 1949년에 설립된 8번가 클럽의 12명 회원, 제3단체의 중요한 부분을 형성하였다. 1949~1950년 겨울 이 클럽의 일련의 강의에 예술가들보다 철학자나 비평가들이 연사로 더 많이 참여했는데, 이 강의는 서부 8번가 35번지에서 밑으로 몇 집에서 진행된 강의로 잘 알려져 있다.[90]

블뤼허는 1950년 아주 우연히 마지못해서 그 클럽의 강의진에 참여하였다. 어느 날 저녁 블뤼허는 우연히 그린위치 마을 남부에 위치한 알코플리의 세 번째 아파트를 들렀다. 바로 이때 알코플리는 조셉 프랭크와 메이어 사피로가 앙드레 말로의 『예술심리학*La Psychologie de l'Art*』에 대해 토론하는 것을 듣기 위해 나가려고 하고 있었다. 그 책에 대해 잘 알고 있던 블뤼허는 함께 가자는 초청을 받았다. 그들은 8번가 다락방에서 약 50명의 사람이 연사들을 기다리고 있는 것을 보았다. 그들의 도착이 지연되고 있다는 것이 확실해지자, 알코플리는 조각가 필립 파비아를 포함한 그의 동료들에게 블뤼허가 대리로 강의할 수도 있다고 제안하였다. 블뤼허는 여러 번 사양한 후 세부적인 소개 발언에 자신이 조금만 말하기 원하며 완전히 준비

---

* 옮긴이_ 설립을 주도한 마더웰은 켄터키 주의 루이빌대학에서 '뉴욕 스쿨(New York School)'이란 주제로 강의를 했는데, 이 수업 제목은 이후 미국의 현대 예술 제1세대를 지칭하는 일반 명사가 되었다.

90 8번가 클럽의 배경을 이해하기 위해서는 다음 자료를 참조할 것. Irving Sandler, *The Triumph of American Painting*(new York: Harper & Row, 1970), pp. 212ff.

하지 못한 점을 제시한다는 조건으로 강의하는데 동의하였다. 알코플리가 이러한 소개를 한 후 블뤼허는 말로의 저작에 대한 탁월한 설명과 비판을 제시하기 시작했다. 이후 그는 별로 확실하지 않은 영어로 아렌트에게 그 사건을 알렸다. "그들은 나를 이해하였으며, 나는 관중을 압도하였다오. 압도적인 성과가 있었소."[91] 기뻐하는 클럽 회원들은 여러 차례의 보답 약속 강의를 위해 블뤼허를 초청하였다. 블뤼허는 이 강의에서 만원 관중에 말하였으며 '훨씬 더 압도적인 성공'을 거두었다.

블뤼허의 경우 이러한 대화는 전환점이 되었다. 8번가 클럽은 그에게 말할 공간을 제공하였다. 알코플리가 언급했듯이 "그는 이때부터 자신감을 얻었다." 클럽 회원들은 그의 이념이 매력적이고 아주 중요하다는 것을 알았으며, 억양이 강한 그의 영어를 이해할 수 있었다. 블뤼허는 『토요문학비평』에 미학과 관련한 책 두 권의 서평을 출판하기도 하였다. 이는 그가 이전까지 집필한 유일한 논문이었다. 다음 해 유럽으로 돌아가기로 결정했던 귄터 스턴은 자신의 뉴스쿨 강의를 블뤼허에게 넘기기로 약속하였다.

블뤼허가 예술철학을 강의하려는 목적들 가운데 하나는 "예술작품에 대한 책임 있는 해석을 통해 문화 활동의 참여를 고무시키려는" 것이었다. 여기에서 그는 가장 가까운 정치영역에 있었다. 그가 언급하기를 "현대 예술은 모든 부류의 폭정에는 공동의 적이다." 블뤼허는 모든 사람들이 공유하는 경험에 적절한 "범세계적 양식"을 상상하였다.[92] 그리고 블뤼허는 매혹된 자기 관중들을 위해 세잔느 · 피카소 · 카프카와 같은 예술가들의 "새로운 세계의 발견"을 행복하게 환기시켰다. 아렌트도 자기 남편이 새로운 자기 세계의 모서리에 서 있다고 블루멘펠트에게 아주 기꺼이 말했다. "사람들이

---

91 블뤼허가 아렌트에게 보낸 편지(1950년 2월 22일), 의회도서관. 이러한 성공은 블뤼허의 작업에 대한 에너지를 새롭게 하였다. 이 작업은 아렌트가 시도했던 "위대한 철학자" 연재에 대한 야스퍼스와의 서신에 의해 상당한 후원을 받았다.

92 이러한 강의에 대한 기술은 1951~1952년 뉴스쿨 책자에서 발췌되었다. 『토요문학서평』의 논문 1951년 4월 17일호에 있다.

아주 멋있게 영어로 말하듯이, '그는 자기 역량을 충분히 발휘하였지요.'"[93]

블루멘펠트는 팔레스타인에서 편지를 보냈다. 아렌트는 답장에서 다음과 같이 밝혔다. "당신의 편지가 도착했을 때, 우리는 여러 시간 동안 당신에 대해 말하였습니다. 당신과 블뤼허는 부르주아의 성취 개념과 전적으로 무관하고 사람들에 대한 이해를 갖고 있는 분으로서 제가 알고 있는 유일한 두 사람입니다." 아렌트는 편지로 뉴스쿨 과정의 성공에 대해 알렸다. "뉴스쿨 강의는 블뤼허를 기쁘게 했으며, 그는 오래 전에 그랬듯이 (가스실에서 직접 분출되었던 우울증으로) 수년간 그에게는 잊혔던 사람들과 직접 접촉을 재개하였습니다. 사람들이 각기 서로 도울 수 있기는 아주 어렵지만, 제 생각에 우리가 모두 다른 사람 없이 거의 생존할 수 없다는 것은 실제로 진실입니다."[94]

미래 철학적 사유의 기초

아렌트가 블루멘펠트에게 이 행복에 도취된 편지를 썼을 때, 『전체주의의 기원』은 열정적인 서평들에 바로 실렸다. 오랜 세월의 집필을 끝내고 작업을 종결했을 때, 아렌트는 이미 이동할 준비를 하고 있었다. 그러나 아렌트는 자렐의 표현대로 "'오셀로의 임무가 끝났다'는 당신의 감정"을 갖지 않았던 것은 아니었다.[95]

그들은 전 해인 1950년 여름휴가를 코드 곶의 매노메트에서 보냈다. 이곳에서 아렌트는 힐데의 사망으로 몇 개월간 힘을 소진한 후 자신의 작업

---

93 아렌트가 블루멘펠트에게 보낸 편지(1951년 4월 1일), 마르바흐 문서보관소.

94 앞의 편지.

95 자렐이 아렌트에게 보낸 편지(대략 1951년 날짜 미상), 의회도서관.
옮긴이_ 셰익스피어, 『오셀로』 제3막 3장 「성문 앞」에서 이아고와 오셀로의 대화 장면에 나오는 문구이다. "울부짖는 군마여, 드높은 나팔소리여, 가슴을 뛰게 하는 북소리여, 귀를 뚫는 듯한 나팔소리여 … 너의 무서운 포성은 불멸의 신 주피터의 무시무시한 부르짖음을 닮았지만, 이제 너와는 작별이다! **오셀로의 임무는 이제 끝나다**(굵은 활자는 옮긴이 강조)."

을 다시 재개하였다. 알프레드 카진과 아렌트의 미국인 친구인 로즈 페이텔슨은 『전체주의의 기원』 원고를 최종적으로 교정하는 데 도움을 주었다. 아렌트는 미국에 온 이후 처음으로 조용히 읽을 시간적 여유를 가졌다. 그는 7월 야스퍼스에게 다음과 같은 내용의 편지를 보냈다. "저는 플라톤의 『정치가』, 『법률』, 『국가』를 읽는데 상당한 시간을 보내고 있습니다. 그리스어 실력은 천천히 회복되고 있군요. 저는 많은 음악을 듣고 있습니다. 그리고 저는 친구들을 알고 있고요. 오늘 예기치 않게 알렉상드르 쿠아레가 전화를 했는데, 훌륭한 친구입니다."[96] 틸리히, 리처드 풀랜트, 그리고 경제학자인 아돌페 로위를 포함한 친구들은 아렌트의 집에서 신문에 게재된 다른 전쟁(즉 한국 전쟁 — 옮긴이) 기사를 함께 읽었다.

아렌트는 6월 25일 매노메트로 떠날 채비를 하고 있을 때 야스퍼스에게 다음과 같은 내용의 편지를 썼다. "어저께 이후 도시는 전쟁 이야기로 가득 차 있군요. 우리는 믿지 않지만, 하여튼 혼란스럽게 된 **세계역사**와 함께 당신은 결코 모르십니다."[97] 북한군은 소련의 전면 지원을 받으며 38선을 넘어 진군하였다. 이틀 후 아렌트는 편지를 보냈다. **세계역사**는 현실이 되고 있었다. 트루먼 대통령은 한국을 지원하기 위해 미국 해공군을 파견하겠다고 발표하였다. 이러한 상황은 아렌트 자신이 집필하고 있던 작품을 완성시키겠다는 결심을 강화시켰다. 이 작품은 스탈린주의의 분석으로 이어질 수 있는 전체주의의 마르크스주의적 요소에 관한 연구였다. 아렌트는 자신의 방대한 작품 서막이며 책의 정점으로서 11월 노트르담대학교에서 행하기로 한 「이데올로기와 테러」라는 제목으로 강의를 준비하였다. 그해 여름 말에 아렌트는 『전체주의의 기원』 원고를 완전히 '영어로 정리하여' 편집자인 로버트 지룩스에게 보냈다. 그런데 호튼 미플린이 하버드대학교 역사학자의 조언을 받아들여 책 출간을 거절한 이후, 로버트 지룩스는 해로코트

96 아렌트가 야스퍼스에게 보낸 편지(1950년 7월 11일), 마르바흐 문서보관소.

97 아렌트가 야스퍼스에게 보낸 편지(1950년 6월 25일), 마르바흐 문서보관소.

브레이스출판사에서 그 책을 수용하게 하였다.

노트르담대학교에서 아렌트를 초청한 사람은 『정치평론』의 편집자이며, 친구인 발데마르 구리안이었다. 아렌트의 한창때 훌륭한 재치와 온화함은 다행스럽게도 예상보다 오래 계속되었다. 아렌트는 방문의 공적인 측면에도 불구하고 가난한 구리안의 마음을 편안하게 해주어야만 하였기 때문이다. 아렌트는 야스퍼스에게 다음과 같은 내용의 편지를 보냈다. "구리안은 몹시 두려워하며 저를 이리저리 안내했습니다. 한 여성이 가톨릭계 대학교의 강단에 올랐던 것은 이번이 처음이었기 때문입니다. 그분은 문자 그대로 혹독하게 추운 날에 걱정으로 땀을 흘렸지요. 제가 통상적인 무대공포증을 완전히 망각할 정도로 구리안의 그런 모습은 저를 아주 기쁘게 했답니다."[98]

아렌트는 마그네스 단체의 미국지부 회원이며, 예일대학교의 사회학자인 데이비드 리스먼과 함께 나누고 있던 토론을 구리안과 계속하였다. 이 두 남자는 원고 형태의 『전체주의의 기원』 마지막 3부를 읽었을 때 아렌트의 분석이 전체주의의 불가피성을 암시하고 있지 않은가에 대해 의심하였다. 아렌트는 엄격히 인과적인 의미로 전체주의의 '기원들'을 밝히겠다고 주장하지 않았다고 하더라도 그 책의 제목과 부분들을 결합시키는 양태는 일종의 결정론에 대한 옹호론으로 보였다. 예를 들면 에릭 보에글린과 같은 다수의 유럽인들은 정치현상의 정신적 측면을 중요하다고 생각하는 데 익숙해 있으며, 전체주의를 근대 세속주의의 논리적 산물로 생각하였다. 구리안은 아렌트의 정치사회 이론이 정신성을 무시하는 것 같다고 생각했다. 다른 한편, 리스먼은 미국 사회과학에서 관례적으로 훨씬 더 경험적인 분석을 선택하였으며, 특히 전체주의에 대한 아렌트의 언술에 의문을 제기하였다. 책이 출간되었을 때 이러한 두 가지 부류의 비판은 변형된 형태이기는 하지만 책 출간을 환영하는 표시였다. 매카시 시대가 끝난 후인 1958

---

98 아렌트가 야스퍼스에게 보낸 편지(1950년 12월 25일), 마르바흐 문서보관소.

년 제2판이 출간되었을 때, 마르크스적 정향인 세 번째 '수정주의'의 형태가 나타났다.

리스먼은 아렌트의 '전체주의'에 관한 부분의 원고를 읽었을 때 **미국의 열정 없는 실존**Passionless Existence in America으로 명명될 책을 집필하고 있었다. 리스먼은 아렌트가 서양세계에서 변화하는 성격구조 문제를 다루는 역사적 분석을 집필하기를 원했다. 이 문제는 아렌트가 설명할 수 있는 것보다 방법론에 대한 훨씬 더 큰 관심을 필요로 하였다. 리스먼의 책은 마침내 『외로운 군중*The Lonely Crowd*』으로 출간됐다. 레엘 데니 및 나탄 글레이저가 공동 집필한 이 책은 아렌트의 장을 포함시키지 않았다. 그들의 접근방법에 있어서 차이는 리스먼이 아렌트의 원고에 대해 밝힌 세부적인 논평에 명백히 나타났다. 리스먼의 질문들은 전체주의 형태로 결정화되는 요소들에 대한 아렌트의 폭넓은 안목을 회피하는 유연성과 기회의 증거를 지적하고 있다. 리스먼은 이후 『논평』에 게재한 『전체주의의 기원』 서평에서 마찬가지로 그의 질문목록들 가운데 하나로 다음과 같이 지적하였다. "당신은 스탈린과 히틀러가 내가 생각한 예보다 훨씬 더 계산적이라고 상정하는 … 경향이 있다. … 당신은 부분적으로는 정교하고 복잡한 제도적 질서의 결과를 정책으로 설명하고 있다." 그리고 리스먼은 다시 다음과 같이 지적하였다. "당신의 주장에 따르면, 나치는 자신들이 최종적으로 원했던 것을 처음부터 알고 있었다. … 그들은 오히려 사다리 위의 한 계단만 주시하고 자신들에게 매우 중요한 것을 획득하고자 상향으로 이동하는 젊은이들과 같지 않은가? 그가 거기에 도달할 때, 그는 무엇을 할 것인가를 결정하고 적절한 전문가들을 불러들일 것이다."[99] 아렌트는 『예루살렘의 아이히만』에서 개별적인 나치 기능인들의 경우 이데올로기의 논리적 일관성의 중요성을 재고했을 때 유럽 공동체의 지역적 차이, 우연, 관료적 야망이 나치 계

---

99 리스먼이 아렌트에게 보낸 편지(1948년 6월 7일, 1949년 6월 8일), 의회도서관; Riesman's review of *Origins, Commentary*, April 1951, pp. 392-397.

획의 집행에서 얼마나 큰 역할을 하였는가를 지적하였다. 그러나 그는 『전체주의의 기원』의 경우와 같이 이후 저작에서도 전체주의 이데올로기의 대단한 '초감각'뿐만 아니라 현실을 개조하고 인간본성을 변화시킴으로써 이러한 초감각을 '증명하려는' 전체주의 지도자들의 계산된 노력도 역설했다.

"인간본성을 변화시킨다"는 문구는 구리안이나 보에글린과 같은 비판자들을 불안하게 만들었다. 이 문구는 아렌트 견해의 가장 심오한 수준을 반영했고, 아렌트의 책 처음부터 끝까지 생명을 불어넣는 실존적 범주였다. 그는 전체주의를 자유의 시간적 공간적 필요조건에 대한 완전한 부정으로 이해하였다. 전체주의 이데올로기는 과거와 미래를 모두 파괴하고, 과거를 **'자연'**이나 **'역사'**의 신화로 전환하며, 이러한 신화의 성취라는 천년 왕국의 구상으로 미래의 예측 불가능성을 제거했다. 집단수용소에서 전체주의적 테러는 인간의 운동과 상호작용을 가능케 하는 모든 공간을 파괴하였다. 사유와 행위를 위한 자유는 모두 사라졌다. 아렌트는 「이데올로기와 테러」라는 제목의 장에서 이러한 기본적인 주장을 명료하게 하였다. 블루멘펠트는 아주 확실하고 명료한 필치로 "그것은 실제로 정치적 분석의 백미야!"라고 경탄하였다.[100] 아렌트는 자신의 주제들을 거리낌 없이 말하였다.

> 이데올로기는 … 이데올로기의 개별적 이념에 내재된 논리 때문에 역사과정 전체의 신비 — 즉 과거의 비밀, 현재의 복잡한 사정, 미래의 불확실한 일 — 를 아는 체 한다.
>
> 총체적 테러는 인간들을 서로 압박함으로써 그들 사이의 공간을 파괴한다. 그 공간 테두리 내의 조건과 비교할 때, 폭정의 불모지대도 어떠한 형태의 공간인 한 자유의 보장수단인 것 같다.[101]

---

100 블루멘펠트가 아렌트에게 보낸 편지(1953년 5월 12일), 마르바흐 문서보관소.

101 Arendt, "Ideology and Terror," *Review of Politics*, July 1953, pp. 303-327. 이 논문은 『전체주의의 기원』 1958년판의 에필로그로 사용되지 않았다.
옮긴이_ 1958년판에는 제13장의 제목은 「이데올로기와 테러」, 제14장의 제목은 「에필로그: 헝가리 혁명에 대한 성찰」이다. 제14장은 제1절 「스탈린 사후 러시아」, 제2절 「헝가리 혁이데올로기와 테러의 결합은 연대감과 공통감각의 세계를 파괴했다. 이 세계는 법을 통해 정치적으로 보장되고 직업의 차이, 재산, 개인의 차이, 사적인 우정의 연대, 사람들이 만든 대상을 통해 사회적으로 보장된다. 아렌트는 인간본성에 대한 통찰을 결코 개선하지 않은 채 이러한 전례 없는 '총체적 지배'를 기술하였다. 그는 가장 은밀한 공격 자체에 관심을 집중시켰기 때문이다. 이 공격의 대상은 전체주의가 인간의 삶에 필요한 실존적 조건들, 즉 사유하는 시점인 현재와 행위하는 공간이다.

정치철학자 에릭 보에글린은 『정치평론』에 게재한 장문의 사려 깊은 서평에서 '인간본성의 변화'와 같은 그러한 것이 가능하다고 생각한 아렌트에 대해 경악했다. 보에글린은 아렌트에게 다음과 같이 반론을 제기했다. 즉 "본성이란 변화되거나 변형될 수 없다. '본성의 변화'는 용어상의 모순이다. 사물의 '본성'을 멋대로 변경하는 것은 사물을 파괴한다는 것을 의미한다. '인간본성(또는 다른 것)의 변화'란 이념을 착상하는 것은 서양 문명의 지적 붕괴를 알리는 징후이다."

> 우리는 정치적 실재이며 인간적 실재인 자유가 어느 때보다 더 근본적으로 소멸되었다는 것을 목격했다. 이것은 바로 전체주의의 성공을 의미한다. 이러한 상황에서 인간의 불변하는 본성을 고수하는 것과 인간 자신이 파괴되거나 자유가 인간의 본질적 능력에 속하지 않는다고 결론을 내리는 것은 우리를 위로하는 내용이 되기 어렵다. 인간본성이 실존을 가지고 있는 한에서만 우리는 역사적으로 인간본성에 대해 알고 있다. 그리고 인간이 자신의 본질적인 능력을 상실한다면 영구적 본질의 영역은 여전히 우리를 위로해 주지 못할 것이다.[102]

명」, 제3절 「위성국가 체계」로 구성되어 있다.

102 보에글린의 서평과 아렌트의 반론은 『정치평론』(1953년 1월), 68-85쪽에 게재되어 있다.
옮긴이_ 보에글린은 『정치평론』 제15권 4호(1948년 12월)에서 「과학주의의 기원(The Origins of Scientism)」이란 논문(462-494쪽)을 게재했다. 보에글린은 『정치평론』의 서평 반론(1953년 1월), 「전체주의의 기원: 평가를 마무리하며」에서 아렌트의 이론적 의식을 높이 평가

보에글린은 정치적 사회적 붕괴에 대한 아렌트의 묘사가 설득력을 지니고 있다고 주장했지만, 아렌트가 이러한 붕괴에 대한 다양한 반응, 즉 상황 자체에서보다 인간본성의 잠재력에 뿌리를 두고 있는 다양한 반응을 무시했다고 주장했다. 보에글린에 따르면, 아렌트는 이러한 반응을 고려했을 경우 불가지론의 정신적 질병이 현대 대중의 특이한 문제라는 것을 파악했을 것이며, 여기에서 전체주의 기원을 탐구했을 것이다. 보에글린이 '인간본성의 변화'라는 문구가 함의하고 있는 것을 오해하였다고 비난하였을 때, 그는 아렌트가 이러한 정신적 질병에 오염되었다고 비난하고 있었다.

아렌트는 발현되는 것, 즉 현상에 관심을 가졌지 현상 이면에 놓여 있는 가상적인 실재(숨겨진 자연 또는 보이지 않는 본질)에 관심을 갖지 않았다. 아렌트는 '인간본성의 변화'에 대하여 언급하였을 때 근본적이지 않은 다른 조건 아래에서는 관찰할 수 있는 가능성마저도 행사하지 못하게 할 정도로 근본적인 인간조건의 변화를 의도하였다. 아렌트는 그러한 발현 능력의 가능성마저도 파멸되는 상황을 고려했다. 그가 이해한 전체주의는 인간본성의 변화란 목표를 완전히 실현할 정도로 세계적이었음에 틀림없다. 물론 그 세계는 집단수용소임에 틀림없다. 아렌트가 생각한 희망의 유일한 근원은 인간본성에 대한 어떤 견해가 아니다. 그것은 바로 나타나는 현상이었다. 보에글린의 주장에 따르면, 아렌트의 관점은 혼란스러울 정도로 세속적이지만 사실 정중하면서도 비교의적으로 종교적인 요소를 지니고 있다. 아렌트는 이후 『인간의 조건』에서 기술하였듯이 신만이 '인간본성'이나 인간의 본질과 같은 것을 인식할 수 있다고 생각했다. 아렌트의 주장에 따르면, 자신들 이외에 다른 것들의 본질을 인식할 수 있는 사람들은 자신들의 본질을 발견하기 위해 "그림자를 넘어설" 수 없다.[103] 사람들은 그러한 도약에 대한

했으나 자신의 견해와 다르다는 점을 밝혔다.

103 Hannah Arendt, *The Human Condition*(Chicago: University of Chicago Press, 1970), p. 70(이하 "*The Human Condition*"로 표기함).

욕구 때문에 자신들이 공유하는 실재와 세계에 대한 자신들의 실질적인 책임에 전념하지 못한다는 것이다. 리스먼이 아렌트에게 여러 통의 편지를 보냈는데, 아렌트는 한 편지의 끝 부분에 다음과 같은 내용을 적어두었다. "현실의 견고함이란 상대적이다. 현실은 보호를 위해 우리를 필요로 한다. 우리가 세계를 폭파할 수 있다면, 세계는 하느님이 우리를 그것의 수호자로 창조하였다는 것을 의미한다. 그렇듯이 우리는 진리의 수호자들이다."[104]

그러나 아렌트는 신학의 시각에서 전체주의자들의 목표에 대한 판단을 거부했지만 "근본적 악"이나 "절대적 악"에 대해서 언급하고 그러한 악에 직면한 서양 전통의 "개념적 공허함"을 논의하였을 때, 보에글린의 지적대로 거의 신학의 시각에서 그 목표를 판단했다. 아렌트는 자신의 책이 출간되던 달인 1951년 3월 야스퍼스에게 보낸 편지에서 "저도 근본적 악이 실제 무엇인지를 알지 못하지만, 그것은 이러한 현상, 인간 자신의 잉여성과 어떤 관계를 가지고 있답니다."[105] 아렌트는 인간들이 유일 종교에서 자신들을 창조한 하느님에 귀속시키는 전지전능을 목표로 할 때 인간들을 잉여적 존재로 만들 가능성을 목표로 하였다는 이념을 과감하게 제시하였다. 그는 어떠한 권력 개념, 니체나 홉스의 개념도 이러한 현상을 이해하기 위한 적절한 기초는 아니라고 주장하였다. 더 나쁜 것이지만, "철학 자체는 인간들을 잉여적 존재로 만드는 죄로부터 완전히 자유롭지는 않다. 물론 히틀러가 다소간 플라톤과 중요한 연관성을 가지고 있다는 의미는 아니다. … 그러나 서양 철학은 결코 순수한 정치 개념을 결코 가지고 있지 않으며, 그러한 개념을 가질 수 없다는 의미에 이러한 죄로부터 자유롭지 못하다. 서양 철학은 항상 추상화된 인간Man에 대해서 언급할 뿐이지 인간적 복수성을 결코 다루지 않았기 때문이다." 그러한 성찰에는 1950년대 아렌트의

104 Arendt's handwritten note on Riesman to Arendt, 8 June 1949, Library of Congress.

105 이것과 다음 출처는 다음과 같다. 아렌트가 야스퍼스에게 보낸 편지(1951년 3월 4일), 마르바흐 문서보관소.

철학적 임무, 즉 「이데올로기와 테러」, 『과거와 미래 사이』에 수록된 논문, 『인간의 조건』을 위한 씨앗이 놓여 있었다.

리스먼과 같은 자유주의자들이 제기한 '인간본성'에 대한 다른 형태의 질문은 마찬가지로 그의 후기 저작에 중요하다. 리스먼은 아렌트의 원고에 대한 한 논평에서 부르주아지를 언급한 여러 절의 내용이 '폭민'이나 '엘리트'를 언급한 여러 절의 내용과 마찬가지로 비정하다고 지적했다. 당시 폭민과 엘리트는 유대인을 증오했을 뿐만 아니라 부르주아지도 증오한 집단이다. 리스먼은 다음과 같이 제안하였다. "아마도 당신은 아주 많은 사람들에 대해 언급하고 있는데 이들의 비겁한 행위를 경멸하기 때문에 어쩌면 이러한 견해를 갖게 됐을 것이다. 그러나 당신은 그들이 영웅이어야 한다고 요청할 수 없지만 그들이 영웅적 행위를 인정해야 한다고만 요청할 수 있으며, 그들이 수행하고 있는 것에 대해 그들보다 좀 더 알고 있는 것 같다."[106] 아렌트의 『예루살렘의 아이히만』에 대한 논쟁이 진행되는 동안 많은 반향을 일으켰던 이러한 비판은 많은 자유주의자들이 "대중사회"라는 아렌트의 개념에 대해 느꼈던 어느 정도의 정신적 고통이었다. 사회학자 필립 라이프가 『종교학지*Journal of Religion*』에서 기술했듯이, "아렌트 여사의 경우 삶의 양식이나 정치적 무기로서 부르주아지는 근본적으로 악이 되고 있으며 … 막스 베버의 중간계급 청교도의 반대 이미지가 되고 있다."[107] 이 논쟁은 1951년 11월 28일 '미국문화자유위원회ACCF'*가 마련한 모임에서 공개적으로 지속되었다. 리스먼은 「전체주의 권력의 한계」라는 제목의 논

---

106 리스먼이 아렌트에게 보낸 편지(1949년 8월 26일), 의회도서관.

107 Philip Reiff, "The Theology of Politics," *Journal of Religion* 32(1952): 119. 아렌트의 대중사회 개념에 대해 가해진 비판의 요약 내용을 알기 위해서는 다음 문헌을 참조할 것. Daniel Bell, *The End of Ideology*(New York: Free Press, 1960), chap. 1.

* 옮긴이_ 미국문화자유위원회는 반공주의적 문화자유회의(CCF)의 자매단체이다. ACCF와 CCF는 냉전 시기 지식인들에게 소련과 공산주의를 비판하고자 촉구한 기관이다. 이 단체에는 600명 정도의 주요 인사가 참여했다. 예컨대 다니엘 벨 · 존 듀이 · 갈브레이스 · 시드니 후크 · 카를 야스퍼스 · 라인홀트 니버 · 메리 매카시 · 데이비드 리스먼 등이 참여했다.

문에서 자신의 조건들을 제안하였다. "전쟁을 하지 않은 채 공산정권을 붕괴시키고자 하는 동안 우리가 할 수 있는 일은 악이나 영웅적 행위뿐만 아니라, 새로운 인간을 만들려는 전체주의의 개조작업에 대한 심술궂은 단순한 비영웅적 저항 때문에 인간의 잠재력에 대한 훨씬 더 강력한 견해에 이르는 길을 발견하는 것이다. 우리는 악에 대해서 너무나 많이 듣고 배웠으며, 영웅적 행위에 대해서도 배웠다."[108] 아렌트는 전체주의 정권이 한때 등장하자 부패 · 자유기업 · 경범죄 · 무관심과 같은 저주스러움이 심각했다고 생각하는 리스먼을 비판하였다.

이러한 논쟁의 이면에는 아렌트가 이후 저서에서 충분히 제기한 문제, 즉 소위 '사회적인 것'과 '정치적인 것'을 어떻게 구분하는가라는 질문이 놓여 있었다. 아렌트는 역사가로서 집필할 때, 그리고 '우리 시대의 부담'을 짊어질 가능성에 대해 집필하였을 때, 사회적인 것의 영역에서는 거의 기대하지 않았다. 사회영역이 아닌 정치영역은 영웅적 행위와 자유 영역이다. 리스먼은 1949년 편지들 가운데 하나에서 다음과 같이 밝혔다. 즉 "한 가지가 나를 좀 괴롭히는군요. 즉 당신은 항상 부르주아지와 자유주의자에 대해 적대감을 보이는 것 같습니다. 클레망소는 자유주의자가 아니었나요? 당신은 자유주의자가 아닌가요?"[109] 아렌트는 리스던의 편지에 적힌 클레망소의 이름 위에 "아니지, 급진주의자"라고 기록했다. 그리고 아렌트도 자신의 이름 위에 거부라는 글자를 적었을지도 모른다.

아렌트는 자신이 클레망소와 연관시켰던 전통, 즉 18세기 혁명적 열망의 전통을 전후 세계의 유일한 희망으로 생각했다. 아렌트는 과거가 미래에 인정되는 것을 볼 수 있기를 희망했다. 그러나 그는 전통을 비판하였으며, **'인간의 권리**The Rights of Man'의 옹호자가 아니었다. 그는 다음과 같이 주장

---

108 다음 자료를 참조할 것. David Riesman, *Individualism Reconsidered*(Glencoe, Ill.: Free Press, 1954), pp. 409. 이 모임에 대한 기술과 리스먼 원고의 재판에 대해서는 다음 쪽을 참조할 것.

109 리스먼이 아렌트에게 보낸 편지(1949년 8월 26일), 아렌트의 수기 부록 포함. 의회도서관.

했다. "**인간의 권리**는 '양도 불가능하다'고 규정되었다. 그것은 모든 정부와 독립적인 것으로 상정되었기 때문이다. 그러나 인간은 자신의 정부를 갖고 있지 못한 채 최소한의 권리에 의존해야만 하는 순간, 그들을 보호할 수 있는 권위도 남아 있지 않으며, 그들을 보장해 주려는 제도도 없다."[110] 아렌트는 국가 헌법이나 자유주의적 국제단체가 인간의 권리를 환기했을 때도 이것이 어떻게 '실질적인 정치적 쟁점'이 결코 되지 못하는가, 즉 결코 시행될 수 없었는가에 대한 따분한 이야기를 개략적으로 언급하였다. 전후 상황은 심지어 더욱 혼란스럽다. "시민권과 구별되는 이러한 일반적 인권이 실제로 무엇인가를 어느 누구도 어떠한 확신을 가지고 정의할 수 없는 것 같다. 모든 사람은 무국적자의 만연이 정확히 **'인간의 권리'**의 상실을 의미한다는 점에 동의하는 것 같지만, 어느 누구도 그들이 이러한 인권을 상실했을 때 그들이 어떠한 권리를 상실했는가에 대해 알고 있는 것 같지 않다.

아렌트는 이러한 성찰을 통해 이후 정치철학의 기초를 마련하였다. 그는 책을 집필하고 있는 동안 직면해 있었던 상황인 무국적성 때문에 정치적 삶의 요소들을 알게 되었다. "인권의 근본적인 박탈은 무엇보다도 의견을 의미 있게 하고 행위를 효과적이게 하는 세계(정치적 공간)에서 장소의 박탈로 명백히 나타난다. … 새로운 국제 상황 때문에 이러한 권리를 상실했다가 다시 획득할 수 없는 수백만의 사람들이 나타날 때만, 우리는 권리를 가질 권리(그리고 그것은 사람들이 자신의 행위와 의견에 따라 판단되는 틀 속에서 산다는 것을 의미한다)와 어떠한 조직화된 공동체에 속하는 권리를 자각하게 되었다. … 인간은 결국 인간으로서 자신의 본질적 속성, 즉 인간의 존엄성을 상실하지 않은 채 소위 **인간의 권리**를 모두 상실할 수 있다." 사람들이 정치적 공간을 갖고 있지 못할 때, "우정이나 공감과 같은 우연과 위대하고 막대한 사랑의

110 이것과 다음 인용문의 출처는 다음과 같다. Arendt, "The Rights of Man: What are They?" *Modern Review* 3/1(Summer 1949): 24-37. (이 논문은 『전체주의의 기원』 초판 결론부분에 포함되어 있다.)

은총"만이 그들에게 자기 자신과 존엄성에 대한 얼마간의 확인을 제공한다. 아렌트와 그의 망명 동료들은 이것을 잘 알고 있다.

아렌트는 블뤼허의 "모든 인민의 권리를 위한 동맹" 제안의 개요를 추적하면서 **자연**이나 **역사**가 권리를 가질 권리를 보장할 수 없기 때문에 인류 자체가 이를 보장해야 한다고 주장하였다. 그러나 아렌트는 블뤼허의 보장책이 개념적 오류로 어려움을 겪고 있다고 생각했다. 블뤼허의 보장책은 인류 자체가 한 민족을 없애기로 "완전히 민주적으로" 결정할 수도 있는 가능성에 대한 보루를 제공하고 있지 못하기 때문이다. 또한 그의 보장책은 불확실성으로 어려움을 겪고 있다. "이스라엘 국가라는 최근의 사례가 증명하듯이, 인권의 복구는 국민적 권리의 복구를 통해서만 지금까지 실현되어 왔기 때문이다. 아렌트의 생각에 국제연합 권리장전과 같은 전후의 노력은 "분명히 현실을 결여하고 있었다." 뉘른베르크 재판은 '국제 예양'에 의해 보장되는 '국가에 우선하는 법'의 필요성을 명료하게 해주었으며, 아렌트는 그러한 예양이 어떻게 현실이 될 수 있는가를 고려하고자 노력했을 때 이것을 자신의 출발점으로 삼았다.

'국가에 우선하는 법'의 가능성에 대한 아렌트의 성찰은 자신의 1951년 책 가운데 결론 부분의 핵심을 차지하였다. 아렌트는 1952년 두 번째 유럽을 방문하였을 때 자신의 상상력을 공유하는 사람들을 만나고 싶었다. 그는 『전체주의의 기원』을 출판할 프랑스와 독일 출판사를 물색하고, 독일 대학에서 강의하며, 전쟁 초기 이후 유지했던 이념인 유럽연방에 대한 지지를 유럽 지식인들 사이에서 가늠하고자 했다. 유대인문화재건위원회는 설립의 최종단계를 위해 다시 아렌트의 도움을 필요로 했는데, 이 위원회의 지원을 받은 아렌트의 여행에는 역시 휴가가 포함되어 있었다. 그러나 아렌트는 지금까지 얻었던 모든 휴가와 마찬가지로 이 여행 휴가 기간 동안 작업을 진행시키려고 하였다. 책 두 권과 6편의 논문을 준비하는 계획은 계약 기간 사이에 나타났다. 블뤼허는 성공하지는 못했지만 과로하지 않도록 아렌트에게 권고하려고 했다. 이때 아렌트는 블뤼허에게 "아, 가엾은 분, 저는 그것을 할 수 없군요"[111]라고 말하였다.

111 아렌트가 (블뤼허를 위해) 프렌켈에게 보낸 편지(1948년 12월 3일), 의회도서관.

제3부

정치이론가의 성찰하는 삶

(1951~1965년)

•

한나 아렌트가 밝혔듯이, "세계에 거주하는 사람과 세계는 동일하지 않다. 세계는 사람들 사이에 존재한다."[1] 그는 다음과 같은 입장을 완전히 깨달았다. 즉 동료들과 함께 있는 자연적이고 안락한 '중간영역'은 괴테 시대 이후 위대한 사상가들의 목표로 간주되지 않았으며, 심지어 이들이 열렬하게 원했던 조건으로 간주되지 않았다. 레싱이 생각한 천재라는 표본적인 인간은 현대인들에게는 잘 알려지지 않은 사람이다. 그의 행복한 취향은 세계의 취향이다. 레싱 자신도 괴테가 획득한 세계와 같은 그런 세계와 평온한 관계를 찾을 수 없었다. 아렌트가 언급했듯이, "세계에 대한 레싱의 태도는 부정적이거나 긍정적이지 않고 근본적으로 비판적이었다."[2] 비판적인 태도는 역시 아렌트의 태도였다.

아렌트는 자신이 모호성이라고 명명했던 단순한 부정의 언저리에서 오래 머문 후에 이러한 태도에 도달하였다. 그는 이해할 수 없고 처벌할 수 없으며 용서할 수 없는 악(근본적 악)이 존재하는 세계와 어떠한 화해도 강력하게 거부하며 『전체주의의 기원』 집필을 끝냈다. 1950년대 초반 그는 더욱 광범위하고 더욱 철학적인 관점에서 전체주의의 근본적 악을 연구하도록 이끈 탐구를 계속했다. 아렌트는 유럽의 정치적 전통의 개념적 중추를 모두 비판하였다. 즉 그는 정치철학에서 일반적으로 인정된 진실을 모두 거부하고 오로지 전통의 "상실된 보물(즉 실천에서 주로 무시되고 이론에서 완전히 소실된 보물)"만을 인양하고 싶었다. 논쟁적이지 않지만 그는 니체가 말한 "망치를 든 철학"을 실천하였다.

---

1 Arendt, "On Humanity in Dark Times: Thoughts about Lessing," *Men in Dark Times*, p. 12.

2 앞의 책, 15쪽.

아렌트는 자신이 부정의 반대를 찾을 수 있을 때만, 즉 이론이 아닌 세계가 자신의 긍정적 요소들을 보여줄 때만 완전히 근본적인 비판으로 이동하였다. 1956년 헝가리 혁명은 아렌트에게 유럽 혁명전통의 상실된 보물이 미래에 부활될 수 있다는 희망을 제공하였다. 그는 『인간의 조건』에서 행위에 관해 언급하였으며, 『전체주의의 기원』 제2판에서 평의회 체계에 관한 에필로그를 마련하였다. 그는 『혁명론』을 기획하였다.

아렌트는 이론적으로 자신의 근본적인 비판을 수행할 수 있는 긍정적 요소들을 사용하면서 입장을 변경하였다. 그러나 그는 화해의 척도를 발견할 때까지 세계에 대한 태도에서 가장 심오한 감정을 새로이 드러내지 않았다. 아렌트는 전쟁이란 사실과 유대인 문제에 대한 **'최종 해결책'** 이후 자신의 표현대로 사후적 처방cura posterior을 수행하였다. 이러한 처방의 공적인 징후는 『예루살렘의 아이히만』에서 근본적인 악에 대해 의문을 제기하는 것이었다. 그러나 개인적 치유는 지적 비판을 선행하였다. 아렌트는 결혼을 통해 새로이 안정감을 갖게 되었고 어린 시절의 억압(신뢰의 결여)을 제거하고, 마침내 평안한 감정을 갖게 되었을 때 세계사랑amor mundi에 대해 집필하고 싶었다.

제7장

세계 속의 안락함
(1951~1961년)

산맥의 풍파는 우리 뒤에 놓여 있고,
평야의 풍파는 우리 앞에 놓여 있다.

브레히트, 「인식」(1949)

이중군주국

한나 아렌트는 1952년 봄 파리의 삶이 즐겁고, "따뜻하며 어디든지 푸른 나무들이 있다"는 것을 발견하였다. 그는 편지에서 "도시는 이전보다도 더 아름답다"고 밝히면서 자신들의 첫 번째 보금자리에 대한 상당한 향수병을 불러일으켰다. 매우 유능한 총리인 앙투안 피네는 제4공화국의 경제를 정상화시키기 시작했다. 그에 대한 신뢰감은 돋보였다. "프랑스인들은 또 다시 행복하고, 2년 전에 비해 완전히 다른 모습을 보였다."[1] 아렌트는 파리 도시와 시민들의 분위기 덕택에 『전체주의의 기원』의 출간 다음 해, 즉 한국 전쟁이 가장 치열했던 1952년에 마음속을 떠나지 않았던 세계정세에 대

1 아렌트가 블뤼허에게 보낸 편지(1952년 4월 11일), 의회도서관.

한 어두운 예감을 상당히 벗어던질 수 있었다. 아렌트는 헤르만 브로흐 재단을 지원하고자 뉴헤이븐을 방문하면서 옛 친구들을 만나는 기회를 갖게 되어 1951년 음울한 여름 이후 느꼈던 슬픔으로부터 많이 벗어났다.

아렌트는 오랜 동면을 마치고 나오는 동물과 같았다. 그의 감각은 되살아났다. 그는 '세계의 경이'를 강렬하게 주시했다. 그의 옛 친구들은 경이로운 사람들이었다. 아렌트는 '한때 가장 절친한 친구'였던 안네 바일과 함께 오랫동안 '말잔치'를 가졌다. 그리고 아렌트는 새로운 친구들을 사귀었다. 그는 '젊은 사람들', 즉 알프레드 카진과 친구인 앤 버스타인과 함께 사르트르(프랑스 외르에루아르 주의 주도 — 옮긴이)를 방문하였다.* 이들은 카진이 학생들을 가르치며 1년 동안 거주했던 쾰른대학교의 주거지에서 아렌트를 방문하러 왔다. "정말로! 아주 아름답네요. 아주 멋있는 봄 햇살이 푸른 창을 통해 들어오고 푸른 창은 더욱 푸르게 보입니다. 나는 생전 처음 실제로 건축에 눈을 뜨게 되었어요. 나는 그것이 완벽한 경이인가를 이전에는 알지 못했어요."[2]

아렌트는 건축에 대한 관심이 블뤼허의 커다란 열정들 가운데 하나라는 것을 알게 되었고, 두 사람은 친밀성의 또 다른 근거를 갖게 되었다. 아렌트는 프랑스의 건물들이 그려진 그림엽서를 블뤼허에게 보냈다. 아렌트는 실제로 여행을 하였지만 블뤼허는 상상 속에서 여행을 하였다. 그들은 이탈리아와 그리스 여행을 기획하고 10년 후에 이를 실행하였다. 10년 후에 블뤼허는 유럽으로 귀환하여 새로이 태어난 독일을 방문하는 것에 대한 혐오감을 극복하였다. 아렌트가 유럽에서 보낸 약 5개월 동안 주고받은 편지

---

* 옮긴이_ 아렌트는 블뤼허에 보낸 편지에서 카진(1915~1998년)과 버스타인(1927~2017년)을 '두 어린이'로 표현하고 있다. 다음 자료를 참조할 것. Arendt and Blücher, *Within Four Walls*, p. 158. 카진은 아렌트가 유럽을 두 번째 방문할 당시인 1952년 방문 교수로 쾰른대학교에 체류하고 있었다. 유대계 이민 부모의 딸인 앤 버스타인은 미국 풀 브라이트 학자, 소설가, 영화비평가로서 이후 카진의 세 번째 아내가 되었다. 다음 자료를 참조할 것. Helgard Mahrdt, "Introduction to Arendt-Kazin Correspondence," *Samtiden* (2005), p. 114.

2 아렌트가 블뤼허에게 보낸 편지(1952년 4월 17일), 의회도서관.

들은 서로의 관심과 성취에 대한 즐거움으로 채워져 있었으며, 마르타 아렌트가 사망하고 블뤼허가 공적인 삶에서 어쩔 수 없이 은퇴한 이후에 그들의 삶에 찾아왔던 새로운 균형감을 드러냈다.

그들은 도처에서 오래 유지되었던 개인적 유대가 흔들리고 때로는 해체되는 모습을 보았으며, 오랜 결혼생활이 긴장상태에 놓이고 파경에 이르는 모습을 보았다. 그들은 자신들의 결혼이 상호 평등과 독립성에 의해 강력하게 유지되어 왔다는 점에 동의하였다. 두 사람은 각기 친구, 일거리, 그리고 세계로 뻗어나갈 안전한 기반을 갖고 있었다. 아렌트는 자신이 이전에 썼던 시와는 분위기뿐만 아니라 색조에서 상이한 시를 통해 '세계로' 뻗어나가는 것에 대해 느낀 안정감을 부각시켰다. 블뤼허는 "그 시가 대중적인 낭만적 시인 루트비히 울란트의 봄노래와 같다"고 말하였다.*

지구가 시를 읊조리고, 벌판을 따라
나무들 사이에 일직선으로,
쟁기질한 땅 주위로 우리의 길을 세상에 내자.

활짝 핀 꽃들이 바람에 휘날리고,
잔디는 이들을 온화하게 맞이하도록 자라고,
하늘은 푸르고 부드럽게 맞이하고,
태양은 부드러운 고리들을 엮어놓는다.

사람들은 배회하고 —
대지, 하늘, 빛과 숲 —

* 옮긴이_ 울란트(1787~1862년)는 독일 튀빙겐 출신의 시인이고 슈바벤 시파의 대표자로서 민요풍의 시를 쓰면서 조국애를 강조하였다. 서정시 모음집 『밤의 여행』, 『교회 합창단』, 『봄의 예찬(*Frühlingsglaube*)』 등이 있다. "온화한 바람이 잠에서 깨어나고,/ 산들거리며 밤낮없이 바람이 불어오네요./ 사방 곳곳에서 불어오네요./ 오 신선한 향기, 오 새로운 소리!/음, 가엾은 마음이여, 두려워하지 마오./ 이제 모든 것이 달라질 것이오." 「봄의 찬가」는 슈베르트가 울란트의 시에 곡을 붙인 작품이다.

가장 경이로운 힘의 작동에서
모든 봄은 다시 태어나네.[3]

아렌트가 1952년 집으로 보낸 편지들에는 블뤼허의 충실성과 관련한 고뇌가 담겨져 있지 않았다. 아렌트가 1949년 유럽 여행에 앞서 발생한 사건의 소용돌이 속에서 두 사람은 서로 비밀을 가져서는 안 된다는 합의에 도달하였다. 관련된 여성은 블뤼허 부부의 삶과 동족 난민의 동아리에 머물러 있었다. 그 동아리에는 결혼으로 문제의 난관을 극복하게 해 준 다른 사람들이 포함되어 있었다. 난민 생활과 어려움으로 지내던 몇 년 동안 이러한 동아리를 결속시켰던 충실성은 결혼 관습이나 습관적인 믿음보다 더 심화되었다.

블뤼허 부부는 주고받은 편지들에서 다른 사람들의 질투심을 통탄하고 그것으로부터 해방되기를 기대하면서 질투심 문제를 논의하였다. 블뤼허는 아렌트와 하이데거의 관계를 인정하고 장려하였지만, 1952년 하이데거의 부인은 1949년 당시보다 아렌트를 점점 더 질투하게 되었다. 블뤼허는 아렌트에게 다시 다짐했다. "전혀 질투하지 않는 당신 남편이 당신을 이곳 집에서 기다리고 있다는 것을 보여주어 그들을 질투하게 하오. 당신 남편은 질투는커녕 자기 방식대로 당신을 사랑한다오." 아렌트는 다음과 같이 답장을 보냈다. "물론 사랑해요. 우리의 마음은 실제로 서로에 대해 강해졌고, 우리의 행로 역시 일치해요. 그리고 삶이 지속되는 동안에도 이러한 일치는 흐트러지지 않을 것이에요. 이분들은 자신들이 활동적인 삶을 포기하고 자신들을 배타적인 하나로만 묶어두기만 하면 서로 간에 충실하다고 생

---

3 블뤼허가 아렌트에게 보낸 편지(1952년 5월 10일), 의회도서관. 이 시는 다음 편지에 있다. 아렌트가 블뤼허에게 보낸 편지(1952년 5월 1일), 의회도서관.
옮긴이_ 여기에서는 다음 자료의 번역 시를 우리말로 옮겼다. *Within Four Walls: The Correspondence between Hannah Arendt and Heinrich Blücher*, ed., Lotte Kohler(New York, San Diego, London: Harcourt, Inc, 1996), pp. 165-166.

각하는 우매한 분들이군요. 따라서 이분들은 공동의 삶도 영위하지 못할 뿐만 아니라 일반적으로 말하여 삶이란 전혀 없어요. 그것이 그렇게 위험하지 않다면 사람들은 언젠가 결혼이 실제로 무엇인가를 세상 사람들에게 말해야 해요."[4]

블뤼허 부부는 '실제의 결혼생활'이란 무엇인가에 대한 진술을 공개하지 않았지만, 블뤼허는 영어로 쓰인 날짜 미상의 출생 시에서 아내에게 자신들의 복수성과 공통된 종교적 믿음에 대한 유쾌한 상을 제시하였다.

이제, 현재 이곳
당신과 내가 우리이듯이,
그렇게 나이기 때문에, 당신은 나일 것이오.
그리고 나 역시 당신이기 때문에, 나는 당신일 것이오.
자 보오. 현재 이곳에서 삶은 얼마나 진실되오.
그와 그녀의 경이(우리들의 것!)

당신은 나보다 더 나이오.
나는 당신보다 더 당신이오.
그러니 나는 나보다 더 나답다오.
그리고 당신은 당신보다 더 당신답다오.

영원한 운동, 우리들,
영원의 주위를 맴돌며

그러니 **그들은** 우리를 도우니, 이것을 우리에게 제공하는 **그대.**

아렌트가 1952년 유럽에 체류하고 있는 동안, '그들' 가운데 한 사람은 블

---

4 블뤼허가 아렌트에게 보낸 편지(1952년 6월 7일), 아렌트가 블뤼허에게 보낸 편지(6월 13일), 의회도서관.

뤼허 부부의 결혼을 상세히 묘사하였다. 자렐은 1954년에 출간된 『평판 있는 사람에 대한 풍자*Pictures from an Institution*』*에서 여러 차례의 '미국 시 주말 낭송American Poetry Weekend'에서 만났던 블뤼허 부부에 대한 내용을 묘사했다. 자렐은 정기적으로 자신의 손님들에게 편지를 보냈다. "나는 두 분이 세상 사람들에게 말하기를 희망한다오. 두 분은 토요일과 일요일인 경우 미국 시의 발전을 장려하시겠지만 그밖의 요일에는 시간이 없을 것이오."[5] 블뤼허와 자렐이 목소리를 서로 높이고 있을 때, 즉 목소리 경쟁을 하고 있는 동안 아렌트는 미국 시의 발전을 격려하고자 저녁을 준비하며 부엌에 머물러 있었다. 그들이 서로 상대방의 목소리를 능가하려고 노력할 때, 특별히 앞지를 때, 두 사람의 목소리는 낭랑하게 울려 퍼졌다. 이들은 누가 킴Kim을 이해하는 법을 더 잘 알고 있으며, 위대한 시인이 예이츠인지 릴케인지를 더 잘 알고 있는지를 보이고자 했다. (랜달은 물론 릴케를 지지했고, 나의 남편은 예이츠를 지지했다. 이렇듯 몇 시간을 보냈다.) 랜달이 목소리 경쟁을 한판 하고 난 후에는 "세상에서 두 번째로 뚱뚱한 사람이 가장 뚱뚱한 사람을 만나기나 한 듯이 (열정적인 사람이) 자신보다 더 열정적인 사람을 본다는 것은 항상 경이롭다"[6]는 글을 썼다.

『평판 있는 사람에 대한 풍자』에 등장하는 로젠바움 부부는 블뤼허 부부로 곧 오인되지는 않는다. 자렐은 친구에게 보낸 한 편지에서 다른 점을 설명하였다. 즉 "로젠바움 부부는 개인으로서 당신과 하인리히와 닮지 않았지만, 나는 당신을 모르고는 그들의 모습을 거의 복원시킬 수 없다오. 내

---

* 옮긴이_ 이 작품은 픽션이며, 세부 사항, 이름, 등장인물, 현존하는 기관, 생존하고 있거나 죽은 사람들과 연관되지 않는다고 밝혔다. 자렐은 이 책을 메리 매카시와 한나 아렌트에게 헌정했다. 7장으로 구성된 이 책에서는 로빈스 총장과 부인, 휘테커 부부와 게르트루드, 배터슨과 벤톤, 콘스탄스와 로젠바움 부부라는 제목으로 구성된다. 책의 제목은 대학 생활의 특이함에 초점을 맞춘 풍자라는 점에서 '어느 기관에 대한 풍자'로 옮길 수 있지만, 'a institution'은 '평판 있는 인물 또는 볼거리'를 의미할 수 있어서 여기서는 '평판 있는 사람에 대한 풍자'로 옮겼다.

5 의회도서관에 소장된 자렐의 편지는 날짜 미상이다. 이들은 이 설명에 개별적으로 첨가되어 있지 않다.

6 Arendt, "Randall Jarrell: 1914-1965," *Men in Dark Times*, p. 265.

생각에 나는 몇 가지 자그마한 특이한 것들이나 몇 가지 매우 큰 일반적인 것들에서 그들을 당신과 비슷하게 만들고 있다오. 그들은 중간 크기의 것들에서는 대부분 매우 다르다오. … 당신이 지니고 있는 역사철학자와 같은 모습에 어울리는 것이 그에게는 거의 없다오."

『평판 있는 사람에 대한 풍자』에서 자렐은 아렌트의 어린이 육아이론들을 놀랍게도 풍자적으로 묘사함으로써 자신을 교육시킨 그 한나 아렌트와 같은 사람을 묘사하였다. 자렐은 백치미가 있는 젊고 매력적인 인물인 콘스탄스를 만들어냄으로써 자신의 어린 시절을 재구성하여 유럽의 분위기를 더 풍기게 하였다. 그런데 콘스탄스는 그가 로젠바움 부부의 가족에서 필요로 하는 교육을 인지하고 있다. 자렐은 또한 스스로 또 다른 자아alter ego, 즉 소설가 게르트루드 존슨이란 인물을 만들어냈지만 여전히 자신의 어린애다운 형식을 따르는 성인이며 이야기하는 사람이었다. 게르트루드는 냉랭할 정도로 풍자적인 기치를 지닌 여성이다. 대부분의 비평가들은 그가 메리 매카시라고 기꺼이 주장했다. 매카시가 자렐에게 게르트루드에 관해서 질문했을 때, 자렐은 "아니, 그 사람은 플로베르 같은 나야"라고 매카시에게 답변했지만, 존슨 부인은 『학문의 세계*The Groves of Academe*』를 집필하려고 준비하고 있기라도 하듯이 자렐의 풍자를 의심하고 있다.

로젠바움 부인 자신은 오히려 당혹스럽게도 혼합된 성격을 지닌 사람이었다. "그는 세계를 고민하면서 새와 같이 세계를 주시하였다. 당신도 또한 세계를 고민하였다. 그러나 당신은 그가 작은 맹금인지 단순히 약간 당황한 기색을 보이는 외국산 앵무새인지에 대해 마음을 결정할 수 없었다. … 그의 눈은 거의 놀라울 정도로 깊숙이 들어가 있었다. 그래서 그의 눈꺼풀은 자기 조각 같아 보였다. 그가 밝고 흡족한 시선으로 당신을 순간 주시했다가 시선을 돌릴 때, 당신은 자신의 모습이 그의 눈꺼풀에 실려 있다는 것을 느꼈으며 원하고 있다는 것을 알게 되었다. 그는 당신이 불안하게 추측한 기준에 따라 판단하였으며, 그러한 판단이 당신에게는 거의 문제가 될 수 없기라도 한 듯이 자신의 판단을 스스로 유지했거나 무심코 판단을 내렸다. 그래서 당신은 정의가 당신의 편이 되고 있지 못하여 어린애와 같이 그녀의 미소를 기다리기로 결정하였다. 그 미소는 순전히 나타났다가 사라지는 미소, 봄과 같은 미소였다. 당신은 그것을 믿을 수 없겠지만, 실제는 그랬다."[7] 러시아 출신 가수인 로젠바움 부인, 빈 출신 작곡가인 로젠바움 박사는 합치면 현명했다. 자렐은 그들을 상상하였을 때 블뤼허 부부의 결혼에 관한 초상화를 완벽히 그렸다. "나는 그들을 처음 보았을 때 블뤼허가 아렌트를 위로하거나 진정시키며, 즉 아렌트가 괴로워하거나 흥분하지 않게 하려는 작은 일을 하였다는 것을 알았다. 나는 아렌트가 가족에서 주도적인 역할을 하는 사람이라고 결론을 내렸다. 그런데 잠시 후 나는 아렌트가 블뤼허에 대해 정확히 똑같은 방식으로 행동하고 있다는 것을 목격하였다. 그들은 이중군주국이었다."

이중군주국이란 가정에는 '남성의 작품들,' 즉 '지구상의 모든 언어로 쓰인' 책들이 있었다. "콘스탄스는 그것이 어떤 면에서는 세계라고 느꼈다." 콘스탄스와 서술자는 모두 이 순결한 세계에 참여하면서 놀랐다. 친구를 방문한다는 게 종종 비스킷 같이 달콤하고 프리졸 리프리토(*frijoles refritos*; 익혔다가 라드에 다시 튀긴 콩) 같았으며, 두 번 들은 이야기와 같이 좋았다. "친구들은 조용하면서도 아주 천생연분이다. 당신들은 약간 가라앉은 채로 집에 돌아가고, 당신 삶의 주요 요소는 복구되었다. 로젠바움 부부를 방문할 때 이러한 것을 찾을 수 없었다."

이중군주국을 알고 있는 사람들이 모두 동의할 수 있었던 한 가지 사실은 이들을 방문하는 게 삶의 주요 요소를 복구시키지는 못했다는 점이었다. 그들은 문제를 제기하고, 논쟁하고, 다른 사람의 생각을 각기 소리 내어 생각할 기회를 가졌다. 카진은 자신의 회고록 『뉴욕의 유대인*New York*

---

7 이것과 다음 인용문의 출처는 다음과 같다. Randall Jarrell, *Pictures from an Institution*(New York: Alfred A. Knopf, 1954).

Jew』에서 다음과 같이 회상했다. 즉 "나(즉 카진 — 옮긴이)는 그 순간까지 예상치 못한 철학적 발견으로 개방적인 결혼생활의 환희에 깜짝 놀랐다. 내가 지금까지 목격했던 가장 열정적인 세미나, 즉 함께 살고 있는 남녀 사이에서 벌어지는 세미나에서 아렌트가 블뤼허와 대화할 때에도, 아렌트는 블뤼허와 논쟁에 맞섰다.[8]

그 열정적인 세미나는 공중의 시야에 띄지 않게 조심스럽게 진행된 사적인 문제였다. 아렌트는 편지에서도 자신의 결혼에 대해 거의 쓰지 않았다. 그러나 그는 결혼이 특히 무엇을 존속시켜야 하는가에 대한 성찰을 『인간의 조건』에 포함시켰다. 즉 그것은 바로 결혼에서 여백이 있는 결합이었다.

> 사랑은 그 열정 때문에 우리와 다른 사람을 연결시키고 동시에 우리와 다른 사람을 분리시키는 중간영역을 파괴한다. 그 마력이 지속되는 한, 두 연인 사이에 끼어들 수 있는 유일한 중간적 존재(즉 중간자)는 사랑의 결실인 자식이다. 이제 연인들과 관계가 있고 공통점을 가진 이 중간적 존재인 자식은 또한 두 사람을 분리시킨다는 점에서 세계를 상징한다. 자식은 연인이 새로운 세계를 현존하는 세계에 포함시킬 징표이다. 그것은 마치 연인간의 사랑이 두 사람을 세계로부터 추방시켰지만 이제 두 연인이 자식을 통해서 세계로 복귀하는 것과 같다. 그러나 이 새로운 세계성, 연애의 가능한 결과이며 오직 가능한 행복한 결말은 어떤 의미에서 사랑의 목적이다. 사랑의 목적은 동반자들을 새로이 극복하거나 공존의 다른 양태로 변형되어야 한다. 사랑은 그 본질적 속성 때문에 비세계적이다. 그리고 사랑은 그런 이유, 오히려 그 진귀함 때문에 탈정치적일 뿐만 아니라 반정치적이며, 아마도 온갖 반정치적인 인간적 강제력 가운데 가장 강력할 것이다.[9]

---

8 Alfred Kazin, *New York Jew*(New York: Alfred A. Knopf, 1978), p. 198.

9 Arendt, *The Human Condition*, p. 242.

블뤼허 부부의 사랑은 두 사람이 잉태한 '정신의 소산'을 통해서 공존의 다른 형태로 바뀌었다. 아렌트는 『전체주의의 기원』을 하인리히 블뤼허에게 헌정하였으며 이것을 '우리의 책'이라고 생각하였다. 블뤼허는 자신의 영웅인 소크라테스에 대한 언급에서 시사하듯이 자신의 공조를 일종의 보호자 역할로 생각하였다. 블뤼허의 언급은 보통 역사적으로 모호하지만 자신의 역할을 반영한다. "소크라테스는 산파라고 주장하였으며 … 자신이 아이의 출산을 돕는다고 말했다. 그는 (말하지 않았지만) 실제로 자식을 생산하려는 생각을 가졌다. 그는 사상을 잉태하는 데 두 사람이 필요하다고, 즉 사유란 의사소통 없이 불가능하다고 생각했다."[10]

블뤼허 부부는 자식이 없었다. 아렌트는 한때 친구인 한스 요나스에게 다음과 같이 설명했다. "우리는 아이들을 낳을 정도로 젊었을 때 돈이 없었다. 그리고 우리는 돈이 있을 때 너무 나이가 들었다." 블뤼허가 말했듯이, "우리는 이러한 시기에는 자식들을 갖지 않기로 결심했습니다. 우리는 그것을 슬퍼합니다. 그러나 죄 없이 고통 받는 사람들에 대한 책임감은 귀중한 것입니다."[11] 아렌트가 『전체주의의 기원』을 완성시켰을 때, 아렌트의 나이는 43세였고, 블뤼허의 나이는 50세였다. 1949년 그 해에 그들은 비로소 웨스트 49번가에 위치한 작은 방에서 벗어나 이사하는 것을 고려할 수 있었다. 다른 종류의 이유들이 있었을지도 모른다. 블뤼허는 자기 어머니의 정신질환이 선천적일 것이라고 두려워했으며, 젊은 시절 앓았던 선천성 동맥류가 단명한 삶이나 병약한 삶이라는 오점을 자식에게 남길 수도 있다는 것을 두려워했다. 아렌트는 일에 대한 열정과 평온의 필요성 때문에 자신이 자식 양육을 귀찮게 생각했을 것이라는 점을 충분히 깨달을 만큼 자신을 알았다. '이와 같이 어려운 시기'에 대부분의 사람들은 아기를 갖는 것

10 블뤼허가 1952년 뉴스쿨에서 「우리는 철학을 왜 그리고 어떻게 연구하는가?」라는 주제로 수행한 강의를 위해 마련한 강의안. 필기장은 바드대학 도서관에 소장됨.

11 블뤼허가 어머니 클라라 블뤼허에게 보낸 편지(1946년 4월), 의회도서관.

에 대해 반대했다. 그런 부류의 사람들은 자식이 없거나 이민으로 안정감을 갖게 된 후에 비로소 자식들을 가졌다.

블뤼허 부부는 자신들의 평등을 매우 존중하게 되었다. 젊은 시절의 블뤼허는 여성들을 지배하려는 습관을 가지고 있었으며, 남성들 사이에서 지적인 동료를 찾았었다. 블뤼허의 지적인 동료인 아렌트는 교육을 더 많이 받았고, 훈련을 더 많이 받았으며, 블뤼허의 습관을 무시했다. 블뤼허의 표현대로 "자유로운 성품"의 관점에서 우세 관계는 천천히 해소됐다. 블뤼허는 한때 세속적이고 정치적인 관점에서 결혼 문제를 논의하면서 결혼의 전제조건에 대해 학생들에게 언급한 바 있다. 블뤼허는 남자가 아내에게 이혼증서를 제시함으로써 아내와 이혼할 수 있다는 모세 율법을 고려했지만 그런 이후에는 "하느님이 … 맺어준 것을 인간들이 갈라놓지는 못한다"는 예수의 계율을 수용하였다. 그는 이 계율이 남성의 특권을 거부하고 남녀 평등을 확립하려는 시도로 이해하였기 때문이다. 블뤼허의 말에 따르면, 예수는 "실질적으로, 모든 인간의 무한한 가능성, 그리하여 그러한 인격의 절대 침해 불가능성이란 측면에서 인간의 평등을 확립하였다. 그러나 블뤼허는 인간의 평등을 확립하기 위해서 남녀 사이의 불평등을 우선적으로 폐지해야 한다는 것을 알았다. 이곳에는 온갖 종류의 불평등이 뿌리 박혀 있었기 때문이다."[12]

블뤼허 부부의 평등은 철학적으로 기반을 두고 실제로 실행되었으며, 1951년 이후에 더욱 더 편이하게 수용되었다. 그들은 두 사람이 사용할 서재와 손님들을 맞이할 방이 갖춰진 아파트로 이사하였다. 이 아파트는 모닝사이드 드라이브 130번지에 위치해 있었다. 아렌트가 유럽에 체류하고 있는 동안, 블뤼허는 메리 매카시, 한스 요나스, 친한 친구이며 화가인 칼 홀티에게 아렌트의 방을 내주었다. 요나스는 캐나다에서 교수직을 얻기 위

12 예수와 아브라함에 관한 블뤼허의 바드대학 강의 원고, 바드대학 도서관.

해 팔레스타인을 떠나 있었다. 그리고 홀티와의 대화는 '휴식을 취하기 위한 휴가'보다 더 훌륭했다. 블뤼허는 일요일 저녁마다 자신의 서재에서 친구들의 근황을 알리고, 자신의 연구 작업과 강의, 자신의 학생, 그리고 기쁘게도 바드대학의 요청 등에 관한 근황을 알리는 편지를 매주 보냈다.

바드대학의 학장인 제임스 케이스는 뉴스쿨의 저명한 철학자인 호레이스 칼렌으로부터 블뤼허에 대한 소식을 들었다. 그는 바드대학 신입생을 위한 '**공통교과과정**Common Course'* 개설 계획으로 블뤼허를 발굴하였다. 케이스 학장은 자신이 찾는 소크라테스와 같은 사람이 바로 블뤼허라고 생각하였다. 반면에 교수진들은 이를 확신하지 못했다. 교수진은 당시 이해되는 용어의 의미로는 거의 진보적이지 않았던 블뤼허의 **공통교과과정** 강의 계획안에 대해 들었을 때 그를 반동가로 생각했다. 그러자 블뤼허는 이들을 만났고 자신이 반동가가 아니라는 점을 이들에게 설득시키려고 노력했다.[13] 많은 미국 철학자들이 정치적 쟁점에서 벗어나 소위 분석철학이라 불리는 영국의 경향을 수용하기 시작한 바로 그 상황에서, 고등학교 졸업장만을 지니고 있는 블뤼허는 모든 학문의 여왕으로서 철학의 고대적 위상을 부활시키는 일에 나섰다. 그는 철학이 인간의 모든 창조활동 방식을 재통합하는 책임을 담당해야 한다고 생각하였다. 그러나 그는 19세기 방식으로 이러한 재통합 체계를 제안하지 않았다. 그는 철학이 모든 창조적 이념과 이들 사이의 상호관계를 형성하는 중요한 정보기관이라고 생각했다. 그는 강좌를 통해 학생들에게 창조력의 근원을 소개하고자 의도하였다. 그는 이러한 목적을 실현하기 위해 이전에는 알려지지 못했던 인간적 창조력을 발견했던 수많은 '위대한 사상가들'을 선정하였다. 이 집단에는 아브라함·예

---

* 옮긴이_ 블뤼허가 이 강좌의 1967년 마지막 강의를 위해 마련한 논문은 다음 자료에 수록되어 있다. *Within Four Walls*, pp. 390-400.

13 그의 바드대학 초청과 대담에 관하여. 블뤼허가 아렌트에게 보낸 편지(1952년 7월 26일, 8월 2일), 의회도서관. 공통교과과정 소개 및 강의 원고에 관한 블뤼허의 강의안은 바드대학 도서관에 소장되어 있다.

수 · 짜라투스트라 · 석가 · 노자 · 호메로스 · 헤라클레이토스 · 소크라테스, 즉 '자유로운 성품을 가진 원조들'이 다양하게 포함되어 있었다.

아렌트는 집에서 **공통교과과정**을 공부했다. 아렌트의 정신적 기록은 분명히 자신에게 매우 중요했다. 아렌트는 자신의 저작에서 위대한 사상가들을 많이 인용하였다. 그 출처는 블뤼허의 강좌였다. 아렌트는 행위의 조건들 가운데 가장 기본적인 것에 대해 언급했다. 이때 그는 블뤼허의 평등 개념에 아주 중요한 창세기 문구, 즉 "그분께서 남자와 여자를 창조하였나니"라는 예수의 말씀을 강조하였으며, 다음과 같이 논평했다. 즉 "인간들이 무한히 재생산될 수 있는 동일한 모델[아담]의 복제품이라면 행위란 불필요한 사치품, 즉 행태의 일반적인 법칙에 대한 변덕스러운 개입에 불과하다. … 다원성은 인간 행위의 조건이다. 어느 누구도 지금까지 살았고, 현재 살고 있으며, 앞으로 살게 될 어떤 사람과 결코 동일하지 않은 방식으로 우리는 모두 동일하기 때문이다. 즉 우리는 인간이기 때문이다."[14]

블뤼허 부부는 목록에 올라 있는 그리스인들, 즉 호메로스 · 헤라클레이토스 · 소크라테스의 가장 중요한 공헌에 대한 느낌에 있어서 일치했다. 그러나 아렌트는 결코 아시아인들, 석가와 노자, 아니면 페르시아인 짜라투스트라에 대한 블뤼허의 관심에 공감하지 않았다. 블뤼허는 독학자의 대담성을 갖고 어려운 원전들, 학문적인 논쟁, 미지의 언어들에 성급하게 대들었다. 아렌트는 교육을 통해 여유 있는 현학자와 함께 걸어갈 준비를 하였던 그 지점에 서 있었다. 블뤼허의 통찰력은 아렌트의 저서에서 더욱 예리해졌으며, 역사적 맥락 및 반대 견해와 더욱 조심스럽게 연계되었고, 인용에 더 정확하게 기반을 두고 있었다. 그리고 블뤼허는 이제 아렌트의 능력이나 제안을 자신의 강의에 수용하였다. 두 사람은 매우 자신감 있게 말을 하였으며, 공동으로 수집한 보물들의 보고에 의존하면서 좋아하는 문장과

---

14 Arendt, *The Human Condition*, p. 8.

이야기, 대표적인 이야기나 일화들을 오랫동안 음미한 후에 나타나는 친근감을 가지고 말을 하였다.

그들의 교육 방식은 강의와 마찬가지로 형식에서도 달랐다. 블뤼허는 대가답게 즉흥적이었다. 그는 자신이 제시하려는 것을 사전에 숙고하면서 조심스럽게 강의를 준비하였다. 그러나 그는 강의안 없이 말하며 마음대로 주제에서 벗어났다가 자세히 설명하면서 극적인 효과를 보이기 위해 목소리를 조절하였다. 그는 학생들에게 논쟁하고 문제를 제기하도록 격려하고 다양한 부류의 사람들과 공적인 대화에서 자기 부인보다 훨씬 더 편안함을 보였지만 그의 내면에는 상당한 정도 권위의 목소리가 있었다. 바드대학 교정이 아고라 광장이고, 블뤼허는 소크라테스인양 아름다운 캠퍼스를 이리저리 거니는 것을 좋아했다. 스승이 학생들에게 자신의 경구나 이야기를 제공할 때 학생들은 대화하고 논쟁하면서 스승 주위에 몰려들었다. 학생들은 그의 진한 베를린 억양과 독특한 버릇을 모방하거나 촌철살인을 할 정도로 상당히 기억할만한 말거리를 널리 퍼트렸다. 이 때문에 그의 주위에는 숭배자들이 증대되었다. 그는 학생들에게 "비관주의자는 겁쟁이이고 낙관론자는 바보다"라고 말하곤 했다.

블뤼허는 베를린 출신 분석가인 프리츠 프렌켈의 충격요법 교훈을 강의에서 종종 사용하곤 했다. 하나의 행동 양식에 순치되어 있거나 어떠한 행동 양식도 갖지 않는 습성을 지닌 사람들은 경고를 받았다. 그는 이유 없이 반항하는 젊은이에게 다음과 같이 경고했다. 즉 "당신은 미치지 않았으며, 신경과민 증세도 아니다. 그러나 당신은 이 때문에 매우 좋은 인물일세." 블뤼허는 웅대한 야망에 대해 말하는데 많은 시간을 낭비하면서 책상에서 별로 많은 시간을 보내지 않는 젊은이에게 노먼 포드호레츠의 『성공하기 *Making It*』를 다음과 같이 인용하였다. 즉 "당신이 실제로 원하는 것이 무엇인가? 글을 쓰는 것인가 아니면 작가가 될 것인가?" 학생들 가운데 한 사람이 환기시켰듯이, 그의 강의에는 사소한 의견 차이를 모두 극복하기 위한 약간의 충격은 있었다. "나는 당시 부분적으로 여전히 종교적 색채를 지닌 학생단체에서 기독교라는 주제로 처음 강의하던 상황을 기억하고 있다. 나는 강의가 시작될 때 우리 학생들 가운데 매우 열정적으로 교회에 나가는 학생의 황홀해 하는 얼굴을 기억한다. 하인리히가 첫 번째 담배를 어김없이 물고 쭉 빨아들이는 모습, 말을 천천히 털어놓기 시작하는 모습, 개인적 신에 대한 촌스러운 믿음을 가지고 있는 소녀에 대한 조롱 투의 시선, 그는 '나자렛 예수'가 '하느님은 아니다'라고 말하기 시작하였다. 그는 예수 그리스도라고 말하지 않았다. 그는 잠깐 쉬었다가 '예수는 백치일 수도 있다'고 말하였다. 다른 담배를 피우려고 잠시 중단한다. '기독교의 역사가 거의 2,000년 지속되었다'는 것을 제외하고, '기독교의 전체 역사에서 기적은 없었다. (물론 이것은 학생들 가운데 불가지론자들에게는 괄목할 만한 것은 아니다.)"[15]

블뤼허는 어느 위력 있는 인사와 마찬가지로 존경뿐만 아니라 적대감과 질투심도 야기하였다. 바드대학의 교수진 가운데 블뤼허의 지지자들은 그의 **공통교과과정**이 성공하도록 지원하였다. 반면에 교수진 가운데 다수는 이의를 제기하였고, 블뤼허는 종종 이 과정에 직원을 늘리자고 설득하거나 부추겨야만 했다. 많은 학생들은 필수과목의 부과를 반대하였지만, 반대자들은 상급 학년에 청강생으로 그 과정을 선택하려고 강의에 종종 참여하였다.

블뤼허는 바드대학의 교수직 임명에 관한 소식을 알리려고 아렌트에게 1952년 8월 편지를 보냈다. 이때 아렌트는 기뻤다. "나는 미국 교수진을 설득시킬 수 있었던 현명하고 지혜로운 분인 사자코 남편에 대한 긍지로 가득 차 있다오. 조건들은 탁월한 것 같군요. 여보, 당신은 그것을 탁월하게 해냈군요."[16] "사자코 남편"이 뉴스쿨과 바드대학에서 자신의 성공을 알리고 있었지만, 그는 또한 자기 부인에게 축구한 성공을 또한 알렸다. 편지에

15 마틴 셀프가 바드대학 총장, 경애하는 클라인에게 보낸 편지(1970년 12월 14일), 아렌트 서고 사본, 의회도서관.

16 아렌트가 블뤼허에게 보낸 편지(1953년 8월 7일), 의회도서관.

는 아렌트가 구겐하임 재단으로부터 기금을 받았다는 소식이 담겨있었다. 이 재단은 아렌트에게 정규직 고용 없이도 다음 1년간 그의 연구를 지속하도록 허락하였다. 이후에 프린스턴대학교의 크리스찬 가우스 비평세미나가 후원하는 강의를 담당해달라는 초청장이 왔다.

프린스턴대학교의 초청은 아렌트가 『전체주의의 기원』으로 얻게 된 명성을 주요 대학들이 처음으로 인정한다는 의미를 지니고 있다. 그런데 아렌트가 가우스 비평세미나를 담당하도록 초청받은 첫 번째 여성이었기 때문에, 그 초청은 특이한 인정을 의미했다. 대학교와 고등연구기관 측의 많은 남성 참석자들은 여성 강연자를 모시게 된 데 대해 기쁨을 표현하였다. 아렌트는 이들에게 매우 비판적으로 반응하였고, '대표적' 여성의 역할을 맡게 되는 것을 불쾌하게 생각했다. 그는 이러한 비판의 의미를 즉시 파악하리라고 생각했던 쿠르트 블루멘펠트에게 상황을 설명하였다. "[강의가 끝난 후] 폐막 행사에서 약간은 얼근히 취한 채, 나는 이 고귀한 신사들에게 예외적인 유대인이 무엇인가에 대해 알려주었으며, 이곳에서 내 자신이 예외적인 여성이라는 것을 필히 알게 되었다는 점을 그들에게 밝히려고 노력했지요."[17] 독일계 유대인의 복잡한 역사는 '예외적인 여성'의 역할을 거부하기 위한 준거들을 아렌트에게 제공하였다. 그는 이 문제를 아주 진지하게 생각했다. 따라서 그는 1959년 다시 프린스턴대학교로부터 정교수 직위를 가진 첫 번째 여성으로 초청받았을 때 초청을 거부하겠다고 위협했다. 대학 당국이 ≪뉴욕 타임스≫에 보낸 보도 자료에 "첫 번째 여성"이란 측면을 강조했기 때문이다.

"탁월한 속물적인 대학교의 저명한 신사들"은 아렌트가 '독특한 여성feminini generis'* — 그의 표현 문구 — 이라는 것을 당연하게 여기지 않았다. 라헬 파

---

17 아렌트가 블루멘펠트에게 보낸 편지(1953년 11월 16일), 마르바흐 문서보관소.

* 옮긴이_ 'femininum genus'의 여격으로 영어로는 'of the feminine gender', 즉 '여성의' 또는 '여성 출신의'로 직역되지만 '독특한'이란 의미이다.

른하겐이 살롱을 운영하던 시기부터 바이마르 공화국이 수치스러운 종말을 맞이할 때까지 독일에서 "유대인들과의 관계는 결코 당연하게 여겨지지 않았다." 유대 공동체를 이끌었던 '유대계 명사들'과 명사들의 후손들인 유대계 지식인들은 모두 '예외적인 유대인들'이었다. 이들은 가난하고 교육을 받지 못한 형제들과 완전히 다르지만 종교적 신념만큼이나 가족에 대한 충성심으로 형제들과 여전히 연계되어 있었다. "부를 소유한 '예외적인 유대인들'은 유대 민족의 공동 운명에서 벗어나는 예외라는 마음을 가졌으며, 각국 정부는 이들이 예외적으로 유용하다는 점을 인정했다. 교육을 받은 '예외적인 유대인들'은 자신들을 유대 민족과 구별되는 예외로 생각했고 또한 예외적인 인간[특이한 인물]으로 생각했으며, 사회로부터 그런 부류로 인정받았다."[18] 아렌트는 『전체주의의 기원』에서 '예외'의 위상을 인정한 사람들이 유대인성을 "심리학적인 특성, 즉 내적 경험과 개인 정서" 문제로 왜곡시켰다는 점을 강조하였다. 시온주의가 하나의 시도이기는 했지만, 독일 내 유대인들과 같은 집단의 존재로 제기된 정치 문제들에 대한 해결책은 결코 제시되지 않았다. 아렌트는 자신이 특이한 여성으로 취급받는 것을 회피하고 싶었다. 사람들은 교육 덕분에 아렌트를 '보통' 여성과 다르게 대하고, "생소하고 호기심을 불러일으키며" 흥미롭게도 다른 독특한 인물로 생각했기 때문이다. 그는 여성들을 위해 정치적 법률적 차별 문제에 관심을 갖고 싶었으며, 여성들에게도 이러한 관심을 요구했다. 이러한 관심은 평등을 인정받지 못한 모든 집단 구성원들과 여성들의 정치적 법률적 문제를 연결시킬 만큼 광범위했다. 그는 '여성문제'가 다른 문제와 분리된 정치운동을 초래하거나 심리학적인 문제에 대한 집중적 관심을 초래하는 것을 볼 때마다 마음이 불편해졌다. 그러나 프린스턴대학교의 교수 임명에 대한 아렌트의 반발은 정치적이지 않았다. 그는 이 대학교가 왜 이전에는

18 Arendt, *Origins*, p. 64.

결코 여성을 정교수로 임명하지 않았는가에 대해 문제를 제기하는 대신에 다음과 같이 심리적인 측면을 강조하였다. 아렌트는 대담에서 "나는 여성이 되는 데 아주 익숙해져 있기 때문에 여성 교수임과 관련하여 전혀 불편함을 느끼지 않습니다"고 말하였다.[19]

블뤼허는 프린스턴대학교로부터 온 초청장을 개봉했을 때 '여성문제'를 고려한 적이 없었다. 이때 그는 여성문제에서 즉시 정치적 기회를 찾았다. 그는 전략가의 의향으로 아렌트가 뉴욕의 지인들 무리에서 점증하는 보수주의의 확산을 공개적으로 공격할 완벽한 기회를 갖게 될 것이라고 언급하였다. 블뤼허는 이 집단을 "패거리Band"라고 불렀다. 이 집단은 공적인 토론의 장, 즉 『논평』이란 잡지를 이미 출간하고 있었다.

아렌트가 4월 유럽으로 출국하기 바로 직전 『논평』에는 어빙 크리스톨의 혼란스러운 논문 「시민의 자유, 1952 — 혼란 속에서의 연구」가 게재되었다. 크리스톨은 자신을 조지프 매카시 지지자들과 매카시의 자유주의적 비판자들로부터 소외된, '쫓겨난 사람'으로 묘사하였다. 크리스톨은 이들이 "일종의 균형감을 결여하고 있다"고 주장했다. 이들은 "모든 사람들을 위한 완벽한 시민의 자유"를 옹호했고 이것이 미국 내 공산주의 음모를 용서하는 것과 마찬가지라는 입장을 이해하지 못했기 때문이다. 크리스톨은 자유주의자들이 이 경우와 다른 경우를 지적으로 구별하는 법을 배울 필요가 있다고 생각했다. 그리고 그는 판단을 구별하는 하나의 예로 다음과 같은 워싱턴 주의 지침을 제시하였다. 즉 "공식적으로 전복적 입장을 선언한 셋 내지 네 개의 단체에 회원으로 가입한 사람은 누구나 공산주의자로 간주된다." 수많은 편지가 이 논문 때문에 편집자에게 쇄도하였다. 대부분의 편지는 크리스톨의 명석함을 찬양하였고, 아서 슐레진저가 보낸 편지와 같이 소수의 편지만이 분노를 표현하였다. 아렌트와 블뤼허는 분격했다. 아렌트

---

19 아렌트의 추도사에서 인용. *New York Times*, 5 December 1975.

는 유럽에서 분노에 찬 항의의 편지를 보냈다. 프린스턴대학교의 초청장이 왔을 때, 블뤼허는 아렌트가 완벽한 시민의 자유가 지닌 가치를 논의할 공개 장소로 강의를 활용해야 한다고 생각하였다.

> 프린스턴대학교는 실제로 좋은 곳이오. 그 초청장은 당신에 대한 패거리의 존경을 복구시켜줄 것이오. 그들은 기어들어 올 것이오. 그리고 [윌리엄] 필립스, [마틴과 클레멘트] 그린버그와 다른 사람들은 고립될 것이오. 그들은 모두 예일대학교에서 신보수주의적 우매함을 전파하는 잡지 『수성*Mercury*』을 위해 이제는 글을 쓰고 있다오. 그들은 여기에 자신들의 무례한 우매함과 속물주의를 첨가하고 있다오.[20]

아렌트는 경고의 말을 전달하기 위해서 다른 매체를 궁극적으로 선택하였다. 그는 휘태커 체임버스의 회고록인 『추운 금요일*Cold Friday*』에 대한 장문의 서평을 「전후 전향한 공산주의자」란 제목으로 『국가*Commonweal*』에 게재하였다. 이 서평은 엄격한 이데올로기적 의미에서 민주주의를 논의의 쟁점으로 삼으려는 경향에 대해 강력하게 반박하였다. 아렌트가 언급했듯이, 체임버스와 같은 '전후 전향한 공산주의자들'이 어떻게 사용하는가를 잘 알고 있는 방식, 즉 전체주의적 방식으로 전체주의에 대항한 투쟁은 불길한 결과를 초래할 것이다. 아렌트는 유럽에서 행위와 제작(작업)의 차이에 관한 연구를 통해 획득한 개념적 명료성에 입각해 서투르지만 날카로운 영어 산문체로 '전후 전향한 공산주의자들'에 대한 입장을 언급하면서 다음과 같이 결론을 내렸다.

---

20 블뤼허가 아렌트에게 보낸 편지(1952년 5월 10일), 의회도서관. 블뤼허는 그가 뉴욕에서 작은 잡지 직원들 사이 내분에 대하여 들은 것을 이 편지에서 기록하고 있으며, 동시에 (『파르티잔 리뷰』에 크리스톨 논문에 대한 반응이 제기되기를 촉구한) 필립 라브를 칭찬하고 있다. 아렌트 서고에는 아렌트의 항의 서한 원본이 없으며, 그의 편지는 『논평』에 게재되지 않았다.

우리가 살고 있는 민주주의 국가, 미국, 공화국은 내가 만들 수 있는 사물의 이미지와 같이 간주되거나 범주화될 수 없는 생명체이다. 이것은 제작될 수 없다. 완벽의 기준이 여기에서 적용되지 못하기 때문에, 이 생명체는 완전하지 않으며 결코 그렇게 되지 못할 것이다. 반대는 동의와 마찬가지로 이 살아 움직이는 것에 속한다. 반대의 한계는 헌법과 권리장전이지 다른 것은 아니다. 여러분이 이미 상정된 이념에 의거해 '미국을 더 미국답게' 만들거나 민주주의의 모델로 만들고자 한다면, 여러분은 그것을 파괴할 뿐이다.[21]

아렌트는 1953년 3월 「전후 전향한 공산주의자들」이라는 제목의 논문을 출판하였다. 이 날짜는 그의 용기를 보여주는 기준이다. 그가 살고 있는 민주주의 국가의 법무장관은 일찍이 3일 전에 연설을 하였다. 이 연설에서 그는 다음과 같은 내용을 공표하였다. 10,000명의 시민이 국적박탈 문제 때문에 조사를 받았으며, 12,000명의 외국인이 '전복 음모자'로 추방되었다. 당시 국가전복활동통제기구SACB는 미국외국출생자보호위원회와 같은 소수 단체들만을 조사했다. 이 단체들은 '미국을 더욱 미국답게 만들자' 운동이 이민자들에게 미치는 감당할 수 없는 영향에 노골적으로 반대하였다.[22] 블뤼허 부부는 결코 조사를 받지 않았지만 1년 이상 두려움 속에서 살았다. 블뤼허는 1952년 여름에 아렌트에게 편지를 보냈는데 8월 7일 발급되는 시민권 증서를 기다리고 있었다.

[블뤼허가 맥커런-월터법의 부활로 언급한] 대단히 충격적인 신이민법을 반대 없이 수용한다는 사실은 모든 사람들의 사기를 완전히 꺾었다. 그래서 오른쪽으로 쭉 이동한 좌파의 백치들도 깜짝 놀랐다. 그들

21 Hannah Arendt, "The Ex-Communists," *Commonweal*, 20 March 1953, p. 599.

22 보고서는 다음 자료를 참조할 것. *I. F. Stone's Weekly Reader*(New York: Vintage Press, 1974), pp. 34ff.

은 실제로 이 법을 지지하는 데 일조했다. 이제 어느 누구도 맹렬한 비난으로만 국외로 추방될 수 있는 것 같다. 나의 경우 어떤 것도 전적으로 그 비난을 중단시킬 수 없었다. [미국] 시민권은 일격에 세계에서 가장 가치 없는 것이 되었다. '이러한 미국 태생의 사람들'은 얼마나 빨리도 지배 인종이 될 수 있었는가.[23]

블뤼허는 아주 많은 과거의 공산주의자들과 마찬가지로 1941년 자신의 이민서류에 공산주의 전력을 기록하지 않았으며, 정보 제공자들에게 자신을 드러내는 이러한 일이 얼마나 취약한가를 알았다. 그에게 어떠한 위안이라도 주었던 미국의 소수 지식인들 가운데 한 사람은 메리 매카시였다. 매카시는 법학대학원에 들어가기 위해 재정적 지원을 물색하고 있었다. 그는 블뤼허의 표현대로 "법학대학원의 허드렛일을 맡았다." 그래서 그는 법정에서 시민의 자유를 획득하기 위한 투쟁을 맡을 수 있었다. 아렌트는 "메리에 대해 매우 만족스럽다"는 점에 동의하였다.[24]

블뤼허 부부가 기본적인 것이라고 생각했지만 처벌 수단으로서 시민권 박탈에 대한 그러한 관심은 미국 법정에서 결코 보이지 않았다. 아렌트는 1957년 자신들의 견해를 피력할 기회를 얻었다. 로버트 허친스는 '공화국을 위한 기금Fund for the Republic'*의 회장 자격으로 이 기금이 후원하는 학문적 연구의 핵심 대상으로 '기본적이고 예리한 쟁점들'을 선정해야 한다는 아렌트의 견해를 간청하였다. 아렌트는 많은 내용을 담은 목록을 제공하였다. 그의 생각에 시민들의 공산주의 활동을 처벌하려는 법무장관 브로넬의 노력이 부각시킨 기본 쟁점은 이 목록에 포함되었다. 아렌트는 무국적자였던 사람으로서 권위를 가지고 **인간의 권리**에 대한 이론적 성찰의 실질적인

---

23 블뤼허가 아렌트에게 보낸 편지(1952년 7월 5일), 의회도서관.

24 블뤼허가 아렌트에게 보낸 편지(1952년 5월 17일), 아렌트가 블뤼허에게 보낸 편지(1952년 5월 24일), 의회도서관.

* 옮긴이_ 포드 재단이 설립한 비영리 단체(1951~1959년)이며 1959년 뉴욕 시에서 산타 바바라로 옮기면서 명칭을 민주제도연구센터(CSDI)로 바꾸었다.

결론을 썼다.

> 관련된 기본 쟁점은 다음과 같다. 인간이 민족적으로 영토적으로 국가에서 조직화되는 한, 무국적자들은 모국이든 제2의 조국이든 어느 나라에서도 추방될 뿐만 아니라 모든 나라에서 추방된다. 어느 누구도 그를 받아들이거나 시민권을 줄 필요가 없다. 이러한 것은 그가 실제로 인류로부터 추방되었다는 것을 의미한다. 시민권 박탈은 인류에 반하는 범죄로 간주될 수 있었다. 이 범주에서 최악으로 인정된 범죄의 일부가 자행되기 전에 사실 우연적이지 않게 대량 추방이 이루어졌다. …
>
> 이것이 불합리해 보이지만, 사실은 수정헌법이 이 세기의 정치적 상황에서 미국 시민이 무엇을 하든 시민권을 박탈당할 수 없다는 것을 이들에게 확인시켜야 할 지도 모른다는 점이다.[25]

여러 유형의 반공주의

반공주의 논쟁이 미국 내에서 거세지고 있는 동안 아렌트는 이른바 「마르크스주의의 전체주의적 요소」에 관한 연구를 진행시키려고 유럽의 여러 도서관에서 활동했다. 아렌트는 자신의 생각에 약 90,000여 단어로 구성될 책을 『전체주의의 기원』의 보론으로 고려하였다.

> 『전체주의의 기원』에서 가장 심각한 결함은 볼셰비키주의의 이데올로기적 배경에 대한 적절한 역사적 개념적 분석의 부족이다. 이러한 생략은 계획적이었다. 유럽의 전통적인 사회적 정치적 틀이 붕괴된 시기와 장소에서만 분출되는 지하의 저류는 최종적으로 전체주의 운동

---

25 아렌트가 '공화국을 위한 기금'의 허친스에게 보낸 편지(1957년 1월 27일), 의회도서관.
옮긴이_ 이 편지는 다음 자료에 수록되어 있다. Hannah Arendt, *Thinking without a Banister: Essays in Understanding*, ed., Jerome Kohn(New York: Schocken Books, 2018), pp. 92-104. 주요 내용은 기본적 쟁점, 기본적 · 예리한 · 잠재적 쟁점의 관계, 예리한 쟁점, 잠재적 쟁점, 결론으로 구성되어 있다.

> 및 정부의 형태로 결정화되는 다른 모든 요소들의 근원일 수 있다. 인종주의와 제국주의, 범민족운동과 반유대주의 등의 종족적 민족주의는 서양의 위대한 정치적 철학적 전통과 연계를 맺고 있지 않다. 사람들이 전체주의 이면에 훌륭한 전통을 지니고 있는 유일한 요소를 너무 지나치게 강조한다면, 전체주의의 충격적인 원형, 즉 전체주의의 통치 이데올로기와 방법이 전적으로 전례 없는 것이라는 사실, 전체주의의 주의 주장이 통상적인 역사적 관점에서 적절한 설명을 거부한다는 사실은 쉽게 간과된다. 그러나 이런 요소에 대한 비판적 논의는 서양 정치철학의 주요 교의들 가운데 일부, 즉 마르크스주의에 대한 비판을 필요로 한다.[26]

아렌트가 1952년 구겐하임 재단에 기금을 신청한 보고서에 실린 이 내용은 『전체주의의 기원』의 결론과 관련하여 많은 것을 보여준다. 전체주의의 전례 없음에 대한 강조는 그 요소들이 "수면 밑에 숨겨져 있는" 것이지 서양의 위대한 정치적 철학적 전통과 연계되어 있지 않다는 그의 확신을 반영하고 있다. 유럽의 전통적인 사회적 정치적 틀이 붕괴되지 않았다면, 지하의 저류底流는 겉으로 드러나지 않았을지도 모른다. 이러한 저류의 분출에 대한 이해는 위대한 전통의 관점이 아닌 사회적 정치적 관점에서 분석을 필요로 했다.

아렌트는 전체주의에 관한 저서에서 근본적 악이 결코 정밀하게 연구되지 않았다는 언급을 제외하고 서양 정치사상과 철학사상의 위대한 전통에 대한 명료한 비판을 제시하지 않았다. 그는 보에글린에게 답변했듯이 "정신적 자기해석에서 철학적 함의와 변화"를 고려했지만 역사적 사건과 지적 사건의 차이를 주장했다. 위대한 전통의 부산물인 마르크스주의는 아렌트의 방법이나 결론에 대한 명백한 도전을 드러냈다. 게다가 마르크스주의는

---

26 Arendt, "Project: Totalitarian Elements of Marxism," undated, ca. winter 1952 to Guggenheim Foundation, Library of Congress. 다음 설명은 이 문건에 기초를 두고 있다.

'위대한'이란 형용사에 대한 도전을 드러냈다. 이러한 점 때문에 아렌트는 전통의 위대성, 그리고 이 위대성이 숨기고 있는 모든 결점을 구별했다. 아렌트는 전례 없는 것을 전례로부터 추론할 수 없다는 자신의 확신도 포기하지 않았으며, 진보이론이나 파멸이론이 정치적이든 철학적이든 종교적이든 우리 시대의 전례 없는 사건에 대한 우리의 견해를 모호하게 한다는 자신의 경고를 포기하지도 않았다. 아렌트는 마르크스주의의 전체주의적 요소들에 대한 연구계획을 새 정치학의 기초를 확립하는 연구계획으로 전환하였다.

아렌트는 전체주의의 마르크스주의적 요소들에 대한 연구를 시작한 지 1년도 채 못 되어 이 연구계획이 너무나 편협하다는 것을 깨달았다. 그는 원래 세 부분으로 연구를 계획했다. 첫 번째는 '노동하는 동물'*로서의 인간, 즉 인간과 자연의 신진대사로서 노동이란 개념과 역사란 인위적이라는 개념 사이의 관계에 대한 마르크스의 이해를 주로 다루고 있는 개념적 분석으로 예정되었다. 아렌트는 처음에 마르크스의 정치적 개념을 탐구하고 다음으로 그의 역사 개념과 정치 개념의 관계를 탐구하고자 의도하였다. 서론 부분에는 두 개의 역사적 분석을 배치하고자 의도하였다. 하나는 1870년부터 1917년까지의 유럽 마르크스주의와 사회주의에 대한 역사적 분석이고, 다른 하나는 러시아의 경우 레닌에서 스탈린으로의 이행에 관한 역사적 분석이었다. 마지막 절은 "비밀경찰과 붉은 군대의 지원으로 이데올로기의 전 세계적 실현을 위해 노동계급의 이익과 혁명 운동을 포기했을 때 마르크스주의의 특별한 전체주의적 요소들이 어떻게 완전히 실현되는가"를 제시하려는 것이었다.

이러한 구도가 무너진 전선은 첫 번째 항목, 즉 '노동하는 동물'로서 인간이라는 마르크스의 개념이다. 아렌트는 자신의 이해를 수정했다고 지적하

---

* 옮긴이_ 영-브륄은 이 단락과 다음 단락에서 "working animal"로 표기하고 있으나 실제로 'laboring animal'을 지칭한다. 그는 이러한 의미로 큰따옴표를 표기하였다.

지 않은 채 자신의 연구를 다음과 같이 기술하였다. "나는 유럽에서 지난해 일부를 보냈다. 나는 하이델베르크·튀빙겐·맨체스터 대학교에서 강의하는 것과는 별도로 6주 동안 파리대학교에 소장된 풍부한 자료들, 즉 노동의 역사와 사회주의의 역사에 관한 프랑스 자료들을 탐독했다. 여기에서 나는 작업과 구분되는 노동에 관한 이론을 집중적으로 연구하면서 철학적으로 고찰하였다. 나는 이를 통해 작업하는 동물homo faber로서 인간과 노동하는 동물homo laborans로서 인간을 구별할 의도를 가졌다. (그리스적 의미로) 기능인이나 예술가로서 인간과 이마에 땀을 흘리며 일용할 양식을 확보하는 저주에 예속되어 있는 인간을 구별하였다. 이 분야의 정확한 역사적 지식뿐만 아니라 명료한 개념적 구별은 다음과 같은 사실의 관점에서 나에게는 중요한 것 같다. 마르크스는 노동을 본질적으로 창조적인 활동으로 격상시킴으로써 노동이 인간의 인간적 부분이 아닌 동물적 부분을 나타낸다는 서양의 전반적 전통과 결정적으로 결별하였다."[27] 인간이 '노동하는 동물'이라는 마르크스의 개념은 면밀하게 검토하면 결과적으로 혼합되어 있다. 마르크스는 노동하는 동물로서 인간을 생각하였지만 자신의 분석에 제작 또는 작업이란 요소들을 혼합하였다.

작업과 노동의 차이에 대한 아렌트의 구분은 엄청난 탐구의 장을 열어놓았다. "내 생각은 이러하다. 사람들이 18세기 정치혁명과 19세기의 산업혁명 이후 근대 세계가 인간 활동의 전반적인 균형을 얼마나 많이 변경시켰는가를 깨닫지 못한다면, 그들은 마르크스주의의 등장과 함께 무엇이 발생했으며, 전체주의가 어떻게 위대한 전통 그 자체에 의해 배양된 마르크스의 가르침을 그럼에도 이용할 수 있었는가를 거의 이해할 수 없다." 탐구의 장은 18세기와 19세기 혁명 이전과 이후 '인간 활동의 전반적인 균형'이 되었다. 즉 이것은 활동적 삶vita activa이 되었다.

---

27 이것과 다음 인용문의 출처는 다음과 같다. 아렌트가 구겐하임 재단의 알렌 모에게 보낸 편지(1953년 1월 19일), 의회도서관.

노동·작업·행위라는 인간의 활동을 논의하고 있는 『인간의 조건』은 이러한 일련의 사유를 통해 궁극적으로 완성된 책이다. 그러나 아렌트는 즉시 이 책을 집필하지 않았다. 그는 마르크스주의에 관한 책을 열심히 집필하고 있었다. 그는 진전된 연구실적을 구겐하임 재단에 보고할 때 4장을 완결하였다.

> 여러분은 내가 제출하고 있는 4장을 통해서 다음과 같은 사실을 알게 될 것입니다. 나는 전체주의 체제의 등장이 초래한 특별한 이해의 난제들을 첫 번째 장에서 설명하고 있습니다. 여기서부터 나는 위대한 전통이 단절되는 지점을 발견하기 위해 위대한 전통에 대한 예비적 고찰을 진행하고 있습니다. 나는 제2장의 마르크스에 대한 분석에서 이것을 제시할 것입니다. 우리가 역사를 통해서 알고 있는 다른 모든 정부형태와 전체주의 정부형태를 무엇이 실질적으로 구분케 해주는가를 구체적으로 알기 위해서 나는 3장에서 법과 권력, 전통적인 정부형태의 이러한 두 축에 대한 검토를 제시하고 있습니다. 이 장은 몽테스키외에 대한 분석으로 종결됩니다. 몽테스키외는 나에게 과거의 모든 정부형태, 심지어 참주정과 전체주의를 구별하는 도구를 제공하고 있습니다.

제4장의 제목은 「이데올로기와 테러」였으며, 이 부분은 결국 『전체주의의 기원』의 종결 부분에 첨가되었다.[28]

아렌트는 마르크스주의에 관한 저서의 1부에 다른 두 장을 구성하려고

---

28 아렌트가 작업을 하고 있을 때, 4장 가운데 「이데올로기와 테러」만이 원본 형태와 같이 남아있다. 상이한 판이 『열린 지평』이란 야스퍼스 기념 논문집으로 독일어로 출간되는 동안, 「이데올로기와 테러」는 1953년 7월 『정치평론』에 출판되었다. 최종판은 1958년 제2판의 출간 시 『전체주의의 기원』 분절된 장에 나타난다. 다른 세 장은 마르크스주의에 관한 책의 틀을 벗어나 분리된 출판에 적합하도록 수정을 거쳤다. 첫째 장의 제목은 1953년 『파르티잔 리뷰』에 게재된 "이해와 정치"가 되었다. 둘째 장의 제목은 "전통과 근대"이며 1954년 『파르티잔 리뷰』에 역시 게재되었다. 법과 권력을 취급한 세 번째 장은 칼 프리드리히가 편집하여 미국정치·법철학협회에서 출간하는 『노모스 I : 권위』(New York: Bobbs-Merrill, 1958)에 게재하고자 상당히 재조정되었으며 이에 맞게 제목이 수정되었다("권위란 무엇인가?").

했으며, 다음으로 「마르크스 분석 자체」에 이어서 6장을 모두 구성하기로 구상하였다. 아렌트는 1953년 가을 프린스턴대학교 가우스 비평세미나를 위해 「마르크스 분석 자체」라는 주제의 강의를 준비할 의도를 가지고 있었다. 나머지 두 장은 아마도 「역사와 불멸성」이었으며, 몇 년 후 『파르티잔 리뷰』(1957년)에 게재되었다. 「근대의 역사 개념」은 『정치평론』(1958년)에 게재되었다. 그러나 역사이론을 정리한 두 장에 관한 아렌트의 연구는 지체되었다. 그는 프린스턴대학교 강의를 위해 「마르크스 분석 자체」 강의안을 준비할 수 없었기 때문에 책의 전반부 4장을 토대로 강의안을 구성해야만 했고, 강의 제목을 「마르크스와 위대한 전통」으로 명명하였다. 아렌트는 「마르크스 분석 자체」 강의안을 때맞추어 프린스턴대학교에 보내지는 못했지만 대신에 시카고대학교에는 제때에 보냈다. 아렌트는 1956년 봄 시카고대학교 월그린 재단의 강의에 참여해달라는 초청을 받았다. 그는 이 강의에서 『인간의 조건』 초고를 구성하는 노동 · 작업 · 행위에 관한 성찰에 대해 설명하였다.

아렌트는 1952~1956년 사이에 출간된 저서를 원래 마르크스주의에 관한 저서로 의도했지만 이를 결코 집필하지는 않았다. '위대한 전통'에 관한 에세이들은 『과거와 미래 사이』에 포함되었으며, 마르크스의 개념적 분석은 『인간의 조건』에서 노동 · 작업 · 행위에 관한 연구로 변경되었다. 그러나 아렌트가 이러한 저서들을 집필하던 시기에 이 저서들은 1870년에서 1917년까지 그리고 레닌에서 스탈린 시대까지 마르크스주의의 역사에 대한 논의로 더 이상 자연스럽게 바뀌지 못했다. 그는 다른 책, 즉 『혁명론』을 집필할 때 마르크스주의를 역사적으로 분석하려고 수집한 자료들을 활용하였다. 아렌트는 이 책의 내용을 1959년 예비적 형태로 프린스턴대학교에서 강의하였으며, 1962년 이를 출간하였다. 아렌트는 1958~1962년 사이에 『인간의 조건』, 『과거와 미래 사이』, 『혁명론』을 출간하였다. 이 책들은 모두 원래 기획했던 마르크스주의 저서로부터 발전되었다.

이러한 변화와 확장은 지적으로 흥미롭지만 때로는 압도적이었다. 아렌트는 1년간의 꾸준한 독해 이후 1953년 11월에 블루멘펠트에게 보낸 편지에서 이 책을 쓰면서 느낀 소감을 적었다.

> 저는 마르크스에 대한 작은 규모의 연구를 집필하기 시작했습니다만, 마르크스를 이해하는 순간 우리가 정치철학의 전통 전체를 설명하지 않은 채 그를 연구할 수 없다는 점을 깨달았습니다. 요지는 이러합니다. 저는 기껏해야 2년 형(칩거)을 받으리라고 기대되는 하찮은 강도 행위를 시도했지만, 완전히 다른 견해를 가진 판사 앞에서 재판을 받으며 얼마나 오래 걸리는가를 하느님만이 알고 있는 투옥형(칩거)을 받은 어떤 사람과 같은 신세입니다. 제 자신이 책을 실제로 집필하는 것은 제 자신의 자유의지로 투옥되는 것과 같습니다. 우리는 자유의지로 무엇인가를 하지 않나요! 제가 항상 그것에 착수하는 순간, 적어도 어떤 의미에서 일의 진행은 좀 더 단축되었습니다. 저는 어떠한 상황에서도 크고 두꺼운 책을 다시 집필하지 않을 것입니다. 이러한 작업은 저에게는 별로 어울리지 않는군요.[29]

사실 에세이는 아렌트가 가장 좋아했던 수단이다. 그는 에세이들을 책의 형태로 구성했을 때 각 에세이의 연결고리를 매끄럽게 하는 것을 때로는 무시한 채 자신의 모든 책을 에세이 형태의 장들로 구성하였다. 그가 에세이를 집필할 때, 기본 틀은 드러났고 에세이들을 연결시키는데 활용되었다. 몇 가지를 제외하고 그 틀은 3별 구조의 형태를 띠었다. 예를 들면, 노동·작업·행위; 사적·사회적·정치적인 것; 판단·사유·의지; 과거·현재·미래라는 시간적 범주의 온갖 유형. 아렌트는 '작은 규모의 마르크스 연구'를 위해 오랜 투옥형을 받았다. 그는 이것이 한 방식에서는 특이하다고 생각했다. 이 연구는 개념적 분석으로 시작되었고, 결국 두 부분의 역사적 분석

---

29 아렌트가 블루멘펠트에게 보낸 편지(1953년 11월 16일), 마르바흐 문서보관소.

으로 바뀌었다. 그가 계획을 추진했을 때, 계획은 결과적으로 한계가 있었다. 그는 역사적 개념적 분석이 아주 깔끔하게 구분될 수 없다는 것을 알았다. 1950년대 칩거 상태에서 저술된 책들은 훨씬 더 치밀하게 구성되었다. 각 개념은 역사적으로 분석되었다. 아렌트는 자신이 선택한 개념을 모두 역사적 기원과 과거의 의미, 현재의 의미, 이것들이 미래에 주는 가능한 의미라는 커다란 틀 내에 설정했다. 『전체주의의 기원』의 역사가는 1950년대 정치철학자가 되었다. 아렌트는 1953년 프린스턴대학교 강의에서 「카를 마르크스와 위대한 전통」에 대한 탐색적이고 포괄적인 철학적 접근을 제시하였다. 이 강의는 공격적인 반공주의에 관심을 가졌던, 환멸을 느낀 좌파들에 대한 조언의 말을 담고 있다. 그러나 이러한 말들은 철학적이었다.

아렌트는 프린스턴대학교에 있는 동안 「미국과 유럽」이란 주제 아래 일련의 다른 강의안을 준비하였다. 그는 이 강의안을 훨씬 더 접근 가능한 산문 형식으로 집필했다.[30] 아렌트는 유럽 정치와 미국 내 정치적 소요에 대한 유럽의 태도를 알게 된 1952년 유럽 여행의 교훈을 이 강의에 담았다. 그는 『전체주의의 기원』을 출간하기 위해 출판업자를 물색하고 '권리를 가질 권리'를 위한 국제법적 보장과 '국제 예양'의 필요성과 관련한 절박한 교훈을 찾았다. 이때 그는 첫 번째 교훈을 얻게 되었다. 그는 여러 차례 시도했지만 실패한 이후 마침내 고무적인 국제적 명칭을 지닌 프랑크푸르트의 작은 출판사, 즉 유럽출판사를 찾았다. 자신이 번역한 책은 3년 후인 1955년에 출간되었는데, 약간 증보되고 카를 야스퍼스의 머리말로 아름답게 보완되었다. 아렌트는 많은 믿을 만한 친구와 지인들의 노력에도 불구하고 프랑스에서는 출판하는 데 완전히 실패했다. 세유출판사는 1972년 '전체주의 체제Le système totalitaire'라는 제목 아래 『전체주의의 기원』 제3부를 출간했고, 칼만-레비출판사는 1973년 「반유대주의에 대하여Sur l'antisémitisme」라

30 3부 연작인 「미국과 유럽」은 『국가(*Commenweal*)』 60집 23, 24, 25호(1954년 9월)에 게재되었다.

는 제목으로 제1부를 출간했다. 책의 전체 내용은 결코 프랑스에서 출간되지 않았다. 『예루살렘의 아이히만』만이 오직 아렌트 생애 중에 관심을 끌었다.

아렌트는 파리에 도착한 직후 『전체주의의 기원』을 출간할 출판사를 쉽게 찾을 수 없다는 것을 곧 알게 되었다. 그는 파리 지식인들 가운데 지인들을 새로이 만나는 동안 자신이 직면하였던 것에 대한 실망을 표현한 일련의 보고를 블뤼허에게 편지로 보냈다.

> 오늘 저녁 나는 알렉상드르 쿠아레를 다시 만날 것입니다. 그는 점점 더 늙어가고 있지만, 그의 도움으로 사정은 좀 개선되고 있답니다. 나는 사르트르 등을 만나지 않을 것입니다. 그것은 무의미한 것 같군요. 그들은 전적으로 그들의 이론에 휩싸여서 헤겔적으로 구성된 세계에서 살고 있군요. 나는 에릭 바일의 헤겔 세미나 가운데 한 강의에 참여했습니다. 그런데 강의 내용은 부분적으로 지루하고, 장광설로 가득 찼더군요.
>
> 어저께 나는 까뮈를 만났습니다. 그는 분명히 현재 프랑스에서 가장 훌륭한 분입니다. 그는 어떤 지식인들보다 위에 서 있는 머리이며 어깨입니다. 이러한 것은 나에게 아주 온화하고 정답게 대해준 레이몽 아롱에게도 해당됩니다. 그래서 나는 이러한 것을 큰 소리로 말하지는 않을 것입니다. 장 왈도 마찬가지입니다. 그는 이른바 시학이란 두터운 덮개로 입혀져, 지능이 낮은 사람입니다.[31]

아렌트는 프랑스 헤겔 좌파의 분위기를 통해 자신이 전쟁 말에 프랑스 실존주의에 대해 가졌던 희망이 시기상조라는 것을 확신하게 되었다. 그는 2년 후 논문에 삽입하여 미국정치학회에서 발표한 일련의 초고를 작성하기 시작하였다. 그는 「최근 유럽의 철학사상에 나타난 정치에 대한 관심」(1954

---

31 아렌트가 블뤼허에게 보낸 편지(1952년 4월 24일, 1952년 5월 1일), 의회도서관.

년)에서 전체주의의 공포에 대한 다양한 철학적 반응을 조사하였다. 까뮈와 앙드레 말로는 "자신들의 무감각에 대한 처절한 도전 정신에서 오래 간직한 미덕"을 준수함으로써 칭찬을 받았지만, 아렌트는 무감각한 상황에 대한 사르트르와 메를로-퐁티의 반응을 호되게 비판하였다.

> 프랑스 실존주의자들은 철학자로서 혁명적 행위, 무의미한 세계의 의식적인 변화만이 인간과 세계 사이의 부조리한 관계에 내재된 무의미성을 해결할 수 있는 곳에 이를 수 있다. 그러나 그것은 원래의 문제라는 측면에서 어떠한 정향을 암시할 수 없다. … 사르트르와 메를로-퐁티 자신의 철학에서 원래 나타난 모든 해결책의 이러한 환상적 성격 때문에, 그들은 자신들의 최초 충동의 출발점을 마르크스주의에 돌릴 근거가 거의 없었지만 사실상 마르크스주의를 자신들의 행위 준거틀로 단순히 채택하고 보충하였을 뿐이다. 그들이 한때 근본적으로 동일한 논쟁으로 허무주의의 난관으로부터 벗어나 자신들을 옹호하였을 때, 그들이 결별하고 정치 무대에서 완전히 다른 입장을 선택하였다는 것은 놀랍지 않다. 행위의 장 내에서 모든 것은 혁명적 변동을 약속하는 한 완전히 독단적이게 된다.[32]

아렌트는 자신이 공감을 갖지 않았던 사르트르와 같은 사람들의 저작을 통해 프랑스 지식인들이 행위, 즉 반란과 혁명에 대해 보였던 관심, '철학자들의 오래된 의심'에 직면하여 사라졌던 관심을 깨닫기 시작했다.

아렌트가 자신의 편지에서 프랑스 철학자들 가운데 까뮈만큼 최대의 존경을 표시했던 철학자는 없다. 앙리 프레나이이는 군인으로서 드골의 레지스탕스 정부의 각료들 가운데 한 사람이며 1952년 유럽운동Europe Movement의 지도자들 가운데 한 사람이었다. 이 기구는 1947년 파리에서 창설되고

---

32 1954년 「현대 유럽 철학사상에서 정치에 대한 관심」의 미출간 원고는 의회도서관 아렌트서고에 있다.
옮긴이_ 이 에세이는 『이해의 에세이』에 수록되어 있다.

1948년 26개국의 영향력 있는 유럽인 1,000여명을 헤이그 회의에 초청하였다. 이 회의는 이어서 아렌트가 소망했던 유럽연방의 방향에서 진일보를 의미하는 유럽평의회를 설립하였다. 그러나 약간의 진전만이 있었다. 평의회는 스트라스부르크에 장관들을 위한 만남의 장을 마련하였으나 권한을 갖고 있지 않았다. 이 기구는 유럽인권 협약과 같은 중요한 합의를 지원하였으나 유럽연합을 위한 기반으로 전환되지 못했다. 1952년 유럽통합은 주로 석탄철강공동체에 기초한 경제 문제가 되었다. 그러나 한국 전쟁으로 미국 내에서 고착되었던 냉전 흐름 속에서 새로운 유형의 통합, 즉 유럽방위공동체가 논의되었다.

아렌트는 앙리 프레나이에 대한 자신의 인상(그리고 그의 영향력에 대한 지나친 평가)을 담은 편지를 블뤼허에게 보냈다.

> 오늘 나는 전직 레지스탕스 정부 각료였지만 현재 유럽운동의 의장인 앙리 프레나이를 만났습니다. 프레나이는 내 책을 출판업자인 쁠롱에게 넘길 것입니다. 어쩌면 여기에서도 책 출간이 성공하지 못할 수도 있습니다. 프레나이는 매우 저명한 분이며 군사학교(내 생각에 생 시르 육군 사관학교) 출신으로 독특한 남성입니다. 그는 결코 우매하지 않고 정확하며 지적인 분이지만 권력을 장악하지 않았습니다. 그는 권력을 장악할 수 있는 유일한 분인데 예의 없이 우매하게 그렇게 하지는 않았습니다. 그는 다소간 미국이 어떤 나라인가를 (거의 믿을 수 없을 정도로) 이해하였습니다. 그는 현대적 인간이며, 실제로 진정한 정치를 원했으며, 현재는 이렇게 허망한 유럽연방의 궁지에 열중하고 있답니다.[33]

아렌트는 프레나이와 대화를 통해서 「미국과 유럽」이란 제목으로 강의를 맡는데 도움을 받았다. 아렌트는 미국에 대한 프레나이의 이해에 나타난 유별남, 미국이 제국주의적으로 유럽의 전복을 획책하고 있지 않다는

---

33 아렌트가 블뤼허에게 보낸 편지(1952년 5월 1일), 의회도서관.

프레나이의 확신을 미국 대중에게 전달하고 싶었다. 아렌트는 대부분의 유럽인들이 대서양 세계에서 미국의 군사기술, 공격적인 반공주의와 패권으로 공포감을 느끼고 있다는 사실을 미국인들이 깨닫기를 원했다. 아렌트는 그러한 분위기에서 존재하게 되는 어떠한 유럽의 단결도 '미국 제국주의'로부터의 해방 활동으로 발생할 것이며, '유럽 민족주의'에 불과할 것이라는 점을 두려워했다.

아렌트는 1950년대 이론적인 이유 때문에 역사 연구에서 정치철학으로 관심을 돌렸다. 프랑스인들은 독일의 부흥과 재무장을 두려워했으며, 독일인들은 '프랑스가 주도하는 유럽French Europe'을 두려워했다. 아렌트가 보기에 두 나라는 구식의 주권 개념을 고수하고 있었다. 아렌트는 여러 독일 대학에서 강의를 하면서 이러한 두려움의 당사자가 아닌 사람들을 찾았다. 그러나 아렌트는 철학자들의 케케묵은 의심만을 발견했다. 즉 "정치적 확신은 그곳에서 어떠한 역할도 담당하지 못했으며, 정치에 대한 특이한 철학적 교의도 명백히 결여되어 있답니다."[34]

아렌트가 1952년 여행할 때 처음 머물렀던 곳은 뮌헨이었다. 그는 자신의 옛 은사인 로마노 과르디니의 말을 듣고자 이곳에 갔다. "약 1,200명의 청중이 앉거나 서거나 기댄 채 모여서 과르디니의 강의를 들었지요. 그는 여전히 윤리에 대해 언급하였습니다. 강의 내용은 최고 수준의 도덕철학에 관한 것이었으나 전적으로 부적절했습니다."[35] 아렌트는 철학 강의에 참여한 엄청난 사람들을 목격하고 놀랐다. 아렌트는 로베르트 길벗의 뮤지컬이 실제로 훌륭하고 활기찬 연기로 공연되는 뮌헨의 카바레를 들른 이후 카바레가 대학보다는 인기를 얻고 있지 못하다는 내용을 편지로 알렸다. "모든 철학 강의가 이러한 '여흥거리'보다 더 많은 사람들의 주목을 받고 있다는 사실은 독일 내 현상입니다."[36] 그러나 아렌트가 참여했던 대부분의 강의는

---

34 아렌트가 블뤼허에게 보낸 편지(1952년 5월 18일), 의회도서관.

35 앞의 편지.

단지 부적절하다는 것 이상으로 그에게 인상을 주었다. 그는 일반적으로 낮은 수준의 대학 강의가 교수진 내에서 파벌 양상과 불신으로 얼마나 악화되었는가에 대해 자신의 남편에게 편지로 알렸다. 그가 「이데올로기와 테러」라는 주제로 강의를 하였던 하이델베르크대학교는 특별히 낙담스러웠다.

> 강의는 나에게는 개인적으로 성공이었어요. 그러나 누구든지 실제로 불길한 우려를 가득 차게 하는 무수히 많은 것들을 발견합니다. 나는 강의를 마친 후 학생들과 토론을 위해 왔는데, 학생들은 스스로 토론회를 구성했군요(교수들은 당연히 불신어린 눈초리로 나를 평가했습니다.). 토론 수준은 훌륭했지만, 전체 교수진 가운데 약 25명의 교수들, 즉 가장 훌륭한 분들이 참석하였군요. 모든 곳에 파벌이 있습니다. … 모든 사람이 어떤 형태의 사이비 정치조직에 순응하고 있군요. 이곳에서 그들은 철학을 많이 배우지 않을 것입니다. 이러한 상황에서 카를 뢰비트는 실제로 훌륭합니다. 그분은 상당히 많은 것을 알고 있으며, 그것을 명료하게 할 수 있답니다. 전선의 다른 부분에는 돌프 슈테른베르거와 연계된 사회학자 알렉산더 뤼스토와 같은 사람이 있습니다. 슈테른베르거는 (나와 반대되는 입장에서) "형이상학이란 잉여적이다"라고 주장합니다. 뤼스토와 같은 부류에 속하는 이 사람은 구제불능입니다. 우둔함이지요.
>
> 나는 마르부르크대학교에서 불트만과 크레거를 만났습니다. 크레거는 독일 내 정치상황에 대해 매우 비관적이지만 불트만은 분개하고 있으며 여느 때처럼 매우 훌륭하고 탁월합니다. … 마르부르크대학교는 지적으로 죽어 있으며, 하이델베르크대학교로부터 수입된 사이비 지성만을 지니고 있군요.[37]

---

36 아렌트가 블뤼허에게 보낸 편지(1952년 6월 20일), 의회도서관.

37 아렌트가 블뤼허에게 보낸 편지(1952년 7월 18일), 의회도서관.

아렌트는 유대인문화재건위원회를 지원하는 임무가 아니라 철학을 재구성하는 임무에서 누구의 도움을 기대할 수 있는가에 대해 고민하였다. 그는 이 임무를 1952년 시도하였다. "야스퍼스로부터 기대할 수 있는가? 야스퍼스는 얼간이 같은 늙은이들과 현대적인 사기꾼 사이에서 단지 망가지고 있답니다."[38] 아렌트는 자신이 만났던 젊은이들로부터 그저 얼마든지 철학의 재생을 기대하였다. "철학의 재생은 약 20세 정도의 젊은 세대와 같아 보이며, 올바를 수 있지요. 나는 튀빙겐에서 놀랄 정도로 아주 정확하게 질문을 제기했던 19세의 젊은이를 만났습니다."[39] 아렌트는 여느 때같이 혁신, '새로운 시작'을 위해 '새로운 사람들', 젊은 세대를 주시하였다. 쾨니히스베르크 시절 학급동료인 헬라 옌쉬의 17세 된 아들을 만난 것이 아렌트의 최대 기쁨이었다. 그 학급동료는 유대인 난민을 지원한 혐의로 전쟁 중 몇 년간 투옥되었던 비유대인 여성이었다. "프리츠 옌쉬는 성경을 처음부터 끝까지 알고 있는 동료이며, 실질적인 기독교인, 사실상의 기독교인으로서 "지적하자면 나에게 아데나워 정치를 정면으로 정당화한 첫 번째 독일인이었답니다."[40]

독일 국민은 1952년 5월 26일 일련의 조약을, 그 다음 날 유럽방위공동체EDC를 촉구하는 조약을 선물로 받았다.* 아렌트가 그 상황에 대해 느낀 바는 이러하다. "이곳에 있는 사람들은 모두 미국과의 협정에 반대하고 있으며, 이러한 조약을 허용하지 않기로 결정했다. 그것은 엉망진창이다." 아

38 아렌트가 블뤼허에게 보낸 편지(1952년 8월 1일), 의회도서관.

39 아렌트가 블뤼허에게 보낸 편지(1952년 6월 13일), 의회도서관.

40 아렌트가 블뤼허에게 보낸 편지(1952년 6월 6일), 의회도서관.

* 옮긴이_ 여기에서 일련의 조약은 '일반조약(Generalvertrag)'으로서 독일 연방공화국과 서방 연합국 측(프랑스, 영국, 미국)이 서명한 조약이며 약간의 수정을 거쳐 1955년에 발효되었다. 이 협약은 점령지로서 독일의 지위를 종식시키고 주권국가의 권리를 인정하였다. "이 협정으로 서방 연합국은 독일에서 여전히 '최고 권력'을 보유하지만, 1949년 점령 법규의 주요한 부분을 포기하는 것에 대해 형식상으로 동의했다. … 그러나 아데나워 정부는 서독이 서구 방어선에 포함된 것에 대한 보답으로 미국의 압력에 굴복했고, 서독에 군대를 재조직하는 데 동의했다." 디트릭 올로 저, 문수현 옮김, 『독일 현대사』(서울: 미지북스, 2019), 550쪽.

렌트는 독일인들이 "완전히 민족주의적이지 못한 국민이기 때문에 절대주권을 보유하지 못한" 군대를 육성하는 것에 대해 거부하리라고 확신했다. 아렌트의 비관주의는 없어지지 않았다. 그는 6월에 다음과 같은 내용의 편지를 썼다. "아데나워가 일반협정 비준을 위해 2/3의 다수 지지를 얻지 못한다면 우리는 방위공동체에 작별을 고할 수 있습니다."[41] 프리츠 옌쉬는 숙모인 아렌트를 통해 유럽주의에 대한 자신의 독립적 지지 때문에 이후 충분히 보상을 받았다. 아렌트는 옌쉬의 미국 대학교육을 위해 재정 지원을 하였지만 독일인들은 그렇게 하지 못하였다. 아렌트는 놀랐다. 그들은 방위공동체를 억지로 지지했지만, 유럽방위공동체 조약이 비준을 받기 위해 프랑스 의회에 제출되었을 때, 히틀러를 너무나 신뢰했던 옛 프랑스의 구시대 인물들은 '유럽 모험'을 분쇄하기 위해 들고 일어섰다. 이 문구는 다름 아닌 1938년 프랑스의 유화정책을 기초한 에두아르 달라디에의 문구였다. 비시 정권의 잔존한 지도자들, 다수의 공산주의자들, 심지어 드골도 달라디에의 주장에 합류했다. 드골은 2년 전 새로운 유럽을 환영하였다. 아주 역설적이게도 아데나워의 유럽주의가 독일 내에서 아주 강력한 저항에 직면했지만, 그는 1953년 선거에서 압도적으로 지지를 받았다. 형세는 완전히 역전되었다. 독일은 '경제 기적'과 대륙에 대한 안목으로 점진적으로 발전하였다. 프랑스는 유럽방위공동체를 거부하였으며, '유럽'과 같은 그러한 것이 있다는 바로 그 이념에 대한 민족주의적 비난의 예외적인 분출을 보였다.

아렌트는 1958년판 『전체주의의 기원』을 수정하기 시작했던 시기에 프랑스에서 유럽방위공동체 계획이 좌절된 이후 제기된 유럽통합 계획을 거부했다. 그는 연방을 구성할 시간이 이미 지나갔고, 더 낙관적으로 표현하여 먼 미래에나 그 시간이 올 것이라는 점을 알았다. 그는 관심을 다른 곳

41 아렌트가 블뤼허에게 보낸 편지(1952년 5월 30일, 6월 13일), 의회도서관

으로 돌렸다. 그는 『전체주의의 기원』을 수정할 때 초판의 결론을 책 가운데 제3부 전체주의 부분의 개요에 해당하는 「이데올로기와 테러」라는 제목의 에세이로 교체하였다. 아렌트는 초판 결론에서 국제 예양을 촉구했었다. 그리고 그는 '권리를 가질 권리'의 국제적 보장에 대한 필요성을 제시한 자료들 가운데 과거의 결론 부분을 「인간의 권리」라는 절로 교체하였다. 그는 새로이 강조한 부분을 제2판에 첨가한 결론, 즉 「헝가리 혁명에 대한 성찰」에 포함시켰다.

아렌트는 유럽과 미국의 혁명전통에 관심을 돌렸지만 독일의 발전에 시선을 집중시켰다. 아렌트는 아데나워의 정책을 매우 불신했기 때문에 아데나워가 독일을 이끌고 있는 동안 통합된 유럽이 등장하지 않기를 기대하기 시작했다. 유럽방위공동체가 좌절되고 독일이 군대를 강화시키기 시작한 이후, 아렌트의 주장대로 아데나워는 "전쟁이 명백히 패배했을 때 히틀러에 대한 음모에 참여하지도 않을 정도로 히틀러에 충실하게 봉사했던 모든 장교들과 장군들의 지휘와 지도 아래 군대를 증강시키는 데 조금도 거리끼지 않았다."[42] 아렌트의 관점에서 볼 때, 점령군법의 종식과 독일 국군의 부활은 그저 독일 재나치화의 시작이었다. 아렌트는 아데나워의 경제 기적에 대한 공헌을 인정하였으며, 독일의 최대 희망이 미국의 선의라는 아데나워의 통찰력을 찬양하였다. 그러나 아렌트는 아데나워의 도덕적 둔감과 현실정치를 불신하였다.

아렌트는 ≪워싱턴 포스트≫에 기고할 아데나워의 『회고록 1945~1953』 서평을 준비하던 1966년 아데나워의 생애를 회상했다. 이때 아렌트는 다시 그의 단순함에 충격을 받았으며, 특히 그가 전체주의의 본질을 얼마나 조잡하게 성찰했는가를 알고 질색했다.

---

42 Hannah Arendt, "The Negatives of Positive Thinking: a Measured Look at the Personality, Politics and Influence of Konrad Adenauer," *Book Week, Washington Post*, 5 June 1966, p. 1.

> 그는 우리에게 다음과 같이 말한다. "우리 독일인들이 겪었던 나치 시대 전체주의 정권에 대한 경험 … 그리고 세상 사람들이 전체주의 소비에트 러시아를 대상으로 축적했던 경험"은 "전체주의 국가들, **특히 소비에트 러시아**가 민주주의 국가들과 달리 개인의 법과 자유를 모른다는 사실을 자신에게 가르쳤다. [그들은] 권력이란 사실만을 알고 있다." 이 문장은 다음과 같은 사실을 제외하고 형편없는 고등학교 교과서에서 삭제된 것 같다. 이 교과서는 희망컨대 소비에트 러시아가 나치보다 더 나쁘다는 것을 강조하지 않았을 것이다.[43]

콘라드 아데나워의 덜레스식 반공주의, 그리고 독일이 볼셰비키 마르크스주의의 흐름에 대한 효과적인 방어망을 구축하는데 기여할 기독교 유럽에서 적절한 위치를 발견해야 한다는 의견은 광범위하게 제기되었던 주제의 한 유형이었다. 아렌트는 1952년 여름 말 미국으로 돌아왔을 때 이것을 발견하였다.

미국과 유럽: 혁명에 관한 사유

아렌트는 1952년 말과 1953년 여러 차례 학술회의에 참석했다. 이 학술회의에서 마르크스주의를 '세속 종교'로 명명하였다. 그는 이러한 수많은 기회에 이 입장에 대해 비판을 제기하였다. 그는 또한 자신을 변호하기 위해서 두 편의 논문을 집필하였다. 그는 헨리 키신저가 아주 엄격하게 편집한 학술지인 『합류*Confluence*』에 두 논문을 기고하였다. 하나는 발데마르 구리안의 『볼셰비키주의*Bolshevism*』에 대한 서평이고, 다른 하나는 장문의 논문인 「종교와 정치」이다. 그런데 키신저가 자기 마음에 들도록 아렌트의 논문을 다시 고쳐 쓰려고 하자, 아렌트는 분노에 찬 항의 서한을 키신저에

43 앞의 논문, 2쪽(굵은 활자 부분은 아렌트 강조).

게 보내야만 했다. 따라서 아렌트는 키신저의 도움 없이 자신의 관심사를 다음과 같이 설명하였다. "우리는 공산주의가 새로운 세속 종교라고 들었다. 자유세계는 이에 대항하여 그 자체의 선험적 '종교 체계'를 옹호한다. 이 이론은 그 직접적인 경우보다 더 큰 의미를 지니고 있다. 이 이론은 교회와 국가의 분리 이후에도 여전히 종교를 추방했던 공적-정치적 문제의 영역에 '종교'를 다시 끌어들였다. 게다가, 이 이론의 옹호자들은 이 사실을 종종 의식하지 못하지만, 이 이론은 종교와 정치 사이의 관계라는 거의 망각되었던 문제를 정치학의 의제에 올려놓고 있다."[44] 철학자들이 전후 도움을 주지 못했듯이, 아렌트는 이 상황에서 신학자들이 어떠한 도움을 주리라고 기대하지 않았다. 아렌트는 1953년 현대 신학을 연구하였을 때 자신이 『전체주의의 기원』 말미에서 탐구하지 않은 채 남겨두었던 쟁점을 다시 제기하였다. 아렌트는 "제가 악 문제에 대해 조금 더 알기라도 했다면 얼마나 좋았을까요"라고 야스퍼스에게 한탄하였다.[45]

아렌트는 3년 동안 공적인 논쟁을 통해 1953년 여름 「종교와 정치」에 관한 자신의 견해를 수정하지 않을 수 없었다. 아렌트는 1950년 「종교와 지식인들」이라는 제목의 논문에서 "종교의 부활이 시대정신의 자기선전", 즉 답답한 과학주의의 시대 이후에 지식인들 사이에서 발생하는 주기적인 자기선전들 가운데 하나라고 제안했었다. 그는 "비지식인들 가운데 압도적인 대다수가 종말에 최후의 심판을 믿지 않았으며 대중이 어느 것이나 기꺼이 믿으려고 한다는 점"을 더 중요하다고 생각하였다.[46] 그는 조직화된(기성) 종교가 "전체주의에 대항하는 효과적인 무기"이거나 문명화된 전통의 안전판이 되리라는 생각의 우매함에 대해서 일관된 입장을 유지하였다. 그러나

44 Hannah Arendt, "Religion and Politics," *Confluence*, September 1953, p. 105.

45 아렌트가 야스퍼스에게 보낸 편지(1953년 7월 13일), 마르바흐 문서보관소.

46 Hannah Arendt's contribution to "Religion and the Intellectuals: A Symposium," *Partisan Review*, February 1950, p. 113.

그는 전체주의를 반대하는 지식인들 사이에서 종교를 일반적으로 환기시키는 시도가 정치학에 대한 진지한 관심이었다는 점을 알았다. 그는 완성된 이데올로기에 직면하자 『합류』에 기고한 논문에서 다음과 같이 언급하였다. "우리의 최대 위험은 우리 자신의 이데올로기로 그 완성된 이데올로기에 대응하는 것이다. 우리가 '종교적인 열정'으로 다시 한 번 공적-정치적 삶을 분기시키고자 노력한다면, 결과적으로 종교는 이데올로기로 변형되고 왜곡될 것이며, 전체주의에 대한 우리의 투쟁은 광신주의로 타락할 것이다. 광신주의는 바로 자유의 본질에는 아주 생소한 것이다."

이러한 조심스럽고 합리적인 공적인 진술들은 불안이나 분노와 매우 상이했다. 아렌트는 조지프 매카시의 광신적인 반공주의의 점증하는 위협과 수많은 미국 지식인들의 우유부단함에 대해 불안과 분노를 사적으로 표현하였다. 아렌트는 1952년 여름 막바지에 유럽 여행을 마치고 귀국하였을 때 「미국과 유럽」에 대한 그의 관심과 인식을 공유했던 동료들을 찾기 시작하였다.

아렌트는 아서 슐레진저 · 드와이트 맥도날드 · 리처드 로베르 · 메리 매카시가 이끄는 작은 단체와 여러 차례 모임을 가졌다. 이 단체는 잡지의 창간 가능성을 논의하기 위해 모였다. 『비평가*Critic*』라는 잡지는 좌파나 우파 어느 쪽도 지지하지 않는 사람들을 위한 토론의 장으로 간주되었다. 아렌트는 이곳에서 마음이 더 편했다. 그는 한때 블루멘펠트에게 보낸 편지에서 이 포럼을 두 마리 토끼를 좇다가 실패한 포럼으로 기술하였다. 기고자들에게 요구되는 유일한 신념은 시민의 자유에 대한 신념이었다. 이 잡지는 재정적 지원의 부족으로 공론 단계를 결코 넘기지 못했지만, 아렌트는 그 단체와 이념을 낙으로 삼았다. 그는 어빙 크리스톨과 같은 미국계 유대인 지인들에 점점 더 비판적 입장을 취했다. 시민의 자유에 대한 크리스톨의 신념은 타협적인 견해들로 오염되었으며, 그의 논쟁도 종교적 색채를 띠었다. 그는 1953년 한 편지에서 블루멘펠트에게 그 상황을 다음과 같이 기술하였다. "저는 얼마 전 몇 명의 친구들을 만났습니다. 한 분은 역사학 교수이고, 두 분은 매우 잘 알려진 언론인이며, 한 여성은 소설가랍니다. 그들은 모두 비유대인이면서 유대인 친구들을 많이 가지고 있는 분들이지요. 그들은 시민의 자유를 위한 투쟁에서 같은 마음을 가진 사람들의 명단을 작성하기 시작했답니다. 그러자 한 분이 이렇게 말하더군요. '이 유대인들 가운데 아렌트만이 우리와 함께 한다는 것은 우스운 일이 아닌가요.' 우리의 친구인 엘리엇 코헨(『논평』의 편집장)은 실제로 비위에 거슬리는 역할을 하고 있으며, 시드니 후크는 정말 참기 어려운 사람입니다. 이 사람들은 물론 다소간 잘 알려진 공산주의 전력이 있으며, 따라서 두려워할 어떤 이유를 가진 사람들입니다. 그러나 그러한 것이 문제의 개선에 도움이 되지는 않는군요."[47] 물론 많은 유대인, 시온주의 또는 비시온주의 유대계 신문은 맥커런-월터법과 같은 것에 집요하게 반대했지만, 아렌트의 가까운 지식인 동아리에서 분위기는 결코 분명하지 않았다.

아렌트는 스탈린이 사망한 직후인 1953년 5월 행간 여백이 없게 타자로 친 여섯 쪽 분량의 보고서를 야스퍼스에게 편지로 보냈다. 이때 정치적 상황은 상당히 악화되었다. 조지프 매카시는 여유 있는 표 차로 위스콘신 주의 연방 상원의원으로 재당선되었다. 많은 사람들은 그가 막강한 권력을 행사하리라고 생각했다. 매카시의 전술에 대한 공화당의 반대는 아주 양면적이었는데, 공화당의 승리는 아주 명백했기 때문이다. 의회에서 민주당의 반대는 불길하게도 침묵 상태였다. 많은 사람들은 매카시에 대한 공격이 이 사람 중심의 공화당 집회를 초래할지 모른다는 점을 두려워했기 때문이다. 매카시는 이러한 당파적 교착 상태의 상황에서 소위원회, 즉 행정부 예산위원회를 자신의 전면적인 조사활동 기지로 전환할 수 있었다. 1953년이란 해는 매카시가 '미국의 소리VOA', 국무성 해외정보도서관, 정부출판국,

47 아렌트가 블루멘펠트에게 보낸 편지(1953년 2월 2일), 마르바흐 문서보관소.

그리고 다양한 정부출연기관에서 활동하는 사람들에 대해 공격할 수 있는 해였다.

아렌트가 5월 야스퍼스에게 보낸 편지는 바이마르를 환기시키는 내용들로 채워졌다. 그는 야스퍼스에게 다음과 같이 말하였다. "당신께서는 제가 과장하고 있다고 말할 것이라는 저의 두려움에도 불구하고 당신께서 알고 있는 것이 저에게는 중요한 것 같습니다. 따라서 저는 당신을 위해 모든 것을 자세하게 기록하고 있습니다." 조지프 매카시가 당대에 힌덴부르크 가의 아이젠하워에 영향력을 행사했는가에 대한 아렌트의 평가는 과장되었다. "매카시가 1956년 대통령에 선출되지 않는다면, 우리는 좋은 기회를 갖게 될 것입니다."[48] 그러나 아렌트가 두려워했던 근원을 너무나도 잘 알고 있던 야스퍼스는 답장에서 조심스런 입장을 보였다. "저는 당신이 1931년 얼마나 제대로 예견했는가를 생각하였으며, 제가 당신을 얼마나 믿지 않았는가를 생각하였습니다. 당신이 잘 알고 있듯이 저는 우리나라 사람들 대다수가 합리적이고 인간적이라는 것을 확신하였습니다. 그러나 권력정치의 계략, 그리고 기정사실에 직면했을 때 그들이 느꼈던 두려움은 그들을 무방비 상태로 두게 하였습니다. 그것은 역시 미국에서도 발생할 수 있었지만 과거 우리가 직면했던 것보다는 일어날 가능성은 훨씬 적습니다."[49] 매카시의 보좌관인 콘과 샤인이 유럽에 있는 미국 도서관들을 수박 겉핥기식으로 우스꽝스러운 조사 여행을 마친 후인 여름에 아렌트는 또 다시 그 상황의 터무니없는 측면들을 깨달을 수 있었다. "우리가 셰익스피어를 통해 그 상황을 이해하고 콘과 샤인을 로젠크란츠와 구일덴스테른으로 이해하였다면 그 상황은 더 좋았을 것입니다."[50] 그러나 아렌트는 폭민과 연합했던 바이마르 지식인들을 연상케 할 정도로 특별히 미국 지식인들 사이에

48 아렌트가 야스퍼스에게 보낸 편지(1953년 5월 13일), 마르바흐 문서보관소.

49 아렌트가 야스퍼스에게 보낸 편지(1953년 5월 22일), 마르바흐 문서보관소.

50 아렌트가 야스퍼스에게 보낸 편지(1953년 7월 13일), 마르바흐 문서보관소.

서 나타난 혼란 때문에 매우 경악했다. 아렌트는 12월 야스퍼스에게 "지식인들이 이러한 문제에 연루되는 것은 놀랍습니다"라고 말했다. "사회학자들이나 심리학자들은 모든 사람이 빠지게 된 개념적 혼란에 책임이 있습니다. 자연스럽게, 개념적 혼란은 대중사회의 징후일 뿐이지만, 또한 특별한 의미를 갖습니다."[51]

아렌트는 전체주의에 관한 수많은 토론에 참여하였으며, 자신의 책 가운데 전체주의에 관한 부분을 요약하여 뉴스쿨과 랜드스쿨에서 강의하였다. 그는 미국학술원이 후원하는 전체주의에 관한 학술회의에 참석하기 위해 독일어를 말하는 망명자인 칼 프리드리히의 초청으로 보스턴을 방문하였다. 조지 캐넌은 이 학술회의에서 「전체주의와 자유」라는 주제로 개회사를 하였다. 그의 신중한 연설은 고무적이게도 아렌트의 견해와 근접했다. 캐넌은 다음과 같이 언급했다. "우리는 군사적인 방법에 국한하고, 우리 적의 전술을 채택하는 경향에 점점 더 경도되고 있습니다. 우리는 그들의 방식으로 계속 처신한다면 실패하게 됩니다."[52]

사람들은 학술회의에 대한 아렌트의 공헌을 예견할 수 없었다. 아렌트는 토론 주제인 주요 정치체제 소련, 그리고 미국 내의 전개양상을 예측하려고 하지 않았다. 그는 역사적 현대적 해석의 핵심을 명료하게 제시하는 데 국한시켰다. 가장 중요하지만 그는 사회학적 또는 심리학적 관점보다 오히려 정치학적 관점에서 전체주의를 고찰하도록 학회 참가자들에게 촉구했다. 정치학적 관점에서 볼 때 전체주의의 새로운 면은 명료했지만, 전체주의적 활동들은 심리학적이나 사회학적으로는 참주적 전제적 권위주의적 방식의 여러 유형으로 평가될 수 있었다. 아렌트는 자신이 책에서 이미 강조했던 내용을 강조하였다. 즉 전통적 틀 내에서 전체주의를 평가하려는

51 아렌트가 야스퍼스에게 보낸 편지(1953년 12월 21일), 마르바흐 문서보관소.

52 George Kennan, in a discussion of his "Totalitarianism in the Modern World," *Totalitarianism*, ed., C. J. Friedrich(New York: Universal Library, 1954), p. 34.

그러한 시도들은 왜곡을 야기할지도 모른다. 마찬가지로 그는 전체주의 이데올로기를 특징화하기 위하여 '세속 종교'라는 개념을 사용하는 데 대하여 반박했다. 그의 생각에 전체주의 정치체제에서 중요한 것은 이념의 내용이 아니라 논리적 일관성을 지닌 원리, 전제를 '증명하기' 위해 현실을 다시 제작하는 과정이었다. 아렌트는 온갖 지적에서도 명료한 구분의 중요성뿐만 아니라 어떤 전체주의 정치체제 '모델'을 유지할 필요성을 강조하였다. 아렌트는 이를 통해 '운동'이 정부형태로 발전하는 것을 추적할 수 있으며 그 정치체제 내에서의 변동을 평가할 수 있다고 주장했다.

1953년 소련 정치체제 내의 변동은 심각해서 평가하기 매우 어려웠다. 전체주의에 관한 학술회의는 소련 언론이 스탈린 사망을 공표하던 3월 5일 바로 그 날짜에 시작되었다. 복잡한 후계자 투쟁은 바로 시작되었고, 동유럽 위성국가들의 지도력과 정책의 변화를 수반하였다. 말렌코프 수상의 재임 기간(1953년 3월~1955년 2월) 소연방 내 생활조건을 증진시키고 '평화공존'으로 국제적 긴장을 완화시키려는 괄목할만한 노력 때문에 많은 사람들은 소련의 '자유화' 범위에 대해 성찰하게 되었다. 일리야 에렌부르크의 1954년 소설 『해빙*The Thaw*』은 스탈린 사후 몇 년에 명칭을 부여하고 있으나 아렌트는 이러한 해빙이 의미하는 것에 대해 매우 회의적이었다. 아렌트는 스탈린 사후 전개 양상이 미국과 다른 국가들에서 어떻게 수용되는가에 대한 논평에서 더욱 신중한 입장을 보였다. 아렌트는 변형된 세속 종교인 전체주의에 대한 반대가 서구의 태도를 경직화시켰다는 것을 두려워했기 때문이다. 1953년 여름 내내 매카시에 대한 미국의 반대 징후는 고무적이었다. 그러나 아렌트는 조지프 매카시가 미국 상원에서 구축했던 침묵의 분위기에서 보이는 틈새를 파악하자 이스라엘에서 발생한 사건과 '종교와 정치' 문제의 다른 형태에 의해 새롭게 동요되었다.

1953년 가을 『유대인 소식지*Jewish Newsletter*』의 편집장인 윌리엄 주커만은 아랍-이스라엘의 긴장 고조에 대해 논평해 줄 수 있는가를 요청하는 편지를 아렌트에게 보냈다. 『유대인 소식지』는 1948년 창간 이후 미국 내 유대인 공동체에서 가장 격렬한 반대 기관지 가운데 하나였다. 주커만은 자신의 표현대로 "종족주의와 순응의 분출"을 반대하는 글을 정기적으로 기고하였다. 그에 따르면, "이러한 분출은 유대인의 최대 비극, 즉 유럽계 유대인에 대한 히틀러의 절멸에 그 뿌리를 두고 있었다." 그는 "민족주의의 발생은 우리 시대 대부분 다른 민족뿐만 아니라 유대인에게도 동일한 영향을 미쳤다는 데" 관심을 가졌다.[53] 유다 마그네스의 제자인 주커만은 1953년 1월 19일 논설에서 유대 민족주의에 대한 자신의 비판을 다른 사람들이 공유하고 있다는 징표로서 1948년 마그네스에 대한 아렌트의 찬사 일부를 인용했었다. "우연히도 지난 몇 년은 … 유대인의 민족성에서 나타난 커다란 변화와 일치한다. 2,000년 동안 정신적 공동체적 경험의 기반을 정당화했던 민족은 필연적으로 실패로 끝난 논쟁인 것 같은 그러한 성격을 띤 모든 논쟁에 전적으로 적대적인 입장을 갖게 되었다."[54]

1953년 2월 텔아비브의 소련 공관 마당에 폭발물이 터져 세 명이 손상을 입었다. 이 사건은 종종 종교적 관점에서 해석되는 격렬한 반소감정이 최고 정점에 도달했다는 것을 보여주었다. 반소감정은 1952년 말 프라하에서 진행한 반시온주의 재판 이후 이스라엘에서 급속도로 확산되었다. 이스라엘 정부는 사건의 책임을 극구 부인하였다. 소련은 공관을 철수시키고 외교관계를 단절하였다. 이 사건은 표면상 드러난 긴장의 한 단면이었다. 다른 사건은 더욱 위험스러웠다. 이스라엘 사람들은 1952년과 1953년 소위 수백 명의 아랍 침투자들, 조국으로 돌아가려는 쫓겨난 사람들을 살해하거나 체포했다. 이스라엘 정부가 원리상으로 미국의 맥커런-월터법과 너무나

---

53 William Zukerman, *Voice of Dissent: Jewish Problems, 1948-1961*(New York: Bookman Associates, 1964) in an anthology of pieces from the *Jewish Newsletter*.

54 Hannah Arendt, "The Conscience of the Jewish People," *Jewish Newsletter* 14/8(21 April 1958): 2. (마그네스 서거 10주년인 1958년에 쓰인 이 글은 원본이 존재하지 않는 아렌트의 1948년 찬사에 기반을 두고 있는 것 같다.)

유사한 국적법을 1952년 3월 통과시키자, 이에 대한 아랍인의 분노는 고조되었다. 이스라엘에서 살고 있는 약 10%의 아랍인들은 이 법 때문에 이스라엘 시민권을 상실했다. 이스라엘 국방부가 선동한 몇 차례의 공격, 아랍 정착촌에 대한 '보복 공격'이 있었다. 보복 공격 가운데 키비아에서 발생한 보복 공격으로 52명의 아랍인이 사망했으며, 국제연합은 제재 결의안을 상정했다. 주커만은 아렌트가 특별히 키비아 사건에 대해 기고하기를 원했다. 아렌트의 생각에 반소감정과 반아랍 공격은 벤구리온 정부가 독재의 방향으로 한 단계 나가고 있다는 것을 시사했다. 그러나 아렌트는 『유대인 소식지』에 그 상황을 논평하는 글의 기고를 거부하고, 11월 1일 주커만에게 낙담스러운 단신을 보내기만 했다. "제시할 가장 짤막한 발언은 다음과 같습니다. 살해하지 마시오. 아랍 여성이나 어린이들도 살해하지 마시오. 그리고 이것은 확실히 너무나 짤막합니다. 상황의 전모는 전적으로 욕지기 납니다. 나는 더 이상 유대인 정치에 관여하고 싶지 않습니다."[55] 블루멘펠트는 순수한 종교 감정이 현대 정치와 얼마나 관계가 없는가를 평가한 아렌트에 우울하게 동의하였다. 블루멘펠트는 "내가 보기에 우리는 세계정세에 대한 비교 가능한 인상을 가지고 있다네"라는 내용의 편지를 예루살렘에서 보냈다. "십계의 의미는 유럽이든 이스라엘이든 모든 곳에서 완전히 망각되었네."[56]

아렌트는 1956년에 이르러 비로소 전체주의를 연구하는 전문가로서 다시 거리낌 없이 말하기 위한 이론화 작업을 그만두기는 했지만 중동 사태와 소련 정책의 변화에 지속적으로 관심을 갖게 되었다. 그는 유대인 정치에 더 이상 관여하지 않겠다는 결심을 유지하고 있었다. 그러나 아렌트가 『과거와 미래 사이』를 구성한 에세이들과 『인간의 조건』을 구성한 강의안을 집필하고 있을 때, 『전체주의의 기원』은 예기치 않은 두 가지 방식으로 그

---

55 아렌트가 주커만에게 보낸 편지(1953년 11월 1일), 의회도서관.

56 블루멘펠트가 아렌트에게 보낸 편지(1953년 10월 26일), 마르바흐 문서보관소.

를 변호했다.

1951년 조지 어그리라는 사람은 블뤼허의 첫 번째 뉴스쿨 예술철학 강의에 참여하였으며, 다른 두 청강생인 로즈 페이텔슨(아렌트 원고의 영문 번역자) 및 알프레드 카진과 함께 강의 이후 일부 뒤풀이에도 참여하였다. 당시 어그리는 1948년 이스라엘 건국과 더불어 해체되었던 '자유팔레스타인운동미국연맹ALFP'에서 활동을 마치고 '전국의회효율성제고위원회NCEC'로 옮기고 있었다. 아렌트는 이르군의 워싱턴 로비 활동이 취한 많은 형태 가운데 하나인 '자유 팔레스타인운동미국연맹'과 어그리의 관계에 대해 알았지만, 구식 전투의 기억이 새로운 전투를 방해하지 않도록 했다.

자유팔레스타인운동미국연맹 출신인 모리스 로젠브라트는 어그리의 친구로서 정당 소속의 덕망 있는 의원 후보들을 지원할 목적으로 선거운동기금을 마련하는 단체, 즉 '전국의회효율성제고위원회'를 1948년 설립했었다. 1952년 이후 덕망 있음의 기준은 매카시를 반대하는 신념이었다. 1953년 이 단체는 상원의원들에게 연구조사 지원금을 제공하고, 많은 기회가 형성되었을 때에 매카시의 임명과 조사에 대한 상원의 반대를 지원하기 위해 매카시와 매카시주의에 관한 정보수집센터를 설립하였다. 전국의회효율성제고위원회의 핵심부를 중심으로 매카시 반대 로비운동은 완만하게 증대되었다.[57]

어그리는 뉴욕에서, 로젠블라트는 워싱턴에서 매카시 반대활동과 조사활동을 추진함으로써 다양한 부류의 정치분석을 실시하였다. 그러나 아렌트가 『전체주의의 기원』에서 제시한 분석은 그들 모두에게 매우 중요했다. 그들은 매카시주의를 전체주의와 친화성을 지닌 현상으로 생각하였다. 정계 · 출판계 · 경제계 · 학계의 수많은 저명인사들은 소식지 상단에 이름을

57 의회효율성제고전국위원회에 관한 내용은 다음 자료에 기술되어 있다. Robert Griffith, *The Politics of Fear*(Rochelle Park, N. J.: Hayden Books, 1970). 아렌트에 관한 내용은 앞의 책 226쪽을 참조할 것.

기재하도록 수락해 달라는 요청을 받았다. 아렌트는 기꺼이 자신의 이름을 빌려주었다. 로젠블라트와 어그리가 결별을 한 1966년까지 아렌트의 이름은 소식지 상단에 항상 기재되었다. 그러나 어그리는 전국의회효율성제고위원회의 소식지 표지에 기재했던 사람들의 명단을 삭제하였다.

『전체주의의 기원』이 정치적 충격을 주었던 두 번째 방식은 아렌트 자신에게는 알려지지 않았다. 『예일대학교 법학지*Yale Law Review*』에 실린 폴락의 논문 「1954년 국외추방법」은 무국적자에 대한 아렌트의 논의에 상당히 의존하였다. 얼 워런 대법원장은 국외추방법을 지지하는 1957년 재판에서 이 논문을 반대 의견에 활용하였다. 이후 워런의 견해는 수정헌법 제8조에 의해 금지된 처벌 형태를 국적 박탈로 평결한 1958년 재판에서 우세했다. 아서 골드베르크 연방대법원 법관은 전시 군복무를 불법적으로 기피하는 데 대하여 국외 추방을 판결한 1963년 다수 의견으로 『전체주의의 기원』을 직접 인용하였다.[58]

아렌트는 전체주의에 친화적인 현상을 정지시키려는 정당들의 의도보다 이를 정지시키려는 법원의 능력에 항상 더 낙관적이었다. 그는 1960년대에 이르러 비로소 정치후보들의 적극적인 지지자가 되었다. 그는 정당에 대해서 이렇다 할 열정을 가지고 있지 않으면서도 통상적으로 민주당 후보를 지지하기는 했으나 독립적인 행위자로서 투표했다. 매카시 시대는 교조적이고 편협한 이익을 옹호하는 정당관료제가 정치 행위를 어떻게 방해하고 국민의 목소리에 어떻게 귀를 막는가에 관한 개념을 아렌트에게 제공하였다. 아렌트는 1920년 독일에서 확보하고 1930년대 프랑스에서 확보한 자료를 첨가하여 이러한 개념을 정립하였다. 양당체계라는 비교적 훌륭한 질서 내에서 살아왔던 다수의 영국 및 미국 태생 정치이론가들과 달리, 아렌트는 정당을 불신했다. 정당들은 시민적 행위의 근거를 아주 빠르게 망각

---

58 Stephen J. Whitfield, *Into the Dark: Hannah Arendt and Totalitarianism*(Philadelphia: Temple University Press, 1980), pp. 110ff.

하였기 때문이다. 아렌트는 미국의 정당들이 위스콘신 주의 상원의원 수중에 놓이게 됨으로써 실제로 마비되었던 몇 년을 지켜보면서 정당에 대한 불신을 강화시켰다. 그러나 아렌트는 1956년 헝가리 혁명 이후 비로소 정당이 그들의 근거를 어떻게 유지할 수 있는가에 대해서, 즉 평의회 체계에 대해 공개적으로 언급하기 시작했다.

로자 룩셈부르크의 "자발적 혁명" 개념은 헝가리 혁명이 놀랄만한 모습을 드러내기 이전 몇 년간 아렌트의 사상에서 작동하고 있었다. 아렌트는 마르크스주의 연구에서 '새로운 정치학'의 기본 개념들을 탐구하는 데 관심을 가졌다. 이러한 전환은 철학과 정치이론에서 엄청난 독서계획을 필요로 하였다. 아렌트는 1952년 유럽 여행을 마치고 돌아왔을 때 이 연구 작업을 시작하였으며, 다음 해 구겐하임 재단으로부터 지원을 받아 이 작업을 지속하였다. 그는 1955년 봄 버클리대학교에서 처음으로 전임 교수직을 받은 후 이를 보완하였다. 세기말 프랑스의 사회적 위기에 대한 룩셈부르크의 분석은 드레퓌스 문제에 대한 아렌트의 초기 연구에 형태를 부여하였다. 『자본의 축적 *The Accumulation of Capital*』은 제국주의에 대한 아렌트의 성찰에 중요했다. 아렌트는 마르크스주의에 대한 자신의 비판을 『인간의 조건』에 끌어들이는 동안 『러시아 혁명 *The Russian Revolution*』을 읽었다.

한나 아렌트는 1955년 버클리대학교에서 두 강좌를 담당하였다. 한 강좌는 「유럽의 정치이론」이라는 주제의 대학원 세미나였다. 이 강좌는 아렌트가 1954년 「최근 유럽의 철학사상에 나타난 정치에 대한 관심」이란 주제 아래 개최된 미국정치학회 학술회의에서 발표할 연설로부터 발전되었다. 다른 강좌는 훨씬 일반적인 정치이론사였다. 아렌트는 1954년 노트르담대학교에서 「철학과 정치」라는 강좌를 담당하였을 때 두 강의 자료를 대부분 집필하였다. 아렌트는 발데마르 구리안의 후원으로 노트르담대학교 강의를 담당했는데, 당시 강의안은 출간되지 않았다. 아렌트가 버클리대학교에서 『인간의 조건』과 『과거와 미래 사이』에 포함된 논문들을 집필하고 있었다. 이때 그는 철학과 정치 사이의 관계가 현대 세계에서 어떠한 모습이어야 하며 어떤 모습을 지닐 수 있는가에 대해 지속적으로 사유하고 있었다. 그는 마키아벨리 · 홉스 · 루소 · 몽테스키외 · 로크 · 토크빌 · 마르크스와 같은 사상가들에 대해 계속 관심을 가졌다. 이들은 자신들이 살고 있던 시대에 아렌트의 질문을 제기했다. 1899년 룩셈부르크가 했듯이, 아렌트는 열정적으로 독서를 했다. 룩셈부르크는 요기헤스에게 보낸 편지에서 당시 자신의 정신 상태를 다음과 같이 기술하였다. "나의 내면에 중요한 것이 요동치고 있으며, 표면으로 표출되기를 원하고 있어요. … 나는 중요한 무엇인가를 말할 필요성을 느끼네요. … 나는 청천벽력과 같이 사람들에게 영향을 미치고, 그들의 마음을 사로잡는 그러한 방식으로 꼭 글을 써야만 한다오. 그러나 나는 물론 연설을 통해서가 아니라 시야의 확대를 통해 내가 그들에게 준 강한 인상과 확신의 힘을 보여야 하네요."[59]

아렌트는 첫 번째 강의에 몰려든 학생들에게 미쳤던 강렬한 인상으로 놀랐으며, 세미나를 100명 규모의 강좌로 바꾸고 강의를 '장관壯觀'으로 바꾸었다. 그러나 한 젊은이가 "로자 룩셈부르크가 다시 왔군요"라고 아렌트의 강의에 대해 평가했을 때, 아렌트는 그러한 평가를 놀랍게도 좋게 생각하였다. 아렌트는 블루멘펠트에게 이 '대단한 찬사'를 분명히 기쁘게 반복했고, 몇 년 후 이것을 환기시켰다. 아렌트는 자신이 버클리대학교에서 룩셈부르크의 『러시아 혁명』(『혁명론』이라 불렸음)을 읽고 있는 동안 생각났던 연구 과제를 실제로 수행하고 있었다.[60] 그는 유럽 정치이론에 철저하게 열중하게 됨에 따라 이전보다 더 확고한 신념을 갖게 되었다. 즉 그는 이러한 전통이 '철학자들의 낡은 의혹'으로부터 벗어난 정치적 통찰력을 발견한 유일한 곳이 아니라는 것을 더 확고하게 믿게 되었다. 아마도 아렌트의 생각에 미국의 혁명전통은 그가 추구하고 있는 것을 잉태했을 것이다. 아렌트

59 Peter Nettl, *Rosa Luxemburg*(London: Oxford University Press, 1966), p. 167.

60 아렌트가 블루멘펠트에게 보낸 편지(1956영 7월 31일), 마르바흐 문서보관소.

는 룩셈부르크의 『러시아 혁명』에서 그것을 단지 어렴풋이 발견했었다. 그는 기대 속에서 미국 건국 선조들의 저서들에 대한 미래 여행을 위해 전기적 단상들을 기록하기 시작했다.

룩셈부르크는 독일 사회민주당 내 잡다한 연합세력 사이에서 떠돌이 신세와 같았다. 아렌트 역시 일찍이 프린스턴대학교에서 그랬듯이 버클리대학교에서도 '파벌과 분파' 사이에서 떠돌이와 같은 감정을 느꼈다. 아렌트는 미국 대학들이 그 구조와 분위기를 전제할 때 자신의 작업 또는 정치이론 일반을 위해 올바른 장을 제공할 수 있는가에 대해 의심하기 시작했다. 그는 조롱 투의 표현인 '상류 출신인 체 하는 태도'의 확산으로 비우호적인 인상을 받았다. 프린스턴대학교는 "형언하기 어려울 정도로 속물적"이었다. 버클리대학교는 좀 나은 편이었지만 그 허세뿐만 아니라 방대함으로 여전히 낯설었다. 그는 몹시 바빴던 어느 날 저녁에 자그마한 바드대학에서 강의만을 하고 있던 블뤼허에게 다음과 같은 내용의 편지를 보냈다. "당신은 자그마한 대학에서 강의를 하고 있으니 실제로 행운이군요. … 여기에서는 모든 것이 삼중으로 이루어져야 합니다. … 나는 작업을 할 건물의 열쇠를 확보하는 데 두 주나 기다렸지요."[61] 아렌트는 자기 학생들 가운데 신흥 부자들이 많다는 것을 보고 놀랐다. 그는 야스퍼스에게 다음과 같이 말하였다. "저는 민주주의가 중우정으로 얼마나 쉽게 바뀔 수 있는가"[62]를 연구할 유리한 위치에 있다고 느꼈습니다. 아렌트는 전체주의 운동의 예비단계로 생각했던 폭민과 엘리트의 결합을 다시 환기시켰다. 주목할 만한 예외적인 인물이 몇 사람은 있었지만, 아렌트는 버클리대학교 교수진의 정치적 조야함 때문에 충격을 받았다. 아렌트가 블뤼허에게 언급했듯이, 자유주의 도당과 조지프 매카시를 신봉하는 도당이 있었지만, "모두가 그들의 위치에서 점잖은 체 했다." 아렌트는 대학의 코먼웰스클럽Commonwealth

---

61 아렌트가 블뤼허에게 보낸 편지(1955년 2월 21일), 의회도서관.

62 아렌트가 야스퍼스에게 보낸 편지(1955년 2월 6일), 마르바흐 문서보관소.

Club 회장인 퇴역장군이 전체주의에 관한 강의에 자신을 초청하면서 자신이 전체주의를 지지하는지 반대하는지에 대해 질문했을 때 기뻐해야 할지 아니면 놀래야 할지에 대해 알기 어려웠다. 강의가 그에게 특별히 중요했기 때문이 아니라 "그가 나를 자신의 프로그램에 끌어들일 수 있었기 때문이라오."[63] 아렌트는 허세로 명성이 높지 않으면서도 확고한 교제를 유지하는 사람을 만났다. 특별히, 그 퇴역장군은 샌프란시스코 부둣가를 여행할 수 있도록 아렌트를 동반했다. 그렇기 때문에 그 강의는 아렌트에게는 대단한 위안이었다. 아렌트는 독일적인 호의를 분출하여 새 친구를 철자가 틀린 채로 에릭 '회프너Hoeffner'라고 불렀는데, 그는 『진정한 신자*The True Believer*』의 저자인 에릭 호퍼Hoffer였다.[64] 아렌트가 거주하는 아파트의 수위로 근무하고 있는 젊은이, 그리고 오스트리아에서 망명하여 아렌트의 한 강의에 참석했던 '젊은 마을 처녀' 이외에도, 에릭 호퍼는 감당하기 어려운 학문적 진지함으로부터 즐겁게 벗어날 수 있는 기회를 아렌트에게 제공하였다.

버클리대학교는 사회적으로나 정치적으로 생소했지만 철학적 분위기는 실제로 실망스러웠다. 아렌트는 야스퍼스에게 다음과 같이 말했다. "철학은 의미론으로 전락했습니다. 그곳에서는 삼류 의미론입니다."[65] 아렌트는 몇 개월 후 몽테스키외식의 관점에서 이 모든 생소함을 설명하는 방법을 스스로 찾고 있었다. 그는 그것을 전적으로 비형이상학적 분위기의 탓으로 돌렸다. "이 황홀한 정원에서 … 사람들의 신체는 완전히 다르게 느껴져요. 즉 사람들은 체취를 전혀 느끼지 못하는군요. 이곳 사람들이 어떻게 그렇게 정신적으로 돌았는가를 이해하기란 쉽습니다. 그러한 상황은 이곳의 기후와 상당한 관련이 있습니다."[66]

---

63 아렌트가 블뤼허에게 보낸 편지(1955년 2월 12일), 의회도서관.

64 아렌트가 블뤼허에게 보낸 편지(1955년 2월 19일), 의회도서관.

65 아렌트가 야스퍼스에게 보낸 편지(1965년 2월 5일), 의회도서관.

미국의 대학생활에 대한 아렌트의 성찰에는 거대화 경향이나 풍요에 익숙하지 못한 유럽인들에게 전형적으로 나타나는 전적인 놀람이 깔려 있다. 그의 싫증은 후버연구소에서 통명스러움으로 바뀌었다. 아렌트는 『전체주의의 기원』을 수정하는 데 중요한 문서보관소 소장 자료를 읽기 위해 이곳을 방문하였다. "38명의 학자들은 … 매일 아침 자신들의 꿈을 서로 이야기하려고 함께 모이는군요. 그리고 시시한 생각에 대한 대가는 충분히 지급되었기 때문에 … 그들은 천국 같아 보이지만 실제로 온갖 편안함을 갖춘 현대적 지옥들 가운데 하나인 곳에서 근무하고 있답니다. 후버 씨의 정신은 도서관에서뿐만 아니라 모든 곳에서 하나를 따르는군요."[67]

아렌트는 버클리대학교에서 몇 명의 교수 및 학생들과 좋은 관계를 유지했음에도 불구하고 자신이 결코 포기하지 않았던 확고한 결심, 즉 전임교수가 되지 않겠다는 결심으로 학기말에 대학교를 떠났다. 아렌트는 듣게 될 모든 사람들에게 "나는 실제로 교수가 되기를 결코 원하지 않습니다"라고 말하였다. 아렌트는 나머지 여행을 통해 매우 복잡한 협상으로 여러 형태의 특별 임용, 반일제 근무, 객원 강사직을 확보하려고 노력했다. 적어도 매년 절반은 작업과 유럽 여행을 위해 자유 시간으로 남겨두었다.[68] 교육이나 동료 및 공동체의 사회적 삶에서 발생하는 요구는 아렌트가 안락하게 부응할 수 있는 것은 아니었다. 아렌트는 블뤼허에게 "당신이 전적으로 옳군요"라고 말했다. 블뤼허는 뉴욕시로 흐르는 허드슨 강 근처 아난데일에 위치한 바드대학 근처로 이사할 생각은 전혀 하지 않았다. "우리는 이러한 형태의 삶 때문에 떨어져 있지 않지요. 당시 나는 파리에 있을 때 청년알리야를 위해 일하면서 느꼈던 것과 같은 심정이라오. 나는 당시 다른 사람들의 배려와 걱정으로 압도되었다오." 다른 사람들의 문제는 그 자체로 너무

---

66 아렌트가 블뤼허에게 보낸 편지(1955년 2월 12일, 19일), 의회도서관.

67 아렌트가 블뤼허에게 보낸 편지(1955년 2월 21일, 4월 4일), 의회도서관.

68 아렌트는 두 차례 전임직에 임명되어 시카고대학교(1963~1967년)와 뉴스쿨(1967~1975년)에 몸담고 있었으나 통상 1년에 한 학기만을 강의하였다.

벅찼으며, 그들은 아렌트의 중요한 문제에 기여했다. "나는 실제로 일주일에 다섯 번 공개석상에 나올 수는 없다오."[69]

아렌트의 결심은 확고했다. 그러나 그가 일주일에 다섯 번 남짓 출근하기로 약속할 수 있으며 더 용이하게 집에 갈 수 있을 때 교육에 대한 그의 태도는 훨씬 더 호의적이었다. 아렌트는 버클리대학교에서 매주 일요일 블뤼허와 전화로 대화를 나누었다. 아렌트가 놀라서 눈을 크게 뜬 채 야스퍼스에게 말했듯이 그들은 대륙 전체를 넘어서 대화를 나누었다. 그러나 이러한 것이 그들의 고독감을 완화시켜주지는 못했다. 버클리대학교에 있는 아렌트는 조금은 외로웠다. 블뤼허는 바드대학에서 자신의 활동에 만족했다. 그러나 그는 뉴욕의 지적인 동료집단이 따분하다는 것을 알았으며, 여성 동료들 어느 누구도 자기 부인의 지적인 위력에 필적할 수 없다는 것도 알게 되었다. 블뤼허는 외롭고 불안한 감정을 담은 편지들을 보냈다. "어느 구석에도 당신의 모습은 보이지 않는구려, 실제로 내 존재의 한가운데에도 자리잡고 있지 않다오. 맙소사, 주위 사람들은 대부분 아주 따분하게 되었다오. 사람들은 자신이 역시 따분한 사람이 아니기를 기대하기만 한다오."[70] 블뤼허는 신문을 읽는데도 지나치게 불편하게 되었다. **세계역사**가 그 계략들 가운데 하나를 위협할 때 그들은 서로를 매우 필요로 했다. 블뤼허는 말렌코프의 축출, 그리고 흐루쇼프와 불가닌 사이의 권력투쟁에 관한 기사를 읽으면서 놀랐으며, 제2차 세계대전 종전 10주년에 코네프와 주코프 제독의 성명서를 읽었을 때 완전히 공포의 상황에 직면하게 되었다. 두 제독은 수소폭탄이 유럽과 미국에게 가할 수 있는 참화에 대해 개략적으로 언급하였다. "러시아로부터 들려오는 소문은 나를 경악케 하였으며, 나는 긴급사태 시에 우리의 만남 장소가 물론 바드대학이어야 한다고 말하고자 당신에

69 아렌트가 블뤼허에게 보낸 편지(1955년 3월 8일, 4월 14일) 의회도서관.

70 이것과 다음 내용의 출처는 다음과 같다. 블뤼허가 아렌트에게 보낸 편지(대략 1955년 5월 날짜 미상), 의회도서관.

게 전보를 치고 싶었소."

1956년 2월 14일 '소문'이 들린 지 1년도 채 못 되어 흐루쇼프는 제20차 공산당대회 비밀회의에서 스탈린이 레닌 사상으로부터 이탈하였다는 비난과 스탈린의 최대 범죄에 관한 문서를 발표하였다. 여러 가지 중대한 변화들이 이어서 나타났다. '사회주의로의 평화적 이행'이나 '사회주의에 이르는 다른 길'과 같은 문구들은 소련의 제안들을 주변 사회주의 국가들과 소위 제3세계 국가들에게 전달하는 역할을 하였다. 국무성이 공표한 흐루쇼프의 비밀 연설문 번역본을 입수한 서양의 독자들 다수는 소련 전체주의의 종말을 예측하였다. 이와 반대로, 아렌트는 연설에서 해빙의 종말을 알리는 징후를 발견하였다. 그는 훨씬 더 혹독하고 야만적인 정치체제의 뒤를 따를 집단지도체제의 시기 — 레닌 사후 발생했듯이 — 를 기대했기 때문이다. 아렌트는 단기적 관점에서 옳았지만, "그 오래된 계략꾼 **세계역사**"는 두 예측이 너무나 단순하다는 것을 보여주었다.

소련 내 전개상황에 관한 소식과 티토가 모스크바에서 조인한 상호협력협정에 관한 소식이 동유럽을 통해 전파되었을 때, 반대자들은 폴란드와 헝가리의 격렬한 저항에 관심을 가졌다. 폴란드 폭동은 가라앉았으며, 폴란드는 바르샤바협정에 남아 있었다. 헝가리의 저항자들은 러시아 군대의 헝가리 주둔을 종식시키라는 요구뿐만 아니라 바르샤바협정 탈퇴를 발표하였다. 부다페스트 거리에서 전투가 발생한 지 6일이 지난 후, 이스라엘은 시나이반도를 넘어 극적인 군사행동을 취하였으며, 나세르의 수에즈 운하 장악으로 예상되었던 위기를 분출시켰다. 프랑스와 영국 군용기가 이집트 공군기지를 폭격했다. 바르샤바협정과 서유럽 동맹 국가들은 모두 일주일 사이에 충격을 받았다.

헝가리 사람들이 자유를 얻으려고 투쟁했을 때, 아렌트는 메리 매카시와 함께 평화로운 네덜란드를 여행한 후 연례적으로 하는 것이지만 바젤에 있는 야스퍼스를 방문하고 있었다. 아렌트는 매우 흥분한 상태에서 블뤼허에게 편지를 보냈다. "마침내, 마침내, 그들은 상황이 실제로 어떤가를 보여주어야 했어요!"[71] 그들은 저항자들이 처음 거리시위를 한지 며칠 사이에 혁명평의회와 노동자평의회를 조직했다는 소식을 신문에서 읽었다. 이때 아렌트와 블뤼허는 놀랐다. 제1차 세계대전 이후 블뤼허가 젊은 시절 보냈던 베를린에서 평의회가 처음 출현하였다. 평의회는 "헝가리 국민들의 행위와 자발적 요구에서" 나타났다. 수에즈 운하 분쟁이 전쟁으로 비화된 지 일주일이 지난 후 아렌트는 전적으로 당혹스러웠다. "헝가리에 대한 나의 기쁨을 제외하고 모든 것은 이 요란한 이스라엘 사건으로 빛을 잃어버렸어요. 당신은 그것을 이해할 수 있나요?"[72] 아이젠하워 대통령을 포함해 신문 독자들뿐만 아니라 신문호외 독자들도 이스라엘의 시나이 전쟁에 경악했다. 프랑스와 영국 군대가 포트사이드 항에 진주했을 때, 아이젠하워 대통령은 남부 지역 순회선거운동을 준비하고 있었다.

다른 한 주가 지나갔다. 아렌트의 놀람은 심각한 두려움으로 바뀌었다. 아렌트는 이스라엘이 '제국주의적' 상황으로 바뀌고 있다는 것을 의심하기는 했지만 11월 5일 '무거운 마음'으로 블뤼허에게 편지를 보내면서 사건이 중동을 넘어 확산되리라는 점을 매우 우려했다.

> 우리가 예상을 가장 덜 했을 때, **세계역사**는 우리를 놀라게 하는군요. 내 마음이 얼마나 무거운지, 차라리 글로 쓰지 않겠습니다. 내가 [집으로] 가기 위해 비행기를 타야만 하니 말할 필요는 없지요. 그리고 나는 갑자기 그렇게 할 수도 있습니다. … 나는 실제로 상황이 급격히 첨예해지는 것을 기대하지 않았으며, 우리 미국인들이 여전히 미국 밖에 있을 수도 있다고 생각합니다. 그러나 누구도 알 수 없지요. 나는 그것에 신경을 쓰지 않으려고 합니다. 당신 없이, 그것은 어렵습니다.[73]

---

71 아렌트가 블뤼허에게 보낸 편지(1956년 10월 24일), 의회도서관.

72 아렌트가 블뤼허에게 보낸 편지(1956년 10월 31일), 의회도서관.

73 아렌트가 블뤼허에게 보낸 편지(1956년 11월 5일), 의회도서관.

미국의 봉쇄 위협, 국제연합 결의안, 소련 장거리미사일의 대대적 이동 이후인 11월 6일에 시나이반도의 상황을 진정시키는 휴전은 이루어졌다. 아렌트는 순간적으로 안도했지만, 미래에 대한 그의 생각은 매우 어두웠다. 그는 전형적으로 최악의 가능한 결과를 두려워했으며, 그것에 정면으로 대응하기 위해 준비하였다. "그래, 그것이 직접 전쟁으로 확대되지는 않을 것입니다. 전쟁은 [서방] 동맹과 국제연합을 포함해 모든 것이 파멸한다는 것을 의미하기 때문이지요. 그것은 이제 제3차 세계대전이 실제로 막바지에 와있다는 것을 의미할 수도 있지요. 제3차 세계대전이 발생할 때, 발생한다면, 그것은 이 사건과 같이 선전포고 없이 올 것이오."[74]

아렌트는 몸서리 처지는 몇 주를 보내고 미국으로 돌아왔을 때 산더미같이 쌓인 연구계획을 완료하였다. 『인간의 조건』의 원고와 『라헬 파른하겐』의 원고, 그리고 완성도가 각기 다른 많은 논문들이 그의 책상 위에 놓여 있었다. 아렌트는 전년 봄에 시카고대학교에서 강의를 통해 『인간의 조건』에 대한 내용을 제시하였다. 그리고 아렌트는 독일인 조교인 로테 콜러의 도움으로 레오 벡 연구소를 통해 『라헬 파른하겐』을 출판하고자 원고를 준비하였다. 아렌트는 이러한 업무를 착수하였으나 헝가리 혁명에 대해서 저술하기로 결심하였다. 그는 전체주의 정치체제의 통제 아래 "사태가 실제로 어떤가"를 제시하는 데 아주 끔찍이 고통을 받았던 사람들에 대해 경의를 표시하고 싶었다. 아렌트는 헝가리 혁명을 통해서 현대 세계가 초래했다고 생각되는 전체주의의 유일한 대안인 평의회 체계의 교훈을 배웠다. 아렌트는 이후 「헝가리 혁명에 대한 성찰」에서 다음과 같이 기술하였다. "설사 로자 룩셈부르크의 '자발적 혁명'과 같은 사건이 있다 해도, 우리는 그것을 목격할 특권을 갖게 되었다. 다른 것도 아닌 자유를 위한 피억압 국민의 이 갑작스런 봉기에는 이전 독일에서 있었던 군사적 패배로 야기된

74 앞의 편지, 11월 6일자 추신 첨부.

사기저하적인 혼돈도 없었고, 조직자들과 음모자들이 긴밀하게 구성한 기구도 없었으며, 혁명정당의 자기 파괴적 음모, 즉 보수주의자와 자유주의자, 급진주의자와 혁명가들이 모두 고귀한 이상으로 무시했던 것도 존재하지 않았다."[75]

유럽에서의 「찬사」

블뤼허 부부는 모두 친구들 가운데 한 사람의 표현대로 "재앙에 관심을 가진 사람들"이었다. 그들은 20대에 공포를 함께 체험했다. 이런 공포는 그들의 판단에 반영되었으며 그들의 미래상을 어둡게 했다. 그들은 사람들 앞에서 겁쟁이들의 비관주의나 우매한 사람들의 낙관주의로 말하지 않았지만, 다른 친구의 표현대로 "세계를 암울하다고 보았던" 순간들은 그들에게 성찰의 출발점을 제공하였다. 세계사랑은 이러한 성찰을 인도했다. 아렌트는 한 편지에서 아름다운 세계를 애가조로 기술하고 다른 편지에서는 세상의 따분함을 열거하는 내용을 담을 수 있었다. 이렇듯 아렌트의 반응은 라헬 파른하겐의 「낮과 밤」에 대한 반응과 같이 다양했다. 블뤼허는 아렌트가 드러내는 감정의 강도와 감정을 쉽게 바꾸는 민첩성에 감명을 받았다. 블뤼허는 아렌트를 "유성 같은 사람Schnuppe"이라고 정답게 불렀다. 사랑과 공포에 대한 이러한 경험은 그리스인들의 표현대로 타우마자인thaumazein, 즉 세계의 광경에 대한 경이를 느낄 수 있는 능력을 그들에게 주었다. 그리고 그들은 연구를 통해 인간사에는 아름다움이나 유의미한 것이 없다는 비세계적인 철학자들의 오래된 의심으로부터 벗어났다.

카를 야스퍼스 역시 의견이나 정책의 엄청난 복합체를 노출시킨 특정한 사건을 통해 종종 즉각적으로 거리낌 없이 말하였다. 아렌트는 1956년 가

---

75 Hannah Arendt, "Reflections on the Hungarian Revolution," *The Origins of Totalitarianism* (New York: Meridian Books, 1958), p. 482.

을 야스퍼스를 방문했다. 바로 이때 야스퍼스는 러시아로부터 들려오는 소문에 자극을 받아 강의를 했다. 블뤼허는 전해에 이 소문으로 불길한 예감이 들었다. 야스퍼스의 저서 『원자폭탄과 인류의 미래*The Atom Bomb and the Future of Mankind*』는 강의의 확대판이며, 다음과 같이 시작된다.

> 원자폭탄은 완전히 새로운 상황을 초래하였다. 인류가 물질적으로 사라지거나 인간의 도덕적 정치적 조건에 있어서 변화가 있을 것이다. … 일상의 삶이 외형적으로 평온함에도 불구하고, 무서운 위협의 진전은 이제 거역할 수 없는 것 같다. 부분적인 측면이 재빠르게 변하고 있지만, 전반적인 측면은 여전히 동일하다. 불과 몇 년 또는 몇 십 년 만에 핵전쟁이 갑작스럽게 발발하거나, 아니면 원자폭탄이 없는 세계 평화의 확립이다. … 정치적 법률적 작동만으로는 우리를 이러한 방향으로 인도하지 못하며 원자폭탄을 만장일치로 혐오하는 것도 불가능하다. 오늘날 우리는 아직도 세계 평화를 성취하는 방향으로 출발도 하지 못했다는 것을 알고 있다. 우리는 무엇을 할 것인가를 알고 있는가?[76]

독일의 과학자들과 서방 동맹의 적대자들은 1958년에 출간된 야스퍼스의 책에 대해 엄청나게 반발했지만, 독일 출판서적상협회는 그에게 평화상을 수상하였다. 아렌트는 수상에 곁들인 연설을 해달라는 요청을 받으면서 이 행사에 대비해 아름다운 연설문 「카를 야스퍼스: 찬사」를 작성하였다. 이 연설은 아렌트가 자신의 스승이자 친구에 대해 공식적으로 언급한 두 번째 발언이었다. 첫 번째 공식적인 언급은 야스퍼스의 철학을 연구한 미국어판 논문에 나타났다. 그들은 몇 년간 매우 강도 높은 공조관계를 유지했다. 원자폭탄을 다룬 책은 『전체주의의 기원』, 그리고 『인간의 조건』의 관련 언급 – 가끔 야스퍼스의 성찰을 요구하는 현대 과학에 대한 언급 – 에 많이 의존하고 있다. 두 사람은 서로 배웠던 것을 자신들의 책에서 표명하지 않

---

76 Karl Jaspers, *The Future of Mankind*(Chicago: University of Chicago Press, 1961), p. vii.

았다. 그러나 공식적인 기회가 왔을 때, 그들은 우정을 기꺼이 인정하였다. 야스퍼스는 『카를 야스퍼스의 철학*The Philosophy of Karl Jaspers*』에 부록으로 실린 「철학적 회고」에서 전후 자신들의 삶에 다시 등장한 아렌트에 대한 감사와 두 번째 고향의 계속적인 방문을 기록하였다.

> 그는 젊은 시절부터 노인인 우리들에게 왔으며, 부딪치면서 배운 것을 우리들에게 가져왔다. 1933년 이후 엄청난 어려움에도 꺾이지 않는 정신으로 세계를 돌아다닌 이민이었던 아렌트는 모국에서 쫓겨나 모든 권리를 박탈당하고 비인간적인 무국적 상태로 전락한 실존의 근본적 두려움에 대해 완전히 파악했다. 그는 내적인 독립성으로 세계시민이 되었다. 미국 헌법의 독특한 위력에 대한 그의 믿음, 그리고 결국 비교적 가장 좋은 것으로 유지되었던 정치 원리에 대한 믿음으로 그는 미국 시민이 되었다. 나는 정치적 자유를 가장 훌륭하게 실험하고 있는 그 세계를 보는 방법, 그리고 내가 이전에 볼 수 있었던 것보다 더 훌륭하게 전체주의의 구조를 이해하는 방법을 아렌트로부터 배웠다. … 나는 나의 삶 전체를 탐구하는 방식으로 다시 그와 함께 논의할 수 있었으며 … 근본적으로 서로를 자유롭게 하고 추상적인 요구를 하지 않은 채 논의를 할 수 있었다. 추상적인 요구는 사실적인 충실성을 약화시키기 때문이다.[77]

아렌트는 자신이 프랑크푸르트 평화상 연설을 해야 하는가에 대해 망설였으며, 블뤼허에게 조언을 부탁하는 편지를 보냈다.* 아렌트는 자신에 대한 블뤼허의 애칭을 애처롭게 사용하면서 "그런데 유성 같은 사람은 무엇을 해야지요?"[78] 아렌트의 기질이 유성과 같듯이 유성 같은 사람의 고민은

77 Karl Jaspers, "Philosophical Memoir," p. 66.

* 옮긴이_ 이 편지는 아렌트가 5월 25일 취리히에서 블뤼허에게 보낸 것이다. 이 단락에 소개한 인용은 아렌트가 편지에서 밝힌 것이다.

78 이것과 다음 내용의 출처는 다음과 같다. 아렌트가 블뤼허에게 보낸 편지(1958년 5월 25일), 의회도서관.

복잡했다. 첫째, 아렌트는 그러한 기회는 겸손하게 훨씬 높은 명성을 지닌 연설자를 요구한다고 생각했다. "나는 그러한 수준의 저명인사에 끼지 못합니다." 둘째, 그는 사적인 우정과 공적인 출현을 아주 예리하게 구분함으로써 분수를 지키고 싶었다. 물론 아렌트는 야스퍼스 자신이 그러한 "근본적인 구별"을 하고 있지 않다는 것을 알고 있기는 했다. 셋째, 그는 "독일인이 아닌 유대계 여성"이므로 이러한 요소들이 "모두 평판에서 나쁜 인상을 줄" 것이고, 그 상황과 무관한 논란을 야기할 것이라고 생각했다. 그는 또 다시 자신이 '예외적인 여성'으로 취급받는 것을 두려워했다. 초청장을 보낸 사람들은 "여성이 [프랑크푸르트] 바오르 성당의 공식 행사에 처음으로 초대받았다는 게 아주 훌륭하다"고 말하면서 아렌트의 마음을 진정시키기 위해 아무런 조치도 취하지 않았다. 그는 공개석상에서 드러나게 될 자신의 주근깨가 '또한 고려사항'이라고 들으라는 듯이 하는 혼잣말로 반은 농담조로 반은 괜스레 말하였다. 그러나 그는 이러한 소녀다운 면을 잊어버린 채 블뤼허에게 네 번째 이유를 매우 단순하게 말했다. "나는 두렵네요."

아렌트는 블뤼허에게 보낸 편지에만 이런 내용을 썼으며 자신의 무대 공포증을 아주 적나라하게 인정하였다. 아렌트는 오직 블뤼허와 다섯째 매우 골치 아픈 이유를 논의할 수 있었다. 아렌트는 자신의 연설이 독일에서 처음으로 야스퍼스와 공유하는 개인적 조화와 정치적 유대를 공개한다는 점을 알았다. 아렌트는 청중이나 하이데거가 야스퍼스에 대한 자신의 공개적인 찬사를 하이데거에 대한 암시적인 비난으로 해석할 수도 있다는 점을 두려워했다. 블뤼허는 아렌트의 네 가지 이유를 평가하였으며, 이어서 아렌트의 불안에도 불구하고 그 초청을 수락하도록 아렌트를 격려하였다. 블뤼허는 마지막 이유에 대해서는 퉁명스러우면서도 명료했다. "사람들은 그곳에서 훌륭한 유럽인이란 개념에 대해서 진정 말해야 하오. 그것은 하이데거가 어떻든 그에게 오게 되어 있다는 것을 의미한다오. 그 독일 사내아이Hosenmatzdeutscher!"[79]

블뤼허가 불편해하는 감정을 드러내고 아렌트가 평화상 시상식에 참석하기 이전 6년의 끈질긴 외교가 있었다. 아렌트의 참석은 사실 하이데거 측의 분노를 야기했다. 아렌트는 1949년, 1952년, 1956년 유럽을 여행하는 동안 관심을 가졌던 여러 가지 계획 가운데 야스퍼스와 하이데거의 우정 복원에 상당히 노력하였다. 아렌트는 노력에도 불구하고 성공하지 못하자 1958년 기꺼이 포기하려고 생각했다.

아렌트가 1949년 하이데거와 처음으로 재회했을 때, 하이데거의 조건은 개인적으로나 철학적으로나 아렌트를 괴롭혔다. 그해에 하이데거는 『인간주의에 관한 편지*Letter on Humanism*』를 출판하였으며, 자신의 철학사상이 '전회'를 했다는 점을 처음으로 공개하였다. 하이데거는 초기 저작인 『존재와 시간』이 너무 '주관적'이며, 인간이 어떻게 **존재**의 의미 문제를 제기하는가에 지나치게 관심을 가지고 있다는 점을 발견하였기 때문에, **존재**에 응답하는 자로서 인간을 생각하기 시작했다. 그의 사유와 말은 인간 자신의 자발성이 아니라 **존재**에 '경청하는' 데서 나타난다. 아렌트의 생각에 하이데거의 변화는 일찍이 그의 "인간의 자기주장에 대한 반대"와 연계되었다. 하이데거는 이러한 전환으로 1933년 프라이부르크대학교 총장 취임 연설을 통해 인간의 프로메테우스적인 오만에 반대할 수 있었다. 그러나 하이데거가 제시한 "**존재**의 한 기능"으로서 인간 개념은 결과적으로 아렌트를 심히 혼란케 하였다.[80] 아렌트의 생각에 하이데거는 세상사 때문에 "인간이 **존재**에 집중할 수 없다"는 신비적인 견해를 지향하는 쪽으로 치닫고 있었다. 간단히 말하여 그는 아렌트가 중요하게 생각하는 여러 가지 역사적 통찰을 획득했음에도 불구하고 점점 더 정치적인 입장을 갖지 않게 되었다. 아렌트와 블뤼허는 1952년 주고받은 편지에서 하이데거의 연구에 대해 논의했을

---

79 블뤼허가 아렌트에게 보낸 편지(1958년 6월 1일), 의회도서관.

80 아렌트는 「실존철학이란 무엇인가?」라는 제목의 1946년 논문, 그리고 『정신의 삶』(1978년) 제2권 172-194쪽에서 하이데거의 전후 저작에 관한 논의에 다시 "**존재**의 기능"이란 문구를 사용하였다.

때, 그 취약점이 하이데거의 역사성 개념이라는 데 동의하였다. 하이데거의 역사성 개념은 그의 사상에 정치적 차원을 갖도록 허락했을지도 모른다. 아렌트는 1954년 미국정치학회에서 행한 연설에서 성찰을 통해 얻은 결실을 일부 구절에 포함시켰다. 이 연설은 결코 출간되지 않았지만, 하이데거의 저작을 다루는 문장을 충분히 인용할 가치가 있다. 아렌트가 이전에 밝힌 어떤 것과 같이 명료하게, 이 연설의 일부는 아렌트가 하이데거로부터 배웠던 것과 하이데거 사상의 한계를 발견한 곳을 보여준다.

> 하이데거는 『존재와 시간』(1927년)에서 인간학적 관점과 구별되는 존재론적 관점에서 역사성을 공식화하였다. 최근에 그는 다음과 같은 이해에 도달하였다. 즉 '역사성'은 도중에 전달되는 것을 의미한다(역사성Geschichtlichkeit과 숙련성Geschick-lichkeit은 모두 도중에 전달됨과 이러한 자신에게 '전달함'을 기꺼이 받아들임의 의미로 이해된다). 하이데거에게 있어서 인간의 역사는 **존재**의 역사와 일치할 것이며, **존재**의 역사는 인간의 역사에 노출된다. 헤겔에 반대되는 요지는 다음과 같다. 즉 초월적 정신도 절대자absolute도 이 존재의 역사Seinsgeschichte에 노출되지 않는다. 하이데거 자신의 말로 표현하면, **"우리는 모든 절대자Absolute의 오만을 뒤에 남겼다."** 우리의 맥락에서 볼 때, 이것은 철학자가 '현명하며' 인간들의 도시에서 발생하는 소멸 가능한 문제에 필요한 영원한 기준을 알고 있다는 주장을 뒤에 남겼다는 점을 의미한다. 철학자는 실제로 인간들의 도시에 속하지 않고 **절대자**의 인근에서 거주하기 때문이다. 그 시대의 정신적 정치적 위기라는 맥락에서 볼 때, 이것은 철학자가 다른 모든 사람과 함께 이른바 '가치들'의 전통적 기준을 상실한 후 낡은 가치를 복구하거나 새로운 가치를 발견하려고 노력하지 않는다는 점을 의미한다.
>
> 철학자 자신이 역사성 개념을 통해 '현자'의 지위를 포기하는 것은 두 가지 측면에서 중요하다. 첫째, 지혜에 대한 요구의 거부는 정치영역 자체 내 인간의 기본적인 경험이란 측면에서 정치영역 전체를 재검

토하는 길을 열어주며, 완전히 상이한 종류의 인간적 경험에 뿌리를 두고 있는 개념이나 판단을 은연중에 폐기한다. 둘째, 정치영역과의 명백한 근접성에도 불구하고 행위하는 존재로서 인간에 결코 도달하지 못하는 역사성 개념은 이러한 검토를 인도하고 제한한다. 하이데거는 『존재와 시간』에서 고독을 알지 못하지만 다른 사람들과 영구적으로 함께 있으며 영구적으로 다른 사람들에 매료되는 보통의 일상적 삶에 대한 광범위한 현상학적 기술을 통해 인간 실존에 대한 분석을 시도하였다. 이때 하이데거 자신은 이 과정에서 첫 번째 결정적인 도약을 했다. 이러한 분석은 현대의 사회학적 탐구에 어느 정도 영향을 미쳤다. 이러한 분석은 자기에 대한 세인(가장 넓은 의미로 여론)의 범주적 반대 속에서도 그 정당성을 유지하고 있기 때문이다. 공적인 실재는 진정한 실재를 숨기고 진리의 출현을 방해하는 기능을 가지고 있으며, 폴리스에 대한 철학자의 오래된 적대감은 유감이지만 명백하다. 그러나 역사성 자체의 개념에 내재된 다른 한계들은 더욱 중요하다. 역사성이 사유와 사태('사태'는 하이데거의 최근 저작에서 점점 더 많은 역할을 한다) 사이 우연의 일치에서 발생하는 한, 그것은 정치보다 역사, 그리고 행위보다 오히려 우연한 일에 새로운 빛을 줄 수 있다. 이것은 이러한 철학 사조가 당시 일반적 사조들(세계의 기술화, 행성 수준에서 한 세계의 출현, 사회가 개인 및 사회의 부수적인 원자화에 점증적으로 미치는 압력 등)에 고도로 민감하고, 역사적 관점에서 가장 잘 이해될 수 있는 그러한 모든 현대 문제들에 고도로 민감한 이유이다. 이러한 철학 사조는 정치학의 훨씬 더 항구적인 질문들, 즉 정치란 무엇인가, 정치적 존재로서 인간은 누구인가? 자유란 무엇인가? 등 어떤 의미에서는 더 특별히 철학적인 문제들을 완전히 망각하고 있는 것 같다.[81]

아렌트와 블뤼허는 상당한 관심을 갖고 하이데거의 전후 저작을 읽었다. 특히 아렌트의 친구인 글렌 그레이가 하퍼 앤 로우 출판사의 하이데거 시

81 「최근 유럽의 철학사상에 나타난 정치에 대한 관심」이란 원고는 의회도서관 아렌트서고에 있다.

리즈를 출간하기 시작한 이후 아렌트는 하이데거의 저작을 영어로 출판하려는 미국 번역가들과 편집자들에게 많은 도움을 주었다. 그러나 아렌트는 항상 하이데거를 — 1951년 예일대학교에서 행한 하이데거 저작에 관한 강의에서 언급했듯이 — "한 철학자를 가르친 철학자"[82]라고 생각했다. 아렌트는 자신을 정치이론가로 생각했지만 하이데거의 후기 저작은 아렌트 저작의 배후에 드러났다. 아렌트가 자신이 "진정한 철학"이라고 생각한 만년의 저작 『정신의 삶』에 관심을 갖게 되었을 때, 하이데거 만년의 저작, 특히 사유와 언어에 대한 성찰은 아렌트의 관심에서 중심을 차지했다. 그러나 결코 무비판적이지는 않았다. 아렌트는 항상 하이데거의 사상에 의구심을 가졌으며 후기 저작이 아닌 『존재와 시간』이 그의 가장 위대한 공헌이라고 생각했다.

아렌트는 철학에 필요한 새로운 언어를 발견하려는 하이데거의 노력을 인정했다. 이렇듯 그는 많은 사람과 달리 하이데거의 철학 용어에 이의를 제기하지 않았다. 그러나 하이데거의 언어나 형식이 너무 복잡하며 지나치게 자의식적이고 자기준거적일 때, 아렌트는 이의를 제기했다. 아렌트는 『정신의 삶』에서 『동일성과 차이*Identity and Difference*』를 활용했듯이 하이데거의 성찰을 활용할 때 이것을 훨씬 단순하고 간단한 산문으로 바꾸려고 노력했다. 아렌트는 블루멘펠트에게 보낸 한 편지에서 밝혔듯이 하이데거의 난해함에 대한 분노를 사적으로만 표현했다. 블루멘펠트는 수년에 걸쳐 지식인들(독일인 및 독일계 유대인)의 질병에 대해 아렌트의 많은 논평을 수용했다. 아렌트는 그 질병을 '특이한 인물'임에 대한 집착으로 진단하였다.

> 저는 18세기를 살펴보고 레싱과 하만, 칸트와 헤르더를 생각할 때 그들에게서 이러한 질병의 흔적을 발견하지 못합니다. 괴테와 더불어 이러한 질병이 약간 뿌리내렸습니다. 하느님은 그러한 모든 철학자들,

---

82 1951년 예일대학교 강의 비망록, 「하이데거와 야스퍼스 세미나」, 의회도서관.

즉 헤겔 · 피히테 · 셸링이 개인적으로 천재임에 틀림없다는 것을 알고 있습니다. 사람들은 이러한 모든 천재들, 그리고 실제로 단지 고도로 교양을 갖춘 자기 꾀에 넘어가는 사람(적절한 예, 게르숌 숄렘)을 통해 그 질병을 이해할 수 있습니다. 그러나 그 질병은 실질적인 천재들과 관계가 있는가요? 저는 어제께 **동일성**과 **차이**에 관한 하이데거의 최근 저작을 읽고 있었습니다. 이 책은 상당한 흥미가 있습니다. 그는 마치 성서를 집필하기라도 한 듯이 자기 자신을 인용하고 해석합니다. 저는 그것이 단지 비위에 거슬린다는 것을 알고 있습니다. 그리고 그는 실제로 천재이지 단순히 높은 교양을 갖춘 사람은 아니지요. 그는 왜 이것을 필요로 하는지요? 기술하기 어려울 정도로 짜증스러운 이러한 독특한 습관.[83]

위대한 괴테의 천재성을 비판할 만용도 가지고 있던 야스퍼스는 이러한 타성에서 벗어났다. 그런데 야스퍼스는 이러한 만용으로 학계로부터 분노의 광풍에 직면하였다. 아렌트는 하이데거가 야스퍼스와 협력할 수 있다면 그가 자신의 취약점에서 벗어나고 우상숭배로 괴로움을 당했던 추종자들로부터 벗어날 수 있다고 생각했다.

아렌트는 항상 철학 학파를 불신했으며, 하이데거와 스승인 후설의 추종자들이 성가시다는 것을 알았다. 아렌트는 전후 독일 대학의 파벌과 일시적인 유행에 마음이 불편했다.

나는 하이데거의 명성에 대해 걱정해요. 즉 그가 걱정됩니다. 어느 순간에 휩쓸려갔다가 다시 유행할 수 있는 '운동'이나 '사조'가 나타났군요. 기본적으로, 하이데거는 이것을 의식하고 있으나 어쨌든 이러한 바람을 타고 순항하고 있군요. 내가 그를 좀 더 믿지 않게 할 수 있을 가능성이 없는 것은 아니지만 말입니다. 사실 매우 신중합니다. 2년 전

---

83 아렌트가 블루멘펠트에게 보낸 편지(1957년 12월 16일), 마르바흐 문서보관소.

모든 사람의 대화 주제였던 에른스트 윙어에 대해서 지금은 죽은 개도 말하지 않으려고 합니다. 그의 책들을 찾을 수 없군요. 그래서 어느 날 왔다가 다음날 사라지는군요. 사정은 야스퍼스에게도 마찬가지이지만, 그것은 역시 장기적으로 별 의미가 없군요. 그런 게 독일의 순간적인 분위기입니다. 모든 사람은 눈앞에서 아주 빨리 보이지 않게 되는군요. 아마도 내가 틀렸겠지만, 나는 그렇게 생각하지 않는답니다.[84]

아렌트는 하이데거 명성의 다른 측면이 그에게 갑자기 엄습할 것을 두려워했다. 알프레드 카진은 독일에 있는 동안 그러한 측면을 다음과 같이 아렌트에게 알렸다. “하이데거의 경우 … 그것은 슬픕니다. 나는 달리 할 수 없으며 그렇게 하지 않을 것입니다 … 그럼에도 알프레드는 하이데거란 이름이 학계와 다른 영역에서 일종의 ‘저주의 말’이 된 듯싶다는 점을 아주 순진하게 나에게 말하더군요. 그게 나에게는 고통스러웠지요. 나는 그것을 실제 변화시킬 수 없어요.”[85] 아렌트는 하이데거에 섭섭한 느낌을 갖지 않을 수 없었지만, 하이데거가 나치당에서 1년을 보냈다는 사실이나 많은 사람들이 그를 용서하지 않으려고 한다는 사실을 바꿀 수는 없었다. 아렌트의 노력에도 불구하고 야스퍼스도 그를 용서하지 않으려고 했다. 아렌트는 1952년 바젤을 방문하고 세인트 모리츠에 있는 야스퍼스와 함께 휴가를 보내고 있는 동안 자신의 주장을 역설했다. “그러나 내가 기대했듯이 마르틴이 얻고자 했던 것은 모두 아주 명백히 실현되고 있지 못하군요. 해야 할 일이 더 이상 없어요. 야스퍼스는 동전의 다른 면은 보지 않고 잘못된 것만을 보고 있군요. 아니면, 그는 내가 여기 있는 동안만 다른 면을 보고 있지요. 내가 무엇을 할 수 있겠어요? 실제로 아무것도 없답니다.”[86]

---

84 아렌트가 블뤼허에게 보낸 편지(1952년 7월 25일), 의회도서관. 아렌트는 또한 하이데거 사상에 대한 설명과 이해의 필요성을 소개한 두 편의 편지, 즉 슈테른버거(1953년 11월 28일자, 의회도서관)와 프리드리히(1953년 7월 7일자, 의회도서관)에 보내는 편지를 썼다.

85 아렌트가 블뤼허에게 보낸 편지(1952년 6월 29일), 의회도서관.

86 아렌트가 블뤼허에게 보낸 편지(1952년 8월 1일), 의회도서관.

아렌트는 하이데거의 동아리를 점점 더 불신하고 이 동아리를 "또 하나의 슈테판 게오르게 동아리"라고 공개적으로 언급했지만, 하이데거의 개인적 상황에 대한 아렌트의 공감은 지속적이었다. "내가 하이델베르크에서 하이데거의 영향력에 대해서 보고 들은 것이 그렇게 혼란스럽지 않았다면 그것은 진정 비참했을 것이오."[87] 아렌트는 하이데거가 신뢰할 수 없을 정도로 퇴폐한 사람들에 둘러싸여 있다고 느꼈다. 하이데거가 아는 유일한 실질적인 인간은 자기 동생인데, 하이데거는 아내로부터 상당히 통제를 받았다. 아렌트는 폭민이 엘리트에게 매료되는 것을 설명하려고 개발한 용어를 사용하면서 하이데거의 결혼에 대한 기술을 블뤼허에게 제시하였다. "그것은 엘리트-폭민 연대의 전형적인 사례지요. … 전체의 이야기는 실제로 비극입니다. … 나는 하이데거의 작업이 중단되자마자 하이데거가 어떻게 그러한 환경에 필연적으로 빠지게 되었는가를 혼자 상상했을 때, 그것은 나를 단지 어지럽게 하고 있군요."[88] 아렌트는 하이데거의 가정생활과 관련된 모든 일에 슬픔을 느꼈지만 하이데거의 서재에 원고들이 무질서 상태로 놓여 있고 부인의 책들이 꽂혀 있는 것을 보고 언짢아했다. "하이데거의 책 선반에는 게르투르드 보이머의 전집이 있네요!"[89] (보이머는 독일 여성운동의 주요 인물이었으며, 나치가 검열할 만한 가치가 전혀 없다고 생각한 잡지의 편집을 맡았다.) 결혼에 대한 블뤼허의 논평은 하이데거의 문구로 스승의 기초 존재론에 대한 전기적인 귀결을 제시하였다. "하찮은 부인은 모든 것을 얼마나 유례없게 파괴했는지! 무 자체는 아무것도 아니라오."[90]

엘프리데 하이데거와 하이데거의 남성 동료들은 아렌트가 찾을 수 있었

87 앞의 편지.

88 아렌트가 블뤼허에게 보낸 편지(1952년 6월 6일, 13일), 의회도서관.

89 아렌트가 블뤼허에게 보낸 편지(1952년 6월 13일), 의회도서관.

90 블뤼허가 아렌트에게 보낸 편지(1952년 6월 30일), 의회도서관.
옮긴이_ "Das Nichts nichtet(the Nothing nothings)"라는 문장은 『형이상학이란 무엇인가(*What is Metaphysics?*)』, 「제3장 질문에 대한 답변」에서 제시하고 있다.

던 온갖 확증을 얻으려고 했을 정도로 아렌트를 아주 괴롭게 했다. 프랑크푸르트 평화상 기념강의가 있기 이전인 봄에 확증은 예기치 못한 부분에서 나타났다. 쇼켄출판사 전 편집장인 막스 스트라우스의 부인이며 필적학(야스퍼스의 관심을 끌었던 학문) 전문가인 한나 스트라우스는 자신의 집에서 비공식적인 세미나를 이끌었다. 아렌트는 어느 날 오후에 필적 표본 몇 가지를 가지고 세미나에 참석했다. 한나 스트라우스가 발터 베냐민의 편지들 가운데 하나를 검토한 이후 그 남자가 자멸적이라고 밝혔을 때, 한나 아렌트는 깜짝 놀랐다. 아렌트는 그 표본을 회상하면서, 더 이상 그것에 대해 듣기를 원하지 않았으며, "그래, 베냐민은 오래전에 일은 아니지만 자살했다"라고 혼잣말로 속삭였다. 이후 아렌트는 하이데거의 수기로 된 필적(편지가 아닌 책 목록)의 표본을 건네주었다. 한나 스트라우스는 이 남자가 언어, 말과 그 기원, 즉 어원학에 매료되어 있다고 언급했다. 필적이 비슷한 로테르담의 에라스무스와 같이 이 남자는 자신의 신념들 가운데 어떤 것을 선택할지 망설이면서 자신의 활동을 위로하고 이후 자신의 영역, 즉 저서에 몰두하였다. 아렌트는 하이데거의 철학적 열정과 정치 전력에 대한 이러한 평가에 대해 상당히 감명을 받았지만, 개인적인 질문을 더 하였다. "그는 결혼한 사람이지요?" 한나 스트라우스는 "그렇군요. 그러나 결혼은 그에게는 중요하지 않군요"라고 답변했다. "그는 동성연애자인가요? 아니오, 그러나 남성 친구들은 그에게 매우 중요합니다." 아렌트는 하이데거가 살았던 환경에 대해 두 가지 커다란 걱정을 가지고 있었지만, 스트라우스 부인은 두 차례의 짤막한 의견 표현에서 아렌트의 이러한 걱정을 더는데 도움을 줄 생각을 하지 않았다.[91] 그러나 아렌트는 고민이 줄어들자 자신의 인내심을 잃었다.

1958년 야스퍼스의 평화상 수상을 기념하는 「찬사」 연설 이후 하이데거

91 스트라우스 부인이 블루멘펠트에게 알린 모임은 다음 편지에 블루멘펠트에 의해 논의되었다. 블루멘펠트가 아렌트에게 보낸 편지(1958년 5월 21일), 마르바흐 문서보관소.

에 대한 아렌트의 충실성은 엷어지기 시작했다. 아렌트는 '시시각각 변하는 독일 분위기'에 대한 하이데거의 자각과 그 동료들의 속성을 더 분명히 하기 위하여 최선을 다하면서 지적으로 진가를 인정받지 못하는 것에 대해 괘념치 않았다. 아렌트의 저작에 대한 하이데거의 관심은 외형상으로 크지 않았다. 그러나 하이데거는 아렌트가 독일 출판서적상협회의 수상 연설을 요청받을 정도로 평판이 높다는 것을 알고 놀랐으며, 아렌트가 공식적으로 인정받고 있는 것을 불쾌하게 생각했다.

아렌트가 자신이 출판할 수 있는 것을 하이데거에게 직접 알리기로 결정하였을 때 하이데거는 대단히 경악했다. 아렌트는 관대함에 고맙다는 말만 들은 지 몇 년 지나서 하이데거에게 『인간의 조건』 독일어판, 즉 『활동적 삶 또는 일상의 삶*Vita activa oder Vom tätigen Leben*』*을 보냈다. 그런데 하이데거와 그의 동아리는 이 책에 대해 적대감을 나타냈다. 아렌트는 야스퍼스에게 다음과 같이 설명하였다. "제 이름이 공개적으로 나타나는 것, 그리고 제가 책을 집필하고 있다는 사실 등에 대해서 그가 견딜 수 없다는 것을 저는 잘 알고 있습니다. 그동안 내내 저는 실제로 저 자신에 대해 그에게 악의 없는 거짓말을 했습니다. 마치 이러한 것은 전혀 없기나 한 듯이, 말하자면 그것이 하이데거 자신의 것들에 대한 해석을 제시하게 되었을 때를 제외하고 제가 마치 급한 마음을 억누를 수 없기라도 한 듯이, 저는 그렇게 처신했답니다. 제가 하이데거 자신의 것들에 대한 해석을 제시하면서 마음을 억누르고 때때로 그 이상 자제하게 되었을 때, 하이데거는 항상 그것에 대하여 흡족해 하였습니다. 그러나 갑자기 이러한 악의 없는 거짓말은 항상 저를 괴롭혔으며, 저는 정확히 정신적 타격으로 마음의 변화에 대가를 치렀습니다. 저는 한동안 그의 반응에 분노했지만 더 이상 그러지 않았습니다. 이제 제가 실제로 게임의 갑작스런 중단 못지않게 악의 없는 거짓말

---

* 옮긴이_ 독어판은 1960년 슈트트가르트 소재 콜하머르출판사에서, 1967년 이후에는 뮌헨 소재 피페르출판사에서 출간됐다.

에 대해 실제로 다소간 책임감을 느낀다고 생각했습니다."[92] 야스퍼스는 이렇게 솔직하고 관대한 설명을 수용하였지만 여전히 그것을 거의 믿을 수 없었다. "하이데거의 행태에 대한 당신의 설명은 아주 놀랍다오. 따라서 그를 잘 알고 있는 당신으로부터 그러한 설명이 나오지 않았다면 나는 그것을 거의 수용하지 않았을 것이오. 당신의 저서들에 대한 서평이 모든 신문을 통해 차례로 소개되었을 때, 하이데거는 당신의 책에 대해 오랫동안 알고 있었음에 틀림없다오. 단지 새로운 것은 그가 이 책을 당신으로부터 직접 받았다는 사실이오. 그런데 그렇게 반응해! 상당히 믿을 수 없는 것들은 가능하다오."[93]

아렌트는 자신이 현명하지 않은 여성과 같이 처신함으로써 하이데거를 왜 만족시키기로 했는가, 즉 자신이 악의 없는 거짓말로 왜 갑작스럽게 점점 더 따분하게 되었는가를 야스퍼스에게 설명하지 않았다. 하이데거는 분명히 아렌트를 동등한 사람이라기보다 오히려 학문과 예술의 여신인 뮤즈와 같은 사람으로 생각하고 싶었으며, 아렌트에 대한 자신의 사랑이 낭만적이라고 생각했다. 아렌트는 하이데거의 저작에 대한 자신의 비판적인 평가를 축적하기만 하고 출판하지 않았다. 아렌트는 어쩌면 하이데거 부인이 담당하지 않았으며 할 수 없는 부인 역을 맡거나 하이데거의 연인이 되고자 노력하고 있었다. 지적인 동료가 되기보다는 오히려 하이데거가 처한 환경으로부터 벗어날 수 있는 도피처를 그에게 제공하는 것이 아렌트에게는 더 중요했다. 아렌트는 블뤼허와 함께 집에 있거나 야스퍼스와 바젤에 있으면서 그러한 동료의식을 공유하면서도 하이데거와 동료의식을 거의 필요로 하지 않았다. 젊은 시절 아렌트는 하이데거에 대한 사랑을 「그림자」에서 표현하였는데, 이후 아렌트는 역시 일종의 낭만적인 사람, 즉 적어도 파른하겐과 같은 사람을 자신의 마음속에 항상 품고 있었다.

---

92 아렌트가 야스퍼스에게 보낸 편지(1961년 11월 1일), 마르바흐 문서보관소.

93 야스퍼스가 아렌트에게 보낸 편지(1961년 11월 11일), 마르바흐 문서보관소.

미국 내 논쟁

아렌트는 개인적 이유나 정치적 이유로 자신의 견해를 거의 감추지 않았다. 어떤 악의 없는 거짓말이든 아무리 좋은 의도를 지니고 있더라도 아렌트를 불편하게 만들었다. 아렌트는 신중함을 기울였을 때 어떤 종류의 정신적 타격으로 그러한 신중함에 비싼 대가를 이후 항상 치렀다. 아렌트의 경우 인내의 끝은 불편의 시작이었다. 그는 침묵을 성급하게 포기하고 일찍이 ≪재건≫의 고정 논단 「이것은 당신을 의미한다」*의 논조로 신랄하게 말하였기 때문이다. 그러나 다른 사람들은 아렌트가 받아들일 수 없는 이유로 쟁점들과 관련하여 침묵을 유지했지만, 아렌트는 이 쟁점들을 위해 가장 날카로운 지적을 남겨 두었다. 그는 '침묵의 음모'**를 의심할 때마다 격렬하게 때로는 경멸조로 글을 썼다.

매카시 시대 아렌트와 블뤼허를 분노하게 만들었던 뉴욕의 지식인 '패거리'는 1957년 아렌트에게 정신적 충격을 주었다. 격론이 시작되었다. 공개적 논쟁과 관련한 아렌트의 첫 번째 경험은 통합에 관한 그의 논문 「리틀록에 대한 성찰Reflections on Little Rock」에서 시작되었다. 소설가인 랠프 엘리슨이 1963년 지적했듯이, 이 논문을 둘러싼 논쟁은 "아이히만 논쟁 폭발의 어두운 전조",[94] 즉 『예루살렘의 아이히만』을 둘러싼 지속적인 논쟁을 제공했다. 아렌트는 두 사례에서 거센 여론 추세, 깊은 감정, 극복하지 못한 과거의 바람을 안고 항해했다. 아렌트는 두 저작이 공감을 얻지 못하며, 심지어 냉담한 반응을 야기했다고 생각했다. 그런데 아렌트는 저항할 힘이 없

* 옮긴이_ 아렌트는 1942년 3~10월 사이에 군대 지원 포스터의 구호인 「이것은 당신을 의미한다」라는 표제 아래 기사를 정기적으로 게재했다. 이 고정 논단에는 13편의 기사가 수록되어 있다. 이와 관련하여 『유대인 문제와 정치적 사유』를 참조할 것.

** 옮긴이_ 무언의 합의로 특정한 주제를 언급하거나 논의하지 않는, 즉 인정하지 않은 집단의 행태를 기술하며, '침묵의 문화(culture of silence)'로 불리기도 한다. 이러한 행태는 집단의 연대에 대한 긍정적 관심으로 촉진되거나 정치적 억압이나 사회적 추방에 대한 두려움과 같은 부정적 충동으로 촉진되기도 한다.

94 Ralph Ellison, *Shadow and Act*(New York: Random House, 1964), p. 108.

는 사건의 소용돌이에 휩쓸린 순진한 희생자들에 대한 개인적인 동정심에서 이 저작들을 아주 성급하게 출간했다. 아렌트는 『전체주의의 기원』에 비극적 애가의 분위기를 제공했던 오랜 세월의 숙성 과정을 거치지 않은 채 두 차례 집필하였다. 그는 남부 백인의 인종 증오감을 견뎌야만 했던 흑인 학생과 나치 박해의 유대인 희생자들에 대한 동정심에서 글을 썼다. 그는 인종 투쟁의 부담을 자식들에게 짊어지도록 했던 흑인 부모들과 나치에 협력했던 유대계 지도자들에 대한 도덕적 분노에서 글을 썼다. 아렌트는 글을 쓸 때 자신에게 개인적인 질문을 제기하였다. 당신은 무엇을 해왔단 말인가? 그러나 아렌트는 두 사례에서 질문을 제기하고 비공식적으로 이에 답변했다. 아렌트는 집필에 앞서 다른 사람들의 위치에 서서 행위의 대안들을 비교하여 고찰하려는 단호한 시도를 하였다. 문제 제기 없는 집필 그 자체는 다수의 독자들에게 가혹하고 걸맞지 않게 비판적이고 오만한 것 같았다.

「리틀 록에 대한 성찰」이 출간됐을 때, 아렌트는 서론을 포함시켰다. 그는 이 글에서 매우 특이한 방식으로 자신의 개인적 경험을 공개적으로 드러내는 것에 상당히 어색해 하면서 독자들에게 다음과 같이 경고하였다. "선량한 사람들은 내가 쓴 글에 충격을 받을 것이며 나쁜 사람들은 이것을 악용할 것이기 때문에, 나는 다음 사항을 명백하게 제시하고 싶다. 나는 유대인으로서 모든 압박을 받거나 혜택을 받지 못하는 사람들과 마찬가지로 흑인들의 운동에 대한 동정심을 당연하다고 생각하며, 독자가 마찬가지로 했다면 그것을 인정해야 한다."[95] 논쟁은 하여튼 지속되었으며, 아렌트는 자신의 비공식적인 질문을 공개해야 한다고 느꼈다. 그는 비판자들에게 답장을 썼다. 그는 이 답장에서 자신의 결론에 도달할 길을 다시 추적했다. "내가 만약 흑인 어머니라면 나는 무엇을 했겠는가? 내가 남부에 살고 있는

95 Hannah Arendt, "Preliminary Remark" to "Reflections on Little Rock," *Dissent*, Winter 1959, p. 46.

백인 어머니라면 나는 무엇을 했겠는가?"[96] 아렌트의 정치이론은 바로 그러한 사유 연습, 즉 경험을 포착하고 위치 · 결정 · 정책의 경험적 토대를 발견하려는 시도에서 항상 발전하였다. 그러나 이후 『예루살렘의 아이히만』에서 나타나듯이, 「리틀 록에 대한 성찰」에서 그 경험은 매우 복잡했으며 감정을 담고 있었다. 따라서 아렌트가 우선 독자들에게 자기 성찰을 제시했다면, 그들에게 자신의 이론뿐만 아니라 투쟁을 보게 했다면, 그는 상당한 오해에서 벗어났을지도 모른다.

아렌트는 『인간의 조건』에서 「리틀 록에 대한 성찰」의 이론적 틀을 충분히 발전시켰다. 앞의 논문이 『의견 차이*Dissent*』 1959년 호에 게재된 이후 『인간의 조건』은 비로소 널리 알려졌다. 그는 이 논문에서 인간의 활동을 위한 세 '공간' — 즉 사적 공간 · 사회적 공간 · 정치적 공간 — 을 간략하게 구별하였으며, 인종차별이 각 공간에서 어떤 의미를 갖는가를 지적하였다. 아렌트는 자신의 독자들에게 다음과 같은 사실을 환기시켰다. "인종차별은 비입헌적인 사회적 인종분리 습관이 아니라 사회적 습관의 법적 시행이다."[97] 그는 사회에서 차별이 법에 영향을 받지 않아야 한다고 주장했다. 사회적 평등은 강제될 수 없다. 즉 평등은 '정치체에 그 유래를' 두고 있으며, 오로지 정치체에서 법적으로 시행될 수 있다. 유럽의 경우와 같이 '계급적 기원, 교육, 태도 원칙'에 따르기보다 오히려 '직업, 수입, 인종적 기원의 원칙에 따라' 미국에서 조직화된 사회집단들과 결사들은 본래 '사회적 권리'로 차별적이며 법 앞의 평등이란 기본적 정치 원리에 영향을 받지 않는다.

---

96 Hannah Arendt, "A Reply to Critics," *Dissent*, Spring 1957, p. 179.
옮긴이_ 아렌트는 다른 에세이에서 절을 나누고 1, 2, 3으로 표기하거나 절을 구분하지 않은 채 글을 쓰고 있으나 이 에세이에서는 '서론', 그리고 '1'로만 표기했다. 세 번째 질문은 다음과 같다. "셋째, 피부색 문제와 관련하여 이른바 남부의 삶의 방식과 미국의 삶의 방식을 구별하는 정확한 기준은 무엇인가?" 이와 관한 내용은 다음 자료를 참조할 것. Hannah Arendt, *Responsibility and Judgment*, ed., Jerome Kohn(New York: Schocken Books, 2003); 서유경 옮김, 『책임과 판단』(서울: 필로소픽, 2019).

97 달리 지적되지 않았다면, 이것과 다음의 내용이 담긴 출처는 다음과 같다. Arendt, "Reflections on Little Rock."

아렌트는 심지어 더 나가서 사회 집단에서 명백히 나타나는 사회적 차별이 '대중사회', 즉 집단의 차이와 이익이 사라지는 사회를 막는 중요한 장벽이라고 제안하였다. 그는 다음과 같이 기술하였다. "문제는 차별을 어떻게 폐지하는가가 아니라 차별이 정당화되는 사회영역에 그것을 국한시키고 차별이 파괴할 수 있는 정치영역과 사적[또는 개인적] 영역에 차별이 침투하지 못하게 막는 것이다." 달리 표현하면, "정부는 사회의 편견이나 차별 관습에 개입할 권리를 갖지 못하지만, 이러한 행위들이 법적으로 시행되지 않는다는 것을 확신할 권리뿐만 아니라 의무도 갖는다."

아렌트는 『인간의 조건』에서 제시한 복잡한 역사연구를 제시하지 않은 채 '상술한 논문에서는(옮긴이)' 차이를 자세히 언급하고 있다. 차이 자체 때문이 아니라 아렌트가 차이를 근거로 충격적인 요구를 했기 때문에 비판자들은 그가 제시한 차이를 이해하기 어려웠다. 첫째, 아렌트는 다음과 같이 주장했다. [법 앞의] 평등이나 [사회적] 차별이 아니라 배타성, 즉 개인적 개별적 선택이 지배하는 사적 영역에서 법적 차별의 집행은 가장 충격적인 형태의 차별 정책이다. 뉘른베르크법이 시행되는 동안 아렌트와 이방인의 결혼은 모국에서 결코 있을 수 없었다. 그러나 이 시기 이방인과 결혼한 아렌트는 1959년 49개 주 가운데 29개 주에 존재하였던 다른 인종 사이의 결혼을 방지하는 법이 행위를 취하기 위한 첫 번째 전선이어야 한다고 생각했다. 헌법에 열거한 투표권 및 거의 모든 다른 권리와 마찬가지로 정치적 권리도 독립선언서에 천명된 '생명 · 자유 · 행복 추구'라는 불가양도의 인권보다는 부차적이다. 가정을 유지하고 결혼을 할 권리는 분명히 이 범주에 속한다. 흑인들이 잡혼법 폐지를 그들의 첫 번째 정치적 우선순위로 삼아야 한다는 아렌트의 제안은 잘못되었거나 완전히 비실천적인 것으로 그의 독자들에게 충격을 주었다.

아렌트의 두 번째 제안도 앞에서 언급한 것처럼 전통적이지 않았다. 그는 연방정부가 공립학교에 개입하는 게 부적절하다고 생각했다. 이곳에는 세 영역이 교차하고 있기 때문이다. 학교는 어린이들을 양육하기 적당하다고 생각하는 방식대로 양육할 개개인의 사적 권리, 원하는 대로 어떠한 교제라도 유지할 모든 사람의 사회적 권리, "시민으로서 장래 의무를 대비하도록 어린이들을 교육시킬" 정부의 정치적 권리를 포함하고 있다. 의무교육은 부모들의 개인적 권리와 사회적 권리를 제한하지만, 부모들이 자기 자식들을 어떤 학교에 보내고 학교의 사회적 형태가 무엇인가를 결정할 수 없다는 것을 내포하고 있지는 않다. 아렌트는 수송과 같은 공공업무를 행위의 명백하고 적절한 목표로 평가하였으나 강제적인 학교통합에 대해서는 경고하였다. 이러한 통합은 어린이들을 가정과 학교 사이의 혼란스러운 갈등의 와중에 빠지게 하기 때문이다. '가정 편견과 학교 요구 사이의' 그러한 갈등은 선생과 부모의 권위를 일격에 해체시키며, 자신들의 공적인 의견을 확립할 능력이나 권리를 갖고 있지 못한 어린이들 사이에서 선생과 부모의 권위를 공적 의견의 원칙으로 대체하기 때문이다. 아렌트의 생각에 어린이들을 통합의 전위로 만드는 것은 부모의 책임을 폐지하는 것이다. "우리는 이제 어린이들이 세계를 변화시키거나 개선하라고 요구받고 있는 지점에 도달했는가?"

이러한 두 가지 입장이 분명히 논쟁을 야기하기에 충분하지만, 아렌트는 정치영역에만 한정시킨 세 번째 주장으로 최고의 보수주의자라는 평판을 얻게 되었다. 아렌트는 각 주의 권리 탄원이 통합을 방해하려는 '남부의 핑계'에 불과하다고 주장하는 자유주의자들의 근시안적인 태도를 비난하였다. "자유주의자들은 다음과 같은 사실을 이해하지 못하고 있다. 즉 미국의 권력이 기반을 두고 있는 지역적 기반이 손상된다면, 미국 전체의 권력 잠재력은 손상될 것이다. 권력의 본질은 이러한 것이다. … 그리고 이 나라에서 각 주의 권리는 지역의 이익과 다양성 증진뿐만 아니라 공화국 전체에 필요한 권력의 가장 명백한 근원에 속한다." 이러한 주장은 아렌트의 자유주의적 독자들 다수에게 마치 공화당 전당대회 연설 같이 들렸다.

아렌트의 「리틀 록에 대한 성찰」은 원래 유대계 잡지인 『논평』으로부터 의뢰를 받은 원고이며, 어떠한 보수주의보다도 자신의 유대인성을 더 많이 반영하였다. '파리아pariah'와 '벼락출세자parvenu'란 범주는 결코 언급되지는 않았지만 아렌트의 접근방법을 결정하였다. 아렌트는 『삶*Life*』이란 잡지의 표지에 실린 리틀 록 지역의 폭력에 관한 사진에서 흑인 아버지의 백인 친구가 흑인 소녀를 새로이 통합된 학교에서 집으로 데려다주는 모습을 보았다. 소녀의 뒤에는 '백인 어린이 무리'가 보였다. 그들의 얼굴은 일그러져 있었으며, 인신공격과 그들의 '공적 의견'이 거의 들리는 것 같았다. 아렌트가 보기에 분명히 "그 소녀는 영웅이 되기를 요구받았다. 현장에는 없었던 사람들, 소녀의 아버지나 전미흑인지위향상협회NAACP 대표자도 중요한 존재가 되라는 요청을 받았다고 느끼지 못했다." '현장에 없는 아버지'는 어느 부모가 할 필요가 없는 것을 수행했다. 즉 그 아버지는 사람들이 딸을 찾지 않는 곳으로 다니라고 요구했으며, 벼락출세자 같이 처신하고, 교육을 사회적 발전의 수단으로 인정하라고 딸에게 요구하였다. 이 어린이는 "존엄성을 절대적으로 보호받지" 못했다. 이와 달리 마르타 아렌트는 한때 아주 의식적으로 딸의 존엄성을 절대적으로 보호하였으며, 딸을 필요로 하지 않는 사회적 상황을 벗어나 집으로 오라고 아렌트에게 교육시켰다.

아렌트는 이 흑인 어린이가 비유대인goyim에 대한 두려움, 열등감, 과장된 내면적 민감성과 같은 유대인 열등의식의 다른 변형을 갖게 될지도 모른다는 점을 두려워했다. 아렌트는 파리에서 격론을 일으킨 청년알리야의 부모들에게 바로 그러한 열등의식을 말하고자 노력했었다. "심리학적으로 불필요해지는 상황(전형적인 사회적 난관)은 철저한 박해(정치적 난관)보다 견디기 더 어렵다. 개인적인 자존심이 포함되어 있기 때문이다. 내 생각에 긍지란 흑인, 유대인, 개신교 앵글로색슨계 백인이 되는 것을 자랑하는 식의 어떤 것이 아니다. 긍지는 출생이란 사건(출생의 조건)으로 우연히 존재하는 모든 것과 일치한다는 감정인데, 이것은 배우지 않고 자연적으로 나타나는 감정이다. 긍지는 비교하지 않으며 우열이나 열등을 모른다."[98] 아렌트는 통합을 위한 흑인들의 투쟁에서 유대인 동화의 모든 난관을 알았다. 아렌트의 희망 사항이지만, 흑인들은 정치가 백인들만의 영역이 아니라는 것을 이해해야만 하였다. 즉 백인의 지배에 대한 반응은 사회적이지 않고 정치적이어야 한다. 흑인들은 출생에 뿌리를 두고 있는 행위가 새로운 것을 시작한다는 점을 알아야 한다. 아렌트는 계속 주장하기를, 긍지는 "박해에 의해 상실되기보다는 한 집단에서 벗어나 다른 집단에 진입하는 자신의 방식을 강요하거나 이러한 방식을 강요하는 데 휩쓸림으로써 더 많이 상실된다. 내가 남부에 사는 흑인 어머니였다면 나는 대법원의 판결이 마음 내키지 않지만 불가피하게 자식을 전보다도 훨씬 더 굴욕적인 상황으로 몰아넣어야 한다고 생각했을 것이다."[99] 아렌트의 생각에 벼락출세자의 행태가 치르는 대가는 새로운 것이 아니라 오래된 압박감의 내재화된 심리적 변형이었다.

아렌트는 정치 행위를 옹호하였다. 그러나 그는 반유대주의에 대한 이해와 독일계 유대인 역사에 대한 인식에 기초해 정치적 평등이 성취되었다고 하더라도 여전히 문제가 된다고 주장했다. 독일의 '예외적인 유대인들'은 사회로부터 예외적인 존재로 이미 수용되었다. 그들은 정치적 해방이 사회적 차이를 없애며, 자신들과 '뒤처진' 형제들이 공유한 것 — 즉 변경할 수 없는 유대인성 — 을 표면화시킨다는 점을 알았다. 아렌트는 흑인들을 특

---

98 Arendt, "A Reply to Critics," p. 179.

99 아렌트는 1959년 3월 30일 매튜 리프맨에게 보낸 미출간 편지(의회도서관 소장)에서 유대인과 흑인 사이의 비교를 다음과 같이 명료하게 제시하였다. "사람들은 그것을 법으로서 진술할 수도 있었다. 정치적 평등은 항상 사회적 차별을 호린다. 반면에 사회적 인식의 대가는 정치적 평등에 의해 지불되었다. 프로이센 유대인들은 전체적인 업무가 아주 진지하게 시작되기 이전에도 이것이 타당할 수 있다는 것을 알고 있었다. 이교도 사회 밖에서 더 이상 살 수 없다고 생각했던 사람들 가운데 동화된 사람들은 더욱더 법률적, 정치적 해방을 철저하게 막으려고 했다. … 사회적 차별은 나에게 동의하는 것을 강요하지는 않았다. 내가 원한다면, 나는 파리아로서 살 수 있으며 많은 사람들은 항상 그러한 삶을 선호하였다. 그러나 법은 나를 강요하였으며, 이로 인해 정치적인 문제이다."

징짓는 자연적 신체적 차이가 이들에 의해 이루어진 각각의 진전에 따라 점점 더 백인의 분노의 초점이 될 것을 두려워했다. 아렌트는 "미래의 정신으로 어린이들을 교육시킴으로써" 세계를 변화시킬 수 있다는 이상적인 이념에 의존하는 태도가 단지 분노를 증대시키며, '불필요한 격분'을 야기할 수 있다는 점을 우려하였다. 아렌트는 다음과 같은 말을 곧 덧붙였다. "사람들은 미래 문제에 대한 관심 때문에 다행스럽게도 15년 이상 흑인들에게 대단히 유리했던 시대 풍조를 반전시키자고 주장할 필요는 없다. 그러나 사람들은 이러한 관심 때문에 성급함이나 잘못된 조치보다는 신중함과 절제가 정부 개입을 인도한다고 주장해야 한다."*

미르달 및 그 동료들과 같은 연구자들, 즉 『미국의 난관*The American Dilemma*』의 저자들은 남부 백인의 '분노 서열'에서 인종간 결혼이 통합학교의 전망에 대한 분노에 훨씬 앞서 제1위라고 주장하였다. 그러나 아렌트는 인종간 결혼금지법의 폐지를 경솔한 결정으로 생각하지는 않았다. 아렌트는 흑인들의 경우 '실질적인 쟁점'이 법 앞의 평등이므로 행위를 통해 이런 평등을 실현시키는 데 관심을 가져야 한다고 생각하였다. 아렌트의 생각에 실천 가능성이나 실현 가능성을 환기시키고 인종간 결혼에 대한 백인의 저항이 인종간결혼금지법 폐지를 무기력하게 한다고 주장하려는 자유주의자들의 자발적인 의향은 노예제라는 범죄에 직면했을 때 제퍼슨의 실천 가능성에 대한 환기와 비교 가능했다. 어떠한 형태의 차별이나 사회적 격리는 그렇지 않지만 인종법은 이 나라의 역사에서 원죄를 영구화하는 데 일조하고 있다. 아렌트는 피부색깔과 같은 신체적 차이가 분노의 초점이 될 수 있을 위험한 가능성을 강조하였다. 그는 인종주의, 즉 체계적이고 유사과학적인 이데올로기가 단순한 인종적 편견 또는 『전체주의의 기원』에서 표현한 '인종적 사유'와 완전히 다르다고 이해하였다. 아렌트는 잘못 의도된 통합계획

---

* 옮긴이_ 『책임과 판단』, 「유대인 문제에 대한 성찰」 서론.

이 백인의 폭력을 유발할 수 있으며, 이런 폭력이 결국 완전히 성장한 인종주의 이데올로기와 함께 정당화될 수 있다는 점을 우려했다.

아렌트의 「리틀 록에 대한 성찰」을 둘러싼 논쟁은 1959년 겨울 이 논문이 출간되기 1년 이상 이전에 시작되었다. 남부 주들의 재통합(1865~1877년 ─ 옮긴이) 이후 제1차 시민권법안이 의회에서 1957년 9월 통과됐다.* 한 달 후인 10월 『논평』 편집자들은 이 논문을 아렌트에게 요청했다. 아렌트가 집필을 하고 있을 때, 제101항공사단의 주방위군 및 낙하산부대가 리틀 록 지역에서 9월 폭력적인 충돌의 현장인 센트럴고등학교를 점령하고 있었다. 아렌트가 11월 논문을 완결할 당시 군대는 서서히 철수하고 있었다. 아칸소 주지사인 오발 파우부스는 다른 전선, 즉 법정에서 투쟁하려는 계획을 철회하였다.

『논평』의 전임 편집자들이 아렌트의 논문 「시온주의를 재고하자!」**에 대해 당혹스러워 하고 적대적이었듯이, 「리틀 록에 대한 성찰」을 접수한 편집자들도 같은 태도를 보였다. 아렌트는 『논평』지 사무실에서 발생했던 논쟁에 대해 알게 되었으며, 자신의 논문 게재를 철회하라고 제안하였다. 그러나 편집자들은 11월 23일자 그의 제안을 거부하고, 대신 시드니 후크의 반론을 요청하되 같은 호에 출판하기로 결정하였다. 아렌트의 논문과 후크의 반론은 모두 교정쇄의 형태로 해둔 채 아렌트의 답변을 받고자 반론 사본을 아렌트에게 보냈다. 그러나 편집자들은 이러한 절차 때문에 냉정함을 유지하지 못했다. 그들은 1958년 2월 계획된 출판을 처음 연기하였으며, 자신들이 두 글을 전적으로 출간하기를 꺼린다는 점을 아렌트에게 알렸다. 아렌트는 분노에 찬 편지(2월 1일자)와 함께 자신의 논문 게재를 철회하였으며, 자신의 분개함을 공표하였다. 그는 다음과 같이 언급했다. 논

* 옮긴이_ 아이젠하워 대통령은 1957년 시민권 법안을 의회에 제출했다. 결과는 재통합 이후 첫 번째 시민법 법안이다. 이 법이 통과되어 법무성에 시민권 부서가 설립됐다.

** 옮긴이_ 이 논문은 아렌트가 1944년 10월 『메노라 저널』에 게재됐다. 『유대인 문제와 정치적 사유』를 참조할 것.

문 출판의 지연으로 뉴욕 문단에서 상당한 뒷말을 하게 만들었으며, 사람들이 읽고 자신들의 견해를 제시하지 못하게 하였고, '어떤 적절한 방어'를 할 기회를 자신으로부터 박탈하였다. 아렌트는 "관련된 모든 사람들의 선의가 명백한 분위기에서만 논쟁적 쟁점들을 논의할 수 있다"[100]고 결론짓고, 편집자들의 호의에 대한 자신의 불신을 명백히 밝혔다.

엘리엇 코헨은 오랜 투병에서 벗어난 이후 자신이 없어서 편집진들에 대해 자신의 권위를 확고히 할 수 없는 상태로 『논평』의 사장으로 복귀했다. 아렌트는 마틴과 크레멘트 그린버그 등 편집진들을 총괄하여 "그린버그 형제"라고 불렀다. 코헨의 젊은 피보호자인 노먼 포드호레츠는 그린버그 형제의 집단 명칭을 '보스'라고 불렀으며, 아렌트의 논문을 거부한 결정이 잘못되었으나 자기 선배들에게 이길 수 없다고 생각했다. 포드호레츠는 1967년 자신의 회고록 『성공하기*Making It*』에서 아렌트의 논문이 '너무 논쟁적'이라고 판단하였다는 점을 인정하였다.[101] 그러나 시드니 후크가 공개적으로 비난한 지 거의 10년이 지난 후에야 포드호레츠는 이것을 인정하였다. 『논평』의 편집진도 결코 부정하지 않았던 비난은 아렌트가 포드호레츠의 비판을 두려워했기 때문에 논문 게재를 철회하였다는 내용이었다.

아렌트는 논문 게재를 철회한 이후 이를 야기했던 상황이 지나가기를 기대하면서 논문을 출판하지 않기로 결정하였다. 그러나 1958년 6월 주지사 파우부스의 법정투쟁이 있었다. 리틀 록 학교당국은 연방정부가 위임한 통합계획을 2년 반 동안 연기하기로 결정하였다. 연방 대법원은 그 연기를 최종적으로 종결하였다. 그러나 파우부스는 통합에 관한 주선거를 준비하고 선거를 부정한 수단으로 조작하며, 아칸소 주 공립학교를 분리시키겠다고 서약한 민간기업에 양도하기 위해서 재개된 논쟁을 기회로 이용하였다. 주의 흑인학교들은 폐쇄되었으며, 백인학교들은 기업의 경영부실로 침몰하

100 아렌트가 『논평』 편집자에게 보낸 편지(1958년 2월 1일), 의회도서관.

101 Norman Podhoretz, *Making It*(New York: Random House, 1967), p. 233.

였다. 아렌트는 이러한 현상을 목격하고 연방정부의 통합정책에 대한 자신의 비관론이 잘못되지 않았다는 것을 확신하면서 자신의 논문을 출간하겠다는 『의견 차이』 측의 제안을 수락하였다.[102] 1959년 겨울 호에는 아렌트의 논문, 이에 대한 아렌트의 간단한 서론적 단편, 그리고 두 편의 비판적 반론과 함께 시드니 후크의 분노에 찬 편지가 실렸다.

후크는 격노했다. 후크는 1958년 4월 13일자 『새 지도자*New leader*』에 아렌트의 논문에 대한 자신의 원래 반론을 그동안 수정하고 분리하여 출간하였는데, 반론에 실린 몇 문장이 아렌트의 서론적 단평에 인용되어 있었기 때문이다. 후크는 아렌트가 『새 지도자』에 실린 원문보다 오히려 『논평』의 교정본 내용을 인용하였다고 신랄하게 비난하였다. 그러나 이러한 지적은 "아렌트가 후크 자신의 비판적인 반론을 본 후에" 『논평』에 논문 게재를 철회하였다는 것을 증명하려는 그의 노력에 있어서 자그마한 계기였다. 후크는 『논평』지의 "편집에 대한 … 몇 가지 난점"을 밝히기로 결정한 것을 어설프게 인용하였으나 그의 목적은 다른 데 있었다. 즉 후크는 아렌트가 자신의 비판을 회피한다고 비난하고 싶었으며, "자신들의 지적 기준을 두고 미국인들에게 설교하는 사람"[103]의 성실성에 의문을 제기하려고 하였다.

아렌트는 『논평』의 편집자들, 후크의 비방적인 비난, 『의견 차이』에서 후크의 견해를 제공했던 비평가들 가운데 한 사람에 대해 경험하는 기회를 가졌다. 아렌트는 이러한 경험으로 깜짝 놀랐다. 프린스턴대학교의 교수인 비평가 멜빈 투민은 'A씨'를 비방하는 장문의 글을 썼다. 이 글은 결코 품위를 갖추지 못했다. 아렌트는 자기 비평가들에 대한 반론에서 "투민 씨는 반박에서 채택한 논조를 통해서 토론과 담론의 영역 밖에 자신을 위치시키고 있다"[104]라고 밝혔다. 아렌트는 「리틀 록에 대한 성찰」에 대해 보였던 적대

---

102 『의견 차이』의 편집자들은 아렌트의 논문을 출판하기로 결정하였다. "우리는 (편집자의 말에서 언급한 바와 같이) 우리들에게 전적으로 틀린 것 같은 의견에 대해서도 표현의 자유를 믿고 있기 때문이다."

103 시드니 후크가 편집자에게 보낸 편지, 『의견 차이』 6/2(1959 봄): 203.

적 반응을 계기로 다음과 같은 자신의 의혹을 순간적으로 정확히 인정하였다. 아렌트는 뉴욕에 도착했을 때 미국인들 사이에서 나타나는 개방적인 마음을 아주 존경했는데, 이러한 마음은 매카시 시대 약화되었다.

그러나 아렌트의 제2의 조국은 최종 봉인이 확정된 나라는 아니었다. 롱뷰Longview 재단은 작은 규모의 잡지에 실리는 당해 연도의 탁월한 논문에 상을 수여하였다. 이 재단이 1959년 「리틀 록에 대한 성찰」을 출간한 아렌트에게 논문상을 수여하였을 때, 그는 미국의 지적인 삶에서 반대와 비평을 위한 여지에 대해 다시 고민해야만 하였다. 아렌트는 상금으로 300달러를 받았으며, 정말 같지 않은 다른 수상자인 흑인 학생에 관한 신문 기사의 내용을 야스퍼스와 공유하기 위해 편지를 썼다. 그런데 인종 폭력이 젊은 이들에게 미치는 영향에 관한 흑인 학생의 내용은 리틀 록에 관한 이야기가 그랬듯이 아렌트에게는 매력적이었다. 아렌트는 다음과 같은 사실에 경탄하였다. "제가 받은 이 상은 이 나라에는 실제로 상징적입니다. 뉴욕의 학교들에서는 상급 학생들에게 히틀러가 어떻게 처벌받아야 하는가를 고려하라는 에세이 주제를 제시하였답니다. 한 흑인 여학생은 이에 대해 다음과 같이 말하더군요. 그(히틀러)에게 검은 피부를 갖게 해야 하며 그를 미국에서 살게 해야 합니다. 그 여학생은 이 에세이로 1등상을 받았으며 대학교 4년간 장학금을 받았답니다!"[105]

많은 사람들은 리틀 록에 대한 아렌트의 논문을 집요하게 공격하였다. 이들은 대부분 자유주의자들이었다. 그러나 아렌트는 랠프 엘리슨이란 사람에게만 양보했다. 엘리슨은 『의견 차이』에 게재한 「흑인 소년들과 원주민 후예들」이란 제목의 어빙 호웨 논문에 대한 반론을 1963년 게재하였을 때 내친 김에 아렌트의 논문을 인용하였다. 엘리슨은 아렌트의 '당당한 권위'가 소외되고 있다고 생각했다. 엘리슨은 아렌트의 기풍이 당시 비평가들

104 Arendt, "A Reply to Critics," p. 179.

105 아렌트가 야스퍼스에게 보낸 편지(1960년 1월 3일), 마르바흐 문서 보관소.

의 반응 강도에 주로 원인이 있다는 것을 깨달았다.[106] 그러나 아렌트는 이러한 종류의 비평에 반론을 제기하지 않았다. 워런은 「누가 흑인을 옹호하는가」라는 제목의 1965년 특집호를 위해 엘리슨과 대담하였다. 엘리슨은 이 대담에서 아렌트가 강한 흥미를 돋운다고 생각한 통합 투쟁에 대한 흑인 부모들의 태도를 설명하였다. 워런이 "흑인의 투쟁에 관련된 기본적인 용감한 행위"에 대해 세련되게 설명해줄 것을 엘리슨에게 요청하였을 때, 엘리슨은 "실질적인 지위를 인정받지 못한 채 한 사회에서 살아야 하지만 그 사회의 이상과 관련되어 있으며 성공하려고 노력하고, 자신들의 진정한 위치와 그 위치 내에서 올바른 위치를 결정하려고 노력하는 사람들"에 대해 언급하였다.[107]

> 그러한 사람들은 그 사회의 실질적인 본질에 대해서 더 많이 알고 있으며, 그 사회 내 자신들의 장소를 당연히 인정할 수 있는 사람들보다 사회적 가치의 진정한 성격에 대해 더 많이 알고 있다. 그들은 그것을 철학적으로 설명할 수 없을지도 모르지만 몸짓으로 섞어가며 그것을 이야기한다. … 내가 믿듯이, 흑인들의 경험이 담고 있는 의미의 중요한 단서들 가운데 하나는 희생이란 이상에 있다. 아렌트는 남부 흑인들 사이에서 볼 수 있는 이러한 이상을 파악하지 못하였기에 「리틀록에 대한 성찰」에서 좌익 진영으로 이동하였다. 아렌트는 이 논문에서 흑인 부모들이 학교를 통합시키려고 투쟁하는 동안 자기 자식들을 이용했다고 비난했다. 그러나 아렌트는 흑인 부모들이 적대적인 사람들의 진영을 따라 자식들을 보냈을 때 그들의 부모 마음속에서 어떤 일이 일어나고 있는가에 대해서는 전적으로 생각하지 못하였다. 그들은 그러한 사건들이 실제로 어린이들에게 부과하는 입회의식의 분위기, 즉 모든 신비가 제거된 사회적 삶의 공포와 대면하는 분위기를 깨

106 Ralph Ellison, *Shadow and Act*(New York: Random House, 1964), p. 108.

107 이 인용문과 다음의 초록은 다음 출처를 참조할 것. Robert Penn Warren, ed., *Who Speaks for the Negro?*(New York: Random House, 1965), p. 342-344.

달았다. 그리고 그 문제가 존재하지 않기를 원하는 이러한 부모들 가운데 많은 사람들의 관점에서 볼 때, 그 어린이는 테러에 직면하고 두려움과 분노를 갖게 될 것으로 예상된다. 그는 미국 흑인이기 때문이다. 따라서 그는 자신의 인종적 상황으로 형성된 내적 긴장을 억제할 필요가 있으며, 상처를 입게 된다면 한 번 더 희생을 치러야 한다. 이것은 가혹한 요구조건이다. 그러나 그가 이 기본적인 시험에 견디지 못한다면, 그의 삶은 더욱 어려워질 것이다.

아렌트는 "내가 이해하지 못한 것은 바로 이 희생이란 이상입니다"라고 인정한 편지를 엘리슨에게 보냈다. 아렌트는 "냉혹한 폭력, 그 상황에서 기본적이고 온전한 두려움이란 요소를 파악했을" 때 흑인 학생 부모들이 자식들에게 벼락출세자와 같은 사회행태를 요구해야 한다는 자신의 판단을 포기하였다.[108] 흑인 어린이들은 아렌트의 젊은 시절 유대인 어린이들과 같지 않았다. 유대인 어린이들은 자신들을 원하지 않는 집단에 강제로 편입되었지만, 흑인 어린이들은 '불길의 시련'을 겪으며 폭력적 상황이란 현실에 직면하고 있었다.

아렌트는 모든 미국 신문 독자나 텔레비전 시청자와 마찬가지로 6년 동안 남부와 북부 흑인들의 삶에서 나타나는 '냉혹한 폭력'에 대해서 많은 것을 배웠다. 아렌트가 엘리슨에게 편지를 보내기 이전 봄에 마틴 루터 킹은 그 유명한 몽고메리-셀마 행진을 인도하였다. 이전 해인 1964년 내내 북부 도시에서는 폭동이 있었으며, 한나 아렌트의 1941년 이민서류에 서명했던 유대인 판사의 아들을 포함해 3명의 북부 지역 학생들이 '미시시피 주의 유권자 등록운동'* 기간 중에 살해되었다.

엘리슨은 교섭 중에 논쟁을 하였지만 아렌트를 인식할 수 있었으며, 아

108 아렌트가 엘리슨에게 보낸 편지(1965년 7월 29일), 의회도서관.

* 옮긴이_ 일명 '자유의 여름(Freedom Summer, Mississippi Summer Project)'은 1964년 남부와 북부 대학생들이 공동으로 활동한 최초의 민권운동이다.

렌트의 견해를 수정하도록 할 정도로 아렌트를 감동시켰다. 아렌트는 교육이 사회변동이나 정치변동의 유일한 근원이며 심지어 가장 중요한 근원이 될 수 없다는 확신을 유지하였다. 아렌트는 핵심을 세부적으로 논의하기 위해 「리틀 록에 대한 성찰」의 후속편으로 「교육의 위기」를 집필하였다. 이 논문은 아리스토텔레스의 『정치학』 제1권과 마찬가지로 성인 사이의 권위와 성인과 어린이 사이의 권위 관계를 다루고 있다. 아렌트는 미국의 진보주의 교육이 어린이들에게서 보호를 받는 전정치적인 시간과 공간, 즉 학교를 박탈하였으며, 선생들이 어린이들에 대해서 가져야 하는 권위를 파괴하였고, 자신들의 견해를 갖고 있는 어린 성인들과 같이 행동하도록 어린이들을 강요하였다고 혹독하게 비난하였다. 아렌트는 다음과 같이 촉구하였다. 성인들은 어린이들에 대한 자신들의 책임을 단념하지 말아야 하며, 성숙할 때까지 세계에서 안락함을 누리는 기간 동안 어린이들을 보호해야 한다. "우리의 희망은 모든 세대가 [출생을 통해] 형성하는 새로운 것에 좌우된다. 그러나 우리는 유일한 희망의 근거를 이것에 두고 있기 때문에 우리 늙은 세대가 새로운 것이 어떻게 보이는가를 기술할 수 있을 정도로 새로운 것을 통제하려고 한다면 우리는 모든 것을 파괴할 것이다. 정확하게 말하자면 모든 어린이에게 나타나는 새롭고 혁명적인 것을 위해서 교육은 보수적이어야 한다."[109] 아렌트는 이 원리에 대해 매우 엄격했으며, 자신의 정치 행위에서 이것을 유지했다. 몇 년 후 베트남전 종식을 위한 학생동원위원회의 한 지부가 기금 모금을 위해 아렌트와 접촉하였을 때, 아렌트는 이것에 동의하였다. 그러나 아렌트는 책자를 읽은 후 마음을 바꾸었다. 아렌트는 위원회의 기금 모금자에게 다음과 같이 알렸다. "우리가 전화로 대화를 나눌 때, 나는 당신이 고등학교 학생들을 포함시킬 의도를 갖고 있다는 것을 알지 못했습니다. 그리고 나는 유감스럽게도 이 목적을 위해

---

109 Hannah Arendt, "The Crisis in Education," *Between Past and Future*, rev. ed. (New York: Viking Press, 1968), pp. 192-193.

한 푼도 제공하지 않겠다는 입장을 말하고자 합니다. 나는 어린이들을 정치 문제에 동원하는 것에 대해서는 반대하기 때문입니다."[110] 그의 대략적인 원칙은 '18세에서 80세'까지였다. 그리고 그는 상한선에서만 유연한 입장을 유지했다.

한나 아렌트에게 가끔 나타나듯이, 보수주의에 대한 그의 요청은 혁명적 충동을 위한 수단이었다. 교육을 통해 자기들이 주도하는 혁명의 수명을 보장하려는 소위 혁명가들은 교화되어 비자발적인 젊은이들을 배출했다. "새 세대에게 새 세계를 준비시키는 노력은 사람들이 새내기들의 손에서 새로운 것을 경험할 기회를 박탈하고 싶어 한다는 점을 단지 의미할 수 있습니다."[111] 교육자들은 어린이들을 그 세계로 인도해야 하며, 이들에게 그것을 정확하고 공평하게 이해하는 도구를 제공해야 한다. 그래서 어린이들은 성인이 되었을 때 그 세계에서 지적으로 행동할 수 있다. 아렌트는 1969년 「폭력에 대한 성찰」을 집필하였을 때 '수학을 공부하고 정확한 문장을 쓰도록' 배우지 못한 흑인 어린이들이 미국 흑인으로서 정체성을 탐구하도록 격려를 받았다는 사실을 통탄하였다. 아렌트는 희생과 영웅적 행위라는 이상이 냉혹한 폭력과 증오의 희생물이며 가정을 상실한 어린이들에게 필요할 수도 있다는 랠프 엘리슨의 견해에 동의하였지만, 그런 이상이 스와힐리어 연구나 분리주의 이데올로기의 배양과는 전적으로 다르다고 생각하였다. 아렌트가 다른 사람들의 어린이들에 대해 가졌던 희망을 그 자신이 수행하였던 것이다. 아렌트의 희망은 유대인 문제가 그의 생애에서 개인적으로 제기되기 이전, 그리고 그가 유대인으로서 정치를 선택해야만 하기 이전 좋은 교육을 받을 시간을 갖는 것이었다.

---

110 아렌트가 베트남전 종식 학생동원위원회 사라 존스톤에게 보낸 편지(1970년 2월 2일), 의회도서관.

111 Arendt, "Crisis in Education," p. 177.

「리틀 록에 대한 성찰」이나 「교육의 위기」는 시사성 있는 문제를 다룬 논문이다. 아렌트는 이 논문을 집필할 때 『인간의 조건』에서 자세히 설명한 복잡한 도식을 사용하였지만 그 주요 요소들을 개략적으로 언급하는 것을 좀처럼 멈추려 하지 않았다. 그는 성급함 때문에 많은 오해를 받았으며, 사실 어떤 형태의 구체성을 고수하고 있을 때에도 가끔 냉담하고 추상적인 사상가로 간주되었다. 그는 자신의 철학적 방법을 '개념적 분석'으로 명명하였다. 그의 임무는 개념들이 어디에서 유래하는가를 발견하는 것이었다. 그는 문헌학이나 언어분석의 도움으로 정치적 개념의 근원을 구체적인 역사적 경험이나 일반적인 정치적 경험과 연관시켰다. 이러한 경험은 정치적 개념을 발생시켰다. 따라서 그는 하나의 개념이 그 기원에서 얼마나 멀리 이동하였는가를 평가할 수 있었고, 시간이 흐르면서 개념들이 섞이는 것, 즉 언어적 개념적 혼란을 드러내는 지점을 기록할 수 있었다. 이 문제를 달리 표현하면, 그는 일종의 현상학을 실천하였다.

『인간의 조건』에는 아렌트의 현상학적 실험을 드러내는 세 가지 용어들이 있다. 그는 인간 실존, 인간 활동, 그리고 활동하는 공간이란 조건에 대해 말하고 있다. 인간 실존의 조건은 삶 자체, 출생과 죽음, 다원성, 세계성, 그리고 지구이다. 사람들은 태어나서 살다가 죽는다. 그들은 다른 사람의 동료로 참여하고, 다른 사람들과 함께 살다가 인간적 다원성과 결별한다. 그들은 지구에 의지해 살며, 인간 활동을 통해 지구 위에 있는 세계(즉 공동체 — 옮긴이) 속에서 산다. 이러한 조건들은 모두 활동적 삶(노동 · 작업 · 행위)을 구성하는 인간의 활동과 연관된다. 그러나 특별한 조건은 즉시 특별한 활동과 연관된다. 삶 자체는 노동 활동에 조응하는 조건이다. 인체人體의 생물학적 과정인 성장 · 신진대사 · 쇠퇴는 "노동을 통해 생존과정에서 생산되고 제공되는 중요한 필수품"과 연관된다. 세계성은 작업이나 제작 활동에 조응하는 조건이다. 사람들은 지구상에 세계를 만들며, 이 세계에 지속적으로 추가되는 부속물은 세계성이란 인간조건의 일부가 된다. 다원성은 행위에 조응하는 조건이다. 한 사람 이상 존재하지 않는다면, 행위와 정치적 삶은 존재하지 않는다. 그리고 마지막으로 다음과 같이 설명하고 있다.

> 세 활동과 조건은 인간 실존의 가장 일반적인 조건들(출생과 죽음, 탄생성과 사멸성)과 밀접하게 연계되어 있다. 노동은 개인의 삶뿐만 아니라 종의 보존을 보장한다. 작업과 그 산물, 즉 인위적인 것은 사멸적인 삶의 무용성과 인간적 시간의 유동적인 성격에 일정한 항구성과 지속가능성을 부여한다. 행위가 정치체를 설립하고 보전하는 데 참여하는 한, 그것은 기억, 즉 역사를 위한 조건을 창조한다. 행위뿐만 아니라 노동과 작업이 낯선 사람으로서 세계에 태어나는 새내기들(달리 표현하면, 신입자 또는 신참자 — 옮긴이)의 항구적인 유입을 위해 세계를 제공하고 보존하며, 이를 예견하고 대면하는 임무를 가지고 있는 한, 이것들은 탄생성에 역시 뿌리를 두고 있다. 그러나 세 활동 가운데 행위는 탄생성이란 인간조건과 가장 밀접하게 연계되어 있다. 출생에 내재된 새로운 시작은 세계 속에서 자신을 느끼게 할 수 있다. 새내기는 새로운 것을 시작할 능력, 행위하는 능력을 가지고 있기 때문이다.[112]

사람들은 혼자서(즉 고독 속에서) 노동이나 작업을 할 수 있다. 그러나 그들은 그렇게 할 경우 자신들의 특별한 인간적 특성을 실현하지 못한다. 그들은 노동하는 야수와 같거나 신적인 창조주와 같을 뿐이다. 다른 한편, 사람들은 혼자서 행위를 할 수 없다. 다원성은 행위의 필수조건이다. 행위는 다른 사람들의 항구적인 존재에 좌우되며 공적 공간을 필요로 한다. 공적 공간은 사적 공간과 구별된다. 그리스 말로 폴리스는 노동과 작업을 통해서 인간의 물질적 욕구를 충족시키는 장소인 가정과 구별된다. 그리스인들의

---

112 Arendt, *The Human Condition*, pp. 8-9.

경우 가정은 필요가 지배하는 영역이었고, 반대로 폴리스라는 영역은 자유의 공간이었다.

아렌트 분석에서 세 용어(조건 · 활동 · 공간)는 인간적 경험의 상수들이다. 그러나 역사적 시기에 따라 그 용어들은 다르게 연계되어 있으며, 사람들이 이 용어들에 대해 갖는 개념은 상이한 연계에 따라 변화된다. 예를 들면, 그리스인들은 중세 기독교인들과 다른 방식으로 노동 · 작업 · 행위를 평가하고 계서적으로 배열하였다. 그리스인들의 경우, 활동 가운데 가장 고귀한 형태의 활동인 행위는 기독교인들 사이에서는 작업보다 낮게 평가되었다. 반면에, 노동은 양자의 경우에서 서열상 가장 밑바닥에 있었다. 근대에는 노동이 제작이나 행위보다 높게 평가되었다. 우리 시대에 제작하는 동물은 노동하는 동물에 자리를 내주었다. 이러한 변화는 활동을 위한 공간의 변화와 상호 연관되어 있다. 그리스인들과 로마인들에게는 아주 근본적인 구분, 즉 공적 공간과 사적 공간의 구분은 거의 진부한 구분이 되고 있다. 아렌트가 말하는 "사회적인 것"이라는 변형된 영역은 두 영역 사이에 나타나서 점차적으로 두 영역을 잠식했다. 사회적인 것은 일종의 가정과 같은 공간이지만, 사람들은 이 공간을 엄청나게 확장시켰다. 따라서 이 공간은 국가 전체를 포용하게 된다. 국가는 거대한 가족, 즉 국가의 일족 nation's peoples으로 구성된 거대한 가정인 것 같이 관리되고 있다. 한때 작은 가정이 관심을 가졌던 사회적 경제적 문제는 국가 관료제의 관심사가 되어 왔다. 가정의 확장은 공적 공간, 자유의 공간의 축소를 의미하고 있다. 그리고 말 그대로 '사적인' 것은 모두 주관적 경험이나 아렌트의 표현대로 '친밀성'으로 개개인에 속한다.

인간 실존의 조건들(삶 자체, 탄생성과 사멸성, 다원성, 세계, 지구)은 활동과 공간 사이의 이러한 거대한 변화 속에서 비교적 항구적으로 존재했다. 그러나 최근 사람들은 지구를 떠나서 외계로 여행하기 시작하였다. 그들은 모든 인공품을 소비품으로 전환하기 시작하였으며, 사물의 세계성을 파괴하는 사회 속에서 살기 시작했다. 다원성은 대중사회나 순응주의적 사회에서 점점 더 명료하지 못하게 되었다. 인간의 차이는 단순히 인격의 '사적' 또는 주관적인 문제가 되고 있다. 탄생성과 사멸성은 여전히 인간 실존의 영역이지만, 근대 과학은 자연에 개입하기 시작하였거나 아렌트의 표현대로 작업과정을 작동시키기 시작했다. 아렌트가 『인간의 조건』을 집필하던 시기에 이렇듯 '자연에 관여함'은 원자 파괴의 문제였다. 오늘날 이러한 관여는 DNA 합성의 문제이며, 시험관 배양과 복제, 정자 냉동, 조직 이식, 인공적인 수명 연장의 문제가 되고 있다. 현대 세계에서 가장 두드러진 것은 한나 아렌트 분석에서 세 가지 용어들 가운데 가장 불변하는 것, 즉 인간 실존의 조건이 인간 행위와 잠재적 통제의 문제가 되고 있다는 점이다.

『전체주의의 기원』은 역사가 아니라 오히려 전체주의로 결정화된 요소들에 대한 역사적 설명이다. 마찬가지로, 『인간의 조건』은 인간 활동, 즉 활동적 삶vita acitva의 역사가 아니라 활동적 삶을 구성해 왔던 요소들에 대한 역사적 설명이다. 지금까지 제시한 이 책에 대한 묘사에서 빠진 것은 아주 단순하지만 이러한 설명을 구성하는 시각이다. 이 책은 또 다른 구별로 시작된다. 즉 활동적 삶은 전통적 노선과 함께 관조적 삶vita contemplativa과 구별된다. 이러한 삶의 전통적 계서는 다음과 같다. 관조적 삶은 차원이 높으며, 매우 중요하고 신성에 더 가깝다고 고려되었다. 그리스인들의 경우 활동적 삶은 무엇보다도 정치적 삶, 즉 행위의 삶이었다. 노동과 작업은 필요와 연계된 활동이며, 인간의 물질적 필요를 제공하지만, 행위 또는 실천praxis은 폴리스를 확립하고 유지케 한다. 아우구스티누스 이후 기독교 시대에 활동적 삶은 "그 특별한 정치적 의미를 상실하였고, 이 세계의 일에 적극 관여하는 모든 형태의 활동을 의미하였으며", 행위 자체는 "지구적 삶의 불가피한 일로" 고려되었다. 유일한 자유 영역은 비세계적인 관조 영역이었다. 관조적 삶은 오직 진정으로 자유로운 삶의 방식이었다. 이러한 기독교적 평가는 고전 그리스의 평가와 근본적으로 다르지 않다. 플라톤과 아리스토텔레스는 철학자가 정치적 관심으로부터 벗어나는 자유를 소중하게 생각하였지만 활동적 삶을 구성하는 활동들에 대한 전통적인 그리스적 구분을 지속적으로 유지하였다. 그들은 활동적 삶으로부터 벗어나는 자유를 위한 잠재력을 오직 철학자들에게만 인정하였지 하느님의 모든 자식에게는 인정하지 않았다.

아렌트는 활동적 삶을 검토하기 이전에 삶의 두 유형 사이의 이러한 계서를 정확하게 고려해야만 하였다. 즉 "나의 주장은 단지 이러하다. 전통적 계서(위계질서)에서 관조가 엄청나게 중요시되었기 때문에 활동적 삶 자체 내에서 나타나는 차이와 연관성은 부각되지 못했지만, 이러한 조건은 드러남에도 불구하고 전통과 근대의 단절을 통해서든 마르크스나 니체가 제시한 그 계서의 최종적인 반전으로도 본질적으로 바뀌지 않았다. 이 개념적 틀이 여전히 유지되는 이유는 그 유명한 '철학체계 또는 현재 수용되는 가치의 전도'의 본질, 즉 조작 자체의 본질에 있다."[113] 아렌트는 조건과 관련하여 활동들과 공간들 사이의 거대한 변화를 추적하는 것 이외에 근대에 관조적 삶과 활동적 삶 사이 계서의 반전을 추적하고, 활동적 삶이 관조적 삶보다 높게 평가되는 시기에도 그 연관성이 여전히 외부에서 관조적으로 이해되고 있다는 결론에 도달하였다.

인간 활동 유형의 관조적 개념은 이러한 활동들이 전제하고 있는 조건뿐만 아니라 이러한 활동들이 발생하는 공간에서도 떨어져 있다. 그러한 개념들의 경험적 뿌리는 뒤에 남게 된다. 철학자는 그 세계로부터 물러나 있다. 따라서 그의 개념들은 세계적 경험으로부터 벗어나 있다. 아렌트의 생각에 관조에 잠기는 사람은 인간사人間事라는 현상을 정치철학의 기본 조건인 경이thaumazein로 간주하지 않는다.

아렌트는 『인간의 조건』에서 관조를 비판하였다. 이 비판은 그가 10여

---

113 앞의 책, 17쪽.

년 동안 가졌던 의문을 반영했다. 아렌트는 자신을 철학자라고 부르지 않으려고 했다. 아렌트는 자신이 철학에 고질적이라고 생각한 정치에 대한 태도를 매우 비판하였기 때문이다. 그러나 그는 철학적으로 개혁자로서 관조적 태도에 의문을 제기하였다. 아렌트의 질문은 가장 단순한 형태로 다음과 같다. 즉 우리는 정치적 사건들, 정치영역을 어떻게 진지하게 고려할 것인가? 표현 방식은 단순하지만 질문은 단순하지 않다. 아렌트가 믿었듯이, 서양 철학자들은 소크라테스의 재판과 사형 이후 19세기에 이르기까지 정치영역으로부터 최소한으로 방해를 받으며 철학을 어떻게 연구할 수 있는가에 더 많이 관심을 가져왔다. 물론 전통 속에서 정치에 관심을 갖지 않은 위대한 사상가는 없지만, 이러한 관심은 정치가 진정한 **철학적** 질문이 발생하는 영역이라는 확신을 반영하지 않았다. 정치영역은 다른 곳에서 발생하며 실천적 지혜보다 일종의 '높은' 지혜에 접근하기 쉬운 교훈에 따라 규제되어야 하는 영역이었다. 19세기 역사철학자들, 즉 헤겔과 그의 추종자들이 정치 문제에 새롭게 중대성을 부여하였지만, 그들은 개별적인 행위가 보편적인 역사 과정의 일부라고 주장했다. 즉 그들은 이 역사 과정이 정치적인 것이란 영역을 초월하는 진리를 드러낸다고 주장했다. 그리고 전통에 따르면 이러한 계시는 부득이 철학자에게 나타난다. 즉 헤겔의 견해에 따르면 철학자는 **절대자**, 즉 **초월자** 자체의 유형을 사유한 사람이었다.

1950년대 초반 아렌트는 세계에 필요한 새로운 정치학을 구상하기 시작했다. 현실 세계에서 발생한 정치적 사건들(세계대전, 전체주의, 원자폭탄 투하)은 철학자들의 진지한 관심을 요구했다. 토크빌은 『미국의 민주주의』에서 "새로운 세계는 새로운 정치학을 필요로 한다"라고 기술하였다. 10년이 지날 때마다 그러한 학문의 필요성과 잠재적 영역은 확장되어 왔다. 19세기는 새로운 정치학이 아니라 새로운 역사 개념을 잉태했다. 아렌트는 이것이 결국 정치영역을 하늘 위에서 바라보는 다른 방식일 뿐이라고 생각했다. 필연적인 드라마에서 배역을 하는 역사의 행위자들을 지켜보는 것은 사람들의 핵심적인 정치 능력을 이해하지 못하는 것이었다. 행위는 결과를 예측할 수 없는 새로운 것을 시작하는 능력이다. "근대는 언제나 새로운 정치철학을 기대할 이유를 가지고 있었지만, 대신에 역사철학을 수용하였다."[114]

아렌트는 초월적이지 않지만 자체로 정치적이었던 역사의 목표라는 개념 때문에 19세기 역사철학이 매우 불길하다고 생각했다. 인간들은 역사를 제작하는 절대자보다 오히려 절대자를 자신으로 삼고 무계급사회와 같은 이상을 모방하여 역사를 구성하고자 하였다. 헤겔 체계에 나타나는 목적-수단 범주를 정치적 범주로 바꾸는 것은 가장 끔찍한 형태의 20세기적 실천에 이론적 정당화를 마련해주었다. 아렌트는 다음과 같이 설명한다. 즉 "달걀을 깨지 않은 채 오믈렛을 만들 수 없다"고 믿는 사람들은 랜달 자렐이 한때 언급했듯이 달걀을 고려하지 않고, 요리사들은 뒤범벅을 만든다는 점을 깨닫지 못한다. 혁명은 오믈렛이 아니다.

제2차 세계대전 이전 유럽 철학은 헤겔의 뿌리로부터 벗어나기 시작하였으며 19세기 니체와 같은 헤겔 비판가들의 길을 따르기 시작했다. **절대자**를 노출시키는 역사가 아니라 역사성은 『존재와 시간』에서 하이데거의 관심사였다. 하이데거는 이 책에서 다른 사람들의 무리 속에서 우리의 일상적 삶에 대한 현상학적 연구를 제시하기 시작했다. 그러나 아렌트의 관점에서 볼 때, 새로운 정치학은 다른 무엇보다도 행위, 새로운 것의 시작을 필요로 했다. 새로운 것은 예측할 수 없다. 그런 까닭에 한 인간이 행위를 제작하거나 **존재**Being가 행위를 창조할 수는 없다. 새로운 것의 창시자를 진지하게 고려할 때 제기되는 질문은 다음과 같다. 정치란 무엇인가? 정치 행위의 조건은 무엇인가? 정치 행위의 원리는 무엇인가? 자유란 무엇인가?

아렌트는 헤겔의 역사 개념, 예리하지는 않지만 하이데거의 역사성 개념을 비판하였다. 이때 아렌트는 헤겔 이전 서양의 전통에서 정치적 사건을

---

114 앞의 책, 298쪽, 각주 62.

진지하게 고려했다고 생각되는 사상가인 칸트에 관심을 갖게 되었다. 아렌트는 이 모험에서 칸트의 현대 제자이며 자신의 스승인 야스퍼스와 협력했다. 야스퍼스는 철학의 전통적인 맹점에 대한 아렌트의 관심을 공유하였다. 아렌트는 칸트의 도덕철학이 본질적으로 정치적이라고 생각했다. 칸트는 단순히 정치인이나 철인왕이 아니라 모든 사람을 입법가이며 판관으로 생각했다. 칸트는 치자와 피치자, 아는 소수와 무지한 다수를 구분하는 것이 당연하다고 여기지 않았다. 반면에 헤겔이나 하이데거는 이런 구분을 당연한 일로 여겼다. 칸트는 인간의 다원성이란 조건, 즉 우리가 하나가 아니라 다수이며 서로 다르다는 사실에 관심을 가졌다.

아렌트가 새로운 정치학을 발전시키고 있을 때 칸트의 이러한 개념은 그에게 더욱 중요해졌다. 그는 『전체주의의 기원』을 집필하던 시기에 원래 정치적인 것에 대한 칸트의 관심에 깊은 인상을 받았다. 그러나 이것은 세계의 악과 화해한다는 것의 의미나 이에 대한 통찰을 개선하는 데 의지하지 않고 세계에 존재하는 악에 맞서려는 칸트의 시도였다. 아렌트는 『전체주의의 기원』에서 근본적 악이란 칸트의 개념을 수용하였으며, 1961~1963년 『예루살렘의 아이히만』을 집필할 때까지 이 개념을 사용하였다. 아렌트의 경우 이 개념은 서양 전통 내에서 정치적 악행을 진지하게 고려하는 방식을 제공하는 것 같았기 때문이다.[115]

행위를 일종의 제작으로 왜곡시켰을 때 이것이 야기하는 악을 고려하지 않은 채 인간을 행위하는 존재로 간주하고 인간 행위의 조건을 고찰하는 것은 아렌트의 새로운 정치학에서 중심 과제가 되었다. 그는 『전체주의의

---

115 아렌트는 1954년 미출간 연설, 즉 「현대 유럽 철학사상에서 정치에 대한 관심」(의회도서관 소장)에서 다음과 같이 기록하였다. "공포의 경험으로 돌리면서 그것을 진지하게 고려하지 않으려는 거부에서 나타나듯이, 철학자들은 전통적으로 그 경이(타우마자인; thaumazein)를 인간사 영역으로 인정하지 않으려는 입장을 물려받았다. 플라톤과 아리스토텔레스에 따르면, 존재하는 것에 대한 경이는 사실상 모든 철학의 출발점이다. 그들도 이것을 정치철학의 예비 조건으로 수용하기를 거부하고 있다. 사람들이 행할 수 있는 것 또는 세계가 될 수 있는 것에 대한 무언의 공포는 무언의 경이나 보답과 연관되기 때문이다. 철학의 질문은 이러한 것에서 발생한다."

기원』 이후 출간한 세 권의 저서 『인간의 조건』, 『과거와 미래 사이』, 그리고 『혁명론』에서 맥락은 다르지만 같은 신념을 갖고 이 과제를 다루었다. 즉 고대인들이 철학의 기원으로 인식했던 '알고 싶어 하는 충동'은 인간사 영역, 즉 활동적 삶을 직접 목표로 삼으려고 했다. 아렌트가 이러한 신념을 얼마나 진지하게 고려했는가를 판단하는 척도는 아렌트가 영어판 책 제목을 '인간의 조건'으로, 유럽판 책 제목을 '활동적 삶'으로 제안하였다는 점에서 명백히 나타난다. 아렌트는 '세계 경멸contempus mundi'*이라는 철학의 전통을 거부하고 자신의 책 제목을 '세계사랑Amor Mundi'으로 붙이고 싶어 했다.

아렌트는 관조의 전통에 대한 하나의 대안으로 새로운 정치학을 모색하는 데 있어서 분명히 외롭지 않았다. 그러나 1950년대 말 미국 이론가들은 대부분 완전히 다른 말로 자신들의 노력을 진술하였다. 그들은 사회학자 다니엘 벨이 언급한 "이데올로기의 종말"[116]이란 특징을 지닌 시기에 지식인들의 새로운 역할을 모색하였다. 과거와 현재의 지식인들에 관한 수십 권의 책들이 정체성을 광범위하게 모색하는 과정에서 출간되었다. 미국 내 지식인들이 아주 오랜 기간 동안 무기력했다고 생각한 사람들은 계몽가들의 '인류당party of humanity', 프랑스와 러시아 혁명가들, 좌파 작가들, 모든 시대의 몰락한 지식인들을 세밀하게 연구하였다. 문제 제기의 소용돌이에서 대규모 이동이 있었다. 즉 많은 지식인들은 뉴딜 시대보다 케네디 대통령의 뉴프런티어 시대 초반에 워싱턴으로 몰려들었다.

아렌트의 견해에 따르면, 지식인들의 대규모 이동은 그들이나 나라에 축복은 아니었다. 아렌트는 1960년대 초반 한 대담자에게 "오늘날 교수들은 중요한 존재이지 하찮은 존재는 아닙니다"라고 말하였다. 그러나 아렌트의

---

* 옮긴이_ '세계에 대한 경멸'은 관조적 삶이 지속적인 가치를 지니지만 세상이 무의미하다는 입장을 기저로 삼고 있다. 이것은 고전 고대와 기독교 시대의 지적인 삶에서 한 주제였다.

116 다음 자료를 참조할 것. Daniel Bell, *The End of Ideology*(New York: Free Press, 1962).

생각에 이것은 그들이 부와 사회의 타락, 벼락출세주의와 속물주의에 더 민감했다는 점을 의미했다. "나는 실질적 빈곤과 이러한 [최근의] 풍요가 지식인들에게는 거의 똑같이 나쁘다고 개인적으로 생각합니다. 그들은 어느 정도 합당한 안정을 필요로 합니다. 즉 그들은 실제로 가난해서도 안 되며, 실제로 부유해서도 안 됩니다. 두 경우는 모두 혼란스럽기 때문입니다. … 지식인들이 하나의 계급이 될 경우에, 그들은 물론 역시 속물이 됩니다. 제가 그들을 모두 염두에 두고 하는 말은 아닙니다. 물론 아닙니다. 그러나 그들이 (기능에 의해 정의되는) 한낱 지식인이 되는 한, 그들은 속물입니다. 그들은 달리 무엇이 될 수 있겠습니까? 그들은 다른 모든 사람과 마찬가지로 사회의 구성원이며, 그렇게 행동합니다."[117]

헨리 키신저가 1961년 잘 알려진 논문 「정책 입안자와 지식인」*에서 밝힌 이들의 관계는 미국 대학에서 논쟁의 대상이 되었지만, 아렌트는 훨씬 더 일반적인 근거에서 자신의 문제를 제기하였다. 아렌트는 1958년 『인간의 조건』 원고를 마무리하였을 때 「정치 입문」이란 제목의 책을 구상하였다. 그는 이 책을 결코 집필하지 않았다. 이 연구 과제는 완전하지 않지만 에세이 모음집인 『과거와 미래 사이』를 통해서 실현되었다. 아렌트는 록펠러 재단 연구기금 신청서에서 자신의 의도를 제시하였다.

> 이 연구 과제는 『인간의 조건』이 종결되는 곳에서 지속될 것이다. 인간 활동의 관점에서 볼 때 이 연구 과제는 행위와 사유에 전적으로 관심을 갖게 될 것이다. 책의 목적은 두 가지이다. 첫째의 목적은 주요한 전통적 개념과 정치적 사유의 개념적 틀(목적과 수단, 권위, 정부, 권력, 법, 전쟁 등)에 대한 비판적 재평가이다. 나는 비판이 '해체'를 의미한다

---

117 알바레즈와의 대담은 다음 자료를 참조할 것. Alfred Alvarez, *Writers Under Pressure*(London: Penguin Books, 1965), p. 115.

* 옮긴이_ 이 제목으로 발표한 논문의 출처는 다음과 같다. Henry A. Kissinger, "The Policy-maker and the Intellectual," *The Reporter*, 469(March 1959), pp. 30-35.

고 생각하지 않는다. 그러므로 나는 이러한 개념들이 낡아빠진 동전이나 추상적 일반화와 같은 것이 되기 이전에 어디에서 나타나게 되었는가를 발견하고자 노력할 것이다. 그러므로 나는 정치적 개념을 형성하게 하는 구체적인 역사적 경험이나 일반적인 정치적 경험을 검토할 것이다. 심지어 아주 낡은 개념들의 이면에 있는 경험들은 여전히 정당하며 결과적으로 해로운 어떠한 일반화를 회피하고자 원한다면 이것들을 다시 정리하고 활력을 불어넣어야 한다.[118]

아렌트는 「정치 입문」 제2부에서 정치영역뿐만 아니라 정치영역 내 인간 행위를 체계적으로 검토하려고 의도하였다. "나는 여기에서 다양한 형태의 인간적 다원성과 이에 조응하는 제도에 주로 관심을 가질 것이다. 달리 표현하면, 나는 정부형태, 정부의 원리와 존재양식에 관한 오래된 질문을 동시에 재검토할 것이다. 행위는 다른 사람들이나 동등한 사람들과 함께 있음에서 발생한다. 사유 활동은 자기 자신과 함께 있다는 것에 조응한다. 따라서 이 책은 행위와 사유, 정치와 철학의 관계에 대한 논의로 끝나야 한다."

「정치 입문」의 이 두 번째 목적은 『과거와 미래 사이』에서 완전히 실현되지 못했다. 아렌트는 행위와 사유, 철학과 정치의 관계를 논의하기 위한 기초를 제공할 수 있는 수많은 강의를 하였다. 그러나 그는 『과거와 미래 사이』를 위해 이러한 자료들을 취합하지 않았다. 이후 아렌트가 『혁명론』을 완결시키고 있을 때 아돌프 아이히만 재판이 예루살렘에서 진행되고 있었다. 아렌트는 근본적 악이란 개념을 다시 고찰하도록 최종적으로 인도했던 구체적인 역사적 경험에 관심을 갖게 되었다. 아렌트는 1960년대 후반

---

118 이것과 다음 내용의 출처는 다음과 같다. 아렌트가 록펠러 재단의 톰슨에게 보낸 편지(1956년 4월 7일), 의회도서관. 아렌트는 독일어 편지에서 이 책의 제목을 정치 서언(Einleitung in die Politik)으로 언급하였으며, 때로는 정치 입문(Einführung in die Politik)으로 언급하였다. 후자의 책 제목은 아렌트가 이 책을 하이데거의 『형이상학 입문(*Einführung in die Metaphysik*)』의 대작으로 생각했다는 것을 시사할 수도 있다.

뉴스쿨에서 정치와 철학의 관계라는 주제로 강의를 시작하면서 「사유와 도덕적 고찰」이란 제목의 논문을 집필하기 시작했을 때, 사유와 행위의 관계를 다시 정립하였다. 그리고 아렌트는 1970년대 초반에 이르러 비로소 「정신의 삶」이란 제목의 기퍼드 강의를 준비하고 있었다. 여기에서 인간 대다수의 '사유' 양태는 완전히 그의 관심사가 되었다. 아렌트가 말하기 좋아하듯이, 1950년대의 저작은 '자신의 손에서' 세 권의 책으로 증대되었다. 그러나 최종적인 결실을 맺기까지 20년이 걸렸다.

연구 과제와 자료의 재배열에 관한 내력은 아렌트가 사유하고 집필했던 방식을 단지 피상적으로만 보여주고 있다. 그는 주요 개념들을 분리시키고 그 근원을 추적하며, 그 틀을 확대하고 심화시키며, 더욱 구별하고 명료화하며, 이후 재구성하였다. 하이데거는 위대한 사상가는 한 가지 사상만을 사유하거나 한 가지 질문만 제기한다고 주장했었다. 하이데거가 『존재와 시간』의 첫 번째 쪽에서 언급했듯이, 그의 물음은 **존재**의 의미에 대한 물음이었다. 이러한 의문에 대한 하이데거의 헌신은 다음과 같은 조크를 연상시킨다. 하이데거는 흑림Black Forest에 있는 토트나우베르크의 작은 별장에서 자신의 호전적인 동네사람들이 라인강을 주시하라고 말했듯이 **존재**를 주시하라고 말했다. 아렌트는 훨씬 더 세계적인 관점에서 행위를 주시하였다. 아렌트는 인간 행위의 의미에 대한 질문을 제기하고 사람들의 말과 행위를 주시하였다. 아렌트는 하이데거와 마찬가지로 자기 정신의 삶의 통일을 자각했다. 그는 1972년 한 친구(리처드 번스타인, 1932~ 현재 — 옮긴이)에게 다음과 같은 내용의 편지를 보냈다. "나는 우리 모두가 삶에서 단지 하나의 실질적인 생각을 가지고 있었으며, 당시 우리가 행하는 것이 모두 한 주제의 정교화이거나 변형이라고 때때로 생각한다오."[119] 아렌트는 자신의 친구에게 이 내용을 편지로 보냈을 때 자신을 정치이론가보다 철학자로 부르는

---

119 아렌트가 리처드 번스타인에게 보낸 편지(1972년 10월 31일), 의회도서관.

것에 대한 자신의 싫어함을 포기하였다. 아렌트는 1964년 텔레비전 대담에서 다음과 같이 선언하였다. "나는 철학자는 아닙니다. 나의 직업은 정치이론입니다. 나는 철학과 마지막으로 고별했습니다. 당신도 알고 있듯이, 나는 철학을 연구하지만, 그것은 내가 철학을 고수한다는 것을 의미하지는 않습니다."[120] 그러나 아렌트는 『정신의 삶』을 집필하기 시작했을 때 자신의 첫 번째 사랑인 철학으로 돌아오고 있다고 말했다. 행위란 주제의 최종 변주곡은 '사유'·'의지'·'판단'이라고 라는 항목으로 『정신의 삶』에서 나타났다. 인간적 다원성의 두 번째 양태에 대한 관심에서 자기와 함께 있다는 것, 아렌트의 정치적 사유에서 시작과 끝은 동일하게 나타났다. 아렌트의 사상을 통합하는 것은 그가 자신과 다른 사람들을 결합시키는 것으로 이해하였던 사랑, 즉 세계사랑이었다.[121]

---

120 가우스 대담.

121 야스퍼스가 아렌트에게 보낸 편지(1955년 8월 13일), 마르바흐 문서보관소. 이 편지에서 세계사랑을 가능한 책 제목, 즉 아름다운 제목으로 언급하고 있다.
옮긴이_ 아렌트는 8월 6일 야스퍼스에게 보낸 편지에서 다음과 같이 밝혔다. "나는 정치이론에 관한 나의 책을 '세계사랑'으로 부르고 싶습니다."

제8장

사후적 치유: 『예루살렘의 아이히만』

(1961~1965년)

그런데 나는 우선 집단수용소의 사고방식, 거듭되는 복종의 결과,
구타당하고 학살되는 다른 사람들을 무기력하게
지켜보는 것의 결과, 이러한 모든 공포의 결과를 정말
벗어던지기 위해서 한 두 사람을 살해하고 싶다.
나는 내가 평생 남을 상처를 입을 것이라고 생각한다.
나는 우리가 생존할 것인지에 대해 알고 있지는
못하지만, 언젠가 우리가 모든 진실을 세상 사람들에게 말할
용기를 가지고 있으며, 그것에 적절한 명칭을 붙일 것이라고
생각하고 싶다.

보로브스키, 「아우슈비츠, 우리의 고향(편지)」

재판 참관기

1960년 여름 한나 아렌트와 하인리히 블뤼허는 캐츠킬 산맥에 산재해 있는 스위스풍의 민박집에서 휴가를 보냈다. 이 민박집은 통상적인 휴일 휴

식처로서 뉴욕 팔렌빌의 체스넛 론 주택가에서 몇 마일 떨어져 있다. 아렌트는 책상에 앉아 시간을 보내고 블뤼허와 망명한 친구들 몇 명과 함께 수영을 하거나 체스놀이를 하고, 저녁식사를 즐기고, 시골 선술집과 수영장 휴게실을 방문하면서 며칠을 보냈다. 이들은 종종 ≪뉴욕 타임스≫에 연재된 놀라운 보고서에 대해 토론하였다. 아돌프 아이히만은 5월 24일 아르헨티나에서 이스라엘 비밀요원들에 의해 납치되었다. 이스라엘과 아르헨티나는 아이히만의 이스라엘 송환 문제로 불화상태에 있었다. 국제연합에서는 아이히만을 예루살렘에서 재판하려는 이스라엘의 의도와 관련하여 격렬한 논쟁이 있었다. 아렌트와 야스퍼스가 재판 공개를 기다리고 있을 때, 아렌트는 야스퍼스와 편지로 복잡한 법률문제에 대해 논의하였다. 그런데 아이히만 재판이 이스라엘에서 진행될 것이라는 게 분명해지자, 아렌트는 『뉴요커』 편집장인 윌리엄 숀(1907~1992년 — 옮긴이)에게 재판 취재 기자로서 자신을 제안하기로 결정하였다.

숀은 1946년 히로시마에 관한 연재기사를 통해 잡지의 평판도를 높였던 존 허세이와 같은 정규 특파원보다 이러한 임무에 더 적격인 탁월하고 해박한 특파원을 얻게 된 것에 대해 기뻐하면서 아렌트의 제안을 흔쾌히 수락하였다. 아렌트는 블루멘펠트와 접촉하면서 재판 날짜와 이스라엘 언론에 게재된 어떠한 논의라도 자신에게 편지로 보내줄 것을 그에게 요청하였다. 이후 아렌트는 빽빽이 짜인 1961년 일정을 재조정하기 시작하였다. 그는 블루멘펠트에게 다음과 같이 밝혔다. "저는 온갖 의무를 가능한 수행하며 적절한 때에 거부해야 하지만 이것들을 자연스럽게 바로 거부할 수 없어서 동프로이센 사람들의 말대로 '삼촌은 오지 않는다der Onkel kommt nicht' 라고 선언하면서 떳떳이 거기에 서 있겠습니다."[1] 아렌트는 나타나지 않는 삼촌이기를 원하지 않기에 컬럼비아대학교에서 마련한 논쟁적인 플라톤

1 아렌트가 블루멘펠트에게 보낸 편지(1960년 10월 23일), 마르바흐 문서보관소.

세미나에 바싹 연이어 있을 1961년 1~2월 노스웨스턴대학교 체류 계획을 재조정하였다. 그는 배서Vasser대학의 강의를 취소하였으며 록펠러 재단의 1년 연구지원금의 기간을 변경하였다. 그는 다음과 같이 록펠러 재단에 편지를 보내면서 자신의 계획을 설명하였다. "여러분께서는 제가 왜 이 재판을 취재해야 한다고 생각하는 바를 이해하실 것입니다. 저는 뉘른베르크 재판 취재를 놓쳤으며, 살아 있는 이 사람들을 결코 보지 못했는데, 이것이 어쩌면 저에게는 마지막 기회입니다."[2] 배서대학에 보낸 편지는 통상 개인적인 내용으로 표현되어 있다. "이 재판의 참관은 제가 과거에 진 빚을 갚는 의무라고 생각합니다."[3] 아렌트의 경우 예루살렘을 방문하여 '살아 있는' 아이히만을 보는 것은 결과적으로 한 가지 의무의 수행 이상의 의미를 지니고 있었다. 그는 회고담에서 그것을 사후적 치유cura posterior라고 언급하였다. 예루살렘 법정의 '유리 보호대 안에 있는 사람'에 대한 아렌트의 첫 번째 반응은 그가 "결코 괴물도 아니고"[4] 비인간적이거나 이해를 벗어나는 것도 아니었다는 점이다. 그는 경악했다. 과거에 대한 자신의 태도 변경, 즉 치유가 시작됐다.

아렌트는 예루살렘에 있는 동안 자신의 반응을 기록한 편지들을 블뤼허에게 보냈으며 이 편지들의 요약 내용을 야스퍼스에게 보냈다. 블뤼허는 미국 언론의 재판 보도 내용을 아렌트에게 알렸으며, 야스퍼스는 유럽 언론의 보도 내용에 관심을 나타냈다. 블루멘펠트는 아렌트를 위해 이스라엘 언론의 보도 내용을 번역하였으며, 아렌트가 이스라엘 정치인들과 대학 인사들을 만났던 일련의 모임과 연회까지 그를 바래다주었다. 아렌트가 뉴욕 · 바젤 · 예루살렘을 연결시키고 블뤼허와 야스퍼스뿐만 아니라 야스퍼스와 블루멘펠트를 연결시킨 의사소통 삼각관계는 기쁨과 지원의 커다란

2 아렌트가 록펠러 재단의 톰슨에게 보낸 편지(1960년 12월 20일), 의회도서관.

3 아렌트가 배서대학 측에 보낸 편지(1961년 1월 2일), 의회도서관.

4 아렌트가 블뤼허에게 보낸 편지(1961년 4월 15일), 의회도서관.

근원이었다. 블루멘펠트는 아렌트의 제안으로 야스퍼스를 만나기 위해 1954년 바젤에 다녀온 적이 있고 그에 대한 진정한 존경심을 가지고 왔다. 블루멘펠트는 아렌트에게 "당신이 나에게 항상 언급했듯이 그분은 자신의 저작보다는 인품에서 더 훌륭한 면을 보인다오"라고 말하였다. "사람들은 우리 대학 교수들은 말할 것도 없고 부버, 숄렘, 에른스트 사이먼보다 더 훌륭하게 동화同化 문제를 그분과 함께 논의할 수 있다오."[5] 블루멘펠트는 야스퍼스를 존경한 나머지 아이히만 재판에 대한 야스퍼스의 의견을 열렬하게 경청하였다. 그리고 아렌트는 자신과 야스퍼스가 이미 그 주제에 대하여 장문의 서신을 나누었다는 점을 알렸다.

야스퍼스는 이스라엘이 아이히만을 재판할 것이 아니라 오히려 국제연합의 후원 아래 그를 국제법정에 맡겨야 한다고 생각했었다. 그는 '모든 유대인들을 대변할' 이스라엘의 권리뿐만 아니라 다른 가능성에도 관심을 가졌다. 이스라엘에 적대적인 사람들이 아이히만을 순교자로 운 좋게 묘사할 경우, 이스라엘 재판은 반유대주의의 새로운 파장을 일으킬 가능성을 안고 있었기 때문이다. 아렌트는 이스라엘이 법적인 의미는 아니지만 '정치적 의미'에서 유대인들, '적어도 희생자들을 대변할' 수 있다는 점에 대해 반대하였으며, 그런 다음 대재앙 속에서도 살아남았던 유럽계 유대인들 다수가 이스라엘에 살고 있다는 점을 야스퍼스에게 환기시켰다. 물론 아렌트는 "인류의 적hostes humani generis을 처벌하는 법은 있지만 살인과 이와 유사한 범죄를 처벌하는 법만 없다면 상황은 완전히 달라졌을 것"이라는 점에 대해 동의했더라도 아이히만을 순교자로 바꿀 가능성은 없다고 생각했다.[6] 야스퍼스는 뉘른베르크 재판을 검토한 이후 아렌트의 주장에 최종적으로 동의하

---

5 블루멘펠트가 아렌트에게 보낸 편지(1954년 9월 6일), 마르바흐 문서보관소.

6 아렌트가 야스퍼스에게 보낸 편지(1960년 12월 23일)와 야스퍼스가 아렌트에게 보낸 편지(1960년 12월 12일), 마르바흐 문서보관소. 야스퍼스는 프랑스와 봉디와 대담하면서 아이히만 재판에 대해 취했던 자신의 입장을 숙고하려고 아렌트와 편지교환을 활용하였다. "Karl Jaspers Zum Eichmann-Prozess," *Der Monat* 12(may 1961): 15-19.

였으나 적hostes이란 용어가 적절한지에 대해 아렌트에게 문의하며 다음과 같이 밝힌다. "적이란 용어는 나에게 너무 결정적이라는 인상을 주며, 적은 항상 한 명의 '어떤 사람'이요."[7] 아렌트가 재판에 대한 자신의 첫 번째 반응을 알리는 편지를 보냈을 때, 아이히만이 인간보다 못한 몰인정한 악한이라고 생각한 야스퍼스는 믿을 수 없었다. 야스퍼스는 자신의 선입견을 서서히 포기하였으며 아이히만의 '개인적 잔인성'을 암시하는 재판 증거의 일부를 발견하였다. 그런 선입견을 공유하였던 블루멘펠트도 똑같이 거부감을 보였다.

다른 한편, 블뤼허는 아이히만에 관한 아렌트의 첫 번째 기사들에 담긴 의미를 즉시 이해하였다. 재판이 시작된 지 며칠 후 아렌트는 자신이 보기에 아이히만의 성격의 아주 놀라운 일면 — 자기 과시와 인정의 필요성 — 에 대해 기록하였다. "당신은 그 사람이 **공개적으로** 기꺼이 스스로 교수형 당하겠다는 내용의 기사를 어쩌면 [신문에서] 읽었을 것입니다. 나는 당황했답니다."[8] 아이히만이 몇 달 후에 사형집행인을 대면하며 세상과 작별을 할 무렵, 아렌트는 아이히만이 얼마나 형편없을 정도로 희극적인가를 깨닫고 있었다. 인격적인 하느님personal God이나 사후의 삶을 믿지 않는다고 언급했던 그 사람은 자신이 알고 존경했던 사람들을 사후에도 "결코 잊지 않겠다"고 유언하였다. 아렌트는 야스퍼스에게 보낸 편지에서 "그는 실제로 우매했지만 어쩐지 아닌 것 같습니다"[9]라고 적었다. 아렌트는 이러한 판단("어쩐지 우매하지만 또한 어쩐지 아닌 것 같다")을 곰곰이 생각하였으며 이후 아이

---

7 야스퍼스는 헝가리에서 아이히만의 활동에 대한 신문의 설명기사를 읽었을 때, 그 인간에 대한 아렌트의 인상이 정확한가에 대해 의심했다(야스퍼스가 아렌트에게 보낸 편지, 6월 8일). "당신은 이때 바젤 방문을 마치고 이스라엘로 돌아왔다. 그러는 사이에 아이히만은 다른 측면, 역시 개인적으로 야만적인 면을 보였다. 궁극적으로, 그러한 기능인은 비인간적 특성 없이 개인적으로 관료적 학살을 맡을 수 있는가…? 당신은 그 인간에 대한 진정 적절한 상에 도달하는 편안한 시간을 갖지 못할 것이다."
옮긴이_ 인용문은 야스퍼스가 아렌트에게 보낸 편지(1960년 12월 31일)에 포함되어 있다.

8 아렌트가 블뤼허에게 보낸 편지(1961년 4월 20일), 의회도서관.

9 아렌트가 야스퍼스에게 보낸 편지(1963년 12월 29일), 마르바흐 문서보관소.

히만이 사유 능력을 갖지 못한 사람일뿐이라고 결론을 내렸다. 아렌트는 이 사람이 무엇 때문에 사유 활동을 중단했는가에 대해 알고 싶었다.

블뤼허는 몇 년 동안 브레히트의 작품을 읽고 친구인 길벗의 풍자적인 안목으로 세계를 고찰한 덕분에 자신의 신랄한 유머를 이해하였다. 블뤼허는 평범한 사람의 **세계역사적** 오만을 있는 그대로 보았다. 아렌트는 자신의 남편은 악이 '피상적인 현상'일 가능성을 종종 고려했다고 야스퍼스에게 말했으며, 이러한 표현 덕택에 자신의 저서 부제를 「악의 평범성」으로 붙이는 계기를 갖게 되었다.[10] 재판이 끝나고 몇 년 지난 후 비로소 블뤼허는 이해를 표현하였던 브레히트의 문구를 우연히 알게 되었다. 그러나 브레히트가 이 문구를 썼을 때, 이것은 확신의 용기를 블뤼허와 아렌트에게 불어넣었다. 브레히트는 『아르투로 우이의 저지 가능한 상승*The Resistible Rise of the Man Arturo Ui*』의 비망록備忘錄에 다음과 같이 적고 있다.

> 거물 정치범들은 특별히 웃음에 노출되어야 한다. 그들은 거물 정치범이 아니라 중대한 정치 범죄를 허용한 사람들이다. 정치 범죄는 완전히 다른 것이다. 히틀러의 계획 실패는 그가 백치라는 것을 시사하지 않으며 그의 계획의 범위가 그를 위대한 사람으로 만들지 않는다. 지배계급이 작은 도둑에게 큰 도둑이 되는 것을 허용하면, 작은 도둑은 우리의 역사관에서 특권적인 위치를 차지할 자격을 갖지 못한다. 즉 그가 큰 도둑이 된다는 것, 그의 활동이 위대한 결과를 지닌다는 사실은 그의 위상에 도움이 되지 않는다. … 누구나 비극이 희극보다 덜 진지한 방식으로 인류의 고통을 다루고 있다고 말할 수도 있다.

아렌트는 어느 대담에서 브레히트의 '비약이 많은 의견'을 인용하고 이어서 자신의 의견을 덧붙여 말했다. 아렌트는 자신이 생각한 바를 다음과 같

---

10 아렌트가 야스퍼스에게 보낸 편지(1963년 12월 29일), 마르바흐 문서보관소.

이 언급했다. 즉 “히틀러가 무엇을 하든 그리고 천만 명의 사람을 살해했건”[11] 그를 여전히 어릿광대 같은 사람으로 기억하는 것은 히틀러와 이런 부류의 사람을 평가하는 데 중요하다. 브레히트와 블뤼허는 그러한 충격적인 이념을 기억하는 데 어려움을 겪지 않았으나 아렌트는 어려움을 겪었다. 아렌트는 “자신은 소스라쳤다”는 최초의 충격을 극복하려고 여러 달 동안 사후적 치유를 필요로 했다.

아렌트는 아이히만 재판을 참관하면서 예루살렘에 머물고 있는 동안 마음의 동요가 너무 심해서 피고에 대한 자신의 인상을 정리할 수 없었다. 재판이 질질 끌리게 되자 아렌트는 마음이 울적했다. “모든 일이 ‘지극히 정상적이며’ 말할 수 없을 정도로 저급하고 무가치하군요.”[12] 아렌트는 낙담한 채 블뤼허에게 다음과 같이 말했다. 피고 측 변호사는 폴란드의 나치 총독인 한스 프랑크의 책 29권을 증거로 채택하면서 이 책들 가운데 어디에서도 아이히만의 이름이 언급되고 있는가에 대해 질문했었다. 검찰 측은 “없습니다”라고 인정하였다. 그러나 재판이 진행됨에 따라 아렌트는 재판관들에 더욱 감명을 받았다. 아렌트는 자신을 놀라게 했던 검찰 측 일부 증인들이 소박하면서도 정직하게 증언하는 내용을 들었으며, 재판에 가졌던 최초의 관심을 되살렸다. “그것은 다시 매우 흥미를 끌었으며, 때로는 인상적이었고, 가끔 상당히 소름끼쳤습니다.”[13] 기디온 하우스너 검사는 아렌트를 줄곧 번민하고 당혹스럽게 만들었다. 아렌트는 독일계 유대인의 경멸감을 상당한 정도로 드러내면서 아이히만을 언급한 편지를 블뤼허에게 보냈다. “‘갈리치아’* 유대인은 자신이 알고 있는 모든 것 … 게토의 심리상태를 보

---

11 아렌트는 1973년 로저 에레라와 나눈 대담에서 베어톨트 브레히트의 『아르투로 우이의 저지 가능한 상승』을 인용했다. 초록은 다음 자료를 참조할 것. *New York Review of Books*, 26 October 1978, p. 18. 그는 또한 다음 자료에서 브레히트의 주장을 인용했다. “Bertolt Brecht”, *Men in Dark Times*, p. 247.

12 아렌트가 블뤼허에게 보낸 편지(1961년 4월 20일), 의회도서관.

13 아렌트가 블뤼허에게 보낸 편지(1961년 4월 25일), 의회도서관.

* 옮긴이_ 갈리치아는 중유럽과 동유럽의 교차점에 있는 역사적 지리적 지역으로 갈리치아-로도메리

이고 싶어 하는 근면한 학생과 같이 … 마침표나 쉼표 없이 … 말하고 있답니다."[14] 하우스너에 대한 아렌트의 견해는 결코 변경되지 않았으며, 아이히만의 변호인인 세르바티우스에 대한 견해도 변경되지 않았다. 아렌트는 하우스너보다 세르바티우스를 더 싫어했으며, 바이마르를 연상시키는 사람들에 대해 마련해 두었던 문구(일종의 게오르그 그로스 같은 괴짜)*로 세르바티우스를 묘사하였다.[15] 아렌트는 법정 안팎에서 화가 나고 불편했다. "오늘 이곳에서는 거대한 탱크 행진이 있었는데, 전에는 결코 보지 못했어요. 그리고 어저께 나는 우리가 젊었을 때 알고 있으면서도 싫어했던 것과 같이 야영의 모닥불 주변에 있는 일부 유대인 젊은이들이 감상적으로 노래하고 있는 것을 보았지요. 유사한 상황은 특별히 세부적인 면에서 숙명적이었어요."[16] 아렌트에게 바이마르를 환기시키는 것은 세르바티우스만은 아니었다. 이스라엘의 군사주의와 민족주의는 그가 1948년 유다 마그네스와 함께 일을 시작한 이후 가졌던 염려를 그의 마음속에서 되살아나게 하였다.

블루멘펠트, 그리고 아렌트의 사촌인 에른스트 퓌르스트 가족은 아렌트가 기자생활의 긴장으로부터 벗어나는 도피처였다. 아렌트는 기자활동을 하는 동안 고독을 느낄 겨를이나 편지를 쓸 시간을 거의 갖지 못했다. 퓌르스트 부부와 두 딸은 아렌트 고모에게 구경을 시켜주었으며, 블루멘펠트는 흥미로운 모임을 여러 번 주선하였다. 아렌트는 수석판사인 모세 란다우가 블루멘펠트의 친구이며 '훌륭한 동료'라는 것을 알게 되었고, 옛 친구 마틴

아 왕국에 속했으나 이후 오스트리아-헝가리 제국에 속했다. 현재는 우크라이나 서부와 폴란드 남동부에 걸쳐 있다. 이 지역은 유대인 디아스포라 역사에서 중요한 지역이며, 마르틴 부터는 이곳에서 태어났다.

14 아렌트가 블뤼허에게 보낸 편지(1961년 4월 15일), 의회도서관.

* 옮긴이_ 게오르그 그로스는 제1차 세계대전 이후 독일 사회상을 고발하고 다다이즘 미술운동을 전개하였다. 특히 그는 독일에 만연하였던 군국주의와 국가주의 부르주아 계급을 옹호하던 가치를 폭로하였다. 특히 사회의 부정과 인간의 추악을 통렬하게 풍자로 묘사했다. 대표작으로 「사회의 기둥(The Pillars of Society)」, 「이 사람을 보라(Ecce homo)」 등이 있다.

15 아렌트가 블뤼허에게 보낸 편지(1961년 4월 25일), 의회도서관.

16 아렌트가 블뤼허에게 보낸 편지(1961년 4월 20일), 의회도서관.

로젠블뤼트의 동생이며 당시 이스라엘 법무상인 핀하스 로젠을 만나 기뻤다. 아렌트는 이스라엘 외무상인 골다 메이어와 대화를 나누며 저녁시간을 오랫동안 보냈다. 아렌트는 법정에서 하루를 보내는 관계로 피곤했는데, 자신이 당혹스러운 상황에 처할 만큼 긴 저녁시간이었다. "내 문제는 단지 외무상이 대화를 중단하고 잠자리에 들게 하는가의 문제였어요."[17] 아렌트는 자신들의 대화를 이후 기억했을 때 또 다른 문제를 가지고 있었다. 국민들에 대한 이 외무상의 태도를 어떻게 이해하는가의 문제가 더욱 어려운 문제였다. 골다 메이어는 아렌트가 이스라엘에서 이미 가졌던 불길한 기시감既視感, 즉 그가 『뉴요커*The New Yorker*』에 보도하지 않았으나 확실히 자신의 저술에 불어넣었던 감정에 또 다른 차원을 첨가했었다.

아렌트는 『예루살렘의 아이히만』이 출간된 이후 여름에 작성된 숄렘의 편지에 화답하여 보낸 답장에서 골다 메이어와의 대화를 환기시켰다. 숄렘은 아렌트가 '유대 민족'의 사랑에 대한 '작은 흔적도 거의 없다'고 비난하였다. 아렌트는 유럽 신문들과 『만남*Encounter*』에 숄렘의 편지와 함께 게재한 자신의 답장 편지에서 골다 메이어와 자신의 대화 — 숄렘의 요청으로 출판본에서 메이어의 이름과 적절한 여성 대명사를 삭제하는 데 동의하였지만 — 를 상기시켰다. "나는 이스라엘에서 종교와 국가의 (나의 견해로는 파멸적인) 비분리를 옹호하는 저명한 정치인사와 나누었던 대화를 당신에게 말해야겠어요. 나는 정확한 말을 더 이상 확신하지는 않지만, 그 정치인사가 언급한 내용은 다음과 같군요. '당신은 내가 사회주의자로서 물론 하느님을 믿지 않는다는 것을 이해할 것이오. 나는 유대 민족을 믿습니다.' 나는 이 발언이 충격적인 발언이라는 것을 알았어요. 나는 너무나 충격적이었기 때문에 당시 응답하지 않았어요. 그러나 나는 다음과 같이 대답할 수 있었지요. 이 민족의 위대성은 한때 이들이 하느님을 믿었으며 하느님에 대한 믿

17 아렌트가 블뤼허에게 보낸 편지(1961년 4월 26일), 의회도서관.

음과 사랑이 하느님에 대한 공포보다도 더 크다는 방식으로 하느님을 믿고 있다는 것입니다. 그리고 이 민족은 현재 그 자신만을 믿고 있는가요? 어떠한 행운이 그것에서 나오겠습니까? 나는 이러한 의미에서 유대인들을 사랑하지는 않으며, 그들을 '믿고' 있지는 않습니다. 나는 단지 논쟁과 주장을 넘어서 당연한 부분으로서 그들에 속합니다."[18]

아렌트는 예루살렘을 떠난 후 자신과 남편이 수년 동안 고대했던 사건(블뤼허가 야스퍼스 부부를 처음 만나는 일)을 위하여 취리히에서 블뤼허를 만났다. 아렌트는 친근한 감사편지에서 야스퍼스에게 언급했듯이 "저에게는 그렇게 오랫동안 유럽의 고향과 같았던"[19] 야스퍼스의 집으로 남편을 데려왔을 때 기뻤다. 아렌트와 블뤼허는 모두 친근하고 가족적인 편지 인사말 형식인 당신Du을 사용해도 좋다고 야스퍼스로부터 제안을 받았다. 아렌트는 이에 고무되어 공적인 감정의 귀중한 표현, 즉 "게르트루트와 카를 야스퍼스에게: 경의 · 우정 · 사랑으로"라는 표현으로 『혁명론』을 헌정하겠다고 야스퍼스 부부에게 요청하였다.

야스퍼스와 블뤼허는 나이 · 기질 · 배경의 상당한 차이에도 불구하고 우연히도 깊고 정중한 조화를 발견하였다. 야스퍼스는 방문한 후 몇 달이 지나서 자신이 뉴욕으로 보낸 편지, 즉 세심하게 읽고 다시 수정한 편지에서 이러한 조화를 블뤼허에게 알렸다. 그는 아렌트의 저서들을 항상 칭찬하였듯이 바드대학의 **공동교과과정**에 대한 블뤼허의 계획을 칭찬하였다. 야스퍼스는 그 계획에서 문화적 전통을 유지하려는 보수주의자의 욕구를 인식한 후 블뤼허의 평등주의의 급진성을 빈틈없이 지적하였다.[20] 블뤼허 역시

---

18 숄렘과 아렌트 사이의 서신 교환은 다음 자료에 있다. *MB*, Tel Aviv, 16 August 1963: 3-4, *Neue Züricher Zeitung*, 19 October 1963, *Aufbau*, 20 December 1963, and *Encounter*, January 1964: 51-56. 이사야 벌린은 독일어 논쟁을 『만남』의 편집자에게 제시했다. 존 맨더가 아렌트에게 보낸 편지(1963년 9월 5일), 의회도서관. '사회주의자'로서 골다 메이어에 관해서는 다음 자료를 참조할 것. 숄렘이 아렌트에게 보낸 편지(1963년 8월 6일), 의회도서관.

19 아렌트가 야스퍼스에게 보낸 편지(1961년 8월 6일), 마르바흐 문서보관소.

20 야스퍼스가 블뤼허에게 보낸 편지(1961년 7월 31일), 의회도서관.

야스퍼스식의 설법("철학은 모든 사람을 위한 것이다")을 실천하였다.

블뤼허는 1941년 이후 처음으로 유럽을 방문했을 때 다른 꿈을 실현하였다. 그는 젊은 시절 이후 보지 못했던 박물관과 고대 유적지(파에스툼, 인근의 나폴리, 그리고 시라큐사)를 관광하기 위해 아렌트와 함께 이탈리아와 시칠리아를 방문하였다. 남부 이탈리아를 방문하던 중 또 다른 방문이 있었다. 야스퍼스 부부가 그들에게 연계 방문 기회를 제공했다. 아렌트는 로카르노에서 이러한 재회에 대해 야스퍼스에게 말하였다. "저는 바젤을 방문한 이후 길벗과 함께 하인리히를 만났습니다. 길벗은 내가 안첸(안네 바일)과 나누었던 그러한 형태의 우정으로 하인리히와 연결되어 있었으며, 1933년 이전 시간 대부분을 그와 함께 보냈습니다. 이때 저는 다음과 같은 점을 명료하게 파악하였습니다. 하인리히의 삶이 선생님의 삶과 같이 순수하고 단순한 청아함을 가질 수 없었다고 하더라도, 젊은 시절 그들의 유대가 지속되었다는 것은 아주 훌륭했음에 틀림없습니다. 열정적인 우정!"[21]

아렌트는 원기를 회복하여 미국으로 돌아갔다. 아렌트는 헤인스 펠스 자유도서관에서 『혁명론』의 원고 집필을 거의 완료했고, 1961년 가을학기 강의 때문에 웨슬리언대학교 고등연구소로 원고를 가지고 갔다. 웨슬리언대학교에서 아렌트는 정치학자이며 전체주의 연구자이고 베를린 시절부터 알고 지냈던 지그문트 노이만과 즐겁게 시간을 보냈고, 역사학 교수인 로잘리 콜리와 새로운 우정을 나누었다. 아렌트는 로잘리에게 다음과 같이 눈에 띄게 두드러진 찬사를 할 수 있었다. "로잘리는 내가 지금까지 만났던 학식이 높은 여성들 가운데 한 사람입니다."[22] 웨슬리언대학교는 아렌트를 기쁘게 했다. "훌륭한 분위기와 훌륭한 학생들", "학자들에게는 천국이었다."[23] 그러나 몇 주 사이에 일련의 경악스러운 사건 가운데 첫 번째 사건이

21 아렌트가 야스퍼스에게 보낸 편지(1961년 8월 6일), 마르바흐 문서보관소.

22 아렌트가 옥스퍼드대학교 마가렛 할에게 보낸 편지(1967년 2월 19일), 의회도서관.

23 아렌트가 웨슬리안대학교 잭 패튼에게 보낸 편지(1961년 11월 30일), 의회도서관. 아렌트는 지

발생하였다. 리버사이드 드라이브에 위치한 집에 있던 블뤼허는 두뇌를 감싸고 있는 연뇌막 혈관들 가운데 한 군데의 동맥류 파열로 고통을 겪었다. 아렌트의 친한 친구인 샤르로테 베라트는 블뤼허가 혼수상태에서 담뱃불로 화상을 입은 채 바닥에 서류와 책, 그리고 뒤집힌 가재도구가 무질서하게 널려 있는 위를 이리저리 기어 다니는 모습을 발견하였다. 베라트는 알프레드 코플리 박사를 호출하였다. 구급차 요원은 코플리의 도움으로 블뤼허를 컬럼비아장로교병원 응급실로 수송하였다.

아렌트가 코네티컷 주에서 병원에 도착한 시간에 블뤼허 담당 신경과 의사는 금방이라도 자신의 진료의견을 내릴 것 같았다. 아렌트는 이후 야스퍼스에게 말했듯이 진료의견을 블뤼허에게 즉시 알렸다. 그래서 블뤼허는 자신의 질병에 대해 모든 진실을 알고 있었다. '그의 경우 치사율은 50%였다.' 블뤼허는 삶에 대한 자기 특유의 열정으로 아내에게 응수하였다. "절대로 흥분하지 말아요, 당신은 50% 생존할 수 있다는 것을 잊고 있구려."[24] 그는 자연스럽게 50% 생존하는 쪽에 들게 되었다. 아렌트는 메리 매카시의 마음을 진정시키고자 웨슬리언대학교로 돌아왔다. 매카시는 아렌트의 마키아벨리 세미나를 인계받기 위해 자기 가정과 새 남편인 제임스 웨스트를 남기고 웨슬리언대학교에 와 있었다. 아렌트는 일주일에 3일을 가르치고 난 다음 블뤼허와 오랜 주말을 지내기 위해 뉴욕으로 이동하였다. 아직 완결되지 않은『혁명론』원고를 마무리하는 작업은 이 기간 중에 지연되었다. 그러나 12월 말경에 아렌트는 블뤼허가 거의 완쾌했다는 근황과『혁명론』집필을 거의 마무리했다는 점, 그리고 바로 공개된 이스라엘 법원의 판결문을 포함한 아이히만 자료를 검토하고 있다는 점을 야스퍼스에게 알릴 수 있었다. 아렌트와 야스퍼스는 판결에 대해 의견의 일치를 보였다. 야스

그문트 노이만이 관저에 살고 있을 때 이곳에 머물기 위해 1961년 가을과 1962년 가을 동안 웨슬리언대학교에 이러한 체류를 약속하였지만, 노이만은 오랜 와병 끝에 1962년 가을 초반에 사망하였다.

24 아렌트가 야스퍼스에게 보낸 편지(1961년 11월 1일), 마르바흐 문서보관소.

퍼스가 언급했듯이 이 판결은 "뛰어나고 매우 지적이지만 탁월성과 철학은 없는"[25] 판사들로부터 나온 것이었다.

아렌트는 1962년 1월 시카고대학교에서 강의하기로 약속하였다. 그런데 그는 독한 감기에 걸려 약속을 거의 이행할 수 없었다. 감기와 감기 치료 항생제에 대한 알레르기 반응으로부터 회복되는 동안 아렌트는 작업을 중단했다. 그는 느린 회복에 조바심을 내고, 블뤼허의 건강을 여전히 걱정하며, 피그만 침공사건의 소용돌이 속에서 자신이 관찰한 정치적 '적막'에 불안해하면서 아이히만 보고서를 작성하려고 수집했던 '문서 더미'를 거의 검토할 수 없었다. 그러자 다음의 충격적인 사건이 발생하였다.

3월 19일 아렌트가 탑승한 택시가 센트럴 파크를 가로질러 달리던 중 트럭에 받혔다. 아렌트는 의식이 있었으나 피가 뒤범벅이 되어 루즈벨트 병원으로 수송되었다. 아렌트를 진찰했던 의사의 진료경위서에는 아렌트가 두 달 동안 활동하지 못하게 된 원인인 진료내용들로 채워져 있었다. 즉 타박상, 뇌진탕, 두 눈의 출혈, 치아 손상, 우측 어깨 타박상, 특히 찰과상, 늑골 파열, 그리고 아렌트 만년에 최악의 상태, 즉 쇼크 버금가는 심장근육 손상.[26] 블뤼허가 병원에 도착하자 아렌트는 평온하였다. 아렌트는 블뤼허와 같이 삶에 대한 자신의 에너지를 드러내는 이야기로 블뤼허를 안심시켰다. 이후에 아렌트는 편지에서 메리 매카시에게 다음과 같은 이야기를 하였다.

> 내가 병원으로 가던 차 안에서 깨어나 무슨 일이 일어났는가를 의식하게 되었을 때 팔다리를 움직여 보았고, 마비되지 않은 것을 알았으며, 두 눈으로 볼 수 있었다네. 다음으로 기억해보려고 매우 조심스럽게 10개 단위로 그리스 · 독일 · 영어 시를 기억하였으며, 다음으로 전화번호를 기억했지. 모든 것이 정상이었어. 핵심은 내가 아주 잠깐 동

25 야스퍼스가 아렌트에게 보낸 편지(1962년 1월 5일), 마르바흐 문서보관소.
26 잭 알렌 카플란드 의사의 진료 기록지(1963년 7월 17일)와 의료 보험증, 의회도서관.

안 살고 싶은지 죽고 싶은지는 나에게 달려 있다는 감정을 가졌다는 점이었지. 그리고 죽음이 무시무시하다고 생각하지 않았지만 역시 삶이란 아주 아름다우며 내가 오히려 삶을 좋아한다는 것을 생각하였지.[27]

그 '잠시 동안'은 아렌트를 매료시켰다. 아렌트는 이에 대해 야스퍼스에게 다음과 같이 말하였다. "저는 잠시 동안 나의 손에 생명을 가지고 있는 것 같았습니다. 저는 아주 평온했지요. 죽음은 결코 저에게는 비극이나 사물의 질서를 벗어나는 것이 아니어서 자연스러운 것 같습니다. 그러나 저는 동시에 스스로 다음과 같이 말하였지요. 아주 우아하게 하는 것이 가능하다면 저는 이 세계에 여전히 실제로 머물고 싶습니다."[28]

사느냐 죽느냐에 대해 문제를 제기하고 '익살스럽게' 자신에게 답변하던 귀르스 수용소 시절에 느꼈던 감정과 달리, 삶을 평안하게 수용하고 인정하는 이러한 양상은 수년 동안의 연구 과정에서 자연스럽게 울려 퍼졌다. 이러한 유형의 삶은 『예루살렘의 아이히만』의 내용을 형성하는 데 상당한 활기를 불어넣었으며, 교황 요한 23세에 대한 에세이에 매우 명백히 나타났다. 아렌트는 『예루살렘의 아이히만』을 출판한 후 휴가를 보내고 있었다. 1963년 여름 그는 교황 장례식이 거행되던 로마에 있었다. 그는 이 소박하고 당당하며 자신감에 찬 교황을 기꺼이 판단에 참여하고 자신의 판단을 신뢰하려는 사람으로 평가하였으며, 그의 믿음이 고무적이라는 것을 알게 되었다. 아렌트의 생각에 이러한 믿음은 교황이 임종 시에 하였던 말, '그의 가장 위대한 말'에 뚜렷하게 나타났다. "모든 날은 태어나기에 좋은 날이며, 모든 날은 죽기에 좋은 날이다."[29]

---

27 아렌트가 매카시에게 보낸 편지(1962년 4월 4일), 매카시 보존서고.

28 아렌트가 야스퍼스에게 보낸 편지(1962년 3월 31일), 마르바흐 문서보관소.

29 Hannah Arendt, "The Christian Pope," *New York Review of Books* 4/10(17 June 1965): 5-7. 이 에세이는 『어두운 시대의 사람들』에 수록되어 있다.

아렌트는 1962년 웨슬리언대학교에서 2학기 때 철학자 글렌 그레이(1913~1977년 — 옮긴이)를 만났으며, 그의 훌륭한 저서 『전사들Warriors』을 깊이 존경하게 되었다. 그레이는 "성 베드로 사도좌에 있는 기독교인The Christian on St. Peter's Chair"에 대한 아렌트의 묘사에 대해 경탄했다. 교황의 마지막 유언에 대한 아렌트의 존경은 그레이를 자극하였다. "나는 당신이 이 유언을 그의 가장 위대한 통찰로 고려하고 있는지에 대해 의심하기 시작했다오. 그런데 나는 웨슬리언대학교에서 그분뿐만 아니라 당신에게서도 똑같이 삶에 대한 완고한 긍정을 상당히 존경하는 법을 배웠다오. … 나는 그러한 긍정을 하는 사람들만이 실존의 가치성을 전적으로 의심할 여유가 있는 사람들이라고 짐작하게 되었다오."[30] 그레이는 『예루살렘의 아이히만』에 그 위력을 제공한 태도, 즉 아렌트가 사후적 치유로 보일 수 있었던 태도를 정확히 생각해냈다.

아렌트는 자기 자신에게 표명했던 교훈에 관심을 가졌다. 그는 이 덕택에 외견상의 성급함이 드러났을 때에도 평온함을 유지하였다. 그는 병원에서 점점 더 불편하고 예민해졌으며, 자신을 '여보Honey'라고 부르는 미국인다운 무례함을 보인 간호사를 면박하면서 병원 내 모든 장소를 '우리는 전혀 관심이 없다'는 좌우명으로 운영하고 있다는 결론을 내렸다.[31] 아렌트는 방문객을 맞이할 만큼 충분히 회복되었을 때 자신의 외모에 대해 걱정하였으며 피멍으로 검게 된 눈과 꿰맨 앞이마를 가리는 덮개를 요청하였다. 야스퍼스는 아렌트의 고민거리를 듣자 곧 세심한 말로 그를 편안하게 해 주었다. "궁극적으로, 한 사람의 아름다움은 완전히 극단적인 상황에서 빛을 발한다오. 그 아름다움은 결국 사람의 태도 · 외모 · 표현에 존재한다오."[32]

---

30 그레이가 아렌트에게 보낸 편지(1965년 6월 12일) 의회도서관.

31 아렌트가 매카시에게 보낸 편지(1962년 4월 4일), 매카시 보존서고; 치아라몬트가 아렌트에게 보낸 편지(1962년 4월 10일), 의회도서관.

32 야스퍼스가 아렌트에게 보낸 편지(1962년 4월 5일), 마르바흐 문서보관소.

아렌트의 자만심은 완전히 완화되지는 않았다. 그는 외출하기에 충분할 정도로 호전되었다고 느꼈을 때도, 검은 눈을 덮개로 가리고 머리 위를 수건으로 감쌌다. 작은 모임에서 저명한 철학자를 처음 만난 시인 엘리자베드 세웰은 '해적 같은 모습'을 한 아렌트를 보고 놀랐다.[33]

아렌트는 의사의 지시로 취소하기는 하였으나 봄 학기 강의 의무를 안은 채 작업을 수행하기 위해 팔렌빌에 칩거하였다. 심란한 마음 상태로부터 벗어난 아렌트는 아이히만 재판을 통해 자신의 기본 자료와 비망록을 수집하기 시작하였다. 아렌트는 원래 『뉴요커』에 기고할 한 편의 논문을 집필할 생각을 가지고 있었으나 입수했던 문서 더미와 유용한 언론보도에 대한 자신의 낮은 평가 때문에 더 많은 작업이 필요하다고 확신하였다. 세르바티우스의 피고 측 탄원서가 공표되었을 때, 아렌트는 "전문적인 언론인들 가운데 단 한 사람도 중요한 것을 제시하지 않았군요. 즉 이야기 전반에 대한 단 한편의 중요한 논문도 발표하지 않았군요"[34]라고 블루멘펠트에게 불평하였다.

이 책은 결국 아렌트가 기대했었던 것보다 훨씬 더 호기심을 불러 일으켰다. 아렌트는 매카시에게 "나는 사실과 구체적인 일을 즐겁게 처리하고 있네. 나는 엄청난 자료를 뒤적이면서 매우 흥미로운 인용문을 찾으려고 노력하네."[35] 거의 2년 후 출판된 보고서에 대한 논쟁이 맹위를 떨치고 있

---

33 세웰이 아렌트에게 보낸 편지(1965년 10월 20일), 의회도서관. 아렌트에게 헌정한 "우주와 왕국"의 특사 사본을 동봉하였다. 아렌트가 세웰에게 보낸 편지(1965년 11월 14일)에 다음과 같은 내용을 담았다. "사람들은 결코 그러한 것들을 받을 가치가 없으며, 그들은 항상 예기치 않게 온다오." 의회도서관.

34 아렌트가 블루멘펠트에게 보낸 편지(1961년 8월 16일), 마르바흐 문서보관소. 예루살렘 법원의 판결에 대한 야스퍼스의 의견은 또한 자극이었다(야스퍼스가 1962년 5월 1일자 아렌트에게 보낸 편지, 마르바흐 문서보관소). "그래서 재판은 화제의 사건이 되었지 진정한 사건은 아니었다."

35 아렌트가 매카시에게 보낸 편지(1962년 5월 20일), 매카시 보존서고. 아렌트가 야스퍼스에게 보낸 편지(대략 1962년 6월), 마르바흐 문서보관소. "나는 내 작업에 있어서 근본적인 중단에 대해 상당한 욕구를 가지고 있었다. 그럼에도 불구하고 나는 아이히만 이야기가 나를 기쁘게 한다는 것을 부정할 수 없었다."

는 동안, 아렌트는 매카시에게 이 집필 기간이 자신에게 어떤 의미를 갖는가에 대해 언급하였다. 즉 사후적 치유가 무엇을 의미하는가에 대해 그에게 간결하게 말하였다. "당신은 내가 호기심에 찬 행복감에서 이 책을 집필했다고 이해하는 유일한 독자야. 그리고 그 일이 있은 이후에도 나는 거의 20년이 지나서 전체의 문제에 대해 가벼운 마음을 느끼네. 어느 누구에게도 말하지 말게. 그것은 내가 아무런 영혼을 가지고 있지 않다는 확증이 아닐까?"[36]

악의 평범성

많은 사람들은 『뉴요커』에 게재한 아렌트의 5연작 재판 참관 기사를 읽었으며, 더 많은 사람들은 간접적으로 이 기사에 관한 이야기를 들었다. 이들은 아렌트가 무정할 뿐만 아니라 숄렘의 표현대로 동정심Herzenstarkt을 갖고 있지 않다고 결론을 내렸다. 그들은 아렌트가 자기 민족의 운명에 대해 정서적으로 관심을 갖고 있지 않다고 생각했다. 다른 한편, 아렌트는 자신이 훌륭한 판단을 배제하는 그런 형태의 정서적 열정으로부터 마침내 벗어났다고 생각했다. 훌륭한 판단에 대한 심각한 의견 차이가 '아이히만 논쟁'의 여러 측면을 통해 나타났다. 그러나 그들은 세 주제에 초점을 맞추었다. 첫째는 일종의 평범한 아돌프 아이히만에 대한 아렌트의 묘사이다. 둘째는 아렌트가 『예루살렘의 아이히만』을 거의 300쪽 분량으로 구성하면서 유럽 유대인평의회의 존재와 나치의 **최종 해결책**에서 유대인평의회가 담당한 역할에 대해서는 겨우 10쪽 정도만 집중적으로 지적한 견해이다. 셋째는 특별히 책의 첫째 장과 마지막 장에서 재판 심리, 제기된 법률문제, 정치적 목적에 대한 아렌트의 논의이다. 논쟁 과정에서 이러한 주제들은 각기 감정

---

36 아렌트가 매카시에게 보낸 편지(1964년 6월 23일), 매카시 보존서고.

이 풍부하며 유사한 생각을 가진 사람(자기 분신; Doppelgänger)을 동반했다. 강한 분노를 유발하는 ≪뉴욕 타임스≫ 서평의 제목 「결백한 양심을 가진 사람」에서 상기되는 어떤 사람의 사진이 평범한 아이히만에 대한 아렌트의 묘사와 나란히 실렸다.* 공개적인 논쟁에서 죽음 소망을 가진 유대인들, 저항할 수 없는 유대인들, 사형집행인들과 같이 책임을 지고 있는 유대인 희생자들에 관한 내용은 유대인평의회의 행위와 관련한 아렌트의 비평에서 언급되었다. 아렌트가 반이스라엘적인 사람이며, 반시온주의자이고, 스스로 유대인을 증오하는 사람이며, 법률적 순수주의자이고 칸트적 도덕주의자라는 비판은 재판의 판례와 국제법 문제에 대한 아렌트의 성찰에 수반하여 나타났다.

유사한 생각을 가진 사람들이 공개적으로 나타나자마자, 아렌트가 제기했었던 주제들을 연구했던 그 누구라도 이것들을 무시하거나 설명하기란 매우 어려웠다. 왜곡된 이야기들을 수용하지 않았던 비평가들도 자신들과 증거 없는 주장들 사이에 거리를 두도록 강한 압박을 받았다. 물론 자신들의 말이 종종 논쟁에 묻혔다고 하더라도, 왜곡된 이야기들을 수용하는 사람은 많았다. 왜곡된 이야기는 각기 자체의 어려운 문제를 야기하였으며 논쟁을 야기하였다. 왜곡된 이야기는 만평이나 소문과 마찬가지로 원인을 둘러싸고 확대되었기 때문이다. 아렌트의 저서는 그가 출판했던 어느 다른 저서들보다 더 많은 오해를 초래하였다. 책의 결론은 충격적이었다. 이 책은 자그마한 수많은 사실의 오류를 포함하고 있으며, 종종 형식에서 역설적이고 오만한 색조를 띠고 있었다. 매우 논쟁적인 문장들 가운데 일부는 특별히 민감했다. 한 논쟁 참여자는 "아렌트 씨는 자신이 말한 것보다 그것

---

* 옮긴이_ 펜실베이니아 주의 대법원 판사로 재직 중에 뉘른베르크 재판의 판사로 활동했고 아이히만 재판 당시 검찰 측 증인이었던 무스마노가 ≪뉴욕 타임스≫에 기고한 서평이다. 이 기사에는 아이히만이 예루살렘 법원에서 재판을 받기 전 나사렛 테가트르 성채의 안뜰에서 의자 앞에서 생각에 잠겨 있는 듯 서 있는 아이히만의 사진(1961년 4월)이 실려 있고, 저자인 아렌트를 소개하는 부분이 있다.

을 말하는 방식 때문에 공격을 받았다"[37]고 밝혔다. 이러한 견해에는 진실이 어느 정도 담겨 있지만 실질적인 쟁점들은 논란이 많거나 의논의 여지가 있었다.

아렌트는 가장 중요하면서도 가장 논란이 많은 두 가지 판단을 내렸다. 이런 판단은 모두 단순하지만 복잡한 항의를 초래하였다. 아렌트는 "관청 용어가 나의 유일한 언어"라는 아이히만의 관료주의적 사고방식과 과장된 주장을 지적하면서 아이히만 이야기를 보도하였다. 아렌트는 아이히만이 옳고 그름을 말할 수 없다고 판단하였다. 따라서 아렌트는 예루살렘 법정의 '유죄' 판결에 동의하고, 이 판결이 아이히만의 행위에서 동기 부여의 역할과 관련하여 일반적 의문을 제기했다는 생각을 암시하였다. 아이히만은 국가이성에 의해 정당화된 자국법이 자신에게 요구한 것을 — 이 법이 잘못됐다는 것을 인식하지 못한 채 — 수행하였다. 현대 법철학과 소송 절차에서 아주 중요한 범의(犯意; mens rea)라는 개념은 국법보다 상위에 있는 '인류의 법'과 결코 적절하게 연계되지 못했다. 아렌트는 이스라엘 소송 절차를 받아들이고 인정하면서도 정의가 오로지 그러한 '인류의 법', 새로운 법적 도덕적 범주에 따라 국가 선동의 범죄 또는 '행정적 대학살'에 관여한 개개인에게 진정 적용될 수 있다고 생각했다. 둘째, 아렌트는 나치 전체주의 정권의 도덕적 타락이 유대인 희생자 집단을 포함해 다른 국가와 사회에 어떻게 영향을 미쳤는가를 보도하였으며, 그러한 타락이 일반적 판단(과거와 현재)에 전례 없는 도전을 초래하였다고 결론지었다. 그는 과거에 대해 기술하였지만, 현재에 목격한 판단의 위기를 언급하였다. 아렌트는 이 문제를 야스퍼스에게 다음과 같이 설명하였다. "선하고 실지로는 훌륭한 사람들도 우리 시대에 판단을 내리는 것에 대해 매우 예외적인 공포감을 갖고 있습니다. 훌륭한 판단이 지성에 있어서 두드러지지 않은 사람들에게서

---

37 라쿼가 『뉴욕 서평』 편집자에게 보낸 편지(1966년 2월 3일), 24쪽; "Re-reading Hannah Arendt," *Encounter* 3, no. 3(March 1979): 73-79.

발견될 수 있듯이, 판단에 대한 이러한 혼란은 훌륭하고 강력한 지성과 관련될 수 있습니다."[38] 아렌트가 『예루살렘의 아이히만』에서 강조한 주제는 판단 능력의 부재와 판단 거부였다.

아렌트는 자신의 보고와 판단이 물의를 일으킬 것이며 판단에 관한 걱정이 아주 광범위하게 확산된 때에 자신이 판단을 내리는 오만함으로 비난받으리라는 점을 완전히 의식했다. 이 상황에서 그는 자신의 보고와 판단을 제시했다. 그는 책에 대한 공개 논쟁에 대응하기 위해 마련한 일련의 개략적인 비망록에서 자신의 자각과 (과거와 미래의) 현상을 연계시켰다. 그는 이러한 현상을 이미 연구한 바 있다. 그는 자신이 판단에 대한 걱정을 갖지 못한 근원을 언급하였다. "작동되는 양심의 경우 지극히 드문 경우이지만 매우 강렬한 종교적 신념인가 아니면 긍지, 심지어 오만인가. 당신이 그러한 문제들에서 판단하는 나는 누구인가?라고 스스로 말한다면, 당신은 이미 실패한 사람이다."[39]

아렌트가 『뉴요커』에 게재한 일련의 참관 기사로 촉발된 논쟁은 거의 3년간 지속되었다. 기사들로 구성된 이 책이 20쇄 재판되는 오늘날에도 그 논쟁은 계속 가열되고 있다. 1963년 이후 출간된 대재앙Holocaust에 관한 거의 모든 연구는 직접적이든 간접적이든 이 논쟁, 그리고 이로 분출되는 격렬한 감정을 인정하고 있다. 1960년대 초반 일반적으로 사용되기 시작한 홀로코스트란 용어는 역사가들이 유럽 유대인의 운명을 재평가하는 새로운 노력의 징표이며, 아이히만 논쟁이 부각시켰던 유대인 저항의 측면들을 연구하는 데 필요한 문건들을 제공하려는 새로운 노력의 징표이기도 하다.[40] 독일 역사가들은 그 논쟁이 부각시켰던 문제, 즉 나치즘에 대한 독일

---

38 아렌트가 야스퍼스에게 보낸 편지(1963년 12월 29일), 마르바흐 문서보관소.

39 『예루살렘의 아이히만』 집필 이전인 1962년 1월 12일 웨슬리언대학교에서 진행한 강의의 비망록, 의회도서관.

40 논쟁으로 촉발된 유대인 저항에 관한 대표적인 책들은 다음과 같다. Reuben Ainsztein, *Jewish Resistance in Nazi-occupied Eastern Europe*(New York: Harper & Row, 1975) 이 저서에서는

인 저항의 성격과 범위에 관한 골치 아픈 문제들을 상정해 왔다.[41] 심리학자들이나 사회학자들은 아렌트가 '악의 평범성'이라는 이름을 붙였던 현상을 탐구하려고 노력하고 있다. 법이론가들은 나치 전범들을 재판하는 절차와 "인류에 반하는 범죄"[42]의 법적 위상에 관한 문제(아렌트가 제기한 문제)를 다시 고찰하고 있다. 1969년 아이히만 재판 자료집 편집자는 미국 · 이스라엘 · 유럽에서 출판된 관련 책 더미의 밑바닥도 거의 조사하지 못했다. 그 논쟁은 아주 잘 알려졌기 때문에, 한 독일 선집에 단순히 논쟁*Kontroverse*이란 제목을 붙일 수 있었다.[43]

"나치 치하 유대인의 행태에 대한 아렌트와 베텔하임의 저서들이 역사가보다는 … 심리학자나 정신분석가의 능력을 보여주고 있다"고 하면서 이들에 대해 언급하고 있다. Yuri Suhl, ed., *They Fought Back*(New York: Schocken Books, 1975). 다음 문헌을 또한 참조할 것. Verena Wahlen, "Select Bibliography on Judenräte under Nazi Rule," *Yad Vashem Studies* 10(1974): 277-288.

41 『예루살렘의 아이히만』에 대한 독일의 반응은 이 장에서 논의되지 않는다. 이 주제에 관해서는 다음 문헌들을 참조할 것. Golo Mann's review of *Eichmann in Jerusalem* in *Die Neue Rundschau* 4(Frankfurt am Main, 1963); Arendt's correspondence about this review with Emil Henk, March-April 1964, Library of Congress; and Jaspers to Arendt, 25 July and 12 August 1963, Marbach. 야스퍼스는 이 편지에서 다음과 같이 언급하였다. "Deine Formulierung 'der Widerstand gegen das Regime selbst nie zum Prinzip geworden,' ist mine ich, eine nichtige Verallgemeinerung." 야스퍼스는 비록 아렌트가 독일의 저항에 대해 잘못 일반화하였다고 생각하더라도, 그는 친구인 골로 만의 서평에 대해 분노하였다(야스퍼스가 1963년 12월 13일자로 아렌트에게 보낸 편지, 마르바흐 문서보관소). 그는 이것이 "역설적이고, 냉담하고, 무정하고, 현학적인 것 같아 보인다"는 것을 알았다. (아렌트는 야스퍼스의 제안과 관련하여 독일의 저항에 관한 새로운 자료를 『예루살렘의 아이히만』 1965년 수정판에 첨가하였다.) 아렌트의 저서에 대한 논의는 독일어판이 나온 후 베를린 소재 히브리대학의 친구들에 의해 지원을 받았으며(*Tagsspiegel*, 14 November 1964, "Schatten der vergangenheit"를 참조할 것), 야스퍼스가 1964년 7월 27일 보낸 편지(마르바흐 문서보관소)에서 엄청난 불편을 언급한 바와 같이, 상당히 공개적인 토론이 있었다. 아렌트는 1964년 10월 28일 귄터 가우스와 텔레비전 대담을 위해 독일에 갔다. 다음 문헌을 참조할 것. Günter Gaus, *Zur Person: Porträts in Frage und Antowrt* (Munich: Feder Verlag, 1964). 아렌트는 일찍이 1964년 1월 24일 뉴욕에서 틸로 코흐의 대담에 간단히 응하였다.

42 『예루살렘의 아이히만』에 관한 인용은 극단적 상황에서 나타나는 행태에 대한 연구에서 많지만, 특별히 다음 문헌을 참조할 것. Stanley Milgram, *Obedience to Authority*(New York: Harper & Row, 1974). 이 심리학자는 다음과 같이 제안하였다. "수많은 보통 사람들이 우리의 실험에서 권위에 복종하는 것을 목격한 후, 나는 악의 평범성이란 아렌트의 개념이 사람들이 감히 상상하는 것보다 진실에 더 근접한다고 결론을 내려야 한다. … 이것은 아마도 우리 연구의 가장 기본적인 교훈이다. 단지 자신의 일을 하면서 그들의 입장에서 어떤 특별한 적대감을 갖지 않는 대부분의 사람들이 무시무시한 파괴과정에서 행위자가 될 수 있다." 정신질환자로서 아이히만에 관한 사례는 다음 문헌을 통해 대중적으로 제시되고 있다. Michael Selzer, "The Murderous Mind? *New York Times Magazine*, 27 November 1977, pp. 35ff.

그렇게 길고도 복잡한 수명을 유지하는 논쟁은 한 권의 책으로부터 나오지는 않는다. 이런 유형의 논쟁은 『예루살렘의 아이히만』에 의해 촉발되었듯이 그렇게 촉발될 수 있지만 주변 매개체와 분리시켜 이해할 수 없다. 아렌트는 역사적 요소들이 어떻게 결합되는가, 복잡한 요소들이 관련되는 요소들의 덩어리(즉 복합체)로 어떻게 한데 엮이는가를 포착하기 위해 결정화結晶化라는 표현을 사용하였다. '결정화'는 이 논쟁에 적절한 표현이다. 이 논쟁에는 직접적인 원인과 반응의 잔인성 사이의 심각한 불균형이 나타났고, 실질적인 쟁점과 표현법 문제 사이의 상호작용, 역사적 질문과 현재의 관심사 사이의 상호작용, 정치적 요인과 사회적 또는 심리학적 요인 사이의 상호작용이 미묘하게 나타났다. 논란의 여지가 가장 적은 상황에서 설정하기 쉽지 않은 사실과 해석의 경계는 아렌트의 저서에 대한 모든 비판에서 매우 모호했다. 그리고 아렌트의 저서는 오해를 초래하기 십상이었다. '배경 정보'의 망과 격자는 책의 첫째 쪽에서부터 재판을 소재로 드라마를 구성하도록 실행됐기 때문이다.

아렌트는 아이히만을 재판하는 법정을 묘사하고, 한편 재판을 담당한 사람들, 다른 한편 다비드 벤구리온과 이스라엘 국가에 봉사한 사람들의 현저한 차이를 묘사하면서 보고서를 시작했다. 판사들은 앞의 범주에 속하며, 하우스너와 그 참모(즉 다른 배석 검사들 — 옮긴이)는 후자의 범주에 속한다. 벤구리온은 '여론 주도 공개 재판show trial'의 무대 관리자로 묘사되었다. 아렌트는 다음과 같이 주장하였다. 즉 기소 검사는 "아이히만이 수행했던 행위가 아니라 유대인들이 겪었던 고통에 근거해"[44] 자신의 주장을 구축하였지만, 판사들은 정의가 요구하는 것, 즉 아이히만을 그의 행적으로 심리하

---

43 Randolph L. Braham, *The Eichmann Case: A Source Book*(New York: World Federation of Hungarian Jews, 1969). 이 책은 『예루살렘의 아이히만』(144-174쪽)에 관한 서평 목록과 서평을 담고 있지만, 이것은 1969년 이전 영어 항목으로는 완벽하지 않다. 님펜부르거출판사(뮌헨)는 『논쟁』을 1964년 출간했다.

44 Hannah Arendt, *Eichmann in Jerusalem*(New York: Viking Press, 1965), p. 6. (이후 다른 지적이 없으면, 모든 인용은 이 수정판의 것이며, 이후 『아이히만』으로 인용된다.)

려고 했다. 재판 이전 인쇄된 책자와 신문 기사들의 인용문들로 가득 찬 긴 문구가 이어졌다. 아렌트는 벤구리온이 재판과 별도로 선전하였다는 것을 보여주기 위해서 이 문구를 이용하였다. 아렌트의 보고서 이전에 출간된 다수의 재판 보고서와 연구서에서 논쟁적인 '배경' 정보가 종종 언급되었지만, 아렌트가 목격한 사실, 즉 법원 판사와 이스라엘 정부관료 사이의 갈등은 그렇게 극적으로 강조되거나 묘사되지 않았다. 다수의 필자들은 재판 자체를 칭찬했다. 물론 소수의 필자들은 아렌트와 같이 판사를 칭찬했다. 반면에 재판 이전 벤구리온의 진술에 관한 칭찬은 거의 없었다. 아렌트의 저서 서론은 특히 유대인 독자들에게는 충격적이었다. 이스라엘에서 매우 광범위하게 존경받는 지도자들 가운데 한 사람에 대한 지극히 비판적인 설명이 완전히 드러났기 때문이다. 아렌트는 정의에 걸맞은 재판을 수행하는 이스라엘 판사들을 칭찬하려는 의도를 가졌다. 그러나 책의 10쪽이 넘어가기도 전에, 아렌트는 자신이 반유대적이고, 반시온주의자이며, 최악의 경우 "유대인들이 겪었던 고통"에 대해 공감하지 않는다는 혐의를 받을 만한 12개의 빌미들을 제공하였다. 그의 독자들 가운데 다수는 아렌트가 실제로 그 재판을 수치, 즉 정의의 졸렬한 모방으로 생각하였다고 확고하게 믿었다.

벤구리온의 공개 성명서에 대한 아렌트의 설명은 과장되지 않았다. 아렌트는 재판이 열리기 몇 개월 전『뉴욕 타임스 잡지』에 게재한 벤구리온의 공개 성명서를 광범위하게 인용했다. ≪타임스≫ 편집장은 주저하지 않고 공개 성명서를 "아이히만 소송사건 적요서"라고 말하였다. 그러나 아렌트는 소송에 관한 논쟁을 단념케 하는 벤구리온식의 수법을 매우 명료하게 제시했던 문장들을 선별하지 않았다. 유대인들에게 보내는 벤구리온의 전언은 아주 명료했다. "이제 나는 특히 유대인들이 다음과 같이 주장하는 것을 알았습니다. 이스라엘은 법적으로 아이히만을 재판할 자격을 가지고 있지만 윤리적으로는 그렇게 하지 않아야 합니다. 아이히만의 범죄는 극악무도한 범죄로서 유대인 자체에 대한 범죄라기보다 오히려 인류와 인류의 양심에 반하는 범죄이기 때문입니다. 열등의식을 가지고 있는 유대인만이 다음과 같은 주장, 즉 유대인이 인간이라고 말하지 않은 유일한 사람을 말할 수 있습니다."[45] 아렌트는 유대인들에 대한 이러한 모욕(논쟁 기간 중 자신에게 종종 가해졌던 모욕)을 무시했다. 그는 또한 다음과 같은 주장도 무시했다. "아이히만은 왜 국제법정에서 재판받을 필요가 없는가요? 이스라엘은 국제법정의 도덕적 보호를 필요로 하지 않기 때문입니다. 반유대주의자들이나 열등의식을 가지고 있는 유대인들만이 그렇다고 제안할 수 있었습니다." 아렌트는 벤구리온의 정서주의가 울려 퍼지는 잘못 인용된 문구를 빠뜨림으로써 벤구리온의 진술에 담긴 수사의 강도를 완화시켰다. 벤구리온은 아이히만을 재판에 회부하는 우리들의 동기들 가운데 하나는 젊은 유대인들을 교육시키는 것이었다고 언급했다. 즉 "우리는 우리의 역사에서 가장 비극적인 사실들, 세계역사에서 가장 비극적인 사실들을 젊은 유대인들에게 알리기를 원합니다." 아렌트는 "세계역사에서 가장 비극적인 사실들"이란 문구를 삭제했고, 다음 내용을 인용하지 않았다. "나는 유대인 젊은이들이 그러한 사실들을 알고자 하는 지에 대해 관심을 갖고 있지 않습니다. 그들은 유대인들이 학살되는 양이 아니라 유대인들이 1948년 독립전쟁에서 했듯이 되받아칠 수 있는 민족이라는 것을 배워야 합니다." 아렌트는 검사가 재판에서 "잔인하고 우매한" 질문(아렌트 자신의 표현) — 즉 "당신은 왜 저항하지 않았는가?"[46] — 을 모든 증인에게 질문했다고 반복해 지적했다. 그러나 아렌트는 벤구리온이 재판을 보복행위로 판단했고, 유대인이 "학살되어야 할 속죄양"이 아니라는 세계 선언으로 판단했다고 주장하지 않았다.

게다가 아렌트는 벤구리온의 정서적인 공개 성명서가 부분적으로 (공개되지 않았던) 이스라엘의 또 다른 동기를 은폐했다고 의심하면서 이러한 의심

---

45 다음 문헌을 참조할 것. "The Eichmann Case as Seen by Ben-Gurion," *New York Times Magazine*, 8 December 1960. 하우스너 검사의 논문을 또한 참조할 것. Gideon Hausner, "Eichmann and his Trial," *Saturday Evening Post*, 2, 10 and 17 November 1962.

46 Arendt, *Eichmann*, p. 12.

을 자신의 목소리로 직접 표명하지 않았다. 아렌트는 자기 독자들 가운데 한 사람에게 언급했듯이 다음과 같이 생각하였다. 즉 이스라엘 사람들은 아이히만이 아르헨티나에 있다는 것을 오랫동안 알고 있었지만 "독일이 이스라엘에 대한 배상금 지급을 완료했을 때 비로소 아이히만을 체포하였지요. 당신이 알고 있듯이 내 마음은 실로 당신이 생각했던 것보다 훨씬 더 음흉합니다."[47] 그리고 『예루살렘의 아이히만』이 출간된 후, 사실상 아데나워와 벤구리온이 협상을 했다는 많은 보고서가 쏟아져 나왔다. 즉 이 재판은 한스 글롭케를 포함해 아직 체포되지 않은 다른 전직 나치당원들의 행적을 세상에 드러내지 않은 채 아이히만에만 초점을 맞추려고 했다. 글롭케는 아데나워 총리의 참모들 가운데 한 사람이며 1935년 뉘른베르크법에 대한 논평의 저자이기도 한데, 재판의 증인으로 소환될 수 없었다. 서독은 이러한 협정의 교환으로 이스라엘에 군사장비와 무기를 제공할 수 있었다. 아렌트의 보고서가 출판되던 시기에 많은 사람들은 벤구리온이 이스라엘 군대에 독일 장비를 제공하겠다는 자신의 정책에 대한 이스라엘 내의 대대적인 공개 비난에 부분적으로 영향을 받아 1963년 6월 16일 수상 직을 사임했다는 사실을 망각하고 있었다.[48]

그러나 아렌트가 이러한 사례에서나 책 전반에 걸쳐서 재판 상황에 대한 논의에서 예상할 수 있었던 것보다는 덜 비판적이었다고 하더라도, 그는 또한 벤구리온이 표현했고 다른 사람들이 공감했던 정서적 요구에 예상할 수 있었던 것보다는 덜 민감했다. 아렌트는 벤구리온의 성명서에 담긴 정치적 함의에 대해 기술하였지만, 정서적 요구의 원인이 된 정신적 고통이나 인신공격적인 비난에 의존하는 방어적인 성향에 대해서는 기술하지 않

47 아렌트가 사뮤엘 멀린에게 보낸 편지(1965년 5월 8일), 의회도서관. 다음 자료를 참조할 것. 아렌트가 야스퍼스에게 보낸 편지(1965년 3월 14일), 마르바흐 문서보관소.

48 이스라엘과 독일의 교환각서에 관한 배경 정보를 보기 위해 다음 문헌을 참조할 것. *Der Spiegel*, 24 February 1965. 독일 무기의 이스라엘 선적에 관해서는 다음 문헌을 참조할 것. *New York Times*, 21 January 1965 and 3 Mary 1966. 글롭케의 보호에 관한 소문은 반복적으로 부인되었다. I. Deutschkron, *Bonn and Jerusalem* (Philadelphia: Chilton Books, 1970), pp. 139-140.

았다. 아렌트는 정치를 심리 작용으로 대체하려는 유대인들과 비유대인들의 노력을 오랫동안 비판했지만, 이 중대한 사안에서 벤구리온의 노력이 왜 그렇게 위험한가를 명료하게 설명하지 않았다. 아이히만에 대한 묘사와 유대인 평의회 지도자들에 대한 묘사라는 두 가지 주제에 있어서 아렌트의 보고와 특별히 유대인들 사이에 널리 인정되고 있는 이해 사이에 나타나는 불일치는 심지어 더 확연하고 자극적이었다. 그러나 아렌트는 많은 독자가 상당히 다르게 이해하도록 권유 받은 문제들에 대해 당연한 방식으로 기술하였다.

세계유대인의회World Jewish Congress는 아돌프 아이히만이 **최종 해결책**을 수행하는 데 책임이 있는 인물이었다는 주장 — 재판이 반박한 주장 — 을 제시하려는 1961년 책자를 두루 배부했었다. 이후 논쟁의 기고자들 가운데 한 사람이었던 네헤미아 로빈슨은 「아이히만: 나치 학살기구의 지도자」라는 소책자를 (세계유대인의회에 — 옮긴이) 단서를 달아 제출했다. "아이히만은 누구이고, 실제로 어떤 존재가 되었으며, 무엇을 수행했는가의 내용은 간명하지만 통렬한 방식으로 현재의 연구에서 서로 관련되어 있다. 그 목적은 법원의 평결과 판결을 손상시키려는 것이 아니라 단지 이 유대인 대량 학살자의 동기와 행위를 대중에게 알리려는 것이었다. 그래서 소송절차를 따르는 것은 더 좋은 위치에 있을 수 있다."[49] 소책자 — 재판 이전과 이후 입수할 수 있었던 수십 편의 다른 소책자들과 마찬가지로 — 에 드러난 상세한 묘사는 아이히만을 비인간적거나 극악무도하다고 생각하는 독자들에게 어떤 반대 의견도 담고 있지 않았다. 오히려 그 소책자는 일종의 악마연구였다. 아렌트는 아이히만이 자신을 나쁜 동기가 없는 사람, 의무를 양심적으로 수행하였던 인간으로 이해한 것에 대해 진지하게 고려하였다. 이때 그 도전은 극적이었기 때문에, 아렌트 자신은 재판 담당 판사도 그것에 주목하지 않았다는 것을 인정하였다.

---

49 A copy of "Eichmann: Master-Mind of The Nazi Murder-Machine"(1961). 이스라엘 야드 바셈 도서관 소장.

> 판사들은 그를 믿지 않았다. 판사들은 너무 훌륭하고 어쩌면 자신들의 직업 기반을 너무나 의식해서 정신박약하지 않고 교화되지 않았거나 냉소적이지 않은 '보통의' '정상적인' 사람이 옳고 그름을 완벽하게 말할 수 없다는 것을 인정할 수 없었기 때문이다. 그들은 아이히만이 이따금 하는 거짓말을 근거로 차라리 그가 거짓말쟁이라고 결론을 내렸다. 그래서 그들은 소송 전체가 지향할 가장 중대한 도덕적 목적, 심지어 법률적 목적을 간과하였다. 그들의 정당한 논거는 피고가 모든 '정상적인 사람들'과 마찬가지로 자기 행위의 범죄적 성격을 자각했음에 틀림없다는 가정에 기반을 두고 있었다. 아이히단은 '나치 정권 아래에서 예외가 아닌' 한에서는 실제로 정상적이었다. 그러나 제3제국의 조건 아래에서 '예외적인 사람들'만이 '정상적으로' 대응할 것으로 기대될 수 있었다. 판사들은 문제의 이러한 단순한 진리 때문에 난관에 직면했다. 즉 그들은 이 난관을 해소하거나 회피할 수 없었다.[50]

아렌트는 아이히만에 대한 자신의 생생한 묘사를 제시하기 이전 '단순한 진리'를 밝혔다. 아렌트는 이후 책에서 인간의 양심이 어떻게 '기능하지 못하는가'에 대한 분석을 제시하고자 하였다. 그는 거짓말과 그렇지 않은 것을 구분하고자 하였으며, '단순한 진리'가 도달하기 쉬운 진리가 아니라고 이해했다는 점을 보이고자 하였다. 그러나 아렌트는 보고서를 제출하기 이전에 결론을 내렸기 때문에 법원의 판단을 포함하여 모든 반대 판단을 무시함으로써 자신의 입장을 손쉽게 성취할 수 있다는 인상을 제시하였다. 그리고 특별히 집단수용소 생존자들이나 친지를 잃었던 사람들의 경우 '관료적인 살인자'가 극악무도하게 악에 헌신하지 않을 수도 있지만 옳고 그름을 말할 수 없었다는 것을 고려하기 아주 어려웠다. 그런데 아렌트는 그 이유를 고려하지 않았다.

아렌트는 유대인평의회에 대해 심지어 더욱 불행하게도 평가하고 표현

---

50 Arendt, *Eichmann*, p. 26.

하였다. 아렌트가 자기 민족의 비겁성과 저항 의지 부족을 비난했다는 의견은 널리 확산됐다. 그러나 이런 의견은 유대인의 지도부, 특히 유대인평의회 회원들에 대한 아렌트의 비판을 왜곡한 데서 비롯됐다. 그는 어디에서도 유대 민족 전체의 행태를 비판하지 않았다. 그는 책 서두에서 "비유대인 집단이나 사람들이 다르게 처신하지 않았다"[51]고 언급했다. 그는 대부분의 유대인들이 지도자들에 대한 자신의 평가를 공유하리라고 생각하였다. 그는 유대인 집단 내에서 공개적인 표명을 위해서는 아니지만 내부적인 쟁점으로서 그러한 비판이 일반적이라는 점을 잘 알고 있었기 때문이다. 아이히만은 자신이 "**최종 해결책**에 대해 실제로 반대했던 사람을 아무도 볼 수 없었다는 단순한 사실을" 통해 자신의 양심을 만족시켰다고 주장하였다. 아렌트는 이런 주장의 증거로써 빈과 부다페스트의 유대인평의회와 아이히만의 거래를 개략적으로 검토하고 다음과 같이 주장하였다.

> 유대인 지도자들이 자기 민족의 파멸에서 담당했던 이러한 역할은 유대인들에게는 분명히 전체의 암울한 이야기 가운데 가장 암울한 사건이다. 이러한 역할은 이전에도 알려졌었다. 그러나 힐베르크가 이번에 아주 감상적이고 야비할 정도로 세세하게 이러한 역할을 처음 공개했다. 나는 그의 대표적인 저서 『유럽 유대인의 파멸 *The Destruction of European Jews*』을 이전에 언급했다. 협력 문제에 관해서는 중유럽과 서유럽의 대단히 동화된 유대인 공동체와 동부 이디시어 사용 대중 사이에 차이는 없었다. 암스테르담과 바르샤바, 베를린과 부다페스트에서 유대인 관리들은 인명 목록과 재산 목록을 정리할 뿐만 아니라 추방 예정자들의 추방과 절멸에 필요한 비용을 부담하도록 이들로부터 돈을 확보하는 업무를 담당할 수 있었다. 그들은 또한 마지막 행동으로서 최종적인 재산 몰수를 위해 질서 정연하게 유대인 공동체의 재산을

---

51 앞의 책, 11쪽.

인계할 때까지 소거된 아파트의 상황을 파악하고 유대인을 체포하여 기차에 탑승시키는 경찰력을 지원하는 업무를 담당할 수 있었다.[52]

이러한 역할은 다수의 유대인들에게는 전체 이야기에서 가장 암울한 사건은 아니었다. 아울러 이러한 역할이 여기에서 언급된 방식 — '마지막 행위로서'라는 무의미하게 풍자적인 문구로 — 은 그들에게 실상을 납득시킬 것 같지 않았다. 아렌트는 "유대인 지도자들의 이러한 역할은 유대인에게"라는 자신의 진술을 편지에 썼다. 아렌트가 숄렘에게 보낸 편지에서 언급했듯이, 아렌트의 경우 "내 민족이 범하는 잘못은 다른 민족이 범한 잘못보다 나를 훨씬 더 불편하게 하기"[53] 때문이다. 이러한 태도, 확실히 긍지 있는 태도, '옳거나 그른 내 민족'의 개선책을 얼마나 광범위하게 공유했는가를 말한다는 것은 불가능하다. 아렌트는 자기 민족의 판단을 존중했으며, 이들은 그 태도를 공유하였다. 예컨대, 그러한 태도는 아렌트의 친구인 그레이에게 제2차 세계대전 당시 미국 군인으로서 가졌던 감정을 성찰하도록 인도하였다. "분명히 적은 야만적이었다. 그러나 이것은 우리 자신의 야만적 행위만큼 나를 심히 괴롭히지 않았다. 실제로 독일인들의 야만적 행위 때문에 그들과 싸우는 것이 훨씬 더 용이해졌지만, 우리들의 야만적 행위는 의지를 약화시켰으며 지성을 혼미케 하였다. 평가 기준은 이 경쟁에서 전적으로 동일하지 않지만, 나는 그들의 야만적 행위보다 우리들의 야만적 행위에 더 많은 책임감을 느꼈다."[54] 그러나 그러한 태도가 자기 민족이 악

---

52 앞의 책, 117-118쪽.

53 아렌트가 게르숌 숄렘에게 보낸 공개서한, 『만남』(각주 18 참조).

54 J. Glen Gray, *The Warriors* (New York: Harcourt Brace Jovanovich, 1967), p. 6.
옮긴이_ 이 책의 초판은 1959년에 출간되었다. 1967년 재판에는 아렌트의 서문이 실려 있다. 아렌트는 이 책의 의미를 다음과 같이 밝히고 있다. "이 책은 표면적으로는 싸우는 사람(homo furens)과 호모 사피엔스(homo sapiens)에 관한 책이지만 실제로는 동일한 사람의 전형적인 대립적 요소가 아니라 동시에 존재하는 삶과 죽음, 우정, 동지애, 그리고 용기와 무모함, 관능성과 '활력의 급증', '비인간적 야만성'과 '초인간적 친절'을 밝히고 있다."

행을 하였다는 판단을 동반할 때 그러한 태도는 분명히 판단을 더 불쾌하게 해서는 안 된다. 부다페스트의 카스트너와 같은 반역자들뿐만 아니라 많은 지도자들은 나치와 협력한 많은 사례에서 잘못을 분명히 범했다. 그러나 논쟁의 대상이 되는 수많은 사례들이 있다. 이러한 사례들은 아렌트의 독자들 다수에게도 알려졌다. 많은 사람들은 아렌트의 일반화가 너무 가혹하다고 생각했다. 즉 몹시 고통스러운 도덕적 난관에 직면했을 때 공감은 악행의 솔직한 인정만큼이나 중요했다. 그러한 공감은 아렌트의 설명에는 빠져 있는 것 같았다.

아렌트가 『예루살렘의 아이히만』에서 공감을 드러내지 않았다고 비판했던 사람들은 『전체주의의 기원』의 문구를 종종 인용하였다. 그들의 생각에 이 문구는 공감적 이해를 보여주고 있었다. 아렌트는 이 책 초판에서 다음과 같이 기술하였다.

> 전체주의 정부는 바로 양심의 결정 자체를 완전히 의심스럽고 모호하게 함으로써 도덕적 인격의 개인주의적 표현을 … 억압해 왔다. 한 인간의 살해가 자동적으로 자기 가족의 살해를 의미하게 될 때, 한 인간이 친구들을 배반하고 이로 인해 이들을 살해하거나 부인과 자식들을 살인자에게 넘겨주는 선택을 하였을 때 그가 어떻게 행동해야 하는가를 전적으로 상상할 수 없다. 그 선택은 더 이상 선과 악의 선택이 아니라 살인과 살인 사이의 선택이다. … 우리는 집단수용소의 재소자들이 나치 친위대의 실제적인 범죄에 관여하게 된 범위를 보고서를 통해 알고 있다. 나치 친위대는 재소자들(범죄자, 정치범, 게토와 절멸수용소의 유대인들)에게 상당한 행정권을 맡겼으며, 이로 인해 친구들을 사형시키거나 자신들이 우연히 알지 못했던 민족을 학살하는 해결할 수 없는 난관으로 재소자들을 끌어넣었다.[55]

55 Arendt, *Origins*, p. 452.

아렌트는 자신의 마음을 바꾸지 않았다. 그러나 그가 『예루살렘의 아이히만』에서 밝혔던 것은 『전체주의의 기원』에서 발췌한 이 인용문의 주제, 즉 집단수용소에서 행해진 행태는 아니었다. 『예루살렘의 아이히만』에서는 나치 학살 계획의 단계적 차이를 언급하였다. 첫째, 유대인들은 노란별과 같이 신원을 확인하는 제정법이나 표지로 선별되었다. 다음에 그들은 게토에 수용되었으며 이어서 추방되거나 '재배치되었다.' 마지막으로 그들은 인간도살장으로 이송되었다. 물론 아렌트는 나치의 공포정치가 전면적으로 시행되기 이전, 즉 추방단계 이전 평의회의 태도를 비판하였다. 이 단계에서 비협조는 사상자 수의 차이에 영향을 미칠 수도 있었을 것이다. 아렌트는 저항이 불가능할 때 저항 아니면 비협조를 요청하지 않았다. 아렌트는 마음속으로는 이러한 각 단계에서 무엇이 가능할 수도 있었는가에 대해 분명한 입장을 갖고 있지 않았다. 그런데 아렌트가 연표(즉 학살 집행 단계 — 옮긴이)를 강조하고 평의회 지도자들에 대한 독자의 질문에 다음과 같이 개인적으로 답변한 진술을 포함시켰더라면, 그의 분석은 더욱 강력한 설득력을 보였을 것이다. "그들을 위한 한 가지 중요한 변명은 있다. 협력은 점차로 강화되었다. 따라서 결코 넘어서는 안 되는 선을 넘게 되는 계기가 왔을 때를 이해하기란 실제로 어려웠다."[56]

다른 한편, 동유럽 게토의 상황에 대한 아렌트의 지식 — 그래서 선을 어

56 한나 아렌트가 예일대학교 유대연구소 유다 골딘에게 보낸 편지(1963년 7월 18일), 의회도서관. 아렌트는 『예루살렘의 아이히만』의 출간 이전에는 1952년 3월 『논평』에 게재한 레온 폴리아코프의 『증오의 수확』에 대한 서평에서 단지 출판물 형식으로 유대인평의회에 대해 논의하였다. 그는 다음과 같이 기술하였다. "폴리아코프의 성실성과 객관성은 게토와 유대인평의회에 관한 그의 설명에서 가장 잘 드러나고 있다. 그는 비난하거나 변명하지 않고, 자료가 그에게 언급하는 것, 즉 희생자들의 종종 나타나는 영웅심뿐만 아니라 점증하는 무력감, 유대인평의회의 무시무시한 난관, 그들의 혼란과 좌절, 음모와 때때로 애처로울 정도로 우스꽝스러운 야망을 완전히 그리고 충실하게 보고하고 있다. 마지막 유대인이 추방당할 때까지 독일계 유대인들의 유명하면서도 매우 영향력 있는 제국대표단에서 그는 폴란드 게토의 유대인평의회 선구자들을 보았다. 그는 이러한 측면에서 역시 독일계 유대인들이 실험재료로서 나치에 봉사하였다는 것을 명백하게 제시하였다. 그는 사람들이 자신들의 처형 판결을 수행하는 데 어떻게 돕게 되는가의 문제, 즉 전체적 지배의 전체주의적 구도에서 마지막 실행을 연구하는 과정에서 유대인들이 실험재료로 활용되고 있다는 것을 알게 되었다.

떻게 넘었는가를 시사하는 능력 — 이 그의 일반화를 지지하기에 충분할 정도로 언제나 해박하지는 않았다는 점을 언급해야 한다. 이러한 조건들을 체험으로 알았거나 이디시어 또는 동유럽어 자료에 접근하였던 아렌트의 비판자들은 그의 사례들이 "유대인평의회 활동이나 유대인 저항을 정확하게 묘사하지" 않았다고 설득력 있게 주장했다.[57] 아이히만 재판 자체는 아렌트에게 약간의 정보를 제공했기 때문이다. 그것은 아렌트가 유대인평의회, 즉 가장 암울한 사건에 대해 기술했던 주요 이유였다. 아렌트는 평의회의 협력이란 주제가 재판에서 의도적으로 언급되지 않았다고 생각하였다. 아렌트는 검찰 측이 유대인의 협력이란 계쟁 문제를 은폐하기 위해 유대인의 저항이란 계쟁 문제를 연막으로 사용했다고 생각하였다.[58] 아렌트는 재판에서 평의회를 거론하는 몇 번의 기회를 자신의 책에 기록하였다. 이런 기회들 가운데 하나는 예전의 헝가리 유대인평의회의 회원이 증인석에 나타나자 방청객들로부터 야유를 받았던 장면이었다. 아렌트는 몇 명의 증인이 평의회의 활동에 대해 증언한 사실을 기록하였으나 그 증언이 요구받지 않은 질문들을 생각나게 했다고 지적하였다. 테레지엔슈타트(체코어로 테레진 — 옮긴이) 수용소의 증인들 가운데 한 사람은 수송 목록을 작성하기 위해 대상자들을 수용소 재소자들 가운데에서 선별하였다고 증언하였다. 아렌트가 지적했듯이, 아들러는 『테레지엔슈타트 수용소, 1941~45년 *Theresienstadt 1941~45*』에서 아이히만이 아니라 수용소의 유대인평의회가 수송자 명단을 작성했다고 밝혔다. 그런데 이 책은 재판 증거 자료의 일부는 아니었다. 피고는 증인의 증언을 반박하고자 시도하지도 않았다.

---

57 Arthur Donat, "An Empiric Examination," *Judaism* 12, no. 4(Fall 1963). 이 논문은 논쟁적이지만 교육적이다.

58 이것은 아렌트가 재판에 참관하고 있는 동안 보였던 인상이지 회고에서는 그렇지 않다. 그는 1961년 4월 13일 예루살렘에서 보낸 편지(마르바흐 소장)에서 다음과 같이 자신의 첫 번째 인상을 밝혔다. "이 재판은 검사가 진행시키는 방식 때문에 몇 달 동안 지속될 수 있습니다. 그럼에도 불구하고 전적으로 극악무도한 업무의 실질적으로 본질적인 측면들은 드러나는 것으로부터 방해를 받을 수 있습니다. 예를 들면, 유대인들의 공조라는 사실, **최종 해결책**의 전반적인 조직, 비교 가능한 문제들을 들 수 있습니다."

아렌트는 자신의 생각에 예외적으로 증거 자료가 잘 제시된 재판에서의 중대한 차이에 직면하자 해석을 제시하였으며 유대인평의회의 중요성과 관련하여 자신의 결론을 내렸다. 아렌트는 가장 암울한 사건에 대한 설명의 끝 부분에서 다음과 같이 기록하였다.

> 검사가 레지스탕스 투사들을 제외하고 각 증인에게 제기한 잦은 질문, 즉 "당신은 왜 저항하지 않았나요?"라는 질문은 재판의 사실적 배경을 전혀 알지 못하는 사람들에게는 아주 매우 자연스러운 것처럼 들렸다. 그런데 이 질문은 실제로 제기되지 않은 질문을 가리는 연막으로 작용하였다. 그래서 하우스너 씨가 자신의 증인들에게 제기한, 대답할 수 없는 질문에 대한 답변이 모두 "진실, 완전한 진실, 유일한 진실"에 상당히 못 미치기 마련이었다. 유대 민족 전체는 진정 조직화되지 못했고, 영토 · 정부 · 무기를 보유하지 못했으며, 가장 필요한 시기에 연합국에서 자신들을 대표할 망명정부도 갖고 있지 못했으며 … 무기 은닉처뿐만 아니라 군사 훈련을 받은 젊은이들을 확보하지도 못했다. 국지적 수준이나 국제적 수준에서 유대인 공동체의 조직들, 유대인 정당, 복지단체들이 존재했다는 것은 사실이다. 유대인들이 사는 곳마다 인정받는 유대인 지도자들이 있었다. 이러한 지도자들은 거의 예외 없이 어떻게든 이런저런 이유로 나치와 협력하였다. 유대 민족이 실제로 조직화되지 못했고 지도자를 갖고 있지 못했다고 하더라도, 혼돈과 많은 고통이 있었을 것이지만, 희생자 전체의 숫자가 450만 내지 600만 명이 되지는 않았을 것이라는 점은 사실이다. 나는 예루살렘 재판이 진정한 차원에서 세상 사람들의 눈앞에서 진행되지 못했던 이야기, 즉 이 중요 사건에 대해 곰곰이 생각해 왔다. 예루살렘 재판은 나치가 훌륭한 유럽 사회에서 — 독일뿐만 아니라 거의 모든 나라에서, 그리고 박해자들과 피해자들 사이에서 — 끼친 도덕적 붕괴 전체에 대한 가장 인상적인 통찰력을 제공하기 때문이다.[59]

---

59 Arendt, *Eichmann*, pp. 125-126.

독일 출신의 유대인평의회 대변인 지그프리트 모제스는 이 인용문이 사실 유대인 비판의 핵심이라고 아렌트에게 명백히 밝혔다. 모제스는 "'사실은 … 이러하다'라는 당신의 표현은 논증 가능한 주장이라는 인상을 전적으로 주고 있다"[60]고 분노에 찬 편지를 아렌트에게 보냈다. 그러나 아렌트는 분명히 자신의 주장이 논증 가능하며, 언급되지 않았던 것을 언급할 책임을 자신이 갖고 있다고 생각했다. 아렌트의 논조도 분명히 그가 은폐로 판단한 것에 대한 분노를 명백히 보여주고 있다.

재판에 대한 아렌트의 설명은 그의 과거 생활과 사상에 깊은 근거를 두고 있으며, 비판자들의 반응은 오랫동안 유지되었던 태도와 쟁점에 기반을 두고 있었다. 아렌트는 『논평』에 게재한 노먼 포드호레츠의 반박문 요약에 아주 잘 드러난 뿌리 깊은 묘사를 공박하였다. 포드호레츠의 주장은 다음과 같다. 즉 "아렌트는 우리에게 괴물 같은 나치 대신에 '평범한' 나치를 제시하고 있다. 또한 그는 고매한 유대인 순교자 대신에 악의 동조자라는 유대인을 우리에게 제시하고 있으며, 죄와 무지와의 투쟁 대신에 범죄자와 희생자의 공조라는 상을 우리에게 제시한다."[61] 부역(賦役; collaboration)이라는 용어를 사용하지 않았던 아렌트는 괴물과 순교자라는 편안한 범주를 인정하지도 않았고, 집단 범죄 또는 집단적 무지이론에 빠지지도 않았다. 아렌트는 민족 집단을 구별하였으며, 집단 내의 차이를 존중하였다. 아렌트는 포드호레츠가 자신의 논평 「화려함의 괴팍함」에서 비난했던 역설의 근대적 음미자이기 때문이 아니다. 오히려 아렌트는 블뤼허가 자신을 부르기 좋아하듯이 실러의 "먼 곳에서 온 소녀Mädchen aus der Fremde"* 이거나 자신의 표현대로 파리아이기 때문이었다. 아렌트는 자신의 생각을 따라서 아이

---

60 모제스가 예루살렘에서 아렌트에게 보낸 편지(1963년 3월 24일).

61 Norman Podhoretz, "Hannah Arendt on Eichmann," *Commentary*, September 1963, pp. 201-208

* 옮긴이_ 실러의 시 「먼 곳에서 온 소녀」(1814년)에 있는 시구이다. 계곡에 있는 가난한 목동에게/매년 봄마다 나타났네/처음으로 높이 나는 종다리와 함께/이국적이고 아름다운 소녀.

히만을 예루살렘 법정에서 실물로 목격한 순간에 했던 것과 같이 어려운 판결을 내리고자 하였다.

아이히만 논쟁

결정화結晶化는 시간이 걸린다. '논쟁'에서도 분명한 시기는 있었지만, 첫 번째 반응의 계기는 주로 그 시기를 결정했다. 아렌트의 마지막 기사가 『뉴요커』 3월 16일호에 게재되기 이전에도, 돌아올 수 없는 지점을 보여 주었던 계기는 있었다. 전직 이스라엘 감사원장이며 블루멘펠트의 친구인 지그프리드 모제스는 독일 유대인평의회 측을 대표하여 아렌트에게 편지 한 통을 보냈다. 아렌트는 베를린 시절부터 알고 지냈던 학자인 모제스의 1962년 기념논문집에 기고한 바 있다. 그런데 모제스는 자신의 표현대로 아렌트와 그의 책에 대해 '전쟁을 선포하였다.' 모제스는 평의회가 역사가 라울 힐베르크의 『유럽 유대인의 파멸』과 심리학자 베텔하임의 「게토 '사유'로부터의 자유」에 대해 전쟁을 준비하고 있다고 암시하였다. 아렌트는 모제스에게 보낸 답장에서 힐베르크의 책이 학계의 한정된 독자를 가지고 있을 것이며, 베텔하임의 논문이 높은 지적 수준에서 논의에 기여하지 못할 것이라고 경고하였다. 그리고 아렌트는 이어서 모제스에게 자신의 책에만 공격을 할 것이지 너무 많은 전선에서 전투를 벌임으로써 자신의 전쟁을 혼란케 하지 말라고 제안하였다.[62]

평의회의 전쟁은 '독일 유대인평의회'의 명의로 된 저주의 성명서로 시작되었으며, 이후 곧 ≪재건≫에 게재된 모든 기사에서 지속되었다. 그동안 국제 브네이 브리스(B'nai B'rith; 유대인 공동체 상호부조조직)의 반명예훼손연맹(Anti-Defamation League; ADL)은 비망록을 모든 지국과 전국위원회에 보내면서

62 모제스가 이스라엘에서 아렌트에게 보낸 편지(1963년 3월 7일); 아렌트의 답장(1963년 3월 12일), 의회도서관.

이들에게 『뉴요커』 연재기사를 확인하고 '유대인의 홀로코스트 참여'라는 아렌트의 명예훼손적인 개념을 경계하도록 환기시켰다. 이 위원회는 아렌트의 개념이 '앞으로 몇 년간 유대인들을 괴롭힐' 것 같은 징조가 있다는 취지를 알렸다. 반명예훼손연맹은 그 주요한 두려움을 아주 명료하게 밝혔다. "분명히 반유대주의자들은 유대인들이 같은 종교 신자들 600만 명에 대해 다른 사람들 못지않게 죄가 있다는 증거로써 이 아렌트의 문건을 이용할 것이다."[63]

아렌트는 야스퍼스를 방문하고 바젤에 체류하고 있는 동안 반명예훼손연맹의 출판국장이며 아렌트의 지인인 헨리 슈바르츠실트가 보낸 1963년 3월 6일자 전쟁 선포 전보를 처음으로 받았다. 슈바르츠실트는 자신이 소속되어 있는 단체의 공격 준비에 경악했으며 자신이 그 문제에 아무런 영향을 미치지 못할 것이라는 점을 우려하였다.[64] 그리고 공격은 실제로 계속되었다. 반명예훼손연맹은 『예루살렘의 아이히만』의 개요, 즉 가장 논쟁적인 문제의 피상적인 요약, 독일 유대인평의회 성명서의 영어 번역본, 아렌트의 특이성을 『뉴요커』의 논조에 대한 그의 순응 탓으로 돌리는 『플로리다 유대인*Jewish Floridian*』에 게재한 논문 등을 수록한 회보를 발행하였다. 반명예훼손연맹은 '책이 출간되었을 때 서평이나 다른 기사를 위해' 이러한 정보를 거리낌 없이 추천하였다. 그리고 다수의 서평자들은 반명예훼손연맹의 조언을 수용했던 것 같다. 책자의 문구들은 국제 브네이 브리스 단체의 잡지 『진상*Facts*』의 1963년 7월호에 실린 다음 문구들로 대체될 때까지 단조롭게 규칙적으로 재등장하였다.[65] 야곱 로빈슨은 『진상』에 기고하기

---

63 독일의 유대인평의회에 관한 상황을 이해하기 위해서는 ≪재건≫(1963년 3월 12일)을 참조할 것. ≪재건≫에 게재된 그 이상의 논문들은 1963년 3월 29일호와 『아이히만 재판 이후(*Nach dem Eichmann Prozess*)』(Tel Aviv, 1963)에 게재되어 있다. 반명예훼손연맹의 소식지(3월 11일, 27일) 사본은 아렌트서고, 의회도서관에 있으며, ≪재건≫ 기사의 다수는 다음 자료에 수록되어 있다. *Die Kontroverse*(Munich: Nymphenburger 1964).

64 슈바르츠실트가 아렌트에게 보낸 편지(1963년 3월 6일), 의회도서관.

65 "A Report on the Evil of Banality: The Arendt Book," *Facts* 15, no. 1(July-August 1963) reprinted

위해 아렌트의 '오류'를 정리한 6쪽 분량의 비망록을 준비하였다. 로빈슨은 등사판 인쇄물로 배포하였다가 이후 『비뚤어진 사람은 제대로 되어야 한다 *The Crooked Shall Be Made Straight*』는 제목으로 이후 출간된 책 분량의 원고를 집필하기 시작하였다. 로빈슨의 저서는 전쟁이 가장 오랫동안 수행되고 매우 복잡했던 전선前線, 즉 아렌트의 학문에 의문을 제기하려는 시도로 매우 자주 언급되었던 정보를 제공하였다.

미국 내에서 논쟁이 점점 더 가열되고 있는 동안 지그프리드 모제스는 스위스에 체류하고 있는 아렌트를 만나려고 비행기로 이스라엘을 떠났다. 모제스는 폭풍을 잠재우기 위해서 『예루살렘의 아이히만』 출간을 중단할 수 있는가에 대해 아렌트에게 타진할 목적으로 여행하였다. 아렌트는 이러한 제의를 거부하고 유대인 비판자들이 그 책의 출판을 큰 반향을 일으킨 나쁜 사건으로 만들고 있으며, 따라서 자신이 언급한 모든 것이 어쩌면 발휘할 수 있는 것 이상으로 유대인 공동체에 더 많은 손상을 입히고 있다고 모제스에게 경고하였다. 며칠 후 아렌트는 친구인 모겐소로부터 자신의 두려움을 확인하는 보고서를 받았다. 모겐소는 아렌트의 옹호자들 가운데 한 사람인 브루노 베텔하임이 분노한 뉴욕 독자들과 대면하고자 처음으로 시도하였던 모임에 참석했었다. 모겐소는 "유대인 공동체가 격노하고 있다"고 편지를 썼다. "현실은 환상의 보호 장비 겉으로 툭 튀어나오고, 그 결과는 심리적 대공황이다. 뉴욕 시티컬리지의 유대인 대학생 단체인 힐렐 하우스가 베텔하임과 모임을 가졌다. 10여분 후 모든 사람들이 비명을 질렀으며, 서로 거짓말쟁이라고 불러대면서 명예훼손 소송을 하겠다고 위협하였다. 그것은 일종의 집단적 정신분석이었다."[66]

'집단적 정신분석'이 뉴욕 전역에서 공적인 모임, 비공식적인 토론 동아

---

in part in *Die Kontroverse*, pp. 223-232. As noted, copies of *ADL Bulletin* in Arendt Papers, Library of Congress.

66 모겐소가 아렌트에게 보낸 편지(1963년 3월 31일). (스산나와 매투 모겐소의 호의로 모겐소 편지에서 인용하도록 허락을 받음).

리, 거실이나 사무실에서 진행되었다. 윌리엄 숀은 "도시에 살고 있는 사람들은 좀 다르게 논의하고 있는 것 같다"고 아렌트에게 전보를 보냈다.[67] 그러나 아렌트의 책이 바이킹출판사를 통해 출판되기 바로 직전에 가장 극적이고 널리 공개된 사건이 발생하였다. 아이히만 재판을 담당한 이스라엘의 검사인 하우스너가 베르겐-벨센 생존자협회의 모임에서 연설하기 위해 비행기로 뉴욕에 도착하였다. ≪데일리 뉴스Daily News≫가 보도했듯이, 하우스너는 '기이한 아이히만에 대한 아렌트의 옹호'에 답변할 목적으로 방문하였다. 하우스너는 당시 세계시온주의기구의 회장인 나움 골드만이 주최한 모임에 참석했다. 골드만은 거의 천명에 이르는 청중들 앞에서 유럽 유대인들이 나치의 동족 학살을 방기하였고 "비겁성과 저항 의지의 결핍"[68]을 보였다고 비난한 사람으로 아렌트를 지목했다.

논쟁의 초기 단계인 1963년 봄에 아렌트는 비판자들에게 답변하지 않기로 결정하였다. 그는 『혁명론』 원고를 준비하고 『예루살렘의 아이히만』을 집필하는 2년간의 강도 높은 연구 이후 휴가를 원했다. 그는 3월 내내 바젤에 머물며 『혁명론』을 독일어로 번역하면서 야스퍼스의 책 『위대한 철학자들*The Great Philosophers*』을 구성하는 야스퍼스와 함께 작업을 하고 있었다. 이후 아렌트는 메리 매카시와 제임스 웨스트, 니콜로 쉬아라몽테를 만나고 이그나치오 실로네스출판사를 방문할 뿐만 아니라 나폴리에 있는 블뤼허를 만나고자 이탈리아로 이동하였다. 4월 블뤼허 부부는 샤르로테 베라트와 함께 그리스로 여행하였다. 그들은 아렌트가 1962년 교통사고와 생계비 명목으로 받은 생명보험 수혜금을 자유롭게 사용하였다. 아렌트가 야스퍼스에게 언급했듯이 이러한 삶은 신들의 삶, 즉 여가의 삶이었다. 아렌트는 어느 날 저녁 파트라스에서 택시 사고를 회고하면서 농담을 하였다.

---

67 숀이 아렌트에게 보낸 전보(1963년 3월 8일), 의회도서관.

68 Reports on Hausner's Visit in *New York Daily News*, 20 May 1963 and *New York Book Review*, 19 May 1963.

그들은 델피 신전으로 가는 마지막 배편을 기다리기 위해 시간 내에 도착했었는데, 밤새 짐을 맡길 가능성을 고려했다. 그래서 아렌트는 아름다운 달빛 아래 아테네까지 먼 길을 무릅쓰고 그들을 태워다 줄 정도로 두둑한 요금을 지불하고 지방 택시를 고용하였다. 이 금액은 센트럴 파크까지 불행하지만 완결되지 못한 택시 여행에 대한 충분한 보상이었다. 그들은 아테네에서 아크로폴리스와 국립박물관을 구경하며 며칠을 보냈다. 아렌트와 베라트가 크레타의 미노스 문명 발상지를 방문하는 동안 블뤼허는 아티카 그리스인들과 함께 머물러 있는 것에 만족하였다. 그러나 그들은 살라미스 섬, 에키나 섬, 델피 신전을 모두 관광하였다. 베를린 시절 사귀었던 블뤼허의 옛 친구인 리카르다 쉬베린이란 사진작가는 펠로폰네소스, 스파르타, 올림피아, 그리고 바사이의 웅장한 신전을 방문하는 그들과 합류하였다.

그들은 그리스로부터 이탈리아로 돌아왔다. 이곳에서 아렌트는 아이히만 논쟁에 휘말렸다. 아렌트는 『뉴스위크*Newsweek*』의 대담 기자로부터 교섭을 받았다. 그는 미국 내 논쟁을 더욱 가열시켰던 7월 17일호 한쪽의 기사를 실었다. 그리고 그는 미셸 무스마노 판사의 《타임스》 서평과 관련하여 『뉴요커』 측이 보낸 소식을 들었다.[69] 헤르만 브로흐의 친구인 로버트 피크는 한 로마 호텔에서 블뤼허 부부를 알아보고 그 상황에 대한 자신의 차분한 성찰을 제시하였다. 블뤼허 부부는 그러한 안락함을 지닌 채 시칠리아를 방문하였으며, 다음에는 배편으로 프랑스 남부, 그리고 마지막으로 파리, 즉 그들의 첫 번째 보금자리를 방문하였다.

긴 여행은 훌륭한 여행이었으며, 블뤼허 부부가 10년간 공유했던 꿈의 실현이었다. 그러나 야스퍼스가 아렌트에게 환기시켰듯이,[70] 아렌트가 미

---

69 Michael Musmanno, "Man With An Unspotted Conscience," *New York Times Book Review*, 19 May 1963, pp. 40-41 and letters to the editor 23 June 1963, pp. 4-5, 22: 14 July 1963, pp. 28-30.

70 야스퍼스가 아렌트에게 보낸 편지(1963년 5월 16일), 마르바흐 문서보관소.

국의 보금자리에서 정치에 대해 배웠던 것을 전달하는 수단인 자신의 개념을 제공했던 사상가들의 고향인 그리스에서 체류한 덕택에 아렌트는 리버사이드 드라이브 아파트에 쇄도한 깜짝 놀랄 정도의 많은 편지뭉치를 마주할 힘을 얻었다. 이것을 분류하고 답장을 보내는 데 몇 달이 필요했다.

아렌트는 시카고대학교 사회사상위원회 위원으로 임명되어 첫 번째 학기를 맡기 전에 한 달 반가량 휴가를 가졌다. 그는 컬럼비아대학교에서 강의를 하였다. 아렌트는 이곳에서 300명 이상 되는 학생 · 대학 교수 · 언론인에게 강의를 하였으며, 이후 편지들로 가득 찬 가방을 휴대한 채 팔렌빌에 칩거하였다. 그는 자신의 지지자들에게 감사의 편지를 보냈으며, 자신이 존중했던 질문들에 대한 충분한 답장을 제시하였으나 비합리적이고 너무 흥분한 사람들, 사람들의 말대로 "유대인들을 배반하였다"고 확신했던 사람들로부터 온 편지는 일반적으로 제쳐두거나 간단하게 답장을 보냈다. 아렌트와 편지를 주고받은 많은 사람들은 자신들의 경험에 관한 유익한 많은 정보와 이야기를 제공하였으며, 아렌트는 이러한 것을 자신의 비판자들에게 넘겨주었다. "물론 이러한 것들은 특별한 사례들입니다만 나와 당신이 알고 있듯이 그러한 문제의 경우에 특별한 사례들만이 있습니다."[71] 아렌트와 편지를 주고받은 사람들 가운데 일부는 아렌트가 견지하였던 그러한 비판에 대해 공감을 보였다. 어느 엉뚱한 헝가리 출신 유대인 이민은 "더러운 린넨을 공개적으로 세탁하는 것이 유대인의 약점은 아니다"라고 아렌트에게 상기시켰으며, 자신의 견해, 즉 아렌트 자신이 개인적인 서신에서 언급했던 것과 같은 견해에 대해 언급하였다. 즉 "이스라엘의 기득권층과 전쟁 기간 중 유럽을 담당했던 지도부 사이에 강력한 연계가 있었으며, 지금도 있습니다."[72]

편지를 보낸 다른 사람들은 학살에 대한 아렌트의 태도, '유대인 심리'에

---

71 아렌트가 펠릭스 빙에게 보낸 편지(1963년 7월 18일), 의회도서관.

72 게르숌 바일러가 아렌트에게 보낸 편지(1963년 7월 1일), 의회도서관.

대한 아렌트의 견해에 대해 어려운 질문을 하였다. 정서적으로 불안해하는 한 러시아 출신 유대인은 혼란스럽게 자신의 어린 시절 박해와 추방에 관한 이야기를 언급하기도 하였으며, 용기를 내어 읽으려고 하지는 않고 자신이 그렇게 많이 들었던 책의 저자인 아렌트 박사에게 "그들이 왜 나를 살해하려고 했는가에 대해서 제발 자신에게 말해 달라"고 간청하였다. 공개 논쟁의 여러 가지 차원은 모두 사적으로 반복되었지만, 훨씬 더 노골적이고 상당히 더 개인적인 형태로 반복되었다.

아렌트는 뉴욕에 있던 늦여름과 시카고에 있던 가을에 공개 논쟁에 관여되는 것을 원하지 않았던 친구들과 편지를 통해서든 직접 만나서든 개인적인 교류를 중단하였다. 일부의 우정관계는 자연스럽지 못했다. 한스 요나스는 아렌트에게 편지를 보냈는데, 아렌트가 답장을 보내지 않자 통신을 두절하였다. 요나스의 부인 로레가 1년 이상 지나서 남편에게 화해를 촉구할 때까지 안타까운 상황은 지속되었다. 요나스와 아렌트는 결코 논의하지 않았던 『예루살렘의 아이히만』에 관한 대화를 제외하고 침묵을 끝내기로 합의하였다.

블루멘펠트의 친구인 웰치, 그리고 유다 마그네스의 이쿠드 단체 회원이며 아렌트의 동료인 에른스트 사이먼과의 오랜 우정에도 침묵이 드리워졌다. 아렌트는 1963년 8월 세심한 주의를 기울인 긴 편지를 웰치(1891~1982년 — 옮긴이)에게 보냈다. 아렌트는 이 편지에서 자신의 책에 대해 설명하면서 웰치의 비판과 오해에 대응하고자 하였다. 아렌트는 자신들의 연대가 논쟁에도 불구하고 지속되기를 희망했으며, 편지의 끝 부분에 시 한편을 적어 그에게 그렇게 말하였다.

> 친애하는 로버트 웰치, 이러한 것들은 모두 실지 애절한 주제입니다. 내가 개인적인 언급으로 끝낸다면, 적어도 우리는 이것에 있어서 일치합니다. 나는 우리 세기의 망령에 직면하여 당신이 무엇으로 스스

로를 위로할 것인가에 대해 알지 못합니다. 나는 고트프리트 켈러의 "중상 모략자"를 통해 이것을 제안합니다.

> 어느 날 이러한 고통이
> 얼음같이 마침내 조각날 때,
> 우리는 그것에 대해 말할 것이오
> 우리가 흑사병을 처치할 때.
> 불타고 있는 벌판에
> 어린이들이 허수아비를 세우고
> 기쁨은 이러한 고통에서 올 것이며
> 그리고 빛은 오래 된 공포의 대상으로부터 올 것이오.
>
> 한 가지는 확실합니다. 이것은 그럴 것입니다. 그러나 우리가 모두 죽었을 때 그렇습니다. 우리는 그때까지 우리가 옳다고 생각하는 것을 단지 해야만 합니다.

웰치는 한 번 더 편지를 교환한 후 편지를 계속 보내지 않았다. 그러나 웰치는 논쟁을 모든 측면에서 진행했으며, 논쟁을 이제 종결해야 한다고 충분히 인식했다는 것을 말하기 위해 1964년 2월 ≪재건≫에 기사를 게재하였다.[73]

아렌트가 1950년대 초반 이후 알게 되었던 예술비평가 로젠버그는 시카고에 있는 아렌트를 방문하여 『예루살렘의 아이히만』을 집요하게 반대하는 자신의 입장을 아렌트에게 이야기하고, 아울러 1961년 『논평』에 게재한 논문에서 자신이 취했던 입장, 즉 "책임을 소진점으로 축소한다"는 점을 반복해 주장하면서 몇 시간을 보냈다.* 아렌트는 로젠버그에게 시 한 편도 주

---

73 아렌트가 로버트 웰치에게 보낸 편지, 의회도서관. Weltsch's "Wenn Grauen zur Statistik wird …. " *Aufbau*, 7 February 1964.

* 옮긴이_ 이 논문은 『논평』(1961년 11월)에 「재판과 아이히만」이란 제목으로 게재되었다. 관련 문

지 않았다. 아렌트는 불편하게 침묵을 지키며 단지 경청했고, 자신을 변호하려는 시도를 한 번도 하지 않았다. 로젠버그가 말을 마치자, 아렌트는 두 사람을 위해 건배하자고 로젠버그에 요청하였다. 그래서 그들은 좋은 친구처럼 긴장을 풀 수 있었다. 로젠버그는 놀랐지만, 아렌트가 자신의 저작이나 투쟁하여 얻은 통찰력 때문에 우정을 희생시키지 않겠다고 결심했다는 것을 이해하였다. 아렌트는 우정이 의견의 불일치를 극복해야 한다는 자신의 입장에 대한 로젠버그의 이해를 기대하였다. 로젠버그는 이것을 이해하게 되었다. 이 사람은 진정한 인간주의를 실천하는 아렌트였다. 아렌트는 「문화의 위기」라는 논문에서 자신의 표현대로 진정한 인간주의를 강조하였다. 아렌트는 이 논문에서 키케로의 충격적인 주장, "나는 천당 앞에서 플라톤의 반대자들과 함께 진정한 견해를 유지하기보다 오히려 플라톤과 함께 길을 벗어나는 것을 선호한다"는 주장을 고려하였으며, "인간주의자는 전문가가 아니기 때문에 각 전문성이 우리에게 부과하는 강제를 벗어나는 판단과 취미 능력을 행사할 수 있다. 로마인의 이런 인간성humanitas은 모든 면에서 자유로운 사람들에게 적용되었다. 강요를 당하지 않는 문제, 즉 자유문제는 자유로운 사람들에게 철학 · 과학 · 예술에서도 결정적인 문제였다." 아렌트는 키케로의 의도가 다음과 같은 의미를 가지고 있다고 생각했다. "인간이나 사물에 대한 나의 연상과 연계되는 것에서 나는 심지어 진리와 미에 의해서 강요당하는 것을 거부한다."[74] 로젠버그는 감명을 받았다. 그는 논쟁에 공개적으로 관여하는 것을 자제하였으며 종종 아렌트의 후마니타스 개념에 관한 이러한 이야기를 하였으며, 아렌트를 칭찬하고 개인적인 공격으로부터 아렌트를 변호하였다.

아렌트의 생애에서 가장 낙담스러운 일들 가운데 하나는 쿠르트 블루멘

구는 다음과 같다. "재판 형식의 특징은 유대인 이야기에 대한 공적인 언급을 방해했으며, 아울러 그들은 피고의 책임을 소진점까지 축소키면서 피고의 전략을 선호했다."

74 Hannah Arendt, "The Crisis in Culture," *Between Past and Future*, pp. 224-225.

펠트와 그러한 조화 상태에 도달할 수 없었다는 점이었다. 아렌트는 그리스에 체류하고 있던 1963년 5월 초순 블루멘펠트를 만나기 위해 4일간 이스라엘을 방문하였다. 블루멘펠트는 1963년 5월 21일 사망의 원인이 되었던 질병으로 입원해 있었다. 그는 『뉴요커』에 게재된 아렌트의 「예루살렘의 아이히만」이란 연재 기사를 읽지 않았지만, 핀하스 로젠(1887~1978년 — 옮긴이)이 이후 편지로 아렌트에게 알려준 바와 같이 "블루멘펠트는 여러 방면에서 보고서를 받았으며 분노했다오. 그는 실제로 그랬지. 그는 자신의 분노를 공개적으로 알려야 하는지에 대해 반복하여 질문했지. 그는 자신의 회고록에서 당신과의 긴밀한 연계에 대해 언급했기 때문이라네."[75] 아렌트의 확신에 따르면, 블루멘펠트가 받은 보고서는 아렌트의 저서를 완전히 왜곡시켰으며, 로젠과 모제스, 그리고 다른 사람들은 결과적으로 아렌트의 오래 사귄 귀중한 친구를 격리시켰다. 아렌트는 그들을 마지막으로 방문하는 동안 비평가들이 책을 어떻게 읽었는가를 블루멘펠트에게 설명하고자 노력했고, 블루멘펠트는 ≪재건≫의 적대적인 필자들 가운데 한 사람은 역겹고 동정심 없는 사람Kotzproppen이며, 다른 사람은 백치라는 데 동의하였다.[76] 아렌트는 블루멘펠트가 스스로 그 기사들을 읽었다면 그것을 이해하였을 것이라고 생각했다. 그러나 아렌트는 마지막 며칠 동안 그를 보았던 사람들이 그를 동요시켰다고 생각했지만, 모제스와 로젠에게 차분하고 정중한 용어로 편지를 썼으며, 저서로 인해 지불하게 된 유대의 단절 목록에 첨가시키기를 원하지 않았다. 로젠은 사망 기사에서 블루멘펠트를 위한 아렌트의 마지막 방문을 언급하였으며, 블루멘펠트가 아렌트와 절교했었다는 인상을 주었다. 아렌트는 화가 났으나 여전히 인내하려고 노력했다. 그는 마틴 로젠블뤼트의 형제이며 블루멘펠트의 친구인 로젠에게 편지를 보

75 로젠이 아렌트에게 보낸 편지(대략 1964년 7월 날짜 미상), 의회도서관.

76 아렌트가 1964년 6월 27일 로젠에게 보낸 편지(의회도서관 소장)는 이러한 대화 내용을 담고 있다. 아렌트의 사촌인 퀴르스트는 그(즉 아렌트 — 옮긴이)가 1963년 5월 병원에서 블루멘펠트를 보지 못하고 오히려 블루멘펠트 자신에 의해 방문을 거절당했다고 믿고 있었다.

냈다. “저는 쿠르트의 마지막 방문이라는 것을 알고 지극히 고통스러웠습니다. 물론 그 방문은 진정 사적이며 개인적인 성격을 띠고 있었으나 공개적으로 논의되었습니다. 당신이 사망 기사를 실었던 목적의 경우, 이것은 전적으로 불필요했습니다. 저는 그것이 간섭이라는 점을 당신이 알고 있다고 생각하고 싶습니다. 저는 그것 때문에 당신을 원망하지는 않습니다. 그 이유는 다른데 있습니다. 즉 저는 공과 사의 차이에 대한 제 감정이 당신이나 다른 사람들의 감정과 같지 않다는 것을 알고 있기 때문입니다.”[77] 아렌트는 자신이 블루멘펠트와 나눈 편지가 자기 허락 없이 공개되지 않도록 하려고 자신에게 반환되었는가를 알고 싶다고 로젠에게 문의하였다. 그러나 아렌트는 블루멘펠트 사망 이후 곧 사망한 마틴 로젠블뤼트에 관한 정다운 진술로 다음과 같이 자신의 편지를 조심스럽게 마무리하였다. “우리(저와 남편)는 마틴, 그의 행위와 … 유머에 드러나는 순수한 자제심, 공감의 섬세함, 사유 방식의 절대적 정직성에 대해 종종 언급합니다.”[78] 로젠은 블루멘펠트의 저작 유산을 위해 체결된 계약과 관련한 장황한 진술을 담은 답장을 보냈다. 그러나 로젠은 숄렘의 비난의 흔적을 담아서 편지를 마무리하였다. “당신이 유대 민족을 사랑하지 않고 친구들만을 사랑하는 것은 유감스러운 일이오.”[79]

아렌트와 블뤼허는 그렇게 오랜 세월 유지했던 우정을 이렇게 절연하는 게 두려웠다. 아렌트는 블루멘펠트를 방문하고 뉴욕으로 돌아온 후 매우 동요되었다. 블뤼허는 격노했다. 그리고 한여름 뉴욕으로 돌아온 후에도 아렌트의 슬픔과 블뤼허의 분노는 계속되었다. 아렌트는 자신이 공격을 받을 때 자기 남편이 항상 참지는 않는다고 야스퍼스에게 말하였으며, “유대 민족에 대한 블뤼허의 의견이 항상 사람들이 기대할 수 있는 것(그러나 이것

---

77 아렌트가 로젠에게 보낸 편지(1964년 8월 30일), 의회도서관.

78 앞의 편지.

79 로젠이 아렌트에게 보낸 편지(대략 1964년 7월 날짜 미상), 의회도서관.

은 단지 경박스럽게)은 아니라"고 인정하기도 하였다.[80] 야스퍼스는 이것이 완전히 농담으로 언급되지 않았다는 것을 깨달았다. 야스퍼스는 "나는 블뤼허의 분노를 이해할 수 있다오"라고 말하였으며, 블뤼허가 보여주었던 것과 같은 신경질적인 보호심리를 가지고 편지를 썼다. "당신은 '많은 사람들의 가장 민감한 말초신경에 손상을 주었으며(그들의 삶이 거짓으로 채워졌다는 것을 보여주었으며)',* 그들은 당신을 증오하는군. … 키르케고르가 소크라테스나 예수에 대해 언급한 것과 같이 진실은 난타당하여 죽게 될 것이오. 그런데 진실이 이 꼴이 되지 않았으며, 앞으로도 그렇지 않을 것이오. 그러나 당신은 악평을 당했는데, 그것이 당신에게는 정당한 것은 아니라오. 결국 당신의 인품은 물론 이길 것이며 찬란하게 승리할 것이오."[81]

야스퍼스는 여느 때와 같이 공감적이고 지원을 아끼지 않았다. 두 사람의 우정은 논쟁을 통해 더욱 돈독해졌다. 『예루살렘의 아이히만』 독일어판이 출간되었을 때 야스퍼스가 이 책에 대해 글을 쓰려고 했다는 점은 아렌트에게는 커다란 위안이었다. 아렌트는 몇 달 동안 줄곧 편지 답장을 쓰고 공개 활동을 하며 자신의 감정을 통제하려고 노력하면서 시간을 보냈다. 아렌트가 메리 매카시에게 인정했듯이, "나는 더 이상 침착함을 유지하면서 폭발하지 않는다고 더 이상 장담할 수 없다네."[82] 야스퍼스는 아렌트의 저서와 용기에 대한 자신의 의견, 아렌트의 저서에 대한 자신의 집필 구상에 대해 차분하고 조심스럽게 썼다. 아렌트가 독일어판 서문을 야스퍼스에게 보냈을 때, 야스퍼스는 세밀하고 '학교 선생답게' 비평과 수정 제안을 권고하는 편지를 보냈다. 아렌트는 다음과 같이 답장을 보냈다. "그렇게 세심

---

80 아렌트가 야스퍼스에게 보낸 편지(1963년 7월 20일), 마르바흐 문서보관소.

* 옮긴이_ 이 문구의 독일어 원문은 다음과 같다. "Da Du so viele Leute in ihrem empfindlichsten Nervenpunkt, weil in seiner Lüge ihres Daseins …"(p. 548). 영어판에서는 다음과 같이 표현하고 있다. "you have touched an extremely sore spot for many people, shown their lives to be informed by a lie …"(p. 511).

81 야스퍼스가 아렌트에게 보낸 편지(1963년 7월 25일), 마르바흐 문서보관소.

82 아렌트가 매카시에게 보낸 편지(1963년 9월 16일), 매카시 보존서고.

하게 읽으시고 친절하게 제안해주신 점에 대단히 감사합니다. 저는 그것을 성급하게 집필했습니다. 또한 그것이 실제로 실패로 끝나게 될 것이라는 감정을 가지고 집필했지요. 그러한 감정이 종종 저에게 나타납니다."[83]

아렌트가 시카고로 출발할 준비를 하고 있던 때인 9월에 블뤼허는 앓아누웠다. 이 일로 아렌트의 걱정거리가 늘었다. "우리는 28년간 함께 살고 있는데, 블뤼허가 없는 삶은 상상할 수 없다네."[84] 아렌트는 대단히 긴장한 상태에서 야스퍼스에게 편지를 보냈다. "저를 실제로 마비시키는 문제는 이제 신경과민 문제도 아니고, 블뤼허의 건강에 대한 제 관심과 이러한 업무(온갖 거짓과의 투쟁 — 옮긴이)는 우연의 일치로 야기된 문제도 아닙니다. 저는 공공영역에 참여할 위치에 있지 않습니다. 이러한 광경에 대한 저의 혐오감은 다른 모든 것을 압도하기 때문이지요."[85] 아렌트는 조바심 내고 걱정하며 시카고로 갔으며, 비행기 편으로 2주마다 뉴욕으로 다시 돌아왔고, 긴 안목에서 논쟁을 내내 유지하려고 노력했다. "저는 강의를 담당하고, 많은 학생들을 확보하며, 모든 것이 정상적인 것 같이 일을 처리합니다. 결국 당신과 우리는 진실이 승리할 것이라는 것을 믿고 있습니다. 그러나 이것은 믿음이지요. 사람들이 승리하는 것을 볼 정도로 살 것인가의 문제는 믿음과 분리될 수 없답니다."[86]

아렌트는 시카고대학교에서 진지하고 관심 있는 학생들에게 고마움을 표시하였으며, 자신이 가는 곳마다 자신을 둘러싸고 있는 적대감에 용감히 맞서려는 친구들에게도 고마움을 표시하였다. 모겐소는 대학교 교수 식당에서 식사를 위해 아렌트와 동석하였다. 그러나 지난해 아렌트가 방문하는 동안 그를 자신들의 식탁으로 안내했던 대부분의 다른 교수들은 아렌트를

---

83 아렌트가 야스퍼스에게 보낸 편지(1963년 10월 20일), 마르바흐 문서보관소.

84 아렌트가 매카시에게 보낸 편지(1963년 9월 16일), 매카시 보존서고.

85 아렌트가 야스퍼스에게 보낸 편지(1963년 10월 20일), 마르바흐 문서보관소.

86 앞의 편지.

회피하였다. 아렌트는 식당을 우아하게 가로질러 가다가 주저하지 않고 자신에게 인사를 한 고전연구자인 멕키언과 같은 사람들에게 고마움을 표시하였으며, 에른스트 사이먼이 “믿을 수 없을 정도의 거짓말과 엄청난 공격적 언사”[87]로 시카고대학교 청중들에게 행한 연설과 같이 시련을 당하는 동안 그를 지원하였던 사람들에게 고마움을 표시하였다.

아렌트는 11월 시카고를 방문하였던 메리 매카시에게 특별히 고마움을 표시하였다. 케네디 대통령이 댈러스에서 암살당하였던 11월 22일 바로 그날 아이히만 논쟁에서 야기된 모든 난관은 뒤로 사라졌다.

간접적인 반향

케네디 대통령의 사망 이후 몇 달 동안 아렌트는 걱정거리가 늘었다. 아렌트는 “이제 균형을 유지하는 것은 공화국의 존재 그 이상도 아니고 그 이하도 아닙니다”라는 내용을 담은 편지를 야스퍼스에게 극적으로 보냈다.[88] 아렌트는 자신의 비판자들로부터 집요하게 괴로움을 당했던 경험 때문에 충격파와 같이 전국적으로 확산되는 정치적 인종적 긴장에 매우 민감해졌다. 암살사건들은 아렌트가 살았던 제1공화국, 즉 바이마르 공화국을 파멸시키는 길을 제공하였다. 아렌트는 다수의 많은 사람과 마찬가지로 비유를 두려워했다. 그러한 비유는 아렌트가 기대했던 것보다 더 직접적으로 『예루살렘의 아이히만』에서 위력을 얻었다. 1964년 말 아이히만 논쟁은 직접

---

87 아렌트가 야스퍼스에게 보낸 편지(1963년 10월 20일), 마르바흐 문서보관소. 다음 자료를 참조할 것. Ernst Simon, “Hannah Arendt - An Analysis,” *Judaism* 12(1963), 387-415. 또한 다음 자료를 참조할 것. 아렌트가 *NER*과 관련하여 세르셉스키에게 보낸 편지(1965년 7월 8일); 아렌트가 에른스트 사이먼의 논문과 관련하여 『유대교(*Judaism*)』 편집장 스티븐 슈바르츠실트에게 보낸 편지(1963년 9월 6일), 의회도서관. 그러나 야스퍼스는 즉시 듣지 못하는 것에 귀를 기울였던 사이먼과 함께 대화를 하였다(야스퍼스가 아렌트에게 보낸 편지[1963년 11월 16일], 마르바흐 문서보관소).

88 아렌트가 야스퍼스에게 보낸 편지(1963년 12월 1일), 마르바흐 문서보관소.

적인 정치적 연계성을 갖기 시작했으며, 케네디 대통령의 후임자인 존슨 대통령이 미군 폭격기를 베트남에 보내는 명령을 내린 1965년에 신좌파의 반전 운동가들은 새로운 형태의 파시즘이 미국에서 득세하였다는 자신들의 주장을 지지하기 위해 『예루살렘의 아이히만』을 주목하고 있었다.

『예루살렘의 아이히만』이 출간된 지 2년도 되지 않아서 이 책이 촉발시킨 논쟁은 유대인 공동체를 훨씬 넘어섰다. 그러나 논쟁은 확대되고 미국 정치에서 중요성을 갖게 되었을 때에도, 최초에 제기되었던 표현의 문제는 남아 있고, 그러한 표현들은 아렌트의 유대인 비판자들로부터 나타났다.

아렌트는 비판자들이 사용하였던 자료집 가운데 하나인 『진상』 1963년 7월호를 알고 있었다. 예루살렘 법정에서 기디온 하우스너와 함께 보조검사로서 앉아있었던 세 명의 검사들 가운데 한 사람인 야곱 로빈슨은 『진상』 7월호를 기획하였다. 로빈슨은 6쪽 분량의 글 「악의 평범성에 대한 보고」를 이후 『하다샤*Hadassah*』의 한 호에 게재하고자 개작하고 『유대인 세계*Le Monde Juif*』에 게재하고자 이를 번역하였다. 그러나 아렌트는 로빈슨이 1963년 시작하여 자신의 저서 서평자들에게 제공하는 등사판 인쇄물로 곧 이용하였던 책 분량의 원고에 대해서는 알지 못했다. 『파르티잔 리뷰』에 글을 기고하던 라이오넬 아벨은 그들이 유대인평의회를 다루고 있는 이디시어와 히브리어 미출간 원고와 관련하여 나누었던 대화를 인용함으로써 자신이 로빈슨에게 신세를 졌다는 점을 인정하였다. 그러나 아벨의 서평은 로빈슨의 견해를 더욱 일반적으로 그대로 되풀이하고 있다. 아이히만이 "아렌트의 책에서 희생자들보다 훨씬 더 훌륭하게 묘사되어 있다"는 아벨의 결론은 로빈슨의 책 『고매한 범죄자와 희생자의 범죄: 아이히만, 아렌트 그리고 유대인 역사*The Virtuous Criminal and the Victim's Crimes: Eichmann, Arendt and Jewish History*』 초고의 모욕적인 제목과 제대로 일치하였다.[89]

---

89 Lionel Abel, "The Aesthetics of Evil," *Partisan Review*, Summer 1963, p. 219. 로빈슨의 초고는 예루살렘 야드 바셈대학에서 열람할 수 있다. 아벨은 편지로 로빈슨의 초고에 대해 언급하고 있

많은 사람은 역시 야곱 로빈슨의 원고를 이용하였다. 네헤미아 로빈슨도 세계유대인의회가 배포한 책자를 위해 야곱 로빈슨 원고를 이용하였다. (시르킨의 훨씬 더 설득력 있는 이전 논문은 『유대인 변경』에 게재되었으며, 분명히 로빈슨의 원고에 도움을 받지 않았지만) 시르킨은 『의견 차이』에 기고한 논문에서 로빈슨의 원고를 이용하였다. 이외에도 로빈슨에 대한 읽기가 분명하거나 인정된 몇 편의 원고를 지적하자면, 포드호레츠가 『논평』에 게재한 서평, 게르투르드 에즈르스키가 『새로운 정치*New Politics*』에 게재한 논문, 루이스 하라프가 『과학과 사회』에 게재한 논문을 들 수 있다.[90] 그러나 이러한 광범위한 간접적인 출판에도 불구하고 로빈슨의 추종자들은 이러한 내용이 『뉴요커』의 독자와 같이 광범위한 독자, 즉 비유대인들에게 도달할 것이라고 확신하지 못했다. 어빙 호위는 자신이 마리 시르킨과 나누었던 대화의 내용을 『논평』의 독자들에게 보도하였다. "시르킨은 대화에서 분노를 터트렸다. 『뉴요커』의 얼마나 많은 독자들이 제2차 세계대전 중 유대인 레지스탕스, 순교자와 생존자에 관한 방대한 문헌 중 어떤 것을 읽는데 관심을 가지고 있는가? 얼마나 많은 사람들이 그것에 대해 다시 읽겠는가? 그는 계속하여 말하였다. 얼마나 많은 사람이 저명한 유대인 역사가 야곱 로빈슨 박사의 그러한 논문들에서 많은 사실적 오류를 발견했는가?"[91] 시르킨의 질문들은 뉴욕 유대인 공동체, 특히 시온주의 단체들 내에 널리 확산되어 있는 두려움에서 제기되었다. 『중류*Midstream*』에 점잖은 글을 기고한 콘라드 켈렌의 지적에 따르면, 아렌트 반대자들의 분노는 "아렌트가 희생자들에게 나쁜 짓을

다. *Partisan Review*, Spring 1964, p. 275.

90 세계유대인의회에 관한 로빈슨의 보고를 파악하기 위해서는 아래 각주 103에 인용된 프루흐터의 글을 참조할 것. 다른 논문들은 다음을 참조할 것. Marie Syrkin, "Hannah Arendt: The Clothes of the Empires," *Dissent*, Autumn 1963, pp. 344-352; Norman Podhoretz, "Hannah Arendt on Eichmann," *Commentary*, September 1963, pp. 201-208; Gertrud Ezorsky, "Hannah Arendt Against the Facts," *New Politics*, Fall 1963, pp. 53-73(and the reply by Robert Olson in the next issue); Morris Schappes, "The Strange World of Hannah Arendt," *Jewish Currents* 17. nos. 7, 8, 9(Fall 1963); Louis Harap, (untitled), *Science and Society*, Spring 1964, pp. 223-227.

91 Irving Howe, "The New Yorker and Hannah Arendt," *Commentary*, October 1963, pp. 318-319.

했으며, 그들의 상처에 모욕을 가하였고, 환희와 미래의 손해를 대비하고자 유대인들의 적에게 음식을 제공하였다는 감정"[92]에서 나타났다. 로빈슨의 초고 가운데 개괄하는 장에 아주 명료하게 나타나듯이, 장래 반유대주의에 대한 두려움과 이스라엘의 미래에 대한 걱정은 아렌트의 책에 대한 로빈슨의 평가에도 명백히 나타났다.

> 분노보다 오히려 비애 속에서 과거를 고려하라는 아렌트의 조언은 아이히만을 위해 비애를 유보하지만 유대인들에게 분노를 광범위하게 배분하는 것으로 이어진다. … 우리의 적들은 수년 동안 피의자들의 범죄를 사면해주고 희생자들을 비난하는 운동에 관여하고 있다. 이제 명예 훼손자들은 잔인하게 살해당한지 그리 오래되지 않은 희생자들을 두 번째로 살해하고 있다. 이러한 적들 가운데 아렌트는 이제 제2인자이다.[93]

로빈슨의 견해(가끔은 아니지만 다행스럽게도 그가 표현한 언어)는 방어적 민족주의 차원에서 제기한 아이히만 논쟁의 특징이었다. 월터 라쿼는 1965년 최종 출판된 로빈슨 저서에 대한 서평을 『뉴욕 서평』에 기고했다. 라쿼는 이미 1963년 런던의 ≪유대인 크로니클*Jewish Chronicle*≫에 아렌트 저서에 대한 서평을 게재했었으며, "『예루살렘의 아이히만』에 드러난 반쪽 진실 때문에 발생한 피해는 계산할 수 없다"[94]고 결론지었다.

로빈슨의 추종자들은 아렌트를 공격하기 위해 로빈슨의 자료를 활용하였지만 또한 로빈슨이 자신의 사례를 극적으로 과장했다는 점을 깨달은 듯하다. 로빈슨의 원고는 반대 방향으로 아렌트에게 가해졌던 동일한 편견의

---

92 Konrad Kellen, "Reflections on *Eichmann in Jerusalem*," *Midstream*, September 1963, pp. 25-35.

93 지적했듯이, 로빈슨의 1963년 초고는 이스라엘 야드 바솀 도서관에 보관되어 있다. (이 내용들은 245쪽과 247쪽에서 인용되었다.)

94 Walter Laqueur, "The Shortcomings of Hannah Arendt," *Jewish Chronicle*(London), 11 October 1963, p. 7.

혐의를 분명히 받았다. 로빈슨은 원고를 수정하였다. 두 번째 초안에는 「아이히만, 아렌트, 그리고 대재앙」이란 부제副題와 「제공받은 제목」이란 주석이 달렸다. 로빈슨이 서문에서 인정했듯이, 이 초안은 여전히 '공개적으로 논쟁적'이었다. 그러나 독자들은 스스로 논쟁적 정점에 열렬히 대처하라고 권유를 받았다. 즉 "그가 사용하는 풍자의 문제는 공격 · 비방 · 연합을 통한 범죄를 암시하였으며, 잔인한 역설은 단지 약간 다루어졌다. 우리는 대부분 사실로 무장한 지적인 독자가 아렌트 씨의 불쾌한 언어 사용을 스스로 발견할 수 있으리라고 느끼기 때문이다."[95]

맥밀런출판사가 유대인출판협회와 공동으로 「삐뚤어진 사람이 제대로 되어야 한다: 아이히만 재판, 유대인의 대재앙, 한나 아렌트의 이야기」라는 제목이 붙은 3차 초안을 마무리하여 출판하였을 때, 로빈슨은 자신의 책에서 가장 뚜렷하게 논쟁적인 부분을 남겨놓았다. 예컨대, 그는 「한나 아렌트, 시온주의, 그리고 이스라엘」이란 지극히 국수주의적인 절을 설정했으며, 종합적 결론에서 어떠한 시도도 포함시키지 않기로 결정했다. 그는 이 연구를 통해 최종적으로 "아렌트 씨가 신뢰할 만한 정보를 제공하지 않는다"라는 것을 증명하려고 노력했다. 역사가로서 아렌트의 학자다운 자격과 능력은 로빈슨의 초점이 되었다. 로빈슨은 '수많은 원재료로 대재앙을 연구하는 이름 없는 학자들'에게 지지를 호소하면서 '아렌트에 대한 언급을 거부하였다.' 로빈슨은 아렌트의 학자다운 능력을 의심하려는 의도를 가지고 있었지만 라이오넬 아벨과 같은 비판가들이 사용한 손쉬운 기법을 포기하였다. "연재물과 책 사이에 355군데의 비전형적인 차이(광신적인 과장)가 있으며 600여 개 정도의 사실 왜곡이 있다." 로빈슨은 가능한 한 광범위하게 모든 비난을 정리하였으며, 검찰 당국 또는 이스라엘 국가를 대변하는 모습을 보이지 않으려고 노력했다.[96]

---

95 Robinson's untitled second draft, p. ix.

96 Jacob Robinson, *The Crooked Shall Be Made Straight*(New York: Macmillan Co., 1965), p. viii.

하우스너가 1966년 『예루살렘의 정의*Justice in Jerusalem*』를 출판하였을 때, 그 검사 자신은 다시 검찰 당국을 옹호하였다. 하우스너는 자신의 입장을 다시 언급하고 이미 '사람들의 마음에서 사라지고 있다고' 두려워했던 '역사의 장'을 생존케 하려고 노력했다. 그의 노력은 로빈슨의 노력보다는 훨씬 더 거창하기만 했다. 그러나 유대인 역사가 레온 폴리아코프가 언급했듯이 이러한 노력 역시 로빈슨의 책에서 나타나는 것과 같은 결점을 지니고 있다. "나치와 유대인 사이의 대립에 대한 그의 구상은 완전히 마니교적이다." 폴리아코프는 『논평』의 독자들에게 하우스너의 전제에 대한 간명한 설명을 제공하였다.

> 그러나 『예루살렘의 정의』는 이야기로서 상당히 성공적이지만 과도한 단순화 경향과 역사적 시각의 결핍으로 상당한 문제를 지니고 있다. 하우스너 씨의 전제에 따르면, 아이히만은 반유대적인 악의 화신(따라서 **최종 해결책**의 집행자 역할로 완벽한 적임자)이고, 중세 시대 이후 독일 자체는 반유대적 감정의 뜨거운 온상이 되어 왔다. 하우스너 씨는 이 두 번째 요지를 제기하는 과정에서 독일 역사의 천년을 두 쪽으로 압축했다.[97]

따라서 폴리아코프는 하우스너의 책에 있는 많은 항목을 지적했다. 이 항목들은 아이히만에 대한 아렌트의 묘사를 입증했다. 로빈슨과 하우스너의 책에 대한 가장 공평하고 신뢰할 만한 서평자들 가운데 한 사람인 폴리아코프도 여전히 다음과 같이 결론을 내릴 수 있었다. "무한히 풍부한 역사의 구성에는 그러한 접근법 그리고 짜증나기는 하지만 그에 상응하는 상투

로빈슨의 책은 많은 제목을 가지고 있지만, 프랑스어 제목은 확실히 특이하다. *La Tragédie juive sous la croix gammée à la lumière du procès de Jérusalem(Le récit de Hannah Arendt et la réalité des faits).*

97 Léon Poliakov, "The Eichmann Trial," *Commentary*(January 1967).

적인 문구들이 [아렌트의 경우와 같이] 더욱 섬세하게 변화된 위치보다 진리에 훨씬 더 근사하는 것을 구상하는 상황이 있다."

폴리아코프뿐만 아니라 다른 사람들도 하우스너의 책을 세심하게 논평하지 않았다. 1952년에 출간된 폴리아코프의 『증오의 수확*Bréviare de la Haine; Harvest of Hate*』은 유럽 유대인평의회 활동을 세심하게 고찰한 첫 번째 연구 성과들 가운데 하나였다. 예컨대 『뉴욕 타임스 서평』은 아렌트가 "아이히만의 변호를 지지하려는 의식적인 욕구"[98]를 가졌다고 공개적으로 비난했던 역사가 바르바라 투취맨의 찬사 내용을 실었다. ≪타임스≫는 비판 서한을 게재하지 않았다. 아렌트는 게재하지 못한 편지를 ≪타임스≫ 측에 보냈던 모홀리-나기에게 다음과 같은 사실을 설명하였다. 아렌트는 하우스너가 자신의 책을 홍보하기 위해 뉴욕을 방문하는 동안 ≪타임스≫와 다른 잡지의 "편집자들에게 영향을 미치려고 상당히 노력했다"는 이야기를 들었다.[99] 6월 1일 작성한 모겐소의 외로운 비판 서한은 투취맨의 서평이 게재된 지 2개월 후인 7월 17일 게재되었다.

과거 뉘른베르크 법정의 미국 측 검사였으며 검찰 측 증인인 미셀 무스마노의 통렬한 서평이 1963년 5월 19일 ≪뉴욕 타임스≫에 게재되는 것으로 시작하여 검찰의 상담역인 로빈슨의 책과 검사 자신의 책으로 그 절정에 도달하기까지 『예루살렘의 아이히만』을 둘러싼 논쟁을 통해서 서평자들의 선택은 중요했다. 주요 잡지와 학술잡지의 편집정책이 논쟁의 낮은 지적 수준을 주로 결정했다.

이러한 편집정책은 내부 논쟁 없이는 형성되지 못했다. 최악의 과잉 상태를 방지하려는 노력이 있었다. ≪타임스≫가 무스마노 판사의 서평을 받았을 때, 프랑시스 브라운 편집자의 승낙에 대한 편집진 내 의견의 차이가 분출되었다. 신문의 특집기사 편집자들 가운데 한 사람인 게르투르드 사뮤

---

98 Barbara Tuchman, "The Final Solution," *New York Times Book Review*, 29 may 1966, pp. 3, 12.

99 아렌트가 모호리-나기에게 보낸 편지(1966년 7월 5일), 의회도서관.

엘스는 골리앗의 투사로 불리는 벤구리온의 전기 작가인데, 그는 진정서를 회람시켰다. 망설이는 사람들은 압도당했다. 마찬가지로 드와이트 맥도날드는 『파르티잔 리뷰』의 편집자인 윌리엄 필립스에게 강력히 항의하였으나 성과는 없었다. 맥도날드는 라이오넬 아벨이 『새로운 정치』에 「의미가 깊지 못한 사상」이란 제목으로 아렌트에 적대적인 논문을 이미 출간했으며, 아벨의 공평성이 크게 의심받았다는 점을 필립스에게 알렸다. 맥도날드는 1963년 7월 16일자 편지에서(그는 아렌트에게 편지 사본을 보냈음) 잡지의 선택에 대한 아렌트의 반응을 필립스에게 또한 전달하였다.

> 아렌트는 다음과 같이 말했다. 그 서평은 "한 인간이나 진지한 필자로서 나에 대해 존중의 태도를 갖고 있지 않다. 그리고 그 서평은 지금까지 나타났던 것 가운데 최악이며, ≪타임스≫ 서평보다도 훨씬 더 혹독하다. 결국 그들은 나에 대한 어떠한 고려도 하지 않는다." 아렌트는 자신에게 전화를 하거나 편지를 보내지 말라고 당신에게 말하도록 나에게 역시 요청하였다. 그리고 아렌트는 또한 자신이 『파르티잔 리뷰』 측이나 당신 또는 필립 라브와 더 이상 관계를 유지하기 원하지 않는다고 말해줄 것을 나에게 요청하였다.[100]

하여튼 필립스는 아벨의 서평 원고 한 부를 아렌트에게 보냈다. 아렌트가 호기심으로 지적했듯이 7월 18일자 소인이 찍힌 봉투 안에 7월 11일이라는 날짜가 기록되어 있었고, 날짜를 원으로 표시하였다.

아마도 필립스는 시간을 들여 아렌트에 대한 『파르티잔 리뷰』 측의 양보를 편집 단평으로 수습하였을 것이다. 편집 단편에는 다음과 같이 언급되었다. "아렌트의 저서는 우리가 지난 10년 사이 생각할 수 있는 어느 다른

---

100 맥도날드가 필립스에게 보낸 편지(1963년 7월 16일), 아렌트의 사본, 의회도서관. Abel's "Pseudo-Profundity," a review of Arendt's *Between and Past and Future, New Politics*, 1/1(Fall 1961): 124-131.

저서들보다도 많은 논쟁을 야기했던 참신한 사유를 반영하고 있다. 이 저서는 자주 기고하는 필자이며 지식인 공동체의 저명한 일원이 이룬 결실이다. 이 잡지는 지식인 공동체를 대변하며, 이에 민감하게 반응하고 있다. 책에 대한 논평, 그리고 서평이라기보다 '솔직한 논쟁'으로 이해되는 아벨의 논문에 대한 기사가 실렸다. 아렌트를 지지하는 다니엘 벨과 메리 매카시의 논문이 게재된 이후 아렌트와 매카시가 공유했던 의견은 논쟁의 중심으로 이동하였다. 매카시는 "『예루살렘의 아이히만』이 마치 그의 '진정한 목적'을 가시화시키기 위해 특별한 쌍의 유대인다운 광경을 필요로 했던 것 같다"[101]라고 말하였다.

매카시의 진술은 일반적으로는 옳았지만 유대인 지식공동체 내에는 사소한 의견 차이가 많았다. 이러한 차이들 가운데 일부는 『의견 차이』 잡지사가 후원하는 공식 포럼에서 뚜렷하게 나타난다. 『예루살렘의 아이히만』에 대한 시르킨의 혹독한 비판이 『의견 차이』에 게재되었다. 유대인인 시르킨과 아벨은 모두 모임에서 사회자의 연단을 중심으로 역시 유대인인 다니엘 벨과 라울 힐베르크(아렌트 자신도 초청받았지만 브루노 베텔하임과 마찬가지로 사양했음)와 반대 좌석에 앉았다. 시르킨은 아이히만에 대한 아렌트의 묘사를 이치에 맞지 않는다고 무시한 후 유대인평의회가 나치의 학살계획에 본질적 역할을 하지 않았다는 점을 제시하려고 노력했을 뿐만 아니라 "사실은 ~이라는(완전한 진실)" 아렌트의 주장이 완전히 허위라는 점을 보여주고자 하였다. 두 번째 연사인 힐베르크는 유럽 유대인들이 자신들의 당면한 파멸이란 현실을 직시하지 않으려고 했으며, 할 수 있었듯 적극적으로 대응하지 않았다는 반대 의견을 피력하였다. 힐베르크의 연설은 청중으로부터

---

101 Mary McCarthy, "The Hue and Cry," *Partisan Review*(Winter 1964), p. 82. 매카시와 아렌트가 알고 있는 동아리에서 매카시의 판단은 옳을 수도 있다. 아렌트는 1963년 11월 24일 야스퍼스에게 보낸 편지(마르바흐 문서보관소)에서 다음과 같이 지적하였다. "이제 거의 모든 비유대인들이 내 편을 들고 있지만, 유대인이 비록 나를 완전히 지지하더라도, 어느 누구도 공개적으로 그렇게 하지 않는다는 것은 중대한 문제이다." 그러나 아렌트는 같은 편지에서 역시 자신의 유대인 학생들이 이해하고 있다고 지적하였다.

요란한 야유를 받았으며 아벨은 분노에 차 연사의 탁자를 마구 쳤다. 사회자인 어빙 호위는 아벨을 소개하였다. 아벨은 처음 자신이 지금까지 힐베르크의 학문적 능력에 대해 존경했다는 것을 통탄하고 아렌트의 저서를 격렬하게 공격하였으며, 최후의 발언으로 어떤 이름 없는 아벨의 친구에 의해 아렌트가 "하찮은 로자 룩셈부르크 같은 사람"으로 불렸다는 기이한 의견을 제시하였다. 다니엘 벨의 발언은 자신이 『파르티잔 리뷰』에서 밝힌 것과 매우 흡사하게 논쟁을 잠재우고자 절제하면서 차분하게 이루어졌다. 어빙 호위는 시간을 들여 잔인한 트로츠키도 '인간의 조건'에 대해 저술했던 일부 철학자들보다 인간조건에 대해 더 많이 이해하였다고 말하였지만, 이후 진행된 공개 토론은 힐베르크에 대한 비난으로 주로 집중되었다. 어빙 호위가 공개 토론을 종결한 직후까지 청중 가운데 어느 누구도 아렌트를 옹호하기 위해 일어서지 않았다. 이때 알프레드 카진은 자신의 오랜 친구를 옹호하기 위해 처음 공개적으로 일어섰다. 그러자 아벨은 "누가 당신을 여기에서 일어서라고 요청했는가? 누가 당신의 의견을 요청했는가?"라고 고함을 치면서 발언을 제지했을 뿐이었다.

이 모임에 관한 보고서를 보낸 젊은 유대인은 『예루살렘의 아이히만』이 유대인 공동체 내에서 세대 사이 갈등을 야기하는 것 같다고 논평하였다.[102] 프루흐터가 『좌파에 관한 연구*Studies on the Left*』에 「아렌트의 아이히만과 유대인 정체성」이란 글을 게재하였을 때, 이 갈등은 공개되었다. 프루흐터의 목소리는 젊은 유대인 급진주의자들의 목소리였다. 이들은 아렌트의 저서에서 "자신들의 역사 대신에 희생자의 신화"를 쓰려는 유대인들에 대한 저항과 "독일에 창궐했던 전체주의 운동의 재발을 방지하기 위해 시민의 책임이 모든 현대 국가에서 필요하다"는 분석을 발견하였다. 프루흐

102 딘스프레이는 1964년 3월 25일 자신의 미출간 논문 한 부를 아렌트에게 보냈다(의회도서관 소장). 호위는 『파르티잔 리뷰』(1964년 봄호)에서 『의견 차이』의 포럼을 훨씬 더 품위 있는 문제로 기술하였다.

터는 1930년대 독일과 1960년대 미국의 비교가 신좌파들 사이에서 일반화되고 있는 시점에 기사를 게재함으로써 구좌파들을 아연실색케 하였다. 1년 전 제임스 와인스타인은 「폴란드의 단치히 획득Goldwasser 이후 우리들은?」이란 단편을 출판하였다. 여기에서 비교는 명백해졌다. "오늘날 미국 사회와 나치 집권 이전과 집권 기간 몇 년 사이의 독일 사회는 실제로 유사성이 매우 많다." 아이히만은 상징적인 인물이 되었다. "아주 많은 미국인 관료들이나 군인들과 마찬가지로 아이히만은 아렌트의 설명에서 매우 제한적인 이데올로기적 신념을 지닌 사람으로 드러난다." 신좌파와 구좌파는 1965년 워싱턴 세인SANE 핵정책위원회 반전운동 시위에서 칼 오글스비의 연설 때문에 결별했다. 오글스비는 다음과 같이 언급했다. "베트남전을 설계하는 모든 사람들, 즉 지도를 연구하고 명령을 내리며 단추를 누르고 전사자들을 기록하는 사람들을 생각하라. 번디, 맥나마라, 러스크, 로지, 골드버그, 존슨 대통령 자신을 생각하자. 그들은 도덕적 괴물이 아니다. 그들은 모두 존경할 만한 분들이다. 그들은 모두 자유주의자들이다."[103]

젊은 유대인 급진주의자들, 그리고 1930년대 마르크스주의자였다가 1950년대 반마르크스주의자가 되었던 구세대 유대인들은 엄청난 견해 차이를 드러냈다. 그들은 이스라엘의 정책 그리고 이에 대한 미국계 유대인의 지지와 관련하여 견해의 차이를 보였다. 이러한 견해 차이는 아렌트의 저서에 대한 반응에 반영된 유대인 공동체 내 유일한 균열은 아니다. 시온주의자들은 아렌트의 반시온주의를 고려하였으며, 반시온주의자들은 자신들을 위해 아렌트에게 요구하려고 노력했다. 미국유대교평의회는 아렌트의 비판자들에게 대응할 수 있는 공식 포럼과 공식적인 보호 장치를 아렌트에게

103 Norman Fruchter, "Arendt's Eichmann and Jewish Identity," *Studies on the Left* 5(1965) and replies in the Fall 1965 issue. James Weinstein, "Nach Coldwasser Uns?" *Studies on the Left* 4(1964); 59-64; Carl Oglesby in Paul Jacobs and Saul Landau, eds., *The New Radicals* (New York: Random House, 1966), pp. 257ff. 또한 다음 자료를 참조할 것. Sol Stern, "May Jewish Problem - and Ours," *Ramparts* 10/12(August 1971); 30-40.

제안했다. 아렌트는 평의회에 다음과 같은 내용의 편지를 보내면서 제안을 거부하였다.

> 여러분은 제가 시온주의자였다는 것을 알고 있으며, 시온주의 단체와의 결별 이유가 평의회의 반시온주의 입장과 매우 다르다는 것을 알고 있습니다. 나는 원칙적으로 이스라엘을 반대하지 않지만, 이스라엘의 여러 가지 중요한 정책에 대해 반대합니다. 나는 다음과 같은 사실을 알고 있으며 그렇다고 믿습니다. 파국이 이 유대국가를 덮친다면 우리 모든 사람이 그 순간 어떠한 의견을 갖고 있든 간에 이러한 파국은 아마도 유대 민족 전체의 최종적인 파국이 될 것입니다.[104]

아렌트는 반시온주의에 관심을 갖지 않았다. 그는 어느 때와 같이 시온주의의 '충성스러운 반대'에 관심을 가지고 있었으며, 시온주의 독자들이 아렌트의 위상을 옛날대로 인정하였을 때 기꺼이 응답했다. 아렌트는 『유대인 변경』에 게재한 마리 시르킨의 첫 번째 비판적 논문에 대해 기뻐했다. "시르킨은 이 문제 전반에 대해 내가 함께 논의하고 싶었던 유일한 사람이다." 시르킨은 시온주의자로서 격렬하게 논쟁하였으며 시온주의를 반대하는 두 가지 전통을 충분히 인식하고 있었기 때문이다. 두 전통 가운데 하나는 "유대교평의회 부류의 동화주의자들이고, 다른 하나는 구파의 급진주의자들, 즉 '복합적인 충성심'의 반대자들과 대규모 국제적 이상의 옹호자들이다."[105] 시르킨이 암시했듯이, 한나 아렌트는 반시온주의자가 아니고 국제주의자다.

---

104 미국유대교평의회(ACJ)의 엘머 버거가 아렌트에게 보낸 편지(1963년 6월 4일, 13일), 첫 번째 편지에 대한 아렌트의 답장(1963년 6월 11일), 의회도서관. 아렌트는 1963년 7월 19일자 둘째 ACJ 편지에 대한 답장의 초안을 다음과 같이 마련하였지만 보내지는 않았다. "조직화된 운동이 지속되는 한 나는 아무것도 하지 않을 것이다. … 내가 이 전반적인 업무에 관여하는 것이 현명하지도 적절하지도 않다고 결정했다."

105 Marie Syrkin, "Miss Arendt Surveys the Holocaust," *Jewish Frontier*, May 1963, pp. 7-14. 이 논문에 대한 아렌트의 견해는 1964년 1월 27일 폼렌츠에게 보낸 편지에 담겨 있다(의회도서관 소장).

해답 없는 질문들

아렌트의 비판자들이 제기한 정치적 의견의 다양한 흐름은 아렌트가 제기했던 광범위한 쟁점들 위로 넘쳐흐르고, 이러한 쟁점들을 중심으로 형성되었다. 이에 대한 답변도 없었다. 베트남전이 단계적으로 확대되었을 때, 이러한 쟁점들은 미국의 정치적 삶에서 중요하게 되었다. 아렌트가 웨슬리언대학교에서 사귄 친구인 콜리는 전쟁에 관한 편지에 다음과 같은 항변으로 마무리하였다. "실례하지만 당신의 도덕을 기술하구려. 우리는 그것이 필요하다네. 나는 어떻든 한다오."[106] '도덕'을 위해서는 많이 것이 필요했고 현재도 그렇지만, 『예루살렘의 아이히만』은 그것을 충족시킬 수 없었다.

다수의 개혁파 유대인들은 시온주의와 명백한 연계를 갖지 않으며 미국 신좌파와 구좌파에 대한 정치적 신념을 갖고 있지 않은 사람들이다. 『예루살렘의 아이히만』에 대한 이들의 반발은 왜 이 책이 애독자들에게도 결국 '윤리학'일 수 없었는가라는 반응을 보여주었다. 아렌트와 편지를 주고받는 사람들 가운데 한 사람은 아렌트에게 다음과 같이 알렸다. "나는 다음과 같은 사실을 인정해야만 합니다. 내가 개혁파 또는 자유주의적 유대교 단체를 들리는 곳마다, 당신의 책에 대한 적대감이 자동적으로 나타나는군요. 그것은 최초로 고 레오 벡 박사에 대한 비방으로 평가되어 왔던 것에 기반을 두고 있군요."[107]

레오 벡에 대한 아렌트의 비판에서 자신의 책이 지니고 있는 최상과 최악의 특성은 연계되었다. 한편, 가장 난해한 질문들을 제기하는 용감한 노

---

106 콜리가 아렌트에게 아이오와에서 보낸 날짜 미상의 편지, 의회도서관.

107 로렌스가 아렌트에게 보낸 편지(1963년 7월 24일), 의회도서관. 로렌스는 또한 강의여행 편성자로서 봉사활동을 하였다. 아렌트는 1963년 9월 8일 다음과 같은 내용의 답장을 보냈다(의회도서관). "나는 그러한 일을 하는 부류의 사람은 아니며, 내가 개인적으로 불행한 사건으로 간주하고 있는데, 공공성을 벗어나 그러한 종류의 돈을 벌고 싶지는 않습니다."

력이며, 다른 한편 종종 몰이해한 설명이거나 자신의 질문들을 명료하게 제기하지 못한 실수는 연계되어 있다. 벡에 대한 아렌트 비판의 적대적 반응은 논쟁과 관련하여 상당히 곤란한 것을 보여주었다. 문장들은 맥락을 배제한 채 책 전체의 모습을 곡필하는 방향으로 구성되었다. 그러나 아렌트 자신은 불균형적으로 묘사함으로써 적대감을 야기했다.

랍비인 레오 벡은 베를린 출신 유대인의 지도자이고 제국연합의 대표이다. 유대인이 운영하였으나 1939년 해체된 유대인대표단은 나치가 운영한 제국연합의 전신이었다. 레오 벡은 아렌트가 다소 존경했던 사람이며 개혁파 유대교 비판자들 대부분이 조건 없이 존경했던 사람이었다. 아렌트는 재판 증언과 라울 힐베르크의 책을 이용하면서 레오 벡이 여러 차례 도피할 기회가 있을 때에 자기 민족을 포기하는 것에 대해 용감하게 거부한 사실을 모른 체하고 자신이 미심쩍다고 생각한 레오 벡의 행태 일부를 간략하게 기술했다. 벡이 나치가 '유대인 지도자Führende Juden'로 생각한 다른 사람들과 함께 테레지엔슈타트 수용소에 있을 때, 그는 아우슈비츠 수용소가 인간학살수용소라는 것을 1943년 8월 알았지만 이를 자기 동료 죄수들에게 말하지 않겠다는 '중대한 결정(벡의 표현)'을 하였다.[108] 아렌트는 이에 대해 다음과 같이 언급하였다.

> 어느 누구도 일부러 유대인 관리들에게 비밀을 지킬 것을 맹세시키지 않았다. 그들은 카스트너 박사의 사례에서 드러났듯이 침묵을 확인하거나 공포를 방지하기 위해서든, 베를린의 전임 유대교 최고 지도자 레오 벡의 사례에서 나타났듯이 '인간적인' 고려 대상, 예를 들면 '독가스 살인'을 예상하며 사는 게 그저 더 어려울 수 있다는 점에서든 자발

---

108 벡에 대한 힐베르크의 비판을 위해서 다음 자료를 참조할 것. *The Destruction of the European Jews*(New York: New Viewpoints, 1973), pp. 122-125, 297. 벡의 중대한 결정을 확인하기 위해서는 다음 자료를 참조할 것. Leonard Baker, *Days of Sorrow and Pain: Leo Baeck and Berlin Jews*(New York: Macmillan Co., 1978), p. 311.

적인 '비밀의 담지자들'이었다. 아이히만 재판 기간에 한 증인은 이러한 종류의 '인간'이 겪게 되는 불운한 결과를 지적하였다. 이들은 테레지엔슈타트에서 아우슈비츠로의 추방을 자원하였으며 자신들에게 진실을 말하지 않으려는 사람들을 '건전하지 못하다'고 비난하였다.[109]

몇 문장 이후 아렌트는 베를린에 머무는 마지막 몇 달 동안 보였던 벡의 행태를 예로 들면서 벡이 유대인을 체포하여 추방을 재촉할 목적으로 유대인 경찰Ordner을 임명하겠다는 비밀국가경찰Gestapo의 요청을 어떻게 준수했는가를 다음과 같이 기술하였다. "레오 벡은 학자답고 상당히 온화하며 고등 교육을 받았다. 그는 유대인 경찰들이 '더 온화하게 협조하면서 시련을 좀 더 완화시킬 것이라고 믿었다.' (이와 달리 훨씬 더 많은 일들이 유대인 경찰들에게 중대했기 때문에, 그들은 사실 더 잔인하게 행동하였으며 뇌물에 거의 매수당하지 않았다.)"

앞의 **인용문**은 『예루살렘의 아이히만』 수정판에 보이는 바와 같이 인용되지만, 아렌트는 그렇게 많은 독자들을 격노하게 했던 **문구**를 이 수정판에서 삭제하였다(굵은 활자, 옮긴이 강조). 아렌트는 벡을 유대인들과 이방인들의 눈에는 '유대인 지도자'였던 사람으로 언급했었다. 아마도 아렌트는 이 내용을 힐베르크로부터 인용했을 것이다. 힐베르크는 아이히만의 참모인 디에터 비스리세니가 벡을 '유대인 지도자'라고 불렀다고 지적했다. 그러나 힐베르크는 유대인이든 독일인이든 다른 사람들이 이 문구를 사용했다는 점을 암시하지 않았다.[110] 아렌트는 여러 차례 '성자'로 지지받는 사람에 대해 소름끼치는 연상을 내포하는 문구를 사용하였다. 최소한 말하더라도 그는 이 문구를 잘못 선택하였다. 이 문구의 사용은 아렌트의 반어법(풍자)이 논쟁보다 비난을 야기한 여러 가지 사례들 가운데 하나였다.

---

109 이것과 다음 인용문은 아렌트의 『아이히만』, 119쪽에서 발췌하였다.

110 Hilberg, *Destruction of the European Jews*, p. 292.

다른 한편, 벡의 옹호자들은 재판의 증인인 힐베르크, 그리고 아렌트 이외 그 누구도 베를린이나 테레지엔슈타트에 있던 벡의 행태를 비판했다는 암시를 제시하지 않았다. 아렌트는 자신의 연재 기사가 『뉴요커』에 게재되기 시작한 직후 정통파 랍비의 부인인 레샤 프라이어(1892~1984년 — 옮긴이)로부터 찬사와 지지를 표시하는 긴 편지를 받고 놀랐다. 그런데 프라이어는 청년알리야로 성장한 베를린 단체를 1932년에 설립하였으며, 아렌트도 파리에서 이 단체를 위해 활동하였다. 이스라엘로 이민을 갔었던 프라이어(1889~1969년 — 옮긴이)는 청년알리야에 관한 영어책 『어린이들을 오게 하라 *Let Children Come*』를 최근에 준비하고 있다고 아렌트에게 말하였다. 히브리어 원본에는 벡에 대한 프라이어의 비판이 담겨 있다. 그러나 닐콜슨출판사는 법정 소송을 회피하기 위하여 영어판에서 이러한 문장들 가운데 일부를 삭제해야 한다고 알렸다. 프라이어는 자신이 책을 집필하기 위해 사용하였던 자료들(제국연합과 벡의 서신 모음집 포함)이 야드 바셈 도서관에 소장되어 있다는 것을 아렌트에게 알렸다. 프라이어는 아렌트에게 사본들을 보내겠다고 제안하면서 특별히 중요하다고 생각한 몇 쪽의 사본을 보냈다. "미국에 살고 있는 독일계 유대인들과 이곳에 살고 있는 그들의 지지자들은 나에게 있음직한 온갖 비방과 위협을 하였다네. 그러한 이유 때문에 나는 당신의 논문들에 이어질 후기를 위한 자료를 당신에게 보내려는 생각을 갖게 되었네." 짐작건대 프라이어가 보냈을 복사본은 결코 도착하지 않았다. 아렌트는 편지 하단에 "이스라엘에서 서신을 검열하고 있다"[111]라고 기록하였다.

테레지엔쉬타트에서 보낸 벡의 행적을 기록했던 사람들은 레샤 프라이

111 프라이어가 아렌트에게 보낸 편지(1963년 3월 20일), 의회도서관. 아렌트는 이스라엘의 검열에 대해 과장된 개념을 가지고 있을 수 있지만, 의혹의 이유를 지속적으로 유지하고 있었다. 아렌트는 야스퍼스에게 보낸 1963년 10월 23일자 편지(마르바흐 문서보관소)에서 다음과 같이 언급하였다. "내가 보낸 편지와 받은 편지는 이스라엘의 검열을 받지 않았다. … 신뢰할만하다고 생각되는 편지(히브리대학 등)와 가족에 보내는 편지만이 도착했다." 히브리대학의 이스라엘 샤하크는 1967년 3월 3일자 아렌트에게 보낸 편지에서 자신이 예루살렘뿐만 아니라 히브리대학 도서관, 의회도서관에서도 『예루살렘의 아이히만』 보급판 사본을 발견하지 못했다고 밝혔다.

어와 달리 벡을 옹호하는 데 집중했다. 아돌프 레쉬니처는 ≪재건≫에 게재한 글에서 아렌트를 격렬하게 공격했다. 레쉬니처는 아우슈비츠에 대해 침묵하겠다는 벡의 결정에 대한 도덕적 옹호를 예로 제시하였다. 벡이 "죽음은 모든 사람들에게 확실하지 않다"고 생각했던 것을 지적한 후, 레쉬니처는 벡이 질병의 진정한 성격에 대해 환자에게 알리지 않기로 결정한 의사와 같다고 주장했다. 로빈슨은 벡의 정책(로빈슨의 주장에 따르면, 아렌트는 이를 범죄라고 규정했음)과 이러한 비유에 대해 논평하고 다음과 같이 결론지었다. "그러한 정책이 논란의 여지가 있다고 하더라도 그것을 노골적으로 비난할 수 없다."[112] 그러나 어떠한 옹호자도 논쟁하지 않았다.

종전 직후 폴 틸리히는 알버트 프리드랜더의 「테레지엔슈타트의 선생」에서 인용된 발언을 제시하였다. 틸리히는 "어느 누구도 집단수용소에서 발생한 사건들을 완전히 판단할 수 없다"고 말하였다. "그러나 나는 어떤 면에서 벡이 자체적으로 소유했던 마지막 정보를 조금도 제시하지 않았다고 비판하고 싶다. 아우슈비츠가 어떤 죽음을 의미하는가에 대해서 알았다면 그는 상세히 설명했어야 한다. 치유될 수 없는 환자가 항상 완전한 진실을 들어야만 하듯이 완전히 실존적인 진실은 항상 이용되어야 한다."[113] 레쉬니처와 로빈슨은 판단하려고 노력하지 않았지만 틸리히가 설정한 논쟁의 틀 내에 그냥 머물러 있었다. 그들 가운데 어느 누구도 아렌트가 인용한 증인들의 증언을 고려하지 않았다. 그들의 증언은 비유를 적용시킬 수 없게 하였다. 의사의 환자들은 목숨을 끊을 것인지 말 것인지, '죽음의 열차'에 지원할 것인지 말 것인지에 대한 결정을 제안받지 않는다. (힐베르크는 1945년 5월 테레지엔슈타트에 17,320명의 유대인이 생존해 있었다고 지적하였다.)[114] 아렌

112 Dr. Adolf Leschnitzer, *Aufbau*, 29 March 1963; Jacob Robinson, *The Crooked Shall Be Made Straight*, p. 206.

113 프리드랜더의 「테레지엔슈타트의 선생」에서 틸리히의 진술은 다음 자료를 참조할 것. Baker, *Days of Sorrow and Pain*, p. 311.

114 Hilberg, *Destruction of the European Jews*, p. 283.

트는 불필요한 반어법과 잘못된 인용 때문에 도덕적 쟁점을 모호케 하였지만, 진정한 도덕적 쟁점을 제기하였다. 그의 비판자들은 그것을 상정하지 않았다.

다른 한편, 아렌트는 랍비 벡의 평판을 잘 알고 있었으며, 그의 믿음과 꿋꿋함을 존경했다. 이전에 아렌트의 강의를 들었던 학생인 알프레드 프리드랜더는 1963년 7월 컬럼비아대학교 학생단체에서 연설을 해달라고 아렌트에게 요청하였다. 이때 아렌트는 공개적으로 벡에 대한 존경을 표시하였다. 프리드랜더가 기록한 바에 따르면, "아렌트는 두 시간 이상 질문들에 대해 명료하고 일관되게 답변하였으며, 유대인 역사와 일반 역사에 대한 지식과 인식을 보여주었다. 아렌트는 유대 민족에 더한 따듯한 감정을 보여주고 히틀러 시대 유대 민족의 비극적 위상을 보여주었으며, 자기 책의 일부를 보완하였다. (즉 아렌트는 레오 벡을 높이 칭찬하였다.)"[115] 그러나 핵심은 있었다. 아렌트는 활자화된 설명의 균형을 유지하지 않았다. 그의 책에서 갑자기 드러났던 것은 오래 전 벡에 대한 아렌트의 비판이었다. 이 비판은 벡과 처음 대면한 사실로 거슬러 올라간다. 전후 아렌트는 뉴욕에서 만났던 몇 명의 집단수용소 생존자들에 관한 내용의 편지를 블루멘펠트에게 보냈다. "저는 벡을 만나서 함께 이야기를 했습니다. 그분은 실제로 아주 무력했지만 마음이 흔들리지 않았기 때문에 인상적이었습니다. 그분은 1932년 당시와 마찬가지로 말하더군요. 히틀러는 유대인들을 박해했지. 왜? 물론 유대인들의 재능 때문이지. 그리고 유대인은 어느 다른 민족과 같이 평범한 사람이 결코 될 수 없지. 간단히 말하자면, 그때나 지금이나 동화주의자들의 관례적인 국수주의적 기질. 우리 유대인들은 또 다시 인류의 바로 심장이지 등."[116] 아렌트는 오래전에 받은 이러한 인상 때문에 유대인 경찰

---

115 Albert Friedlander, "The Arendt Report on Eichmann and the Jewish Community," *Central Conference of American Rabbis Journal* 11/2(October 1963): 55.

116 아렌트가 블루멘펠트에게 보낸 편지(1946년 1월 14일), 마르바흐 문서보관소. 벡에 대한 블루멘펠트의 의견(1964년 7월 27일 로젠에게 보낸 아렌트의 편지에 기록된 바와 같이, 의회도서관 소

들이 유대인으로서 형제들에게 친절하리라는 생각을 비판하였다. 아렌트는 이 생각을 일축했었으며, 유대인 경찰들은 '물론' 아주 친절하지는 않았다. 그리고 아렌트는 오래전에 형성된 이러한 인상 때문에 지도자Führer라는 용어를 조심성 없게 사용하였다. 아렌트는 이 용어를 통해 다른 민족보다 자기 민족을 격상시키려는 벡의 의도가 무심결에 자기 파괴적이라는 견해를 부각시켰지만 명료화하지 않았다.

아렌트는 민족에 대한 벡의 태도를 도덕적으로 정치적으로 잘못이라고 생각했다. 그러나 아렌트는 "자기 민족의 잘못이 다른 민족의 잘못보다 자신을 더 불편하게 만든다"는 입장을 가지고 있었다. 물론 벡의 태도와 아렌트의 입장 사이의 차이는 어떤 면에서는 그렇게 크지 않았다. 두 사람은 위대성을 높이 평가했으며, 자기 민족으로부터 도덕적 행위를 기대했다. 벡의 경우 도덕적 기준은 '선민'에 고정되어 있었지만 아렌트의 경우는 그렇지 않다. 따라서 아렌트는 자기 민족에 대해 '이중 잣대'를 사용하여 '자기 민족을 스스로 증오하는 사람'이란 비난을 받을 수 있었으며 가끔 그러한 비난을 받았다. 벡은 종교적 전통 내에서 언급하고 행동하였다. 아렌트는 깊은 종교적 신념을 가지고 있었다. 그러나 아렌트는 1940년 베를린 학생들에게 다음과 같이 제안하였던 벡의 독단적 설명을 결코 수용할 수 없었다. "박해는 강력한, 도덕주의적 사상과 함께 인류에 오는 모든 사람들의 운명이다. … 이스라엘은 하느님의 하인이며, 모든 민족에 대한 책임은 이스라엘에 달려 있다. 그러므로 이스라엘은 고통을 당하는 하인이다."[117] 아렌트는 자신의 학생들 가운데 한 사람에게 다음과 같이 말하였다. "종교와 철학 사이의 실질적 차이는 '도덕적 명제'가 진술되는 방식들 사이의 차이다. 종교적 진술은 항상 이성에 의존하지 않고 절대적이며 논쟁의 여지가 없는 복종을 요구하는 명제다. 그런데 철학자의 도덕적 명령은 실제로 결

장)은 다음과 같다. "벡은 완전히 거짓말 하는 친구이지만 용기를 가지고 있다."

117 Baker, *Days of Sorrow and Pain*, p. 263.

코 명령적이지 않다. 예컨대 플라톤을 통해서 보듯이 철학자는 논리적으로 생각하지 않는 사람들에게 자신의 합리적인 요구를 부과하고 싶다고 하더라도 그의 명령은 명령적이지 않다. 학생은 칸트에게서 기본적으로 비종교적인 도덕을 다루게 된다. 그 도덕은 인간 이성의 절대적인 자율성에 기반을 두고 있다. 정언명령의 기저가 되는 실질적인 명령은 다음과 같다. 당신과 모순되지 마라. 그리고 이것은 실제로 사유의 기본 법칙이거나 아니면 이성의 명령이다."[118] (강의를 들은 한 학생의 필기장 기록에 따르면), 아렌트는 1964년 3월 뉴욕에 위치한 시티컬리지의 힐렐 하우스에서 『예루살렘의 아이히만』을 논의하는 자신의 말을 듣는 학생들에게 다음과 같이 말하였다. "정당한 행위에 대한 변명은 증명될 수 없다. 플라톤은 이것을 인정하였으며, 정치적 목적을 위한 일종의 거짓말로서 보상과 처벌의 미래 상황에 대한 신화를 사용하였다. 이것은 정당하게 행위하는 실질적인 이유를 이해할 수 없는 사람들을 일렬로 세우는 당근과 채찍이다. 정치제도로 역할을 하는 기독교 교회는 동일한 이유 때문에 동일한 신화를 사용하였다. 종교적 권위가 붕괴된 오늘날에도 그 시금석은 우리가 악행을 하지 않을 실질적인 이유에 근거하고 이해할 만큼 충분히 성숙했는가이다. … 즉 '잘못을 하느니보다 잘못을 감수하는 것이 더 좋다'라는 명제가 바로 그 시금석이다. 플라톤이 『고르기아스』와 『국가』에서 우리에게 제시했듯이 … 범죄자가 특별히 당신에게 나타난다면 그와 함께 사는 게 불가능하다는 주장은 또한 그 시금석이다."[119] 아렌트는 이후 표현대로 「독재 치하에서의 개인적 책임」* 에 관심을 갖고 있었지 신적인 의지에 대한 어떠한 인간적 해석에 복종하는 것에 관심을 갖지 않았다는 점을 자신의 책에서 명백히 제시할 필요가 있었다. 그랬을 경우 그의 비판자들 가운데 일부는 강의를 들었던 학생들

118 아렌트가 시카고대학교 학생 아우람-마키스 코엔에게 보낸 편지(1972년 7월 2일), 의회도서관.

119 맥키나가 준비하고 아렌트가 주석을 붙인 비망록. 의회도서관.

* 옮긴이_ 이 논문은 제롬 콘이 편집한 모음집 『책임과 판단』에 수록되어 있다.

과 마찬가지로 아렌트의 주장을 존중했을 것이다. 구체적 판단이나 행위에 대한 개인적 책임과 모든 국민에 대한 잠재적으로 오만한 책임 사이의 차이는 상당히 크다.

아렌트는 자신의 책에서 제기했으나 해답 없는 질문들을 언급하기 시작하였다. 이때 그는 시카고대학교에서 「기본적인 도덕적 명제들」이란 제목으로, 뉴스쿨에서 「도덕에 대하여」라는 제목으로 강의를 진행시켰다. 그러나 아렌트의 책을 둘러싼 논쟁은 그의 연구를 매우 어렵게 했다. 그는 혼란스러웠다. 공개는 "나와 내 삶의 방식에는 최고의 불편거리"[120]였다. 그러나 아렌트는 논쟁 수준이 낮고, 어떠한 지적 실체도 거의 존재하지 않는 것 때문에 심히 낙담했다. 그는 서평을 집필하고 비망록을 작성하고, 아우구스티누스의 저서를 다시 읽고 출판할 수도 있다는 생각을 가지고 자신의 학위 논문 「아우구스티누스의 사랑 개념」을 다시 읽고 영어로 개정하기 위해서 정치적 성찰을 벗어나는 시간을 가졌다. 그러나 아렌트는 자신의 '정치 도덕'이 요구하는 지속적인 철학적 성찰을 위해 평화를 찾을 수 없었다. 아렌트의 책을 불리하게 서평했던 헤르츠베르크는 1966년 로빈슨의 『삐뚤어진 사람은 올바르게 되어야 한다』에 관한 내용의 편지를 아렌트에게 보냈다. 이때 헤르츠베르크는 아렌트가 자신의 마음속에 담고 있었던 논쟁에 관한 자신의 가장 솔직한 진술들 가운데 하나를 끌어냈다. 헤르츠베르크는 다음과 같이 편지를 썼다.

> 곰곰이 생각해보니 그(로빈슨 — 옮긴이)의 책이 시시하다는 것을 확신하며 『리포터』에 게재된 나의 단평이 잘못되었다는 것을 당신에게 알리고자 합니다. 제 생각에 논의할 쟁점들이 있으며, 당신은 그것들

---

120 아렌트의 『시선(*Look*)』 잡지와의 대담을 위한 비망록, 의회도서관. 그라프톤은 1963년 9월 19일 대담을 요청하는 편지를 보냈다(의회도서관 소장). 아렌트는 동의하였지만 잡지사 측이 이교도 대담자보다 오히려 유대인 대담자에게 보내기를 원하였을 때는 거부하였다. 아렌트가 야스퍼스에게 보낸 편지(1963년 10월 20일), 마르바흐 문서보관소.

을 거의 대부분 제기하였지만, 지금까지 논의는 그 주제의 고무적인 권위 아니면 당신 분석의 진지함에 부응하지 못하고 있습니다. 거의 모든 사람들이 당신의 분석을 완전히 부당하게 취급하고 있으며, 저 역시도 몇 문장의 경우 당신의 분석을 확실히 제대로 취급하지 못했습니다.[121]

아렌트는 로빈슨의 저서에 대한 라쿼의 서평에 반론을 제기하였고 이와 관련하여『뉴욕 서평』에 편지 답장을 보내느라고 여전히 지쳐있었다. 아렌트는 헤르츠베르크에 다음과 같은 내용의 감사 편지를 보냈다.

당신이 수행하였던 것은 결코 거의 이루어지지 못했습니다. 잘못 되었던 것들은 모두 뜻밖의 일이 있은 이후 해결되고 다시 제대로 되네요. … 나는 실질적인 논쟁을 기대했었지만, 당신은 대신에 우연히 발생한 것을 알고 있습니다. 나는 더 광범위한 쟁점들에 대해 공격을 받았을 경우 다음과 같이 답변할 것입니다. 이것은 내 임무가 아니라 단지 보고일 뿐이었습니다. 이것은 부분적으로 참입니다. 그러나 사실은 나 자신이 책을 집필하였을 때 그 해답을 몰랐다는 것입니다.[122]

아렌트는 문제 제기의 핵심이 책의 부제인 '악의 평범성'이 틀림없다는 것을 알았다. 아렌트는 '실물로 본 아이히만'을 통해 자신이 '개인에게 미치는 이데올로기의 영향'을 과대평가했다는 것을 알게 되었다. 아렌트는 아이히만의 경우 "절멸 자체가 반유대주의나 인종주의보다 더 중요하다"[123]는 결론을 내렸다. 나치 운동에서 안식처를 발견한 아이히만의 경우, 이 운동은 나치즘의 내용이나 정확한 논리보다 더 중요하였다. 아렌트는 이를 지적하면서 나치의 이해할 수 없는 본질, 즉 "근본적 악"을 지적하기 위해『전

---

121 헤르츠베르크가 아렌트에게 보낸 편지(1966년 3월 31일), 의회도서관.

122 아렌트가 헤르츠베르크에게 보낸 편지(1966년 4월 8일), 의회도서관.

123 아렌트가 매카시에게 보낸 편지(1963년 9월 20일), 매카시 보존서고.

체주의의 기원』에서 사용하였던 개념을 거부하였다. 아렌트는 이 개념을 거부했을 때 오랜 악몽에서 스스로 해방되었으며, 더 이상 악마들과 괴물들이 수백만 명의 학살을 추진했다는 이념에 집착해 살 필요가 없었다. 아렌트는 자신의 책 마지막 문장에서 악의 평범성이 "두렵고, 말과 사유를 거부한다"고 언급했다. 그러나 평범한 악의 존재는 인간본성에 내재된 원초적 악을 구성하는 요소의 증거도 아니며 인류의 징벌도 아니다.

아렌트는 보고서에서 아이히만의 양심이 어떻게 작동하지 못했는가를 밝혔다. 이것은 다음과 같은 의미를 담고 있다. 즉 아렌트는 아이히만이 다른 사람들과 마찬가지로 양심을 가졌다고 상정하였다. 아렌트는 정치적 관점에서 "동료의 고통을 목격하는 것에 대한 인간의 생득적 증오"와 관련한 루소의 유명한 진술을 다시 기술하면서 아이히만의 "범죄에 대한 생득적 증오"에 대해 언급했다.[124] 이후 아렌트는 자신이 악한 행위의 근거를 악한 본성에 두고 있는 사유 방식을 거부한다는 것을 깨달았다. 즉 그는 사람들이 악하기 때문에 그들이 악행을 한다고 주장하는 사유 방식을 거부하였다. 베르나르드 나우만의 『아우슈비츠*Auschwitz*』는 나치수용소 관료들을 심리하고 판결한 프랑크푸르트 법원의 재판 내용을 담고 있다. 아렌트는 이에 대한 1966년 서평에서 다음과 같이 언급하였다. "일반적으로 인류의 악한 본성, 원죄, 인간의 선천적인 '공격성'을, 특별히 독일 민족성을 광범위하게 언급하는데 역점을 두었다. … [그러나] 여하튼 간에 한 가지는 확실하다. 사람들은 이것을 더 이상 믿을 용기를 갖고 있지 못하다. 즉 모든 사람들은 아우슈비츠에서 스스로 선하거나 악하다고 결정할 수 있었다. … 그리고 이러한 결정은 한 유대인 또는 폴란드인 또는 독일인임에 결코 좌우되지 않았다. 그 결정은 친위대 요원임에도 좌우되지 않았다."[125]

---

124 Arendt, *Eichmann*, p. 93.

125 이 문장과 다음 발췌문은 다음 자료에서 인용한 것이다. Hannah Arendt, introduction to *Auschwitz*, by Bernard Naumann(New York: Friederich A. Praeger, 1966).

프랑크푸르트 법원의 나치 재판은 아렌트가 예루살렘에서 도달했던 판단을 확인시켰다. 집단수용소 기능인들은 자신들이 관여했던 대량학살에 개인적인 잔혹성을 발휘할 수도 있으며 약간의 친절성을 발휘할 수도 있었다. 이들은 두 가지 입장을 실행했을 수도 있었다. 즉 정신병리적 또는 악마적인 요소가 아닌 아주 피상적인 요소가 이들의 행위를 결정했다.

> 피고들의 임상학적 정상성에도 불구하고 아우슈비츠에서 나타났던 그들의 주요 인간적 요소는 새디즘이었다. 새디즘은 근본적으로 성적이다. … 아우슈비츠에서 나타났던 인간적 요소에 관한 한, 순전한 우울함은 중요성에서는 단지 이차적이었음에 틀림없다. … 마치 끊임없이 변화하는 그들의 분위기는 모든 실체(확고한 인상으로서 개인적 정체성, 선하거나 악함, 온화하거나 야수적임, '이상주의적' 백치나 냉소적인 성적 도착)를 잠식했다. 가장 혹독한 판결(형기 80년)을 제대로 받았던 동일 인물은 때때로 어린이들에게 소시지를 제공했다. 베나레크는 전문적으로 죄수들을 밟아 죽이는 특기를 발휘한 후 방으로 들어가 기도하였다. 그는 이때 정상적인 심리 상태에 있었기 때문이다. 수만 명의 생명을 죽도록 인계하였던 군의관은 자신의 옛 모교에서 공부했었던 여성을 구하였으며, 자신의 젊은 시절을 환기시켰다. 군의관은 출산한 어머니를 다음날 아침에 독가스로 처형해야 했지만 그에게 꽃과 초콜릿을 보냈다. … **죽음**은 아우슈비츠에서 최고의 통치자였다. 죽음과 함께 차례로 나타났지만 재소자들의 운명을 결정하는 것은 우연한 사건(죽음의 하인들의 변화하는 분위기 속에 포함된, 너무나 충격적이고 자의적인 우연성)이었다.

근본적 악의 세 가지 특징은 『전체주의의 기원』, 『인간의 조건』, 『혁명론』에서 아렌트의 논의에 지속적으로 나타났다. 근본적 악은 처벌할 수 없다. 근본적 악에 대해 어떠한 처벌을 하더라도 그것에 합당한 처벌은 없기 때문이다. 근본적 악은 용서할 수 없다. 그것은 인간적 이해를 벗어날 정도로 아주 비열한 동기에 뿌리를 두고 있기 때문이다. 마지막 특징은 아이히만 재판이 야기했던 것이다. 아렌트는 집단, 계급, 전체주의적 파멸기구 전체, 그리고 "모든 것이 허용되며 모든 것이 가능하다"는 언명이 자신들에게도 적용된다는 것을 증명하려는 욕망을 가졌던 전체주의 학살자들에게 "잉여적"이란 용어를 한때 적용시켰다. 그는 『예루살렘의 아이히만』에서 잉여성을 동기로 귀착시켰다. 동기들이 잉여적이게 되었을 때, 악은 평범하다.

아렌트는 인간들이 비열한 동기에서 행동할 수 있다는 것을 부정하지 않았다. 그는 "계산된 사악함"에 대해 언급하면서 이것을 평범한 악이나 동기 없는 악과 구별하였다. 리처드 3세가 셰익스피어의 희극에서 "악이 나의 선이다"라고 언급했듯이, 사악한 사람은 자신에게 말할 때 여전히 선과 악의 차이를 언급할 수 있다. 사악한 사람의 동기는 비록 비열하다고 하더라도 이해할 수 없지는 않다. '계산된'이란 형용사는 이것을 함의하고 있다.[126] 아렌트는 숄렘에게 "악이 결코 근본적이지 않다"고 언급했을 때 사악함을 부정하지는 않았다. 그는 사악함도 근본적이지 않으며, 이해할 수 없는 원초적 결점에 뿌리를 두고 있다는 것을 단지 암시하였다.

> 악이 결코 '근본적'이지 않으며 단지 극단적이라는 점, 악이 결코 심연이나 어떤 악마적 차원을 갖고 있지 않다는 점은 실제 나의 의견입니다. 악은 표피 위에 있는 효모균과 같이 확산되기 때문에 전 세계를 압도하고 황폐화시킬 수 있습니다. 제가 언급했듯이 사유가 어느 정도 심연에 이르거나 근원을 밝히려고 하기 때문에 악은 '사유'를 부정합니다. 사유가 악과 연관되려는 순간 무가 존재하기 때문에 사유는 좌절됩니다. 그것은 악의 '평범성'입니다. 선만이 심연을 가지고 있으며 근본적일 수 있습니다.[127]

---

126 '계산된 사악함'에 대해서는 다음 문헌을 참조할 것. 아렌트의 웰즐리대학교 강의 비망록(1964년 3월 16일); 의회도서관; *The Life of the Mind*(New York: Harcourt Brace Jovanovich, 1978), 1: 3-5.

근본적 악이란 이념은 마니교 교의나 영지주의적 교의를 환기시킨다. 이러한 교의에서 선과 악은 모두 원초적이며 우주와 각 인간에 나타나는 선악 투쟁의 독립적이고 실재적인 근원이다. 아렌트는 이러한 이념을 거부하였을 때 서양 전통의 주요한 대안이었던 교의의 방향에서 이동하였다. 악은 단지 선의 결여이다. 루시퍼는 타락한 천사이지 악으로 창조된 존재는 아니었다. 그러나 아렌트는 과거 마니교도였던 사람들 가운데 가장 위대한 사람을 존경했음에도 불구하고 신학자는 아니었으며, 아우구스티누스적인 사람도 아니었다. 아렌트는 세속적인 의미에서 악의 '결여' 성격을 설명하였다. 그는 선을 인식하는 게 선행을 하는 것이라는 플라톤의 견해에 동의하지 않았다. 아렌트는 사유가 악행을 하지 않도록 사람에 영향을 미친다고 주장했다. 선과 악을 판단하는 능력은 사유 활동의 부산물이기 때문이다. 아렌트는 자신의 마지막 저서인 『정신의 삶』에서만 사유하지 않음이 어떻게 판단을 배제할 수 있는가, 우리가 어떻게 "이것이 옳거나 저것이 그르다"라고 말해야 할 능력을 차단할 수 있는가를 기술하기 시작하였다.

그레이는 아렌트의 독자들 가운데 가장 민감하고 철학적으로 예리한 사람이었다. 그는 아이히만에 대한 아렌트의 묘사가 지닌 중요성을 바로 이해하였다. 그레이는 1963년 3월 23일 다음과 같은 내용의 편지를 썼다. "당신도 알다시피, 나는 전쟁 중이든 이후이든 그러한 나치 기능인 수백 명을 심문해야만 하였으며, 그(아이히만)는 그들의 분위기와 잘 어울리는 것 같군요. '악한 인간'에 대한 낭만적인 묘사는 전혀 아닙니다." 따라서 그레이는 추가적인 성찰 이후에 다시 편지를 보냈다. 즉 "내가 당신을 만났을 때, 나는 악이 형이상학적 실재나 심연을 가지고 있지 않다는 주장에 도전하고자 했습니다. 그것은 나에게 대부분의 당신 생각보다 훨씬 더 플라톤적이라는 느낌을 주었지요. 당신은 아이히만 재판에서 만족스럽게도 그것을 확립하

---

127 아렌트-숄렘 교환 서신, 앞의 각주 18을 참조할 것.

였는데, 괴벨스가 피고석에 앉아 있었다면, 나는 당신이 그러한 책의 부제를 사용했을지 궁금하네요."[128] 야스퍼스도 마찬가지로 자제하였다. 아렌트는 특별히 평범한 악의 사례에서 악 일반의 개념으로 신속하게 이동하였는가? 야스퍼스는 아렌트의 위치를 이해하였다. "이제, 여기에서 당신은 영지주의자들에 대해 결정적인 말을 하였다오. 당신은 ['근본적 악' 개념을 수정했던] 칸트와 견해를 같이 하면서 '인간은 악마가 될 수 없다'고 언급했다오. 그리고 나는 당신과 견해를 같이 한다오." 야스퍼스는 이후 다른 편지에서 질문을 제기하였다. "나는 생각한다오. 그 개념은 명료하며, 책의 제목으로서 충격적이지. 그것은 다음과 같은 의미를 담고 있소. 이 인간의 악은 평범하지, 악이 평범하지는 않다네. … '악하다는 것'은 아이히만을 특징화하는 문구 이면에 여전히 존재하고 있지. 실제로 [숄렘]에 대한 당신의 대답이 한때 너무 강렬하면서도 너무 약한 것 같구려. 이제 우리는 당신이 방문하게 되었을 때 서로 마음에 들도록 각기 토론할 수 있다오."[129]

불행하게도 그들이 이 문제를 두고 논쟁한 기록은 존재하지 않는다. 아렌트는 악이 결코 근본적이지 않다는 주장을 포기하지 않았지만 자신의 저작에서 충분한 논쟁이 아니라 평범성에 대한 추가적인 설명만을 제시했다. 예컨대, 아렌트는 결코 자신의 반프로이트 개념에 관련된 철학적 문제들을 채택하지 않았다. 이 개념에 따르면, '근본적으로 성적인' 새디즘은 근본적이지 않다. 물론 아렌트는 『폭력론』에서 폭력이 "야수적이지도 않고 비합리적이지도 않다"는 자신의 신념을 옹호하는 주장을 제시하였다.[130] 외형적으로 아렌트는 이 주장의 일반성에 대해 약간 유보하였다. 아렌트는 『예루살렘의 아이히만』에서 자신이 라인하르트 하이드리히를 '**최종 해결책**의 실

---

128 그레이가 아렌트에게 보낸 편지(1963년 3월 23일, 1964년 4월), 의회도서관.

129 야스퍼스가 아렌트에게 보낸 편지(1963년 10월 10일, 12월 13일), 마르바흐 문서보관소.

130 Hannah Arendt, *On Violence*(New York: Harcourt Brace & World, 1970), p. 63. 프로이트는 『문명과 그의 불만(*Civilization and its Discontents*)』에서 물론 새디즘과 매조키즘에 잠재된 공격성의 기저가 되는 죽음본능, 근본적 본능이 있다고 주장했다.

질적인 추진자'라고 말하고 절대적으로 악하다고 생각한 점을 대화에서 메리 매카시에게 한때 인정하였기 때문이다. 그럼에도 아렌트는 자신이 도달한 입장에서 계속 일반화하였으며, 여러 차례의 공개적인 발언에서 그것이 의미하는 바를 명료하게 밝혔다. "널리 인정되는 이론은 있다. 나는 『전체주의의 기원』에서 역시 이 이론에 기여하였다. 즉 이러한 범죄는 인간적 판단의 가능성을 거부하며 우리 법제도의 틀을 분열시킨다."[131] 이것은 아렌트가 극복한 이론이었다.

아렌트가 내린 결론 이면에는 '근본적 악'의 다른 두 가지 특징에 대한 오랜 성찰이 깔려있다. 그는 극단적 악이 근본적이든 평범하든 처벌할 수 없고 용서할 수 없다는 견해를 포기하지 않았다. 그러나 그는 『인간의 조건』을 아주 열렬하게 읽었던 독자들 가운데 한 사람인 시인 오든의 도움으로 자신의 견해에 필요한 기반을 변경하였다.

오든(1907~1973년 — 옮긴이)은 아렌트의 책을 읽고 대단히 놀랐다. 그는 아렌트에게 감사하다는 전화를 한 후에 서평을 집필하였다. 그는 다음과 같이 밝혔다. "지금이나 그때나 언제든지 나는 나를 위해 특별히 집필했다는 인상을 준 책 한 권을 우연히 마주하게 되었다. … 그것은 내가 스스로 제기하고 있던 그러한 질문들에 답변하는 것 같다."[132] 그럼에도 오든은 『인간의 조건』을 읽고 질문을 제기하였다. 그는 자신들이 아는 상황을 우정으로 전환하기라도 하듯이 개인적으로 아렌트에게 이러한 질문들을 건넸다. 아렌트는 1960년 2월 14일자 편지에서 그 질문들뿐만 아니라 오든의 생일파티에 참석해달라는 동반 초청을 모두 수용하였다. 아렌트는 오든이 자신의 서평에서 심정을 토로하면서도 문제를 제기하지 않자 불편해했다. 그런

---

131 법률적 딜레마에 대한 두 가지 매우 명료한 진술은 다음과 같다. Ernst von den Haag, "Crimes Against Humanity," *National Review*, 27 August 1963, pp. 154-157 and Ronald Berman, "Hostis Humani Generis," *Kenyon Review*, Summer 1963. 아렌트는 출간된 서평 가운데 "가장 통찰력 있고, 그런 내 말을 허용할 경우 가장 지적인 서평"이라고 베르만을 칭찬하였다. 아렌트가 베르만에게 보낸 편지(1963년 9월 20일), 의회도서관.

132 W, H. Auden, "Thinking What We Are Doing," *Encounter*, June 1959, pp. 72-76.

데 오든이 질문할 게 있다는 점을 알고 아마도 안도한 채 매우 조심스럽게 편지를 보냈을 것이다. 아렌트는 서평을 읽은 후 매카시에게 다음과 같은 말을 털어놓았다. "이제 나는 오든이 전화를 했을 때보다 지금이 더욱 당혹스러워. 어쨌든 나는 저자의 역할에 전적으로 맞지 않아. 그것은 적절한 이념이 부족한 단순한 사례라네."[133]

아렌트는 『인간의 조건』에서 다음과 같이 주장했다. 즉 "우리는 무엇인가를 수행한 사람을 위해 … 그것을 용서한다." 그런데 오든은 이러한 표현이 문제가 있다는 것을 알았다. 아렌트는 다음과 같이 인정했다. "내가 우리는 무엇인가를 수행한 사람을 위해 그것을 용서해야 한다고 말했을 때, 나는 잘못했네. … 나는 무엇인가를 용서하지 않은 채 누군가를 용서할 수 없네."[134] 예컨대, 아렌트는 아이히만의 어떠한 소행도 용서하지 않은 채 그를 용서할 수도 있다. 그리고 아렌트는 자신이 이러한 가능성을 거절한 이유를 명료하게 설명해야 한다는 것을 알았다. 『예루살렘의 아이히만』은 그의 대답으로 종결되었다.

> 논의 자체를 위해서 그것이 대량학살 조직에서 당신을 적극적인 도구로 만든 불행에 불과하다고 가정하자. 그러나 당신이 대량학살 정책을 수행하였고, 그래서 이를 적극적으로 지지했다는 사실은 여전히 남아 있다. 정치는 육아실과 같지 않기 때문이다. 정치에서 복종과 지지는 같은 의미를 갖는다. 그리고 당신과 상급자들 가운데 누구는 세계에 거주해도 되고 누구는 거주해서는 안 되는가를 결정할 어떤 권리를 갖기라도 한 듯이, 당신은 유대 민족, 그리고 수많은 다른 국가들의 민족과 지구를 공유하고 싶어 하지 않는 정책을 지지하고 수행하였다. 그럴 경우 우리는 어느 누구, 즉 인류의 구성원이 당신과 함께 지구를

---

133 아렌트가 매카시에게 보낸 편지(1959년 11월 11일), 매카시 보존서고.

134 아렌트가 오든에게 보낸 편지(1960년 2월 14일), 의회도서관. (아렌트의 서류철은 자신이 응답하고 있는 오든의 편지를 포함하고 있지 않다.)

공유하고 싶어 한다고 기대하지 못한다는 것을 알게 된다. 이것이 이유이다. 이것은 당신이 교수형 당해야 하는 이유이다.[135]

한 인간은 개인적으로 용서를 받을 수 있다. 그의 '내면적 삶'이 범죄적이지 않다고 어쨌든 증명될 수도 있다. 그렇다고 하더라도 대량학살 정책에 복종하고 이를 수행하려는 아이히만의 결정은 용서받을 수 없다. 그는 이러한 결정으로 유대인 및 다른 사람들과 함께 '지구를 공유하기를' 거부하였다.

아렌트 비판자들은 아렌트가 아이히만에게 제시했던 장황한 주장을 오만한 것으로 생각하였다. 그는 법정의 판결을 거부하고 자신의 판결로 대체한다는 비난을 받았다. 아렌트는 사실 법정의 판결을 수용하였으며, 관련된 개인으로서 자신의 판단을 제공할 권리도 갖고 있다는 것을 아주 잘 알고 있었다. 그는 장황한 주장에 대한 다른 종류의 비판에만 대응하였다. 편지를 보낸 한 독일인은 아렌트에게 더 세심하면서도 낙담스런 질문을 하였다. 당신은 수많은 사람이 아이히만이나 그와 같은 부류의 인간들과 함께 지구를 공유하는 것에 대해 싫어하지 않는다고 생각하지 않으십니까? 아렌트는 다음과 같이 답변하였다. "내가 의미하는 바, 그리고 영어로는 쉽게 포착할 수 없는 바는 어느 누구도 아이히만과 지구를 공유할 것으로 합리적으로 기대될 수 없다는 것입니다. 많은 사람들은 이것이 비합리적인 기대라는 것을 모르고 있답니다. 그러나 이러한 사실은 판결을 거부하지 않지요."[136]

오든은 아렌트의 용서 개념에 의문을 제기하면서 아렌트에게 다른 구별을 강요하였다. 아렌트는 용서의 대안(결코 정반대의 말은 아님)이 처벌이라고 주장하였다. 아렌트의 주장대로, "용서와 처벌은 개입 없이 무한히 지속될

---

135 Arendt, *Eichmann*, p. 279.

136 아렌트가 폰 쿠에넬트-레딘(1909~1999년 — 옮긴이)에게 보낸 편지(1963년 7월 18일), 의회도서관. "… was ich meinte un was im Englishcen nicht so gut ausdrückbar ist, ist dass es niemandem zugemutet werden kann. Dass viele nicht wissen, dass dies eine Zumutung ist, spricht nicht gegen den Satz."

수 있는 무엇인가를 종결시키고자 한다는 점을 공유하고 있다. 그러므로 처벌할 수 없는 것을 용서할 수 없으며, 결과적으로 용서할 수 없는 것을 처벌할 수 없다는 것은 인간 문제의 영역에서 구조적인 요소이며 아주 중요하다. 이것은 칸트 이후 이른바 근본적 악이란 그러한 범죄의 진정한 징표이다." 이 문장에 자극된 오든은 용서와 사법적 사면의 차이를 제안하게 되었다. 아렌트는 다음과 같이 인정하였다. "처벌이 사법적 사면에만 필요한 대안이라는 점에서 당신은 전적으로 옳네(나는 전적으로 틀렸지). 나는 모든 가능한 처벌을 초월한 그러한 정도의 범죄에 대면하였던 뉘른베르크 법원 담당 판사들의 불합리한 위상을 생각하고 있었다오."[137] 여러분이 용서할 수 없는 사람을 적절히 처벌하는 것은 불가능할 수도 있다. 그러나 여러분은 법적으로 사면할 수 없는 사람을 처벌해야만 한다면(처벌이 적절한가의 여부에 관계없이), 사법적 사면에 대한 반대 주장은 "당신은 교수형당해야 한다"는 고발을 동반해야 한다. 법제도의 틀이 새로운 형태의 범죄, '행정적 대학살'에 의해 곡해될 때라도 처벌 불가능성이 아닌 사면 불가능성은 쟁점이 되고 있다. 이스라엘이 아이히만을 교수형에 처하였을 때 아렌트는 자신의 책을 집필하고 있었다. 이때 아렌트는 매카시에게 다음과 같이 간결하게 말하였다. "나는 그들이 아이히만을 교수형에 처한 것에 대해 기쁘네. 그게 중요한 것은 아니지. 그러나 내가 느낀 바에 따르면, 그들이 상황을 논리적인 결론으로 몰고 가지 않았다면, 그들은 자신들을 전적으로 웃음꺼리로 만들었을 것이야."[138] 교수형은 부적절하지만, 사면 불가능성은 어떻든 옹호되어야만 했다.

'악의 평범성'이란 개념은 철학적이든 법률적이든 포착하기 어렵지만 정치적으로 훨씬 단순했다. 정치의 가장 일반적인 환상들 가운데 하나는 악

137 Arendt, *The Human Condition*, p. 241; 아렌트가 오든에게 보낸 편지(1960년 2월 14일), 의회도서관.

138 아렌트가 매카시에게 보낸 편지(1962년 6월 7일), 매카시 보존서고.

이 어떤 선을 창출할 수 있다는 주장, 그리고 덜한 악이 어떤 면으로 선이거나 어떤 미래에 선일 수 있다는 주장이다. 아렌트가 『폭력론』에서 언급했듯이, 이러한 주장은 "악이 선의 결여 양태 … 여전히 숨겨진 선의 잠정적 표현에 불과하다"는 생각의 다른 견해이다.[139] 단지 훌륭한 신념이나 커다란 긍지(아마도 둘 모두)는 악의 수단으로 선해지려는 유혹에 맞설 수 있다. 아렌트는 교황 요한 23세에 대해 다음과 같이 언급하였다.

> 그는 들에 핀 라일락 같이 '하루하루 사는 것' 심지어 '시시각각 사는 것'에도 항상 만족했었다. 그리고 그는 '미래에 관심을 갖지 않기' 위해서, '미래에 대한 인간적 규정을 만들지 않기' 위해서, 그리고 '어느 누구에게나 독단적이고 무관심하게 말하지 않도록 배려하기' 위해서 새로운 국가(교황청)를 위한 '기본적 행동지침'을 이제 설정하였다. '그렇게 함으로써 다른 사람에게 유용할 수 있다는 희망에서 악과 어떠한 방식으로 공모하는 것'으로부터 그를 보호하는 것은 신학적이든 정치적이든 이론이 아니라 믿음이었다.[140]

악을 묵인하는 것에 대한 거부와 미래를 알고 있다는 주장에 대한 거부는 모두 동일하다. 악의 수단들을 수용하도록 훌륭한 사람들을 유혹하는 것은 역사적 필연성을 주장하는 이론이나 신의 의지에 대한 해석과 종종 연계되는 미래의 선에 관한 표현이다. 악이 평범하다면 잘못된 본성이나 원죄는 악에 말려들도록 요구받는다. 자신이 행하는 것을 알지 못하는 가장 훌륭한 사람은 실제로 미래의 선을 위해서 혹사당할 것 같다. 아렌트는 『시선』 잡지 측과 대담하려고 준비했던 일련의 기록에서 이러한 쟁점들에 대한 자신의 이해를 명료하게 밝혔다.

---

139 Arendt, *On Violence*, p. 56.

140 Hannah Arendt, "A Christen on St. Peter's Chair," *Men in Dark Times*, pp. 64-65.

'악의 평범성'이란 개념은 선이 악에서 발생할 수 있다는 개념과 대조된다. 항상 악을 지향하면서도 항상 선을 창조하는 정신(메피스토펠레스), 타락한 천사인 악마 루시퍼는 가장 훌륭한 존재가 가장 타락한 존재가 될 가능성이 매우 높다는 것을 암시하고 있다. 헤겔의 철학 전체는 '부정의 힘,' 예를 들면 자유 영역을 창출할 필연성의 힘에 의존하고 있다. 유럽의 시온주의자들(미국 시온주의자들이 주장하는 견해와 구별됨)은 반유대주의가 유대 민족의 선을 위해 필요하다고 종종 생각하고 이에 대해 언급하였다. 나에게 보낸 편지에서 최초의 시온주의 논쟁을 토론한 저명한 한 시온주의자의 말에 따르면, "반유대주의자들은 유대인을 제거하고 싶어 하며, 완벽한 경쟁자인 그들을 수용하고자 한다." 우리가 우리의 구원을 위해 우리의 적을 이용할 수 있다는 개념은 항상 시온주의의 '원죄'가 되어 왔다.[141]

아렌트는 『시선』 잡지 측과 대담을 위해 유대인평의회 회원들의 행태를 정당화하고자 사용된 논쟁 목록을 작성하였다.

1) "당신이 죽기를 원한다면, 당신의 친척이 선발하게 하는 것이 더 좋다." 나는 그것에 반대한다. 그들의 학살행위를 나치에게 하도록 놔두는 것이 훨씬 더 좋을 것이다. 2) "100명의 희생으로 우리는 1,000명을 구할 것이다." 이러한 주장 역시 나에게는 인간 제물의 최후 방식인 것 같다. 7명의 처녀를 선발하여, 신들의 노여움을 달래고자 그들을 희생시켜라. 물론, 이것은 나의 종교적 신념은 아니며, 분명히 유대주의의 신념도 아니다. 3) 마지막으로, 덜한 악의 이론이다. 결과는 다음과 같다. 훌륭한 사람도 최악의 일을 행한다.

---

141 『시선』 잡지 측과 대담을 위한 비망록(앞의 각주 120 참조). "유명한 시온주의"에 관한 언급을 파악하기 위해 다음 자료를 참조할 것. 웰치가 아렌트에게 보낸 편지(1963년 8월 16일)와 아렌트의 답장(1963년 8월 29일), 의회도서관. 아렌트는 1963년 12월 12일 편지(의회도서관 소장)에서 사뮤엘 멀린과 함께 웰치의 편지에 대하여 논의하였다.

이러한 세 가지 논쟁은 아렌트의 『예루살렘의 아이히만』에 내재되어 있지만, 그는 책을 출간한 이후까지 이들에 대해 성찰하지 않았다. 그는 자신의 책이 충분히 고려하지 않았던 도덕적 의미를 지니고 있다는 것에 대해 알고 있다고 사적으로 솔직하게 다음과 같이 인정하였다. 즉 "집필은 나에게는 다소간 사후적 치유였지요. 그리고 나에게는 비록 겸손하지 못하여 그러한 공식적 표현을 사용하지 않았다고 하더라도 그것이 [당신이 언급했듯이] '새로운 정치도덕을 창조하기 위한 근거'에 대한 접근이라는 것은 참입니다."[142]

아렌트는 '정치 도덕'에 대한 이러한 주석과 더불어 『혁명론』을 위해 다시 공식화하였던 정치이론의 두 가지 오래된 입장에 '악의 평범성'이란 개념을 연계시키기 시작했다. 첫째, 그는 "달걀을 깨지 않은 채 오믈렛을 만들 수 없는" 방식으로 행위를 제작으로 이해할 경우 행위 개념이 왜곡된다는 자신의 이해에 악의 평범성 개념을 연계시켰다. 행위는 목적과 수단의 문제가 아니다. 둘째, 아렌트는 "목적이 수단을 정당화한다"는 방식으로 활동하기 쉬운 지도자들에 대한 역사적 연구에 '악의 평범성' 개념을 연계시켰다. 지도자들은 자기 국민들로부터 분리되면서 공개 논쟁의 공동세계에서만 존재할 수 있는 공통감을 상실하였기 때문이다. 아렌트의 저서를 비판하는 사람들이 유대인평의회의 무죄를 입증하고자 시도했던 방식들은 아렌트의 두 번째 성찰을 통해 아렌트에게 확신을 주었다. 예를 들면, 아렌트는 야곱 로빈슨의 무죄입증 노력에 경악했으며, 『뉴욕 서평』에 보낸 편지에서 이러한 내용을 언급하였다.

> 로빈슨의 주요 테제는 두 문장으로 표현된다. "상점 주인이 **자기 가**

142 아렌트가 마이어-크로네메이어에게 보낸 편지(1963년 7월 18일), 의회도서관. "Das Schreiben war mir damals eine *cura posterior*. Aber, dass es mir wirklich darauf ankommt, 'die Grundlagen einer neuen politischen Moral zu schaffen,' ist natürlich wahr, wenn ich es auch so aus Bescheidenheit nie formuliert habe."

게를 포기하도록 총부리를 내미는 무장 강도의 공모자로 간주될 수 없는 것과 같이, 유대인평의회의 회원들도 법적이며 도덕적으로 자신들을 통제하는 나치 지도자들의 공모자로 더 이상 인정될 수 없는 것과 같다." 우리가 유대인평의회에 가할 수 있는 최악의 비난은 실제로 유대인의 생명을 소유하기라도 한 듯이 유대인의 생명을 박탈했다고 비난하는 것일 수 있으며, 내가 알기로는 어느 누구도 언제나 로빈슨 앞에서 감히 그 이상 주장하지를 못했다. … 두 번째 우리는 [몇 쪽 지난 부분에서] "평의회에 대한 약속을 수용한 누구든지 책임감으로부터 벗어나 대개 그렇게 하였으며, 총부리 앞에서 결코 강요당하지 않았다는 것을 듣게 된다. 로빈슨의 두 번째 테제는 모든 유대 민족에게 가장 좋은 것에 대한 훌륭한 판단을 수반하였다.[143]

아렌트는 유대인평의회에 관여했던 레오 백과 같은 사람들의 '책임감'에 결코 의문을 제기하지 않았다. 아렌트는 그러한 감정이 모든 유대 민족을 위해 가장 좋은 것에 대한 훌륭한 판단을 동반하는가에 의문을 제기하였다.

아렌트의 「악의 평범성에 관한 보고서」는 자신의 정치 도덕을 집필하겠다는 도전이 되었다. 그러나 윤리학Moralia의 집필은 그의 양식은 아니었다. 아렌트가 1964년 「독재 치하에서의 개인적 책임」이란 주제로 수행한 연설에서 개략적으로 밝혔던 이유들에 도움이 되지 않는 고정된 도덕률로 생각

---

143 "The Formidable Dr. Robinson," Feldman, ed., *The Jew as Pariah*(New York: Random House, 1979), p. 159(굵은 활자는 강조). 아렌트는 다음과 같은 점을 의심하였다. 많은 지도자들은 자신들이 매우 귀중하다고 생각하는 사람들을 위해 선입견을 가지고 자신들의 행정적인 임무를 수행하였다. 아렌트는 1964년 3월 26일 힐렐 하우스, 뉴욕 시티칼리지 토론에서 다음과 같이 언급하였다. "사형수 명단에 이름을 올리는 무자비한 임무를 추진했던 사람들과 관련하여 … 그들을 위한 사례가 만들어졌다. 적어도 그들은 그것을 끝까지 주장했다. 카스트너는 사형을 기다리는 것보다 이러한 무시무시한 책임을 짊어지는 것이 더 많은 용기를 필요로 한다고 주장했다. 그는 자신, 벡, 그리고 다른 사람들을 침몰하는 배의 선장과 비유하였다. 그러나 비유는 잘못되었다. '여자와 어린이가 우선'이라는 원칙은 자의적인 원칙, 즉 선택할 필요가 없이 수행되는 원칙이었기 때문이다. 그러나 카스트너와 다른 사람들은 스스로 선택하였으며, 친구들을 포함한 유대인 명사들이 그렇지 않은 사람들보다 살 수 있는 자격을 더 많이 갖추고 있다고 결정했다. 그러한 선택은 하나님에게 맡겨진다."(조지 매케나가 마련한 비망록, 의회도서관. 또한 날짜 미상(1963년?)의 기디온 짜프스키에 보낸 편지, 의회도서관 참조.)

했던 바와 같이. 그가 설정한 목표는 정치적 판단력 비판이었다. 아렌트는 나치와 협력하기를 거부하였던 사람들에 대해 언급하였으며, 『정신의 삶』에서 이후 제기하였던 주제들을 언급하였다.

> 다수가 무책임하다고 지적하는 비참여자들은 스스로 판단할 수 있는 유일한 사람들이었다. 그들은 훨씬 훌륭한 가치체계를 가지고 있기 때문에 스스로 판단한 것도 아니고, 자신들의 정신과 양심에 옳고 그름의 오랜 기준을 여전히 확고하게 각인시켰기 때문에 스스로 판단한 것도 아니다. 그러나 나는 그 이유를 제안하고자 한다. 우리는 마치 발생하는 특별한 사례에 적용시키는 일련의 학구적이거나 본질적인 규칙을 가지고 있기라도 한 듯이, 그들의 양심은 사실상 자동적인 방식으로 기능하지 않는다. … 내 생각에 그들의 기준은 다른 것이었다. 그들은 어떠한 행위를 수행한 이후 어느 정도 자신들과 평화롭게 여전히 살 수 있는가에 대해 스스로 질문하였다. … 이러한 종류의 판단을 위한 전제는 도덕 문제에서 고도로 발전된 지성이나 세련화가 아니라 자신과 명백히 함께 사는 습관, 즉 소크라테스와 플라톤 이후 우리가 통상 사유라고 명명하는 나와 나 자신 사이의 소리 없는 대화에 참여하는 습관일 뿐이다. … 히틀러 정권 기간 중 훌륭한 사회의 완전한 도덕적 붕괴는 우리들에게 그러한 상황에서 신뢰할 수 있는 사람들이 가치를 귀중하게 생각하고 도덕적 규범과 기준을 확고하게 준수하는 사람들이 아니다. … 회의론자들이 더 신뢰받을 수 있을 것이다. 회의론이 좋다거나 회의가 건전하기 때문이 아니라, 그러한 사람들이 [사태를 검토하고 결심하는 데] 익숙하기 때문이다. 모든 사람들 가운데 가장 훌륭한 사람들은 다른 무슨 일이 발생하든 우리가 살고 있는 한 우리가 우리 자신과 함께 살게 되었다는 사실을 알고 있는 사람들이다.[144]

144 「독재 치하에서의 개인적 책임」은 1964년 3월 15일 보스턴에서 발표되고 퍼시피카(Pacifica) 라디오 방송을 통해 공개되었다. 영국방송국(BBC) 내용은 1964년 8월 6일자 『청취자』, 185-187, 205쪽에 게재되었다. 『예루살렘의 아이히만』에 대한 반응은 영국에서도 매우 강렬했다. 세계유대인의회 영국 지부는 1963년 10월 "아렌트에게 답함"이란 주제의 회의를 개최하였다. 이 회의에서 4명의 망명자들은 아렌트에게 반박하기 위해 유대인평의회에서 증언하였고, 영국의 유

아렌트는 '정치 도덕'에 대해서 고찰하기 시작했을 때 어떠한 수단을 통해 선행을 하지 않고 선해지려는 유혹 또는 도덕적 입장을 유지하려는 유혹과 같은 것이 있다는 점을 깨달았다. (윤리학자를 포함할 수도 있는데) "고도로 발전된 지성이나 도덕 문제에 대한 세련화"를 실현하는 사람들은 도덕체계 때문에 잘못된 판단에 빠질 수도 있다. 아렌트는 1966년 브레히트의 깨달음, 즉 "선해지려는 유혹은 무시무시하다"는 내용에 대해 기록하였다. 그리고 아렌트는 학대받는 사람들을 돕고 선해지고 싶은 브레히트가 어떻게 악과 연합하게 되었으며 잘못된 판단으로 시적 재능의 상실이란 대가("시인의 실질적인 원죄는 시의 신들에 의해 보복당한다")를 지불하게 되었는가를 언급하였다. 아렌트는 브레히트가 스탈린 치하 러시아 혁명이 어떻게 되고 있는가를 시종 일관 이해하였다. 그러나 아렌트는 혁명에 대한 브레히트의 희망이 그를 나쁜 길로 이끌었다고 주장하였다. 브레히트 자신은 처벌을 암시하였다. "브레히트는 유고로 출간된 『전환의 책: 메티 *The Book of Change; Me-ti*』에서 '훌륭한 사람'의 잘못됨에 대한 평결을 제안한다. 그는 심문이 끝난 이후 '들으시오, 우리는 당신이 우리의 적이라는 것을 알고 있소'라고 말한다. 그러므로 우리는 벽에 당신을 세울 것이다. 그러나 당신의 장점과 미덕을 고려하면, 그것은 좋은 벽이 될 것이며, 우리는 훌륭한 총구에서 나오는 좋은 총탄을 당신에게 쏠 것이며, 우리는 좋은 삽을 이용해 당신을 좋은 토양에 묻을 것이다.'"[145]

훌륭한 사람에게 동정을 요구하는 것은 잘못이 아니다. 즉 프랑스 혁명가들이나 그 후예들의 '동정적인 열정'보다 더 큰 것을 요구하는 것은 잘못이 아니다. 아렌트는 선해지려고 노력하지 않은 채 선했던 사람들의 예들을 찾기 시작했다. 아렌트는 만년에 시카고대학교에서 강의를 들었던 학생들 가운데 가장 훌륭한 사람에게 배웠던 것을 짤막한 글로 썼다. 그는 윌리

대인난민협회는 『유대인난민협회 정보(*AJR Information*)』에 다수의 기사와 서평을 출판하였다.

145 Arendt, "Bertolt Brecht," *Men in Dark Times*, p. 248.

엄 오그래디로서 '매우 훌륭한 사람이 되려는' 자신의 노력에 관한 편지를 아렌트에게 보냈다.

> 저는 당신이 '선함'을 언급할 때 무엇을 의도했는가에 대해 완전히 알지는 못하지만, '선'을 소망하는 것이 '현명함'을 소망하는 것보다 여전히 더 큰 유혹이라는 것을 알고 있습니다. 그러한 상황은 정확히 우리가 결코 될 수 없는 것이지요. "오른손이 하는 것을 왼손이 모르게 하라"는 이 전체의 영역에 적용되는 경구입니다. 아마도 당신께서는 36명의 의로운 사람들에 관한 탈무드의 이야기를 알고 있을 것입니다. 하느님은 그들을 위해 세계를 파멸시키지 않았습니다. 어느 누구도 그들이 누구인지, 적어도 그들 자신을 모르지요, 그러니 당신께서 당신 자신에 대해 성찰하지 않기로 한다면 "말하는 사람을 신뢰할 것이 아니라 말을 신뢰하십시오."[146]

아렌트는 『예루살렘의 아이히만』에서 제기했지만 답변하지 않았던 도덕 문제에 관심을 갖게 되었을 때 자신의 사후적 치유와 판단에 대한 관심 사이의 연계를 명확하게 제시하기 시작했다. 그가 한때 언급한 세계사랑amor mundi의 태도는 세계사랑이 요구하는 '정신의 삶'을 탐구할 때 새로운 풍족함을 띠었다. 아렌트는 사유의 내적 조화, 즉 "나와 나 자신 사이의 대화"가 판단보다 선행하며 판단에 그 대상을 제공한다는 점을 깨달았다. 그러한 사유는 인간사가 진행되는 세계, 그 세계에서 오른손이 행하였던 것으로부터 물러나 의미를 찾고 의미 있는 이야기를 하는 능력을 전제한다. 아렌트는 자신이 용서한다는 의미로 그 세계에 조화되지는 않았거나 더 이상 악행으로 두려움을 느끼지 않았다. 그러나 그는 행위의 의미를 추구하는 과정에서 인간이 과거의 악을 관찰할 때 자신들에게 가능한 모든 것, 즉 판단하는 특권을 얻게 된다는 점을 깨달았다. 『전체주의의 기원』에서 전체주의

---

146 아렌트가 오그래디에게 보낸 편지(1975년 7월 16일), 의회도서관.

자들에 대한 용서로서 화해를 거부했던 아렌트는 이야기꾼 이자크 디네센에 관한 1968년 논문에서 다음과 같이 기술하였다.

> "당신이 모든 고통을 이야기로 표현하거나 그들에 관한 이야기를 언급한다면 모든 고통은 견딜 수 있다." 이야기는 단순한 사건들의 참을 수 없는 결과로 남아있을 수 있는 것의 의미를 노출시킨다. "소리 내지 않으면서도 모든 것을 포괄하는 동의의 천재," 즉 진정한 믿음의 천재 (히브리 카디시, 즉 사망한 근친을 위한 기도는 "그의 이름은 거룩하다"라고만 말한다)는 이야기를 통해서 드러난다. 발생한 사건들은 상상력의 반복 속에서 디네센의 표현대로 '운명'이 된다. … 그의 모든 이야기는 실제로 '운명의 일화'가 된다. 이 이야기는 우리가 종국에 어떻게 판단할 특권을 갖게 되는가를 반복적으로 말해 준다.[147]

아렌트는 1951년 출간한 『전체주의의 기원』 서문 가운데 자신이 언급한 이야기에서 비록 부정적이기는 하지만 어떤 지침을 발견하고자 하였다. 그가 성찰한 바에 따르면, 아마도 '근본적 악'이란 이 현상은 인간들이 행하지 않으려는 것에 대한 우리의 환상을 붕괴시킬 것이다. 그는 현실을 정면으로 직면하겠다는 엄중한 책임감을 갖고 과거의 악을 미래의 선을 실현하는 데 이용하고자 노력했다. 아렌트는 『예루살렘의 아이히만』을 집필한 이후 취재기자, 역사가, 그리고 특별히 시적 상상력을 가진 사람들에게 다른 임무를 촉구했다. "역사적 진실을 탐구하는 데 사용된 방법들은 검사가 사용하는 방법은 아니며, 사실을 경계하는 사람들은 이익집단의 관리자가 아니라 (그들의 요구가 아무리 정당하더라도) 취재기자, 역사가, 마지막으로 시인들이다."[148] 우리는 아무리 가공스럽다고 하더라도 '망각하지 않기 위해서' 사실들을 보존해야 하며, 그래서 우리는 판단할 수 있다. 보존과 판단은 과거를

---

147 Arendt, "Isak Dinesen," *Men in Dark Times*, p. 104.

148 Hannah Arendt, "Truth and Politics," *Between Past and Future*, p. 263.

정당화하지 않지만 그 의미를 노출시킨다. (한때 오든에게 언급했듯이) 아렌트는 고대 그리스의 시인들이 그러했듯이 다음과 같은 점을 확신하게 되었다. "신들은 인간들을 향해 불행과 악한 것을 장황하게 이야기한다. 따라서 그들은 이야기를 하고 노래를 부를 수 있다."[149] 그래서 그들은 판사일 수도 있다. 아렌트는 예이츠에 대한 오든의 시 구절 일부를 인용함으로써 자신의 사후적 치유가 판단의 가치와 판단 활동의 조화에 대해 무엇을 알려주었는가를 가끔 언급하였다.

시인을 따라, 제대로 따르라
밤의 밑바닥까지 오라,
그대의 거침없는 목소리로
계속 기뻐하라고 우리를 설득하라.

시를 배양하여
저주의 포도원을 만들고,
인간의 실패를 노래하라
황홀한 고통 속에서.

심장의 사막에서
치유의 샘물이 나오게 하라
그가 살던 시대의 감옥에서
자유인에게 찬미하는 법을 가르쳐라.[150]

---

149 아렌트의 오든 추도사는 다음 자료를 참조할 것. *New Yorker*, 20 January 1975. 이 추도사는 다음 자료에 수록되어 있다. Stephen Spencer, *W. H. Auden: A Tribute*(New York: Macmillan Co., 1975).

150 W. H. Auden, "In Memory of W. B. Yeats," *Collected Shorter Poems, 1927-1957*(New York: Random House, 1966).
옮긴이_ 이와 관련한 내용은 다음 자료에 수록되어 있다. 홍원표 옮김, 『어두운 시대의 사람들』(파주: 한길사, 2019).

제4부

정치와 철학의 심연을 극복한 만년의 삶

(1965~1975년)

•

한나 아렌트는 『예루살렘의 아이히만』이 자신에게 가져다 준 명성과 함께 사는 법을 배워야 했다. 칭찬 · 비난 · 비방이 편지나 언론매체를 통해서 나타났다. 그는 1960년대 자신의 소망에도 불구하고 공적인 인물이었으며, 시카고대학교 사회사상위원회와 뉴스쿨 대학원에서 이전보다 더 많은 강의 책임을 맡았다. 그가 저자보다 평론가로 활동하던 1963년에서 1971년까지 그의 저작은 훨씬 더 직접적으로 화제가 되었다. 그는 미국의 변화하는 정치적 삶에 대해 집필하기를 원했기 때문이다. 반면에 그의 저작은 이론적으로 덜 혁신적이었다. 그는 생애 어느 때보다도 이미 정립된 개념적 탐구에 의존하고 있었기 때문이다.

어느 언론인이 언급했듯이, 아렌트는 평론가와 서평자로서 "막강한 막후 실력자들의 막후 실력자eminence grise of the eminences grises"[1]가 되었으며, 『뉴욕 서평』에 기고한 미국 지식인들은 이데아 극장에 참여하였으며, 다양한 베트남전 반대운동 단체에 참여하였고, 공공정의위원회를 창설하였다. 이들은 거의 매번 심도 있는 논쟁을 거쳐 아렌트의 견해들을 수용하였고 탐구하였다. 아렌트는 강의를 폭넓게 하였고, 학술회의 패널과 편집진에 앉아있었으며, 자신의 저서에 대해 논평한 두 번의 학술회의에 계속 참여하였다. 아울러 그는 탄원서에도 서명하였다.

아렌트는 공적으로 활동하는 기간 동안 사적인 삶에 무거운 부담을 지우지 않았다. 그는 전보다 훨씬 더 조심스럽게 사적인 삶을 보호하였다. 블뤼허는 항상 좋은 편은 아니었다. 블뤼허는 아이히만 논쟁이 있던 몇 년 동안 "신경피로 증세로서 우울증"[2]을 보이기는 했지만 1961년 발생한 동맥류에

---

1 Philip Nobile, "A Review of the *New York Review of Books*," *Esquire*, April 1972, p. 121.

서 회복됐었다. 아렌트는 블뤼허의 건강에 대해 때로는 과도하게 걱정하였다. 블뤼허 부부는 자신들의 공통된 사회생활을 동류집단으로 한정하였다. 그리고 그들은 완전히 분리된 세계에서 자신들의 의무를 수행하였다. 1968년까지 바드대학에서 강의를 하였던 블뤼허는 자신의 길을 걸었으며, 아렌트는 블뤼허 없이 공공영역에 참여하였다. 두 사람은 1960년대 말 미국의 소요를 모두 걱정하였다. 뉴욕시의 범죄 발생률이 증대함에 따라 두 사람은 모닝사이드 정상의 위험한 지역에서 이사하여 팔렌빌에 있는 리버사이드와 스위스의 새 아파트에 조용한 안식처를 마련하였다.

아렌트는 평화로운 막간의 시간을 찾았으며 이때 『인간의 조건』을 보완하는 책을 구상하였다. 그는 이 책을 『정신의 삶』으로 명명하고자 하였다. 그는 이 책에서 악의 본질에 관한 철학적 질문들, 사유와 판단을 위한 전제조건들을 고찰하고 싶었다. 그러나 그는 세상에서 편안함을 느끼게 해주는 사람들 없이 이 작업을 진행시켜야만 했다. 카를 야스퍼스가 타계하였을 때, 블뤼허는 아렌트와 함께 있었다. 그러나 1970년 블뤼허가 타계하였을 때, 아렌트는 혼자였다.

아렌트는 생애 마지막 10년 사이에 사적 영역과 공공영역을 점점 더 엄격하고 확고하게 구분하였다. 그는 많은 명예를 수용하고 소진할 정도로 바쁜 공적인 인물로서 공화국(즉 미국)에 대해 종종 강력하게 언급하였다. 그러나 아렌트는 사적으로 자신의 '사유 공간'으로 이동하였고 자신의 자기가 매우 중요했던 '중간영역', 즉 세계 밖에 있을 때 "자신의 자기와 함께 있음"에 대해 서술하려고 하였다.

---

2 아렌트가 야스퍼스에게 보낸 편지(1963년 12월 1일), 마르바흐 문서보관소.

제9장

어두운 시대의 미국
(1965~1970년)

어떤 사람들은 자신들이 강하다고 생각하고,
어떤 사람들은 자신들이 재치 있다고 생각하며,
그들은 나비와 같이 쫓겨난다.
미국은 네 마음을 망칠 수 있다.

오든

공화국

한나 아렌트가 '정치 도덕'에 대한 자신의 방식을 생각하려고 노력하는 동안, 자신을 수용한 나라는 전후 시기 못지않게 정치적 · 도덕적 혼돈의 시기에 극적으로 빠져들어 갔다. 신좌파에 속하거나 이들과 가까운 많은 미국인은 자신들이 양차 세계대전 사이 바이마르 공화국이나 프랑스의 쇠퇴가 재현되는 모습을 목격하고 있다고 생각하였다. 아렌트는 비유를 거부하였다. 아렌트는 1960년대 중반 미군의 베트남 주둔이 한정적일 것이라고 생각했고, 군대 조기 철수를 기대하였으며, 자신의 판단에 전쟁을 계속 반대하는, 충분한 정보에 기초한 여론이 확산될 것이라고 상정하였다. 아렌트는 1965년 4월 메리 매카시에게 자신은 전쟁에 "별로 관심이 없다"고 말하고, 이후 곧 매카시에게 『뉴욕 타임스 잡지』에 게재한 1965년 4월 15일 한스 모겐소의 논문을 찾아보게 하였다.[1] 모겐소는 미국의 전쟁정책에 대한 항의로 사임한 두 명의 고위직 행정관료 중 한 사람이었다. 모겐소는 존슨 대통령이 전쟁 종식을 협상할 의지를 표현했다고 지적하였다. 이때 모겐소는 존슨 대통령이 호치민을 "아시아의 티토"가 되도록 허용해야 하며, 월맹이 월남을 공격하는 군사 행동의 공격자 — 마치 베트남이 한 나라가 아니었던 것처럼 — 라는 환상적 개념을 포기해야 한다고 주장했다. 아렌트는 1965년 내내 모겐소의 입장을 수용하였으며, 그의 입장이 설득력이 있다고 안도감을 주는 내용의 편지를 야스퍼스에게 보냈다. 야스퍼스는 공개 논쟁이 선동 없이 진행되고 있는 점에 안도하였다.[2] 이러한 낙관론은 결국 근거가 잘못된 것이었다.

스페인 내전 당시인 1937년 영국의 여론조사팀이 오든 · 스펜더 · 아라곤 · 쿠나르드와 같은 사람들에게 설문지를 받은 적이 있다. 1966년 9월 아렌트는 이 여론조사팀이 보낸 베트남전 관련 설문지에 답변하였다. 울프와 베굴리는 「저자들이 스페인 내전을 편들다」*라는 제목의 설문지를 거울삼아 「저자들이 베트남을 편들다」라는 설문지의 두 질문에 답변해달라고 여론조사 응답자들에게 요청하였다. 단순히 '군사고문단'을 파견하는 문제가 아니라 1966년 전면전으로 확대되는 상황에 대한 아렌트의 의견은 간명하

---

1 아렌트가 매카시에게 보낸 편지(1965년 4월 2일, 28일), 매카시 보존서고. 블뤼허는 미국의 초기 베트남 개입에 전적으로 반대하지 않았지만 1965년 이후까지 전쟁을 반대하는 청원에 서명하는 것을 거부하였다.

2 아렌트가 야스퍼스에게 보낸 편지(1965년 4월 날짜 미상)와 야스퍼스가 아렌트에게 보낸 편지(1965년 5월 28일), 마르바흐 문서보관소.

* 옮긴이_ 『레프트 리뷰』가 출간한 보고서에는 정부 측 찬성자와 반대자, 그리고 중립적인 입장을 유지하는 사람으로 구분하여 각 대담자들의 의견을 소개하고 있다. 이 설문지는 잉글랜드, 스코틀랜드, 아일랜드, 웨일즈의 작가와 시인에게 배부되었다.

다. 이 의견에 나타나듯이, 아렌트는 베트남의 갈등을 내란 이외의 다른 것으로 묘사하는 미국 정부의 태도를 거부하고 있다. "1. 나는 베트남의 내란에 대한 미국의 개입에 반대한다. 2. 무력 분쟁을 해결하는 방법은 항상 같다. 즉 정전 → 휴전 협정 → 평화 협상 → 희망컨대 평화조약의 단계로 추진하는 것이다."[3]

그러나 아렌트는 간단한 답변을 작성한 직후 자신을 불편하게 만드는 기사를 읽었다. 『슈피겔』의 편집자인 루돌프 오그스타인은 미국의 전쟁정책을 비난하였지만 어떤 미국인들도 자신의 견해에 공감하지 않는다는 인상을 주었다. 아렌트는 즉시 그 편집자에게 진귀한 편지를 보냈다. 아렌트는 이 편지에서 독일 정부를 비판하는 가장 중요한 사람들에 속하는 오그스타인에게 많은 미국인들이 정부의 정책을 비판하고 있다는 점을 의식하라고 환기시켰다.

> 예컨대, 나는 미국 출판물에 나타나는 것을 당신에게 인용할 수 있었습니다. 내 생각에 독일에 알려진 사람들만을 거명하자면 풀브라이트 상원의원, 조지 케넌, 르위스 몸포드, 로버트 로웰, 월터 리프만을 들 수 있습니다. 그런데 이 사람들은 [당신이 그들과 함께 전쟁에 대해 논의할 수 없기 때문에] 당신이 회피하고 싶어 하는 부류의 사람이지요? 당신은 상원 대외관계위원회의 논쟁이 공개된다는 것을 모르고 있나요? 당신은 『뉴 리퍼블릭*New Republic*』과 『뉴욕 서평*New York Review of Books*』의 한 호를 염두에 두고 있지 않은가요? 당신은 얼마나 많은 텔레비전 뉴스 방송인들이 베트남에서 발생하고 있는 사건을 보도하고 있으며 대중에게 매일 사진으로 보여주고 있는가를 모르는가요? 당신은 많은 대학에서 학생과 교수가 함께 참여하는 격렬한 토론에 대해 듣지 않았나요? 내 자신이 열거하는 이러한 미국인들은 모두 공개적으로 거리낌 없이 말하고 있습니다.[4]

---

3 아렌트가 울프와 바굴리에게 보낸 편지(1966년 9월 14일), 의회도서관.

아렌트는 공공연히 널리 반대하는 정책이 최후까지 추진될 수 있었다는 점을 믿기 어려웠다.

아렌트는 1960년대 중반 대부분의 정치 분석가들과 마찬가지로 미국 내 정치 상황의 복잡성과 이후 표현한 대로 워싱턴의 문제 해결사들과 정책결정자들의 비타협을 과소평가하였다. 그러나 아렌트는 1960년대 말 정치적 저술들을 한 권의 책으로 만들 때에 이르러 자신이 '공화국의 위기'를 목격하고 이에 대해 집필했다는 점, 그리고 베트남전이 미국의 정치적 삶과 세계질서의 심각한 변화 가운데 일부였다는 점을 명백히 이해하였다. 아렌트는 1975년 5월 보스턴 홀 포럼에서 격분한 감정으로 건국 200주년 기념 연설, 자기 생애에서 마지막으로 공개 연설을 하였다. 이때는 베트남전이 공식적으로 종결된 지 단지 한 달밖에 안 되었다. 아렌트는 자기 나라가 상상조차 할 수 없는 한 시대의 언저리에 서 있다고 확신하였다. 그는 '동남아의 이러한 재앙'을 동반했던 무수히 많은 사건들을 포럼 참석자들에게 제시하며, 그들이 왜 다음 사항을 동의할 수 있는가를 언급했다. 즉 "우리는 이 세기의 전례 없는 많은 사건들 가운데 미국의 국력이 급격히 쇠퇴하고 있다는 사실을 마땅히 고려해야 합니다. 국력의 급격한 쇠퇴는 전례 없는 것입니다. 우리는 시대 전체를 각기 분리시키는 역사의 이러한 결정적 전환점 가운데 하나에 서 있을 수도 있습니다. 일상적 삶의 냉혹한 요구에 얽혀 있는 현대인들은 시대의 구분선이 교차될 때 이것들을 거의 볼 수 없습니다. 사람들이 이 구분선을 우연히 마주친 이후에 비로소 이 구분선은 과거를 되돌릴 수 없게 차단하는 장벽으로 바뀝니다."[5]

이런 우려에 찬 문장은 이야기꾼들이 있는 한 과거의 회복은 항상 가능하다는 아렌트의 확신과 상당히 불일치하지만 분위기의 변화를 보여주었

---

4 Augstein's editorial, "Die Moral des Schreckens," *Der Spiegel*, 12 September 1966, p. 18; Arendt's letter, 17 October 1966, pp. 12-13.

5 Hannah Arendt, "Home to Roost," *New York Review of Books*, 26 June 1975, p. 5.
옮긴이_ 이 논문은 『책임과 판단』에 재수록되어 있다.

다. 1960년대 일상적 삶의 혹독한 요구뿐만 아니라 60년대 중반의 '전례 없는' 사건들은 세계의 상황들에 대한 명료한 이해를 어렵게 만들었다. 한때 전례 없었던 사건들은 다양한 방식과 정도로 전례로 인정되었다. 1950년대 냉전 분위기가 고조되었을 때 나치 시대와 스탈린 정권은 새롭게 조명되었으며, 현대적 사건의 단서로 추적되었다. 미국은 '과거와 미래 사이에' 있었다. 아렌트의 삶과 저작에서도 포크너의 정교한 통찰의 증거들은 아렌트가 인용하기 좋아하는 것으로 가끔 나타났다. "과거는 결코 소멸되지 않으며 사라지지도 않는다."*

아렌트는 어디나 있는 미국인들과 마찬가지로 열흘 전 댈러스에서 발생했던 사건을 이해하려고 노력했다. 그는 1963년 12월 1일 야스퍼스에게 "이제 앞날을 알 수 없는 상태에 있다는 것은 공화국의 존재 그 이상도 그 이하도 아닙니다"라는 내용의 편지를 보냈다. 그는 케네디 대통령 암살에 대한 충격으로 '파국에 관심을 가지고' 있었다. 아렌트 · 매카시 · 모겐소는 시카고에서 케네디 장례식을 방영하는 텔레비전을 함께 시청했다. 아렌트는 주민들의 큰 슬픔에 감명을 받았지만, 야스퍼스에게 보낸 편지에서 다음과 같은 점을 강조했다. 즉 아렌트는 암살 진상 조사가 공산주의 음모에 대한 추측과 북부의 '흑인을 두둔하는 사람'(그는 힘을 다하여 싸우는 야스퍼스를 위해 영어로 이 표현을 남겼다)에 가해지는 보복을 없애지 못하리라는 두려움을 강조했다. 아렌트는 공화국의 장래를 위해 인종주의와 광적인 반공주의의 존재에 감연히 맞서는 것이 중요하다고 생각했다. 아렌트는 매년 신년에 보내는 연하장에 다음과 같이 적었다. "제 생각에 당신은 이곳에 있는 우리들보다 케네디에 대해 더 잘 알고 있지요. 일주일 전 『뉴 리퍼블릭』에 아무것도 명료화하지 못했던 사건 전모에 관한 세부적인 기사가 실렸습니다."

* 옮긴이_ 아렌트는 이 문장을 『과거와 미래 사이』 서문, 『책임과 판단』 제8장 「자업자득」에서 인용하고 있다. 포크너의 『우화』와 과거의 극복에 관한 내용은 『어두운 시대의 사람들』 제1장 「어두운 시대의 인간성: 레싱에 관한 사유」를 참조할 것.

아렌트는 상반되는 증거의 일부를 지적하였으며, "상황은 불길한 징조가 되고 있으며, 아마도 결코 풀리지 않을 것입니다"[6]라고 결론을 내렸다. 은폐가 '극복되지 못한 과거'를 극복하지 못하게 어떻게 일조하는가에 대한 오랜 경험을 가지고 있는 아렌트와 야스퍼스는 워런 위원회(정식 명칭: 케네디 대통령 암살에 관한 대통령 직속 위원회 – 옮긴이)에 대해 염려하였다. 야스퍼스는 케네디 대통령이 사망한 이후 몇 년이 지나서도 여전히 다음과 같이 경고하고 있다. "범죄는 해결되지 않는다. 정치적으로 이것은 암살 자체만큼이나 거의 치명적이다. 지금까지 모든 미국인들은 무시무시한 사건을 파악하지 못했다. 가장 존경받고 가장 신뢰받으며 부동의 명성을 유지하고 있는 판사인 얼 워런 연방 대법원장이 조사 임무를 맡았다. 그의 말에 따르면, 현 세대는 문제 전체에 대한 진실을 충분히 인식하지 못했다. 그것은 국가 이익에 반대되는 사실들이 공개되지 않아야 한다는 것을 단지 의미할 수 있다. … 그러나 미국은 여전히 미국이오. 쟁점은 없어지지 않을 것이다."[7]

아렌트는 공화국의 쇠퇴에 관한 선례들에 대해 사적으로 걱정하였지만 이를 공개적으로 언급하는 과정에서는 특별히 훨씬 신중한 태도를 보였다. 『뉴욕 서평』 1963년 성탄절 호가 겨울 뉴욕시 신문파업 기간 동안 출간되었는데, 아렌트와 다른 사람들은 암살과 그 개연적인 결과에 대해 언급하였다.

> 뉴스의 충격에 놀란 영국 국영방송 논평자가 말했듯이, 이것은 '사라예보 사건 이후 가장 요란한 총성'인가? 이 총성은 서거한 대통령이 단지 2개월 전 국제연합 연설에서 언급한 잠시 동안의 '상당한 평온과 떠오르는 희망의 계기'가 곧 끝날 것이라는 것을 의미하는가? 우리가 이 비극에서 역사적 전환점을 목격해야만 할 그날이 올 것인가? 비교

6 아렌트가 (후기에서) 야스퍼스에게 보낸 편지(1963년 12월 29일), 마르바흐 문서보관소.

7 Karl Jaspers, *The Future of Germany*, trans., E. B. Ashton(Chicago: University of Chicago Press, 1967), p. 144.

의 관점에서 생각하고, 역사적 범주들을 현대의 사건들에 적용시키는 것은 매력적이다. 미래를 기대하는 것은 유감이지만 현존하는 적나라한 비극의 공포와 무시무시한 현실을 회피하는 것이기 때문이다. 그리고 그것은 그릇된 인상을 주고 있다. 우리들 자신과 현대인들에게 의존하고 있는 미래는 예측할 수 없기 때문이다. 역사가 말해야 하는 이야기가 종결에 도달할 때만이 역사는 시작된다.[8]

아렌트는 케네디의 사망이 미국 정치의 양식에 변화를 초래했을 것이라고 확신하였다. 아렌트는 사적으로 존슨에 대한 걱정을 야스퍼스에게 언급하였다. 아렌트는 지루하거나 낙담스러울 때 사용하는 간결한 전문체電文體 방식으로 "전술능력, 편협하고, 순진한"[9]이라는 용어를 언급했다. 그러나 아렌트는 공적으로 미국의 정치 형식이 변했는데 정책은 변하지 않을 수 있다고 강조했다. 한스 모겐소는 『뉴욕 서평』의 같은 호(앞의 인용문의 게재 호 — 옮긴이)에서 이를 언급했다. "케네디가 수행하였던 모든 업무 양식 때문에 케네디 행정부는 아주 두드러지게 달리 보였다. 물론 행정부의 미국 정책 수립이나 추구에서는 다르지 않지만 오히려 정치 자체의 평가에서는 두드러지게 달랐다." 정치적 능력을 존중했던 케네디는 "정부의 모든 영역에 새로운 위신과 존엄성을 부여하였다." 자신들이 워싱턴 당국으로부터 환영을 받고 있다는 것을 알고 놀랐던 지식인들은 이것을 특별히 느꼈다. 로버트 로웰은 케네디 취임 후 뉴욕으로 돌아왔을 때 아렌트에게 "미국이 다시 청신호다"[10]라고 말하였다.

아렌트는 진정한 '현대인', 즉 '행동가'에게서 명예와 영광에 대한 전통적

---

8 Hannah Arendt, untitled, *New York Review of Books*, 26 December 1963, p. 10.
옮긴이_ 이 논문은 다음 자료에 재수록되어 있다. Arendt, *Thinking without A Banister*, pp. 262-264.

9 아렌트가 야스퍼스에게 보낸 편지(1963년 11월 24일), 마르바흐 문서보관소.
옮긴이_ 서간집 영역본에서는 "a clever tactician, provincial, basically without any understanding of anything"로 표현되어 있다.

10 아렌트가 야스퍼스에게 보낸 편지(1961년 2월 5일, 마르바흐 문서보관소)에 기록된 바와 같다.

인 관심을 발견함으로써 자신이 케네디에 대해 가졌던 여러 가지 제한조건을 극복할 수 있었다. 아렌트는 케네디가 대통령으로 당선되기 이전 그를 "할 왕자"(이후 헨리 5세임)라고 불렀다. 아렌트는 케네디가 1960년 민주당 경선에서 승리했을 때 기뻤다. 아렌트는 케네디의 유일한 경쟁자인 아들라이 스티븐슨이 몹시 신경질적이라고 생각했기 때문이다. 아렌트는 처음으로 대통령 후보 지명대회를 텔레비전으로 시청하면서 케네디가 지금까지 가장 훌륭한 지명대회 연설을 했다고 판단했다. 케네디는 이 연설에서 공교롭게도 진정한 몇 가지 일반 원칙을 강조하였다. "'옛날은 끝나고 있습니다', '옛날의 슬로건과 환상은 작동되지 않을 것입니다', 현상유지 정책(이것은 제2차 세계대전 종전 이후 미국의 정책이었음)은 파멸할 것입니다. '세계 어디에도 오늘날 현상유지란 없기 때문입니다.'"[11] 아렌트는 바로 이러한 일반 원칙을 부각시키고자 당시 『혁명론』을 집필하고 있었다.

케네디와 닉슨의 텔레비전 토론이 진행되는 동안 아렌트는 할 황태자에게 실망했다. 아렌트가 보기에 케네디는 자신이 한때 반역자로 혹평했던 그런 투르먼의 방식으로 자신을 보통 시민으로 나타내려는 것 같았다. 아렌트는 두 후보자가 "세부적인 것에 사로잡히는 바람에 원칙의 측면에서 이것들을 어떻게 설명할 것인가를 알지 못하고 있다"고 생각했다. 아렌트는 다음과 같이 주장했다. 케네디는 퍼시피카Pacifica 라디오 방송에서 미국 정책의 기초가 되어야 하는 기본 원칙을 이해하지 못하고 아렌트 자신이 생각했던 흐루쇼프의 기본 규칙을 수용했다. 즉 "공존은 경제 성장에서 러시아와 미국 사이의 경쟁을 의미한다. 경제 성장은 소비에트 러시아의 경제 성장으로 측정된다. 나는 이것이 전적으로 잘못이라고 생각한다." 아렌트는 소련 국민이 "인간 존엄성의 필요조건인 물질적 조건"을 획득하기를

---

11 이 언급과 대통령 후보 지명대회에 대한 아렌트의 언급은 다음 자료에서 발췌되었다. 아렌트, 「1960년 전당대회에 대한 성찰」. 1960년 9월 28일 캘리포니아 버클리 소재 방송국 부록 별첨, 필기록은 의회도서관 소장; 아렌트가 뢰발트에게 보낸 라디오 방송의 원고(1960년 9월 28일), 의회도서관.

희망했다. 반면에 그는 "세계역사에서 빈곤과 고통이 인간조건의 중요한 부분이 아니라고 주장하는 첫 번째 국가"인 미국의 국민들이 소련 국민을 위해 이것을 원해야 한다고 생각했다. 아울러 그는 미국인들이 자신들을 위해 증대되는 인구를 수용하고, 국내적 불평등을 시정하며, 세계의 저개발 지역에서 생산성을 증대시키는 유인을 제공할 정도로 충분한 경제 성장만을 원해야 한다고 생각했다.

아렌트는 1960년 케네디를 지지할 수 있어서 기뻤다. 아렌트의 생각에 "케네디 씨의 일반 원칙을 명백히 설명한" 유일한 계획은 다른 공화당 의원인 록펠러가 제공한 것이었다. 록펠러가 제시한 공약은 "자본주의 대 사회주의, 사회주의 대 자본주의의 대립과 같은, 이데올로기적으로 터무니없는 생각을 담지 않고, 중대한 쟁점을 완전히 의식한 내용을 담았으며, 보수주의와 진보주의의 형편없이 구태의연한 틀에서 벗어나 있었다."[12] 아렌트는 사실 2년 후 출간한 『혁명론』에서 이 강령의 원칙을 상세하게 설명하였다.

록펠러의 경제 성장 요청은 "승용차 2대 소유자가 무소유자와 다르듯이, 정치적 자유가 폭정과 다른 자유기업의 문제"라는 형편없는 관념을 지니고 있지 않다. 중요하게도, 그는 "중남미 마셜플랜"을 조직적으로 세웠으며, 유럽과 서반구, 나아가 아시아와 아프리카에서 자유국가들의 연합을 지지한다고 시사하였다. 의심할 줄 모르는 아렌트 같은 사람들의 경우 이것은 록펠러가 유럽 국민국가의 관점에서 생각하지 않으며, 이에 따라 원칙상 혁명에 반대하지 않을 수도 있다는 것을 보여 주었다. 록펠러는 핵억지 능력을 제한적인 비핵전에 필요한 재래식 무기의 증강과 연계시키는 방위계획을 강조했는데, 아렌트는 이러한 계획이 '핵전쟁 교착상태의 안정화'를 이룰 수 있는 정책이라고 보았다. 아렌트의 생각에 이 정책은 군사적 측면에서 '공존의 사실적 조건'이었으며, 미국의 방위예산을 궁극적으로 감축하

---

12 아렌트가 야스퍼스에게 보낸 편지(1960년 8월 22일), 마르바흐 문서보관소. 이 편지 내용에 따르면, 아렌트는 록펠러에게 가장 좋은 인상을 받았지만 케네디 후보를 지지하였다.

는 올바른 방법이었다. 아렌트는 또한 이 계획에서 재래식 무기가 장래에 중요하다는 인식을 파악했다. 『혁명론』에서 언급했듯이, "우리가 완전히 소멸되지 않는다면, 전쟁과 별도로 혁명은 가까운 장래에 우리에게도 나타날 것이다."[13] 클라우제비츠는 전면전이 실제로 가능하기 훨씬 오래 전에 『전쟁론』을 썼으며, 아렌트는 전면전이 가능해졌을 때 『혁명론』을 썼다.

아렌트는 록펠러의 공약에 드러난 한 가지 중대한 실수를 찾아냈다. 그것은 아렌트가 「리틀 록에 대한 성찰」이란 자신의 논쟁적 논문에서 이전에 공식적으로 언급했던 실수였다. 즉 그것은 남부의 인종정책 항의 데모, 즉 주민의 비폭력 행위를 지지하지 않았다는 점이다. 집회와 결사의 규칙에 따라 인정되는 비폭력 행위는 연방정부가 남부 주정부들에 반대해 취한 행위와 구분된다. 아렌트는 공화당원들이 되고자 했던 것보다 훨씬 더 공화주의자에 속했다. 아주 역설적이게도, 아렌트는 이 때문에 민주당원인 케네디와 공감하게 되었다. 아렌트는 1962년과 1963년 민권운동을 인정하였고, 케네디의 입장에 완전히 찬성하였다.

케네디가 대선에서 승리한 이후 아렌트가 그를 존경했을 정도로, 아렌트는 '한 시대의 종말'이 새로운 정책에 한참 뒤지게 되었다는 케네디의 인식을 생각했다. 혁명이 새 시대에 이해를 상당히 필요로 하는 현상이었다는 점은 아렌트의 기본 가정이었다. 아렌트는 혁명에 대한 두려움이 지속적으로 "전후 미국 외교정책의 숨겨진 동기"[14]가 될 것이라는 점을 깊이 걱정했다. 아렌트와 블뤼허가 기쁘게 환영하였던 쿠바 혁명이 워싱턴 당국의 두려움을 야기하였을 때, 아렌트는 실망하였다. 아렌트는 1962년 『파르티잔 리뷰』가 주최한 학술회의에서 자신의 판단을 다음과 같이 언급하였다.

---

13 Hannah Arendt, rev. 2d ed., *On Revolution*(New York: Viking Press, 1965), p. 8. 이후 인용에서는 모두 이 판을 인용한다. 이후에는 "*On Revolution*"으로 인용한다.

14 Arendt, *On Revolution*, p. 219.

부패가 매우 오랜 기간 창궐하고 있던 낙후한 나라에서 빈곤에 찌든 국민이 농장과 가정의 어둠에서 갑자기 해방되어 자신들의 고통을 드러내게 되었으며, 결코 목격하지 못했던 수도의 거리로 뛰쳐나왔다. 이때 우리는 그것이 무엇을 의미하는가에 대해 이해하지 못하였다. 쿠바 모험의 실수는 잘못된 정보에 있는 것이 아니라 혁명정신을 이해하지 못하는 명백한 무능력에 있었다.[15]

아렌트는 쿠바 혁명이 미국의 이해 부족 때문에 "볼셰비즘에 그렇게 쉽게 영향을 받게 되었다"고 생각했다. 아렌트는 1962년 쿠바미사일 위기에 대한 케네디의 입장을 지지했지만, 그러한 위기가 미국의 반혁명 정책으로 항상 촉발됐다는 점을 심히 후회하였다. 아렌트는 1962년 10월 야스퍼스에게 보낸 편지에서 다음과 같이 언급하였다. "저는 케네디의 조치에 기뻐할 이유를 가지고 있답니다. 무엇보다도 그는 다른 가능성이 존재하는 경우 협조하는 것을 아주 집요하게 거부하였기 때문입니다."[16] 아렌트는 중남미와의 관계가 위기 이후 진전되기를 기대하였다. 중남미와의 관계가 결과적으로 진전되지 못하였을 때, 아렌트는 1960년대 말 미국의 대중남미 정책을 '제국주의적' 정책으로 낙인찍었고, 이 정책이 팍스 아메리카나에 대한 케네디의 공식적인 거부와 완전히 상충된다는 것을 알았다.

공개적인 공적 활동

케네디 대통령의 재임 시기 '유명 인사'가 되었으며 때때로 정부정책에 영향을 미쳤던 다수의 교수들과 마찬가지로 아렌트는 전국적인 토론에 종종 참여하였다. 그러나 아렌트는 대학 영역을 벗어나 영향력 있는 지위를

15 Hannah Arendt, "The Cold War and the West," *Partisan Review*, Winter 1962, p. 19.

16 아렌트가 야스퍼스에게 보낸 편지(1962년 10월 29일), 마르바흐 문서보관소.

추구하지 않았다. 아이히만 논쟁에 여전히 깊이 관여하고 있던 1963년 가을에 아렌트는 현대에 발생한 혁명들에 관한 논문에 대응하고자 유네스코 미국 전국위원회 제9차 격주년 회의에 참석하였다. 그는 또한 「새 유럽」이란 주제로 개최된 시카고대학교 학술회의에서 혁명에 관한 논문을 발표하였다. 그는 미국정치학회의 연례학술회의에도 정기적으로 참여하였다. 그는 가능한 한 가끔 컬럼비아대학교 세미나에도 참여하였고, 『유대사회연구』가 후원하는 회의에도 참석하였으며, 『미국 학자』의 편집위원회에도 참여하였다.

아렌트는 워싱턴을 몇 차례 여행하면서 '전국의회효율성제고위원회'에서 활동하고 있는 모리스 로젠블라트의 초청으로 정책연구소에서 여러 차례 토론에 참가하였다. 아렌트는 시카고대학교의 존 네프 및 윌리엄 맥닐과 함께 대통령 직속 과학기술국의 사회사상위원회의 특별 세미나 계획에 대해 토론하고자 워싱턴을 방문하였다. 아렌트는 포드 재단이 후원하는 '국립번역센터의 이사회'*에 참여하였으며 때때로 그 센터가 후원하는 번역본을 읽었다. 그는 국립인문과학지원기금 및 전국저작상위원회의 고문으로 활동하였다.

아렌트가 알고 있는 사람들은 그가 관여하고 있는 단체의 사업을 대부분 직간접적으로 운영하였다. 그는 1961년 스페인난민기금의 회장으로 메리 매카시의 후임자가 되었다. 낸시 맥도날드(1910~1996년 — 옮긴이)가 이 단체를 운영하였고, 아렌트는 1953년 이후 이 단체를 후원하였다. 드와이트 맥도날드(1906~1982년 — 옮긴이)는 감명을 받았다. "당신께서는 고귀하군요. 나는 당신이 그러한 종류의 일을 싫어한다고 알고 있었기 때문에 더욱 기쁩니다."[17] 아렌트는 프랑스에 피신해 있는 스페인 내란의 난민이 겪는 어려

---

* 옮긴이_ 13인으로 구성된 국가자문위원회는 이 센터를 관리했다. 1967년 이 위원회의 구성원은 한나 아렌트, 윌리엄 애로우스미스, 오든, 조셉 바네스 등이었다. 이 센터의 목적은 문화적 예술적 가치를 지닌 원전의 질, 이용 가능성 재정적 지원을 담당하는 것이다.

17 맥도날드가 아렌트에게 보낸 편지(1962년 10월 29일), 마르바흐 문서보관소..

운 사정이나 프랑스-알제리 분쟁으로 두 번씩이나 추방당했던 알제리의 스페인 난민들에 관한 비망록을 집필함으로써 스페인난민기금의 모금활동을 지원하였다. 아렌트는 이 단체가 스페인 난민센터, 즉 포이어 파블로 카잘스에 기금을 지원할 수 있다는 것을 기뻐했다. 이 난민센터는 아렌트와 블뤼허에게 한때 거처를 제공했던 프랑스의 도시, 즉 몽타우방에 설립되었다.

드와이트 맥도날드는 역시 수많은 공개서한에 서명해달라고 아렌트에게 요청했다. 그들은 뉴욕에 살고 있는 12명 넘는 다른 지식인들과 연대하여 두 명의 반체제 작가인 신야브스키와 다니엘이 소련 밖으로 자신들의 원고를 보낸 혐의로 체포되었을 때 소련 수상 코시긴에게 1966년 항의 서한을 보냈다. 그들에 대한 재판과 유죄 판결이 있자 아렌트는 언론에 보낸 성명에서 "사람들이 기대했었던 무엇인가의 추잡한 잔재가 역사의 일부가 되었다"라고 밝혔다.[18] 이러한 희망이 계속 위축되자 아렌트는 국제사면위원회, 그리고 1960년대 말 국제펜클럽(아렌트는 궁극적으로 집행부에 참여함) 등 다양한 위원회를 통해 소련 반체제 인사들을 위해 물심양면으로 지원하였다. 아렌트는 사망하기 2개월 전 마지막으로 국제 사하로프청문회에 공헌하였다. 이후 그는 자유방송위원회의 책임자에게 다음과 같이 말하였다. "나는 소련 내 지적인 반대파의 모든 발전이 매우 중요하다는 것을 믿습니다. 그리고 나는 사하로프 씨를 이 집단의 가장 중요한 인물이라고 생각합니다. 이러한 입장은 다음과 같은 의미를 담고 있습니다. 나는 범슬라브주의가 작동하리라고 확신하지 않는다는 것을 제외하고 솔제니친을 반대할 어떤 의도도 갖고 있지는 않습니다."[19]

아렌트는 일반적으로 다양한 운동에 공헌하였으며, 특히 1967년 중동전쟁 당시에 연합유대인청원 및 이스라엘긴급기금에 종종 공헌하였다. 그는

18 Noted in *Facts on File* for 10~16 February 1966, p. 55. Report on the letter of protest, *Facts on File*, 30 December 1965 ~ 5 January 1966, "Soviet Union."

19 아렌트가 자유방송위원회의 발레리오에게 보낸 편지(1975년 10월 14일), 의회도서관.

대부분의 돈을 개개인에게 제공하였다. 줄리 브라운-포겔슈타인은 쾨니히스베르크에 살 당시 아렌트의 이웃이었다. 브라운-포겔슈타인이 자기 오빠를 기리기 위해 설립한 자선단체는 한나 아렌트의 '간판단체'였다. 그는 장학금을 제공하도록 포겔슈타인 재단에 조처를 취하였으며, 이후 재단에 기금을 제공하였다. 아렌트의 시간급 조교는 이 간접적인 지원 덕택에 뉴스쿨에서 석사과정에 다녔으며, 그리고 소녀 시절 친구인 헬라 옌쉬의 아들은 캘리포니아 단과대학에 진학하였고, 버클리에서 만난 젊은 오스트리아 난민은 대학장학금을 받았다. 아렌트의 가사도우미인 흑인 살리 데이비스의 아들은 브루클린의 사립학교에 진학하였고, 사진사 리카르다 쉬베린은 사진촬영을 위한 유럽 여행에 필요한 기금을 받았다. 아렌트는 요나스가 독일 정부로부터 배상금을 받을 때까지 '한나 고모의 역할로서' 자기 뜻에 따라 공개적으로 요나스의 자식들을 부양하였으며, 클렌보르트의 자제들과 그의 사촌인 에른스트 퓌르스트의 자제들에게 선물을 주었다. 다른 '어린이들', 자기 제자들을 위해 장학금을 마련하였으며, 일자리 면담 기회를 요청하였고, 학위 취득을 축하하기 위해 만찬을 마련하였다.

아렌트는 항상 작은 것이나 사적인 것을 선호하였다. 그는 광범위하게 강의하며 많은 회의에 참석하였으나 항상 4명으로만 구성된 토론집단과 함께 있는 것을 가장 행복하게 생각하였다. 이 모임은 그리스 연구모임으로서 자신이 김나지움 학생으로서 활동하였던 모임과 같은 성격을 띠고 있었다.[20] 그는 바이킹출판사(덴버 린들리) 편집자이며 '팀Tim'이라 불리는 프레드릭 클라프, 프릭 미술관의 설립책임자이며 중세연구자인 헬레네 비에루조프스키와 수년 동안 일주일에 한번 씩 만났다. 아렌트는 번역과 대화를 위한 이러한 모임을 통해 책들의 각주를 원본 자체만큼 흥미롭게 해주는 수많은 세부적인 사항들을 수집하였지만 그가 가장 귀중하게 여긴 것은 그러

20 그리스 연구모임에 관한 내용은 다음 기사에 언급된다. "Talk of the Town," *New Yorker*, 22 December 1975, p. 27.

한 모임의 비공개였다.

아렌트는 12개 미국 대학에서 명예학위를 받았고, 국립예술원과 미국예술과학아카데미에 가입하였으며,* 1969년 미국예술과학아카데미의 에머슨-스로우 메달을 받았고, 놀랍게도 1967년 독일언어문학아카데미의 지그문트 프로이트 상을 수상하였다. 아렌트는 지그문트 프로이트의 저서에 대한 공감 때문에 상을 분명히 받지 않으려 했지만, 독일언어문학아카데미는 독일 산문의 탁월성 때문에 수상을 한다고 밝혔다. 어느 것도 그를 더 기쁘게 하지 않았다. 그는 독일아카데미의 사무총장에게 다음과 같이 말하였다. "당신은 내가 34년도 더 이전에 독일을 떠나야 했다는 것을 알고 있습니다. 모국어는 사람들이 자신의 고향에서 가지고 갈 수 있는 모든 것입니다. 저는 상당히 노력하여 이 특이하고 교체할 수 없는 것을 손상시키지 않고 활력을 유지케 하려고 노력해 왔습니다. 아카데미의 상은 이것을 잘 수행했다는 인정과 같습니다."[21] 아렌트가 미국에서 수여하는 상을 받을 때마다, 그의 동료들은 아렌트가 독일어를 잘 간직해 왔다는 사실을 깨달았다. 그는 수상을 수락하는 어려운 일에서 점점 더 독일적인 정취를 보였다. 그는 개인적 느낌, 공개적 인정, 행운의 여신의 미소, 동료들의 판단을 연계시키는 복잡한 성찰로 수상 연설을 시작하였다. 연설의 시작 부분은 모두 1959년 독일에서 레싱상을 수락하는 첫 번째 연설의 서두를 변형시킨 내용이었다.

> 저는 이렇게 말함으로써 미묘한 공적功績 문제를 완전히 모른 체할 수 있습니다. 바로 이러한 점 때문에 명예는 우리에게 겸손이라는 강한 교훈을 가르쳐 줍니다. 이러한 주장은 다음과 같은 의미를 포함하

---

* 옮긴이_ 미국문예아카데미(American Academy of Arts and Letters)는 1976년에 설립된 예술 및 문학 진흥기관이며 전신은 1898년에 설립된 국립예술원(National Institute of Arts and Letters)이고, 미국 사회과학협회의 한 분파로 생겨났다. 두 기관은 1993년 단일 기구인 American Academy and Institute of Arts and Letters로 완전히 통합되었다.

21 아렌트가 독일아카데미 사무총장 요한에게 보낸 편지(1967년 7월 6일), 의회도서관.

고 있기 때문입니다. 우리가 다른 사람들의 공적이나 재능을 판단하듯이 우리의 공적을 판단하는 사람은 우리가 아닙니다. 세상 사람들이 수상을 결정합니다. 그리고 우리는 수상 결정을 수용하고 이에 감사하는 마음을 표시하지만 그것은 우리 자신을 무시하되 세계에 대한 태도, 즉 말하고 들을 수 있는 공간을 제공하는 세계와 공중에 대한 태도의 틀 속에서 전적으로 활동할 경우에만 가능한 일입니다. 그러나 명예는 우리가 세계의 덕택으로 돌리는 감사함을 우리에게 강렬하게 환기시킬 뿐만 아니라, 매우 높은 정도로 세계에 대한 우리의 의무를 또한 요구합니다.[22]

아렌트는 통상 사람들 앞에 모습을 드러냈던 몇 년 사이에 스스로 몇 가지 규칙을 만들어 냈다. 그는 홍보사업의 모든 요청에 "저는 홍보에는 알레르기 체질입니다"라는 일반적인 표현으로 대응하였다. 아렌트는 자신이 좋아하지 않거나 생각하지 않았던 서평을 요청하거나 악의적인 논쟁에 자신을 연루시키려는 모든 편집자에게 자신의 두 번째 규칙을 보냈다. "나는 내가 존중하지 않는 책을 결코 논평하지 않는 재미난 규칙을 가지고 있습니다."[23] 『예루살렘의 아이히만』에 대한 논쟁을 위해 개발한 특별 규칙이 있었다. 즉 아렌트는 그 책을 읽지 않았던 어느 누구에게도 자신이 독자들과 공유하는 탁자 주위에 앉는 것을 허용하지 않으려고 했다. 모든 방관자(즉 책을 읽지 않은 사람 — 옮긴이)는 영역 밖에 머물러 침묵을 지키기로 동의해야만 하였다. 그는 자신이 알고 있거나 친구들이 알고 있는 사람들과 단지 라디

22 Hannah Arendt, "On Humanity in Dark Times: Thoughts about Lessing," *Men In Dark Times*, p. 3.

23 Arendt to Berman, *Kenyon Review*, 15 October 1964, Library of Congress. 아렌트는 후회스럽게도 시간의 숫자를 어기는 작업 규칙을 가지고 있었다. 그는 대담을 거부하였다. 그를 잘못 인용한 논문(Phillip Nobile, "A Review of the *New York Review of Books*," *Esquire*, April 1972)을 출판하였던 한 번의 양보 이후에, 그는 1972년 4월 5일 데니스 롱에게 다음과 같은 편지(의회도서관 소장)를 보냈다. "사실 당신이 '공적인 인물'이었다면, 당신은 범법자이지요. … 당신은 어떠한 방식으로든 비방하거나 책임을 다하지 못할 것이오. … 그가 『에스콰이어』를 위해 글을 쓰고 있다는 것을 말했었다면 나는 그 사람을 결코 내 아파트에 오게 하지 않았을 것이오."

오 대담을 하였다. 그는 종종 자신의 강의 또는 토론의 테이프 녹음 기록물이 활용되는 것을 거부하였다. 그는 집필할 때 할 수 있듯이 일어서서 있을 때도 정확성을 유지한다고 생각하지 않았기 때문이다. 그리고 그는 미국에서 텔레비전에 출연하는 것을 거절했다. 그는 '거리에서 인정받는 얼굴을 내밀고' 싶지 않았기 때문이다.

텔레비전 출연 규칙은 두 번 깨졌다. 한번은 그가 사망하기 바로 직전이었다. 그는 자신의 뒷부분에서 사진을 찍는다는 조건으로 예일대학교의 한 단체와 함께 텔레비전 교육 프로그램에 출연하기로 합의하였다. 이 규칙은 반쯤은 깨졌다. 그러나 다른 두 번째 규칙은 완벽히 준수되었다. 그는 1964년 3월 15일 『대리인*The Deputy*』을 집필한 젊은 스위스 저자 롤프 호흐후트와 함께 〈카메라 3〉 대담 프로그램에 참여하였다. 아렌트는 아이히만 논쟁이 자신의 삶에 엄습한 이후 자신과 같은 상황에 빠진 호흐후트를 돕고자 그 규칙들을 위반하였다. 야스퍼스는 1963년 가을 호흐후트의 희곡 사본을 아렌트에게 보내면서 이 희곡이 유럽에서 불러일으킨 논쟁을 아렌트에게 알려주었다. 야스퍼스는 비교를 명료하게 했다. "당신들(아렌트와 호흐후트 ― 옮긴이)은 현재 세계의 외관外觀 배후에 있는 듯이 살고 있다오. 당신(아렌트 ― 옮긴이)은 세계에 그 외관을 보여주고 있다오."[24] 야스퍼스는 스위스의 라디오 방송에 출연하고자 호흐후트와 동석하였으며, 자신이 이후 아렌트를 위해 공개적으로 수행한 일 ― 즉 오해를 일소하고 『대리인』이 제기한 실질적인 쟁점을 부각시키는 것 ― 을 스위스 사람들에게 보여주려고 노력하였다. 아렌트는 1964년 2월 13일자 ≪뉴욕 헤럴드 트리뷴≫에 기사를 게재함으로써 그러한 노력을 받아들였고,* 이후 텔레비전 공개방송을 약속하였다.

아렌트가 요약했듯이, 호흐후트 드라마의 충격적인 주제는 "제2차 세계대전 기간 중 유럽 유대인의 학살에 대해 명백하게 공개적으로 진술하지

---

24 야스퍼스가 아렌트에게 보낸 편지(1963년 10월 25일), 마르바흐 문서보관소.

* 옮긴이_ 이 기사는 『책임과 판단』에 「〈대리인〉: 침묵한 죄?」라는 제목으로 수록되어 있다.

않은 이른바 교황 피우스 12세의의 실패, 그리고 … 함축적으로 제3제국에 대한 바티칸의 정책"이었다.[25] 호흐후트가 기록했듯이, 교황의 침묵은 유대인들 — 그리고 가톨릭 신자들 — 이 "모든 사람의 방기로, 심지어 예수의 대리인의 방기로" 가스처형실로 갔다는 것을 의미했다. 교황의 명백한 진술이 어떤 실천적 차이를 가져올 수 있는가의 문제는 성찰의 문제였으며, 지금도 마찬가지이다. 호흐후트에게 쟁점이 되었던 것은 왜 교황이 침묵을 지켰는가의 문제였다. 에르빈 피스카토어는 베를린에서 『대리인』을 처음 공연하였다. 이 공연은 독일 전역에 충격파를 보냈다. 이후 전 유럽의 극장에서는 그 질문이 울려 퍼졌다. 수많은 기사들이 유럽의 신문들에 쇄도하였으며, 뉴욕 초연 이후 미국의 반응은 엄청났다. 에릭 벤트리는 반응들을 수록한 모음집인 『'대리인'에 휘몰아치는 폭풍*The Storm over 'The Deputy'*』의 서론에서 다음과 같이 지적하였다. "이 폭풍은 확실히 한 희곡이 지금까지 드라마의 전체 역사에서 촉발한 가장 큰 폭풍이었다."

호흐후트의 희곡에 대한 가장 극단적인 곡해는 아렌트의 『예루살렘의 아이히만』에 대한 가장 극단적인 곡해와 같았다. 아렌트는 유대인들에게 자기 파멸의 책임을 지운다는 비난을 받았다. 마찬가지로 호흐후트는 교황에게 **최종 해결책**의 책임을 지운다는 비난을 받았다. 호흐후트의 희곡을 읽지 않았다는 것을 인정한 스펠만 추기경은 뉴욕에서 언론에 성명을 발표하였다. 스펠만 추기경은 이 성명에서 그 희곡이 "결과적으로 피우스 12세에게 나치 범죄의 죄를 지우고 있다"고 주장했다.[26] 유사성을 예리하게 자각하였던 아렌트는 '선전의 거짓말'로 쟁점을 호도하는 데 관심을 가지고 있던 사람들에게 모든 곡해의 책임을 지웠다. 그는 한 기자에게 다음과 같이 말하였다. "당신은 동일한 선전의 거짓말이 나의 책인 『예루살렘의 아이히

25 아렌트의 ≪헤럴드 트리뷴≫ 기사는 다음 자료에 수록되어 있다. Erich Bentley, ed., *The Storm Over 'The Deputy'* (New York: Grove Press, 1964), pp. 85-94.

26 Cardinal Spellman's statement in Bentley, *The Storm Over "The Deputy"*, p. 37.

만』을 중심으로 확산되고 있다는 것을 알 것입니다. 이익집단들은 호흐후트의 희곡과 관련하여 그가 유대인 학살에 책임이 있는 사람으로 교황을 묘사하고 있다고 말합니다. 그리고 그들이 말하기를 내가 유대인에게 학살 책임을 지우고 있는 듯이 묘사하고 있다더군요. 호흐후트와 제가 그러한 것을 말했다면 우리는 미치광이일 것입니다. 그러나 사람들은 그러한 거짓말을 함으로써 반박하기 쉬운 '이미지'를 만들고 있습니다. 그것은 허튼 소리이기 때문입니다."[27] 아렌트는 두 논쟁에서 이익집단들의 역할을 과장할 수도 있었으며, 자신들의 중대한 필요성이 연관될 때 제도적인 선전의 도움 없이 사람들이 얼마나 쉽게 곡해하는가를 과소평가할 수도 있었다. 그러나 아렌트는 의심할 기회를 여러 차례 경험하였다. 예를 들면, 아렌트는 '브나이 브리트' 반명예훼손연맹의 한 회원이 전국가톨릭복지단체의 선동적인 선전 책자를 작성했다는 것을 발견하였다. 아렌트는 "한 손이 다른 손을 씻어서 모든 손이 깨끗해진다"[28]는 규칙이 작동된다는 것을 의심하였다. 그러나 아렌트는 유대인이나 가톨릭 신자들의 책임을 사면하려는 음모가 있다고 결론을 내릴 충분한 근거를 갖고 있지 않았다. 물론 이들의 책임은 **최종 해결책**에 대한 책임이 아니라 그들이 **최종 해결책**과 관련하여 추종자들에게 언급한 것과 언급하지 않은 것에 대한 책임이었다.

아렌트는 아이히만 논쟁과 『대리인』에 몰아친 폭풍 사이 하나의 중대한 차이를 알았다. 즉 "가톨릭 신자들도 상당수 알고 있었으며 여론도 호흐후트를 지지하였다는 것은 그에게는 행운이었다." 이러한 언론의 비중은 "수동적 활동이 작은 악이기 때문에 그러한 태도를 유지하는 게 최선의 정책이라든가 또는 호흐후트의 진실 폭로가 '도움이 되지 못하는 … 잘못된 심리학적 계기'에 나타났다는 주장에 전적으로 이의를 제기하는 데 기여하였

---

27 아렌트가 콜로라도대학교 학생 매과이어에게 보낸 편지(1964년 10월 30일), 의회도서관.

28 아렌트가 (『예루살렘의 아이히만』 네덜란드어 번역자) 르네이트 루빈스타인에게 보낸 편지(1966년 1월 22일), 의회도서관.

다. 아렌트는 이러한 지지가 유럽 유대인 지도자들의 역할을 보여주는 '완전한 진실'에 관한 자신의 안목에 도움이 될 수 있으리라는 욕구를 분명히 가지고 있었다. 아울러, 아렌트는 『대리인』에 대한 오스트리아 가톨릭 학자인 프리드리히 헤르의 발언을 다음과 같이 인용하였다. "진실만이 우리를 자유롭게 할 것이다. 완전한 진실은 항상 엄청나다."[29]

아렌트는 호흐후트의 희곡을 무비판적으로 존경하는 사람은 아니었다. 아렌트는 그 희곡이 극적으로 지루하고 피우스 12세의 성격에 너무 강조점을 두고 있다고 생각하였다. 호흐후트는 더 훌륭한 사람은 더 좋은 결정을 내릴 것이라는 점을 암시하고 있지만 아렌트는 교황이 수행한 것을 고려하였다. 교황은 "모두는 아니지만 대부분의 세속적인 지배자들이 그러한 상황에서 행하였던 것"을 수행하였다. 야스퍼스 역시 "인위적인 제도인 … 교회와 교황직이 … 다른 모든 정치조직과 크게 다르게 작동하지 않는다"[30]고 지적하였다. 아렌트와 야스퍼스는 모두 『예루살렘의 아이히만』의 주요 주제(가장 왜곡되는 주제)들 가운데 하나를 염두에 두고 언급하였다. 아렌트는 자기 책의 표현을 이용하면서 다음과 같은 내용을 제안하였다. "바티칸 당국과 교황 사절은 유럽의 도덕적 정신적 구조 전체의 붕괴라는 관점에서 더 이상 존재하지 않는 정상상태에 대한 엄격한 집착에 영향을 미치는 것을 외형적으로 현명하게 생각하였다." 아렌트는 다음과 같이 생각했다. 즉 그러한 상황에서 훌륭한 사람들은 최악을 행할 수 있거나, 혹은 최선을 행할 수 없다. 즉 그들은 덜한 악이 좋은 결과를 가져올 수 없다는 것을 인식하지 못한 채 덜한 악을 행할 수 있다.

아렌트는 이러한 주제를 반복해서 제기하였다. 그는 1964년 내내 많은 미국 대학에서 이러한 주제로 연설하였다. 이 주제는 또한 영국의 BBC 라디오와 미국의 퍼시피카 라디오를 통해 「독재 치하에서의 개인적 책임」이

29 Arendt's article in Bentley, *The Storm Over "The Deputy,"* p. 94.

30 Karl Jaspers, "*On The Deputy*" in Bentley, *The Storm Over "The Deputy,"* p. 100.

란 제목으로 하였던 연설에서 핵심이었다. 아렌트는 케네디 대통령 서거 다음해에 "현상유지는 더 이상 존재하지 않는다"는 케네디 대통령의 자각을 염두에 두고 이러한 연설을 하였다. 이러한 자각은 1960년 공개되었다. 아렌트는 미국과 러시아 사이 냉전의 현상유지가 1964년에는 존재하지 않았다는 것을 알았지만 베트남에서 수행한 미국의 '대반란' 작전이 새로운 세계 상황의 시작이라는 것을 알지는 못했다. 아렌트는 과거와 미래 사이의 현재 상황에 관심을 갖고 있었던 것이 아니라 과거에 관심을 갖고 있었다.

아렌트는 1946년 이후 처음으로 1964년, 1965년, 1966년에는 한 권의 책도 집필하지 않았다. 아렌트는 기진맥진할 정도의 행보로 여행하고 강의하였지만, 이 기간이 그에게는 휴식 기간이었다. 그는 『예루살렘의 아이히만』과 『혁명론』을 동일한 마감 시간에 맞추어 집필하는 것이 과도하다는 사실을 야스퍼스에게 언급한 이후 자신이 바랐던 휴식시간을 갖게 되었다. 아렌트는 야스퍼스에게 다음과 같은 사실을 환기시켰다. "당신께서는 어느 누구도 실제로 일을 너무 많이 하지 않는다고 말씀하셨는데, 저는 이 말을 매일 좌우명으로 삼고 있습니다."[31]

아렌트는 작업을 중단한 덕분에 사실 4년 동안 책상 서랍 속에 묻혀 있었던 연구 과제를 추진할 기회를 갖게 되었다. 아렌트는 예루살렘으로 가기 직전인 1961년 노스웨스턴대학교에 머물면서 브레히트에 관한 강의를 준비하고 있었다. 친구이며 문학비평가인 에리히 헬러는 스탈린에 대한 브레히트의 태도와 관련한 어려운 문제를 둘러싸고 아렌트와 말싸움을 하였다. 아렌트는 브레히트의 그러한 태도를 "선하고 싶어 하는 유혹"으로 표현하였다. 아렌트는 노스웨스턴대학교에서 헬러의 세미나들 가운데 하나에 대한 자신의 견해를 제시했었다. 아렌트는 『뉴요커』에 브레히트에 관한 자신

31 아렌트가 야스퍼스에게 보낸 편지(1963년 1월 7일), 마르바흐 문서보관소.

의 기사를 출판했던 윌리엄 숀에게 다음과 같이 말했다. "나는 친구에게 화가 난 나머지 원래 그 원고를 집필했지요. 그 친구는 자신이 브레히트를 창밖으로 내던질 수 있었다고 생각했습니다. 그리고 그는 자신의 '원죄' 때문에 내가 자기 학생들에게 연설할 수 있을 만큼 아주 관대하였답니다. 나는 대부분 기억에 의존하여 그것을 매우 신속하게 처리해야만 했으며, 이후 그 원고를 다시 작성하였지요."[32]

헬러는 확신을 갖고 있지 못했다. 그는 몇 년 후 그 장면을 다음과 같이 경망스럽게 기술하였다. "그것은 아렌트가 자신의 매우 뛰어난 지력을 잘못된 판단 활동에 적용시킨 그러한 경우들 가운데 하나일 수도 있다. 그리고 이러한 상황이 발생하였을 때, 아렌트는 결코 단순히 잘못을 하지 않았으며, 분노의 섬광을 날리면서도 잘못을 타파하였다."[33] 그들의 의견 차이는 마음에서 우러난 의견의 차이였지만 아렌트의 논문 속에 나타나는 갈등은 우호적이지 않았다. 브레히트의 사례에 대한 아렌트의 성찰은 과거 여러 차례 아렌트의 사례를 둘러싸고 감정을 격발시켰던 시드니 후크를 분노하게 하였다. 후크는 아렌트의 판단에서 하나의 대상이었다. 후크는 브레히트를 1930년대 확고한 스탈린주의자로 생각했기 때문이다. 후크는 증거로서 모스크바 재판의 피고들과 관련하여 브레히트가 자신에게 제기한 놀라운 지적을 다음과 같이 언급하였다. "피고들이 더 순진하면 할수록 그들은 마땅히 더 죽게 되어있다." 아렌트의 생각에 '계략적인' 브레히트는 다음과 같은 의도를 가지고 있었다. 즉 스탈린을 반대하지 않았던 사람들(실제로 짊어질 범죄로부터 자유로운 사람)은 어떤 죄를 잉태하였다. 아렌트는 이렇게 말했다. "불의 속에 어떤 정의가 있었다." 후크는 아렌트의 독일어 논문이 게

---

32 아렌트가 숀에게 보낸 편지(1965년 4월 14일), 의회도서관. 아렌트는 자신의 논문의 상당 부분은 자신이 『캐넌 리뷰』(봄 1948, 304-312쪽)에 기고했던 논문에서 발췌되었다고 약간 과장했다. 아래의 인용문들은 다음과 같다. Arendt, "Bertolt Brecht," *Men in Dark Times*.

33 Erich Heller, "Hannah Arendt as a Critic of Literature," *Social Research*, Spring 1977, pp. 147-159.

재된 『수은*Merkur*』 측에 편지를 보냈다. 후크는 모스크바 재판 이전인 1935년에 대화가 이루어졌으며, 브레히트가 스탈린을 정치적으로 반대하는 당원들을 언급하고 있었다고 주장했다. "한 단어만이 브레히트의 언급을 제거하고 이것을 브레히트의 반스탈린주의적 정서에 해당하는 지표로 사용하려는 아렌트의 노력을 묘사한다. 그것은 몰염치Unerschämtheit이다." 아렌트는 다음과 같이 지적했다. 후크는 브레히트가 누구를 염두에 두고 있는가, 어떤 피고들이 어떤 혐의를 받고 있는가에 대해 명백히 밝히지 않았으며, "사유를 공유하는 어떤 것도 지니지 않은"[34] 점수 계산식으로 브레히트에 대한 자신의 입장을 강요하기 위해 한 문장만을 사용하였다.

브레히트 문제의 다른 편에는 존 윌레트가 있었다. 그는 브레히트 전집 영어판 공동편집자이며, 브레히트가 스탈린을 찬양하지 않았다는 것을 증명하고자 시도하였다. 아렌트의 원고가 『뉴요커』에 게재된 이후 윌레트는 브레히트의 저작에서 출처를 인용하도록 아렌트에게 요청하는 글을 썼다. 브레히트의 스탈린 찬사와 「스탈린 송가」가 있었다는 아렌트의 주장에 대한 윌레트의 문의에 답변은 없었으며, 윌레트는 아렌트의 논문이 『어두운 시대의 사람들』에 언제 다시 게재되었는지 다시 질문하였다.[35] 아렌트는 이후 자신의 출처를 인용하면서 답변하였다. 만족스럽지 않은 윌레트는 『타임스 문예 부록*Times Literary Supplement*』에 공개서한을 보냈다. ≪뉴욕 타임스≫는 이 편지를 보도하였으며, 응답을 얻고자 아렌트와 대담하였다. 아렌트는 자신의 학식이 부정확하거나 기만적이지 않다는 것에 대해 '아주 만족했다.' 그는 또한 단순한 학식이 판단하는데 도움이 되지 않는다는 것을 확신하였다.[36]

---

34 아렌트와 후크 사이의 서신 교환은 다음 자료에 있다. *Merkur*, 23/259(1969): 1082-1084. 후크는 자신의 경우를 다음 자료에서 다시 언급하였다. *Encounter*, March 1978, p. 93.

35 John Willett, "The Story of Brecht's Odes to Stalin," *Times Literary Supplement*, 26 March 1970.

36 두 보고서는 다음 자료에 수록되었다. *The New York Times*, 28 March 1970, p. 25. 아렌트는 보고자들 가운데 한 사람인 헨리 레이몬트에게 1970년 3월 30일에 더 많은 수정과 논의를 첨가한

아렌트는 정치영역에서 물러서서 '중요한 것을 말하고 사물을 있는 그대로 수용하라'고 가르치는 브레히트의 능력과 독립성에 의문을 제기했었다. 아렌트가 브레히트 작품을 출간한 이후 집필한 다음 논문인 「진리와 정치」에서 언급했듯이 "판단능력은 진실성으로 불릴 수도 있는, 즉 사물을 있는 그대로 수용함에서 나타난다." 이 논문에서 밝혔듯이, 정치 · 도덕 · 미학 문제의 판단은 모두 상상력에 나타나는 다른 사람들의 관점을 갖는 공평성, 칸트의 표현대로 확장된 심성을 유지하는 능력을 전제한다. 아렌트는 시인이 진실성을 버릴 수 있지만 시의 여신인 뮤즈가 시인을 저버릴 수 있다고 생각하려 하지 않았다. 후크나 윌레트는 아렌트의 이런 입장에 대해 의문을 제기하지 않았다. 이 때문에 아렌트는 후크의 논쟁적 성향과 윌레트의 '브레히트 연구자' 단체의 가입에 대해 성급하게 언급했다. 헬러만이 브레히트의 시적 능력의 상실이 뮤즈 여신의 상실보다 오히려 다른 근원에서 비롯됐을 가능성이 있다고 제기했다. 그 가능성은 연로함이나 다른 문제들(예컨대, 극장 경영과 연기자 훈련)에 대한 전념 또는 알콜 또는 마약 복용에서 비롯됐다. 헬러의 제안은 아렌트의 관점에서 볼 때 '너무 심리학적'이었다. 헬러는 "아니, 그것은 윤리와 연계되어야 했다. 아렌트는 도덕적 결단에 있어서 매력적이고 존경스럽다"[37]라고 언급하였다.

아렌트는 1965년 「진리와 정치」라는 제목의 논문을 집필하기 시작하였다. 이 논문은 아이히만 논쟁에 대한 아렌트의 답변이었으며, 정치에 있어서 '사심 없는 진리 추구'의 중요성에 대한 아렌트의 주장이었다. 아렌트는 에모리대학교 · 이스턴미시건대학교 · 세인트존스칼리지(아나폴리스 소재) · 웨슬리언대학교에서 이 논문을 발표하였다. 그는 강의 중간의 휴식시간에 아이히만 논쟁에 관한 반응을 취합하였으며, 책의 제2판 종결 부분과 독일어판 서문, 그리고 「진리와 정치」의 최종판에 자신의 성찰을 포함시켰다. 아

편지(의회도서관 소장)를 보냈다.

37 Heller, "Arendt as a Critic," p. 154.

렌트는 1965년 코넬대학교에서 강의를 하던 가을학기에 이 논문을 완성시켰으며, 1966년 미국정치학회 학술회의에서 그 최종판을 발표하였다. 로빈슨의 『왜곡된 것은 제대로 되어야 한다』의 출판, 그리고 『뉴욕 서평』을 통한 이에 대한 아렌트의 답변, 즉 분노를 열화같이 표출시키는 주요 논쟁이 마지막으로 시들 때까지 아렌트는 논문 출간을 기다렸다.*

아렌트는 『뉴욕 서평』에 보낸 몇 편의 편지에 답장을 한 후 1966년 봄 야스퍼스에게 다음과 같이 말하였다. "이제, 희망컨대, 논쟁은 종결되었습니다. 우스꽝스러운 일은 이러합니다. 제가 의견을 공개적으로 천명한 이후 모든 유대인 단체로부터 연설하고 회의에 참석해달라는 등등의 초청장과 함께 보낸 편지가 저에게 쇄도하였으며, 심지어 제가 공격했던 사람들로부터 편지가 쇄도하였답니다. 또한 『아이히만』 히브리어 판이 마침내 이스라엘에서 출간됩니다. 나와 유대인 사이의 전쟁은 끝났다고 생각합니다."[38] 1966년 갈리마르출판사의 프랑스어판 출간에 대한 프랑스 내 강렬한 반응이 있었듯이 이러한 판단은 약간 시기상조였다. 일 년 전 파리의 무명 유대인 순교자 기념박물관에서 개최된 대규모 전시회의 조직위원회는 그들의 전시회가 아렌트 박사를 반박하고자 의도한 것이 아니라고 주장했다. 물론 그것은 그 의도를 실현시켰다. 나움 골드만이 개회식 행사에서 주장한 바에 따르면 아렌트와 다른 작가들은 그 전시회(히틀러주의에 저항한 유대인들)가 정확하게 보였던 것을 잘못 드러냈다.[39] 『예루살렘의 아이히만』 프랑스어판이 출간되었을 때, 반박하려는 시도는 별로 확대되지 않았지만 훨씬 충격적이었다. 예를 들면, 『새로운 관찰자*Le Nouvel Observateur*』는 「한나 아렌트, 그는 나치인가?」라는 제목 아래 두 쪽 분량으로 편지들을 게재하였다. 그

---

* 옮긴이_ 이 논문은 1967년 2월 26일 『뉴요커』에 처음 출간됐고 1968년 약간의 수정을 거쳐 『과거와 미래 사이』에 재수록되었다.

38 아렌트가 야스퍼스에게 보낸 편지(1966년 3월 26일), 마르바흐 문서보관소.

39 *New York Times*, 7 February 1965, p. 20. *Le Nouvel Observateur* printed extracts of Arendt's *Eichmann*(5 and 12 October 1966) and then letters to the editor(26 October 1966).

러나 아이히만 논쟁은 1966년 미국에서 퇴조하였으며, 1967년 중동전쟁으로 사라졌다. 물론 쟁점은 남아있었다. 솔 벨로우의 소설 『샘러 씨의 행성 *Mr. Sammler's Planet*』, 로버트 쇼의 희곡 『유리 보호대 속의 인간*Man in a Glass Booth*』, 대재앙에 관한 학술회의, 대학 강의 등은 다양한 맥락에서 이 쟁점을 묘사하였다. 아렌트 자신은 이 분야 연구를 중단했다. 1969년 그는 나치 시대에 관한 두 권의 책에 대한 서평을 요청받았을 때 다음과 같이 단호하게 말하였다. "나는 전 시대를 이해하고 타협하고자 노력하는 과정에서 내 몫을 담당했다고 생각했습니다. 이제 다른 사람이 하도록 해주시오."[40]

『혁명론』과 학계의 비판

1966년 여름 아렌트는 2개월 예정으로 수영하고 산책하며 동료들과 이야기를 나눌 목적으로 팔렌빌을 찾았다. 그는 블뤼허의 건강에 대해 두려워했던 몇 번의 경우 — 예컨대, 한번은 블뤼허의 기색이 창백해져 주말 자동차 여행을 사양했다 — 를 제외하고 여가를 즐겼다. 아렌트는 가벼운 소설을 읽는데 재미를 느껴 여행의 노고로부터 해방되어 체스닛 론 하우스에 머무는 것을 좋아했다. 아렌트는 아가사 크리스티와 시므농의 소설을 읽었으며, 블뤼허는 자신이 좋아하는 서양인의 작품 6편을 자세히 검토하였다. 『뉴욕 서평』의 로버트 실버스가 아렌트에게 서평을 요청하였다. 아렌트는 또한 로자 룩셈부르크에 관한 피터 네틀의 탁월한 전기 두 권을 읽었다.

아렌트는 이 책을 읽을 때 밑줄을 그으면서 여백에 기록을 하였고, 룩셈부르크의 편지에 있는 특이한 문장들에 주목하며 네틀의 주장에 이의를 제기하고, 자신과 상당히 유사하다고 생각한 정신에 대해 더 잘 알게 된 점을 분명히 기뻐하였다. 네틀은 "신기하게도 룩셈부르크의 저작에는 슬로건이

---

40 아렌트가 『뉴욕 서평』의 시버스에게 보낸 편지(1969년 12월 14일), 의회도서관.

없다"고 지적하였다. 아렌트는 룩셈부르크를 옹호하기 위해서 이 부분의 여백에 '실제로'라고 기재하며 발끈 화를 냈다. 네틀이 "노동조합과 관련하여 이들의 역할을 제한하는 고전적 마르크스주의 개념을 다시 한 번 수용하고 있다"고 단순히 기록한 부분에서 아렌트는 "그리고 틀렸다"라는 자신의 판단을 첨가하였다. 아렌트는 룩셈부르크의 테제들이 얼마나 '반마르크스주의적' 테제 — 특히 자본주의적 재생산이 폐쇄경제에서 불가능하며 자본주의 이전 단계의 저발전 경제와 제국주의적으로 연결되어야 한다는 명제 — 인가를 네틀에게 밝혔다. 네틀은 룩셈부르크가 사회주의에 관한 대안적 안목을 지닌 정치이론가가 아닌 비평가였다고 주장했을 때, 아렌트는 '여전히 비판하는' 네틀을 몹시 비난하였다. 아렌트는 책의 여백에서 자신과 룩셈부르크가 공유했던 신념이나 방법에 관한 관찰에 대해 자신의 동의를 다음과 같이 기록하였다. "[그]는 성공하지 못한 혁명보다 왜곡된 혁명에 대해 더 두려워했다." "그는 항상 혁명윤리에 관심을 가졌다. 그는 항상 역사적 분석으로 시작하였다." 룩셈부르크의 동반자인 레오 요기헤스의 사진이 아렌트의 마음을 사로잡았듯이 네틀은 정당으로 발전하기 오래전에 지식인 동류집단이었던 폴란드 사회민주주의자, 즉 룩셈부르크의 폴란드 동료 단체에 관한 세부적인 자료를 제공하였다. 이 자료는 아렌트의 마음을 사로잡았다. 요기헤스는 "그(룩셈부르크)에게 아무 것도 숨겨서 안 되는 완전히 접근할 수 있는 오직 유일한 사람이었다."[41]

아렌트는 전기를 서평하기로 결정하고 여름 막바지를 보내며 "작은 책은 아닙니다. 하느님께 감사해야지"[42]라는 내용의 편지를 보냈다. 블뤼허는 이 서평 논문에 지대한 공헌을 하였다. 이 논문은 부분적으로 룩셈부르크 생애에서 블뤼허와 같은 버팀목인 레오 요기헤스에 관한 아렌트의 진술이었

41 앞의 내용은 모두 아렌트가 읽은 다음 책의 여백에 있다. Peter Nettle, *Rosa Luxemburg*(Oxford: Oxford University Press, 1966). 이 책은 바드대학 도서관에 소장되어 있다.

42 아렌트가 시버스에게 보낸 편지(대략 1966년 7월 날짜 미상), 의회도서관.

으며, 부분적으로 블뤼허의 젊은 시절에 발생한 혁명, 1918~1919년 독일 혁명에 관한 블뤼허의 진술이었다. 그러나 이 서평에서 가장 도전적인 부분은 룩셈부르크의 정치이념 및 그들의 일관된 가치에 관한 논의였다.

아렌트는 다수의 마르크스주의자들이 '오류'라고 지적한 룩셈부르크의 매우 논쟁적인 이념들을 고찰하였다. 여기에는 '민족 문제'에 대한 룩셈부르크의 입장, 혁명가들과 수정주의자들 사이의 논쟁, '대중파업' 전술이 포함되어 있었다. 이러한 논쟁은 룩셈부르크와 다른 모든 사람들을 가장 결정적으로 분리시켰던 '공화주의 문제'로 이어졌다. "룩셈부르크는 이때 모든 상황 아래에서 개인적 자유뿐만 아니라 공적 자유의 절대적 필요성을 강조하는 데 확실하지 않지만 완전히 혼자였다."[43] 룩셈부르크는 1905년 러시아 혁명과 이 과정에 등장했던 노동자평의회를 통해 "자발성"이란 가치, 그리고 "훌륭한 조직이 행위에 선행하지 않고 행위로 나타난 산물이다"는 원리를 배웠다. 룩셈부르크는 레닌과 달리 다음과 같은 결론을 내리지 않았다. 즉 산업화되지 않은 국가들에서 긴밀하게 조직화된 소규모 집단은 혁명을 효율적으로 주도할 수 있으며, 전쟁은 혁명적 상황을 형성할 수 있고, 이에 따라 촉진 요인으로 작용할 수 있다. 룩셈부르크는 전쟁의 유용성을 결코 수용하지 않았으며, 제1차 세계대전 중 레닌과 그 문제를 논의했다. 룩셈부르크는 "다수의 인민이 관여하지 않고 목소리를 내지 않는 승리를 믿지 않았다."

> 그리고 사건들이 룩셈부르크의 권리를 입증하지 않았는가? 소련의 역사는 왜곡된 혁명의 가공스러운 위험을 보여주는 하나의 긴 증명이 아닌가? 그가 예견했던 도덕적 붕괴(물론 레닌의 후계자들이 지닌 단순한 범죄성을 예견하지 않은 채)는 우월적인 강제력에 대한 진정한 투쟁과 역

43 이것과 다음의 인용 출처는 다음과 같다. Arendt, "Rosa Luxemburg," *Men in Dark Times*, pp. 33-56.

사적 상황의 위력에서 어떠한 모든 정치적 패배가 어쩌면 초래했던 것보다 훨씬 더 혁명 활동에 해를 끼치지 않았나? 레닌은 자신이 사용한 수단을 '완전히 오해하였다.' 이는 참이지 않았나? 유일한 구원의 길은 "공적 삶 자체의 학교, 가장 무제한적이고 가장 광범위한 민주주의와 공적 의견"이라는 게 참되지 않았나? 테러가 모든 사람들의 사기를 '저하시키며' 모든 것을 파멸시킨다는 것은 참되지 않았나?

아렌트는 『혁명론』을 집필했을 때 이러한 질문들을 스스로 제기했다. 이 책은 공화주의를 열렬히 옹호하고, 공화국 내에서 자율적이고 자발적인 단체들을 열렬히 옹호하는 내용으로 마무리하고 있다.

공화주의는 룩셈부르크의 정치이념에 대한 아렌트의 연구에서 핵심이었다. 그러나 아렌트 역시 제국주의의 불가피성을 강조하고 있는 룩셈부르크의 비마르크스주의적 이론의 결과를 좀 세부적으로 조심스럽게 제기하였다. 즉 "따라서 자본주의는 모순을 발생시키면서 혁명을 잉태하는 폐쇄체계가 아니었다. 자본주의는 외부적 요인들(전자본주의 경제)에서 성장하였다. 그리고 지구의 전 표면이 정복되고 잠식될 수 있을 때에만 자본주의는 자동적으로 붕괴될 수 있었다." 아렌트는 네틀이 『자본 축적*The Accumulation of Capital*』에 관해 논의한 부분의 여백에 제3의 요인이 변증법적 과정을 붕괴시킨다고 기록하였다. 아렌트는 『전체주의의 기원』 가운데 제국주의를 분석한 부분에서 룩셈부르크의 이론을 사용하였으며, 1966년에도 이러한 입장을 유지했다. 이때 아렌트는 집필 당시 미국이 확전되고 있는 베트남전에 개입한 사실, "오래된 반식민지 정서"와 상반되는 미국의 중남미 정책이 제국주의적이었다고 판단했다.[44]

피터 네틀은 룩셈부르크가 자본주의와 이의 당연한 결과인 제국주의를 자신의 정치 강령과 연계시키지 않았다는 사실에 매우 당혹스러워 했다.

---

44 Hannah Arendt, "Lying in Politics: Reflections on the Pentagon Papers," *Crises of the Republic* (New York: Harcourt Brace Jovanovich, 1972), p. 41(이하 "*Crises of the Republic*"으로 표기함).

그는 수정주의 논쟁에 대한 룩셈부르크의 초기 공헌에서 나타나듯이 이 경우에 "정치와 경제 사이에 방법론적 분석적 단절"이 있었다고 지적하였다. 그러한 단절을 극복하는 하나의 방법은 룩셈부르크의 경제 공식을 정치영역으로 전위시키는 것이었다. 이러한 것은 교의, 즉 룩셈부르크주의를 날조했던 적대적 비판자에 의해 이루어졌다. 이 교의에서 '자발성'은 혁명정당이 자동적 과정('모든 사람이 자신의 정당을 가지고 있는' 무정부상태)에 실질적인 역할을 맡고 있지 못한다는 것을 알리기 위해 채택되었다. 네틀은 룩셈부르크주의가 이론가로서 룩셈부르크를 무시하기 위해 만들어진 볼셰비즘의 모방작이었다고 지적했다. 그러나 네틀은 룩셈부르크의 정치 강령과 경제 분석을 조화시키려는 다른 방법을 발견하지 못했다. 아렌트는 제국주의에 대한 레닌의 평가가 '근본적 오류'이며, 실제로 존재하는 사물에 대한 탁월하게 충실한 기술을 반박하기 충분하지 않다고 주장했다. 그러나 아렌트는 다른 방법을 고려하지 않았다.

룩셈부르크의 사유에 관한 아렌트의 가정 때문에 네틀이 보았던 문제는 아렌트에게는 존재하지 않았다. 아렌트는 룩셈부르크가 마르크스주의 '위기론'을 포기했으며, 마르크스주의와의 결별이 정치적이며 경제적이라고 생각했고, "혁명에 대한 그의 신념이 주로 도덕적인 문제"라고 생각했다. 아렌트가 언급했듯이 이것은 룩셈부르크가 공적인 삶과 민정 문제, 즉 세계의 운명에 열정적으로 관여했다는 것을 의미한다. 노동계급의 직접적인 이익을 벗어나는, 따라서 모든 마르크스주의자들의 지평을 완전히 벗어나는 룩셈부르크의 유럽정치 관여는 독일과 러시아의 정당에 관한 그의 반복적인 주장에 가장 명료하게 드러나고 있다. 아렌트는 룩셈부르크의 정치강령(공화주의)이 마르크스주의적 경제적 변증법, 자본가와 프롤레타리아의 대립관계에 대한 그의 거부에서 나타나는 논리적 추론이라고 이해하였다. 아렌트 자신의 관점에서 볼 때, 공화주의는 자본주의나 사회주의에 관한 모든 마르크스주의적 안목을 초월하는 정치적 이상이었다.

아렌트는 자본주의가 초기 부르주아지의 특이한 전유로부터 시작하여 어쩔 수 없이 붕괴할 때까지 지속되는 과정은 아니라는 룩셈부르크의 통찰에 기반을 두고 있기 때문에 전유가 다시 반복된다고 주장했다. 그것을 중단시킬 수 있는 방법은 단 하나이다.

> 이론이나 이데올로기와 구별되는 우리의 모든 경험은 자본주의의 발생과 더불어 시작되었던 전유 과정이 생산수단의 전유와 더불어 중단되지 않는다는 것을 우리들에게 알려주고 있다. 경제력과 분리되어 있는 법제도나 정치제도 및 이들의 자동화는 이 과정의 본질적으로 기이한 가능성을 통제하고 견제할 수 있다. … 자유를 보호하는 것은 정부권력과 경제권력의 분리이며, 이를 마르크스주의 용어로 표현하자면, 국가와 헌법이 상부구조는 아니라는 사실이다.[45]

아렌트의 결론에 따르면, 자유를 보호하는 것은 헌법을 보유한 공화국이다. 그는 『혁명론』에서 주장했고, 1969년 대담 때에 인용한 문장에서 이를 암시하였다. "합리적이고 비이데올로기적 경제발전은 가능하며, 공화국은 이것을 성취하고 유지해야 한다."[46]

네틀의 전기에 대한 아렌트의 평가는 『혁명론』의 결론 부분이었다. 네틀의 전기가 출간되던 해인 1966년은 혁명 이론과 실천이란 주제가 대학의 정치학과 미국의 정책 논쟁에서 핵심적이었던 해였다. 1960년대 말 새로운 독자들이 『혁명론』을 읽었다.

『예루살렘의 아이히만』이 『뉴요커』에 게재된 직후인 1963년 봄에 출간된 『혁명론』은 빛을 잃은 형제였다. 그러나 서평자들은 그 주요 요지를 주목하였다. 유다 마그네스의 후원자들 가운데 한 사람이며 아렌트와 유사하

---

45 Hannah Arendt, "Thoughts on Politics and Revolution," *Crises of the Republic*, p. 173.

46 Arendt, *On Revolution*, p. 60.

게 민족주의에 대한 비판을 제시한 한스 콘은 『뉴욕 타임스 서평』의 독자들을 위해 책의 주장을 다음과 같이 요약하였다. "오늘날 세계에서 논쟁은 경제체계에 대한 논쟁이 아니라 자유와 권위주의에 대한 논쟁이다. 아렌트 박사는 이 논쟁을 충분히 명료하게 해 주고 있다."[47] 그러나 이러한 주장을 반박하지 않게 하려는 서평자들은 수적으로 적었으며, 이 주장이 일관된 정치적 또는 역사적 분석에 기반을 두고 있다고 생각하는 사람은 더 적었다. 아렌트는 버클리대학교의 정치학자인 노만 야곱슨에게 "말할 필요도 없이 전문가들이 [『혁명론』]을 거의 전적으로 무시했다"라고 언급했다. 아렌트는 1955년 이 책을 집필하기 시작했다. 이때 존 애덤스에 대한 야곱슨의 관심은 아렌트에게 시사점을 제공하였다.[48]

홉스봄은 다음과 같은 견해를 제시하였다. "저자가 분명히 분개하지 않을 때" 역사가들이나 사회학자들은 "한낱 사실에 대한 관심 부족 … 형이상학적 구성에 대한 선호나 현실에 대한 시적 감정으로 인해 분개할 것이다."[49] 많은 전문가들은 이 견해에 동의하였다. 이 책에는 미국 혁명이 사실 혁명(적어도 토크빌 이후 상당한 논란이 있었던 것)이었으며 또한 이상적 혁명이었다는 아렌트의 주장, 프랑스 혁명의 유산에 대한 아렌트의 평가, 루소와 프랑스 혁명 이론가들에 대한 아렌트의 해석, 마르크스주의적 범주에 대한 아렌트의 무시, 미국 내 종교단체의 역할을 논의하지 않거나 심지어 계급의 존재를 언급하지 않은 입장 등을 소개하고 있다. 이러한 입장들은 비판을 받았다. 사실적 질문들의 범위를 넘어 주장한 사람들은 한스 콘이 요약했던 내

---

47 Hans Kohn, "The Search for Freedom Is Not Enough," *New York Times Book Review*, 14 April 1963.

48 아렌트가 야곱슨에게 보낸 편지(1964년 11월 13일), 의회도서관.
옮긴이_ 야곱슨(1922~2007년)의 유일한 저서는 『자존심과 위안: 정치이론의 기능과 한계(*Pride & Solace: The Functions and Limits of Political Theory*)』(Los Angeles and London: University of California Press, 1978). 그는 "아렌트 · 오웰 · 까뮈가 위안에서 자유로운 정치이론의 대가이며 우리 시대의 영웅으로서 작가다"라고 지적했다.

49 E. J. Hobsbawm, untitled review, *History and Theory* 4/2(1965): 252-258.

용에 초점을 맞추면서 경제 문제와 정치 문제를 구분하는 아렌트에 대해 이론적으로 오류를 범하고 있거나 모든 실천적 목적에도 불구하고 보수적인 성향을 띠고 있다고 주장하였다. 어디에나 모습을 나타내는 비평가인 조지 스타이너는 다음과 같이 기술하였다. "아렌트는 만만치 않은 축적된 지식과 통찰력으로 일종의 버크식 토리주의를 지향하며, 자유보유권자의 계서적 농경사회와 설득력 있는 마을평의회에 대한 향수를 풍기며 연구하고 있는 것 같다."[50]

아렌트의 독자들 가운데 소수는 그들이 보기에 아렌트가 그렇게 의심스러운 역사적 기초에 기반을 둔 진보적 이념과 보수적 이념의 이상한 결합을 왜 제안했는가에 대해서 고려하였다. 아렌트를 "현대 정치 분야에서 가장 독창적인 정신"으로 생각했던 런던대학교의 버나드 크릭은 자신이 미국 건국 선조들을 존경하는 아렌트의 입장에 당혹스러웠다고 인정했을 뿐만 아니라 "독일계 미국인들은 보답으로 그랬다"는 설명을 제시하였다.[51] 『혁명론』은 분명히 보답을 표시한 행위의 결과였다. 건국 선조들에 대한 아렌트의 묘사는 문자 그대로 터무니없는 것 같았지만 그의 우화는 매우 특별한 형태의 우화, 즉 정치적 우화였다. 정치학자인 메를 파인소드는 다음과 같은 사실을 인식한 소수 가운데 한 사람이었다. 즉 "혁명사 자체, 혁명의 과거, 혁명의 기원 및 발전과정"에 대한 아렌트의 관심 부족은 의도적이며, 아렌트는 파인소드 자신이 말한 "의미 있는 혁명" — 즉 현재와 미래에 의미 있는 혁명 — 에 관심을 가졌다. 아렌트는 다음과 같이 말했다. 즉 "우리는 혁명이 무엇인가 — 즉 혁명이 **정치적** 존재인 인간에게 지니는 일반적 함의, 우리가 살고 있는 세계에서 혁명의 **정치적** 중요성, 근대 역사에서 혁명의 역할 — 를 배우고 싶다."[52]

---

50 George Steiner, "Lafayette, Where Are We?" *Reporter*, 9 May 1963, pp. 42-43.

51 Bernard Crick, "Revolution vs. Freedom," *London Observer*, 23 February 1964.

52 Merle Fainsod, "For Spaces of Freedom," *American Scholar*, Spring 1963, pp. 316-317; Arendt,

야스퍼스는 자신이 독일인이 아닌 다른 사람이었다면 미국인이 되고자 했다고 아렌트에게 한때 언급하였으며, 종종 정신적으로 미국에서 망명생활을 하였다. 그는 아렌트의 우화를 정치적 우화로 이해하였다. 영어! 야스퍼스는 한숨을 쉬면서 아렌트의 저서와 씨름을 한 후에 헌정으로 "또한 부인과 나의 책"이라고 명명한 그 책에 대한 자신의 반응을 다음과 같이 썼다. "나는 당신이 가지고 있는 의도의 주요 측면을 파악하고 있네. 내가 보기에 그 책은 어쩌면 정치적 확신 · 전문성 · 성과의 심오함의 측면에서 전체주의에 관한 당신의 저서보다 우위에 있는 것 같구려. … 대체로 당신의 안목은 궁극적으로 비극적이네. 그 비극은 당신에게 희망을 남기고 있다네."[53] 블뤼허는 아렌트가 수차례 재집필한 원고에서 발생한 교정지를 부인에게 보냈는데, 이때 기록된 판단은 비슷했다. "말하자면 그것은 더 좋아 보이고, 실제로 알프레드 카진이 언급했듯이 당신의 책 가운데 가장 훌륭한 책이지. 분명하고 잘 표현된 훌륭한 정치적 판단이라오. 그것이 어떤 효과를 가지고 있다면 그것은 오래 지속되는 책일 것이라네."[54] 야스퍼스와 블뤼허는 『혁명론』이 온화하고 세심한 이야기를 담은 책이며, 정치영역과 평의회 체계, 즉 혁명의 '상실된 보물'을 보존하려는 결실이라는 것을 알았다.

『혁명론』의 영향은 늦게 나타났지만 혼합적이며 예상보다 낮았다. 정치이론에 관심을 갖는 학생들은 1960년대 중후반에 이 책을 광범위하게 읽었다. 자유토론 운동이 시작되던 초기 버클리대학교에서 아렌트의 책과 까뮈의 『반항적 인간*The Rebel*』은 실제로 필독서였다. 아렌트는 민주사회를 위한 미국학생단체의 '참여민주주의'와 독일사회주의 학생연맹의 루디 두취케가 언급한 '밑에서의 민주주의'를 옹호하였다. 학생들은 아렌트의 옹호에

On Revolution, p. 37(굵은 활자는 강조임).

53 야스퍼스가 아렌트에게 보낸 편지(1963년 5월 5일), 마르바흐 문서보관소.

54 블뤼허가 아렌트에게 보낸 편지(1963년 4월 3일), 의회도서관.

반응하였다. 이 책은 『평화 소식*Peace News*』과 같은 평화운동 잡지와 학생 출판물에서 논의되었다. 그러나 1964년 『마을의 목소리를 위한 혁명에 관하여*On Revolution for the Village Voice*』에 대한 서평을 기고했던 사회주의자 미셀 해링턴과 마찬가지로, 『혁명론』의 마지막 장 「혁명 전통과 그 상실된 보물」을 수용했던 많은 사람들은 「사회 문제」에 대한 사회혁명가들의 과도한 관심에 대한 비판과 관련하여 『혁명론』 제1부를 거부하였다. 해링턴은 "아렌트 아니; 아렌트, 아니오"라고 결론을 내렸으며, 많은 사람들은 이에 동조하였다.[55]

1960년대 말 공동체의 조직화에 관여하였던 아렌트의 독자들 가운데 일부는 자신들의 연구 과제에 아렌트의 저작을 적용시켰다. 브루클린에서 활동하고 있는 한 뉴욕 단체는 『공적인 삶*Public Life*』이란 잡지를 창간하였으며, 미국의 두 정치이론가인 토마스 제퍼슨과 한나 아렌트에게 신세졌다는 점을 인정하였다. 예컨대 이 단체의 한 회원인 월터 카프는 미국 정당체계에 관한 정치적 분석인 『불가피한 적들*Indispensable Enemies*』*을 집필하였다. 이 책은 평의회 체계에 대한 아렌트의 논의에 기반을 두고 있다. 이어서 아렌트는 자신을 존경하는 사람들에게 많은 실천적 경험을 쌓은 다음에 이론적 결론에 도달하게 된 밀턴 코틀러와 같은 사람들의 저작을 추천하였다. 코틀러의 『근린주구近隣住區 정부*Neighborhood Government*』는 시대를 훨씬 앞서 1969년에 출간되었다.

학계의 정치이론가들은 『혁명론』을 광범위하게 읽었지만 이를 많이 비판했다. 정치적 조직자들의 관점과 반대되는 이론적 관점에서 『혁명론』은 그 방법 때문에 논쟁적이었다. 아렌트는 현상학이란 용어를 거의 사용하지

---

55 Harrington, untitled review, *Voice Books*, 9 May 1963, p. 11.

* 옮긴이_ 카프는 이 책에서 두 가지 지각 대상을 제시한다. 정당의 목적은 승리가 아니라 조직에 대한 철저한 자기 정당 지지자의 통제를 유지하는 것이다. 그리고 정당 지지자는 본능적으로 사회개혁을 반대한다. 개혁은 조직을 분열시키는 경향이 있는 자유롭고 적극적이며 기대에 찬 소극적 지지자들(non-regulars)의 통제 불가능한 유입을 초래하기 때문이다.

않았고 현상학적 방법에 대해 되도록 적게 언급하는 것이 더 좋다고 생각했지만 일종의 현상학을 실천하였다. 아렌트는 학생들에게 한때 "나는 일종의 현상학자이나 물론 헤겔식의 현상학자가 아니라 후설식의 현상학자다"라고 말하였다. 그는 정치현상 — 이 경우 혁명 — 을 연구하였을 때 각각의 정치현상이 본질적인 특징을 지니고 있으며, 이러한 특징에 대한 인식이 가능하다고 주장하였다. 이러한 인식의 경우 용어들은 인식을 작동시키는 좋은 장소였다. 개념적 언어가 어떤 직선적인 방식으로 현상을 노출하기 때문이 아니라, 하이데거의 주장대로 용어들이 과거에 지각한 것의 기록(참이거나 허위이거나, 드러나거나 곡해되거나)을 담고 있기 때문이다. 따라서 아렌트는 'revolution'이 원래 복구를 의미했다고 지적하였지만 18세기에 이르러 그 뚜렷한 정신(새로운 시작)을 확보하게 되었다고 지적하였다. 그는 상이한 용어들이 현상들에 존재한다면 그 현상들은 특이하다고 주장하였다. 그러나 그는 또한 특이한 현상을 위한 용어들이 동의어로 사용될 수 있다면 그러한 혼란을 야기하는 이유(즉 어떤 압도적인 개념은 상이한 용어들을 포섭한다)가 있다고 주장하였다. 예컨대, 그는 대부분의 중요한 정치적 쟁점이 누가 누구를 지배하는가?라는 질문이고, 그러하였다는 확신 때문에 권력 · 지구력 · 강제력 · 권위 · 폭력이 그 명료성을 상실하고 있다고 지적하였다. 다양한 용어들은 "사람이 사람을 통제하는 수단을 시사하며, 이것들은 같은 기능을 하기 때문에 동의어라고 주장된다."[56]

1960년대 학계의 비판자들은 가끔 아렌트의 방법을 '본질주의'라고 부르고, '독일의' 형이상학적 성향을 경험주의적으로 비판하거나 반대하는 사람들이 막스 베버의 이상형을 구축하는 방법에 의문을 제기했던 것과 매우 흡사한 방식으로 아렌트의 방법에 의문을 제기하였다. 아렌트의 혁명 개념은 현상들 사이의 주요한 차이를 무시한 근거가 없는 일반화로 이해되었

---

56 Arendt, *On Violence*, p. 43.

다. 즉 혁명이 반란, 그런 다음 자유의 보존을 위한 정치적 토대를 쌓은 행위로 특징지워진다는 아렌트의 주장은 이상주의적이고 형이상학적이며, 반사회주의적이고 반진보주의적이며 반마르크스주의적이었다.

대표적인 예를 하나만 들어보자. 찰머스 존슨은 "혁명을 정의하기 위해 사용되는 아렌트의 자유 이념의 극단적인 부정확성과 편협성"을 비판하였다. 존슨은 "서두에서 시도한 개념 정의의 구성 과정을 상이한 인상들의 무미건조하고 가끔 동의어 반복적인 균형 갖추기"라고 생각하였다. 존슨은 1966년 출간된 저서 『혁명적 변동*Revolutionary Change*』과 다른 저서에서 혁명 유형론을 구축하였다. 여기에는 음모적인 쿠데타, 대규모적 농민 봉기, 천년지복적 저항(구세주적인 인물들이 인도하는 유토피아적 저항), 반동적 저항이나 복고운동, 회귀한 '자코뱅적 공산주의 혁명', 그리고 20세기 새로운 혁명 유형인 게릴라 지도자가 인도하는 군사적 집단반란이 포함되었다. 아렌트의 용어로 헌법 제정인 혁명의 목적은 물론 이러한 유형에 본질적이지 않다. 그러나 "누가 누구를 지배하는가"는 이러한 유형의 역사적 시기와 무관하게 그들 모두에 공통적이다. 존슨은 모든 혁명이 '비타협적인 엘리트'의 전복을 포함하고 있다고 생각하였다. 즉 모든 혁명은 지도부의 교체를 포함하고 있다. 존슨은 대부분의 이론가들과 마찬가지로 아렌트가 거부하였던 전제, 즉 '권력투쟁'으로서 정치를 수용하였다. 밀스가 『권력 엘리트』에서 주장했듯이 이 정의에서 "권력의 궁극적인 형태는 폭력이다."[57]

아렌트는 여러 혁명의 역사를 개략적으로 서술하거나 그 유형을 구분하지 않고 실천을 위한 이상을 제시하기 위해 이런 혁명들을 논의하였다. 아렌트는 권력정치를 거부하고 훨씬 개인적인 방식을 추구한 다수의 젊은이들이 수용한 이념에 반대하였듯이 권력투쟁이 정치라는 견해에도 반대하였다. 아렌트는 한편 전문적인 사회과학 비판자들과 함께 논쟁하였으며,

---

57 다음 자료를 참조할 것. Chalmers Johnson, *Revolutionary Change*(Boston: Little, Brown, 1966) and C, Wright Mills, *The Power Elite*(New York: Oxford University Press, 1956).

다른 한편 '새로운 비판자들'과 함께 논쟁하였다. 그는 시카고대학교 학생들의 보고서 가운데 한 보고서를 논평하면서 자신의 입장을 명료하게 밝혔다. "학생은 보고서의 끝 부분에서 정치에 대한 자신의 개념을 마침내 정의하였고, '그것이 자기표현의 한 방식'이라고 말하고 있네. 나는 많은 사람들이 특히 젊은이들 사이에서 이런 정의에 동의한다는 것을 의심하지 않네. 나는 분명히 의심하지 않네."[58]

『전체주의의 기원』에 대한 비판적 고찰

다수의 역사가들이나 사회과학자들은 『혁명론』에 냉담한 반응을 보였다. 이때 정치학자들은 비슷한 이유 때문에 아렌트의 개념들이 논쟁적이라는 점을 파악하고, 아렌트가 자신의 방법을 처음으로 적용시켰던 『전체주의의 기원』을 다시 고찰하기 시작했다. 아렌트의 지지자들이나 비판자들이 모두 수정주의자라고 대충 언급하는 사람들은 두 책을 비판하였다. 『혁명론』에서 문제의 개념은 '혁명'이었고, 『전체주의의 기원』에서 문제의 개념은 '전체주의'였다.

1950년대 전반에 걸쳐 가장 광범위하게 논의된 전후 연구는 아렌트의 책, 그리고 프리드리히와 브레진스키의 공저 『전체주의 독재와 전제 국가 *Totalitarian Dictatorship and Autocracy*』였다. 특별히 매카시 시대 가장 열띤 논쟁의 쟁점은 나치즘과 볼셰비즘이 정부형태로서 어느 정도 유사한가의 문제였다. 1960년대 초반 많은 사람들은 전체주의라는 일반 명사를 모호하고 논쟁적으로 반공적인 용어로 여겨 전체주의라는 용어를 버렸다. 이러한 거

---

58 아렌트가 마르크 코간에게 보낸 편지(1970년 3월 13일), 의회도서관. 아렌트는 같은 학생에게 1968년 2월 19일 다음과 같은 내용의 편지(의회도서관 소장)를 보냈다. "[당신은] 이성과 정념의 오래된 대립을 수용하고 있다. 그러나 이것을 당신에게 부과하는 것은 불공평하다. 그것은 당신이 배운 앵글로-색슨 전통과 모든 것에서 아주 깊기 때문이다."

부의 명분은 1950년대 분명히 표현되었지만, 냉전 분위가가 고조되자 거부자들은 더 큰 목소리를 내고 영향을 미쳤다. 허버트 스피로는 1968년 『사회과학 대백과사전』 제2판에 '전체주의'를 포함시켰다. 그는 1935년 초판 출간 때와 마찬가지로 제3판에서는 '전체주의'라는 용어가 등재되지 않으리라는 예언을 감히 제시하였다.[59]

『사회과학 대백과사전』이 출간되자 좌파와 자유주의자들은 아렌트의 『전체주의의 기원』을 비판하였다. 그들의 주장에 따르면 "우리는 지금까지 전체주의적 지배의 가장 뚜렷한 두 가지 형태, 즉 1938년 이후 국가사회주의와 1930년 이후 볼셰비즘의 독재만을 알고 있다." 국가사회주의가 전체주의적이라는 점은 쟁점이 되지 않았지만 스탈린주의의 성격은 쟁점이 되었다. 역사가 스튜어트 휴스는 아렌트의 책을 높이 평가하였지만 소련의 경제사에 대한 아렌트의 지식에 의문을 제기하였다. "그는 전문적인 경제 분석의 일부를 참조하였다면 제1차5개년계획(1928~1933년)을 '비정상'으로 무시하지 않았을 것이다."[60] 아렌트는 사실 당시 입수할 수 있는 자료를 가장 완벽하게 확보한 연구저서, 즉 달린과 니콜레브스키의 『소비에트 러시아의 강제노동*Forced Labor in Soviet Russia*』을 참조했었다. 아렌트는 『정치평론』에 이 책의 서평을 게재했다. 아렌트는 자신의 책에서 다음과 같이 밝혔다고 주장했다. 즉 "이윤 동기로부터 전체주의 정권의 해방이나 경제문제에 있어서 전체주의 정권의 비공리주의적 성격만큼 파악하기 어려운 다른 측면은 없다."[61] 그러는 동안 휴스는 아렌트의 책이 비전문가적이고, "자료를 너무 대담하게 사용하고 있기에 지나치게 과장되고 상당히 왜곡되었으며 돌출적인 해석을 담고 있다"[62]고 판단했다. 그런데 아렌트는 휴스를 포

---

59 Herbert Spiro, "Totalitarianism," *International Encyclopedia of the Social Sciences*, vol. 16(New York: Macmillan Co., 1968).

60 H. Stuart Hughes, "Historical Sources of Totalitarianism," *Nation*, 24 March 1951, p. 281.

61 Hannah Arendt, "Totalitarian Terror," *Review of Politics*, January 1949, p. 112.

62 H. Stuart Hughes, *The Sea Change: The Migration of Social Thought*, 1930~1965(New York:

함한 수정주의 비판자들을 성가시게 할 정도로 『전체주의의 기원』 1968년 마지막 판에서 새로운 증거를 사용하여 자신의 견해를 다시 피력하였다. 그는 1968년판 서문에서 다음과 같이 기술하였다. "당시 이론에 따르면 1920년대 말과 1930년대의 테러는 산업화 및 경제적 진보에 의해 강요된 '고통의 높은 대가'였다. 사람들은 당시 이론에서 진실의 정도에 대해 온갖 회의를 여전히 품었을 것이다. 결국 이런 회의는 [파인소드의 『소비에트 치하의 스몰렌스크*Smolensk under Soviet Rule*』에서 제시한] 특정 지역의 실제적인 상태와 사건 추이에 대한 이러한 고찰로 사라진다."[63] 아렌트는 1949년과 1968년 사이 출간된 문서와 연구를 평가한 이후 "나치와 볼셰비키 체제가 전보다 더 많이 동일 모형의 변형과 같아 보인다"라고 확신하였다.

아렌트가 소련 경제정책 문제에 대한 자신의 입장을 고수하였지만, 그의 비판자들은 어떠한 세부적인 정책을 분석하기보다 오히려 아렌트의 평가를 휴스가 언급한 '냉전 히스테리'의 탓으로 돌리려고 했다. 휴스는 『대변화: 사회사상의 이동*The Sea Change: The Migration of Social Thought, 1930~1965*』*에서 1960년대 집필했지만 수정한 논문의 요약본과 모음집을 공격의 수단으로 활용하였다. 휴스는 아들러와 패터슨의 도전적인 제목의 논문 「전체주의에 대한 미국의 이미지에서 나치 독일과 소비에트 러시아의 결합, 1930~50년대: 적색 파시즘」**에서 다음과 같은 설명을 발췌하였다. "1940년대 말과 1950년대 초 '전체주의'라는 용어는 하나의 적을 패퇴시켰지만 정부에 의해 서로 대립하도록 요청을 받은 미국인들이나 영국인들(혹은 망명자들)을 위해 정서적 재조정의 충격을 완화시키는 데 기여하였다. 나치즘과 공산주의가 매우 흡사한 것으로 증명될 수 있었다면, 얼마 전의 동맹국과의 냉전은 얼

McGraw-Hill Paperbacks, 1977), p. 123.

63 Arendt, *Origins*, p. xxxi.

* 옮긴이_ 이 책은 1975년 하퍼 앤 로 출판사에서 출간됐다.

** 옮긴이_ 이 논문의 출처는 아래 각주 66을 참조할 것.

마 전의 적국에 대해 결과적으로 효율적이었던 수사법을 통해서 정당화될 것이다."[64] 휴스는 논쟁에서 '1968년 아렌트의 문헌 고찰'*과 (소위 '정서적 재조정의 충격'을 겪은 지 오랜 시간이 지난 후) 나치 체제와 볼셰비키 체제가 동일 모형의 변형이라고 주장하는 이유를 지적하지 않았다.

짜증스럽고 수세적인 이데올로기 비판의 주제는 부로우스가 명명하듯 '비전체주의'이론을 공격하는 모든 논문들을 통해서 나타난다.[65] 아들러와 패터슨은 「적색 파시즘」이란 논문에서 이것을 다음과 같이 요약하였다. "아렌트 씨는 … 인간주의 이데올로기를 주장하면서 그 이상에 맞게 행동하지 못하는 체계, 그리고 반인간주의적이고 파괴적인 이데올로기에 너무나 잘 맞게 행동하는 체계 사이의 중대한 차이를 회피하였다."[66] 이런 주장은 아렌트에 대한 수정주의적 비판의 핵심인 것 같다. 즉 아렌트가 볼셰비키 러시아에서 마르크스주의가 광적으로 변하고 좋은 이데올로기가 왜곡된 점을 파악하지 못했다는 게 비판의 핵심이다. '전체주의'를 미국 내 냉전적 태도를 강화하는 진부한 문구로 낙인찍는 일은 이데올로기로서 마르크스주의를 저주의 속박으로부터 해방시키는 것이었다. 그러나 아렌트의 통찰은 다른 수준에 기반을 두고 있었다. 훌륭한 사람들이 '덜한 악'이란 수단을 채택한 후 최악의 일을 수행하였을 때와 마찬가지로, 한 국가의 수단이 그 목적을 압도할 때 동기가 아닌 그 결과는 중요한 것이다. 아렌트를 비판하는 수정주의자들은 이 수준을 언급하지 않았다.

정치학자 미셸 쿠르티우스는 1960년대 "전체주의로부터의 퇴각"이란 견해를 제시했다. 이 견해는 정치적 논쟁을 불러일으키지 못했다. 쿠르티우

---

64 Hughes, *The Sea Change*, p. 120.

* 옮긴이_ 1968년에 출간된 『전체주의의 기원』 제2판에 관한 내용을 지칭한다.

65 Robert Burrowes, "Totalitarianism: The Revised Standard Version," *World Politics*, January 1969, p. 276.

66 Les K. Adler and Thomas G. Paterson, "Red Fascism: The Merger of Nazi Germany and Soviet Russia in the American Image of Totalitarianism, 1930s~1950s," *American Historical Review*, April 1970, p. 1049.

스와 다른 학자들은 '전체주의' 개념이 혼란스럽다고 생각하였다. 그 이유를 들자면, 전체주의 개념은 이데올로기로서 마르크스주의에 대한 이해를 방해하였기 때문이 아니라, 처음에 사용되었을 때 현실을 기술하기 적절하지 않았으며, 스탈린 사후에는 전혀 적절치 않았기 때문이다. 이러한 비판자들은 그 개념의 단점 때문에 사회과학이 방법론적으로 위기에 있다는 것을 알게 되었다.

쿠르티우스의 논문과 벤자민 바버의 다른 논문은 『긴 안목에서 본 전체주의: 세 견해*Totalitarianism in Perspective: Three Views*』란 책에 수록되었다.[67] 이 책의 편집자인 칼 프리드리히는 세 번째 견해를 제시하였다. 그는 논문들이 1967년 미국정치학회의 한 패널에서 발표되었다는 점을 서론에서 지적하였다. 바버의 논문은 다음과 같은 문제를 제기하고 있다. "한 이론가는 전체주의에서 자유방임에 대한 부적절한 경멸적인 반의어만을 직감하였지만, 다른 이론가(아렌트)는 전체주의 진화의 마지막 단계를 동반하는 '절대적 악'에 대해 암울하게 언급한다. 게다가 세 번째 이론가는 발전이론에서 이 개념을 이용하면서 이것이 '어떤 특별한 의미를 전달하는 데 있어서 실제로 무의미하게 될 정도로 아주 느슨하게 적용되어 왔다'고 불평한다." 바버는 1960년대 초반의 정치이론에서 유행하게 되었던 용어를 사용하면서 전체주의에 대한 '현상학적' 정의와 '본질주의적' 정의를 구분하였다. 즉 이른바 '제한된 수행 특성'이란 어떤 것이나 측정 가능한 행태적 제도적 특성과 연관된 정의, 그리고 이데올로기와 같이 "상대적으로 추상적이며 측정 불가능한 정권의 특성"에 관한 개념을 구분하였다. 바버는 정의의 유형을 분화시키는 수많은 다른 요인들을 지적하였다. 그러한 요인들이 전체주의의 새로운 양상을 강조하거나 전체주의를 현대 복장을 하고 있는 낡은 패턴으로 보는가, 그것들이 사회적 경제적 조건을 강조하는가 아니면 정치적 조건을

---

67 다음 인용 출처는 다음과 같다. Carl J. Friedrich, Michael Curtius, and Benjamin Barber, *Totalitarianism in Perspective: Three Views*(New York: Praeger Publishers, 1969).

강조하는가, 그것들이 한 가지 인과적 요인을 강조하는가 아니면 다수의 인과적 요인을 강조하는가, 그들이 '수렴이론'(모든 형태의 선진 사회가 집중화나 관료적 통제를 지향한다는 개념)을 지향하는지 아닌지 등을 들 수 있다. 정치이론 어휘에서 '전체주의의 근절'을 제기한 바버의 권고는 '개념의 이론적 함의'에 대한 객관적 탐구를 고무시키려는 데 있었다. 그러한 것은 '분석적 황량함'으로부터 정치이론을 끌어내는 방법이었다. 쿠르티우스는 자신의 논문에서 비슷한 결론에 도달하였지만, 프리드리히는 '전체주의'와 같은 용어를 조심스럽게 사용하고 '절대적 범주라기보다 상대적 범주'로 이해할 경우 그것을 유지해야 한다고 주장하였다.

학자들은 '전체주의가 용어상 모호하며 선전에 이용되기 쉽다는 이유로 그 용어의 사용 여부에 관한 논쟁을 제기하였다. 그런데 이 논쟁은 냉전의 단순성을 극복하려는 욕구를 친마르크스주의 비판과 공유하고 있지만 정치학이 정책결정에서 수행하는 역할에 주로 초점을 두고 있다. 많은 이론가들은 정량화할 수 없는 것으로부터 자유로운, 훨씬 더 순수하고 객관적인 정치이론을 모색하는 과정에서 쿠르티우스가 의도한 것과 완전히 다른 의미로 다음과 같이 전체주의 개념으로부터 이탈하였다. 그들은 수학적 '모델'이 답할 수 없거나 게임이론 시나리오가 상정할 수 없는 어떠한 질문도 제기하지 않았다. 역사적 왜곡의 부담으로부터 해방된 마르크스주의를 모색하는 다른 이론가들은 역사적 통찰력을 얻기 위해 프란츠 노이만과 같은 마르크스주의적 전체주의 이론가에게 관심을 가졌으며, 미래 예측을 위해 다양한 네오마르크스주의에 관심을 가졌다. 아렌트의 저서는 새로운 정량적 경험주의자들이나 마르크스주의자들에게 유용하지 못하였다.[68]

아렌트는 1960년대 말 자신이 『혁명론』과 『전체주의의 기원』에서 발전시켰던 견해를 토론하는 기회를 많이 가졌다. 아렌트에게 가장 흥미로운

68 전후 전체주의 연구에 관한 비판을 검토하기 위해서는 다음 자료를 참조할 것. Elisabeth Young-Bruehl, "The Use and Abuse of 'Totalitarianism,'"(출간 예정).

것들 가운데 하나는 하버드대학교에서 개최된 1917년 러시아 혁명 50주년 학술대회였다. 아렌트는 수많은 소련 연구자들이나 역사학자들로 주로 구성된 학술단체에서는 단지 평범한 사람이었다. 그런데도 이 단체는 아렌트를 극구 초청했다. (특징적으로, 아렌트는 야스퍼스에게 자신이 전공자가 아닌 유일한 사람이라고 말하였지만 남성이 아닌 유일한 사람이라고 말하지는 않았다.)[69] 아렌트는 하버드대학교의 정부론 담당 교수인 아담 울람의 논문 「혁명의 목적」에 대해 논평하는 임무를 맡았다. 그의 답변에는 20년 동안 러시아 혁명과 볼셰비키 정권을 연구하는 대부분의 학자들을 분리시켰던 견해에 대한 몇 가지 진술이 담겨있었다. 아렌트는 혁명의 연속성과 관련하여 동료 참가자들 사이에서 나타났던 논쟁을 다음과 같이 언급하였다.

> 나는 이 논쟁을 듣고 있는 동안 그 옹호자들이 한 가지 공통점을 가지고 있다는 사실에 충격을 받았다. 즉 양측은 1917년 10월부터 스탈린 사후까지 소비에트 러시아 역사의 단절되지 않은 연속성을 믿고 있었다. 달리 표현하면, 레닌의 혁명을 다소간 옹호하는 사람들은 스탈린을 역시 정당화하였지만, 반면에 스탈린 지배를 비난하고 있는 사람들은 레닌이 스탈린 전체주의에 책임을 지고 있을 뿐만 아니라 실제로 같은 범주에 속한다는 것, 즉 스탈린이 레닌의 필연적 결과라는 것을 확신하였다. 이 암묵적 동의는 그 문제와 관련하여 '이른바 서양 사상의 주류'를 상당히 특징적으로 드러내고 있는 것 같으며, 그것이 [스탈린을 정당화하고 그를 공산주의의 배반자로 평가하려는 모든 시도를 부정하는 소련 내 최근 목소리와 대조된다는 것은 지적할 만하다.][70]

아렌트의 주장에 따르면, 스탈린의 경제정책('농민계급 청산')뿐만 아니라

---

69 아렌트가 야스퍼스에게 보낸 편지(1967년 4월 13일), 마르바흐 문서보관소.

70 Hannah Arendt, "Comments," Richard Pipes, ed., *Revolutionary Russia* (Cambridge: Harvard University Press, 1968), p. 345.

러시아 및 외국 공산당 관료주의와 적군 장교들에 대한 스탈린의 공격은 레닌의 이론 및 실제와 불연속적이다. 이론적으로 말하자면 아렌트가 반박하고 있는 것은 연속성이란 가정이다. 아렌트는 역사가들뿐만 아니라 레닌 후계자들의 입장에서 다음과 같이 언급하였다. "프랑스 혁명에서 얻은 교훈은 오늘날 이데올로기적 사유의 자임적 강요에서 중요한 부분이 되어 왔다. [혁명가들이] … 하나의 혁명이 일련의 혁명에서 그 과정을 선택하고 있다는 것을 알고 있듯이, 그들은 혁명이 자체의 결실을 집어삼킨다는 점을 알았다. 그리고 그들은 공개된 적이 '협의자들의 가면' 밑에 숨겨진 적을 수반한다거나 혁명이 두 극단적인 분파로 분열되며 … 그리고 중간에 위치한 사람에 의해 구제된다는 것을 알고 있다. …"[71] 실행에 옮겨진 연속성 이론은 우연성, 즉 새로운 시작 — 즉 가능할 수 있는 것 — 을 극소화하거나 제거하였다.

아렌트는 1972년 컬럼비아대학교 세미나, 학술 모임에서 토론이 끝날 무렵에 이러한 불연속성을 더욱 확신하게 되었다. 새로운 기초자료가 발굴되었기 때문이 아니다. 전후 처음으로 망명자가 아닌 러시아에 살고 있는 사람들의 저서가 서양에서 활용될 수 있었기 때문이었다. 아렌트는 다음과 같이 지적했다. 즉 메드베데프의 『역사가 심판하게 하라*Let History Judge*』, 만델시탐의 『희망을 거스르는 희망*Hope Against Hope*』, 솔제니친의 소설 『제1원*First Circle*』 등은 이론적으로 아무것도 첨가시키지는 않았지만 서양 역사가들에게 그 시대의 "전반적인 취향을 바꾸게 하였다."

> [그들은] 다음과 같은 내용을 포함하여 스탈린에 관한 수많은 이론을 폐기하고 있다. 1) 스탈린은 국가를 통합시키는 데 필요하였다. 2) 스탈린은 만성적으로 분열주의자들에게 감염되기 쉬운 공산당을 통합하는 데 필요하였다. 3) 스탈린은 산업화를 위해 필요하였다. 4) 스탈

71 Arendt, *On Revolution*, p. 51.

린(그리고 스탈린주의)은 혁명의 필연적 결과였다. 5) 스탈린주의는 레닌주의의 결과였다. 아렌트 교수는 개인숭배 신화를 포함하여 이러한 모든 신화들이 정권 전체의 완전한 범죄성을 부정하는 효과를 다소간 지니고 있다고 강조하였다. … 완전한 범죄성은 조직의 원리로서 이용되었다. … 그리고 원리로서 범죄성은 국가 이성과 상당히 다르다. … 따라서 우리는 "무엇이 악인가?"의 문제보다 오히려 "악의 조직적 원리들이 무엇인가?"라는 질문에 직면하게 된다. … 우리는 [사람들이 악을 지지하고 자기파멸로 행진하는] 이러한 과정의 몇 가지 요소들을 알고 있지만, 우리가 이해하지 못하는 많은 다른 측면들이 있다. 결론적으로 아렌트 교수는 다음과 같은 내용을 제안하였다. 대중사회에서 정치 이론가들이 자기이익에 거스르는 사람들에 대해 생각하고 왜 그런가를 질문하는 것은 가치 있을 것이다. 이러한 일은 분명히 스탈린의 경우에도 나타나는 것이기 때문이다.[72]

아렌트는 1972년 이 학술회의에서 악이 어떻게 조직화되고 사람들이 그러한 조직에 어떻게 사로잡히게 되는가에 대한 연구로서 『예루살렘의 아이히만』의 틀에서 분명히 언급하고 있었다. 그는 또한 범죄성이 현재 미국 정부와 사회에 침투하는 정도에 대해 분명히 염려하였다. 그는 궁극적으로 워터게이트 사건을 야기했던 민주당사 침입사건 2개월 이전이지만 『국방부 문서』에 대해 평가한 이후인 4월 26일에 악의 조직화에 대해 언급하였다. 아렌트는 미국 역사에서 시기를 강조하였던 것과 같은 이유 때문에 러시아 역사에서 시대를 구분하자고 주장하였다. 필연적 발전이나 연속적 진화는 다른 무엇보다도 행위의 예측 불가능성을 모호하게 하며 판단 활동의 책임을 경감시키는 현대의 지적 장치이었다. 마르크스주의자인 메드베데프는 역사에 판단을 맡기려고 하였다. 아렌트는 사람들이 판단하기를 촉구

---

72 스탈린에 관한 컬럼비아대학교 세미나 회의록, 타자 원고(컬럼비아대학교, 뉴욕 시, 1972년 4월), 의회도서관.

하였으며, 이들이 판단으로 악을 지지하지 않기를 희망했다. 1967년 토론과 1972년 토론 사이의 기간 동안, 아렌트는 판단에 대해 반복해 이러한 요청을 하였으며, 자신의 생각에 그들 자신에 그 요청을 스스로 제기했던 사람들을 칭찬하였다.

『폭력론』(1968년): 권력과 폭력의 차이

> 나는 두 가지 사항만을 언급하겠네. 첫째, 네 부모님(에리히 콘 벤디트, 1902~1959년 — 옮긴이)이 지금도 살아 계시다면, 부모님, 특히 아버지가 너를 보고 기뻐하실 것이다. 나는 이 점을 상당히 확신한다. 둘째, 네가 곤경에 빠져 어쩌면 돈이 필요할 경우, 우리와 차난 클렌보르트는 항상 우리 능력 범위에 있는 한 너를 지원할 준비가 되어 있단다.[73]

아렌트는 1968년 6월 27일 옛 친구들의 어린 아들인 다니엘 콘-벤디트(1946~ 현재 — 옮긴이)에게 이 전갈을 보냈다. 프랑스의 반동적인 언론과 공산주의 계열의 언론이 '다니엘 빨갱이'를 '유대인,' '독일인,' '바람직하지 못한 자'로 징벌한 이후, 프랑스 정부는 부모들이 도피처를 마련하였고 자신이 1945년 몽타우방에서 태어났던 나라에 머물도록 그에게 허용하기를 거부하였다. 다니엘 콘-벤디트는 1958년 이후 시민권을 가지고 있는 나라인 독일로 복귀하였으며, 자신의 형인 가브리엘(1936~2021년 — 옮긴이)과 함께 『극좌 모험주의: 공산주의의 노쇠한 질병의 치유*Le Gauchisme: remède à la malaide sénile du communisme*』를 집필하였다.

다니엘 콘-벤디트(1966년 프랑스로 복귀 — 옮긴이)는 1968년 봄 사건les événements(즉 68운동 — 옮긴이) 이후 프랑스를 떠났다. 그와 다른 학생들이 낭테르대학

73 아렌트가 콘-벤디트에게 보낸 편지(1968년 6월 27일), 의회도서관.

교에서 대학 교육 및 사회 규정에 항의를 하였을 때 이 사건은 시작되었다. 경찰은 점령된 건물에서 학생들을 철수시켰다. 이후 학생들은 소르본대학교에서 도피처를 마련하였다. 당시 경찰이 소르본대학교에서 자행한 행위는 라텡 쿠아르테르의 폭동을 촉발시켰다. 카르티에 라탱 거리는 5월 내내 시위자들로 붐볐다. 방어벽이 처졌고, 포장용 돌과 최루탄 가스가 공기 속에 충만했다. 처음은 파리에 있는 대학교, 이후 프랑스 전역의 대학교가 폐쇄되었으며, 수만 명의 공장노동자와 공무원이 파업을 하였다. 드골 대통령은 자신이 권력을 유지할 의도를 가지고 있으며, 선거에서 압도적으로 승리하였다고 발표하기 이전에 발포는 없었으며 사망자도 없었지만 많은 사람들의 머리는 피투성이가 되었다.

아렌트가 '인민전선 시절'* 목격했던 슬로건을 담은 성명서들이 파리의 벽들에 다시 나붙었다. 슬로건은 "좋은 동료들을 지켜라. 투쟁은 지속된다"였다. 콘-벤디트의 사진이 실린 한 포스터에는 "한 사람의 문제는 모든 사람의 문제이며, 우리는 모두 달갑지 않은 사람들이다"라는 드레퓌스에 관한 클레망소의 진술에 담긴 정신으로 정부에 대항하는 자랑스러운 답변이 실려 있었다. 그리고 프랑스 혁명의 반향은 물론 역시 들렸다. 젊은 저항자들은 분노한 사람들engrés로 불렸다. 최초의 분노한 사람들이 관용파indulgents 출신이었듯이 그들의 분파는 '노쇠한' 공산주의 출신과 거리가 멀었다.

아렌트와 블뤼허는 텔레비전을 시청하면서 신문을 열심히 읽었다. 아렌트는 회고하며 다음과 같이 기술하였다. "우리는 젊은 저항자들의 놀란 눈앞에 급속도로 해체된 프랑스 정치체제 전반의 취약성이 노출되는 과정에서 학생들의 저항이 어떻게 상대적으로 해가 없으며 본질적으로 비폭력적인 수준에 머물렀는가를 최근 목격하였다. 학생들은 부지불식간에 그것

* 옮긴이_ 인민전선은 1936년 5월부터 1938년 4월까지 프랑스를 통치했던 좌파 정당 연합이었다. 1936년 5월 선거에서 선출된 의회는 1939년 9월 공산주의 의원이 체포됐음에도 불구하고 제2차 세계대전까지 유지됐다. 아렌트는 이 시기 파리에서 무국적자로 시온주의 운동에 참여하였다.

을 시험했었다. 그들은 화석화된 대학제도에 단지 도전하려는 의도를 가지고 있었다. 그리고 거대한 정당 관료제와 더불어 정부권력 체계는 무너졌다. … 혁명적 상황의 교과서적인 사례는 혁명으로 발전하지 않았다. 권력을 장악하고 그것에 수반되는 책임을 맡으려는 사람은 아무도 없었으며, 학생들은 그러한 생각도 갖지 않았기 때문이다. 물론 드골을 제외하고 아무도 그러하지 않았다."[74] 드골은 로베스피에르 같은 사람이 아니라 오히려 중개자, 즉 구원자 역할을 맡은 사람이었다.

아렌트는 프랑스인들의 표현대로 사건이 '본질적으로 비폭력적'이라는 인상을 받았다. 그는 미국 신좌파의 성명에 나타난 '권력'과 '폭력'의 위험스러운 혼란을 지적하고자 큰 성공을 거두지는 못하면서 비폭력 행위의 효율성을 미국에서 공개적으로 옹호하였다. 그는 1967년 12월 17일 『뉴욕 서평』의 로버트 실버스의 사회로 진행된 토론회에서 노엄 촘스키, 코너 크루즈 오브라이언, 로버트 로웰과 공동으로 '폭력의 정당성'에 대한 토론에 참여하였다. 그 토론회는 1961년 이후 뉴욕 지식인들의 만남 장소인 이데아 극장의 사무실이 있는 21번가 회관 최상층에서 개최되었다.

아렌트는 『혁명론』에서 핵심적인 개념인 권력과 폭력의 차이를 제시하였으며, 이어서 다음과 같은 교훈을 제시하였다.

> 일반적으로 말하자면, 폭력은 항상 무기력에서 발생한다. 권력의 대체물을 찾는 것은 [국민으로부터 동의나 지지를 얻지 못하거나] 권력을 갖고 있지 않은 사람들의 희망이며, 내 생각에 이러한 희망은 헛된 것이다. 그러나 마찬가지 논거에서 폭력의 병기로 한 국가의 권력을 측정하는 것도 위험스러운 환상이다. 폭력의 난무가 공동체의 권력, 특히 공화국에 가장 위험한 요소들 가운데 하나라는 것은 정치학의 오랜 통찰들 가운데 하나이다. 예를 들면, 이 나라가 파괴도구의 가장 거대

---

74 Arendt, *On Violence*, pp. 49-50.

한 병기를 보유하고 있기 때문에 지구상에서 가장 강력한 국가라고 주장하는 것은 권력과 폭력을 공통으로 잘못 등식화하는 결과의 희생물이 되는 것이다.[75]

그는 폭력에 대한 세 가지 정당화를 지적하였다. 즉 폭력이 혁명적 산고産苦의 필요한 부분이라는 마르크스의 주장, 본질적으로 창조적이므로 사회의 소비자들과 대립관계에 있는 노동계급인 사회의 생산자들에게 적절한 양태라는 소렐의 주장, 인간의 창조, "자신을 재창조하는 인간"에게 본질적이라는 사르트르의 주장을 들 수 있다. 아렌트는 『인간의 조건』에서 제시한 차이를 면밀하게 검토하면서 출생이나 노동 같은 자연과정과 행위에 대한 마르크스의 혼동, 행위와 제작에 대한 소렐의 혼동, 마르크스의 입장을 확장시킨 사르트르의 주장(즉 노동이 아닌 폭력이 인간을 창조한다는 주장)을 거부하였다.

아렌트의 지적은 다른 패널 참가자들의 지적과 같이 추상적이고 이론적이었다. 그리고 청중석에서 발언한 수잔 손탁이 패널 참가자들에게 다음과 같이 문제를 제기하였을 때, 아렌트는 놀라지 않았다. "1967년 12월 뉴욕에서 개최되고 있는 이 토론에서 나는 이 방에 있는 우리, 그리고 우리가 알고 있는 사람들이 폭력에 관여할 것인가에 대한 질문에 왜 조금도 적극적으로 관심을 갖지 않는가를 개인적으로 이해할 수 없다." 아렌트는 "물론 이 문제가 우리 모든 사람의 정신 이면에 있듯이 나는 여러분이 이 문제를 제기하는 것에 대해 매우 기쁘게 생각한다"[76]고 언급하였다. 아렌트는 촘스키와 함께 비폭력이 전술적 이유 때문에 평화운동에 본질적이라는 점에 동의하였다. 전략적인 이유를 들자면, 무력수단을 보유하고 있기 때문에 저항을

---

75 이데아 극장 토론 가운데 일부의 원고는 다음 자료를 이용할 수 있음. Alexander Klein, ed., *Dissent, Power, and Confrontation*(New York: McGraw-Hill, 1971); this quotation, p. 99.

76 Ibid., p. 123; report in *New York Times*, 17 December 1967, p. 16.

자멸적인 것으로 삼을 수 있는 정부의 능력, '비관여자의 반발을 야기하는 폭력'을 들 수 있다. 아렌트의 이유를 첨가하자면 '비폭력의 엄청난 권력'을 들 수 있다. 아렌트의 생각에 미국의 관료들은 영국인들이 간디의 비폭력운동에 직면했을 때 제시한 일종의 제약을 행사하고자 하였다. 그런데 간디의 비폭력운동은 "제국주의적 관료들 가운데 한 사람이 제안했듯이 행정적 대학살로 와해될 수 있었다." 아렌트의 생각에 미국인들은 시민의 비폭력에 가해지는 행정적 폭력이 '공화국의 종말'이라는 것을 깨닫게 될 것이다. 다른 한편, 아렌트는 공화국의 종말을 야기하려는 구실로서 폭력적 저항을 사용하고 싶어 하는 사람들을 다음과 같이 단호하게 비난하였다. "폭력적 저항에서 정당한 전술과 불법적인 전술을 정확하게 구분해야 한다."

패널 참가자들은 권력이 아닐 경우 비폭력의 전술적 의미에 대해 동의하였다. 그러나 뉴저지 주의 뉴웍에 있었던 톰 하이든은 1967년 여름 폭동 당시 민주사회를 위한 학생연맹SDS의 공동체 조직자로서 다음과 같은 말을 하고 싶어서 몹시 안달하였다. "여러분은 언어나 이론이 아니라 행동으로 베트남전과 미국 인종주의를 종식시킬 수 있다는 것을 보여줄 수 있을 때까지 당신들을 기다릴 수 없는 사람들의 폭력을 비난할 수 없는 것 같다."[77] 하이든은 평화운동에는 폭력을 위한 장소가 있었으며 곧 있을 것이라고 주장했다. 즉 그는 "내가 생각하는 저항운동은 폭력에 다름없는 용어"라고 주장하면서, 뉴웍 폭동이 변화를 촉진하려는 비폭력운동의 명확한 실패에 대한 정당한 반응이라고 주장하였다. 아렌트는 다음과 같은 사실을 확신하지 않았다. "사회변동을 초래하는 데 기여하는 폭동의 경우, 폭동은 물론 역사를 통해 발생하였지만 결코 어떤 것으로 이어지지 않았다. 어떤 것도 그렇게 신속하게 휩쓸어 버리지는 않으며, 그렇게 작은 흔적도 남기지 않는다." 아렌트는 하이든에게 평화운동에 직면한 국내적 도전을 판단하는 데 있어

77 Ibid., p. 131, 이 인용문과 다음 인용문. (하이든은 『타임스』에서는 신원이 확인되었지만 '관중석'에 있는 사람으로 인용된다.)

서 주의하도록 다음과 같이 경고를 하였다. "이러한 측면에서 유럽인들은 미국인들에게 아주 극소수의 교훈을 가르쳐줄 수 있다. 현재까지 이곳에서는 고문도 없었고, 집단수용소도 존재하지 않았으며, 테러도 없었다."

아렌트는 하이든과 논쟁하면서 자신의 입장을 확고하게 고수하였지만, 시위에서 경험하게 된 약간의 경찰 폭력에 여전히 긴장한 채 모임에 참석했던 오브라이언의 요지를 성찰한 이후 입장을 변경하였다. 오브라이언은 아일랜드 출신 동향인들 가운데 한 사람의 주장을 인용하였다. 때때로 "폭력은 절제를 위한 발언 기회를 보증한 유일한 방법이다." 아렌트는 1969년 「폭력에 관한 성찰」을 집필하였을 때 이러한 언급을 긍정적으로 인용하였다. "폭력은 여러 가지 운동들, 역사나 혁명, 진보나 반동을 조장하지는 않지만 불평을 극화하고 그것들에 대한 공적인 관심을 불러일으키는 데 기여할 수 있다."[78] 그는 게토의 폭력이 이러한 기능을 할 것이라는 점을 인정하였다. 그러나 그는 "폭력의 예언자들이 우리에게 말하려는 것과 반대로 폭력은 혁명보다는 개혁의 무기라는 것을 조심스럽게 제안하였다." 아렌트의 지적에 따르면, 프랑스의 학생폭동이 대학제도의 개혁만을 촉진하였다고 지적하였으며, 컬럼비아대학교의 폭동은 단지 대학정책에 관한 연구만을 촉진하였다.

1968년 4월 컬럼비아대학교에서 시위가 시작되었을 때 아렌트는 이를 고무적으로 인정하였다. 아렌트는 대학과 국방연구원의 제휴, 전쟁 관련 연구와의 연계를 단절시키려는 학생들의 욕구에 감명을 받았다. 물론 아렌트는 할렘의 주변 공동체와 관계에서 대학 당국에 더 많은 책임을 담당하라는 학생들의 요청과 더불어 그들이 의도한 것에 대해 확신하지는 못하였다. 그런데 할렘은 4월 4일 살해되었던 마틴 루터 킹에 대한 애도와 더불어 살아 있었다. 클렌보르트는 학생들의 건물 점거가 있던 첫째 날 리버사이

---

78 Hannah Arendt, *On Violence*(New York: Harcourt Brace & World, 1970), p. 79. 이것은 「폭력에 관한 성찰」(1969)의 증보판이다.

드 드라이브 아파트와 컬럼비아대학교 정문 사이에 있는 브로드웨이 식당에서 아렌트를 만났다. 아렌트는 "학생들이 시위하고 있으며, 우리는 모두 그들과 함께 있다"고 행복하게 언급하였다. 긴장한 순간에 아렌트는 클렌보르트와 블뤼허가 "오래 전 전향한 공산주의자들!"이라고 말하려고 했다. 아렌트보다 훨씬 세심했던 클렌보르트는 사실 아렌트가 식당 안에서 식사를 하고 있는 중이지 시위하느라고 밖에 있지 않다는 것을 아렌트에게 환기시켰다. 아렌트는 시위자는 아니었다. 군중과 대중 집회는 아렌트를 불편하게 했으며, 아렌트는 자신이 선택한 관찰자 역할을 조심스럽게 유지했다. 역시 60대에 속하는 동류집단 가운데 일부 사람들은 반전시위에 참여하고자 워싱턴으로 갔지만 아렌트는 사양하였다.

아렌트는 며칠 지나서 컬럼비아대학교에서 진행되는 사건의 추이에 실망했다. 그는 2년 전 시카고대학교에서 대학 행정당국이 대체복무관리국에 학생들의 학급 석차를 보고하는 조치를 중단하라는 요구를 지지하였다. 상위 등급의 성적을 받은 학생들은 징집 면제를 받았기 때문이다. 학생들은 베트남전 참전이 말하자면 '예외적인 학생들'이 아니라 가난한 학생들에게 적용되었다고 느꼈다. 오랫동안 사회적으로나 정치적으로 예외적인 위상을 수용한 어떤 사람이라도 비판했던 아렌트는 자신의 학생들 가운데 한 사람인 마이클 덴네니와 함께 시카고대학교 캠퍼스의 점거된 건물로 가서 학생들에게 그들의 생각과 계획에 대해 말하기 위해서 총학생회 사무실을 향해 단번에 두 계단씩 올라갔다. 덴네니는 "그가 소녀와 같이 홍분했다"고 환기시켰다. 아렌트는 『예루살렘의 아이히만』에서 밝힌 내용 가운데 연관된 이야기를 학생들에게 언급했다. 제1차 세계대전 당시 참전했던 유대계 프랑스인들은 나치의 추방으로부터 면제를 받았을 때 다음과 같은 성명을 발표하였다. "우리는 퇴직 군인 신분으로 누리게 되는 예외적인 혜택을 포기하기로 근엄하게 선언한다."[79] 아렌트는 학생들과 학생운동에 감명을 받아서 3년 후 「폭력에 관한 성찰」에서 학생들을 칭찬하였다. "도덕적 관심에서 거의 전적으로 촉발된 학생폭동은 확실히 이 세기에 전적으로 예기치 못한 사건에 포함된다."[80] 아렌트가 가르치는 시카고대학교 학생들은 또한 아렌트에게 감명을 받았다. 그의 강좌인 「기본적 도덕명제」는 학생들이 수업거부 강좌에서 면제하기로 찬성투표를 한 유일한 강좌였다.

그러나 학생들의 대학교 장악은 아렌트가 수용할 수 없었던 방향으로 전개되었다. 아렌트는 컬럼비아대학교 학생들이 목표를 상실하였으며 대학 당국의 방위연구 지원에 대한 학생들의 적법한 항의를 대학 자체에 대한 불법적 공격과 연계시켰다고 생각하였다. 아렌트는 대학들이 법정과 마찬가지로 '권력투쟁'의 영역 밖에 있어야 한다는 점을 여러 차례 주장하였다. 그는 「진리와 정치」라는 논문에서 다음과 같은 내용을 제시하였다. "대단히 환영받지 못한 진실이 대학들에서 나타났으며, 대단히 환영받지 못한 판결들이 반복해서 재판석에서 내려지고 있다. 이러한 제도들은 진리의 다른 도피처들과 마찬가지로 사회권력과 정치권력에서 발생하는 모든 위험들에 여전히 노출되어 있다. 그런데 진리를 공개적으로 확신시킬 기회는 물론 그러한 장소들의 단순한 존재, 또는 이들과 연계된 독립적이고 어쩌면 초연한 학자들로 구성된 조직들에 의해 상당히 증진된다."[81] 아렌트는 학생이 아닌 대학 행정당국이 대학을 타락시키는, 즉 기업 및 정부사업과 대학을 연계시키는 것에 책임을 지고 있다는 점을 아주 명료하게 밝혔다. 그러나 그는 대학을 '국민'에게 양도하고 싶어 하는 학생들이 단지 독립이 아닌 다른 소유를 촉구하고 있다고 생각하였다. 그리고 그는 대학의 타락 때문에 대학을 폐쇄하고 싶어 하는 사람들의 진리 추구가 독립된 장소의 가능성뿐만 아니라 그들 자신의 '유일하게 가능한 기반'을 위협하고 있다고 생각하였다. 아렌트는 건물 점거에 이의를 제기하지 않았다. "농성과 건물

---

79 Arendt, *Eichmann*, p. 132.

80 Arendt, *On Violence*, p. 23.

81 Arendt, "Truth and Politics," *Between Past and Future*, p. 261.

점거는 방화 및 무장폭동과 같지 않다. 이들의 차이는 정도의 차이는 아니다."[82] 아렌트는 대학이 학생들의 '재산'이며, 동시에 교수들과 직원들의 재산이라고 생각하였기 때문이다. 그러나 그는 할렘 공동체로부터 무기를 공급받은 흑인 학생들이 컬럼비아대학교의 해밀턴 홀을 점거했을 때 발생한 무장폭동의 위협에 이의를 제기하였다.

아렌트는 대학들의 개설 과목 및 소수집단 공동체에 대한 책임과 관련하여 보수주의자였고 여전히 그러했다. 그는 뉴욕 시티칼리지에서 자유입학 정책이 제도화되었을 때, 그리고 이 정책이 다른 대학에서도 요구되었을 때마다 이 정책에 대해서 반대하였다. 그는 "심각한 폭력이 블랙파워운동의 출현과 더불어 미국 대학에 침투하였다고 생각하였다. 흑인 학생들, 그들 가운데 다수는 학문적 자격 없이 입학하였으며, 자신들을 이익집단, 흑인 공동체의 대표자로 간주하고 조직화하였다. 그들은 백인 저항학생들보다 더 조심하였지만, 처음부터(코넬대학교와 뉴욕 시티칼리지에서 발생한 사건 이전에도) 폭력은 그들에게 이론이나 수사의 문제가 아니었다. … 흑인 학생들의 언어적 또는 실제적 폭력 이면에 흑인 공동체의 대규모적인 소수파가 버티고 있었다."[83] 아렌트는 자유입학 및 흑인연구 강좌를 허용하라는 요구를 수용하는 게 학문적 기준을 위협할 뿐만 아니라 "아프리카 문학과 다른 비현실적인 과목"을 필요로 하지 않고 기본적인 기술의 훈련(읽기 · 글쓰기 · 산수)을 필요로 하는 흑인들에게는 도움이 되지 않는다고 생각하였다. 아렌트는 흑인 학생들이 대략 5년 내지 10년 사이에 흑인연구 강좌를 "자신들의 적절한 교육 기회를 봉쇄하는 백인들의 다른 함정으로" 이해하게 될 것이라는 점에 대해 두려움을 표시하였다.[84]

---

82 다음 문헌을 참조할 것. Arendt, "Thoughts on Politics and Revolution," *Crises of the Republic*, p. 170. 1970년 학생들이 뉴스쿨 대학원을 점거했을 때, 경찰의 건물 진입 허용을 대담하게 반대하였다. 그는 경찰의 '급습'을 좋아했던 망명 동료들 가운데 한 사람에게 다음과 같이 언급했다. "당신은 이 사람들이 범죄자가 아니라 우리의 어린이라는 것을 망각하고 있소."

83 Arendt, *On Violence*, pp. 18-19.

아렌트는 '유대인 문제'와 비교할 수 있다고 생각하여 자신의 표현대로 '흑인 문제'를 자유주의자나 보수주의자에게 수용 가능한 입장에서 결코 고려하지 않았었다. 그는 1960년대 말 발생한 사건들이 10년 전 「리틀 록에 대한 성찰」에서 언급하였던 상황의 결과라고 생각하였다. 그는 매카시에게 보낸 한 편지에서 다음과 같이 설명하였다.

> 나는 우리 자유주의자들에게 그렇게 야만적인 충격으로 나타나는 블랙파워와 통합 반대의 새로운 추세가 이것에 선행하는 통합의 직접적인 결과라는 점에 대해서 상당히 확신하고 있네. 인종차별 폐지가 소위 명목상 폐지이고, 실제로 입학의 정상적 기준을 심각하게 위협하지 않은 채 상대적으로 낮은 비율의 흑인들을 수용하는 데 국한되는 한, 모든 것은 정상적으로 진행되었다네. 시민권에 대한 전반적 열정은 다수의 흑인들을 통합하는 데 기여하였지. 이들은 자격을 갖추지 못했으며, 견디기 어려운 경쟁상황에 있다는 것을 선의로 가득 찬 다른 사람들보다 더 재빠르게 이해하였지. 오늘날 상황은 아주 명백하네. 흑인들은 백인 사회의 혹독한 기준 없이 자신들의 교육과정을 요구하고 있지. 동시에 그들은 기준에 관계없이 인구의 비율에 따라 할당제 입학을 요구하고 있다네. 달리 말하면, 그들은 실제로 기준을 장악하고 기준을 자신들의 수준에 맞추고 싶어 한다네. 이것은 학생폭동보다도 고등교육제도에 훨씬 더 큰 위협이야. … 신좌파나 구자유주의자들이 안고 있는 문제는 오래된 문제라네. 즉 사실을 완전히 무시하려는 태도, 어느 다른 사람의 이익에 거의 항상 맹목적이며 종종 속물적인 추상적인 말투가 문제이지. … 위선은 실제로 엄청나네. 공동 거주는 수입 및 교육의 어떤 수준에서 물론 아주 가능하고, 전적으로 힘들지 않으며, 고가 아파트가 있는 뉴욕에서 기정사실이야. 어떻든 문제는 아니지. 문제는 소득이 낮은 집단에서 발생하며, 이러한 문제는 매우 실질적이지. 달리 말하면, 인종차별 등을 위반하는 사람들은 대

---

84 Ibid., p. 96.

가를 지불하기 좋아하지 않고 그러할 의지도 없는 사람들이라네. 그런데 교육받은 앞잡이들은 '편견'에 완전히 사로 잡혀 가난하고 무지몽매한 동료 시민들을 경멸한다네.[85]

이것은 속물적인 대화는 아니지만 역시 추상적이다. 아렌트는 결코 단일체적이지 않은 흑인 공동체의 '이해관계'를 경험하지 않은 채 시티칼리지의 사례에 따라 일반화를 제시하고 있다. 흑인 민권운동 지도자인 베이야드 루스틴은 '영혼 과정'보다 '교정 훈련'을 요청하였는데, 아렌트는 이를 인용하였다. 그런데 아렌트는 루스틴의 요청이 고독한 목소리라고 주장하였다. 아렌트는 다만 소수집단 학생들의 특별한 요구를 인정하려는 기본 과정과 계획의 연계를 마련하는 통합교육에 대한 하나의 접근법을 제안할 수 있었다. 그러나 아렌트가 글을 쓴지 10년이 지난 후 제시 잭슨은 아렌트가 기대한 바대로 자신이 인정하고자 했던 일종의 지역적 발전계획을 추진하기 시작했다. 우수학생 월반제를 추진하는 단체들은 공립학교 · 부모 · 학생이 학업성적에 대한 그들의 약속을 평가해야 한다는 요청을 제기했다.

아렌트는 지역사회 학교나 공립대학교, 그리고 이들 사이의 갈등에 대해서는 경험이 거의 없지만, 1960년대 말 복잡한 사정이 온건한 흑인들의 신경과민에 어떻게 작용하였는가를 관찰할 적어도 한 번의 기회를 가졌다. 1968년 10월 어느 날 저녁 아렌트는 『미국 학자』의 편집진들과 2시간 동안 분노에 찬 랠프 엘리슨의 말을 들으면서 놀랐다. 편집장인 히램 하이든은 자신의 회고록 『말과 얼굴 모습*Words and Faces*』에서 엘리슨이 편집진의 결정에 어떻게 이의를 제기하고, 논문을 수락하기 전에 자신에게 논문을 보여주어야 한다고 주장하였다는 것을 환기시켰다. "그런데 그는 사람들의 자격조건을 정확하게 인정하지 않는 일반적인 경향에 따라 분노한 것 같이 모호하게 공격을 시작하였다. 그는 철저한 일반화를 아주 많이 제시하고,

---

85 아렌트가 매카시에게 보낸 편지(1968년 12월 21일), 매카시 보존서고.

아주 강력하게 말하였으며, 자신의 입장을 유지하기 어려울 정도로 출발점에서 너무 멀리 벗어나 있었다. 그에게 침묵을 요구하는 것은 불가능했다." 편집진 몇 명은 엘리슨을 안정시키려고 노력했지만 허사였다. "아렌트는 머물기 어려울 정도로 화가 났다고 말하면서 작별 인사를 하고 떠났다." 15명 어느 누구도 엘리슨의 마음을 움직이게 하지 못했으나 하이든은 다음과 같이 과감하게 말하였다. "이러한 것은 과도기 세대의 여러 흑인 남성들이 가지고 있는 외로운 부담의 일례였다. 마음과 정신을 갖춘 이러한 귀족들은 새로운 투사들에 의해 거부당하고, 흑인 보수주의자들에게는 너무나 지나칠 정도로 자유주의적이며, 백인 공동체에서 광범위하게 인정받고 그 **하나의** 차이를 항상 자각하고 있다. 이들은 종종 우리 사회에서 상당히 성공하였지만, 동료들로 구성된 소규모 공동체 이외에서는 어떠한 공동체에도 실제로 귀속되지 못하고 있다. 이러한 고립의 정신적 긴장은 틀림없이 어떤 사람에게 결국 영향을 미치는데, 내가 믿기에 10월 저녁은 그 부담이 너무나 과중했던 한때였다."[86]

아렌트는 이데아 극장에서 개최된 폭력에 관한 토론, 그리고 1968년 혼란스런 사건들을 계기로 권력과 폭력의 차이, 인간의 공동 행위 능력과 집단이나 개인의 특권일 수 있는 도구 사용의 차이를 정교하게 밝혔다. "이 문제에서 우리 모두의 혼란을 나에게 깨닫도록 해준 토론이 없었다면, 나는 폭력에 관한 논문을 결코 집필하지 않았을 것이다."[87] 아렌트는 뉴스쿨에서 첫 번째 강의를 마친 후인 1968년 여름 그 논문을 집필하기 시작하였다. 그는 뉴스쿨의 교수로 임용된 덕택에 수년 동안 하고 싶었던 일을 수행할 수 있었다. 그는 시카고로 통근하고 몇 주에 한 번 남편을 홀로 남겨두는 일을 중단할 수 있었다. 아렌트는 블뤼허를 축하하는 의미로 첫 번째 뉴스쿨 세미나 주제를 「20세기 정치적 경험」으로 정하였다. 아렌트는 이 강

---

86 Hiram Haydn, *Words and Faces*(New York: Harcourt Brace Jovanovich, 1974), p. 19.

87 아렌트가 이데아 극장의 조직자 쉬를리 브라우톤에게 보낸 편지(1969년 7월 10일), 의회도서관.

의에서 세기의 전환기에 태어나 '어두운 시대'를 살고 있는 가상적인 개인 — 실제로는 블뤼허 — 의 경험을 추적하려고 계획하였다.

아렌트는 『폭력론』을 집필하는 동안 자신이 살았던 분위기의 변화를 가끔 성찰하였다. 그는 매카시에게 다음과 같이 말하였다. "나는 처음으로 이민에 대해 생각하는 중년의 본토박이 미국인들(아주 존경할만한 동료들)을 만났다오."[88] 이러한 분위기는 1968년 가을 첫 번째 이데아 극장 토론의 제목, 「민주주의: 미래를 가지고 있는가?」에 잘 반영되었다. 아렌트는 민주주의가 미래와 현재를 가지고 있다고 생각했다. 물론 마르쿠제는 토론에서 "민주주의가 확실히 현재를 가지고 있지 못하며 … 미국 사회가 점차 비정상적으로 되어가고 있다"고 주장했다.[89] 그러나 아렌트는 민주주의의 미래를 낙관하면서도 일상적 삶이 매우 어렵다는 것을 알았다. 아렌트와 블뤼허는 분명히 이민을 원하지 않았지만 팔렌빌에 집 한 채를 구입하거나 스위스에서 일 년을 보내는 다양한 계획을 고려하였다. "그것은 만년에 필요하며, 이곳보다 덜 노출되어 살고자 하는 욕구와 연관된다오. 또한 큰 도시에서보다 더 안락하게 사는 것과 연관되지."[90] 블뤼허는 건강이 좋은 상태는 아니었다. 그는 1968년 봄 여러 차례 경미한 심장병에 시달렸으며, 그의 유일한 학위, 즉 바드대학의 명예박사 학위를 수여받지 못할 바로 그 시기인 6월에 잠시 입원하였다. 블뤼허가 바드대학의 사절단을 영접하고 학위를 받을 만큼 건강이 좋아졌을 때 사절단이 리버사이드 드라이브 아파트를 방문하였다. 이후 블뤼허 부부는 2개월 동안 팔렌빌에서 체류하였으며, 스위스 남부의 로카르노 근처에서 다음 여름까지 시험 체류를 연기하였다.

아렌트는 그 해 여름 『폭력론』 초안을 집필하였다. 그러나 그는 매카시에게 보낸 편지에서 자신의 표현대로 『인간의 조건』 제2권에 해당하는 저

---

88 아렌트가 매카시에게 보낸 편지(1968년 2월 9일), 매카시 보존서고.

89 Klein, *Dissent, Power, and Confrontation*, pp. 33ff. and *New York Times*, 9 October 1968.

90 아렌트가 매카시에게 보낸 편지(1968년 12월 21일), 매카시 보존서고.

서인 『정신의 삶』의 개요를 또한 집필하기 시작하였다.[91] 그는 뉴스쿨에서 강의를 하고 시카고대학교에 잠시 체류해 있는 동안 초안을 마련하고 있었다. 아렌트는 시카고대학교에서 여러 차례 강의를 하고 학생의 박사논문 지도를 계속 맡기로 합의하였다. 그러나 제자들에 대한 아렌트의 감사의 마음("자신이 현재 누리는 유일한 기쁨은 학생이다")[92]에도 불구하고 그는 강의 부담에 피곤하였다. 아렌트는 우울한 세계정세 때문에 집중할 수 없었다. "나는 수행하는 모든 일에 무용하다는 감정을 갖고 있다오. 중대한 것과 비교해 보면, 모든 것은 사소해 보이네. 나는 내가 과거와 미래 사이의 틈새에 빠지게 방치하였을 때 이러한 감정이 사라진다는 것을 알게 되었어. 그 틈새는 사유의 적절한 시간적 장소야. 나는 강의를 하는 동안 어떤 것을 할 수 없으며, 완전히 거기에 있어야지."[93]

베트남전을 반대하면서 국내의 '준엄한(법과 질서의)' 수호 세력을 두려워했던 대부분의 미국인들과 마찬가지로 아렌트는 1968년 선거운동이 불길하다고 생각하였다. 그는 조지 맥거번과 프랭크 처치의 상원의원 선거운동에 기부금을 냈듯이 유진 매카시의 대통령 예비선거 운동에 높은 기대를 가졌고 기부금을 냈다. 만약에 로버트 케네디가 당의 지명을 받을 정도로 살았다면 아렌트는 '진정한 애국자'라고 생각했던 유진 매카시나 로버트 케네디를 지지했을 것이다. 그리고 넬슨 록펠러가 민주당 지명자인 허버트 험프리에 반대하지 않았다면 아렌트는 정당투표자가 아니기 때문에 험프리를 지지했을 것이다. 험프리와 리처드 닉슨 가운데 선택을 한다면 그는 차분하게 험프리를 지지했을 것이다. 그러나 정당제도에 대한 그의 전통적 불신은 선택을 통해 이전보다 훨씬 더 강하게 확인되었다. 아렌트는 이데아 극장에서 개최된 다른 토론에서 다음과 같이 언급하였다. "국민이 자신

91 아렌트가 매카시에게 보낸 편지(1968년 2월 1일), 매카시 보존서고.

92 다음 자료에서 인용함. 글렌 그레이가 아렌트에게 보낸 편지(1975년 10월 7일), 의회도서관.

93 아렌트가 매카시에게 보낸 편지(1968년 2월 9일), 매카시 보존서고.

들의 견해를 아주 명료하게 확정한 후, 두 정당은 가장 큰 호소력을 지닌 사람이 아니라 당내에서 가장 강력한 권력을 가진 사람을 징발합니다. 나는 우리를 실제로 무기력하게 만드는 것이 정당조직이라는 결론에 도달하였습니다."[94]

아렌트는 결론을 염두에 둔 채 높은 기대감을 갖고 1969년 반전운동을 지켜보았으며, 정당조직의 패배는 그 성공에 있을 수 있다고 생각하였다. 1969년 10월 워싱턴에서 개최된 베트남 전쟁 종식을 위한 모라토리엄 시위 이후 아렌트는 순간 낙관론을 갖게 되었다.

> 사람들은 유진 매카시 선거운동 기간에 가졌던 희망을 또 다시 생각하였다. 그러나 이것은 더 훌륭하다. 이 선거운동은 정당제도 전체를 완전히 간과하였으며, 국민의 집회 및 청원에 관한 헌법상의 권리에 유일하게 의존하고 있기 때문이다. 따라서 사람들은 다음과 같은 결론에 도달하고 싶어 한다. 헌법은 아직도 살아있으며, 정당제도는 물론 죽지는 않았지만 불편거리가 되고 있다. … 권력은 인민에 있다Potestas in populo. … 이제 어쩌면 실제로 자신들의 역량을 충분히 발휘하고 공허한 수사를 지닌 '극단주의자들'을 상실하고 아마도 공적인 것을 재발견할 새로운 세대가 조직한 전반적인 업무는 성공할 것이다.[95]

아렌트는 민주당의 무기력함이 시카고 집회 동안 시위자들에 대해 행사되었던 폭력으로 노출되었다고 이미 결론을 내린 이후 낙관론을 갖게 되었다. 그러나 그의 낙관론은 오래 지속되지 못했다. 정당 관료제의 '방해'는 정부 관료제의 위험에 의해 가려졌다. 아렌트는 다음 정치적 논문인 「정치에서의 거짓말: 『국방부 문서』에 대한 성찰」에서 이러한 문제를 언급했다.

---

94 *New York Times*, 25 May 1969.

95 아렌트가 매카시에게 보낸 편지(1969년 10월 17일), 매카시 보존서고.
옮긴이_ 마지막 문장 앞에 생략된 내용은 다음과 같다. "나는 결과가 어떨지 모르지만 11월 시위가 성공하기를 바란다. 또한 …"

야스퍼스와의 고별

닉슨 대통령이 베트남에서 처음으로 군대를 철수하겠다고 공표한 1969년은 국내에서는 비교적 평화로운 시기였다. 암살 · 경찰폭력 · 학생 시위의 해인 1968년 고통스러운 기억을 불러일으키는 '흑표당'*과 경찰 사이 여러 차례의 여름 폭동과 총격사건이 있기는 하였지만, 1969년은 폭풍 이후 생각에 따라 다른 폭풍 이전 평온한 해였다. 이 해는 아렌트에게는 슬픈 해였다.

아렌트는 「철학과 정치」라는 뉴스쿨 강좌를 시작하고 있을 때 야스퍼스의 86회 생일을 축하하는 편지를 작성하였다. 이 편지에는 블뤼허와 함께 생일을 축하하지 못하는 것에 대한 미안한 마음을 전하는 내용이 담겨 있었다. 몇 주 동안 심하게 앓았던 야스퍼스는 생일이 지난 지 3일 후에 서거하였다. 2월 26일 같은 날 90회 생일이었던 게르트루트 야스퍼스는 친구들에게 짤막한 편지를 보냈다. "오늘 내 생의 동반자인 카를 야스퍼스가 서거하였습니다."[96]

아렌트는 자신뿐만 아니라 당시 동료 유럽인들의 관습이기도 하여 검정색 옷을 입고 바젤까지 갔다. 야스퍼스의 장례식은 이곳에서 3월 4일 거행되었다. 그는 몇 개월 동안 검은 옷을 입었으나 장례식에서 게르트루트 야스퍼스가 자신에게 해준 이야기 때문에 밝은 색의 스카프를 역시 착용하였다. 야스퍼스는 서거하기 며칠 전 아내가 장례식에서 어떤 옷을 입어야 하는가에 대해 아내와 토론하였다. 그들은 관례 때문에 가장 좋은 검은 옷을 입기로 합의하였지만, 자신의 죽음이 훌륭한 죽음이기 때문에 흰 칼라를

---

* 옮긴이_ 흑표당(黑豹黨; Black Panthers)은 검은 표범이 흑인의 강인함과 존엄을 상징한다는 이념으로 조직된 흑인 무장 조직으로서 블랙파워를 지원하고 흑인들의 자기 방어를 주장했다. 극좌파에 속하는 이 단체는 1980년대 초반까지 활동했다.

96 Hans Saner, *Karl Jaspers in Selbstzeugnissen und Bilddokumenten*(Hamburg: Rowolt, 1970), p. 67.

해야 한다는 데 동의하였다. 야스퍼스는 장례식 다음 날 열린 추모예배에 또 다른 아주 일반적인 메시지를 조심스럽게 남겼다. 그는 부모, 자신을 교육시켰던 사람들, 부인, 친구들, 나치 시대 이전·기간·이후 살았던 장소에 있던 사람들에게 그들의 관대함과 지원에 감사하는 짤막한 부고訃告를 구술하여 남겼다. 그는 공적인 연설을 할 때와 마찬가지로 자신이 작성한 부고에서도 느리면서도 절제된 위엄을 갖춘 채 과거시제로, 그리고 제3인칭으로 자신에 대해 말하였다.

> 그는 정치적 조국의 상실 때문에 독일에 있거나 전 세계에 흩어져 있는 사랑하는 사람들 개개인과의 우정을 통해서, 그리고 공동의 세계 시민성이란 꿈을 통해서 부인과 함께 자신이 인간 일반의 근원을 위해 도달한 기반 없는 조건 속에 남아 있었습니다.
>
> 유럽의 전통을 간직하고 있는 바젤에서 그가 평온한 은둔처를 발견한 손님으로서 지녔던 자유 속에서 마지막의 축복은 그에게 부여되었습니다. 그는 몇 년 사이 종결되지 않은 철학 작업을 지속하는 데 모든 힘을 투여하였습니다. 쉬지 않고 실제로 어떻게 인식하고, 추구하는 것보다 더 많이 느꼈던 그는 철학 작업에서 그 시대의 문제에 담당할 역할을 추구하였습니다. 그는 유럽 철학의 종말로부터 벗어나 미래 세계철학에 이르는 길을 모색하였습니다.[97]

야스퍼스의 제자들 가운데 한 사람은 전후 몇 년 동안 지도를 받은 쟌느 헤르쉬이고 다른 한 사람은 만년의 연구조교였던 한스 자너였다. 이들은 바젤대학교 추모예배의 연설자로서 아렌트와 동석하였다. 아렌트는 야스퍼스의 삶과 저술 활동, 철학자와 시민 — 만년의 삶에서 말을 통한 정치 행위에 헌신하였던 한 사람 — 으로서 야스퍼스에 대해 언급하였다. 그때 아

---

97 *Gedenkfeier für Karl Jaspers*, Basler Universitätsreden, vol. 60(Basel: Helbing & Lichtenhahn, 1969), p. 4.

렌트는 사상가로서 자신이 항상 서 있던 장소, "과거와 미래 사이"에서 탄생성과 사멸성에 대해 언급하였다.

> 우리는 한 사람이 언제 죽는가를, 무엇이 지나갔는가를 알지 못합니다. 우리는 단지 이 사실만을 압니다. 그는 우리들을 남겼습니다. 우리는 그의 저작들에 의존하지만 그 저작들이 우리를 필요로 하지 않는다는 것을 알고 있습니다. 그것들은 돌아가신 분이 세계에 남긴 것들입니다. 그분이 오기 전에 있었고 그분이 가신 후에도 남아 있는 세계입니다. 그러나 이러한 책들이 한때 살아있는 삶이었다는 단순한 사실, 이 사실은 세계에 직접 게재되지 않거나 망각으로부터 안전하지도 않습니다. 매우 일시적이지만 역시 매우 위대한 분, 그와 함께 사라지므로 우리를 필요로 하는 그의 발언과 특이한 행적에 관한 사실은 그분을 생각하는 우리를 필요로 합니다. 그러한 사유는 우리를 돌아가신 분과의 관계를 연결시킵니다. 따라서 그분에 대한 대화는 이 세상에 드러나고 울릴 것입니다. 돌아가신 분과의 관계, 이것을 배워야 합니다. 우리는 이것을 시작하기 위해 같이 슬퍼하면서 여기에 함께 모였습니다.[98]

아렌트는 '돌아가신 분과의 관계'를 배우는 데 실제 어려웠다. 그는 몇 년 동안 야스퍼스의 죽음을 두려워했었다. 야스퍼스가 1965년 심하게 앓았을 때, 아렌트는 그를 방문하고 이후 매카시에게 다음과 같은 내용의 편지를 보냈다. "그것은 마지막 시간일 수 있다고 항상 생각하면서도 그것에 대해 의심하지만 내가 이러한 노선에 따라 지속적으로 생각하는 첫 번째 시간이었어. 그리고 동시에 이전보다도 그것에서 더 편안하였지. 마치 죽음의 도래가 모든 것을 편하게 하는 것 같다네. 어떠한 고찰이 생각하건데 중요할 수 있었겠는가?"[99] 폴 틸리히는 그 해 서거하였다. 그의 죽음을 생각할 때마

---

98 Ibid., p. 20.

다 아렌트는 야스퍼스와 하이데거에 대해 더 걱정하였다. 야스퍼스는 아렌트가 얼마나 걱정하는가를 알고 자신의 건강 약화에 대한 솔직하고 자세한 내용을 담은 편지에서도 그를 안심하도록 하였다. 야스퍼스는 아렌트가 그랬듯이 자신의 상황에 대한 불확실함을 언급하지 않아야 한다고 생각했기 때문이다. 야스퍼스는 1966년 아렌트가 "전과 다르게 초조한 고별 분위기에 빠져 있다고 지적한 후 아렌트를 안심시키는 편지를 썼다. 야스퍼스는 자신이 다음 해 아렌트, 아마도 블뤼허를 보기를 얼마나 기대하는가에 대해 말하였으며, 다음과 같은 내용을 첨가하였다. "우리는 항상 고별을 하지만 진정 헤어지는 것은 아니라오." 야스퍼스는 아렌트가 걱정하지 않도록 하려고 자신들의 상황에 대한 부인의 엉뚱한 성찰대로 편지를 보냈다. "우리는 함께 더 늙기를 원하며, 이제 그것을 이겨내야 한다오." 그리고 야스퍼스는 항상 지원하는 입장에서 아렌트의 다양한 활동에 대해 언급하였으며, 그를 격려하였고, 1968년에는 떨리는 손으로 아버지다운 교훈을 담은 편지를 썼다. "시간이 있을 때 새로운 기록들을 우리에게 보내거라."[100]

야스퍼스는 1967년까지 작업 소파에 누워 통상 구술로 집필을 지속적으로 할 수 있었으며, 영어로는 『독일의 미래*The Future of Germany*』로 출간하고 아렌트가 서문을 쓴 마지막 저서의 비판자들에게 답장을 쓸 수 있었다.[101] 이 책은 정치에 대한 야스퍼스의 고별사였으며, 이후 그는 자신의 다른 고향인 철학으로 복귀할 수 있기를 기대하였다. 그러나 이러한 기대는 아렌트가 한 가지 약속, 즉 『예루살렘의 아이히만』에 관한 저서의 초안 작업으로부터 야스퍼스를 해방시키는 것을 필요로 하였다. 야스퍼스가 생각하기에 이와 관련된 작업은 자신의 체력을 벗어나는 일이었다. 아렌트는 물론

---

99 아렌트가 매카시에게 보낸 편지(1965년 10월 20일), 매카시 보존서고.

100 야스퍼스가 아렌트에게 보낸 편지(1966년 10월 11일, 1968년 6월 17일), 마르바흐 문서보관소.

101 Karl Jaspers, *Wohin treibt die Bundesrepublik?*(Münhen: Piper, 1966) and *Antwort. Zur Kritik miner Schrift "Wohin treibty die Bundesrepubkik?"*(München: Piper 1967). (『독일의 미래』 영역본은 두 저작의 내용을 포함하고 있다.)

이것을 수행하였고, 야스퍼스는 아렌트에게 감사를 표시하였다. "나는 (매우 중요한 결과이기는 하지만 단지 외재적인 것) 책으로부터 해방되었을 뿐만 아니라 일종의 포로 상태, 무엇보다도 정치와 그 관례로부터 벗어났네. 이제 나는 자유로운 분위기에 있으며, 나의 작업 주제인 철학으로 다시 돌아갈 수 있지. 그러므로 나는 좋은 상태야."[102]

야스퍼스가 서거한 이후, 아렌트는 철학의 '자유로운 공기', 정신의 삶을 다시 회복하려고 노력하였지만, 정치는 그를 계속 얽매게 하였다. 아렌트는 『폭력론』을 완성하였고 이후 독일어로 번역한 『권력과 폭력*Macht und Gewalt*』을 출간하였다. 그의 논문이 『뉴욕 서평』에 게재된 이후 로버트 실버스가 몇 통의 편지를 보냈으며, 아렌트는 이 편지에 답장을 보내야만 했다. 뉴욕대학교의 철학자 라지엘 아벨슨이 아렌트에게 도전하였다. "어떻든 아렌트 여사가 찬성하는지 반대하는지는 명료하지 않다. 아렌트는 한 가지 점에서 지적 명료성의 원인을 단지 제공하는 것 같다." 아벨슨 교수는 마침내 아렌트가 권력과 권위를 동일시함으로써 '기득권층을 축복하고 있음'에 틀림없다고 가정하였다. 권력과 권위는 아렌트가 사실 충분하게 구별하려고 노력했던 많은 용어들 가운데 두 용어이다.[103] 아렌트는 아벨슨 교수의 오독을 해결하려고 노력하였으며 아벨슨의 구별을 믿지 않는다고 침울한 기분으로 결론을 내렸다. 한스 모겐소는 이러한 논평과 반론을 읽은 후 공감하는 비망록을 보냈다. "나는 당신 비판자에 대한 반론의 글을 읽었다오. 그것은 실제로 그렇게 귀중하지는 않지! 당신이 글을 썼을 때 필히 그 활동을 옹호해야 한다고 상정하는 것이 얼마나 우매하오. 우리는 모두 지적인 거리의 투사들이지. 우리는 어떤 것이나 다른 것에 대해 옹호하기도 하고 반대하기도 한다오. 그러니 우리는 우리가 방어벽 어느 쪽에 서 있는가를 명료화하지 않으면, 우리는 실패한다오."[104]

---

102 야스퍼스가 아렌트에게 보낸 편지(1968년 10월 11일), 마르바흐 문서보관소.

103 「폭력에 대한 성찰」과 관련한 편지, 『뉴욕 서평』(1969년 7월 19일), 38쪽.

아렌트는 '어두운 시대'에 '단순한' 명료화의 가치를 알았다. 야스퍼스는 자기 세대와 아렌트의 생애를 명료하게 밝힌 위대한 사람이었다. 아렌트는 1966년 시카고대학교의 에드워드 레비(1911~2000년 — 옮긴이)에게 언급했던 그 사람을 상당히 그리워했다. 아렌트는 이때 야스퍼스가 노벨평화상을 수상해야 한다는 바젤대학교의 제안을 레비가 지지해주기를 기대했다.

> 야스퍼스는 많은 측면에서 독특한 인물입니다. 그는 오늘날 특정 정당이나 활동에 대한 어떠한 신념 없이도 정치적 쟁점들에 대해 언급하는 유일한 위대한 유럽인이지요. 그의 정치적 확신은 철학의 자연적 결과들이며, 자유와 이성을 중심으로 형성되어 있지요. 이것은 그의 철학에 집중된 두 가지 개념과 연관된다오. 그에게 평화상을 수여한다는 것은 두 가지 정치적 의미를 갖지요. 평화상 수여는 철학이 정치에 어울리는 중요성의 인정을 의미하며, 19세기 말과 20세기의 독일에 반대한 한 독일인에게 상을 수여한다는 것을 의미합니다. 야스퍼스가 연방공화국의 발전에 대해 당연히 걱정하기 때문에 … 이러한 조치는 그의 성공이 항상 위대했던 곳에서 일반 대중과 다르게 그가 독일 내 정치적 분위기에 영향을 미치고자 했던 것에 관심을 거의 확실히 요구할 것이오.[105]

도덕 행위와 정치 행위

야스퍼스가 한때 언급했듯이, 아렌트는 야스퍼스에게 있어서 교수로서 삶, 즉 교수임Professorsein을 확인시켜주는 사람이었다. 선생으로서 아렌트 자신의 보답은 매우 다르다. 아렌트는 야스퍼스와 같이 처음부터 선생은 아니었기 때문이다. 이외에도 아렌트의 제자들은 미국인이고, 문화적으로

104 모겐소가 아렌트에게 보낸 편지(1969년 6월 5일), 의회도서관.

105 아렌트가 레비에게 보낸 편지(1966년 5월 2일), 의회도서관.

아렌트와 거리가 있었으며, 아렌트와 야스퍼스 사이의 나이 차이보다 두 배나 되는 사람들이다. 그러나 아렌트와 제자들이 상당히 염려하며 미국 내 정치판을 주시하고 있던 1960년대 말, 아렌트는 훨씬 개인적으로 '새로운 세대'와 연계되고 있었다. 학생들이 동료가 되었을 때만 전통적으로 해소되었던 유럽적 거리감은 부분적으로 사라졌다. 아렌트는 특별한 관심 때문에 학생들이 가득 찬 뉴스쿨 강의에서 발굴해냈던 학생들과 시카고대학교에서 자신으로부터 주목을 받았던 학생들을 위해 자기 가정을 더 가정답게 만들었다. 아렌트는 야스퍼스의 서거 당시 비통함을 젊은 학생들에게 숨기지 않았다. 그는 스승에 대해 이야기하였으며, 야스퍼스의 저서에 관한 박사 학위를 장려하였고, 밀도 있고 어려운 강의에서 야스퍼스의 입장을 인용하였다.

아렌트는 조언을 얻고자 찾아온 학생들에게 야스퍼스의 독립 정신에 대한 자신의 견해를 제시하였다. 그러나 아렌트는 예측하기 어려웠고 격하기 쉬운 성정을 지녔다. 제자들 가운데 한 학생은 병역 기피자와 미군 탈영자를 미국에서 캐나다 또는 스웨덴으로 밀입국시키려고 조직한 인적 연락망에 대해 아렌트에게 질문하였다. 이때 아렌트는 그러한 연락망 참여가 결석을 의미한다고 설명하였다. 아렌트는 처음에 전형적으로 유대인 할머니다운 반응을 보였다. 즉 "하지만 너는 체포될 것이야! 그리고 하늘에 맹세코, 나는 너의 수감 회고록을 읽고 싶지 않단다." 이후 아렌트는 마음을 가라앉히고 음모라도 하듯 속삭임으로 그런 조직과 관련하여 많은 질문을 제기하고, 마침내 자랑스러운 투로 다음과 같이 언급하였다. "아마도 학생은 **훌륭한** 옥중기를 쓰는데 도움이 되도록 내 강의에서 무엇인가 조금 배웠을 것이다."

아렌트의 격려는 관대했다. 그는 비판을 잘 받아들일 수 없는 그 누구도 자신의 지도를 계속 받지 않을 것이라는 가혹하지만 정중한 가정을 담아서 비판하였다. 아렌트는 박사과정생의 거의 완성된 논문 초고를 신속하면서도 조심스럽게 읽은 후 경이로운 판단을 제시하였다. "응, 여보게, 이것이 옳다면, 그것은 혁명적이지. 그러나 나는 그것이 틀린 것 같아 걱정이라네." 학생의 정치 활동에 대한 아렌트의 논평은 아주 예리했다. "행위는 책을 읽는 것과 같지 않단다. 자네는 혼자 책읽기를 할 수 있지만, 자네는 행동할 때 다른 사람들과 함께 행동하지. 그것은 자네가 이런 모든 이론화를 옆으로 제쳐 놓고 눈여겨 지켜본다는 것을 의미한단다." 아렌트는 지적으로 또는 정치적으로 결코 판단하지 않은 학생들을 위해 칸트가 구분한 무지와 우매함의 차이를 제시하였다. "우매함에는 치유책이 없기 때문이다." 아렌트에게는 공개석상, 심지어 강의실에도 엄청난 지적 확신과 무대공포증 같은 신경과민 증세가 연계되듯이, 부모다운 관심과 성급함은 혼재되어 있었다. 그는 이 때문에 계속 학생들과 조화를 이루지 못했다. 그의 취약점과 수줍음은 구별하기 어려웠다. 부분적으로 그는 다른 사람들에게 나타나는 취약점을 인내할 수 없었기 때문이다. 즉 그는 이해할 수 없거나 그렇게 하지 않으려는 불안정이나 신경증에 직면하였을 때 갑작스럽게 물러났다.

아렌트는 공개 출현에 대한 걱정을 결코 해소하지 못하였다. 그러나 그는 베트남전 기간 중 토론에 참여하도록 요청을 받았을 때 신속하게 대응하였다. 많은 사람들은 법과 질서의 수호세력, 특히 애그뉴 부통령이 수많은 발언을 통해 베트남전 반대자들과 헌법적 집회의 권리를 공격한 사실에 경악했다. 이 때문에 이데아 극장은 「수정헌법 제1조와 대립 정치」라는 주제로 회의를 기획하였다.* 아렌트는 검찰총장 램시 클라크, 그리고 1969년 11월 15일 워싱턴의 '죽음에 반대하는 행진March Against Death'의 조직자인 론 영과 함께 저녁 패널에 참여하였다. 아렌트는 자유로운 철학의 분위기를 즐기는 짧은 기간, 즉 시카고대학교에서 2주의 강의를 마치고 갖게 된

---

* 옮긴이_ 수정헌법 제1조(The First Amendment)는 다음과 같다. 즉 "연방의회는 국교를 정하거나 또는 자유로운 종교 활동을 금지하는 법률을 제정할 수 없다. 또한 출판의 자유나 국민이 평화로이 집회할 수 있는 권리 및 불만사항을 구제하기 위하여 정부에게 청원할 수 있는 권리를 제한하는 법률을 제정할 수 없다."

짧은 기간을 보낸 후에 패널에 참여했다. 아렌트는 휴식 기간 동안 "플로티노스와 셸링의 저서, 그리고 이러저러한 책을 읽으면서 아주 한가한 시간을 보냈다"고 매카시에게 말하였다.[106] 아렌트는 블뤼허의 건강 문제로 다시(이번에는 정맥염 발병으로) 신경을 쓰고 있기는 했지만 휴식 기간 동안 평상시보다 더 편안하였다.

아렌트는 이데아 극장에서 개최된 토론 기간 동안 열정적이고 단호했으며, 자신이 학생들을 위해 항상 남겨두었던 위트의 묘미를 청중에게 제공하였다. 그는 헌법이 아니라 집회의 권리를 주장한 사람들이 11월 평화행진을 가능케 하였다고 느꼈던 론 영에게 다음과 같이 말하였다.

> 당신은 전적으로 옳습니다. 집회의 권리를 실행하는 사람이 없을 경우, 전체의 체계는 와해됩니다. 그러나 수정헌법 제1조가 없을 경우, 정부는 모든 활동을 금지시키는 것이 용이하다는 것을 알게 될 것입니다. 책들에 쓰여 있는 그러한 몇 줄들의 내용은 여전히 우리와 폭정 사이에 끼어 듭니다. … 대체로 당신은 환상적인 방식으로 상황의 심각함을 과소평가하고 있는 것 같군요. 나와 관련된 것은 당신의 환상들입니다. 당신이 이 수정헌법 제1조를 어떻게 고수해야 하는가에 대해 모르고 있다는 사실, 이것은 나의 관심사입니다. 그리고 그것을 정부 당국, 국민에게 계속 보여주십시오. 당신은 늑대가 실제로 언제 오고 있는가를 바로 가까이에서 보지 못한다고 아주 여러 차례 거짓으로 외칠 수 있겠습니까?[107]

청중은 폭소를 터트렸다. 그러나 론 영은 수정헌법 제1조를 방어하는 최선의 방법이 "베트남전을 반대하는 격렬하고 위험스러운 투쟁"이라고 항의하였다. 아렌트는 다음과 같이 계속 주장하였다. 즉 "수정헌법 제1조가 없

---

106 아렌트가 매카시에게 보낸 편지(1970년 2월 4일), 매카시 보존서고.

107 이것과 다음 인용의 출처이다. Klein, *Dissent, Power, and Confrontation*, pp. 17-20.

다면, 당신은 정부의 호의에 의존해야 합니다. 제가 당신이라면, 저는 그렇게 하지 않을 것입니다. 나는 의존할 법률적 버팀대를 오히려 더 갖겠습니다." 론 영은 외로이 자신의 입장을 유지하지는 않았다. 『성벽*Ramparts*』과 다른 잡지에 기고하는 젊은 작가인 조안 시몬은 "그들이 베트남의 '미라이 My Lai'에서 했듯이* 당신은 학살할 수 있다면, 자유로운 연설은 무엇을 의미하는가?"라고 질문하였다.

아렌트는 '대립 정치'를 열렬히 옹호하는 젊은이의 환상이라는 것에 관심을 가졌다. 아렌트는 마틴 루터 킹의 행위가 "미국 국민의 눈앞에 국법인 헌법과 남부의 실제적인 규정 · 법 · 관행 사이의 격차를 들이대고 있다는 점을 제안하였다. … 그것은 실질적인 대립이었다. 그리고 그것은 실제적이었다." 아렌트는 이러한 종류의 대치가 시민불복종과는 매우 다른 문제라고 생각하였다. 시민불복종은 '개개인이 양심에 따라 내린' 결정에서 비롯된다. 아렌트는 이데아 극장에서 이러한 차이에 관해서 말하였고 이후 더 고민하면서 자신이 틀렸다고 결론을 내렸다.

아렌트는 이데아 극장에서 개최된 토론, 그리고 1970년 5월 1일 뉴욕대학교 학술회의 참석 초청을 통해서 지속적으로 성찰하는 계기를 갖게 되었다. 「법은 죽었는가?」는 그 학술회의의 궁색한 주제였지만, 아렌트가 제안된 것들로부터 선택한 주제는 그를 궁색하게 하지는 않았다. 이 주제는 "합의合意사회에서 법에 대한 시민의 도덕적 관계"였다.

아렌트는 1970년 여름 내내 자신의 발표 내용을 「시민불복종」이란 논문으로 재구성하였다.[108] 그는 이 논문에서 시민불복종과 양심적 병역 거부 사이에 차이가 있다고 주장하였다. 시민불복종과 양심적 병역 거부는 개인

---

* 옮긴이_ 1968년 3월 16일 남베트남 미라이에서 발생한 미군의 민간인 대학살(massacre)이다. 347에서 504명으로 추정되는 비무장 민간인이 학살되었고, 상당수는 여성과 아동이었다. 미군 26명이 이 사건에 가담했고 이들 가운데 입대한 지 4월여 된 윌리엄 켈리 소위만이 유죄 판결을 받았다.

108 Arendt, "Civil Disobedience," *The New Yorker*, 12 September 1970, and then collected in *Crises of the Republic*. 다음 인용은 후자의 제목에서 발췌한 것이다(43-82쪽).

적 결정을 포함하고 있지만, 양심적 병역 거부자가 아닌 시민불복종자는 역시 다른 사람의 결정들에 의존한다. 시민불복종자는 확신을 공유하는 집단의 한 구성원이다.

실천의 경우 '훌륭한 사람'과 '훌륭한 시민', 도덕적 입장과 정치적 제휴 사이의 이러한 이론적 차이는 아렌트에게 중요했다. 아렌트는 저항행위가 함께 행동하는 사람들의 집단에서 시작되어야 한다는 것을 알고 있었으며, 시민불복종을 인정하는 정부의 능력이 '미국법의 정신'에 일치하는 지표라고 생각했기 때문이다. 아렌트가 이데아 극장에서 개최된 토론에서 인용했던 사례와 달리 민권운동, 베트남전 반대운동 시위는 주가 아닌 연방의 관행과 법을 목표로 하였다. 예를 들면, 전쟁의 합헌성이 쟁점이었다. 아렌트는 어떤 법체계가 법의 위반을 정당화하는가를 기대하기란 불가능하다고 인정하였으나 시민불복종에 대한 '정치적 접근'을 통해 "우리의 정부제도에서 시민불복종을 인정하는 부분"을 보일 수 있다고 생각했다. 그는 시민불복종과 자발적 결사의 회원 자격을 대조하였으며, 압력단체와 특별 이익집단 로비가 '시민불복종자 소수'에게 제공될 수 있는 일종의 승인사항으로 주어진다는 것을 지적하였다. 아렌트는 수정헌법 제1조가 "이 나라에서 실제로 실행되는 결사의 권리를 언어나 정신에서 포괄하고 있지 못하다"는 점을 깨달았다. 그래서 그는 다음과 같이 제안하였다. "새로운 헌법 수정조항을 긴급하게 필요로 하며, 그로 인한 모든 어려움에도 불구하고 가치 있는 무엇이 있다면 그것은 확실히 시민권이다."

아렌트는 1949년 어느 시민도 자신의 시민권을 폐지할 수 없다는 것을 보장하라고 사람들에게 제안하였으며, 이때 마침내 헌법의 수정을 제안하였다. 그는 '결사의 권리'를 보장하는 수정조항이 취해야 할 형태를 상세히 설명하지는 않았다. 그는 정치적 확신에 따라 연합하기보다 기업 이익에 영향을 받는 집단들이 잠재적으로 위험하다는 것을 깨달았다. 그러나 아렌트의 목적은 로비단체가 누리는 사례를 모든 결사에게 보장하라는 것이었다. "사실 압력단체는 역시 자발적인 결사이며, 워싱턴에서 인정받고 있다. 이곳에서 이들의 영향력은 '조력助力 정부'로 불릴 정도로 상당히 대단하다. … 이러한 공개적 승인은 작은 문제가 아니다. 그러한 '조력'은 헌법과 수정헌법 제1조에서 정치 행위의 한 형태로 결사의 자유 정도로 예견되었다." 결사를 위한 일괄적인 헌법적 승인은 이익집단의 정부 '조력'을 더욱 어렵게 만들 수도 있지만, '정당하지 못하고 유효하지 못하다고 생각되는 법을 … 법정이나 공적 의견의 법정 앞으로 끌어들이려는' 집단을 위한 틈새를 개척하려는 아렌트의 시도는 원칙상 '미국법의 정신'을 확실히 존중하고 있다. 아렌트는 대법원이 입법부와 집행부의 행위를 심의하지 않기 위해서 이른바 정치 문제 법리political question doctrine를 환기시킬 수 있다는 점을 지적하고 다음과 같이 주장하였다. "우리의 정치제도 가운데 시민불복종의 확립은 '사법심사'의 이러한 궁극적 실패를 치유하는 최선의 해결책일 수 있다."*

아렌트는 「법은 죽었는가?」라는 주제의 학술회의에 제안을 하였다. 이때 그의 제안은 충분히 수용되지 못했다. 학술회의의 주최자인 유진 로스토우는 "정치적 목적을 실현하기 위한 불법적 수단의 사용은 정당화될 수 없다"고 단호하게 말하였다. 컬럼비아대학교의 울프는 시민불복종 제도에 관심을 갖지 않았다. 무정부주의를 옹호하고 있는 울프는 "어느 누구도, 심지어 진정한 민주주의의 시민도 법에 복종할 의무를 갖고 있지 않다"고 단순히 말하였다. 로널드 드워킨은 정부의 정책이 '법의 정신'과 아무런 관계

* 옮긴이_ 사범심사(judicial review)는 의회가 제정한 법률이 헌법에 위반되는가의 여부를 심사하는 제도로 삼권분립에 중요한 제도이다. 이 제도는 미국 헌법에는 명시되어 있지 않지만 1803년 마버리 대 매디슨 사건에 대해 연방 대법원이 내린 판결에 의해 확립되었다. "정치 문제 법리는 사실상 주권원리와 국가이성론이 여과되어 원칙상 그것을 거부할 수 있는 정부체제로 들어갈 수 있게 해주는 통로이다." 다음 자료를 참조할 것. Hannah Arendt, *Crises of the Republic*(San Diego, New York and London: Harcourt Brace Janovich Publisher, 1969), p. 100; 김선욱 옮김, 『공화국의 위기』(파주: 한길사, 2011), 145쪽; Marco Goldoni and Christopehr McCorkindale, *Hannah Arendt and the Law*(Oxford and Portland: Hart Publishing, 2013), pp. 127-130; 홍원표 옮김, 『한나 아렌트, 정치와 법』(서울: 신서원, 2021), 346-352쪽.

가 없다고 생각했다. 요지는 그 순간의 하나 이외에 어떠한 상황도 고려하고 있지 않았다. 그 계기는 아렌트의 견해와 같이 오래 숙고된 견해를 수용하기에는 성숙되지 못했다. 브린마르대학의 우포드 교수는 다음과 같이 언급했다. "애그뉴 부통령은 시민불복종과 비시민적 불복종을 일괄적으로 처리하는 잘못을 저질렀다. 그는 위험스럽게도 우리의 정치를 양극화하고 있다." 그리고 양극화는 그 학술회의에서 아주 뚜렷하게 드러났다. ≪뉴욕 타임스≫는 로스토우의 견해를 게재하였다. "'집단 히스테리 증세'가 이번 주말에 예일대학교에서 어쩌면 이미 나타났다고 지적한 로스토우 씨는 다음과 같이 말하였다. '아마도 우리는 너무나 지나쳐서, 너무 연루되어서 개인적 자유에 대한 분석적 시선을 선택할 수 없을 것이다.'"[109]

그 주말에 예일대학교에서 집단 히스테리는 나타나지 않았다. '흑표당' 지도자 보비 실레의 다가올 재판을 둘러싼 집회는 평온하게 진행되었다. 아렌트는 이 집회에 고무되었지만 회의 분위기에 실망하였다. 토론은 평온하게 진행되었지만 분위기는 패배주의적이었다. 청중들 가운데 한 사람은 "법은 죽지 않았을 수도 있지만 약간은 동면 상태에 있다"라고 시사한 바 있다.

아렌트가 발표논문의 출판을 포기하기 위해 법적 조치를 취하겠다고 학술회의의 후원자인 뉴욕 변호사협회를 위협하였을 때 발견한 바와 같이, 법은 작은 문제들에서 동면한 상태는 아니다. 아렌트는 '변호사협회에 저항하기 위해 변호사'를 고용하는 어색한 임무에 호소하지 않은 채 자신의 의지를 실현하였으며, 자신의 생각에 필요한 「시민불복종」 논문의 수정 및 확장을 위해 평온과 고요의 나라인 스위스로 갔다.[110]

아렌트는 로카르노 위쪽에 위치한 테그나에서 다른 견해를 수용한 논문에 도덕적 결정과 정치 행위 사이의 차이를 정교하게 정리하였다. 아렌트

109 이 보고서는 ≪뉴욕 타임스≫ 1970년 5월 1일 3쪽에 근거를 두고 있다.

110 아렌트가 매카시에게 보낸 편지(1970년 6월 30일), 매카시 보존서고.

는 테그나의 카사 바르베트에서 알프스 목초지를 바라보며 '자유로운 철학 공기'를 훨씬 더 느꼈다. 그는 그해 여름 「사유와 도덕적 고찰」이란 제목의 논문을 집필하였다. 이 논문은 개인의 도덕적 결정과 그 결정과정에 대한 오랜 성찰의 결과였다. 그는 시민불복종(즉 법을 거부하는 정치 행위)을 고찰했으며, "그것을 비정치적일 뿐만 아니라 항상 순수하게 주관적인 진술 속에서 표현되는 양심의 조언과 구분하였다. 소크라테스는 '악행을 하느니 감내하는 게 더 낫다'라고 말하였을 때 이것이 자신에게 더 좋다고 생각했다. … 반대로, 정치적으로 중요한 것은 잘못이 행해졌다는 것이다. 행위자든 감내하는 사람이든 누가 결과적으로 더 좋은가는 법과 관련이 없다."[111] 1970년 여름 아렌트는 소크라테스와 양심의 주관적 진술을 정당하게 평가하였다. 그리고 아렌트는 『정신의 삶』을 집필하는 첫발을 내디뎠다. 아렌트의 이 논문(즉 「사유와 도덕적 고찰」 – 옮긴이)은 『정신의 삶』 3부작 가운데 제1권 '사유'에 포함된다.

만년의 블뤼허와 사별 직후의 아렌트

아렌트는 그 여름을 기뻐했다. 블뤼허는 쉽게 피로를 느끼기는 했지만 건강이 좋았으며, 한 쪽 귀가 약간 들리지 않았다. 그는 건강에 대해 걱정이 없었던 것은 아니었다. 매카시는 안네 바일과 마찬가지로 방문차 들렀다. 모든 사람들은 점심식사를 할 수 있는 작은 식당과 조용한 거리를 갖추고 있는 그림 같은 마을과 작은 기숙사의 고요함을 즐겼다. 블뤼허 부부는 때때로 길벗을 방문하기 위해 로카르노에 갔는데, 아렌트가 즐겨 표현하는 '빔멜-밤멜'이라는 작은 열차를 타고 산중턱까지 내려갔다. 아렌트는 "여러 차례 수개월 동안 강의 · 필요 사항 · 집안일에 참여하지 않은 채 약간은 지

111 Hannah Arendt, "Thinking and Moral Considerations," *Social Research*, Fall 1971, p. 44. 그리고 다음 자료를 참조할 것. "Civil Disobedience," *Crises of the Republic*, p. 51.

루하게 나의 책에 전념하고 싶었지. 물론 지루함이란 어느 정도 건강에 도움이 된다네."[112]

그러나 강의 · 필요 사항 · 집안일은 9월에 다시 시작되었다. 아렌트는 「사유와 도덕적 고찰」에 기록한 성찰을 더 확장하고자 칸트의 『판단력비판』에 관한 강의와 세미나를 제안하였다. 아렌트는 자신의 논문 결론 부분에서 제시하였던 사유와 판단의 그 연결고리를 발견하고자 노력하였다. 이때 아렌트는 사유가 "나와 나 자신 사이의 소리 없는 대화"라는 플라톤의 정의에 초연성이나 공평성 또는 "확장된 심성"이란 칸트의 개념들을 첨가시켰다. 아렌트는 도덕적인 것과 정치적인 것, '훌륭한 사람'과 '훌륭한 시민', 「사유와 도덕적 고찰」과 「시민불복종」과 같은 주제들을 다시 연결시키는 방법을 모색하였다.

아렌트는 10월 30일 금요일 뉴스쿨에서 개최된 현상학 · 실존철학학회의 모임에서 「사유와 도덕적 고찰」이란 논문을 발표하였다. 그날 저녁 아렌트와 블뤼허는 이러한 '주장'을 뒤로 한 채 글렌 그레이를 집으로 초청하였다. 블뤼허는 그날 약간의 가슴통증 증세를 보였음에도 식사하고 독한 술을 마시며 즐겁게 대화를 나누었다. 그러나 다음날 점심을 하는 도중에 그는 갑자기 병세를 느꼈으며, 심장마비 증세가 나타나기 전에 의자 있는 쪽으로 발걸음을 거의 옮길 수 없었다. 두려움을 느낀 아렌트는 구급차를 불렀다. 블뤼허는 매우 평온했으며, 아내의 손을 잡은 채 조용히 "이것이 그것이구려"라고 말하였다.

블뤼허는 그날 저녁 마운트 시나이 병원에서 숨을 거두었다. 그의 나이 71세였다. 아렌트는 블뤼허의 오랜 친구인 피터 후버를 불렀다. 후버는 아렌트와 함께 블뤼허의 옆에 있으면서 계속 블뤼허의 사진을 찍었다. 로테 콜러는 아렌트의 집을 지키면서 가까운 친구들에게 "하인리히 심장마비로

---

112 아렌트가 매카시에게 보낸 편지(1970년 11월 2일), 매카시 보존서고.

토요일 사망하다. 한나"라는 내용의 전보를 보냈다.

블뤼허의 한 가지 특징은 젊은 시절이나 만년에 친구나 학생으로서 그를 알았던 사람들의 기억 속에서 다른 모든 것을 압도하였다는 점이다. 그것은 바로 따지기 좋아함, 논쟁에 대한 열정, 논쟁의 논리적 경계나 심지어 그를 넘어서 이념을 추적하려는 의지라고 할 수 있다. 블뤼허의 사망 소식이 지인들 사이에 퍼진 이후 한나 아렌트 블뤼허에게 왔던 조문 편지들(아렌트의 표현대로 "과거의 모든 계층에서 온 편지들")은 블뤼허가 사람에 따라 다른 사람이 아니고 다양한 정도로 모든 사람들에게 한결같은 모습을 보인 사람이라는 것을 보여주었다. 블뤼허 부부의 미국인 친구인 드와이트 맥도날드의 묘사는 그 필력으로 괄목할 만하지만 그 인식에 있어서 다른 사람들의 묘사와 약간은 일치하고 있다.

> 우선 그는 때때로 형식에 있어서는 예외이지만 결코 그렇게 무분별하거나 감정적이지 않으면서도 무분별하고 진심어린 방식으로 자극(또는 훌륭하거나 나쁜 논쟁)에 항상 반응할 준비가 되어 있는 정신과 기질에 있어서 진정 절망한 무정부주의자이지만, 주요 목표인 핵심을 빗나갈 정도로 독선자, 율법학자, 깐깐한 사람이오. 나는 그의 목적을 존경하였다오. 그는 그러한 선종의 대가들과 같이 전혀 겨냥을 하지 않는 것 같지만 '닥치는 대로' 합리적으로 날아가게 하기 때문이지요. 그러나 그는 의식적으로 사유하지 않은 채 아마도(또는 아마도 중요하지만) 전반적으로 주제에 대해 영향을 주는 그 계기까지 자기 경험의 측면에서 완전히 닥치는 대로 날아가게 하지는 않지요. 내가 보았듯이 그의 화살은 중심을 맞췄답니다. … 자제하는 불평과 빛나는 눈초리를 띤 외침(그는 게임 규칙 때문에 거부당한 실존적 탈출구를 목격한 논쟁적 언저리로 끌려 들어가는 것을 느꼈을 때 그의 발음이 얼마나 정확했는가!)은 내가 참석했고, 참여하였으며, 하인리히보다 지적으로 수준이 높으며, 오히려 규칙을 더 존중하는 많은 논쟁에 대한 인간주의적 의무였다오. 그러나

> 당신이 이후 그것에 대해 생각하게 되었을 때, 그의 외침은 하인리히보다 상상력과 공통감의 관점에서는 낫았지요. 그리고 나는 다른 것들 가운데 그가 당신과 함께 공유했던 한 가지 특성을 좋아하였답니다. 그것은 한 위치를 열정적으로 고수하고 못된 사람들을 매도하는 능력이지요. [113]

블뤼허는 말하는 사람이지 작가는 아니었다. 그는 독학을 하는 과정에서 전문적으로 글 쓰는 것을 대비하지 않았다. 그가 사건이나 재능으로 밟게 되었던 길은 글쓰기를 요구하지 않았다. 블뤼허의 친구들 가운데 일부는 그가 글쓰기 능력을 갖추고 있지 않다고 생각하였으며, 다른 사람들은 소크라테스의 원리 문제로서 글을 쓰지 않는다고 생각하였다. 그러나 그가 '글을 쓸 수 없는 것'과 '글을 쓰지 않으려는 것'에 각기 중압감을 가질 가능성은 상당히 높았던 것 같다. 블뤼허는 만년에 경구들을 쓰는데 관여하려고 노력했다. 나무 베기가 퇴직한 벌목공에 쉬운 수단이듯이, 그가 연습할 시간을 가졌다면 글쓰기는 그에게는 어렵지 않았을 것이다.

블뤼허는 소규모 단체에서 토론하고 논쟁하는 것을 좋아했고, 다른 단체에서 행동을 위한 이념을 구성하기 좋아했으며, 도모하고 비밀리에 작업하는 것을 좋아했다. 그의 사교성은 고독을 즐기는 특이한 능력과 조화를 이루었다. 파리아에 대한 아렌트의 존경은 상당히 컸지만, 블뤼허의 경우보다는 적었다. 그러나 블뤼허는 아내와 마찬가지로 사람의 고립된 개성에 과도한 관심을 비난했다. 그는 자신의 학생들에게 다음과 같이 말했다. "우리는 우리 자신을 뒤쫓아 갈 수 없다. 우리는 다른 사람에 투영된 우리 자신을 보아야 한다. … 우리 자신을 잃는 가장 확실한 방법은 우리 자신을 뒤쫓아 가는 것이다. 우리는 자기 자신을 추구하는 과정에서 미궁에 빠지고 괴물에 잠식당한다."[114] 그러나 아렌트가 '다른 사람들에 반영된 우리 자

---

113 맥도날도가 아렌트에게 보낸 편지(1970년 11월 18일, 제록스 사본), 매카시 보존서고.

신'의 정치적 차원을 강조하는 동안 블뤼허는 진정한 자기의식을 획득하는 개인적인 행로를 강조하였다. 아렌트는 그리스 폴리스를 존경하였고, 블뤼허는 그 폴리스를 구성했던 사람들, 그리스 조각에 묘사된 사람들, '자유롭게 서 있는 사람'을 존경하였다. 결단을 내리는 것은 인간의 근본적인 창조 능력이다. 모든 개인은 이를 통해 자신을 자유로운 인격으로 전환하기 시작한다. 아렌트는 마치 예술작품인 것같이 인격을 제작하려는 노력이 로마적 왜곡을 반영하고 있다고 생각하였는데, 블뤼허는 아렌트보다는 훨씬 덜 주저하면서 인간들의 기본적인 능력으로 예술적 창조성에 대해 가끔 언급하였다. 자수성가한 사람이 사상의 중심에서 자수성가하는 것을 발견한다는 것은 놀랍지 않지만, 이기주의가 아니라 말하자면 이타주의가 이 중심에서 흘러나오고 있다는 것은 괄목할 만하다. 블뤼허는 이기주의자가 아니라 자신의 표현대로 '에로틱스'를 실천하는 사람만이 독립적인 사람으로 될 가능성이 있다고 평가하였다. 그는 두 가지 관심이 결여될 경우 철학 활동은 가능하지 않다고 말했다. 그것은 "에로틱스(우정)와 정치이다." 그는 1967년 다음과 같이 말하였다. "우리 시대와 마찬가지로 우정과 정치가 연관되지 않는다면, 그리고 우리가 이것들과 전적으로 결별했다면, 우리는 이것들을 일종의 인간적인 윤리 책임으로 다시 통합시켜야 한다. … 우리는 이 일차적 임무를 무시해 왔다. 그런데 그 임무는 사람들이 자유로울 때 오로지 존재할 수 있는 인간적(즉 정치적) 관계를 배려하는 것이다."

블뤼허가 에로틱스의 한 부분으로 생각했던 형태의 우정은 정치 행위의 기초였다. 그는 이것에서 아리스토텔레스를 따랐다. 아리스토텔레스의 경우 우정은 공동으로 활동하는 사람과 연계되어 있다. 그는 모든 사람들이 감당할 수 있어야 하며, 어느 규모의 관계, 즉 중심으로부터 흘러나오는 일련의 중심적인 동아리같이 구성된 관계를 공식화하였다. "내면에서 전체

---

114 이 절에 있는 블뤼허의 내용은 모두 바드대학 도서관에 소장된 그의 강의노트에서 인용한 것이다.

인간을 수용하는 사랑, 외부에서 전체의 개성을 수용하는 인격, 독립적인 인격을 수용하는 정치적 관계, 개인으로서 사회 구성원을 인정하고 공동활동가로서 낯선 사람을 수용하는 것을 들 수 있다." 이러한 동아리는 개인의 삶에서 사랑의 핵심적인 경험으로부터 발전한다. 블뤼허는 한나 아렌트와 자신의 관계가 가끔 익명으로 환기되었던 1968년 자신의 마지막 강의에서 다음과 같이 언급했다. "우정이란 에로스 없는 사랑을 의미한다. 에로스는 극복된다. 에로스는 처음에는 우정에 있었지만 극복되어 왔고, 더 이상 중요시되지 않는다. 이제 중요한 것은 각자를 그 자체로 인정하는 두 인격의 상호 통찰이다. 누가 실제로 '내가 당신 인격의 발전을 당신에게 보장하고 당신이 내 인격의 발전을 나에게 보장한다'고 서로에게 말할 수 있는가. 그것은 모든 실질적 공동체적 사유의 기초이다. 그러한 공동체는 젊은이와 늙은이의 관계 속에서 우정으로만 시작된다.

블뤼허는 학생들이 늙은이와 젊은이의 이러한 우정관계, 정치적 관계를 위한 대비, 이러한 정치교육을 경험하기를 원했다. 그는 삶이 자신에게 가르쳐준 것, 아내에게 가르쳐주었다고 생각하는 것을 학생들에게 가르치기를 원했다. 블뤼허는 가끔 짙은 베를린 억양으로 학생들에게 다음과 같이 말하였다. "나는 1899년 태어났으며, 20세기만큼 정확히 나이를 먹었다. 나는 여러분에게 헬라스에 대해 말할 때 실제로 20세기에 대해 말하고 있다." 블뤼허는 19세기말 그리고 자신이 20세기에 목격했던 많은 것들에 대해 상당한 불만을 가졌으며, 자신의 생각에 학생들이 필요로 하는 범례들을 그들에게 제공하였다. 그는 학생들에게 독립적인 그리스인들과 이후 그들의 후예들에 대해 말하였다.

블뤼허는 실제로 유럽 부르주아 문명에 대한 증오를 결코 극복하지 못하였으며, 독일의 특수한 경로에 대한 증오도 확실히 극복하지 못하였다. 그러나 그는 만년에 부르주아의 안락함에 대해 점점 더 익숙해져 갔다. 그는 가구를 소유하고 옷을 좋아했고, 음식이나 포도주에 대한 취향을 발전시키는 것이 타락적이라는 감정을 극복했다. 그는 버버리 매킨토시 코트를 입고 바드대학 캠퍼스를 산책하기도 하였으며, 이러한 우아한 분위기에 매우 만족하였다. 그러나 그는 좋아하고 싫어하는 것에 있어서 여전히 엄격했으며, 견해에 있어서 명백한 입장을 유지하였다. 아렌트의 친구인 로잘리 콜리는 "블뤼허가 사물의 이념이나 속취俗臭에서 사물을 또렷이 본다"고 말하였다.[115] 블뤼허는 자기 학생들이 '호화로운 사회'에 탐닉하기로 선택하는 방식을 반대하였을 때 그렇게 말하기를 주저하지 않았다. 그는 부르주아 사회가 여러 가지 '반철학적' 유혹을 제공했다고 생각했고, 마약 복용이 가장 나쁜 것 가운데 하나라고 생각했다. 즉 그것은 "당신의 지각(즉 감각)을 파괴하고 파멸시키며, 그리고 나서 당신이 진리를 추구하고 싶다고 말하는 것과 같다. 제정신인가? 당신이 당신을 사로잡는 경험들은 전달될 수 없을 것이다. 그런 경험들은 인간 언어의 영역에 있지 않다. 그것은 환상이다. …" 일부는 이러한 판단을 존중했지만, 다른 사람들은 이를 존중하지 않았다. 블뤼허의 마지막 제자들 가운데 한 학생이 다음과 같이 회상하였다. "나는 법을 공부하기로 결정하고 조언을 얻고자 블뤼허를 찾아갔습니다. 저는 다음과 같이 말했습니다. '저는 우리 사회가 파국적 사건으로 치닫고 있다고 생각하며', '저는 법이 여러 해 동안 여전히 안정적인 것을 볼 수 없습니다. 법을 연구하는 것이 무슨 소용이 있겠습니까?' 블뤼허는 다음과 같이 말했습니다. '그 용도는 학생이 그 자체를 기억하는 사람들 가운데 한 사람일 것이라는 점이라네.'"[116]

과거에 블뤼허를 만났던 각계각층의 친구들과 학생들이 1970년 11월 4일 리버사이드 예배당에서 거행되는 장례식에 참석하였다. 그 장례식은 조촐한 행사였으며, 기억을 나누는 시간이었다. 블뤼허를 지원했던 호레이스 칼렌과 바드대학 측은 서로를 찾았다. 블뤼허의 동료들, 시인인 테드 와이

115 콜리가 아렌트에게 보낸 편지(대략 1970년 11월 날짜 미상), 의회도서관.

116 마틴 셀프가 바드대학의 존경하는 클라인에게 보낸 편지(1970년 12월 14일), 의회도서관.

스, 이르마 브랜다이스, 그리고 두 명의 학생, 파리에서 온 메리 매카시가 그에 대해 언급하였다.

아렌트는 첫 번째 충동으로 요구한 것은 아니었지만 이 행사에 감사했다. 아렌트는 친구들을 놀라게 할 정도로 카디시(기도)로 비유대인 남편을 위해 유대인 장례식을 원했다. 그의 어린 시절은 그러한 소망에서 나타났다. 아버지의 사망에 대한 기억은 조문 내내 나타났다. 아렌트는 어머니와 할머니가 병을 앓고 남편을 여읜 채 어떻게 살았는가를 기억했다. 거의 1년이 지나고 블뤼허 서거 1주기가 돌아왔을 때, 아렌트는 과거의 틀 속에서 다음과 같이 생각하였다. "나는 때때로 온천을 꿈꾸며, 어머니와 할머니께서 내 나이에 그랬듯이, 늙은 나는 큰 마음을 먹고 치료제를 사야 한다오. 어떤 치료제를 택해야 할지 정확히 모르기라도 한 듯이, 그것은 나를 유혹하고 있답니다."[117]

혼자 있는 사람에게 유일한 치료제는 우정이다. 동족 성원들이 리버사이드 드라이브 아파트를 가끔 들렀다. 안네 바일은 블뤼허의 사망 이후 겨울 오랫동안 체류하고자 프랑스에서 왔다. 그는 아렌트의 전통적인 행사에 뒤떨어지지 않도록 아렌트를 도왔다. 작은 규모의 신년 파티, 뉴스쿨에서 개최된 칸트의 『판단력비판』 세미나에 참석한 학생들을 위한 파티가 있었다. 안네 바일은 아렌트의 시간제 식모의 도움으로 시장보기와 요리를 하였으며, 가장 중요한 일이지만 그와 친구가 젊은 시절 이후 알았던 동프로이센 숙어로 독일어를 말하였다. 삶은 지속되었다. 안네 바일이 언급했듯이, "아렌트는 한 발자국 더 앞으로 나갔네." 그러나 그가 쓰러졌던 순간들도 있었다.

---

117 아렌트가 요하네스 질켄스에게 보낸 편지(1971년 10월 23일), 의회도서관.
옮긴이_ 아렌트는 1970년 독일에서 기차 여행을 하는 동안 쾰른 출신 소아과 의사 질켄스(1917~2001년)를 알게 되었다. 이에 관한 내용은 다음 자료에서 소개하고 있다. Edna Brocke, *Leben in Zwei Welten: Erfahrungen einer Israelin in Israel und Deutschland*(Berlin, LIT Verlag, 2021).

아렌트는 자신이 어떤 감정을 갖고 있는지 거의 말하지 않았다. 그러나 그는 11월 블뤼허를 위한 바드대학 추모행사에서 집으로 돌아온 후 메리 매카시에게 다음과 같이 말하였다.

> 사실 당신이 피로의 최상급을 피로로 이해하지 않는다면 나는 완전히 탈진해. 나는 피곤한, 즉 상당히 피곤한 게 아니고 탈진해지네. 나는 이제 제대로 활동하고 있지만 조그만 사고로도 균형을 잃을 수 있다는 것을 알고 있어. 나는 10년 동안 그러한 갑작스러운 죽음이 일어날 것이라는 것을 계속 두려워했다고 당신에게 말했다고 생각하지 않네. 이러한 두려움은 가끔 실질적인 공포로 근접하였지. 두려움과 공포가 있었던 곳은 이제 완전히 텅 비네. 때때로 나는 내면에 이러한 압박감을 갖지 않은 채 더 이상 걸을 수 없지. 사실 나는 떠있는 것 같은 기분을 느끼네. 나는 몇 달 앞서 생각한다면 현기증이 나지. 나는 이제 하인리히의 방에 앉아 있고, 그의 타자기를 사용하고 있다네. 나에게 지탱할 무엇인가를 주시게. 무시무시한 것은 어느 순간에도 나는 실제 통제할 수 없다는 것이네.[118]

아렌트는 평정을 유지했고, 학기 강의를 마쳤다. 그는 피곤하고 긴장된 모습을 보이면서 프랑스 혁명에 대한 칸트와 마르크스의 태도를 곰곰이 성찰하며 학기를 마무리하였다. 그는 마지막 강의에서 "마르크스는 예기치 못한 것을 결코 허용하지 않는다"고 빈정 어린 말을 하였다.

아렌트는 전에 시카고대학교의 제자였던 크리소스톰 킴 신부를 통해 미네소타 성 요한 수도원에 2주간 체류해달라는 요청을 받았다. 그는 1971년 2월 그곳을 방문하였다. 평화로운 환경, 깊고 조용한 겨울은 그를 평온하게 해주었다. 다음 해 봄 매카시 및 웨스트와 함께 몇 주 시칠리아를 방문하려는 계획은 아렌트에게 기대할 무엇인가를 제공하였다. 아렌트는 『사회조

---

118 아렌트가 매카시에게 보낸 편지(1970년 11월 22일), 매카시 보존서고.

사연구』에 게재할 논문 「사유와 도덕적 고찰」의 최종판을 완성하였다. 이것은 오든에게 줄 무엇인가를 제공하였다. 그는 오든에게 이 논문을 헌정하였다. 그리고 그는 킴 신부에게 다음해 그를 초청해달라고 요청하였다. 이러한 것들은 아렌트가 자신과 결혼해 달라는 제안을 거부한 오든을 위로하기 위해 하였던 여러 가지 제안들 가운데 두 가지 보답이었다.

블뤼허가 서거한 지 채 한 달도 못되어 오든은 구혼을 하고자 아렌트의 아파트를 방문하였으며, 그들 두 사람이 서로를 배려할 수 있다고 제안하였다. 오든은 아렌트 부부와 함께 늦은 오후 시간을 많이 보냈으며, 저녁 초청시간이 통상 확장될 만큼 오랫동안 대화하면서 머물곤 하였다. 그러나 오든은 친밀한 사람은 아니었으며, 아렌트의 아파트 밖에서 오든의 삶은 아렌트에게는 별로 알려지지 않았다. 아렌트는 단 한번 오든의 이스트 빌리지 아파트에 간 적이 있었다. 엘리엇, 그리고 잡다한 오든의 젊은 친구들이 저녁 파티에 참석하였다. 그날 저녁은 혼란스러웠다. 커피잔에 사용하는 숟가락 하나만을 든 오든은 모든 사람들이 사용하도록 테이블 주위로 그것을 돌릴 정도였다. 아렌트는 어머니처럼 그를 돌보았다. 그는 한때 오든을 옷가게로 데리고 가서 두 번째 옷을 사라고 강권하였다. 그러나 아렌트는 분명히 정규적으로 그렇게 하기를 원하지 않았다.

아렌트는 오든의 구혼과 그의 상태에 충격을 받았다. 오든은 수위가 그를 아파트까지 동반할 정도로 '방랑자 같은 모습으로' 찾아왔다. 아렌트는 다음과 같은 내용을 매카시에게 말하였다. 오든은 "자신이 오직 나 때문에 뉴욕에 다시 왔다고 말했지. 내가 그에게 매우 중요하기 때문이며, 그가 나를 대단히 사랑하기 때문이라는군. … 그러나 나는 그를 거절해야만 했어. … 나는 전체 상황을 생각할 때에 거의 제정신이 아니었지. … 나는 증오하고 두려워하고, 연민을 느꼈으며, 항상 그랬지. 그리고 나는 이러한 정도로 나의 연민을 불러일으키는 사람을 만나본 적이 없다고 생각하네."[119]

블뤼허 서거 3주기가 되기 한 달 전, 아렌트는 셴인트 존 디바인 가톨릭 성당에서 오든을 위해 추도예배를 하였다. 오든은 1973년 9월 28일 오스트리아의 여름 별장에서 사망하였다. 아렌트는 예배하는 도중 연필을 들고 자신이 갖고 있는 행사 일정표 사본 위에 오든의 시구 두 절을 기록하였다. 아렌트는 자신과 오든을 위해 이 시 구절을 기억으로 썼다.

> 인간의 성공하지 못함을 노래하자
> 고뇌의 환희 속에서.

---

119 앞의 편지.

제10장

더 이상 아님과 아직 아님: 『정신의 삶』 (1970~1975년)

우리는 모든 사람이 필히 어떤 존재이어야 하는가에
대해 생각하고 이해한다. 우리는 그들이 우연히 또는
이해할 수 없게 어떠한 존재인가를 상상하고
이런 모습에 매혹된다.

랜달 자렐, 『평판 있는 사람에 대한 풍자』

철학의 위안

아렌트는 블뤼허의 사망 이후 5년간 정치영역에 대한 열렬한 관심을 결코 잃지 않았다. 아렌트는 블뤼허가 사망한 후 여름에 『국방부 문서』에 관한 장문의 분석인 「정치에서의 거짓말」을 집필하였다. 아렌트는 사망하기 이전 여름 내내 일찍이 20년 전 헝가리 혁명에 관심을 가졌던 것과 같은 강도로 포르투갈 혁명을 추적하였다. 그러나 아렌트의 분위기는 달랐다. 그는 평화와 안정을 갈망했다. 그는 가끔 블뤼허의 추모 예배에서 아주 적절하게 언급되었던 말을 환기시켰다. 즉 "우리는 이제 가야합니다, 나는 죽을 것이고, 여러분은 살아 있을 것입니다. 그러나 신만이 어떤 것이 더 좋은가를 알고 있습니다." 이 말은 『변명』에서 소크라테스가 행한 우울한 고별사이다. 아렌트를 잘 알고 있는 사람들은 그의 외로움을 감지할 수 있었다. 아렌트는 동족 친구들이 블뤼허 사망 이후 아파트에 모였을 때 "이제 나는 어떻게 살아야 합니까?"라고 이들에게 질문하였다.

그날 저녁 아렌트는 아무런 대답이 없었다. 그러나 그는 보에티우스가 『철학의 위안*On the Consolation of Philosophy*』을 집필하기 이전 수백 년 동안 서양 전통의 일부였던 해답에 천천히 도달하였다. 아렌트는 스토아 방식으로 세계에서 이탈하는 것에 대해 생각하거나 자신이 세계로부터 이탈하는 것에 대해서는 생각하고 싶지 않았다. 그는 보에티우스의 필요성을 기술하면서 『정신의 삶』을 집필하고 있을 때 "정치의 좌절, 더 일반적으로 삶의 좌절을 보상하고자" 철학을 빌지 않았다. 그러나 아렌트는 야스퍼스와 마찬가지로 철학의 '자유로운 분위기'를 갈망했다. "나는 지난 몇 달 동안 가끔 바람에 날리는 잎사귀같이 자유롭게 나 자신에 대해 생각하였네. 그리고 나는 역시 항상 다음과 같이 생각했지. 이것에 거스르는 어떠한 것도 하지 말자. 그것은 잎사귀가 존재하는 방식이지, '독단적 의지'를 개입시키지 말자."[1]

아렌트는 블뤼허가 사망한지 6개월이 지난 후 매카시에게 자신의 혼자 있는 자유에 대한 내용을 담은 편지를 보냈다. 그러나 당시 아렌트는 포기하지 않았던 리버사이드 드라이브 아파트에 앉은 채 은유를 계속 성찰하며 철회를 알리는 글을 썼다. 블뤼허의 부재는 "모든 순간 모든 구석에 여전히 드러나고 있기" 때문이다.

물론 그것은 반쯤은 진실이다. 다른 한편 과거의 전반적인 비중은 있기 때문이다. 횔더린이 한때 아름다운 구절을 언급한 것은 다음과 같다.

---

1 다음 자료를 참조할 것. 아렌트가 매카시에게 보낸 편지(1971년 5월 28일), 매카시 보존서고. 횔더린의 시에 인용한 것이다. "Reif sind in Feuer gestaucht⋯."(제6장의 제사를 참조할 것).

그리고 많이
당신의 어깨 위에 있듯이
통나무의 부담을 견딜 수 있다.
간단히 말하자면, 회상이다.

아렌트는 이러한 성찰을 글로 썼을 때 자신의 통상적인 위치, 즉 과거와 미래, 기억과 앞에 놓인 미지의 세계 사이에 있었다. 그러나 그는 개인적인 손실로 이전에 경험했던 것보다 더욱 짙게 위축되었고, 미래를 고찰하려는 경향을 이전보다 덜 갖게 되었다. 그는 감정에서 벗어나 과거를 굽어볼 수 있으며, 그 속에서 의미 있는 이야기를 발견할 수 있는 '사유' 개념과 독재로부터 자유로운 '의지' 개념을 추구하였다.

아렌트는 『정신의 삶: 의지』를 집필하게 되었을 때 방대한 문헌을 통해 비독재적이고 강압적이지 않은 능력으로서 의지의 예를 탐구하였다. 그는 둔스 스코투스의 저작에서 자신이 찾고 있던 것을 발견하였다. "나는 오늘 오후 둔스 스코투스와 관련한 세미나를 하고, 그 신사를 대단히 존경하기 때문에 실은 깜짝 놀라네. 그래서 나는 강의를 준비하거나 놀라는 대신에 (지금까지 가장 훌륭한 준비) 타자기 앞에 앉았지."[2] 아렌트는 매카시에게 보낼 편지에 1972년 봄 캄보디아 폭격에 관한 보고서를 쓰기 시작하였고, '조지 월리스'*가 총격을 받았다는 소식을 들었을 때 편지를 반쯤은 마무리하였다. 스코투스에 대한 성찰이 제대로 진척되지 않는 동안, 아렌트는 "누가 그의 지지를 얻을 것인가?"에 대해 생각하였다.

아렌트는 1970년대 초반 내내 정치 뉴스로부터 약간의 자유를 얻고자 분투하였다. 그러나 그는 놀라운 사건 보도로 단지 상기되는 자신의 '사유 공

---

2 아렌트가 매카시에게 보낸 편지(1972년 5월 15일), 매카시 보존서고.

* 옮긴이_ 조지 콜리 월리스(1919~1998년)는 1960년대 앨라배마 주지사를 지냈고 인종분리 정책 철폐를 주장한다고 1972년 암살 위협을 받은 이후 인종 차별주의 사상을 포기하였다. 그는 대통령 선거에도 출마했으나 중도에 포기한 이후 여러 차례 앨라배마 주지사를 역임했다.

간'으로 칩거하였다. 그는 정신이 어떻게 세계를 무시하거나 비하하지 않은 채 세계에서 이탈할 수 있는가에 대한 상을 얻고자 철학적으로 분투하였다. 그는 『정신의 삶』에서 세계의 악에 어울리는 위안을 찾는 보에티우스 방식, 즉 스토아 방식과 헤겔의 방식을 대조하였다. 헤겔은 세계에서 이탈하기보다 오히려 그것을 정신Geist의 개념에 흡수하였다. 세계를 사유로 해체함으로써 이루는 이러한 화해는 스토아 방식은 어떨지 모르나 아렌트의 방식에는 별로 매력이 없었다. 아렌트는 이러한 화해를 사유의 선물들 가운데 하나라고 언급하였다. 그는 『전체주의의 기원』에서 시도했던 역사적 연구의 철학적 기초를 탐구하던 1950년대에 이러한 타협이 세계와 인간 행위에 진지하지 못한 결과라는 것을 알게 됨으로써 이러한 화해를 단호하게 거부하였다. 그러나 아이히만 관련 저서에 대한 사후의 고찰 이후 화해는 아렌트의 사상에서 하나의 가능성으로 나타났다. 그는 1972년 "사유하는 합리적 존재로서 인간의 화해, 이것은 실제로 세계 속에서 발생하는 것이다"[3]라고 말했다. 세계에 대한 판단과 세계에서 발생하는 가장 무시무시한 것에 대한 판단을 대비케 하는 '사유'는 1970년대 아렌트의 주제가 되었던 것이다.

아렌트와 야스퍼스의 경우 철학하기는 친구들과 거리를 둔 고독한 활동은 아니더라도 고독한 활동이었다. 그는 생애 마지막 몇 년 사이에 연속성·안락·화해를 위해 이전보다도 더 많이 친구들에게 의존하였다. 오든이 사망한지 몇 달 후, 그리고 필립 라브의 사망에 즈음한 1973년 가을, 아렌트는 매카시에게 다음과 같은 내용의 편지를 보냈다.

> 나는 내가 이 낙엽(또는 벌채) 과정을 걱정하고 있다는 점을 인정해야

---

3 아렌트 저작에 대한 학술회의에서 제기된 질문에 대한 아렌트의 반응은 다음 자료를 참조할 것. Melvyn Hill, ed., *Hannah Arendt: The Recovery of the Public World*(New York: St. Martin's Press, 1979), p. 303.

겠네. 괴테가 언급했듯이 늙는 것은 "현상으로부터 점진적인 이탈" — 내가 걱정하지 않는 것 — 이 아니라 친숙한 얼굴들(친구든 적이든 상관없이)로 가득 찬 세계가 일종의 생소한 얼굴들로 채워지는 일종의 사막으로의 점진적(오히려 갑작스런) 변형을 의미하는 것 같네. 달리 말하면, 그것은 이탈하는 내가 아니라 해체되는 세계야. 완전히 다른 명제지.[4]

아렌트는 자신의 숲이 엷어지자 뉴욕에 살고 있는 동료들과 더 많은 시간을 보냈으며, 멀리 떨어져 살고 있는 두 명의 미국인 친구, 메리 매카시나 글렌 그레이와 가능한 한 많은 시간을 보냈다. 이 두 사람은 '자유로운 공기'를 누리던 시기에 집필한 저작, 즉 『정신의 삶』을 위해 가장 중요한 아렌트의 동료들이었다. 매카시는 이 책의 일부를 읽었고, 강의에서 그 일부를 들었으며, 아렌트 서거 이후 마침내 이를 편집하였다. 먼저 야스퍼스가, 다음에 블뤼허가 세상을 뜨자 그레이는 이들을 대신하여 역할을 맡았다. 그레이는 아렌트를 격려하였고, 아렌트와 함께 이 저작에 대해 토론하였으며, 편지나 전화로 아렌트를 몸소 지원하였다.

그레이는 아렌트가 자신과 블뤼허를 비교할 때 매우 기뻤다. 그레이가 이해했듯이, 자신은 친근한 친구는 아니었다. 그는 젊은 시절 이후부터 아렌트를 알지는 못했기 때문이다. 그러나 그레이와 야스퍼스가 같은 방식으로 생각했다는 아렌트의 느낌 때문에, 그레이는 철학적으로나 개인적으로 아렌트와 매우 가까워졌다. 아렌트는 1961년 웨슬리언대학교에서 그레이를 만났다. 이때 아렌트가 그레이에게 말했듯이, 그레이는 "터놓고 이야기를 할"[5] 수 있는 사람이었다. 그레이는 편안함을 주며, 거만 떨지 않고, 사려 깊으며, 아렌트의 일에 주제넘게 나서지 않으려고 하였다. 그레이는 아

---

4 아렌트가 매카시에게 보낸 편지(1973년 12월 23일), 매카시 보존서고.

5 1961년 아렌트가 웨슬리언대학교에서 체류한 기간은 매우 자유로웠다. 존 케이지의 표현대로 '지그의 모텔'의 숙소에서 (지그문트 노이만에 의해 운영된 연구소) 케이지는 숨바꼭질로 구성된 연구소 동료들의 여흥을 감독하였다. 아렌트는 빗자루 통에 숨기로 했던 날에는 대단히 성공하였다.

렌트의 사생활을 존중했다. 아렌트는 이에 항상 감명을 받았다. 아렌트가 콜로라도에 있는 그레이의 집을 방문하였을 때, 그레이는 상당히 관심을 갖고 아렌트의 방문을 준비하였다. 그러나 그레이는 '소리 내는 일'(강의와 공개 출현)은 하지 말고 오로지 자신과 콜로라도대학의 동료들과 좋은 대화를 나누자는 아렌트의 요청을 엄격하게 준수하였다. 게르트루트 야스퍼스가 카를 야스퍼스의 동반자였듯이 그레이의 아내인 우르줄라가 그레이의 동반자였다는 것을 알고 아렌트는 놀라지 않았다. 우르줄라는 독일 여성으로서 그레이가 미국 점령군을 위해 활동하던 당시 만난 독일 여성이었다.

야스퍼스의 생각과 마찬가지로 그레이의 생각은 간단명료하게 그의 경험에 뿌리를 두었다. 전투에 참여한 사람들에 대한 그레이의 성찰, 즉 『전사들』은 그레이가 유럽에서 미국으로 귀국한 이후 거의 15년 동안 그의 내면에서 성장했다. 그레이는 컬럼비아대학교에서 철학박사 학위를 마치던 1941년 군인으로서 유럽에 파견되었다. 아렌트는 『전사들』 제2판에 실린 자신의 서문에서 다음과 같은 사실을 지적하였다. "'소박함'을 배우고, '추상적인 사유의 의미를' 버리고, '구체적인' 사유와 감정의 기술과 언어에 유창해지는 데 이렇게 많은 시간이 흘렀다." 아렌트의 생각에 그레이는 학습하고 잘못된 생각을 버린 후 "추상적인 개념과 감정이 실제로 발생하는 것에 불성실할 뿐만 아니라 짓궂게 상호 연계되어 있다는 것을 이해할 수 있게 되었다. 추상적인 사유는 추상적인 감정의 비인간성과 엄격하게 유사하다. 예컨대, 추상적인 감정은 공동체 — 나의 민족, 특히 전시에 또는 결국 환멸의 분위기에서 '진짜의 적국*the enemy*' — 의 사랑과 증오, '민족과 같이 부정의에 분명히 경도되어 있는 집단적인 인류'의 증오나 인류에 대한 맹목적인 충성심이다."[6] 아렌트 자신은 '진정한 독일인들*the Germans*'에 대한 증오와 투쟁하였으며, '진정한' 유대인을 사랑해야 한다든지 추상적 개념인

6 Hannah Arendt, introduction to *The Warriors: Reflections on Men in Battle* by J. Glenn Gray(New York: Harper & Row, 1966), p. xiii.

인류를 위해 행동해야 한다는 주장에 맞서 투쟁하였다. 마찬가지로, 야스퍼스도 전쟁 이전 '독일의 본질'이 있다는 자신의 생각에 맞서 투쟁하였다. 가정생활을 하는 모든 사람들은 추상성을 뛰어넘어 도움을 받았다. 아렌트는 비유대계 독일인 남편을 통해, 야스퍼스는 유대계 독일인 부인을 통해, 그리고 그레이는 독일인 아내를 통해 도움을 받았다. 그레이는 자신의 책을 "과거 '적국'의 한 사람인 아내 우르줄라"에게 헌정하였다.

아렌트가 블뤼허의 사망 이후 자신의 동료와 학생들을 존중하였듯이, 그레이는 가족과 친구, 콜로라도대학의 제자들을 존중하였다. 1970년대 초반 그들의 분위기는 종종 일치하였다. 그레이는 아렌트에게 다음과 같은 내용의 편지를 보냈다. "나는 당신과 마찬가지로 내 가족 다음으로 나의 제자들과 가장 원만한 관계를 유지하며, 나이가 들어감에 따라 사람을 싫어함과 투쟁해야 한다는 것을 알게 되었지. 내가 이러한 사람들, 그리고 무엇보다도 당신과 같은 몇 사람(지금도 당신은 나를 결코 실망시키지 않는군요)을 알지 못했다면 나는 선의를 가진 사람이 인류에 대한 점증적인 환멸로 사람을 회피한다는 것을 알게 된다는 취지로 늙음에 대한 칸트의 비난을 반복했을 것이네. 실제로 사람들의 기대를 유지하는 사람은 소수이지."[7] 아렌트에 대한 그레이의 호의는 깊어졌다. 이 호의는 그레이를 지탱시켜 주는데 많은 도움이 되었다. 아렌트는 그레이의 『전사들』 서론을 그레이에게 보냈고, 이후 그레이는 아렌트에게 편지를 보냈다. 이 서문은 처음 적은 분량의 출판 때보다 더 많은 독자를 확보하는 데 도움이 되었다. 편지 내용은 다음과 같다. "한나 아렌트, 당신은 내가 내 자신을 이해하였던 것보다 나를 더 잘 이해하고 있는 것 같구려. … 당신은 친구가 다른 사람을 위해 해줄 수 있는 최선의 도움을 나에게 제공하였지."[8] 그레이는 물론 서론 자체를 제공하였을 뿐만 아니라 서론에서 이해와 소통을 대변한 점을 기여로 생각하였다.

---

7 그레이가 아렌트에게 보낸 편지(1975년 10월 7일), 의회도서관.

8 그레이가 아렌트에게 보낸 편지(1966년 2월 8일), 의회도서관.

그레이는 아렌트에게 1970년대 『정신의 삶』에 대한 치밀하고 사려 깊은 비판을 담은 장문의 편지를 보냈다. 이때 그레이는 같은 방법으로 이러한 봉사에 보답하였다. 그리고 그는 책에서 아렌트가 집필하기 어려운 부분들('의지'에 해당하는 책에서 하이데거에 대한 아렌트의 평가와 비판)에 도움이 되도록 보답하였다.

그레이는 아렌트가 자신에게 촉구했던 출판계획(하퍼 앤 로우 출판사의 하이데거 저작 영역판 출간사업)으로 하이데거와 함께 작업하면서 프라이부르크에서 1967년을 보냈다. 그레이는 아렌트가 번역본을 검토하고 인정해준다는 조건으로 1965년 편집책임을 수락했었다. 아울러 그들은 자신들이 철학적 충실성의 징표로 여겼던 이해의 대가로 하이데거에 보답하였다. 그러나 아렌트는 이러한 작업으로 하이데거에 대한 개인적 충실성을 보여주었다. 그레이는 이를 위한 중재자 역할을 담당하였다.

아렌트는 1961년 『인간의 조건』 독일어판을 하이데거에 보냈다. 아렌트는 하이데거가 이에 예민한 반응을 보인 이후 프라이부르크 가까이 가지 않았다. 그레이는 1967년 초 여름 강의를 준비함으로써 아렌트에게 복귀할 기회를 제공하였고, 아울러 하이데거가 부드러워졌으며 대학 내의 갈등과 파당성 — 즉 아렌트가 혐오했던 것 — 으로부터 벗어났다는 점을 아렌트에게 확신시켰다. 아렌트의 방문으로 아렌트와 하이데거 사이에 합의가 새로이 이루어졌다. 1년 후에 아렌트는 탄생 80주년 기념논문집에 기고하기로 동의하고 하이데거를 만나기 위해 남편을 처음으로 대동함으로써 관계를 재개하였다. 그는 블뤼허가 사망했을 때 아렌트에게 시를 보냄으로써 다음 해에 화해를 부각시켰다.

아렌트는 확실히 하이데거의 성품과 견해에 대해 의문을 가졌지만, 1969년 기념논문집 기고 논문에서 이 문제를 제기하지 않았다. 아렌트는 세계에서 '사유 공간'으로 물러나 체류의 평온함을 찬양하는 많은 사람들이 정치 현실을 알지 못하여 어리석은 견해를 제공한다고 지적하였다. 아렌트의 생각에 훌륭한 판단은 사유하기 위해 세계로부터 이탈하는 것을 전제하지만, 이런 이탈에서 필연적으로 발생하지는 않는다. 아렌트는 기념논문집 논문에서 하이데거에게 관대한 입장을 취했지만 사적으로 그레이에게 훨씬 솔직했다.[9] 그레이는 전쟁 이전 하이데거를 알았던 많은 독일인들에게 그의 나치 전력에 대해 질문하였으며, 심지어 그의 정치 전력을 소개하는 책을 집필하려고 생각했다. 아렌트는 하이데거 자신에게 너무 많은 질문을 제기하고 그의 불신이 쉽게 촉발된다는 것을 확신하는 것과 관련하여 그레이에게 주의를 촉구하였다. 이후 아렌트는 하이데거가 전후 출판된 『형이상학 입문』에서 국가사회주의를 찬양하는 공세적인 문장을 왜 남겨놓았는가에 대해 계속 설명하였다(아렌트는 하이데거와 독일 출판업자가 미국 번역본에서 그 문장을 삭제해달라고 제안했던 것을 알지 못한 채 그렇게 하였다). "하이데거는 아마도 자신이 생각하는 국가사회주의, 즉 전 세계적 기술과 현대인의 만남을 은밀한 방식으로 설명하기 위해 그 문장을 남겨놓았을 것이요. 내가 언급했듯이 그 이념은 터무니없지만 하이데거가 유일한 인물은 아니지요. 나는 발터 베냐민에게서 매우 비슷한 표현법을 발견하였다오. 이러한 분들에게 나타나는 문제는 그들이 너무 지루해서 『나의 투쟁』과 같은 책을 읽을 수 없으며, 이후 파시스트로 전향한 이탈리아 미래학자들의 약간은 요란하지만 상당히 흥미로운 책을 즐겨 읽는다는 점이었으며, 항상 그래 왔다는 점이라오."[10] 아렌트는 하이데거의 나치주의가 혼란스러운 일이라고 생각한

---

9 아렌트는 미국에서 하이데거의 축하기념 논문집 출간을 꺼려했으며, 거의 2년이 지나서 이를 수행하였다(*New York Review of Books*, 21 October 1971). 아렌트는 나치당에 가입했던 해의 하이데거를 용서하려는 자신의 의도가 수용되지 않으리라는 것을 알고 있었다. 하이데거의 정치적 견해에 관한 많은 글들이 집필되었다. 다음 논문에는 쟁점들을 균형 있게 잘 표현하고 있다. Greorg Romoser, "Heidegger and Political Philosophy," *Review of Politics*, April 1967, pp. 261-268. 그리고 정신에 있어서 아렌트의 견해와 밀접한 내용은 다음 논문에 소개되어 있다. William Barrett, "Homeless in the World," *Commentary*, March 1976, pp. 34-43. 장 폴 팔머의 저서 『하이데거의 정치적 저작(*Les Ecrits politique de Heidegger*)』(Paris: Editions de l'Herne, 1968)에 대한 아렌트의 견해는 높지 않다(아렌트가 조엘 벡 학생에게 보낸 편지[1971년 6월 28일]). "약간 좋지 않은 책이다. 이것은 또한 결코 정확하지 않다.")

10 아렌트가 그레이에게 보낸 편지(1967년 3월 25일), 의회도서관. 아렌트는 독일 출판사에 의해

다는 점을 그레이에게 말하였다. 아렌트의 생각에 1933년 하이데거의 프라이부르크대학교 총장직 수락 연설은 "나치가 아니라 … 민족주의의 매우 불쾌한 산물이었다."[11] 그들은 하이데거가 정치적 판단력과 사람들에 대한 식별능력을 결여하고 있다는 데 동의하였으며, 젊은 시절 하이데거와 아렌트의 관계를 전혀 몰랐던 그레이는 하이데거에 대한 자신의 개인적 관심이 때때로 당혹감으로 혼합되어 있다는 점을 인정하였다.[12]

그레이는 프라이부르크에 체류해 있는 동안 하이데거의 인격과 철학에 드러난 역설을 이해하려고 노력했다. 그는 하이데거의 만년 저작들이 당혹스럽다는 것을 알았으며, 이 저작들이 '철학적 개념들로부터의 이탈'과 거의 자율적인 지배력으로서 언어의 우상화를 드러내고 있다고 생각하였다.[13] 그러나 그레이는 서양 전통의 철학적 기초를 다시 고찰하려는 하이데거의 위대하고 독립적인 노력에 공감했다. 하이데거 자신, 그레이, 아렌트는 이 전통이 끝났다고 생각했다. 그레이는 하이데거와 같이 천재성을 가진 사람이 그렇게 맹목적으로 평범한 정신과 결합할 수 있다는 점 때문에 놀랐다. 그러나 그레이는 하이데거의 행태에 대해 누구에게 책임을 물어야 할지 몰랐다. "독일인들은 그에게 그렇게 많이 비굴하게 추종하지 않았다면 더 좋은 결과를 얻을 수 있었을 것이오. 그는 지금까지 내가 좋아해서 말할 수 있는 인간적이고 소박한 그런 사람이었기 때문이지. 나는 그가 다를 수 있다는 것을 세미나에서 깨달았지만, 학생들은 그를 아주 존경스럽게 예우하고, 그는 그러한 역할을 하는 것에 동의하는구려."[14] 그레이는 프라이부르크대학교 철학자들이 매우 실망스러운 존재들이라는 것을 알았

자극을 받은 하이데거가 그 문장을 영어 번역판에서 제거할 것을 제안했었다는 사실을 의식하지 못했다. 예일대학교 출판사는 그 문장을 그대로 두기로 결정했다.

11 앞의 편지.

12 그레이가 아렌트에게 보낸 편지(1967년 3월 1일), 의회도서관.

13 그레이가 아렌트에게 보낸 편지(1975년 2월 19일), 의회도서관.

14 그레이가 아렌트에게 보낸 편지(1967년 1월 25일), 의회도서관.

다. 이들은 그레이가 『지혜의 약속*The Promise of Wisdom*』에서 밝혔으며 콜로라도대학 강의실에서 얻으려고 노력했던 교육학의 이상과는 거리가 멀었다. 그는 프라이부르크대학교 하이데거 동료들의 정치 공작politicking과 지적 허세에 거의 천진난만하게 당황했다.[15] 그레이는 이러한 희비극적 분위기 속에서 하이데거의 동생이 땅에 발을 제대로 딛고 있는 유일한 사람이라고 생각하였다. 그레이는 형에 대한 프리츠 하이데거의 어리벙벙한 평가를 아렌트에게 기쁘게 알려주었다. "마르틴은 젊었을 때 다른 사람들과 마찬가지로 정상적이었지요. 그는 스포츠 · 여성 · 음주를 좋아하였지만, 이후 후설의 현상학적 방법을 발견하였으며 이후에도 '따뜻한 옥수수죽의 주위를 맴도는 고양이 같이' **존재**의 주의를 맴돌았지."[16] 아렌트는 만년의 하이데거에게 나타났던 것을 지적으로 더 많이 평가하게 되었다. 아렌트가 매카시에게 언급했듯이, 그는 "소위 만년의 하이데거"가 독일 신비주의자 마이스터 에크하르트의 작품에 전적으로 영향을 받았다고 확신했다. 그리고 아렌트가 잘 알고 있듯이 대학들은 신비주의자들이 철학적 비상을 마치고 지구로 돌아오도록 도울 의도를 가지고 있지 않았네.[17]

아렌트는 『정신의 삶』에서 하이데거 철학에 대해 글을 쓰기 시작했다. 이때 아렌트는 초기 저작과 후기 저작 사이의 차이를 강조하면서 하이데거가 나치 시대 동안 실행한 '전회'를 초월하여 그의 주요 개념들을 추적하였다. 아렌트는 자신의 책을 집필하고 있는 몇 년 동안 하이데거를 만났지만 그러한 만남은 매우 만족스럽지 못했다. 하이데거의 부인은 그들만이 대화를 나눌 기회를 주지 않았다. 그레이는 아렌트의 분노에 공감하였다. 그레이와 하이데거의 대화는 하이데거 부인의 존재로 종종 중단되었기 때문이

---

15 그레이가 아렌트에게 보낸 편지(1967년 4월 2일), 의회도서관.

16 그레이가 아렌트에게 보낸 편지(1967년 1월 25일), 의회도서관.

17 아렌트가 매카시에게 보낸 편지(1974년 2월 25일), 매카시 보존서고. 아렌트의 판단은 아마도 다음 자료에 영향을 받았을 것이다. Reiner Schürmann, *Meister Eckhart: Mystic and Philosopher* (Bloomington: Indiana University Press, 1978; original French edition, 1972).

다.[18] 그레이는 하이데거의 저작에 대한 비판을 솔직하게 쓰고 "칩이 있어야 할 곳에 떨어지게 하려는" 아렌트의 결정을 또한 지원하였다. "하이데거는 헤겔과 관련한 이상한 문구, 즉 '그의 합리주의를 충분히 칭찬하거나 비난할 수 없다'는 문구를 어디에선가 사용하지."[19] 그레이는 이러한 하이데거 자신을 인용함으로써 아렌트를 격려하였다.

아렌트는 하이데거의 **의지** 개념에 비판의 초점을 맞추었다. 하이데거는 독재 또는 힘에의 의지라는 관점에서 **의지**를 해석하였으며 **의지**를 기술의 불가피한 파멸적 지배와 연계시켰다. 하이데거는 기술적 양식과 **의지**를 거부하면서 사유에 관심을 돌렸다. 아렌트는 사유의 입장에서 의지를 거부하고 사유 자체가 일종의 행위라고 주장하는 하이데거를 반박하고 싶었다. 즉 아렌트는 의지와 사유가 필연적으로 충돌된다는 하이데거의 견해를 비판하고 싶었다. 아렌트가 한때 생각했듯이, 하이데거는 아렌트가 그렇게도 싫어했던 의지 활동의 거부를 한때 거의 회피하였다. "아데나워의 독일이라는 현실"이 새로운 독일과 새로운 유럽에 대한 하이데거와 야스퍼스의 단명한 희망을 붕괴시키기 이전에 칭찬할 만하지만 궁극적으로 성공적이지 못한 노력은 전후 곧 나타났다. 아렌트는 잠시 하이데거가 **존재**에 대한 집념에서 벗어나 존재자와 역사, 심지어 정치에 관심을 갖게 되고 특별한 시기인 전환기에 사람들이 운명지워진 것을 잊지 않을 수 있는 가능성으로 관심을 돌렸다고 생각하였다. 그 순간은 지나갔으며, 하이데거는 의지 활동을 계속 거부하였다. 아렌트의 관점에서 이것은 정치의 가능성, 새로운 것을 시작하는 행위의 가능성을 거부한다는 것을 의미하였다.[20]

---

18 그레이가 아렌트에게 보낸 편지(1974년 7월 28일), 의회도서관.

19 그레이가 아렌트에게 보낸 편지(1975년 1월 21일), 의회도서관.

20 하이데거에 대한 아렌트의 논의는 다음 저작 제2권에 있다. *The Life of Mind*(New York: Harcourt Brace Jovanovich, 1978), pp. 172-193. "내가 옳은가에 대해 걱정한다"라는 하이데거에 대한 아렌트의 평가는 다음 자료에서 인용되었다. 그레이가 아렌트에게 보낸 편지(1975년 3월 9일), 의회도서관.

아렌트는 하이데거가 전회했던 가능성을 『정신의 삶』에서 채택하고 싶었다. 아렌트는 하이데거가 종전 직후 느꼈던 희망을 완전히 결여한 시기에 작업을 하였다. 1970년대 초 미국과 세계는 아렌트에게 황량한 것 같았다. 그는 황량함 속에서 위안을 얻기 위해 메리 매카시에 관심을 돌렸다.

아렌트는 블뤼허의 사망 이후 봄에 메리 매카시와 그의 남편 제임스 웨스트와 함께 시칠리아를 방문하였다. 아렌트는 미국을 떠나기 이전 강의계획, 봉급, 그리고 뉴욕시립대학교 측의 유리한 조건을 포기하도록 기회를 제공한 연금계획 때문에 뉴스쿨 대학원 교수진과 협의를 마쳤다. 아렌트를 '철학자가 아니라 언론인'이라고 생각한 한 교수를 제외하고 새로운 동료들은 아렌트를 환영하였다. 유일한 난점은 아렌트가 그들 대부분처럼 은퇴할 때가 되었다는 점이었다. 대학에 명성을 가져다주었던 망명자 세대가 사망과 은퇴로 줄어들기 시작했을 때, 과거 '망명대학'의 상황은 위태로웠다. 그리고 뉴스쿨은 핵심 인물들의 노쇠로 어려움을 겪는 유일한 기관은 아니었다. 아렌트는 전국의회효율성제고위원회의 20주년 행사를 축하하기 위해 봄에 워싱턴을 방문하였다. 이때 그는 1950년대 조지프 매카시 상원의원을 반대하였고, 로버트 그리피스의 저서 『공포의 정치*The Politics of Fear*』에서 찬사를 얻었던 의원들을 만났다. 풀브라이트 · 시밍턴 · 어빈 의원과 다른 의원들은 아렌트의 연배에 속했으며, 은퇴를 얼마 남기고 있지 않았다. 아렌트는 누가 이들을 대신할 것인가에 대해 생각하였다. 워터게이트 사건이 발생한지 2년 내에 아렌트는 그들이 그렇게 빨리 교체될 필요가 없다는 것을 알 수 있었다. 아렌트는 워터게이트 청문회에서 샘 어빈의 역할을 고려하면서 자신의 저서 출판사 대표인 윌리엄 요바노비치(1920~2001년 — 옮긴이)에게 다음과 같은 말을 하였다. "나는 어빙 상원의원에게 홀딱 반하고 있답니다. … 노익장 만세. 노인들이 어느 정도 분별 있더라도, 그들이 특정한 상황에서 상당히 유쾌하고 기운을 북돋우는 자신들의 생각을 겁먹게 한다는 것은 거의 불가능하지요. 그들의 경력은 그들 곁에 있고, 그들은 어쨌든 곧 사망할 것입니다."[21]

아렌트는 시칠리아에서 휴가를 보낼 때는 아니지만 1970년대 초반 여러 차례 이런 유쾌하고 원기를 북돋우는 생각을 하였다. 아렌트는 자신이 이전에 오로지 야스퍼스 부부와 함께 할 무엇인가를 위해 — 친구들의 장기간 집안 손님이 되는 것 — 그런 유쾌하고 원기를 회복하는 방문을 결정했다. 아렌트는 예일대학교에서 명예박사 학위를 받기 위해 뉴헤이븐을 여행한 이후 한 달 동안 메인 주 카스틴에 위치한 여름 별장에서 웨스트 부부와 합류하기로 결정하였다. 메리 매카시는 가족용 차량을 비운 차고 위층에 작업하기 최적인 작은 방을 제공하였다. 아렌트는 이곳에서 「정치에서의 거짓말: 국방부 문서에 대한 성찰」을 집필하였다. 대안은 완벽했다. 아렌트는 자신이 스위스 테그나로 복귀할 수 없다는 것을 느꼈기 때문이다. 아렌트와 블뤼허는 이곳에서 작년 여름을 함께 보냈었다.

아렌트는 시칠리아 모험 직후 독일의 아달베르트 라이프와 나눈 대담에서 언급한 것과 마찬가지로 「정치에서의 거짓말」이란 논문에서 누가 유쾌한 사람이고 누가 불쾌한 사람인가를 고려하지 않은 채 거리낌 없이 도전적인 분위기로 언급하였다. 그는 우파와 좌파에 비판을 가하였으며, 모든 정치노선을 가로지르는 무사유의 유형들을 지적하였다. 그는 '이데올로기의 과실로부터 매우 자유롭지만' 가설을 현실로, 이론을 기정사실로 취급한 워싱턴 정책수립가들, 즉 '문제 해결사들'의 정신적 태도에 초점을 맞추었다. 그는 행위와 명령의 결과를 결코 상상하지 않는 사람들 사이에 '경험에 의존하지 못하고 현실로부터 배우지 못하는' 무능력과 무의지가 만연해 있다는 것을 지적했다. 아렌트는 일찍이 「폭력에 대한 성찰」에서 언급했듯이 라이프 대담에서도 미국과 독일의 신좌파 학생들 사이에 만연해 있는 이데올로기의 과실에 초점을 맞추었다. 아렌트가 언급했듯이, 혁명가가 되고

---

21 아렌트가 요바노비치에게 보낸 편지(1973년 7월 18일), 의회도서관.

싫어 하는 젊은이들은 "느슨하며 이론적인 대화를 좋아했기 때문에 실제 현존하는 조건들을 분석하기 위해 멈추지 않은 채 주로 19세기에 형성되었던 진부한 개념이나 범주에 호소하였다."[22]

아렌트는 워싱턴 종교·국제관계위원회에서 강의 형식으로 「정치에서의 거짓말」로 연설하고 이를 『뉴욕 서평』에 논문으로 게재한 이후 전국 각지에서 연설 약속을 요청받았다. 신좌파에 대한 초기의 비판에 당황했던 젊은이들도 「정치에서의 거짓말」을 미국의 어두운 시대 건강성의 근원으로 환영하였다. 아렌트는 강연을 하거나 이 문제를 논의하기 위해 1971~1972년 겨울 수많은 대학을 방문하였다. 그는 전국을 종횡으로 다니면서 해버퍼드·칼튼·노트르담·하버드대학교에서 연설하였다. 아렌트의 성찰은 『파르티잔 리뷰』가 마련한 포럼과 같이 여러 포럼에서 논의되었다. 모겐소와 촘스키는 국방부 문서에 관한 패널에서 사회를 맡았다. 아렌트는 『정신의 삶』을 집필하기 위해 평화와 안정을 찾고 싶었던 바로 그 순간에 외부 요청으로 곤욕을 치렀다. 그는 평판의 대가를 충실하지만 성급하게 수용하였다.

아렌트는 그해 가을 뉴스쿨에서 「의지의 역사」라는 주제로 강의를 하였으며 『정신의 삶: 의지』 원고를 작성하기 시작했다. 그러나 그는 연설 약속으로 작업에 지장을 받았다. 그는 「바이마르의 지적 정치적 현상」이란 주제 아래 뉴스쿨에서 개최된 학술회의, 인도의 인디라 간디 수상을 위해 도르티 노말의 집에서 열린 저녁 연회, 단포드 재단의 회의에서 진행된 '대학교들의 정치화'에 관한 비공식적 토론, 바이마르 여성에 관한 패널에서 사회를 맡았던 미국역사학회의 12월 모임, '기술사회 이후의 제도들'이란 주제 아래 현대미술관에서 개최된 1월 학술회의 등에 참가하였다. 아렌트는 많은 대학 강의 계획과 비교하여 과중한 이러한 일정 때문에 지쳤다. 그는

---

22 Hannah Arendt, "Lying in Politics," pp. 9-42, and "Thoughts on Politics and Revolution," *Crises of the Republic*, pp. 164-192.

1971년 12월 후두염 증세가 있다고 말한 의사의 조언을 무시하였다. 이로 인해 그의 피로 증세는 상당히 악화되었다. 아렌트는 사무적으로 메리 매카시에게 소식을 전달했다.

> 역시 나의 후두염 증세가 확인되었네. 내 담당의사가 그렇게 믿고 있어. 흥분할 정도로 아주 악화되지는 않았지. 그러나 물론 속도를 낮추고 담배를 끊으라는 통상적인 말이 있었어. 나는 확실히 건강을 위해 살고 있지는 않기 때문에 옳다고 생각하는 것을 수행하겠네. 즉 불쾌한 상황으로 끌어들일 수 있는 모든 것을 회피해야지. 물론 불쾌한 상황이란 흥분하지 않을 수 없는 상황을 의미하지. 흡연이 나를 고통스럽게 하지 않거나 글 쓰는 데 어려움을 야기할 경우 담배를 줄이거나 심지어 끊어야겠지. 그것이 가능하지 않다면 낭패로군. (이것은 우연히도 우리들 사이에서만 알게 된 것이요. 이곳의 어느 누구도 이러한 상황에 대해 알지 못해.)[23]

아렌트는 옳다고 생각하는 바를 정확히 실행하였다. 그것은 아렌트가 금연을 하지 않는다거나 어떤 약속을 취소하지 않는다는 것을 의미했다. 그러나 독일 정부에 보상을 요청하는 신청서가 독일 대법원 판결로 승인되었다는 소식이 도착하자, 아렌트는 민감한 결정을 내렸다. 아렌트 판결the lex Arendt은 1933년 나치의 집권으로 직책이 정지된 교수들의 모든 신청을 위한 선례로 확립되었다. 그는 일상생활의 부담을 줄이기 위해 일부의 자금을 지출하였다. 그는 영어 및 독일어 편지를 타자로 정리하는 비서를 고용하였으며, 아파트로 초대하여 행사하는 일을 상당 부분 줄이고 식당으로 옮겼다. 그는 집에서 행사를 가질 때 가정부 이외에 별도로 요리사를 고용하고 블뤼허의 취향에 아주 우아해 보이는 연회를 베풀었다. 마침내 그는 1972년 여름 테그나의 카사 바르베트에서 장기 휴가를 보내고자 예약을 하였다.

---

23 아렌트가 매카시에게 보낸 편지(1971년 12월 8일), 매카시 보존서고.

테그나로 복귀하겠다는 아렌트의 결정은 그가 소진했다는 징표였다. 그는 블뤼허가 사망한 그 다음 해에 했듯이 블뤼허를 더 이상 애도할 수 없었다. 아렌트 자신은 1972년 1월 미리암 쉬아라몬트가 자신의 멋진 남편 니콜로, 즉 매카시의 가장 절친했던 친구들 가운데 한 사람을 어떻게 애도했는가에 놀라지 않았다고 매카시에게 다음과 같이 말하였다. 즉 "미리암은 유대인 애도에 적응하였네. 유대인들은 표현적이고, 논증적이며, 어떻게 애도하는가를 알고 있지. (내가 아마도 더 이상 할 수 없는) 애도는 우리가 계속 살고 있기 때문에 죽은 사람들에게 빚을 갚아야 하는 것이지."[24] 아렌트는 매년 블뤼허 사망 추도식 때 바드대학을 방문하여 자신이 블뤼허의 묘비 옆에 놓이도록 주문한 석재 의자에 앉았다. 그러나 그는 비통해 하지 않았다. 그는 사유하면서 조용히 앉아 자신이 말했듯 사유하는 사람이 행하는 것을 실행하였다. 즉 그는 "부재하는 것을 현전케 하였다."

사유에 관한 집필 작업

아렌트는 여름휴가를 떠나기 전에 한층 더 예기치 않은 기쁜 편지들을 받았다. 명예박사 학위를 수락하라는 초청장이 다르트모스 · 포드햄 · 프린스턴 대학교에서 왔다. 이후 스코틀랜드 에버딘대학교의 에드워드 라이트는 1973년 봄 기퍼드 강의를 맡을 수 있는가를 타진하는 편지를 보냈다. 라이트의 초청장은 전형적으로 영국식 표현을 담고 있었기에, 아렌트는 기퍼드 강의가 어떤 것인가를 알기 위해 뉴스쿨 연구조교를 도서관에 보내야만 하였다. 아렌트는 에버딘대학교에서 강의를 담당했던 초청인사 명단에 1888년 독일의 동양학자 막스 뮐러로부터 시작하여 로이스 · 제임스 · 베르그송 · 화이트헤드 · 듀이 · 질송 · 마르셀과 같은 철학자들이 포함되어 있다

---

24 아렌트가 매카시에게 보낸 편지(1972년 1월 22일), 매카시 보존서고.

는 것을 확인한 후 놀랐으며 고무되었다. 그러나 아렌트는 자신의 절제된 표현으로 응답하였고, 요청이 실제 "흥미로운 제안"이었다는 논평과 함께 초청에 응하였다.[25]

아렌트는 1년 이내에 '사유'에 관한 원고를 마무리해야 한다는 것을 알면서 7월 유럽으로 출발하였다. 그는 친지들을 방문하였다. 즉 바젤에 있는 게르트루트 야스퍼스, 그리고 이스라엘에 살고 있는 퀴르스트 부부를 1주일간 방문하고, 하이데거를 방문하였다. 이후 아렌트는 여관 주인인 에니 부인의 관리 아래 집필 작업을 하고자 테그나의 카사 바르베트에 칩거하였다. 아렌트는 록펠러 재단의 국제학술회의 장소인 코모 호수 인근의 아름다우며 평온한 제르벨로니를 방문하기 위해 8월 테그나에 3주 동안 체류하는 것을 중단하였다. 아렌트는 록펠러 재단의 새로운 인문학 지원 사업을 추진하고자 마련한 토론에 바울 프로인트, 어빙 크리스톨, 그리고 한스 모겐소를 참여시키는 데 동의해준 재단 측의 후의에 감사함을 표시하였다. 아렌트가 토론에서 언급한 내용이 ≪뉴욕 타임스≫에 실렸다. 이 내용은 아렌트가 『정신의 삶』에서 유지했던 태도를 분명히 드러내고 있다. 그는 서양 문학과 철학의 위대한 성과를 읽고 가르치는 적절한 방법에 대해 언급함으로써 미국 내 '가치의 위기'를 역설하였다. "우리의 현재 문제를 해결하는 유사한 예들을 발견하기 위해 과거를 주시하는 것은 내 견해로는 신화론적 오류다. 여러분이 애정과 순수한 동기를 가지고 이런 위대한 책들을 읽을 수 없다면, 여러분은 정신의 삶(인간의 삶)을 좋아하기 때문에 그것은 여러분에게 별로 도움이 되지 않을 것이며 학생들에게도 도움이 되지 않을 것이다."[26]

「사유」 부분이 처음에 『뉴요커』에 게재되고 이후 책으로 출간되었을 때,

---

25 라이트가 아렌트에게 보낸 편지(대략 1972년 7월), 아렌트가 라이트에게 보낸 편지(1972년 6월 20일), 의회도서관.

26 *New York Times*, 1 April 1975, p. 31.

아렌트의 『정신의 삶: 사유』를 읽은 많은 사람들은 1950~1960년대 저작들과 비교할 때 이 책이 놀라울 정도로 비정치적이라는 것을 알게 되었다. 『정신의 삶: 사유』가 사유가 '순수한 동기', 즉 애정을 갖고 세계로부터 목적 없이 이탈한다는 아렌트의 확신을 반영했다는 의미에서 이 책은 확실히 비정치적이다. 아렌트는 사유가 인지와 매우 다른 문제라는 것을 느꼈다. 인지(즉 학문적 인식)는 대상이나 목적을 가지고 있지만, 사유는 목적이 없고 자기준거적이다. 마찬가지로 그는 인지의 결과인 진리가 사유의 '결과'인 의미 또는 유의미한 이야기와 매우 다르다고 생각했다.

아렌트가 자기준거의 사유 과정에 대해 제기했던 의문들 가운데 하나는 사유 과정이 세계에서 자체의 표현 양태인 언어와 어떻게 연계되는가의 문제였다. 아렌트는 실제로 『정신의 삶』 전반에서 눈으로 볼 수 없는 활동(즉 사유·의지·판단)을 언어로 기술하는 특이한 상황을 다루어야만 하였다. 아렌트는 저작에서 항상 자신의 관점을 확립하는 문제를 제시하였다. 그는 『인간의 조건』에서 전통적 입장을 상정하지 않고, 관조적 삶의 관점에서 집필하지 않으며 활동적 삶에 대해 기술하려고 노력했다. 그는 『정신의 삶』 어디에선가 관조적 삶에 대해 기술해야만 하였다. 그러나 어디에서? 이 주제는 간접적으로 1972년 4월 프린스턴대학교 크리스티안 가우스 강의에서 드러났다. 아렌트는 엘리자베드 하드위크와 함께 프랑스 소설가인 나탈리 사로트의 강의를 듣고자 참석하였다. 메리 매카시의 절친한 친구인 사로트는 매카시의 작품에서 자신이 발견한 것과 같은 엄격한 정직성 때문에 아렌트가 존경했던 작가였다. 아렌트는 1964년 사로트의 『황금열매*The Golden Fruits*』 서평에서 『카라마조프 형제들』의 조시마 신부가 알료사에게 한 조언, 즉 "주여, 저는 영원한 삶을 얻기 위해 무엇을 해야 합니까? 무엇보다도 자신에게 거짓말하지 말라"를 인용하였다.[27] 아렌트는 『황금열매』 서평을

27 Hannah Arendt, "Nathalie Sarraute," *New York Review of Books*, 5 March 1964, p. 5.
옮긴이_ 아렌트의 논문은 다음 자료를 참조할 것. 홍원표 옮김, 『어두운 시대의 사람들』(파주: 한

게재하던 해에 이러한 조언을 불확실한 지적 환경에 대한 완충제로 선택하였다. 사로트는 이런 환경을 풍자하였으며, 아렌트도 '아이히만 논쟁'으로 이런 환경으로부터 고통을 받고 있었기 때문에 이런 환경을 혐오하였다. 사로트는 자신의 소설에서 비가시적인 심리학 영역을 가시화하는 마술적 기교를 보였으며, 언어학적으로 기술 가능한 현상인 '외면 세계'의 역할을 수행하였다. 아렌트는 프린스턴대학교에서 사로트가 강의를 마친 이후 질문 시간에 이 마술에 대해 알고 싶었다. "그런데 당신이 비가시적인 것을 선택하고 그것을 말로 표현하였을 때, 그것은 현상영역에 있는데, 아닌가요?" 하드위크가 익살맞게 웃음을 띤 채 다시 질문했을 때, 사로트 부인은 '정확히 아니다'라고 답변했다.[28]

아렌트는 은유로 '사유 공간'을 기술하고자 했을 때 역시 익살맞게 웃음을 띤 채로 그렇게 해야만 하였다. 그는 과거와 미래 사이에 놓인 "무시간적인 현재"라는 공간적 은유를 제시하였다. 그는 이것을 "완벽한 은유"라고 불렀다. 그런데 그는 이것이 실제로 용어상 모순이라는 것을 인정해야만 하였다. 현상은 정확히 정신적이지 않으며, 은유는 정신적인 것과 현상적 또는 세계적인 것을 연계시키게 되어 있다. 은유는 정신영역에 머물 수 **없다**. 아렌트는 시각의 문제를 결코 해결하지 않았으며, 정신영역으로 묘사할 때 자신이 서 있는 곳이 어딘가를 결코 언급하지 않았다. 그러나 그의 비판자들은 다른 이유들 때문에 그의 미확인된 관점이 문제가 있다는 것을 발견하였다.

아렌트는 1972년 가을 사유 문제를 조명하는 작업을 진행시키는 데 어려움을 겪었다. 사유하기 위해 세계로부터 이탈하는 것은 어려웠다. 그는 사유에 대한 확신에 의심을 품었다. 토론토 사회정치사상연구학회는 토론토에서 10월 학술회의를 조직했다. 이 회의에서 토론자들은 연달아 설명을

길사, 2019). 『황금열매』 한국어판은 남수인 옮김으로 2002년 열림원에서 출간됐다.

28 하드윅이 매카시에게 보낸 편지(1972년 4월 9일), 매카시 보존서고.

요청하였다. 멜빈 힐은 아렌트가 시카고대학교에서 가르친 제자들 가운데 한 사람으로 요크대학교에 재직하고 있었다. 「한나 아렌트 저작에 관한 학술회의」는 이 대학교에서 개최되었다. 네 명의 학자가 논문을 발표하였다. 그들 가운데 두 사람은 아렌트가 알고 있고 상당히 존경하는 정치이론가인 해버퍼드칼리지의 리처드 번스타인 교수, 쾰른대학교와 뉴스쿨의 에른스트 볼라트였다.* 아울러 많은 토론자가 참여하였다. 아렌트는 토론에서 수세적인 입장에 있었다. 아렌트와 대화를 나눈 사람들은 정치이론가인 그가 왜 선생으로서 사람들에게 영향을 미치려는 욕구와 행동하려는 욕구를 모두 거부했는가를 알고 싶었다. 그는 집단의 행동주의자들이 매우 불안하다고 생각한 입장에서 언급했다.

> 나는 우리들(정치이론가)이 당신들의 관점에서 그러한 영향을 미치고 미칠 수 있다는 것을 믿지 않습니다. 내 생각에 여러분은 그러한 신념 때문에 여러분이 더 이상 사유할 수 없는 지점까지 가게 될 수 있습니다. 여러분이 행동해야만 하는 여러 가지 극단적인 상황은 있습니다. 이러한 상황은 극단적입니다. … 그리고 내 생각에 … 자신의 학생들에게 무엇을 생각하고 어떻게 행동하는가를 말하는 이론가 … 맙소사! 이러한 분들이 성인들인가! 우리는 육아실에 있지 않습니다.[29]

젊은 행동주의자들은 당황했지만, 아렌트의 많은 독자들이 몇 년에 걸쳐 제기했던 질문을 아렌트에게 제기했던 한스 모겐소 같은 오랜 친구들도 역시 놀랐다.

---

* 옮긴이_ 볼라트(1932~2004년)는 1959년 쾰른대학교에서 박사학위를 받았고 1970년 아렌트를 개인적으로 알게 되었다. 아렌트는 1970년대 초반 볼라트가 뉴스쿨에서 정치이론을 가르칠 기회를 마련하고자 노력하고 있었다. 이후 볼라트는 주로 아렌트 저작을 연구하였고, 이에 기초해 정치적인 것의 이론을 발전시켰다.

29 이것과 다음 인용문의 출처는 다음과 같다. Hill, *Hannah Arendt*, pp. 333-334.

모겐소: 당신은 어떠한 사람인가요? 당신은 보수주의자인가? 당신은 자유주의자인가? 현재의 가능성 내에서 당신의 위치는 어디에 있나요?

아렌트: 나는 모릅니다. 나는 실제로 모르며 결코 알지 못하고 있습니다. 그리고 나는 내가 어떤 위치를 갖고 있지 않다고 생각합니다. 여러분은 좌파들이 나를 보수주의자로 생각하고 있다는 것을 알고 있지만, 보수주의자들은 때때로 나를 좌파라고 생각하거나 독립적 입장을 취하는 사람이라고 생각하지만 하느님은 무엇인가를 알고 있습니다. 그리고 나는 관심을 덜 가질 수 없다는 것을 말해야 합니다. 나는 이 세기의 실질적인 문제들이 이러한 종류의 일로 어떠한 형태의 해명을 얻을 것이라고 생각하지 않습니다.

그 학술회의에 참여했던 친구들은 아렌트의 입장, 오히려 입장이 없다는 그의 주장에 놀라지 않았다. 모겐소 자신, 메리 매카시, 윌리엄 요바노비치, 『뉴요커』의 윌리엄 숀이 담당한 「도시의 이야기Talk of the Town」*의 정치평론가인 조나단 쉘은 자신들의 친구가 왜 그러한 딱지를 붙이는 것에 거부했는가를 오래 전부터 알고 있었다. 그러나 참석자들은 모두 아렌트의 젊은 대화자들이 느꼈던 긴박한 감정을 이해할 수 있었다.

1972년 가을은 확신을 몹시 필요로 했던 시기였다. 아렌트는 토론토를 방문하기 바로 전에 공공정의위원회, 즉 재정적 기부를 맡고 있던 단체가 후원하는 집회에 참석하였다. 뉴욕대학교 법학대학원의 1973년 5월 행사 「정부 비밀」이란 주제로 개최할 학술회의 계획이 위원회 모임에서 논의되었다. 이 위원회 위원들은 1973년 1월로 계획된 워터게이트 도청사건 재판이 잠재적으로 폭로성 있는 정부 비밀 사례를 공개하게 된다고 알고 있었다. 그러나 그들은 5월 회의가 시작되는 시기에 엘스버그-루소 재판이 종결

* 옮긴이_ 윌리엄 숀(1907~1992년)은 『뉴요커』에서 자유 계약자로 활동하는 아내를 돕는 게 계기가 되어 잡지사에 발탁되었으며, 잡지 전면의 짤막한 기사 모음집인 「도시의 이야기」를 전담하는 보도 기자로 고용되었고 1939년 편집장이 되어 이 잡지의 모든 책임을 맡았다.

되어 가고 워터게이트 상원청문회가 시작되었다는 것을 알지 못했다. 그들은 베트남에서 미국의 군사작전을 종결시키려는 1972년 10월 협정이 월맹의 여러 도시와 중립국가인 캄보디아에 대한 폭격으로 손상되리라는 것을 알지 못했다. ≪뉴욕 타임스≫의 안토니 루이스는 5월 회의의 공식 기록을 위한 개회사에서 다음과 같이 지적하였다. "베트남과 워터게이트 … 우리는 이러한 일련의 엄청난 사건을 지진이라고 표현하는 게 좋을 것입니다. 이 사건들은 기관들에 대한 수백만 미국인들의 감정을 변화시켰습니다."[30]

아렌트는 1973년 5월 회의에 참석할 수 없었다. 그는 4월 21일 기퍼드 강의를 위해 에버딘에 도착할 예정이었다. 그러나 그는 출발하기 이전 다양한 반전단체에 기부금을 제공하였다. 「의회가 전쟁을 종식시킨다」라는 제목으로 ≪뉴욕 타임스≫에 광고를 실은 평화주의 단체 "화해를 위한 연대Fellowship for Reconciliation"는 반전단체에 포함되어 있다. 아렌트의 기부금은 그가 1년 전 화해를 위한 연대의 '평화를 위한 경매 행사'에 제공했던 것보다 덜 개인적이지만 필요했다. 이후 아렌트는 경매 행사를 위해 자신이 마련했던 아버지 서재의 책 몇 권 가운데 하나를 포기하였다. 그것은 1795년판 칸트의 『영구평화론*Zum Ewigen Frieden*』이었다.

아렌트는 기퍼드 강의로 에버딘대학교에 가기 전에 「사유」에 관한 집필 작업에 대해 논의하는 데 있어서 표현을 매우 자제하였다. 아렌트는 토론토 학술회의, 그리고 1973년 1월 자신의 저작에 관한 다른 학술회에서 자신이 '사유에 관한 집필'을 분명히 하려고 노력한다는 말만 하였다. 그는 미국기독교윤리학회가 지원하는 두 번째 학술회의에서 자신의 저작에 관한 두 편의 논문에 부응하여 자신의 주요 명제뿐만 아니라 교회 내에서 '위기의 급진성'과 명제 사이의 연계성을 명백하게 밝혔다. 그는 자신의 청중들에게 "우리는 '사유'를 통해 우리가 일상의 삶에서 만나야 하는 모든 것에 항상

30 Anthony Lewis, introduction to *None of Your Business: Government Secrecy in America*, eds., Norman Dorsen and Stephen Gillers(New York: Viking Press, 1974), p. 4.

새롭게 마주할 준비를 합니다"라고 언급하였다.

> 그래서 나는 집필하였으며 지금도 집필하고 있는 이 '사유'(소크라테스적 의미의 사유)가 일종의 산파술이라고 생각합니다. 즉 여러분은 여러분의 모든 의견과 선입견, 즉 여러분이 지닌 것을 모두 세상에 드러냅니다. 그리고 여러분은 [플라톤의] 대화편 어디에서도 소크라테스가 무정란이 아닌 [정신의] 어떠한 소산도 결코 발견하지 못했다는 것을 알고 있습니다. 여러분은 사유 이후에 어떠한 면에서는 마음이 비어 있습니다. … 그리고 일단 마음이 비어 있으면 여러분은 말하기 어려운 방식으로 판단할 준비를 합니다. 즉 여러분이 특별한 사례를 포섭할 수 있는, 어떠한 규칙도 포함하는 책도 없이 여러분은 '이것은 좋다', '이것은 나쁘다', '이것은 옳다', '이것은 틀리다', '이것은 아름답다', '이것은 추하다'라고 말해야 합니다. 그리고 내가 칸트의 『판단력비판』을 그렇게 많이 믿는 이유는 내가 미학에 관심을 갖고 있기 때문이 아니라 '그것은 옳다, 그것은 그르다'라고 말하는 방식이 '이것은 아름답다, 이것은 추하다'라고 말하는 방식과 별로 다르지 않기 때문입니다. 즉 우리는 말하자면 사전에 형성한 어떤 체계 없이 바로 현상을 정면으로 만날 준비를 합니다.[31]

아렌트는 에버딘대학교에서 일련의 밀도 있고 어려운 강의를 진행하였다. 주요 주제는 이러한 요약과 같이 간단했다. 그는 자신의 표현대로 "난간 없는 사유"[32]를 옹호하였다. 그는 사유가 판단을 위해 우리에게 어떻게 대비하도록 하는가에 대해 말하기 쉽다는 것을 결코 발견하지 못했다. 그

---

31 아렌트가 버지니아주의 리치몬드 미국기독교윤리학회에서 언급한 발언의 구술 기록(1973년 1월 21일), 의회도서관.

32 Hill, *Hannah Arendt*, p. 314.
옮긴이_ 아렌트는 다음과 같이 언급했다. "당신은 기반 없는 사유를 언급했다. 나는 그다지 고통스럽지 않으며 결코 밝히지 않았지만 스스로 간직한 은유를 가지고 있다. 독일어로 'Denken ohne Geländer'이다. 당신은 계단을 오르내릴 때 떨어지지 않기 위해 항상 난간을 잡을 수 있다. 그러나 우리는 이 난간을 잃었다."

러나 그는 "『정신의 삶』 3부작 가운데 예정된 제3권 「판단」이 자신의 철학적 성찰과 정치영역을 연계시킬 것이라는 명백한 생각으로 그러한 진술을 지향하여 노력하였다. 아렌트의 주장대로 판단은 정신의 진정한 정치 활동이다.

아렌트는 첫 번째 일련의 기퍼드 강의를 마치고 스코틀랜드를 떠나서 테그나로 돌아왔다. 워터게이트 청문회는 모든 미국인들의 판단과 마찬가지로 아렌트의 판단을 혹독하게 시험했다. 아렌트는 정신이 산란하고 걱정스러웠다. 그는 독일어를 말하는 지역에서 살고 있을 때 자기 특유의 두서없는 영어 문장으로 메리 매카시에게 다음과 같이 말하였다. "나는 닉슨이 실제 워터게이트 사건에서 국가의 구원자를 가장한 승자로 출현하고 있다는 인상, 즉 닉슨이나 백악관이 아니라 비난의 화살이 의회에 쏟아지고 있다는 인상을 받았네."[33] 그러나 1973년 여름이 지나가자 아렌트는 안도감을 갖게 되었다. "나는 닉슨 연설의 발췌본과 반응에 대한 일부 논평을 바로 읽었으며, 나는 다시 확신하네. 닉슨은 세부적으로 답변하지 않은 채 — 물론 그는 그렇게 할 수 없다 — 역시 수세적인 입장에 있었던 것 같아. 내가 보기에 그는 전반적으로 두려워했던 것 같네." 아렌트는 대통령에 대한 탄핵절차가 혼돈을 야기한다는 미국 내 전반적인 우려에 공감했다. "닉슨이 실제로 폭군과 같이 처신했기 때문에, 그의 몰락은 일종의 혁명일 거야. 나는 역시 결과가 아주 예측 불가능하며 아마도 엄청나리라는 것을 느끼네."[34] 아렌트는 선거영역에 더 많이 주도권을 잡지 않는 민주당에 분노했다. "민주당원들은 공화당원들이 자멸할 것이며 아무것도 할 수 없다고 믿지. 그들은 아무것도 할 수 없다네. 그건 큰 실수야." 그리고 공화당원들이 다음과 같이 명료하게 언급했을 때에도, 아렌트는 워터게이트 청문회가 미국의 정치적 상황을 혼란케 하고 있다는 점을 의심했다. 즉 "밝혀진 추문의 폭증

---

33 아렌트가 매카시에게 보낸 편지(1973년 8월 17일), 매카시 보존서고.

34 앞의 편지.

은 어떤 면에서는 자기 패배적이라네. 모두가 닉슨이 한 일을 어느 정도 한 것 같이 보여야 하네. 모든 사람이 유죄인 곳에서는 아무도 죄가 없지."[35] 아렌트는 "모든 정치인들이 타락한다"는 견해로 곧 해석될 좌절감을 예견하였다.

아렌트는 평온한 여름을 보내고 한스 모겐소와 로즈 섬에서 2주간 좋은 휴가를 보냈지만, 「의지」에 관한 저서를 집필하느라고 적절한 평온을 찾을 수 없었다. 모겐소 자신은 아렌트를 당황하게 했다. 그들은 몇 년 동안 서로의 우정을 유지하였다. 모겐소는 블뤼허의 사망 이후 그들이 좋아하는 뉴욕의 식당으로 아렌트를 가끔 초청하였다. 아렌트는 모겐소의 정치적 우정과 정치적 대화 때문에 항상 즐거웠다. 그러나 아렌트는 그가 우정을 결혼으로 전환하자고 했을 때 이를 거절하였다. 아렌트의 거절은 죄의식이나 연민 때문이 아니다. 그러나 모겐소가 이후 몇 년간 일련의 질병으로 고통을 받고 있을 때, 아렌트는 그를 정성껏 도왔고, 그에게 전화를 자주 하고, 딸인 수산나와 가끔 협의하였다. 그들은 로즈섬에서 휴가를 보낸 이후 다시 휴가를 함께 보낼 수 없었지만, 모겐소는 동반자로서 역할을 계속 수행하였다. 아렌트는 행동가들을 위해 남겨두었던 문구(masculini generis; 독특한 남성)로 모겐소를 칭찬하였지만 자신이 사랑했던, 즉 블뤼허에게서 나타나는 일종의 "사람들에 대한 실질적 이해심"[36]을 갖고 있지는 않았다고 생각했다.

---

35 앞의 편지.

36 아렌트가 블뤼허에 대한 내용을 담아 블루멘펠트에게 보낸 편지(1951년 4월 1일), 마르바흐 문서보관소. 모겐소에 대한 아렌트의 태도는 그의 '여성다운 감수성'에 대한 한스 요나스의 성찰에 잘 묘사되고 있다. "나는 종종 증거를 필요로 한다고 말하면서 한 인간, 행위, 아니면 상황에 대해 가끔은 빠르고 단호한 판단에 항변하였을 때," 그는 분노, 동정, 아마도 친근함으로 혼합된 채 내 아내와 잠깐의 상호 이해를 교환하곤 하였으며, 이후 "아하 한스!"라고 말한다. 나는 아주 최근에도 그에게 그러한 경우에 "한스 나에게 말하시오, 당신은 내가 우매하다고 생각하는가?"라고 질문하는 충동을 느꼈다. 그러나 아렌트는 "아니오"라고 거의 공포에 질린 눈으로 대답하면서, 이어서 "나는 당신이 남자라고 생각할 뿐이오"라고 첨가하였다. (Hans Jonas, "Acting, Knowing, Thinking," *Social Research*, Spring 1977, p. 26)

아렌트가 로즈섬에서 테그나로 돌아왔을 때, 「의지」 초고를 집필하는 작업은 매우 느리게 진행되었다. 그는 "단순히 자신의 본능과 경험을 순수하게 신뢰할" 수 있는 친숙한 사유 영역에 있지 않았다. 그는 1972년 시카고대학교 세미나와 1971년 뉴스쿨 가을학기 당시 사용한 방대한 비망록과 논문들, 즉 "의지의 역사에 관한 선정 독서목록"과 "의지의 역사"를 가지고 있었다. 그러나 그의 논문들은 순서가 명료치 않았으며 방향도 명료치 않았다. 아렌트는 아우구스티누스 · 아퀴나스 · 둔스 스코투스의 숲에 빠져 있었기에 나무들, 특히 자신과 그레이가 많은 논쟁을 벌였던 19세기의 인근에 있는 나무들을 찾을 수 없었다. 헤겔은 아렌트가 지나가는 길에 서 있었다.

아렌트는 헤겔의 정치적 저작에 대한 연구를 시작했던 1973년 가을에 정신이 산란할 것을 예상했다. 그는 그리스 정치이론을 가르치는 두 강좌를 맡았으며, 현상학자인 아론 거위치의 사망으로 한 명 더 줄어든 상태에서 뉴스쿨 철학과 교수의 교체를 둘러싼 온갖 복잡한 협상에 휩싸였으며, 리버사이드 드라이브 아파트 구입을 준비하기 위해 변호사들을 많이 만났다. 그는 워터게이트 사건이 자신의 관심을 많이 끌게 되리라는 것을 기대하였으며, '공공정의위원회', '상징으로서 워터게이트 사건' 위원회에 참석할 모임이 있다는 것을 알았다. 아렌트는 10월 프랑스 텔레비전 측과 일주일의 촬영 기간을 계획하였는데, '텔레비전 대담 프로그램'*을 유럽 국가들에까지 방영하지 않는 것에 대해서는 반대했다. 그는 거리에서 사람들이 자신을 알아보는 것에 대해 걱정할 필요가 없었을 것이다. 그러나 아렌트는 그 해 가을 그에게 가장 충격을 준 개인적 · 정치적 사건(즉 오든의 사망과 10월 중동전쟁)을 기대하지 않았고 예상할 수 없었다.

아렌트는 위스턴 오든이 사망하던 9월 28일 그 다음 주에 여느 때와 같이

---

* 옮긴이_ 이 대담 자료는 다음 자료에 수록되어 있다. Hannah Arendt, *The Last Interview and Other Conversations*(New York and London: Melville House Publishing, 2013); 윤철희 옮김, 『한나 아렌트의 말: 정치적인 것에 대한 마지막 인터뷰』(서울: 마음산책, 2016).

학생들을 만났지만 수척해 보였으며 자신감을 잃었다. 블뤼허의 사망 당시 그를 알았던 학생들은 아렌트가 당시 보여주었던 공식적으로 침착함을 유지하고 있지 않다는 사실을 알고 놀랐다. 학생들 가운데 한 사람이 성 요한 성당에서 열린 오든 추모미사에 아렌트를 동반하겠다고 나섰을 때, 아렌트는 눈물을 흘렸다. 아렌트는 검정색 옷을 입은 채 추모미사에 참여하였으며, 오든의 시를 골라서 큰 소리로 낭송하고자 모인 시인들에 귀를 기울였고, 시편 130편의 국교도 영창과 벤자민 브리튼의 '봉헌성가'를 오든의 훌륭한 가사와 함께 노래하는 합창단에 귀를 기울였다. 이러한 동안 그는 우울한 심정에 빠져 있었다. 아렌트는 매카시에게 다음과 같이 자신의 고뇌를 고백하였다. "나는 아직도 위스턴을 자연스럽게 생각하고 있으며, 그의 삶에서 보였던 고뇌에 대해 생각하고 있어. 또한 그가 내게 와서 은신처를 요청하였을 때 그를 돌보는 일에 대해 거절했던 일을 생각하고 있네."[37]

아렌트는 11월 14일 미국예술과학원 중언 모임에 대비하여 오든을 위한 자신의 회고록을 기록하고자 자리에 앉았을 때 오든이 마지막 몇 년간 '행운아'인 것처럼 보이려고 그렇게 필사적으로 왜 노력했는가를 자신에게 설명하고자 노력했다. 아렌트는 완전히 취약한 상태에서 '인간적 실패'의 저주를 느끼게 하는 오든뿐만 아니라 고뇌의 분열 속에서 인간적 불운을 알리는 노래에 초점을 맞추고자 하였다.

> 인간의 실패를 칭송하자
> 고뇌와 환희 속에서.

물론 아렌트는 자신이 어떻게 깨닫게 되었는가를 노출시키지 않은 채 다음과 같이 말하였다. "이제 나는 기억의 슬픈 지혜를 갖춘 채 오든이 무한히 다양한 형태의 짝사랑의 달인이었다는 것을 알고 있다오."[38]

---

37 아렌트가 매카시에게 보낸 편지(1973년 9월 30일), 매카시 보존서고.

노년에 대하여*De Senecute*

아렌트는 1967년 중동전쟁 기간에 이스라엘의 승리에 대해 아주 자랑스러워하였다. 아렌트의 친구들 가운데 한 사람이 지적했듯이, 이스라엘의 정책을 통상 비판하였던 아렌트는 '전쟁 신부와 같이'* 행동하였다. 아렌트는 공세적 군사개입과 수세적 군사개입을 명백히 구별하고, 1956년 전쟁은 우매했지만 1967년 전쟁은 합당하다고 생각했다. 그는 1967년 10월 6일 전쟁을 성찰하면서 매카시에게 다음과 같은 내용의 편지를 보냈다. "이스라엘에서 어떠한 실질적인 대재앙은 거의 다른 어떤 것보다도 더 나에게 영향을 끼쳤을 거야."[39] 이집트와 시리아가 속죄일(Yom Kippur; 욤 키푸르)에 이스라엘 영토를 깊숙이 침략한 1973년 대재앙은 긴박한 것 같았으며, 아렌트는 이스라엘이 이번에는 패배할 것이라는 점을 두려워했다. 전쟁은 10월 6일 시작되었다. 아렌트는 이때 프랑스 텔레비전을 위해 로저 에레라와 함께 일주일 동안 진행하는 대담을 시작하였다.** 대담 원본은 아렌트의 관심을 반영하고 있다. 아렌트는 "유대 민족은 이스라엘에서 단결한다"고 말하면서 유대교가 민족 종교라고 비판 없이 계속 설명하였다.[40] 아렌트는 포르투갈계 유대인이며 파리 칼망-레비 출판사의 「디아스포라」 시리즈의 편집자인 에레라와 함께 다양한 이스라엘 구상을 논의하였던 컬럼비아대학교 법학대학원의 모임에 참여하였다. 아렌트는 1967년 했듯이 자선단체

---

38 아렌트의 오든 추도사는 『뉴요커』(1975년 1월 20일) 39-40쪽에 게재되었다.

* 옮긴이_ 전쟁 신부(war bride)는 전시 또는 군사 점령 기간 동안 다른 나라 출신의 군인과 결혼한 여성이다. 이는 제1차, 제2차 세계대전 기간 동안 많이 있었던 관례였다. 제2차 세계대전 이후 미국 군인과 독일 여성 사이의 결혼이 대표적이다.

39 아렌트가 매카시에게 보낸 편지(1968년 12월 21일), 매카시 보존서고.

** 옮긴이_ 관련 내용은 다음 자료를 참조할 것. Hannah Arendt, "Interview with Roger Errera", *Thinking Without Banister*, ed., Jerome Kohn(New York: Schocken Books, 2018), pp. 489-505; Hannah Arendt, *The Last Interview and Other Conversation*, trans., Joan Stambaugh(Brooklyn and London: Melville House, 2013).

40 Excerpts from Arendt's interview with Errera appeared in *New York Review of Books*, 26 October 1978, p. 18. 이 원본은 프랑스 텔레비전방송국에 소장되어 있다.

인 연합유대인청원United Jewish Appeal에 기부금을 냈으며 전쟁이 친척들의 안전을 위협할 경우 텔아비브에 있는 친척들에게 신속하게 재정 지원을 할 수 있는 준비를 하였다. 전쟁 분위기가 10월 둘째 주에 변하게 되자, 아렌트는 자신의 저서 『정신의 삶: 의지』의 원고를 작성하고자 노력했다. 아렌트는 "나는 물론 '역사'의 이러한 예기치 않은 돌발 상황 때문에 주로 집필에 전념하는 데 약간의 어려움을 겪고 있네"라는 내용의 편지를 매카시에게 보냈다.[41]

아렌트는 역설적으로 오랜 기간 자신이 무시했던 헤겔 비판을 반영하는 내용의 편지를 매카시에게 보냈다. 내용의 핵심은 헤겔의 역사관이 예기치 못한 것을 배제하고 있다는 주장이었다. 속죄일 침공 사건은 아렌트에게는 헤겔의 역사철학이 상식에서 얼마나 많이 벗어나 있는가에 대한 징표이며 '새 정치학'의 필요성으로서 나타났다. 미래의 우위성에 대한 헤겔의 주장과 진보로서 역사에 대한 신념은 현재의 사건에 대한 정신적 '부정'을 수반하였다. 즉 현재는 미래에 노출될 것이지만 실재화되지 않은 전체Whole의 형태에 불과할 수 있었다. 아렌트는 헤겔의 절대정신을 의지로 해석하였다. 이 의지는 기억을 통해 그 이미지를 드러내기 위해 과거에 의존하는 그러한 사유에 본질적으로 적대적이었다. 『정신의 삶: 의지』에 대한 그의 기획은 사유와 의지, 사유 공간과 정치 공간의 적대적 관계의 역사를 기술하려는 데 있었다. 정치영역에서는 우연성과 예기치 못한 것이 항상 혼란스럽게 나타난다. 아렌트는 분석과 함께 사유와 의지 사이의 평화, 즉 상호존중 양태를 상정할 수 있기를 기대하였다. 그는 이를 위해 헤겔 비판자들, 니체와 하이데거의 불충분성을 드러내고자 하였다. 이들은 사유 자체가 일종의 행위라고 믿음으로써 이러한 갈등을 단순히 회피하였다. 아렌트는 사유능력과 의지능력의 차이를 주장하고 싶었지만, 정신의 삶에서 부상을 위

41 아렌트가 매카시에게 보낸 편지(1973년 10월 16일), 매카시 보존서고.

한 경쟁관계를 주장하고 싶지는 않았다. 니체와 하이데거의 '의지하지 않을 의지'를 비판하는 아렌트의 방법은 행동가들의 미래에 대한 적절한 태도, 즉 참신성을 환영하는 태도를 찾는 방법을 대비하는 것이었다.

아렌트는 워터게이트 청문회를 주목하고 미국 내 이러한 개연적인 결과를 성찰하였다. 이때 사유와 의지의 관계를 고찰하는 한 가지 방법이 아렌트에게 나타났다. 그는 반복적으로 '원로들'이 위기에서 수행하는 역할에 감명을 받았다. 아렌트는 청문회 기간 동안 샘 어빈(1896~1985년 — 옮긴이) 상원의원의 무뚝뚝하고 성경을 인용하는 투의 형식을 존경했다. 닉슨 대통령이 워터게이트 사건 담당 특별검사인 아취발트 콕스를 해임시키고 백악관의 대화 녹취록을 은폐하는 수단으로 집행권의 특권을 환기시키고자 했을 때, 아렌트는 대법원의 '원로'가 궁지를 벗어났다고 느꼈다. 아렌트는 1973년 11월 정치학자들이 구성한 고발청원서에 서명하였으며, 의회의 '원로들'이 고발절차를 추진하기를 희망했다.

아렌트는 1974년 2월 컬럼비아대학교에서 개최된 「인문학 및 공공정책 쟁점」에 관한 학술회의에서 다음과 같이 지적했다. 공화국의 부패는 "시민이 여전히 시민으로서 기능을 하는 유일한 장소가 배심원으로서 활동하는 장소"라는 상황을 야기했다.[42] 아렌트는 뉴욕에서 배심 역할을 담당하면서 일주일을 보내기 직전에 동료 판사들의 형평성과 공평성에 깊은 감명을 받았다. 그와 함께 활동했던 배심원들과 마찬가지로 대법원 판사들은 자신들의 편견, 정치적 충성심, 공화국의 사법 전통이 촉구하는 것(공정한 성찰)에 제공하는 부담을 배제하였다. 아렌트는 법정에서 '판결'의 의미를 볼 수 있으리라고 확신했다. 그는 『정신의 삶』 마지막 권에서 이 주제를 고찰할 의도를 갖고 있었다. 아렌트는 그러한 **판단**이 다른 두 가지 정신능력인 **의지** 및 **사유**와 어떻게 연관되는가를 고민하였다. 이때 그는 키케로의 『노년에

---

42 Hannah Arendt, "Public Rights and Private Interests," in Mooney and Stuber, eds., *Small Comforts for Hard Times: Humanists on Public Policy*(New York: Columbia University Press, 1977).

대하여*De Senectute*』가 노년에 정신능력들의 조화에 관한 그림을 자신에게 제공할 수 있을 것이라고 생각하면서 키케로의 저서에 관심을 갖게 되었다.

키케로의 저서에서 노년의 카토는 친구들에게 다음과 같이 말하였다. "위대한 행적은 힘이나 속도나 신체력에 의해서 이루어지는 것이 아니네. 그것들은 사유 · 성품 · 판단의 산물들이다. 점점 더 줄기는커녕 그러한 특성들은 늙어감에 따라 실제로 증대되지." 아렌트는 이 점에 대해 동의하고 키케로의 저서를 읽었을 때 다음과 같이 생각하였다. 그는 젊은 세대들이 노년을 폄하하는 성향, 그리고 시몬느 보바르의 『성년*The Coming of Age*』과 같이 늙어감을 통탄하는 성향을 반대할 뿐만 아니라 노년의 카토와 같이 마음의 평정이 노년의 사람들에게 훌륭한 판단을 촉진시킬 수 있다는 점을 옹호하려고 『정신의 삶』 후속편, 즉 현대판 『노년에 대하여』를 집필하고 싶었다.

아렌트는 『정신의 삶』에서 의지의 관점에 따라 노년이 미래의 상실을 의미한다고 지적하였다. 그러나 '미래성 없음futurelessness'은 고뇌의 원인이 될 필요는 없다. 미래성 없음은 반성과 성찰에 과거, 즉 삶의 여정을 제공할 수 있다. '사유하는 나'의 회고적 시선은 과거의 의미를 끌어내고 그것을 삶의 이야기로 구성한다. **사유**의 관점에서 볼 때 노년은 성찰을 위한 시간이며, 자기 관심의 혼란과 파당성의 왜곡으로부터 초연해질 수 있는 시간이다. 그러나 아렌트의 생각에 미래를 숭배하지 않고 **진보**의 교의에 대한 맹목적인 복종을 중단하는 사람은 누구나 사유가 기억 속에서 발견하는 기쁨이나 사유의 유의미성의 결과, 즉 일관된 이야기를 얻을 수 있다. 노년은 "바람 속에 흔들리는 나뭇잎과 같이 자유롭다"는 기분을 가질 수 있지만, 사람들은 또한 예를 들면 교황 요한 23세와 같이 하루하루 살아가는 것을 결정할 수 있다. 사람들이 사유를 위해 세계로부터 이탈한다고 전제한 판단은 의지와 투쟁할 필요가 없지만 정신의 삼위일체에서 의지가 지배적일 경우 어려움을 겪는다.

아렌트의 『정신의 삶』은 문제를 아주 단순하게 표현하면 정신의 훌륭한 공동 통치에 관한 연구이다. 아렌트는 복잡하게 얽힌 일련의 성찰과 분석을 통해서 정부의 3부(즉 입법부 · 행정부 · 사법부)와 같이 견제와 균형을 유지하는 세 정신능력의 형상을 제시하려고 노력했다. 어느 능력도 다른 두 능력을 지배하지 않는다. 각각의 능력은 자유 속에서 삶을 유지하며 자신의 존재를 유지한다. 그러한 정신적 조화의 전제는 세 정신능력 각각의 내적 자유이다. 각각의 정신능력은 자기 관계, 즉 지배 관계가 되어서는 안 되는 내면적 이중성을 갖고 있다. 사유하는 대화에서 어떠한 당사자도 침묵하거나 서로 듣기를 거부해서는 안 된다. '나는 의지하다the I-will'와 '나는 반대로 의지하다the I-nil'는 전제적으로 자신의 다른 반쪽에 대해 무조건 복종을 명령할 수 없다. 그리고 판단능력에서도 개별 관찰자의 '나'이든 상상으로 정신의 견해 속으로 끌어들인 다른 사람들의 견해이든 어느 것도 압도해서는 안 된다. 판단은 자기, 그리고 세계를 공유하는 상상 속의 다른 사람과의 정신적 상호작용이다. 『정신의 삶』 원고에서 정신능력들의 내면적 자유는 매우 명료하고 완전하게 제시된다. 그러나 능력 상호간의 관계에 대한 형상은 불완전하다. 아렌트는 「판단」에 관한 저서를 집필할 때까지 생존하지 못했다. 따라서 그는 판단능력과 사유와 의지 사이의 관계도 역시 제시하지 못했다. 세 능력 사이의 평등인 훌륭한 공동 통치라는 이상理想은 명료하지만 정신 공화국은 구성되지 못했다.

아렌트는 1974년 5월 첫째 주로 예정된 일련의 두 번째 기퍼드 강의를 위해 「의지」에 관한 원고를 준비하였다. 아렌트는 1월부터 4월까지 최소한의 의무를 유지하였다. 그는 스코틀랜드로 출발하기 바로 직전 대화 약속 때문에 밀워키로 비행하였으며 이후 뉴욕에 있는 매카시로부터 방문을 받았다. 당시 아렌트는 자신의 강의안을 수중에 들고 있었다. 그가 기퍼드 강의위원회에 제출했던 요지는 강의 내용이 출판된 원고와 마찬가지로 제4장과 마지막 장을 제외하고 구성된다는 내용을 담고 있다. 마지막 장은 니체와 하이데거, 모범적인 '행동가들', 즉 미국 건국 선조들에 관한 아렌트의 논의를 담고 있었다. 아렌트는 이 장을 재구성하고 확장하기로 이후 결정하였다. 그는 두 가지 사항에 대한 이해 때문에 다음과 같은 결론에 도달하였다. 그는 하이데거의 저작에 대한 훨씬 더 완벽한 논의를 그 장에 포함시켜야 했다. 첫째, 아렌트는 자신이 하이데거에 대한 광범위한 비판을 여전히 집필하고 있다면 『정신의 삶』을 위해서 그것을 실행해야 한다는 점을 스코틀랜드에서 깨닫게 되었다. 둘째, 1975년 그는 점점 더 귀를 먹어가고 건강이 나빠지는 85세의 하이데거가 자신의 원고를 읽을 때까지 생존하여 자신의 비판으로 상처를 입을 것 같지 않다고 결론을 내렸다.*

아렌트의 첫 번째 고찰은 스코틀랜드에서 체류하는 동안 얻은 결실이었다. 「의지」에 관한 강의를 진행시키는 중반에 런던으로의 비행, 가족 방문, 에버딘 여행 등으로 여전히 지쳐있었던 아렌트는 거의 치명적인 심장병으로 고통을 받았다. 강의에 참석했던 윌리엄 요바노비치는 아렌트를 도우려고 급히 달려와서 자신의 심장병 증세 때문에 가지고 다닌 약품을 아렌트에게 제공하였다. 아렌트는 인근 병원으로 급히 후송되었으며 집중치료실로 배치되었다.

로테 콜러는 뉴욕에서 스코틀랜드로 비행하였으며 파리에서 온 매카시로부터 동료의 역할을 인계받았다. 모든 사람들은 환자로서 아렌트의 고집에 깊은 인상을 받았다. 그는 회복이 좋았다. 그러나 그는 방에서 산소 텐트를 제거하자 곧 담배를 피웠고, 분별 있게 식사하거나 일일 커피 섭취량을 줄이는 일을 거절하였으며, 평온을 유지하려는 모든 노력을 위축시키는 자극적인 허세를 촉발시켰다. 건강을 위해 살면서 자신과 관련하여 불편함을 인정할 수 있는 사람들에 대한 불명예스러운 언사는 남의 행복을 비는 사람들이 보낸 편지나 전보만큼이나 병실에 허다하다. 아렌트는 병원에서 퇴원하여 호텔에 묵었다. 이후 그는 의사가 여행하기에 안전하다고 판단하

* 옮긴이_ 하이데거는 아렌트가 타계한 지(1975년 12월 4일) 1년도 못된 1976년 5월 26일 타계했다.

기도 전에 성급하게 테그나로 떠나기를 원했다. 아렌트는 5월 27일 최종적으로 출발 허가를 받았다. 이후 매카시는 런던까지 그를 수행하였고, 엘케 길벗은 그곳에서 테그나까지 여행하는 아렌트를 수행하였다.

아렌트는 카사 바르베트에서 무사하자 점점 더 평온해졌다. 그는 휴식을 취했으며, 일련의 관련 방문객들을 기꺼이 응접하였다. 이들에는 로베르트 길벗, 쾨니히스베르크 시절의 친구인 헬라 옌쉬와 안네 바일, 한스 요나스와 그의 부인인 엘레오노레, 그리고 한스 모겐소가 포함되어 있었다. 그러나 아렌트는 한 달 동안 휴식을 취한 후 하이데거를 만나기 위해 하이델베르크로 여행하겠다고 집요하게 주장했다. 엘프리데 하이데거가 다시 아렌트를 남편과 함께 있도록 두지 않았기 때문에 여행은 성공적이지 못했다. 그리고 아렌트는 낙담하고 분노에 찬 채 테그나로 돌아왔다. 그러나 그는 8월에는 이러한 실망을 잊을 수 있도록 충분히 휴식을 취했다. 그는 하이데거의 저작에 대한 비판을 진지하게 고려하기 시작했다.

아렌트는 심장병으로부터 회복된 8월 이후 자신의 작업 계획을 줄이고 친구들에게 자신을 방문해달라고 요청했다. 그는 『정신의 삶』을 연구하느라고 바쁘게 전념했던 몇 년 동안 격조했던 오랜 우정을 되살리고 『예루살렘의 아이히만』을 둘러싼 논쟁으로 손상되었던 우정을 복구하는 데 대단히 신경을 썼다. 그의 새로운 모험은 뉴욕에서 그레이와 몇 차례 좋은 만남이 있은 이후 시작되었다. 아렌트는 동료 한 두 사람의 방문을 맞이하였고 방문객과 함께 연극 · 영화 · 음악회 관람을 마련하였다. 로테 콜러는 가끔 방문하였으며, 소식을 교환하기 위해 가끔 전화를 하였다. 클렌보르트 부부, 로테 베라트, 로즈 파이텔슨, 알코플리, 한스 모겐소, 요나스 부부, 바론 부부, 후버 부부 등 많은 사람들이 자주 방문하였다. 대부분의 사람들은 동족의 전통적인 신년 연회에 참가하였다. 파이텔슨이 이를 주관하였다. 아렌트는 자신을 찾아오기에 건강이 좋지 않은 로버트 피크와 함께 저녁식사를 하러 외출했다. 그들은 오랜 친구인 헤르만 브로흐에 대해 회상하였다. 젊은 친구들이나 새로 사귄 친구들 —소설가 레나타 아들러, 철학교수인 조안 스탬보, 그리고 많은 학생들(아렌트의 표현대로 '제자들')— 은 뉴욕의 여러 식당에서 저녁을 함께 하였다. 아렌트가 1974년 가을에서 1975년 초까지 참가했던 많은 사회행사들 가운데 가장 즐거운 행사는 유대인 신학대학원장 루이스 핀켈슈타인의 집에서 열린 유월절 밤 축제였다. 핀켈슈타인 자신과 그의 여러 동료들을 포함한 많은 저녁축제 참가자들은 『예루살렘의 아이히만』의 출간 이후 아렌트를 터놓고 보지 못했다. 아렌트는 환영받는 것에 즐거워하면서 친구들과 함께 하가다(Haggadah; 유대교 유월절 행사 때 듣는 성서의 출애굽기 — 옮긴이)에 귀를 기울였으며 전통적인 유월절 노래를 함께 불렀다.

마지막 해

1975년 봄 행운의 여신은 아렌트의 노년에 미소를 지었으며, 전체주의의 역사가와 정치이론가로서 그의 저작에 대한 공로를 인정하였다. 그는 유럽 문명의 발전에 기여한 공로로 덴마크 정부의 소닝상을 수상하도록 코펜하겐에 초대받았다. 그는 35,000달러의 상금을 받았다. 아렌트는 처칠 · 슈바이처 · 러셀 · 카를 바르트 · 아더 쾨스틀러 · 니일스 보어 · 로렌스 올리버에게 수여된 명예를 누리게 된 첫 번째 미국 시민이며 첫 번째 여성이었다. 아렌트는 3월 11일 워싱턴의 덴마크대사관이 마련한 만찬에서 덴마크 대사와 코펜하겐 행사 계획을 논의하였으며, 그러고는 서둘러 수락연설을 준비하였다.

아렌트가 행운의 여신으로부터 수상을 수락할 때마다, 그는 공공영역에 참여하는 것이 무엇을 의미하고, 공개적인 인정이 언제 그러한 출현을 요구하는가에 대해 언급하였다. 그는 자신이 명성으로 맡게 될 배역에 얼마나 불편한가를 주최 측인 덴마크 당국에 말하는 게 필요하다는 것을 알았다. “세계가 우리에게 맡긴 배역이나 역할, 그리고 우리가 전적으로 세계의 활동에 참여하고자 할 경우 수락하고 심지어 얻게 되는 배역이나 역할은 교환 가능하지 않습니다. 그리고 이것들은 양도할 수 없습니다. … 대부분의 사람들이 믿고 있듯이 인간의 영혼이 그 내면에 여전히 간직하고 있는 무엇이 양심의 소리라는 의미에서 이것들은 우리의 내면적 자기에 결합된 영구적인 고정물은 아닙니다.”[43] 아렌트는 오랫동안 공개적인 인정이 왜 유혹인가를 공개적으로 언급하지 않았지만 그것을 유혹으로 평가했었다. 그러나 그는 유럽 문명에 기여한 공로로 상을 수상하게 되자 그 이유를 다음과 같이 언급하고 싶었다. 즉 그는 양차 세계대전 사이에 존재했으며, 스테판 츠바이크의 표현대로 “찬란한 명성의 위력”을 가졌던 유럽의 명사단체가 ‘유명하지 못한 다수’보다 1930년대 정치적 대재앙을 더 잘 이해하지 못했다는 점을 청중들에게 환기시켰다. 명성을 박탈당한 이러한 유명 인사들은 자신들의 기반을 전적으로 상실하였다. “명성을 가져다준 성공의 그러한 형태보다도 우리 세계에서 더 잠정적이고 덜 안정되며 덜 확고한 것은 없습니다. 망각보다 더 달콤하고 더 편한 것은 없습니다.”

아렌트는 1930년대 유럽의 엘리트에 대해 강렬한 혐오감을 갖고 있었다. 이들은 유명하지 않은 다중들과 거리를 유지하고 있었기 때문에 억압자들에게 맹목적이었으며, 때로는 이들과 쉽게 공조하였다. 아렌트는 그러한 시기 이후 ‘예외적인 인물’이 되는 것을 회피하고 그러한 욕구를 갖지 않기로 결정했다. 아렌트는 자신이 알고 있듯이 기질적으로 공적인 삶에 잘 어울리지 못했으며, 사유를 위해 사적인 삶을 필요로 하였다. “사유는 출현하도록 요구하지도 않으며, 심지어 다른 사람들과 소통하려는 매우 제한된 충동도 촉구하지 않는다.” 아렌트는 독일 밖에서 평생 살아가는 동안 이러한 것을 깨달았다. 그는 자신의 생애에서 만년 몇 년 동안 이러한 깨달음을

---

43 이것과 다음 인용 문장은 아렌트의 소닝상 수상 연설 원고에 있다(의회도서관).

첨가했으며 이를 소닝상 수상 연설에서 지적했다. 즉 판단을 내리는 우리의 능력은 '공적인 것에 반대하지 않거나' '비밀이나 익명성'만을 요구하지도 않은 채 공공영역의 유혹과 시끄러운 노출로부터 한 발짝 물러설 수 있는 능력에 좌우되는 그러한 능력이었다. 사람들은 공적인 가면과 내면적 자기를 모두 유지할 수 있어야 한다. 내면적 자기는 공적인 가면을 통해 "전적으로 이질적이고 정의 내리기 힘들며, 그럼에도 분명하게 확인할 수 있는 무엇으로서 노출되기 때문에 우리는 역할의 갑작스런 변화로 혼란을 겪지 않는다."

아렌트는 가면과 내면적 자기를 구분한 후에도 덴마크 청중들을 위해 다음과 같은 내용으로 고별사를 작성했다.

> [배역]이 예정된 행사가 끝나고, 제가 가면을 통해 소리를 내는 저의 개인적 권리를 선용하거나 오용하는 일을 마무리했을 때 일들은 다시 돌아올 것입니다. 상당히 명예롭게 생각하며 이러한 계기에 깊이 감사하고 있는 저는 세계의 위대한 활동이 제공할 수 있는 역할과 가면을 자유롭게 교환할 뿐만 아니라 엄연한 '현실' 속에서 이를 자유롭게 견딜 것입니다. 희망컨대, 그것은 확인할 수 있지만 그러한 인정의 엄청난 유혹에 의해 규정되지도 않을 것이며, 유인당하지도 않을 것입니다.

『정신의 삶』에서 언급된 이론적 용어로 말하자면 아렌트가 여기에서 언급한 것은 판단능력의 '반사성'이었다. 그는 기쁘게 느끼는(또는 느끼지 않는) 능력과 그러한 감정에 대해 긍정적으로 또는 부정적으로 반성하는 능력의 관계로서 판단 개념을 환기시키고 있다. 아렌트는 '완전히 개인적인, 개별적인 성향'의 문제로서 인정에 대해 기뻐하지 않았지만 성찰하는 순간 자신의 불쾌함을 인정하지 않았다. 그는 그것을 극복되어야 할 무엇으로 판단하였다. 그가 이러한 명예에 대해 왜 불편함을 느끼는가를 덴마크 주최 측에 제시하기 위해서 오든의 시구를 인용하였다.

공적인 장소에서 사적인 얼굴은
사적인 장소에서 공적인 얼굴보다
더 현명하고 훌륭하다.

그러나 아렌트는 자신의 판단이 업적이란 '미묘한 문제'와 아무런 관계가 없다는 것을 역시 명료하게 밝혔다. 그의 업적은 덴마크 주최 측이 판단하는 것이다. 아렌트는 "우리는 우리 자신과 성과를 판단할 자격이 없다"고 말하였다. 어느 누구도 자신이 다른 사람들에게 어떻게 나타나는가를 판단할 수 없기 때문이다. 판단의 대상이 되는 것과 판단하는 것은 물론 동일하지 않다. 그러나 그들은 공적인 얼굴과 내면적 자기가 다르게 보이도록 내버려둘 수 있으며, 따라서 내면적 자기는 자신이 자유 속에서 할 수 있는 것, 즉 판단을 행할 수 있는데, 어느 누구도 그들을 판단하기 위해서 이러한 것을 무시해서는 안 된다.

아렌트는 공개되는 것에 대한 두려움을 극복했지만 코펜하겐 여행에 대비하도록 재촉할 필요가 있었다. 수상식 행사에 아렌트의 손님이며 요바노비치의 호위를 받은 매카시는 아렌트에게 새 옷을 구입하라고 요청하였다. 아렌트는 "나는 이미 옷을 샀지"라고 신경질적으로 대응하였다. 이후 그는 다음과 같이 말하였다. 소닝상 발표 내용이 ≪뉴욕 타임스≫에 실리자 많은 사람들이 전화를 하고 축하 편지를 보냈으며, 이 때문에 연설의 내용을 타자로 정리하는 데 요구되는 평화로운 시간을 충분히 갖지 못하는 어려움을 겪었다. "메리, 정말로 모든 일이 성가셔."[44] 그는 이 행사에 아주 예민했기 때문에 여행하기 위해서 의사에게 약간의 정신안정제를 요청하였다.

아렌트가 스턴과 결혼할 당시 증인으로 참가했던 예라 로벤펠트는 축하 인사의 편지를 보냈던 사람들 가운데 한 사람이었다. 로벤펠트는 자신의

---

44 아렌트가 매카시에게 보낸 편지(1975년 3월 10일), 매카시 보존서고: Notice of the Sonning Prize in *New York Times*, 6 March 1975, p. 42.

편지에서 베를린에 있을 당시 아렌트가 유명한 학자가 되어서 딸에 대한 아버지의 꿈을 언젠가는 이루고 싶다고 수줍게 털어놓았던 사실을 아렌트에게 환기시켰다. 아렌트는 편지에 감사를 표시하면서 자신이 이러한 확신을 잊어버렸다고 밝혔는데, 예라는 이에 놀랐다.[45] 샤르롯테 아렌트는 76세의 나이에도 불구하고 아렌트의 아버지가 외동딸을 대단히 자랑으로 생각했을 것이라고 한나 아렌트에게 말하고자 베를린의 집에서 코펜하겐까지 여행하여 행사장에 참여하였다.* 그리고 이렇게 밀려오는 추억이 충분치 않았다면, 독일 하노버의 시장이 '고향 사람'에게 부여하는 명예를 자랑으로 생각하면서 보낸 편지는 수상 연설을 할 때 아렌트를 떨게 하기에 충분했을 것이다.

소닝상 수상식에 관한 덴마크 신문들의 보도 기사는 공개적인 인정에 대한 아렌트의 복잡한 태도나 예민함에 대해서는 지적하지 않았다. 신문 보도 기사는 아렌트가 연설에서 전쟁 기간 덴마크 국민들의 용기를 높이 칭찬했다는 사실을 강조했다. 덴마크 국민은 유대인 난민을 축출하라는 나치의 명령에 복종하지 않고 수많은 유대인들을 자기 나라에서 스웨덴의 안전한 장소로 몰래 이동시켰다. 아렌트가 언급했듯이, 덴마크의 나치 장교들은 "자신들이 가장 경멸했던 것, 즉 자유롭고 공개적으로 언급되는 겉말mere words에 압도되었다. 이런 일은 다른 곳에서 발생하지 않았다."

자유롭고 공개적으로 언급되는 겉말의 위력은 1975년 봄 아렌트의 마음에 영향을 주었다. 아렌트는 4월 18일 소닝상 시상식 행사를 마치고 돌아오자마자 보스턴 홀 포럼에 공개적으로 참석하는 일을 준비해야만 하였다. 아렌트는 이 행사를 위해서 "아주 성급하면서도 엄청난 분노로" 미국 공화국의 정세에 관한 일련의 질문에 답변하는 글을 썼다.[46]

---

45 아렌트가 로벤펠트에게 보낸 편지, 로벤펠트 보존서고.

* 옮긴이_ 샤를로테 아렌트는 한나 아렌트의 아버지 바울 아렌트의 'sister-in-law'(형수 또는 계수?)로 표기하고 있으나, 아렌트의 가계에 드러나지 않으며, 이 책에서 단 한 차례 언급하고 있을 뿐이다.

아렌트는 미국 건국 200주년 행사 연회에서 연설해달라는 보스턴 시장 케빈 화이트의 초청으로 1975년 5월 20일 보스턴을 방문하였다. 그때는 연회로는 마땅치 않은 때였다. 모든 미국인들은 여전히 "역사의 나이아가라 폭포와 같이" 일련의 사건에 경악하였다. 베트남전 패배로 인한 미국의 불명예스러운 철수 장면에 뒤이어 1974년 8월 닉슨 대통령이 사임하였다. 이후 포드 대통령은 닉슨을 사면함으로써 실추된 국가를 치유하려는 기간을 가지려고 노력하였다. 존 미첼, 에르리히만, 할데만에 대한 형사소송은 유죄 판결로 종결되었다. 전직 대통령은 회고록을 위해 출판계약만을 하였다. 아렌트가 보스턴에서 연설할 당시 청중들 가운데 소수는 미국 공화국의 국력이 제2차 세계대전 이후 언젠가부터 최근 '이탈기'까지 내내 쇠퇴해왔다는 아렌트의 판단을 반박하였다.

아렌트는 「자업자득Home to Roost」이라는 제목의 연설을 마친 후 청중들의 질문에 답변하고 이후 파크맨 하우스 세미나 참가자들의 질문에 답변하였다. 5일 후 전국 공영방송이 그의 연설을 방송하였고, 톰 위커는 ≪뉴욕 타임스≫ 사설에서 이 연설을 칭찬하였으며, 이후 『뉴욕 서평』은 이를 게재했다.* 연말에 ≪뉴욕 타임스≫는 "올 해의 연설문 초록"에서 이 연설문을 인용하였다. 이때 아렌트의 성찰은 엄청 많은 사람들에게 영향을 미쳤으며 그는 전국 각지로부터 격려편지를 받았다.[47]

아렌트는 보스턴 여행을 마치고 돌아온 직후 유럽으로 출발하였다. 그는 우선 독일 마르바흐에 있는 독일문서보관소를 방문하였다. 그는 야스퍼스

---

46 아렌트가 보스턴대학교 총장 존 실버에게 보낸 편지(1975년 10월 2일), 의회도서관.

* 옮긴이_ 바이든 대통령은 당시 상원의원으로서 한나 아렌트에게 보낸 1975년 5월 28일자 편지에서 다음과 같이 언급했다. 즉 "당신이 보스턴 200주년 포럼에서 발표한 논문에 대한 톰 위커의 최근 기사를 읽었습니다. 나는 상원 외교관계위원회 위원으로서 당신의 논문 사본에 많은 관심을 갖고 있습니다." 당시 바이든 상원의원이 읽은 논문은 「거짓말과 이미지」이다. 바이든 상원의원이 언급한 논문은 1975년 보스턴 파뉴에일 홀에서 진행한 강의안 「자업자득」이다.

47 Hannah Arendt, "Home to Roost," *New York Review of Books*, 26 June 1975, pp. 3-6; Tom Wicker's column, *New York Times*, 25 May 1975; "Abstract for the Year," *New York Times*, 6 March 1975, p. 42.

와 블루멘펠트, 그리고 1963년에 사망한 베를린 출신 옛 친구인 에르윈 뢰벤슨과 주고받은 편지 꾸러미를 이곳에 보관하기로 약속하였다. 그는 카를 야스퍼스 재단의 법적인 집행자들 가운데 한 사람으로서 자신의 의무를 수행하기 위해서 4주간 마르바흐에 체류하였으며, 최종적인 출판에 대비해 그의 편지들을 대부분 분류하고 정리하였다.

마르바흐에 머문 한 달은 힘들었다. 아렌트는 주중에는 온종일 보관소에서 작업을 하였으며, 시인이자 수필가인 소장 루트비히 그레브와 함께 점심을 할 때만 작업을 중단하였다. 그레브의 호의와 훌륭한 대화는 가장 중요했다. 그렇지 않았다면 마르바흐라는 작은 도시는 감옥과 같았을 것이다. 아렌트의 활동 영역은 문서보관소에 딸린 반에이커 규모의 공원, 자신의 작은 아파트, 실러박물관, 그리고 관광 레스토랑으로 극히 제한되었기 때문이다. 아렌트는 1955년 후버연구소에서 불편하게 몇 주를 보낸 후 도서관에서 작업을 하지 않았다. 그는 도서관에서 작업하는 것에 익숙하지 못했을 뿐만 아니라 저녁에 동료들 없이 친구와 멀리 떨어져 있는 것에 익숙하지 못했다. 그는 도시의 한 호텔에서 혼자 저녁식사를 하였다. 그레브는 아렌트와 함께 차로 슈투트가르트까지 한번 여행하였다. 그들은 젊은 시절 베를린에서 알고 지냈던 노부부를 방문하였다. 그렇지 않았다면 그는 야스퍼스의 편지들을 읽으면서 고무되었던 기억만을 많이 간직했을 것이다. 매카시는 월말에 며칠 동안 방문하였다. 이때 아렌트는 예민하게 반응하다가 평범할 정도로 무감각해지고 항상 정상의 상태를 유지했다. 그는 쉴러호프 정원에 있는 나무들의 종명에 대해서도 같은 심리적 상태를 보였지!

아렌트는 1974년 방문 당시 목적을 실현시키지 못했음에도 불구하고 테그나로 가는 도중에 프라이부르크에 있는 하이데거를 방문하기로 결정했다. 그는 하이데거의 건강이 좋지 않다는 것을 알았다. 엘프리데 하이데거는 자기 남편에 관한 한 아렌트에게 호의적이었으며, 오랜 시간이 흐른 후

두 여인 사이의 평화, 즉 화해가 이루어졌다. 그러나 아렌트는 낙담한 채 프라이부르크를 떠났다. 아렌트는 테그나에서 매카시에게 "나는 낙담한 채 집으로 왔다"라는 내용의 편지를 보냈다. "하이데거는 이제 갑자기 늙어 보이고, 만년에 매우 변했으며, 귀가 많이 먹었다네. 전에 그를 결코 만나지 못했을 때 같이 이제는 접근할 수 없다오. 나는 이곳에서 몇 주 동안 갑자기 늙어버린 사람들에 싸여 있다오."[48]

안네 바일은 몽트로 인근의 여름 별장에서 테그나로 여행하였다. 그런데 그는 전년에 겪었던 심장병으로 턱없이 늙어버렸다. 안네 바일과 아렌트가 50년 이상 나누었던 우정은 여전히 강렬했다. 아렌트는 바일의 심장병 발생 다음날 뉴욕에서 니스에 있는 바일에게 전화를 했으며, 이때 무엇인가 잘못된 것이 있다는 것을 멀리서나마 알 수 있었다. 두 사람은 이에 관한 이야기를 함께 나누었다. 그들은 방문기간 동안 건강문제에 대해 고민하였다. 그들은 항상 알고 있듯이 솔직하게 어느 누구도 상대방의 장례식에 참석할 필요가 없다는 점에 합의하였다. 안네 바일은 이후 6개월도 되지 못하여 합의를 지켰다. 로베르트 길벗은 1975년 여름 더 늙어보였으며, 건강이 좋지 않았다. 그러나 취리히에 있는 집을 방문하였던 엘케 길벗은 아렌트보다 몇 년 연상이었지만 놀랄 만하게 더 젊어보였다. 아렌트는 엘케 길벗과 함께 어린이 같은 기쁨으로 자기표현대로 '비멜-바멜'이라는 작은 열차를 타고 로카르노를 향해 산자락을 내려가서 영화도 구경하고 기쁘게 서커스도 구경하였다. 벨머의 아내와 아렌트의 뉴스쿨 제자 2명은 프랑크푸르트학파의 학자인 알브레히트 벨머의 형식으로 더 많은 젊음을 추구하여 카사 바르베트에 활기를 불어넣었으며, 아렌트는 회복감을 느끼면서 작업에 복귀하여 유고로 출간된 칸트의 단편들을 읽었다.

아렌트는 깊은 계곡과 눈 덮인 스키장 정상 너머가 굽어보이는 책상을

48 아렌트가 매카시에게 보낸 편지(1975년 8월 22일), 매카시 보존서고.

마주한 채 매년 카사 바르베트 호텔에서 빌린 조촐하지만 안락한 방에서 「의지」에 관한 책에 포함시키고 싶었던 하이데거에 대한 비판, 그리고 「판단」에 관한 책을 집필하기 위해서 칸트에 관한 일련의 주석을 연구하였다. 그는 압박을 받지 않았다. 그는 1976년 봄까지 중단된 기퍼드 강의를 연기하기로 약속하였다. 이것은 하이데거에 관한 내용을 집필한 부분에 대한 그의 거부에 직면할 필요가 없다는 것을 확신했기 때문이다. 그는 동료들을 그리워하면서 그레브에게 다음과 같은 내용의 편지를 썼다. "이곳은 따뜻하답니다. 그러나 날씨가 덥지 않고 이제나 저제나 비가 내리고 고양이들이 많이 다니는군요. 매일 아침 두 마리 울새가 식사용 빵부스러기를 얻어먹고자 내 테라스를 찾네요. 간단히 말하자면 이곳은 천국같이 아름답지요 …. 나는 특별한 기쁨으로 훌륭한 노년의 칸트 작품을 읽고 지내며, 다른 사람으로 골머리를 앓지 않는다오. 그런 게 나를 행복하게 하는군요."[49] 아렌트는 지극히 '나른함'을 느끼면서 천천히 아침식사를 한 후 늦은 아침과 이른 오후에만 작업을 하였다. 그는 낮잠을 청한 후 저녁에는 다른 카사 바르베트 손님들 또는 그를 보러오는 친구들과 함께 저녁식사를 하며, 이후 포르투갈의 혁명 상황을 파악하고자 독일어 및 프랑스어 신문들을 다양하게 읽으면서 자리에 들었다. 아렌트는 포르투갈 혁명과 관련하여 근대 혁명(프랑스 혁명)의 근원에 대하여 스스로 많은 기록을 남겼던 '훌륭한 노년의 칸트'에게서 자신이 파악하고 있는 경이와 열정의 감정을 찾았다.

아렌트는 9월 27일 파리 근교의 주이 앙 조자스에서 개최된 국제인문학재단 후원의 국제학술회의에 참가할 때까지 테그나에 조용히 머물러 있었다. 천국에서의 출발은 갑자기 이루어졌다. 학술회의의 주제는 불길하게도 「2000년의 테러」였다. 그가 토론을 맡기로 했던 논문, 즉 쾰른의 마츠가 제출한 「정치테러」는 테러리즘의 미래에 대한 불안한 성찰이었다. 그러나 뉴

---

49 아렌트가 그레브에게 보낸 편지(1975년 7월 20일), 그레브 보존서고.

욕의 현재시제는 아주 개인적으로 아렌트의 신경을 거슬리게 했다. 그는 리버사이드 드라이브 아파트로 돌아 왔을 때 혼자 외출하는 것을 꺼려했다. 이웃 사람들은 일련의 폭력강도 사건 이후 두려움 속에서 사는 노인들에게는 특별히 위험해졌다. 그는 1971년 콜러의 아파트 엘리베이터에서 폭력강도 기도를 참고 견뎠다. 그는 건강 악화로 다시 한 번 용감해지고 싶지 않았다.

아렌트는 집에서 원고를 집필하며 대부분의 날들을 보냈다. 저녁식사를 위해 손님을 초청하는 통상적인 일과는 유지되었지만, 거의 필사적일 정도였다. 저녁시간이 빌 것 같으면 그는 동족의 구성원들 가운데 한 사람에게 전화를 하였다. 어느 누구도 만날 시간이 없을 경우, 그는 전화로 방문하였다. 그는 이전에 결코 무엇인가를 안락하게 할 수 없었다. 격주 일요일마다 그는 파리에 있는 매카시에게 전화를 하였다. 그는 작업에 있어서 난관에 부딪쳤을 때 조언을 듣거나 그레이가 편지로 보낸 원고에 대한 장문의 비판을 토론하기 위해서 콜로라도에 있는 그레이에게 전화를 하였다.

평온하지만 오히려 쓸쓸한 가을, 아렌트의 69세 생일 축하는 인기의 정점이었다. 동료들은 위력을 충분히 발휘하여 모였으며, 몇 년 동안 먼 거리에 있었던 조나 엘리스 마이어와 같은 일부 옛 친구들이 그들에 합류하였다. 아렌트는 추수감사절에도 요나스의 집에서 로테 콜러와 함께 즐거운 시간을 보냈다. 그러나 아렌트는 스미스대학에서 다음 학기를 보내기 위해 다음 해 초청을 수락할 것이라고 공표함으로써 모든 사람들을 놀라게 할 정도로 자신의 아파트에서 계속 보내는 것에 대하여 상당히 불편해 하였다. 그의 친구들은 매사추세츠 노스햄프턴의 겨울이 너무나 매섭다고 주장하였지만 아렌트는 1976년 가을, 매월 1,000달러의 연금을 받으며 뉴스쿨에서 공식적으로 은퇴하여 뉴욕에서 멀리 떨어진 곳에서 대부분의 시간을 보내기로 결정하였다.

시에서 멀리 떨어진 천국을 발견하려는 아렌트의 결단을 막았던 것은 예상되는 주거침입이나 노상강도는 아니었다. 추수감사절 다음 날 아렌트는 택시에서 내려서 아파트 건물로 걸어가다가 길바닥의 움푹 팬 곳에 걸려서 거리에 쓰러졌다. 사람들이 모여들었다. 아렌트는 힘을 집중하였으며, 골절상을 당하지 않았는지를 알고자 점검하면서 기다리고 있는 동안 수위가 경찰에 지원을 요청하였다. 경찰이 도착하기 전 아렌트는 일어서서 군중을 헤치고 건물로 들어갔다.

아렌트는 혼잡을 야기하지 않으려는 특유의 욕구(이러한 문제에 있어서 그의 소신은 '연민'이 아니었다)로 어떠한 사람에게도 요청하지 않았다. 로테 콜러가 이틀 후 전화를 하였을 때, 아렌트는 쓰러졌다는 것을 언급하였지만 약간 고통이 있을 뿐이지 의사를 찾아갈 필요가 없다고 주장했다. 아렌트는 사실 다음날인 월요일 진료 약속을 하였으나 폭풍우가 치자 약속을 취소하였다. 콜러는 화요일 저녁에 방문하였으며, 아렌트가 다음날 타자작업을 시작하기로 의도하였던 「판단」에 관한 저서의 원고에 필요한 자신의 비망록을 분주하게 수집하고 있었다.

아렌트는 쓰러진 것으로 다치지 않았다는 것을 확신한 후 12월 4일 목요일 저녁에 살로와 자네트 바론 부부를 맞아들였다.* 그는 이들을 맞이하기 위해서 타자기에 「판단」 원고 첫 쪽을 감은 타자기 앞에서 일어섰다.[50] 그들은 저녁을 마친 후 1957년 이후 운영되지 못했던 유대인문화재건위원회를 폐지하기 위한 계약에 대해 논의하려고 거실로 들어갔다. 자네트 바론

---

* 옮긴이_ 살로 비트메이어 바론(1895~1989년)은 유대 역사가이며 1947년에 설립된 유대인문화재건위원회를 운영하였고, 1961년 아이히만 재판에서 나치 집단학살의 역사적 맥락을 증언하였다.

50 「판단」이란 저서를 위해 단지 두 문구만이 타자되어 있다. 첫 번째는 아렌트가 독일 정치인 겐츠와 항상 연계시켰던 키케로의 경구, 즉 승리한 동인은 신을 기쁘게 하지만, 실패한 동인은 카토를 기쁘게 한다"이다(아렌트는 『라헬 파른하겐』 84쪽에서 이 경구를 사용하였다). 두 번째는 조지 메디슨 피르스트 번역본에서 인용한 괴테의 『파우스트』(New York: Alfred A. Knopf, 1941) 제2막 5장의 문장이다.

[나는 내 도정에 모든 신비를 추방할 수 있었다.
그 마력을 버리고 그것을 소멸하게 할 수 있었다.
자연, 나는 당신의 위대한 계획에서 직면할 수 있었다.
그러자 한 인간이 되는 것은 고통을 감수할만한 가치가 있었다.]

이 회장직을 인수하였을 때 아렌트는 『유대사회연구』의 편집진을 다시 맡았으며, 상의해야 할 편집상의 문제가 있었다. 바론 부부는 아렌트의 열정적인 동의에 힘입어 이 잡지사가 미수집 원고를 남긴 채 1960년 타계한 유대인 역사가 필립 프리드만의 논문 모음집을 후원하겠다고 보고하였다. 아렌트는 프리드만을 당대의 가장 훌륭한 유대 역사가라고 말하였으며, 그의 저작에 대해 열심히 말하였다. 이 저작들 대부분은 아렌트가 『전체주의의 기원』을 집필하는 데 많은 도움을 주었다.

아렌트는 약간의 기침을 한 후 거실의 의자에 드러누웠다. 바론 부부는 놀랐다. 그는 소파에서 식후 커피를 마시며 휴식을 취한 후 의식을 잃었다. 바론 부부는 약품 상자에서 아렌트의 의사 이름을 확인하고 로테 콜러를 불렀다. 의사가 달려왔다. 그러나 콜러가 도착하기 전 아렌트는 의식을 회복하지 못한 채 심근경색으로 사망하였다.

정리 작업

아렌트의 장례식은 1975년 12월 8일 암스테르담 애비뉴와 76번가에 위치한 리버사이드 장례식장에서 거행되었다. 장례식은 아렌트의 요청대로 블뤼허의 장례식과 같이 치러졌다. 같은 장소에서 흰 장미가 덮인 평범한 소나무 관에 안치한 채 장례식을 거행하였다. 그의 장례식 역시 친구들이 회상하는 행사였다.

한스 요나스와 메리 매카시는 망명 동족들과 미국인 친구들을 대표하여 조사를 하였다. 요나스는 하이데거의 마르부르크 세미나에서 만났던 젊은 여성을 환기시켰다. "제가 이 남다른 신입생을 어떻게 기억하겠습니까! 부끄러워하고 수줍어하며, 특별히 아름다운 외모와 고독한 눈매를 지닌 아렌트는 아직 이루 말할 수 없을 정도로 '예외적이고 독특하게' 금방 우뚝 솟았습니다. 이때 지성의 총명함은 진귀한 것은 아니었습니다. 그러나 여기에는 강도, 자립성, 질에 대한 본능, 본질의 모색, 심원함의 탐색이 있었습니다. 이것들은 아렌트에게 마법을 겁니다. 사람들은 자기 모습 그대로 있을 수 있으며, 엄청난 취약점에 직면하여 혹독하게 마법을 달성하려는 절대적 결단을 느꼈습니다."[51] 매카시 역시 친구의 신체적 풍채를 환기시키고 싶었다. "그분이 말을 할 때, 신체의 모습은 입술을 우므리고 얼굴을 찡그리며 깊은 생각에 잠긴 채 턱을 감싸 쥐는 행위나 몸짓으로 외재화되는 정신의 운동을 보는 것과 같았습니다."[52]

뉴스쿨의 마지막 연구조교였던 제롬 콘은 학생들을 대표하여 자신들이 느꼈던 것과 더불어 조사를 하였다. "그분은 우리 시대의 위대한 스승들 가운데 한 분입니다. 그의 지식은 엄청나며, 그것을 기꺼이 우리들에게 베풀었습니다." 아렌트의 출판업자인 윌리엄 요바노비치는 그를 공적인 인물로 묘사하였다. "그분은 정의를 믿는 분들이 될 수 있는 측면과 자비를 믿는 분들이 유지해야 할 방식에 있어서 열정적이었습니다. … 그분은 진지한 탐구가 그를 인도하는 곳마다 따라갔습니다. 그분이 적을 만들었다면 그것은 공포에서 그런 것은 아닙니다." 요바노비치는 목소리를 떨면서 말을 멈추었으며, 눈물을 흘리면서 조문객들에게 "저의 경우, 저는 그분을 격렬하게 사랑했습니다"라고 조문객들에게 말하였다.[53]

300명의 조문객들이 빽빽이 있는 방에는 아렌트에 대해 격렬하게 느꼈던 사람들이 많았다. 그들은 분노 또는 상처, 또는 당혹감의 기억을 갖지 않았던 것은 아니었다. 그러나 요나스가 말했듯이 그들은 "세계는 여러분들의 온기가 없다면 더욱 차가워질 것"이라는 것을 느꼈다. 아렌트를 사랑

---

51 Hans Jonas, "Hannah Arendt: 1906~1975," *Social Research*, Winter 1976, pp. 3-5.

52 Mary McCarhty, "Saying Good-bye to Hannah," *New York Review of Books*, 22 January 1976, p. 8.

53 Kohn's and Jovanovich's remarks cited in *New York Times*, 9 December 1975, p. 32.

했던 사람들에게 있어서 그는 자신을 알았던 가족 · 친구 · 동료들의 동아리 일부가 아니라 세계의 일부였다. 그들은 장례식에 많은 낯선 사람들, 즉 아렌트의 독자들이 많았으며, 심지어 그들 가운데 일부는 농업노동자 단추가 달린 복장을 한 사람들도 있었다는 것을 알았다. 이들은 '지구' 각처에서 왔다. 아렌트를 사랑하는 사람들이 아렌트의 공적인 명성fama의 다양한 측면에서, 또는 친구들 일부의 표현대로 진정한 애정Innigkeit, 살아 넘치는 사랑의 힘vivida vis animi, 영혼 충만함을 둘러싸고 그가 유지하고자 했던 사생활의 다양한 층에서 아렌트를 재정립하는 것은 쉽지 않았으며, 오늘날에도 마찬가지이다. 장례식이 있기 전날 밤, 비유대인 남편을 위해 유대식 예배를 드려야 할지에 대해 아렌트가 논쟁했던 것과 마찬가지로, 친지들은 아렌트를 위해 유대식 예배를 드려야 할 것인가를 둘러싸고 격렬하게 논쟁하였다! 논쟁의 결론은 타협안이었다. 이스라엘에 살고 있는 아렌트의 조카는 히브리어로 성경을 낭독하였으며, 이어서 클렌보르트의 아들 다니엘은 영어로 성경을 낭독했다.

그러한 논쟁이 있었던 것은 놀랍지 않다. '지구상'에는 많은 세계가 있으며, 아렌트는 그들 가운데 일부에서만 살지 않았다. 수많은 문상객들은 그가 기억되기를 바랐으며, 아렌트와 자신들의 관계라는 측면에서 아렌트를 기억하기를 기대했다. 시간이 지나고, (서로 알게 되었고 그의 작품을 읽거나 들어서 알게 된) 친지들은 그들의 기억을 위해 새로운 맥락을 형성하였다. 1975~1976년 겨울 기간 동안 나타났던 수많은 추도사의 경우와 마찬가지로 1976년 4월 뉴스쿨에서 개최된 추모식에서 아렌트의 삶과 저작에 대한 일부 구상, 아렌트의 중요성을 지적하는 일부 요약이나 단서를 모색하였다. 1976년 5월 바드대학에 아렌트의 유골을 묻었을 때, 친지들은 다시 모였으며 한스 요나스, 글렌 그레이, 그리고 시카고대학교의 크리거가 이해하는 작업을 지속하고 있다는 내용을 들었다. 이후 아렌트를 알고 있는 사람이나 모르는 사람들을 위해서 세 편의 영어 논문, 그리고 한 편의 프랑스어 논문, 그리고 학술회의, 세미나 저녁만찬에서의 연설 등 책 두 권 분량의 비판적인 연구로 정리하는 작업이 진행되었다.[54]

메리 매카시는 아렌트의 기퍼드 강의 원고를 『정신의 삶』으로 전환하는 정교한 작업을 수행하였다. 매카시는 원고의 불균등한 질적 수준, 즉 전환·요약·명료한 강조의 부족을 보완하려고 노력하지 않았지만 읽을 수 있고 거의 항상 정확한 책을 출판하였다. 아렌트에 대한 매카시의 이미지를 충실히 반영하는 중요치 않은 세부사항에서만 그는 원고에 충실하지 않았다. "칩이 떨어졌을 때"라는 포커 게임자의 문구는 매카시의 이미지에 부합되지 않는다. 물론 아렌트는 그 문구를 인쇄물의 형태로 이용하였으며, 세미나에서 그것을 즐겨 사용하였다. 그래서 그는 다음과 같이 변화를 꾀하였다. "나는 (받침대에 기댄 채 담배를 피우고 있는) 아렌트가 룰렛 테이블이나 트럼프 놀이판*chemin-de-fer*을 주시하고 있는 것을 알 수 있다. 그래서 이제 판돈은 테이블에 있다. 이 문구는 성격상 더 적절하다."[55] 아렌트의 제자들은 웃었지만 이 문구는 훌륭하다. 그들은 아렌트가 "칩이 떨어졌을 때 여러분은 일부 선택을 해야 한다"고 가끔 힘주어 말하는 것을 기억하였다. 그는 이러한 '칩'에 대해 더 흥분하면 할수록 그들을 범주화하기 위해서 미국의 숙어나 거리에서 사용하는 말에 더 의존하였다. 랜달이 『평판 있는 사람에 대한 풍자』에서 독일어 학습자에 대해 언급한 바와 같이 "절묘한 행위에서 나온 관용구를 모르는 것만큼의 기쁨은 없다."

매카시의 작업은 완결되었다. 이때 매카시와 숀은 『뉴요커』를 위해 「사유」에 관한 저서의 편집을 준비하였다. 요바노비치는 1978년 멋있게 묶인

---

54 The essay collections: *Social Research*, Spring 1977; Melvyn Hill, ed., *Hannah Arendt: The Recovery of Public World*(New York: St. Martin's press, 1979); *Response*, Summer 1980; and *Esprit*, June 1980. The books: Margaret Canovan, *The Political Thought of Hannah Arendt* (New York: Harcourt Brace Jovanovich, 1974) and Stephen J. Whitfield, *Into the Dark: Hannah Arendt and Totalitarianism*(Philadelphia: Temple University Press, 1980). Whitfield's notes and bibliography refer to most of the work on Arendt in French.

55 Mary McCarthy, postface to *The Life of the Mind* by Hannah Arendt(printed in both volumes).

합본으로 책을 출판하였다. 『정신의 삶』의 출판은 한나 아렌트의 작품에 포괄하는 임무를 쉽게 하지는 않았다. 유럽 철학에서 한 시대의 종식을 보여주는 성찰에서 드러날 수 있는 책인 마르틴 하이데거의 책과 같이, "적절한 철학"(아렌트는 농담조로 이 용어를 사용하고 있음)을 간직한 그의 저작은 마지막 세 번째 부분을 빠뜨리고 있다. 그러나 하이데거는 자신의 저서가 출간된 후 거의 50년을 살았으며, 자신의 대작에서 제시했던 여정을 탐구하는 많은 저작들을 집필하였다. 아렌트가 성급하게 서두르지 않았다면 첫 번째 책들에서 시도할 수 있었을 변화의 혜택도 누리지 못한 채 아렌트의 저작은 대충 만들어졌을 것임에 틀림없다. (아렌트는 한때 클렌보르트에게 다음과 같이 말하였다. 말하는데 두 권이 필요한 것을 두 쪽으로 말할 수 있었다. 그래서 두 권이 있는 게 전적으로 행운이다.) 매카시는 아렌트가 뉴스쿨에서 칸트 정치철학에 대해 강의하였던 내용에서 초록을 제2권에 포함시키기로 결정했다. 이것은 빠뜨린「판단」저서에 대한 의도의 표현이다.

「판단」은 아렌트가 정치이론가이며 정치논평가로서 평생 집필 작업의 상당 부분을 할애하였던 것이다. 그가 자신의 활동에 대해 언급할 수 있었던 것에 대한 가장 명료한 단서는 판단하였던 다른 사람들(로자 룩셈부르크, 베어톨트 브레히트, 카를 야스퍼스, 그리고『어두운 시대의 사람들』에 나타난 사람들 모두)에 대해 기술하였던 논문들에 나타난다. 이러한 사람들과 마찬가지로 아렌트는 매우 다양한 방식으로 자신의 판단 때문에 평가를 받았다. 그가 죽기 훨씬 오래 전에 현대의 평가자 진영이 형성되었으며, 그의 사후 메시지들은 이들에서 나왔다.

그가 미국의 제도를 너무 비판하면서도 미국 외국정책의 기본적 형성 요인, 즉 공산주의와 투쟁할 필요성에는 너무 무관심했다는 비난은 아렌트의 정치적 우파에 속한 사람들로부터 나타났다. 예측건대, 다음과 같은 반대의 비난은 정치적 좌파에 속하는 비판자들로부터 나타났다. 즉 그는 너무 보수주의적이고, 엘리트적이며, 냉전 투사적이며, 계급분화에 집착한 사람이다. 『논평』에 게재된 나탄 글레이저의 논문 「한나 아렌트의 미국」은 전자를 대변하고, 스트워트 휴스의 『대변화』는 후자를 대변한다.[56] 리처드 번스타인, 노만 야곱슨, 조지 카텝, 한나 피트킨, 주디스 스클라르, 쉘던 월린은 정신에 있어서 중간에 속해 있거나 아주 근접해 있다. 물론 이들은 이론이나 실천 문제에 있어서 아렌트와 투쟁했지만 저마다 따로따로 논박 없이 그렇게 했다. 독일에서 아렌트의 가장 영향력 있는 존경자이며 비판자는 프랑크푸르트학파의 하버마스이다. 그는 1968년 뉴스쿨에서 아렌트를 만났고, 이후 여러 차례 만났으며, 가장 최근의 일이지만 1980년 뉴스쿨 졸업식에서 자신이 아렌트에게 신세를 졌다고 밝혔다. 아렌트의 저작은 가끔 인용되지 않지만 프랑스의 젊은 철학자들은 그의 저작을 읽는다. 학술잡지 『정신*Esprit*』의 한 호는 그의 저작을 더 많이 알리는데 노력하였다.

철학자들 사이에서 영국의 해협은 종종 대서양보다 훨씬 넓다. 대륙의 전통을 공감하는 사람들은 영국 또는 영미 철학으로 훈련을 받은 사람들보다 아렌트의 저작, 특히 『정신의 삶』을 훨씬 더 존중하는 것 같다. 옥스퍼드대학교의 슈트워트 햄퓨셔는 미국인들이 아렌트를 왜 '정치이론가와 공공철학자'로서 진지하게 고려하고 있는가를 이해할 수 없다고 언급했다. 그는 "아렌트는 내가 보기에 논쟁에 있어서 부정확하고 원전을 치밀하게 분석하지 않은 채 박학한 환상의 행진을 하고 있는 것 같다"고 언급했다. 햄퓨셔의 경우, 『정신의 삶』은 "안개에 싸인 형이상학적 태고太古"[57]의 거점이었다. 역사가들의 진영에서도 아렌트의 저서에 대한 반응은 갈라진다. 즉 정치적 노선에 따라 갈라질 뿐만 아니라 사변가들과 경험론자들을 분리시키고 현재와 미래를 위해 과거에 대하여 기술하는 사람들과 기록을 위해 기술하는 사람들을 분리시키는 확인할 수 없는 노선에 따라 갈라진다.

---

56 Nathan Glazer, "Hannah Arendt's America," *Commentary*, September 1975, pp. 61-67; H. Stuart Hughes, *The Sea Change: The Migration of Social Thought*, 1930-1965(New York: McGraw-Hill Paperbacks, 1977).

57 Stuart Hamphire, "Metaphysical Mists," *London Observer*, 30 July 1978, p. 26.

한나 아렌트와 관련한 견해를 둘러싸고 나타나는 가장 격렬한 분열은 『예루살렘의 아이히만』 출판과 시작된 분열이다. 유대인 공동체가 자체의 명백한 사망에 대하여 인정을 하였는데, 아렌트는 이에 관한 몇 가지 관례적인 언급을 수용하였다. 아렌트의 저작을 연구하는 젊은 유대인 학생이 아이히만 논쟁에 관한 두 편의 글을 포함하여 유대인 문제에 대한 아렌트의 원고 모음집을 편집하여 출판한 1978년에, 오래 전에 형성된 의견의 차이는 다시 한 번 격렬하게 노출되었다. 론 펠드만은 다음과 같은 확신을 가지고 『파리아로서 유대인*The Jew as Pariah*』*을 편집하여 출간하였다. 아이히만 논쟁은 "너무나 오랫동안 현대 유대인 경험을 이해하는 데 있어서 아렌트 공헌의 실질적 심오함을 모호케 해 왔다." 펠드만은 아렌트가 "유대인 공동체로부터 현대적 형태의 추방"으로부터 구원되는 것을 돕고 싶다고 희망하였다.[58] 역사가인 월터 라쿼는 『만남』에 게재한 『파리아로서 유대인』에 대한 서평에서 자신이 1965년 다음과 같이 제기했던 주장을 반복하였다. "한나 아렌트는 자신이 수행한 것이 아니라 그것을 어떻게 언급하는가 때문에 주로 공격을 받았다." 그러나 라쿼의 주장은 항상 더 깊은 닻을 가지고 있다.

> 대재앙은 겸손의 정신으로 대면해야 할 주제이다. 아렌트 여사의 여러 가지 미덕이 어떠하든 겸손은 그들 가운데 하나가 아니다. "비판을 받지 아니하려거든 비판하지 마라(마태복음 제7장 1절)." 그러나 아렌트는 판단하는 것을 좋아했으며, 도덕적 열정을 환기시키면서 인류의 스승 역할을 매우 효율적으로 수행하였다. 따라서 그는 생전에 경험하지 않았던 극단적인 상황을 기술하면서 현명한 어느 누구도 밟기를 두려

---

* 옮긴이_ 이 책은 현재 절판되었으며 다음 모음집에 다른 사람의 논문을 제외하고 모두 수록되어 있다. Hannah Arendt, *The Jewish Writings*, eds., Jerome Kohn and Ron F. Feldman(New York: Schocken Books, 2007); 홍원표 옮김, 『유대인 문제와 정치적 사유』(파주: 한길사, 2022).

58 Ronald Feldman, introduction to *The Jew as Pariah*, by Hannah Arendt(New York: Grove Press, 1978), p. 48.

위했던 곳으로 돌진하였다. 그는 추상적인 것을 취급할 때 매우 편안해 하면서 구체적인 상황에 있는 사람들을 다룰 때 취약점을 드러내어 기질적으로 항상 과대한 진술을 하는 성향이 있는 지식인이었다.[59]

이러한 정형화된 문구로 성스러운 영역은 대재앙 역사로 구성된다. 이 역사는 극단적인 상황을 경험하지 않은 사람들 — 그리고 확실히 유대인이 아닌 사람들 — 이 영역의 감정과 생존자들의 특권에 부합되지 않는 판단으로 비판을 받는 곳으로 구성되었다. 라쿼는 아렌트가 "신분 증명을 결여한 국외자"로서 글을 썼다고 언급했다. 슬프게도, 유대인 공동체 내의 많은 사람은 여전히 이런 판단을 수용한다. 그러나 다른 사람들은 어느 날 이 탁월한 민족 사이에 파리아들의 의견을 위한 더 많은 여지가 있을 것이라는 펠드만의 희망을 공유한다.

경험으로 말하자면, 고전은 각각의 새로운 세대에 다시 태어나는 그런 책들이다. 『전체주의의 기원』은 출간된 지 이제 30년이 지나서 두 세대의 단계를 스스로 보여줄 시간을 갖고 있다. 수정주의 역사가들은 1960년대 그 한계를 지적하기 시작했으며, 현재의 후계자들을 갖고 있다. 베트남전 이후 독자 세대는 새로운 세계 상황에서 이 책을 읽고 있다. 전체주의 연구자들은 어느 누구도 그것을 무시할 수 없다. 『인간의 조건』은 '출판된 지 적어도 15년이란 시간이 지난 후'인 1975년 그 '예외적인 우수함'과 중요성 때문에 미국정치학회로부터 리핀코트상을 수상하였다. 이 책은 정치이론가들에게 아렌트의 가장 도전적인 책이다. 윌리엄 더글러스 대법관은 『혁명론』이 결과적으로 "고전적 저서"[60]로 평가될 것이라고 1962년 예측할 준비가 되어 있었지만, 이 책은 이 방향으로 진입하기 위해서 현대 독자들을 여전히 기다려야 한다. 『예루살렘의 아이히만』은 출판 이후 논쟁을 야기하

59 Walter Laqueur, "Re-reading Hannah Arendt," *Encounter*, March 1979, p. 77.

60 William O. Douglas, *San Francisco Chronicle*, 21 January 1962.

고 있으며 해석을 요구하고 있다. 그리고 이것이 흥분시키는 위력을 상실할 징후는 없다. 그러나 이 책은 『정신의 삶』에서와 같이 아렌트 자신에 의한 경우를 제외하고 철학적 고찰을 위해 다시 태어나지 않았다.

에세이 모음집인 『과거와 미래 사이』, 『어두운 시대의 사람들』, 그리고 『공화국의 위기』는 책 규모 연구의 비중이나 수명을 갖고 있지 않다. 아렌트의 에세이들은 개별적으로 특별한 독자들을 가지고 있으며, 모음집의 일부로 계속 출간되고 있다. 아렌트 자신은 한때 『과거와 미래 사이』가 자신의 책들 가운데 가장 훌륭하다고 언급한 바 있다. 그는 그 형식을 믿었다. 즉 부제가 시사하듯이, 이 책은 '정치적 사유의 연습'을 포함하고 있지만, 체계적이지 않다.

체계화하려는 촉구 때문에 『정신의 삶』은 그렇게 어렵고도 혼란스러운 책이 되었다. 아렌트는 하이데거가 서양 철학의 전통을 분리하는, 즉 '해체하는' 일을 맡아서 새롭게 조합할 수 없다고 말하였다. 아렌트는 이를 비난하는 투로 언급하지 않았다. 그는 새로운 철학에 대한 희망을 갖지 않았기 때문이다. 그는 파산으로 남겨진 파편을 가진 채, 인도해줄 지침만을 가진 채 그렇게 자유롭게 사는 데 요구되는 꿋꿋함을 예리하게 자각하였다. 「판단」 부분이 집필되었다면(아렌트가 「판단」에 관한 책을 집필할 수 있었다면 이라고 말하고 싶은 마음이 든다) 그는 정신 능력이 어떻게 상호 연관되며, 심지어 어떻게 상호 연관되어야 하는가를 체계적으로 말했을 것이다. 그러나 이러한 것은 아렌트의 정신에 부합되는 문제는 아니었다. 그는 그리스어 원래 의미의 비판가κριτὴς이다. 비판가는 구별할 수 있고, 사물을 분리하며 의미를 부여할 수 있는 판관 또는 해석자이다. 그는 철학적 또는 정치적 환상가는 아니었다. 아렌트가 평의회의 존재, 혁명의 자발적 성장으로부터 정치적 희망을 가졌지만, 그의 저작에는 유토피아적 충동은 없다. 노년의 괴테가 언급했듯이 "세계는 세계를 반대하는 사람들 때문에 단지 전진한다."

아렌트의 사유는 생의 말년에 세계에 대한 비판자들 일부가 스스로 얻으려고 하거나 그들의 이야기가 전해지고 다시 전해질 때 주어지는 지구적 불멸성이 결코 아니었다. 반대로, 그는 『정신의 삶』 제2권 「의지」 끝부분에 첨가사항을 기술하고 있었다. 그는 이 장에서 하이데거의 '의지하지 않을 의지'를 아주 비판적으로 논의하고 있었다. 그는 영원히 변화하는 **존재**가 행위자의 사유에서 발현의 역사를 가지고 있으며, "따라서 사유와 행위가 일치한다"는 하이데거의 개념에 분명히 반대하였다. 아렌트는 하이데거가 1946년 자신의 논평 「아낙시만드로스 단편」에서 쓰려고 했던 완전히 다른 개념으로부터 벗어난 이후 이 개념에 도달했다고 생각했다.

아렌트는 스승인 하이데거와 야스퍼스가 새 시대가 도달하기를 희망했던 제2차 세계대전 직후 몇 년을 회상하였다. 야스퍼스는 1946년 제네바에서 개최된 그 유명한 「철학 학회Rencontres philosophiques」에서 "우리는 아직도 닫혀있는 문을 두드리기라도 하듯이 살고 있다"라고 언급했다. "오늘 발생하는 것은 아마도 어느 날 한 세계를 창립하고 확립할 것이다." 희망의 순간은 빠르게 사려졌다. 시작된 그 시대는 평화와 세계질서의 시대는 아니었다. 그 순간에 야스퍼스는 보통 사람들에게 필요한 철학 연구에 헌신하였으며, 하이데거는 탄생 이전 부재(과거)와 사망 이후의 부재(미래) 사이의 시간, 역사가 전개되는 공간에서 공동 운명으로 함께 사는 인간들을 구상하였다. 이러한 안목에서 **존재**는 영원히 변하지 않는다. 숨겨진 **영원**은 역사를 가지고 있지 않다. 사람들은 역사의 영역, '실수의 영역'에서 물러나 사유로 진입할 때에만 숨겨진 **존재**에 접근한다. 따라서 그들은 역사에서 모든 무질서의 근원인 자기보존에 대한 의지에 앞선다.

하이데거는 이 짧은 순간에 역사의 이념 — **존재**의 역사가 아니라 인간의 역사 — 을 가졌다. 아렌트는 항상 이 이념이 하이데거의 철학에 없다는 것을 알았다. 아렌트는 역사를 '오류'라고 부르지 않으려고 했다. 아렌트는 이 용어가 하이데거의 개념을 그의 기본적 확신의 진정한 변형이 아니라 '단순한' 변형으로 특징지운다고 생각했다. 그러나 아렌트는 두 가지 부재

(즉 과거와 미래 — 옮긴이) 사이의 체류(즉 현재의 삶 — 옮긴이)라는 이미지, 즉 아렌트 자신이 말하는 '탄생성'과 '사멸성' 사이의 체류라는 이미지에 분명히 자극을 받았다. 자신들이 "잠시 머물고 있으며" 다른 사람들과 운명을 공유한다고 생각하는 사람들은 삶을 모든 대가를 치르더라도 보존되어야 할 최고선으로서 취급하지 않을 것이다. 정치적 관점에서 그러한 사람들은 용기와 선한 판단을 위한 형평성을 유지한다.

하이데거는 아낙시만드로스에 관한 논문에서 아렌트가 '적절한 철학'이 완결되었을 때 관심을 갖겠다고 한때 말하였던 저작의 기본 주제를 알려주고 있다. 키케로의 『노년에 대하여』는 아렌트의 모델이었다. 아렌트는 그 원전에서 자신이 인생의 만년에 탐구하고 있는 주제를 발견하였다. 카토가 말한 바와 같이, "내가 죽음에 가까워지면, 나는 긴 여행을 마친 후 항구 가까이에 있는 사람과 같은 기분을 느낀다. 나는 대륙의 모습을 포착하고 있는 것 같다."

부록 1

쾨니히스베르크 시절 콘 가와 아렌트 가

■ 마르타 콘 집안

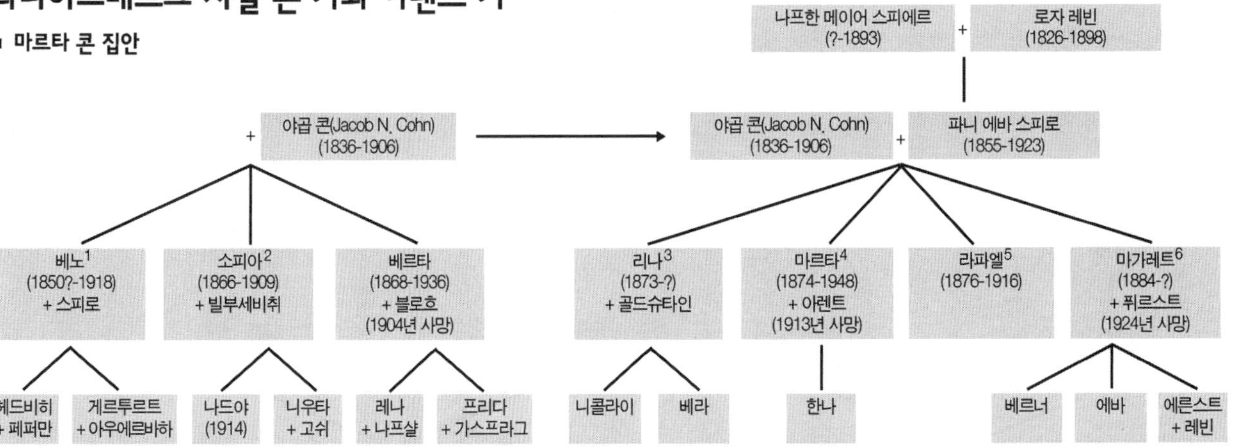

1. 베노는 에마 스피로와 결혼하고, 그의 아버지 야곱은 두 번째 부인 파니 스피로, 에마의 여동생과 공동으로 결혼하였다.
2. 소피아와 그의 딸 나드야는 결핵병으로 사망하였다. 니우타는 아버지 가족이 살고 있는 파리에서 교육을 받고 이후 인도 출신 남편 약리학자와 함께 캘커타로 이사했다.
3. 리나 골드슈타인은 남편인 자끄와 레닌그라드에서 살았다. 그들의 딸인 베라는 1920년 성홍열로 사망했다. 아들인 니콜라이는 붉은 군대에 입대했다. 마르타 아렌트는 어머니 소유지를 둘러싼 갈등이 발생하였던 1923년 동생을 본 이후 동생을 찾을 수 없었다.
4. 마르타는 1902년 바울 아렌트와 결혼하였다. 바울은 1913년 사망했다. 마르타는 1920년 마틴 베어발트(마틴은 51세, 마르타는 46세)와 결혼하였다. 마르타의 사촌 마가레트, 그의 의붓사촌 베르타, 그의 어머니 파니, 바울 아렌트의 의붓어머니는 여러 해 동안 과부로 살았다.
5. 라파엘은 1916년 동부전선에서 이질로 사망하였으며, 사후 철십자상을 수상했다.
6. 마가레트는 1924년 과부가 되었으며, 베를린에서 세 어린이를 양육하였다. 그는 나치 집단수용소에서 사망했다.

■ 바울 아렌트 집안

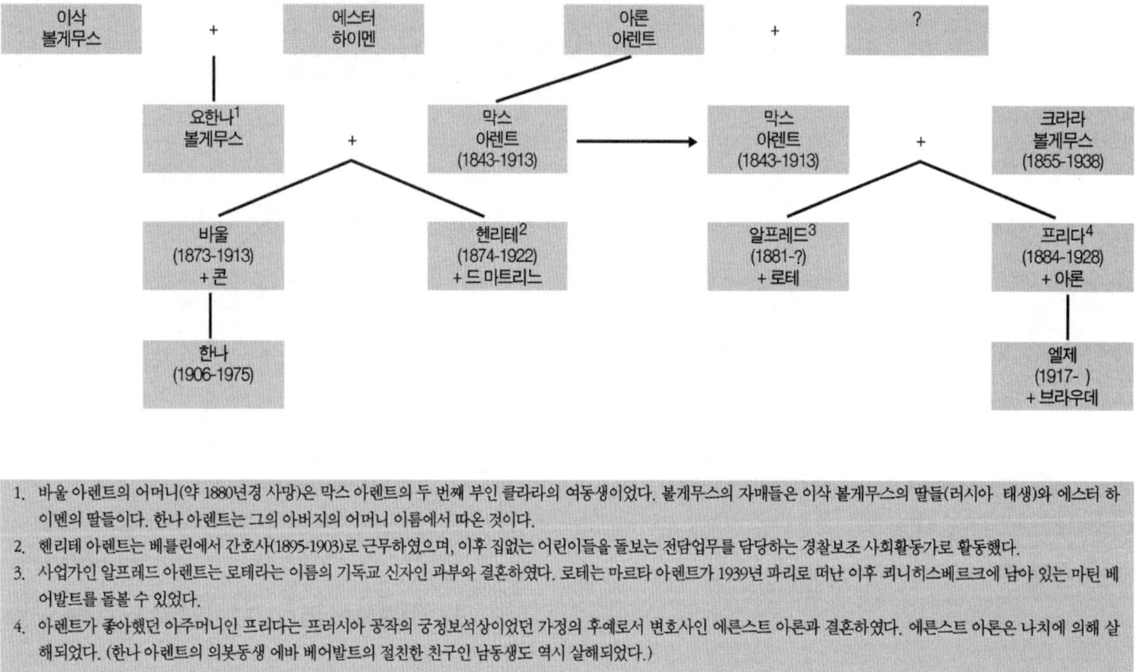

1. 바울 아렌트의 어머니(약 1880년경 사망)은 막스 아렌트의 두 번째 부인 클라라의 여동생이었다. 볼게무스의 자매들은 이삭 볼게무스의 딸들(러시아 태생)와 에스터 하이멘의 딸들이다. 한나 아렌트는 그의 아버지의 어머니 이름에서 따온 것이다.
2. 헨리테 아렌트는 베를린에서 간호사(1895-1903)로 근무하였으며, 이후 집없는 어린이들을 돌보는 전담업무를 담당하는 경찰보조 사회활동가로 활동했다.
3. 사업가인 알프레드 아렌트는 로테라는 이름의 기독교 신자인 과부와 결혼하였다. 로테는 마르타 아렌트가 1939년 파리로 떠난 이후 쾨니히스베르크에 남아 있는 마틴 베어발트를 돌볼 수 있었다.
4. 아렌트가 좋아했던 아주머니인 프리다는 프러시아 공작의 궁정보석상이었던 가정의 후예로서 변호사인 에른스트 아론과 결혼하였다. 에른스트 아론은 나치에 의해 살해되었다. (한나 아렌트의 의붓동생 에바 베어발트의 절친한 친구인 남동생도 역시 살해되었다.)

한나 아렌트의 시 원문과 한역

여기에는 본문에서 인용되거나 참고한 시들만 포함되어 있다.

1923/1924년 겨울

Im Volksliedton

Sehr wir uns wieder
Büht weisser Flieder,
Ich hüll Dich in Kissen
Du sollst nichts mehr missen,

Wir wollen uns freune,
Dass herber Wein,
Dass duftende Linden
Uns noch beisammen finden.

Wenn Blätter fallen,
Dann lass uns scheiden
Was nützt unser Wallen?
Wir müssen es leiden.

민요노래 풍으로

우리가 다시 만날 때
백합이 만개할 것이고,

나는 베개 속에 너를 담을 것이며
너는 아무것도 원하지 않을 것이네.

우리는 다시 행복할 것이다.
똑 쏘는 포도주,
그리고 향기 나는 린덴이
나란히 우리 옆에 있을 것이오.

나뭇잎들이 떨어질 때,
우리는 헤어져 있을 것이오.
방황이 무엇을 의미하는지?
우리는 그것을 견뎌야지.

1923/1924 겨울

[Untitled]

Kein Wort bricht ins Dunkel –
Kein Gott hebt die Hand –
Wohin ich auch blicke
Sich türmendes Land.
Keine Form, die sich löset
Kein Schatte, der schwebt.
Und immer noch hör ich's:
Zu spät, zu spät.

[제목 미상]

아무 말도 어둠을 깨지 않고 –
어떤 신도 자신의 손을 들지 않고 –
그리고 내가 주시하는 곳마다
대지는 일어선다.
어떤 형태도 흐트러지지 않고
어떤 그림자도 드리워지지 않네.
그리고 나는 여전히 그것을 듣네,
너무 늦게, 너무 늦게.

Trost

Es kommen die Stunden
Da late Wunden
Die längst vergesse
Drohn zu zerfressen.

Es kommen die Tage,
Da keine Wage
Des Lebens, der Leiden
Sich kann entscheiden.

Die Stunden verrinnen,
Die Tage vergehen,
Es bleibt ein Gewinnen
Das blosse Bestehen.

위안

시간이 올 것이다
오랫동안 잊었던
오래된 상처가
서서히 약화될 징후를 보일 때.

날이 올 것이다
삶의 균형, 즉
비애가
기대되지 않을 때.

시간이 흐르고,
날은 저물어가네,
하나의 성과가 남는다오.
단지 살아있다는 것.

Traum

Schwebende Füsse in pathetischem Glanze
Ich selbst,
Auch ich tanze,
Befreit von der Schwere
Ins Dunkle, ins Leere.
Gedrä Räume vergangener Zeiten
Durchschrittene Weite
Verlorene Einsamkeiten
Beginnen zu tanzen, zu tanzen.

Ich selbst
Auch ich tanze.
Ironisch vermessen
Ich hab nichts vergessen,
Ich kenne die Leere,
Ich kenne die Schwere,
Ich tanze, ich tanze
In ironischem Glanze

꿈

애처로운 광채 속에서 떠도는 발
나 자신,
역시 춤춘다.
부담으로부터 자유롭게
어둠 속으로, 텅 빈 곳으로
과거의 시간이 응축된 공간.
광대한 넓이를 넘어
외로움을 잊어버리고,
춤추고 있으며, 춤춘다.

그리고 나, 나는
역시 춤춘다.

얄궂게도 주제넘게
나는 잊지 않고 있다.
나는 빈 공간을 알고 있으며,
나는 부담을 알고 있다.
그러나 나는 춤추고 춤춘다.
얄궂은 영광 속에서

1923/1924 겨울

Müdigkeit

Dämmernder Abend –
Leise verklagend
Tönt noch der Vögel Ruf
die ich erschuf.

Graue Wände
Fallen hernieder,
Meinde Hände
Finden sich wieder.

Was ich geliebt
Kann ich nicht fassen,
Was mich umgibt
Kann ich nicht lassen.

Alles versinkt
Dämmern steigt auf.
Nichts mich bezwingt –
Ist wohl des Lebens Lauf.

피곤함

어두워지는 저녁 –
나지막하게 불평하듯
내가 내는 새소리는

아직도 들리네.

회색 빛 벽은
떨어져 내리고,
내 손들은
다시 나타나네.

사랑했던 것을
나는 가질 수 없다오.
내 주위에 있는 것을
나는 버릴 수 없다오.

모든 것은 시들어가고
어둠이 찾아오는 동안
아무것도 나를 극복하지 못하니 —
이것이 삶의 방식이라오.

1923/1924 겨울

Die Untergrundbahn

Aus Dunkel kommned,
Ins Helle sich schlängelnd,
Schnell und vermessen,
Schnell und bessessen
Von menschlichen Kräften.
Aufmerksam webend
Gezeichnete Wege,
Gleichgültig schebend
Über dem Hasten.
Schnell, schmal und bessessen
Von menschlichen Kräften
Die es nicht achtet,
Ins Dunkel fliessend,

Um Oberes wissend
Fliegt es sich windend
Ein gelbes Tier.

지하철

어둠 속에서 와서
빛 속으로 사라지고 있고,
재빨리 당돌하게,
아슬아슬하며 미친 듯이
인간의 힘에 의해.
주의 깊게 전후좌우로 움직이면서
미리 정해진 길을
무심하게 떠돌면서
신속히
빠르고, 아슬아슬하게, 미친 듯이
인간의 힘에 의해
그것을 주시하지 않으며
어둠 속으로 무심하게 떠돌며.
그것은 더 높은 것들을 알고 있으며,
날고 있고, 요동치며 지나간다.
노란 동물.

1923/1924 겨울

Abschied

Nun lasst mich, o schwebende Tage, die
Hände Euch reichen.
Ihr entfliehet mir nicht, es gibt kein
Entweichen
Ins Leere und Zeitenlose.

Doch legt eines glühenden Windes fremderes
Zeichen
Sein Wehen um mich, ich will nicht entweichen

In die Leere gehemmter Zeiten.

Ach Ihr kanntet das Lächeln mit dem ich mich
schenkte.
Ihr wusstet wie vieles ich will scheigend
verhängte,
Um auf Wiesen zu liegen und Euch zu gehören.

Doch jetzt ruft das Blut, das nimmer verdrängte
Hinaus mich auf Schiffe, die niemals ich lenkte.
Der Tod ist im Leben, ich weiss, ich weiss.

So lasst mich, o schwebende Tage, die Hände
Euch reichen.
Ihr verlieret mich nicht. Ich lass Euch zum
Zeichen
Dies Blatt und die Famme zurück.

이별

정처 없이 떠돌던 날들, 이제 내 손을 그대에게
내미오.
당신은 나를 피할 수 없다오. 피신처는 없다오
빈 공간으로 또는 무시간성으로.

아직도 맹렬한 바람은 더 이상한 징후라오
내 주위의 그 길을 감싼 채. 나는 원하지 않는다오
억눌린 시대의 빈 공간으로 떠돌기를.

오, 당신은 내가 보내는 웃음을 알고 있다오,
내가 얼마나 조용하게 은폐하고 있는가를 당신
은 안다오.
초원에 놓여 있으며 당신에게 속하는 것을.

그러나 이제 결코 침묵을 지키지 않은 생명은

내가 결코 키를 잡지 않았던 배로 나를 초청하네.
아, 죽음은 삶 속에 있다는 것을 나는 알고 있다오, 안다오.

그러니 정처 없이 떠도는 날들, 내 손을 그대에게 내미오.
당신은 나를 잃지 않을 것이오. 그리고 나는 징표로 남기오,
당신을 위해, 이 꽃잎과 불꽃을.

1924/1925 겨울

In sich versunken

Wenn ich meine Hand betrachte
– Fremdes Ding mit mir verwandt –
Stehe ich in keinem Land,
Bin an kein Her und Jetzt
Bin an kein Was gesetzt.
Dann ist mir als sollte ich die Welt verachten,
Mag doch ruhig die Zeit vergehen,
Nur sollen keine Zeichen mehr geschehen.

Betracht ich meine Hand.
Unheimlich nahe mir verwandt,
Und doch ein ander Ding.
Ist sie mehr als ich bin,
Hat sie höheren Sinn?

자기명상

내가 손을 눈여겨 바라보니
이상한 것은 나와 관계가 있네
그런데 나는 어디에도 있지 않다오,
난 여기 지금 있는 게 아니고,
나는 아무것도 하지 않네.

그러니 나는 세상을 경멸할 것 같네.
원하는 대로 시간이 가게 하오.
그러나 더 이상 흔적은 남기지 마오.

내가 손을 눈여겨 바라보니,
이상하게도 나 가까이 비슷한
그러나 아직도 다른 것.
그것은 나 이상인가요?
그것은 더 높은 의미를 가지고 있나요?

1925년 여름

Sommerlied

Durch des Sommers reife Fülle
Lass ich meine Hände gleiten
Meine Glieder schmerzhaft weiten
Zu der dunklen, schweren Erde.

Felder die sich tönend neigen
Pfade die der Wald verschüttet
Alles zwingt zum strengen Schweigen:
Dass wir lieben wenn wir leiden.

Dass das Opfer, dass die Fülle
Nicht des Priesters Hand verdorre,
Dass in edler, klarer Stille
Uns die Freude nicht erstarre.

Denn die Wasser fliessen über,
Müdigkeit will uns zerstören
Und wir lassen unser Leben
Wenn wir lieben, wenn wir leben.

여름 노래

충만하게 익어가는 여름 내내
나는 가련다. 나의 손을 쭉 뻗치고,
나의 힘든 사지를 뻗쳐, 아래로
어둡고 육중한 대지를 향하여.

머리 숙이고 속삭이는 들판,
수풀 속으로 깊이 드리워진 길,
모두가 꼭 침묵을 지키고;
우리가 고통스럽더라도 사랑할 수 있다는 것.

우리가 주고 얻은 것은
성직자의 손을 움츠리게 하지 않는다오,
그것은 맑고 고귀한 적막 속에 있으니
환희는 우리 앞에서 사라지지 않는다오.

그 해 여름 바다는 넘쳐흐르고,
지루함이 우리를 파멸시키겠다고 위협한다오.
그리고 우리는 삶을 사랑하고
살아간다면, 우리는 삶을 떠난다오.

1925년 여름

[Untitled]

Warum gibst Du mir die Hand
Scheu und wie geheim?
kommst Du aus so fernem Land.
Kennst nicht unseren Wein?

Kennst nicht unsere schönste Glut
(Lebst Du so allein?)
Mit dem Herzen, mit dem Blut
Eins im andern sein?

Weisst Du nicht des Tages Freuden
Mit dem Liebsten gehen,
Weisst Du nicht des Abends Scheiden
Ganz in Schwermut gehen?

Komm mit mir und hab mich lieb
Denk nicht an dein Grauen,
Kannst Du Dich denn nicht vertrauen
Komm und nimm und gib.

Gehen dann durch reife Feld
(Mohn und wilder Klee)
Später in der weiten Welt
Tut es uns wohl weh,

Wenn wir spüren, wie im Wind
Stark Einnerung weht
Wenn im Schauder traumhaft lind
Unsere Seele weht.

[무제]

당신은 왜 나에게 손을 내미는지요?
부끄럽게, 비밀이라도 되나요?
당신은 우리의 포도주를 알지 못할 만큼
먼 나라에서 온 사람인가요?

우리의 아름다운 열정을 모르시니
(당신은 그렇게 혼자 사나요?)
마음으로, 피로
서로 마음을 같이 하는가요?

사랑하는 사람과 함께 걷는
당신은 기쁜 날을 모르시나요?
완전히 우수에 젖어 걷는

당신은 이별하는 날을 모르시나요?

오셔서 기쁘게 해주오
공포를 생각하지 마오
당신은 그런데 신뢰할 수 없군요
오셔서 받으시고 주세요

(양귀비와 야생 클로버)
그리고 곡식이 여문 들판을 지나
넓은 세상에서 늦게까지
그게 내 마음을 상하게 하네.

우리가 피부로 느낄 때,
마치 바람 속에 강렬한 기억이 실려 오듯이
전율 속에서 꿈같이 온화할 때
우리의 영혼은 밀려온다오.

1925년 여름

Spätsommer

Der Abend hat mich zugedeckt
So weich wie Samt so schwer wie Leid.

Ich weiss nicht mehr wie Liebe tut,
Ich weiss nicht mehr der Felder Glut,
Und alles will entschweben
Um nur mir Ruh zu geben.

Ich denk an ihn und hab ihn lieb
Doch wie aus fernen Landen
Und fremd ist mir das Komm und Gieb
Kaum weiss ich was mich bangt.

Der Abend hat mich zugedeckt
So weich wie Samt so schwer wie Leid.
Und nirgends sich Empörung reckt
Zu neuer Freud und Traurigkeit.

Und alles Weite die mich rief
Und alles Gestern klar und tief,
Kann mich nicht mehr betören.

Ich weiss ein Wasser gross und fremd,
Und eine Blum die keiner nennt
Was soll mich noch zerstören?

Der Abend hat mich zugedeckt
So weich wie Samt, so schwer wie Leid.

늦여름

저녁이 나를 에워싸고 있다네
우단같이 부드럽게, 비애같이 육중하게.

나는 사랑이 어떤 감정인지를 더 이상 모르오,
나는 들판의 이글거림을 더 이상 모르오,
그리고 모든 것은 정처 없이 떠돌고 싶으니
다만 나에게 평화를 주고자 한다오.

그분을, 그리고 사랑을 생각한다오
마치 그것이 먼 나라에 있기라도 한듯이
그리고 '와서 베푸는 게' 생소하다오
그리워하는 것을 나는 거의 모르오.

저녁이 나를 에워싸고 있다네
우단같이 달콤하게, 비애같이 육중하게.
어디에도 저항의 소리가 일어나지 않는다오
새로운 환희와 슬픔을 향하여.

그리고 멀리서 나를 부른다오,
어저께 내내 명료하고 장중한 소리로
그들은 나를 현혹시키지 않는다오.

나는 거대하고 이상한 바다를 안다오,
그리고 아무도 이름을 말하지 않는 꽃
이제 무엇이 나를 파멸시킬 수 있는가?

저녁이 나를 에워싸고 있다네
우단같이 달콤하게, 비애같이 육중하게.

1925/1926 겨울

An die Freunde

Trauet nicht der leisen Klage,
Wenn der Blick des Heimatlosen
Scheu Euch noch umwirbt.
Fühlt, wie stolz die reinste Sage
Alles noch verbirgt.

Spürt der Dankbarkeit und Treue
Zartestes Erbeben.
Und Ihr wisst in steter Neue
Wird die Liebe geben.

친구에게

눈물 흘리는 게 조용한 고통 때문은 아니오,
집 없는 사람의 시선이
여전히 너에게 수줍게 구하고자 할 때.
가장 순수한 이야기가 어떻게
여전히 모든 것을 은폐하고 있다는 것을 느끼시오.

가장 은근한 경험의 감사함과

충실함을 느끼자.
그리고 당신은 알지, 항상 새로움 속에서
사랑이 주어진다는 것을.

1925/1926년 겨울

An die Nacht

Neig Dich Du Tröstende leis meinem Herzen
Schenke mir Schweigende Lindrung der Schmerzen.
Deck Deine Schatten vor Alles zu Helle —
Gib mir Ermatten und Flucht vor der Grelle.

Lass mir Dein Schweigen die kühlende Löse,
Lass mich im Dunkel verhüllen Das Böse
Wenn Helle mich peinigt mit neuen Gesichten,
Gib Du mir die Kraft zum steten Verrichten.

밤에

위안이 되는 것, 나의 마음에 사뿐하게 기대라
조용한 것, 고통으로부터 위안을 나에게 다오.
나무나 밝은 모든 것들에 당신의 그림자를 드리워라.
나를 소진케 하고, 밝은 빛을 가려주오.

나에게 당신의 침묵을, 당신의 침정沈靜을 맡겨라
악한 것을 어둠에 숨기게 해주오.
밝음이 새로운 시선으로 고통을 겪을 때
꾸준히 할 수 있는 힘을 나에게 다오.

W. B.
[Walter Benjamin]

Einmal dämmert Abend wieder,
Nacht fällt nieder von den Sternen,
Liegen wir gestreckte Glieder
In den Nähen, in den Fernen.

Aus den Dunkelheiten tönen
Sanfte kleine Melodeien.
Lauschen wir uns zu entwöhnen.
Lockern endlich wir die Reihen.

Ferne Stimmen, naher Kummer —:
Jene Stimmen jener Toten,
Die wir vorgeschickt als Boten
Uns zu leiten in den Schlummer.

W. B.
[발터 베냐민]

어스름은 언젠가 다시 올 것이오,
밤은 별들에서 내려오며,
우리는 쭉 뻗은 사지를 내려놓을 것이오
가까이로, 먼 곳으로.

어둠에서 부드럽게 들린다오
자그마한 고고한 멜로디에. 귀를 기울이는데,
우리는 적응하기로.
마침내 대열을 느슨하게 한다.

멀리서 들리는 소리, 가까이서 들리는 슬픔.
그것들은 소리이고, 이것들은 죽은 자의 소리
우리가 전령으로 먼저 보낸 사람들,
우리를 잠으로 인도하기 위해서.

[Untitled]

Aufgestiegen aus dem stehenden Teich der
Vergangenheit
Sind der Erinn'rungen viele.
Nebelgestalten ziehen die sehnsüchtigen
Kreise meiner Gefangenheit
Vergangen, verlockend, am Ziele.

Tote, was wollt Ihr? Habt Ihr im Orkus nicht
Heimat und Stätte?
Endlich den Frieden der Tiefe?
Wasser und Erde, Feuer und Luft sind Euch
ergeben, als hätte
Mächtig ein Gott Euch. Und riefe

Euch aus stehenden Wässern, aus Sümpfen,
Mooren und Teichen
Sammelnd geeinigt herbei.
Schimmernd im Zwielicht bedeckt Ihr mit
Nebel der Lebender Reiche,
Spottend des dunklen Vorbei.

Spielen wollen auch wir; ergreifen und lachen
und haschen
Träume vergangener Zeit.
Müde wurden auch wir der Strassen, der
Städte, des raschen
Wechsels der Einsamkeit.

Unter die rudernden Boote mit liebenden
Paaren geschmückt auf
Stehenden Teichen im Wald

Könnten auch wir uns mischen – leise,
versteckt und entrückt auf
Nebelwolken, die bald

Sachte die Erde bekleiden, das Ufer, den
Busch und den Baum,
Wartend des kommenden Sturms.
Wartend des aus dem Nebel, aus Luftschloss,
Narrheit und Traum
Steigenden wirbelnden Sturms.

[무제]

물이 괴어 있는 과거의 웅덩이에서 솟아오르네
이 수많은 기억들.
희미한 모습들은 나를 사로잡았던 연모하는 동
아리를
그들의 목표에, 유혹하면서, 유인하였다오.

죽은 자, 당신은 무엇을 원합니까? 저승에 안식
처나 화덕을 안가지고 있나요?
마침내 심연의 평화를?
신이 당신을 강력하게 사로잡듯이
물과 땅, 불과 공기는 당신에게 귀속되어 있다오.
그리고 부르네

물이 괴어 있는 호수, 늪, 습지, 연못에서 당신에게
함께 집중하라고.
여명 속에서 빛나고 당신은 삶의 영역을 안개로
덮고 있다오,
어둠을 더 이상 얕보지 마라.

우리는 놀이를 하고, 포옹하고 웃으며 간직하네
과거의 꿈들을.
우리 역시 거리, 도시, 고독의 갑작스런 변화에

점점 더 지겨워진다오.

사랑하는 연인을 태운 노 젓는 배들 사이에,
삼림지 연못의 보석들과 같이,
우리 역시 안개구름에 감춰지고 감싸인 채 조용
 히 교제할 수 있었답니다.

곧 대지, 뚝, 관목, 나무들 감싸고,
다가오는 폭풍을 기다리며,
안개, 구름 성, 우매한 짓과 꿈에서 벗어나 기다
 리노라
솟아오르며 휘몰아치는 폭풍을.

1943년

Park am Hudson

Fischer fischen still an Flüssen
 in der ganzen Welt.
Fahrer fahren blind auf Wegen
 Um die ganze Welt.
Kinder laufen, Mütter rufen,
Golden liegt die Welt.
Geht ein liebend Paar vorüber
Manchmal durch die Welt.

Fisher fischen still an Flüssen
 Bis zum Abendort.
Fahrer fahren blind auf Wegen
 Eilig in den Tod.
Kinder selig in der Sonne
Spielen Ewigkeit.
Manchmal geht ein Paar vorüber,
Mit ihm geht die Zeit.

Fishcher fischen still an Flüssen —
Einsam hängt der Ast.
Fahrer fahren blind auf Wegen
Rastlos in die Rast.
Kinder spielen, Mütter rufen,
Ewigkeit ist fast.
Geht ein liebend Paar vorüber,
Trägt der Zeiten Last.

허드슨강 가의 공원

어부들은 모든 세계로 흐르는 강에서
조용히 고기를 잡고 있다.
운전수들은 모든 세계로 통하는 길을 따라
무턱대고 차를 몰고 있다.
애들은 뛰어다니고, 어머니들은 외친다,
세계는 황금빛으로 깔려 있다.
사랑하는 연인이 때때로 지나간다.
여러 차례 세계를 관통하여.

어부들은 강가에서 조용히 고기를 잡는다
저녁노을이 질 때까지.
운전수들은 무턱대고 길을 달리고 있다
극도로 신속하게
어린이들은 햇빛 속에서 기쁘게
영원을 즐긴다.
연인이 때때로 지나간다,
그와 함께 시간이 지나간다.

어부들이 강가에서 조용히 고기를 잡는다.
나뭇가지가 외로이 걸려 있다.
운전수들은 맹목적으로 길을 달리고 있다,
불안하게 그들의 휴식처를 향하여.
애들은 놀고 있고, 어머니들은 애들을 부른다.

영원은 항상 여기에 있다.
사랑하는 연인이 지나간다
우리 시대의 부담을 지닌 채

1946년

[Untitled]

Die Traurigkeit ist wie ein Licht im Herzen angezündet,
Die Dunkelheit ist wie ein Schein, der unsere Nacht ergründet.
Wir brauchen nur das kleine Licht der Trauer zu entzünden,
Um durch die lange weite Nacht wie Schatten heimzufinden.
Beleuchtet ist der Wald, die Stadt, die Strasse und der Baum.
Wohl dem, der keine Heimat hat; er sieht sie noch im Traum.

[무제]

슬픔은 마음속에서 빛나는 빛과 같으며,
어둠은 우리의 밤을 찾는 열정이다.
우리는 작고 애처로운 불꽃만을 지필 필요가 있다
그림자들과 같이 집으로 가는 길을 찾기 위해.
길고도 넓은 밤으로 헤치며
숲, 도시, 거리, 나무는 빛나고
고향이 없는 사람은 행복하다;
그는 아직도 그것을
꿈속에서 찾으니 말이다.

[Untitled]

I

Unermessbar, Weite, nur,
wenn wir zu messen trachten,
was zu fassen unser Herz hier ward bestellt.

Unergründlich, Tiefe, nur,
wenn wir ergründend loten,
was uns Fallende als Grund empfängt.

Unerreichbar, Höhe, nur,
wenn unsere Augen mühsam absehn,
was als Flamme übersteigt das Firmament.

Unentrinnbar, Tod, nur,
wenn wir zukunftgierig
eines Augenblickes reines Bleiben nicht
ertragen.

II

Komme und wohne
in der schrägen, dunklen Kammer meines
Herzens,
dass der Wände Weite noch zum Raum sich
schliesst

Komme und falle
in die bunten Gründe meines Schlafes,
der sich ängstigt vor des Abgrunds Steile
unserer Welt.

Komme und fliege
in die ferne Kurve meiner Sehnsucht,
dass der Brand aufleuchte in die Höhe einer
 Flamme

Steh und bleibe.
Warte, dass die Ankunft unentrinnbar
zukommt aus dem Zuwurf eines
 Augenblicks.

[무제]

I

단지 측정할 수 없을 정도로 넓음
우리가 측정하고자 할 때,
우리의 마음을 사로잡는 것은 여기에 놓여있다.

단지 바닥 모를 심연
우리가 측정하고자 할 때,
심연으로서 우리에게 떨어지는 것은 느껴진다.

단지 도달할 수 없는 높음
우리가 힘들게 겨냥할 때,
불꽃으로 창공에 치솟는 것.

단지 피할 수 없는 죽음
우리가 미래를 갈망할 때
순간의 완벽한 머무름을 견디지 않는다.

II

와서 살자
내 마음의 기울어지고 어두운 방에서

벽들의 넓은 공간은 역시 방으로 닫히는.

와서 누워라
내 수면의 알록달록한 지면에
우리 세계의 가파른 심연 앞에서 걱정하는.

오거라 날자
내 동경의 먼 곡선에서
장작이 높이 타오르는 불꽃에서 빛을 발하는.
서서 머물자,
기다리자, 피할 수 없는 도착이
순간의 던지기에서 나온다는 것을.

1951년

[Utitled]

Die Gedanken kommen zu mir,
ich bin ihnen nicht mehr fremd.
Ich wachse ihnen als Stätte zu
wie ein gepflügtes Feld.

[무제]

생각들은 나에게 나타난다.
나는 더 이상 생각의 이방인이 아니다.
나는 한 장소에 있을 때같이 사유 속에서 성장한다.
쟁기질한 들녘에 있을 때같이.

H. B.
[Herman Broch]

Wie aber lebt man mit den Toten? Sag,
wo ist der Laut, der Ihren Umgang schwichtet,
wie die Gebärde, wenn durch sie gerichtet,
wir wünschen, dass die Nähe selbst sich uns versagt.

Wer weiss die Klage, die sie uns entfernt
und zieht den Schleier vor das leere Blicken?
Was hilft, dass wir uns in ihr Fort-sein schicken,
und dreht das Fühlen um, das Überleben lernt.

H. B.
[헤르만 브로흐]

그러나 사람은 어떻게 죽음과 함께 사는가? 말하라,
당신의 관계를 엮어매는 소리는 어디에 있는가
그를 통해 방향을 잡았을 때 몸짓같이,
우리는 친근한 사람 자신이 거부하지 않기를 바란다.

누가 우리를 멀어지게 하는 비탄의 소리를 아는가
그리고 멍한 시선 앞의 면사포를 끄는가?
우리가 그것의 현존재 속에서 보내고,
생존을 배우는 감정을 돌리는 것은 도움이 된다.

Fahrt durch Frankreich

Erde dichtet Feld an Feld,
flicht die Bäume ein daneben,
lässt uns unsere Wege weben
um die Acker in die Welt.

Blauten jubeln in dem Winde,
Grass schiesst auf, sie weich zu betten,
Himmel blaut und grüsst mit Linde,
Sonne spinnt die sanften Ketten.

Menschen gehen unverloren —
Erde, Himmel, Licht und Wald — —
jeden Frühling neugeboren
spielend in das Spiel der Allgewalt.

프랑스 여행

지구가 시를 읊조리고, 벌판을 따라
나무들 사이에 일직선으로,
잿기질한 땅으로 우리 길을 세상에 내자.

활짝 핀 꽃들이 바람에 휘날리고,
잔디는 이들을 온화하게 맞이하도록 자라고,
하늘은 푸르고 부드럽게 맞이하고,
태양은 부드러운 고리들을 엮어놓는다.

사람들은 배회하고 —
대지, 하늘, 빛과 숲 —
가장 경이로운 힘의 작동에서
모든 봄은 다시 태어나네.

부록 3

한나 아렌트의 박사학위 논문 요약

한나 아렌트의 박사학위 논문 『아우구스티누스의 사랑 개념』은 고딕체로 인쇄되었으며, 번역되지 않은 라틴어와 그리스 인용문이 담겨 있고, 하이데거식의 산문으로 작성되었다. 이 논문은 쉽게 접근하기 어려운 저작이다. 애쉬톤Ashton은 1960년대 초반 번역본 초안을 마련하였지만, 아렌트는 출판을 위한 수정 번역을 원하지 않았다. 그는 이 논문에 새로운 자료를 첨가하고자 했으며, 따라서 과거의 논문을 더욱 명료하게 만들었다. 그는 1965년 다른 임무를 수행하는 데 요구되는 많은 작업으로 인하여 이 계획을 포기하였다.

나는 세 가지 사항을 수행하려는 의도로 논문 요약본을 다음과 같이 제시한다. 세 가지 사항은 논문의 기본 구조와 의도를 밝히는 것이고, 스승인 하이데거와 야스퍼스로부터 배운 사유 방법이 논문에서 어떻게 드러났는가를 밝히며, 이 논문이 후기 아렌트의 철학적 정치학적 관심과 어떻게 연계되는가를 제안하려는 것이다.

야스퍼스나 그의 제자는 공간적 탐구 없이 현상이나 개념을 탐구하지 않았다. 그들은 학문적으로 탐구할 수 있는 세계에서 현상이나 개념의 장소에 대해 질문을 제기하였다. 그들은 현상이나 개념을 규정하거나 이것에 의해 규정되는 실존적 조건들에 대해 질문하였다. 그리고 그들은 현상이나 개념의 언저리에 있으며 인식할 수 없고 초월적이며 궁극적으로 신비한 영역을 어떻게 접근할 수 있는가를 질문하였다.

하이데거나 그의 제자는 시간적 탐구 없이 현상이나 개념의 탐구를 결코 시도하지 않았다. 그들은 현상이나 개념의 역사적 발전, 역사뿐만 아니라 더 근본적으로 현상이나 개념의 근거에 놓여있는 시간 속에서, 시간의 경험에 대해 질문하였다. '시제'가 아니라 경험으로서 과거 · 현재 · 미래는 아렌트의 모든 저작에서 기본 틀이 되고 있다. 마지막 저서인 『정신의 삶』은 미래 지향적인 의지, 과거 지향적인 판단, '현재'의 경험으로서 사유에 대한 관심을 통해 그 틀을 형성하였다.

야스퍼스식의 공간적 체계화와 하이데거식의 시간적 구성의 엮음은 아우구스티누스의 사랑 개념에 대한 아렌트의 연구에서 상호 연계되지만, 저작에서 시도되는 전제들은 아주 단순하다. 사랑의 한 형태인 아페티투스 appetitus는 뚜렷한 대상, 즉 그 자체로 탐구될 수 있는 인지 대상과 연계된다. 우리는 대상을 다른 사물과 연계시키거나 다른 사물을 위한 수단이 아니라 그 자체로 추구하기 때문에, 그것은 선*bonum*이다. 아페티투스가 일단 충족되면, 그것은 종결된다. 달리 표현하면, 그것이 손실로 위협을 받거나 어떤 악에 대한 공포나 두려움과 혼합되어 있지 않다면, 획득된 아페티투스는 종결된다. 선은 사람들을 행복하게 하는 것이며, 행복해지려는 의지는 악에서 벗어나 선에 대한 욕구를 인도한다. 사람들마다 선이 무엇이고 악이 무엇인가에 대해 각기 다른 견해를 가질 수 있지만, 그들은 행복하게 사는 것에 대해서 모두 동의한다. 따라서 삶 자체는 모든 사람에게 선이다. 그리고 모든 사람은 그것을 상실할까 걱정한다. 사람들이 자신들의 삶을 상실하지 않는다면, 그들은 행복해질 수 있다. 죽음이 사람들을 위협하지 않는다면, 그들은 두려움 없이 살 수 있을 것이다. 두려움 없는 삶metu carere은 아페티투스로서 사랑의 궁극적인 목적이다.

논문에서 밝힌 아우구스티누스 사상의 첫 번째 긴장은 이러한 일련의 강도 높은 명제들, 즉 죽음 없는 삶, 아니면 미래가 두려움 없이 기대되는 현재란 불가능하다는 입장에 이미 존재한다. 현세에서 어떤 것을 갈망하며, 무엇인가를 안전하게 확보하려고 희망하며 살아가는 사람은 사멸할 수 있다. 미래를 위협받지 않는 현재는 그 자체로 최고선summum bonum이며 영원이다. 아페티투스로서의 사랑은 지구와 교체 가능한 모든 것, 즉 단순히 상대적인 재화를 모두 회피해야 한다. 아렌트의 주장에 따르면, 아우구스티누스가 상정한 아페티투스란 의미의 사랑은 모순으로 이어진다. 영원은 미래의 대상으로서 욕구된다. 그럼에도 불구하고 아우구스티누스는 영원을 현재, 신플라톤주의자의 용어로 표현하자면 과거와 현재가 만났다가 사라지는 멈춰 선 현재nunc stans, 즉 무시간적인 현재이다.

아우구스티누스는 올바른 욕구의 대상인 영원한 삶에 대한 욕구를 카리타스caritas라고 불렀다. 반면에, 그는 소멸 가능한 대상에 대한 잘못된 욕구를 쿠피디타스cupititas라고 불렀다. 그러나 카리타스는 지구와 지구상의 모든 것을 인간들에게는 불모지로 만들기 때문에, 그것은 논란의 여지가 있다. 사람들은 자신들의 올바른 욕구, 즉 자유를 위해 '세계 속에서 느끼는 안락함'을 희생시켜야 한다. 아우구스티누스는 스토아학파와 마찬가지로 자유를 사멸하는 대상으로부터의 독립, 즉 자족성으로 생각하였다. 다시 말하면, 이러한 입장은 아우구스티누스의 사상에 나타나는 그리스적 흐름(이 시대의 흐름은 신플라톤주의보다 스토아주의의 흐름)이다. 실제로 아렌트는 아우구스티누스가 욕구의 중단으로서 자유라는 플로티노스의 개념을 명백히 거부했다고 주장한다. 플로티노스의 자유 개념은 외부적인 어떤 것보다 자체와 관련된 정신nous만이 자유롭다는 것을 함의하고 있다.

아우구스티누스는 쿠피티타스와 카리타스를 구분하고, 카리타스와 그 자유를 부각시켰기 때문에 다른 난관에 직면하게 되었다. 자유 또는 자족성은 이 세계에서 획득될 수 없다. 그러나 한 인간이 세계에서 탈피하여 자신에게로 귀의하였을 때에도, 그는 중요한 측면에서 자족성을 결여하게 된다. 그는 자신에게 하나의 문제가 된다. 그리고 하느님만이 아우구스티누스 자신이 제기한 질문 "나는 어떤 존재인가?"에 답변을 제시할 수 있다.

인간은 자신을 문제로 삼고 자신을 사랑함으로써 하느님에게 가까이 갈 수 있으며, 자신이 아닌 것, 사멸적인 존재로서 갖고 있지 않은 것을 알게 된다. 자기에 대한 올바른 사랑, 즉 카리타스의 형태로서 자기사랑은 현재의 변화가능한 자기를 목표로 하지 않고 영원히 삶을 누리는 자기를 목표로 한다. 한 인간이 절대적 미래에 대한 자신의 진정한 자기를 투사할 수 있다면, 시간적 자기는 부정되어야 한다.

인간은 현재의 삶을 미래에 대한 욕구로 채움으로써 무시간적 현재, 즉 영원을 기대한다. 아우구스티누스는 시간에 대한 로마인의 이해를 채택함으로써 현재로 다가와 과거로 '복귀하는' 미래를 고려하였다. 시간 운동의 이미지는 진보라는 용어에 동반되는 단선적 이미지와 반대된다. 말하자면, 미래가 돌진해오면, 현재의 자기는 부정되며, 세계는 망각된다. 아렌트의 주장에 따르면, 아우구스티누스의 경우 **시간성**과 **존재**는 대립된다. 인간은 **존재하기** 위해서 **시간성**을 극복해야 한다. 이러한 긴장은 아우구스티누스의 사상에 근본적이다. 하이데거의 사상도 마찬가지이다.

아우구스티누스는 인간을 자유롭고 자족적인 존재로 생각하려고 노력했다. 그러나 그는 이를 실현하고 아페티투스로서 사랑을 지속적으로 생각하기 위해서 자기를 변형시켜야 하며 시간적 자기를 망각해야 한다는 사유의 긴장을 감내해야만 하였다. 달리 표현하면, 사람은 카리타스를 통해 초시간성의 향유에 도달하기 위해 세계를 이용할 때 사물과 인간, 하느님의 창조물과 유대를 단절한다. 그리고 이러한 단절은 다른 유형의 사랑, 즉 이웃사랑을 매우 복잡한 것으로 만든다.

두 가지 범주, 즉 사용uti과 향유frui, 단순하게 표현하면 수단과 목적은 아페티투스로서 사랑이란 정의에서 나타난다. 세계는 향유에 도달하기 위해 사용된다. 이 향유는 궁극적으로 하느님의 향유Deo frui이다. 또 다른 두 가지 범주는 이 향유와 연계된다. 우리는 최고선supra nos을 사랑한다. 이 선은 우리 옆에 있는iuxta nos 것인 자기와 이웃, 그리고 우리 아래에 있는infra nos 것인 육체와 대립된다. 우리 자기, 우리 이웃, 우리 신체는 최고선을 위해서 존중될 수 있다. 그러나 이것은 우리 이웃에 대한 사랑 그 자체가 불가능하며, 우리가 올바로 욕구할 때 우리 이웃이 이용된다는 의미를 담고 있다. 미래에 대상을 두고 있는 사랑, 욕구로서의 사랑은 “네 이웃을 사랑하라”라는 계율을 무의미하게 만든다.

아렌트 논문의 제1부는 이 난관에서 끝난다. 욕구되는 ‘행복한 삶’이 절대적 미래로 투영되고 현재의 자기가 그것을 성취하려는 단순한 수단, 즉 극복되어야 할 장애로 평가될 때, 욕구로서의 사랑이란 개념은 손상된다. 그래서 아렌트는 자신의 탐구를 다시 시작하였으며, 시초로 다시 복귀하는 입장을 취하고 있다. 모든 아페티투스가 한정된 대상과 연계된다는 명제는 재검토되었다. 행복한 삶은 욕구의 대상이 되려면 인식되어야 한다. 그러나 이것이 맞는다면, 앎은 욕구를 선행해야 하며, 앎은 미래로의 투사를 위한 기초가 된다. 욕구는 미래를 향하여 현재를 초월한다. 그러나 기억이 현재를 초월하고 과거를 보호할 수 있기 때문에, 그것은 오직 그렇게 할 수 있다. 나아가 우리가 ‘유형적인 이미지’를 갖게 되는 지각 가능한 사물에 대한 인식과 달리, ‘행복한 삶’에 대한 앎은 지각 가능한 것에 대한 기억과 다른 형태의 기억을 함의하고 있다. 아우구스티누스는 기억 일반의 작동에 대한 분석에 기초해 초현세적 기억의 가능성을 구축하였다.

예를 들면 다음과 같다. 우리가 기쁠 때 슬픔을 두렵게 기억하는 것과 마찬가지로, 우리는 슬플 때 즐거운 시간을 희망적으로 기억한다. 과거는 현재의 일부로서 기억된다. 말하자면, 과거는 영감에 의해 기억된다. 과거는 현재가 되기 때문에 미래의 가능성으로 변형된다. 지금까지 존재한 것은 다시 존재할 수 있다. 행복한 삶에 대한 욕구는 “신성한 영혼이 언제 행복한가?”라는 질문에 대한 해답을 포함하고 있다. 이 질문은 궁극적으로 “우리를 누가 만들었나?"라는 질문이다. 아우구스티누스가 언급했듯이, 피조물은 기억의 '야영지와 광활한 장소'에서 자신의 창조주를 발견한다. 그는 자신 속에서 자기 존재의 결정요인, 즉 자신의 존재 이유를 발견한다.

아렌트의 해석에서 이러한 전환으로 그의 이후 저작에 중요하게 된 대조는 드러났다. 그 대조는 『인간의 조건』에서 가장 강력한 개념적 틀들 가운데 하나를 제공했다. 아렌트는 몇 년간의 친숙해지는 노력, 사유하고 다시 사유하는 몇 년 후에 비로소 명료성을 얻게 됨으로써 학위논문을 수정하기 위한 1963년 기록에서 그러한 대조를 언급하고 있다. "의식적으로 기억하는 존재로서 인간을 결정하는 결정적 사실은 출생 또는 탄생이다. 즉 우리는 출생을 통해 세계에 참여하였다. 반면에, 욕구하는 존재로서 인간을 결정하는 결정적 사실은 죽음 또는 사멸성이다. 우리는 죽음으로 세계를 떠나야 한다. 죽음에 대한 두려움, 삶의 불충분함은 욕구의 근원이며, 반대로 모든 사람에게 주어졌던 삶에 대한 감사, 즉 고통 속에서도 중요시되는 삶은 기억의 근원이다. 궁극적으로 죽음에 대한 두려움을 중단시키는 것은 희망이나 욕구가 아니라 기억과 감사이다. '당신이 되고 싶지 않은 것을 생산할 수 있기 때문에 현재의 모습으로 존재하고자 하는 것에 감사하라. 당신은 존재하고자 원할 것이며 고통당하기를 원하지 않기 때문이다.'"[1]

아렌트의 이후 정치사상에서 탄생성과 사멸성은 새로운 것의 시작이란 의미로서 행위의 근원이었고, 그리고 불멸적인 언행의 시도라는 의미로서 행위의 근원이 되었다. 행위는 사람들의 삶을 재생케 하며 또한 사멸적인 존재로서 그들이 불멸성을 추구할 수 있게 해준다. 아렌트는 이러한 실존적 결정요소의 신학적 측면(아우구스티누스에 관한 논문의 맥락에서 지배적인 측면)에서 정치적 측면으로 강조점을 변경하였다. 문제를 달리 표현하면, 그는 우리가 감사해야 하는 것으로서 정치적 삶을 고려하였다.

1 아렌트로부터 인용한 이것과 다음 문장은 애쉬톤의 번역 초안(의회도서관 소장)의 여백에 있는 것이다.

아렌트는 논문에서 아페티투스로서 사랑으로부터 하느님의 피조물인 우리의 본성에 대한 기억으로서 사랑으로 강조점을 변경하였다. 이것은 아렌트의 이후 저작에서 또 다른 중요한 반향을 드러낸다. 아렌트는 자신의 수많은 독자들을 혼란스럽게 할 정도로 『인간의 조건』에서 행위란 제작과 같이 목적과 수단의 문제가 아니라고 주장하였다. 이 주장은 행위가 기획 또는 정책수립을 포함하고 있지 않다는 점을 함의하고 있는 듯하다. 그러나 내 생각에 아렌트는 기획만으로 상정된 행위가 아페티투스로서만 상정되는 사랑과 마찬가지로 불충분하다는 것을 고려하였다. 사용-향유 범주와 마찬가지로, 목적-수단 범주는 현재 다른 사람과의 공존 또는 이웃사랑에 대한 무시를 초래한다. 과거 또는 행위나 사랑의 근원(탄생성과 피조물성)을 환기시키는 것은 사람들에게 그들의 정향에 대한 목적보다 원리를 제공한다. 우리는 행위가 가능하기 때문에 행위한다는 말은 자유가 행위의 원리라는 점을 의미한다. 기획은 배제되지 않지만, 그럼에도 불구하고 그 목적을 성취하지 못하는 행위는 유의미하거나 위대할 수 있다('위대성'은 『인간의 조건』에서 아렌트의 기준이다). 단지 목적 자체만을 위해 수행되는 행위는 다른 한편 인간관계를 수단으로 만듦으로써(인간들은 하느님의 향유 자체를 위해 이용되기 때문이다) 어떠한 수단을 선택하거나 인간관계를 왜곡시킬 수 있다.

아렌트는 『인간의 조건』에서 인간본성 문제의 아우구스티누스적 또는 신학적 차원을 배제하였으며, 신학적 구성이 인간의 본성이나 본질을 의문시할 때 불가피하게 나타난다는 점을 인정하였다. 인간 '외부의' 관점에서만 인간본성은 고려될 수 있기 때문이다. 따라서 아렌트는 인간 실존의 조건들, 즉 삶 자체, 탄생성과 사멸성, 세계성, 다원성과 지구에 관심을 갖게 되었다. 그러나 그는 인간 실존의 조건들이 다음과 같은 점을 밝힐 수 없다는 점을 인정함으로써 신학적 접근에 합당한 역할을 인정하였다. 이러한 인간 실존의 조건들은 "우리의 본질이 무엇인가를 설명하지 못하며 이것들이 결코 우리를 절대적으로 조건지우지 못한다는 단순한 이유 때문에 우리가 누구인가에 대한 질문의 해답을 결코 제공할 수 없다."[2] 아렌트는 인간이 인간적으로 인식할 수 있는 본연을 가지고 있다고 가정하지 않고, 인간이나 자연이 인간본성을 주로 결정하는 조건들에 의해 과학적으로 설명될 수 있다거나 이러한 조건들로 환원될 수 있다고 가정하지 않았다. 철학은 중간과정을 걸으며, 초인간적 시각이나 인간적 맥락의 탐구에서 자신을 인식하고자 하기보다 오히려 인간에 대해 사고한다. 이와 같이, 하이데거와 야스퍼스는 모두 사유와 인지, 철학과 과학을 구분하고자 노력하였다.

탄생성에 대한 아렌트의 관심은 사멸성에 대한 관심과 같거나 더 크다. 이러한 관심은 아우구스티누스에 관한 연구에서 나타났다. 아렌트는 이후 정치적 경험을 통해 이를 즉시 자신의 사상 중심으로 끌어들였다. 새로운 것의 시작, 즉 행위는 아주 쉽게 정치적 좌절로 이어질 수 있었던 정치적 상황에서 희망의 빛을 제공하는 인간적 가능성이다. "정상적인, 자연적인 파멸로부터 인간사人間事의 영역, 세계를 구원하는 기적은 궁극적으로 행위능력의 존재론적 뿌리인 탄생성이란 사실이다. 달리 말하면, 그것은 새로운 사람들의 출생이며 출생을 통해 사람들이 행할 수 있는 행위, 즉 새로운 시작이다. 이러한 능력에 대한 완전한 경험만이 인간사에 신뢰와 희망을 부여할 수 있다. 이러한 것들은 고대 그리스인들이 완전히 무시했던 인간 실존의 두 가지 근본적 특징이다. 그들은 믿음의 유지를 매우 공통적이지만 별로 중요하지는 않은 미덕으로 무시하였으며 희망을 판도라 상자에 있는 환상의 악으로 간주하였다. 세계에 대한 이러한 믿음과 희망은 아마도 복음서의 몇 마디에서 가장 명예롭고 간명한 표현을 발견한다. 복음서는 '어린이가 우리에게 태어났다'라는 기쁜 소식을 천명하고 있다."[3] 아렌트의 경우 인간이 존재하기 위해 극복할 필요가 없는 시간성은 자신의 존재를 강화하는 행위를 가능케 하는 근원이다. 그는 마치 아우구스티누스(그리고 하

2 Arendt, *The Human Condition*, p. 11.

3 Ibid. p. 247.

이데거)에게 자신이 좋아하는 핀다로스의 문구들 가운데 하나("네 모습대로 되라")를 보여주는 것 같다. 즉, 태어났다는 사실이 당신에게 부여하는 것을 감사하게 인정하라.

아렌트는 철학적으로 무시했던 것을 보충하고 있는 후기 저작에서 '탄생성'을 개념적으로 부각시켰다. 아렌트는 여기에서 하이데거로부터 벗어난다. 하이데거의 경우 탄생성보다 사멸성이 중요한 실존적 조건이었다. 하이데거는 행위 또는 일반적으로 정치영역에 관심을 갖지 않았다. 아렌트는 『존재와 시간』에서 밝힌 일상적 삶에 대한 기술에 많은 영향을 받았지만, 이것들이 충분치는 않다고 생각했다. 하이데거는 죽음을 향한 인간의 '던져짐', 자신을 향해 다가오는 미래에 저돌적으로 돌진하는 것을 제시하였지만 과거의 위력, 시작의 현전을 제시하지 않았다.

아렌트는 사랑을 갈망으로 생각하는 입장에서 사랑을 신과의 관계로 생각하는 입장으로 바꿈으로써 탄생성과 사멸성의 대립을 자신의 논문에 제시하였다. 피조물은 "기억의 야영지와 광활한 장소"에서 "누가 나를 만들었나?"라는 질문의 해답으로 자신의 창조주를 발견한다. 인간의 궁극적 기원인 창조주는 아우구스티누스의 경우 역시 그의 궁극적인 목적이다. 하느님은 이러한 두 가지 입장에서 인간의 '외부'이다. 그러나 인간은 과거를 기억하고 미래를 기대함으로써 이 '외부'를 자신으로 집중시킬 수 있다. 그는 시간과 이에 대한 인간의 예속을 소멸시킬 수 있다. 카리타스는 내세적으로 올바른 욕구의 이러한 형태이다. 그러나 하느님의 은총을 필요로 하는 카리타스가 실재화되는 곳에서 인간은 자신의 개체성, 개인적 과거를 던져 버린다. 하느님은 의지는 갖고 있으나 자기나 세계와의 유대를 극복할 능력을 갖고 있지 못한 미천한 사람을 돕고자 인간에 대한 자신의 사랑을 보여준다. 하느님은 인간을 다시 창조하며, 그를 새로운 피조물nova creatura로 만든다. 하느님의 사랑을 수용한 피조물은 하느님이 사랑하듯이 사랑한다. 그리고 이것은 인간이 개개인으로서가 아닌 하느님의 피조물로서 인간들을 사랑한다는 의미를 갖고 있다. 사람은 이웃 자체를 위해서나 자신을 위해서 사랑하는 것은 아니다. 그는 자신뿐만 아니라 다른 사람의 자기를 부정하면서 고립 속에서 사랑한다. 사람은 자신과 다른 사람에 내재된 영원한 것을 사랑하며, 따라서 모든 사람들은 동등하게 사랑을 받는다. 말하자면, 사랑을 위해서는 동등한 기회가 주어진다.

이러한 맥락에서 한 가지 의문은 분명히 발생한다. 이웃사랑이 왜 단지 내세적 관계의 한 양태인 듯이 아우구스티누스의 사상에서 그렇게 중요한 역할을 하는가? 무엇이 사람들을 이웃으로 만드는가? 무엇이 그들을 모두 동등하게 사랑하는 사람으로 특별히 결합시키는가? 아우구스티누스는 모든 사람들이 아담의 공동 후손임을 통해서 친족이 된다고 주장했다. 여러 가지 사회적 관계는 새로운 아담인 그리스도의 율법에 따라 모든 사람에게 적용된다. 인간의 역사적 기원은 최초의 인간이며, 그는 세대를 통해 이 과거와 연관된다. 그가 창조주보다 이 과거와 연관될 때, 그는 사랑이 모든 사람들에게 베풀어져야 한다는 것을 깨닫는다. 모든 사람이 현세에서 그의 친족이며, 모든 사람은 공동의 본성과 공동의 원죄를 가지고 있기 때문이다. 나아가, 새로운 아담인 예수의 세계는 똑같이 원죄에 참여하는 모든 사람을 구원하지 개개인의 업적에 따라 개인별로 구원하지 않는다. 공동의 후예와 공동의 구원은 인간들을 서로 결속시킨다. 이 세상에서 예수의 삶은 과거와의 영원한 연계, 나아가 최초의 연계, 그리고 죽음을 설명하는 최초의 원죄에 대한 동등한 공유를 구현한다. (즉 죽음은 단순히 불가피한 것은 아니며, 원죄의 대가로서 필요하다.) 그러나 카리타스를 통한 이 세계에서의 소외는 새로운 공동성, 즉 역사적으로 구성된 친족의 사회 밖에 있으며, 이를 넘어서 있는 사회, 하느님의 도성을 형성할 수 있다. 사람들은 공동의 위험, 죽음을 공유하며 이러한 위험을 공동으로 알게 됨으로써 서로를 사랑한다. 그러나 이러한 사랑의 통일 속에서도 거리나 간접성은 여전히 존재한다. 신자들은 각기 자신의 죽음을 혼자 맞이하며, 어느 다른 사람도 그를 구원할 수 없다. 사람들은 이웃사랑으로 서로 사랑한다. 그들은 그렇게 하는 과정에서 그리스도, 자신들의 구원자를 사랑하기 때문이다. 이웃사랑은 이 세계에서는 비세계적이며 초월적인 사랑이지 이 세계의 사랑은 아니다.

아렌트의 논문은 다른 사람들과의 세계적 실존, 그리고 자기 부정과 세계 부정이란 내세적 입장 사이의 두 가지 관계에 대한 간단한 진술로 끝을 맺는다. 아렌트는 첫 번째 관계를 고려할 때 우리가 다른 사람들을 인류의 동료 구성원으로 만나자고 주장하였으나 우리가 하느님과의 단일적인 관계에서 고립될 때 다른 사람들의 이웃이 된다고 주장하였다. 한 개인이 다른 모든 사람들과의 삶에서 당연히 나타나는 의존에서 벗어났을 때, 다른 사람들과 그의 제휴는 그들과 최초의 친족관계에서 제기되는 명백한 의무에 영향을 받는다. 아렌트는 두 번째 관계를 고려할 때 고립의 가능성이 사실로서 인류의 역사에 역시 포함된다고 주장한다. 따라서 우리가 고립으로 인하여 인류 역사에서 벗어날 수 있으며 세대의 연속성에서 벗어날 수 있다고 하더라도, 고립은 역사 자체가 된다. 우리는 이러한 두 가지 관계 속에서만 이웃의 연계성을 이해할 수 있다. 우리는 개인적 고립에서 다른 사람이 인류의 구성원으로서 우리의 이웃이라는 것을 깨닫게 된다. 그러나 우리는 인류의 공동 기원이 하느님의 사랑에서 비롯된 우리의 기원, 구원적 재생을 통한 탄생성으로 보완된다는 것을 깨닫게 될 때, 동일한 하느님을 믿는 사람들의 단순한 공존은 공동의 신념, 믿는 사람들 모두의 친교로 전환된다.

아렌트는 피조물과 창조주의 과거 지향적 관계를 다루고 있는 제2부의 서두에 관해서만 논문의 내용을 수정하였다. 앞에서 요약된 압축된 일련의 사유가 설명하고 있듯이, 이웃사랑을 다루고 있는 제3부, 가장 압축되어 있으며 가장 어려운 부분은 아마도 많은 설명이 필요할 것이다. 제3부의 관심사는 『인간의 조건』에서 치밀하지 않은 산문으로 훨씬 더 명료하게 일정한 거리를 두고 언급되고 있다. 이후의 진술을 잠시 고찰해보면, 아렌트가 궁극적으로 도달한 비판적 입장이 다른 방식으로 다음과 같이 드러난다. "세계를 바꿀 만큼 충분히 강력한 사람들 사이의 유대를 발견한다는 것은 초기 기독교 철학의 중요한 정치적 임무이며, 아우구스티누스는 기독교적 '형제애'뿐만 아니라 모든 인간관계의 근거로 삼자고 제안하였다. … 자체의 공공영역을 설립할 수 없지만 사람들 사이 자비의 유대는 무세계성이란 주요 기독교 원리에 아주 적절하며, 세계에 걸쳐 근본적으로 무세계적인 사람의 집단을 유지하는 데 적합하다. … 물론 다음과 같은 단서 조항은 있다. 세계 자체의 운명은 정해져 있으며, 모든 행위가 "세계가 지속되는 한"이라는 조건에 따라 지속된다."[4] 아렌트가 논문에서 관심을 가졌던 것은 자비의 무세계적 경험이 사람들을 어떻게 결합시킬 수 있는가의 문제와 더불어 단지 무세계성이란 기독교 원리가 세계를 통해 근본적으로 무세계적인 사람들의 집단을 유지하는 데 어떻게 적절할 수 있는가의 문제이다. 공공영역의 형성에 관한 아렌트의 이후 관심은 기독교 철학이 아닌 그리스 사상과 로마 사상에 뿌리를 두고 있었다. "기독교에서 이해하고 있는 공동선(모든 사람에 공통된 관심사인 한 사람의 영혼의 구원)과 달리 공동세계는 우리가 태어날 때 참여하는 곳이고 죽을 때 남기고 떠나는 곳이기 때문이다. … 그러나 그러한 공동세계는 그것이 공적으로 나타나는 한에서만 세대의 도래와 소멸에도 생존할 수 있다. 공공영역의 공개성은 사람들이 시간의 자연적인 파멸로부터 구원하고자 하는 모든 것을 수세기에 걸쳐 흡수할 수 있으며 빛나게 한다."[5] 사람들 사이에 존재하는 공동세계는 사람들이 그것에 관심을 가지고 있고 그것을 구원할 수 있는 한 지속된다. 예컨대, 행위는 이야기에서 행위에 대하여 말하는 사람들이 있는 한 지속된다. 행위는 새로운 것을 시도함으로써 인간적 탄생성을 반영하며, 행위자의 죽음에서 벗어나 인간의 기억 속에 존속함으로써 인간적 사멸성을 극복한다. 아렌트는 공동

4 Ibid., p. 53.

5 Ibid., p. 55.

세계를 완전히 비기독교적 관점에서 이해함으로써 근대 공공영역의 상실을 판단하는 척도를 갖게 되었다. "아마도 명백한 불멸성에 대한 관심의 완벽한 상실만큼 공공영역의 상실을 증명하는 것은 없을 것이다."[6] 명료한, 즉 지구적 불멸성이나 명예를 얻고자 하는 것은 일종의 공허함, 사적 악으로 생각된다. 그는 현대의 "어두운 시대"를 공공영역이 위축되어 왔으며, 공공성이 인간적 노력을 고양시키기는커녕 사소한 것으로 전락시키는 시대로 이해하게 되었다. 하이데거가 언급했듯이, "공공의 빛은 모든 것을 희미하게 한다."

아렌트의 비판적 입장이나 그가 이것에서 끌어낸 결론은 그의 논문에 명백히 드러나지 않는다. 그는 서론에서 탐구가 '철저하게 분석적'일 것이라는 약속을 준수하였다. 그는 자신의 접근방법을 '순수하게 철학적'이라고 기술하였다. 그는 이 주장을 통해서 자신이 '성서적 교회적 권위'에 대한 아우구스티누스의 독단적 기여를 고려하지 않는다는 것을 제시하였다. 아렌트는 아우구스티누스의 사상의 이동, 즉 아페티투스라는 사랑의 '신학 이전' 개념에서 피조물과 창조주의 관계로서 사랑이라는 신학적 개념으로 이동이라는 측면에서만 그의 기독교 개종을 다루었다. 따라서 아우구스티누스 사상의 독단적 요소들뿐만 아니라 그의 삶에서 발생한 사건들은 아렌트의 논문에 아무런 역할도 하지 않는다. 이 논문은 탈정치적이고 탈신학적일 뿐만 아니라 전적으로 추상적이다.

아렌트는 자신의 논문을 수정하였을 때 이 추상성을 취약점으로 느꼈음에 틀림없다. 그는 아우구스티누스의 삶에 관한 여러 언급을 덧붙였으며, 이들을 각주에서 본문의 내용으로 바꾸었다. 아렌트는 절친한 친구의 상실과 관련하여 『고백록』에서 밝힌 문장들을 포함시켰다. 즉 이것들은 '그를 세속적 쾌락으로부터 소환하고' 그에게 개종을 대비케 하였던 죽음에 대한

6 Ibid., p. 55.

두려움, 그리고 바울의 저작에 대한 의존("아우구스티누스는 오랜 삶의 과정에서 점점 더 기독교적 입장을 갖게 됨에 따라 점점 더 바울다운 입장을 갖게 되었다.")이었다. 아렌트는 또한 아우구스티누스 저작의 많은 인용문(부록에 챙겨둔 인용문과 자료에 있던 것들)을 제1장에 포함시켰고, 본문의 내용을 더 풍부하게 하고 간명하게 하였을 뿐만 아니라 덜 추상적이게 하였다. 이러한 일련의 수정은 모두 똑같이 근본적인 통찰을 반영한다. 아렌트가 따랐던 '순수한 철학적' 접근방법은 독단적 관심을 회피할 수 있었으며, 철학적 사유가 발생하는 실존적 경험, 즉 시간적 경험에 도달할 수 있었다. 그러나 이러한 접근방법은 일반적 관점, 즉 탈역사적이고 비인격적인 관점에서만 그러한 경험에 도달할 수 있다. 아렌트는 보편자, 인간들 사이의 보편적 유대, 존재론적 근거, 세계가 아닌 세계에 있는 사람들을 인도하는 초월적 원리를 추구하고 있었다. 그는 그러한 보편적 또는 초월적 원리를 지속적으로 추구하였으며, 경험을 통해서 철학, 순수 철학이 역사와 정치영역에 위험할 정도로 맹목적일 수 있다는 것을 깨닫게 될 때까지 철학의 자율성을 지속적으로 옹호하였다. 즉 그는 시온주의에 관심을 갖게 됨으로써 정치적 관점에서 '이웃사랑'의 기초에 의문을 제기하는 법을 배우게 될 때까지 철학의 자율성을 옹호하였다.

아렌트는 하이데거와 더불어 시간을 '그때'와 '지금'으로 구분하는 것 같은 '예외적이고 경이로운 것'(두려움과 아페티투스의 좌절 같은 경험)을 경험하였다. 그리고 아렌트는 시인 릴케의 경우와 마찬가지로 아우구스티누스에게서 극복된 분리의 이미지, 초월적 사랑으로 전환된 사랑의 양태를 발견할 수 있었다. 그러나 아렌트를 정치 행위로 끌어들였던 역사적 사건은 그러한 '순수한 철학적' 해결을 따르지 않으려는 의문을 제기하였다.

아렌트의 저서 및 소책자(미국어판과 독일어판)는 참고문헌 첫째 부분에 수록되어 있다. 논문과 서평들은 두 번째 부분에 수록되어 있다. (「이것은 당신을 의미한다」라는 제목 아래 게재한) 아렌트의 신문 사설, 그리고 1941~1945년 독일어 신문 ≪재건≫(뉴욕판)의 기사는 세 번째 부분에 수록되어 있다. 1941~1945년에 『유대사회연구』에 게재한 9편의 제목 없는 신간 소개는 수록하지 않았다. 영어가 아니라 독일어 논문들이 수록되어 있다. 그 외에는 논문 영어본만 수록하였다. 제2차 세계대전 이전 독일어 논문 목록은 완벽하지 않을 수도 있다. 간단한 메모는 어떤 논문들이 책의 일부로 재판되었는가를 지적하고 있다. 그러나 이것들은 출판된 논문들 가운데 어떤 것들이 출판 전에 실질적인 교정을 거쳤는가를 보여주지 않는다. 나는 참고문헌을 준비하는 과정에서 로렌스 메이의 도움을 받았기에 그에게 사의를 표한다.

■ BOOKS

◇ 1929

Der Liebesbegriff bei Augustin. Berlin: J. Springer, 1929.

◇ 1948

Edition of Bernard Lazare, *Job's Dungheap*. New York: Schocken Books, 1948.

Sechs Essays. Heidelberg: L. Schneider, 1943. (Reprinted in *Die Verborgene Tradition*, 1976, see below.)

◇ 1951

The Origins of Totalitarianism. New York: Harcourt, Brace & Co., 1951. Second enlarged edition: New York: World Publishing Co., Meridian Books, 1958. Third edition, with new prefaces: New York: Harcourt, Brace & World, 1966, 1968, 1973. German editions: *Elemente und Ursprünge totaler Herrschaft*. Frankfurt: Europäische

Verlagsanstalt, 1955, 1958, 1961, 1962. (British title: *The Burden of Our Time.* London: Secker and Warburg, 1951.)

◇ 1955

Edition of Hermann Broch, *Dichten und Erkennen, Essays, two volumes of Broch's Gesammelte Werke.* Zurich: Rheinverlag, 1955 (now Frankfurt: Suhrkamp). (Arendt's introduction, translated by Richard and Clara Winston, appeared in *Men in Dark Times.*)

◇ 1957

Fragwürdige Traditionsbestände im Politischen Denken der Gegenwart. Frankfurt: Europäische Verlagsanstalt, 1957. (Four essays, all included in *Between Past and Future.*)

◇ 1958

The Human Condition. Chicago: University of Chicago Press, 1958; (Doubleday Anchor, 1959). German edition: *Vita activa oder von tätigen Leben*, Stuttgart: Kohlhammer. 1960; Munich: Piper, 1967.

Karl Jaspers: Reden Zur Verleihung des Friedenpreises des Deutschen Buchhandels. Munich: Piper, 1958. (Reprinted in *Men in Dark Times.*)

Rahel Varnhagen: The Life of a Jewess. London: East and West Library, 1958. American edition: *Rahel Varnhagen: The Life of a Jewish Woman.* New York: Hacourt Brace Jovanovich, 1974. German edition: *Rahel Varnhagen: Lebensgeschichte einer deutschen jüdin aus der Romantik.* Munich: Piper, 1959(Ullstein Verlag, 1975).

Die Ungarische Revolution und der totalitäre Imperialismus. Munich: Piper, 1958. (Included in 1958 American edition of *The Origins of Totalitarianism.*)

◇ 1960

Von der Menschlichkeit in Finsteren Zeiten: Gedanken Zu Lessing. Hamburg: Hauswedell, 1960. Munich: Piper, 1960. (Later the first essay in *Men in Dark Times.*)

◇ 1961

Between Past and Future: Six Exercises in Political Thought. New York: Viking Press, 1961. Revised edition, including two additional essays, 1968. (Four essays in *Fragwürdige Traditionsbestände im Politischen Denken der Gegenwart*, 1957, see above.)

◇ 1962

Edition of Karl Jaspers, *The Great Philosophers*. New York: Harcourt, Brace & Co., 1962 and 1966(volumes 1 and 2).

◇ 1963

Eichmann in Jerusalem: A Report on the Banality of Evil. New York: Viking Press, 1963. Revised and enlarged edition, 1965. German edition: *Eichmann in Jerusalem: Ein Bericht von der Banalität des Bösen*. Munich: Piper, 1964.

◇ 1965

On Revolution. New York: Viking Press, 1963. Revised second edition, 1965. German edition: *Über die Revolution*. Munich: Piper, 1963.

◇ 1968

Men in Dark Times. New York: Hacourt, Brace & World, 1968.

Edition of Walter Benjamin, *Illuminations*. Translated by Harry Zohn. New York: Harcourt, Brace & World, 1968. (Introduction to this volume collected in *Men in Dark Times*.) German edition: Frankfurt: Suhrkamp, 1965.

◇ 1970

On Violence. New York: Harcourt, Brace & World, 1970. (An expanded version of "Reflections on Violence," 1969.) German edition: *Macht und Gewalt*. Munich: Piper, 1975.

◇ 1971

Walter Benjamin-Bertolt Brecht: Zwei Essays. Munich: Piper, 1971. (Both essays included in *Men in Dark Times*.)

◇ 1972

Crises of the Republic, New York: Hacourt Brace Jovanovich, 1972.

Wahrheit und Lüge in der Politik: Zwei Essay. Munich: Piper, 1972. (The two essays, "Lying in Politics"[1971] and "Truth and Politics"[1967], first appeared in English, see below.)

◇ 1976

Die Verborgene Tradition: Acht Essays. Frankfurt: Suhrkamp, 1976. (Six of these essays appeared in 1948 as *Sechs Essays*, the other two are "Zionism Reconsidered"

[1945] and "Aufklärung und Judenfrage"[1932]).

◇ 1978

The Jew as Pariah: Jewish Identity and Politics in the Modern Age. Edited and with an Introduction by Ron H. Feldman. New York: Grove Press, 1978. (A collection of articles on Jewish issues written between 1942 and 1966.)

The Life of the Mind. New York: Hacourt Brace Jovanovich, 1978. (Two volumes of an uncompleted work, posthumously published, edited by Mary McCarthy.)

■ ARTICLES

◇ 1930

"Augustin und Protestantismus." *Frankfurther Zeitung*, no. 902 (12 April 1930).

"Philosophie und Soziologie. Anlässlich Karl Mannheim, 'Ideologie und Utopie.'" *Die Gesellschaft* (Berlin) 7 (1930): 163-76. (Reprinted in *Ideologie und Wissenssoziologie*. Darmstadt: Wissenschaftliche Buchgesellschaft, 1974).

"Rilkes Duineser Elegien," with G. Stern. *Neun Schweizer Rundschau* (Zurich) 23(1930): 855-871.

◇ 1931

A review of Hans Weil, *Die Entstehung des deutschen Bildungsprinzips* in *Archiv für Sozialwissenschaft und Sozialpolitik* (Tübingen) 66 (1931): 200-205.

◇ 1932

"Adam Müller-Renaissance?" *Kölnishe Zeitung*, no. 501 (13 September 1932) and no. 510 (17 September 1932).

"Aufklärung und Judenfrage." *Zeitschrift für die Geschichte der Juden in Deutschland* (Berlin) 4/2-3 (1932). (Reprinted in *Die Verborgene Tradition*.)

"Berliner Salon" and "Brief Rahels an Pauline Wiessel." *Deutscher Almanach für das Jahr 1932* (Leipzing), pp. 175-84 and 185-190.

"Friedrich von Gentz. Zu seinem 100. Todestag am 9 Juni." *Kölnische Zeitung*, no.308, 8 June 1932.

"Sören Kierkegaard." *Frankfurter Zeitung*, nos. 75-76, 29 January 1932.

◇ 1933

A review of Dr. Alice Rühle-Gerstel, *Das Frauenproblem der Gegenwart in Die*

Gesellschaft (Berlin) 10 (1932): 177-179.

"Rahel Varnhagen. Zum 100. Todestag." *Kölnische Zeitung*, no. 131, 7 March 1933. (Reprinted in *Judische Rundschau*, no. 28/29, 7 April 1933).

◇ 1942

"A Believer in European Unity." *Review of Politics* 4/2 (April 1942): 245-247. (A review of P. R. Sweet, *Friedrich von Gentz: Defender of the Old Order.*)

"From the Dreyfus Affair to France Today," *Jewish Social Studies* 4 (July 1942): 195-240. (Reprinted in *Essays on Anti-Semitism*, Conference on Jewish Relations, 1946 and used in *The Origins of Totalitarianism*, Part 1.)

◇ 1943

"Portrait of a Period." *Menorah Journal* 31 (Fall 1943): 307-314. (A review of Stefan Zweig, *The World of Yesterday: An Autobiography.*)

"We Refugees." *Menorah Journal* 31 (January 1943): 69-77.

"Why the Crémieux Decree Was Abrogated." *Contemporary Jewish Record* 6/2(April 1943): 115-123.

◇ 1944

"Concerning Minorities." *Contemporary Jewish Record* 7/4 (August 1944): 353-368.(Used in *The Origins of Totalitarianism*, Part 2.)

"Franz Kafka: A Re-evaluation." *Partisan Review* 11/4(Fall 1944): 412-422. (Reprintied in *Sechs Essays* and *Die Veborgene Tradition* in German.)

"The Jew as Pariah: A Hidden Tradition." *Jewish Social Studies* 6/2(February 1944): 99-122.

"Our Foreign Language Groups." *Chicago Jewish Forum* 3/1(Fall 1944): 23-34.

"Race-Thinking before Racism." *Review of Politics* 6/1(January 1944: 36-73. (Used in *The Origins of Totalitarianisnm*, Part 2.)

◇ 1945

"Approaches to the 'German Problem.'" *Partisan Review* 12/1 (Winter 1945): 93-106.

"The Assets of Personality." *Contemporary Jewish Record* 8/2 (April 1945): 214-216.(A review of Meyer W. Weisgal, ed., *Chaim Weismann.*)

"Christianity and Revolution." *Nation*, 22 September 1945, pp. 288-289.

"Dilthey as Philosopher and Historian." *Partisan Review* 12/3 (Summer 1945): 404-406. (A review of H. A. Hodges, *Wilhelm Dilthey: An Introduction.*)

"Imperialism, Nationalism, Chauvinism." *Review of Politics* 7/4 (October 1945): 441-463.

(Used in *The Origins of Totalitarianism*, Part 2.)
"Nightmare and Flight." *Partisan Review* 12/2 (Spring 1945): 259-260. (A review of Denis de Rougemont, *The Devil's Share.*)
"Organized Guilt and Universal Responsibility." *Jewish Frontier*, January 1945, pp. 19-23. (Reprinted in Roger Smith, ed., *Guilt: Man and Society*. New York: Doubleday Anchor, 1971.)
"Parties, Movements and Glasses." *Partisan Review* 12/4 (Fall 1945): 504-512. (Used In *The Origins of Totalitarianism*, Part 2.)
"Power Politics Triumphs." *Commentary* 1 (December 1945): 92-93. (A review of Feliks Gross, *Crossroads of Two Continents.*)
"The Seeds of a Fascist International." *Jewish Frontier*, June 1945, pp. 12-16.
"The Stateless People." *Contemporary Jewish Record* 8/2 (April 1945): 137-153.(Used in *The Origins of Totalitarianism*, Part 2.)
"Zionism Reconsidered." *Menorah Journal* 33 (August 1945): 162-196. (Translated into German for *Die Verborgene Tradition* and reprinted in M. Selzer, ed., *Zionism Reconsidered*. New York: Macmillan Co., 1970, pp. 213-249.)

◇ 1946

"Expansion and the Philosophy of Power." *Sewanee Review* 54 (October 1946): 601-616. (Used in *The Origins of Totalitarianism*, Part 2.)
"French Existentialism." *Nation*, 23 February 1946, pp. 226-228. (Anthologized in *One Hundred Years of the Nation.*)
"The image of Hell." *Commentary* 2/3 (September 1946): 291-295. (A review of *The Black Book: The Nazi Crime Against the Jewish People* compiled by the World Jewish Congress et al. and Max Weinreich. *Hitler's Professors.*)
"Imperialism: Road to Suicide." *Commentary* 1 (February 1946): 27-35.
"The Ivory Tower of Common Sense." *Nation*, 19 October 1946, pp. 447-449. (A review of John Dewey, *Problems of Men.*)
"The Jewish State: 50 Years After, Where Have Herzl's Politics Led?" *Commentary* 1 (May 1946): 1-8.
"The Nation," *Review of Politics* 8/1 (January 1946): 138-141. (A review of J. T. Delos, *La Nation*. Montreal: Editions de l'Arbre.)
"No Longer Not Yet." *Nation*, 14 September 1946, pp. 300-302. (A review of Hermann Broch, *The Death of Virgil*. Translated by J. S. Untermeyer.)
"Privileged Jews." *Jewish Social Studies* 8/1 (January 1946): 3-30. (Reprinted in Duker and Ben-Horin. *Emancipation and Counter emancipation*. New York: Ktav Publishing House, 1947).

"Proof Positive." *Nation*, 5 January 1946, p. 22. (A brief review of Victor Lange, *Modern German Literature*.)

"The Streets of Berlin." *Nation*, 23 March 1946, pp. 350-351. (A review of Robert Gilbert, *Meine Reime Deine Reime*.)

"Tentative List of Jewish Cultural Treasures in Axis-Occupied Countries." *Supplement to Jewish Social Studies* 8/1 (1946). (This was Prepared by the Research Staff of the Commission on European Jewish Cultural Reconstruction headed by Arendt.)

"Tentative List of Jewish Educational Institution in Axis-Occupied Countries." *Supplement to Jewish Social Studies* 8/3 (1946). (This was also prepared by the Research Staff of the Commission on European Jewish Cultural Reconstruction headed by Arendt.)

"The Too Ambitious Reporter." *Commentary* 2 (January 1946): 94-95. (A review of Arthur Koestler, *Twilight Bar and The Yogi* and *the Commissar*.)

"What is Existenz Philosophy?" *Partisan Review* 8/1 (Winter 1946): 34-56.

◇ 1947

"Creating a Cultural Atmosphere." *Commentary* 4 (November 1947): 424-426.

"The Hole of Oblivion." *Jewish Frontier*, July 1947, pp. 23-26. (A review of *The Dark Side of the Moon*.)

◇ 1948

"About Collaboration" (a letter). *Jewish Frontier* 15 (October 1948): 55-56.

"Beyond Personal Frustration: The Poetry of Bertolt Brecht." *Kenyon Review* 10/2 (Spring 1948): 304-312. (A review of Bertolt Brecht, *Selected Poems*. Translated by H. R. Hays; an article based on this review, printed in *Die Neue Rundschau* 61 (1950): 53-67 was translated for P. Demetz, ed., *Brecht*. Englewood Cliffs, N. J.: Prentice-Hall, 1962, pp. 43-50.)

"The Concentsation Camps." *Partisan Review* 15/7 (July 1948): 743-763. (Anthologized in *Partisan Reader*, 1945-1953 and used in *The Origins of Totalitarianism*, Part 2.)

"Jewish History, Revised." *Jewish Frontier*, March 1948, pp. 34-38. (A review of Gershom Scholem, *Major Trends in Jewish Mysticism*.)

"The Mission of Bernadotte." *New Leader* 31 (23 October 1948): 808, 819.

"To Save the Jewish Homeland: There Is Still Time." *Commentary* 5 (May 1948) 398-406.

◇ 1949

"The Achievement of Hermann Broch." *Kenyon Review* 11/3 (Summer 1949): 476-483.

"'The Rights of Man': What Are They?" *Modern Review* 3/1 (Summer 1949): 24-37.

(Used in *The Origins of Totalitarianism*, Part 2.)
"Single Track to Zion." *Saturday Review of Literature* 32 (5 February 1949): 22-23. (A review of Chaim Weizmann, *Trial and Error: The Autobiography of Chaim Weizmann.*)
"Totalitarian Terror." *Review of Politics* 11/1 (January 1949): 112-115. (A review of David J. Dallin and Boris I. Nicolaevsky, *Forced Labor in Soviet Russia.*)

◇ 1950
"The Aftermath of Nazi Rule, Report from Germany." *Commentary* 10 (October 1950): 342-353. (Anthologized in *The Commentary Reader.*)
"Mob and the Elite." *Partisan Review* 17 (November 1950): 808-819. (Used in *The Origins of Totalitarianism*, Part 3.)
"Peace or Armistice in the Near East?" *Review of Politics* 12/1 (January 1950): 56-82.
"Religion and the Intellectuals, A Symposium." *Partisan Review* 17 (February 1950): 113-116. (Reprinted as a part of *Partisan Review*, Series 3, 1950, pp. 15-18.)
"Social Science Techniques and the Study of Concentration Camps." *Jewish Social Studies* 12/1 (1950): 49-64.

◇ 1951
"Bei Hitler Zu Tisch." *Der Monat* 4 (October 1951): 85-90.
"The Imperialist Character." *Review of Politics* 12/3 (July 1950): 303-320. (Used in *The Origins of Totalitarianism*, Part 2.)
"The Road to the Dreyfus Affair." *Commentary* 11 (February 1950): 201-203. (A review of Robert F. Byrnes, *Anti-Semitism in Modern France.*)
"Totalitarian Movement." *Twentieth Century* 149 (May 1951): 368-389. (Used in *The Origins of Totalitarianism*, Part 3.)

◇ 1952
"The History of the Great Crime." *Commentary* 13 (March 1952): 300-304. (A review of Léon Poliakov, *Bréviaire de la Haine: Le Illê Reich et les Juifs.*)
"Magnes, The Conscience of the Jewish People." *Jewish Newsletter* 8/25 (24 November 1952): 2.

◇ 1953
"The Ex-Communist." *Commonweal* 57/24 (20 March 1953): 595-599. (Reprinted in *Washington Post*, 31 July 1953.)
"Ideology and Terror: A Novel Form of Govermant." *Review of Politics* 15/3 (July 1953): 303-327. (Included in the 1958 edition of *The Origins Totalitarianism.* A German

version appeared in *Offener Horizont: Festschrift für Karl Jaspers*. Minuch: Piper, 1953.)

"Rejoinder to Eric Voegelin's Review of *The Origins of Totalitarianism*." *Review of Politics* 15(January 1953): 76-85.

"Religion and Politics." *Confluence* 2/3 (September 1953): 105-126. (Cf. Arendt's reply to criticism of this article in *Confluence*, pp. 118-120.)

"Understanding and Politics." *Partisan Review* 20/4 (July-August 1953): 377-392.

"Understanding Communism." *Partisan Review* 20/5 (September-October 1953): 580-583. (A review of Waldemar Gurian, *Bolshevism*.)

◇ 1954

"Europe and America: Dream and Nightmare." *Commonweal* 60/23 (24 September 1954): 551-554.

"Europe and America: The Threat of Conformism." *Commonweal* 60/25 (24 September 1954): 607-610.

"Europe and The Atom Bomb." *Commonweal* 60/24 (17 September 1954): 578-580.

"Tradition and the Modern Age." *Partisan Review* 22 (January 1954): 53-75. (Drawn from a series of lectures delivered at Princeton as the Christian Gauss Seminars in Criticism, 1953, and used in *Between Past and Future*.)

◇ 1955

"The Personality of Waldemar Gurian," *Review of Politics* 17/1 (January 1955): 33-42. (Reprinted in *Men in Dark Times*.)

◇ 1956

"Authority in the Twentieth Century." *Review of Politics* 18/4 (October 1956): 403-417.

◇ 1957

"History and Immorataliry." *Partisan Review* 24/1 (Winter 1957): 11-53.

"Jaspers as Citizen of the World." In *The Philosophy of Karl Jaspers*, edited by P. A. Schilpp. La Salle, Ill.: Open Court Publishing Co., 1957, pp. 539-550. (Reprinted in *Men Dark Times*.)

◇ 1958

"The Crisis in Education." *Partisan Review* 25/4 (Fall 1958): 493-513. (Reprinted in *Between Past and Future*.)

"The Mordern Concept of History." *Review of Politics* 20/4 (October 1958): 570-590.

(Reprinted in *Between Past and Future.*)
"Totalitarian Imperialism: Reflections on the Hungarian Revolution." *Journal of Politics* 20/1 (February 1958): 5-43. (Reprinted in *Cross Currents* 8/2 [Spring 1958]: 102-128, and added to the 1958 edition of *The Origins of Totalitarianism.*)
"Totalitarianism." *Meridian* 2/2 (Fall 1958): 1. (Arendt's reflections on *The Origins of Totalitarianism* at the time of its second edition.)
"What Was Authority?" In *Authority*, edited by C. Friedrich. Cambridge: Harvard University Press, 1959. (Reprinted in *Between Past and Future.*)

◇ 1959
"Reflection on Little Rock." *Dissent* 6/1 (Winter 1959): 45-56. (Included in the same issue are criticisms by David Spitz and Melvin Tumin. In *Dissent* 6/2 [Spring 1959]: 179-181, Arendt replied to her critics. The article was reprinted in *Public Life: A Journal of Politics* 4/3-4 [May-June 1973]: 92-97.)

◇ 1960
"Freedom and politics: A Lecture." *Chicago Review* 14/1 (Spring 1960): 28-46. (Revised for *Between Past and Future.*)
"Revolution and Public Happiness." *Commentary* 30 (November 1960): 413-422. (Used in *On Revolution.*)
"Society and Culture." *Daedalus* 82/2 (Spring 1960): 278-287. (Reprinted in *Between Past and Future.*)

◇ 1962
"Action and 'The Pursuit of Happiness'." In *Politische Ordnung und Menschliche Existenz: Festgabe Für Eric Voeglin.* Munich: Beck, 1962. (Used in *On Revolution.*)
"The Cold War and The West." *Partisan Review* 29/1 (Winter 1962): 10-20.
"Revolution and Freedom: A Lecture." In *In Zwei Welten: Siegfried Moses Zum Fünfundsiebzigsten Geburtstag.* Tel Aviv: Bitaon, 1962. (Used in *On Revolution.*)

◇ 1963
"A Reporter at Large: Eichmann in Jerusalem." *New Yorker*, 16 February 1963, pp. 40-113; 23 February 1963, pp. 40-111; 2 March 1963, pp. 40-91; 9 March 1963, pp. 48-131; 16 March 1963, pp. 58-134. (This five-part article, revised, was published as *Eichmann in Jerusalem: A Report on the Banality of Evil.*)
"Kennedy and After." *New York Review of Books* 1/9 (26 December 1963): 10.
"Man's Conquest of Space." *American Scholar* 32 (Autumn 1963): 527-540.

"Replt to Judge Musmanno." *New York Times Book Review* 8/4 (23 June 1963). (Arendt's exchange with Musmanno was reprinted in Freedom and Davis, eds., *Contemporary Controversy*. New York: Macmillan Co., 1966, pp. 312-317.

◇ 1964

"*The Deputy*: Guilty by Silence." *New York Herald Tribune Magazine*, 23 February 1964, pp. 6-9. (Reprinted in *Storm over* "The Deputy," edited by Eric Bentley.)

"Eichmann in Jerusalem." *Encounter*, January 1964, pp. 51-56. (An exchange of letters between Arendt and Gershom Scholem.)

"Nathalie Sarraute." *New York Review of Books* 2/2 (5 March 1964): 5-6. (A review of Natalie Sarraute, *The Golden Fruits*. Translated by Maria Jolas.)

"Personal Responsibility under Dictatorship." *Listener*, 6 August 1964, pp. 185-187, 205.

◇ 1965

"The Chrisrian Pope," *New York Review of Books* 4/10 (17 June 1965): 5-7. (A review of Pope John XXIII, *Journal of a soul*. Translated by D. White; included in *Men in Dark Times*.)

"Hannah Arenst - Hans Magnus Erznenberger: Politik und Verbrechen: Ein Briefwechsel." *Merkur*, April 1965, pp. 380-385.

◇ 1966

"The Formidable Dr. Robinson: A Reply to the Jewish Establishment." *New York Review of Books* 5/12 (20 January 1966): 26-30. (Arendt's response to letters about this article appeared in the 17 March 1966 issue.)

"A Heroine of the Revolution." *New York Review of Books* 7/5 (6 October 1966): 21-27. (A review of J. P. Nettl, *Rosa Luxemburg*; included in *Men in Dark Times*.)
Introduction to *Auschwitz*, by Bernd Naumann, New York: Frederick A. Praeger, 1966. (Reprinted in Falk, Kolko, and Lifton, eds., *Crimes of War*. New York: Random House, 1971.)

Introduction to *The Warriors* by J. Glenn Gray. New York: Harper & Row, 1966.

"The Negatives of Positive Thinking: A Measured Look at the Personality, Politics and Influence of Konrad Adenauer." *Book Week*, *Washington Post*, 5 June 1966, pp. 1-2. (A review of Konrad Adenauer, *Memoirs 1945-1953*. Translated by Beate Ruhm von Oppen.)

"On the Human Condition." In *The Evolving Society*, edited by Mary Alice Hinton. New York: Institute of Cybernetical Research, 1966, pp. 213-219.

"Remarks on 'The Crisis Character of Modern Society.'" *Christianity and Crisis* 26/9 (30

May 1966): 112-114.
"What Is Permitted to love." *New Yorker*, 5 November 1966, pp. 68-112. (A study of Bertolt Brecht, reprinted in *Men in Dark Times.*)

◇ 1967
Preface to *The Future of Germany* by Karl Jaspers. Chicago: University of Chicago Press, 1967.
"Randall Jarrell: 1914-1965." In *Randall Jarrell, 1914-1915*. New York: Farrar, Straus & Giroux, 1967. (Reprinted in *Men in Dark Times.*)
"Truth and Politics." *New Yorker*, 25 February 1967, pp. 49-88. (Reprinted in 2d ed., *Between Past and Future* and in David Spitz, ed., *Political Theory and Social Change*. New York: Atherton Press, 1967, pp. 3-37.)

◇ 1968
"Comment by Hannah Arendt on 'The Uses of Revolution' by Adam Ulam." In *Revolutionary Russia*, edited by Richard Pipes. Cambridge: Harvard University Press, 1968.
"He's All Dwight: Dwight Macdonald's Politics." *New York Review of Books* 11/2 (1 August 1968): 31-33.
"Is America by Nature a Violent Society? Lawlessness Is Inherent in the Uprooted." *New York Times Magazine*, 28 April 1968, p. 24.
"Isak Dinesen: 1885- 1962." *New Yorker*, 9 November 1968, pp. 223-236. (Reprinted in *Men in Dark Times.*)
"Walter Benjamin." *New Yorker*, 19 October 1968, pp. 65-156. Translated Harry Zohn. (Reprinted in *Men in Dark Times.*)

◇ 1969
"The Archimedean Point." *Ingenor*, College of Engineering, University of Michigan, Spring 1969, pp. 4-9, 24-26.
"Reflections on Violence." *Journal of International Affairs*, Winter 1969, pp. 1-35. (Reprinted in *New York Review of Books* 12/4 [27 February 1969]: 19-31. Extended as *On Violence* and reprinted in *Crises of the Republic.*)

◇ 1970
"Civil Disobedience." *New Yorker*, 12 September 1970. pp. 70-105. (Reprinted in *Crises of the Republic* and in E. V. Rostow, ed., *Is Law Dead?* New York: Simon and Schuster, 1971, pp. 213-243.)

Letter in reply to review by J. M. Cameron, *New York Review of Books* 13 (1 January 1970): 36.

◇ 1971

"Lying and Politics: Reflections on the Pentagon Papers." *New York Review of Books* 17/8 (18 November 1971): 30-39. (Reprinted in *Crises of The Republic.*)

"Martin Heidegger at 80." *New York Review of Books* 17/6 (21 October 1971): 50-54. (Originally in German, *Merkur* 10 [1969]: 893-902. Translated by Albert Hofastadter. Reprinted in English in Michael Murray, ed., *Heidegger and Modern Philosophy.* New Haven: Yale University Press, 1978.)

"Thinking and Moral Considerations: A Lecture." *Social Research* 38/3 (Fall 1971): 417-446.

"Thoughts on Politics and Revolution." *New York Review of Books* 16/7 (22 April 1971): 8-20. (An interview conducted by Adelbert Reif in the summer of 1970, translated by Denver Lindley; reprinted in *Crises of the Republic.*)

◇ 1972

Nachwort for *Mich Hat Kein Esel im Galopp Verliren* by Robert Gillbert. Munich: Piper, 1972.

"Washington's 'Problem-Solvers' - Where They Went Wrong." *New York Times*, 5 April 1972, Op-Ed page.

◇ 1974

"Karl Jaspers zum fünfundachtzigsten Geburstage." In *Erinerungen an Karl Jaspers*, edited by H. Saner. Munich: Piper, 1974, pp. 311-315.

◇ 1975

"Home to Roost." *New York Review of Books*, 26 June 1975. pp. 3-6. (Reprinted in S. B. Warner, *The American Experiment.* Boston: Houghton Mifflin Co., 1976, pp. 61-77, with Arendt's comments.)

"Remembering Wystan H. Auden." *New Yorker*, 20 January 1975, pp. 39-40. (Reprinted in *Harvard Advocate* 108/2-3, pp. 42-45; and in *W. H. Auden: A Tribute.* London: Weidenfeld & Nicolson, 1974/5, pp. 181-187.)

◇ 1977

"Public Rights and Private Interests." In *Small Comforts for Hard Times: Humanists on Public Policy*, edited by Mooney and Stuber. New York: Columbia University Press,

1977. (Response to a paper by Charles Frankel in the same volume.)

"Thinking." *New Yorker*, 21 November 1977, pp. 65-140; 28 November 1977, pp. 135-216; 5 December 1977, pp. 135-216. This three-part article comprises the first volume of *The Life of the Mind*, 1978.

◇ 1978

"From an Interview," with Roger Errera, *New York Review of Books* 25/16 (26 October 1978): 18.

■ COLUMNS AND ARTICLE IN *AUFBAU*

25 Oct. 1941	"Der Dank vom Hause Juda"(an open letter to Jules Romain), p. 7.
14 Nov. 1941	"Die jüdische Armee-der Beginn einer jüdishe Politik?" pp. 1, 2.
28 Nov. 1941	"Aktive Geduld," p. 2.
24 Dec. 1941	"Ceterum Censeo. …" p. 2.
10 Jan. 1942	"Ein erster Schritt," pp. 15, 16.
6 Mar. 1942	"Wer ist das 'Committee for a Jewish Army,'" p. 6.
27 Mar. 1942	"Moses oder Washington," p. 16.
3 Apr. 1942	"The Case Against the Saturday Evening Post: Gui Bono?" p. 3.
10 Apr. 1942	"Papier und Wirklinchkeit," pp. 15, 16.
24 Apr. 1942	"Ganz Israel bürgt füreinander," p. 18.
8 May 1942	"Des Tuefels Redekunst," p. 20.
22 May 1942	"Die 'sogenannte jüdische Armee'," p. 20.
5 June 1942	"Ein christliches Wort zur Judenfrage," p. 19.
19 June 1942	"Keinen Kaddisch wird man sagen," p. 19.
2 July 1942	"Mit dem Rücken an der Wand," p. 19.
12 July 1942	"Wenn man dem kleineren Übel nicht widerstecht," p. 20.
31 July 1942	Eintreren für Paul Tillich (in a debate with Emil Ludwig), p. 6.
14 Aug. 1942	"Konfusion," p. 17.
28 Aug. 1942	"Die Rückkehr des russischen Judentums, 1," p. 18.
11 Sept. 1942	"Die Rückkehr das russischen Judentums, 2," p. 18.
25 Sept. 1942	"Was geht in Frankreich vor?" p. 18.
23 Oct. 1942	"Die Krise des Zionismus, 1," p. 18.
6 Nov. 1942	"Die Krise des Zionismus, 2," p. 17.
20 Nov. 1942	"Die Krise des Zionismus, 3," p, 17.
26 Feb. 1943	"Französische politische Literatur im Exil, 1," pp. 7, 8.
26 Mar. 1943	"Französische politische Literatur im Exil, 2." p. 8.

3 Sept. 1943	"Die wahren Grunde für Theresienstadt," p. 21.
17 Dec. 1943	"Can the Jewish-Arab Question Be Solved?, 1," p.1.
31 Dec. 1943	"Can the Jewish-Arab Question Be Solved?, 2," p.1.
21 Apr. 1944	"Für Ehre und Ruhm des jüdischen Volkes," pp. 1, 2.
19 May 1944	"Balfour Deklaration und Palistina Mandat," p. 16.
2 June 1944	"Das Ende Enines Gerüchts." pp. 1, 16.
16 June 1944	"Sprengstoff-Spiesser," p. 19.
30 June 1944	"Gäste aus dern Niemandsland," pp. 15, 16.
14 July 1944	"Das neue Gesicht eines alten Volkes," pp. 1, 2.
28 July 1944	"Die Tage der Wandlung," p. 16.
11 Aug. 1944	"Eine Lehre in seche Schüssen," p. 15.
25 Aug. 1944	"Neue Vorschläge für jüdische-arabischen Verständigung," pp. 13, 14.
8 Sept. 1944	"Die jüdischen Partisanen im europäishchen Aufstand," p. 15.
22 Sept. 1944	"Vom 'Salz der Erde': Waldo Frank's jüdishche Deutung," pp. 13, 14.
6 Oct. 1944	"Von der Armee zur Brigade." pp. 15, 16.
3 Nov. 1944	"Frei und Demokratisch," pp. 15, 16.
15 Dec. 1944	"Die Entrechten und Entwürdiften," pp. 13, 16.
16 Mar. 1945	"Völkerverständigung im Nahen Osten: Eine Basis jüdischer Politik," pp. 1, 2.
20 Apr. 1945	"Die jüdischen Chancen," pp. 7, 8.
31 July 1953	"Gestern waren Sie noch Kommunisten. …" p. 19.
7 Aug. 1953	"Gestern waren Sie noch Kommunisten. …" pp. 13, 16.
20 Dec. 1964	"Sie haben mich misverstanden" (answer to critics of *Eichmann in Jerusalem*), pp. 17, 18.

▌한나 아렌트 연보

1906년 바울 아렌트(1873~1913)와 마르타(1874~1948)는 1902년 4월 11일 결혼한다. 쾨니히스베르크대학교에서 공학을 전공한 아버지 바울이 하노버 인근 도시 린덴의 전기회사에 근무하던 때인 1906년 10월 14일 아렌트가 태어난다.

1909년 바울 아렌트의 병세가 악화되면서 아렌트 집안은 아렌트 어머니 집안이 있는 쾨니히스베르크(현재의 칼리닌그라드)로 귀향한다.

1910년 유치원에 입학한 아렌트는 교육을 받으면서 유별나게 조숙해 선생님들로부터 주목을 받는다.

1911년 아버지가 정신병원에 입원하면서 할아버지 막스(1843~1913)와 많은 시간을 보낸다.

1913년 말벗이 되었던 할아버지가 3월에 사망한다. 지트니크Szittnick 초등학교에 입학한 지 2개월만인 10월 30일 아버지가 사망한다.

1914년 제1차 세계대전이 발발하자 아렌트 가족은 잠시 베를린으로 이주했다가 10주 후에 귀향한다.

1915년 아렌트는 루이제슐레에 입학한다. 학교 재학 중에 아렌트는 잦은 병치레를 하게 된다.

1919년 로자 룩셈부르크를 존경하던 어머니는 스파르타쿠스 동맹의 반란이 발생했을 때 아렌트에게 이 역사적 사건에 관심을 가져야 한다고 말한다. 이후 로자 룩셈부르크는 아렌트의 혁명이론에 많은 영향을 미치게 된다.

1920년 어머니가 전쟁 기간에 알고 지낸 베어발트와 2월 재혼하였고, 아렌트는 베어발트의 식구들과 함께 살게 된다. 이때 아렌트는 박사학위 논문을 마친 후 라헬 파른하겐 전기를 쓸 수 있도록 도움을 준 안네 멘델스존을 만났으며 평생 우정을 나누게 된다.

1921년 악명이 높은 젊은 선생의 수업을 거부하는 데 참여한다는 이유로 고등학교에서 퇴학당한다. 이후 아렌트는 베를린대학교에서 로마노 과르디니의 지도로 신학을 공부하였으며 그리스어와 라틴어 수업을 듣는다.

1923년 쾨니히스베르크로 돌아와 대학교 입학 자격시험Abitur에 응시해 급우들보다 1

년 일찍 시험에 통과한다.

1924년 마부르크대학교에 입학해 하이데거의 철학 강의에 참여한다. 이때 하이데거와의 은밀한 사랑으로 다른 사람들과의 관계가 소원하게 된다.

1925년 평생 우정을 나눈 한스 요나스와 첫 남편인 귄터 슈턴을 만난다. 이때 자화상을 묘사한 편지 「그림자」를 써서 하이데거에게 보낸다.

1926년 열렬히 사랑했지만 이방인일 수밖에 없었던 하이데거와 결별하고, 프라이부르크대학교로 옮겨서 한 학기 동안 후설의 현상학 강의에 참여한다. 이후 하이델베르크대학교로 옮겨 박사학위 논문을 준비한다.

1929년 야스퍼스의 지도로 「아우구스티누스의 사랑 개념」이라는 제목의 박사학위 논문을 마친다. 베를린으로 이주한 아렌트는 같은 해 9월 아동심리학 연구로 독일에서 존경받았던 교육자 집안의 자제인 스턴과 결혼한다. 릴케의 『두이노의 비가』에 관한 논문을 스턴과 공동으로 집필하고, 친구인 안네 멘델스존 바일의 제안으로 『라헬 파른하겐: 한 유대인 여성의 삶』을 집필하였다.

1930년 독일 학술비상대책재단Notgemeinschaft으로부터 연구기금을 받는다.

1933년 2월 27일 제국의회가 방화로 소실되고 반유대인 조치가 내려지자 정치 인사의 망명을 돕는 일에 참여하다가 체포되어 심문을 받다가 8일 만에 풀려난다. 이후 프라하와 제네바를 거쳐 파리로 망명한다.

1935년 파리 소재 유대인청년알리야Jewish Young Aliyah 단체에서 1938년까지 활동하게 된다. 이 단체는 1939년 본부를 런던으로 옮기게 된다.

1937년 첫 남편인 귄터 슈턴과 이혼한다. 이후 슈턴은 미국으로 망명한다. 아렌트는 스파르타쿠스 동맹과 공산당에 가입해 활동하다가 파리로 망명한 이후 공산주의 사상을 포기한 하인리히 블뤼허를 만난다.

1939년 독일에서 늦게 망명한 어머니와 파리에서 4월에 재회한다.

1940년 아렌트와 블뤼허는 1월 파리 시민법정으로부터 결혼허가서를 받아 결혼한다. 여름에 프랑스가 독일군에 함락되자 미국행 긴급비자를 발급받아 스페인 국경을 넘어 망명길에 오른다. 발터 베냐민은 마르세유에서 자신의 원고를 블뤼허 부부에게 맡기고, 이후 스페인 경비가 국경선을 폐쇄하던 날 자살한다.

1941년 5월 22일 뉴욕에 도착한 블뤼허 부부는 무국적자로서 미국 생활을 시작한다. 마르타 아렌트는 무진호로 6월 21일 뉴욕에 도착한다. 이때부터 아렌트는 1945년까지 ≪재건≫의 정기 기고자로 활동하면서 『유대인 전선』, 『파르티잔 리뷰』 등에 많은 글을 게재한다.

1942년 조셉 마이어와 함께 청년유대인단체The Young Jewish Group를 창설한다. 독일계 유대인 신문 ≪재건≫에 기사를 게재하기 시작했다.

1944년 메리 매카시를 만난다. 같은 해에 미국 소재 유럽 유대문화재건위원회의 이사가 된다.

1945년 『전체주의의 기원』을 집필하기 시작한다. 멜빈 라스키를 통해 야스퍼스와 편지를 교환하기 시작한 직후 야스퍼스와 공동 연구자가 되었다. 브루클린대학교에서 현대 유럽사 강의를 시작한다.

1946년 「팽창과 힘의 철학」, 「프랑스 실존주의」, 「지옥의 이미지」, 「더 이상 아님과 아직 아 님」 등 다수의 에세이를 『평론』과 『민족』 등의 학술지에 기고한다. 쇼켄출판사의 편집자로 활동한다.

1948년 7월 어머니 마르타가 영국에 살고 있는 의붓딸 에바 베어발트와 합류한 직후 타계한다.

1949년 『전체주의의 기원』 집필을 마친다. 전후 처음으로 유럽을 방문해 유대인문화재건위원회의 비스바덴 본부에서 6개월간 활동한다. 이때 1948년에 스위스 바젤로 이주한 야스퍼스 부부, 그리고 하이데거와 재회한다.

1950년 한국전쟁 발발 소식을 듣고 『전체주의의 기원』의 출간을 서둘렀고, 스탈린주의의 분석으로 이어질 수 있는 전체주의의 마르크스주의적 요소를 연구한다. 하이데거를 만나고 귀국한 이후 『사유일기』를 쓰기 시작한다.

1951년 『전체주의의 기원』 초판을 출간한다. 같은 해 미국 시민권을 얻게 되면서 18년간 무국적자의 삶을 청산한다. 이후 '노동하는 동물'로서 인간이라는 마르크스의 개념을 이해하고자 관련 자료를 검토한다. 10년 동안 많은 대학교에서 철학과 사회이론을 강의한다.

1952년 신학을 가르친 은사 로마노 과르디니를 뮌헨에서 만난다.

1953년 프린스턴대학교 가우스 세미나에서 「카를 마르크스와 위대한 전통」이란 주제로 강의를 한다. '위대한 전통'에 관한 에세이는 이후 여러 저서에 수록된다.

1954년 2월 노트르담대학교에서 「프랑스 혁명 이후 행위와 사유의 문제」라는 주제로 세 차례 강의한다. 「유럽과 원자폭탄」과 「전통과 근대」라는 논문을 집필한다.

1955년 버클리대학교에서 「유럽의 정치이론」이라는 주제의 대학원 세미나와 「철학과 정치」라는 주제의 강의를 담당하면서 『인간의 조건』 및 『과거와 미래 사이』에 포함될 논문을 집필한다. 남편인 블뤼허는 바드대학의 철학 교수로 임용된다.

1956년 메리 매카시와 함께 네덜란드를 방문하던 중 헝가리 혁명에 관한 소식을 듣고 헝가리 혁명에 대해 저술한다. 시카고대학교 월그린 재단에서 「활동적 삶Vita Activa」이란 주제로 강의한다.

1957년 「세계시민으로서 야스퍼스」라는 논문을 『칼 야스퍼스의 철학』에 게재한다. 이후 같은 논문을 『어두운 시대의 사람들』에 다시 수록한다.

1958년 마르크스의 노동 개념 분석을 노동·작업·행위에 관한 연구로 전환한 결실, 즉 『인간의 조건』을 출간한다. 독일 출판서적상협회가 야스퍼스에게 평화상을 수여하는 자리에서 「카를 야스퍼스: 찬사*Laudatio*」라는 주제로 연설한다. 「전체주의적 제국주의: 헝가리 혁명에 대한 성찰」을 『전체주의의 기원』 1958년판에 다시 수록한다.

1959년 『논평』 잡지사 측이 요청하여 「리틀 록에 대한 성찰」이란 제목의 논문을 집필했으나 최종적으로 『의견 차이』에 게재한다. 여기에서 인종차별이 각 공간(사적, 사회적, 정치적)에서 어떤 의미를 갖는가를 제시한다. 함부르크 자유시가 시상하는 레싱상을 받는 자리에서 「어두운 시대의 인간성: 레싱에 관한 사유」라는 주제로 강연을 한다. 여성으로서 프린스턴대학교 정교수로 처음 임명된다.

1960년 5월 아이히만이 이스라엘로 송환되자 『뉴요커』 편집장에게 재판 취재기자로 참여하겠다고 제안하고 이후 강의 및 연구 일정을 재조정한다.

1961년 아이히만 재판 참관 기사를 『뉴요커』에 5부작으로 기고하고, 남편과 함께 야스퍼스 부부를 만난다. 귀국 후 『혁명론』을 집필하고, 『과거와 미래 사이』 초판을 출간한다. 아이히만은 유대민족에 대한 범죄와 인류에 반하는 범죄로 사형선고를 받는다.

1962년 3월 택시 교통사고로 입원한다. 미국 예술과학아카데미 특별 회원으로 선출된다. 이스라엘 라믈라 교도소에서 아이히만의 사형이 집행된다.

1963년 『혁명론』은 봄에 출간되었으나 『예루살렘의 아이히만』 출간으로 독자들로부터 주목을 받지 못한다. 아렌트는 『예루살렘의 아이히만』 출간 이후 아이히만 논쟁의 한가운데 놓이게 된다. 1963년부터 1967년까지 시카고대학교 사회사상위원회 회원으로 활동하며 강의를 한다. 이때 아렌트와 스트라우스의 관계는 더욱 악화되었다.

1964년 귄터 가우스가 사회를 맡은 〈인물에 대하여Zur Person〉라는 텔레비전 대담 프로에 출연한다. 대담 내용은 「무엇이 남아있는가? 언어가 남아있다」라는 제목으로 『이해의 에세이*Essays in Understanding, 1930~1954*』에 수록된다.

1965년 「진리와 정치」라는 논문을 집필하기 시작한다. 코넬대학교에서 강의할 때인 1967년 이 논문을 완성한다. 이 논문은 아이히만 논쟁에 대한 아렌트의 답변이자, 정치에서의 '초연한 진리 추구'의 중요성에 대한 아렌트의 주장이다. 아렌트는 통킹만 사건을 계기로 미국의 베트남전 참전에 대해 비판적 입장을 드러낸다.

1966년 미국정치학회의 모임에서 「진리와 정치」라는 논문 최종판을 발표한다. 이 논문은 아이히만 논쟁에 대한 아렌트의 답변이며, 정치에 있어서 사심 없는 진리 추구의 중요성을 강조하고 있다.

1967년 뉴스쿨 대학원에서 전임 교수직을 맡는다. 「진리와 정치」를 『뉴요커』에 게재한다. 언어와 문학에 기여한 공로로 독일 학술원으로부터 지그문트 프로이트상을 수상한다.

1968년 『어두운 시대의 사람들』을 출간함으로써 현대의 인식론 위기와 가치론 위기 문제를 제기하고, 베냐민의 저작 『조명』을 편집 출판한다. 마틴 루터 킹 목사 피살, 컬럼비아대학교 점거, 구소련의 체코 침공을 목격하면서 『폭력론』을 집필하기 시작한다. 블뤼허는 바드대학에서 퇴임한다.

1969년 2월 26일 스승인 야스퍼스의 서거로 바젤을 방문하고 장례식에 참석한다. 미국 예술문학원으로부터 에머슨-소로 메달을 받는다.

1970년 10월 30일 뉴스쿨에서 「사유와 도덕적 고찰」이라는 논문을 발표한다. 다음날 남편인 블뤼허가 타계한다. 그의 묘소는 바드대학교 교정에 있다. 「시민불복종」이라는 논문을 『뉴요커』에 게재한다. 『폭력론』을 출간한다.

1971년 『국방부 문서』가 ≪뉴욕타임스≫ 등을 통해 공개되자 「정치에서의 거짓말」이라는 논문을 발표한다.

1972년 스코틀랜드 애버딘대학교의 에드워드 라이트로부터 1973년 봄 기퍼드 강의를 수락해달라는 편지를 받고 「사유」에 관한 원고를 집필하고 강의를 성공적으로 마친다. 10월 토론토 사회정치사상연구회가 조직한 「한나 아렌트의 저작에 관한 학술회의」에 참석한다.

1973년 첫 번째 일련의 기퍼드 강의를 마치고 귀국한 후 「의지」에 관한 원고를 준비하기 시작한다.

1974년 두 번째 일련의 기퍼드 강의를 진행하던 중 5월 심장병 발병으로 강의를 중단한다.

1975년 덴마크 정부는 유럽 문명에 기여한 공로로 아렌트에게 소닝상을 수여한다. 12월 4일 '판단' 원고를 집필하던 중 심근경색으로 타계한다. 12월 8일 리버사이드 기념 예배당에서 친구인 한스 요나스, 메리 매카시, 제롬 콘, 윌리엄 요바노비치 등이 참석한 가운데 아렌트의 생애와 저작을 회상하는 추도예배가 열린다.

◎

지은이 **엘리자베스 영-브륄**(Elisabeth Young-Bruehl, 1946~2011)

메릴랜드 주의 브랜드우드에서 태어나 뉴어크에서 성장하였다. 사라 로렌스 대학에 입학하여 시문을 배우기 시작하였지만 자퇴하고 뉴스쿨에서 학부를 졸업하였다. 뉴스쿨 대학원에서 한나 아렌트의 지도로 「자유와 카를 야스퍼스 철학」이란 주제로 1974년 박사학위를 받고, 이듬해 웨슬리언대학교 인문학 담당 교수로 임용되었다. 아렌트 사후 안네 멘델스존, 메리 매카시, 로테 쾰러 등의 요청으로 『한나 아렌트 철학 전기: 세계사랑의 여정』(1982)을 출간하였다.

이 전기 출간 이후 정신분석에 관심을 가졌다. 또 다른 전기인 『안나 프로이트: 전기』(1988), 두 전기의 여파를 반영한 『정신과 정치체』(1989), 창조성 및 그 대표적인 인물(플라톤, 아리스토텔레스, 제논, 니체, 프로이트, 프루스트)에 관한 성격학 연구 『창조적 인물』(1991) 등을 출간하였다. 1991년 필라델피아로 자리를 옮겨 정신분석학회에서 정신분석 훈련을 지속하였다. 『편견의 해부』(1996), 『전기의 주제: 정신분석, 페미니즘, 여성의 삶 저술』(2000), 『사랑할 때 우리는 어디에 있는가?』(2003), 그리고 『아렌트가 왜 중요한가?』(2006), 『아동편견주의(*Childism*)』(2006) 등을 출간하였다. 만년에는 토론토에서 정신분석가인 크리스틴 둔바르와 함께 연구와 저작에 전념하다가 2011년 폐색전증으로 사망하였다.

영-브륄은 아렌트가 비판했던 정신분석 연구에 전념했지만 '세계사랑', 그리고 '판단'을 왜곡시킨 심리적 요인에 관한 연구를 통해 아렌트의 정신의 삶을 다른 방식으로 드러냈다.